COMMENTARIO

# Vangelo di Matteo

## Primo volume 1 Cap. 1:1-12:1-58

## Andrea Belli

**ISBN:** 9781521214350

@ Febbraio 2017 Andrea Belli

Strada San Genesio 7, 43017 San Secondo Parmense (PR) Italia

e-mail: andrea20077@gmail.com

Tel. 329 930-5758

# Opere dello stesso autore:

Epistola di Paolo ai Filippesi
Epistola di Paolo ai Romani
Vangelo di Matteo Vol. 1

# DEDICA

*Dedico questo scritto alla mia famiglia, a mia moglie ed ai miei genitori che mi hanno sempre incoraggiato ad andare avanti in questo servizio, ma soprattutto dedico questo commentario al Signore, che con tutti i miei limiti, servo. Solo al Signore vada la gloria*

# INDICE DEL VOLUME

# PREFAZIONI

Con questo nuovo commentario relativo al Vangelo di Matteo, il Signore mi dà l'opportunità di proseguire con questo progetto impegnativo relativo alla collana di commentari Studio della Bibbia.

Ringrazio il Signore per come mi ha sorretto fino ad ora e sono assolutamente certo che Egli proseguirà nel donarmi nuove forze e vigore.

Con il Vangelo di Matteo si entra in un genere di libri molto particolare relativo alla storia biografica del Signore Gesù e la fedele registrazione dei Suoi detti, dei Suoi insegnamenti, delle Sue opere potenti, ma altresì della Sua morte e risurrezione, sigillo della nostra salvezza.

Perciò la presenza dei Vangeli nel canone biblico è assolutamente importante, in quanto ci viene presentato Colui che è il nostro amato Signore e Salvatore Gesù Cristo.

Possiamo dire insieme all'apostolo Giovanni Quel che era dal principio, quel che abbiamo udito, quel che abbiamo visto con i nostri occhi, quel che abbiamo contemplato e che le nostre mani hanno toccato della parola della vita (poiché la vita è stata manifestata e noi l'abbiamo vista e ne rendiamo testimonianza, e vi annunziamo la vita eterna che era presso il Padre e che ci fu manifestata), quel che abbiamo visto e udito, noi lo annunziamo anche a voi, perché voi pure siate in comunione con noi; e la nostra comunione è con il Padre e con il Figlio suo, Gesù Cristo. (1 Gv 1:1-3).

A DIO SIA TUTTA LA GLORIA

# INTRODUZIONE

## Il problema sinottico

Il Vangelo di Matteo risulta essere il primo del gruppo dei vangeli sinottici (dal greco *synopticos* che significa vedere con, insieme). Infatti, Matteo, Marco e Luca costituiscono il gruppo dei vangeli sinottici, ovvero sono tre libri che raccontano molto spesso gli stessi episodi relativi alla vita del Messia, ma sotto tre ottiche diverse. Se si tiene conto sempre di questa considerazione, si potranno risolvere eventuali dubbi o problemi che potrebbero presentare apparenti contraddizioni.

La maggior parte degli studiosi conservatori riconosce che gli autori dei Vangeli utilizzarono varie fonti. Ad esempio le genealogie di Matteo e di Luca potrebbero essere tratte da documenti del Tempio o da tradizioni orali. Infatti, Luca inizia il suo Vangelo affermando che molti hanno raccontato per iscritto i fatti riguardanti il Signore Gesù (Lu 1:1) e questo potrebbe significare che l'autore ha utilizzato alcune di queste fonti. Perciò è ragionevole supporre che i vari autori abbiano usato diverse fonti per la stesura del proprio materiale.

*L'ipotesi del protovangelo.* Con quest'ipotesi o teoria si vuole ipotizzare che sia esistito un vangelo originario, appunto il cosiddetto Protovangelo che però è andato perduto. Esso costituirebbe la fonte primaria al quale attinsero gli autori biblici per l'elaborazione dei loro testi. Però vi è anche da dire che non fu mai scoperta anche una sola traccia archeologica o storica che potesse comprovare l'esistenza di una simile fonte. Inoltre l'eventuale esistenza di questo protovangelo non risolverebbe la questione delle differenze tra i vari brani, anzi acuirebbe il problema.

*L'ipotesi della tradizione orale.* L'altra teoria è che la fonte da cui sono stati tratti i vari brani provenga da una tradizione orale, ovvero una testimonianza univoca orale sulla vita del Signore Gesù. Si possono osservare quattro tappe per lo sviluppo di questa testimonianza fino alla registrazione dell'evento: la verifica dell'avvenimento, il racconto dell'avvenimento e la ripetizione di esso, la cristallizzazione dell'evento, ovvero il racconto veniva così tante volte riportato che non si poteva più pensare ad alcuna variante ed in ultimo la fissazione dell'evento, ovvero la registrazione ultima.

Vi sono altre due ipotesi ovvero quella documentaria che insegna che gli autori hanno utilizzato diverse fonti e della critica delle forme, ovvero che oltre alle diverse fonti, gli autori abbiano utilizzato un'altra grande varietà di documenti che poi la critica dovrebbe classificare per cercare di identificare il messaggio o kerygma del primo secolo. Ma non dilunghiamoci in questo.

La soluzione di quelle che potrebbero essere le apparenti incongruenze tra un racconto e l'altro nei sinottici sono i differenti punti di vista degli autori. Infatti, la maggior parte di questi autori aveva una grande conoscenza dei fatti narrati, in quanto vissuti in prima persona. Matteo e Giovanni furono discepoli del Signore Gesù, il vangelo di Marco potrebbe consistere in una sorta di riflessioni dello stesso Pietro giunto al termine della sua vita e Luca potrebbe aver appreso molte cose grazie alla vicinanza di Paolo. Tuttavia non si può sottovalutare la tradizione orale. Infatti, in At 20:35 è scritto *in ogni cosa vi ho mostrato che bisogna venire in aiuto ai deboli lavorando così, e ricordarsi delle parole del Signore Gesù, il quale disse egli stesso: Vi è più gioia nel dare che nel ricevere.* Sebbene tali parole possano essere certamente dedotte analizzando il sermone sul monte, non appaiono nella loro forma letterale.

Infine, per poter risolvere veramente ogni questione, non dobbiamo dimenticare o ignorare l'azione potente dello Spirito del Signore nella stesura delle Scritture. L'Autore per eccellenza è proprio Lui e possiamo essere sicuri del fatto che il Signore ha sorvegliato ed ha custodito la Sua Parola.

## La paternità del Vangelo di Matteo

Quando bisogna valutare la paternità di un libro bisogna analizzare sia le prove esterne, sia quelle interne. Le prove esterne sono ampiamente a favore di Matteo. Molti dei cosiddetti padri della chiesa credevano che l'autore di questo Vangelo fosse Matteo come Clemente di Roma, Policarpo, Giustino Martire e Clemente di Alessandria, Tertulliano ed

Origene. Anche le prove interne sono a favore della paternità di Matteo. In questo Vangelo Infatti, si trovano molti più riferimenti al denaro che non negli altri vangeli. Infatti, dobbiamo ricordare che Matteo era un esattore delle tasse e conosceva molto bene la differenza tra *didramme* (Mt 17:24), *statere* (Mt 17:27) e *talenti* (Mt 18:24).

Inoltre Matteo non esita a definirsi *pubblicano*, un termine che suscitava disprezzo, mentre Marco e Luca, quando parlano di Matteo non utilizzano mai questo attributo. Proprio per il disprezzo che suscitava questa parola, è verosimile che Matteo stesso si sia autodefinito in questo modo.

## I d1estinatari

Da tutto il Vangelo possiamo osservare che i destinatari primari di questo Vangelo sono Giudei. Questo dettaglio ci aiuterà a capire e comprendere alcuni testi di questo Vangelo molto importanti.

# Capitolo 1

## LA GENEALOGIA

**Matteo 1:1-11** > La prima parte della genealogia relativa al Signore Gesù

Mt 1:1-11 (lì > *Gesù, figlio di Davide ed Abraamo* > - Genealogia di Gesù Cristo, figlio di Davide, figlio di Abraamo - > Mt 1:1.

L'inizio del Vangelo di Matteo è molto particolare in quanto subito tratta la genealogia del Signore Gesù, per un duplice scopo. Questi due obiettivi si possono subito osservare nei due titoli menzionati relativi al Signore Gesù - *Figlio di Davide...di Abraamo* -. Ma procediamo con ordine. Nel greco ecco l'inizio di questo Vangelo - *Biblos geneseós Ièsou Christou* -, dove il sostantivo - *geneseos* - indica l'origine, la nascita di un individuo. Quindi l'evangelista desidera trattare e descrivere, come vedremo non in modo completo, ma per sommi capi, il libro dell'origine umana del Signore Gesù.

Nella Scrittura possiamo osservare spesso genealogie ed elenchi anche piuttosto lunghi relativi all'origine di un personaggio. In Ge 5:1 Infatti, leggiamo > *Genesi 5:1*

*Questo è il libro della genealogia di Adamo. Nel giorno che Dio creò l'uomo, lo fece a somiglianza di Dio; Genesi 5:2 li creò maschio e femmina, li benedisse e diede loro il nome di «uomo», nel giorno che furono creati.* In ebraico si chiamano le toledoth, ovvero quegli elenchi che hanno a che fare con l'origine ad esempio dei patriarchi. In questo brano possiamo osservare *il libro della genealogia di Adamo,* ovvero coloro che nacquero in seguito seguendo la stessa linea di discendenza del primo uomo. Infatti, il testo precisa che Adamo non ebbe un padre umano, in quanto venne creato direttamente da Dio, formando sia il maschio che la femmina. Dalla loro unione nacquero i primi abitanti della terra.

>Anche in Ge 10:32 è scritto > Genesi 10:32 *Queste sono le famiglie dei figli di Noè, secondo le loro generazioni, nelle loro*

*nazioni; da essi uscirono le nazioni che si sparsero sulla terra dopo il diluvio.* In questo caso ci troviamo di fronte alla descrizione dettagliata di quelle famiglie e nuclei che si costituirono, secondo le loro generazioni, dei *figli di Noè.* È sbalorditivo pensare che la popolazione mondiale nel corso dei secoli iniziò da questa linea generativa di Noè e dei suoi figli. Infatti, la Scrittura asserisce che *da essi uscirono le nazioni che si sparsero sulla terra dopo il diluvio.* In questo non si può non vedere la mano del Signore, la Sua Grazia che controlla ogni cosa.

>Ma l'evangelista Matteo parla della genealogia del Signore Gesù e ci potrebbe essere un'apparente contraddizione con quanto afferma l'autore della lettera agli Ebrei > Ebrei 7:3 *E senza padre, senza madre, senza genealogia, senza inizio di giorni né fin di vita, simile quindi al Figlio di Dio. Questo Melchisedec rimane sacerdote in eterno.* Nel parlare di Melchisedec è scritto che questo personaggio misterioso non ha una genealogia, né padre, né madre, né inizio di giorni, né fin di vita. Eppure tale descrizione, sicuramente unica per Melchisedec lo rassomiglia solamente al Signore Gesù, come Colui che realmente non ha genealogia.

>Allora come possiamo spiegare quest'apparente contraddizione? La risposta l'abbiamo nei due titoli menzionati che tra l'altro rivelano anche come l'evangelista vorrà presentare il Signore Gesù nel resto del libro. Egli è innanzitutto - *Figlio di Davide* -.

>*Ovviamente non parliamo di figlio, nel senso letterale del termine. Tale titolo è menzionato anche in* Lu 20:41-44 > Luca 20:41 Ed egli disse loro: «Come mai si dice che il Cristo è Figlio di Davide? Luca 20:42 Poiché Davide stesso, nel libro dei Salmi, dice: Il Signore ha detto al mio Signore: 'Siedi alla mia destra, Luca 20:43 finché io abbia messo i tuoi nemici come sgabello dei tuoi piedi'. Luca 20:44 Davide dunque lo chiama Signore; come può essere suo figlio?». *Il Signore Gesù, come Suo solito, menziona le scritture veterotestamentarie proprio per dimostrare in che senso va inteso il titolo - Figlio di Davide* Non si può comprendere tale titolo nel senso letterale del termine. Infatti, visto che Davide, scrivendo il salmo 110, afferma *il Signore ha detto al mio Signore siedi alla mia destra,* parole che il Signore Gesù rivolge a Se stesso, come è possibile che il *Signore* che cita Davide possa essere nello stesso tempo suo figlio in carne? È una contraddizione di termini.

>Anche in Ro 1:1-3. L'apostolo Paolo dichiara > Romani 1:1

*Paolo, servo di Cristo Gesù, chiamato a essere apostolo, messo a parte per il vangelo di Dio,* Romani 1:2 *che egli aveva già promesso per mezzo dei suoi profeti nelle sante Scritture* Romani 1:3 *riguardo al Figlio suo, nato dalla stirpe di Davide secondo la carne.* Nel presentarsi quale servo di Cristo ed apostolo appartato per predicare il Vangelo di Dio, Paolo menziona in modo chiaro, anche se indiretto, il titolo *Figlio di Davide,* per risaltare Colui che nacque nel senso umano *dalla stirpe di Davide,* tanto da avere i diritti non solo divini, ma anche umani di essere il Re d'Israele. L'eterno Figlio di Dio quando si incarnò doveva essere necessariamente di stirpe regale. Ecco il valore e l'importanza di questo titolo. Con l'espressione - *Figlio di Davide* - si vuole sottolineare il diritto indiscusso ed assoluto di Gesù quale Re.

> Tra l'altro vi sono anche altri esempi nei quali si può constatare che il termine figlio può essere inteso anche nel senso di discendente come Rut 4:15-17 > Rut 4:15 *Egli consolerà l'anima tua e sarà il sostegno della tua vecchiaia; l'ha partorito tua nuora che ti ama, e che vale per te più di sette figli».* Rut 4:16 *E Naomi prese il bambino, se lo strinse al seno, e gli fece da nutrice.* Rut 4:17 *Le vicine gli diedero il nome, e dicevano: «È nato un figlio a Naomi!» Lo chiamarono Obed. Egli fu il padre d'Isai, padre di Davide.* È bello ed edificante poter studiare la vita di questa donna, Rut, ma non è questo il momento. Tuttavia, è interessante osservare che Rut, essendosi unita a Boaz, partorisce un figlio che sarà chiamato Obed. Egli fu il padre di Isai e quest'ultimo, padre di Davide. Solo in questo testo possiamo notare ben tre nomi che concernono la genealogia del Signore Gesù. Le donne che assistettero alla scena dissero gioiose *E nato un figlio a Naomi.* Chiaramente il termine figlio non è letterale, ma simbolico e figurato, in quanto letteralmente Obed era nipote di Naomi. Ma queste donne non sbagliano. Esse usano il termine figlio in un senso estremamente affettivo, motivate dalle sofferenze che Naomi aveva dovuto sopportare nel corso della sua vita.

> Proseguendo in 2 Sa 22:50-51 è scritto > 2Samuele 22:50 *Perciò, o SIGNORE, ti loderò tra le nazioni e salmeggerò al tuo nome.* 2Samuele 22:51 *Grandi liberazioni egli accorda al suo re e usa bontà verso il suo unto, verso Davide e la sua discendenza per sempre».* Questo testo fa parte di un cantico meraviglioso che Davide innalzò al Signore al termine della sua vita. È un canto di vittoria e di trionfo, in quanto Davide era assolutamente certo che il Signore l'aveva liberato da tutti i suoi nemici. Egli annuncia una

grande notizia: il Signore accorda grazia e favore non solo a Davide ma alla sua *discendenza*. Ed è sintomatico osservare che nel parlare del Discendente per eccellenza, il Signore Gesù, Paolo a Tito parlerà della *Grazia di Dio salvifica per tutti gli uomini che si è manifestata* (Tt 2:11). Nel Signore Gesù possiamo veramente constatare come la Grazia di Dio si sia manifestata in modo chiaro nella discendenza di Davide.

> Come non parlare di Is 11:1-2, dove è scritto quanto segue > Isaia 11:1 *Poi un ramo uscirà dal tronco d'Isai, e un rampollo spunterà dalle sue radici.* Isaia 11:2 *Lo Spirito del SIGNORE riposerà su di lui: Spirito di saggezza e d'intelligenza, Spirito di consiglio e di forza, Spirito di conoscenza e di timore del SIGNORE.* Il *ramo* che esce dal tronco di Isai, non è Davide, in quanto questo personaggio godrà di una piena e totale azione dello Spirito del Signore sopra di Lui. Anzi lo Spirito Santo riposerà su di Lui. Solo il Signore Gesù ha potuto adempiere pienamente a queste parole che parlano del particolare ministero che lo Spirito ha attuato nella Persona gloriosa del Discendente di

## Davide, nato da donna, al compimento dei tempi

Ma abbiamo anche un secondo titolo molto importante - *figlio d'Abramo* -. Anche in questo caso ovviamente c'è da intendere nel senso di discendente, ma è molto importante individuare il motivo per cui viene citato proprio Abraamo.

Per questo motivo bisogna andare nel libro di Genesi > Genesi 17:4 *«Quanto a me, ecco il patto che faccio con te; tu diventerai padre di una moltitudine di nazioni;* Genesi 17:5 *non sarai più chiamato Abramo, ma il tuo nome sarà Abraamo, poiché io ti costituisco padre di una moltitudine di nazioni.* Genesi 17:6 *Ti farò moltiplicare grandemente, ti farò divenire nazioni e da te usciranno dei re.* Non dobbiamo assolutamente dimenticarci che Abraamo era vecchio, per lui era biologicamente impossibile avere figli, con, tra l'altro, una moglie sterile e di età avanzata. Ma il Signore, nella Sua misericordia, stabilisce un patto con Abraamo, cambiandogli il nome e dandogliene uno migliore che significa *padre di una moltitudine di nazioni*. Rivolgere questa promessa ad un uomo come Abraamo sembrava assurdo e paradossale. Invece questa promessa si adempì in modo perfetto. Da lui Infatti, provengono più nazioni e dalla sua discendenza sono sorti dei re. Possiamo in questo caso certamente affermare che il Re per eccellenza è proprio il Signore Gesù.

> Abraamo fu il punto di riferimento degli stessi scribi e farisei che non esitavano a chiamarlo padre > Giovanni 8:39 *Essi gli risposero: «Nostro padre è Abraamo». Gesù disse loro: «Se foste figli di Abraamo, fareste le opere di Abraamo;* Giovanni 8:40 *ma ora cercate di uccidermi, perché vi ho detto la verità che ho udita da Dio; Abraamo non fece così.* Sappiamo che gli scribi ed i farisei, benché fossero due classi dotate di cultura ed erudizione, erano estremamente orgogliosi e soprattutto ostili al Signore Gesù. Essi si vantavano di essere *figli d'Abraamo*, ovvero discendenti suoi, ma purtroppo non erano caratterizzati dalla stessa fede di colui che sarà chiamato *il padre della fede* (Ro 4:16). Infatti, se loro erano non solo da un punto di vista di discendenza, ma anche spiritualmente figli d'Abraamo avrebbero riconosciuto, accolto, lodato ed adorato Colui che è il - *Figlio d'Abraamo* - per eccellenza.

> Anche in Ga 3:15-16 Paolo dichiara > Galati 3:15 *Fratelli, io parlo secondo le usanze degli uomini: quando un testamento è stato validamente concluso, pur essendo soltanto un atto umano, nessuno lo annulla o vi aggiunge qualcosa.* Galati 3:16 *Le promesse furono fatte ad Abraamo e alla sua progenie. Non dice: «E alle progenie», come se si trattasse di molte; ma, come parlando di una sola, dice: «E alla tua progenie», che è Cristo.* Paolo focalizza la sua attenzione proprio su quel patto che abbiamo visto in Ge 17, di Dio con Abraamo. Abraamo ovviamente non vide la totalità dell'adempimento di quelle promesse che vennero rivolte a lui, ma solo in parte. Tuttavia l'apostolo evidenzia un punto molto importante. Le promesse vennero rivolte *alla tua progenie,* al singolare. Questa progenie benedetta confluisce proprio nella Persona gloriosa del Signore Gesù. Egli è veramente il - *figlio d'Abraamo* -.

Mt 1:1-11 (21 > ***Da Abraamo a Davide*** > - *Abraamo generò Isacco; Isacco generò Giacobbe; Giacobbe generò Giuda e i suoi fratelli; Giuda generò Fares e Zara da Tamar; Fares generò Esrom; Esrom generò Aram; Aram generò Aminadab; Aminadab generò Naasson; Naasson generò Salmon; Salmon generò Boos da Raab; Boos generò Obed da Rut; Obed generò Iesse, e Iesse generò Davide, il re* Mt 1:2-6/a.

> Il testo prosegue mettendo chiaramente in evidenza e nel dettaglio che definire il Signore Gesù - *figlio di Davide e di*

*Abraamo -,* non è assolutamente un errore ma la palese verità. Infatti, partendo da Abraamo, è scritto che - *generò Isacco -.*

> Isacco rappresentava proprio il figlio della promessa, quel figlio da cui poi sarebbe succeduta la discendenza benedetta fino al Signore Gesù. Quanto è bello osservare quanto è scritto in Ge 21:1-3 > Genesi 21:1 *Il SIGNORE visitò Sara come aveva detto; e il SIGNORE fece a Sara come aveva annunziato.* Genesi 21:2 *Sara concepì e partorì un figlio ad Abraamo, quando egli era vecchio, al tempo che Dio gli aveva fissato.* Genesi 21:3 *Abraamo chiamò Isacco il figlio che gli era nato, che Sara gli aveva partorito.* Finalmente il momento tanto atteso era giunto. Sara venne visitata dal Signore e nonostante tutti i problemi biologici e naturali che la caratterizzavano, essa concepì e partorì Isacco nel tempo giusto predetto dal Signore. Fu un momento assolutamente indimenticabile per questi due genitori.

> Proprio a motivo di questa gioia risulta ancora più grandiosa la dimostrazione di fede che Abraamo dimostrò in Ge 22:1-2, 10-12 > Genesi 22:1 *Dopo queste cose, Dio mise alla prova Abraamo e gli disse: «Abraamo!» Egli rispose: «Eccomi».* Genesi 22:2 *E Dio disse: «Prendi ora tuo figlio, il tuo unico, colui che ami, Isacco, e va' nel paese di Moria, e offrilo là in olocausto sopra uno dei monti che ti dirò»* ... Genesi 22:10 *Abraamo stese la mano e prese il coltello per scannare suo figlio.* Genesi 22:11 *Ma l'angelo del SIGNORE lo chiamò dal cielo e disse: «Abraamo, Abraamo!» Egli rispose: «Eccomi».* Genesi 22:12 *E l'angelo: «Non stendere la mano contro il ragazzo e non fargli male! Ora so che tu temi Dio, poiché non mi hai rifiutato tuo figlio, l'unico tuo».* Il figlio era nato, era cresciuto nel frattempo, ma ad un certo punto il Signore vuole mettere alla prova Abraamo per saggiare la sua fede. Egli gli chiede proprio in olocausto suo figlio, quel bimbo tanto atteso nel corso dei suoi anni della vecchiaia. Non c'era motivo di sbagliare. Abraamo aveva capito l'ordine di Dio *prendi tuo figlio...colui che ami, Isacco ed offrilo in olocausto.* È strabiliante notare che Abraamo non accenna ad un dubbio, ad una perplessità, ma ubbidisce immediatamente. Egli non sapeva assolutamente cosa sarebbe accaduto dopo, ma aveva fiducia nel Signore. Infatti, l'Eterno non gli consente di scannare ed uccidere suo figlio, ma possiamo stare certi che Abraamo era intenzionato ad ubbidire fino in fondo al comando di Dio. Quest'episodio sancisce, sigilla, in modo definitivo la fede di Abraamo, ponendolo come esempio per le generazioni future.

> La linea genealogica continua - *Isacco generò Giacobbe* -.

> Infatti, in Ge 25:24-26 è scritto > *Genesi 25:24 Quando venne per lei il tempo di partorire, ecco che lei aveva due gemelli nel grembo. Genesi 25:25 Il primo che nacque era rosso e peloso come un mantello di pelo. Così fu chiamato Esaù. Genesi 25:26 Dopo nacque suo fratello, che con la mano teneva il calcagno di Esaù e fu chiamato Giacobbe.* Isacco aveva sessant'anni quando Rebecca li partorì. Isacco non generò solo Giacobbe, ma anche Esaù. Esaù non è menzionato solo perché Matteo seleziona accuratamente la linea genealogica diretta del Signore Gesù. Ma rimane il fatto che comunque il primogenito non era Giacobbe, ma Esaù. Lui uscì per primo e lui aveva il diritto di primogenitura.

>Ma la storia di questi due fratelli è pieno di ombre e di rancori. Il primo brano emblematico è Ge 25:29-33 > *Genesi 25:29 Or mentre Giacobbe faceva cuocere una minestra, Esaù sopraggiunse dai campi, tutto stanco. Genesi 25:30 Esaù disse a Giacobbe: «Dammi per favore da mangiare un po' di questa minestra rossa, perché sono stanco». Perciò fu chiamato Edom. Genesi 25:31 Giacobbe gli rispose: «Vendimi prima di tutto la tua primogenitura». Genesi 25:32 Esaù disse: «Ecco, io sto morendo; a che mi serve la primogenitura?» Genesi 25:33 Giacobbe disse: «Prima, giuramelo». Esaù glielo giurò e vendette la sua primogenitura a Giacobbe....* Questo testo mette in evidenza la scaltrezza di Giacobbe e la superficialità e malvagità di Esaù. Possiamo certamente dire che nessuno dei due fu un esempio per l'altro. Esaù disprezzo la sua primogenitura, un bene assolutamente prezioso e fonte di benedizione nell'antichità. Giacobbe approfitta della situazione, barattando la primogenitura di Esaù, con un piatto di minestraci Esaù addirittura *giurò* e nell'AT possiamo osservare che il giuramento era un atto assolutamente solenne. Si era vincolati a ciò che si era giurato.

Ma la scaltrezza di Giacobbe è evidente in Ge 27:26-29 dove abbiamo il contenuto della benedizione di Isacco > *Genesi 27:26 Poi suo padre Isacco gli disse: «Ora avvicinati e baciami, figlio mio». Genesi 27:27 Egli s'avvicinò e lo baciò. E Isacco sentì l'odore dei vestiti, e lo benedisse dicendo: «Ecco, l'odore di mio figlio è come l'odore di un campo, che il SIGNORE ha benedetto. Genesi 27:28 Dio ti conceda la rugiada del cielo, la fertilità della terra e abbondanza di frumento e di vino. Genesi 27:29 Ti servano i popoli e le nazioni s'inchinino davanti a te. Sii padrone dei tuoi fratelli e i figli di tua madre s'inchinino davanti a te. Maledetto sia chiunque ti maledice, benedetto sia chiunque ti benedice!»*. Giacobbe con l'inganno e la menzogna si era sostituito ad Esaù e fu proprio lui a ricevere la benedizione paterna che non aveva a che fare solo con la sua persona, ma anche con la sua discendenza. Questa benedizione non poteva essere ripetuta, tanto che Esaù supplicò il padre di benedire anche lui, ma era troppo tardi (Ge 27:34). Esaù non poteva più essere benedetto, in quanto disprezzò ciò che era sacro e solenne.

>Si potrebbe dire ancora molto sulla vita di Giacobbe, ma proseguiamo. La genealogia prosegue - *Giacobbe generò Giuda ed i suoi fratelli* -. Vi sono due considerazioni da fare. Giuda innanzitutto non era primogenito (Ruben lo era), in secondo luogo non era certamente un uomo e fratello esemplare.

> La notizia della nascita di Giuda è in Ge 29:35 > Genesi 29:35 *E concepì di nuovo, partorì un figlio e disse: «Questa volta celebrerò il SIGNORE». Perciò lo chiamò Giuda. Poi cessò d'aver figli.* Il significato del nome Giuda è molto bello, in quanto ha a che fare con la celebrazione del Nome del Signore. Egli fu l'ultimo dei figli nati da Lea. Ma che uomo era? Era un fratello esemplare?

> Il testo di Ge 37:26-27 risponde a questo interrogativo > Genesi 37:26 *Giuda disse ai suoi fratelli: «Che ci guadagneremo a uccidere nostro fratello e a nascondere il suo sangue?* Genesi 37:27 *Su, vendiamolo agl'ismaeliti e non lo colpisca la nostra mano, perché è nostro fratello, nostra carne». I suoi fratelli gli diedero ascolto....* È vero che tutti i fratelli di Giuda (a parte Beniamino ovviamente) erano d'accordo nel fare del male al loro fratello Giuseppe, ma egli non mostra compassione, né misericordia. Anzi Giuda pensa al guadagno illecito, sperando di ricavare qualcosa dal vendere Giuseppe.

Eppure la benedizione di Giacobbe su Giuda è assolutamente straordinaria > Genesi 49:9 *Giuda è un giovane leone; tu risali dalla preda, figlio mio; egli si china, s'accovaccia come un leone, come una leonessa: chi lo farà alzare?* Genesi 49:10 *Lo scettro non sarà rimosso da Giuda, né sarà allontanato il bastone del comando dai suoi piedi, finché venga colui al quale esso appartiene e a cui ubbidiranno i popoli.* Questo ci insegna che la benedizione sulla tribù di Giuda non era legato al valore vero o presunto dell'uomo in questione, ma al risultato che ci sarebbe stato seguendo la linea genealogica di Giuda, ovvero la nascita del

Re. *Egli è il* Leone della tribù di Giuda, *Colui che governerà e reggerà le nazioni con una verga di ferro. Solo in Cristo prendono vita queste parole straordinarie di Giacobbe su Giuda* un giovane leone. Lo scettro non sarà mai rimosso da Giuda, né sarà allontanato il bastone del comando. *Infatti, verrà Colui* a cui ubbidiranno tutti i popoli.

Il testo prosegue evidenziando un altro fatto emblematico - *Giuda generò Fares e Zara da Tamar* -.

Uno stralcio del racconto implicato l'abbiamo in Ge 38:24-30 > Genesi 38:24 *Circa tre mesi dopo, vennero a dire a Giuda: «Tamar, tua nuora, si è prostituita e, per di più, eccola incinta in seguito alla sua prostituzione». Giuda disse: «Portatela fuori e sia bruciata!»* Genesi 38:25 *Mentre la portavano fuori, mandò a dire al suo suocero: «Sono incinta dell'uomo al quale appartengono queste cose». E disse: «Riconosci, ti prego, di chi siano questo sigillo, questi cordoni e questo bastone».* Genesi 38:26 *Giuda li riconobbe e disse: «È più giusta di me, perché non l'ho data a mio figlio Sela». Ed egli non ebbe più relazioni con lei.* Genesi 38:27 *Quando venne il tempo in cui doveva partorire, ecco che Tamar aveva in grembo due gemelli.* Genesi 38:28 *Mentre partoriva, l'uno di essi mise fuori una mano e la levatrice la prese e vi legò un filo scarlatto, dicendo: «Questo qui esce per primo».* Genesi 38:29 *Ma egli ritirò la mano, ed uscì suo fratello. Allora la levatrice disse: «Perché ti sei fatta questa breccia?»* Per questo motivo gli fu messo nome Perez. Genesi 38:30 *Poi uscì suo fratello, che aveva alla mano il filo scarlatto; e fu chiamato Zerac.* Possiamo certamente affermare che anche questo testo non depone molto a favore di Giuda. Tamar risultava essere sua nuora, in quanto moglie del primogenito di Giuda di nome Er. Ma Er non poteva fare parte della genealogia del Signore Gesù, in quanto *perverso agli occhi del Signore*. Infatti, l'Eterno lo fece morire. Giuda aveva anche un secondo figlio di nome Onan che poteva prendere Tamar in moglie. Ma piuttosto che avere figli da lei, i quali non sarebbero poi stati considerati come suoi discendenti diretti, impediva ogni volta il concepimento, spargendo il proprio seme per terra. Ed il Signore fece morire anche lui. Tamar escogita un piano molto astuto facendosi passare per una prostituta e Giuda, inconsapevolmente, si unisce a lei pensando proprio ad una meretrice. Egli non aveva riconosciuto sua nuora. Poi arriviamo al testo sopracitato, nel quale Giuda ammette tutta la sua pochezza. Giuda fu proprio il padre di questi due gemelli che entrano nella genealogia del Signore Gesù. La differenza di nomi sta nella differenza delle lingue originali con cui sono stati redatti AT e NT.

Proseguendo nella genealogia leggiamo - *Fares generò Esrom; Esrom generò Aram; Aram generò Aminadab; Aminadab generò Naasson; Naasson generò Salmon; Salmon generò Boos* -. Come possiamo osservare quest'elenco deve essere assolutamente considerato e non preso solamente come uno sterile elenco di nomi. Con questa genealogia, lo Spirito del Signore ci vuole insegnare che l'Eterno ha avuto tutto sotto controllo e che nel corso dei secoli si formò piano piano, la linea diretta del Signore Gesù fino a giungere alla Sua incarnazione.

Molto interessante soffermarsi proprio su - *Boos* - che è evidentemente il Boaz del libro di Rut. Infatti, è scritto in Rut 4:20-22 > Rut 4:20 *Amminadab generò Nason; Nason generò Salmon; Rut 4:21 Salmon generò Boaz; Boaz generò Obed; Rut 4:22 Obed generò Isai, e Isai generò Davide.* In questo testo possiamo notare diversi nomi che compaiono uguali anche nel testo di Matteo.

Il libro di Rut ci dà un'ampia panoramica di chi fosse Boaz. Quali erano le sue caratteristiche. Ad esempio in Rut 2:3-7 possiamo constatare come l'attenzione di Boaz si soffermò subito su Rut > Rut 2:3 *Rut andò e si mise a spigolare in un campo dietro ai mietitori; e per caso si trovò nella parte di terra appartenente a Boaz, che era della famiglia di Elimelec. Rut 2:4 Ed ecco che Boaz giunse da Betlemme, e disse ai mietitori: «Il SIGNORE sia con voi!» E quelli gli risposero: «Il SIGNORE ti benedica!» Rut 2:5 Poi Boaz disse al suo servo incaricato di sorvegliare i mietitori: «Di chi è questa fanciulla?» Rut 2:6 Il servo incaricato di sorvegliare i mietitori rispose: «È una fanciulla moabita; quella che è tornata con Naomi dalle campagne di Moab. Rut 2:7 Lei ci ha detto: Vi prego, lasciatemi spigolare e raccogliere le spighe cadute dai mannelli, dietro ai mietitori. È venuta ed è rimasta in piedi da stamattina fino ad ora; soltanto adesso si è seduta nella casa per un po'».* Come è chiaro da questo testo, Rut era una donna straordinari e grande lavoratrice. Essa spigolava nel campo che *era della famiglia di Elimelec,* ovvero suo suocero, ma che nello stesso tempo apparteneva a Boaz. A quest'ultimo non sfuggì la bellezza che traspariva da questa donna, non solo fisica, ma soprattutto morale e spirituale. Persino i servi di Boaz non poterono fare a meno di elogiare Rut per la sua laboriosità E venuta ed è rimasta in piedi da stamattina fino ad ora; soltanto adesso si è seduta nella casa per un po'.

>Inoltre, in Rut 2:8-9, notiamo come Boaz nutra da subito un senso di protezione verso Rut > Rut 2:8 *Allora Boaz disse a Rut: «Ascolta, figlia mia; non andare a spigolare in un altro campo; e non allontanarti da qui, ma rimani con le mie serve; Rut 2:9 guarda qual è il campo che si miete, e va' dietro a loro. Ho ordinato ai miei servi che non ti tocchino; e quando avrai sete, andrai a bere dai vasi l'acqua che i servi avranno attinta».* Boaz tranquillizza Rut e la esorta a continuare a lavorare per lui, con i suoi servi. Boaz nutriva già un profondo affetto per questa donna che, ricordiamolo, era moabita, perciò non ebrea, sebbene i moabiti fossero imparentati con gli ebrei attraverso la figlia maggiore di Lot (Ge 19:37). Boaz ordinò in modo chiaro ai suoi servi di non toccare o importunare Rut e questo comando non è scontato, visto e considerato come a quei tempi la donna veniva considerata e trattata. Da questo vediamo il suo senso di protezione.

Ma Boaz è attento anche alle varie notizie che giunsero su Rut > Rut 2:11 *Boaz le rispose: «Mi è stato riferito tutto quello che hai fatto per tua suocera dopo la morte di tuo marito, e come hai abbandonato tuo padre, tua madre e il tuo paese natio, per venire a un popolo che prima non conoscevi.* Il comportamento irreprensibile ed esemplare di Rut non sfuggirono a Boaz e questo alimentò ancora di più in lui l'amore verso di lei.

Fino a quando in Rut 4:9-13 si arriva al matrimonio tra questi due personaggi così straordinari > Rut 4:9 *Allora Boaz disse agli anziani e a tutto il popolo: «Voi siete oggi testimoni che io ho acquistato dalle mani di Naomi tutto quello che apparteneva a Elimelec, a Chilion e a Malon, Rut 4:10 e che ho pure acquistato Rut, la Moabita, moglie di Malon, perché sia mia moglie, per far rivivere il nome del defunto nella sua eredità, affinché il nome del defunto non si estingua tra i suoi fratelli e alla porta della sua città. Voi ne siete oggi testimoni». Rut 4:11 E tutto il popolo che si trovava alla porta della città e gli anziani risposero: «Ne siamo testimoni. Il SIGNORE conceda che la donna che entra in casa tua sia come Rachele e come Lea, le due donne che fondarono la casa d'Israele. Spiega la tua forza in Efrata, e fatti un nome in Betlemme! Rut 4:12 Possa la discendenza che il SIGNORE ti darà da questa giovane rendere la tua casa simile alla casa di Perez, che Tamar partorì a Giuda!»* Rut 4:13 *Così Boaz prese Rut, che divenne sua moglie. Egli entrò da lei, e il SIGNORE le diede la grazia di concepire; e quella partorì un figlio.* Boaz ebbe cura nell'ottemperare a tutti i suoi compiti relativi all'acquisto di tutti possedimenti del marito di Naomi e dei suoi figli e di Rut stessa. Attraverso questa unione, il nome del defunto marito di Rut avrebbe preso nuovamente vita. Ma è molto bello osservare la gioia che traspare da parte di tutti quanti per questo matrimonio. Essi sapevano che il Signore avrebbe grandemente benedetto quest'unione, anche perché basilare, fondamentale per il proseguimento della linea genealogica messianica. Ma al di là di questo non vi può che essere gioia quando due figli di Dio che vogliono essere fedeli al Signore, si vogliono unire in matrimonio.

>Ma vi è un'altra donna nella genealogia del Signore - *Salmon generò Boos da Raab* -. Ovviamente Matteo tralascia diversi nomi in quanto tra Raab e Davide passano circa quattro secoli. Ma è bello potersi soffermare su questi personaggi i quali ci possono dare veramente dei bellissimi esempi di vita. Una di queste è proprio - *Raab* -, una pagana, una cittadina di Gerico.

In Gs 2:3-4 possiamo constatare come questa donna fosse dotata di un coraggio non comune > Giosuè 2:3 *Allora il re di Gerico mandò a dire a Raab: «Fa' uscire quegli uomini che sono venuti da te e sono entrati in casa tua; perché sono venuti a esplorare tutto il paese».* Giosuè 2:4 *Ma la donna prese quei due uomini, li nascose.* Il re di Gerico aveva certamente potere di vita e di morte, perciò Raab rischiava veramente molto nel nascondere due spie nemiche. Ma questa fu una chiara dimostrazione di fede come dirà Giacomo nella sua lettera (Gm 2:25). La fede va dimostrata e Raab ne è un esempio.

>Ma per quale motivo Raab si comportò in questo modo? Lei era una donna pagana ed idolatra. Ma qualcosa di straordinario era avvenuto nella sua vita. Infatti, in Gs 2:8-10 abbiamo la sua piena confessione di fede > Giosuè 2:8 *Prima che le spie si addormentassero, Raab salì da loro sulla terrazza,* Giosuè 2:9 *e disse a quegli uomini: «Io so che il SIGNORE vi ha dato il paese, che il terrore del vostro nome ci ha invasi e che tutti gli abitanti del paese hanno perso coraggio davanti a voi.* Giosuè 2:10 *Poiché noi abbiamo udito come il SIGNORE asciugò le acque del mar Rosso davanti a voi, quando usciste dall'Egitto, e quel che faceste ai due re degli Amorei, di là dal Giordano, Sicon e Og, che votaste*

*allo sterminio*. Questa donna si era limitata solo ad ascoltare le notizie delle varie vittorie riportate da Israele grazie al Signore. Era impossibile Infatti, per un popolo nomade come era Israele riportare tutte quelle vittorie se l'unico e vero Dio non era con il Suo popolo. Raab rinnega tutti i suoi idoli, definendo il Signore il *Dio lassù nei cieli e quaggiù sulla terra* (Gs 2:11). Le opere potenti del Signore si erano chiaramente dimostrate e questa pagana non poteva non riconoscerli. Grazie alla sua fede, lei e la sua famiglia vennero risparmiate dalla distruzione.

>Arriviamo adesso a Rut - *Boos generò Obed da Rut* -. Non poteva essere non menzionata anche questa donna. Prima abbiamo visto Boaz, ora vediamo sua moglie.

>Già abbiamo visto qualcosa di Rut. Ma innanzitutto è bello considerare la fede che Rut nutrì nei confronti del Signore > Rut 1:15 *Naomi disse a Rut: «Ecco, tua cognata se n'è tornata al suo popolo e ai suoi dèi; torna indietro anche tu, come tua cognata!»* Rut 1:16 *Ma Rut rispose: «Non pregarmi di lasciarti, per andarmene via da te; perché dove andrai tu, andrò anch'io; e dove starai tu, io pure starò; il tuo popolo sarà il mio popolo, e il tuo Dio sarà il mio Dio.* Questo testo rappresenta chiaramente la chiave di volta della vita di questa donna. Essa non voleva solamente seguire Naomi per affetto, ma perché aveva riconosciuto nel suo cuore che il *Dio di Naomi sarebbe stata il suo Dio,* come Israele sarebbe stato il suo nuovo popolo. Uno straniero poteva fare parte di Israele, a patto che la Legge venisse ubbidita e temuta. Questa fede di Rut cambiò completamente il suo modo di agire e lo si può vedere nel rapporto intimo tra lei e la suocera.

>Inoltre, in Rut 3:3-5, possiamo osservare che Rut era una donna che accettava ed ascoltava i saggi consigli > Rut 3:3 *Làvati dunque, profumati, indossa il tuo mantello e scendi all'aia; ma non farti riconoscere da lui prima che egli abbia finito di mangiare e di bere.* Rut 3:4 *E quando se ne andrà a dormire, osserva il luogo dov'egli dorme; poi va', alzagli la coperta dalla parte dei piedi, e coricati lì; e lui ti dirà quello che tu debba fare».* Rut 3:5 *Rut le rispose: «Farò tutto quello che dici».* Spesse volte le nuore sono restie ad ascoltare i buoni consigli di suocere che hanno esperienza. Ma non fu così per Rut. Naomi consigliò a Rut di darsi profumi, indossare un mantello per non farsi riconoscere e di andare da Boaz, a proposito del diritto di riscatto. Possiamo dire che questo fu il primo incontro intimo tra i due, ma non ci fu

peccato. Rut seguì il consiglio di Naomi ed alla fine Boaz dovette ammettere di avere davanti una *donna virtuosa* (Rut 3:11). Fu proprio la saggezza, la dolcezza, ma anche la fermezza e la forza a trasparire da questa donna. C'è bisogno nelle chiese oggi di tanti Boaz e Rut.

>La linea genealogica va avanti - *Obed generò lesse e lesse generò Davide, il re* -. Interessante notare che nel greco abbiamo proprio l'espressione - *ton basilea* -, ovvero il re nella forma accusativa. Non è a caso che troviamo l'articolo davanti al sostantivo *basilea*. Infatti, Davide non fu solamente un re, ma il metro di paragone con cui sono stati valutati tutti i re di Israele e di Giuda successivi.

1Samuele 16:6 *Mentre entravano, egli pensò, vedendo Eliab: «Certo l'unto del SIGNORE è qui davanti a lui».* 1Samuele 16:7 *Ma il SIGNORE disse a Samuele: «Non badare al suo aspetto né alla sua statura, perché io l'ho scartato; Infatti, il SIGNORE non bada a ciò che colpisce lo sguardo dell'uomo: l'uomo guarda all'apparenza, ma il SIGNORE guarda al cuore».* 1Samuele 16:8 *Allora Isai chiamò Abinadab e lo fece passare davanti a Samuele; ma Samuele disse: «Il SIGNORE non si è scelto neppure questo».* 1Samuele 16:9 *Isai fece passare Samma, ma Samuele disse: «Il SIGNORE non si è scelto neppure questo».* 1Samuele 16:10 *Isai fece passare così sette dei suoi figli davanti a Samuele; ma Samuele disse a Isai: «Il SIGNORE non si è scelto questi».* 1Samuele 16:11 *Poi Samuele disse a Isai: «Sono questi tutti i tuoi figli?» Isai rispose: «Resta ancora il più giovane, ma è al pascolo con le pecore». Samuele disse a Isai: «Mandalo a cercare, perché non ci metteremo a mangiare prima che sia arrivato qua».* 1Samuele 16:12 *Isai dunque lo mandò a cercare, e lo fece venire. Egli era biondo, aveva dei begli occhi e un bell'aspetto. Il SIGNORE disse a Samuele: «Alzati, ungilo, perché è lui».* Possiamo certamente affermare che il profeta Samuele imparò una grande lezione da quest'esperienza. Egli ubbidisce all'ordine del Signore di andare a casa di Isai, in quanto tra i suoi figli il Signore aveva designato il successore di Saul. Quest'ultimo Infatti, era stato rigettato come re dal Signore. Nel vedere il primogenito di Isai, Eliab, Samuele venne ingannato dal suo aspetto, dalla sua possanza, dalla sua statura. Egli pensava *Certo l'unto del SIGNORE è qui davanti a lui».* Ma il Signore lo redarguisce. Samuele non doveva fermarsi all'apparenza delle cose, ma andare direttamente alla sostanza. Nessuno dei figli presenti fu scelto dal Signore, in quanto l'Eterno aveva già preso la Sua decisione sull'unico figlio mancante, proprio Davide, il giovane pastorello, ubbidiente al padre e timorato di Dio. La risposta del Signore fu chiara: *alzati, ungilo perché è lui*. Da quel momento Davide venne designato come re di Israele e per la volontà di Dio, dopo la morte di Saul, regnò per quarant'anni.

>Ora, è interessante osservare, come dicevo prima, come Davide viene citato come metro di paragone per la condotta di tanti altri re. Ad esempio Amasia > 2Re 14:1 Il *secondo anno di Ioas, figlio di Ioacaz re d'Israele, cominciò a regnare Amasia, figlio di Ioas, re di Giuda.* 2Re 14:2 *Aveva venticinque anni quando cominciò a regnare, e regnò ventinove anni a Gerusalemme. Sua madre si chiamava Ioaddan, ed era di Gerusalemme.* 2Re 14:3 *Egli fece ciò che è giusto agli occhi del SIGNORE; non però come Davide suo padre; fece interamente come aveva fatto Ioas suo padre.* 2Re 14:4 *Tuttavia gli alti luoghi non furono soppressi; il popolo continuava a offrire sacrifici e incenso sugli alti luoghi.* Nel libro dei Re si trova proprio la distinzione tra Israele e Giuda a motivo della divisione che avvenne al tempo di Roboamo e di Geroboamo. È scritto che Amasia fu un re che piacque all'Eterno, egli fece ciò che è giusto agli occhi del Signore, *ma attenzione* non però come Davide suo padre. È chiaro che padre è visto nel senso di antenato. In altre parole, Amasia fu un re abbastanza fedele ma non superò Davide nella sua condotta. Infatti, la fedeltà di Amasia fu parziale, in quanto gli alti luoghi, simbolo di idolatria, non furono soppressi ed il popolo continuava ad offrire sacrifici ad altri dèi.

>In seguito, arriviamo al re, a mio avviso, più fedele registrato nella storia dei sovrani di Giuda e d'Israele, Giosia > 2Re 22:1 *Giosia aveva otto anni quando cominciò a regnare, e regnò trentun anni a Gerusalemme. Sua madre si chiamava Iedida, figlia di Adaia, da Boscat.* 2Re 22:2 *Egli fece ciò che è giusto agli occhi del SIGNORE, e camminò in tutto e per tutto per la via di Davide suo padre, senza scostarsene né a destra né a sinistra.* Quando a 16 anni si convertì al Signore, tutto il suo regno fu caratterizzato da una fedeltà assoluta al Signore. Egli non era perfetto, eppure in queste pagine si ravvisa solo amore, zelo, dedizione di un giovane che vuole piacere al Signore. Non solo egli *fece ciò che è giusto agli occhi del Signore*, ma nello stesso tempo *camminò in tutto e per tutto per la via di Davide*. Perciò è come se il testo eguagliasse Giosia a Davide anche se dopo verrà detto che *né prima di lui, né dopo, ci fu un re come Giosia* (2 Re 23:25). Il suo cammino, la sua

condotta, fu integra senza sviamenti.

Questo dà ancora più forza all'espressione - *Davide il re* -. Tra l'altro Davide lo ritroviamo anche in testi escatologici importanti come Ez 37:24-25, nuovamente come conduttore di Israele > Ezechiele 37:24 *Il mio servo Davide sarà re sopra di loro ed essi avranno tutti un medesimo pastore; cammineranno secondo le mie prescrizioni, osserveranno le mie leggi, le metteranno in pratica;* Ezechiele 37:25 *abiteranno nel paese che io diedi al mio servo Giacobbe, dove abitarono i vostri padri; vi abiteranno essi, i loro figli e i figli dei loro figli per sempre; e il mio servo Davide sarà loro principe per sempre.* Non credo che si parli del Signore Gesù, in quanto Egli, quale Re glorioso, è distinto chiaramente da ogni sovrano del passato. Essendo questo un brano che parla del millennio, si intende il Davide letterale che risuscitato, tornerà ad occuparsi di Israele. Egli sarà nuovamente *re,* anche se non avrà certamente l'autorità assoluta del Re dei re.

Mt 1:1-11 (31> *Da Davide a Ieconia* > - *Davide generò Salomone da quella che era stata moglie di Uria; Salomone generò Roboamo; Roboamo generò Abia; Abia generò Asa; Asa generò Giosafat; Giosafat generò Ioram; Ioram generò Uzzia; Uzzia generò Ioatam; Ioatam generò Acaz; Acaz generò Ezechia; Ezechia generò Manasse; Manasse generò Amon; Amon generò Giosia; Giosia generò Ieconia e i suoi fratelli al tempo della deportazione in Babilonia -* > Mt 1:6/b-11.

In questa seconda sezione, possiamo notare tanti altri nomi. Innanzitutto il figlio di Davide - *Salomone* -.

La nascita di Salomone è menzionata in 2Sa 12:21-25 > 2Samuele 12:21 *I suoi servitori gli dissero: «Che cosa fai? Quando il bambino era ancora vivo digiunavi e piangevi; ora che è morto, ti alzi e mangi!»* 2Samuele 12:22 *Egli rispose: «Quando il bambino era ancora vivo, digiunavo e piangevo, perché dicevo: Chissà che il SIGNORE non abbia pietà di me e il bambino non resti in vita? Ma ora che è morto, perché dovrei digiunare?* 2Samuele 12:23 *Posso forse farlo ritornare? Io andrò da lui, ma egli non ritornerà da me!»* 2Samuele 12:24 *Poi Davide consolò Bat-Sceba sua moglie, entrò da lei e si unì a lei; lei partorì un figlio che chiamò Salomone.* 2Samuele 12:25 *Il SIGNORE amò Salomone e mandò il profeta Natan che lo chiamò Iedidia, a motivo dell'amore che il SIGNORE gli portava.* Davide aveva perso il bambino nato nel rapporto adultero con Bat Sceba. Fu un evento che segnò profondamente la vita di Davide. Ma il Signore fu misericordioso e donò a Davide e Bat Sceba un altro figlio, da cui sarebbe continuata la genealogia benedetta, Salomone. Egli ebbe anche un altro nome *Iedidia,* un nome che aveva a che fare con l'amore che il Signore nutriva per lui.

>Di Salomone è bello ricordare il suo forte desiderio di governare Israele con la saggezza di Dio > 2Cronache 1:9 *Ora, o SIGNORE, Dio, si avveri la promessa da te fatta a mio padre Davide, perché mi hai costituito re di un popolo numeroso come la polvere della terra!* 2Cronache 1:10 *Dammi dunque saggezza e intelligenza, perché io sappia come comportarmi di fronte a questo popolo; poiché chi potrebbe mai amministrare la giustizia per questo tuo popolo che è così numeroso?».* È una preghiera che dobbiamo fare assolutamente nostra. Salomone sapeva che per governare una nazione vi è bisogno assolutamente di saggezza ed intelligenza. Non si possono commettere errori, in quanto se fosse, tutta la nazione ne risentirebbe. Perciò Salomone, invece della ricchezza e della gloria, preferisce la saggezza divina. Ma bisogna perseverare in tale richiesta. Altrimenti si farà la fine di Salomone vecchio che venne sviato dalle tanti mogli straniere che aveva (1 Re 11:4).

Proseguendo è scritto che - *Salomone generò Roboamo* -. Perciò ci avviciniamo al triste periodo della scissione in Israele. La successione tra Salomone e Roboamo è descritta in 1 Re 11:42/12:6-11 > 1Re 11:42 *Salomone regnò a Gerusalemme, su tutto Israele, quarant'anni. 1Re 11:43 Poi Salomone si addormentò con i suoi padri, e fu sepolto nella città di Davide suo padre; e Roboamo, suo figlio, regnò al suo posto...1Re 12:6 Il re Roboamo si consigliò con i vecchi che erano stati al servizio del re Salomone suo padre mentre era vivo, e disse: «Che cosa mi consigliate di rispondere a questo popolo?» 1Re 12:7 E quelli gli parlarono così: «Se oggi tu ti fai servo di questo popolo, se gli cedi, se gli rispondi e gli parli con bontà, ti sarà servo per sempre». 1Re 12:8 1Re 12:9 e Ma Roboamo trascurò il consiglio datogli dai vecchi, e si consigliò con i giovani che erano cresciuti con lui ed erano al suo servizio, disse loro: «Come consigliate di rispondere a questo popolo che mi ha parlato dicendo: Allevia il giogo che tuo padre ci ha imposto?» 1Re 12:10 I giovani che erano cresciuti con lui, gli risposero: «Ecco quel che dirai a questo popolo che si è rivolto a te dicendo: Tuo padre ha reso pesante il nostro giogo, e tu rendilo più leggero! Gli risponderai così: Il mio dito mignolo è più grosso del corpo di mio padre; 1Re*

12:11 *mio padre vi ha caricati di un giogo pesante, ma io lo renderò più pesante ancora; mio padre vi ha castigati con la frusta, e io vi castigherò con i flagelli a punte».* È scritto chiaramente che Roboamo regnò al posto di Salomone e come ogni re, egli aveva bisogno di consiglieri. Purtroppo, come possiamo osservare in questo testo, ovvero trattare ancora più duramente il popolo di quanto già non lo fosse. Purtroppo tale scelta portò alla scissione tra regno del nord e del sud a causa di Geroboamo. Ma tutto era sotto il controllo del Signore (v.15).

Purtroppo il regno di Roboamo non fu caratterizzato dalla fedeltà al Signore, ma dalla ribellione e dall'idolatria > 1Re 14:21 *Roboamo, figlio di Salomone, regnò in Giuda. Aveva quarantun anni quando cominciò a regnare, e regnò diciassette anni a Gerusalemme, nella città che il SIGNORE si era scelta fra tutte le tribù d'Israele per mettervi il suo nome. Sua madre si chiamava Naama, l'Ammonita.* 1Re 14:22 *Gli abitanti di Giuda fecero ciò che è male agli occhi del SIGNORE; e con i peccati che commisero provocarono la gelosia del SIGNORE più di quanto avessero fatto i loro padri.* 1Re 14:23 *Costruirono anch'essi degli alti luoghi con statue e idoli d'Astarte su tutte le alte colline e sotto ogni albero verdeggiante.* 1Re 14:24 *C'erano anche nel paese degli uomini che si prostituivano. Essi praticarono tutti gli atti abominevoli delle nazioni che il SIGNORE aveva cacciate davanti ai figli d'Israele.* Già sua madre, essendo ammonita, non poteva essere molto di aiuto a lui, anzi forse risultava essere una cattiva consigliera. In quel tempo, tutto Giuda commise peccato d'idolatria, provocando la gelosia del Signore e la Sua ira. Venivano adorati tutti gli idoli pagani, con uomini che addirittura commettevano prostituzione. Era un periodo assolutamente triste e tragico.

Ma a Roboamo successe -*Abiia* -. Di lui è scritto in 2 Cr 13:1-2, 10-12, 15-20 queste parole > *2Cronache 13:1 Il diciottesimo anno del regno di Geroboamo, Abiia cominciò a regnare sopra Giuda. 2Cronache 13:2 Regnò tre anni a Gerusalemme. Sua madre si chiamava Micaia, figlia di Uriel, da Ghibea. E ci fu guerra tra Abiia e Geroboamo...* 2Cronache 13:10 *Quanto a noi, il SIGNORE è nostro Dio, e non l'abbiamo abbandonato; i sacerdoti al servizio del SIGNORE sono figli d'Aaronne, e i Leviti sono quelli che celebrano le funzioni.* 2Cronache 13:11 *Ogni mattina e ogni sera essi bruciano in onore del SIGNORE gli olocausti e il profumo fragrante, mettono in ordine i pani della presentazione sulla tavola pura, e ogni sera accendono il candelabro d'oro con le sue lampade;* noi infatti, osserviamo i comandamenti del SIGNORE, del nostro Dio; ma voi l'avete abbandonato.

2Cronache 13:12 *Ed ecco, abbiamo con noi, alla nostra testa, Dio e i suoi sacerdoti e le trombe squillanti, per sonare la carica contro di voi. Figli d'Israele, non combattete contro il SIGNORE, Dio dei vostri padri, perché non vincerete!* 2Cronache 13:15 *La gente di Giuda mandò un grido; e avvenne che, al grido della gente di Giuda, Dio sconfisse Geroboamo e tutto Israele davanti ad Abiia e a Giuda.* 2Cronache 13:16 *I figli d'Israele fuggirono davanti a Giuda, e Dio li diede nelle loro mani.* 2Cronache 13:17 *Abiia e il suo popolo ne fecero una grande strage; dalla parte d'Israele caddero morti cinquecentomila uomini scelti.* 2Cronache 13:18 *Così i figli d'Israele, in quel tempo, furono umiliati, e i figli di Giuda ripresero vigore, perché si erano appoggiati sul SIGNORE, Dio dei loro padri.* 2Cronache 13:19 *Abiia inseguì Geroboamo, e gli prese delle città: Betel e i villaggi che ne dipendevano, Iesana e i villaggi che ne dipendevano, Efraim e i villaggi che ne dipendevano.* 2Cronache 13:20 *Geroboamo, al tempo di Abiia, non ebbe più forza; e, colpito dal SIGNORE, egli morì.* È un testo che si occupa principalmente della guerra tra Abia e Geroboamo. Purtroppo Israele dovette affrontare parecchie battaglie interne. Tuttavia, in un periodo così difficile, è bello osservare come Abiia nutre una profonda fiducia nel Signore, tanto che erano in atto tutte le funzioni levitiche ed il servizio sacrificale. Ogni mattina e sera venivano bruciati sacrifici al Signore, il candelabro veniva acceso, la tavola dei pani di presentazione preparata; insomma ogni comandamento di Dio era rispettato. Quando c'è ubbidienza vi è sempre un risvolto positivo. Infatti, il risultato di questa guerra fu la disfatta dell'esercito di Geroboamo, i figli d'Israele vennero umiliati, mentre quelli di Giuda ripresero vigore. È triste osservare come terminò la vita di Geroboamo. Non solo egli venne sconfitto, ma fu *colpito dal Signore* e morì. In quest'espressione possiamo vedere tutta la disapprovazione del Signore che non rimase solo teorica, ma venne attuata. Abiia, per contro conquistò diverse città.

La linea genealogica prosegue con Asa - *Abia generò Asa* -. Questo è scritto chiaramente in 1 Re 15:8.

Ecco che cosa ci viene detto di Asa > 1Re 15:9 *Il ventesimo anno del regno di Geroboamo, re d'Israele, Asa cominciò a regnare sopra Giuda. 1Re 15:10 Regnò quarantun anni in Gerusalemme. Sua madre si chiamava Maaca, figlia d'Absalom. 1Re 15:11 Asa fece ciò che è giusto agli occhi del SIGNORE, come aveva fatto Davide suo padre: 1Re 15:12 eliminò dal paese quelli che si prostituivano, fece sparire tutti gl'idoli che i suoi padri avevano fatti, 1Re 15:13 e destituì pure dalla dignità di regina sua madre Maaca, perché lei aveva innalzato un'immagine ad Astarte; Asa abbatté l'immagine e la bruciò presso il torrente Chidron. 1Re 15:14 Tuttavia gli alti luoghi non furono eliminati, sebbene il cuore d'Asa fosse interamente per il SIGNORE, durante tutta la sua vita. 1Re 15:15 Egli fece portare nella casa del SIGNORE le cose che suo padre aveva consacrate, e quelle che aveva consacrate egli stesso: argento, oro, vasi.*

Possiamo osservare diverse cose di questo re. Innanzitutto fu un sovrano che fece ciò che è giusto agli occhi del Signore e tale ubbidienza venne chiaramente dimostrata. Non solo, egli fece sparire tutti coloro che si prostituivano dal paese, non solo fece sparire i falsi idoli e le sculture verso i quali veniva rivolta adorazione, ma per timore del Signore andò addirittura contro sua madre, destituendola dal ruolo di regina, a causa della sua malvagità. Infatti, la madre di Asa era idolatra. Asa non esitò ad abbattere il suo idolo di Astarte ed a togliere alla propria madre ogni ruolo governativo. Questo ci insegna che pur di rimanere fedeli al Signore, bisogna anche andare contro ai propri genitori, ai legami di sangue più intimi, se essi disonorano il Signore con il loro comportamento. Ma gli alti luoghi rimasero e questa era indice di una non completa ubbidienza al Signore. Sebbene Asa fosse un re ubbidiente, anche lui non fu esente da errori. In 1 Re 15:18-19, ad esempio leggiamo che egli stipulò un'alleanza con un re pagano donandogli anche gran parte dei tesori del Tempio > *1Re 15:18 Allora Asa prese tutto l'argento e l'oro che era rimasto nei tesori della casa del SIGNORE, prese i tesori del palazzo del re, e li affidò ai suoi servitori, che mandò presso Ben-Adad, figlio di Tabrimmon, figlio di Chesion, re di Siria, che abitava a Damasco, per dirgli: 1Re 15:19 «Ci sia alleanza fra me e te, come ci fu tra mio padre e tuo padre. Ecco, io ti mando in dono dell'argento e dell'oro; va', rompi la tua alleanza con Baasa, re d'Israele, affinché egli si ritiri da me».* Questo ci insegna che sempre dobbiamo mostrare vigilanza. Asa era spaventato dal re d'Israele Baasa, che gli muoveva guerra ed invece di confidare nel Signore, come fece Abia nei confronti di Geroboamo, preferì stipulare un'alleanza non con un uomo timorato di Dio, ma con un idolatra ed un pagano. Non solo, ma per ingraziarselo, gli diede gran parte delle ricchezze del Tempio, pur di convincerlo a rompere l'alleanza con Baasa. Non imitiamo un simile esempio. Se vogliamo trovare forza andiamo solo al Signore, non dobbiamo certamente cercare la forza nel sistema-mondo, in quanto non solo non ce la donerà, ma vorrà sempre qualcosa in cambio. Vogliamo veramente compromettere la nostra fedeltà al Signore?

La genealogia prosegue con - *Giosafat -,* figlio di Asa.

È scritto in 1 Re 22:42 > 1Re 22:42 *Giosafat aveva trentacinque anni quando cominciò a regnare, e regnò venticinque anni a Gerusalemme. Il nome di sua madre era Azuba, figlia di Sili.* 1Re 22:43 *Egli imitò in ogni cosa la condotta di Asa suo padre, e non se ne allontanò; fece quel che è giusto agli occhi del SIGNORE.* 1Re 22:44 *Tuttavia gli alti luoghi non scomparvero; il popolo offriva ancora sacrifici e profumi sugli alti luoghi.* 1Re 22:45 *Giosafat visse in pace con il re d'Israele.* Anche in questo caso ci troviamo di fronte ad un re che fece ciò che è giusto agli occhi del Signore, eguagliando Asa, suo padre. Ma anche in questo caso gli alti luoghi rimasero e quindi rimase in un certo qual modo la possibilità di un ritorno all'idolatria. La caratteristica del regno di Giosafat fu il fatto che conobbe la pace e non la guerra.

Ma un episodio emblematico che coinvolse sia Giosafat che il re d'Israele l'abbiamo in 1 Re 22:2-9. 13-18 > 1Re 22:2 *Nel terzo anno Giosafat, re di Giuda, scese a trovare il re d'Israele.* 1Re 22:3 *Il re d'Israele aveva detto ai suoi servitori: «Voi sapete che Ramot di Galaad è nostra, e noi ce ne stiamo tranquilli senza toglierla di mano al re di Siria».* 1Re 22:4 *E disse a Giosafat: «Vuoi venire con me alla guerra contro Ramot di Galaad?» Giosafat rispose al re d'Israele: «Conta su di me come su te stesso, sulla mia gente come sulla tua, sui miei cavalli come sui tuoi».* 1Re 22:5 *Poi Giosafat disse al re d'Israele: «Ti prego, consulta oggi la parola del SIGNORE».* 1Re 22:6 *Allora il re d'Israele radunò i profeti, in numero di circa quattrocento, e disse loro: «Debbo andare a far guerra a Ramot di Galaad, o no?» Quelli risposero: «Va', e il Signore la darà nelle mani del re».* 1Re 22:7 *Ma Giosafat disse: «Non c'è qui nessun altro profeta del SIGNORE da poter consultare?»* 1Re 22:8 *Il re d'Israele rispose a Giosafat: «C'è ancora un uomo per mezzo del quale si potrebbe consultare il SIGNORE; ma io l'odio perché non mi predice mai nulla di buono, ma soltanto del male: è Micaia, figlio d'Imla». E Giosafat disse: «Non dica così il re!» 1Re 22:9 Allora il re d'Israele chiamò un eunuco, e gli disse: «Fa' subito venire Micaia, figlio d'Imla» ...1Re 22:13 Il messaggero che era andato a chiamare Micaia gli parlò così: «Ecco tutti i profeti, unanimi, predicono del bene al re; ti prego, le tue parole siano concordi con le loro, e predici del bene!» 1Re 22:14 Ma Micaia rispose: «Com'è vero che il SIGNORE vive, io dirò quel che il SIGNORE mi dirà». 1Re 22:15 Quando giunse davanti al re, il re gli disse: «Micaia, dobbiamo andare a far guerra a Ramot di Galaad, o no?» Egli rispose: «Vai pure, tu vincerai; il SIGNORE la darà nelle mani del re». 1Re 22:16 Il re gli disse: «Quante volte dovrò scongiurarti di non dirmi altro che la verità nel nome del SIGNORE?» 1Re 22:17 Micaia rispose: «Ho visto tutto Israele disperso su per i monti, come pecore che non hanno pastore; e il SIGNORE ha detto: Questa gente non ha padrone; ciascuno ritorni in pace a casa sua». 1Re 22:18 Il re d'Israele disse a Giosafat: «Non te l'avevo detto che costui non mi avrebbe predetto nulla di buono, ma soltanto del male?».* Quando un figlio di Dio è caratterizzato da maturità spirituale e di notevole crescita, rischia di compromettersi quando a fianco vi è qualcuno che non vuole seguire la voce del Signore. È ciò che riscontriamo in questo testo. Abbiamo detto che il regno di Giosafat fu pacifico ed evidentemente egli voleva continuare ad avere buoni rapporti con il re d'Israele, il quale però aveva visioni ben diverse dalle sue. La questione riguardava la conquista o meno di Ramot di Galaad, visto che apparteneva ai siriani. Giosafat si rende completamente disponibile, ma giustamente invita il re d'Israele a *consultare il Signore*. Questo è ciò che sempre dovremmo fare. Consultare il Signore per ogni cosa. Ben quattrocento profeti all'unanimità incoraggiarono il re d'Israele a muovere guerra contro la Siria, ma un solo profeta non era stato consultato Mica. Interessante l'opinione che il re d'Israele aveva nei confronti di questo profeta *C'è ancora un uomo per mezzo del quale si potrebbe consultare il SIGNORE; ma io l'odio perché non mi predice mai nulla di buono, ma soltanto del male: è Micaia, figlio d'Imla.* Quanto sono attuali queste parole ancora al giorno d'oggi! Purtroppo i portaparola del Signore, i profeti di Dio sono sempre stati bersagliati per il messaggio che annunziavano. La stessa cosa vale per Mica. Il re d'Israele cerca di indirizzare o guidare la bocca di Mica, ma egli come profeta di Dio annuncia il giusto messaggio *«Ho visto tutto Israele disperso su per i monti, come pecore che non hanno* pastore; e il SIGNORE ha detto: Questa gente non ha padrone; ciascuno ritorni in pace a casa sua. Non bisogna solo ascoltare i messaggi positivi della Scrittura, ma anche quelli negativi.

La linea genealogica prosegue con - *Ioram* -. Di lui è scritto in 2 Cr 21:1-19 quanto segue > 2Cronache 21:1 *Giosafat si addormentò con i suoi padri, e con essi fu sepolto nella città di Davide; e Ieoram, suo figlio, regnò al suo posto.* 2Cronache 21:2 *Ieoram aveva dei fratelli, figli di Giosafat: Azaria, Ieiel, Zaccaria, Azaria, Micael e Sefatia; tutti questi erano figli di Giosafat, re d'Israele;* 2Cronache 21:3 *e il padre loro aveva fatto a essi grandi doni d'argento, d'oro e di cose preziose, con delle città fortificate in Giuda, ma aveva lasciato il regno a Ieoram, perché era il primogenito.* 2Cronache 21:4 *Quando Ieoram ebbe preso possesso del regno di suo padre e vi si fu solidamente stabilito, fece morire di spada tutti i suoi fratelli, come pure alcuni dei capi d'Israele.* 2Cronache 21:5 *Ieoram aveva trentadue anni quando cominciò a regnare, e regnò otto anni a Gerusalemme.* 2Cronache 21:6 *Egli seguì l'esempio dei re d'Israele, come aveva fatto la casa di Acab; poiché aveva per moglie una figlia di Acab; e fece ciò che è male agli occhi del SIGNORE.* 2Cronache 21:7 *Tuttavia il SIGNORE non volle distruggere la casa di Davide, a motivo del patto che aveva stabilito con Davide, e della promessa che aveva fatta di lasciare sempre una lampada a lui e ai suoi figli.* 2Cronache 21:8 *Ai suoi tempi, Edom si ribellò, sottraendosi al giogo di Giuda, e si diede un re.* 2Cronache 21:9 *Allora Ieoram partì con i suoi capi e con tutti i suoi carri; di notte si alzò, sconfisse gli Edomiti che avevano accerchiato lui e i capitani dei carri.* 2Cronache 21:10 *Così Edom si è ribellato sottraendosi al giogo di Giuda fino a oggi. In quel medesimo tempo, anche Libna si ribellò e si sottrasse al giogo di Giuda, perché Ieoram aveva abbandonato il SIGNORE, Dio dei suoi padri.* 2Cronache 21:11 *Ieoram fece anch'egli degli alti luoghi sui monti di Giuda, spinse gli abitanti di Gerusalemme alla prostituzione, e sviò Giuda.* 2Cronache 21:12 *E gli giunse uno scritto da parte del profeta Elia, che diceva: «Così dice il SIGNORE, Dio di Davide tuo padre: Poiché tu non hai camminato per le vie di Giosafat, tuo padre, e per le vie di Asa, re di Giuda,* 2Cronache 21:13 *ma hai camminato per la via dei re d'Israele; poiché hai spinto alla prostituzione Giuda e gli abitanti di Gerusalemme, come la casa di Acab vi ha spinto Israele, e perché hai ucciso i tuoi fratelli, membri della famiglia di tuo padre, che erano migliori di te,* 2Cronache 21:14 *ecco, il*

*SIGNORE colpirà con un gran flagello il tuo popolo, i tuoi figli, le tue mogli, e tutto quello che ti appartiene.* 2Cronache 21:15 *Tu avrai una grave malattia, una malattia intestinale, che si aggraverà di giorno in giorno, finché gli intestini ti vengano fuori per effetto del male»* ...2Cronache 21:19 *E, con l'andar del tempo, verso la fine del secondo anno, gli intestini gli vennero fuori, in seguito alla malattia; morì in mezzo ad atroci sofferenze; il suo popolo non bruciò profumi in suo onore, come aveva fatto per i suoi padri.*

Dall'inizio di questo testo possiamo chiaramente osservare come quest'uomo fosse spietato ed assolutamente malvagio. Nonostante Giosafat diede il regno a lui in quanto primogenito, come padre non poteva certamente dimenticarsi degli altri figli, ai quali diedi dei grandi doni. Ma quando Ioram prese possesso del trono fece trucidare tutti i suoi familiari. Tra l'altro la sua parentela non era molto raccomandabile, in quanto era imparentato con Acab, in che aveva come moglie una figlia di lui. È meraviglioso osservare in questo caso ancora la misericordia di Dio. Infatti, è scritto *Tuttavia il SIGNORE non volle distruggere la casa di Davide, a motivo del patto che aveva stabilito con Davide, e della promessa che aveva fatta di lasciare sempre una lampada a lui e ai suoi figli.* Nonostante la malvagità di molti re che si sono succeduti fosse stato un motivo ben giustificabile di rottura del patto, il Signore rimane fedele alle Sue promesse. Ioram dovette affrontare il popolo edomita, che era parente d'Israele, ma suo acerrimo nemico. Egli si sentiva forte, ma con il Signore non si può assolutamente scherzare. A motivo della sua malvagità, il Signore l'avrebbe punito con una malattia intestinale molto grave. Il messaggio annunziato dal profeta Elia era chiaro. La predizione fu precisa ed esatta, in quanto Iotam morì *tra atroci sofferenze*. Non ci si può beffare di Dio. Ecco l'esperienza di un re malvagio che non ha voluto ravvedersi dei suoi peccati.

Andiamo ora a - *Uzzia* -. In questo caso Matteo tralascia Acazia, Ioas ed Amasia per giungere al risultato del v.17.

A proposito di Uzzia, ecco cosa leggiamo in 2 Cr 26:3-4 > 2Cronache 26:3 *Uzzia aveva sedici anni quando cominciò a regnare, e regnò cinquantadue anni a Gerusalemme. Sua madre si chiamava Iecolia, ed era di Gerusalemme.* 2Cronache 26:4 *Egli fece ciò che è giusto agli occhi del SIGNORE, interamente come aveva fatto Amasia suo padre.* 2Cronache 26:5 *Si diede con diligenza a cercare Dio mentre visse Zaccaria, che aveva l'intelligenza delle visioni di Dio; e finché cercò il SIGNORE, Dio lo fece prosperare.* In questo testo rimaniamo incoraggiati dal fatto che questo re, a differenza di Iotam ad esempio, l'antenato di Uzzia, egli seguì le vie di Amasia suo padre. È bello notare che egli *si diede con diligenza a cercare Dio mentre visse Zaccaria.* Quest'ultimo risultava essere un ottimo consigliere e maestro per Uzzia. Il Signore fece prosperare Uzzia per la sua fedeltà.

Ma come tante volte abbiamo sottolineato. Bisogna essere perseveranti nella fedeltà. Infatti, in 2 Cr 26:16-21 è scritto > 2Cronache 26:16 *Ma quando fu divenuto potente, il suo cuore, insuperbitosi, si pervertì, ed egli commise un'infedeltà contro il SIGNORE, il suo Dio, entrando nel tempio del SIGNORE per bruciare dell'incenso sull'altare dei profumi.* 2Cronache 26:17 *Ma il sacerdote Azaria entrò dopo di lui con ottanta sacerdoti del SIGNORE, uomini coraggiosi,* 2Cronache 26:18 *i quali si opposero al re Uzzia, e gli dissero: «Non spetta a te, Uzzia, di offrire incenso al SIGNORE, ma ai sacerdoti, figli d'Aaronne, che sono consacrati per offrire i profumi! Esci dal santuario, poiché tu hai commesso un'infedeltà! E questo non ti tornerà a gloria davanti a Dio, al SIGNORE».* 2Cronache 26:19 *Allora Uzzia, che teneva in mano un turibolo per offrire l'incenso, si adirò. E mentre si adirava contro i sacerdoti, la lebbra gli scoppiò sulla fronte, in presenza dei sacerdoti, nella casa del SIGNORE, presso l'altare dei profumi.* 2Cronache 26:20 *Il sommo sacerdote Azaria e tutti gli altri sacerdoti lo guardarono, ed ecco che aveva la lebbra sulla fronte; e lo fecero uscire in fretta, ed egli stesso si affrettò ad andarsene fuori, perché il SIGNORE lo aveva colpito.* 2Cronache 26:21 *Il re Uzzia fu lebbroso fino al giorno della sua morte e rimase nell'infermeria come lebbroso, perché era escluso dalla casa del SIGNORE; e Iotan, suo figlio, era a capo della casa reale e rendeva giustizia al popolo del paese.* Uzzia cade nell'inganno dell'orgoglio e della superbia. Il suo cuore si pervertì in modo tale che egli commise infedeltà nei confronti del Signore. Egli Infatti, entrò nel tempio per offrire lui sacrifici, quando questo era compito dei sacerdoti. Ottanta sacerdoti si opposero ad Uzzia, ma nonostante questa forte critica, egli rimase fermo nelle sue convinzioni e si adirò. Anche in questo caso il Signore interviene, colpendo di lebbra Uzzia ed in pratica destituendolo dal suo ruolo di re. Egli divenne un uomo emarginato, solo, separato dal resto del suo popolo, in quanto la lebbra non lo lasciò fino alla morte.

Questo è un esempio di vita che ci insegna quanto il Signore odi ogni forma di superbia ed orgoglio.

Dopo Uzzia ecco che abbiamo un altro - *Iotam* -.

In 2 Re 15:32-35 leggiamo quanto segue > *2Re 15:32 L'anno secondo del regno di Peca, figlio di Remalia, re d'Israele, cominciò a regnare Iotam, figlio di Uzzia, re di Giuda. 2Re 15:33 Aveva venticinque anni quando cominciò a regnare, e regnò sedici anni a Gerusalemme. Sua madre si chiamava Ierusa, figlia di Sadoc. 2Re 15:34 Egli fece ciò che è giusto agli occhi del SIGNORE, interamente come aveva fatto Uzzia suo padre. 2Re 15:35 Tuttavia, gli alti luoghi non furono soppressi; il popolo continuava a offrire sacrifici e incenso sugli alti luoghi. Iotam costruì la porta superiore della casa del SIGNORE.* Iotam seguì le stesse vie di Uzzia, ma l'Uzzia che era fedele al Signore nella prima parte del suo regno. Ma anche in questo caso gli alti luoghi rimangono ed il popolo continua a perseverare nei suoi atti idolatrici.

Dopo Iotam ecco che arriviamo al perfido - *Acaz* -. Sembra strano e paradossale come un simile uomo sia menzionato nella genealogia del Signore Gesù.

Infatti, in 2 Re 16:2-9 leggiamo > *2Re 16 :2 Acaz aveva vent'anni quando cominciò a regnare, e regnò sedici anni a Gerusalemme. Egli non fece ciò che è giusto agli occhi del SIGNORE, suo Dio, come aveva fatto Davide suo padre; 2Re 16:3 ma seguì l'esempio dei re d'Israele, e fece passare per il fuoco persino suo figlio, seguendo le pratiche abominevoli delle genti che il SIGNORE aveva cacciate davanti ai figli d'Israele; 2Re 16:4 offriva sacrifici e incenso sugli alti luoghi, sulle colline, e sotto ogni albero verdeggiante. 2Re 16:7 Acaz inviò dei messaggeri a Tiglat-Pileser, re degli Assiri, per dirgli: «Io sono tuo servo e tuo figlio; sali qua e liberami dalle mani del re di Siria e dalle mani del re d'Israele, che hanno marciato contro di me». 2Re 16:8 Acaz prese l'argento e l'oro che si poté trovare nella casa del SIGNORE e nei tesori del palazzo reale, e li mandò in dono al re degli Assiri. 2Re 16:9 Il re d'Assiria gli diede ascolto; marciò contro Damasco, la prese, ne deportò gli abitanti a Chir, e uccise Resin.* Acaz si macchiò di peccato che nemmeno i suoi predecessori malvagi avevano compiuto. Egli addirittura *fece passare suo figlio per il fuoco,* seguendo una pratica idolatrica pagana nella quale si offrivano i propri figli al dio Moloc. Egli inoltre continuava ad offrire sacrifici ed incenso sugli alti luoghi, atto che dimostrava un completo abbandono del Signore. L'Eterno non era nella vita di questo re. Come se non bastasse, egli strinse alleanza con il re assiro, sottomettendosi alla sua autorità. In pratica Acaz era un re-vassallo di Tiglat- Pileser. Tutto questo con lo scopo di uccidere Resin.

*2 Cr 28:19-25 >* 2Cronache 28:19 *Poiché il SIGNORE aveva umiliato Giuda a causa di Acaz, re d'Israele, perché aveva rotto ogni freno in Giuda, e aveva commesso ogni sorta d'infedeltà contro il SIGNORE,* 2Cronache 28:20 *Tilgat-Pilneser, re d'Assiria, marciò contro di lui, lo ridusse alle strette, e non lo sostenne affatto.* 2Cronache 28:21 *Infatti, Acaz aveva spogliato la casa del SIGNORE, il palazzo del re e dei capi, e aveva dato tutto al re d'Assiria; ma a nulla gli era giovato.* 2Cronache 28:22 *Nel tempo in cui si trovava alle strette, questo medesimo re Acaz continuò più che mai a commettere delle infedeltà contro il SIGNORE.* 2Cronache 28:23 *Offrì sacrifici agli dèi di Damasco, che l'avevano sconfitto e disse: «Poiché gli dèi dei re di Siria aiutano quelli, io offrirò loro dei sacrifici ed essi aiuteranno anche me». Ma furono invece la rovina sua e di tutto Israele.* 2Cronache 28:24 *Acaz radunò gli utensili della casa di Dio, fece a pezzi gli utensili della casa di Dio, chiuse le porte della casa del SIGNORE, si fece degli altari a ogni incrocio di Gerusalemme,* 2Cronache 28:25 *e stabilì degli alti luoghi in tutte le città di Giuda per offrire incenso ad altri dèi. Così provocò l'ira del SIGNORE, Dio dei suoi padri.* Acaz fu veramente un re vergognoso, indegno di ricoprire la carica di re di Giuda. Ma lo stesso popolo venne implicato nella punizione del Signore, in quanto Egli lo umiliò proprio a causa di Acaz. Non solo Acaz pagò per il suo peccato, ma anche il resto del popolo. Acaz commise atti nefandi: spogliò il Tempio delle sue ricchezze per donarle ad un re pagano, continuò a commettere infedeltà contro il Signore offrendo sacrifici agli stessi idoli dell'Assiria. Egli Infatti, pensava nella sua follia che quegli idoli che avevano reso forte l'Assiria, avrebbero reso forte anche lui. Quale pazzia! Ciò che Giuda guadagnò con Acaz fu solo *l'ira del Signore*.

Ma ora possiamo prendere una bella boccata di respiro con - *Ezechia* -. Egli fu un re completamente diverso dal padre, a dimostrazione del fatto che non è detto che una cattiva educazione abbia come risultato un figlio infedele e lontano da Dio.

Infatti, in 2 Re 18:3-8 è scritto > 2Re 18:3 *Egli fece ciò che è*

*giusto agli occhi del SIGNORE, proprio come aveva fatto Davide suo padre. 2Re 18:4 Soppresse gli alti luoghi, frantumò le statue, abbatté l'idolo d'Astarte, e fece a pezzi il serpente di rame che Mosè aveva fatto; perché fino a quel tempo i figli d'Israele gli avevano offerto incenso; lo chiamò Neustan. 2Re 18:5 Egli mise la sua fiducia nel SIGNORE, Dio d'Israele; e fra tutti i re di Giuda che vennero dopo di lui o che lo precedettero, non ve ne fu nessuno simile a lui. 2Re 18:6 Si tenne unito al SIGNORE, non cessò di seguirlo, e osservò i comandamenti che il SIGNORE aveva dati a Mosè. 2Re 18:7 Il SIGNORE fu con Ezechia, che riusciva in tutte le sue imprese. Si ribellò al re d'Assiria, e non gli fu più sottomesso; 2Re 18:8 sconfisse i Filistei fino a Gaza, e ne devastò il territorio, dalle torri dei guardiani alle città fortificate.*
Ancora possiamo notare il metro di paragone che non è certamente Acaz, ma proprio Davide. Ezechia fu uno di quei pochi re che fu ubbidiente *come Davide,* in quanto non solo tolse gli idoli, le sculture, le statue, non solo *fece a pezzi il serpente di rame che Mosè aveva costruito,* ma soppresse anche gli alti luoghi, atto che molti re, sebbene fedeli al Signore non avevano compiuto. È bello osservare come questo re mise tutta la sua fiducia nel Signore e che non vi fu *re prima di lui, né dopo di lui* che lo eguagliò. La sua determinazione era rivolta a seguire sempre il Signore, senza cessare di ubbidirgli. Per questo motivo *il Signore fu con Ezechia in tutte le sue imprese.* Se vogliamo avere il Signore sempre dalla nostra parte, siamo chiamati a seguire sempre la Sua Parola. Perciò Ezechia fu un re vittorioso e temuto.

Tuttavia Ezechia dovette anche affrontare dei forti avversari come l'Assiria. Uno degli episodi che vide Ezechia veramente spaventato l'abbiamo in 2 Re 18:28-19:1-7

*2Re 18:28 Allora Rabsaché, stando in piedi, gridò ad alta voce, e disse in lingua giudaica: «Udite la parola del gran re, del re d'Assiria! 2Re 18:29 Così parla il re: Non v'inganni Ezechia; poiché egli non potrà liberarvi dalle mie mani; 2Re 18:30 né vi faccia Ezechia riporre la vostra fiducia nel SIGNORE, dicendo: Il SIGNORE ci libererà di certo, questa città non sarà data nelle mani del re d'Assiria. 2Re 18:31 Non date retta a Ezechia, perché così dice il re d'Assiria: Fate la pace con me e arrendetevi a me, e ognuno di voi mangerà il frutto della sua vite e del suo fico, e berrà l'acqua della sua cisterna, 2Re 18:32 finché io venga e vi conduca in un paese simile al vostro: paese ricco di grano e di vino, paese di pane e di vigne, d'ulivi e di miele; e voi vivrete, e non morrete. Non date dunque ascolto a Ezechia, quando cerca d'ingannarvi dicendo: Il SIGNORE ci libererà.* 2Re 18:33 *Qualcuno degli dèi delle nazioni ha forse liberato il suo paese dalle mani del re d'Assiria?* 2Re 18:34 *Dove sono gli dèi di Camat e di Arpad? Dove sono gli dèi di Sefarvaim, di Ena e d'Ivva? Hanno forse liberato Samaria dalla mia mano?* 2Re 18:35 *Fra tutti gli dèi di quei paesi quali sono quelli che hanno liberato il loro paese dalla mia mano? Il SIGNORE potrà forse* liberare Gerusalemme dalla mia mano?» ...2Re 19:1 Quando il re Ezechia ebbe udito questo, si stracciò le vesti, si coprì di un sacco, ed entrò nella casa del SIGNORE. 2Re 19:2 *Mandò Eliachim, sovrintendente del palazzo, Sebna, il segretario, e i sacerdoti più anziani, coperti di sacchi, dal profeta Isaia, figlio di Amots.* 2Re 19:3 *Essi gli dissero: «Così parla Ezechia: Oggi è giorno d'angoscia, di castigo e di disonore; poiché i figli stanno per uscire dal grembo materno, però manca la forza per partorirli.* 2Re 19:4 *Forse il SIGNORE, il tuo Dio, ha udito tutte le parole di Rabsaché, che il re d'Assiria, suo signore, ha mandato per insultare il Dio vivente; e forse, il SIGNORE, tuo Dio, lo punirà per le parole che ha udite. Rivolgigli dunque una preghiera in favore del resto del popolo che rimane ancora».* 2Re 19:5 *I servi del re Ezechia andarono dunque da Isaia.* 2Re 19:6 *E Isaia disse loro: «Così direte al vostro signore: Così dice il SIGNORE: Non temere per le parole che hai udite, con le quali i servi del re d'Assiria mi hanno insultato.* 2Re 19:7 *Ecco, io metterò in lui uno spirito tale che, all'udire una certa notizia, egli tornerà nel suo paese; e io lo farò morire di spada nel suo paese».* Rabsachè era il messaggero di Sennacherib, re assiro, che in tutti i modi cercò di togliere la fiducia del popolo di Giuda verso Ezechia. Sennacherib si vanta delle sue vittorie, dei suoi trionfi, affermando in modo superbo *nessuno vi potrà liberare dalla mia mano.* Egli promise pace e serenità, se vi fosse stata una resa incondizionata. Ma tutte queste erano chiaramente menzogne. Ma da un punto di vista umano, Giuda non poteva fare niente contro l'Assiria. Era assolutamente impossibile sconfiggere quell'esercito forte e potente, anche perché Sennacherib poteva vantare numerose vittorie e nessun idolo di quelle nazioni che egli aveva sconfitto, aveva potuto salvare il suo popolo. Perciò, secondo Sennacherib, anche Giuda avrebbe fatto la stessa fine. Un orgoglio spropositato che certamente il Signore non poteva tollerare. Ma come si comporta Ezechia? Egli agisce in tre modi *si stracciò le vesti, si coprì di un sacco ed entrò nella Casa del Signore.* Egli prima ancora di chiedere l'aiuto di Dio, si umilia consapevole della sua debolezza e poca forza. Il profeta Isaia manda a lui un messaggio incoraggiante *Non temere per le parole che hai udite, con le quali i servi del re d'Assiria mi hanno insultato.* 2Re 19:7 *Ecco, io metterò in lui uno spirito tale che, all'udire una certa notizia, egli tornerà nel suo paese; e io lo farò morire di spada nel suo paese.* Queste parole si adempirono alla perfezione. Quando è il Signore che ci dice di non temere, veramente non dobbiamo nutrire nessuna paura. Era una situazione molto difficile, quasi impossibile da sostenere, ma con il Signore si può ogni cosa.

Un altro episodio molto bello è descritto in 2 Cr 30:1 > 2Cronache 30:1 *Poi Ezechia inviò dei messaggeri per tutto Israele e Giuda, e scrisse anche lettere a Efraim e a Manasse, perché venissero alla casa del SIGNORE, a Gerusalemme, a celebrare la Pasqua in onore del SIGNORE, Dio d'Israele.* Da molto tempo Giuda non celebrava più la Pasqua, la festa più solenne comandata dal Signore. Con Ezechia, esattamente come accadrà anche con Giosia, la Pasqua venne nuovamente festeggiata, tant'è che Ezechia manda una lettera e dei messaggeri sia ad Israele che a Giuda per celebrare la Pasqua. Anche in questo possiamo osservare l'attaccamento di Ezechia alla Legge del Signore.

Ma Ezechia non era un uomo perfetto. Anche lui commise degli sbagli ed il peccato più grande è registrato in 2 Re 20:13-18 > 2Re 20:13 *Ezechia diede udienza agli ambasciatori, e mostrò loro le stanze dov'erano tutte le sue cose preziose, l'argento, l'oro, gli aromi, gli oli finissimi, il suo arsenale, e tutto quello che si trovava nei suoi magazzini; non vi fu cosa, nel suo palazzo e in tutti i suoi domini, che Ezechia non mostrasse loro.* 2Re 20:14 *Allora il profeta Isaia andò dal re Ezechia, e gli disse: «Che hanno detto quegli uomini? Da dove sono venuti?» Ezechia rispose: «Sono venuti da un paese lontano, da Babilonia».* 2Re 20:15 *Isaia disse: «Che hanno visto in casa tua?» Ezechia rispose: «Hanno visto tutto quello che c'è in casa mia; non c'è nulla nei miei tesori, che io non abbia mostrato loro».* 2Re 20:16 *Allora Isaia disse a Ezechia: «Ascolta la parola del SIGNORE:* 2Re 20:17 *Ecco, verranno giorni in cui tutto quello che c'è in casa tua e tutto quello che i tuoi padri hanno accumulato fino a oggi sarà trasportato a Babilonia e non ne rimarrà nulla, dice il SIGNORE.* 2Re 20:18 *Saranno presi anche alcuni dei tuoi figli, generati da te, per farne degli eunuchi nel palazzo del re di Babilonia».* Preso dal suo orgoglio, Ezechia, mostrò tutte le sue ricchezze e tesori a dei messaggeri babilonesi. Ma fu proprio questo, l'atto per il quale il Signore comanderà in seguito che tutti quei tesori e quelle ricchezze saranno trasportati a Babilonia. È significativo pensare che tutto ciò accadde proprio nei 15 anni in più che il Signore concesse alla vita di Ezechia, in quanto egli si ammalò di una malattia mortale. Perciò attenzione all'orgoglio ed alla superbia. Questo è un brano emblematico che mostra quanto il Signore detesti l'orgoglio anche se Ezechia fu comunque un re fedele e timorato di Dio.

Andiamo ora a - *Manasse* -. Egli era figlio di Ezechia, ma assolutamente diverso dal padre come spessore spirituale.

Infatti, in 2 Re 21:1-9 leggiamo > *2Re 21:1 Manasse aveva dodici anni quando cominciò a regnare, e regnò cinquantacinque anni a Gerusalemme. Sua madre si chiamava Chefsiba. 2Re 21:2 Egli fece ciò che è male agli occhi del SIGNORE seguendo le abominazioni delle nazioni che il SIGNORE aveva scacciate davanti ai figli d'Israele. 2Re 21:3 Ricostruì gli alti luoghi che Ezechia suo padre aveva demoliti, costruì altari a Baal, fece un idolo d'Astarte, come aveva fatto Acab re d'Israele, e adorò tutto l'esercito del cielo e lo servì. 2Re 21:4 Costruì pure altari ad altri dèi nella casa del SIGNORE, riguardo alla quale il SIGNORE aveva detto: «In Gerusalemme io porrò il mio nome». 2Re 21:5 Costruì altari a tutto l'esercito del cielo nei due cortili della casa del SIGNORE. 2Re 21:6 Fece passare suo figlio per il fuoco, si diede alla magia e agli incantesimi, e nominò degli evocatori di spiriti e degli indovini; si abbandonò completamente a fare ciò che è male agli occhi del SIGNORE, provocando la sua ira. 2Re 21:7 Mise l'idolo d'Astarte, che aveva fatto, nella casa della quale il SIGNORE aveva detto a Davide e a suo figlio Salomone: «In questa casa, e a Gerusalemme, che io ho scelta fra tutte le tribù d'Israele, porrò il mio nome per sempre; 2Re 21:8 e non permetterò più che il piede d'Israele vada errando fuori dal paese che io diedi ai suoi padri, purché essi mettano in pratica tutto quello che ho loro comandato, e tutta la legge che il mio servo Mosè ha loro prescritta». 2Re 21:9 Ma essi non ubbidirono, e Manasse li indusse a far peggio delle nazioni che il SIGNORE aveva distrutte davanti ai figli d'Israele.* Egli fu il re che regnò più lungamente in Giuda, ben 55 anni. Ma la maggior parte del suo regno fu contraddistinto dalla malvagità e dal peccato. Non solo egli fece ciò che è male agli occhi del Signore, ma ricostruì tutti quegli alti luoghi che il padre Ezechia aveva demolito, costruì altari a Baal, Astarte, alle principali divinità cananee ed addirittura costruì altari persino nella *Casa del Signore,* ovvero un abominio senza precedenti. Seguì la pratica del fuoco, ovvero far passare il proprio figlio per esso e la conseguenza fu che tutto il popolo seguì la via di Manasse. Vi era malvagità e peccato a non finire. Questa è la dimostrazione di come una sana educazione che sicuramente Ezechia avrà dato a Manasse, non sempre porti dei frutti. Questo perché la scelta di seguire il Signore è e rimane personale.

Sembrerebbe che per Manasse. Da un punto di vista spirituale. Non ci sia speranza. Eppure in 2Cr 33:11-13 *leggiamo* > 2Cronache 33:11 *Allora il SIGNORE fece venire contro di loro i capi dell'esercito del re d'Assiria, che catturarono Manasse con uncini; e, legatolo con una doppia catena di bronzo, lo portarono a Babilonia.* 2Cronache 33:12 *E quando egli fu angosciato, implorò il SIGNORE, suo Dio, e si umiliò profondamente davanti al Dio dei suoi padri.* 2Cronache 33:13 *A lui rivolse le sue preghiere, e Dio si arrese ad esse, esaudì le sue suppliche, e lo ricondusse a Gerusalemme nel suo regno. Allora Manasse riconobbe che il SIGNORE è Dio.* Manasse pagò per la sua malvagità, venne catturato, imprigionato e legato con una doppia catena di bronzo e deportato a Babilonia. Egli conobbe un'angoscia profonda, ma invece di ribellarsi ulteriormente al Signore, Lo implorò, si umiliò profondamente ed il Signore esaudì le sue suppliche. Forse noi saremmo stati molto più crudeli nei confronti di un uomo così iniquo, ma grazie a Dio che noi non siamo il Signore. Quale fu il risultato? Che Manasse riconobbe che il Signore è Dio. Una chiara espressione di conversione.

Dopo Manasse abbiamo -*Amon* -, suo figlio.

Di lui è scritto in 2 Re 21:20-24 > 2Re 21:20 2Re 21:21 imitò la condotta di suo padre, servì quegli idoli che aveva servito suo padre *Egli fece ciò che è male agli occhi del SIGNORE, come aveva fatto Manasse suo padre e li adorò;* 2Re 21:22 *abbandonò il SIGNORE, Dio dei suoi padri, e non camminò per la via del SIGNORE.* 2Re 21:23 *I servitori di Amon organizzarono una congiura contro di lui, e uccisero il re in casa sua.* 2Re 21:24 *Ma il popolo del paese fece morire tutti quelli che avevano cospirato contro il re Amon, e fece re, al suo posto, Giosia suo figlio.* Anche Amon purtroppo seguì le vie di Manasse, disubbidendo e trasgredendo al Signore, abbandonandolo. Egli *non camminò per la via del Signore.* Ma ciò che è singolare, nella vita di questo re è che egli venne ucciso proprio dai suoi servitori. Evidentemente non era una persona molto amata! Al suo posto andò suo figlio che si rivelerà uno dei re più straordinari del popolo di Giuda: Giosia.

Infatti, dopo Amon abbiamo - *Giosia* -.

In 2 Re 22:1-2 è scritto > *2Re 22:1 Giosia aveva otto anni quando cominciò a regnare, e regnò trentun anni a Gerusalemme. Sua madre si chiamava Iedida, figlia di Adaia, da Boscat. 2Re 22:2 Egli fece ciò che è giusto agli occhi del SIGNORE, e camminò in tutto e per tutto per la via di Davide suo padre, senza scostarsene né a destra né a sinistra.* Egli iniziò a regnare molto giovane, ma a 16 anni avvenne la sua genuina conversione. Egli non solo fece ciò che è giusto agli occhi del Signore, ma *non se ne discostò né a destra, né a sinistra*. Egli fu perseverante nell'ubbidienza al Signore.

Ai tempi del suo regno. Inoltre, Avvenne qualcosa di straordinario > *2Re 22:8 Allora il sommo sacerdote Chilchia disse a Safan, il segretario: «Ho trovato nella casa del SIGNORE il libro della legge». E Chilchia diede il libro a Safan, che lo lesse. 2Re 22:9 Safan, il segretario, andò a riferire la cosa al re, e gli disse: «I tuoi servi hanno versato il denaro che si è trovato nella casa, e l'hanno consegnato a quelli che sono preposti ai lavori della casa del SIGNORE». 2Re 22:10 Safan, il segretario, disse ancora al re: «Il sacerdote Chilchia mi ha dato un libro». E Safan lo lesse in presenza del re. 2Re 22:11 Quando il re udì le parole del libro della legge, si stracciò le vesti. 2Re 22:12 Poi il re diede quest'ordine al sacerdote Chilchia, ad Aicam, figlio di Safan, ad Acbor, figlio di Micaia, a Safan il segretario, e ad Asaia, servitore del re: 2Re 22:13 «Andate a consultare il SIGNORE per me, per il popolo e per tutto il regno di Giuda, riguardo alle parole di questo libro che si è trovato; poiché grande è l'ira del SIGNORE che si è accesa contro di noi, perché i nostri padri non hanno ubbidito alle parole di questo libro, e non hanno messo in pratica tutto quello che in esso ci è prescritto». 2Re 22:14 Il sacerdote Chilchia, Aicam, Acbor, Safan e Asaia andarono dalla profetessa Culda, moglie di Sallum, custode del vestiario, figlio di Ticva, figlio di Carcas. Lei abitava a Gerusalemme, nel secondo quartiere; e quando ebbero parlato con lei, lei disse loro: 2Re 22:15 «Così dice il SIGNORE, Dio d'Israele: Dite all'uomo che vi ha mandati da me: 2Re 22:16 Così dice il SIGNORE: Ecco, io farò venire delle sciagure su questo luogo e sopra i suoi abitanti, conformemente a tutte le parole del libro che il re di Giuda ha letto. 2Re 22:17 Perché essi mi hanno abbandonato e hanno offerto incenso ad altri dèi provocando la mia ira con tutte le opere delle loro mani; perciò la mia ira si è accesa contro questo luogo, e non si spegnerà. 2Re 22:18 Al re di Giuda che vi ha mandati a consultare il SIGNORE, direte questo: Così dice il SIGNORE, Dio d'Israele, riguardo alle parole che tu hai udite: 2Re 22:19 «Poiché il tuo cuore è stato toccato, poiché ti sei umiliato davanti al SIGNORE, udendo ciò che io ho detto contro questo luogo e contro i suoi abitanti, che saranno cioè abbandonati alla desolazione e alla maledizione; poiché ti sei stracciato le vesti e hai pianto davanti a me, anch'io ti ho ascoltato», dice il SIGNORE. 2Re 22:20 Ecco, io ti riunirò con i tuoi padri, e te ne andrai in pace nella tua tomba. I tuoi occhi non vedranno tutte le sciagure che io farò piombare su questo luogo». E quelli riferirono al re la risposta. Il sommo sacerdote trovò il libro della Legge che era stato dimenticato e non ci si ricordava più dove fosse. Safan, il segretario di Giosia, lesse il libro della Legge a Giosia e quale fu il risultato? Il re si stracciò le vesti, si umiliò e chiese immediatamente di consultare il Signore per conoscere il Suo pensiero, visto che la Sua ira era grande nei confronti di Giuda, a motivo delle malvagità passate. Per la prima volta venne consultata una profetessa, Culda, che annunciò il messaggio del Signore, da un lato negativo, in quanto Giuda avrebbe dovuto sperimentare sciagure, calamità, sofferenze, a causa del fatto che quel libro della Legge fu completamente disonorato. Tutte le conseguenze che erano registrare si sarebbero puntualmente adempiute. Ma Giosia avrebbe vissuto in pace e non avrebbe visto alcuna di queste sciagure, in quanto si era umiliato davanti a Dio.*

L'ubbidienza di Giosia è evidente in 2 Re 23:19-20 > *2Re 23:19 Giosia fece anche sparire tutti i templi d'alti luoghi che erano nella città di Samaria e che i re d'Israele avevano fatti per provocare lo sdegno del SIGNORE, e ne fece esattamente quel che aveva fatto a Betel. 2Re 23:20 Fece uccidere sugli altari tutti i sacerdoti degli alti luoghi che vi si trovavano, e su quegli altari bruciò ossa umane. Poi tornò a Gerusalemme.* La fedeltà di questo re non era solo teorica, ma soprattutto pratica. Egli demolì gli alti luoghi che avevano provocato lo sdegno del Signore ed eliminò tutti quei sacerdoti idolatri che stavano infestando il paese. Egli non fece altro che applicare la Legge che prevedeva tale pena per l'idolatria (De 13:5).

Inoltre in 2 Re 23:21-23 leggiamo > 2Re 23:21 *Il re diede a tutto il popolo quest'ordine: «Celebrate la Pasqua in onore del SIGNORE vostro Dio, come sta scritto in questo libro del patto».* 2Re 23:22 *Infatti, la Pasqua non era stata celebrata così dal tempo dei giudici che avevano governato Israele, e per tutto il tempo dei re d'Israele e dei re di Giuda;* 2Re 23:23 *ma nel diciottesimo anno del re Giosia quella Pasqua fu celebrata, in onore del SIGNORE, a Gerusalemme.* Anche con Giosia venne nuovamente celebrata la Pasqua con gran gioia ed allegrezza, *in onore al Signore.* Con Ezechia e Giosia, possiamo dire che il popolo di Giuda conobbe i due periodi migliori, in quanto i sovrani erano timorati di Dio.

La linea genealogica prosegue - Giosia generò Ieconia ed i suoi fratelli al tempo della deportazione di Babilonia -.

In 1 Cr 3:15 leggiamo > 1Cronache 3:15 I figli di Giosia furono: Ioanan, il primogenito; Ioiachim, il secondo; Sedechia, il terzo; Sallum, il quarto. 1Cronache 3:16 Il figlio di Ioiachim fu Ieconia, che ebbe per figlio Sedechia. 1Cronache 3:17 I figli di Ieconia, il prigioniero, furono: suo figlio Sealtiel, 1Cronache 3:18 Malchiram, Pedaia, Senassar, Iecamia, Osama e Nedabia. Da questo testo possiamo osservare come Ieconia non sia il figlio diretto di Giosia, in quanto fu generato da Ioiachim, il quale era il figlio diretto di Giosia. Già abbiamo visto come Matteo tralascia delle generazioni per arrivare poi alla fine al numero di quattordici generazioni. Abbiamo già notato che non esiste una contraddizione, ma è corretto comunque dire che Giosia generò Ieconia, in quanto si segue sempre la genealogia di sangue.

Ma è molto interessante notare il periodo che viene evidenziato, ovvero - *il tempo della deportazione di Babilonia* -.

>Fu un periodo assolutamente significativo e nello stesso tempo di sofferenza come possiamo osservare in 2 Re 25:8-15. 22 > 2Re 25:8 *Il settimo giorno del quinto mese - era il diciannovesimo anno di Nabucodonosor, re di Babilonia - Nebuzaradan, capitano della guardia del corpo, funzionario del re di Babilonia, giunse a Gerusalemme,* 2Re 25:9 2Re 25:10 *bruciò il tempio del SIGNORE e il palazzo del re, e diede alle fiamme tutte le case di Gerusalemme, tutte le case dei grandi personaggi. Tutto l'esercito dei Caldei, che era con il capitano della guardia, abbatté tutte le mura di Gerusalemme.* 2Re 25:11 *Nebuzaradan, capitano della*

guardia, *deportò i superstiti che erano rimasti nella città, i fuggiaschi che si erano arresi al re di Babilonia, e il resto della popolazione. 2Re 25:12 Il capitano della guardia non lasciò che alcuni dei più poveri del paese a coltivare le vigne e i campi. 2Re 25:13 I Caldei spezzarono le colonne di bronzo che erano nella casa del SIGNORE, le basi e il mare di bronzo che era nella casa del SIGNORE, e ne portarono via il metallo a Babilonia. 2Re 25:14 Presero le pignatte, le palette, i coltelli, le coppe e tutti gli utensili di bronzo con i quali si faceva il servizio. 2Re 25:15 Il capitano della guardia prese pure i bracieri, le bacinelle: ciò che era d'oro e ciò che era d'argento. 2Re 25:16 Quanto alle due colonne, al mare e alle basi che Salomone aveva fatte per la casa del SIGNORE, il metallo di tutti questi oggetti aveva un peso incalcolabile...Così la popolazione di Giuda fu deportata lontano dal suo paese. 2Re 25:22 Quanto al popolo che rimase nel paese di Giuda, lasciatovi da Nabucodonosor, re di Babilonia, il re pose a governarli Ghedalia, figlio di Aicam, figlio di Safan.* Il braccio destro di Nebucadnesar fu Nebuzaradan, il capitano della guardia, sicuramente un guerriero forte ed esperto in battaglia. Egli, giungendo a Gerusalemme, bruciò il Tempio, depredò tutte le ricchezze in esso contenuti. L'esercito caldeo distrusse tutte le mura, deportando i superstiti che erano rimasti nella città. La conseguenza di tutto l'abbiamo nel v.22 *Quanto al popolo che rimase nel paese di Giuda,* lasciatovi da Nabucodonosor, re di Babilonia, il re pose a governarli Ghedalia, figlio di Aicam, figlio di Safan. Quando si è deportati non è certamente una bella situazione, in quanto si è lontani da casa ed oggetto di grandi sofferenze. Vi sono salmi ed un libro intero come quello delle Lamentazioni che descrivono queste sofferenze.

## Matteo 1:12-17 relativa al Signore Gesù

Mt 1:12-17 dì > ***Zorobabele, un personaggio emblematico*** > - Dopo la deportazione in Babilonia, Ieconia generò Salatiel; Salatiel generò Zorobabel - > Mt 1:12.

Proprio in questo periodo così buio ed oscuro come quello della deportazione, sorge un personaggio emblematico - *Zorobabel* - che è sempre descritto come figlio di - *Sealtiel* -.

In Ed 2:1 è scritto > Esdra 2:1 Questi sono gli uomini della provincia che tornarono dalla deportazione, quelli che Nabucodonosor, re di Babilonia, aveva condotti schiavi a

Babilonia, e che tornarono a Gerusalemme e in Giuda, ognuno nella sua città. Esdra 2:2 Essi giunsero con Zorobabele, Iesua, Neemia, Seraia, Reelaia, Mardocheo, Bilsan, Mispar, Bigvai, Reum, Baana. Come possiamo osservare Zorobabel fu alla testa di coloro che alla fine tornarono dalla deportazione, insediandosi nuovamente nelle proprie città e luoghi. Fu sicuramente uno spiraglio di luce che aprì la possibilità concreta di ricostruire ciò che era andato distrutto.

Questo lo possiamo notare in Ed 3:2-8 > Esdra 3:2 *Allora Iesua, figlio di Iosadac, con i suoi fratelli sacerdoti, e Zorobabele, figlio di Sealtiel, con i suoi fratelli, si misero a costruire l'altare del Dio d'Israele, per offrirvi sopra olocausti, come è scritto nella legge di Mosè, uomo di Dio.* Esdra 3:3 Ristabilirono l'altare sulle sue basi, sebbene temessero i popoli delle terre vicine, e offrirono sopra di esso olocausti al SIGNORE: gli olocausti del mattino e della sera. Esdra 3:4 *Celebrarono la festa delle Capanne, secondo quanto è scritto, e offrirono olocausti giorno per giorno, nel numero prescritto per ciascun giorno.* Esdra 3:5 *Poi offrirono l'olocausto continuo, gli olocausti dei noviluni e di tutte le solennità sacre del SIGNORE, e quelli di chi faceva qualche offerta volontaria al SIGNORE.* Esdra 3:6 *Dal primo giorno del settimo mese cominciarono a offrire olocausti al SIGNORE; ma le fondamenta del tempio del SIGNORE non erano ancora state poste.* Esdra 3:7 *Diedero del denaro agli scalpellini e ai falegnami, dei viveri, delle bevande e dell'olio ai Sidoni e ai Tiri perché portassero per mare sino a Iafo del legno di cedro del Libano, secondo la concessione che Ciro, re di Persia, aveva loro fatta.* Esdra 3:8 *Il secondo anno dopo il loro arrivo alla casa di Dio, a Gerusalemme, il secondo mese, Zorobabele, figlio di Sealtiel, Iesua, figlio di Iosadac, con gli altri loro fratelli, sacerdoti e Leviti, e tutti quelli che erano tornati dall'esilio a Gerusalemme, si misero all'opera; incaricarono i Leviti dai vent'anni in su di dirigere i lavori della casa del SIGNORE.* Zorobabele e Iesua furono i personaggi principali e nello stesso tempo strumenti nelle mani di Dio per ricostruire la Casa del Signore. Possiamo certamente notare la dedizione e lo zelo che essi mostrarono nel ricostruire l'altare di Dio innanzitutto per tornare ad offrire sacrifici ed olocausti al Signore. È una bella lezione. Prima di tutto essi vollero ripristinare il servizio inerente all'adorazione verso il Signore. Nonostante il timore dei *popoli vicini,* essi proseguirono nel loro impegno, celebrando nello stesso tempo la festa delle Capanne ed offrendo olocausti del continuo. Essi desideravano ringraziare il Signore per ciò che era accaduto. Tuttavia *le fondamenta del Tempio non erano ancora state poste,* ma questa situazione durò molto poco. Infatti, il secondo anno dopo il loro arrivo iniziarono la ricostruzione ed i Leviti come era loro compito diressero i lavori.

Questa ricostruzione non fu priva di ostacoli e di problemi. Ma in Ed 5:1 leggiamo > Esdra 5:1 *I profeti Aggeo e Zaccaria, figlio di Iddo, profetizzarono nel nome del Dio d'Israele ai Giudei che erano in Giuda e a Gerusalemme.* Esdra 5:2 *Allora Zorobabele, figlio di Sealtiel, e Iesua, figlio di Iosadac, andarono a riprendere la costruzione della casa di Dio a Gerusalemme; e con loro erano i profeti di Dio, che li assistevano.* Aggeo e Zaccaria furono due profeti molto significativi in questo periodo e nello stesso tempo furono di incoraggiamento per Zorobabele. Gli ostacoli ed i problemi che sorsero interruppero la ricostruzione del Tempio, ma non in modo definitivo. Zorobabele riprese la ricostruzione fino al suo totale completamento. È bello notare che *i profeti erano con loro,* parole che sottolineano il fatto che il Signore era con loro.

La ricostruzione del Tempio avvenne anche sotto solenni messaggi del Signore. Infatti, in Ag 1:12-15/2:1-4 è scritto quanto segue > Aggeo 1:12 *Allora Zorobabel, figlio di Sealtiel, e Giosuè, figlio di Iosadac, il sommo sacerdote, e tutto il resto del popolo, ascoltarono la voce del SIGNORE, loro Dio, e le parole del profeta Aggeo che portavano il messaggio che il SIGNORE, loro Dio, gli aveva affidato. Il popolo ebbe timore del SIGNORE.* Aggeo 1:13 *Aggeo, inviato dal SIGNORE, trasmise al popolo questo messaggio del SIGNORE: «Io sono con voi», dice il SIGNORE.* Aggeo 1:14 *Il SIGNORE risvegliò lo spirito di Zorobabel, figlio di Sealtiel, governatore di Giuda, e lo spirito di Giosuè, figlio di Iosadac, sommo sacerdote, e lo spirito di tutto il resto del popolo; essi vennero e cominciarono a lavorare nella casa del SIGNORE degli eserciti, loro Dio,* Aggeo 1:15 *il giorno ventiquattro del sesto mese, nel secondo anno del re Dario.* Aggeo 2:1 *Il giorno ventuno del settimo mese, la parola del SIGNORE fu rivelata per mezzo del profeta Aggeo, in questi termini:* Aggeo 2:2 *«Parla ora a Zorobabel, figlio di Sealtiel, governatore di Giuda, a Giosuè, figlio di Iosadac, sommo sacerdote, e al resto del popolo, e di' loro:* Aggeo 2:3 *Chi c'è ancora tra di voi che abbia visto questa casa nel suo primo splendore? E come la vedete adesso? Così com'è non è forse come un nulla ai vostri occhi?* Aggeo 2:4 *Ma ora, sii forte, Zorobabel, dice il SIGNORE, sii forte, Giosuè, figlio di Iosadac, sommo sacerdote; sii forte, popolo tutto del paese, dice il SIGNORE! Mettetevi al lavoro! Perché io sono con voi, dice il SIGNORE degli eserciti.* Innanzitutto è scritto che tutto il popolo *ebbe timore del Signore.* Questo è l'ingrediente principale, la ricetta spirituale per poter svolgere ogni genere di servizio. Ma per svolgere un servizio è importante che il nostro spirito sia risvegliato dal Signore. Questo accadde a Zorobabele. Come non potrebbe essere altrimenti di fronte al potente messaggio di incoraggiamento del Signore *Ma ora, sii forte, Zorobabel, dice il SIGNORE, sii forte, Giosuè, figlio di Iosadac, sommo sacerdote; sii forte, popolo tutto del paese, dice il SIGNORE! Mettetevi al lavoro! perché io sono con voi.* Per servire il Signore vi è assolutamente bisogno della Sua forza! Il cristiano deve essere forte e *mettersi al lavoro* con zelo e dedizione. Grazie a Dio che Israele ha potuto conoscere uomini come Zorobabele che furono di sprone per tutti, come è di sprone anche per noi.

Mt 1:12-17 (21 > ***Da Zorobabele a Cristo*** > - *Zorobabel generò Abiud; Abiud generò Eliachim; Eliachim generò Azor; Azor generò Sadoc; Sadoc generò Achim; Achim generò Eliud; Eliud generò Eleàzaro; Eleàzaro generò Mattan; Mattan generò Giacobbe; Giacobbe generò Giuseppe, il marito di Maria, dalla quale nacque Gesù, che è chiamato Cristo. Così, da Abraamo fino a Davide sono in tutto quattordici generazioni; da Davide fino alla deportazione in Babilonia, quattordici generazioni; e dalla deportazione in Babilonia fino a Cristo, quattordici generazioni -* > Mt 1:13-17.

L'ultimo segmento della genealogia è contenuta in questo brano, nel quale troviamo tanti nomi che vengono menzionati, ma che sono citati pochissimo nella Scrittura. Ma la parte solenne l'abbiamo quando si arriva a Giacobbe, il quale - *generò Giuseppe, il marito di Maria -.* Può sembrare questa solo un'informazione, ma si possono fare almeno due riflessioni importanti. Innanzitutto il Signore curò e protesse in modo sovrano la genealogia benedetta fino all'avvento di Cristo. Inoltre è bello osservare il rapporto speciale che esisteva tra questi due promessi sposi. Giuseppe è definito - *marito -,* secondo l'usanza ebraica, ma in realtà egli era fidanzato a Maria (Mt 1:18).

Nel riflettere sul rapporto particolare esistente tra marito e moglie è bello guardare a Pr 12:4 > Proverbi 12:4 *La donna virtuosa è la corona del marito, ma quella che fa vergogna gli è un tarlo nelle ossa*. La donna saggia è veramente la corona del marito, il suo più grande onore. Maria fu sicuramente una donna virtuosa e saggia come vedremo più avanti.

Inoltre nei confronti dei mariti Paolo dirà > Efesini 5:25 *Mariti, amate le vostre mogli, come anche Cristo ha amato la chiesa e ha dato sé stesso per lei.* L'amore del marito cristiano nei confronti della moglie deve avere come punto di riferimento l'amore che il Signore Gesù ha mostrato per ciascuno di noi. Egli *ha dato Se stesso per lei*. Così devono amare i mariti timorati del Signore.

Da Maria nacque - *Gesù che è chiamato Cristo* -. In greco abbiamo il sostantivo - *christos* - che indica colui che ha ricevuto l'unzione, l'unto. Il Signore Gesù è l'Unto di Dio per eccellenza, unto per eseguire il compito più solenne della storia dell'umanità.

È questo un titolo che ricorre spesso > Luca 2:10 *L'angelo disse loro: «Non temete, perché io vi porto la buona notizia di una grande gioia che tutto il popolo avrà:* Luca 2:11 *Oggi, nella città di Davide, è nato per voi un Salvatore, che è il Cristo, il Signore.* Nel portare la buona notizia della nascita del Signore Gesù ai pastori, l'angelo Lo definisce chiaramente il *Cristo,* un titolo che è associato altresì alla Sua signoria. Egli è - *ho Kyrios* -, il Signore, il Salvatore del mondo.

Anche in Gv 20:30-31 leggiamo > Giovanni 20:30 *Or Gesù fece in presenza dei discepoli molti altri segni miracolosi, che non sono scritti in questo libro;* Giovanni 20:31 *ma questi sono stati scritti, affinché crediate che Gesù è il Cristo, il Figlio di Dio, e, affinché, credendo, abbiate vita nel suo nome.* Il mondo si vuole riempire di nozioni, di cultura, ma ciò che è veramente importante sapere e credere è che il Signore Gesù è l'eterno Figlio di Dio, il Cristo e solo chi pone la fede in Lui ha veramente vita in Lui. Questo è sufficiente: sapere e credere. Ma già nella genealogia, Matteo definisce volutamente il Signore Gesù, il Cristo, il titolo messianico con il quale Egli si presenterà ai giudei.

## Mt 1:18-25 Un evento inaspettato

La nascita di Gesù Cristo avvenne in questo modo. Maria, sua madre, era stata promessa sposa a Giuseppe e, prima che fossero venuti a stare insieme, si trovò incinta per opera dello Spirito Santo. Giuseppe, suo marito, che era uomo giusto e non voleva esporla a infamia, si propose di lasciarla segretamente - > Mt 1:18-

*19.*

L'ultima parte del primo capitolo del Vangelo di Matteo, si occupa proprio di uno degli eventi più importanti della storia dell'umanità: la nascita del Salvatore del mondo. Infatti, la narrazione prosegue con le parole - *La nascita di Gesù Cristo avvenne in questo modo -*. Ovvero l'evangelista desidera raccontare in modo preciso e circostanziato tutto ciò che riguarda quest'evento.

Possiamo certamente affermare che il momento della nascita di un bimbo sia un evento straordinario, in quanto risulta essere un inno alla vita. Come nel mondo vi sono tante persone che muoiono. Così ci sono nuovi individui che nascono. Eppure Giobbe dirà queste parole intorno alla sua nascita > Giobbe 3:1 *Allora Giobbe aprì la bocca e maledisse il giorno della sua nascita.* Giobbe 3:2 *E cominciò a parlare così:* Giobbe 3:3 *«Perisca il giorno che io nacqui e la notte in cui si disse: È stato concepito un maschio!* Per l'esperienza particolare che stava vivendo Giobbe, il giorno della sua nascita non rappresentava più un momento di festa e di allegrezza, aggiunto dal fatto che era *nato un maschio,* ma solo un triste ricordo che egli voleva cancellare. Non dobbiamo Infatti, ignorare che chi sta parlando è un uomo in preda ad atroci sofferenze sia fisiche, che morali. Ma è bello osservare che il Signore Gesù, nonostante il fatto che le Sue sofferenze superassero di gran lunga quelle di Giobbe, come di qualsiasi altro essere umano, non si pentì mai di essere nato.

Infatti. Come era preannunciato in Isaia 9:5-6 > Isaia 9:5 *Poiché un bambino ci è nato, un figlio ci è stato dato, e il dominio riposerà sulle sue spalle; sarà chiamato Consigliere ammirabile, Dio potente, Padre eterno, Principe della pace,* Isaia 9:6 *per dare incremento all'impero e una pace senza fine al trono di Davide e al suo regno, per stabilirlo fermamente e sostenerlo mediante il diritto e la giustizia, da ora e per sempre: questo farà lo zelo del SIGNORE degli eserciti.* Non si parla di un re umano seppur forte e potente, ma di Colui che sarà caratterizzato da spalle così larghe che *tutto il dominio* riposerà su di Lui. Diversi nomi lo contraddistingueranno come *Consigliere Ammirabile, Dio potente, Padre eterno, Principe della pace,* i quali non possono essere certo assegnati ad un essere umano qualsiasi. Il Signore Gesù, quale Re assoluto, incarna ciascuno di questi titoli. Infatti, quando il Signore Gesù regnerà sulla terra per mille anni, sarà un regno di assoluta pace ed armonia.

Ma la narrazione prosegue e l'evangelista focalizza la sua attenzione su Maria - *Maria, sua madre, era stata promessa sposa a Giuseppe* -. Nel greco abbiamo il verbo - *mnesteuo* - che indica l'atto di chiedere la mano o di promettere in sposa. Infatti, il sostantivo - *mnestos* - è la fidanzata o promessa sposa. Questo è un dettaglio importante, in quanto ci porta a riflettere su un dettaglio importante del fidanzamento ebraico.

In De 22:23-24 è scritto > Deuteronomio 22:23 *Quando una fanciulla vergine è fidanzata e un uomo, trovandola in città, si corica con lei,* Deuteronomio 22:24 *condurrete tutti e due alla porta di quella città, e li lapiderete a morte: la fanciulla, perché, essendo in città, non ha gridato; e l'uomo, perché ha disonorato la donna del suo prossimo. Così toglierai via il male di mezzo a te.* Solo nella Legge ebraica e nel suo costume, due promessi sposti, quindi due fidanzati che non erano ancora convolati a nozze, erano considerati dal popolo d'Israele come marito e moglie. Tant'è che se una fanciulla vergine, promessa sposa ad un uomo, l'avesse tradito con un altro, sia lei che l'uomo con cui ha consumato il tradimento sarebbero stati puniti con la morte attraverso la lapidazione, ovvero la stessa pena prevista per l'adulterio (Le 20:10). Questo dato è estremamente sintomatico.

Ancora in Lu 1:26-27 è scritto > Luca 1:26 *Al sesto mese, l'angelo Gabriele fu mandato da Dio in una città di Galilea, chiamata Nazaret,* Luca 1:27 *a una vergine fidanzata a un uomo chiamato Giuseppe, della casa di Davide; e il nome della vergine era Maria.* Nel brano parallelo del vangelo di Luca, nel quale è descritto questo straordinario incontro tra l'angelo Gabriele e Maria, quest'ultima è definita *fidanzata* di Giuseppe, eppure più avanti ella sarà definita anche *moglie* di lui (Mt 1:20, 24). Questo dato sarà molto importante quando studieremo Matteo 19.

Ma la narrazione continua - *e, prima che fossero venuti a stare insieme, si trovò incinta per opera dello Spirito Santo* -. Qui ci troviamo di fronte a ciò che avvenne prima che Maria e Giuseppe formassero una coppia a tutti gli effetti. Nel greco abbiamo l'espressione -*prin è suntelthein autous heurethè en gastri echousa ekpneumatos hagiou* -, dove il verbo - *sunerchomai* - indica proprio lo stare insieme, unirsi o congiungersi.

È chiaro che una donna, da un punto di vista biologico, può rimanere incinta solo con l'intervento del liquido seminale dell'uomo. Tra marito e moglie. Sicuramente dopo un rapporto sessuale. Come ad esempio è scritto in Ge 4:1 > Genesi 4:1 *Adamo conobbe Eva, sua moglie, la quale concepì e partorì Caino, e disse: «Ho acquistato un uomo con l'aiuto del SIGNORE»*. Il verbo conoscere in tali contesti indica proprio l'unione sessuale ed il risultato di tale unione fu il concepimento, in questo caso, di Caino.

Nel corso della storia. La biologia ha sempre seguito il suo corso e sicuramente Elisabetta. Parente di Maria. Non ne era esente > *Luca 1:23 Quando furono compiuti i giorni del suo servizio, egli se ne andò a casa sua. Luca 1:24 Dopo quei giorni, sua moglie Elisabetta rimase incinta; e si tenne nascosta per cinque mesi, dicendo: Luca 1:25 «Ecco quanto ha fatto per me il Signore, nei giorni in cui mi ha rivolto il suo sguardo per cancellare la mia vergogna in mezzo agli uomini»*. In contemporanea, sia Maria, che Elisabetta, rimasero incinte, ma quale differenza tra le due! Elisabetta era incinta di un uomo di cui Dio si sarebbe servito potentemente come Giovanni il Battista, ma tale condizione avvenne chiaramente dopo un rapporto sessuale.

Ma Maria è l'unica donna, sulla faccia della terra e nella storia dell'umanità, che rimase incinta *-per opera dello Spirito Santo -*, senza intervento umano.

Questo ci porta a riflettere sulla vasta opera dello Spirito del Signore. Di cui il NT ci parla in modo diffuso. In At 13:1-2 ad esempio leggiamo > *Atti 13:1 Nella chiesa che era ad Antiochia c'erano profeti e dottori: Barnaba, Simeone detto Niger, Lucio di Cirene, Manaem, amico d'infanzia di Erode il tetrarca, e Saulo. Atti 13:2 Mentre celebravano il culto del Signore e digiunavano, lo Spirito Santo disse: «Mettetemi da parte Barnaba e Saulo per l'opera alla quale li ho chiamati»*. Questo brano ci parla di quelle colonne di fede che erano in Antiochia come Barnaba e Saulo. Mentre essi digiunavano ed adoravano il Signore, lo Spirito Santo intervenne in modo sovrano ordinando che Paolo e Barnaba fossero appartati per un'opera ben precisa che essi dovevano compiere. Quindi in questo caso possiamo vedere lo Spirito Santo che chiama al servizio.

Oppure. Come è scritto in 1 Co 12:8-11 > *1Corinzi 12:8 Infatti,, a uno è data, mediante lo Spirito, parola di sapienza; a un altro parola di conoscenza, secondo il medesimo Spirito; 1Corinzi 12:9 a un altro, fede, mediante il medesimo Spirito; a un altro, carismi di guarigione, per mezzo del medesimo Spirito; 1Corinzi 12:10 a un altro, potenza di operare miracoli; a un altro, profezia; a un altro, il discernimento degli spiriti;* a un altro, diversità di lingue e a un altro, l'interpretazione delle lingue; 1Corinzi 12:11 *ma tutte queste cose le opera quell'unico e medesimo Spirito, distribuendo i doni a ciascuno in particolare come vuole.* Anche in questo caso possiamo osservare la sovranità dello Spirito nel distribuire i Suoi doni come Egli vuole. Quindi in questo è sottolineata l'opera dello Spirito per quanto concerne i doni o i carismi spirituali, strumenti necessari per poter svolgere il compito ed il servizio alla gloria di Dio.

Molto spesso ci soffermeremo a riflettere sulla Persona meravigliosa dello Spirito. Ma intanto apprezziamo quanto è scritto in Gb 33:4 > Giobbe 33:4 *Lo Spirito di Dio mi ha creato, e il soffio dell'Onnipotente mi dà la vita.* Lo Spirito Santo fu l'Agente della creazione, insieme alla Parola, il Logos di Dio, che sappiamo essere il Signore Gesù preincarnato. Giobbe ammette di essere stato creato per mezzo dello Spirito di Dio, del *soffio dell'Onnipotente.* Perciò, per lo Spirito Santo non era certamente impossibile provocare, nel grembo di Maria, una gravidanza inaspettata e nello stesso tempo miracolosa.

Il testo prosegue mettendo in evidenza una bellissima caratteristica di Giuseppe, in quanto egli era - *uomo giusto* -. Nel greco abbiamo l'aggettivo - *dikaios* - che indica proprio l'essere giusto. Questo significa che Giuseppe era un uomo timorato di Dio e che desiderava mettere in pratica la Sua volontà.

Anche di altri uomini possiamo notare la stessa caratteristica come Noè > Genesi 6:9 *Questa è la posterità di Noè. Noè fu uomo giusto, integro, ai suoi tempi; Noè camminò con Dio.* Anche Noè, con semplici parole, è definito un uomo giusto, integro, retto e tale giustizia si manifestò proprio con un cammino fedele con il Signore. Sappiamo che come cristiani l'essere giusti ha a che fare con la giustificazione che si può ottenere solo per la fede nel Signore Gesù (Ro 5:1). Ma nello stesso tempo siamo chiamati a dimostrare quel cambiamento che è avvenuto in noi. Un giorno Elifaz formulò un interrogativo importante > Giobbe 15:14 *Chi è mai l'uomo per esser puro, il nato di donna per esser giusto?* Giobbe 15:15 Ecco, Dio non si fida nemmeno dei suoi santi, i cieli non sono puri ai suoi occhi; Giobbe 15:16 quanto meno quest'essere abominevole e corrotto, l'uomo, che tracanna iniquità come acqua! *L'uomo purtroppo nasce nel peccato e nella corruzione. Nessuno si può definire giusto* (Ro 3:21), *in quanto tutti si trovano nella medesima condizione di alienazione da Dio. La santità e la purezza del Signore superano qualsiasi immaginazione. Persino i* cieli non sono puri ai suoi occhi, *quanto meno lo è colui che per sua natura* tracanna iniquità come acqua.

Eppure si può essere giusti e ci può essere questo passaggio straordinario da empi a uomini timorati di Dio con tutti i vantaggi che ne conseguono > Proverbi 11:8 *Il giusto è salvato dalla tribolazione, e l'empio ne prende il posto.* Il giusto è salvato dalla prova e dalla sofferenza ed è quanto noi leggeremo di Giuseppe e Maria. Essi sperimentarono veramente la liberazione del Signore, la Sua protezione ed il Suo soccorso. Ma l'empio che persevera nella sua malvagità, senza chiedere perdono al Signore, né ravvedersi dei suoi peccati, non solo sarà tribolato, ma non riceverà liberazione e protezione.

Giuseppe dimostrò la sua integrità e giustizia - *non esponendo ad infamia* - Maria. Qui c'è da sottolineare una differenza esistente tra il testo greco del Nestle - Aland ed il Majority Text. Infatti, nel primo abbiamo il verbo - *deigmatizo* - e nel secondo il verbo - *paradeigmatizo* -. Il secondo indica proprio l'atto di punire in modo esemplare o esporre al dileggio ed all'infamia. Giuseppe, da un punto di vista umano, aveva tutti i motivi anche legali di svergognare Maria, in quanto quella gravidanza era la prova, non conoscendo tutti i retroscena, di un palese tradimento della donna. L'infamia è un qualcosa di molto forte che segna profondamente l'onore e la *reputazione di una persona. In Gs 7:14-15 leggiamo >* Giosuè 7:14 *Domattina dunque vi accosterete tribù per tribù; e la tribù che il SIGNORE designerà, si accosterà famiglia per famiglia; e la famiglia che il SIGNORE designerà, si accosterà casa per casa; e la casa che il SIGNORE designerà, si accosterà persona per persona.* Giosuè 7:15 *E colui che sarà designato per aver preso dell'interdetto sarà dato alle fiamme con tutto quello che gli appartiene, perché ha trasgredito il patto del SIGNORE e ha commesso un'infamia in Israele».* Quest'episodio parla della punizione esemplare che avrebbe ricevuto colui che aveva rubato dell'interdetto. Sappiamo che Acan, figlio di Carmi, fu il responsabile, eppure è scritto che l'ira del Signore si accese su Israele, anche se solo Acan commise il peccato. Non si può scherzare con i canoni di giustizia del Signore. Ebbene Acan sarebbe stato punito a morte, a motivo del fatto che aveva trasgredito il patto del Signore e commesso un infamia, ovvero qualcosa di estremamente vergognoso.

Inoltre come è scritto in Pr 3:35 > Proverbi 3:35 *saggi erediteranno la gloria, ma l'infamia è la parte che spetta agli stolti.* Coloro che camminano nella saggezza del Signore e nel Suo timore avranno come eredità proprio la gloria. È qualcosa di straordinario se pensiamo che oltre alla salvezza, il Signore ha donato ai Suoi tutte quelle ricchezze che ora stiamo pregustando per fede. Ma quale sarà la parte degli stolti? Cosa erediteranno? Proprio *l'infamia*, una vergogna senza fine. Ma Maria non agì né da donna malvagia, né stolta. Tutto era guidato dal Signore.

Maria non era come la donna descritta in De 24:1 > Deuteronomio 24:1 *Quando un uomo sposa una donna che poi non vuole più, perché ha scoperto qualcosa di indecente a suo riguardo, le scriva un atto di ripudio, glielo metta in mano e la mandi via.* Queste parole fanno parte della famosa legge sul divorzio prescritta in Israele, di cui tratteremo più avanti. La Legge prevedeva che se un uomo sposava una donna nella quale in seguito si sarebbe trovato qualcosa di indecente e di vergognoso, le poteva scrivere un atto di ripudio e mandarla via. Giuseppe in un certo qual modo vuole lasciare Maria, ma in segreto, senza dirlo a nessuno, per non ferire l'animo sensibile della donna. Egli non aveva ancora compreso che ciò che stava accadendo faceva parte di un piano straordinario del Signore.

Mt 1:18-25 (21 > *Un annucio inaspettato* > - *Ma mentre aveva queste cose nell'animo, un angelo del Signore gli apparve in sogno, dicendo: «Giuseppe, figlio di Davide, non temere di prendere con te Maria, tua moglie; perché ciò che in lei è generato, viene dallo Spirito Santo. Ella partorirà un figlio, e tu gli porrai nome Gesù, perché è lui che salverà il suo popolo dai loro peccati»* - > Mt 1:20-21.

Giuseppe ancora non si era espresso con Maria, ma nel suo cuore albergavano tutti questi pensieri. Ma - *mentre aveva queste cose nell'animo, un angelo del Signore gli apparve in sogno* -. Nel greco abbiamo il verbo - *enthumeo* - che significa riflettere, considerare, comunque si parla di un'attività mentale interiore. Ebbene mentre Giuseppe si trovava in questo stato, un - *angelo del Signore* - gli apparve in sogno.

Nella Scrittura e soprattutto nell'AT si parla dell'Angelo del Signore che però è molto diverso da quello descritto in Matteo >

Genesi 16:7 *L'angelo del SIGNORE la trovò presso una sorgente d'acqua, nel deserto, presso la sorgente che è sulla via di Sur,* Genesi 16:8 *e le disse: «Agar, serva di Sarai, da dove vieni e dove vai?» Lei rispose: «Fuggo dalla presenza di Sarai mia padrona».* Genesi 16:9 *L'angelo del SIGNORE le disse: «Torna dalla tua padrona e umiliati sotto la sua mano».* Genesi 16:10 *L'angelo del SIGNORE soggiunse: «Io moltiplicherò grandemente la tua discendenza e non la si potrà contare, tanto sarà numerosa».* Come possiamo osservare l'Angelo del Signore che parla ad Agar, si presenta come Colui che moltiplicherà grandemente la sua progenie e la sua discendenza. Quindi l'Angelo del Signore si identifica con il Signore stesso.

Anche in Ge 22:11-12 leggiamo la stessa cosa > Genesi 22:11 *Ma l'angelo del SIGNORE lo chiamò dal cielo e disse: «Abraamo, Abraamo!» Egli rispose: «Eccomi».* Genesi 22:12 *E l'angelo: «Non stendere la mano contro il ragazzo e non fargli male! Ora so che tu temi Dio, poiché non mi hai rifiutato tuo figlio, l'unico tuo».* Mentre Abraamo si stava accingendo ad uccidere suo figlio Isacco, l'Angelo del Signore interviene prontamente non solo per fermare la mano del patriarca, ma per evidenziare l'amore che quest'ultimo provava proprio per Colui che gli stava parlando *Ora so che tu temi Dio, poiché non mi hai rifiutato tuo figlio, l'unico tuo.* Abraamo stava offrendo Isacco al Signore, come mai l'Angelo afferma *Non MI hai rifiutato...!* L'identificazione è chiara.

Quest'identificazione è ancora più evidente in Es 3:1-2 > Esodo 3:1 *Mosè pascolava il gregge di Ietro suo suocero, sacerdote di Madian, e, guidando il gregge oltre il deserto, giunse alla montagna di Dio, a Oreb.* Esodo 3:2 *L'angelo del SIGNORE gli apparve in una fiamma di fuoco, in mezzo a un pruno. Mosè guardò, ed ecco il pruno era tutto in fiamme, ma non si consumava.* È evidente che Chi parlò a Mosè dal pruno ardente era proprio YHWH il Signore. Eppure è scritto che mentre Mosè pascolava il gregge di Ietro, l'Angelo del Signore gli apparve in una fiamma di fuoco, in mezzo ad un pruno. Perciò ancora possiamo osservare questa straordinaria identificazione tra l'Angelo del Signore e Yhwh stesso.

In questo caso non ci troviamo di fronte allo stesso personaggio, ma ad un - *angelo del Signore* -, inteso come essere celeste al servizio di Dio. Egli intervenne - *in sogno* - per annunciare un preciso messaggio a Giuseppe. In greco abbiamo il termine - *onar*

- che può indicare sia il sogno che la visione.

Possiamo certamente affermare che nell'AT molto spesso il Signore si rivelava attraverso sogni e visioni sia a figli di Dio che pagani. Infatti, in Ge 20:2-7 leggiamo > Genesi 20:2 *Abraamo diceva di sua moglie Sara: «È mia sorella». E Abimelec, re di Gherar, mandò a prendere Sara.* Genesi 20:3 *Ma Dio venne di notte, in un sogno, ad Abimelec e gli disse: «Ecco, tu sei morto, a causa della donna che ti sei presa; perché è sposata».* Genesi 20:4 *Or Abimelec, che non si era ancora accostato a lei, rispose: «Signore, faresti perire una nazione, anche se giusta?* Genesi 20:5 *Egli non mi ha forse detto: È mia sorella? Anche lei ha detto: Egli è mio fratello. Io ho fatto questo nella integrità del mio cuore e con mani innocenti».* Genesi 20:6 *Dio gli disse nel sogno: «Anch'io so che tu hai fatto questo nella integrità del tuo cuore: ti ho quindi preservato dal peccare contro di me; perciò non ti ho permesso di toccarla.* Genesi 20:7 *Ora, restituisci la moglie a quest'uomo, perché è profeta, ed egli pregherà per te, e tu vivrai. Ma, se non la restituisci, sappi che sicuramente morirai, tu e tutti i tuoi».* È un episodio significativo nella vita di Abraamo, il quale purtroppo vede il patriarca in difetto. Infatti, egli, per paura e timore per la sua vita, mentì su Sara dicendo che era sua sorella, anziché dire la verità; ovvero che era sua moglie. Abimelec, ignaro della verità, mandò a prendere Sara, evidentemente per tenerla con sé, ma il Signore *venne di notte, in sogno* ad Abimelec, pronunciando un messaggio di giudizio, se il re avesse persistito nel suo desiderio di tenere la donna. Abimelec ammette di avere fatto tutto senza sapere nulla ed il Signore Infatti, gli dà ragione. L'Eterno quindi interventi prontamente, in sogno o visione, affinché Abimelec non commettesse peccato contro di Lui.

Un altro esempio l'abbiamo in Ge 37:9-10 > Genesi 37:9 *Egli fece ancora un altro sogno e lo raccontò ai suoi fratelli, dicendo: «Ho fatto un altro sogno! Il sole, la luna e undici stelle si inchinavano davanti a me».* Genesi37:10 *Egli lo raccontò a suo padre e ai suoi fratelli; suo padre lo sgridò e gli disse: «Che significa questo sogno che hai fatto?*

*Dovremo dunque io, tua madre e i tuoi fratelli venire a inchinarci fino a terra davanti a te?».* Possiamo certamente affermare che la vita di Giuseppe fu proprio contraddistinta dai sogni. Egli ebbe in dono da Dio la capacità di interpretare i sogni, ma quello che egli fece in questa circostanza segnava in modo indiscutibile il suo futuro. Non era un sogno, come quelli che potremmo fare noi, ma il Signore, attraverso di esso, voleva annunciare una precisa profezia sull'innalzamento di Giuseppe e la sottomissione dei suoi fratelli come effettivamente avverrà. D'altro canto non vi era la Parola di Dio come ce l'abbiamo noi, perciò essendo la rivelazione progressiva, il Signore utilizzò questi modi per annunciare i Suoi oracoli.

Sogni e visioni sono ricorrenti anche nei testi profetici > Daniele 7:1 *Nel primo anno di Baldassar, re di Babilonia, Daniele fece un sogno, mentre era a letto, ed ebbe delle visioni nella sua mente. Poi scrisse il sogno e ne fece il racconto.* Daniele 7:2 *Daniele disse: «Io guardavo, nella mia visione notturna, ed ecco scatenarsi sul mar Grande i quattro venti del cielo.* Daniele 7:3 *Quattro grandi bestie salirono dal mare, una diversa dall'altra.* La profezia concernente la visione dei quattro animali, unitamente a quella delle settanta settimane, è assolutamente importante per comprendere la chiave escatologica delle profezie bibliche. Ma il tutto avvenne appunto in una *visione* o sogno che Daniele non comprese. Perciò in seguito vi fu la spiegazione del Signore (Da 7:23 e succ.). Perciò non dobbiamo certamente stupirci se il Signore si servì di un angelo che apparve in sogno a Giuseppe, per trasmettere i Suoi ordini.

Significativo è come l'angelo definisce Giuseppe - *figlio di Davide* -. Non è una ripetizione superflua, in quanto l'evangelista vuole ancora evidenziare il fatto che il Messia, Colui che era nel grembo di Maria era veramente Figlio di Davide per eccellenza.

Un titolo che designerà il Signore Gesù nel Suo ministero terreno come leggiamo in Lu 18:38-43 > Luca 18:38 *Allora egli gridò: «Gesù, Figlio di Davide, abbi pietà di me!»* Luca 18:39 *E quelli che precedevano, lo sgridavano perché tacesse; ma lui gridava più forte: «Figlio di Davide, abbi pietà di me!»* Luca 18:40 *Gesù, fermatosi, comandò che il cieco fosse condotto a lui; e, quando gli fu vicino, gli domandò:* Luca 18:41 *«Che vuoi che io ti faccia?» Egli disse: «Signore, che io ricuperi la vista».* Luca 18:42 *E Gesù gli disse: «Ricupera la vista; la tua fede ti ha salvato».* Luca 18:43 *Nello stesso momento ricuperò la vista, e lo seguiva glorificando Dio; e tutto il popolo, visto ciò, diede lode a Dio.* Come il cieco chiama il Signore Gesù? Proprio *Figlio di Davide* e tale esclamazione risultava essere una chiara confessione di fede. Infatti, riconoscere il Signore Gesù come il Figlio di Davide, significava riconoscerlo come il Messia promesso. Più volte il cieco implora il Signore e nel momento in cui egli ricupera la vista, il Signore gli rivolge queste straordinarie parole *la tua fede ti ha salvato*. La conseguenza fu che questo ex cieco seguì il Signore glorificando Dio.

Perciò qual è il contenuto del messaggio? Eccolo - *non temere di prendere con te Maria, tua moglie; perché ciò che in lei è generato, viene dallo Spirito Santo* -.

Quale differenza con quella che è la nostra esperienza! Il salmista Davide Infatti, poteva affermare > Salmi 51:5 *Ecco, io sono stato generato nell'iniquità, mia madre mi ha concepito nel peccato.* Tutti noi siamo stati *generati nel peccato e nell'iniquità*. Non vi sono eccezioni, se non proprio il Signore Gesù, il Quale fu generato per mezzo dello Spirito Santo. Tale caratteristica unica lo distingue da tutti gli altri esseri umani, pur essendo Lui stesso vero Uomo. Tutti noi nasciamo nel peccato e questo ci rende peccatori bisognosi fin da subito della Grazia di Dio. Ma il Signore Gesù nacque perfetto, senza macchia, senza ruga, in quanto il Logos eterno si incarnò in un corpo umano.

Ma l'annuncio prosegue - *Ella partorirà un figlio, e tu gli porrai nome Gesù* -. Il porre nome ad un figlio rappresentava un momento solenne nella famiglia ebraica. Infatti, molti nomi avevano a che fare o con la sua persona o con le circostanze che furono protagoniste al momento della nascita del bambino. Il Nome, soprattutto, assume una grande importanza se abbinata proprio al Signore. Non a caso gli ebrei, quando chiamano il Signore, lo definiscono - *Ha Shem* -, ovvero Il Nome.

In Es 15:3 è scritto quanto segue > Esodo 15:3 *Il SIGNORE è un guerriero, il suo nome è il SIGNORE.* Mosè, insieme ad Israele, nel celebrare il Signore per la grande vittoria riportata, Lo descrivono come un *forte guerriero*, possente che libera, che trionfa ed il cui Nome è rappresentato proprio dal famoso tetragramma YHWH. Il Suo Nome racchiude tutte le Sue caratteristiche di perfezione assoluta.

Anche in Giudici 13:17-18, sempre a proposito dell'Angelo del Signore leggiamo > Giudici 13:17 *Poi Manoà disse all'angelo del SIGNORE: «Qual è il tuo nome, affinché, quando si saranno adempiute le tue parole, noi ti rendiamo onore?»* Giudici 13:18 *L'angelo del SIGNORE gli rispose: «Perché mi chiedi il mio nome? Esso è meraviglioso».* Questo è un altro testo che descrive in modo chiaro come l'Angelo del Signore, nell'AT, rappresenti proprio una teofania. Manoa, dopo aver chiesto a questo essere misterioso, quale sia il suo nome, riceve una risposta straordinaria *Perché mi chiedi il mio nome? Esso è meraviglioso.* Ovvero il Nome del Signore non può essere compreso nella sua totalità e pienezza. Questo perché il Nome del Signore, racchiude tutta la Sua Persona.

Ma tornando al Signore Gesù, leggiamo in Ap 19:12-16 > Apocalisse 19:12 *I suoi occhi erano una fiamma di fuoco, sul suo capo vi erano molti diademi e portava scritto un nome che nessuno conosce fuorché lui.* Apocalisse 19:13 *Era vestito di una veste tinta di sangue e il suo nome è la Parola di Dio.* Apocalisse 19:14 *Gli eserciti che sono nel cielo lo seguivano sopra cavalli bianchi, ed erano vestiti di lino fino bianco e puro.* Apocalisse 19:15 *Dalla bocca gli usciva una spada affilata per colpire le nazioni; ed egli le governerà con una verga di ferro, e pigerà il tino del vino dell'ira ardente del Dio onnipotente.* Apocalisse 19:16 *E sulla veste e sulla coscia porta scritto questo nome: RE DEIRE E SIGNORE DEI SIGNORI.* Il contesto di questo capitolo è molto diverso da Mt 1, in quanto qui ci viene parlato del trionfo del Re dei re sugli empi, prima dell'instaurazione del regno millenale. Sarà un momento solenne, nel quale gli empi non incontreranno il Signore Gesù come mite Agnello, ma come Giudice inflessibile. La descrizione è straordinaria in quanto il Signore Gesù si rivela nella Sua gloria, ma possiamo notare che ben due nomi Lo accompagnano *Parola di Dio... Re dei re e Signori dei signori.* Ovvero, Egli si presenta nuovamente come il Logos eterno *che era presso Dio e che era Dio* (Gv 1:1) e nello stesso tempo come Re incontrastato pronto ad esercitare il Suo giudizio e la Sua giustizia contro il peccato. Quindi questi Nomi identificano Chi Egli è nella Sua essenza e nella Sua autorità. Anche da questo possiamo osservare l'importanza che riveste il Nome quando associato alla Persona gloriosa del Signore Gesù.

Per quale motivo bisognava porre il nome - *Gesù* - al nascituro? Proprio perché Egli - *salverà il popolo dai suoi peccati* -. Nel greco abbiamo il classico verbo - *sozo* - che indica proprio l'atto di salvare. Con tale termine, abbiamo un meraviglioso parallelismo con Dio stesso, il Quale più volte si presenta come il Salvatore d'Israele.

In 2 Sa 22:2-3 è scritto > 2Samuele 22:2 «*Il SIGNORE è la mia ròcca, la mia fortezza, il mio liberatore; 2Samuele 22:3 il mio Dio, la mia rupe, in cui mi rifugio, il mio scudo, il mio potente salvatore, il mio alto rifugio, il mio asilo. O mio salvatore, tu mi salvi dalla violenza.* Sono parole molto belle queste di Davide, il quale celebra il Signore e Lo adora quale *roccia, fortezza, liberatore e salvatore.* Davide era assolutamente consapevole che il Signore era ed è l'unico Salvatore, Colui che sa liberare in modo perfetto.

Il Signore dichiara solennemente in Is 43:11-12 > Isaia 43:11 *Io, io sono il SIGNORE, e fuori di me non c'è salvatore.* Isaia 43:12 *Io ho annunziato, salvato, predetto, e non un dio straniero in mezzo a voi; voi me ne siete testimoni, dice il SIGNORE; io sono Dio.* Questa dichiarazione del Signore si commenta da sola. Non esiste alcun Salvatore al di fuori dell'Eterno YHWH. Come è possibile quindi che Gesù di Nazareth, sia il Salvatore? Ovviamente perché Egli è Dio esattamente come il Padre, di natura divina. Il Signore ha annunziato, predetto, salvato e Israele poteva essere testimone della Sua potenza.

L'apostolo Giovanni dichiara intorno al Signore Gesù > 1Giovanni 4:13 *Da questo conosciamo che rimaniamo in lui ed egli in noi: dal fatto che ci ha dato del suo Spirito.* 1Giovanni 4:14 *E noi abbiamo veduto e testimoniamo che il Padre ha mandato il Figlio per essere il Salvatore del mondo.* 1Giovanni 4:15 *Chi riconosce pubblicamente che Gesù è il Figlio di Dio, Dio rimane in lui ed egli in Dio.* Il figlio di Dio è tale proprio perché possiede lo Spirito di Dio in lui. Egli testimonia della sua salvezza e nuova nascita. Ma tutto questo è stato possibile grazie al Signore Gesù verso il quale Giovanni testimonia che *il Padre lo ha mandato...per essere il Salvatore del mondo.* Da ciò si conclude che l'opera di salvezza compiuta dal Signore Gesù non era limitata solo al popolo d'Israele, ma a tutto il mondo. Il riconoscere tutto questo per fede comprova il fatto meraviglioso di *rimanere in Lui.*

Anche Paolo a Tito afferma > Tito 3:4 *Ma quando la bontà di Dio, nostro Salvatore, e il suo amore per gli uomini sono stati manifestati,* Tito 3:5 *egli ci ha salvati non per opere giuste da noi compiute, ma per la sua misericordia, mediante il bagno della rigenerazione e del rinnovamento dello Spirito Santo,* Tito 3:6 *che egli ha sparso abbondantemente su di noi per mezzo di Cristo Gesù, nostro Salvatore,* Tito 3:7 *affinché, giustificati dalla sua* grazia, diventassimo, in speranza, eredi della vita eterna. Come possiamo osservare da questo testo esistono due Salvatori. Il primo è Dio Padre che nella Sua bontà ha manifestato il Suo amore, salvando coloro che hanno posto fede in Lui, non attraverso opere varie, ma per la Sua misericordia, Grazia e l'opera di rigenerazione dello Spirito. Questa è la nuova nascita che è e rimane opera assoluta di Dio. È un miracolo che solo Lui può compiere. Ma tutto ciò è stato possibile grazie a Cristo Gesù, il Quale è definito anche Lui *nostro Salvatore*. Eppure in Isaia 43 il Signore dichiara che al di fuori di Lui non c'è Salvatore. Quale meravigliosa unione! Il figlio di Dio è giustificato per fede e per la Grazia di Dio, per diventare *erede della vita eterna*.

Mt 1:18-25 (31> ***L'adempimento di una precisa profezia*** > - *Tutto ciò avvenne, affinché si adempisse quello che era stato detto dal Signore per mezzo del profeta: «La vergine sarà incinta e partorirà un figlio, al quale sarà posto nome Emmanuele», che tradotto vuol dire: «Dio con noi»* - > Mt 1:22-23.

Perché avvenne questo miracolo identificato in una gravidanza assolutamente inattesa e soprattutto operata dallo Spirito? Affinché si - *adempisse quello che era stato detto dal Signore* -. Il Signore sa assolutamente vigilare sulla Sua Parola. Tante profezie furono scritte nel passato intorno alla prima venuta del Messia e tutte trovarono un preciso adempimento. Il Signore Gesù detiene un record assoluto che nessuno potrà mai togliergli.

Non solo nei confronti del Signore Gesù. Ma in generale il Signore. Quando giunge il tempo da lui prefissato. Fa in modo di adempiere la Sua stessa Parola come vediamo in 2Cr 36:22-23 > 2Cronache 36:22 *Nel primo anno di Ciro, re di Persia, affinché si adempisse la parola del SIGNORE pronunziata per bocca di Geremia, il SIGNORE destò lo spirito di Ciro, re di Persia, il quale a voce e per iscritto, fece pubblicare per tutto il suo regno questo editto:* 2Cronache 36:23 *«Così dice Ciro, re di* Persia: Il SIGNORE, Dio dei cieli, mi ha dato tutti i regni della terra, *ed egli mi ha comandato di costruirgli una casa a Gerusalemme, che si trova in Giuda. Chiunque fra voi è del suo popolo, sia il SIGNORE, il suo Dio, con lui, e parta!».* Questo è uno dei tanti esempi. Ciro, re di Persia, proprio perché *si adempisse la parola del Signore pronunciata da Geremia,* divenne strumento nelle mani di Dio affinché un nuovo Tempio, una nuova Casa del Signore potesse essere costruita. Chiunque faceva parte di Israele poteva così tornare nella sua terra promessa. Ciro, ricordiamolo era un re pagano, ma *il suo spirito venne destato* dal Signore per compiere i Suoi piani. *Se poi consideriamo la vita del Signore Gesù troviamo letteralmente decine di esempi.* In Mt 21:1-5 è scritto > Matteo 21:1 *Quando furono vicini a Gerusalemme e giunsero a Betfage, presso il monte degli Ulivi, Gesù mandò due discepoli,* Matteo 21:2 *dicendo loro: «Andate nella borgata che è di fronte a voi; troverete un'asina legata, e un puledro con essa; scioglieteli e conduceteli da me.* Matteo 21:3 *Se qualcuno vi dice qualcosa, direte che il Signore ne ha bisogno, e subito li manderà».* Matteo 21:4 Matteo 21:5 *«Dite alla figlia di Sion: Ecco il tuo re viene a te, mansueto e montato sopra un'asina, e un asinello, puledro d'asina».* Questo avvenne affinché si adempisse *la parola del profeta.*

In quest'episodio troviamo l'adempimento di un'altra profezia concernente *il Signore Gesù, ovvero che Egli come Re umile e mansueto, sarebbe entrato in Gerusalemme montato su un puledro d'asina.* Anche questa profezia si adempì in modo perfetto. Ogni dettaglio di ogni profezia venne assolutamente rispettato, in modo tale che chiunque non crede nel Signore Gesù è davvero inescusabile. Ma l'adempimento della Parola di Dio si riflette anche sul futuro glorioso del figlio di Dio > 1Corinzi 15:54 *Quando poi questo corruttibile avrà rivestito incorruttibilità e questo mortale avrà rivestito immortalità, allora sarà adempiuta la parola che è scritta: «La morte è stata sommersa nella vittoria».* Quando giungerà quel beato tempo nel quale il nostro corpo mortale lascerà spazio all'immortalità ed incorruttibilità, si potrà realizzare l'adempimento totale della parola *La morte è stata sommersa nella vittoria.* Già la morte è stata sconfitta alla croce dal Signore Gesù, ma quando sperimenteremo gli effetti straordinari della risurrezione, potremo gioire ancora di più dell'adempimento di queste parole.

Ma quale sarebbe la profezia precisa che si è adempiuta? Eccola - *La vergine sarà incinta e partorirà un figlio, al quale sarà posto nome Emmanuele»,* che tradotto vuol dire: *«Dio con noi»* -. Non sarebbe nato un bambino qualsiasi, ma Colui che è l'unico ad essere degno di ricevere questo Nome - *Emmanuele* -.

La profezia concerne proprio Is 7:14 > Isaia 7:14 *Perciò il Signore stesso vi darà un segno: Ecco, la giovane concepirà, partorirà un figlio, e lo chiamerà Emmanuele.* Benché l'Israele incredulo dia tutt'altra spiegazione su questo brano, l'evento che accadde duemila anni fa a Betlemme non lascia adito a dubbi. La vergine ha concepito Colui che ha nel Suo Nome il significato di - *Dio con noi* -. Infatti, non si tratta semplicemente di considerare una bella etimologia di un nome, ma tale significato descrive la profonda essenza del Messia nella Sua natura divina che cammina, mangia, beve, dialoga personalmente con l'uomo. In Cristo, Dio si rivela personalmente all'uomo.

Gli apostoli furono testimoni del fatto che veramente Colui che possiede totalmente la natura divina. Essendo Figlio di Dio, camminava con loro. > 2Pietro 1:16 *Infatti, vi abbiamo fatto conoscere la potenza e la venuta del nostro Signore Gesù Cristo, non perché siamo andati dietro a favole abilmente inventate, ma perché siamo stati testimoni oculari della sua maestà.* 2Pietro 1:17 *Egli, infatti, ricevette da Dio Padre onore e gloria quando la voce giunta a lui dalla magnifica gloria gli disse: «Questi è il mio diletto Figlio, nel quale mi sono compiaciuto».* Con queste parole, l'apostolo Pietro ricorda l'evento straordinario della trasfigurazione, nel quale il Signore Gesù mostrò anche se per breve tempo la Sua gloria. Perciò Pietro può veramente dire di non essere andato dietro a delle favole o a delle menzogne, ma aveva seguito Colui verso il Quale Dio Padre gli diede onore e gloria, *nel momento in cui si sentirono provenire dal cielo quelle stupende parole* Questi è il mio diletto Figlio, nel quale mi sono compiaciuto».

Ancora Giovanni dirà nell'apertura della sua prima lettera > 1Giovanni 1:1 *Quel che era dal principio, quel che abbiamo udito, quel che abbiamo visto con i nostri occhi, quel che abbiamo contemplato e che le nostre mani hanno toccato della parola della vita* 1Giovanni 1:2 *(poiché la vita è stata manifestata e noi l'abbiamo vista e ne rendiamo testimonianza, e vi annunziamo la vita eterna che era presso il Padre e che ci fu manifestata),* 1Giovanni 1:3 *quel che abbiamo visto e udito, noi lo annunziamo anche a voi, perché voi pure siate in comunione con noi; e la nostra comunione è con il Padre e con il Figlio suo, Gesù Cristo .* Giovanni aveva visto, udito, contemplato la potenza del Signore, le Sue parole. Egli fu un testimone oculare assolutamente affidabile del fatto che *la vita era stata manifestata*, ovvero il Signore Gesù stesso. Anche Lui poteva dire di aver camminato con Colui che si chiama - *Dio con noi* -. Perciò egli non può fare altro che annunziare e narrare ciò che ha visto ed udito per essere in comunione *con il Padre e con il Figlio Suo, Gesù Cristo.*

Mt 1:18-25 (31> ***L'ubbidienza di Giuseppe*** > - *Giuseppe, destatosi dal sonno, fece come l'angelo del Signore gli aveva comandato e prese con sé sua moglie; e non ebbe con lei rapporti coniugali finché ella non ebbe partorito un figlio; e gli pose nome Gesù* - > Mt 1:24-25.

In questo brano possiamo veramente osservare l'ubbidienza di Giuseppe. Egli, destatosi, non disse: ah ma era solo un sogno! Ma comprese chiaramente che ciò che aveva ascoltato era veramente il volere di Dio. Egli, quindi, - *fece come l'angelo del Signore aveva comandato* -. In queste parole possiamo vedere la sottomissione e l'ubbidienza di questo pio ebreo.

Queste espressioni o parole simili si trovano spesso nella Scrittura. Per evidenziare proprio l'ubbidienza di un figlio di Dio come Mosè ad esempio > Esodo 40:16 *Mosè fece così; fece interamente come il SIGNORE gli aveva ordinato.* Il contesto precisa che Mosè ricevette ordini precisi circa l'unzione dei sacerdoti e della famiglia di Aaronne. Mosè ubbidì senza sviarsi né a destra, né a sinistra. Il Signore aveva ordinato, comandato e Mosè ubbidì prontamente. Purtroppo dobbiamo dire che questo tipo di ubbidienza è difficilmente riscontrabile oggi. Purtroppo si tende a distinguere e decidere ciò a cui dobbiamo ubbidire, da ciò a cui non dobbiamo ubbidire. Ma non deve essere così per un figlio di Dio.

Sono molto belle le parole che troviamo in Gs 1:8-9 > Giosuè 1:8 *Questo libro della legge non si allontani mai dalla tua bocca, ma meditalo, giorno e notte; abbi cura di mettere in pratica tutto ciò che vi è scritto; poiché allora riuscirai in tutte le tue imprese, allora prospererai.* Giosuè 1:9 *Non te l'ho io comandato? Sii forte e coraggioso; non ti spaventare e non ti sgomentare, perché il SIGNORE, il tuo Dio, sarà con te dovunque andrai».* Il Signore raccomanda a Giosuè, proprio in vista del compito solenne a cui si stava apprestando, ovvero condurre Israele nella terra promessa, di tenersi attaccato sempre al libro della Legge, ovvero alla Parola di Dio di quei tempi, che descriveva chiaramente il pensiero di Dio. Giosuè doveva del continuo ubbidire, leggere, meditare quel libro al fine di trovare forza e coraggio. Infatti, il Signore chiede *Non te l'ho Io comandato?* Queste parole il Signore ce le rivolge sempre a noi. Egli ci chiede Caro figlio, non te l'ho forse comandato? Questo interrogativo ci deve portare a riflettere sulla nostra condotta.

Anche in 1 Cr 14:16-17 è scritto > 1Cronache 14:16 *Davide fece come Dio gli aveva comandato, e gli Israeliti sconfissero l'esercito dei Filistei da Gabaon a Ghezer.* 1Cronache 14:17 *La fama di Davide si sparse per tutti i paesi, e il SIGNORE fece in modo che egli incutesse spavento a tutti i popoli.* Anche in questo caso possiamo osservare come Davide fece tutto ciò che il Signore aveva comandato e tale ubbidienza produsse uno splendido frutto: la vittoria completa sui Filistei. Quando vi è ubbidienza al Signore, non si può far altro che sperimentare la vittoria nella propria vita. Un figlio di Dio ubbidiente, sarà anche caratterizzato da una fama e da una reputazione inattaccabile.

Proseguendo nella narrazione, è molto interessante osservare che Giuseppe - *prese con sé sua moglie; e non ebbe con lei rapporti coniugali finché ella non ebbe partorito un figlio; e gli pose nome Gesù -.* Nell'espressione - *e non ebbe rapporti coniugali finché...* - ci sono differenze di traduzione. Andiamo al greco - *kai ouk eginósken autèn heós hou eteken huion* -. Il termine che ci interessa è l'avverbio - *heos* - che ha anche la funzione di congiunzione e che significa finché, per tutto il tempo che, fintanto che. Con quest'espressione si intende quindi che Giuseppe e Maria ebbero rapporti coniugali solo dopo la nascita del Signore Gesù. Infatti, il termine finché, indica che da quel momento in poi si realizza o si manifesta il comportamento descritto.

Qualche esempio > Genesi 8:6 *Dopo quaranta giorni, Noè aprì la finestra che aveva fatta nell'arca* Genesi 8:7 *e mandò fuori il corvo, il quale uscì, andando e tornando, finché le acque furono prosciugate sulla terra.* In questo brano è scritto che Noè mandò fuori il corvo e quest'ultimo andò e tornò *finché le acque furono prosciugate sulla terra.* Evidentemente poi non tornò più in quanto aveva trovato un luogo dove posarsi.

Un altro esempio è Ge 8:22 > Genesi 8:22 *Finché la terra durerà, semina e raccolta, freddo e caldo, estate e inverno, giorno e notte, non cesseranno mai».* Le stagioni continueranno e faranno il loro corso, ma non per sempre, ma *fino a quando la terra durerà.* Infatti, Pietro nella sua seconda lettera ci insegna che questo mondo, quest'universo scomparirà per lasciare spazio a nuovi cieli e nuova terra. Ma fino a quel tempo, le stagioni si susseguiranno con lo stesso ritmo. Questo serve a dimostrare quanto si diceva prima. Ritengo che sia altamente improbabile prendere quel passo per insegnare che Maria rimase sempre vergine per tutta la sua vita.

Ad un certo punto giunse il tempo in cui Maria -*partorì suo figlio -*
.

Il momento della nascita di un bambino è veramente solenne, ma il desiderio di ogni genitore è rappresentato da Pr 23:25-26 > Proverbi 23:25 *Possano tuo padre e tua madre rallegrarsi, e possa gioire chi ti ha partorito!* Proverbi 23:26 *Figlio mio, dammi il tuo cuore, e gli occhi tuoi prendano piacere nelle mie vie.* Qualunque genitore cristiano non vuole rallegrarsi solo per avere tra le braccia il proprio figlio, ma la sua gioia è ancora più grande nel momento in cui ci si rende conto che la prole segue i buoni esempi, cammina nella saggezza di Dio, essendo caratterizzato dal Suo timore. Sicuramente Giuseppe e Maria avevano il figlio migliore che si potesse desiderare!

## Matteo 2:1-12 La nascita del Signore Gesù

Mt 2:1-12 (11 > *Luogo e collocazione storica della nascita del Signore Gesù* > - Gesù era nato in Betlemme di Giudea, all'epoca del re Erode. - > Mt 2:1/a.

Nel secondo capitolo possiamo notare come Matteo ci descriva il luogo e la collocazione storica della nascita di Gesù. Il luogo - *Betlemme* -.

Anche se non è scritto qui, abbiamo l'adempimento di una chiara profezia dell'AT Michea 5:1 «*Ma da te, o Betlemme, Efrata, piccola per essere tra le migliaia di Giuda, da te mi uscirà colui che sarà dominatore in Israele, le cui origini risalgono ai tempi antichi, ai giorni eterni.* Queste parole si realizzarono perfettamente. Betlemme, la più piccola delle città di Giuda, sarebbe stato il luogo beato della nascita del Re dei re, di Colui che sarà *Dominatore in Israele* e personalmente aggiungo del mondo intero, quando instaurerà il Suo regno di gloria, Colui che è eterno e non ha inizio, né fine.

Poi abbiamo la collocazione storica - *all'epoca del re Erode* -.

L'evangelista Luca ci dà più ragguagli > Luca 2:2 *Questo fu il primo censimento fatto quando Quirinio era governatore della Siria.* Luca 2:3 *Tutti andavano a farsi registrare, ciascuno alla sua città.* Luca 2:4 *Dalla Galilea, dalla città di Nazaret, anche Giuseppe salì in Giudea, alla città di Davide chiamata Betlemme, perché era della casa e famiglia di Davide,* Luca 2:5 *per farsi registrare con Maria, sua sposa, che era incinta.* Ci fu un censimento ordinato dall'impero romano a cui Giuseppe e Maria ubbidirono. Luca, quale storico preciso e puntuale, ci fornisce indicazioni dettagliate sul contesto storico in cui nacque Gesù. *Quirinio era governatore della Siria, Ponzio Pilato, governatore della Giudea, Erode, tetrarca della Galilea e Filippo suo fratello, tetrarca di altre regioni, come è scritto in* Lu 3:1 . Luca 3:1 *Nell'anno quindicesimo dell'impero di Tiberio Cesare, quando Ponzio Pilato era governatore della Giudea, ed Erode tetrarca della Galilea, e Filippo, suo fratello, tetrarca dell'Iturea e della Traconitide, e Lisania tetrarca dell'Abilene.*

Mt 2:1-12 (21 > *L'arrivo dei magi* > - *Dei magi d'Oriente arrivarono a Gerusalemme, dicendo: «Dov'è il re dei Giudei che è nato? Poiché noi abbiamo visto la sua stella in Oriente e siamo venuti per adorarlo»* - > Mt 2:1/b-2.

In questi versi troviamo come protagonista proprio dei personaggi particolari come i - *magi d'Oriente* -. In greco abbiamo il plurale - *magoi* -, ovvero i maghi intesi come sacerdoti ed interpreti dei sogni che si trovavano ad Oriente.

Come si evince dalla Scrittura. I magi erano consiglieri dei re babilonesi come possiamo osservare in Gr 39:11-14 > Geremia 39:11 *Nabucodonosor, re di Babilonia, aveva dato a Nebuzaradan, capo delle guardie, quest'ordine riguardo a Geremia:* Geremia 39:12 *«Prendilo, veglia su di lui, e non gli far del male, ma comportati verso di lui com'egli ti dirà».* Geremia 39:13 *Così Nebuzaradan, capo delle guardie, Nebusazban, capo degli eunuchi, Nergal-Sareser, capo dei magi, e tutti i capi del re di Babilonia* Geremia 39:14 *mandarono a prendere Geremia e lo fecero uscire dal cortile della prigione; lo consegnarono a Ghedalia figlio di Aicam, figlio di Safan, perché fosse condotto a casa; così egli abitò fra il popolo.* In questo brano viene evidenziato un atto di misericordia di Nebucadnesar, re di Babilonia, nei confronti di Geremia, comandando al capo delle guardie di comportarsi secondo le parole del profeta. Ma nello stesso tempo viene citato anche Nergal-Sareser, il quale era capo dei magi, a dimostrazione del fatto che Babilonia si affidava certamente a questi personaggi. Così Geremia venne liberato e condotto a casa sua.

Ma sicuramente i magi sono protagonisti nel libro di Daniele > Daniele 1:20 *Su tutti i punti che richiedevano saggezza e intelletto, sui quali il re li interrogasse, li trovava dieci volte superiori a tutti i magi e astrologi che erano in tutto il suo regno.* Daniele 1:21 *Daniele continuò così fino al primo anno del re Ciro.* Daniele ebbe molto spesso a che fare con i magi di Babilonia e questo testo sottolinea il fatto che la saggezza e l'intelligenza di questo giovane e pio ebreo, superava di dieci volte quello dei magi di Babilonia, i quali comunque erano esperti nell'astronomia ed in altre branche della scienza. Come detto, essi erano anche interpreti dei sogni, ma su questo campo nessuno poteva battere Daniele, in quanto destinatario delle preziose rivelazioni di Dio.

Questi magi che però andarono a Betlemme erano molto particolari, in quanto essi avevano compreso per rivelazione divina che - *il Re dei Giudei* - era nato. In greco abbiamo l'espressione - *Basileus ton Ioudaion* -, ovvero letteralmente Re dei Giudei.

Tale titolo è menzionato spesso nel Vangelo di Matteo come ad esempio in Mt 27:11 > Matteo 27:11 *Gesù comparve davanti al governatore e il governatore lo interrogò, dicendo: «Sei tu il re dei Giudei?» Gesù gli disse: «Tu lo dici».* Questo brano fa parte di quel dialogo che intercorse tra Pilato ed il Signore Gesù. Il governatore romano indirizza proprio questa domanda *Sei tu il Re dei Giudei?* Con tale interrogativo egli chiedeva al Signore Gesù se si riconosceva una qualche autorità. Ed il Signore pone Pilato come testimone stesso delle sue parole *Tu lo dici.* Riconoscere il Signore Gesù come Re dei Giudei, significava anche credere nella Sua messianicità.

In Gv 19:19-22 leggiamo > Giovanni 19:19 *Pilato fece pure un'iscrizione e la pose sulla croce. Vera scritto: GESÙ IL NAZARENO, IL RE DEI GIUDEI.* Giovanni 19:20 *Molti Giudei lessero questa iscrizione, perché il luogo dove Gesù fu crocifisso era vicino alla città; e l'iscrizione era in ebraico, in latino e in greco.* Giovanni 19:21 *Perciò i capi dei sacerdoti dei Giudei dicevano a Pilato: «Non lasciare scritto: Il re dei Giudei; ma che egli ha detto: Io sono il re dei Giudei».* Giovanni 19:22 *Pilato rispose: «Quello che ho scritto, ho scritto».* L'iscrizione Re dei Giudei comparve anche al momento della crocifissione. Ma il modo in cui fu scritto non piacque a molti giudei, in quanto tale affermazione promuoveva in modo palese e dichiarato la regalità del Messia. L'iscrizione era in tre lingue, ebraico, latino e greco, ma nonostante le proteste dei giudei, Pilato non tornò indietro e tenne quella scritta. Tutti potevano leggere in quella circostanza, Chi si trovava sulla croce, proprio il Re dei Giudei.

I magi capirono che il Re dei Giudei era nato, ma non compresero il luogo. Così una - *stella* - li guidò.

Il Signore può usare la Sua creazione come vuole ed in questo caso usò proprio una stella. Come è scritto in Ge 1:16-18 > Genesi 1:16 *Dio fece le due grandi luci: la luce maggiore per presiedere al giorno e la luce minore per presiedere alla notte; e fece pure le stelle.* Genesi 1:17 *Dio le mise nella distesa dei cieli per illuminare la terra,* Genesi 1:18 *per presiedere al giorno e alla notte e separare la luce dalle tenebre. Dio vide che questo era buono.* Nel quarto giorno della creazione, il Signore creò i vari luminari, sole, luna e stelle affinché la terra potesse essere illuminata e perché il giorno e la notte potessero essere presiedute rispettivamente dal sole e dalla luna.

Anche il salmista dirà > Salmi 136:7 *Colui che ha fatto i grandi luminari, perché la sua bontà dura in eterno:* Salmi 136:8 *il sole per regnare sul giorno, perché la sua bontà dura in eterno;* Salmi 136:9 *e la luna e le stelle per regnare sulla notte, perché la sua bontà dura in eterno.* L'autore di queste parole celebra ed adora il Signore quale Creatore dei grandi luminari, del firmamento celeste, delle stelle che hanno il compito di regnare nella notte. La loro presenza è una dimostrazione della bontà del Signore. Ma con i magi accadde qualcosa di particolare: una stella si mosse per indicare a loro il luogo preciso della nascita del Signore Gesù.

In Mt 24:29-30 possiamo osservare che effettivamente il Signore può dare segnali celesti per eventi importanti > Matteo 24:29 *Subito dopo la tribolazione di quei giorni, il sole si oscurerà, la luna non darà più il suo splendore, le stelle cadranno dal cielo e le potenze dei cieli saranno scrollate.* Matteo 24:30 *Allora apparirà nel cielo il segno del Figlio dell'uomo; e allora tutte le tribù della terra faranno cordoglio e vedranno il Figlio dell'uomo venire sulle nuvole del cielo con gran potenza e gloria.* Il contesto è completamente diverso in quanto in questo testo si parla dei segni che precederanno il ritorno in gloria del Signore Gesù. Tuttavia si parla di un evento assolutamente fondamentale nel piano di Dio e tale momento sarà però preceduto da segnali cosmici come l'oscuramento del sole, la luna che quindi non darà più lo splendore di notte e le stelle che *cadranno dal cielo.* Subito dopo questi eventi il Signore ritornerà. Questo è un esempio di come il Signore possa usare la Sua creazione per annunciare eventi assolutamente importanti.

I magi non furono spinti solo da una sterile curiosità, ma il loro desiderio era quello di adorare quel fanciullo appena nato. Infatti, i magi affermano - *e siamo venuti per adorarlo -*. In greco abbiamo il verbo - *proskuneo* - che è il classico termine che indica adorazione oppure rendere omaggio a qualcuno. Indica proprio l'atto del prostrarsi, ma anche quello di baciare.

Dalla Scrittura apprendiamo chiaramente che l'adorazione va rivolta solo ed esclusivamente a Dio > Apocalisse 19:10 *Io mi prostrai ai suoi piedi per adorarlo. Ma egli mi disse: «Guardati dal farlo. Io sono un servo come te e come i tuoi fratelli che custodiscono la testimonianza di Gesù: adora Dio! Perché la testimonianza di Gesù è lo spirito della profezia».* In questo brano, Giovanni, dopo aver ricevuto delle rivelazioni straordinarie come quella delle nozze dell'Agnello e l'udire la gioia celeste che ne deriverà, erroneamente si prostra ai piedi dell'angelo *per adorarlo.* Come possiamo osservare troviamo ancora l'associazione di quest'atteggiamento con l'adorazione. Ma l'angelo giustamente riprende Giovanni, precisando che egli è *un servo come lui.* Gli angeli Infatti, sono servi celesti al servizio del Signore verso i quali non va alcuna adorazione. L'imperativo è chiaro *Adora Dio.* A Lui solo va il culto.

Proprio per questo motivo rimaniamo meravigliati del fatto che verso il Signore Gesù più volte viene rivolta adorazione senza problemi > Matteo 28:17 *E, vedutolo, l'adorarono; alcuni però dubitarono.* Matteo 28:18 *E Gesù, avvicinatosi, parlò loro, dicendo: «Ogni potere mi è stato dato in cielo e sulla terra.* In questo testo dove troviamo il Signore Gesù già risuscitato, riceve adorazione da parte di diversi Suoi discepoli, anche se alcuni rimasero ancora perplessi. Ma il Signore li vuole rassicurare, precisando però che a Lui appartiene *ogni potere sia in cielo che in terra,* definendo quindi chiaramente la Sua Onnipotenza.

Egli è pienamente degno di essere adorato e questo ci viene ricordato anche in Ap 5:13-14 > Apocalisse 5:13 *E tutte le creature che sono nel cielo, sulla terra, sotto la terra e nel mare, e tutte le cose che sono in essi, udii che dicevano: «A colui che siede sul trono, e all'Agnello, siano la lode, l'onore, la gloria e la potenza, nei secoli dei secoli».* Apocalisse 5:14 *Le quattro creature viventi dicevano: «Amen!» E gli anziani si prostrarono e adorarono.* Ci troviamo in una scena celeste nella quale l'adorazione fa da protagonista. Ogni creatura celeste, terrestre, sotterranea e nel mare e tutte le cose rivolgono piena adorazione non solo a *Colui che siede sul trono*, ma anche all'Agnello, quindi al Signore Gesù. Egli è degno di ricevere *la gloria, l'onore e la potenza,* tanto che le autorità angeliche rappresentate dalle *quattro creature viventi*, non possono fare a meno di adorare insieme ai 24 anziani. I magi capirono che quel fanciullo appena nato era degno di ricevere piena adorazione.

# Mt 2:1-12 (21 > Il turbamento di Erode

*Udito questo, il re Erode fu turbato, e tutta Gerusalemme con lui. Riuniti tutti i capi dei sacerdoti e gli scribi del popolo, s'informò da loro dove il Cristo doveva nascere. Essi gli dissero: «In Betlemme di Giudea; poiché così è stato scritto per mezzo del profeta: E tu, Betlemme, terra di Giuda, non sei affatto la minima fra le città principali di Giuda; perché da te uscirà un principe, che pascerà il mio popolo Israele». Allora Erode, chiamati di nascosto i magi, s'informò esattamente da loro del tempo in cui la stella era apparsa; e, mandandoli a Betlemme, disse loro: «Andate e chiedete informazioni precise sul bambino e, quando l'avrete trovato, fatemelo sapere, affinché anch'io vada ad adorarlo»* - > Mt 2:3-?

In questi versetti ci viene detto che il tetrarca della Galilea, Erode, fu - *turbato* - dalle notizie che erano sopraggiunte. Nel greco abbiamo il verbo - *tarasso* - che significa sconvolgere, turbare, agitare. Lo stato d'animo del re non era certamente dei migliori.

Infatti, si può essere turbati quando si è in preda ad un grande spavento come i sogni che fece faraone > Genesi 41:8 *La mattina, lo spirito del faraone fu turbato; egli mandò a chiamare tutti i maghi e tutti i savi d'Egitto e raccontò loro i suoi sogni, ma non ci fu nessuno che li potesse interpretare al faraone.* I sogni che ripetutamente faceva il sovrano egiziano erano spaventosi e nello stesso tempo frutto di una rivelazione divina. Solo dopo la spiegazione di Giuseppe, il suo animo si calmò. Il suo turbamento era quindi derivato dal fatto che non solo era spaventato, ma che non riusciva a capire o comprendere quanto stava accadendo.

Anche il figlio di Dio può talvolta essere turbato. Ma come dirà il salmista > Salmi 94:18 *Quand'ho detto: «Il mio piede vacilla», la tua bontà, o SIGNORE, m'ha sostenuto.* Salmi 94:19 *Quand'ero turbato da grandi preoccupazioni, il tuo conforto ha alleviato l'anima mia.* Se ci basassimo sulle nostre forze, saremmo subito sconfitti. Il Signore, per la Sua Grazia, ci dona la Sua forza affinché possiamo proseguire il cammino. Siamo sostenuti dalla Sua *bontà.* Perciò il salmista può testimoniare che proprio nel momento in cui era *turbato da grandi preoccupazioni,* come Erode, il Signore l'ha confortato. Ma chi non ha il Signore non può godere di questa serenità.

Perciò Erode - *Riuniti tutti i capi dei sacerdoti e gli scribi del popolo, s'informò da loro dove il Cristo doveva nascere -.* Troviamo due categorie di personaggi che molto spesso ritroveremo nel Vangelo: i capi sacerdoti e gli scribi. In greco i primi sono gli - *archiereis* - ovvero i gran sacerdoti o sommi sacerdoti. Essi avevano delle funzioni importanti all'interno di Israele. Interessante ciò che leggiamo in Ed 8:28-30 > Esdra 8:28 *«Voi siete consacrati al SIGNORE; questi utensili sono sacri, e quest'argento e quest'oro sono un'offerta volontaria fatta al SIGNORE, Dio dei vostri padri.* Esdra 8:29 *Vigilate e custoditeli, fino a quando li peserete a Gerusalemme, nelle camere della casa del SIGNORE, in presenza dei capi dei sacerdoti, dei Leviti e dei capi delle famiglie d'Israele».* Esdra 8:30 *I sacerdoti e i Leviti dunque ricevettero l'oro, l'argento e gli utensili, dopo essere stati pesati, per portarli a Gerusalemme nella casa del nostro Dio.* Questo discorso di Esdra è assolutamente solenne. I sacerdoti erano uomini consacrati al Signore, i quali avevano la funzione di vigilare e di custodire ciò che era sacro per Dio. Essi dovevano essere chiaramente dei punti di riferimento e di esempio per Israele. Essi dovevano chiaramente saper discernere ciò che era bene e ciò che era male. Ma purtroppo i capi sacerdoti che vivevano al tempo del ministero del Signore Gesù erano molto diversi ed un esempio l'abbiamo in Lu 20:1-8 > Luca 20:*1 Uno di quei giorni, mentre insegnava al popolo nel tempio ed evangelizzava, sopraggiunsero i capi dei sacerdoti e gli scribi con gli anziani, e gli parlarono così:* Luca 20:2 *«Dicci con quale autorità fai queste cose, o chi ti ha dato questa autorità».* Luca 20:3 *Ed egli rispose loro: «Anch'io vi farò una domanda. Ditemi:* Luca 20:4 *il battesimo di Giovanni veniva dal cielo o dagli uomini?»* Luca 20:5 *Ed essi ragionavano così tra di loro: «Se diciamo: dal cielo, egli ci dirà: Perché non gli credeste? Luca 20:6 Ma se diciamo: dagli uomini, tutto il popolo ci lapiderà, perché è persuaso che Giovanni fosse un profeta». Luca 20:7E risposero di non sapere da dove venisse.* Luca 20:8 *Gesù disse loro: «Neppure io vi dico con quale autorità faccio queste cose».* Proprio i capi sacerdoti, i quali dovevano conoscere le profezie dell'AT e quindi avere la capacità di riconoscere nel Signore Gesù il Messia, come lo riconobbero persone molto più semplici e meno erudite come la donna samaritana o il cieco nato, chiesero proprio all'eterno Figlio di Dio con *quale autorità Egli faceva quelle cose.* Questo interrogativo dimostra tutta la loro ignoranza. Il Signore Gesù demolì ogni loro ragionamento con un altro interrogativo intorno all'autorità di Giovanni Battista. Visto che essi non sapevano come rispondere nemmeno il Signore lo fece anche perché leggeva nel loro cuore solo durezza. Il Signore si fa trovare da chi Lo cerca.

Per non parlare di quanto è scritto in Mr 14:55-56 > Marco 14:55 *I capi dei sacerdoti e tutto il sinedrio cercavano qualche testimonianza contro Gesù per farlo morire; ma non ne trovavano. Marco 14:56 Molti deponevano il falso contro di lui; ma le testimonianze non erano concordi.* Qui siamo proprio all'epilogo ed al massimo della ribellione. Non solo i capi sacerdoti non credettero al Signore, ma cercarono persino false testimonianze per trovare un motivo per uccidere il Signore, ma *non lo trovarono.* La reputazione del Signore Gesù era intatta e perfetta. Non si poteva trovare nulla. Ecco chi erano i capi sacerdoti ai tempi del Messia.

L'altra categoria sono - *gli scribi* -. In greco - *grammateus* -, ovvero colui che scrive.

Nella Scrittura sono menzionati scribi fedeli a Dio come Esdra > Esdra 7:6 *Questo Esdra veniva da Babilonia. Era uno scriba esperto nella legge di Mosè, data dal SIGNORE, Dio d'Israele. Siccome la mano del SIGNORE, suo Dio, era su di lui, il re gli concesse tutto quello che domandò.* È molto bella la descrizione di quest'uomo, il quale è definito *esperto nella legge di Mosè.* Dal libro che parla di lui possiamo sicuramente dire che tale esperienza non era solo di conoscenza o di cultura, ma anche pratica. Quest'uomo di Dio, che fu determinante in un periodo storico particolare come quello descritto proprio nel libro di Esdra, praticava nella sua vita gli insegnamenti del Signore, divenendo esperto in tal senso.

Ma abbiamo un altro bell'esempio in Mt 8:18-20 > Matteo 8:18

*Gesù, vedendo una gran folla intorno a sé, comandò che si passasse all'altra riva.* Matteo 8:19 *Allora uno scriba, avvicinatosi, gli disse: «Maestro, io ti seguirò dovunque tu andrai».* Matteo 8:20 *Gesù gli disse: «Le volpi hanno delle tane e gli uccelli del cielo hanno dei nidi, ma il Figlio dell'uomo non ha dove posare il capo».* Non tutti gli scribi erano contro il Signore Gesù. Ad esempio questo scriba voleva seguire il Signore Gesù con volontà e determinazione *Maestro io ti seguirò dovunque andrai.* Questo deve essere anche il nostro desiderio: seguire il Maestro e le Sue orme dovunque esse vadano. Ma il Signore mette in guardia lo scriba *Le volpi hanno delle tane e gli uccelli del cielo hanno dei nidi, ma il Figlio dell'uomo non ha dove posare il capo.* Il Signore Gesù non aveva nemmeno una dimora stabile dove andare per riposarsi. Persino gli animali hanno le loro tane o nidi, ma il Messia glorioso no. Questo per dire che seguire il Signore non è certo cosa facile. Per seguire il Signore bisogna saper rinunciare a molte cose, sapendo che però si riceverà la giusta ricompensa per la propria fedeltà.

Il testo prosegue con Erode che - *s'informò da loro dove il Cristo doveva nascere* -. Nel greco abbiamo il verbo - *punthanomai* - ovvero voler sapere, essere informato su qualcosa. Ovviamente non vi è nulla di sbagliato nell'essere informati, nel volere conoscere una determinata situazione, ma bisogna analizzare qual è il movente di tale desiderio.

In Da 2:16-18 è scritto > Daniele 2:16 *Daniele si presentò al re e gli chiese di dargli tempo; egli avrebbe fatto conoscere al re l'interpretazione del sogno.* Daniele 2:17 *Allora Daniele andò a casa sua e informò Anania, Misael e Azaria, suoi compagni,* Daniele 2:18 *esortandoli a implorare la misericordia del Dio del cielo a proposito di questo segreto, affinché Daniele e i suoi compagni non fossero messi a morte con tutti gli altri saggi di Babilonia.* Come possiamo osservare in questo testo, Daniele, essendosi presentato davanti al re babilonese chiedendo tempo per avere rivelazione sull'interpretazione del sogno da lui fatto, informa i suoi tre amici per un motivo assolutamente nobile ed esemplare: implorare la misericordia del Signore, la Sua Grazia a proposito di tutta la situazione affinché l'Eterno li salvasse dalla morte. Grazie alla corretta interpretazione che Daniele diede, nessuno venne condannato a morte.

Un altro bell'esempio l'abbiamo in 1 Te 3:2-5 > 1Tessalonicesi

*3:2 e mandammo Timoteo, nostro fratello e servitore di Dio nella predicazione del vangelo di Cristo, per confermarvi e confortarvi nella vostra fede,* 1Tessalonicesi 3:3 *affinché nessuno fosse scosso in mezzo a queste tribolazioni; Infatti, voi stessi sapete che a questo siamo destinati.* 1Tessalonicesi 3:4 *Perché anche quando eravamo tra di voi, vi preannunciavamo che avremmo dovuto soffrire, come poi è avvenuto, e voi lo sapete.* 1Tessalonicesi 3:5 *Perciò anch'io, non potendo più resistere, mandai a informarmi della vostra fede, temendo che il tentatore vi avesse tentati, e la nostra fatica fosse risultata vana.* Ai tessalonicesi, Paolo racconta che mandò Timoteo affinché la loro fede venisse *confermata e confortata*, in quanto tale chiesa come tutte a quei tempi era grandemente perseguitata. Questi cristiani avevano bisogno di ricevere parole di conforto, in quanto quando si è perseguitati si può essere in preda allo scoraggiamento ed alla debolezza. Paolo desidera *chiedere informazioni* per quale motivo? Sapere come stavano questi cristiani, conoscere la loro condizione spirituale.

Ma come vedremo Erode vuole chiedere informazioni per ben altri motivi. Infatti, la risposta dei magi non si fa attendere - *Essi gli dissero: «In Betlemme di Giudea; poiché così è stato scritto per mezzo del profeta: E tu, Betlemme, terra di Giuda, non sei affatto la minima fra le città principali di Giuda; perché da te uscirà un principe, che pascerà il mio popolo Israele»* -. In questo caso abbiamo la citazione del testo profetico di Michea 5:1, che già abbiamo visto, anche se con alcune parole diverse in quanto si segue in questo caso la LXX. Da Betlemme sarebbe uscito il - *principe* - assoluto, il Principe d'Israele.

Da osservare quanto è scritto in Es 22:28 > *Esodo 22:28 «Non bestemmierai contro Dio e non maledirai il principe del tuo popolo.* Colui che sarebbe stato a capo del popolo d'Israele, non doveva essere oggetto di maledizione da parte dei suoi sudditi. Egli doveva essere assolutamente rispettato ed ubbidito. Tale atteggiamento non valeva forse di più nei confronti del Signore Gesù? Invece Egli non solo non è stato rispettato, ma è stato rinnegato, oltraggiato dal Suo stesso popolo. Questa colpa è ancora su Israele oggi. Ma sta di fatto che il Principe è nato, è giunto in mezzo agli uomini.

Come è scritto in Is 9:5 > *Isaia 9:5 Poiché un bambino ci è nato, un figlio ci è stato dato, e il dominio riposerà sulle sue spalle; sarà chiamato Consigliere ammirabile, Dio potente, Padre eterno,*

*Principe della pace.* Questo Principe, sarà caratterizzato da un dominio assoluto, Egli sarà *il Principe della pace,* in quanto il Suo regno sarà caratterizzato dalla Sua stessa giustizia, dalla pace e dall'armonia, senza la paura o lo spavento di un attacco nemico. Inoltre la pace traspariva proprio dalle Sue parole, dalle Sue azioni, dal Suo ministero. Benedetto sia il Signore che ha adempiuto la parola di Mi 5:1!

Quale compito avrebbe portato avanti questo Principe? Ecco come rispondono i magi - *pascerà il Mio popolo Israele* -. Quindi possiamo osservare la stretta analogia tra il Signore Gesù ed il pastore.

Molto interessante quanto leggiamo in Is 40:10-11 > Isaia 40:10 *Ecco il Signore, DIO, viene con potenza, con il suo braccio egli domina. Ecco, il suo salario è con lui, la sua ricompensa lo precede.* Isaia 40:11 *Come un pastore, egli pascerà il suo gregge: raccoglierà gli agnelli in braccio, li porterà sul petto, condurrà le pecore che allattano.* Come possiamo osservare, il Signore stesso, YHWH si presenta come unico Pastore di Israele in questo brano. Egli garantisce di pascere, di nutrire il Suo popolo, di difenderlo, di proteggerlo, come un pastore che prende in braccio i suoi agnelli per condurli. È un'immagine commovente, ma nello stesso tempo significativa.

Ebbene il Signore Gesù si presenta e si rivela nello stesso modo in Gv 10:11 > Giovanni 10:11 *Io sono il buon pastore; il buon pastore dà la sua vita per le pecore.* Eppure in Isaia abbiamo letto che YHWH è il pastore d'Israele. Ma il Signore Gesù rivela, manifesta perfettamente le caratteristiche del Padre. Egli è il buon pastore, che è disposto a dare la Sua vita per le Sue pecore e noi siamo tali. Ogni figlio di Dio può testimoniare di questa straordinaria realtà. Egli è sì venuto innanzitutto per il - *popolo d'Israele* -, ma non è morto e risuscitato solo per quel popolo, ma per tutti.

Da un punto di vista escatologico. Ovvero profetico è importante dare uno sguardo anche a Ez 34:15-16 > Ezechiele 34:15 *Io stesso pascerò le mie pecore, io stesso le farò riposare, dice DIO, il Signore.* Ezechiele 34:16 *Io cercherò la perduta, ricondurrò la smarrita, fascerò la ferita, rafforzerò la malata, ma distruggerò la grassa e la forte: io le pascerò con giustizia.* Ancora possiamo osservare l'immagine del pastore che nutre, pasce le sue pecore e le fa riposare. Il Signore farà questo con Israele e quando vi sarà il

79

regno glorioso del Millennio, Israele sarà proprio quel gregge guidato e condotto dal Re dei re e Signore dei signori, ovvero il Messia in persona. Non vi sarò più pecora malata o debole, in quanto il Pastore le *pascerà con giustizia*. Ma nello stesso tempo possiamo anche affermare che il Signore Gesù, quale nostro Pastore, agisce in questo modo sublime, delicato, amorevole anche nei nostri confronti, sempre e tutti i giorni della nostra vita.

La narrazione prosegue - *Allora Erode, chiamati di nascosto i magi, s'informò esattamente da loro del tempo in cui la stella era apparsa* -. Purtroppo tale curiosità e tale desiderio di sapere non era animato da buone intenzioni. Erode voleva sapere esattamente dai magi il - *tempo in cui la stella era apparsa* -, per compiere il suo malvagio piano.

Sappiamo che i tempi sono decretati dall'Eterno per compiere i Suoi piani. A tal proposito è molto bello leggere ciò che dice Paolo in Ga 4:3-4 > Galati 4:3 *Così anche noi, quando eravamo bambini, eravamo tenuti in schiavitù dagli elementi del mondo; Galati 4:4 ma quando giunse la pienezza del tempo, Dio mandò suo Figlio, nato da donna, nato sotto la legge, Galati 4:5 per riscattare quelli che erano sotto la legge, affinché noi ricevessimo l'adozione*. La lettera ai Galati è improntata proprio su questa contrapposizione tra Legge e Grazia. Vi erano di coloro che volevano porre sullo stesso piano la Legge dell'AT ed il sacrificio di Cristo, ma Paolo precisa giustamente che *quando giunse il tempo,* quando giunse il giorno e l'ora decretati dal Padre, Dio mandò Suo Figlio per liberare, riscattare coloro che erano sotto la schiavitù della legge. Nessuno può adempiere la Legge di Dio, il Signore Gesù l'ha adempiuta per noi. Il Signore poteva mandare Suo Figlio subito dopo la caduta di Adamo ed Eva, ma non l'ha fatto. Egli aveva decretato prima ancora della fondazione del mondo il momento dell'incarnazione del

Figlio per compiere l'opera della salvezza. Per quale scopo? *Ricevere l'adozione.*

# *Capitolo 2*

## LA VENUTA DEI MAGI

### Mt 2:1-12 (31> La gioia dei magi

*E*ssi dunque, udito il re, partirono; e la stella, che avevano vista in Oriente, andava davanti a loro finché, giunta al luogo dov'era il bambino, vi si fermò sopra. Quando videro la stella, si rallegrarono di grandissima gioia. Entrati nella casa, videro il bambino con Maria, sua madre; prostratisi, lo adorarono; e, aperti i loro tesori, gli offrirono dei doni: oro, incenso e mirra. Poi, avvertiti in sogno di non ripassare da Erode, tornarono al loro paese per un'altra via - > Mt 2:9-12.*

È bello osservare in questo brano proprio l'atteggiamento spontaneo che questi magi ebbero nel vedere la stella che si fermò in un preciso luogo: la gioia. È scritto che essi - *si rallegrarono di grandissima gioia* -. Non poteva essere altrimenti, in quanto finalmente dopo un lungo viaggio potevano vedere il Messia.

In Es 18:8-9 leggiamo > Esodo 18:8 *Allora Mosè raccontò a suo suocero tutto quello che il SIGNORE aveva fatto al faraone e agli Egiziani per amore d'Israele, tutte le sofferenze patite durante il viaggio e come il SIGNORE li aveva liberati.* Esodo 18:9 *Ietro si rallegrò di tutto il bene che il SIGNORE aveva fatto a Israele, liberandolo dalla mano degli Egiziani.* È molto bella questa correlazione. Come Ietro gioì nell'essere venuto a conoscenza di come il Signore aveva liberato Israele dall'oppressione egiziana, così i magi gioirono nel vedere, contemplare, in seguito il Salvatore del mondo, Colui che ha il potere di liberare da qualsiasi oppressione e schiavitù. Possiamo essere certi che si trattò di una gioia incontenibile.

Come disse un giorno Davide > 1Cronache 16:10 *Gloriatevi del suo santo nome; si rallegri il cuore di quelli che cercano il SIGNORE!* 1Cronache 16:11 *Cercate il SIGNORE e la sua forza, cercate sempre il suo volto!* Il nostro unico vanto è nel Signore!

Non abbiamo certamente meriti da avanzare o che possono essere motivo di orgoglio. Ecco perché il figlio di Dio può gioire solo nel Signore e nel cercarlo. Cercare il Signore significa fare la Sua volontà, ubbidire alla Sua Parola, servirlo con amore e zelo. Possiamo essere certi che se la nostra condotta sarà orientata sul servizio nei confronti del Signore, potremo realizzare una gioia piena e completa che vi è solo alla Sua presenza.

Così i magi finalmente incontrano il Messia - *Entrati nella casa, videro il bambino con Maria, sua madre; prostratisi, lo adorarono* -. L'intento che essi avevano nel cuore viene soddisfatto, appena vedono il fanciullo. Interessante osservare che in greco abbiamo il verbo - *pipto* - che indica l'atto di cadere, di precipitare. Questo significa che il loro prostrarsi fu immediato, consapevoli di chi avevano davanti. Inoltre il testo greco non lascia dubbi sull'oggetto dell'adorazione. Infatti, abbiamo l'espressione - *kai pesontes prosekunèsan autói* -, dove autos che è un pronome personale è al maschile. Quindi il fanciullo è l'oggetto dell'adorazione.

Interessante ricordare quanto è scritto in Es 20:4-5 > Esodo 20:4 *Non farti scultura, né immagine alcuna delle cose che sono lassù nel cielo o quaggiù sulla terra o nelle acque sotto la terra.* Esodo 20:5 *Non ti prostrare davanti a loro e non li servire, perché io, il SIGNORE, il tuo Dio, sono un Dio geloso; punisco l'iniquità dei padri sui figli fino alla terza e alla quarta generazione di quelli che mi odiano.* Il Signore non ha mai approvato, né mai approverà la prostrazione di un uomo nei confronti di una scultura, di un idolo con l'intento di adorarla o di adorare colui che ne è rappresentato. Il secondo comandamento era assolutamente chiaro. È vero che i magi non erano ebrei, ma provenivano dalla Caldea, ma possiamo essere certi che la loro adorazione era approvata da Dio, in quanto l'oggetto di tale adorazione era niente meno che l'eterno Figlio di Dio.

La loro adorazione non fu astratta o solamente teorica, ma subito venne dimostrata nella pratica. Infatti, essi - *offrirono i loro doni: oro, incenso e mirra* -. L'adorazione è esattamente questo: offrire al Signore, donare al Signore ciò che Gli appartiene.

Come dirà un giorno Davide > 1Cronache 16:29 *Date al SIGNORE la gloria dovuta al suo nome, portategli offerte e venite in sua presenza.* Quando Davide invita a portare i propri doni, le proprie offerte, incita proprio all'adorazione che *dà gloria al Suo Nome.* La nostra vita come cristiani non può essere solo impiegata per chiedere o supplicare il Signore, ma anche e soprattutto per ringraziare e donare al Signore.

Ma il nostro culto si deve concretizzare anche nei modi evidenziati dall'apostolo Paolo > Romani 12:1 *Vi esorto dunque, fratelli, per la misericordia di Dio, a presentare vostri corpi in sacrificio vivente, santo, gradito a Dio; questo è il vostro culto spirituale.* Romani 12:2 *Non conformatevi a questo mondo, ma siate trasformati mediante il rinnovamento della vostra mente, affinché conosciate per esperienza quale sia la volontà di Dio, la buona, gradita e perfetta volontà.* Come abbiamo detto prima, l'adorazione non è una realtà teorica o astratta, ma viva. Il nostro culto spirituale si deve concretizzare nel nostro *sacrificio vivente,* ovvero che tutto il nostro essere; spirito, anima e corpo devono essere impiegati per il Signore. È un'esortazione pressante di Paolo che non lascia spazio a dubbi. Come possiamo mostrare nella pratica tale offerta? Proprio con l'ubbidienza, senza conformarci a questo mondo, senza dar retta alle sue lusinghe, ma camminando con una mente rinnovata e divenendo esperti nella conoscenza della volontà di Dio. Così possiamo offrire il nostro essere in *sacrificio vivente, santo e gradito a Dio.*

Ma cosa significava nell'antichità portare dei doni? Poteva essere semplicemente un atto di cortesia o una dimostrazione di affetto, ma quando si portavano dei doni ad un re era tutta un'altra cosa. Era una dimostrazione della sua grandezza e potere. In 2 Cr 17:11-12 è scritto > 2Cronache 17:11 *Una parte dei Filistei portò a Giosafat dei doni, e un tributo in argento; anche gli Arabi gli portarono del bestiame: settemila settecento montoni e settemila settecento capri.* 2Cronache 17:12 *Giosafat raggiunse un alto grado di grandezza, e costruì in Giuda castelli e città di rifornimento.* Questo brano ci informa che Giosafat, essendo divenuto molto potente e grande, ricevette da parte delle nazioni suddite grandi doni, tra cui anche i Filistei menzionati nel testo. Essi, insieme agli Arabi portarono un gran numero di bestiame e di doni proprio a motivo della grandezza e del potere del re.

Anche il salmista. Parlando del re che siede sul trono d'Israele. dichiara > Salmi *72:9 Davanti a lui s'inchineranno gli abitanti del deserto, i suoi nemici morderanno la polvere.* Salmi 72:10 *I re di Tarsis e delle isole gli pagheranno il tributo, i re di Seba e di Saba gli offriranno doni;* Salmi 72:11 *tutti i re gli si prostreranno davanti, tutte le nazioni lo serviranno.* Come possiamo osservare, l'autore sottolinea proprio quest'aspetto particolare. Davanti al re, all'unto del Signore, si inchineranno popoli nemici, pagando il loro tributo, donando le loro offerte e prostrandosi davanti a lui. In questa scena vedo una bellissima correlazione con quanto stava avvenendo a Betlemme. Tre magi, rappresentati di una popolazione anticamente ostile ad Israele, riconoscono il potere e la grandezza di quel fanciullo, in quanto non si trattava solo di un re, ma del Re. Egli riceve il giusto onore che Gli spetta, fin da appena nato.

Il primo dono offerto è proprio - *l'oro* -. Questo è il metallo nobile che parla proprio di nobiltà e di ricchezza. In Ge 2:11-12 viene menzionato per la prima volta > Genesi 2:11 *Il nome del primo è Pison, ed è quello che circonda tutto il paese di Avila, dove c'è l'oro;* Genesi 2:12 *e l'oro di quel paese è puro; qui si trovano pure il bdellio e l'ònice.* L'oro del paese di Avila è descritto come un materiale puro, senza difetto e senza macchia. L'oro che esisteva a quei tempi era molto diversi da quello che si vede oggi, in quanto raffinato e lavorato. L'oro che i magi portarono al Re era sicuramente puro e di grande valore.

Inoltre in 1 Re 10:14 è scritto > 1Re 10:14 *Il peso dell'oro che giungeva ogni anno a Salomone era di seicentosessantasei talenti,* 1Re 10:15 *oltre a quello che egli percepiva dai mercanti, dal traffico dei negozianti, da tutti i re d'Arabia e dai governatori del paese.* Questo brano ci informa su quanto oro all'anno entrava nel regno di Salomone. Ben 666 talenti d'oro e considerando che un talento pesava 15 kg, sicuramente si trattava di una quantità considerevole a quei tempi. Era oro che proveniva dalle altre nazioni, dai re d'Arabia, come tributo per la sua grandezza. Il re Salomone fu il re più prospero e potente che la storia d'Israele conobbe. Ma quel fanciullo che si trovava a Betlemme era molto più di Salomone (Mt 12:42).

Il secondo dono è - *l'incenso* -. In greco abbiamo il sostantivo - *libanos* - che indica o l'albero dell'incenso o l'incenso stesso.

Nella Scrittura tale dono ha un grande significato. Esso veniva impiegato nel servizio cultuale e purtroppo spesso Israele lo usò per adorare falsi idoli > 2Cronache 34:24 *Così dice il SIGNORE: Ecco, io farò venire delle sciagure su questo luogo e sopra i suoi abitanti, farò venire tutte le maledizioni che sono scritte nel libro, che è stato letto in presenza del re di Giuda.* 2Cronache 34:25 *Poiché essi mi hanno abbandonato e hanno offerto incenso ad altri dèi provocando la mia ira con tutte le opere delle loro mani; perciò la mia ira si è accesa contro questo luogo, e non si spegnerà.* Il messaggio della profetessa Culda era chiaro. Giuda avrebbe conosciuto sciagure e calamità a causa del suo peccato e per il fatto che aveva abbandonato il Signore per adorare altri idoli ed offrire loro incenso, provocando l'ira del Signore. L'incenso, come la più totale adorazione doveva essere rivolta a Lui.

Ma che significato spirituale ha l'incenso? Risponde il salmista > Salmi 141:*1 Salmo di Davide. SIGNORE, io t'invoco; affrettati a rispondermi. Porgi orecchio alla mia voce quando grido a te.* Salmi 141:2 *La mia preghiera sia in tua presenza come l'incenso, l'elevazione delle mie mani come il sacrificio della sera.* Il salmista invoca il Signore affinché la sua preghiera venga ascoltata. Ma nello stesso tempo sottolinea un bel paragone, affermando *sia la mia preghiera come l'incenso.* Perciò, in un senso spirituale, l'incenso è figura della preghiera dei santi fedeli. Con il secondo dono dei magi si vuole proprio sottolineare il fatto che il Signore Gesù è assolutamente degno di essere pregato ed adorato come accadrà nel corso del Suo ministero.

Giungerà Infatti, il tempo descritto in Ml 1:11 > Malachia 1:11 *Ma dall'oriente all'occidente il mio nome è grande fra le nazioni; in ogni luogo si brucia incenso al mio nome e si fanno offerte pure; perché grande è il mio nome fra le nazioni»,* dice il *SIGNORE degli eserciti.* Vi sarà il tempo nel quale il Re dei re sarà adorato in tutto il mondo. A Lui si porteranno doni ed offerte ed il Suo Nome echeggerà in tutta la terra. Ciò avverrà non nel nostro tempo, ma quando il Signore Gesù si insedierà su questa terra quale Re incontrastato, quando tornerà in gloria. Perciò possiamo anche dire che la scena descritta in Mt 2:11, ha un riflesso meraviglioso escatologico.

Il terzo dono è rappresentato proprio dalla - *mirra* -. In greco - *smurna* -, una gomma arabica che veniva usata per imbalsamare o come unguento.

In Es 30:22-25 ne possiamo osservare un suo utilizzo > Esodo 30:22 *Il SIGNORE parlò ancora a Mosè, dicendo:* Esodo 30:23 *«Prenditi anche i migliori aromi: di mirra vergine, cinquecento sicli; di cinnamomo aromatico, la metà, cioè duecentocinquanta sicli; di canna aromatica, pure duecentocinquanta;* Esodo 30:24 *di cassia, cinquecento, secondo il siclo del santuario, e un hin di olio d'oliva.* Esodo 30:25 *Ne farai un olio per l'unzione sacra, un profumo composto secondo l'arte del profumiere; sarà l'olio per l'unzione sacra.* Come possiamo osservare dall'ordine che il Signore rivolge a Mosè, la mirra risultava essere un ingrediente fondamentale per la costituzione dell'olio per l'unzione sacra, un profumo che doveva essere fatto a regola d'arte, secondo l'arte del profumiere, per elaborare quest'olio profumato. Mirra, cinnamomo, cassia e olio d'oliva ne erano i costituenti principali.

Perciò la mirra ha a che fare proprio con il profumo fragrante e soave. A tal proposito è molto bella la descrizione del salmista intorno al Re. Nel salmo 45. Un chiaro salmo messianico > *Salmi 45:7 Tu ami la giustizia e detesti l'empietà. Perciò Dio, il tuo Dio, ti ha unto d'olio di letizia; ti ha preferito ai tuoi compagni. Salmi 45:8 Le tue vesti sanno di mirra, d'aloe, di cassia; dai palazzi d'avorio la musica degli strumenti ti rallegra.* Nel parlare di questo Re straordinario che è identificato nella Persona gloriosa del Signore, l'attenzione del salmista si sofferma sui Suoi vestimenti che *sanno di mirra, di aloe e di cassia,* tre tra i profumi principali descritti nella Scrittura. Dai Suoi vestimenti non possono trasparire odori nauseanti, ma solo profumi che attraggono. Questo perché il Suo carattere è assolutamente santo e puro, in quanto *ama la giustizia e detesta l'empietà.* Ciò che dovremmo fare anche noi. Non dimentichiamoci che come figli di Dio siamo chiamati ad essere il buon *profumo di Cristo* per coloro che sono sulla via della perdizione (2 Co 2:15).

## Matteo 2:13-18 > Il malvagio intento di Erode

Mt 2:13-18 dì > *La seconda apparizione dell'angelo in sogno a Giuseppe* - Dopo che furono partiti, un angelo del Signore apparve in sogno a Giuseppe e gli disse: «Alzati, prendi il bambino e sua madre, fuggi in Egitto e restaci finché io non te lo dico; perché Erode sta per cercare il bambino per farlo morire». Egli dunque si alzò, prese di notte il bambino e sua madre, e si ritirò in Egitto. Là rimase fino alla morte di Erode, affinché si adempisse quello che fu detto dal Signore per mezzo del profeta: «Fuori d'Egitto chiamai mio figlio» - > Mt 2:13-15.

Proseguendo nella narrazione notiamo come l'angelo del Signore per la seconda volta appaia in sogno a Giuseppe. La prima volta fu per annunciargli una lieta notizia, la notizia più bella che la storia dell'umanità abbia mai ascoltato, ma ora l'angelo vuole avvertire Giuseppe di un pericolo.

Nella Scrittura possiamo osservare tanti avvertimenti. Per mezzo dei quali si può non solo compiere la scelta giusta. Ma anche tornare indietro da una decisione sbagliata. In Gr 42:18-19 è scritto > Geremia 42:18 *Infatti, così parla il SIGNORE degli eserciti, Dio d'Israele: Come la mia ira e il mio furore si sono riversati sugli abitanti di Gerusalemme, così il mio furore si riverserà su di voi, quando sarete entrati in Egitto; sarete abbandonati all'esecrazione, alla desolazione, alla maledizione e all'infamia; non vedrete mai più questo luogo.* Geremia 42:19 *O superstiti di Giuda! Il SIGNORE parla a voi: Non andate in Egitto! Sappiate bene che quest'oggi io vi ho avvertiti.* L'ordine, l'avvertimento era assolutamente chiaro: i superstiti di Giuda non dovevano andare in Egitto. Tale nazione era Infatti, l'emblema della malvagità, ma soprattutto della forza umana. Il Signore avverte che ci sarebbe stato giudizio nel caso in cui quei superstiti avessero preso quella decisione. Il Signore, nella Sua Parola, prima di dare azione ai Suoi decreti, avverte sempre l'uomo.

Così è stato anche per Noè > Ebrei 11:7 *Per fede Noè, divinamente avvertito di cose che non si vedevano ancora, con pio timore, preparò un'arca per la salvezza della sua famiglia; con la sua fede condannò il mondo e fu fatto erede della giustizia che si ha per mezzo della fede.* Noè, un uomo che fu valutato dal Signore come *integro e retto,* venne *divinamente avvertito* di un grosso pericolo che tutta l'umanità stava correndo. Infatti, a causa della sua malvagità, il Signore aveva decretato il giudizio del diluvio, da cui però si sarebbe potuti scampare grazie all'arca che Noè e famiglia costruirono. Noè agì unicamente per fede e quest'ultima fu il capo d'accusa per il mondo empio che perì a causa del diluvio. Ma se non vi fosse stato quest'avvertimento, anche Noè e la sua famiglia sarebbero periti nel diluvio.

Perciò gli avvertimenti sono importanti e l'angelo incita Giuseppe a compiere due azioni. Il primo - *Alzati* -. Nel greco abbiamo il verbo - *egeiro* - cioè far alzare o svegliare. Giuseppe non poteva più rimanere all'ascolto, era ora di agire.

Tale ordine lo troviamo sempre in contesti d'azione come Gr 1:17 > Geremia 1:17 *Tu dunque, cingiti i fianchi, alzati, e di' loro tutto quello che io ti comanderò. Non lasciarti sgomentare da loro, affinché io non ti renda sgomento in loro presenza.* Geremia era stato consolato e rafforzato dal Signore circa il compito che doveva svolgere per Lui come profeta. Ma il tempo dell'ascolto era concluso. Ora Geremia doveva *cingersi i fianchi,* alzarsi ed iniziare a servire il Signore come Egli aveva comandato. Questa è una pressante esortazione per ciascuno di noi. Prima di tutto ascoltare il Signore, stare in preghiera davanti a Lui. Ma in un secondo tempo, quando si conosce il volere di Dio, bisogna alzarsi ed agire.

Anche in At 12:6-10 leggiamo un bellissimo racconto > Atti 12:6 *Nella notte che precedeva il giorno in cui Erode voleva farlo comparire, Pietro stava dormendo in mezzo a due soldati, legato con due catene; e le sentinelle davanti alla porta custodivano il carcere. Atti 12:7 Ed ecco, un angelo del Signore sopraggiunse e una luce risplendette nella cella. L'angelo, battendo il fianco a Pietro, lo svegliò, dicendo: «Alzati, presto!» E le catene gli caddero dalle mani. Atti 12:8 L'angelo disse: «Vestiti, e mettiti i sandali». E Pietro fece così. Poi gli disse ancora: «Mettiti il mantello e seguimi». Atti 12:9 Ed egli, uscito, lo seguiva, non sapendo che era realtà ciò che stava succedendo per opera dell'angelo: credeva Infatti, di avere una visione. Atti 12:10 Com'ebbero oltrepassata la prima e la seconda guardia, giunsero alla porta di ferro che immette in città, la quale si aprì da sé davanti a loro; uscirono e s'inoltrarono per una strada; e, all'improvviso, l'angelo si allontanò da lui.* Pietro era incatenato in mezzo a due guardie romane, ma questo non fermò certamente il Signore. Un angelo giunse a lui, svegliando Pietro e dicendogli *Alzati, presto.* Subito dopo quest'esortazione le catene caddero. E subito dopo un altro ordine *Vestiti e mettiti i sandali.* E poi un altro ancora *Mettiti il mantello e seguimi.* Ovvero tre ordini che avevano a che fare proprio con l'azione ma che aveva come scopo la liberazione dell'apostolo da una situazione di grosso pericolo, esattamente come Giuseppe.

Per non parlare di Ge 19:15 > Genesi 19:15 *Quando l'alba cominciò ad apparire, gli angeli sollecitarono Lot, dicendo: «Alzati, prendi tua moglie e le tue figlie che si trovano qui, perché tu non perisca nel castigo di questa città».* Anche Lot riceve questo solenne ordine di alzarsi, di agire velocemente, in quanto la distruzione di Sodoma e Gomorra stava per giungere. Il motivo dell'avvertimento è presto detto *perché tu non perisca nel castigo di questa città.* Non ne siamo a conoscenza, ma chissà quante volte il Signore ci salva dal pericolo ogni giorno. Ma nello stesso tempo è fondamentale dare ascolto ai Suoi avvertimenti.

Giuseppe riceve però altri ordini - *prendi il bambino e sua madre, fuggi in Egitto e restaci finché io non te lo dico -*. Nel greco abbiamo l'imperativo *- paralabe -,* ovvero prendi e poi un altro imperativo ancora - *pheuge -* ovvero fuggi, datti alla fuga. Quando il pericolo è troppo grande non bisogna affrontarlo, ma fuggire. Non è un atto di vigliaccheria, ma di saggezza.

In Mt 10:22-23 è scritto > Matteo 10:22 *Sarete odiati da tutti a causa del mio nome; ma chi avrà perseverato sino alla fine sarà salvato.* Matteo 10:23 *Quando vi perseguiteranno in una città, fuggite in un'altra; perché io vi dico in verità che non avrete finito di percorrere le città d'Israele, prima che il Figlio dell'uomo sia venuto.* In questo brano, il Signore Gesù avverte che il seguirlo non è cosa facile. Seguire il Signore Infatti, significa andare incontro all'odio del mondo ed alla persecuzione sotto molteplici modi. Ma il Signore rivolge anche un solenne consiglio. Quando la persecuzione è fisica, bisogna fuggire da quel pericolo, andare *da una città ad un'altra,* senza stancarsi. Questo è valido anche dal punto di vista spirituale > 1Timoteo 6:11 *Ma tu, uomo di Dio, fuggi queste cose, e ricerca la giustizia, la pietà, la fede, l'amore, la costanza e la mansuetudine.* Esistono pericolo fisici, ma anche spirituali rappresentati dalle tentazioni e dalle armi del Nemico. Come figli di Dio dobbiamo *fuggire quelle cose,* ad esempio le nostre passioni, i nostri impulsi carnali. Non dobbiamo affrontarli, ma fuggire, non dare spazio a loro. Nel contempo siamo chiamati a ricercare la giustizia, la pietà, la fede, l'amore, la costanza e la mansuetudine, ovvero ciò che fa parte del frutto dello Spirito. L'Angelo spiega chiaramente il motivo per cui Giuseppe deve affrettarsi - *perché Erode sta per cercare il bambino per farlo morire -.* Con queste parole viene chiaramente dimostrato che ciò che Erode aveva detto ai magi, circa l'adorare il fanciullo. Era assolutamente falso ed ingannevole. Egli, nel suo orgoglio spropositato, voleva eliminare un fanciullo che andava a minare la sua autorità. Un'autorità tra l'altro molto relativa, visto che anche lui doveva rendere conto all'impero romano. Erode incarna l'identikit che il salmista fa dell'empio > Salmi 37:32 *L'empio spia il giusto e cerca di farlo morire.* Salmi 37:33 *Il SIGNORE non l'abbandona nelle sue mani, e non lo condanna quando egli viene giudicato.* L'empio, quando è governato dalla sua malvagità, può agire in un modo assolutamente cruento e violento. Egli *spia il giusto,* come un leone che vuole azzannare la sua preda, con l'unico intento di fargli del male o addirittura di ucciderlo. Ma l'empio non tiene conto dell'agire del Signore. Infatti, Egli protegge il giusto e *non l'abbandona nelle sue mani*. Così è accaduto quando il Signore Gesù era in fasce. Nella Sua umanità si trovava nella vulnerabilità più totale, ma il Padre Lo ha difeso e protetto.

Un altro esempio di malvagità l'abbiamo in Gr 26:20-21 > Geremia 26:20 *Vi fu* anche un altro uomo che profetizzò nel nome del SIGNORE: Geremia 26:21 *Il re Ioiachim, tutti i suoi uomini prodi e tutti i suoi capi udirono le sue Uria, figlio di Semaia di Chiriat-Iearim, il quale profetizzò contro questa città e contro questo paese, in tutto e per tutto come Geremia.* Il re cercò di farlo morire; ma Uria lo seppe, ebbe paura, fuggì e andò in Egitto. In questo caso si parla di un profeta di nome Uria, il quale portò un preciso messaggio contro Gerusalemme, esattamente come Geremia. Ma anche questo profeta non venne accolto bene, anzi il re Ioiachim, il quale era malvagio e *non fece ciò che è giusto agli occhi dell'Eterno*, cercò di ucciderlo. Ecco come agisce l'empio. Ma anche Uria, esattamente come faranno Giuseppe e Maria, *fuggì in Egitto*. Una curiosa analogia. Non bisogna mai sottovalutare ciò che un uomo può compiere nella sua cattiveria.

Ma l'ubbidienza di Giuseppe all'avvertimento dell'angelo provocò anche l'adempimento di una precisa profezia - *Là rimase fino alla morte di Erode, affinché si adempisse quello che fu detto dal Signore per mezzo del profeta: «Fuori d'Egitto chiamai mio figlio»* -. È straordinario osservare come profezie dell'AT si adempirono a ripetizione, al momento della nascita del Signore Gesù. Chi conosceva le profezie dell'AT non poteva non riconoscere in quel Gesù di Nazareth, il Messia promesso.

Questa profezia è citata in Os 11:1-2 > Osea 11:1 *«Quando Israele era fanciullo, io lo amai e chiamai mio figlio fuori d'Egitto.* Osea 11:2 *Egli è stato chiamato, ma si è allontanato da chi lo chiamava; hanno sacrificato ai Baali, hanno bruciato incenso a immagini scolpite!* Queste parole descrivono il popolo d'Israele come un fanciullo che ha bisogno di essere curato e protetto. Egli venne liberato dalla schiavitù egiziana in modo potente e sovrano da parte del Signore, perciò Egli lo chiamò *fuori d'Egitto*. Purtroppo Israele, invece di rispondere con la riconoscenza e la gratitudine, molto spesso cadde nell'idolatria più sfrenata provocando lo sdegno del Signore. Ma con ciò che stava accadendo in Matteo 2, tale affermazione di Osea acquistava tutt'altro valore. Quel *figlio* non era più il popolo d'Israele, ma l'eterno Figlio di Dio, il Signore Gesù, che al momento opportuno uscì dall'Egitto nel momento in cui il pericolo rappresentato da Erode fu scongiurato.

## Mt 2:13-18 (21 Il decreto iniquo di Erode

*Allora Erode, vedendosi beffato dai magi, si adirò moltissimo, e mandò a uccidere tutti i maschi che erano in Betlemme e in tutto il suo territorio dall'età di due anni in giù, secondo il tempo del quale si era esattamente informato dai magi. Allora si adempì quello che era stato detto per bocca del profeta Geremia: «Un grido si è udito in Rama, un pianto e un lamento grande: Rachele piange i suoi figli e rifiuta di essere consolata, perché non sono più»* - > Mt 2:16-1?

In questo brano possiamo osservare chiaramente la malvagità di Erode che si attua. Egli Infatti, si vide - *beffato* - dai magi. Non era certamente loro intenzione beffarsi di Erode, ma il Signore, in modo potente sventò i suoi piani. Nel greco abbiamo il verbo - *enpaizo* - che significa giocare o farsi beffe di qualcuno.

Come è vero quanto è scritto nel Sl 2 > Salmi 2:2 *I re della terra si danno convegno e i prìncipi congiurano insieme contro il SIGNORE e contro il suo Unto, dicendo:* Salmi 2:3 *«Spezziamo i loro legami, e liberiamoci dalle loro catene».* Salmi 2:4 *Colui che siede nei cieli ne riderà; il Signore si farà beffe di loro.* Anche se tutti i re della terra o i governanti del mondo si unissero per congiurare contro il Signore, non riuscirebbero nel loro intento. Effettivamente l'uomo vuole vivere senza il Signore come un uomo libero di poter pensare e fare ciò che vuole. Ma non si rende conto che in realtà egli è schiavo di se stesso e del suo peccato. Il salmista parla di un convegno, di un complotto dei re contro il Signore ed il Suo Unto, che per eccellenza è il Signore Gesù. Ma alla fine sarà il Signore a *farsi beffe di loro* ed a portare avanti i Suoi piani.

Anche nel salmo 59:7-8 è scritto > Salmi 59:7 *Ecco, vomitano ingiurie dalla loro bocca; hanno spade sulle labbra. «Tanto», dicono, «chi ci ascolta?»* Salmi 59:8 *Ma tu, o SIGNORE, riderai di loro; ti farai beffe di tutte le genti.* Anche se l'empio continua a manifestare il suo peccato e malvagità, anche se continua ad usare la sua bocca come una spada affilata, il Signore *si farà beffe di tutte le genti.* In questo caso il Signore in un certo qual modo si beffò di Erode, in quanto impedì l'attuazione del suo piano malvagio.

Per contro è assolutamente valido il principio descritto da Paolo in Ga 6:7 > Galati 6:7 *Non vi ingannate; non ci si può beffare di Dio; perché quello che l'uomo avrà seminato, quello pure mieterà.* Nessun uomo può in alcun modo beffarsi del Signore. Ciò è impossibile per le caratteristiche perfette del Signore stesso. Se un uomo agisce nella malvagità del suo cuore, ciò sarà solo a suo danno, in quanto *raccoglierà ciò che ha seminato.* Così è stato per Erode. È bello vedere in queste pagine come Dio abbia tutto sotto controllo e che niente e nessuno può impedire l'attuazione dei Suoi piani.

Ma Erode ha anche un secondo atteggiamento - *si adirò moltissimo* -. Nel greco abbiamo il verbo - *ethumothe* - all'indicativo aoristo passivo di - *thumoo* - che significa proprio si adirò.

La Scrittura ci parla spesso dell'ira. Sia quella legittima. Che quella carnale. In Es 16:19-20 è scritto > Esodo 16:19 *Mosè disse loro: «Nessuno ne conservi fino a domattina».* Esodo 16:20 *Ma alcuni non ubbidirono a Mosè e ne conservarono fino all'indomani. Quello imputridì e fu infestato dai vermi; e Mosè si adirò contro costoro.* In questo testo si parla della manna, la quale doveva essere mangiata il giorno stesso e non tenuta per l'indomani. Ma alcuni ebrei non ubbidirono a tale precetto e ne conservarono fino all'indomani, provocando l'ira di Mosè. In questo caso si parla di un'ira giustificata perché rivolta ad un'azione iniqua che disonorava il Signore. Quando il Signore viene disonorato dal peccato e di conseguenza la Sua Parola, è giusto agire anche in modo veemente.

Ma un esempio che parla di un'ira assolutamente carnale è in Da 2:12 > Daniele 2:12 *Allora il re si adirò, si infuriò terribilmente e ordinò che tutti i saggi di Babilonia fossero giustiziati.* In questo caso si parla di Nebucadnesar, il quale, preso dalla sua ira, ordinò l'uccisione immediata di tutti i saggi di Babilonia, solo per il fatto che la sua richiesta non venne soddisfatta, circa l'interpretazione del suo sogno. Questo la dice lunga sul carattere violento di questo re che alla fine della sua vita però testimoniò del Signore. Sappiamo che tale decreto non venne attuato solo perché il Signore, tramite Daniele, intervenni prontamente. Quando un uomo è in preda all'ira può compiere veramente qualsiasi atto malvagio.

Perciò è assolutamente valido quanto troviamo scritto in Ef 4:26-27 > Efesini 4:26 *Adiratevi e non peccate; il sole non tramonti sopra la vostra ira* Efesini 4:27 *e non fate posto al diavolo.* Siamo chiamati anche ad adirarci ma senza scadere nell'ira carnale. È un limite molto sottile che molto spesso viene superato. Soprattutto bisogna fare in modo che *il sole non tramonti sopra la nostra ira,* ovvero che al termine della giornata già essa deve essere scomparsa. Infatti, avere nel cuore l'ira significa anche *fare posto al diavolo* e quando egli agisce sono guai seri. Perciò, stiamo attenti da questo sentimento.

Quale fu la reazione di Erode? Quale fu la sua azione immediata? Ecco cosa racconta l'evangelista - *mandò a uccidere tutti i maschi che erano in Betlemme e in tutto il suo territorio dall'età di due anni in giù, secondo il tempo del quale si era esattamente informato dai magi* -. Nel greco abbiamo il verbo - *anaireo* - che tra le altre cose significa anche uccidere, assassinare. Erode non ebbe alcuna pietà, ma pur di impedire che il Re dei Giudei vivesse, era disposto a sterminare tutti i neonati maschi. Questo fu un tentativo anche di Satana di impedire che il Messia potesse compiere l'opera per la quale era venuto nel mondo. Ma il Signore aveva tutto sotto controllo.

Erode non fece altro che imitare un altro re del passato, quello egiziano > Esodo 1:22 *Allora il faraone diede quest'ordine al suo popolo: «Ogni maschio che nasce, gettatelo nel Fiume, ma lasciate vivere tutte le femmine».* Esodo 2:1 *Un uomo della casa di Levi andò e prese in moglie una figlia di Levi.* Esodo 2:2 *Questa donna concepì, partorì un figlio e, vedendo quanto era bello, lo tenne nascosto tre mesi.* Esodo 2:3 *Quando non poté più tenerlo nascosto, prese un canestro fatto di giunchi, lo spalmò di bitume e di pece, vi pose dentro il bambino, e lo mise nel canneto sulla riva del Fiume.* Molto interessante osservare le varie analogie che abbiamo nella storia di Mosè con quella del Signore. Anche ai tempi della nascita di Mosè, il faraone decretò l'assassinio di tutti i maschi, i quali, appena nati dovevano essere gettati nel fiume. Ma i genitori di Mosè, caratterizzati dalla saggezza di Dio, nascosero il bambino per poi, sempre per fede, porlo in un canestro di funghi ed affidarlo completamente al Signore. Due ebrei pii e timorati di Dio riuscirono a sventare i piani diabolici del faraone.

Ma come mai proprio i - *maschi* -? Vi è da dire che in questo caso non abbiamo una sorta di discriminazione. Innanzitutto il re dei Giudei non era una femmina, ma un maschio, perciò Erode voleva uccidere in modo selettivo. Ma nello stesso tempo è interessante notare cosa è scritto in Nu 1:1-3 > Numeri 1:1 *Il SIGNORE parlò a Mosè, nel deserto del Sinai, nella tenda di convegno, il primo giorno del secondo mese, il secondo anno dopo l'uscita dei figli d'Israele dal paese d'Egitto, e disse:* Numeri 1:2 *«Fate la somma di tutta la comunità dei figli d'Israele secondo le loro famiglie, secondo la discendenza paterna, contando i nomi di tutti i maschi, uno per uno,* Numeri 1:3 *dall'età di vent'anni in su, tutti quelli che in Israele possono andare in guerra; tu ed Aaronne ne farete il censimento, secondo le loro schiere.* Come possiamo osservare il censimento che il Signore ordinò a Mosè di compiere doveva tenere presente solo i maschi e non le femmine. Per quale motivo? Perché essi avevano il compito di difendere Israele e di entrare nell'esercito per andare in guerra. Quindi non ci troviamo di fronte ad una sorta di discriminazione, ma di fronte ad un fatto indubitabile. Il maschio rappresenta la forza di un popolo, senza nulla togliere al valore ed ai compiti delle donne. Perciò Erode non solo voleva eliminare il Re dei Giudei, ma in modo indiretto anche diminuire la forza di quella popolazione avversa ed ostile, rappresentata da quei tanti bambini maschi.

Tutto ciò si compì perché una precisa profezia si adempisse - *Un grido si è udito in Rama, un pianto e un lamento grande: Rachele piange i suoi figli e rifiuta di essere consolata, perché non sono più»* -.

Questa profezia la troviamo in Gr 31:15-17 > Geremia 31:15 *Così parla il SIGNORE: «Si è udita una voce a Rama, un lamento, un pianto amaro; Rachele piange i suoi figli; lei rifiuta di essere consolata dei suoi figli, perché non sono più».* Geremia 31:16 *Così parla il SIGNORE: «Trattieni la tua voce dal piangere, i tuoi occhi dal versare lacrime; poiché l'opera tua sarà ricompensata»,* dice il SIGNORE; *«essi ritorneranno dal paese del nemico;* Geremia 31:17 *c'è speranza per il tuo avvenire»,* dice il SIGNORE; *«i tuoi figli ritorneranno entro le loro frontiere.* Dal contesto possiamo comprendere che tale profezia trovò un parziale adempimento con la deportazione assira. Infatti, a causa di quell'attacco e quella deportazione gran parte di ebrei vennero deportati e molti uccisi, provocando il grande dolore e sofferenza delle madri. Ma è interessante osservare che l'adempimento totale si ha qui in Mt 2, dove si parla dell'eccidio di tutti questi bimbi maschi a causa di un re sanguinario come Erode.

La profezia infatti, parla innanzitutto di un - *grido, un pianto...
grande* -. Nel greco abbiamo il sostantivo - *klauthmos* - che indica
proprio il pianto. Il pianto può essere sia silente che accompagnato
dal grido. Ma sicuramente è una chiara dimostrazione di
sofferenza. Ecco cosa dice il salmista > Salmi 6:6 *Io sono esausto
a forza di gemere; ogni notte inondo di pianto il mio letto e bagno
di lacrime il mio giaciglio.* Salmi 6:7 *L'occhio mio si consuma di
dolore, invecchia a causa di tutti i miei nemici.* Sono parole queste
molto conosciute che non lasciano spazio a dubbi. Davide, preso
da tanti problemi ed angosce, continuava a piangere
ininterrottamente, ma questo provocava in lui spossatezza e
debolezza. Perciò egli dice *sono esausto a forza di gemere.*
Usando una linguaggio iperbolico, afferma che tutto il suo letto è
inondato delle sue lacrime e causa dei suoi tanti nemici. Quindi
anche in questo caso ci troviamo nel caso di una sofferenza
provocata dalla persecuzione del nemico.

Tuttavia sono consolanti le parole di Sl 30:5 > Salmi 30:5 *Poiché
l'ira sua è solo per un momento, ma la sua benevolenza è per tutta
una vita. La sera ci accompagna il pianto; ma la mattina viene la
gioia.* Fu proprio questo che sperimentarono Maria, Giuseppe ed il
piccolo Gesù. Anche se non ci troviamo in una circostanza nella
quale il Signore era adirato, come nel caso del salmo, sicuramente
la famiglia benedetta ha sperimentato questa meravigliosa
trasformazione e cambiamento: dal pianto alla gioia, dalla
sofferenza, alla liberazione. E tutto questo per la Grazia di Dio.

Ma la profezia parla anche di - *lamento* -. Se il pianto può essere
silente, il lamento non lo è di certo. Quando ci si lamenta si
esprimono determinate parole che possono sottolineare rabbia,
delusione o solo sofferenza.

Un esempio l'abbiamo in Giobbe > Giobbe 10:1 *«Io provo
disgusto della mia vita; voglio dar libero sfogo al mio lamento,
voglio parlare nell'amarezza dell'anima mia!* Egli piangeva ed
all'inizio i suoi amici rispettarono il suo dolore nel silenzio (Gb
2:13). Ma poi Giobbe, anche perché incitato da coloro che
l'avevano visitato, inizia a lamentarsi esprimendo parole come
quelle che abbiamo in questo brano. Giobbe provava disgusto per
la sua vita, una frase molto forte spiegata solo dalla grande
amarezza del suo animo.

Anche nel Sl 55:2-3 è scritto > Salmi 55:2 *Dammi ascolto, e rispondimi; mi lamento senza posa e gemo,* Salmi 55:3 *per la voce del nemico, per l'oppressione dell'empio; poiché riversano iniquità su di me e mi perseguitano con furore.* Se Giobbe si lamentava per la sua malattia, qui il salmista parla ancora della persecuzione del suo nemico, stessa situazione che Maria, Giuseppe ed il Signore Gesù sperimentarono. Il testo non segnala alcun lamento da parte di questi tre personaggi, ma sicuramente in senso spirituale, si adempiva la profezia contenuta in Geremia tanto lontana nel tempo ma che si era attualizzata.

Infatti, - *Rachele piange i suoi figli* -. Perché si parla proprio di Rachele, visto che i dodici figli di Giacobbe nacquero anche da Lea e dalle rispettive serve? Ed inoltre Giuda, il figlio dalla cui discendenza proviene il Signore Gesù, fu concepito e partorito da Lea, l'altra moglie di Giacobbe (Ge 29:34). Inoltre, come è scritto in Rut 4:11, sia Rachele e sia Lea sono le due donne che fondarono Israele. Come questo si spiega? Credo che non ci sia una risposta soddisfacente a questa domanda, ma ci sono due dati importanti da sottolineare.

In Ge 29:30 leggiamo > Genesi 29:30 *Giacobbe si unì pure a Rachele, e amò Rachele più di Lea, e servì Labano per altri sette anni.* Rachele era la donna che effettivamente Giacobbe amava e lavorò ben 14 anni presso Labano per averla. In pratica egli era disposto a tutto pur di avere con sé quella donna.

Inoltre, come è scritto in Ge 30:22-24 > Genesi 30:22 *Dio si ricordò anche di Rachele; Dio l'esaudì e la rese feconda.* Genesi 30:23 *Ella concepì e partorì un figlio, e disse: «Dio ha tolto la mia vergogna».* Genesi 30:24 *E lo chiamò Giuseppe, dicendo: «Il SIGNORE mi aggiunga un altro figlio».* Ovvero, Rachele fu oggetto di un miracolo straordinario, da donna sterile, divenne donna feconda, la quale partorì due figli: Giuseppe e Beniamino. In altre parole, Giacobbe visto che aveva ingannato, anche lui stesso venne ingannato da Labano ed alla fine si trovò con due donne. Ma in realtà il suo cuore era rivolto verso Rachele. Nella storia dei patriarchi possiamo proprio osservare come la Grazia di Dio abbia pervaso donne sterili e quindi socialmente emarginate come Sara, Rebecca e poi Rachele. Tre donne che furono determinanti per la nascita del popolo d'Israele.

Ma vi è un altro dato importante da ricordare > *1Samuele 10:2 Oggi, quando tu sarai partito da me, troverai due uomini presso la tomba di Rachele, ai confini di Beniamino, a Selsa, i quali ti diranno: Le asine che stavi cercando sono state trovate; tuo padre non è più in pensiero per le asine, ma è in pena per voi e si domanda: Che dovrei fare per mio figlio?* In questo brano possiamo osservare la citazione della *tomba di Rachele,* la quale è ubicata presso Selsa. Vicino a quel luogo vi era anche Rama, a 8 km circa a nord. Quindi la citazione sia di Rachele e sia di Rama, può voler significare che figurativamente e metaforicamente Rachele piange, proprio perché lì vicino c'è la sua tomba. Ma non è solo questo. Con l'espressione - *Rachele piange i suoi figli* -, si vuole anche sottolineare il forte dolore delle madri di Betlemme, le quali effettivamente piansero la morte violenta dei loro figli per il volere crudele di un re pagano come Erode.

La morte di un figlio è sempre qualcosa di sconvolgente. In 2 Sa 18:33 leggiamo > 2Samuele 18:33 *Allora il re, vivamente scosso, salì nella camera che era sopra la porta e pianse; e nell'andare diceva: «Absalom figlio mio! Figlio mio, Absalom figlio mio! Fossi pur morto io al tuo posto, Absalom figlio mio, figlio mio!».* Questo brano parla del fortissimo dolore che Davide sperimentò nell'aver saputo della morte di suo figlio Absalom. Per Davide non importava il fatto che Absalom fosse un suo acerrimo nemico ed un uomo che voleva e che desiderava la sua morte. Per Davide non contava il fatto che Absalom si fosse ribellato alla sua autorità fino a giungere al punto di usurpare il trono. Absalom era suo figlio e lo amava in quanto tale. Le parole di Davide Infatti, sono struggenti.

Anche in Lu 7:12-15 è scritto quanto segue > Luca 7:12 *Quando fu vicino alla porta della città, ecco che si portava alla sepoltura un morto, figlio unico di sua madre, che era vedova; e molta gente della città era con lei.* Luca 7:13 *Il Signore, vedutala, ebbe pietà di lei e le disse: «Non piangere!»* Luca 7:14 *E, avvicinatosi, toccò la bara; i portatori si fermarono, ed egli disse: «Ragazzo, dico a te, alzati!»* Luca 7:15 *Il morto si alzò e si mise seduto, e cominciò a parlare. E Gesù lo restituì a sua madre.* Anche questo è un episodio emblematico che vide come protagonista indiscusso il Signore Gesù. Egli fu mosso a compassione nel vedere una povera donna e madre, vedova e per di più orbata dell'unico figlio che aveva. Il suo dolore era certamente grande. Suo figlio era morto! Niente e nessuno glielo poteva restituire, se non l'intervento sovrannaturale del Signore Gesù. Il Signore si limitò solo a dire una parole ed il morto risuscitò. Il dolore e la tristezza lasciarono spazio alla gioia ed al tripudio. Ma anche questa donna, prima, era certamente grandemente avvilita nel vedere suo figlio morto e senza vita.

Si tratta di un dolore talmente grande che addirittura il testo aggiunge che - *Rachele...rifiuta di essere consolata* -. Nel greco abbiamo l'espressione - *ouk èthelen paraklèthènai* -, dove per consolare, abbiamo il verbo - *parakaleo* - da cui il sostantivo *Parakletos* -, rivolto allo Spirito Santo. La negazione - *ouk* - è assoluto. Niente e nessuno può consolare nel senso pieno del termine una madre che piange la morte del proprio figlio.

Ma la stessa cosa vale anche per un padre > Genesi 37:34 *Allora Giacobbe si stracciò le vesti, si vestì di sacco, e fece cordoglio di suo figlio per molti giorni.* Genesi 37:35 *Tutti i suoi figli e tutte le sue figlie vennero a consolarlo; ma egli rifiutò di essere consolato, e disse: «Io scenderò con cordoglio da mio figlio, nel soggiorno dei morti».* E suo padre lo pianse. Come osserviamo in questo brano, Giacobbe rifiuta totalmente ogni tipo di consolazione umana. Egli desidera solo *scendere nel soggiorno dei morti,* per raggiungere Giuseppe. Ovviamente Giacobbe non sapeva del piano dei suoi figli e della loro menzogna. Ma è interessante osservare che anche Giacobbe rifiutò ogni genere di consolazione.

Si parla quindi di drammi umani che non si possono capire o comprendere, fino a quando non si sperimentano.

Quando invece si tenta di consolare. Molto spesso si rischia di essere dei consolatori molesti come gli amici che vennero a trovare Giobbe > Giobbe 16:1 *Allora Giobbe rispose e disse:* Giobbe 16:2 *«Di cose come queste ne ho udite tante! Siete tutti dei consolatori molesti! Giobbe 16:3 Non ci sarà una fine alle parole vane? Che cosa ti provoca a rispondere?* Per Giobbe, le parole che sia Elifaz, che Bildad, che Sofar dissero non gli erano di nessun aiuto. Per lui quelle parole erano solo *vane* e moleste. Questo perché questi uomini dicevano anche cose giuste ma nei modi, nei tempi e soprattutto alla persona sbagliata.

Perciò non possiamo far altro che concludere che solo il Signore sa consolare in modo perfetto > 1Tessalonicesi 5:9 *Dio Infatti, non ci ha destinati a ira, ma ad ottenere salvezza per mezzo del nostro Signore Gesù Cristo,* 1Tessalonicesi 5:10 *il quale è morto per noi affinché, sia che vegliamo sia che dormiamo, viviamo insieme con lui.* 1Tessalonicesi 5:11 *Perciò, consolatevi a vicenda ed edificatevi gli uni gli altri, come d'altronde già fate.* Sono molto belle queste parole dell'apostolo che evidenziano la grande realtà della salvezza di Dio. Egli non ci ha destinati all'ira, ma ad ottenere salvezza per mezzo del Signore Gesù. Egli è morto affinché noi vivessimo con Lui. Ricordando queste straordinarie promesse potremo veramente *consolarci gli uni gli altri.* Io sono convinto che il miglior modo per consolare o per alleviare un po' il dolore di genitori che devono affrontare un dolore così grande come la morte di un figlio, sia il ricordare le grandi promesse divine.

Il resto lo farà il Signore > Romani 15:5 *Il Dio della pazienza e della consolazione vi conceda di aver tra di voi un medesimo sentimento secondo Cristo Gesù,* Romani 15:6 *affinché di un solo animo e d'una stessa bocca glorifichiate Dio, il Padre del nostro Signore Gesù Cristo.* Il Dio che noi adoriamo è il *Dio della pazienza e della consolazione.* Egli può consolare in un modo perfetto anche perché ci ha donato Colui che è il Consolatore per eccellenza, lo Spirito Santo. Egli, consolando i nostri cuori, opererà in noi, affinché possiamo giungere ad avere *uno stesso sentimento secondo Cristo Gesù,* affinché con una sola bocca e con la gioia nel cuore, possiamo glorificare il Padre.

## Matteo 2:19-23 > La tappa di Nazareth

Mt 2:19-23 > *Il terzo annuncio dell'angelo* > - *Dopo la morte di Erode, un angelo del Signore apparve in sogno a Giuseppe, in Egitto, e gli disse: «Alzati, prendi il bambino e sua madre, e va' nel paese d'Israele; perché sono morti coloro che cercavano di uccidere il bambino»* - > Mt 2:19-20.

Quest'ultima sezione del cap.2 di Matteo parla del terzo annuncio dell'angelo a Giuseppe. Il Signore aveva pianificato ogni cosa. Perciò è scritto - *Dopo la morte di Erode, un angelo del Signore apparve in sogno a Giuseppe* -. Ancora il testo biblico ci mostra l'importanza degli angeli quali servi ed inviati speciali di Dio. Al momento preciso Dio inviò il Suo angelo per impartire a Giuseppe i Suoi ordini.

L'attività angelica è sempre presente nella Scrittura. Basti guardare ai tanti testi di Apocalisse come Ap 18:21 > Apocalisse 18:21 *Poi un potente angelo sollevò una pietra grossa come una grande macina, e la gettò nel mare dicendo: «Così, con violenza, sarà precipitata Babilonia, la gran città, e non sarà più trovata. È* un angelo che annuncia la disfatta totale di Babilonia, ma non più quella antica ai tempi i Geremia, ma quella che ancora si deve formare e che caratterizzerà il regno finale dell'Anticristo. Quel sistema cadrà rovinosamente, sarà completamente distrutto ed è proprio un *potente angelo* che dà quest'annuncio.

Ma prendendo un brano con il contesto più vicino a quello di Matteo è bello osservare At 27:22-24 > Atti 27:22 *Ora però vi esorto a stare di buon animo, perché non vi sarà perdita della vita per nessuno di voi ma solo della nave.* Atti 27:23 *Poiché un angelo del Dio, al quale appartengo e che io servo, mi è apparso questa notte,* Atti 27:24 *dicendo: Paolo, non temere; bisogna che tu compaia davanti a Cesare, ed ecco, Dio ti ha dato tutti quelli che navigano con te.* Paolo si trovava in pericolo, ma il messaggio di un angelo lo aveva talmente rafforzato e rincuorato che lui stesso diviene strumento di consolazione per coloro che erano con lui. Nessuno avrebbe perso la vita sulla nave proprio perché Paolo doveva proseguire la sua missione andando davanti a Cesare. Il Signore ha i Suoi modi per consolare, rafforzare il nostro animo. Attraverso la Sua Parola, Egli ci impartisce i Suoi insegnamenti, ma anche le Sue consolazioni, necessarie per proseguire nel nostro cammino su questa terra.

Perciò ecco l'ordine dell'angelo - *Alzati, prendi il bambino e sua madre, e va' nel paese d'Israele; perché sono morti coloro che cercavano di uccidere il bambino* -. Molto interessante la contrapposizione di coloro che volevano uccidere il bambino e la loro stessa fine. Erode non solo non è riuscito nel suo intento, ma ha cessato la sua esistenza in modo vergognoso. Infatti, si pensa che Erode fosse mezzo pazzo, che fece assassinare gran parte della sua famiglia, tanto che Augusto disse di lui Meglio essere il maiale d'Erode che suo figlio. Il maiale aveva Infatti, più rispetto.

Dobbiamo sempre ricordarci che il Signore è giusto e che non lascia il colpevole impunito. In Nu 16:44-49 è scritto > Numeri 16:44 *Il SIGNORE disse a Mosè:* Numeri 16:45 *«Allontanatevi da questa comunità e io li consumerò in un attimo». Ed essi si prostrarono con la faccia a terra.* Numeri 16:46 *Mosè disse ad Aaronne: «Prendi il turibolo, riempilo di fuoco preso dall'altare, mettici sopra dell'incenso e portalo presto in mezzo alla comunità e fa' l'espiazione per loro; poiché l'ira del SIGNORE è scoppiata, il flagello è già cominciato».* Numeri 16:47 *Aaronne prese il turibolo, come Mosè aveva detto, corse in mezzo all'assemblea, ed ecco che il flagello era già cominciato fra il popolo. Aaronne mise l'incenso nel turibolo e fece l'espiazione per il popolo.* Numeri 16:48 *Si fermò tra i morti e i vivi e il flagello cessò.* Numeri 16:49 *I morti a causa del flagello furono quattordicimila settecento, oltre a quelli che morirono per il fatto di Core.*

Il Signore rivolge un solenne comando a Mosè ed Aaronne, ovvero quello di allontanarsi dalla comunità che si era ribellata al Signore. L'Eterno avrebbe manifestato la Sua giustizia in modo immediato, tanto che ben quattordicimila seicento ebrei persero la vita in quella circostanza. Il flagello si fermò solamente dopo che Aaronne riuscì a fare l'espiazione per il popolo, ovvero quando la volontà di Dio venne soddisfatta.

Come è scritto in Pr 11:18-19 > Proverbi 11:18 *L'empio fa un'opera illusoria, ma chi semina giustizia ha una ricompensa sicura.* Proverbi 11:19 *Così la giustizia conduce alla vita, ma chi va dietro al male si avvia verso la morte.* Dobbiamo sempre tenere presente che il male ed il peccato portano sempre a delle tragiche conseguenze. Infatti, *chi va dietro al male si avvia verso la morte* ed è proprio ciò che è accaduto ad Erode. L'empio compie opere illusorie, vane come Erode che pensava di portare a termine i suoi loschi piani. Ma in realtà è colui che *semina per la giustizia* che otterrà una ricompensa sicura.

Mt 2:19-23 (21 > ***L'arrivo a Nazaret*** > - *Egli, alzatosi, prese il bambino e sua madre, e rientrò nel paese d'Israele. Ma, udito che in Giudea regnava Archelao al posto di Erode, suo padre, ebbe paura di andare là; e, avvertito in sogno, si ritirò nella regione della Galilea, e venne ad abitare in una città detta Nazaret, affinché si adempisse quello che era stato detto dai profeti, che egli sarebbe stato chiamato Nazareno* - > Mt 2:21-23.

Giuseppe ubbidisce al terzo comando dell'angelo e - *rientrò nel paese d'Israele* -. Nel greco abbiamo il verbo - *eiserchomai* - che significa entrare dentro. Può sembrare un'informazione di poco conto ma non è assolutamente così. Infatti, per chi non c'è passato, non si può capire il dolore di una famiglia che si deve spostare da un luogo ad un altro perché la propria vita è in pericolo. Il desiderio di questi fuggiaschi è quello di rientrare a casa e di calpestare ancora la propria terra.

Interessante una contrapposizione che abbiamo in Gr 44:12-14 > Geremia 44:12 *Prenderò i superstiti di Giuda che si sono ostinati a venire nel paese d'Egitto per abitarvi, e saranno tutti consumati; cadranno nel paese d'Egitto; saranno consumati dalla spada e dalla fame, dal più piccolo al più grande; periranno per la spada e per la fame; saranno abbandonati all'esecrazione, alla desolazione, alla maledizione e all'infamia.* Geremia 44:13 *Punirò quelli che abitano nel paese d'Egitto, come ho punito Gerusalemme con la spada, con la fame e con la peste;* Geremia 44:14 *nessuno si salverà o scamperà dei superstiti di Giuda che sono venuti a stare nel paese d'Egitto con la speranza di tornare poi nel paese di Giuda, dove desiderano rientrare per abitarvi; essi, a eccezione di alcuni fuggiaschi, non vi ritorneranno».* Anche questi superstiti di Giuda si trovarono in Egitto esattamente come Giuseppe e la sua famiglia. Ma questi erano in Egitto non certo per volere di Dio. Anzi essi si erano ostinati ad andare in Egitto per stabilirsi in quel luogo pieno di idolatria e di malvagità. Ma il Signore li punirà. Infatti, essi non saranno più superstiti in quanto periranno per la spada, nessuno li potrà salvare. Il loro desiderio di rientrare in Giuda sarà completamente deluso. Non dimentichiamoci che stiamo parlando di un popolo che si trova anche in quelle condizioni a causa proprio della sua disubbidienza e ribellione al Signore. Ma la stessa cosa non vale per Giuseppe, Maria ed il piccolo Gesù.

Ma la storia non è finita - *Ma, udito che in Giudea regnava Archelao al posto di Erode, suo padre, ebbe paura di andare là -.* In greco abbiamo il classico verbo – *phobeo* che nel testo è all'indicativo aoristo passivo. Quindi Giuseppe fu spaventato, era in preda alla paura. Fa parte dell'essere umano avere paura quando bisogna affrontare pericolo apparentemente insormontabili.

Ma è bello osservare da vicino tutti quei testi nei quali il Signore ci esorta a non avere paura > Deuteronomio 2:24 *Alzatevi, partite e oltrepassate la valle dell'Arnon; ecco, io do in tuo potere Sicon l'Amoreo, re di Chesbon, e il suo paese; comincia a prenderne possesso e muovigli guerra.* Deuteronomio 2:25 *Oggi comincerò a ispirare paura e terrore di te a tutti i popoli che sono sotto il cielo, i quali, all'udire la tua fama, tremeranno e saranno presi d'angoscia per causa tua.* In questo brano è il Signore che esorta Israele ad affrontare i suoi nemici, tutte quelle popolazioni che incontrerà nel corso della conquista della terra di Canaan, in quanto la paura attanaglierà proprio quelle popolazioni. Mosè ricorda questa solenne consolazione del Signore. È il Signore che dona la forza necessaria per superare le difficoltà della vita.

Davide dichiara nel salmo 27 > Salmi 27:2 *Quando i malvagi, che mi sono avversari e nemici, mi hanno assalito per divorarmi, essi stessi hanno vacillato e sono caduti.* Salmi 27:3 *Se un esercito si accampasse contro di me, il mio cuore non avrebbe paura; se infuriasse la battaglia contro di me, anche allora sarei fiducioso.* In realtà sono stati i suoi avversari, i nemici di Davide, ad avere dei piedi vacillanti e deboli. Essi sono caduti proprio nel momento in cui hanno cercato di divorare, ovvero di uccidere Davide. Egli, usando un linguaggio figurato molto forte, confessa che anche se un esercito andasse contro di lui, egli non temerebbe, perché è consapevole che il Signore è con lui.

Guardando ad un altro esempio. Osserviamo ancora il comportamento dei genitori di Mosè > Ebrei 11:23 *Per fede Mosè, quando nacque, fu tenuto nascosto per tre mesi dai suoi genitori, perché videro che il bambino era bello, e non ebbero paura dell'editto del re.* Essi fecero ciò che Dio voleva, che era nel Suoi piani, non solo perché caratterizzati dalla fede, ma anche perché *non ebbero paura dell'editto del re.* Quando si è impauriti non si sa cosa fare, si è confusi. Ma quando la fede nel Signore agisce allora tutto cambia.

È vero che Giuseppe ebbe paura, ma agì anche con discrezione e discernimento. Infatti, avvertito in sogno, si ritirò nella regione della Galilea, e venne ad abitare in una città detta Nazaret, affinché si adempisse quello che era stato detto dai profeti, che egli sarebbe stato chiamato Nazareno -. *Ancora una volta abbiamo un solenne avvertimento in sogno. Per questo Giuseppe e la sua famiglia si trasferiscono in Galilea e precisamente a Nazaret.*

La Galilea è menzionata in 2 Re 15:28-29 > 2Re 15:28 *Egli fece ciò che è male agli occhi del SIGNORE; non si allontanò dai peccati con i quali Geroboamo, figlio di Nebat, aveva fatto peccare Israele.* 2Re 15:29 *Al tempo di Peca, re d'Israele, venne Tiglat- Pileser, re di Assiria, e prese Iion, Abel-Bet-Maaca, Ianoa, Chedes, Asor, Galaad, la Galilea, tutto il paese di Neftali, e ne deportò gli abitanti in Assiria.* Il brano parla della malvagità di Peca, il quale purtroppo non si allontanò dalla via malvagia di Geroboamo, il quale introdusse a suo tempo l'idolatria. Tutto questo espandersi del peccato provocò la deportazione assira che assediò anche la *Galilea* deportandone gli abitanti. Il testo ci dice che la Galilea faceva parte del territorio della tribù di Neftali.

Ma in Is 8:23-9:1. *Abbiamo un testo assolutamente incoraggiante nel quale è scritto che la Galilea sarà ricoperta di gloria* > Isaia 8:23 *Ma le tenebre non dureranno sempre sulla terra che è ora nell'angoscia. Come nei tempi passati Dio coprì di obbrobrio il paese di Zabulon e il paese di Neftali, così nei tempi a venire coprirà di gloria la terra vicina al mare, di là dal Giordano, la Galilea dei Gentili.* Isaia 9:1 *Il popolo che camminava nelle tenebre, vede una gran luce; su quelli che abitavano il paese dell'ombra della morte, la luce risplende.* Le tenebre non dureranno per sempre. Anche se, proprio come abbiamo letto in 2 Re Neftali e Zabulon hanno conosciuto periodi oscuri e brutti, il Signore li coprirà di gloria come sarà coperta di gloria la *Galilea dei Gentili.*

Una luce intensa si vedrà e tutti coloro che prima camminavano nelle tenebre, cammineranno nella luce.

A tal proposito è bello ricordare che la Luce del mondo. Il Signore Gesù esercito per lungo tempo il Suo ministero proprio in Galilea. Come è scritto in Mt 21:10-11 > Matteo 21:10 *Quando Gesù fu entrato in Gerusalemme, tutta la città fu scossa, e si diceva: «Chi è costui?»* Matteo 21:11 *E le folle dicevano: «Questi è Gesù, il profeta che viene da Nazaret di Galilea».* Il Signore Gesù era conosciuto proprio come il Nazareno, ovvero colui che viene da Nazareth di Galilea. Anche se il suo luogo di nascita fu Betlemme, Nazaret fu il luogo che identificò il ministero e la Persona stessa del Signore Gesù.

Come abbiamo anche letto nel testo, proprio per quel motivo, Egli sarà conosciuto anche come - *il Nazareno* -.

In Mr 1:23-25 è scritto > Marco 1:23 *In quel momento si trovava nella loro sinagoga un uomo posseduto da uno spirito immondo, il quale prese a gridare:* Marco 1:24 *«Che c'è fra noi e te, Gesù Nazareno? Sei venuto per mandarci in perdizione? Io so chi sei: Il Santo di Dio!».* Marco 1:25 *Gesù lo sgridò, dicendo: «Sta' zitto ed esci da costui!».* In questo testo che parla della guarigione di un uomo posseduto da uno spirito immondo, è molto interessante notare come quest'ultimo identifica il Signore Gesù. In almeno due modi *Gesù Nazareno* e *Santo di Dio*. Il primo titolo identificava il Signore Gesù nel Suo aspetto umano, il secondo dal punto di vista del Suo carattere perfetto. Questo spirito fu costretto ad uscire dall'uomo, subito dopo l'ordine perentorio del Signore *Stai zitto ed esci da costui.*

Ma anche in At 22:7-8 troviamo un testo assolutamente eloquente
> *Atti 22:7 Caddi a terra e udii una voce che mi disse: Saulo,*
*Saulo, perché mi perseguiti? Atti 22:8 Io risposi: Chi sei, Signore?*
*Ed egli mi disse: Io sono Gesù il Nazareno, che tu perseguiti.*
L'apostolo Paolo spiega ai Giudei lì presenti come avvenne la sua
conversione. Egli enfatizza molto il modo con cui il Signore Gesù
si presentò. Infatti, Paolo aggiunge un dettaglio che non si trova in
Atti 9, il brano che appunto descrive il suo mirabile incontro con il
Signore. In At 9 leggiamo *Io sono Gesù,* ma nel racconto che egli
descrive a questi Giudei aggiunge *io sono Gesù il Nazareno,* in
modo tale che non vi possano essere degli equivoci. È proprio quel
Gesù che si presentò a Paolo, in una luce sfolgorante, non un altro.
Fu proprio Lui a chiedere in modo solenne all'allora Saulo *perché*
*Mi perseguiti?* Non ci si poteva sbagliare.

# *Capitolo 3*

## IL MINISTERO DI GIOVANNI BATTISTA

### Mt 3:1-12 La predicazione di Giovanni Battista

*In quei giorni venne Giovanni il battista, che predicava nel deserto della Giudea, e diceva: «Ravvedetevi, perché il regno dei cieli è vicino». Di lui parlò Infatti, il profeta Isaia quando disse: «Voce di uno che grida nel deserto: Preparate la via del Signore, raddrizzate i suoi sentieri». - > Mt 3:1-3.*

L'inizio del cap.3 di Matteo ci parla di un altro personaggio assolutamente importante e collegato in modo stretto ed intimo al Signore Gesù: Giovanni Battista, che da un punto di vista umano era cugino di primo grado del Signore. L'inizio di questo testo è eloquente - *In quei giorni...-*, indicando che dalla fine di Mt 2 all'inizio di Mt 3 è trascorso un certo lasso di tempo.

Anche in Es 2:10-11 notiamo lo stesso linguaggio > Esodo 2:10 *Quando il bambino fu cresciuto, lo portò dalla figlia del faraone; egli fu per lei come un figlio ed ella lo chiamò Mosè; «perché», disse: «io l'ho tirato fuori dalle acque».* Esodo 2:11 *In quei giorni, Mosè, già diventato adulto, andò a trovare i suoi fratelli; notò i lavori di cui erano gravati e vide un Egiziano che percoteva uno degli Ebrei suoi fratelli.* Il v.10 ci parla di Mosè che è ancora fanciullo, che viene cresciuto dalla figlia del faraone, ma il v.11 ci presenta un Mosè adulto molto attento nel vedere come gli Ebrei venivano trattati dagli egiziani. Per descrivere questo salto di tempo, il testo dichiara proprio *in quei giorni.* Quindi diversi anni erano trascorsi, circa una trentina. Sia il Signore Gesù che Giovanni sono cresciuti, ma la differenza tra i due sta proprio nella sostanza. Il primo è l'eterno Figlio di Dio che si è incarnato (Gv 1:1), Giovanni Battista un umile servo di Dio, ma senza alcuna natura divina.

Tuttavia è bello ricordare come il Signore Gesù parlava di Giovanni > Matteo 11:11 *In verità io vi dico, che fra i nati di*

*donna non è sorto nessuno maggiore di Giovanni il battista;*
*eppure il più piccolo nel regno dei cieli è più grande di lui.*
Secondo queste parole del Signore che sono sicuramente verità,
Giovanni è il più *grande fra i nati di donna*. Però il *più piccolo nel*
*regno dei cieli* è più grande di lui. Questa contrapposizione non ha
nulla a che fare con i meriti o il cammino ed il servizio verso il
Signore. Sono convinto che qui si sta parlando di benedizioni
particolari che coloro che fanno parte del *regno dei cieli*
(espressione che analizzeremo più avanti) ricevono e riceveranno.
Non si tratta di merito, ma di Grazia di Dio.

Ad ogni modo l'importanza di questo personaggio è indubbio.
Anche in At 13:24 leggiamo > Atti 13:24 *Giovanni, prima della*
*venuta di lui, aveva predicato il battesimo del ravvedimento a tutto*
*il popolo d'Israele.* Atti 13:25 *E quando Giovanni stava per*
*concludere la sua missione disse: Che cosa pensate voi che io sia?*
*Io non sono il Messia; ma ecco, dopo di me viene uno, al quale io*
*non son degno di slacciare i calzari.* Persino l'apostolo delle Genti,
il quale si trovava ad Antiochia in una sinagoga, Paolo, non può
fare a meno di non ricordare questo straordinario personaggio, il
quale prima del Signore Gesù predicò il valore e l'importanza del
ravvedimento a Israele. Egli era assolutamente consapevole di chi
fosse, tanto che egli con sincerità disse *Io non sono il Messia.*
Molti lo stavano seguendo e molti lo ascoltavano. Giovanni poteva
mentire, ingannare, farsi passare per chi non era, ma non si
comportò in questo modo. Egli sapeva quale compito doveva
adempiere.

Infatti, egli -*predicava nel deserto della Giudea* -. Questa era una
parte importante del suo ministero.

Nella Legge era chiaramente delineato il vero profeta dal falso
profeta > Deuteronomio 13:1 *Quando sorgerà in mezzo a te un*
*profeta o un sognatore che ti annunzia un segno o un prodigio,*
Deuteronomio 13:2 *e il segno o il prodigio di cui ti avrà parlato si*
*compie, ed egli ti dice: «Andiamo dietro a dèi stranieri, che tu non*
*hai mai conosciuto, e serviamoli»,* Deuteronomio 13:3 *tu non*
*darai retta alle parole di quel profeta o di quel sognatore, perché*
*il SIGNORE, il vostro Dio, vi mette alla prova per sapere se amate*
*il SIGNORE, il vostro Dio, con tutto il vostro cuore e con tutta*
*l'anima vostra.* Deuteronomio 13:4 *Seguirete il SIGNORE, il*
*vostro Dio, lo temerete, osserverete i suoi comandamenti,*
*ubbidirete alla sua voce, lo servirete e vi terrete stretti a lui.*

Deuteronomio 13:5 *Quel profeta o quel sognatore sarà messo a morte, perché avrà predicato l'apostasia dal SIGNORE Dio vostro che vi ha fatti uscire dal paese d'Egitto e vi ha liberati dalla casa di schiavitù, per spingerti fuori dalla via per la quale il SIGNORE, il tuo Dio, ti ha ordinato di camminare. Così toglierai il male di mezzo a te.* Ciò che distingue il vero profeta dal falso non sono le opere che essi compiono, ma la natura del messaggio che predicano. Il falso profeta avrebbe Infatti, incitato all'idolatria, alla ribellione contro Dio. Nel momento in cui ciò fosse accaduto, bisognava punirlo in modo definitivo ed esemplare. Il vero profeta si è sempre contraddistinto dal messaggio di Dio che egli proclamava, soprattutto dalle sue esortazioni ripetute a tornare al Signore ed a seguire le Sue vie. L'esempio del profeta Geremia è illuminante.

In 2 Ti 4:1 è scritto > 2Timoteo 4:1 *Ti scongiuro, davanti a Dio e a Cristo Gesù che deve giudicare i vivi e i morti, per la sua apparizione e il suo regno:* 2Timoteo 4:2 *predica la parola, insisti in ogni occasione favorevole e sfavorevole, convinci, rimprovera, esorta con ogni tipo di insegnamento e pazienza.* La predicazione della Parola è un aspetto assolutamente importante che vale non solo dal punto di vista evangelistico, ma anche di crescita personale e comunitaria. Addirittura Paolo esordisce dicendo *Ti scongiuro davanti a Dio ed a Cristo Gesù*, per evidenziare quanto sia fondamentale e necessario che la Parola di Dio sia predicata ed insegnata. La predicazione di Giovanni Battista era fondamentale proprio per preparare la via al Messia che sarebbe giunto subito dopo.

Qual era il messaggio che Giovanni annunziava? Era molto semplice e diretto - *Ravvedetevi perché il regno dei cieli è vicino* -. In greco abbiamo l'imperativo - *metanoeite* -, ovvero cambiate comportamento. Giovanni Battista diede molta enfasi nel suo ministero alla gravità del peccato.

Ecco perché in Mt 3:7 Giovanni esorta i farisei e sadducei di produrre frutti degni di ravvedimento > Matteo 3:7 *Ma vedendo molti farisei e sadducei venire al suo battesimo, disse loro: «Razza di vipere, chi vi ha insegnato a sfuggire l'ira futura? Matteo 3:8 Fate dunque dei frutti degni del ravvedimento.* Qui notiamo una lezione molto importante. Ravvedersi non è semplicemente un'azione mentale, ma soprattutto del cuore e dello spirito. Fare *frutti degni di ravvedimento*, significa dimostrare il proprio pentimento e ravvedimento, abbandonando il peccato e tutto ciò che disonora il Signore. I farisei e sadducei erano una *razza di vipere*, proprio perché camminavano nel peccato. Da notare la forza delle parole di questo predicatore straordinario.

Ma il messaggio di Giovanni non è cambiato è sempre lo stesso > Atti 2:37 *Udite queste cose, essi furono compunti nel cuore, e dissero a Pietro e agli altri apostoli: «Fratelli, che dobbiamo fare?»* Atti 2:38 *E Pietro a loro: «Ravvedetevi e ciascuno di voi sia battezzato nel nome di Gesù Cristo, per il perdono dei vostri peccati, e voi riceverete il dono dello Spirito Santo.* Coloro che ascoltarono il discorso di Pietro dopo la Pentecoste, rimasero talmente colpiti e compunti nel cuore, che non potevano avanzare nessuna scusa o giustificazione. L'unica loro domanda è *Fratelli, che dobbiamo fare?* Essi erano senza forza, ma nello stesso tempo desiderosi di ubbidire a Dio. Cosa rispose Pietro? Con la stessa parola con cui Giovanni introduceva il suo messaggio *Ravvedetevi.* Questo è ciò che l'uomo deve fare.

Ma il messaggio proclamato da Giovanni prosegue - *perché il regno dei cieli è vicino* -. Nel greco abbiamo l'espressione - *èggiken gar he basileia tón ouranón* -. L'espressione regno dei cieli, è piuttosto ricorrente e soprattutto può assumere diversi significati sulla base del contesto che si incontra.

In Mt 10:5-7. Possiamo osservare che anche il Signore Gesù annunziava lo stesso messaggio come rivolto in modo specifico al popolo d'Israele > Matteo 10:5 *Questi sono i dodici che Gesù mandò, dando loro queste istruzioni: «Non andate tra i pagani e non entrate in nessuna città dei Samaritani,* Matteo 10:6 *ma andate piuttosto verso le pecore perdute della casa d'Israele.* Matteo 10:7 *Andando, predicate e dite: Il regno dei cieli è vicino.* È molto importante tenere presente che innanzitutto il *regno dei cieli* era per Israele. Ecco perché all'inizio, i discepoli dovevano indirizzarsi solo ed esclusivamente al popolo d'Israele, tralasciando i pagani ed i samaritani. Il Signore Gesù voleva innanzitutto stringere un rapporto intimo e profondo con il Suo popolo, anche se Egli sapeva perfettamente che l'avrebbero rigettato. Ma dobbiamo sempre tenere presente questa lezione: la venuta del Signore Gesù fu innanzitutto per Israele.

Inoltre in Lu 17:20-21 osserviamo che tale espressione può identificare anche il Signore Gesù stesso > Luca 17:20 *Interrogato poi dai farisei sul quando verrebbe il regno di Dio, rispose loro:*

*«Il regno di Dio non viene in modo da attirare gli sguardi; né si dirà:* Luca 17:21 *Eccolo qui, o eccolo là; perché, ecco, il regno di Dio è in mezzo a voi».* In questo caso abbiamo l'espressione *regno di Dio,* ma il significato non cambia di molto. Il Signore Gesù precisa molto bene, rispondendo ai farisei che lo interrogavano sull'argomento, che il regno di Dio non viene in modo tale da attirare lo sguardo, anzi esso era *in mezzo a loro.* Chi si trovava in mezzo a loro? Proprio il Signore Gesù, il massimo Rappresentante di questo regno, in quanto Egli ne è il Re assoluto.

Ma chi può entrare nel regno dei cieli? Sicuramente non gli orgogliosi ed i superbi. Ma gli umili e coloro che sono perseguitati per la giustizia > Matteo 5:10 *Beati i perseguitati per motivo di giustizia, perché di loro è il regno dei cieli...* Matteo 5:3 *«Beati i poveri in spirito, perché di loro è il regno dei cieli.* Questo brano che fa parte del famoso sermone sul monte, presenta il regno dei cieli come un'eredità, una promessa per tutti coloro che soffrono a motivo della giustizia di Dio e che quindi vivono nell'umiltà. Essere umili secondo Dio implica chiaramente la sottomissione alla Sua volontà. Ecco perché si è perseguitati. Quando si seguono le vie del Signore, si è odiati dal mondo. Ma per coloro che Gli appartengono vi è un *regno che non sarà mai smosso.*

Tornando a Giovanni Battista è straordinario constatare come anche lui adempie una particolare profezia dell'AT - *Di lui parlò infatti, il profeta Isaia -.*

Ecco il testo implicato > Isaia 40:3 *La voce di uno grida: «Preparate nel deserto la via del SIGNORE, appianate nei luoghi aridi una strada per il nostro Dio! Isaia 40:4 Ogni valle sia colmata, ogni monte e ogni colle siano abbassati; i luoghi scoscesi siano livellati, i luoghi accidentati diventino pianeggianti.* Da notare che in questo testo compare in ebraico il tetragramma YHWH. Perciò anche questo brano prova in modo implicito che il Signore Gesù è Dio. La profezia parla di uno o più messaggeri che avrebbero appianato la strada per il Signore, livellato ogni monte ed ogni colle.

Giovanni Battista è proprio quella - *voce che grida nel deserto -* che esorta a raddrizzare i sentieri sui quali si cammina. Non a caso egli annunziava proprio il ravvedimento.

Bisogna tenere conto che chi parla da parte del Signore è come se fosse la Sua voce ad essere ascoltata. In De 28:1-2 è scritto di ubbidire alla voce del Signore >

Deuteronomio 28:1 *Ora, se tu ubbidisci diligentemente alla voce del SIGNORE tuo Dio, avendo cura di mettere in pratica tutti i suoi comandamenti che oggi ti do, il SIGNORE, il tuo Dio, ti metterà al di sopra di tutte le nazioni della terra;* Deuteronomio 28:2 *e tutte queste benedizioni verranno su di te e si compiranno per te, se darai ascolto alla voce del SIGNORE tuo Dio.* Ma in che modo Israele poteva ascoltare la voce del Signore? Ubbidendo proprio alla Legge che Dio aveva dato a Mosè. Tale voce Infatti, si identifica nei comandamenti, precetti, ordini che il Signore diede a tutto il popolo in tutti gli aspetti della sua esistenza. Come conseguenza vi sarebbe stato vittoria, trionfo ed Israele come *capo delle nazioni.* Quando si ubbidisce alla - voce - del Signore, alla Sua Parola, vi sono benedizioni a sazietà. Di conseguenza bisogna anche saper ascoltare e dare ascolto a chi porta questa Parola.

Molto bella l'immagine che abbiamo in Pr 8:1-3 > Proverbi 8:1 *La saggezza non chiama forse? L'intelligenza non fa udire la sua voce?* Proverbi 8:2 *Essa sta in piedi in cima ai luoghi più elevati, sulla strada, agli incroci;* Proverbi 8:3 *grida presso le porte della città, all'ingresso, negli androni.* La Saggezza di Dio che nel libro dei Proverbi è personificata, si presenta come un Messaggero pronto ad annunziare gli oracoli divini dappertutto. La Sua chiamata, le Sue esortazioni si devono sentire dappertutto, in ogni angolo della città, in ogni angolo del mondo.

Come dichiara il testo, questa voce grida proprio - *nel deserto* -, un luogo quindi inospitale, arido, povero, pieno di insidie. Proprio nel deserto Giovanni iniziò il suo ministero (Mr 1:4).

È bello osservare ciò che è scritto in Gr 2:2-3 ovvero di come Israele viene paragonata ad una donna innamorata del Signore che Lo seguiva persino nel deserto Geremia 2:2 *«Va', e grida alle orecchie di Gerusalemme: Così dice il SIGNORE: Io mi ricordo dell'affetto che avevi per me quand'eri giovane, del tuo amore da fidanzata, quando mi seguivi nel deserto, in una terra non seminata.* Geremia 2:3 *Israele era consacrato al SIGNORE, egli era le primizie della sua rendita; tutti quelli che lo divoravano si rendevano colpevoli, e la calamità piombava su di loro»,* dice il SIGNORE. Purtroppo sia Israele che Giuda non assomigliavano più a quel popolo che era consacrato al Signore, che era la *primizia della sua rendita* e tutti coloro che l'odiavano ed andavano contro quella nazione, *la calamità piombava su di loro.* Il deserto parla di aridità, pericolo ed ogni figlio di Dio in senso spirituale si trova in un deserto, nel sistema-mondo, che non offre assolutamente nulla. La voce del Signore però si fa sentire in questo deserto, la Sua Parola è potente da guidarci, da sostenerci e noi siamo chiamati a seguirla, come fece questo Israele, questa donna innamorata del suo amato. Essa si fa sentire anche grazie ai Suoi messaggeri.

Ma la profezia prosegue - *Preparate la via del Signore, raddrizzate i Suoi sentieri -.*

Interessante osservare ciò che asserisce il salmista ovvero che la via del Signore è perfetta > Salmi 18:30 *La via di Dio è perfetta; la parola del SIGNORE è purificata con il fuoco; egli è lo scudo di tutti quelli che sperano in lui.* Salmi 18:31 *Poiché chi è Dio all'infuori del SIGNORE? E chi è Ròcca all'infuori del nostro Dio.* Sulla base di questo brano e di tantissimi altri, la via del Signore identificata nel Suo piano e nella Sua volontà è perfetta sotto ogni aspetto. Essa non ha certamente bisogno del nostro intervento perché divenga più dritta e migliore. Esattamente come la Parola di Dio. Essa è perfetta sotto ogni aspetto ed un nostro intervento l'adultererebbe anziché migliorarla. Perciò possiamo notare che l'esortazione a - *raddrizzare i sentieri del Signore -,* non indica certamente un intervento umano per cercare di migliorare ciò che è già perfetto.

Ma vi è un altro testo eloquente. Ovvero Pr 4:18 che ci parla del sentiero dei giusti Proverbi 4:18 *ma il sentiero dei giusti è come la luce che spunta e va sempre più risplendendo, finché sia giorno pieno.* Perché il sentiero dei giusti è come *la luce che spunta e che va sempre più risplendendo?* Il sentiero del giusto parla del suo comportamento, della sua azione, del suo cammino che è irreprensibile. Esso è tale proprio perché il giusto guarda al Signore. Ma se egli è giusto è perché un giorno è entrato per la *porta stretta* ed ha intrapreso quella *via* piena di anguste e difficoltà che però porta alla salvezza ed al Signore. Perciò il messaggio di Giovanni e le sue esortazioni erano volte non solo a far riflettere, ma a preparare Israele all'incontro con il Messia, con il Signore Gesù, Colui che sarebbe venuto dopo il precursore.

# Mt 3:1-12 (21> La descrizione di Giovanni e l'atteggiamento del popolo

- *Giovanni aveva un vestito di pelo di cammello e una cintura di cuoio intorno ai fianchi; e si cibava di cavallette e di miele selvatico. Allora Gerusalemme, tutta la Giudea e tutto il paese intorno al Giordano accorrevano a lui; ed erano battezzati da lui nel fiume Giordano, confessando i loro peccati -* > Mt 3:4-6.

Ora passiamo a quella che è al descrizione particolare di Giovanni. Innanzitutto nel testo è scritto che indossava - *un vestito di pelo di cammello ed una cintura di cuoio intorno ai fianchi* -. Sicuramente il suo modo di vestire non era proprio di una persona ricca e benestante.

Interessante notare il dettaglio inerente al cammello. Quest'animale è menzionato nella Scrittura come è logico che sia. Infatti, era molto usato in quei luoghi ed in quel periodo. Persino oggi, nei deserti arabici, cammelli e dromedari, risultano essere i mezzi di trasporto per i beduini, come è scritto in Ge 24:10 > Genesi 24:10 *Poi il servo prese dieci cammelli, tra i cammelli del suo signore, e partì, avendo a sua disposizione tutti i beni del suo signore; e, messosi in viaggio, giunse in Mesopotamia, alla città di Naor.* Questo brano è inserito in quel straordinario contesto nel quale Abraamo desidera per Isacco una moglie che però faccia parte del suo parentado. Il suo servo di fiducia parte per andare a Naor, per cercare colei che avrebbe sposato Isacco, ovvero Rebecca. Per tale viaggio fu indispensabile l'impiego di ben dieci cammelli, animali che sono forti, robusti e soprattutto addomesticabili.

Il cammello poteva però essere impiegato anche come animale di combattimento >

Giudici 6:3 Quando Israele aveva seminato, i Madianiti con gli Amalechiti e con i popoli dell'oriente salivano contro di lui, Giudici 6:4 si accampavano contro gl'Israeliti, distruggevano tutti i prodotti del paese fino a Gaza e non lasciavano in Israele né viveri, né pecore, né buoi, né asini. Giudici 6:5 Infatti, salivano con le loro greggi e con le loro tende e arrivavano come una moltitudine di cavallette; essi e i loro cammelli erano innumerevoli e venivano nel paese per devastarlo. Giudici 6:6 Israele dunque fu ridotto in grande miseria a causa di Madian; e i figli d'Israele gridarono al SIGNORE. *Il testo parla delle incursioni dei Madianiti ed Amalechiti, due acerrimi nemici di Israele, i quali in più occasioni si accampavano contro gli Ebrei per porre qualche agguato o per attaccarli. Le loro scorrerie distruggevano tutto ciò che incontravano e per fare questo adottavano anche cammelli veloci, addestrati per la battaglia. Furono periodi duri per Israele, il quale conobbe la miseria e la sconfitta, a causa sempre e comunque del suo peccato.*

Ad ogni modo, dalla descrizione che abbiamo di Giovanni. Possiamo notare una precisa similitudine con il profeta Elia > 2Re 1:8 *Quelli gli risposero: «Era un uomo vestito di pelo, con una cintura di cuoio intorno ai fianchi». E Acazia disse: «È Elia il Tisbita!».* È interessante osservare che il re Acazia capì che si stava parlando del profeta Elia proprio da come era vestito. Anche Elia vagava solo cinto di pelo (anche se non è specificato l'animale) e con una cintura di cuoio ai fianchi esattamente come Giovanni Battista. La natura del messaggio era pressoché identica, perciò il ministero profetico di Giovanni era molto simile a quello di Elia.

Inoltre in Za 13:3-4 è scritto > Zaccaria 13:3 *Se qualcuno farà ancora il profeta, suo padre e sua madre che l'hanno generato gli diranno: Tu non vivrai, perché dici menzogne nel nome del SIGNORE; e suo padre e sua madre, che l'hanno generato, lo trafiggeranno perché fa il profeta.* Zaccaria 13:4 *In quel giorno, i profeti avranno vergogna, ognuno della visione che annunciava quando profetava; non si metteranno più il mantello di pelo per mentire.* Come possiamo osservare anche in questo brano si parla di un mantello di pelo quale caratteristico indumento dei profeti. Ma il contesto è chiaramente di giudizio. Infatti, i profeti non indosseranno più quel mantello per continuare a mentire e proclamare messaggi falsi alla nazione. Come si suole dire L'abito non fa il monaco. È assolutamente inutile vestirsi come un profeta, coprirsi anche di cenere e sacco, se poi si proclamano dei messaggi mendaci e bugiardi. Così come sarebbe stato inutile per Giovanni, farsi vedere contrito, umile per poi annunciare un messaggio falso ed ingannevole. Giovanni Battista era un vero profeta di Dio non tanto per come si vestiva, ma per ciò che annunciava. Molto significativo notare inoltre in questo testo che i genitori stessi del falso profeta diranno *Tu non vivrai, perché dici menzogne nel Nome del Signore.* Ancora la lezione secondo la quale, il peccato porta sempre a delle conseguenze.

Ma come si nutriva Giovanni? Di due cose. Innanzitutto di - *cavallette* -. In greco abbiamo il termine - *akris* -, ovvero la locusta o la cavalletta.

Giovanni è fedele a quanto prescriveva la Legge > Levitico 11:20 *Avrete in abominio pure ogni insetto alato che cammina su quattro piedi.* Levitico 11:21 *Però, fra tutti gli insetti alati che camminano su quattro piedi, mangerete quelli che hanno zampe sopra i piedi adatte a saltare sulla terra.* Levitico 11:22 *Di questi potrete mangiare: ogni specie di cavallette, ogni specie di locuste, gli acridi e i grilli.* Gli insetti alati, in genere erano proibiti, in abominio e non potevano essere mangiati. Ma eccezione facevano le cavallette, le locuste ed i grilli. Giovanni, ubbidiente alla Legge, anche se affamato e debilitato (da questo lo si può capire dal luogo che percorreva e dalla sua solitudine), si ciba di ciò che non solo trova, ma che anche la Legge prescriveva. In questo comportamento notiamo un'ubbidienza non comune. Siamo noi così?

Il secondo elemento è il - *miele selvatico* -. In greco - *meli argios* -, ovvero miele selvatico. La Scrittura parla spesso del miele.

In Es 3:16-17 è scritto > Esodo 3:16 *Va', raduna gli anziani d'Israele e di' loro: Il SIGNORE, il Dio dei vostri padri, il Dio d'Abraamo, d'Isacco e di Giacobbe mi è apparso, dicendo: Certo, io vi ho visitati, ho visto quello che vi fanno in Egitto* Esodo 3:17 *e ho detto: Io vi farò uscire dall'Egitto, dove siete maltrattati, verso il paese dei Cananei, degli Ittiti, degli Amorei, dei Ferezei, degli Ivvei e dei Gebusei, in un paese nel quale scorre il latte e il miele.* In questo testo il miele è simbolo di benedizione, di ricchezza, tanto che è usato come descrizione della terra di Canaan, ovvero quel luogo che il Signore ha promesso al Suo popolo e che di certo possederà, quando giungerà il tempo opportuno. Il proposito di Dio non era confinato solo nella liberazione miracolosa dalla schiavitù egiziana, ma anche nel curare, nutrire, far crescere quel popolo che Egli si era scelto. Il Signore non voleva far mancare nulla ad Israele, perciò lo voleva nutrire anche di miele in abbondanza.

Anche in De 32:13-14 leggiamo quanto segue > Deuteronomio 32:13 *Egli lo ha fatto passare a cavallo sulle alture della terra e Israele ha mangiato il prodotto dei campi; gli ha fatto succhiare il miele che esce dalla rupe, l'olio che esce dalle rocce più dure,* Deuteronomio 32:14 *la crema delle vacche e il latte delle pecore. Lo ha nutrito con il grasso degli agnelli, dei montoni di Basan e dei capri, con la farina del fior fiore del grano. Tu hai bevuto il vino generoso, il sangue dell'uva.* In questo brano è evidente il desiderio forte, intenso del Signore di curare il Suo popolo, nutrendolo con vere e proprie prelibatezze come la *crema delle vacche, il latte delle pecore... ed il miele che esce dalla rupe.*

Quando il Signore cura e protegge lo fa in modo perfetto. Israele ha potuto sperimentare in prima persona la benedizione della Sua cura, purtroppo rispondendo con la ribellione e la disubbidienza. Ma Giovanni Battista, no. Egli è stato curato dal Signore anche se il testo non lo dice espressamente. Tuttavia il Signore vigilava su di Lui, guidandolo e sorreggendolo nel suo non facile compito.

Il salmista dirà > Salmi 81:16 *Io nutrirei Israele con fior di frumento e lo sazierei di miele che stilla dalla roccia».* Ecco cosa desidera fare il Signore con ciascuno di noi: curarci e proteggerci come fece con Israele. Anche quando viviamo delle vicissitudini, dei momenti difficili nella nostra vita, siamo sempre pronti ad andare al Signore ed essere fiduciosi del Suo intervento?

Come rispose il popolo verso Giovanni? Ecco cosa è scritto - *Allora Gerusalemme, tutta la Giudea e tutto il paese intorno al Giordano accorrevano a lui -.* Non vi era *indifferenza di fronte a questo personaggio.*

Ecco cosa leggiamo in Mr 1:42-45 nei confronti del Signore Gesù > Marco 1:42 E *subito la lebbra sparì da lui, e fu purificato.* Marco 1:43 *Gesù lo congedò subito, dopo averlo ammonito severamente,* Marco 1:44 *e gli disse: «Guarda di non dire nulla a nessuno, ma va', mostrati al sacerdote, offri per la tua purificazione quel che Mosè ha prescritto; questo serva loro di testimonianza».* Marco 1:45 *Ma quello, appena partito, si mise a proclamare e a divulgare il fatto, tanto che Gesù non poteva più entrare apertamente in città; ma se ne stava fuori in luoghi deserti, e da ogni parte la gente accorreva a lui.* Anche nei confronti del Signore Gesù, le folle *accorrevano* a Lui come in questa circostanza. Egli aveva guarito un lebbroso dalla sua pericolosa malattia in modo sovrannaturale e potente, ma nonostante l'avvertimento del Signore di non divulgare la notizia, egli annunciò ciò che era accaduto e perciò le folle non potevano far altro che accorrere dal Signore Gesù. Era tale il numero di questa folla che il Signore non poteva più nemmeno entrare in città. È una scena molto suggestiva, ma domandiamoci, cosa muoveva la folla?

Fondamentali sono le parole che troviamo in Lu 8:4-8 > Luca 8:4 *Or come si riuniva una gran folla e la gente di ogni città accorreva a lui, egli disse in parabola:* Luca 8:5 *«Il seminatore uscì a seminare la sua semenza; e, mentre seminava, una parte del seme cadde lungo la strada: fu calpestato e gli uccelli del cielo lo mangiarono. Luca 8:6 Un'altra cadde sulla roccia: appena fu germogliato seccò, perché non aveva umidità. Luca 8:7 Un'altra cadde in mezzo alle spine: le spine, crescendo insieme con esso, lo soffocarono. Luca 8:8 Un'altra parte cadde in un buon terreno: quando fu germogliato, produsse il cento per uno». Dicendo queste cose, esclamava: «Chi ha orecchi per udire oda!».* Da notare che il Signore narra, racconta la famosa parabola del seminatore proprio ad una folla che era accorsa a lui per ascoltarlo. È una parabola questa, infatti, che è strettamente collegata alla salvezza. Se si va al Signore solo per curiosità o per uno sterile interesse, non vi potrà mai essere salvezza. Ciò che conta è la natura del cuore, se esso è come un *terreno fertile* da cui il seme del Vangelo può crescere. Se si accorre al Signore ma il proprio cuore è come un *terreno pietroso, roccioso, pieno di spine*, il seme non potrà crescere. Perciò è certamente positivo che le folle accorrevano da Giovanni Battista, ma la parte importante è dare ascolto al messaggio che ha da annunziare.

Per quanto concerne il figlio di Dio. Mi piace molto il testo di Ca 1:4 > Cantico 1:4 *Attirami a te! Noi ti correremo dietro! Il re mi ha condotta nei suoi appartamenti; noi gioiremo, ci rallegreremo a motivo di te; noi celebreremo le tue carezze più del vino! A ragione sei amato!* Possiamo osservare questo anelito, questo desiderio di correre dietro al re per il fatto che è Lui ad attirare. Correre verso il Signore, ovvero fissare lo sguardo su di Lui ed effettuare la nostra corsa, la nostra *gara* alla quale siamo chiamati, deve risultare il nostro obiettivo. Non vi è spazio per la superficialità. Perciò anche se il contesto di Cantico dei cantici esprime il desiderio d'amore dell'amata verso il suo amato, in senso spirituale possiamo dire al Signore Noi ti correremo dietro, *ovvero* ti seguiremo dovunque andrai. Come disse Pietro «*Signore, da chi andremmo noi? Tu hai parole di vita eterna.*

La folla che accorre da Giovanni, non dimostra solo curiosità o interesse, ma agisce in modo concreto - *ed erano battezzati da lui nel fiume Giordano, confessando i loro peccati -*. Per la prima volta incontriamo il verbo - *baptizo* -, ovvero immergere, sommergere, unitamente alla confessione dei peccati. In greco abbiamo il verbo - *exomologeo* -, che significa tra le altre cose confessare.

Il valore della confessione del peccato è sempre evidenziata in modo forte nella Scrittura.

117

Già in Le 5:5-6 leggiamo > Levitico 5:5 *Quando uno dunque si sarà reso colpevole di una di queste cose, confesserà il peccato che ha commesso;* Levitico 5:6 *porterà al SIGNORE il sacrificio per la colpa, per il peccato che ha commesso. Porterà una femmina del gregge, una pecora o una capra, come sacrificio espiatorio e il sacerdote farà per lui l'espiazione del suo peccato.* Portare un agnello o un montone o qualsiasi altro animale per il sacrificio del peccato, senza la confessione propria dell'iniquità, non aveva assolutamente valore. Prima doveva esserci la confessione del peccato e dopo il sacrificio. Anche oggi tale condizione è assoluta.

Il salmista Davide dirà giustamente > Salmi 32:3 *Finché ho taciuto, le mie ossa si consumavano, tra i lamenti che facevo tutto il giorno.* Salmi 32:4 *Poiché giorno e notte la tua mano si appesantiva su di me, il mio vigore inaridiva come per arsura d'estate. [Pausa]* Salmi 32:5 *Davanti a te ho ammesso il mio peccato, non ho taciuto la mia iniquità. Ho detto: «Confesserò le mie trasgressioni al SIGNORE», e tu hai perdonato l'iniquità del mio peccato. [Pausa].* Questo figlio di Dio non poteva sopportare il peso della sua iniquità. Fino a quando l'aveva taciuta, ovvero non l'aveva confessata, le sue ossa *si consumavano*, piangeva in quanto sentiva che giorno e notte, la mano del Signore era sopra di lui, ma non per benedirlo. Non vi può essere crescita, né comunione con il Signore se il peccato non viene confessato ed abbandonato. Ma quando Davide ammise, confessò la sua colpa, la sua situazione cambiò. Non vi è nulla di più triste per un figlio di Dio, non avere comunione con il Padre Celeste.

Ecco perché Giovanni dichiara > 1Giovanni 1:9 *Se confessiamo i nostri peccati, egli è fedele e giusto da perdonarci i peccati e purificarci da ogni iniquità.* 1Giovanni 1:10 *Se diciamo di non aver peccato, lo facciamo bugiardo, e la sua parola non è in noi.* Il perdono dei nostri peccati è sempre sulla base della nostra confessione. Quando soddisfiamo questa condizione, Dio *che è fedele e giusto* perdona i nostri peccati e ripristina la Sua comunione con noi. Perciò non dimentichiamoci mai di questo solenne comando. Quando nella nostra vita subentra il peccato sono necessarie due cose: confessione ed abbandono del peccato per poter essere perdonati da Lui. Il battesimo di Giovanni è menzionato anche nel resto del NT, ad evidenza del fatto che tale momento era davvero solenne. In At 10:37-39 leggiamo > *Atti 10:37 Voi sapete quello che è avvenuto in tutta la Giudea, incominciando dalla Galilea, dopo il battesimo predicato da Giovanni;* Atti 10:38 *vale a dire, la storia di Gesù di Nazaret; come Dio lo ha unto di Spirito Santo e di potenza; e com'egli è andato dappertutto facendo del bene e guarendo tutti quelli che erano sotto il potere del diavolo, perché Dio era con lui.* Atti 10:39 *E noi siamo testimoni di tutte le cose da lui compiute nel paese dei Giudei e in Gerusalemme; essi lo uccisero, appendendolo a un legno.* Come sottolinea l'apostolo Pietro, il battesimo di Giovanni è il punto di partenza, ma comunque una tappa fondamentale. Infatti, dopo quell'evento vi è la manifestazione del Messia e della Sua opera, la storia di *Gesù di Nazaret,* il quale con potenza e con una piena unzione da parte dello Spirito, andava dappertutto, guarendo in modo sovrannaturale, perché *Dio era con Lui.* Pietro e gli altri erano testimoni dei Suoi detti e delle Sue opere, ma anche della Sua morte cruenta. Inoltre in At 18:24-25 si parla di un personaggio particolare > Atti 18:24 *Ora un ebreo di nome Apollo, oriundo di Alessandria, uomo eloquente e versato nelle Scritture, arrivò a Efeso.* Atti 18:25 *Egli era stato istruito nella via del Signore; ed essendo fervente di spirito, annunziava e insegnava accuratamente le cose relative a Gesù, benché avesse conoscenza soltanto del battesimo di Giovanni.* Apollo era un uomo molto dotato, eloquente e *versato nelle Scritture,* ma questo non era sufficiente. Egli era un uomo istruito certamente, ma la sua conoscenza si fermava al battesimo di Giovanni. Questo indica propriamente due cose. Innanzitutto il battesimo di Giovanni era di grande importanza, in quanto il popolo d'Israele, già con lui, era spronato ad andare al Signore ed a ravvedersi. Ma tutto non poteva fermarsi lì e giustamente Aquila e Priscilla istruiscono ulteriormente Apollo intorno alle *cose relative di Gesù,* Colui che doveva venire dopo il Battista.

## Mt 3:1-12 L'accusa coraggiosa di Giovanni contro i farisei ed i sadducei

*Ma vedendo molti farisei e sadducei venire al suo battesimo, disse loro: «Razza di vipere, chi vi ha insegnato a sfuggire l'ira futura? Fate dunque dei frutti degni del ravvedimento. Non pensate di dire dentro di voi: Abbiamo per padre Abraamo; perché io vi dico che da queste pietre Dio può far sorgere dei figli ad Abraamo. Ormai la scure è posta alla radice degli alberi; ogni albero dunque che non fa buon frutto, viene tagliato e gettato nel fuoco. Io vi battezzo con acqua, in vista del ravvedimento; ma colui che viene dopo di me è più forte di me, e io non sono degno di portargli i calzari; egli vi battezzerà con lo Spirito Santo e con il fuoco. Egli ha il suo ventilabro in mano, ripulirà interamente la sua aia e raccoglierà il suo grano nel granaio, ma brucerà la pula con fuoco inestinguibile»* - > Mt 3:7-12.

In queste parole possiamo notare un tratto distintivo del carattere di Giovanni. Come si suole dire non andava giù per il sottile. Egli Infatti, definisce senza timore i farisei ed i sadducei - *razza di vipere* - e con tale definizione, Giovanni non faceva altro che mostrare la malvagità del loro cuore.

La metafora del serpente è ricorrente nella Scrittura > *Liberami, SIGNORE, dall'uomo malvagio; proteggimi dall'uomo violento, Salmi 140:2 da tutti quelli che tramano malvagità nel loro cuore e sono sempre pronti a far la guerra.* Salmi 140:3 *Aguzzano la loro lingua come il serpente, hanno un veleno di vipera sotto le loro labbra. [Pausa].* Il salmista, nel parlare proprio dell'empio, del malvagio, del violento si sofferma nel parlare della sua lingua, la quale è come quella biforcuta del serpente, velenosa e mortale. Tale terribile caratteristica è in linea con ciò che essi hanno nel cuore, ovvero desiderio di fare il male e sempre pronti a fare la guerra. Perciò il salmista chiede l'intervento del Signore. Dobbiamo sempre renderci conto che coloro che non hanno il Signore si trovano in questo stato di completa alienazione da Dio e che quando la coscienza è calpestata, ecco che i pensieri più turpi e violenti possono diventare azione.

Questa particolare espressione la usa anche il Signore Gesù, senza problemi > Matteo 12:33 *O fate l'albero buono e buono pure il suo frutto, o fate l'albero cattivo e cattivo pure il suo frutto; perché dal frutto si conosce l'albero.* Matteo 12:34 *Razza di vipere, come potete dir cose buone, essendo malvagi? Poiché dall'abbondanza del cuore la bocca parla.* Interessante notare che questo epiteto è rivolto a colui che vive una vita doppia, ipocrita e di inganno. Non si possono dire cose realmente buone, quando si è malvagi nel cuore, in quanto l'albero buono produce frutti buoni e quello malvagio, frutti malvagi. Ecco chi erano nella grande maggioranza gli scribi ed i farisei. Così è colui che vive una vita doppia, ipocrita ed ingannevole.

In Mt 23:29-33 è scritto solennemente > Matteo 23:29 *Guai a voi, scribi e farisei ipocriti, perché costruite i sepolcri ai profeti e adornate le tombe dei giusti* Matteo 23:30 *e dite: Se fossimo vissuti ai tempi dei nostri padri, non saremmo stati loro complici nello spargere il sangue dei profeti!* Matteo 23:31 *In tal modo voi testimoniate contro voi stessi, di essere figli di coloro che uccisero i profeti.* Matteo 23:32 *E colmate pure la misura dei vostri padri!* Matteo 23:33 *Serpenti, razza di vipere, come scamperete al giudizio della geenna?* Il Signore ancora usa quest'espressione così eloquente, ma nello stesso tempo giusta. Le vipere, i serpenti dal punto di vista spirituale non potranno assolutamente salvarsi dal giudizio di Dio, in quanto hanno rifiutato il Cristo di Dio. Infatti, nel contesto specifico relativo ai farisei, essi erano in realtà *figli di coloro che avevano uccisi i profeti* e loro stessi si resero colpevoli di aver ucciso il Profeta per eccellenza, proprio il Signore Gesù. Essi non Lo riconobbero quale Figlio di Dio. Eppure nella loro ipocrisia dicevano *Se fossimo vissuti ai tempi dei nostri padri, non saremmo stati loro complici nello spargere il sangue dei profeti!* Quale ipocrisia! Ecco perché il Signore li definisce *razza di vipere.* Essi apparivano belli esteriormente, ma dentro cullavano malvagità ed inganno.

Perciò Giovanni rivolge un solenne interrogativo - *chi vi ha insegnato a sfuggire all'ira futura?* -. In greco suona così - *tis hupedeixen humin fugein apo tes mellouses orges?* -, in cui il verbo - *hupodeiknumi* - indica l'atto di mostrare, di provare e poi il sostantivo - *orge* - che indica proprio l'ira. In realtà, chi può realmente sfuggire all'ira di Dio? Vi è qualche empio che ha questo potere? Assolutamente nessuno.

In Es 34:5-7 è scritto > Esodo 34:5 *Il SIGNORE discese nella nuvola, si fermò con lui e proclamò il nome del SIGNORE.* Esodo 34:6 *Il SIGNORE passò davanti a lui, e gridò: «Il SIGNORE! il SIGNORE! il Dio misericordioso e pietoso, lento all'ira, ricco in bontà e fedeltà,* Esodo 34:7 *che conserva la sua bontà fino alla millesima generazione, che perdona l'iniquità, la trasgressione e il peccato ma non terrà il colpevole per innocente; che punisce l'iniquità dei padri sopra i figli e sopra i figli dei figli, fino alla terza e alla quarta generazione!».* Dobbiamo sempre ricordare che il Dio che noi adoriamo è Colui che è lento all'ira ed è grande in bontà. Egli conserva la Sua bontà, il Suo amore ed il testo evidenzia una fortissima contrapposizione tra la *millesima generazione* che gode della Sua misericordia e la *terza e quarta generazione* che subisce la Sua ira. Ma nonostante tale sublime caratteristica, il Signore non potrà mai tenere il colpevole per innocente. Colui che non si pente, che non si ravvede dei suoi peccati, incontrerò l'ira di Dio. Questa fu la particolare rivelazione che Dio diede in questa circostanza, ma è una rivelazione che scorre in tutta la Scrittura.

Anche Paolo dirà > Colossesi 3:5 *Fate dunque morire ciò che in voi è terreno: fornicazione, impurità, passioni, desideri cattivi e cupidigia, che è idolatria.* Colossesi 3:6 *Per queste cose viene l'ira di Dio [sui figli ribelli].* Colossesi 3:7 *E così camminaste un tempo anche voi, quando vivevate in esse.* L'ira di Dio si rivela e si manifesta sui *figli ribelli.* Loro sono i destinatari specifici dell'ira di Dio ovvero di coloro che non solamente camminano nella schiavitù del loro peccato, ma che non hanno il desiderio di ravvedersi e di accogliere la salvezza di Dio. Come figli di Dio, per contro, siamo chiamati a *far morire,* proprio quei comportamenti che caratterizzano gli empi come *fornicazione, impurità, passioni, desideri cattivi,* per poter vivere come *luce del mondo,* in mezzo a coloro che sono schiavi del peccato.

Anche in 1 Te 1:9-10 è scritto > 1Tessalonicesi 1:9 *perché essi stessi raccontano quale sia stata la nostra venuta fra voi, e come vi siete convertiti dagl'idoli a Dio per servire il Dio vivente e vero,* 1Tessalonicesi 1:10 *e per aspettare dai cieli il Figlio suo che egli ha risuscitato dai morti; cioè, Gesù che ci libera dall'ira imminente.* Anche se il Signore è lento all'ira, Egli manifesta e manifesterà la Sua ira verso il mondo incredulo. Questo fa parte appunto di quella - *ira futura* - che purtroppo caratterizzerà il mondo alla fine dei tempi. Per non parlare dell'ira che sarà manifestata al momento del gran trono bianco (Ap 20). Ma per il figlio di Dio, per colui che è stato giustificato da Dio per fede, non vi è più questo pericolo. Infatti, il cristiano che è passato *dagl'idoli a Dio,* attende ed aspetta il ritorno del Signore Gesù per portarlo nella gloria, laddove non ci sarà più sofferenza, né dolore.

Perciò ecco la soluzione proposta da Giovanni - *Fate frutti degni di ravvedimento* -. In greco abbiamo il sostantivo - *karpos* -, ovvero il frutto. Come abbiamo sottolineato prima, ravvedersi non deve essere solo un atto mentale e teorico, ma soprattutto del cuore. Tale ravvedimento viene manifestato attraverso delle precise azioni, dei frutti appunto di ravvedimento.

Paolo dirà al re Agrippa, le seguenti parole > Atti 26:19 *Perciò, o re Agrippa, io non sono stato disubbidiente alla visione celeste;* Atti 26:20 *ma, prima a quelli di Damasco, poi a Gerusalemme e per tutto il paese della Giudea e fra le nazioni, ho predicato che si ravvedano e si convertano a Dio, facendo opere degne del ravvedimento.* La predicazione evangelistica di Paolo voleva cogliere un preciso punto fondamentale: la necessità di *fare opere degne di ravvedimento.* Con questo non si vuole assolutamente insegnare la salvezza per opere, ma il principio secondo il quale, colui che si è ravveduto del suo peccato, manifesta con il suo comportamento che un miracolo divino è avvenuto nella sua vita. Paolo a Damasco, a Gerusalemme insegnava questo principio e questa fu la dimostrazione lampante che Paolo fu fedele ed ubbidiente al mandato del Signore.

In noi non vi sono meriti, in quanto come è scritto in Ro 2:4-5 > Romani 2:4 *Oppure disprezzi le ricchezze della sua bontà, della sua pazienza e della sua costanza, non riconoscendo che la bontà di Dio ti spinge al ravvedimento?* Romani 2:5 *Tu, invece, con la tua ostinazione e con l'impenitenza del tuo cuore, ti accumuli un tesoro d'ira per il giorno dell'ira e della rivelazione del giusto giudizio di Dio.* Ciò che ci spinge al ravvedimento è la bontà di Dio, il Suo amore. Se non fosse per l'iniziativa di Dio saremmo davvero tutti perduti. Ecco perché il *disprezzare le Sue ricchezze,* risulta essere un atto non solo di ingratitudine, ma di condanna, in quanto con l'ostinatezza e la durezza del cuore, ci si accumula *un tesoro d'ira* e non certo si riceve la salvezza di Dio. Non bisogna essere duri o ostili alla chiamata del Signore.

In Lu 19:5-10, abbiamo un esempio pratico > Luca 19:5 *Quando Gesù giunse in quel luogo, alzati gli occhi, gli disse: «Zaccheo, scendi, presto, perché oggi debbo fermarmi a casa tua».* Luca 19:6 *Egli si affrettò a scendere e lo accolse con gioia.* Luca 19:7 *Veduto questo, tutti mormoravano, dicendo: «È andato ad alloggiare in casa di un peccatore!»* Luca 19:8 *Ma Zaccheo si fece avanti e disse al Signore: «Ecco, Signore, io do la metà dei miei beni ai poveri; se ho frodato qualcuno di qualcosa gli rendo il quadruplo».* Luca 19:9 *Gesù gli disse: «Oggi la salvezza è entrata in questa casa, poiché anche questo è figlio d'Abraamo;* Luca 19:10 *perché il Figlio dell'uomo è venuto per cercare e salvare ciò che era perduto».* Abbiamo notato? Zaccheo dimostrò con un'azione decisa che nella sua vita era avvenuto qualcosa di straordinario. Egli si era convertito, aveva accolto il Messia, dimostrando in tal modo di essere veramente *un figlio d'Abraamo.* Ma in che modo dimostrò la sua conversione? Egli era disposto a restituire quattro volte tanto ciò che aveva frodato ed inoltre, era disposto a dare la metà dei suoi beni ai poveri. Non erano parole di un uomo che voleva farsi vedere, che voleva il plauso dell'uomo, ma di una persona che aveva capito ed accolto la salvezza che Gesù offriva. Ecco perché il Signore Gesù afferma *Oggi la salvezza è entrata in questa casa.*

Così dovevano anche fare gli scribi ed i farisei.

Perciò Giovanni va ancora più in profondità con il suo ragionamento - *Non pensate di dire dentro di voi: Abbiamo per padre Abraamo; perché io vi dico che da queste pietre Dio può far sorgere dei figli ad Abraamo* -. In altre parole non si poteva pensare di chiamare Abraamo, proprio padre, quando non si era caratterizzati della sua fede.

In Is 51:1-2 leggiamo > Isaia 51:*1 «Ascoltatemi, voi che perseguite la giustizia, che cercate il SIGNORE! Considerate la roccia da cui foste tagliati, la buca della cava da cui foste cavati.* Isaia 51:2 *Considerate Abraamo vostro padre e Sara che vi partorì; poiché lo chiamai, quand'egli era solo, lo benedissi e lo moltiplicai.* In questo testo Abraamo viene chiaramente definito *padre* di quegli ebrei a cui era indirizzato il messaggio. Si parla sia di Abraamo che di Sara, la madre di Israele. Il Signore vuole evidenziare le benedizioni che il Signore rivolse ad Abraamo che poi si sarebbero estese alla discendenza della promessa. Ma è interessante osservare i destinatari specifici di queste parole, ovvero quegli ebrei che *perseguivano la giustizia e che cercavano il Signore,* Quindi non tutti gli ebrei, ma israeliti che desideravano compiere la volontà del Signore.

In Lu 16:22-26 leggiamo le famose parole del ricco che si trovava nei tormenti dell'Ades > Luca 16:22 *Avvenne che il povero morì e fu portato dagli angeli nel seno di Abraamo; morì anche il ricco, e fu sepolto.* Luca 16:23 *E nell'Ades, essendo nei tormenti, alzò gli occhi e vide da lontano Abraamo, e Lazzaro nel suo seno;* Luca 16:24 *ed esclamò: Padre Abraamo, abbi pietà di me, e manda Lazzaro a intingere la punta del dito nell'acqua per rinfrescarmi la lingua, perché sono tormentato in questa fiamma.* Luca 16:25 *Ma Abraamo disse: Figlio, ricordati che tu nella tua vita hai ricevuto i tuoi beni e che Lazzaro similmente ricevette i mali; ma ora qui egli è consolato, e tu sei tormentato.* Luca 16:26 *Oltre a tutto questo, fra noi e voi è posta una grande voragine, perché quelli che vorrebbero passare di qui a voi non possano, né di là si passi da noi.*

Ricco chiama Abraamo proprio *padre,* ma tale appellativo non gli porta alcun beneficio. Infatti, alla richiesta di mandare Lazzaro, il povero che era stato scartato ed emarginato in vita, verso di lui per intingere la punta del dito nell'acqua per rinfrescargli la lingua, Abraamo risponde in modo solenne *Figlio, ricordati che tu nella tua vita hai ricevuto i tuoi beni e che Lazzaro similmente ricevette i mali; ma ora qui egli è consolato, e tu sei tormentato.* Abraamo lo chiama *figlio,* ma evidentemente solo in senso anagrafico, in quanto il ricco era privo di qualunque fede nel Signore. Una *grande voragine* vi era tra il ricco ed Abraamo e Lazzaro che non poteva essere colmata.

Perciò è importante ricordare ciò che afferma Paolo in Ro 4:16-17 > Romani 4:16 *Perciò l'eredità è per fede, affinché sia per grazia; in modo che la promessa sia sicura per tutta la discendenza; non soltanto per quella che è sotto la legge, ma anche per quella che discende dalla fede d'Abraamo. Egli è padre di noi tutti* Romani 4:17 *(com'è scritto: «Io ti ho costituito padre di molte nazioni») davanti a colui nel quale credette, Dio, che fa rivivere i morti, e chiama all'esistenza le cose che non sono.* Abraamo è *padre di noi tutti,* sia dei circoncisi, sia degli incirconcisi, in virtù proprio di quella fede che dimostrò, credendo in Dio, Colui che è capace di far *rivivere i morti.* Perciò tale paternità è direttamente connessa alla fede che quest'uomo mostrò nel Signore. Perciò è inutile dire - *Abbiamo per padre Abraamo -,* quando non si è caratterizzati di quella fede per mezzo della quale *il giusto vivrà* (Ab 2:4). In tale paternità si adempie appunto quella benedizione straordinaria contenuta in Ge 17, ovvero che Abraamo divenne *padre di una moltitudine di nazioni.* In senso spirituale è veramente così. Perciò è molto più padre Abraamo verso quel gentile che crede nel Signore, che ha fede, piuttosto che ad un ebreo che non ha per niente fede nel Dio della Bibbia.

Ma l'accusa di Giovanni non si ferma qui. Egli utilizza l'immagine dell'albero e dichiara.

Ormai la scure è posta alla radice degli alberi; ogni albero dunque che non fa buon frutto, viene tagliato e gettato nel fuoco -. Questo è il destino di ogni albero che non produce frutto. L'albero, nella Scrittura, in senso spirituale identifica proprio l'uomo, sia in senso positivo che negativo.

Interessante ciò che è scritto in Ge 1:29 > *Genesi 1:29 Dio disse: «Ecco, io vi do ogni erba che fa seme sulla superficie di tutta la terra, e ogni albero fruttifero che fa seme; questo vi servirà di nutrimento.* Nel sottolineare il dominio incontrastato dell'uomo sulla creazione, il Signore evidenzia che ogni albero che si trovava nel giardino dell'Eden era *fruttifero*, ovvero non si poteva trovare nel paradiso una pianta infruttuosa o secca. La sua caratteristica principale era quella di portare frutto.

Perciò. Usando un linguaggio spirituale. Il salmista afferma > *Salmi 1:1 Beato l'uomo che non cammina secondo il consiglio degli empi, che non si ferma nella via dei peccatori; né si siede in compagnia degli schernitori;* Salmi 1:2 *ma il cui diletto è nella legge del SIGNORE, e su quella legge medita giorno e notte.* Salmi 1:3 *Egli sarà come un albero piantato vicino a ruscelli, il quale dà il suo frutto nella sua stagione, e il cui fogliame non appassisce; e tutto quello che fa, prospererà.* Quanto è prezioso osservare che già nel primo salmo troviamo un tratto distintivo del giusto. Egli è come un albero piantato vicino a rivi d'acqua, un albero che produce sempre frutto, che rimane sempreverde ed in tutto ciò che fa o opera prospera. Il giusto lo si vede proprio dalla sua condotta, dalle sue azioni che sono volte a non aver nulla a che fare con il male. Egli è determinato nel non *sedersi con gli schernitori...seguire il consiglio degli empi* e che non si sofferma sulla via del peccato. Egli è pronto a dire no al peccato ed all'iniquità, in quanto ormai egli segue la via della giustizia. Perciò la sua vita non potrà che essere fruttuosa, abbondante ed anche quando giungeranno le difficoltà, egli sarà sempre come un *albero ben piantato*.

Anche in Pr 11:30-31 leggiamo > Proverbi 11:30 *Il frutto del giusto è un albero di vita, e il saggio attira a sé le persone.* Proverbi 11:31 *Ecco, il giusto riceve la sua retribuzione sulla terra, quanto più l'empio e il peccatore!* È molto bella anche questa particolare descrizione. Il *frutto del giusto* è descritto come un albero di vita, dal quale traspare saggezza e vita. Un giusto saggio che porta frutto nella sua esistenza terrena non può far altro che *attirare a sé le persone*. Anche l'empio più incallito non potrà non notare quella differenza esistente tra un giusto fedele al Signore e l'empio. Perciò il giusto riceve la sua giusta *retribuzione* da parte del Signore, straordinaria. Ma attenzione anche l'empio la riceve e purtroppo è una retribuzione di condanna.

In Gr 17:7-8 leggiamo > Geremia 17:7 *Benedetto l'uomo che confida nel SIGNORE, e la cui fiducia è il SIGNORE!* Geremia

17:8 *Egli è come un albero piantato vicino all'acqua, che distende le sue radici lungo il fiume; non si accorge quando viene la calura e il suo fogliame rimane verde; nell'anno della siccità non è in affanno e non cessa di portar frutto».* Sono queste parole simili a quelle del salmo 1. L'uomo che confida nel Signore, che ha fiducia in Lui, una fede salda è come un albero piantato vicino a ruscelli d'acqua, con radici lunghe, robuste che gli permettono di rimanere forte anche *quando viene la calura,* ovvero la difficoltà. Anche quando viene la siccità, per questo albero non è un problema. Un figlio di Dio fedele al Signore è riscontrabile proprio quando lo si vede in azione quando giunge la prova e la difficoltà. Ma il segreto rimane sempre *confidare nel Signore.*

Ma l'albero che non produce frutto viene inesorabilmente - *tagliato e gettato nel fuoco* -. Nel greco abbiamo il verbo - *ekkopto* - che significa tagliare, unitamente al verbo - *ballo* - che indica il gettare via. Sono espressioni molto forti e significative.

In Ap 20:10. 15 è scritto > Apocalisse 20:10 *E il diavolo che le aveva sedotte fu gettato nello stagno di fuoco e di zolfo, dove sono anche la bestia e il falso profeta; e saranno tormentati giorno e notte, nei secoli dei secoli...* Apocalisse 20:15 *E se qualcuno non fu trovato scritto nel libro della vita, fu gettato nello stagno di fuoco.* L'espressione gettare nel fuoco e direttamente connessa al triste destino a cui andranno incontro sia Satana, sia tutti coloro che l'avranno voluto seguire. Il diavolo, che ha sedotto le nazioni, che ha tentato l'uomo a più riprese, ma che soprattutto si è ribellato a Dio, sarà *gettato nel fuoco,* insieme a coloro che risulteranno essere i protagonisti del periodo della grande tribolazione: la bestia ed il falso profeta. Ma anche tutti coloro *i cui nomi non sono scritti nel libro della vita,* avranno lo stesso destino. Come un albero infruttuoso, secco, morto, verranno *gettati nel fuoco.*

Perciò Giovanni, proseguendo, parla con umiltà asserendo - *Io vi battezzo con acqua, in vista del ravvedimento; ma colui che viene dopo di me è più forte di me* -, Nel greco suona così - *ego men humas baptizó en hudati eis metanoian; ho de opisó mou erchomenos ischuroteros mou estin* -. Da sottolineare l'aggettivo - *ischuros* - che indica l'essere forte, potente. Ovviamente si riferisce al Messia. Giovanni, pur con il suo ministero e la sua fedeltà a Dio non osa nemmeno paragonarsi al Re dei re. Egli è - *forte, potente* -.

In De 10:16-17 è scritto > Deuteronomio 10:16 *Circoncidete dunque il vostro cuore e non indurite più il vostro collo;*

Deuteronomio 10:17 *poiché il SIGNORE, il vostro Dio, è il Dio degli dèi, il Signore dei signori, il Dio grande, forte e tremendo, che non ha riguardi personali e non accetta regali.* Il Signore, YHWH degli eserciti, è definito Colui che è *grande, forte, tremendo* che non ha riguardi personali ed il cui giudizio non può essere assolutamente corrotto. Ecco perché l'esortazione assolutamente vincolante è quella di *circoncidere il proprio cuore* e di non essere più duri ed ostinati. Tale esortazione vale per Israele, ma anche per noi, sapendo che il Dio che noi adoriamo è Colui che è grande in forza, sovrano e perfettamente giusto.

Il salmista dirà > Salmi 24:8 *Chi è questo Re di gloria? E il SIGNORE, forte e potente, il SIGNORE potente in battaglia.* Il Re di gloria, il Re possente, è il Signore degli eserciti, il Quale è forte e potente in battaglia. La forza a cui alludeva Giovanni, nel parlare del Signore Gesù, non indicava una forza fisica, ma l'autorità indiscussa che il Signore Gesù ricopre nei confronti di chiunque altro. Il Signore Gesù è il *Signore forte e potente,* l'Onnipotente.

Giovanni aggiunge altresì - *e io non sono degno di portargli i calzari* -. I calzari ricoprivano proprio i piedi, la parte più umile dell'essere umano.

Nel brano parallelo di Mr 1:7 è scritto > Marco 1:7 *E predicava, dicendo: «Dopo di me viene colui che è più forte di me; al quale io non sono degno di chinarmi a sciogliere il legaccio dei calzari.* In questo testo abbiamo anche un dettaglio in più. Giovanni non solo non si reputava degno di portare i calzari, ma anche di sciogliere i legacci dei suoi calzari. Egli non si reputava degno nemmeno di *chinarsi* al Suo cospetto. Questo la dice lunga sul carattere di Giovanni: impetuoso quando doveva denunciare il peccato, ma umile nei confronti di Colui al quale va ogni lode ed adorazione.

Anche in At 13:25 vengono ricordate queste parole > Atti 13:25 *E quando Giovanni stava per concludere la sua missione disse: Che cosa pensate voi che io sia? Io non sono il Messia; ma ecco, dopo di me viene uno, al quale io non son degno di slacciare i calzari.* Paolo menziona ad un certo punto proprio queste parole del Battista, proprio per evidenziare l'importanza del Messia. Non solo Giovanni ammise di non essere il Messia, ma di non essere nemmeno degno di *slacciare i suoi calzari.* Quest'esempio doveva parlare agli ebrei che stavano ascoltando, affinché riconoscessero che Colui che era andato sulla croce era ed è nientemeno che il Messia risuscitato e glorioso. Perciò con queste sue parole,

Giovanni Battista stava presentando anzitempo al popolo, Colui che essi avrebbero dovuto seguire ed adorare. Ma eccettuato un piccolo gruppo di persone, non fu così.

Ma Giovanni mette in evidenza l'enorme differenza esistente tra lui ed il Messia, anche per la natura del battesimo che Lui effettuerà - *egli vi battezzerà con lo Spirito Santo* -. Giovanni non poteva compiere questo tipo di battesimo. Erroneamente si parla di Battesimo DELLO Spirito Santo, ma dobbiamo sempre tenere presente che in realtà è il Signore Gesù che battezza con il Suo Spirito.

In At 1:4-5 leggiamo > Atti 1:4 *Trovandosi con essi, ordinò loro di non allontanarsi da Gerusalemme, ma di attendere l'attuazione della promessa del Padre, «la quale», egli disse, «avete udita da me. Atti 1:5 Perché Giovanni battezzò sì con acqua, ma voi sarete battezzati in Spirito Santo fra non molti giorni».* Prima di ascendere al cielo il Signore Gesù volle proprio ricordare questo straordinario evento che avrebbe segnato la Chiesa di tutti i tempi. I discepoli, i 120 dell'alto solaio come tutti coloro che avrebbero creduto nel Signore Gesù, sarebbero stati *battezzati in Spirito Santo*. Essi doveva pazientemente attendere la *promessa del Padre*, ovvero che lo Spirito Santo sarebbe stato sparso su tutti coloro che si sarebbero ravveduti e convertiti a Lui.

L'attuazione l'abbiamo in At 2:1-4 > Atti 2:*1 Quando il giorno della Pentecoste giunse, tutti erano insieme nello stesso luogo. Atti 2:2 Improvvisamente si fece dal cielo un suono come di vento impetuoso che soffia, e riempì tutta la casa dov'essi erano seduti. Atti 2:3 Apparvero loro delle lingue come di fuoco che si dividevano e se ne posò una su ciascuno di loro. Atti 2:4 Tutti furono riempiti di Spirito Santo e cominciarono a parlare in altre lingue, come lo Spirito dava loro di esprimersi.* Quando giunse il giorno di Pentecoste, i 120 che era radunati nell'alto solaio, videro come delle *lingue di fuoco* e se ne posò una su ciascuno di loro. Questo era il segno che lo Spirito venne dato a tutti quei 120 credenti, senza distinzione. La conseguenza fu la pienezza dello Spirito, la quale venne manifestata con il parlare in lingue.

Senza scendere ora in disquisizioni dottrinali su questo argomento, è fondamentale osservare ciò che dirà Paolo alla chiesa di Corinto > 1Corinzi 12:12 *Poiché, come il corpo è uno e ha molte membra, e tutte le membra del corpo, benché siano molte, formano un solo corpo, così è anche di Cristo.* 1Corinzi 12:13 *Infatti, noi tutti siamo stati battezzati in un unico Spirito per formare un unico corpo, Giudei e Greci, schiavi e liberi; e tutti siamo stati abbeverati di un solo Spirito.* Il battesimo con o nello Spirito Santo, non è un'esperienza che solo un'elite di cristiani può realizzare, come alcuni insegnano, ma è la realtà comune che ogni figlio di Dio ha sperimentato dal momento in cui si è convertito a Cristo. Notiamo Infatti, che Paolo parla di *tutti noi,* non solo lui ed i suoi collaboratori, non solo i corinzi, ma tutti coloro che fanno parte della famiglia di Dio sono stati battezzati *in un unico Spirito* per formare un unico corpo, il corpo di Cristo, la Chiesa del Signore Gesù. Paradossalmente seguendo l'insegnamento secondo il quale non tutti sono battezzati nello Spirito, in quanto risulta essere *una seconda esperienza successiva alla salvezza,* coloro che non hanno sperimentato tale realtà, anche se hanno creduto, non fanno parte della Chiesa del Signore. Ciò è assurdo chiaramente.

Ma attenzione, Giovanni dichiara anche che il Signore Gesù battezzerà - *con il fuoco* -. Con tale espressione non si vuole intendere ancora il battesimo nello Spirito, anche se il fuoco, nella Scrittura, è un simbolo di Lui. Stando al versetto successivo che parla dell'ira e del giudizio, bisogna intendere questo fuoco, come simbolo di giudizio.

*Ciò è chiaramente attestato nella Scrittura* > Ezechiele 22:29 Il popolo del paese si dà alla violenza, commette rapine, calpesta l'afflitto e il povero, opprime lo straniero, contro ogni giustizia. Ezechiele 22:30 Io ho cercato fra loro qualcuno che riparasse il muro e stesse sulla breccia davanti a me in favore del paese, perché io non lo distruggessi; ma non l'ho trovato. Ezechiele 22:31 Perciò, io riverserò su di loro il mio sdegno; io li consumerò con il fuoco della mia ira e farò ricadere sul loro capo la loro condotta, dice DIO, il Signore». *Come leggiamo in questo brano che è chiaramente di giudizio verso un Israele corrotto e ribelle e verso una Gerusalemme piena di violenza e di sangue, il Signore decreta una precisa sentenza io li consumerò con il fuoco della mia ira.* In altre parole essi avrebbero sperimentato le conseguenze della loro malvagità e peccato. Non si può Infatti, agire in modo perseverante disonorando il Signore, ricoprendo una nazione e la propria vita di rapina, violenza, oppressione verso i miseri e pensare che il Signore rimarrà indifferenti di fronte a tutto questo. Il Signore può anche - *battezzare nel fuoco* -, ovvero immergere l'empio nel Suo giudizio, in senso spirituale.

Ricordiamo ciò che attesta l'autore della lettera agli Ebrei > *Ebrei 12:29 Perché il nostro Dio è anche un fuoco consumante.* Il fuoco consumante è un simbolo, un paragone, una rivelazione del Signore stesso e della Sua stessa ira.

Infatti, Giovanni spiega molto bene quest'espressione - *Egli ha il suo ventilabro in mano, ripulirà interamente la sua aia e raccoglierà il suo grano nel granaio, ma brucerà la pula con fuoco inestinguibile»* -. In greco abbiamo il sostantivo - *ptuon* - che indica proprio il vaglio, il ventilabro usato per separare il grano dalla pula.

In Gr 15:6-7 è scritto > *Geremia 15:6 Tu mi hai respinto», dice il SIGNORE; «ti sei tirata indietro; perciò io stendo la mano contro di te e ti distruggo; sono stanco di pentirmi. Geremia 15:7 Io ti ventilerò con il ventilabro alle porte del paese, priverò di figli il mio popolo, e lo farò perire, poiché non si convertì dalle sue vie.* Anche in questo caso ci troviamo chiaramente di fronte ad un messaggio di giudizio. Il Signore decreta di ventilare con il Suo ventilabro il Suo popolo, privandolo di figli, in quanto non vi è stato né ravvedimento, né conversione dalla propria malvagità. Questa è la condizione Infatti, per ricevere il perdono di Dio.

Da notare cosa dice il salmista > *Salmi 1:4 Non così gli empi; anzi son come pula che il vento disperde. Salmi 1:5 Perciò gli empi non reggeranno davanti al giudizio, né i peccatori nell'assemblea dei giusti.* La pula è chiaramente un'immagine dell'empio che non può resistere al fuoco del giudizio di Dio. Infatti, gli empi non potranno reggere di fronte al Suo giudizio, in quanto sono come la pula dispersa nel vento.

Anche in Os 13:2-3 leggiamo > *Osea 13:2 Ora continuano a peccare, si fanno con il loro argento delle immagini fuse, idoli di loro invenzione, che sono tutti opera d'artefici. Di loro si dice: «Scannano uomini, baciano vitelli!» Osea 13:3 Perciò saranno come la nuvola del mattino, come la rugiada del mattino, che presto scompare, come la pula che il vento porta via dall'aia, come il fumo che esce dalla finestra.* I destinatari di queste parole che fanno parte ancora di un Israele ribelle ed iniquo saranno come *la pula che il vento porta via dall'aia*. Ovvero essi passeranno in un istante, anche se l'uomo pensa nella sua illusione orgogliosa di essere forte e potente. Per questo Israele non potrebbe essere altrimenti visto che *continuano a peccare,* camminando nell'idolatria più sfrenata, ed addirittura adorando idoli *di loro invenzione*, ovvero che si erano costruiti apposta. Una situazione assolutamente deplorevole che non poteva essere tollerata. Ma così sono tutti gli empi. Essi, come la pula, non possono reggere dinanzi a Dio.

Infine Giovanni parla di - *fuoco inestinguibile* -, ovvero che non si spegne mai. Nel greco abbiamo l'aggettivo - *asbestos* - ovvero inestinguibile.

In Mr 9:43-44 è Infatti, scritto > Marco 9:43 *Se la tua mano ti fa cadere in peccato, tagliala; meglio è per te entrare monco nella vita, che avere due mani e andartene nella geenna, nel fuoco inestinguibile [,* Marco 9:44 *dove il verme loro non muore e il fuoco non si spegne].* In questo testo dove si parla della geenna (vedremo questo dettaglio più avanti), si parla di un fuoco che non si spegne, il quale parla chiaramente di tormento eterno. Il Signore Gesù, utilizzando ovviamente un linguaggio figurato, esorta a gettare via dalla propria vita, ad abbandonare ciò che porta al peccato. È molto preferibile questo anziché essere tormentati in un *fuoco inestinguibile*. Questo sarà il giudizio che gli empi dovranno subire.

# Matteo 3:13-17 > Il battesimo del Signore Gesù

Mt 3:13-17 > *L'opposizione di Giovanni al battesimo del Signore Gesù* > - *Allora Gesù dalla Galilea si recò al Giordano da Giovanni per essere da lui battezzato. Ma questi vi si opponeva dicendo: «Sono io che ho bisogno di essere battezzato da te, e tu vieni da me?»* - > Mt 3:13-14.

In quest'ultima parte riguardante il cap.3 del Vangelo di Matteo, si parla del battesimo del Signore Gesù. Egli - *si recò al Giordano da Giovanni per essere battezzato* -. Il Giordano nella Scrittura è molto spesso menzionato quale luogo di eventi molto importanti.

In Gs 1:1-3 è scritto > Giosuè 1:1 *Dopo la morte di Mosè, servo del SIGNORE, il SIGNORE parlò a Giosuè, figlio di Nun, servo di Mosè, e gli disse:* Giosuè 1:2 *«Mosè, mio servo, è morto. Alzati dunque, attraversa questo Giordano, tu con tutto questo popolo, per entrare nel paese che io do ai figli d'Israele.* Giosuè 1:3 *Ogni luogo che la pianta del vostro piede calcherà, io ve lo do, come ho detto a Mosè.* Il Giordano segnava proprio la linea di demarcazione tra il deserto e la terra di Canaan. Giosuè doveva condurre il popolo al di là del Giordano e conquistare man mano quella terra che il Signore aveva promesso ai patriarchi. Tutto ciò che il suo piede avrebbe calcato, sarebbe stato di Israele. Una nota molto bella: Mosè è chiamato *servo del Signore* e possiamo certamente dire che la sua vita ha dimostrato un servizio dedito e zelante per il Signore.

Un altro evento importante è descritto in 2 Re 5:13-14 > 2Re 5:13 *Ma i suoi servitori si avvicinarono a lui e gli dissero: «Padre mio, se il profeta ti avesse ordinato una cosa difficile, tu non l'avresti fatta? Quanto più ora che egli ti ha detto: Làvati, e sarai guarito?»* 2Re 5:14 *Allora egli scese e si tuffò sette volte nel Giordano, secondo la parola dell'uomo di Dio; e la sua carne tornò come la carne di un bambino; egli era guarito.* In questo caso il Giordano è un protagonista diretto. Abbiamo un pagano che era lebbroso di nome Naaman e per ordine di Eliseo egli dovette tuffarsi sette volte nel Giordano affinché la lebbra sparisse. Un gesto assolutamente inconsulto e paradossale da un punto di vista umano. Ma questo pagano credette e venne immediatamente guarito. I suoi servi Infatti, gli ricordarono che egli era disposto anche a compiere cose molto più difficili se il profeta Eliseo glielo avesse chiesto. Perciò abbiamo un pagano che si sottomette all'ordine di un profeta di Dio per ricevere beneficio. Questo sono solo due eventi importanti che videro il Giordano come scenario.

Come abbiamo letto, il Signore Gesù si recò al Giordano per essere - *battezzato* -. La spiegazione di un tale atto la dà il Signore Gesù subito dopo l'opposizione di Giovanni, ma è chiaro che non si tratta di un battesimo di ravvedimento, in quanto Egli non doveva ravvedersi di alcun peccato, visto che non commise mai alcun peccato.

Interessante ciò che è scritto in Lu 12:50 > Luca 12:50 *Vi è un battesimo del quale devo essere battezzato; e sono angosciato finché non sia compiuto!* In questo caso non si parla di battesimo in acqua, ma del battesimo della Sua sofferenza ed angoscia. Questo è il battesimo che vide come unico protagonista il Signore Gesù. Egli fu letteralmente immerso in ogni sorta di sofferenza ed angoscia per amore dell'uomo. Infatti, il Signore si sentiva *angosciato* fino a quando tutto non era compiuto. Questo battesimo lo poteva solo svolgere il Signore Gesù.

Giovanni, non comprese subito il motivo per cui il Signore voleva essere battezzato da lui e perciò si oppose. Infatti, il testo dichiara - *Ma questi vi si opponeva...* -. Nel greco abbiamo il verbo - *diakoluo*

- che significa proprio impedire, ostacolare. Anche se agiva in modo inconsapevole, Giovanni voleva impedire un qualcosa che doveva essere svolto. La Scrittura menziona molti casi di opposizione e tale atteggiamento può avere veramente diverse motivazioni.

In At 7:51-53 è scritto > Atti 7:51 «*Gente di collo duro e incirconcisa di cuore e d'orecchi, voi opponete sempre resistenza allo Spirito Santo; come fecero i vostri padri, così fate anche voi. Atti 7:52 Quale dei profeti non perseguitarono i vostri padri? Essi uccisero quelli che preannunciavano la venuta del Giusto, del quale voi ora siete divenuti* traditori e gli uccisori; Atti 7:53 *voi, che avete ricevuto la legge promulgata dagli angeli, e non l'avete osservata*». In questo discorso estremamente coraggioso di Stefano, il quale si indirizza al Sinedrio, chiaramente egli li definisce *gente dal collo duro* che resiste e si oppone all'azione ed all'opera dello Spirito Santo esattamente come fecero quei padri che si ribellarono un tempo al Signore. Essi, in realtà erano figli di quei padri che perseguitarono i profeti di Dio ed agirono nello stesso modo addirittura tradendo ed uccidendo il Giusto per eccellenza. Essi, che avevano la Legge e si vantavano di osservarla, in realtà non la osservavano. Perciò in questo caso abbiamo una motivazione dettata dalla cattiveria, dalla vendetta e dall'orgoglio.

In 2 Ti 3:8-9 abbiamo un altro esempio > 2Timoteo 3:8 *E come Iannè e Iambrè si opposero a Mosè, così anche costoro si oppongono alla verità: uomini dalla mente corrotta, che non hanno dato buona prova quanto alla fede. 2Timoteo 3:9 Ma non andranno più oltre, perché la loro stoltezza sarà manifesta a tutti, come fu quella di quegli uomini.* Si parla di Ianne e Iambre che a suo tempo si opposero a Mosè, quali esempio di tutti coloro che si oppongono alla verità. Il movente è appunto una *mente corrotta* che impedisce l'azione della fede, anzi promulga la stoltezza. Ma in realtà questi individui *non andranno oltre* e non proseguiranno nella loro malvagità. Quindi questa volta il movente dell'opposizione è la corruzione e la malvagità nel cuore.

Per quanto concerne Giovanni Battista, nessuno di questi moventi mosse la sua opposizione, ma la sua incomprensione o ignoranza di ciò che doveva avvenire. Infatti, egli dichiara - *Sono io che ho bisogno di essere battezzato da te, e tu vieni da me?* -. In queste parole notiamo ancora umiltà nel suo carattere e nel suo comportamento. Ma nello stesso tempo doveva lasciar libero il Signore di agire, in quanto Egli sapeva perfettamente cosa stava facendo.

Un episodio simile l'abbiamo in Gv 13:5-6 > Giovanni 13:5 *Poi mise dell'acqua in una bacinella, e cominciò a lavare i piedi ai discepoli, e ad asciugarli con l'asciugatoio del quale era cinto.* Giovanni 13:6 *Si avvicinò dunque a Simon Pietro, il quale gli disse: «Tu, Signore, lavare i piedi a me?».* Si tratta del famoso episodio di Gesù che lava i piedi ai Suoi discepoli e Pietro anche lui rimase colpito da quest'azione tanto che chiese *Tu Signore lavare i piedi a me?* Semmai doveva essere il contrario. Ma con quell'azione, il Signore voleva dare ai Suoi una grande lezione di umiltà. Se così aveva fatto Lui, tanto più dovevano fare la stessa cosa tra di loro. Dobbiamo lasciare agire il Signore nella nostra vita senza alcun impedimento, sapendo che Egli fa ogni cosa perfetta.

Mt 3:13-17 (21 > *La risposta del Signore Gesù* > - *Ma Gesù gli rispose: «Sia così ora, poiché conviene che noi adempiamo in questo modo ogni giustizia». Allora Giovanni lo lasciò fare. Gesù, appena fu battezzato, salì fuori dall'acqua; ed ecco i cieli si aprirono ed egli vide lo Spirito di Dio scendere come una colomba e venire su di lui. Ed ecco una voce dai cieli che disse: «Questo è il mio diletto Figlio, nel quale mi sono compiaciuto»* - Mt 3:15-17.

La risposta del Signore Gesù non si fa attendere. Egli esordisce con queste parole - *Sia così ora poiché conviene che noi adempiamo in questo modo ogni giustizia»* -. Interessante notare che il Signore include anche Giovanni in questo processo di adempimento. Giovanni non doveva opporsi al piano di Dio, ma esserne uno strumento fedele. Tutto per - *adempiere la giustizia* -.

Il salmista afferma > Salmi 61:7 *Sieda sul trono in presenza di Dio per sempre! Ordina alla bontà e alla verità di custodirlo;* Salmi 61:8 *così loderò il tuo nome per sempre, e adempirò ogni giorno le promesse che ti ho fatte.* Il giusto lo si vede anche quando adempie le promesse che ha fatto al Signore. Questo è indice di responsabilità e di fedeltà. Egli esalta la sovranità di Dio, il fatto che Egli *siede sul trono per sempre* e che costantemente manifesta la Sua bontà ed il Suo amore. Esattamente come fa il giusto, anche il Signore Gesù, quale Giusto per eccellenza adempì a tutto ciò che concerneva il piano di salvezza del Signore.

Come Egli dirà in Mt 5:17-18 > Matteo 5:17 *«Non pensate che io sia venuto per abolire la legge o i profeti; io sono venuto non per abolire ma per portare a compimento.* Matteo 5:18 *Poiché in verità vi dico: finché non siano passati il cielo e la terra, neppure un iota o un apice della legge passerà senza che tutto sia adempiuto.* Il Signore Gesù non venne per abolire la legge o i profeti ma per adempiere ciò che essi avevano preannunciato, per *portare a compimento* ogni cosa. Infatti, cielo e terra non passeranno prima che ogni dettaglio del piano di Dio sia adempiuto.

A tal proposito è bello menzionare la penultima frase del Signore Gesù sulla croce Giovanni 19:30 *Quando Gesù ebbe preso l'aceto, disse: «È compiuto!» E, chinato il capo, rese lo spirito.* Questa Sua mirabile esclamazione *È compiuto,* indica un totale adempimento. Ciò per cui si era incarnato ed era venuto nel mondo, è stato completamente realizzato da Lui. Alla croce fu decretata la vittoria del Signore Gesù sul peccato, sull'inferno e sulla morte. Egli adempì veramente ogni cosa.

Inoltre, nella Sua risposta a Giovanni, il Signore precisa che bisogna adempiere - *ogni giustizia* -. Questo significa che Egli soddisfò in modo pieno e totale la giustizia divina.

Paolo dirà in Ga 2:20-21 > Galati 2:20 *Sono stato crocifisso con Cristo: non sono più io che vivo, ma Cristo vive in me! La vita che vivo ora nella carne, la vivo nella fede nel Figlio di Dio il quale mi ha amato e ha dato sé stesso per me.* Galati 2:21 *Io non annullo la grazia di Dio; perché se la giustizia si ottenesse per mezzo della legge, Cristo sarebbe dunque morto inutilmente.* Paolo era consapevole di essere stato crocifisso con Cristo e che Egli viveva in Lui. Non era più Paolo che viveva, ma era Cristo che agiva mediante Lui, Colui che adempì ogni giustizia. Infatti, Paolo dichiara che *se la giustizia si ottenesse per mezzo della legge, Cristo sarebbe dunque morto inutilmente.*

Anche in Fl 3:8-9 leggiamo > Filippesi 3:8 *Anzi, a dire il vero, ritengo che ogni cosa sia un danno di fronte all'eccellenza della conoscenza di Cristo Gesù, mio Signore, per il quale ho rinunciato a tutto; io considero queste cose come tanta spazzatura al fine di guadagnare Cristo* Filippesi 3:9 *e di essere trovato in lui non con una giustizia mia, derivante dalla legge, ma con quella che si ha mediante la fede in Cristo: la giustizia che viene da Dio, basata sulla fede.* La giustizia di Dio è basata sulla fede in Cristo Gesù, in quanto fu proprio Lui che la soddisfò totalmente. Egli veramente - *adempì ogni giustizia* -, a partire dall'essere battezzato da Giovanni. Perciò per Paolo era molto più importante conoscere Cristo, anziché tutto il resto. A paragone ogni cosa è un danno e *tanta spazzatura*. Paolo era consapevole che le sue azioni volte a soddisfare la giustizia divina, erano inutili. Egli poteva solamente porre fede in Cristo Gesù.

Subito dopo il battesimo di Gesù ecco che accadde qualcosa di straordinario. Innanzitutto i - *cieli si aprirono* -. Nella Scrittura i cieli hanno un significato spirituale molto forte.

Il salmista ricorda > Salmi 8:1 *Al direttore del coro. Sulla Ghittea. Salmo di Davide. O SIGNORE, Signore nostro, quant'è magnifico il tuo nome in tutta la terra! Tu hai posto la tua maestà nei cieli.* Davide sottolinea molto chiaramente la magnificenza del Nome del Signore sulla terra, ovvero della Sua stessa persona. Egli è glorioso sotto ogni aspetto. Ma nello stesso tempo il salmista parla dei cieli quale luogo dove il Signore ha posto la Sua Maestà. Ci troviamo chiaramente di fronte ad un messaggio figurato che comunque va preso in considerazione. I cieli parlano dell'autorità di Dio, della Sua sovranità.

Sempre Davide afferma > Salmi 19:1 *Al direttore del coro. Salmo di Davide. I cieli raccontano la gloria di Dio e il firmamento annunzia l'opera delle sue mani.* I cieli, nella loro dimensione immensa e nella loro distesa ci parlano della gloria di Dio e della Sua potenza. Anzi essi sono testimoni della gloria di Dio ed anche se in modo silente, raccontano, testimoniano della grandezza di Dio.

Proprio dai - *cieli* -, simbolo di gloria e di autorità del Signore - *scese lo Spirito di Dio come una colomba e venire su di Lui* -, ovviamente sul Signore Gesù. Queste parole ci portano a riflettere sul ministero vasto dello Spirito che è descritto nella Scrittura, anche nell'AT.

In Nu 11:16-17 leggiamo > Numeri 11:16 *Il SIGNORE disse a Mosè: «Radunami settanta fra gli anziani d'Israele, conosciuti da te come anziani del popolo e come persone autorevoli; conducili alla tenda di convegno e vi si presentino con te.* Numeri 11:17 *Io scenderò e lì parlerò con te; prenderò lo Spirito che è su te e lo metterò su di loro, perché portino con te il carico del popolo e tu non lo porti più da solo.* È un testo molto importante, nel quale il

Signore ordina a Mosè di appartare settanta anziani di Israele, i quali avrebbero avuto il compito di governare il popolo, insieme con lui. Ma per compiere un simile servizio era assolutamente importante l'intervento e l'azione dello Spirito Santo, il Quale si sarebbe posto anche *su di loro*. Mosè non avrebbe più portato il peso da solo, ma insieme a settanta uomini investiti dallo Spirito.

Anche in 2 Cr 24:19-20 è scritto > 2Cronache 24:19 *Il SIGNORE mandò loro dei profeti per ricondurli a sé e questi protestarono contro la loro condotta, ma essi non vollero ascoltarli.* 2Cronache 24:20 *Allora lo Spirito di Dio investì Zaccaria, figlio del sacerdote Ieoiada, il quale stando in piedi in mezzo al popolo, disse: «Così dice Dio: Perché trasgredite i comandamenti del SIGNORE? Voi non prospererete; poiché avete abbandonato il SIGNORE, anch'egli vi abbandonerà».* Ci troviamo in una triste situazione, in cui i capi di Giuda, dopo la morte del re Ieoiada, si diedero ad altri idoli, abbandonando il Signore. Come era solito, il Signore mandò i Suoi profeti, ma essi non li ascoltarono. Ad un certo punto *lo Spirito di Dio investì Zaccaria,* perciò ancora troviamo questa particolare azione dello Spirito. Questo profeta, grazie all'intervento dello Spirito, proclamò il vero messaggio di Dio atto a riprendere Giuda, ma anche a farlo tornare sulla giusta strada. In ciò che stava accadendo al Giordano, notiamo la stessa scena, ma ciò che è assolutamente diverso è il soggetto.

Il Signore Gesù adempì il Suo ministero come Profeta. Come Re. Come Messia. Ma è assolutamente importante ricordare quanto è scritto in Gv 3:34 > Giovanni 3:34 *Perché colui che Dio ha mandato dice le parole di Dio; Dio Infatti, non dà lo Spirito con misura.* Non solo il Signore Gesù venne investito dallo Spirito, ma fu sempre ripieno di Spirito. Tant'è che Lui stesso è Colui che *battezza con il Suo Spirito.* Nessun uomo, nessun servo di Dio ebbe mai, né avrà mai simili caratteristiche.

Ma perché vi era bisogno della discesa dello Spirito sul Signore Gesù? A questa domanda risponde Gv 1:30-33 > Giovanni 1:30 *Questi è colui del quale dicevo: Dopo di me viene un uomo che mi ha preceduto, perché egli era prima di me.* Giovanni 1:31 *Io non lo conoscevo; ma appunto perché egli sia manifestato a Israele, io sono venuto a battezzare in acqua».* Giovanni 1:32 *Giovanni rese testimonianza, dicendo: «Ho visto lo Spirito scendere dal cielo come una colomba e fermarsi su di lui.* Giovanni 1:33 *Io non lo conoscevo, ma colui che mi ha mandato a battezzare in acqua, mi ha detto: Colui sul quale vedrai lo Spirito scendere e fermarsi, è quello che battezza con lo Spirito Santo.* Queste parole risultano essere la testimonianza di Giovanni Battista, di quanto aveva visto. Egli sapeva che avrebbe dovuto preparare la strada al Messia, anche se *non conosceva.* Egli battezzò in acqua non solo per pronunciare un messaggio di ravvedimento, ma per rendere noto e manifesto, in Israele, il Messia. Egli perciò testimonia di aver visto i cieli aperti, testimonia della discesa dello Spirito sul Signore Gesù e questo fu per lui il segno principe che confermava le sue certezze. Egli aveva davanti nientemeno che il Messia, Colui che avrebbe battezzato con lo Spirito Santo.

Quindi ciò che accadde là al Giordano fu per testimonianza per gli altri e per convincerli che il Signore Gesù era veramente il - *diletto Figlio -,* nel quale il Padre aveva trovato il Suo compiacimento.

Molto bello anche il dettaglio secondo cui lo Spirito scese - *in forma di colomba -.* Ovvero non era una colomba vera e propria. Ma una figura. Un'immagine di colomba che simboleggiava lo Spirito. Come mai proprio la colomba? In Mt 10:16 è scritto > Matteo 10:16 *«Ecco, io vi mando come pecore in mezzo ai lupi; siate dunque prudenti come i serpenti e semplici come le colombe.* Ad un certo punto il Signore mandò i Suoi a proclamare il vangelo del regno dappertutto in Israele. Essi sarebbero stati come *pecore in mezzo ai lupi.* Perciò dovevano essere umili, semplici, come *colombe,* ma astuti come serpenti. Da questo apprendiamo che la colomba è l'immagine dell'umiltà, della semplicità, della dolcezza. E lo Spirito Santo porta proprio nella vita di un figlio di Dio.

Ma sono straordinarie le parole che il Padre rivolse agli astanti - *Ed ecco una voce dai cieli che disse: «Questo è il mio diletto Figlio, nel quale mi sono compiaciuto» -.* Non si trattava di un'illusione. Una voce si sentì, chiara, nitida, la voce del Padre che indicava agli astanti che Colui che essi vedevano era il Suo diletto Figlio, nel quale aveva trovato tutto Suo compiacimento.

Le stesse parole si ripetono in Mt 17:4-5 > Matteo 17:4 *E Pietro prese a dire a Gesù: «Signore, è bene che stiamo qui; se vuoi, farò qui tre tende; una per te, una per Mosè e una per Elia».* Matteo 17:5 *Mentre egli parlava ancora, una nuvola luminosa li coprì con la sua ombra, ed ecco una voce dalla nuvola che diceva: «Questo è il mio Figlio diletto, nel quale mi sono compiaciuto; ascoltatelo».* Anche l'episodio della trasfigurazione fu molto importante nella vita del Signore Gesù, nel quale manifestò anche se per brevi istanti la Sua gloria. Mosè ed Elia appaiono a Lui per conversare e Pietro, frastornato da ciò che stava vedendo propone di fare tre tende: una per il Signore, una per Mosè ed una per Elia. Ma Pietro e gli altri non avevano ancora colto il senso di quel momento. Infatti, essi dovevano capire e comprendere che il Signore Gesù è *il Diletto Figlio di Dio, nel quale Egli si è compiaciuto*. Da notare che Pietro l'aveva già testimoniato (Mt 16:16). Ma la sua conoscenza doveva aumentare.

È bello e significativo ricordare che l'apostolo Pietro dirà queste parole nella sua seconda lettera > 2Pietro 1:16 *Infatti, vi abbiamo fatto conoscere la potenza e la venuta del nostro Signore Gesù Cristo, non perché siamo andati dietro a favole abilmente inventate, ma perché siamo stati testimoni oculari della sua maestà.* 2Pietro 1:17 *Egli, infatti, ricevette da Dio Padre onore e gloria quando la voce giunta a lui dalla magnifica gloria gli disse: «Questi è il mio diletto Figlio, nel quale mi sono compiaciuto».* Lui e gli altri apostoli fecero conoscere attraverso le loro testimonianze la potenza e la venuta del Signore Gesù, in quanto furono testimoni oculari della Sua maestà. Pietro non andò dietro a delle favole, ma a ciò che aveva visto. Infatti, ricordando l'episodio della trasfigurazione, ricorda anche le parole che Dio Padre pronunciò intorno a Suo Figlio. In Cristo vi è tutto il compiacimento del Padre. Nel Suo Figlio, il Padre ha trovato tutta la Sua soddisfazione.

Da ricordare che il compiacimento di Dio è una realtà che come figli di Dio siamo chiamati a ricercare sempre e comunque. Come è scritto in 1 Cr 29:16-17 > 1Cronache 29:16 *O SIGNORE nostro Dio, tutta quest'abbondanza di cose che abbiamo preparate per costruire una casa a te, al tuo santo nome, proviene dalla tua mano, e tutta ti appartiene.* 1Cronache 29:17 *Io so, o mio Dio, che tu scruti il cuore, e ti compiaci della rettitudine; perciò, nella rettitudine del mio cuore, ti ho fatto tutte queste offerte volontarie, e ho visto ora con gioia il tuo popolo che si trova qui, farti volenterosamente le offerte sue.* Queste parole di Davide evidenziano innanzitutto il fatto assolutamente reale ed incontrovertibile che tutto appartiene al Signore. Quando noi doniamo o offriamo a Lui, in realtà, Gli stiamo donando qualcosa che a Lui appartiene di diritto. Egli scruta il nostro cuore, la nostra mente e consapevoli di quest'esame al quale sempre siamo sottoposti, in quanto nulla può sfuggire al Signore, siamo chiamati a compiacere il Signore in ogni cosa. Egli infatti, *si compiace della rettitudine*, della giustizia, di un cuore dedito a Lui e che sia timorato.

Come dirà il salmista > Salmi 147:11 *Il SIGNORE si compiace di quelli che lo temono, di quelli che sperano nella sua bontà.* Il compiacimento del Signore è rivolto verso tutti coloro che Lo temono, che ubbidiscono alla Sua Parola, che sperano in Lui. Quando la nostra vita è caratterizzata dall'ubbidienza e dal servizio per il Signore, possiamo essere certi che siamo a Lui graditi.

Ecco perché Paolo dirà ai Colossesi > Colossesi 1:9 *Perciò anche noi, dal giorno che abbiamo saputo questo, non cessiamo di pregare per voi e di domandare che siate ricolmi della profonda conoscenza della volontà di Dio con ogni sapienza e intelligenza spirituale,* Colossesi 1:10 *perché camminiate in modo degno del Signore per piacergli in ogni cosa, portando frutto in ogni opera buona e crescendo nella conoscenza di Dio.* Paolo, sentiva molto il peso e la responsabilità nella preghiera di intercessione gli uni per gli altri. Egli, insieme ai suoi collaboratori, pregava per la fratellanza, in questo caso per i Colossesi affinché potessero camminare nella Saggezza di Dio per *piacergli in ogni cosa*. Queste parole implicano certamente un'ubbidienza assoluta, un'ubbidienza che porta frutto in abbondanza. In questo modo si può realmente crescere e maturare spiritualmente.

# *Capitolo 4*

## LE TRE TENTAZIONI

### Matteo 4:1-11 Le tre tentazioni

Mt 4:1-11 dì > *Il Signore Gesù si prepara per essere tentato dal diavolo* >_- *Allora Gesù fu condotto dallo Spirito nel deserto, per essere tentato dal diavolo. E, dopo aver digiunato quaranta giorni e quaranta notti, alla fine ebbe fame* - > Mt 4:1-2.

Nell'inizio del cap.4 del Vangelo di Matteo, veniamo proiettati ad uno dei momenti più solenni del ministero del Signore Gesù. Egli venne tentato dal diavolo, in un momento particolare e quest'attacco del leone era rivolto ovviamente a far cadere nel peccato il Figlio di Dio. Ma andiamo per ordine. È scritto che - *Gesù fu condotto dallo Spirito nel deserto* -. Nel greco abbiamo il verbo - *anago* - che significa condurre, portare. Il Signore Gesù era Infatti, *ripieno di Spirito* e come tale era condotto, guidato dallo Spirito di Dio che dimorava in Lui.

Questo tema lo troviamo anche nell'AT, ad esempio guardando la vita ed il ministero del profeta Ezechiele > Ezechiele 3:14 *Lo Spirito mi portò in alto e mi condusse via; io andai, pieno di amarezza nello sdegno del mio spirito; la mano del SIGNORE era forte su di me.* Ezechiele 3:15 *Giunsi da quelli che erano deportati a Tel- Abib presso il fiume Chebar, e mi fermai dove essi abitavano; e là abitai sette giorni, triste e silenzioso, in mezzo a loro.* È il profeta stesso che testimonia che fu lo Spirito di Dio a portarlo in alto ed a condurlo, seppure Ezechiele si trovasse in uno stato d'animo non certamente invidiabile. Egli era *amareggiato, sdegnato,* in quanto Israele si trovava in uno stato di ostilità e durezza di cuore. Ma il Signore interviene ed agisce nella vita del profeta, tant'è che Ezechiele ammette *la mano del Signore era forte su di me*. Il Signore desidera guidarci, condurci, esattamente come un padre vuole fare la stessa cosa con i propri figli. Ricordiamoci che il Signore Gesù, seppure fosse Dio manifestato in carne, come Uomo, si sottomise completamente al Padre e nella

Sua umiltà, si lasciò condurre dallo Spirito.

Anche in Ez 43:4-5 è scritto > Ezechiele 43:4 *La gloria del SIGNORE entrò nella casa per la via della porta che guardava a oriente. Ezechiele 43:5 Lo Spirito mi portò in alto e mi condusse nel cortile interno; ed ecco la gloria del SIGNORE riempiva la casa.* Prima una circostanza negativa, ora una positiva. Lo Spirito di Dio conduce il profeta a contemplare la gloria del Signore. Quando ci soffermiamo a contemplare la Sua gloria non possiamo che rimanere estasiati e meravigliati. Ma proprio per questo motivo, per noi deve essere una gioia, camminare ed essere guidati dal Suo Spirito.

Come dirà Paolo ai Galati > Galati 5:16 *Io dico: camminate secondo lo Spirito e non adempirete affatto i desideri della carne.* Solo quando si cammina nello Spirito e per lo Spirito, non si adempie ai desideri della carne. In altre parole non si pecca contro il Signore. Questo è il segreto. Quando si pecca contro al Signore è perché non ci si è lasciati condurre dallo Spirito. Il Signore Gesù sempre camminò per lo Spirito, in quanto non peccò mai. Lui deve essere il nostro metro di paragone.

Ma per quale motivo, il Signore fu condotto nel deserto? Per - *essere tentato dal diavolo* -. In greco abbiamo il verbo - *peirazo* - che significa sia tentare, che provare. Essendo l'autore di quest'azione il diavolo, allora si parla proprio di tentazione.

Tutto questo ricorda Es 17:6-7 > Esodo 17:6 *Ecco io starò là davanti a te, sulla roccia che è in Oreb; tu colpirai la roccia: ne scaturirà dell'acqua e il popolo berrà». Mosè fece così in presenza degli anziani d'Israele, Esodo 17:7 e a quel luogo mise il nome di Massa e Meriba a causa della protesta dei figli d'Israele, e perché avevano tentato il SIGNORE, dicendo: «Il SIGNORE è in mezzo a noi, sì o no?».* Il Signore ordina a Mosè di colpire la roccia, affinché da essa scaturisca acqua per il popolo. Questa fu una delle innumerevoli dimostrazioni della Grazia di Dio, in quanto di certo Israele non si meritava tutte queste attenzioni. Israele si lamentava continuamente verso il Signore e tale atteggiamento tentava il Signore, in merito al pensiero che albergava nel loro cuore, ovvero se il Signore era in mezzo a loro o no.

Eppure l'apostolo Giacomo ricorda > Giacomo 1:13 *Nessuno, quand'è tentato, dica: «Sono tentato da Dio»; perché Dio non può essere tentato dal male, ed egli stesso non tenta nessuno;* Giacomo

1:14 *invece ognuno è tentato dalla propria concupiscenza che lo attrae e lo seduce.* Quando si parla di tentazione, nessuno può e deve pensare che Dio ne sia l'autore. Infatti, *Dio non può essere tentato dal male*, ovvero Egli non può cadere sconfitto da alcuna tentazione. Il male, il peccato non Lo può assolutamente toccare. Invece ognuno è tentato *dalla propria concupiscenza*, dalle proprie passioni, dia propri desideri iniqui, i quali lo attraggono e lo seducono. Ecco cos'è la tentazione. Il diavolo possiamo dire che accende solo la miccia, ma il vero problema risiede nell'uomo.

Perciò Paolo dichiara in Ef 4:27 > Efesini 4:27 *e non fate posto al diavolo.* Questo è un consiglio molto saggio. Non siamo chiamati a combattere spada contro spada, ma a non fare posto al diavolo, a resistere a lui.

Infatti, Giacomo dirà > Giacomo 4:7 *Sottomettetevi dunque a Dio; ma resistete al diavolo, ed egli fuggirà da voi.* Queste sono i due comportamenti che dobbiamo assumere: sottometterci a Dio e ciò implica ubbidienza ed in secondo luogo resistere al diavolo. Tali atteggiamenti sono intimamente legati. Se ci si sottomette a Dio, si resisterà al diavolo, ma se non vi è sottomissione nei confronti del Signore, automaticamente si farà posto al diavolo, lasciandolo libero di agire. Impariamo dal Signore Gesù e da come Egli affrontò questa situazione.

Non solo il Signore Gesù venne condotto nel deserto, ma addirittura - *digiunò quaranta giorni e quaranta notti* -. Nel greco abbiamo il verbo - *nesteuo* - che significa digiunare o fare astinenza. Il Signore Gesù si astenne dal mangiare e dal bere e nella Scrittura possiamo osservare come la pratica del digiuno non sia superficiale o espressione di un capriccio, ma come essa veniva praticata in contesti molto particolari.

In 1 Sa 7:4-6 è scritto > 1Samuele 7:4 *Così i figli d'Israele tolsero via gli idoli di Baal e di Astarte, e servirono il SIGNORE soltanto.* 1Samuele 7:5 *Poi Samuele disse: «Radunate tutto Israele a Mispa, e io pregherò il SIGNORE per voi».* 1Samuele 7:6 *Ed essi si radunarono a Mispa, attinsero dell'acqua, la sparsero davanti al SIGNORE, digiunarono quel giorno e dissero: «Abbiamo peccato contro il SIGNORE».* E Samuele fu giudice dei figli d'Israele a Mispa. Il testo segnala una nota molto positiva. Israele tolse via tutti gli idoli che inquinavano la loro vita spirituale, tolsero l'idolatria e *servirono il Signore soltanto.* Questo significa che il Signore era tornato ad essere il loro punto di riferimento. Ma non si fermarono a questo. Israele non tolse via solo gli idoli, ma chiese perdono al Signore e *digiunò* come segno di pentimento e di ravvedimento per gli atti iniqui commessi. Quel digiuno rappresentava il loro dolore nell'aver offeso la santità di Dio.

Ancora, in 2 Sa 12:15-16 è scritto > 2Samuele 12:15 *Il SIGNORE colpì il bambino che la moglie di Uria aveva partorito a Davide, ed esso cadde gravemente ammalato.* 2Samuele 12:16 *Davide quindi rivolse suppliche a Dio per il bambino e digiunò; poi venne e passò la notte disteso per terra.* Il contesto mette in evidenza tutto il dolore di Davide, il quale intercedette per il figlio che era nato dalla relazione iniqua con Bat- Sceba. Egli si era già pentito di ciò che aveva commesso; ovvero nell'aver ucciso e commesso adulterio. Davide digiunò ed anche in questo caso il digiuno risulta essere la manifestazione di un dolore forte ed intenso anche se provocato dal proprio peccato.

Ma il digiuno non è solo espressione di pentimento e di supplica. Infatti, in 2 Co 6:3-4 Paolo afferma > 2Corinzi 6:3 *Noi non diamo nessun motivo di scandalo affinché il nostro servizio non sia biasimato;* 2Corinzi 6:4 *ma in ogni cosa raccomandiamo noi stessi come servitori di Dio, con grande costanza nelle afflizioni, nelle necessità, nelle angustie,* 2Corinzi 6:5 *nelle percosse, nelle prigionie, nei tumulti, nelle fatiche, nelle veglie, nei digiuni.* L'apostolo era consapevole del fatto che il suo ministero non poteva essere inquinato dallo scandalo. Ciò avrebbe provocato un danno forse irreparabile alla sua testimonianza. Egli però sapeva in coscienza che *in ogni cosa raccomandava se stesso a Dio,* in quanto egli desiderava solo la Sua approvazione. Nel parlare di questa raccomandazione, l'apostolo elenca una serie di situazioni come le afflizioni, le angustie, le prigionie, ed anche i digiuni. In questo caso non ci troviamo di fronte ad un segno di pentimento per un peccato commesso, ma ad una sorta di preparazione per le varie situazioni che Paolo ha affrontato ed avrebbe dovuto affrontare. Egli era bersagliato dai suoi nemici che volevano impedirgli la predicazione del vangelo ed in più gli attacchi del Nemico si facevano sempre più sentire. Perciò egli digiunò. Il digiuno non è una sorta di obbligo, ma l'astenersi dal cibo vuole essere una decisione presa in libera coscienza, nel momento in cui si stanno sperimentando situazioni comunque di dolore o perché si è pentiti del peccato commesso, o perché ci si prepara ad affrontare situazioni difficili. Per quanto concerne il Signore Gesù, si tratta certamente della seconda opzione.

Da notare la precisazione dell'evangelista, ovvero che alla fine del digiuno, il Signore Gesù - *ebbe fame* -. Perciò si trovò in una situazione umana e fisica molto difficile. Quando si è in preda ai morsi della fame, il proprio comportamento può cambiare in modo repentino.

Ecco cosa leggiamo in Es 16:2-3 > Esodo 16:2 *Tutta la comunità dei figli d'Israele mormorò contro Mosè e contro Aaronne nel deserto.* Esodo 16:3 *I figli d'Israele dissero loro: «Fossimo pur morti per mano del SIGNORE nel paese d'Egitto, quando sedevamo intorno a pentole piene di carne e mangiavamo pane a sazietà! Voi ci avete condotti in questo deserto perché tutta questa assemblea morisse di fame!».* Questo è uno dei tanti brani che parla della ribellione di Israele nel deserto contro Mosè, Aaronne e soprattutto contro il Signore. Essi si lamentarono affermando addirittura che avrebbero preferito morire in Egitto, in quanto là si trovava abbondanza di carne! Ovviamente queste parole travisavano e di molto la verità. Ma anche se non vuole essere certamente una giustificazione, in quanto Israele aveva visto e contemplato le opere sovrannaturali del Signore nel liberarlo dalla schiavitù egiziana, quando si è in preda ai morsi della fame, certamente il sistema psichico e fisico dell'essere umano non ne è giovato.

Tuttavia, ecco cosa afferma l'apostolo Paolo > Filippesi 4:12 *So vivere nella povertà e anche nell'abbondanza; in tutto e per tutto ho imparato a essere saziato e ad aver fame; a essere nell'abbondanza e nell'indigenza.* Filippesi 4:13 *Io posso ogni cosa in colui che mi fortifica.* Anche se si vivono situazioni difficili come la fame, la prigionia e la sofferenza, l'esempio dell'apostolo Paolo è illuminante, in quanto egli ci dimostra che è possibile rimanere fedeli al Signore anche quando le circostanze sono avverse, come proprio la fame. Egli Infatti, aveva imparato a vivere sia nella povertà, sia nell'abbondanza, sia nella fame che nella sazietà. Questo atteggiamento vuole essere per noi uno sprone a rimanere sempre attaccati al Signore anche quando si vivono esperienze di sofferenze anche fisiche. Il Signore Gesù ebbe fame, si trovò nella debolezza fisica, il Suo corpo umano stava risentendo degli effetti della fame e fu proprio questo il momenti in cui Satana lo tentò.

Mt 4:1-11 (21 > **I tre attacchi del Nemico** > - *E il tentatore, avvicinatosi, gli disse: «Se tu sei Figlio di Dio, ordina che queste* *pietre diventino pani». Ma egli rispose: «Sta scritto: Non di pane soltanto vivrà l'uomo, ma di ogni parola che proviene dalla bocca di Dio». Allora il diavolo lo portò con sé nella città santa, lo pose sul pinnacolo del tempio, e gli disse: «Se tu sei Figlio di Dio, gettati giù; poiché sta scritto: Egli darà ordini ai suoi angeli a tuo riguardo, ed essi ti porteranno sulle loro mani, perché tu non urti con il piede contro una pietra». Gesù gli rispose: «È altresì scritto: Non tentare il Signore Dio tuo». Di nuovo il diavolo lo portò con sé sopra un monte altissimo e gli mostrò tutti i regni del mondo e la loro gloria, dicendogli: «Tutte queste cose ti darò, se tu ti prostri e mi adori». Allora Gesù gli disse: «Vattene, Satana, poiché sta scritto: Adora il Signore Dio tuo e a lui solo rendi il culto»* - > Mt 4:3-10.

Per la prima volta nel Vangelo, il diavolo è chiamato - *il tentatore* -. Nel greco abbiamo un participio presente attivo - *peirazon* -, ovvero colui che tenta e che continua a tentare. Questo modo di comportarsi ha sempre segnato il diavolo, dopo la sua ribellione a Dio. Egli divenne e continua ad essere il tentatore.

Paolo ai tessalonicesi dirà > *1Tessalonicesi 3:5 Perciò anch'io, non potendo più resistere, mandai a informarmi della vostra fede, temendo che il tentatore vi avesse tentati, e la nostra fatica fosse risultata vana.* Paolo ci teneva grandemente al benessere spirituale della fratellanza. Egli desiderò informarsi della fede di questi cristiani di Tessalonica per un semplice motivo: non si può sottovalutare l'azione tentatrice del Nemico. Infatti, quando si cade nella trappola della tentazione si può addirittura vanificare ciò che di buono è stato costruito. Il Signore Gesù non sottovalutò certamente il Nemico, ma nemmeno lo sopravvalutò. In fin dei conti Satana si stava scontrando con *Dio che si manifestò in carne* (1 Ti 3:16).

***Ecco la prima tentazione*** - *«Se tu sei Figlio di Dio, ordina che queste pietre diventino* pani -. Per ben tre volte, nel testo, in greco compare questa espressione - *Ei huios ei tou theou* -, ovvero *se tu sei il Figlio di Dio....* Le prime tre parole sono molto importanti in quanto sottolineano un dubbio che Satana cercò di instillare nel Signore.

Non solo Satana disse queste parole > Luca 22:66 *Appena fu giorno, gli anziani del popolo, i capi dei sacerdoti e gli scribi si riunirono, e lo condussero nel loro sinedrio, dicendo:* Luca 22:67 *«Se tu sei il Cristo, diccelo». Ma egli disse loro: «Anche se ve lo dicessi, non credereste;* Luca 22:68 *e se io vi facessi delle domande, non rispondereste.* Come possiamo osservare, anche il sinedrio, i capi dei sacerdoti, gli scribi espressero lo stesso dubbio al Signore *Se tu sei il Cristo, diccelo.* In questo caso abbiamo il dubbio sul Suo mandato e sul fatto che il Signore Gesù era veramente l'Unto dell'Eterno. Il Signore rispose saggiamente evidenziando la durezza del loro cuore.

Ma in Lu 23:37 possiamo osservare un terribile attacco > *Luca 23:37 «Se tu sei il re dei Giudei, salva te stesso!».* Il Signore Gesù, in questa circostanza, non era solo affamato, ma era su una croce e stava morendo per i peccati dell'umanità. Ed ecco che si sente nuovamente questo ritornello *Se tu sei....* Satana cercò in tutti i modi di impedire l'opera della croce, ma non ci riuscì. Gloria a Dio per questo! Ma quanto il Signore Gesù ha dovuto sopportare per amore nostro.

In che cosa consisteva la tentazione? Il Signore Gesù doveva dimostrare la Sua potenza.

*Ordina che queste pietre diventino pani -.* Ovviamente il Signore Gesù era potente da operare questo miracolo.

Basti osservare Es 16:3-4 > Esodo 16:3 *I figli d'Israele dissero loro: «Fossimo pur morti per mano del SIGNORE nel paese d'Egitto, quando sedevamo intorno a pentole piene di carne e mangiavamo pane a sazietà! Voi ci avete condotti in questo deserto perché tutta questa assemblea morisse di fame!»* Esodo 16:4 *Allora il SIGNORE disse a Mosè: «Ecco, io farò piovere pane dal cielo per voi; il popolo uscirà e ne raccoglierà ogni giorno il necessario per la giornata; così lo metterò alla prova e vedrò se cammina o no secondo la mia legge.* Abbiamo visto prima questa manifestazione di incredulità e ribellione di Israele. Ma come rispose il Signore? Fece piovere pane dal cielo e tale cibo sarebbe stato sufficiente per il sostentamento di tutto Israele. Perciò il Signore Gesù, quale eterno Figlio di Dio, poteva operare ciò che Satana stava dicendo.

Ma sono molto importanti le parole contenute nella preghiera tipo che il Signore insegnerà ai Suoi > Matteo 6:11 *Dacci oggi il nostro pane quotidiano.* Con queste parole il Signore ci vuole insegnare che bisogna sempre dipendere da Dio. Ecco perché il Signore Gesù non usò la Sua potenza per Se stesso. Satana cercò di instillare il dubbio, ma non ci riuscì in quanto doveva combattere con Colui che era perfettamente sottomesso alla volontà del Padre. Il Signore Gesù ci dimostra con il Suo esempio quanto sia importante la sottomissione e l'ubbidienza a Dio.

Infatti, la risposta del Signore non si fa attendere - *Ma egli rispose: «Sta scritto: Non di pane soltanto vivrà l'uomo, ma di ogni parola che proviene dalla bocca di Dio-*. Con queste parole, il Signore non solamente non cadde nella trappola del diavolo, ma approfittò dell'occasione per sottolineare l'importanza ed il valore della Parola di Dio.

In 1 Re 2:2-4 è scritto > 1Re 2:2 *«Io m'incammino per la via di tutti gli abitanti della terra; fortificati e comportati da uomo! 1Re 2:3 Osserva quello che il SIGNORE, il tuo Dio, ti ha comandato d'osservare, camminando nelle sue vie e mettendo in pratica le sue leggi, i suoi comandamenti, i suoi precetti, i suoi insegnamenti, come sta scritto nella legge di Mosè, perché tu riesca in tutto ciò che farai e dovunque tu ti volga, 1Re 2:4 e affinché il SIGNORE adempia la parola da lui pronunziata a mio riguardo quando disse: Se i tuoi figli veglieranno sulla loro condotta camminando davanti a me con fedeltà, con tutto il cuore e con tutta l'anima loro, non ti mancherà mai qualcuno che sieda sul trono d'Israele.* Queste parole rappresentano le ultime raccomandazioni che Davide diede a suo figlio Salomone prima della sua morte. La sua raccomandazione più forte è proprio quella di osservare la Parola del Signore, la Sua Legge, i Suoi precetti ed insegnamenti *come sta scritto nella Legge di Mosè*. Anche il Signore Gesù rispose con - *Sta scritto* -, mettendo in evidenza l'assoluta autorità della Parola. Nulla può fare Satana quando si rimane attaccati al Signore ed alla Sua Parola.

Anche Pietro afferma > 1Pietro 1:14 *Come figli ubbidienti, non conformatevi alle passioni del tempo passato, quando eravate nell'ignoranza; 1Pietro 1:15 ma come colui che vi ha chiamati è santo, anche voi siate santi in tutta la vostra condotta, 1Pietro 1:16 poiché sta scritto: «Siate santi, perché io sono santo».* Nel parlare della santità, della purezza che deve contraddistinguere la condotta del cristiano, l'apostolo esorta a non conformarsi a questo mondo o alla condotta passata, prima di conoscere il Signore, in quanto *sta scritto: Siate santi come Io sono santo.* L'espressione *sta scritto*, rimanda ancora all'autorità della Scrittura e di ciò che il Signore dichiarò a tal proposito. Nella nostra bocca vi deve essere sempre quest'espressione *sta scritto* che deve sottolineare una totale sottomissione alla volontà di Dio espressa nella Sua Parola.

Nel rispondere a Satana. Il Signore Gesù menzionò proprio una parte del contenuto di De 8:2-3 > Deuteronomio 8:2 *Ricordati di tutto il cammino che il SIGNORE, il tuo Dio, ti ha fatto fare in questi quarant'anni nel deserto per umiliarti e metterti alla prova, per sapere quello che avevi nel cuore e se tu avresti osservato o no i suoi comandamenti.* Deuteronomio 8:3 *Egli dunque ti ha umiliato, ti ha fatto provar la fame, poi ti ha nutrito di manna, che tu non conoscevi e che i tuoi padri non avevano mai conosciuto, per insegnarti che l'uomo non vive soltanto di pane, ma che vive di tutto quello che procede dalla bocca del SIGNORE.* Israele viene esortato da Mosè e di conseguenza dal Signore di ricordarsi di tutto il suo cammino nel deserto, necessario affinché Israele conoscesse l'umiliazione e la prova. Il Signore provò il Suo popolo facendogli conoscere la fame, la sete, ma nello stesso tempo intervenni provvedendo alla manna, un cibo che fino ad ora Israele non conosceva. Ma per quale motivo il Signore provvide in questo modo? Per insegnare ad Israele una grande lezione per insegnarti che l'uomo non vive soltanto di pane, ma che vive di tutto quello che procede dalla bocca del SIGNORE. Il nutrimento spirituale, il cibo spirituale, rappresentato dalla Sua Parola, deve essere ed è per noi fonte di crescita. Per il figlio di Dio ogni *parola che procede dalla bocca di Dio* è importante.

Ecco perché il salmista poteva dire > Salmi 56:10 *Loderò la parola di Dio; loderò la parola del SIGNORE.* Salmi 56:11 *In Dio ho fiducia e non temerò; che potrà farmi l'uomo?* Lodare la Parola di Dio non significa certamente adorarla. Il cristiano non è un bibliolatra, ma certamente siamo chiamati ad esaltare la bellezza l'armonia e la perfezione della Parola di Dio. Lodare la Sua Parola, significa avere fede e fiducia nei confronti del Signore, in quanto non si può disgiungere il Signore da ciò che Egli ha detto. Perciò il salmista afferma di avere fiducia nel Signore e che perciò l'uomo non potrà fargli niente di male.

Interessante è anche osservare ciò che è scritto in Gr 13:12 > Geremia 13:12 *«Tu dirai loro questa parola: Così parla il SIGNORE, Dio d'Israele.* Al di là del contenuto specifico che il profeta stava annunciando in questo momento, vorrei evidenziare l'espressione che ricorre centinaia di volte nella Scrittura *Così parla il Signore.* Sono parole che delegano tutta l'autorità al Signore e non all'uomo. Come cristiani dovremmo imparare a non dire Io credo, io penso. Il nostro pensiero non è importante. Ciò che importa è il volere del Signore. Perciò ci dobbiamo sempre rifare all'autorità della Parola di Dio.

Ricordiamo ciò che è scritto in Eb 4:12 > Ebrei 4:12 *Infatti, la parola di Dio è vivente ed efficace, più affilata di qualunque spada a doppio taglio, e penetrante fino a dividere l'anima dallo spirito, le giunture dalle midolla; essa giudica i sentimenti e i pensieri del cuore.* Noi non abbiamo alcuna idea o immaginazione ancora di quanto sia forte, potente ed autorevole la Parola di Dio. Essa è come una spada a doppio taglio che è capace di giungere là dove nessuna parola umana può arrivare. Essa penetra in profondità *fino a dividere l'anima dallo Spirito,* giudicando addirittura i sentimenti ed i pensieri dei cuori. Quante volte, Infatti, ci sentiamo ripresi, avvertiti, esortati dalla Parola di Dio. Questo fa parte della Sua autorità.

A mio avviso è straordinario che il Signore Gesù abbia sconfitto le tentazioni del maligno proprio utilizzando la potenza della Parola di Dio. Il Signore poteva trovare altri mezzi per sconfiggere il nemico, ma utilizzò proprio la Sua stessa Parola, per impartirci lezioni straordinarie. Ma arriviamo alla seconda tentazione - *Allora il diavolo lo portò con sé nella città santa, lo pose sul pinnacolo del tempio, e gli disse: «Se tu sei Figlio di Dio, gettati giù; poiché sta scritto: Egli darà ordini ai suoi angeli a tuo riguardo, ed essi ti porteranno sulle loro mani, perché tu non urti con il piede contro una pietra»* -. Ora Satana utilizza un altro stratagemma: ovvero utilizzare proprio la Scrittura per indurre in tentazione il Signore Gesù. In altre parole Satana segue un principio di battaglia che è sconfiggere il nemico con le sue stesse armi. Ma come poteva Satana pensare di risultare vittorioso, utilizzando la Parola di Dio, essendo Egli mendace fin dal principio?

*Il passo a cui fa riferimento Satana è il seguente* > Salmi 91:9 Poiché tu hai detto: «O SIGNORE, tu sei il mio rifugio», e hai fatto dell'Altissimo il tuo riparo, Salmi 91:10 nessun male potrà colpirti, né piaga alcuna s'accosterà alla tua tenda. Salmi 91:11 Poiché egli comanderà ai suoi angeli di proteggerti in tutte le tue vie. Salmi 91:12 Essi ti porteranno sulla palma della mano, perché il tuo piede non inciampi in nessuna pietra. È un salmo molto bello in quanto viene evidenziato il valore e l'importanza della fede e della fiducia nei confronti del Signore. Egli è per noi rifugio, riparo e quando c'è il Signore che ci difende nessun male ci potrà colpire. Egli può comandare anche ai Suoi angeli di proteggerci e chissà quante volte questo è avvenuto senza che noi ce ne siamo resi conti. Ma Satana ovviamente decontestualizza completamente le parole del v.12. Il fatto che il testo biblico dichiari *che il nostro piede non inciamperà in nessuna pietra*, non significa che noi dobbiamo andare in cima ad un palazzo e buttarci giù. Infatti, questo significherebbe tentare il Signore. Il salmo parla di mali che sopraggiungono all'improvviso (per noi, ma il Signore conosce ogni cosa), dai quali il Signore ci protegge.

Inoltre il testo parla anche dell'azione degli angeli ed in Mt 26:53 è scritto > Matteo 26:53 *Credi forse che io non potrei pregare il Padre mio che mi manderebbe in questo istante più di dodici legioni d'angeli?* È un testo questo molto significativo. Con queste parole il Signore non voleva solamente dire a Pietro che Egli non aveva bisogno della sua difesa, ma che gli angeli sono al Suo completo servizio e che se avesse chiesto al Padre (in quanto il Signore parla nella Sua posizione di sottomesso), dodici legioni di angeli, ovvero circa 12000 angeli, la Sua preghiera sarebbe stata esaudita.

Anche in 1 Pt 3:21-22 leggiamo > 1Pietro 3:21 *Quest'acqua era figura del battesimo (che non è eliminazione di sporcizia dal corpo, ma la richiesta di una buona coscienza verso Dio). Esso ora salva anche voi, mediante la risurrezione di Gesù Cristo,* 1Pietro 3:22 *che, asceso al cielo, sta alla destra di Dio, dove angeli, principati e potenze gli sono sottoposti.* L'apostolo parla del valore e dell'importanza del battesimo quale richiesta di una buona coscienza al Signore. Ma nello stesso tempo l'apostolo parla della risurrezione e dell'ascensione del Signore Gesù, il Quale è seduto alla destra di Dio, maestoso e glorioso e ogni principato, ogni autorità celeste Gli è sottoposta. Satana, nella sua seconda tentazione, voleva anche cercare evidentemente di instillare un dubbio sull'autorità del Signore Gesù nei confronti degli angeli, anche nei suoi stessi confronti, essendo Satana un angelo decaduto. Ma non riuscì nel suo intento. Il Signore Gesù non aveva bisogno di dimostrare niente. Egli è al di sopra di ogni principato e potenza angelica o celeste. Tutto Gli è sottoposto.

Satana ha cercato di utilizzare la Parola di Dio, ma ovviamente l'ha usata storcendone il significato come fece con Eva nel giardino dell'Eden (Ge 3:1). Ma l'ultimo Adamo, il Signore Gesù, non poteva cadere in questa trappola. Infatti, Egli controbatte, usando realmente ed efficacemente la Parola di Dio - *Gesù gli rispose: «E altresì scritto: Non tentare il Signore Dio tuo»* -.

Questa espressione la osserviamo in De 6:16-18 > Deuteronomio 6:16 *Non tenterete il SIGNORE, il vostro Dio, come lo tentaste a Massa.* Deuteronomio 6:17 *Osserverete diligentemente i comandamenti del SIGNORE, il vostro Dio, le sue istruzioni e le sue leggi che vi ha date.* Deuteronomio 6:18 *Farai ciò che è giusto e buono agli occhi del SIGNORE, affinché venga a te del bene ed entri in possesso del buon paese che il SIGNORE giurò ai tuoi padri di darti.* Come abbiamo osservato prima, sebbene sia assolutamente vero che *Dio non può essere tentato dal male,* tuttavia l'uomo può tentare il Signore a motivo della sua incredulità e malvagità. Mosè ricorda Infatti, che Israele tentò il Signore a Massa, lamentandosi e ribellandosi a Lui, Il comportamento che invece noi dobbiamo tenere nei Suoi confronti è quello di ubbidienza, fedeltà alla Sua Parola, fare ciò che è giusto, senza assumere nessuna condotta di disubbidienza o ribellione.

Anche il salmista ricorda > Salmi 78:55 *Scacciò le nazioni davanti a loro, assegnò loro a sorte il territorio come eredità e fece abitare le tribù d'Israele nelle tende di quelli.* Salmi 78:56 *Ma essi tentarono il Dio altissimo, si ribellarono e non osservarono i suoi statuti.* Sebbene il Signore avesse operato potentemente per liberare il Suo popolo in molteplici circostanze come lo scacciare le nazioni dinanzi a loro, sconfiggendole in modo chiaro ed assegnando quel territorio che fu promesso ai padri, molto spesso Israele rispose con la disubbidienza e la ribellione *tentando il Signore.* È veramente drammatico constatare come il comportamento malvagio dell'uomo possa provocare un così grande dolore al Signore. Ma il monito del Signore Gesù è chiaro - *Non tentare il Signore Dio tuo* - e queste parole risultavano essere un monito per Satana, in quanto effettivamente stava tentando Colui che è Dio manifestato in carne.

Il testo prosegue - Di nuovo il diavolo lo portò con sé sopra un monte altissimo -. *Può* sembrare questo un dettaglio di poco conto, ma non è così. Infatti, diversi monti nella Scrittura furono teatri di eventi assolutamente fondamentali nel piano di Dio ed anche nel ministero del Signore Gesù.

In Es 3:11-12 è scritto > Esodo 3:11 *Mosè disse a Dio: «Chi sono*

*io per andare dal faraone e far uscire dall'Egitto i figli d'Israele?»*
Esodo 3:12 *E Dio disse: «Va', perché io sarò con te. Questo sarà il segno che sono io che ti ho mandato: quando avrai fatto uscire il popolo dall'Egitto, voi servirete Dio su questo monte».* Mosè si trovava a dialogare con il Signore ed egli ricevette l'ordine di tornare dal faraone per far uscire i figli d'Israele dall'Egitto. Ma l'ordine non si ferma qui. Il Signore rassicura Mosè che sarebbe stato sempre con Lui, ma che alla fine lui ed Israele avrebbero dovuto servire il Signore proprio sul quel monte, ovvero il monte Sinai, dal quale Mosè ricevette le tavole della Legge. Quindi un evento assolutamente importante.

Ma andando al ministero del Signore Gesù ecco cosa leggiamo in Mt 5:1-2 > Matteo 5:1 *Gesù, vedendo le folle, salì sul monte e si mise a sedere. I suoi discepoli si accostarono a lui,* Matteo 5:2 *ed egli, aperta la bocca, insegnava loro dicendo.* Il Signore Gesù salì sul monte per effettuare un discorso, il più lungo registrato nei Vangeli, ma che diede importanti indicazioni sul comportamento e sulla condotta che ogni figlio di Dio deve tenere: il famoso sermone sul monte.

Ancora in Mt 17:1-2 è scritto > Matteo 17:1 *Sei giorni dopo, Gesù prese con sé Pietro, Giacomo e Giovanni suo fratello, e li condusse sopra un alto monte, in disparte.* Matteo 17:2 *E fu trasfigurato davanti a loro; la sua faccia risplendette come il sole e i suoi vestiti divennero candidi come la luce.* In quest'episodio che concerne appunto la trasfigurazione, è scritto che il Signore prese con sé Pietro, Giacomo e Giovanni per portarli su un alto monte e stare in disparte. In quella circostanza accadde qualcosa di straordinario: il volto del Signore Gesù venne trasfigurato, la Sua faccia risplendette come il sole ed i Suoi vestiti divennero candidi come la neve. Anche questo evento importantissimo nel ministero del Signore Gesù, avvenne su un alto monte.

Per ultimo guardiamo a Lu 22:39-42 > Luca 22:39 *Poi, uscito, andò, come al solito, al monte degli Ulivi; e anche i discepoli lo seguirono.* Luca 22:40 *Giunto sul luogo, disse loro: «Pregate di non entrare in tentazione».* Luca 22:41 *Egli si staccò da loro circa un tiro di sasso e postosi in ginocchio pregava, dicendo:* Luca 22:42 *«Padre, se vuoi, allontana da me questo calice! Però non la mia volontà, ma la tua sia fatta».* In quest'episodio il Signore Gesù si trova sul *monte degli Ulivi,* insieme con i Suoi discepoli. Interessante osservare che proprio in quel luogo, il Signore esortò i

Suoi a pregare per non entrare in tentazione, ma subito dopo se ne andò in disparte, da solo, ad affrontare uno dei dolori ed angosce più grandi della sua vita: l'agonia del Getsemani. Proprio su quel monte Egli disse *Padre, se vuoi, allontana da me questo calice! Però non la mia volontà, ma la tua sia fatta.* Perciò tre episodi emblematici del ministero del Signore Gesù che si svolsero tutti su tre monti diversi, unitamente all'episodio che stiamo osservando ovvero la *seconda tentazione* del nemico che avvenne su - *un alto monte* -.

In che cosa consisteva questa seconda tentazione? Eccone il contenuto - *e gli mostrò tutti i regni del mondo e la loro gloria, dicendogli: «Tutte queste cose ti darò, se tu ti prostri e mi adori»* -. In greco abbiamo il verbo - *deiknumi* -, che significa mostrare, far vedere. Possiamo pensare ad una sorta di visione generale, nel quale Satana fece vedere tutti i regni del mondo. Ma anche in questo caso ci troviamo di fronte ad un tentativo disperato di Satana. Per quale motivo?

Ecco cosa leggiamo in 2 Re 19:14-16 > 2Re 19:14 *Ezechia prese la lettera dalle mani dei messaggeri e la lesse; poi salì alla casa del SIGNORE, e la spiegò davanti al SIGNORE.* 2Re 19:15 *Ezechia pregò davanti al SIGNORE dicendo: «SIGNORE, Dio d'Israele, che siedi sopra i cherubini, tu solo sei il Dio di tutti i regni della terra; tu hai fatto il cielo e la terra.* 2Re 19:16 *SIGNORE, porgi l'orecchio, e ascolta! SIGNORE, apri gli occhi, e guarda! Ascolta le parole che Sennacherib ha mandate per insultare il Dio vivente!* Ezechia ricevette le minacce da parte del re Sennacherib attraverso una lettera che poi il re presentò al Signore per chiedere ed invocare il Suo aiuto. Le parole della preghiera di Ezechia sono molto significative, in quanto, prima di formulare la sua richiesta, confessa che il Dio d'Israele è Colui che è il *Dio di tutti i regni della terra*, essendone il Creatore. Perciò, il re assiro non avrebbe certamente rappresentato un problema per il Signore.

Anche il salmista afferma > Salmi 47:7 *Poiché Dio è re di tutta la terra; cantategli un inno solenne.* Salmi 47:8 *Dio regna sui popoli; Dio siede sul suo trono santo.* Anche il salmista evidenzia molto chiaramente che Dio è *Re di tutta la terra* e perciò è degno di ogni lode ed adorazione. Egli regna sui popoli e sulle nazioni, ed anche se l'uomo empio ha preferito elevare Satana a *dio di questo mondo,* in effetti il vero Re incontrastato rimane sempre il

Signore.

Ecco perché il *terzo tentativo di Satana* di far cadere il Signore è assolutamente vano. È vero che il Signore Gesù si era spogliato della gloria, della ricchezza eterna per farsi povero per amore nostro, ma come ricorda Paolo in 1 Co 15:22-28 > 1Corinzi 15:22 *Poiché, come tutti muoiono in Adamo, così anche in Cristo saranno tutti vivificati;* 1Corinzi 15:23 *ma ciascuno al suo turno: Cristo, la primizia; poi quelli che sono di Cristo, alla sua venuta;* 1Corinzi 15:24 *poi verrà la fine, quando consegnerà il regno nelle mani di Dio Padre, dopo che avrà ridotto al nulla ogni principato, ogni potestà e ogni potenza.* 1Corinzi 15:25 *Poiché bisogna ch'egli regni finché abbia messo tutti i suoi nemici sotto i suoi piedi.* 1Corinzi 15:26 *L'ultimo nemico che sarà distrutto, sarà la morte.* 1Corinzi 15:27 *Difatti, Dio ha posto ogni cosa sotto i suoi piedi; ma quando dice che ogni cosa gli è sottoposta, è chiaro che colui che gli ha sottoposto ogni cosa, ne è eccettuato.* 1Corinzi 15:28 *Quando ogni cosa gli sarà stata sottoposta, allora anche il Figlio stesso sarà sottoposto a colui che gli ha sottoposto ogni cosa, affinché Dio sia tutto in tutti.* Paolo parla della risurrezione e della grandezza di tale evento. Paolo evidenzia le varie priorità: Cristo risorse per primo, poi risusciteranno coloro che sono morti in Cristo alla Sua venuta e successivamente verrà la fine, quando il Figlio consegnerà nelle mani del Padre il regno. Questo comunque ci parla della suprema autorità del Signore, il quale regnerà fino a quando *abbia messo tutti i suoi nemici sotto i suoi piedi.* Tutto ciò per volere del Padre, visto che Dio ha posto ogni cosa sotto i Suoi piedi ed in questo ogni cosa vi sono anche i principati e le potenze angeliche. Ecco chi tentò Satana, anche se il Signore Gesù si trovava nella debolezza fisica, umana e povero. Ma tale situazione sarebbe stata solo provvisoria.

Satana, dopo aver fatto mostrare in un attimo come in una sorta di visione, tutti i regni del mondo al Signore Gesù ecco cosa afferma - «*Tutte queste cose ti darò, se tu ti prostri e mi adori*» -. In questa frase troviamo propriamente due verbi significativi: - *pipto* - che in greco indica l'atto di cadere, ma anche di prostrarsi e - *proskyneo* - che è il classico verbo impiegato per l'adorazione. Satana, nella sua follia, pretendeva che il Signore Gesù, l'eterno Figlio di Dio, l'adorasse, nonostante a Lui tutto appartenga, come abbiamo già evidenziato, in quanto Egli è il Creatore di tutte le cose.

Come è scritto in Es 20:4-5 > Esodo 20:4 *Non farti scultura, né immagine alcuna delle cose che sono lassù nel cielo o quaggiù sulla terra o nelle acque sotto la terra.* Esodo 20:5 *Non ti prostrare davanti a loro e non li servire, perché io, il SIGNORE, il tuo Dio, sono un Dio geloso.* Nel decalogo, era assolutamente chiaro che l'uomo non doveva in alcun modo prostrarsi dinanzi ad una statua o ad un falso idolo, né doveva in qualche modo servirli. Da sempre, purtroppo, l'uomo si è macchiato del peccato d'idolatria, persino il popolo d'Israele, a più riprese, adorò idoli pagani, servendoli addirittura. Oggi, quest'idolatria è ben lontana dall'essere debellata. Vi sono idoli non fisici, ma che hanno a che fare con l'egoismo e l'egocentrismo dell'uomo. L'uomo è dio di se stesso e non si rende conto che in realtà sta adorando e servendo il Nemico.

Ascoltiamo ciò che è scritto in De 17:2-5 > Deuteronomio 17:2 *Se in mezzo a te, in una delle città che il SIGNORE, il tuo Dio, ti dà, si troverà un uomo o una donna che fa ciò che è male agli occhi del SIGNORE tuo Dio, trasgredendo il suo patto,* Deuteronomio 17:3 *che segue altri dèi per servirli e prostrarsi davanti a loro, davanti al sole o alla luna o a tutto l'esercito celeste, cosa che io non ho comandato,* Deuteronomio 17:4 *quando ciò ti sarà riferito e tu l'avrai saputo, fa' un'accurata indagine; se è vero, se il fatto sussiste, se una tale abominazione è stata realmente commessa in Israele,* Deuteronomio 17:5 *farai condurre alle porte della tua città quell'uomo o quella donna che avrà commesso quell'atto malvagio e lapiderai a morte quell'uomo o quella donna.* Se in Israele si fosse trovato un uomo o una donna, che seguiva altri idoli, per prostrarsi dinanzi ad essi, fossero essi il sole, la luna, le stelle o qualsiasi altra cosa, la pena prevista era la morte attraverso la lapidazione. Tale atto costituiva assolutamente un grave affronto alla sovranità del Signore. Perciò Satana stava chiedendo proprio al Signore Gesù di adorarlo, Colui che adempì perfettamente alla Legge, soddisfacendo la giustizia del Signore!

Come abbiamo accennato spesso Israele cadde nell'idolatria, come possiamo osservare in So 1:4-5 > Sofonia 1:4 *«Stenderò la mano su Giuda e su tutti gli abitanti di Gerusalemme; eliminerò da questo luogo quanto rimane di Baal, il nome dei preti degli idoli, con i sacerdoti,* Sofonia 1:5 *quelli che si prostrano sui tetti davanti all'esercito celeste, quelli che si prostrano e giurano per il SIGNORE, e poi giurano anche per Malcam.* Il peccato d'idolatria provocò molte volte l'ira del Signore, il Quale stese la mano contro il Suo popolo, un'espressione che indica prontezza d'azione, ma anche manifestazione di giudizio. Egli avrebbe punito e giudicato gli abitanti di Gerusalemme che nella loro sfrontatezza si sono prostrati di fronte a Malcam ed a Baal e che nella loro ipocrisia e doppiezza si sono prostrati anche dinanzi al Signore. Non si possono adorare due dèi, due padroni. Perciò era inconcepibile che il Signore Gesù adorasse Satana, quando la stessa adorazione va a Lui in Persona.

Ma a proposito di questo, possiamo dare uno sguardo a ciò che accadrà quando il figlio della perdizione regnerà, ovvero nel periodo della grande tribolazione >

Apocalisse 13:3 *E vidi una delle sue teste come ferita a morte; ma la sua piaga mortale fu guarita; e tutta la terra, meravigliata, andò dietro alla bestia;* Apocalisse 13:4 *e adorarono il dragone perché aveva dato il potere alla bestia; e adorarono la bestia dicendo: «Chi è simile alla bestia? e chi può combattere contro di lei?* In questo periodo che ancora deve iniziare, l'adorazione diabolica raggiungerà dei livelli assolutamente spaventosi. Non solo si adorerà Satana, ma anche la bestia che regnerà ed in tale adorazione, l'illusione dell'uomo raggiungerà l'apice *Chi è simile alla bestia e chi può guerreggiare con lei?* Questa frase denota una dolorosa illusione, in quanto la bestia sarà sconfitta proprio dal Signore Gesù (Ap 19). Purtroppo questo periodo ci presenta il fatto che l'uomo non è cambiato e che invece di adorare il Signore, preferisce adorare qualcun altro.

Viviamo in tempo, infatti, in cui ancora accade ciò che è scritto in Is 46:6-7 > Isaia 46:6 *Costoro prelevano l'oro dalla loro borsa, pesano l'argento nella bilancia, pagano un orefice perché ne faccia un dio per prostrarglisi davanti, per adorarlo.* Isaia 46:7 *Se lo caricano sulle spalle, lo trasportano, lo mettono sul suo piedistallo; esso sta in piedi e non si muove dal suo posto; benché uno gridi a lui, esso non risponde né lo salva dalla sua afflizione.* Anche oggi viviamo in tempi in cui si spende oro, argento per costruirsi statue, fare processioni, inginocchiarsi di fronte a sculture e poi si pretende di dire che si adora il Signore! Questo è un affronto. Ma l'uomo non si rende conto che gridare verso quelle statue, pregarle, non porta a niente. Esse non possono rispondere alle proprie necessità. Potrà forse Satana rispondere alle necessità dell'uomo, quando il suo intento è quello di distruggerlo e fargli del male? Eppure ancora oggi l'uomo consapevolmente o inconsapevolmente, adora proprio colui che gli procura tutto questo male.

Come ci viene ricordato in 2 Co 4:3-4 > 2Corinzi 4:3 *Se il nostro vangelo è ancora velato, è velato per quelli che sono sulla via della perdizione,* 2Corinzi 4:4 *per gli increduli, ai quali il dio di questo mondo ha accecato le menti, affinché non risplenda loro la luce del vangelo della gloria di Cristo, che è l'immagine di Dio.* Ecco qual è il male massimo che può fare Satana, colui che è definito il *dio di questo mondo,* non perché lo sia in senso vero e proprio, ma perché l'empio ha innalzato Satana a tale livello. Egli *acceca le menti degli increduli* affinché la luce del Vangelo non splenda nei loro cuori. Per questo per molti il vangelo rimane velato, nascosto, ma non perché per loro non ci sia stata possibilità di ravvedimento, ma perché vogliono rimanere in quello stato.

Ma anche in questo caso la risposta del Signore non si fa attendere - *Vattene Satana* -. Nel gerco abbiamo l'espressione - *upage Satana* -, dove upage è l'imperativo presente attivo di upago ovvero andare via. Nel testo bizantino, a tale espressione sono aggiunte le seguenti parole - *opiso mou* - il che letteralmente significa dietro a me.

Anche in un'altra circostanza, il Signore espresse le stesse parole > Matteo 16:22 *Pietro, trattolo da parte, cominciò a rimproverarlo, dicendo: «Dio non voglia, Signore! Questo non ti avverrà mai».* Matteo 16:23 *Ma Gesù, voltatosi, disse a Pietro: «Vattene via da me, Satana! Tu mi sei di scandalo. Tu non hai il senso delle cose di Dio, ma delle cose degli uomini».* In questo caso non era Satana direttamente che cercava di ostacolare il Signore, ma Pietro, il quale però fu uno strumento del nemico. Pietro, inconsapevolmente, stava andando contro al piano di Dio e nel dire *Dio non voglia questo* si stava praticamente attirando una condanna su se stesso. Infatti, se il Signore Gesù non fosse morto sulla croce, noi saremmo ancora nei nostri peccati. Perciò il Signore Gesù si esprime in questo modo così forte e giustamente dichiara *Tu non hai il senso delle cose di Dio, ma delle cose degli uomini».*

Ma la risposta del Signore non è finita qui, ma prosegue - *poiché sta scritto: Adora il Signore Dio tuo e a lui solo rendi il culto»* -. Ancora troviamo il verbo - *proskyneo* - vicino ad un altro verbo che indica lo svolgimento di un servizio sacro, il culto appunto, ovvero - *latreuo* -.

Il Signore Gesù non fa altro che ribadire il primo comandamento > Esodo 20:2 *«Io sono il SIGNORE, il tuo Dio, che ti ho fatto uscire dal paese d'Egitto, dalla casa di schiavitù.* Esodo 20:3 *Non avere altri dèi oltre a me.* Il Signore era il Dio indiscusso di Israele, come è l'unico e vero Dio. Egli era Colui che aveva liberato Israele dalla schiavitù egiziana in modo potente e sovrannaturale. Perciò Israele come l'uomo non deve avere altri dèi se non Lui. Come abbiamo visto oggi questo non accade, in quanto l'idolatria è ben lungi dall'essere debellata. Ma la Chiesa del Signore Gesù deve fuggire l'idolatria ed adorare solo ed esclusivamente il Signore sotto ogni aspetto.

Infatti, come è scritto in Gv 4:20-23 > Giovanni 4:20 *I nostri padri hanno adorato su questo monte, ma voi dite che a Gerusalemme è il luogo dove bisogna adorare».* Giovanni 4:21 *Gesù le disse: «Donna, credimi; l'ora viene che né su questo monte né a Gerusalemme adorerete il Padre.* Giovanni 4:22 *Voi adorate quel che non conoscete; noi adoriamo quel che conosciamo, perché la salvezza viene dai Giudei.* Giovanni 4:23 *Ma l'ora viene, anzi è già venuta, che i veri adoratori adoreranno il Padre in spirito e verità; poiché il Padre cerca tali adoratori.* La donna samaritana dice al Signore Gesù che i suoi padri, i suoi antenati hanno adorato il Signore sopra quel monte dove si trovavano in Samaria. Israele diceva che Gerusalemme era il luogo dove si doveva adorare, ma il Signore fa una straordinaria rivelazione. Non vi è più un luogo preciso dove adorare il Signore, in quanto l'ora è venuta che i veri adoratori, in qualunque luogo essi si trovano, adoreranno il Padre in spirito e verità ed è ciò che oggi il cristiano fa. Sia egli in casa, in un locale di culto, al lavoro, al supermercato, in qualunque luogo, egli ha la libertà ed il diritto di adorare il Signore sempre e comunque. Solo a Dio va il culto ed implicitamente il Signore Gesù stava dicendo a Satana che in realtà era lui che doveva adorarlo, in quanto Dio.

Mt 4:1-11 (31 > ***La resa di Satana*** > - *Allora il diavolo lo lasciò, ed ecco degli angeli si avvicinarono a lui e lo servivano* - > Mt 4:11.

In questo verso è chiaramente descritta la sconfitta di Satana nel suo intento. Egli voleva tentare il Signore Gesù, ponendogli tre pietre d'inciampo, ma alla fine - *lo lasciò* -. In greco abbiamo il verbo - *aphiemi* - che significa tra le altre cose lasciar andare. Questa è l'espressione che denota la totale impotenza del diavolo nel far cadere il Signore Gesù.

Come dirà giustamente Paolo in Ef 6:10-11 > Efesini 6:10 *Del resto, fortificatevi nel Signore e nella forza della sua potenza.* Efesini 6:11 *Rivestitevi della completa armatura di Dio, affinché possiate star saldi contro le insidie del diavolo.* L'esempio che ci ha voluto dare il Signore Gesù è che è possibile resistere e vincere le tentazioni del Nemico. Qualcuno potrebbe obiettare dicendo Eh ma Lui è il Signore. Ma questo testo inerente all'armatura di Dio è assolutamente significativo. Infatti, Paolo ci esorta a fortificarci nel Signore e nella *forza della Sua potenza.* Ovvero non si può affrontare il diavolo con le nostre forze, ma solo con quella di Dio. Tale potenza viene manifestata proprio nel prendere sopra di sé tutta l'armatura di Dio. Attraverso di essa si potrà rimanere saldi *contro le insidie del diavolo.*

Giacomo afferma > Giacomo 4:7 *Sottomettetevi dunque a Dio; ma resistete al diavolo, ed egli fuggirà da voi.* Siamo chiamati a sottometterci al Signore ed in tale sottomissione, *resistere al diavolo.* Resistere al diavolo significa rimanere attaccati al Signore, alla Sua Parola, senza lasciar alcuno spazio al nemico di poter attaccare. Di fronte ad un tale comportamento, egli *fuggirà da noi,* esattamente come ha fatto con il Signore Gesù.

*Dopo la resa di Satana, è scritto che* - degli angeli si avvicinarono a lui e lo servivano -. Nel greco abbiamo il classico verbo - diakoneo - che indica proprio il servizio a livello pratico. Queste parole ci riportano ancora una volta all'autorità del Signore Gesù.

In Mt 13:41-43 è scritto > Matteo 13:41 *Il Figlio dell'uomo manderà i suoi angeli che raccoglieranno dal suo regno tutti gli scandali e tutti quelli che commettono l'iniquità,* Matteo 13:42 *e li getteranno nella fornace ardente. Lì sarà il pianto e lo stridor dei denti.* Matteo 13:43 *Allora i giusti risplenderanno come il sole nel regno del Padre loro. Chi ha orecchi [per udire] oda.* Abbiamo notato? Il testo specifica che il Figlio dell'uomo manderà i *Suoi angeli* per raccogliere tutti coloro che commettono iniquità, gettandoli nella *fornace ardente.* Si tratta di un testo escatologico importante in quanto ci riporta al ritorno in gloria del Signore Gesù ed alla paradossale differenza tra giusti ed empi. Tuttavia è importante l'appellativo *Suoi angeli,* in quanto questo ci parla del fatto che gli angeli appartengono a Lui e sono sotto la Sua suprema autorità.

Addirittura in Eb 1:6-8 leggiamo > Ebrei 1:6 *Di nuovo, quando introduce il primogenito nel mondo, dice: «Tutti gli angeli di Dio lo adorino!»* Ebrei 1:7 *E mentre degli angeli dice: «Dei suoi angeli egli fa dei venti, e dei suoi ministri fiamme di fuoco»,* Ebrei 1:8 *parlando del Figlio dice: «Il tuo trono, o Dio, dura di secolo in secolo, e lo scettro del tuo regno è uno scettro di giustizia.* La prima parte di questo brano parla proprio di un atteggiamento particolare degli angeli che è proprio dei figli di Dio: l'adorazione. L'espressione *di nuovo,* sembra che faccia riferimento al momento in cui il Signore verrà una seconda volta nel mondo ovvero quando stabilirà il Suo regno di gloria. L'obiettivo dell'autore è quelli di mettere in risalto l'assoluta differenza di superiorità tra il Signore e i Suoi angeli. Egli non può essere tra costoro in quanto in Lui si adempiono le parole del salmista *Il tuo trono, o Dio, dura di secolo in secolo, e lo scettro del tuo regno è uno scettro di giustizia.* Gli angeli non possono far altro che adorarLo in piena sottomissione.

## Matteo 4:12-17 L'adempimento di una precisa profezia

Mt 4:12-17 (lì > *Il viaggio del Signore Gesù a Capernaum > - Gesù, udito che Giovanni era stato messo in prigione, si ritirò in Galilea. E, lasciata Nazaret, venne ad abitare in Capernaum, città sul mare, ai confini di Zabulon e di Neftali -* > Mt 4:12-13.

Nel proseguire con il cap.4, possiamo notare ora uno spostamento del Signore Gesù, il Quale lasciò Nazaret per andare a Capernaum. Egli aveva sentito che Giovanni - *era stato messo in prigione -,* in quanto aveva denunciato il peccato di immoralità del re Erode, il tetrarca (Mt 14:3).

Certamente essere messi in prigione ingiustamente non è certamente una bella situazione > Genesi 39:19 *Quando il padrone di Giuseppe udì le parole di sua moglie che gli diceva: «Il tuo servo mi ha fatto questo!»* si accese d'ira. Genesi 39:20 *Il padrone di Giuseppe lo prese e lo mise nella prigione, nel luogo dove si tenevano chiusi i carcerati del re. Egli era dunque là in quella prigione.* L'esempio di Giuseppe è emblematico. Il suo padrone, Potifar, credendo alle parole bugiarde della propria moglie, si privò di un servo fedele e leale come Giuseppe, rinchiudendolo in una fredda prigione, dove vi erano altri carcerati. Ma nello stesso tempo sappiamo come il Signore benedì e consolò Giuseppe in quella cella.

Un altro esempio l'abbiamo nel profeta Geremia > Geremia 20:1 *Pascur, figlio d'Immer, sacerdote e capo-sovrintendente della casa del SIGNORE, udì Geremia che profetizzava queste cose.* Geremia 20:2 *Pascur percosse il profeta Geremia e lo mise nei ceppi nella prigione che era presso la porta superiore di Beniamino, nella casa del SIGNORE.* Pascur, il quale ricopriva il ruolo di sovrintendente del tempio, udendo le parole che il profeta Geremia stava pronunciando che, ricordiamoci, rappresentava il vero messaggio del Signore, lo percosse e lo mise in prigione. Anche in questo caso perché si denunciava il peccato del popolo. Quando si vuole rimanere fedeli al messaggio di Dio, si va sempre incontro a delle conseguenze, si deve sempre pagare un prezzo: quello della fedeltà a Dio.

Anche in At 12:1-7 leggiamo > Atti 12:1 *In quel periodo, il re Erode cominciò a maltrattare alcuni della chiesa;* Atti 12:2 *e fece uccidere di spada Giacomo, fratello di Giovanni.* Atti 12:3 *Vedendo che ciò era gradito ai Giudei, continuò e fece arrestare anche Pietro. Erano i giorni degli Azzimi.* Atti 12:4 *Dopo averlo fatto arrestare, lo mise in prigione, affidandolo alla custodia di quattro picchetti di quattro soldati ciascuno; perché voleva farlo comparire davanti al popolo dopo la Pasqua.* Atti 12:5 *Pietro dunque era custodito nella prigione; ma fervide preghiere a Dio erano fatte per lui dalla chiesa.* Atti 12:6 *Nella notte che precedeva il giorno in cui Erode voleva farlo comparire, Pietro stava dormendo in mezzo a due soldati, legato con due catene; e le sentinelle davanti allaporta custodivano il carcere.* Atti 12:7 *Ed ecco, un angelo del Signore sopraggiunse e una luce risplendette nella cella. L'angelo, battendo il fianco a Pietro, lo svegliò, dicendo: «Alzati, presto!» E le catene gli caddero dalle mani.* Questa è forse la prima ed unica volta in cui ci viene detto dalla Bibbia come un apostolo morì. In questo caso ci viene narrata la morte di Giacomo, fratello di Giovanni, il quale venne ucciso di spada per ordine di Erode, non più il tetrarca, ma colui che visse a quel tempo. Tale morte provocò la gioia dei Giudei e questo è indicativo per sottolineare come la chiesa nascente era osteggiata non solo dai romani, ma anche da Israele. Perciò Erode fece arrestare anche Pietro e lo mise in prigione, anche lui ingiustamente. Ma il Signore sapeva ogni cosa ed Erode non sapeva che fervide preghiere erano rivolte a Dio, *affinché Pietro venisse liberato.* Così accadde. Un angelo del Signore intervenne, liberando Pietro ed incoraggiandolo ad uscire dalla cella. In questo caso ci fu un intervento sovrannaturale del Signore, ma tanti cristiani oggi rimangono in prigione perché accusati solo di possedere una Bibbia o perché adorano il Signore o perché proclamano il Vangelo. Preghiamo per questi nostri cari fratelli e sorelle!

Capernaum è una città che si trova spesso nei Vangeli ed è stata protagonista di eventi importanti come quello descritto in Mt 11:23-24 > Matteo 11:23 *E tu, o Capernaum, sarai forse innalzata fino al cielo? No, tu scenderai fino all'Ades. Perché se in Sodoma fossero state fatte le opere potenti compiute in te, essa sarebbe durata fino ad oggi.* Matteo 11:24 *Perciò, vi dichiaro, nel giorno del giudizio la sorte del paese di Sodoma sarà più tollerabile della tua».* Il Signore si rivolge a Capernaum sottolineando la sua responsabilità nel non aver accettato e creduto in Lui, nonostante essa abbia visto i miracoli e le Sue opere potenti. Proprio per questo motivo, Sodoma sarà trattata meglio nel giorno del giudizio che non Capernaum, proprio per una chiara differenza di responsabilità.

Inoltre, in Mr 2:1-5 è scritto > Marco 2:1 *Dopo alcuni giorni, Gesù entrò di nuovo in Capernaum. Si seppe che era in casa,* Marco 2:2 e si radunò tanta gente che neppure *lo        spazio davanti alla porta la poteva contenere. Egli annunziava loro la parola.* Marco 2:3 *E vennero a lui alcuni con un paralitico portato da quattro uomini...* Marco 2:5 *Gesù, veduta la loro fede, disse al paralitico: «Figliolo, i tuoi peccati ti sono perdonati».* Il contesto è completamente diverso visto che viene narrato di un miracolo che il Signore Gesù operò verso un paralitico. Ma ciò avvenne a Capernaum e questa fu una delle opere potenti che il Signore fece in quel luogo. Il paralitico venne portato da quattro uomini ed il Signore ebbe modo di elogiare la fede di questi portantini, i quali non si fermarono di fronte alle difficoltà, ma procedettero per fede, sapendo per certo che il Signore Gesù avrebbe guarito il loro compagno. Questi quattro uomini furono un esempio di fede per Capernaum.

Il testo descrive anche l'ubicazione di Capernaum, ovvero - *città sul mare, ai confini di Zabulon e di Neftali -.* Due tribù quindi sono collegate a Capernaum, Zabulon e Neftali. Queste due tribù saranno protagoniste di una precisa profezia che tra poco vedremo. Tuttavia esse furono anche autrici di atti e decisioni inique come possiamo leggere in Gc \ 1:30, 33 Giudici 1:30 *Zabulon non scacciò gli abitanti di Chitron, né gli abitanti di Naalol; e i Cananei abitarono in mezzo a Zabulon e furono costretti a lavorare per gli Israeliti...* Giudici 1:33 *Neftali non scacciò gli abitanti di Bet-Semes, né gli abitanti di Bet- Anat, e si stabilì in mezzo ai Cananei che abitavano il paese; ma gli abitanti di Bet-Semes e di Bet-Anatfurono da loro assoggettati a servitù.* Sia Zabulon, che Neftali, decisero di non scacciare i Cananei dal paese andando contro a quelle che erano le disposizioni divine. Questo fu purtroppo l'atteggiamento che non solo queste due tribù, ma anche le altre assunsero provocando in tal modo l'ingresso dei pagani in loro. Questo provocò conformismo alle loro tradizioni, idolatria e l'adattamento di tutte le loro pratiche pagane.

Mt 4:12-17 (21 > L'adempimento della profezia di Isaia > - *affinché si adempisse quello che era stato detto dal profeta Isaia: «Il paese di Zabulon e il paese di Neftali, sulla via del mare, di là dal Giordano, la Galilea dei pagani, il popolo che stava nelle tenebre, ha visto una gran luce; su quelli che erano nella contrada e nell'ombra della morte una luce si è levata»* - > Mt 4:14-16.

Ma nonostante il triste atteggiamento che Zabulon e Neftali ebbero, una precisa profezia di Isaia su di loro si realizzò proprio grazie al Signore Gesù.

La profezia è contenuta in Is 8:23-9:1 > Isaia 8:23 *Ma le tenebre non dureranno sempre sulla terra che è ora nell'angoscia. Come nei tempi passati Dio coprì di obbrobrio il paese di Zabulon e il paese di Neftali, così nei tempi a venire coprirà di gloria la terra vicina al mare, di là dal Giordano, la Galilea dei Gentili.* Isaia 9:1 *Il popolo che camminava nelle tenebre, vede una gran luce; su quelli che abitavano il paese dell'ombra della morte, la luce risplende.* Come dichiara il testo, Dio coprì di tenebre Zabulon e Neftali a motivo del loro peccato, ma avverrà che *nei tempi a venire,* coprirà di gloria la terra che è al di là del Giordano, ovvero *la Galilea dei Gentili,* chiamata così perché tanti pagani abitavano in essa. Quel popolo che camminava nelle tenebre, avrebbe finalmente visto la luce. Ciò si è realizzato proprio quando il Signore si recò a Capernaum.

Salta subito all'attenzione la grande opposizione tra luce e tenebre, diversità che si vede fin in Ge 1:4-5 > Genesi 1:4 *Dio vide che la luce era buona; e Dio separò la luce dalle tenebre.* Genesi 1:5 *Dio chiamò la luce «giorno» e le tenebre «notte». Fu sera, poi fu mattina: primo giorno.* Il Signore separò la luce e le tenebre sicuramente per un fatto pratico, affinché la giornata potesse essere suddivisa in due parti: giorno e notte. Ma è evidente che vi è anche un motivo spirituale. Le tenebre non potranno mai andare insieme alla luce. Non vi potrà mai essere comunione tra di loro.

Davide Infatti, poteva affermare > 2Samuele 22:29 *Sì, tu sei la mia lampada, o SIGNORE, e il SIGNORE illumina le mie tenebre.* Davide era consapevole che solo il Signore poteva eliminare ogni buio ed oscurità che poteva ostacolare il suo cammino. Egli era ed è per noi la *lampada* che illumina in modo chiaro. Solo guardando a Lui possiamo vedere chiaramente.

Anche l'apostolo Giovanni afferma > 1Giovanni 1:5 *Questo è il messaggio che abbiamo udito da lui e che vi annunziamo: Dio è luce, e in lui non ci sono tenebre.* 1Giovanni 1:6 *Se diciamo che abbiamo comunione con lui e camminiamo nelle tenebre, noi mentiamo e non mettiamo in pratica la verità.* Qual è il potente messaggio che Giovanni vuole annunziare? Dio è luce. Egli è splendore e gloria ed in Lui non vi è alcuna traccia di tenebre. Per questo motivo, come figli di Dio siamo chiamati a camminare nella luce, per poter essere sempre in comunione con Lui. Affermare di essere in comunione con Lui, quando i fatti non lo dimostrano, significa vivere nell'illusione e nell'ipocrisia. Capernaum aveva la possibilità di vedere questa luce, di contemplarla, ma doveva credere nel Signore.

Infatti, la profezia dichiara - *il popolo che era nelle tenebre, ha visto una grande luce* -. Questo fu il suo immenso privilegio.

Come dirà il salmista > Salmi 104:1 *Anima mia, benedici il SIGNORE! SIGNORE, mio Dio, tu sei veramente grande; sei vestito di splendore e di maestà.* Salmi 104:2 *Egli si avvolge di luce come d'una veste; stende i cieli come una tenda* Egli ha veramente motivo di benedire il Signore, in quanto Egli è immenso, infinito, splendente, glorioso. Egli si avvolge di luce come un vestito che sempre Lo caratterizza. Questa descrizione stupenda si attaglia molto bene alla Persona del Signore Gesù, Colui che è la *Luce del mondo.*

Ma nel Sl 112:4 è scritto > Salmi 112:4 *La luce spunta nelle tenebre per gli onesti, per chi è misericordioso, pietoso e giusto.* Un conto è vedere la luce, un conto è sperimentarlo nella propria vita. La luce può spuntare solo per gli onesti, i misericordiosi, i giusti, coloro che si sono affidati al Signore. Non vi è spazio per coloro che vogliono ancora rimanere nelle tenebre. Quanti videro la luce del Signore, ma vollero rimanere nelle tenebre. Ci sono purtroppo molti esempi nei Vangeli.

Per quanto riguarda i figli di Dio, ecco cosa afferma Paolo agli efesini > Efesini *5:8 perché in passato eravate tenebre, ma ora siete luce nel Signore. Comportatevi come figli di luce* Efesini 5:9 - *poiché il frutto della luce consiste in tutto ciò che è bontà, giustizia e verità* - Efesini 5:10 *esaminando che cosa sia gradito al Signore.* Le tenebre ci caratterizzavano un tempo. Prima eravamo lontani dal Signore e dalla Sua volontà. Ma ora siamo *luce nel Signore* perché abbiamo creduto in Lui. Questo significa che il nostro comportamento deve essere quello di figli di luce. Non può essere altrimenti. Il nostro obiettivo è *esaminare cosa sia gradito al Signore*, per poter fare la Sua volontà. Questo significa avere il Signore che illumina il nostro cammino.

Il testo prosegue - *su quelli che erano nella contrada e nell'ombra della morte una luce si è levata* -. Sono parole molto forti che richiamano proprio la forza e la potenza della morte. Anche in Giobbe, queste parole sono sinonimo del sepolcro (Gb 10:22).

Famose sono le parole del salmista di Davide > Salmi 23:4 *Quand'anche camminassi nella valle dell'ombra della morte, io non temerei alcun male, perché tu sei con me; il tuo bastone e la tua verga mi danno sicurezza.* Egli era talmente certo del Signore, fiducioso in Lui, che Davide menziona il momento più doloroso di un essere umano: camminare nella *valle dell'ombra della morte*. Per molti questo momento è una grande incognita, una sorta di salto nel buio, in quanto non si sa cosa c'è dopo la morte. Ma Davide sapeva in chi aveva creduto. Egli era sicuro che il Signore l'avrebbe sempre accompagnato, non temendo di alcun male. Egli può dare e donare *vera sicurezza*.

Mt 4:12-17 (31> ***L'inizio del ministero di predicazione del Signore Gesù*** >*Da quel tempo Gesù cominciò a predicare e a dire: «Ravvedetevi, perché il regno dei cieli è vicino»* - > Mt 4:17.

Dopo la resa del diavolo, impotente nel tentare il Signore Gesù, il testo ci descrive in modo ufficiale l'inizio del ministero del Signore Gesù. Egli - *cominciò a predicare* -. Nel greco abbiamo il classico verbo - *kerusso* - che significa: **annunciare, proclamare, predicare**. Il Signore Gesù si dimostrò l'Araldo, il Messaggero di una buona notizia.

Interessante osservare ciò che è scritto in Gv 7:45-46 > Giovanni 7:45 *Le guardie dunque tornarono dai capi dei sacerdoti e dai farisei, i quali dissero loro: «Perché non l'avete portato?»* Giovanni 7:46 *Le guardie risposero: «Nessuno parlò mai come quest'uomo!»*. Il Signore Gesù predicò moltissime volte nelle sinagoghe, all'aperto e la Sua predicazione non passava mai inosservata. Ad esempio in questo caso, quando le guardie tornarono dai farisei per riferire ciò che avevano udito, esse diedero una bellissima testimonianza: *nessuno parlò mai come quest'uomo*. Egli si distingueva da tutti gli altri, anche da Giovanni Battista. Il Signore Gesù era ed è Unico.

La predicazione è un aspetto del servizio che non ha solo contraddistinto il ministero del Signore Gesù, ma anche quello degli apostoli. In At 9:19-21 Infatti, leggiamo > Atti 9:19 *E, dopo aver preso cibo, gli ritornarono le forze. Rimase alcuni giorni insieme ai discepoli che erano a Damasco,* Atti 9:20 *e si mise subito a predicare nelle sinagoghe che Gesù è il Figlio di Dio.* Atti 9:21 *Tutti quelli che lo ascoltavano si meravigliavano e dicevano: «Ma costui non è quel tale che a Gerusalemme infieriva contro quelli che invocano questo nome ed era venuto qua con lo scopo di condurli incatenati ai capi dei sacerdoti?»*. Questo testo descrive un Paolo rinnovato, trasformato, il quale dopo aver avuto l'incontro straordinario con il Signore e dopo essersi ripreso da quell'incontro, quale fu la prima cosa che fece? Predicare nelle sinagoghe, proprio in quei luoghi ostili, duri di orecchi, in quanto capeggiati dai farisei, da quella categoria che da sempre fu ostile al Signore Gesù. Paolo lo sapeva bene, visto che anche lui era un fariseo. Egli iniziò a predicare che *Gesù è il Figlio di Dio* e gli ascoltatori si meravigliarono di tale cambiamento.

Come è scritto in Eb 2:2-4 > Ebrei 2:2 *Infatti, se la parola pronunziata per mezzo di angeli si dimostrò ferma e ogni trasgressione e disubbidienza ricevette una giusta retribuzione,* Ebrei 2:3 *come scamperemo noi se trascuriamo una così grande salvezza? Questa, dopo essere stata annunziata prima dal Signore, ci è stata poi confermata da quelli che lo avevano udito,* Ebrei 2:4 *mentre Dio stesso aggiungeva la sua testimonianza alla loro con segni e prodigi, con opere potenti di ogni genere e con doni dello Spirito Santo, secondo la sua volontà.* L'autore della lettera agli Ebrei costruisce una sorta di escalation partendo dalla predicazione *degli angeli,* vista nella Legge, dove ogni trasgressione veniva punita, per poi giungere alla predicazione del Signore Gesù, il Quale annunziò il messaggio della salvezza per poi giungere agli apostoli, i quali con segni e prodigi accompagnarono tale messaggio. Da questo evinciamo che la predicazione è sempre stata nel corso dei secoli il ministero portante, così come fu colonna portante del ministero del Signore Gesù.

Qual era il contenuto di tale messaggio? Innanzitutto - *Ravvedetevi* -. Questo rappresentava l'obiettivo che il Signore si voleva prefiggere. Ogni uomo doveva ravvedersi del suo peccato.

In At 5:30-31 abbiamo parole stupende pronunciate da Pietro > *Atti 5:30 Il Dio dei nostri padri ha risuscitato Gesù che voi uccideste appendendolo al legno Atti 5:31 e lo ha innalzato con la sua destra, costituendolo Principe e Salvatore, per dare ravvedimento a Israele, e perdono dei peccati.* L'apostolo non solo menziona il fatto emblematico e comprovato della risurrezione del Signore Gesù, il Quale venne ucciso proprio per volontà di quegli ebrei duri d'orecchi e di cuore, ma nello stesso tempo Egli ascese al cielo quale *Principe e Salvatore*, per *dare ravvedimento a Israele e perdono ai peccati.* Come abbiamo notato anche Giovanni Battista proclamava lo stesso messaggio, ma egli non aveva certamente il potere di dare un ravvedimento, né tanto meno di perdonare i peccati. Il Signore Gesù ha questo potere in quanto Dio.

Per quanto concerne il ravvedimento, Pietro afferma > 2Pietro 3:9 *Il Signore non ritarda l'adempimento della sua promessa, come pretendono alcuni; ma è paziente verso di voi, non volendo che qualcuno perisca, ma che tutti giungano al ravvedimento.* Non dobbiamo mai ignorare quest'aspetto. Il Signore vuole il ravvedimento di tutti quanti, ecco perché Egli mostra pazienza ed ancora non è tornato. Questa è una chiara dimostrazione del Suo amore e della Sua Grazia. Ma anche se questo è il Suo desiderio Egli non costringe e non forza nessuno. L'uomo Lo deve seguire per libera scelta. Questo è chiaro in tutta la Scrittura.

Ma il contenuto del messaggio prosegue -*perché il regno dei cieli è vicino* -. Abbiamo già parlato dell'espressione regno dei cieli a pag.66 e seguenti.

Vogliamo vedere un altro particolare in Mt 10:7-10 > *Matteo 10:7 Andando, predicate e dite: Il regno dei cieli è vicino. Matteo 10:8*

*Guarite gli ammalati, risuscitate i morti, purificate i lebbrosi, scacciate i demòni; gratuitamente avete ricevuto, gratuitamente date.* Matteo 10:9 *Non provvedetevi d'oro, né d'argento, né di rame nelle vostre cinture,* Matteo 10:10 *né di sacca da viaggio, né di due tuniche, né di calzari, né di bastone, perché l'operaio è degno del suo nutrimento.* Un dettaglio importante è quello di notare che anche quando i discepoli annunziarono questo messaggio per ordine del Signore verso Israele, tale predicazione era appunto accompagnata da diversi segni potenti e prodigi come lo scacciare demoni, guarire i lebbrosi, risuscitare i morti. Gli astanti, gli ascoltatori dovevano rendersi conto che stava avvenendo qualcosa di straordinario e che effettivamente - *il regno dei cieli* - era alle porte, in quanto il Re era in mezzo a loro. I discepoli dovevano annunciare tale messaggio inoltre senza alcun aiuto, senza un sostegno *perché l'operaio è degno del suo nutrimento*, come fece il Signore Gesù. D'altro canto essere discepoli del Signore, significa imitarlo e seguire le Sue orme.

# Matteo 4:18-25 La chiamata dei primi discepoli

Mt 4:18-25 (1ì > *La chiamata di Simone ed Andrea* > - *Mentre camminava lungo il mare della Galilea, Gesù vide due fratelli, Simone detto Pietro, e Andrea suo fratello, i quali gettavano la rete in mare, perché erano pescatori. E disse loro: «Venite dietro a me e vi farò pescatori di uomini». Ed essi, lasciate subito le reti, lo seguirono.* - > Mt 4:18-20.

In quest'ultima sezione del cap.4 possiamo notare che il gruppo inizia ad aumentare, in quanto si parla della chiamata dei primi discepoli. Infatti, è scritto - *Mentre camminava lungo il mare della Galilea, Gesù vide due fratelli, Simone detto Pietro, e Andrea suo fratello, i quali gettavano la rete in mare, perché erano pescatori-*. Quest'incontro segnò per sempre la vita di questi due fratelli, Simone ed Andrea. Il Signore Gesù li vide mentre stavano gettando la rete in mare, proprio perché erano dei pescatori.

A proposito del regno dei cieli è interessante questa similitudine > *Matteo 13:47 «Il regno dei cieli è anche simile a una rete che, gettata in mare, ha raccolto ogni genere di pesci; Matteo 13:48 quando è piena, i pescatori la traggono a riva, poi si mettono a sedere e raccolgono il buono in vasi, e buttano via quello che non vale nulla.* Possiamo certamente dire che questa similitudine fu ben compresa sia da Simone che Andrea. In questo si collega poi la loro missione di essere dei - *pescatori d'uomini* -. Un pescatore quando getta la rete e tira su un gran numero di pesci non tutti vanno bene. Alcuni vengono scartati. Vedremo questo dettaglio quando analizzeremo questo testo. Il loro lavoro secolare aveva delle grosse attinenze con quello che sarà il loro servizio spirituale.

Inoltre vi è da dire che il lavoro del pescatore aveva i suoi rischi. Un pescatore non poteva contare su un reddito fisso e sicuro. In Is 19:7-8 è scritto > Isaia 19:7 *Le praterie lungo il Nilo e alla foce del Nilo, tutti i seminati presso il Nilo seccheranno, diverranno brulli, spariranno.* Isaia 19:8 *I pescatori gemeranno, tutti quelli che gettano l'amo nel Nilo saranno in lutto; quelli che stendono le reti sulle acque languiranno.* Co troviamo in un contesto completamente diverso, in quanto si parla del giudizio sull'Egitto. Ma è interessante osservare il dolore ed il lamento promosso proprio dai pescatori, in quanto la loro fonte di reddito, il Nilo, è colpito. Deve essere drammatico per un pescatore gettare la rete e non riuscire a tirare su nemmeno un pesce. Questo significa che sia Simone che Andrea erano persone semplici, umili, probabilmente non acculturate, ma che conoscevano lo spirito del sacrificio.

In Lu 5:4-11 abbiamo un passo che si collega bene a quanto stiamo dicendo > Luca 5:4 *Com'ebbe terminato di parlare, disse a Simone: «Prendi il largo, e gettate le reti per pescare».* Luca 5:5 *Simone gli rispose: «Maestro, tutta la notte ci siamo affaticati, e non abbiamo preso nulla; però, secondo la tua parola, getterò le reti».* Luca 5:6 *E, fatto così, presero una tal quantità di pesci, che le reti si rompevano.* Luca 5:7 *Allora fecero segno ai loro compagni dell'altra barca, di venire ad aiutarli. Quelli vennero e riempirono tutt'e due le barche, tanto che affondavano.* Luca 5:8 *Simon Pietro, veduto ciò, si gettò ai piedi di Gesù, dicendo: «Signore, allontanati da me, perché sono un peccatore».* Luca 5:9 *Perché spavento aveva colto lui, e tutti quelli che erano con lui, per la quantità di pesci che avevano presi,* Luca 5:10 *e così pure Giacomo e Giovanni, figli di Zebedeo, che erano soci di Simone. Allora Gesù disse a Simone: «Non temere; d'ora in poi sarai pescatore di uomini».* Luca 5:11 *Ed essi, tratte le barche a terra, lasciarono ogni cosa e lo seguirono.* È indubbio che in questo caso abbiamo ancora più dettagli. All'ordine del Signore di andare al largo per gettare le reti, Simone replica che per tutta la notte aveva pescato ma senza successo. Questo è un esempio del rischio di cui si accennava. Ma nonostante questo egli ubbidisce al Signore ed in quella notte riempirono le barche di tanto pesce che quasi affondarono. Nel vedere tale miracolo, Simone si allontana dal Signore esprimendo la sua bassezza ed il suo stato di peccatore. Egli si sentiva un miserabile al confronto con il Suo Maestro. Ma ancora il Signore lo incoraggia e lo rincuora Non temere, d'ora in poi sarai pescatore d'uomini. A queste parole essi *lasciarono ogni cosa*, ogni comodità, per seguire il Signore. Abbiamo noi questo coraggio? Ecco cosa significa essere realmente dei discepoli.

Un altro passo emblematico lo troviamo in Gv 1:35-42 > Giovanni 1:35 *Il giorno seguente, Giovanni era di nuovo là con due dei suoi discepoli;* Giovanni 1:36 *e fissando sguardo su Gesù, che passava, disse: «Ecco l'Agnello di Dio!»* Giovanni 1:37 *I suoi due discepoli, avendolo udito parlare, seguirono Gesù.* Giovanni 1:38 *Gesù, voltatosi, e osservando che lo seguivano, domandò loro: «Che cercate?» Ed essi gli dissero: «Rabbì (che, tradotto, vuol dire Maestro), dove abiti?»* Giovanni 1:39 *Egli rispose loro: «Venite e vedrete». Essi dunque andarono, videro dove abitava e stettero con lui quel giorno. Era circa la decima ora.* Giovanni 1:40 *Andrea, fratello di Simon Pietro, era uno dei due che avevano udito Giovanni e avevano seguito Gesù.* Giovanni 1:41 *Egli per primo trovò suo fratello Simone e gli disse: «Abbiamo trovato il Messia» (che, tradotto, vuol dire Cristo);* Giovanni 1:42 *e lo condusse da Gesù. Gesù lo guardò e disse: «Tu sei Simone, il figlio di Giovanni; tu sarai chiamato Cefa» (che si traduce «Pietro»).* Possiamo dire che questo brano narra del primo incontro tra il Signore Gesù ed Andrea e Pietro. Giovanni Battista aveva dei discepoli che lo stavano seguendo, ma per lui era giunto il momento di levarsi dalla scena, per lasciare spazio al Messia. Infatti, egli ha cura di indicare ai suoi discepoli che Gesù era *l'Agnello di Dio* che ha il potere di togliere il peccato del mondo. Subito i suoi due discepoli iniziarono a seguire il Messia. Ma è interessante la domanda che rivolge

Signore *Che cercate?* Fratelli e sorelle, noi cosa andiamo cercando? Cerchiamo sempre il Signore e la Sua volontà, oppure ricerchiamo i nostri desideri. Questi due uomini sapevano cosa volevano, tant'è che decisero di rimanere con il Signore. Dopo di loro sopraggiunsero prima Andrea e poi Simone, verso il quale il Signore gli annuncia che sarebbe stato chiamato *Cefa*.

Perciò, tornando al testo di Matteo, è scritto che il Signore rivolse loro queste parole - *Venite dietro a me e vi farò pescatori di uomini» essi, lasciate le reti Lo seguirono* -. Ancora oggi il

Signore rivolge le stesse parole. Egli desidera che noi andiamo dietro a Lui, che seguiamo il Suo esempio.

In Is 55:2-3 è scritto > Isaia 55:2 *Perché spendete denaro per ciò che non è pane e il frutto delle vostre fatiche per ciò che non sazia? Ascoltatemi attentamente e mangerete ciò che è buono, gusterete cibi succulenti!* Isaia 55:3 *Porgete l'orecchio e venite a me; ascoltate e voi vivrete; io farò con voi un patto eterno, vi largirò le grazie stabili promesse a Davide.* Sono parole molto forti quelle che rivolge l'Eterno ad Israele. Come tanti nel mondo, essi si preoccupavano di spendere denaro in ciò che non è pane, ovvero in ciò che non porta veramente beneficio. Essi spendevano inutilmente, i loro sforzi erano spesi inutilmente, quando il giusto atteggiamento da tenere è sempre quello di andare verso il Signore. Egli dice *venite a Me, ascoltate e voi vivrete.* Non ci può essere altra soluzione se non andare al Signore ed ascoltare la Sua Parola. Con Israele, il Signore avrebbe stretto un patto eterno, quel *nuovo patto* che il Signore Gesù ha sigillato con il Suo sangue e del quale anche noi gentili siamo entrati a farne parte.

Come non considerare inoltre le parole di Mt 11:28 > Matteo 11:28 *Venite a me, voi tutti che siete affaticati e oppressi, e io vi darò riposo.* Questo è il dolce invito che il Signore Gesù rivolge a tutti quanti. Bisogna andare a Lui per poter ricevere il Suo riposo ed ogni figlio di Dio ha compiuto proprio questa scelta. L'uomo è oppresso, affaticato, appesantito dal peso del suo peccato e per quanto egli si sforzi, non potrà mai trovare pace e riposo. Queste sono prerogative che lui potrà incontrare solo quando andrà al Signore. Ma andare a Lui, significa anche essere Suoi discepoli.

In Mt 19:16-22 leggiamo un episodio emblematico > Matteo 19:16 *Un tale si avvicinò a Gesù e gli disse: «Maestro, che devo fare di buono per avere la vita eterna?»* Matteo 19:17 *Gesù gli rispose: «Perché m'interroghi intorno a ciò che è buono? Uno solo è il buono. Ma se vuoi entrare nella vita, osserva i comandamenti».* Matteo 19:18 *«Quali?» gli chiese. E Gesù rispose: «Questi: Non uccidere, non commettere adulterio, non rubare, non testimoniare il falso.* Matteo 19:19 *Onora tuo padre e tua madre, e ama il tuo prossimo come te stesso».* Matteo 19:20 *E il giovane a lui: «Tutte queste cose le ho osservate; che mi manca ancora?»* Matteo 19:21 *Gesù gli disse: «Se vuoi essere perfetto, va', vendi ciò che hai e dallo ai poveri, e avrai un tesoro nei cieli; poi, vieni e seguimi».* Matteo 19:22 *Ma il giovane, udita questa parola, se ne andò rattristato, perché aveva molti beni.* Questo è il brano che parla dell'incontro con il giovane ricco, la classica persona che si sentiva a posto nella coscienza. Egli interroga il Signore su ciò che di buono deve fare per ottenere la vita eterna e la risposta del Signore fu puntuale *Osserva i comandamenti.* Nel linguaggio dell'AT questa era la strada indicata all'uomo, ma non per giustificarlo, in quanto la Legge non ha questo potere (Ro 3:20), ma per far vedere al peccatore quanto per lui fosse impossibile soddisfare la giustizia di Dio. La giustificazione è sempre stata ed è *per fede.* Questo giovane, dichiara di essere sempre stato ubbidiente, ma il Signore va a toccare una corda dolente: i suoi beni. Quelli erano intoccabili e non voleva privarsene. Eppure doveva *vendere i suoi beni ai poveri* e seguire Cristo se voleva veramente *entrare nella vita.* Questo per lui era troppo. Quando si vanno a toccare i beni personali di una persona, allora le cose si fanno più complicate. Ma non vi è altra strada che avere fede nel Signore e seguire Lui.

Ancora, in Lu 9:59-60 leggiamo > Luca 9:59 *A un altro disse: «Seguimi». Ed egli rispose: «Permettimi di andare prima a seppellire mio padre».* Luca 9:60 *Ma Gesù gli disse: «Lascia che i morti seppelliscano i loro morti; ma tu va' ad annunziare il regno di Dio».* Per seguire il Signore non bisogna essere solo disposti a lasciare ed abbandonare ciò che si ha di più caro, ma anche mettere in secondo piano i legami umani e famigliari più stretti. Era sicuramente legittimo per quest'uomo andare a dare una degna sepoltura al proprio padre, ma la sua priorità assoluta doveva essere l'andare ad annunciare il messaggio del regno di Dio.

Ed in Gv 21:21-22 leggiamo > Giovanni 21:21 *Pietro dunque, vedutolo, disse a Gesù: «Signore, e di lui che sarà?»* Giovanni 21:22 *Gesù gli rispose: «Se voglio che rimanga finché io venga, che t'importa? Tu, seguimi».* Pietro voleva parlare di Giovanni al Signore Gesù, ma la Sua risposta fu chiara: *se voglio che rimanga finché io venga, che t'importa? Tu, seguimi».* Quel *Tu seguimi,* risuona ancora oggi alle nostre orecchie. Questa deve essere la nostra assoluta priorità. Troppo spesso guardiamo agli altri, ci confrontiamo con gli altri, ma la nostra occupazione primaria deve essere quella di seguire Cristo.

Come dirà Pietro nella sua prima lettera > 1Pietro 2:21 *Infatti, a questo siete stati chiamati, poiché anche Cristo ha sofferto per voi, lasciandovi un esempio, perché seguiate le sue orme.* Il Signore Gesù ha svolto un ministero perfetto, ha manifestato un comportamento perfetto ed ha compiuto un sacrificio perfetto. Tutto perché il figlio di Dio, quale seguace di Cristo e Suo discepolo, potesse *seguire le Sue orme*. Il nostro cammino è sempre conforme a quello del nostro Maestro? Lo seguiamo sempre? O talvolta il nostro cammino è indirizzato verso *sentieri laterali*, dove non vi è il Signore?

Mt 4:18-25 (21 > *La chiamata di Giacomo e Giovanni* > - *Passato oltre, vide altri due fratelli, Giacomo di Zebedeo e Giovanni, suo fratello, i quali nella barca con Zebedeo, loro padre, rassettavano le reti; e li chiamò. Essi, lasciando subito la barca e il padre loro, lo seguirono - >* Mt 4:21-22.

In questo brano abbiamo la chiamata di Giacomo e Giovanni, i quali anche loro erano fratelli come Simone ed Andrea. Essi stavano - *rassettando le reti* -, quando il Signore - *li chiamò* -. Fu una chiamata potente, una chiamata al servizio ed all'essere Suoi discepoli.

La chiamata di Dio, nella Scrittura ha diverse sfaccettature che possono essere collegare sia alla salvezza che al servizio. Ovviamente prima si è chiamati per la salvezza e poi per un ministero specifico. Paolo si presenta così ai Romani > Romani 1:1 *Paolo, servo di Cristo Gesù, chiamato a essere apostolo, messo a parte per il vangelo di Dio.* Paolo si definisce in due modi: servo di Cristo, ovvero schiavo e *chiamato ad essere apostolo,* ovvero chiamato per un servizio assolutamente importante e specifico, in quanto *messo a parte per il Vangelo di Dio.* Il Signore si vuole servire di tutti i Suoi figli, ma è chiaro che bisogna anche essere disposti all'ubbidienza ed al servizio. Il Signore non potrà usare coloro che effettivamente non sono Suoi discepoli.

In Eb 11:8 leggiamo di Abraamo > Ebrei 11:8 *Per fede Abraamo, quando fu chiamato, ubbidì, per andarsene in un luogo che egli doveva ricevere in eredità; e partì senza sapere dove andava.* Abraamo fu chiamato dal Signore per andare in una terra straniera. I dettagli di questa chiamata li abbiamo in Ge 12. Egli non poteva contare su nessuna sicurezza sul futuro, esattamente come i discepoli del Signore. Essi sapevano solo che avevano lasciato tutto per il loro Maestro, ma non potevano sapere con certezza a cosa sarebbero andati incontro. Per loro era sufficiente seguire il Signore, come Abraamo che *ubbidì* alla chiamata di Dio. Infatti, egli partì *senza sapere dove andava.* Seguire il Signore talvolta significa abbandonare le proprie certezze e sicurezze, per affidarsi esclusivamente al Signore.

Un altro dato importante è quando leggiamo che Giacomo e Giovanni non solo lasciarono la barca, ma anche il loro - *padre* -. È interessante osservare come coloro che seguirono il Signore Gesù, furono anche disposti a lasciare tutto, anche i legami famigliari più stretti.

Come è scritto in Mr 10:28-30 > Marco 10:28 *Pietro gli disse: «Ecco, noi abbiamo lasciato ogni cosa e ti abbiamo seguito».* Marco 10:29 *Gesù rispose: «In verità vi dico che non vi è nessuno che abbia lasciato casa, o fratelli, o sorelle, o madre, o padre, o figli, o campi, per amor mio e per amor del vangelo,* Marco 10:30 *il quale ora, in questo tempo, non ne riceva cento volte tanto: case, fratelli, sorelle, madri, figli, campi, insieme a persecuzioni e, nel secolo a venire, la vita eterna.* Pietro disse proprio al Signore che per seguire Lui, i discepoli avevano lasciato ogni cosa. Questo era un dato di fatto, ma dobbiamo renderci conto che seguire Cristo implica pagare un prezzo: rinunciare a se stessi. Il Signore Gesù però ricompensa tutti coloro che Lo seguono, tanto che Egli risponde a Pietro che chiunque abbia lasciato padre, madre fratelli o sorelle per Lui, riceverà una ricompensa cento volte superiore alla rinuncia. Il Signore ricompensa tutti coloro che vogliono rimanere fedeli a Lui.

Mt 4:18-25 (31> ***La fama del Signore Gesù si spande*** > - *Gesù andava attorno per tutta la Galilea, insegnando nelle loro sinagoghe e predicando il vangelo del regno, guarendo ogni malattia e ogni infermità tra il popolo. La sua fama si sparse per tutta la Siria; gli recarono tutti i malati colpiti da varie infermità e da vari dolori, indemoniati, epilettici, paralitici; ed egli li guarì. Grandi folle lo seguirono dalla Galilea, dalla Decapoli, da Gerusalemme, dalla Giudea e da oltre il Giordano* - > Mt 4:23-25.

In questi versi, possiamo notare come la fama del Signore Gesù si sparse velocemente. Egli - *andava attorno per tutta la Galilea, insegnando nelle loro sinagoghe e predicando il vangelo del regno* -. Questa volta non troviamo il verbo - *kerusso* -, ovvero predicare, ma - *didasko* -, ovvero insegnare. Il Signore Gesù si rivela come il Perfetto Insegnante, in quanto Egli è la *Verità.*

Il tema dell'insegnamento è caro nella Scrittura > Levitico 10:9 *«Tu e i tuoi figli non berrete vino né bevande alcoliche quando entrerete nella tenda di convegno, altrimenti morirete; sarà una legge perenne, di generazione in generazione;* Levitico 10:10 *e questo, perché possiate discernere ciò che è santo da ciò che è profano e ciò che è impuro da ciò che è puro,* Levitico 10:11 *e possiate insegnare ai figli d'Israele tutte le leggi che il SIGNORE ha date loro per mezzo di Mosè».* Queste parole sono rivolte ad Aaronne ed ai suoi figli. Essi si dovevano mantenere puri e per raggiungere quest'obiettivo non dovevano bere alcuna bevanda alcolica, quando fossero entrati nel tabernacolo. Infatti, il tabernacolo rappresentava la presenza del Signore in mezzo al popolo. Non solo, ma il loro compito era proprio quello di insegnanti. Essi dovevano del continuo ricordare ad Israele, le leggi, le prescrizioni che il Signore aveva dato per mezzo di Mosè. Il tema dell'insegnamento risultava essere un punto cardine nella Legge.

Non per niente il salmista Davide dirà > *Salmi 25:4 O SIGNORE, fammi conoscere le tue vie, insegnami i tuoi sentieri. Salmi 25:5 Guidami nella tua verità e ammaestrami; poiché tu sei il Dio della mia salvezza; io spero in te ogni giorno.* Quali figli di Dio sempre dobbiamo nutrire il desiderio di essere ammaestrati dal Signore. Egli è sempre pronto ad insegnarci i Suoi sentieri, la Sua volontà ed a guidarci secondo Verità. Questo fu il compito che adempì il Signore Gesù. Egli proclamò la Verità, in quanto non solo Lui la conosceva, ma Egli stesso è la Verità. Imitando il Signore Gesù, avendo Lui come punto di riferimento, potremo essere sempre certi di essere sulla strada giusta.

Gli insegnamenti segnarono in modo indelebile il ministero degli apostoli > *2Tessalonicesi 2:15 Così dunque, fratelli, state saldi e ritenete gli insegnamenti che vi abbiamo trasmessi sia con la parola, sia con una nostra lettera.* Paolo ha cura di esortare i Tessalonicesi a rimanere saldi, incrollabili, secondo l'insegnamento ricevuto. Quegli insegnamenti dovevano risultare il punto di riferimento per la loro condotta e per la loro conoscenza. Tali insegnamenti sono giunti fino a noi e come figli di Dio non possiamo assolutamente esimerci dall'ubbidienza.

Ma dove insegnava il Signore? Proprio nelle - *sinagoghe* -, i luoghi preferiti dagli Scribi ed i Farisei. Quei luoghi dovevano offrire occasioni di edificazione comune, nell'ascoltare e nel leggere gli scritti dell'AT. Invece quei luoghi, per i Farisei, rappresentavano un'occasione di orgoglio.

Come è scritto in Mt 23:5-6 > Matteo 23:5 *Tutte le loro opere le fanno per essere osservati dagli uomini; infatti, allargano le loro filatterie e allungano le frange dei mantelli;* Matteo 23:6 *amano i primi posti nei conviti, i primi seggi nelle sinagoghe.* Il Signore parla proprio degli Scribi ed i Farisei, i quali, nella loro voglia spasmodica di farsi notare dagli uomini, allungano le frange dei mantelli, amando i primi posti alle sinagoghe.

Il fatto di desiderare i primi posti era simbolo di orgoglio e di presunta superiorità sugli altri.

Anche in Lu 4:42-44 leggiamo > Luca 4:42 *Poi, fattosi giorno, uscì e andò in un luogo deserto; e le folle lo cercavano e giunsero fino a lui; e lo trattenevano perché non si allontanasse da loro.* Luca 4:43 *Ma egli disse loro: «Anche alle altre città bisogna che io annunzi la buona notizia del regno di Dio; poiché per questo sono stato mandato».* Luca 4:44 *E andava predicando nelle sinagoghe della Giudea.* Questo testo ha proprio a che fare con la fama del Signore Gesù che andava sempre più aumentando. Le folle desideravano che Egli rimanesse con loro, ma doveva proseguire nel Suo ministero andando di città in città a proclamare il Suo messaggio. Questo prevedeva anche le sinagoghe, luogo principale dell'ascolto della Parola di Dio.

Anche Paolo fece lo stesso dopo aver incontrato il Signore Gesù > *Atti 9:20 e si mise subito a predicare nelle sinagoghe che Gesù è il Figlio di Dio.* Pur sapendo che Paolo avrebbe incontrato osteggiamento e numerosi problemi andando nelle sinagoghe, esattamente come il Signore Gesù, egli non si tirò indietro, ma andò proprio in quei luoghi per annunciare che Gesù era niente meno che il *Figlio di Dio.* Questo è uno dei messaggi principali del Vangelo del Signore.

Non solo, ma l'insegnamento del Signore Gesù era anche accompagnato da numerosi segni e prodigi - *guarendo ogni malattia e ogni infermità tra il popolo* -. Nel greco abbiamo il verbo - *therapeuo* - da cui deriva il nostro termine terapia. Si parla più che altro della cura che il Signore Gesù aveva nei confronti dei malati, che poi sicuramente si concludeva con la guarigione.

Anche mediante questi atti, Egli dimostrò di essere Colui che pronunciò queste parole in Es 15:26 > Esodo 15:26 *«Se tu ascolti attentamente la voce del SIGNORE che è il tuo Dio, e fai ciò che è giusto agli occhi suoi, porgi orecchio ai suoi comandamenti e osservi tutte le sue leggi, io non ti infliggerò nessuna delle infermità che ho inflitte agli Egiziani, perché io sono il SIGNORE, colui che ti guarisce».* Se Israele avesse sempre ubbidito al Signore, facendo ciò che era giusto ed ascoltando i Suoi insegnamenti, la promessa era chiara: nessuna infermità che gli Egiziani sperimentarono per la loro incredulità avrebbe colpito Israele, perché il Signore è *Colui che guarisce.* Il Signore Gesù dimostrò ampiamente la Sua potenza, dimostrando che per Lui non vi erano assolutamente ostacoli. Nemmeno la morte poteva niente con il Suo potere. Questo era necessario affinché il Signore dimostrasse al di là di ogni dubbio che Egli era veramente l'eterno Figlio di Dio.

Le parole che l'apostolo Pietro disse in At 10:37-39 verso Cornelio sono eloquenti. Atti 10:37 *Voi sapete quello che è avvenuto in tutta la Giudea, incominciando dalla Galilea, dopo il battesimo predicato da Giovanni;* Atti 10:38 *vale a dire, la storia di Gesù di Nazaret; come Dio lo ha unto di Spirito Santo e di potenza; e com'egli è andato dappertutto facendo del bene e guarendo tutti quelli che erano sotto il potere del diavolo, perché Dio era con lui.* Atti 10:39 *E noi siamo testimoni di tutte le cose da lui compiute nel paese dei Giudei e in Gerusalemme; essi lo uccisero, appendendolo a un legno.* Pietro testimonia appunto del ministero del Signore Gesù e di ciò che avvenne in tutta la Giudea, incominciando proprio dalla Galilea, dopo l'evento del battesimo di Giovanni. In pratica egli parla della *storia di Gesù di Nazaret,* della Sua potenza, della Sua missione, di come Egli guariva solo con un detto o con un cenno. Nessuna malattia poteva resistere a Lui e Pietro e gli altri apostoli furono testimoni di questa potenza. Ma Pietro racconta anche di come Egli venne crocifisso. Fu una bellissima testimonianza e confessione che Pietro rivolse a Cornelio, il quale credette al Signore.

È vero che anche nell'AT leggiamo di episodi nei quali ci furono guarigioni miracolose e finanche risurrezioni, come nel caso del profeta Elia > Dopo queste cose, il figlio di quella donna, che era la padrona di casa, si ammalò; e la sua malattia fu così grave, che egli cessò di respirare. 1Re 17:18 *Allora la donna disse a Elia: «Che ho da fare con te, o uomo di Dio? Sei forse venuto da me per rinnovare il ricordo delle mie iniquità e far morire mio figlio?»* 1Re 17:19 *Egli le rispose: «Dammi tuo figlio». Lo prese dalle braccia di lei; lo portò su nella camera di sopra, dove egli alloggiava, e lo coricò sul suo letto.* 1Re 17:20 *Poi invocò il*

*SIGNORE, e disse: «SIGNORE mio Dio, colpisci di sventura anche questa vedova, della quale io sono ospite, facendole morire il figlio?»* 1Re 17:21 *Si distese quindi tre volte sul bambino e invocò il SIGNORE, e disse: «SIGNORE mio Dio, torni, ti prego, l'anima di questo bambino in lui!»* 1Re 17:*22 Il SIGNORE esaudì la voce d'Elia: l'anima del bambino tornò in lui, ed egli visse.* Questo testo narra dell'incontro con il profeta Elia e la vedova di Sarepta. Essa fu strumento nelle mani di Dio per sostenere fisicamente il profeta, in quanto fu proprio lei a dargli da mangiare. Ma il figlio di questa donna, già provata dalla morte del marito, quindi vedova, senza alcun sostegno, debole (possiamo immaginarci come poteva vivere una donna vedova a quei tempi!), deve anche subire il dolore e lo spavento per un figlio che *cessa di respirare.* Questa donna, in preda ad un completo sconforto domanda ad Elia *Che ho da fare con te, o uomo di Dio? Sei forse venuto da me per rinnovare il ricordo delle mie iniquità e far morire mio figlio?* Elia era veramente un uomo di Dio, ma questa donna non riusciva in quel momento a vedere al di là del suo dolore. Essa pensava che il suo figlio morente fosse la dimostrazione di una sua iniquità che Dio non aveva perdonato. Ma in realtà quella circostanza fu un'occasione per glorificare il Nome del Signore, visto che Elia fu lo strumento della potenza del Signore.

Ma la malattia può essere sicuramente una punizione da parte di Dio a causa della malvagità perpetrata, come vediamo nel caso del re Ieoram > 2Cronache 21:11 Ieoram fece anch'egli degli alti luoghi sui monti di Giuda, spinse gli abitanti di Gerusalemme alla prostituzione, e sviò Giuda. 2Cronache 21:12 *E gli giunse uno scritto da parte del profeta Elia, che diceva: «Così dice il SIGNORE, Dio di Davide tuo padre: Poiché tu non hai camminato per le vie di Giosafat, tuo padre, e per le vie di Asa, re di Giuda,* 2Cronache 21:13 *ma hai camminato per la via dei re d'Israele; poiché hai spinto alla prostituzione Giuda e gli abitanti di Gerusalemme, come la casa di Acab vi ha spinto Israele, e perché hai ucciso i tuoi fratelli, membri della famiglia di tuo padre, che erano migliori di te,* 2Cronache 21:14 *ecco, il SIGNORE colpirà con un gran flagello il tuo popolo, i tuoi figli, le tue mogli, e tutto quello che ti appartiene.* 2Cronache 21:15 *Tu avrai una grave malattia, una malattia intestinale, che si aggraverà di giorno in giorno, finché gli intestini ti vengano fuori per effetto del male».* Questo re fu talmente malvagio che non solo fece costruire gli alti luoghi ma fu proprio lui a spingere gli abitanti di Gerusalemme alla prostituzione ed al peccato, facendo sviare tutto Giuda. Non solo ma fece addirittura uccidere i membri della sua famiglia, i suoi fratelli, come tante volte p accaduto nella storia del potere. Questa condotta non poteva passare inosservata dal Signore e visto che le vie che egli percorse non furono quelle di suo padre Giosafat, il quale invece dimostrò amore per il Signore, Ieoram venne colpito da una *malattia mortale,* ma non una malattia qualsiasi. L'infermità che lo colpì fu un male intestinale che portava dolori atroci tali da desiderare la morte. Possiamo dire in senso generale che la malattia è una conseguenza del peccato. Ma può risultare anche uno strumento di punizione o di giudizio immediato su chi commette il male.

Inoltre in Gv 11:3-4 possiamo osservare un altro esempio > *Giovanni 11:3 Le sorelle dunque mandarono a dire a Gesù: «Signore, ecco, colui che tu ami è malato».* Giovanni 11:4 Gesù, *udito ciò, disse: «Questa malattia non è per la morte, ma è per la gloria di Dio, affinché per mezzo di essa il Figlio di Dio sia glorificato».* In questo caso si parla di Lazzaro, il quale come sappiamo si ammalò e morì. Ma tutto era sotto il controllo di Dio e la sua malattia e la sua morte furono due realtà necessarie affinché il Nome del Signore venisse glorificato, come avvenne quando il Signore Gesù risuscitò Lazzaro.

Un altro esempio ancora l'abbiamo in Ga 4:13-14 > Galati 4:13 *Voi non mi faceste torto alcuno; anzi sapete bene che fu a motivo di una malattia che vi evangelizzai la prima volta;* Galati 4:14 *e quella mia infermità, che era per voi una prova, voi non la disprezzaste né vi fece ribrezzo; al contrario mi accoglieste come un angelo di Dio, come Cristo Gesù stesso.* Paolo testimonia ai Galati che fu proprio una malattia che colpì Paolo l'occasione per la quale egli evangelizzò per la prima volta quei pagani. Questa è la dimostrazione di come una malattia possa assumere veramente tanti significati. Una malattia può essere strumento di punizione da parte di Dio, come può essere un'occasione per cui il Nome del Signore sia glorificato, come può essere un motivo di prova per la crescita spirituale o un'occasione di benedizione per altri.

Perciò, visto che il Signore Gesù mostrava la Sua potenza in modo tale da dimostrare Chi Egli fosse veramente - *la Sua fama si sparse per tutta la Siria* -. Egli divenne famoso in poco tempo. È così anche al giorno d'oggi. Quando si sentono notizie particolari o che hanno del miracoloso, subito esse si spandono come una macchia d'olio.

In Gs 6:27 è scritto > Giosuè 6:27 *Il SIGNORE fu con Giosuè, e la fama di lui si sparse per tutto il paese.* Giosuè fu un condottiero forte e valoroso, ma soprattutto un capo che si sottomise al Signore ed alla Sua volontà. Ecco perché Dio era con lui, facendolo riuscire in ogni sua impresa. In questo modo la sua *fama si sparse in tutto il paese,* come di un uomo forte ed esperto in battaglia. Ma in realtà il segreto risiedeva nella sua ubbidienza a Dio.

Ma per quanto ci riguarda come figli di Dio è molto importante ciò che Paolo dichiara ai tessalonicesi parlando proprio di loro, ovvero che la fama della loro fede si spandeva dappertutto > 1Tessalonicesi 1:6 *Voi siete divenuti imitatori nostri e del Signore, avendo ricevuto la parola in mezzo a molte sofferenze, con la gioia che dà lo Spirito Santo,* 1Tessalonicesi 1:7 *tanto da diventare un esempio per tutti i credenti della Macedonia e dell'Acaia.* 1Tessalonicesi 1:8 *Infatti, da voi la parola del Signore ha echeggiato non soltanto nella Macedonia e nell'Acaia, ma anzi la fama della fede che avete in Dio si è sparsa in ogni luogo, di modo che non abbiamo bisogno di parlarne.* Non poteva essere altrimenti visto che la loro condotta era tale da imitare persino il comportamento di Paolo. Ma più che altro il loro obiettivo risiedeva nell'essere sempre più conformi a Cristo. Anche se vi erano le sofferenze, le prove e le persecuzioni, essi erano gioiosi nello Spirito, tanto da diventare un chiaro esempio per tutte le chiese circostanti. Tessalonica era conosciuta come una chiesa fedele al Signore, zelante ed è proprio da Tessalonica che la Parola di Dio echeggiò in quella zona così vasta e teatro di persecuzioni.

Ma vi può essere anche una fama falsa come quella della chiesa di Sardi > Apocalisse 3:1 *«All'angelo della chiesa di Sardi scrivi: Queste cose dice colui che ha i sette spiriti di Dio e le sette stelle: Io conosco le tue opere: tu hai fama di vivere ma sei morto.* Vi può essere talmente tanta ipocrisia ed apparenza in una chiesa ed in un individuo da trarre in inganno chiunque ma non il Signore. Solo l'Eterno conosce il nostro cuore ed il cuore di chiunque. Si può anche avere *fama di vivere,* ma in realtà si è solo morti, bisognosi ancora della nuova nascita. La mia e la nostra preghiera è che ciò che noi mostriamo agli altri ed a noi stessi sia realmente ciò che risiede in noi e non falsità o inganno.

Ma dove si sparse la fama del Signore Gesù? Proprio - *in Siria -*

che nella storia fu un acerrimo nemico di Israele.

In 2 Re 12:17 è scritto che Azael, re di Siria andò contro Gerusalemme > 2Re 12:17 *In quel tempo Azael, re di Siria, salì a combattere contro Gat, e la conquistò; poi si dispose a salire contro Gerusalemme. 2Re 12:18 Allora Ioas, re di Giuda, prese tutte le cose sacre che i suoi padri Giosafat, Ioram e Acazia, re di Giuda, avevano consacrate, quelle che aveva consacrate egli stesso, e tutto l'oro che si trovava nei tesori della casa del SIGNORE e del palazzo del re, e mandò ogni cosa ad Azael, re di Siria, il quale si ritirò da Gerusalemme.* Questo re siro conquistò Gat e la sua forza fu talmente temuta che il re Ioas prese tutto ciò che i suoi padri avevano consacrato ed accumulato per il Signore, da donarlo a questo re pagano. Fu un chiaro atteggiamento di incredulità. Ma questo brano dimostra che la Siria non fu proprio una nazione amica di Israele.

Ma nonostante questo, essa fu una regione che fu raggiunta dal Vangelo > Galati 1:21 *Poi andai nelle regioni della Siria e della Cilicia; Galati 1:22 ma ero sconosciuto personalmente alle chiese di Giudea, che sono in Cristo; Galati 1:23 esse sentivano soltanto dire: «Colui che una volta ci perseguitava, ora predica la fede, che nel passato cercava di distruggere». Galati 1:24 E per causa mia glorificavano Dio.* Paolo stesso evangelizzò quelle zone, anche se ai più egli era sconosciuto. Ci si ricordava solo del fatto che Paolo fu un persecutore della chiesa, trasformato in predicatore della fede in Cristo Gesù. Tuttavia è bello osservare che una nazione nemica di Israele come la Siria, non sia stata esclusa dalla Grazia di Dio. Fino in Siria si sentì parlare del Signore Gesù come di un uomo straordinario e al di fuori del comune.

Il testo prosegue mettendo in evidenza ancora una volta il potere immenso del Signore *gli recarono tutti i malati colpiti da varie infermità e da vari dolori, indemoniati, epilettici, paralitici; ed egli li guarì -.* Troviamo diverse categorie di malati in questo brano. I primi sono gli indemoniati, in greco i - *daimonizomenous* - letteralmente coloro che sono posseduto da demoni. Nei Vangeli troviamo diversi episodi di guarigioni di indemoniati come in Mr 1:32-34 > Marco 1:32 *Poi, fattosi sera, quando il sole fu tramontato, gli condussero tutti i malati e gli indemoniati; Marco 1:33 tutta la città era radunata alla porta. Marco 1:34 Egli ne guarì molti che soffrivano di diverse malattie, e scacciò molti demòni e non permetteva loro di parlare, perché lo conoscevano.* Molti furono testimoni oculari della potenza del Signore che si sprigionava nel guarire ogni forma di malattia, ma anche ogni forma di possessione. Interessante osservare come il Signore mostrava la Sua suprema autorità sui demoni addirittura impedendo loro di *parlare.* Questi spiriti, questi demoni si trovavano del tutto impreparati nell'affrontare l'autorità del Signore.

Ma anche gli apostolo dimostrarono la stessa cosa come nel caso di Filippo > Atti 8:6 *E le folle unanimi prestavano attenzione alle cose dette da Filippo, ascoltandolo e osservando i miracoli che faceva. Atti 8:7 Infatti, gli spiriti immondi uscivano da molti indemoniati, mandando alte grida; e molti paralitici e zoppi erano guariti. Atti 8:8 E vi fu grande gioia in quella città.* Filippo non era propriamente uno dei dodici, non fu con il Signore Gesù durante il Suo ministero, tuttavia esercitò il dono spirituale di opere potenti e prodigi. Il testo spiega che le folle prestavano molta attenzione innanzitutto a ciò che diceva Filippo ed in un secondo tempo ai miracoli che il Signore compiva attraverso lui. Ma la priorità va sempre alla Parola di Dio. In tali opere rientravano anche le liberazioni da possessioni demoniache, i quali demoni, nell'uscire dal corpo che loro avevano impossessato emettevano *grandi grida.* Da notare nel libro degli Atti che non sempre gli apostoli manifestarono questi segni e soprattutto dobbiamo tenere presente il particolare periodo storico nel quale ci troviamo, ovvero la nascita della chiesa primitiva. Le altre categorie sono - *gli epilettici ed i paralitici -.* Nei Vangeli si trovano molto spesso paralitici, ovvero persone che hanno o gravi malformazioni alle gambe o che comunque non hanno più la forza per camminare.

In Gv 5:3-4 si parla ad esempio di un uomo che da 38 anni era paralitico > Giovanni 5:3 *Sotto questi portici giaceva un gran numero d'infermi, di ciechi, di zoppi, di paralitici, i quali aspettavano l'agitarsi dell'acqua;* Giovanni 5:4 *perché un angelo scendeva nella vasca e metteva l'acqua in movimento; e il primo che vi scendeva dopo che l'acqua era stata agitata era guarito di qualunque malattia fosse colpito].* Giovanni 5:5 *Là c'era un uomo che da trentotto anni era infermo.* Giovanni 5:6 *Gesù, vedutolo che giaceva e sapendo che già da lungo tempo stava così, gli disse: «Vuoi guarire?»* Giovanni 5:7 *L'infermo gli rispose: «Signore, io non ho nessuno che, quando l'acqua è mossa, mi metta nella vasca, e mentre ci vengo io, un altro vi scende prima di me».* Giovanni 5:8 *Gesù gli disse: «Alzati, prendi il tuo lettuccio, e cammina».* Giovanni 5:9 *In quell'istante quell'uomo fu guarito; e, preso il suo lettuccio, si mise a camminare.* Il testo parla della famosa piscina di Betesda. In questo brano abbiamo parole che non si trovano in tutti i manoscritti inerenti all'intervento angelico nel far agitare l'acqua. Ma questo non è importante. Il nocciolo del testo ruota intorno a quest'uomo paralitico che per 38 anni fu infermo, malato e tra l'altro privo di un conforto umano e di qualcuno che lo potesse portare alla piscina. Ma il Signore Gesù lo guarisce solo con un detto della sua bocca. È bello leggere che *in quell'istante quell'uomo fu guarito.* Oggi vi è una grande confusione sul dono di guarigioni o opere potenti ed in molti ambienti carismatici vi è una spettacolarizzazione che non ha niente a che fare con il vero dono di guarigione nella Scrittura.

In At 9:32-35 Pietro è strumento nelle mani di Dio per guarire Enea che era paralitico > Atti 9:32 *Avvenne che mentre Pietro andava a far visita a tutti si recò anche dai santi residenti a Lidda.* Atti 9:33 *Là trovò un uomo di nome Enea, che da otto anni giaceva paralitico in un letto.* Atti 9:34 *Pietro gli disse: «Enea, Gesù Cristo ti guarisce; alzati e rifatti il letto». Egli subito si alzò.* Atti 9:35 *E tutti gli abitanti di Lidda e di Saron lo videro e si convertirono al Signore.* Ancora una volta ci troviamo di fronte ad un segno apostolico. Gli apostoli dimostravano di essere stati con Gesù, anche compiendo le stesse opere che Lui faceva. Ma vi è una differenza sostanziale. Il Signore operava miracoli mediante la Sua potenza, gli apostoli guarivano nel Nome del Signore Gesù, quindi sempre mediante la Sua potenza. Di certo i miracoli avevano il compito di accreditare gli apostoli in modo tale che le folle si convertissero al Signore. Ma la fede non proveniva dal miracolo, ma sempre dalla potenza del Vangelo.

Perciò è scritto che - *Grandi folle lo seguirono dalla Galilea, dalla Decapoli, da Gerusalemme, dalla Giudea e da oltre il Giordano* -. Qui abbiamo il Signore che è seguito dalle folle e non è di certo la prima volta.

In Mt 9:35-37 è scritto che Gesù percorreva tutte le città e nel vedere le folle nutriva compassione per loro > Matteo 9:35 *Gesù percorreva tutte le città e i villaggi, insegnando nelle loro sinagoghe, predicando il vangelo del regno e guarendo ogni malattia e ogni infermità.* Matteo 9:36 V*edendo le folle, ne ebbe compassione, perché erano stanche e sfinite come pecore che non hanno pastore. Matteo 9:37 Allora disse ai suoi discepoli: «La mèsse è grande, ma pochi sono gli operai.* La missione del Signore era orientata nella predicazione del Vangelo del regno, anche se sappiamo che vi erano altri obiettivi che il Signore si prefiggeva, primo fra tutti offrirsi per un mondo perduto. Molte folle lo seguivano ed è bello notare che il Signore mostra compassione e misericordia nei loro confronti, in quanto li vedeva come delle *pecore che non avevano un pastore.* Il mondo, gli empi sono proprio un gregge sperduto che ha bisogno di un pastore. Per questo motivo vi è sempre più bisogno di *operai,* servi di Dio che vadano a predicare il genuino messaggio del Vangelo.

Inoltre in Mt 21:10-11 è scritto che le folle riconoscevano il Signore Gesù come profeta > Matteo 21:10 *Quando Gesù fu entrato in Gerusalemme, tutta la città fu scossa, e si diceva: «Chi è costui?»* Matteo 21:11 *E le folle dicevano: «Questi è Gesù, il profeta che viene da Nazaret di Galilea».* Quando Gesù entrò a Gerusalemme, tutta la città era quasi in tumulto e molti si chiedevano chi fosse il Signore. Le folle risposero unanimamente: q*uesti è Gesù, il profeta che viene da Nazaret.* Ma non è sufficiente riconoscere il Signore come Profeta. Egli è molto di più.

Ma ciò che addolora, è leggere in Mt 27:20-25 cosa disse la folla a Pilato > Matteo 27:20 *Ma i capi dei sacerdoti e gli anziani persuasero la folla a chiedere Barabba e a far morire Gesù.* Matteo 27:21 *E il governatore si rivolse di nuovo a loro, dicendo: «Quale dei due volete che vi liberi?» E quelli dissero: «Barabba».* Matteo 27:22 *E Pilato a loro: «Che farò dunque di Gesù detto Cristo?» Tutti risposero: «Sia crocifisso».* Matteo 27:23 *Ma egli riprese: «Che male ha fatto?» Ma quelli sempre più gridavano: «Sia crocifisso!»* Matteo 27:24 *Pilato, vedendo che non otteneva nulla, ma che si sollevava un tumulto, prese dell'acqua e si lavò le mani in presenza della folla, dicendo: «Io sono innocente del sangue di questo giusto; pensateci voi».* Matteo 27:25 *E tutto il popolo rispose: «Il suo sangue ricada su di noi e sui nostri figli».* Sempre di folla si tratta, sicuramente diversa forse dalle folle precedenti. Oppure forse vi erano le stesse persone che prima omaggiarono il Signore, riconoscendolo come Messia, ma ora chiedono a Pilato la sua morte. Certo i capi dei sacerdoti e gli anziani ebbero una grande responsabilità, in quanto è scritto che *persuasero la folla* a chiedere libero Barabba, anziché il Signore. Ma bisogna anche lasciarsi persuadere. Quindi la folla è assolutamente responsabile nell'aver preferito un criminale, anziché il Signore Gesù, il Santo di Dio. Pilato chiede appositamente *Che farò dunque di Gesù detto Cristo?* Pilato non ardisce a pronunciare una sentenza, ma lascia che si proprio la folla, Israele, a decidere. La loro decisione fu chiara *Sia crocifisso* e nell'affermare *Il suo sangue ricada su di noi,* stavano praticamente decretando un giudizio su se stessi. Ecco chi è l'uomo. Ecco cosa sono le folle. Dapprima seguirono il Signore Gesù, si stupirono del Suo insegnamento, rimasero sbalordite di fronte ai Suoi miracoli, ma alla fine dissero *Sia crocifisso*. Forse erano le stesse folle, forse erano diverse, ma l'uomo è sicuramente volubile. Ma al Signore interessava la loro salute spirituale.

# Capitolo 5

## LE BEATITUDINI

### Matteo 5:1-12 Le beatitudini

Mt 5:1-12 (11 > *Accostarsi a Cristo* > - *Gesù, vedendo le folle, salì sul monte e si mise a sedere. I suoi discepoli si accostarono a lui, ed egli, aperta la bocca, insegnava loro* - > Mt 5:1-2.

L'inizio del cap.5 di questo Vangelo è assolutamente importante, in quanto si apre una delle sezioni più famose: il sermone del Signore Gesù sul monte. Nello specifico si apre la sezione intorno alle beatitudini. Ma prima di questo sermone, di questo insegnamento è scritto che - *Gesù, vedendo le folle, salì sul monte e si mise a sedere. I suoi discepoli si accostarono a lui* -. È molto significativo quest'atteggiamento tenuto dai discepoli. In greco abbiamo il verbo -*proserchomai* - che indica proprio l'atto dell'avvicinarsi.

In Eb 11:6 è scritto che chi si accosta a Dio deve farlo per fede > Ebrei 11:6 *Or senza fede è impossibile piacergli; poiché chi si accosta a Dio deve credere che egli è, e che ricompensa tutti quelli che lo cercano.* La fede è la realtà che ci rende graditi a Dio. Senza la fede è impossibile piacere a Lui, perciò non ci si può accostare al Signore senza la fede. Il figlio di Dio deve credere che *Egli è,* un'espressione che rimanda al significato del Suo Nome in Es 3 *Io sono Colui che sono.* Egli è Colui che ricompensa tutti coloro che si accostano a Lui con fede.

Anche Paolo dirà nella lettera agli Efesini che il cristiano si può accostare a Dio in piena libertà e fiducia > Efesini 3:8 *A me, dico, che sono il minimo fra tutti i santi, è stata data questa grazia di annunziare agli stranieri le insondabili ricchezze di Cristo* Efesini 3:9 *e di manifestare a tutti quale sia il piano seguito da Dio riguardo al mistero che è stato fin dalle più remote età nascosto in Dio, il Creatore di tutte le cose;* Efesini 3:10 *affinché i principati e le potenze nei luoghi celesti conoscano oggi, per mezzo della chiesa, la infinitamente varia sapienza di Dio,* Efesini 3:11

*secondo il disegno eterno che egli ha attuato mediante il nostro Signore, Cristo Gesù;* Efesini 3:12 *nel quale abbiamo la libertà di accostarci a Dio, con piena fiducia, mediante la fede in lui.* Paolo si definisce *il minimo di tutti i santi,* in quanto a lui pesava grandemente il suo passato. Era stupefacente come questo ex persecutore della chiesa, fosse divenuto uno strumento potente nelle mani di Dio, tale da annunziare agli stranieri le insondabili ricchezze di Cristo. I principati e le potenze desiderano conoscere proprio per mezzo della Chiesa la saggezza infinita di Dio, che si vede chiaramente nel Suo disegno eterno, per mezzo del quale e nel quale possiamo così accostarci a Dio con fede. La fede è un aspetto estremamente importante nella vita di un figlio di Dio. Quando ci accostiamo a Dio, sempre il nostro cuore deve essere caratterizzato dalla fede in Lui.

Mt 5:1-12 (21 > **Prima beatitudine** > - «Beati ipoveri in spirito, *perché di loro è il regno dei cieli -* > Mt 5:3.

Inizia questo straordinario elenco di beatitudini, nei quali il Signore Gesù menziona diverse categorie di personaggi. Importante sottolineare innanzitutto l'appellativo - *Beati* -. In greco sono i - *makarioi* -, ovvero i beati, i felici. Essere beato non significa godere di una serenità superficiale, ma della gioia stessa che dona il Signore.

Il salmista dirà che beato è colui che abita nella Casa del Signore > Salmi 84:4 *Beati quelli che abitano nella tua casa e ti lodano sempre! [Pausa]* Salmi 84:5 *Beati quelli che trovano in te la loro forza, che hanno a cuore le vie del Santuario!* Essere nella Casa del Signore che nell'AT è rappresentato dal Tempio, significava essere alla presenza del Signore. Perciò possiamo dire che beati e felici sono tutti coloro che sono alla presenza del Signore e che vanno alla Sua presenza. Stando alla Sua presenza si può veramente ricevere la Sua forza ed il desiderio sempre più elevato di camminare per piacere a Lui. Il figlio di Dio beato è Infatti, colui che ubbidisce alla voce del Signore.

Infatti, nel Sl 106 è scritto che beati sono coloro che osservano ciò che è prescritto > Salmi 106:3 *Beati coloro che osservano ciò ch'è prescritto, che fanno ciò ch'è giusto, in ogni tempo!* Non si parla certamente di un'ubbidienza saltuaria o periodica, ma costante. L'ubbidienza deve essere una santa abitudine nella nostra vita, ovvero fare, agire, pensare, condurci come il Signore vuole. Solo in questo modo potremo fare ciò che è giusto.

L'apostolo Pietro. Inoltre, approfondisce un'altra situazione ancora ovvero che beato è colui che è oltraggiato per il Signore > 1Pietro 4:14 *Se siete insultati per il nome di Cristo, beati voi! Perché lo Spirito di gloria, lo Spirito di Dio, riposa su di voi.* 1Pietro 4:15 *Nessuno di voi abbia a soffrire come omicida, o ladro, o malfattore, operché si immischia nei fatti altrui;* 1Pietro 4:16 *ma se uno soffre come cristiano, non se ne vergogni, anzi glorifichi Dio, portando questo nome.* Essere oltraggiati è umiliante. Da un punto di vista umano, nessuno vorrebbe essere oltraggiato. Ma questo è uno dei prezzi che deve pagare il figlio di Dio. Ebbene il cristiano che è perseguitato, oltraggiato ed insultato è in realtà beato. Sembra una contraddizione di termini, ma così non è. Infatti, lo Spirito della gloria riposa in noi ed è Lui a donarci la forza necessaria per poter gioire addirittura nella prova. Perciò come figli di Dio non dobbiamo e non possiamo soffrire a causa del nostro peccato, ma solo per la causa del Vangelo.

Perciò chi sono i beati come prima categoria menzionata dal Signore Gesù? I - *poveri in spirito* -. In greco abbiamo l'aggettivo - *ptochos* - ovvero il povero, il bisognoso. Ma che lo è in spirito. In questa categoria possiamo individuare sia i deboli, sia gli umili, ma che hanno la saggezza di ricercare il Signore.

Il salmista afferma che il Signore ha compassione dell'infelice e del bisognoso > Salmi 72:13 *Egli avrà compassione dell'infelice e del bisognoso e salverà l'anima dei poveri.* Salmi 72:14 *Riscatterà le loro anime dall'oppressione e dalla violenza e il loro sangue sarà prezioso ai suoi occhi.* Una caratteristica della beatitudine sta proprio nel fatto che si è l'oggetto del favore di Dio e del Suo prezioso intervento. I poveri saranno aiutati, sorretti dal Signore, liberandoli dalle oppressioni e dalla violenza, in quanto il loro sangue è *prezioso ai Suoi occhi.* Coloro che vivono nell'indigenza e nella povertà sia fisica che morale, ma che sono pronti ad affidarsi a Dio, saranno ricompensati.

Infatti, si può essere poveri. ma nello stesso tempo ricchi in fede > Giacomo 2:5 *Ascoltate, fratelli miei carissimi: Dio non ha forse scelto quelli che sono poveri secondo il mondo perché siano ricchi in fede ed eredi del regno che ha promesso a quelli che lo amano?* Giacomo 2:6 *Voi invece avete disprezzato il povero! Non sono forse i ricchi quelli che vi opprimono e vi trascinano davanti ai tribunali?* Giacomo è molto chiaro. Dio ha scelto quelli che sono poveri, deboli da un punto di vista sociale, ma che sono caratterizzati da una grande ricchezza: la fede. Mediante essa, sono i destinatari di quel regno che il Signore ha promesso a tutti coloro che Lo amano. Al contrario i destinatari a cui Giacomo invia la lettera, disprezzavano il povero per favorire il ricco. Questo è il modus operandi dell'uomo, ma non quello di Dio. Quello che conta è essere pronti a ricercare il Signore.

Inoltre per - *poveri in spirito* - si intende anche coloro che sono travagliati e sofferenti. Il salmista poteva dire > Salmi 142:2 *Sfogo il mio pianto davanti a lui, espongo davanti a lui la mia tribolazione.* Salmi 142:3 *Quando lo spirito mio è abbattuto in me, tu conosci il mio sentiero. Sulla via per la quale io cammino, essi hanno teso un laccio per me.* Il salmista confessa di piangere in continuazione, di sfogare il suo dolore e la sua sofferenza davanti al Signore, in quanto il suo spirito è abbattuto. Il suo *uomo interiore* è affranto ed ovviamente il corpo, il fisico, ne risente. Ma il Signore *conosce il suo sentiero*. Egli ci conosce. Ecco perché come figli di Dio anche nella sofferenza, dobbiamo essere certi del fatto che Dio ha sotto controllo ogni cosa.

Infatti, il premio di coloro che sono poveri in spirito, sarà l'ingresso nel - *regno dei cieli* che già abbiamo menzionato.

Molto belle sono le parole che troviamo in Mt 19:13 > Matteo 19:13 *Allora gli furono presentati dei bambini perché imponesse loro le mani e pregasse; ma i discepoli li sgridavano.* Matteo 19:14 *Ma Gesù disse: «Lasciate i bambini, non impedite che vengano da me, perché il regno dei cieli è per chi assomiglia a loro».* Non per niente il Signore prende come esempio un fanciullo. Bisogna diventare come lui se si vuole avere accesso a quel regno. Bisogna farsi piccoli, umili, consapevoli delle proprie incapacità per lasciar agire il Signore. Bisogna vivere con un totale senso di dipendenza da Lui ed i - *poveri in spirito* - sono in grado di esserlo. Questo perché nel loro cuore non vi è orgoglio o superbia, ma umiltà.

Mt 5:1-12 (31> *Seconda beatitudine* > - *Beati quelli che sono afflitti, perché saranno consolati* - > Mt 5:4.

Con questa seconda beatitudine si apre un'ulteriore argomento molto profondo: quello dell'afflizione. Infatti, - *beati quelli che sono afflitti* -. Letto così sembrerebbe quasi ironica. Ma è la realtà dei fatti. In greco abbiamo il participio - *penthountes* - ovvero coloro che sono afflitti e tristi.

Il tema dell'afflizione e della sofferenza è molto vasto nella Scrittura > Giobbe 5:9 *a lui, che fa cose grandi, imperscrutabili, meraviglie innumerevoli;* Giobbe 5:10 *che sparge la pioggia sopra la terra e manda l'acqua sui campi;* Giobbe 5:11 *che innalza quelli che erano abbassati e pone in salvo gli afflitti, in luogo elevato.* Queste parole di Elifaz evidenziano il fatto che il Signore compie delle opere straordinarie, meravigliose che vanno dal governo della creazione, alla salvezza degli afflitti. Ecco perché essi sono beati. L'afflitto che è abbassato ed umiliato viene innalzato dal Signore.

Ecco perché Paolo poteva affermare che l'afflizione del cristiano non può essere in alcun modo paragonata al peso eterno di gloria che l'attende > 2Corinzi 4:16 *Perciò non ci scoraggiamo; ma, anche se il nostro uomo esteriore si va disfacendo, il nostro uomo interiore si rinnova di giorno in giorno.* 2Corinzi 4:17 *Perché la nostra momentanea, leggera afflizione ci produce un sempre più grande, smisurato peso eterno di gloria.* Anche se il nostro corpo fisico va sempre più indebolendosi e disfacendosi, dobbiamo essere consapevoli che il nostro *uomo interiore*, la nostra anima, il nostro spirito si rinnova costantemente. Molto spesso ci soffermiamo solo sulla sofferenza del momento, perdendo di vista il fatto che per i figli di Dio vi è un *peso eterno di gloria* che sarà realizzato pienamente, quando giungerà il tempo.

Attraverso queste promesse il Signore ci consola e noi stessi possiamo diventare strumenti di consolazione per altri > 2Corinzi 1:3 *Benedetto sia il Dio e Padre del nostro Signore Gesù Cristo, il Padre misericordioso e Dio di ogni consolazione,* 2Corinzi 1:4 *il quale ci consola in ogni nostra afflizione, affinché, mediante la consolazione con la quale siamo noi stessi da Dio consolati, possiamo consolare quelli che si trovano in qualunque afflizione.* Tutti i giorni possiamo dire di aver a che fare o con una sofferenza personale o di altri. Ma mediante la consolazione del Signore, il Quale è in grado di alleviare la nostra sofferenza e di consolarci, possiamo noi stessi consolare altri che si trovano nel dolore. Tutto questo è straordinario.

In 1 Te 5:9-11 leggiamo > 1Tessalonicesi 5:9 *Dio Infatti, non ci ha destinati a ira, ma ad ottenere salvezza per mezzo del nostro Signore Gesù Cristo,* 1Tessalonicesi 5:10 *il quale è morto per noi affinché, sia che vegliamo sia che dormiamo, viviamo insieme con lui.* 1Tessalonicesi 5:11 *Perciò, consolatevi a vicenda ed edificatevi gli uni gli altri, come d'altronde già fate.* Il Signore non ci ha destinati ad ira, in quanto i Suoi figli sono scampati da essa. Il figlio di Dio ha ottenuto salvezza per mezzo dell'opera compiuta in modo totale dal Signore Gesù, il Quale è morto per noi donandoci la vera speranza. Ma questa realtà non deve essere ricordata solo in modo teorico, ma deve permeare tutta la nostra esistenza al fine di consolarci a vicenda ed edificarci reciprocamente. È straordinario quando i figli di Dio si consolano ricordando proprio le promesse divine. Questo è ciò che dobbiamo fare.

Mt 5:1-12 (41 > ***Terza beatitudine*** > - *Beati i mansueti, perché erediteranno la terra* - > Mt 5:5.

Con la terza beatitudine si parla dei - *mansueti* -. Nel greco abbiamo l'aggettivo - *praos* - che indica colui che è calmo d'animo, il mite ed il mansueto. Ovviamente parliamo di una mansuetudine sovrannaturale, quella che può donare solo il Signore.

In 1 Te 2:6-7 leggiamo > 1Tessalonicesi 2:6 *E non abbiamo cercato gloria dagli uomini, né da voi, né da altri, sebbene, come apostoli di Cristo, avessimo potuto far valere la nostra autorità; 1Tessalonicesi 2:7 invece, siamo stati mansueti in mezzo a voi, come una nutrice che cura teneramente i suoi bambini.* In questo brano, Paolo precisa che, benché ne avesse avuto la possibilità da un punto di vista umano, non si è mai inorgoglito, né ha abusato della sua autorità apostolica. Anzi il suo comportamento è stato proprio di mansuetudine, come quello di una madre amorevole, di una nutrice che cura i suoi figli. Quanto sarebbe bello se tutti i conduttori, gli anziani di una chiesa locale fossero caratterizzati da questa qualità! Perciò essere mansueti significa essere umili e nello stesso tempo autocontrollati ad esempio nei confronti dell'ira.

Inoltre in Mt 21:4-5 possiamo osservare l'adempimento di una precisa profezia nei confronti del Signore > Matteo 21:4 *Questo avvenne affinché si adempisse la parola del profeta:* Matteo 21:5 *«Dite alla figlia di Sion: Ecco il tuo re viene a te, mansueto e montato sopra un'asina, e un asinello, puledro d'asina».* La profezia che si trova in Zaccaria ha a che fare proprio con la mansuetudine del Messia. Egli sarebbe venuto a Gerusalemme, montato sopra un puledro d'asina, non su un cavallo bianco ad esempio che rappresentava l'animale della vittoria. Egli quale Re glorioso è assiso su un *cavallo bianco* in Ap 19, in quanto il contesto parla dell'instaurazione del regno del Messia in terra e la sconfitta di tutti i Suoi nemici. Ma in Mt 21, Egli entra a Gerusalemme quale re *umile e mansueto,* pronto ad offrire Se stesso per Israele e per l'umanità intera. Quindi il Signore è per noi esempio di mansuetudine sotto tutti i punti di vista.

Ecco perché Paolo dirà ai Galati > Galati 6:1 *Fratelli, se uno viene sorpreso in colpa, voi, che siete spirituali, rialzatelo con spirito di mansuetudine.* Sempre un figlio di Dio deve essere caratterizzato dallo *spirito di mansuetudine,* soprattutto quando ci si trova in momenti nei quali è necessario riprendere ed aiutare colui o colei che è caduto nel peccato. È assolutamente necessario riprendere e denunciare il peccato, ma non ci si può fermare qui. Siamo chiamati a *rialzare* colui che è stato sorpreso nella colpa, mostrando mansuetudine e dolcezza, unita alla fermezza.

Inoltre in Fl 4:5 leggiamo > Filippesi 4:5 *La vostra mansuetudine sia nota a tutti gli uomini. Il Signore è vicino.* La nostra mansuetudine è veramente nota a tutti coloro che ci conoscono? Siamo famosi per la nostra calma, la pazienza, l'umiltà e la mansuetudine? Ricordiamoci che *il Signore è vicino* ed Egli valuterà in modo perfetto ogni nostro comportamento ed ogni nostro pensiero.

Ebbene quale premio avranno i mansueti? Essi - *erediteranno la terra* -. In greco abbiamo un verbo particolare - *kleronomeo* - che significa ricevere in eredità. L'oggetto dell'eredità è propriamente la terra.

Tali espressioni le troviamo anche in altri testi dell'AT > Salmi 37:10 Ancora un po' e l'empio scomparirà; tu osserverai il luogo dove si trovava, ed egli non ci sarà più. Salmi 37:11 *Ma gli umili erediteranno la terra e godranno di una gran pace.* Il salmista dichiara che gli umili erediteranno la terra. Possiamo certamente affermare che l'umiltà e la mansuetudine vanno di pari passo. Mentre l'umile erediterà la terra, l'empio scomparirà. L'espressione *ereditare la terra,* indica nel contesto del salmo certamente la terra promessa, la quale rappresentava l'eredità per il popolo d'Israele. Giungerà il tempo Infatti, che Israele possederà l'eredità promessa ai padri, mentre gli empi saranno giudicati dal Signore.

Ma anche nel NT si parla di eredità, straordinaria e meravigliosa > 1Pietro 1:3 *Benedetto sia il Dio e Padre del nostro Signore Gesù Cristo, che nella sua grande misericordia ci ha fatti rinascere a una speranza viva mediante la risurrezione di Gesù Cristo dai morti,* 1Pietro 1:4 *per una eredità incorruttibile, senza macchia e inalterabile. Essa è conservata in cielo per voi.* L'eredità che ci attende ha tre caratteristiche principali. Essa è incorruttibile, nel senso che non passerà mai, senza macchia ovvero pura, senza alcun difetto ed inalterabile, ovvero nessuno potrà intervenire per adulterare o cambiare la qualità perfetta della nostra eredità. Tutto questo per la Grazia e la misericordia di Dio Padre che in Cristo Gesù ci ha donato tutto questo facendoci rinascere ad una *speranza viva* che si fonda in modo indelebile sulla risurrezione del Signore.

Mt 5:1-12 (51 > *Quarta beatitudine* > - *Beati quelli che sono affamati e assetati di giustizia, perché saranno saziati* - > Mt 5:6.

In questa quarta beatitudine il Signore parla di coloro che sono - *affamati ed assetati di giustizia* -. Quindi non si tratta di una fame o una sete fisica, ma spirituale, indirizzata ed orientata sulla giustizia.

In De 6:24-25 è scritto > Deuteronomio 6:24 *Il SIGNORE ci ordinò di mettere in pratica tutte queste leggi e di temere il SIGNORE, il nostro Dio, affinché venisse a noi del bene sempre ed egli ci conservasse in vita, come ha fatto finora.* Deuteronomio 6:25 *Questa sarà la nostra giustizia: l'aver cura di mettere in pratica tutti questi comandamenti davanti al SIGNORE nostro Dio, come egli ci ha ordinato».* Mosè ricorda che il Signore diede la Legge ovviamente con l'obiettivo di osservarla e di temere l'Eterno. L'ubbidienza è proprio fondata sul timore di Dio. La giustizia si sarebbe manifestata proprio nell'ubbidienza scrupolosa della legge, mettendo in pratica tutti i Suoi comandamenti. Anche se la Legge non può giustificare è importante ricordare quanto sia caro e prezioso l'insegnamento biblico secondo il quale colui che è timorato di Dio è chiamato a mostrarlo proprio tramite l'ubbidienza.

Infatti, come dice il salmista > Salmi 33:4 *Poiché la parola del SIGNORE è retta e tutta l'opera sua è fatta con fedeltà.* Salmi 33:5 *Egli ama la giustizia e l'equità; la terra è piena della benevolenza del SIGNORE.* La Parola del Signore è perfetta sotto ogni aspetto e perciò assolutamente degna di essere ascoltata ed ubbidita. Infatti, il Signore *ama la giustizia ed odia l'iniquità* e così deve essere assolutamente per noi. Essere affamati ed assetati di giustizia significa piacere a Dio, praticare la Sua giustizia non la nostra e testimoniare di essa a coloro che non la conoscono.

Un esempio pratico di colui che è affamato di giustizia l'abbiamo in Ab 1:12-13 > Abacuc 1:12 *Non sei tu dal principio, o SIGNORE, il mio Dio, il mio Santo? Tu non morirai! O SIGNORE, tu, questo popolo, lo hai posto per eseguire i tuoi giudizi; tu, o Ròcca, lo hai stabilito per infliggere i tuoi castighi.* Abacuc 1:13 *Tu, che hai gli occhi troppo puri per sopportare la vista del male, e che non puoi tollerare lo spettacolo dell'iniquità, perché guardi i perfidi e taci quando il malvagio divora l'uomo che è più giusto di lui?* Il profeta Abacuc testimonia che il Dio che Egli serviva ed adorava è il *Santo.* Con quest'appellativo, egli voleva proprio mettere in evidenzia l'assoluta purezza del Signore e che i Suoi occhi sono troppo puri per tollerare la vista del peccato. *Chi è affamato ed assetato di giustizia -,* ha sempre ben chiaro il concetto della santità di Dio. Più si è assetati della giustizia di Dio e più si odia il peccato. Ecco perché Abacuc si esprime in questo modo. Ma il Signore, prescindendo che Lui sempre odierà il peccato, mostra anche la Sua pazienza verso il peccatore.

Ebbene, coloro che saranno affamati ed assetati di giustizia, - *saranno saziati -,* ovvero saranno giustamente ricompensati dal Signore.

Infatti, il verbo saziati non è inteso solo in senso fisico e letterale. ma a seconda del contesto può anche significare altro. In Pr 1:29-31 è scritto > Proverbi 1:29 *Poiché hanno odiato la scienza, non hanno scelto il timore del SIGNORE,* Proverbi 1:30 *non hanno voluto sapere i miei consigli e hanno disprezzato ogni mia riprensione,* Proverbi 1:31 *si pasceranno del frutto della loro condotta, e saranno saziati dei loro propri consigli.* È molto chiaro questo passo. La Saggezza parla nei confronti di coloro che l'hanno disprezzata, di coloro che hanno *odiato la scienza,* senza scegliere il timore del Signore. Essi, avendo disprezzato i consigli della Saggezza, si pasceranno, si nutriranno, saranno *saziati* dei loro propri consigli e della propria condotta. Ovviamente non si intende qui saziati in senso fisico, ma figurato, ovvero che questi empi sperimenteranno le conseguenze delle proprie scelte. Per contro, coloro che sono - *affamati ed assetati di giustizia -,* godranno delle benedizioni di Dio e la loro sete di giustizia verrà soddisfatta.

Inoltre, in Ag 1:5-6 leggiamo > Aggeo 1:5 *Ora così parla il SIGNORE degli eserciti: «Riflettete bene sulla vostra condotta!* Aggeo 1:6 *Avete seminato molto e avete raccolto poco; voi mangiate, ma senza saziarvi; bevete, ma senza soddisfare la vostra sete; vi vestite, ma non c'è chi si riscaldi; chi guadagna un salario mette il suo salario in una borsa bucata».* Da osservare lo speciale avvertimento del Signore intorno alla condotta da tenere. È un monito che vale certamente anche per ciascuno di noi, se vogliamo essere veramente *saziati* delle benedizioni divine. In caso contrario ci si affaticherebbe inutilmente come colui che mangia, senza mai sentirsi sazio, come chi guadagna e pone i soldi in una borsa bucata. Per poter veramente essere saziati dal Signore, è assolutamente importante riflettere ben sulla propria condotta e porsi al Suo completo servizio in ubbidienza.

Mt 5:1-12 (61> **Quinta beatitudine** > - *Beati i misericordiosi, perché a loro misericordia saràfatta* - > Mt 5:7.

La quinta beatitudine è riservata ai - *misericordiosi* -. In greco si parla degli - *eleemones* - ovvero i compassionevoli, i misericordiosi appunto.

Il salmista poteva dire > Salmi 40:11 *Tu, o SIGNORE, non rifiutarmi la tua misericordia; la tua bontà e la tua verità mi custodiscano sempre!* Le parole del salmista ci ricordano che quando si parla di amore o compassione o misericordia, bisogna sempre guardare al Signore. Davide, che conosceva il Signore, poteva appellarsi a Lui nel chiedergli di non rifiutargli mai la Sua misericordia. D'altro canto, senza la misericordia di Dio dove saremmo noi? Se non fosse per la Sua Grazia, saremmo tutti come *pecore erranti.*

L'apostolo Pietro ricorda > 1Pietro 2:9 *Ma voi siete una stirpe eletta, un sacerdozio regale, una gente santa, un popolo che Dio si è acquistato, perché proclamiate le virtù di colui che vi ha chiamati dalle tenebre alla sua luce meravigliosa;* 1Pietro 2:10 *voi, che prima non eravate un popolo, ma ora siete il popolo di Dio; voi, che non avevate ottenuto misericordia, ma ora avete ottenuto misericordia.* La Chiesa del Signore Gesù è una stirpe eletta, un reale sacerdozio, un popolo acquistato e riscattato mediante l'opera della croce compiuta da Cristo. Ma non siamo stati acquistati per rimanere nell'ozio, ma per testimoniare con forza e vigore le virtù di Colui che ci ha chiamati dalle tenebre alla luce. Noi prima non eravamo un popolo, eravamo schiavi del nostro peccato, ma la misericordia di Dio ci ha raggiunti.

Perciò. consapevoli di questo grande fatto, il cristiano è chiamato ad imitare proprio il Signore > 1Pietro 3:8 *Infine, siate tutti concordi, compassionevoli, pieni di amore fraterno, misericordiosi e umili; 1Pietro 3:9 non rendete male per male, od oltraggio per oltraggio, ma, al contrario, benedite; poiché a questo siete stati chiamati affinché ereditiate la benedizione.* È un'esortazione molto forte. L'apostolo non offre altre alternative. Siamo chiamati ad essere concordi, compassionevoli, pieni di amore, pieni di misericordia ed umiltà. Ma come si può mostrare la misericordia e la compassione? Proprio imitando il comportamento del divino Maestro, il Quale *ad oltraggio non rispose oltraggiando*, ma al contrario benediva, amava fino ad offrire Se stesso. Non esiste un esempio più sublime e più alto. Ma a questo *siamo stati chiamati* per ereditare le benedizioni divine. Ricordiamoci che se siamo misericordiosi, a noi - *misericordia verrà fatta* -.

Mt 5:1-12 (7 > **Sesta beatitudine** > - *Beati i puri di cuore, perché vedranno Dio* - > Mt 5:8.

La sesta beatitudine è per coloro che sono - *puri di cuore* -. In greco abbiamo l'aggettivo - *katharos* - che indica ciò che è pulito. Quindi si parla di coloro che hanno il cuore pulito, senza scorie, puro e trasparente.

Paolo a Tito dirà > Tito 1:15 *Tutto è puro per quelli che sono puri; ma per i contaminati e gli increduli niente è puro; anzi, sia la loro mente sia la loro coscienza sono impure.* Tito 1:16 *Professano di conoscere Dio, ma lo rinnegano con i fatti, essendo abominevoli e ribelli, incapaci di qualsiasi opera buona.* Vi è una netta contrapposizione tra coloro che hanno il cuore puro, che sono puri, e coloro che sono contaminati ed increduli. Il puro ha cuore e coscienza irreprensibili, ma il contaminato, l'empio, l'incredulo è colui che magari professa di conoscere il Signore, ma in realtà lo rinnega con le sue azioni. Essi sono *incapaci di qualsiasi opera buona*.

Paolo aggiunge in 2 Ti 2:20-21 > 2Timoteo 2:20 *In una grande casa non ci sono soltanto vasi d'oro e d'argento, ma anche vasi di legno e di terra; e gli uni sono destinati a un uso nobile e gli altri a un uso ignobile.* 2Timoteo 2:21 *Se dunque uno si conserva puro da quelle cose, sarà un vaso nobile, santificato, utile al servizio del padrone, preparato per ogni opera buona.* Utilizzando l'immagine del vaso e del vasaio che certamente gli ebrei conoscevano e quindi anche Timoteo, è interessante osservare come la dignità del vaso sia particolarmente associata alla sua condotta. Bisogna conservarsi puri per essere utili al servizio del padrone. Solo con un cuore puro si può servire in modo efficace il Signore, pienamente *equipaggiati* per ogni opera buona.

Perciò il versetto successivo è eloquente > 2Timoteo 2:22 *Fuggi le passioni giovanili e ricerca la giustizia, la fede, l'amore, la pace con quelli che invocano il Signore con un cuore puro.* Timoteo era certamente più giovane di Paolo. Come tutti i giovani vi erano passioni che si agitavano nelle proprie membra, ma Timoteo è chiamato a fuggire da esse, in quanto il suo obiettivo doveva essere quello di ricercare ciò che è giusto, ciò che ha a che fare con la fede, con la pace, con l'amore, stano insieme a tutti coloro che invocano il Nome del Signore *con cuore puro.* Non si può invocare il Signore con un cuore doppio ed ipocrita. Non ci si può beffare del Signore. Il cristiano si deve riconoscere per la sua purezza.

Quale sarà la conseguenza straordinaria di coloro che sono puri di cuore? Essi, nientemeno - *vedranno Dio* -. Abbiamo il classico verbo - *orao* - usato proprio per indicare l'atto di vedere. Tutti i figli di Dio, coloro che sono stati purificati dal sangue dell'Agnello vedranno Dio.

In De 5:23-24 è scritto > Deuteronomio 5:23 *Quando udiste la voce che usciva dalle tenebre, mentre il monte era tutto in fiamme, i vostri capi tribù e i vostri anziani si accostarono tutti a me,* Deuteronomio 5:24 *e diceste: «Ecco, il SIGNORE, il nostro Dio, ci ha fatto vedere la sua gloria e la sua maestà e noi abbiamo udito la sua voce dal fuoco; oggi abbiamo visto che Dio ha parlato con l'uomo e l'uomo è rimasto vivo.* Il testo racconta di quell'episodio nel quale Israele si trovava ai piedi del monte di Dio, il quale era tutto fumante a motivo della presenza del Signore. Egli in qualche modo fece vedere la Sua gloria e la Sua maestà attraverso quella manifestazione, ma non si può certamente dire che Israele contemplò totalmente la gloria di Dio. Egli la manifestò in modo velato.

Anche in Gb 42:5-6 leggiamo della testimonianza di Giobbe > Giobbe 42:5 *Il mio orecchio aveva sentito parlare di te ma ora l'occhio mio ti ha visto.* Giobbe 42:6 *Perciò mi ravvedo, mi pento sulla polvere e sulla cenere».* L'esperienza traumatica e di sofferenza che Giobbe aveva passato lo portò ad esprimere delle domande nei confronti del Signore e delle lamentele. Ma dopo l'intervento del Signore tutto cambiò. Egli testimonia che la sua conoscenza, la sua maturità era ancora ad un livello molto basso, in quanto *il suo orecchio aveva solo sentito parlare del Signore*. Ma ora grazie all'esperienza che egli aveva passato, può dire di aver visto il Signore. In che senso? Giobbe non vide certamente la Sua gloria, ma sperimentò l'azione e l'intervento del Signore nella sua vita. Da questo impariamo che il figlio di Dio, che si trova ancora in un corpo di carne e sangue, possiamo vedere il Signore nel Suo intervento, nella Sua azione, *maper* contemplare la Sua gloria totalmente dobbiamo attendere.

Che cosa dobbiamo attendere? Questo ci viene detto in 1 Gv 3:1-2 > 1Giovanni 3:1 *Vedete quale amore ci ha manifestato il Padre, dandoci di essere chiamati figli di Dio! E tali siamo. Per questo il mondo non ci conosce: perché non ha conosciuto lui.* 1Giovanni 3:2 *Carissimi, ora siamo figli di Dio, ma non è stato ancora manifestato ciò che saremo. Sappiamo che quand'egli sarà manifestato saremo simili a lui, perché lo vedremo com'egli è.* L'amore che il Padre ha manifestato nei nostri confronti è veramente incommensurabile. Egli ci ha donato il diritto di definirci Suoi figli. Solo i Suoi figli Lo conoscono in un senso intimo, in quanto hanno sperimentato la Sua Grazia. Ora siamo figli di Dio ma il piano di Dio prosegue in quanto ancora non è stato rivelato ciò che saremo. Ma giungerà il tempo nel quale addirittura *saremo simili a Lui* e solo in quel modo potremo vedere come Egli è. Solo quando saremo nella perfezione potremo contemplare e godere della bellezza della Sua gloria. Per coloro che sono puri di cuore vi è questa straordinaria prospettiva.

Mt 5:1-12 (81 > ***Settima beatitudine*** > - *Beati quelli che si adoperano per la pace, perché saranno chiamati figli di Dio* - > Mt 5:9.

La settima beatitudine è rivolto a coloro che si - *adoperano per la pace* -. In greco abbiamo un aggettivo - *eirenopoioi* -, letteralmente coloro che fanno la pace o che la costruiscono. Ogni figlio di Dio deve essere per la pace, ma con un cuore genuino e trasparente.

Il salmista afferma > Salmi 28:2 *Ascolta la voce delle mie suppliche quando grido a te, quando alzo le mani verso la tua santa dimora.* Salmi 28:3 *Non trascinarmi via con gli empi e con i malfattori, i quali parlano di pace con il prossimo, ma hanno la malizia nel cuore.* Come mai Davide supplicava il Signore? Egli non voleva essere trascinato via con gli empi, seguire la loro via di peccato, in quanto formalmente parlavano di pace con il prossimo, ma in realtà nel loro cuore avevano malizia. Non si può vivere nella doppiezza d'animo. Il nostro cuore se è puro, deve concepire pensieri di pace, di bene, di amore. Solo così si potrà realmente parlare di pace anche con la propria bocca.

Eb 12:14-15 > Ecco perché l'autore della lettera agli Ebrei afferma > Ebrei 12:14 *Impegnatevi a cercare la pace con tutti e la santificazione senza la quale nessuno vedrà il Signore;* Ebrei 12:15 *vigilando bene che nessuno resti privo della grazia di Dio; che nessuna radice velenosa venga fuori a darvi molestia e molti di voi ne siano contagiati.* Bisogna impegnarsi per cercare la pace con tutti. Siamo difettosi noi e gli altri e non sempre questo è possibile. Ma per quanto riguarda noi, come figli di Dio, siamo chiamati a manifestare la pace ed a ricercarla insieme alla santificazione, stando attenti alla nascita di qualche radice velenosa (che in molte assemblee è già nata) che può minare tutto questo. Infatti, si può rimanere contagiati da queste *radici velenose,* andando incontro a numerosi problemi.

Cl 3:15 > E allora come possiamo fare per ricercare la pace ed adoperarci per essa? Risponde l'apostolo Paolo > Colossesi 3:15 *E la pace di Cristo, alla quale siete stati chiamati per essere un solo corpo, regni nei vostri cuori; e siate riconoscenti.* La pace di Cristo ci deve completamente dominare, deve pervadere il nostro cuore. Solo così gli altri potranno vedere in noi la pace di Cristo che si manifesterà anche nella riconoscenza.

Ef 4:1-2 > Inoltre Paolo aggiunge nella lettera agli Efesini Efesini 4:1 *Io dunque, il prigioniero del Signore, vi esorto a comportarvi in modo degno della vocazione che vi è stata rivolta, Efesini 4:2 con ogni umiltà e mansuetudine, con pazienza, sopportandovi gli uni gli altri con amore, Efesini 4:3 sforzandovi di conservare l'unità dello Spirito con il vincolo della pace.* L'apostolo si trovava in carcere e nella sofferenza, ma il suo pensiero andava a questi credenti i quali sono esortati da lui a comportarsi in modo degno del Vangelo a motivo di quella chiamata che a loro era stata rivolta, vestendosi di umiltà, di mansuetudine, di pazienza, *sforzandosi* di conservare l'unità dello Spirito con il vincolo della pace. Si, si tratta di uno sforzo, di un impegno, da cui però non possiamo esimerci. Molte volte subentrano problemi nelle famiglie e nelle assemblee proprio perché non ci si impegna in questo. Ma per essere uniti nello Spirito dobbiamo essere caratterizzati dal vincolo della pace.

Il premio di questa beatitudine consiste nell'essere chiamati - *figli di Dio* -, un titolo straordinario che spetta solo a coloro che hanno creduto in Cristo.

Gv 1:11-13 > Nel Vangelo di Giovanni, proprio nel suo prologo leggiamo Giovanni 1:11 *È venuto in casa sua e i suoi non l'hanno ricevuto;* Giovanni 1:12 *ma a tutti quelli che l'hanno ricevuto egli ha dato il diritto di diventar figli di Dio: a quelli, cioè, che credono nel suo nome;* Giovanni 1:13 *i quali non sono nati da sangue, né da volontà di carne, né da volontà d'uomo, ma sono nati da Dio.* È vero che il Signore Gesù è venuto in mezzo ai Suoi, ma essi l'hanno rifiutato e rigettato. Ma è anche vero che vi sono di coloro che l'hanno ricevuto, che hanno creduto in Lui e che perciò hanno il diritto di diventare e di essere chiamati figli di Dio.

La nuova nascita non è opera nostra. Solo il Signore ci può far rinascere a nuova vita, ma questo avviene solo in coloro che si sono convertiti a Lui. Solo loro hanno il diritto di essere definiti figli di Dio.

Ro 8:11-12 > Paolo ai Romani aggiunge queste mirabili parole *Romani 8:12 Così dunque, fratelli, non siamo debitori alla carne per vivere secondo la carne;* Romani 8:13 *perché se vivete secondo la carne voi morrete; ma se mediante lo Spirito fate morire le opere del corpo, voi vivrete;* Romani 8:14 *Infatti, tutti quelli che sono guidati dallo Spirito di Dio, sono figli di Dio.* Essere figli di Dio comporta delle precise responsabilità. Non si può più vivere secondo la carne, seguendo le vie del peccato, ma seguendo quelle di Dio. Infatti, tutti coloro che godono della speciale guida dello Spirito sono figli di Dio. È un segno assolutamente distintivo che solo i figli di Dio hanno. Coloro che si adoperano veramente per la pace, in quanto hanno la pace di Cristo in loro, hanno questo diritto.

Mt 5:1-12 (91 > ***Ottava beatitudine*** > - *Beati i perseguitati per motivo di giustizia, perché di loro è il regno dei cieli. Beati voi, quando vi insulteranno e vi perseguiteranno e, mentendo, diranno contro di voi ogni sorta di male per causa mia. Rallegratevi e giubilate, perché il vostro premio è grande nei cieli; poiché così hanno perseguitato iprofeti che sono stati prima di voi -* > Mt 5:11-121.

L'ottava beatitudine è rivolta a coloro che sono - *perseguitati* - a motivo della giustizia. In greco abbiamo il verbo - *dioko* - che indica proprio l'atto di perseguitare. Ebbene quando si è perseguitati a motivo del Vangelo e della giustizia di Dio si è beati.

Sl 56:1-2 > Il salmista afferma Salmi 56:1 *Al direttore del coro. Su «Colomba dei terebinti lontani». Inno di Davide quando i Filistei lo presero in Gat. Abbi pietà di me, o Dio, poiché gli uomini mi insidiano; mi combattono e mi tormentano tutti i giorni;* Salmi 56:2 *i miei nemici mi perseguitano continuamente. Sì, sono molti quelli che mi combattono.* Davide fu un salmista perseguitato nel verso senso della parola. Nei suoi salmi egli racconta tutti i suoi drammi, le sue sofferenze, i pianti che egli versò a motivo della persecuzione. Nel contesto egli si riferisce ai Filistei, acerrimi nemici di Israele, i quali insidiarono il suo cammino, lo perseguitarono e lo combatterono per lungo tempo. Da un punto di vista umano nessuno di noi si vorrebbe a trovare nei panni di Davide.

Pr 13:21 > Ma ciò che è scritto in Proverbi è illuminante Proverbi 13:21 *Il male perseguita i peccatori, ma il giusto è ricompensato con il bene.* La conclusione è che coloro che perseguitano, in realtà sono perseguitati dal loro stesso male, senza che essi se ne rendano conto. Colui che è schiavo del peccato è perseguitato da questo malefico padrone, dal quale non può liberarsi se non crede in Cristo Gesù. Per contro il *giusto è ricompensato per il bene.* L'empio avrà il danno delle sue opere, ma il giusto godrà della beatitudine del Signore e della ricompensa che a lui ha riservato.

2 Ti 3:12 > Paolo dichiara a Timoteo un dato di fatto 2Timoteo 3:12 *Del resto, tutti quelli che vogliono vivere piamente in Cristo Gesù saranno perseguitati.* Se si vuole seguire Cristo, non è un'opzione l'essere perseguitati, ma una realtà. Perciò non dobbiamo assolutamente stupirci. Non solo ma saranno perseguitati coloro che vogliono *vivere piamente,* ovvero ubbidendo al Signore. Non dobbiamo mai ignorare quest'aspetto. Più si ubbidisce al Signore, più si diverrà il bersaglio del maligno, ma nello stesso tempo potremo godere della protezione del Signore e del premio che Egli ha in serbo per noi.

Coloro che sono perseguitati, dice il Signore Gesù, possiedono- *il regno dei cieli -.* Cl 2:9 -10 > Senza tornare nuovamente su quest'espressione, è bello notare quanto asserisce Paolo ai

Colossesi. Colossesi 2:9 *perché in lui abita corporalmente tutta la pienezza della Deità;* Colossesi 2:10 *e voi avete tutto pienamente in lui, che è il capo di ogni principato e di ogni potenza.* Questa è una delle dichiarazioni più belle della deità di Cristo, ma nello stesso tempo, l'apostolo sottolinea un dato molto importante: il figlio di Dio ha ricevuto tutto in Cristo. Ciò che già noi possediamo e che un giorno potremo godere appieno, è solo per la Grazia di Dio che si è manifestata in Cristo Gesù. Tutte le ricchezze divine ci appartengono.

Il Signore Gesù prosegue - Beati voi, quando vi insulteranno e vi perseguiteranno e, mentendo, diranno contro di voi ogni sorta di male per causa mia -. Nel greco abbiamo il verbo - oneidizo - *che indica l'atto di rimproverare, ma anche di insultare.*

Sa 17:45-46 > Un esempio emblematico l'abbiamo in 1 Sa 17 1Samuele 17:45 *Allora Davide rispose al Filisteo: «Tu vieni verso di me con la spada, con la lancia e con il giavellotto; ma io vengo verso di te nel nome del SIGNORE degli eserciti, del Dio delle schiere d'Israele che tu hai insultate.* 1Samuele 17:46 *Oggi il SIGNORE ti darà nelle mie mani e io ti abbatterò; ti taglierò la testa, e darò oggi stesso i cadaveri dell'esercito dei Filistei in pasto agli uccelli del cielo e alle bestie della terra; così tutta la terra riconoscerà che c'è un Dio in Israele.* I filistei erano acerrimi nemici del Signore non solo perché volevano eliminarlo, ma nella Scrittura possiamo osservare che il loro intento era più che altro quello di oltraggiare ed insultare Israele. Un esempio l'abbiamo in questo Goliat, un gigante filisteo, esperto in battaglia che osa insultare l'esercito d'Israele. Ma Davide non poteva sopportare, né tollerare un simile atteggiamento. Perciò egli innalza il Signore, essendo assolutamente certo che la vittoria sarà sua, sconfiggendo il gigante filisteo, come effettivamente avvenne. Devono stare molto attenti coloro che osano insultare il cristiano, in quanto è come se insultassero il Signore.

Sl 42:10 > Certamente essere insultati non è piacevole, come afferma il salmista *Salmi 42:10 Le mie ossa sono trafitte dagli insulti dei miei nemici che mi dicono continuamente: «Dov'è il tuo Dio?».* Esistono insulti o oltraggi di vario genere, ma quando si è umiliati nell'essere insultati, non sono belle situazioni. Tanti purtroppo si sono allontanati, in quanto per loro era insostenibile il peso dell'oltraggio. I nemici di Davide continuavano a dire *Dov'è il tuo Dio?* ed è lo stesso insulto che anche Pietro ricorderà (2 Pt

3:4). Ma quando si è insultati o oltraggiati dobbiamo prendere forza nel Signore.

Pt 4:14 > Come ricorda l'apostolo Pietro 1Pietro 4:14 *Se siete insultati per il nome di Cristo, beati voi! Perché lo Spirito di gloria, lo Spirito di Dio, riposa su di voi.* Ancora possiamo trovare questo connubio tra l'essere beati e l'essere insultati. La nostra consolazione risiede nel fatto che lo Spirito della gloria riposa su di noi, che siamo suggellati con il Suo Spirito. Questa non è solo garanzia di appartenenza a Dio, ma è anche garanzia di forza e consolazione.

Il Signore Gesù cita anche l'arma dell'empio della menzogna. Infatti, essi - *mentendo diranno ogni male* -. Quante volte il cristiano è passato in queste circostanze. Quante volte l'empio ha cercato di screditare il figlio di Dio attraverso menzogne di ogni genere. La storia della Chiesa è costellata di questi esempi. Il Signore Gesù stesso sperimentò questa triste situazione.

Sl 119:77-78 > Il salmista invoca il Signore con queste parole Salmi 119:77 *Venga su di me la tua compassione, e vivrò; perché la tua legge è la mia gioia.* Salmi 119:78 *Siano confusi i superbi, che mentendo mi opprimono; ma io medito sui tuoi precetti.* Egli supplica il Signore affinché gli conceda le Sue compassioni proprio perché è vittima dei tranelli e degli inganni degli empi. Egli sapeva che la Legge del Signore rappresentava la Sua gioia come lo è per noi la Sua Parola nella sua totalità. I superbi, i mendaci, saranno confusi, sperimenteranno gli effetti del loro stesso male, ma il figlio di Dio ha il compito ed il privilegio di *meditare* sulla Parola di Dio.

Gr 9:4-5 > La situazione registrata nel libro di Geremia è drammatica Geremia 9:4 *Si guardi ciascuno dal suo amico, nessuno si fidi del suo fratello; poiché ogni fratello non fa che ingannare, ogni amico va spargendo calunnie.* Geremia 9:5 *L'uno inganna l'altro, non dice la verità, esercitano la loro lingua a mentire, si affannano a fare il male.* L'esortazione è quella di non fidarsi di nessuno, proprio per il fatto che tutti sono bugiardi, a parte qualche eccezione come il profeta Geremia. Ognuno cerca di ingannare il prossimo, ci si affanna a praticare il male, esercitando la loro lingua a *mentire*. Purtroppo questo è l'empio. Ma il figlio di Dio ha il compito di testimoniare proprio a lui, affinché lasci la via della menzogna e dell'inganno e si converta al Signore. m Nonostante le persecuzioni e le sofferenze del giusto, del figlio di

Dio, vi sarà una grande ricompensa - *Rallegratevi e giubilate, perché il vostropremio è grande nei cieli -*.

Primo verbo che incontriamo è - *chairete* -, l'imperativo presente attivo di chairo che significa gioire, essere contento. Sl 32:10-11 > *Ecco cosa afferma il salmista* Salmi 32:10 Molti dolori subirà l'empio; ma chi confida nel SIGNORE sarà circondato dalla sua grazia. Salmi 32:11 Rallegratevi nel *SIGNORE ed esultate, o giusti! Gioite, voi tutti che siete retti di cuore!* L'empio non potrà mai sperimentare realmente la vera gioia. Anzi quando ci saranno i dolori, perché anche l'empio li dovrà subire, non vi sarà alcuna consolazione. Ma il giusto sarà circondato dalla Grazia di Dio, quella Grazia che gli permetterà di gioire anche in mezzo alle prove ed alle difficoltà. Perciò il salmista invita a rallegrarsi, a giubilare, ma tale invito è rivolto a coloro che sono *retti di cuore.*

Lu 10:19-20 > Il Signore Gesù in Luca 10 dirà queste mirabili parole Luca 10:19 *Ecco, io    vi ho dato il potere di camminare sopra serpenti e scorpioni e su tutta la potenza del nemico; nulla potrà farvi del male.* Luca 10:20 *Tuttavia, non vi rallegrate perché gli spiriti vi sono sottoposti, ma rallegratevi perché i vostri nomi sono scritti nei cieli».* Come sappiamo la predicazione dei discepoli era accompagnata da segni e prodigi e loro erano contenti nel vedere tali opere che per la Grazia di Dio mostravano. Ma il Signore Gesù impartisce una grande lezione: bisogna rallegrarsi per le ricchezze divine che si possiedono e per i grandi privilegi di cui un figlio di Dio può godere: avere il proprio nome scritto nel libro della vita.

Fl 4:4 > Sono veramente tanti i motivi di gioia per un cristiano. Le sofferenze non mancheranno ma come afferma Paolo ai filippesi Filippesi 4:4 *Rallegratevi sempre nel Signore. Ripeto: rallegratevi.* Si tratta di un invito chiaro. Per ben due volte in poche parole, Paolo invita i credenti di Filippi a rallegrarsi. Ma la stessa esortazione vale anche per noi. Possiamo sempre rallegrarci ma *nel Signore,* non in noi o nelle nostre forze. Questo è valido non solo per colui che non passa per sofferenze o che vive periodi di benessere, ma anche per colui che è nella prova, nella persecuzione e nella sofferenza. m Il secondo verbo che incontriamo è - *agalliasthe* -, imperativo presente attivo di agalliao che indica sempre il gioire ma con maggiore forza ed intensità.

Is 44:22-23 > In Isaia 44 leggiamo queste stupende parole del Signore verso Israele Isaia 44:22 *Io ho fatto sparire le tue trasgressioni come una densa nube, e i tuoi peccati, come una nuvola; torna a me, perché io ti ho riscattato».* Isaia 44:23 Cantate, o cieli, poiché il SIGNORE ha operato! Giubilate, o profondità *della terra! Prorompete in grida di gioia, o montagne, o foreste con tutti gli alberi vostri! Poiché il SIGNORE ha riscattato Giacobbe e manifesta la sua gloria in Israele!* Come possiamo notare anche in questo testo vi è un motivo forte di gioia e giubilo: Israele è stato perdonato del suo peccato dal Signore. Possiamo certamente affermare che per ogni cristiano, questo motivo è quello principale che suscita gioia in esuberanza. È talmente forte la motivazione, ovvero che il Signore ha riscattato il Suo popolo, che le profondità della terra, le montagne sono chiamate a giubilare ed a partecipare alla gioia dei giusti. Perciò vi sono motivazioni forti, che spingono ogni figlio di Dio a gioire.

Ma qual è la motivazione che il Signore Gesù evidenzia? Il premio che coloro che sono stati perseguitati riceveranno - *il vostro premio è grande nei cieli -.* È ricorrente il tema del premio nella Scrittura.

Fl 3:13-14 > Paolo poteva dire in Fl 3 Filippesi 3:13 *Fratelli, io non ritengo di averlo già afferrato; ma una cosa faccio: dimenticando le cose che stanno dietro e protendendomi verso quelle che stanno davanti,* Filippesi 3:14 *corro verso la mèta per ottenere il premio della celeste vocazione di Dio in Cristo Gesù.* Paolo fu uno strumento nelle mani di Dio molto prolifico. Dai suoi scritti, conosciamo il suo carattere, la sua dedizione, il suo timore per l'Eterno, eppure egli afferma di non essere giunto ancora alla perfezione. Ma egli era determinato a compiere una cosa: andare sempre avanti, senza guardarsi indietro, correndo verso il traguardo ed avendo come ambizione quello di ricevere il premio. Non vi può essere premio per colui che ozia, per colui che non serve il Signore.

Co 3:6-8 > Anche in 1 Co 3, Paolo parla del premio 1Corinzi 3:6 *Io ho piantato,* Apollo ha annaffiato, ma Dio ha fatto crescere; 1Corinzi 3:7 *quindi colui che pianta e colui che annaffia non sono nulla: Dio fa crescere!* 1Corinzi 3:8 *Ora, colui che pianta e colui che annaffia sono una medesima cosa, ma ciascuno riceverà il proprio premio secondo la propria fatica.* L'apostolo parla delle varie mansioni, dei vari ruoli che vanno assolutamente rispettati. Solo il Signore ha il potere e l'autorità di far crescere. Ma pur rispettando i vari ruoli, ognuno riceverà il giusto premio per il suo servizio. Come dice il Signore Gesù di certo lo riceveranno anche coloro che sono stati perseguitati per la giustizia.

Ma il Signore Gesù fa un'ulteriore precisazione - *poiché così hanno perseguitato i profeti che sono stati prima di voi* -. Egli prende come esempio proprio i profeti i quali furono proprio esempi di sofferenza. Nella Bibbia vi sono innumerevoli esempi di persecuzione a danno dei profeti.

Re 18:2-4 > *Un esempio emblematico è in* 1Re 18. 1Re 18:2 Elia andò a presentarsi ad Acab. La carestia era grave in Samaria. 1Re 18:3 E Acab mandò a chiamare Abdia, che era il sovrintendente del palazzo. Abdia era molto timorato del SIGNORE; 1Re 18:4 *e quando Izebel sterminava i profeti del SIGNORE,* Abdia aveva preso cento profeti, li aveva nascosti cinquanta in una spelonca e cinquanta in un'altra, e li aveva nutriti con pane e acqua. Izebel è probabilmente la donna più malvagia della Scrittura. Questa donna si macchiò di crimini nefandi e du un acerrima nemica dei profeti di Dio. Non poteva essere altrimenti considerando il background culturale di questa donna idolatra. Ma il Signore si usò di Abdia, il quale ricopriva la carica di sovrintendente del palazzo per porre al riparo cento profeti fedeli. Infatti, Abdia era molto timorato del Signore e non ebbe paura di Izebel, nonostante ciò che essa aveva fatto.

Cr 36:15-16 > In 2 Cr 36 poi abbiamo una notizia drammatica 2Cronache 36:15 *Il SIGNORE, Dio dei loro padri, mandò loro a più riprese degli ammonimenti, per mezzo dei suoi messaggeri perché voleva risparmiare il suo popolo e la sua casa;* 2Cronache 36:16 *ma quelli si beffarono dei messaggeri di Dio, disprezzarono le sue parole e schernirono i suoi profeti, finché l'ira del SIGNORE contro il suo popolo arrivò al punto che non ci fu più rimedio.* I profeti non furono perseguitati da nemici di Israele, m anche e soprattutto da Israele stesso. Il Signore ripetutamente inviò i Suoi profeti affinché Israele ascoltasse il Suo vivido messaggio, ma molto spesso vi fu indifferenza, ribellione ed anche persecuzione contro i profeti. C'era disprezzo ed oltraggio anziché ubbidienza all'Eterno ed era talmente grave la situazione che si arrivò al punto che non ci fu più rimedio. Dobbiamo ammettere che i tempi che viviamo oggi non sono molto diversi. Si nota sempre meno una particolare attenzione al messaggio di Dio e talvolta possono provenire gli attacchi proprio da coloro che si definiscono cristiani e nati di nuovo. Ma l'importante è rimanere fiedeli al Signore.

## Matteo 5:13-16 > Essere sale della terra e luce del mondo

Mt 5:13-16 dì > *Essere sale della terra* > - *«Voi siete il sale della terra; ma, se il sale diventa insipido, con che lo si salerà? Non è più buono a nulla se non a essere gettato via e calpestato dagli uomini -* > Mt 5:13.

Con quest'ulteriore sezione, il Signore Gesù presenta due paragoni illuminanti. Il primo è - *il sale -*, nel greco - *alas -*. Il figlio di Dio è - *il sale della terra -* ed il Signore Gesù pone particolare attenzione al compito del sale di dare sapore.

Le 2:11-13 > Interessante osservare ciò che era prescritto per le oblazioni Levitico 2:11 *«Qualunque oblazione offrirete al SIGNORE sarà senza lievito; non farete bruciare nulla che contenga lievito o miele, come sacrificio consumato dal fuoco per il SIGNORE.* Levitico 2:12 *Potrete offrirne al SIGNORE come oblazione di primizie; ma queste offerte non saranno poste sull'altare come offerte di profumo soave.* Levitico 2:13 *Condirai con sale ogni oblazione e non lascerai la tua oblazione priva di sale, segno del patto del tuo Dio. Su tutte le tue offerte metterai del sale.* Abbiamo notato? L'oblazione doveva essere senza lievito, in quanto è figura del peccato, ma nello stesso tempo dovevano essere condite con sale, badando bene a non offrire oblazioni prive di questo particolare elemento. Questo Infatti, era un *segno del patto* con il Signore.

Cl 4:5-6 > Ma che significato spirituale ha il sale? Possiamo dire che esso è l'elemrnyo che indica o simboleggia proprio la saggezza. Come dice Paolo ai Colossesi. Colossesi 4:5 *Comportatevi con saggezza verso quelli di fuori, ricuperando il tempo.* Colossesi 4:6 *Il vostro parlare sia sempre con grazia, condito con sale, per sapere come dovete rispondere a ciascuno.* Siamo chiamati a comportarci con saggezza, intelligenza spirituale e nel parlare di questo l'apostolo esorta *il vostro parlare sia sempre con grazia e sale.* Essere sale della terra significa comportarsi saggiamente, ubbidendo al Signore. Coloro che non conoscono il Signore non potranno evitare di notare la differenza tra un figlio di Dio saggio ed un empio stolto. *La nostra testimonianza è soprattutto determinata dal nostro comportamento e dalla nostra condotta. Ecco come possiamo essere sale della terra.*

Il compito del sale è quello di conservare e di dare sapore. Se esso diviene insipido non è più buono a niente.

Gb 6:6 > In Gb 6 è scritto: Giobbe 6:6 *Si può forse mangiar ciò che è insipido, senza sale? C'è qualche gusto in un chiaro d'uovo?* Il testo ci porta a riflettere su una risposta negativa. Anche se è vero che alcuni mangiano insipido, è indubbio che la pietanza perde molto del suo gusto senza il sale. Questo perché verrebbe meno la sua qualità principale.

Lu 14:34-35 > Nel brano parallelo del vangelo di Luca è scritto: Luca 14:34 *Il sale, certo, è buono; ma se anche il sale diventa insipido, con che cosa gli si darà sapore?* Luca 14:35 *Non serve né per il terreno, né per il concime; lo si butta via. Chi ha orecchi per udire oda».* Quando il sale diviene insipido non esiste niente in natura che gli possa risolvere questo problema. Esso diviene inutilizzabile pronto solo per essere buttato via. Il figlio di Dio è chiamato ad essere il *sale della terra* anche per una cognizione di servizio. *Infatti,* siamo al servizio del Signore ed è assolutamente triste e tragico pensare ad un cristiano che non desidera servire il Signore o essere di testimonianza. *Egli è come quel sale insipido.*

Mt 5:13-16 (21 > ***Essere luce del mondo*** > - *Voi siete la luce del mondo. Una città posta sopra un monte non può rimanere nascosta, e non si accende una lampada per metterla sotto un recipiente; anzi la si mette sul candeliere ed essa fa luce a tutti quelli che sono in casa. Così risplenda la vostra luce davanti agli uomini, affinché vedano le vostre buone opere e glorifichino il Padre vostro che è nei cieli* - > Mt 5:14-16.

MT5:14-16 fi) > Ma vi è anche un'altra similitudine. Il cristiano è chiamato ad essere - *luce del mondo* -, visto che per la Grazia di Dio egli lo è diventato.

Gv 1:9-12 > Nel prologo giovanneo, il Signore Gesù viene così presentato Giovanni 1:9 *La vera luce che illumina ogni uomo stava venendo nel mondo.* Giovanni 1:10 *Egli era nel mondo, e il mondo fu fatto per mezzo di lui, ma il mondo non l'ha conosciuto. Giovanni 1:11 È venuto in casa sua e i suoi non l'hanno ricevuto;* Giovanni 1:12 *ma a tutti quelli che l'hanno ricevuto egli ha dato il diritto di diventar figli di Dio: a quelli, cioè, che credono nel suo nome.* Il Signore Gesù è la *vera luce.* Non che i figli di Dio siano falsi, ma è indubbio che se il cristiano si può definire luce del mondo è solo in virtù del Signore Gesù. Il cristiano è come la luna che riflette i raggi solari del sole alla terra. Noi non possiamo risplendere di luce propria, ma di luce riflessa. La notizia tragica è che essendo venuta la Luce, essa è stata rifiutata, rigettata, non conosciuta da molti. Addirittura il Signore essendo venuto *in casa sua*, non solo non è stato accolto, ma è stato rifiutato. *Ma a tutti coloro che l'hanno ricevuto, ovvero che hanno creduto in Lui, essi hanno ricevuto lo splendido diritto di diventare figli di Dio.*

Gv 8:12 > Altre volte il Signore ribadì questo concetto Giovanni 8:12 *Gesù 1parlò loro di nuovo, dicendo: «Io sono la luce del mondo; chi mi segue non camminerà nelle tenebre, ma avrà la luce della vita».* Essendo la luce del mondo, solo colui che segue il Signore Gesù può godere di una speciale benedizione: non camminare più nelle tenebre. Questo è il privilegio di tutti coloro che si sono arresi a Cristo. Essi possono camminare alla Sua Luce ed è triste quando essi cadono nel peccato. È vero che questo è possibile e che possiamo sempre andare supplicanti al Signore, ma è anche vero che quando questo accade non si è seguita la Luce. *Dobbiamo essere determinati nel non distogliere mai il nostro sguardo dal Signore Gesù.*

Gv 12:44-46 > Anche nel Vangelo di Giovanni al cap.12 leggiamo Giovanni 12:44 *Ma Gesù ad alta voce esclamò: «Chi crede in me, crede non in me, ma in colui che mi ha mandato;* Giovanni 12:45 *e chi vede me, vede colui che mi ha mandato.* Giovanni 12:46 *Io son venuto come luce nel mondo, affinché chiunque crede in me, non rimanga nelle tenebre.* Credere nel Signore Gesù, avere fede in Lui, significa nello stesso tempo dare credito al Padre, a Colui che l'ha mandato. Nel vedere e contemplare il Signore si contempla anche il Padre, visto che loro due sono Uno. Ma l'essere Luce del mondo comporta inevitabilmente che colui che pone fede nel Signore Gesù, viene tolto dall'oscurità del peccato e della morte, per entrare in una realtà completamente nuova. Fl 2:15-16 > *Ma come abbiamo notato il Signore Gesù sottolinea una nostra precisa responsabilità - Voi siete...-. Ecco perché Paolo dirà ai Filippesi.* Filippesi 2:15 *perché siate irreprensibili e integri, figli di Dio senza biasimo in mezzo a una generazione storta e perversa, nella quale risplendete come astri nel mondo,* Filippesi 2:16 *tenendo alta la parola di vita, in modo che nel giorno di Cristo io possa vantarmi di non aver corso invano, né invano faticato.* Per dimostrare di essere luce in questo mondo, il figlio di

Dio è chiamato ad assumere sempre una condotta irreprensibile ed integra, al fine di risplendere come astro nel mondo. *Ciò che ci permette di risplendere è proprio quella condotta dominata e guidata dallo Spirito.* In questo modo potremo essere senza biasimo, ovvero non si darà l'opportunità a nessuno di accusarci. Questo perché con le nostre parole ed azioni terremo alta la parola della vita.

MT 5:14-16 f2) > Per spiegare meglio il Suo concetto, il Signore, come suo solito fa un esempio molto pratico - *Una città posta sopra un monte non può rimanere nascosta, e non si accende una lampada per metterla sotto un recipiente; anzi la si mette sul candeliere ed essa fa luce a tutti quelli che sono in casa -.* La lampada ha il compito di illuminare una stanza o un locale. Tenerla nascosta la squalificherebbe e le si impedirebbe di svolgere il suo compito ovvero quello di dare luce.

Sa 22:29 > Sono molto belle le parole di Davide 2Samuele 22:29 *Sì, tu sei la mia lampada, o SIGNORE, e il SIGNORE illumina le mie tenebre.* Davide poteva testimoniare in modo potente che il Signore era la sua lampada, la sua luce. Egli sapeva che solo il Signore poteva guidarlo e condurlo correttamente, mediante la Sua Luce. Quando si riceve tale luce e la si segue non si può fare a meno di realizzare proprio le parole del Signore Gesù - *Voi siete la luce del mondo -.*

Sl 119:105-106 > Non solo, ma il salmista aggiunge : Salmi 119:105 *La tua parola è una lampada al mio piede e una luce sul mio sentiero.* Salmi 119:106 *Ho giurato, e lo manterrò, di osservare i tuoi giusti giudizi.* Dire che il Signore è la nostra Luce implica che anche la Sua Parola lo sia. Il cristiano potrà mostrare di essere luce del mondo, nel momento in cui la sua condotta sarà caratterizzata da un'ubbidienza costante alla Parola di Dio. *Questo perché la Sua Parola è una* lampada sul suo sentiero.

Pr 13:9 > Perciò possiamo concludere con le parole di Proverbi 13 Proverbi 13:9 *La luce dei giusti è gaia, ma la lampada degli empi si spegne.* Mai potrà spegnersi la luce del giusto, in quanto abbiamo visto da dove essa deriva. Per contro quella degli empi si spegnerà ed in modo definitivo, in quanto non è vera luce. Il mondo nel suo orgoglio pretende di poter far passare le sue idee, i suoi motti, i suoi principi iniqui come luce. Ma in realtà l'uomo si accorge e si accorgerà che sta inseguendo solo una chimera. Solo la luce del giusto è stabile, in quanto segue il Signore che è Luce.

Le 24:2-4 > Inoltre in Le 24 *possiamo osservare un bell'insegnamento intorno al candelabro* Levitico 24:2 *«Ordina ai figli d'Israele di portarti dell'olio di oliva puro, vergine, per il candelabro, per tenere le lampade sempre accese. Levitico 24:3 Aaronne lo preparerà nella tenda di convegno, fuori della cortina che sta davanti alla testimonianza, perché le lampade ardano sempre, dalla sera alla mattina, davanti al SIGNORE. È una legge perenne, di generazione in generazione. Levitico 24:4 Egli le disporrà sul candelabro d'oro puro, perché ardano sempre davanti al SIGNORE.* Come abbiamo letto in Matteo, il Signore Gesù precisa molto bene che la lampada va posta sul candeliere in modo tale che la luce possa essere sempre vista. Interessante osservare nel testo di Levitico i vari ordini del Signore intorno al candelabro. Ogni israelita doveva portare olio d'oliva vergine per il candelabro, affinché le lampade del candelabro rimanessero sempre accese. Aaronne doveva prepararlo con ogni scrupolo, ma da notare come per ben tre volte in poche righe di testo venga sottolineato che il candelabro doveva ardere continuamente. Questa è una bella lezione per noi. Come luce del mondo siamo chiamati ad essere come questo candelabro che arde del continuo, che mostra sempre la sua luce. > Che il candelabro possa rappresentare anche i credenti è chiaro in Ap 2 Apocalisse 2:5 *Ricorda dunque da dove sei caduto, ravvediti, e compi le opere di prima; altrimenti verrò presto da te e rimuoverò il tuo candelabro dal suo posto, se non ti ravvedi.* Queste parole sono rivolte alla chiesa di Efeso, la quale riceve certamente degli elogi inerenti alla sua fatica, alla sua fedeltà dottrinale ed alla sua costanza. Ma purtroppo aveva abbandonato *il primo amore*. Il Signore Gesù non era più la priorità per questa chiesa. Perciò il Signore lancia un solenne avvertimento *rimuoverò il tuo candelabro se non ti ravvedi*. Quando si abbandona il primo amore non si risplende più come candelabri. Si diviene in un certo qual modo inutili. Perciò dobbiamo fare tesoro di questa lezione che traspare anche dalle parole del Signore Gesù.

MT 5:14-16 fS) > Perciò il Signore Gesù dichiara queste incoraggianti parole - *Così risplenda la vostra luce davanti agli uomini, affinché vedano le vostre buone opere e glorifichino il Padre vostro che è nei cieli* -. Vi è un chiaro riferimento alle buone opere che il figlio di Dio è chiamato a compiere. In greco abbiamo l'espressione - *kala erga* - ovvero opere buone. È un tema che nella

Scrittura troviamo molto spesso e che va approfondito.

Eb 10:24 > L'autore della lettera agli Ebrei afferma *Ebrei 10:24 Facciamo attenzione gli uni agli altri per incitarci all'amore e alle buone opere*. Dobbiamo accogliere questa importante esortazione. Non vi è spazio per la superficialità. Dobbiamo fare attenzione ed impegnarci ad esortarci a vicenda nel praticare le buone opere non per meritare la salvezza, ma per dimostrare di essere dei figli di Dio fedeli.

Tt 3:5-8 > Paolo a Tito dirà : Tito 3:5 *egli ci ha salvati non per opere giuste da noi compiute, ma per la sua misericordia, mediante il bagno della rigenerazione e del rinnovamento dello Spirito Santo,* Tito 3:6 *che egli ha sparso abbondantemente su di noi per mezzo di Cristo Gesù, nostro Salvatore,* Tito 3:7 *affinché, giustificati dalla sua grazia, diventassimo, in speranza, eredi della vita eterna.* Tito 3:8 *Certa è quest'affermazione, e voglio che tu insista con forza su queste cose, perché quelli che hanno creduto in Dio abbiano cura di dedicarsi a opere buone. Queste cose sono buone e utili agli uomini.* È chiara la contrapposizione. Le opere dell'uomo sono assolutamente inutili ai fini della salvezza, in quanto la sua giustizia è come *un abito sporco*. Non possiamo salvarci mediante le opere, in quanto la nostra salvezza è basata solo sulla Grazia di Dio. Siamo giustificati per la Sua Grazia. Ma le opere non perdono di valore dopo la salvezza, anzi ne risultano la sua dimostrazione. Ecco perché come cristiani dobbiamo dedicarci alle *buone opere*.

Ef 2:9-10 > Anche nella lettera agli Efesini troviamo lo stesso insegnamento Efesini 2:9 *Non è in virtù di opere affinché nessuno se ne vanti;* Efesini 2:10 *Infatti, siamo opera sua, essendo stati creati in Cristo Gesù per fare le opere buone, che Dio ha precedentemente preparate affinché le pratichiamo.* Le opere non possono essere motivo di vanto per noi, in quanto, come detto, siamo salvati per la Grazia di Dio. Ma nello stesso tempo quali figli di Dio, siamo chiamati a compiere non le nostre opere, ma quelle che *Dio ha precedentemente preparato affinché le pratichiamo.*

MT 5:14-16 f4) > Lo scopo è che gli uomini, vedendo queste opere possano glorificare - *il Padre che è nei cieli -*. Il verbo glorificare rivolto al Signore non significa che si aggiunge qualcosa alla Sua gloria, ma indica la celebrazione ed il fatto che

Egli è degno di ricevere l'adorazione.

Sl 46:10 > Il salmista dirà Salmi 46:10 *«Fermatevi», dice, «e riconoscete che io sono Dio. Io sarò glorificato fra le nazioni, sarò glorificato sulla terra».* È il Signore ad esortare a fermarsi e riflettere sulla propria condotta, in quanto è proprio con il comportamento che piace a Dio, che il Suo Nome potrà essere glorificato.

Ga 1:21-24 > Paolo dirà nella lettera ai Galati: *Galati 1:21 Poi andai nelle regioni della Siria e della Cilicia;* Galati 1:22 *ma ero sconosciuto personalmente alle chiese di Giudea, che sono in Cristo;* Galati 1:23 *esse sentivano soltanto dire: «Colui che una volta ci perseguitava, ora predica la fede, che nel passato cercava di distruggere».* Galati 1:24 *E per causa mia glorificavano Dio.* Paolo era estremamente impegnato con i suoi viaggi. Egli racconta di essere andato nelle regioni della Siria, della Cilicia e che era sconosciuto agli abitanti del posto, ma la sua fama di persecutore della chiesa lo precedeva. Non solo però, ma era giunta anche la notizia della sua trasformazione, della sua conversione, del suo servizio ed a motivo di questo glorificavano Dio. Si, fratelli e sorelle amati in Cristo, con il nostro comportamento possiamo o essere motivo di scandalo, o motivo di ringraziamento verso il Signore.

## Matteo 5:17-20 Tutto deve essere compiuto

Mt 5:17-20 dì > **Una dichiarazione solenne** > - *«Non pensate che io sia venuto per abolire la legge o i profeti; io sono venuto non per abolire ma per portare a compimento. Poiché in verità vi dico: finché non siano passati il cielo e la terra, neppure un iota o un apice della legge passerà senza che tutto sia adempiuto -* > Mt 5:17-1.

MT 5:17-16 fi) > Il Signore Gesù prosegue con un altro argomento molto importante circa la Sua venuta e la Sua missione - *«Non pensate che io sia venuto per abolire la legge o i profeti -*. In greco troviamo un verbo molto particolare - *kataluo* - che indica l'atto di demolire e di distruggere. Il Signore Gesù non era venuto per demolire o distruggere la Legge.

Co 3:14 > Tuttavia Paolo ai corinzi afferma *2Corinzi 3:14 Ma le loro menti furono rese ottuse; infatti, sino al giorno d'oggi, quando leggono l'antico patto, lo stesso velo rimane, senza essere rimosso, perché è in Cristo che esso è abolito.* L'apostolo parla dell'Israele duro d'orecchi che non accettava o credeva nel Messia. Le loro menti erano ottuse, oscurate, tanto che ancora oggi (lo possiamo dire) quando leggono l'Antico patto, è come se rimanesse un velo che in Cristo è abolito.

Eb 10:8-9 > Ma l'autore della lettera agli Ebrei aggiunge dettagli importanti Ebrei 10:8 *Dopo aver detto: «Tu non hai voluto e non hai gradito né sacrifici, né offerte, né olocausti, né sacrifici per il peccato» (che sono offerti secondo la legge),* Ebrei 10:9 *aggiunge poi: «Ecco, vengo per fare la tua volontà». Così, egli abolisce il primo per stabilire il secondo.* Il Signore Gesù venne nel mondo per adempiere completamente la volontà del Padre, traguardo che Egli raggiunse completamente. Il Signore Gesù disse nel Suo sermone che non era venuto per abolire la Legge, in quanto ancora doveva portare a compimento la Sua opera. Ma come sottolinea l'autore in questo brano, Egli *ha abolito il primo per stabilire il secondo,* il nuovo patto che è sigillato dal Suo stesso sangue.

Il Signore Gesù quindi chiarisce - *Io non sono venuto per abolire, ma per portare a compimento -.* Questa era la Sua missione. In greco abbiamo il verbo - *pleroo* - che indica l'atto di riempire, ma in senso lato anche quello di portare a compimento.

Sl 65:1 > Sono molto belle le parole che un giorno espresse Davide Salmi 65:1 *Al direttore del coro. Salmo di Davide. Canto. A te spetta la lode, o Dio che dimori in Sion! A te il compimento delle promesse.* Il salmista può veramente affermare che solo al Signore spetta tutta la lode, l'onore, proprio a Colui che sulla base della Sua fedeltà, adempie le promesse e le porta a compimento. Possiamo vedervi un bellissimo parallelo con il Signore Gesù. Egli è Dio che porta a compimento ogni cosa.

Is 55:10-11 > Anche in Isaia 55 leggiamo Isaia 55:10 *Come la pioggia e la neve scendono dal cielo e non vi ritornano senza aver annaffiato la terra, senza averla fecondata e fatta germogliare, affinché dia seme al seminatore e pane da mangiare,* Isaia 55:11 *così è della mia parola, uscita dalla mia bocca: essa non torna a me a vuoto, senza aver compiuto ciò che io voglio e condotto a buon fine ciò per cui l'ho mandata.* Pioggia e neve sono a disposizione dell'Eterno e nella Scrittura sono proprio il simbolo della benedizione. La pioggia, come la neve non torna a vuoto, senza prima aver annaffiato la terra, senza averla prima fecondata. Lo stesso principio vale per la Parola di Dio: essa non torna a vuoto senza prima aver portato a compimento ciò che il Signore si è prefisso.

Gv 19:30 > Quanto sono straordinarie quelle parole che un giorno il Signore Gesù espresse alla croce. Giovanni 19:30 *Quando Gesù ebbe preso l'aceto, disse: «È compiuto!» E, chinato il capo, rese lo spirito.* Lui solo ha potuto esclamare questo grido di vittoria. Nessuno poteva farlo se non Lui. Egli portò a compimento l'opera della salvezza per l'uomo. Nessuno più era escluso dal dono gratuito della salvezza eterna. Egli effettivamente è giunto per portare a compimento ciò per cui era venuto.

MT 5:17-16 f2) >Ma il Signore Gesù completa il Suo discorso con una mirabile dichiarazione - *Poiché in verità vi dico: finché non siano passati il cielo e la terra, neppure un iota o un apice della legge passerà senza che tutto sia adempiuto* -. Il compimento di cui si parla non è solo riferito all'opera della croce ma a tutto il piano di Dio che concerne anche ciò che ancora non si è adempiuto. Infatti, il cielo e la terra attuali resisteranno fino a quando tutto non sarà adempiuto.

Ge 8:21-22 > Interessante osservare che già nella Genesi si defilava questa notizia : Genesi 8:21 *Il SIGNORE sentì un odore soave; e il SIGNORE disse in cuor suo: «Io non maledirò più la terra a motivo dell'uomo, poiché il cuore dell'uomo concepisce disegni malvagi fin dall'adolescenza; non colpirò più ogni essere vivente come ho fatto.* Genesi 8:22 *Finché la terra durerà, semina e raccolta, freddo e caldo, estate e inverno, giorno e notte, non cesseranno mai».* Noè offre un sacrificio al Signore che per Lui fu di odore soave, Il Signore così emise un decreto: non solo non avrebbe più distrutto l'uomo tramite il diluvio, ma le stagioni si sarebbero susseguite *finché la terra* sarebbe durata. Quel finché premette ovviamente una fine di questo cielo e di questa terra.

Pt 3:10-12 > L'apostolo Pietro è molto preciso a riguardo. 2Pietro 3:10 *Il giorno del Signore verrà come un ladro: in quel giorno i cieli passeranno stridendo, gli elementi infiammati si dissolveranno, la terra e le opere che sono in essa saranno bruciate.* 2Pietro 3:11 *Poiché dunque tutte queste cose devono dissolversi, quali non dovete essere voi, per santità di condotta e per pietà,* 2Pietro 3:12 *mentre attendete e affrettate la venuta del giorno di Dio, in cui i cieli infocati si dissolveranno e gli elementi infiammati si scioglieranno!* 2Pietro 3:13 *Ma, secondo la sua promessa, noi aspettiamo nuovi cieli e nuova terra, nei quali abiti la giustizia.* L'apostolo parla del giorno del Signore come di quel periodo nel quale il Signore mostrerà la Sua giustizia e nello stesso tempo ogni elemento di questa creazione passerà in modo inesorabile. Non si tratta di una semplice restaurazione o rinnovamento, ma di un annientamento totale, per lasciare spazio a nuovi cieli e nuova terra. Ma quando questo accadrà? Dopo che sarà eseguito il giudizio finale, nel quale la morte, l'Ades, Satana, saranno nello stagno di fuoco e zolfo. Quindi quando non ci sarà più il peccato.

Lu 16:16 > Nel brano del Vangelo di Luca leggiamo Luca 16:16 *La legge e i profeti hanno durato fino a Giovanni; da quel tempo è annunziata la buona notizia del regno di Dio, e ciascuno vi entra a forza.* Luca 16:17 *È più facile che passino cielo e terra, anziché cada un solo apice della legge.* Queste parole con molta forza sottolineano quanto detto. È più facile che l'universo passi (come accadrà) piuttosto che anche il minimo dettaglio della Scrittura non venga adempiuto. Il Signore è fedele alla Sua Parola.

Mt 5:17-20 (21 > *Una condizione solenne* > - *Chi dunque avrà violato uno di questi minimi comandamenti e avrà così insegnato agli uomini, sarà chiamato minimo nel regno dei cieli; ma chi li avrà messi in pratica e insegnati sarà chiamato grande nel regno dei cieli. Poiché io vi dico che se la vostra giustizia non supera quella degli scribi e dei farisei, non entrerete affatto nel regno dei cieli -* > Mt 5:19-20.

MT 5:19-20 fi) > Il Signore prosegue nella Sua trattazione - *Chi dunque avrà violato uno di questi minimi comandamenti ed avrà così insegnato agli uomini sarà chiamato minimo nel regno dei cieli -.* Non dobbiamo mai sottovalutare il valore che l'ubbidienza ha agli occhi di Dio. Egli esige un'ubbidienza totale.

Nu 15:29-31 > Nel libro dei Numeri è scritto: Numeri 15:29 *Avrete un'unica legge per colui che pecca per errore, sia che si tratti di un nativo del paese tra i figli d'Israele o di uno straniero che soggiorna in mezzo a voi.* Numeri 15:30 *Ma la persona che agisce con proposito deliberato, sia nativo del paese o straniero, oltraggia il SIGNORE; quella persona sarà eliminata dal mezzo del suo popolo.* Numeri 15:31 *Siccome ha disprezzato la parola del SIGNORE e ha violato il suo comandamento, quella persona dovrà essere eliminata; porterà il peso della sua iniquità».* La Legge legiferava in modo preciso come il peccato doveva essere disciplinato e punito. Un conto era peccare per errore, ovvero in modo involontario, ma colui che avesse agito deliberatamente e volutamente, oltraggiando il Signore e disonorandolo, la pena prevista era la morte. Non vi erano sconti. Non si può scherzare con il Signore.

Os 8:1 > Nel libro di Osea è scritto Osea 8:1 *«Metti in bocca il corno! Come un'aquila, piomba il nemico sulla casa del SIGNORE, perché hanno violato il mio patto e hanno trasgredito la mia legge.* L'immagine dell'aquila è cara alla Scrittura e nei libri profetici può indicare anche una nazione nemica che giunge all'improvviso. Israele aveva violato il patto con il Signore, disubbidendo ai Suoi comandi e perciò ne avrebbe pagato le conseguenze.

MT 5:19-20 f2) > Sempre c'è una conseguenza o conseguenze quando vi è disubbidienza. Perciò il Signore dichiara che colui che viola sarà - *minimo nel regno dei cieli* -. Quindi non sarà preclusa la salvezza, ma sarà precluso invece quell'onore, quel premio, quell'elogio che spetta ai figli di Dio fedeli.

Mr 9:33-35 > In Marco 9 leggiamo di un episodio emblematico che vedremo anche nel Vangelo di Matteo. Marco 9:33 *Giunsero a Capernaum; quando fu in casa, domandò loro: «Di che discorrevate per strada?»* Marco 9:34 *Essi tacevano, perché per via avevano discusso tra di loro chi fosse il più grande.* Marco 9:35 *Allora, sedutosi, chiamò i dodici e disse loro: «Se qualcuno vuol essere il primo, sarà l'ultimo di tutti e il servitore di tutti».* I discepoli erano ammalati di orgoglio e di voglia di protagonismo. Già discutevano su chi di loro fosse il maggiore, ma il Signore impartirà a loro una grande lezione di vita. Bisogna essere umili e disposti a servire gli altri se si vuole essere *grandi nel regno dei cieli.* Ma questo comporta inevitabilmente anche l'ubbidienza ed il timore del Signore che ben stanno insieme con l'umiltà. Chi è di animo orgoglioso non potrà camminare né nell'ubbidienza, né nel timore del Signore.

MT 5:19-20 f3ì > Ma il Signore mette anche in evidenza l'altra faccia della medaglia - *ma chi li avrà messi in pratica e insegnati sarà chiamato grande nel regno dei cieli* -. Possiamo quindi osservare una forte contrapposizione tra coloro che violano i comandamenti del Signore e coloro che ubbidiscono. Sempre nella Scrittura troviamo questa contrapposizione.

Le 20:7-8 > Levitico 20:7 *Santificatevi dunque e siate santi, perché io sono il SIGNORE vostro Dio.* Levitico 20:8 *Osservate le mie leggi, e mettetele in pratica. Io sono il SIGNORE, e vi santifico.* L'ordine forte che il Signore rivolge ad Israele in questo brano, è rivolto anche a noi, tanto che l'apostolo Pietro lo citerà. Siamo chiamati a santificarci, ovvero a separarci da tutto ciò che il Signore non gradisce, proprio perché Egli è Santo in modo perfetto. Il modo che si ha per dimostrare tale santificazione è sempre e solo l'ubbidienza. Ecco perché il Signore dichiara *Osservate le Mie leggi e mettetele in pratica.* L'ubbidienza alla Parola di Dio è successiva alla salvezza, sappiamo che non è per mezzo di un'opera umana che siamo salvati. Ma troppo spesso viene tralasciato questo concetto dell'importanza delle opere e dell'ubbidienza, quale dimostrazione del miracolo avvenuto nella nostra vita.

Gs 23:6 > Ascoltiamo le parole di Giosuè. Giosuè 23:6 *Applicatevi dunque risolutamente a osservare e a mettere in pratica tutto quel che è scritto nel libro della legge di Mosè, senza sviarvene né a destra né a sinistra.* Per ubbidire al Signore vi è la necessità di un forte impegno. Bisogna *applicarsi* in modo risoluto, ovvero determinato, per osservare la Parola di Dio. Ovviamente senza la forza e l'aiuto del Signore non possiamo fare assolutamente nulla. Ma in noi vi deve essere quell'assoluta disponibilità a piacere a Dio, come era nel cuore di Giosuè. La nostra ubbidienza deve essere totale, in modo tale da non sviare *né a destra, né a sinistra.*

Sl 119:166-167 > Le parole del salmista sono illuminanti Salmi 119:166 *Io ho sperato nella tua salvezza, SIGNORE, e ho messo in pratica i tuoi comandamenti.* Salmi 119:167 *La mia anima ha osservato le tue testimonianze, e io le amo molto.* La speranza del cristiano è basata sulla fedeltà del Signore. Un figlio di Dio che spera nel Signore, significa che in Lui ripone tutta la Sua fiducia. Ma a tale speranza si deve aggiungere anche l'ubbidienza. Ma come deve essere tale ubbidienza? Non certamente forzata. Il salmista Infatti, dichiara che egli *ama molto* i comandamenti del Signore, a dimostrazione del fatto che la sua ubbidienza era volontaria e dettata dall'amore per il Signore.

Ma il Signore Gesù parla anche di coloro che - *insegnano* - i comandamenti del Signore. Nel greco abbiamo il classico verbo - *didasko* - usato proprio per indicare l'atto di insegnare. Ma vi è da rispettare l'ordine e la precisione delle parole del Signore. Prima bisogna mettere in pratica, dopo si può insegnare.

Eb 5:12 > Le parole che l'autore della lettera agli Ebrei rivolge ai suoi destinatari sono solenni Ebrei 5:12 *infatti, dopo tanto tempo dovreste già essere maestri; invece avete di nuovo bisogno che vi siano insegnati i primi elementi degli oracoli di Dio; siete giunti al punto che avete bisogno di latte e non di cibo solido.* Purtroppo molti credenti si trovano in questa situazione spirituale. Dopo tanti anni di conversione, dovrebbero essere dei maestri, capaci di insegnare gli *oracoli di Dio,* invece loro stessi hanno ancora bisogno di essere istruiti. Questo perché non c'è ubbidienza. Oggi si conosce molto della Bibbia, ma purtroppo non si mette in pratica ciò che si conosce. Ecco perché invece di avere tanti insegnanti nelle assemblee, abbiamo bambini spirituali. Ma per essere dei maestri bisogna prima ubbidire.

MT 5:19-20 f4> > Per colui che ubbidisce ed è fedele - *sarà chiamato grande nel regno dei cieli* -. L'ubbidienza al Signore viene sempre ricompensata.

Mt 20:25-28 > Ma in Matteo 20 il Signore aggiunge un altro dettaglio Matteo 20:25 *Ma Gesù, chiamatili a sé, disse: «Voi sapete che i prìncipi delle nazioni le signoreggiano e che i grandi le sottomettono al loro dominio.* Matteo 20:26 *Ma non è così tra di voi: anzi, chiunque vorrà essere grande tra di voi, sarà vostro servitore;* Matteo 20:27 *e chiunque tra di voi vorrà essere primo, sarà vostro servo;* Matteo 20:28 *appunto come il Figlio dell'uomo non è venuto per essere servito ma per servire e per dare la sua vita come prezzo di riscatto per molti».* Non a caso, il Signore Gesù fa un paragone con i capi di questo mondo, i quali, presi dal loro orgoglio, pensano a come dominare sempre di più ed essere tenuti in considerazione. Ma per colui che segue Cristo, è tutta un'altra cosa. Per poter essere primi, bisogna essere disposti a farsi *servi* di tutti gli altri. Quindi all'ubbidienza si unisce anche l'umiltà. È un connubio assolutamente importante per la vita spirituale di un cristiano. In qualsiasi modo si possa intendere - *regno dei cieli* - che abbiamo visto caratterizzata da un ampio spettro di significati, colui che segue Cristo sarà ricompensato.

MT 5:19-20 f5) > Perciò il Signore dichiara solennemente - *Poiché io vi dico che se la vostra giustizia non supera quella degli scribi e dei farisei, non entrerete affatto nel regno dei cieli* -. La giustizia degli scribi e farisei era basata sui loro sforzi e sull'apparenza.

Is 64:6-7 > Tornano le parole del profeta Isaia. Isaia 64:6 *Tutti quanti siamo diventati come l'uomo impuro, tutta la nostra giustizia come un abito sporco; tutti quanti appassiamo come foglie e la nostra iniquità ci porta via come il vento.* Isaia 64:7 *Non c'è più nessuno che invochi il tuo nome, che si risvegli per attenersi a te; poiché tu ci hai nascosto la tua faccia, e ci lasci consumare dalle nostre iniquità.* La persona che apparentemente è la più buona e santa, in realtà davanti a Dio è sempre sporco fino a quando non interviene il Signore a purificarlo. Ma ciò può avvenire per la fede nell'opera del Signore Gesù. Gli scribi e farisei si vantavano di una giustizia che era solo apparente che li rendeva agli occhi degli uomini migliori, ma non davanti a Dio. Essi in realtà, disconoscendo il Messia erano di coloro che *non invocavano il Nome del Signore,* consumati dal loro peccato.

Ro 6:12-13 > Ma dopo la conversione, dopo essere divenuti nuove creature, è assolutamente valido ciò che asserisce l'apostolo Paolo *Romani 6:12 Non regni dunque il peccato nel vostro corpo mortale per ubbidire alle sue concupiscenze;* Romani 6:13 *e non prestate le vostre membra al peccato, come strumenti d'iniquità; ma presentate voi stessi a Dio, come di morti fatti viventi, e le vostre membra come strumenti di giustizia a Dio.* Il nostro senso di giustizia è completamente cambiato. Non dobbiamo più prestare il nostro corpo per la soddisfazione dei nostri desideri carnali, come *strumenti d'iniquità.* Questo accadeva un tempo. Ora il nostro impegno è rivolto ad usare le nostre membra quali *strumenti di giustizia* per piacere al Signore.

Ro 5:8-9 > Possiamo usare queste armi di giustizia, visto che siamo stati giustificati dal Signore . Romani 5:8 *Dio invece mostra la grandezza del proprio amore per noi in questo: che, mentre eravamo ancora peccatori, Cristo è morto per noi.* Romani 5:9 *Tanto più dunque, essendo ora giustificati per il suo sangue, saremo per mezzo di lui salvati dall'ira.* Il Signore ha proprio mostrato la Sua Grazia e compassione nei nostri confronti.

Il Suo Figlio è morto in croce, quando ancora noi eravamo senza speranza, lontani da Lui, empi volti alla propria dissolutezza. Ma per la Grazia di Dio, siamo stati giustificati per mezzo del Suo sangue. Perciò sulla base di questo la nostra giustizia può superare quella - *degli Scribi e Farisei* -.

Mt 23:13 > Ben disse il Signore a queste categorie di personaggi.

Matteo 23:13 «*Ma guai a voi, scribi e farisei ipocriti, perché serrate il regno dei cieli davanti alla gente; poiché non vi entrate voi, né lasciate entrare quelli che cercano di entrare.* Con la loro apparenza ed inganno, essi chiudevano il regno dei cieli agli altri, in quanto si ponevano come esempi supremi, quando in realtà essi erano solo esempio di inganno. Ecco perché è necessario superare gli scribi e farisei in quanto a giustizia. Non si può vivere nell'apparenza. Gli apparenti non potranno entrare nel regno di Dio.

## Matteo 5:21-26 > Il valore della riconciliazione

Mt 5:21-26 (1ì > *Il Signore rivela il pieno significato del comandamento Non uccidere* > - *«Voi avete udito che fu detto agli antichi: Non uccidere: chiunque avrà ucciso sarà sottoposto al tribunale; ma io vi dico: chiunque si adira contro suo fratello sarà sottoposto al tribunale; e chi avrà detto a suo fratello: Raca sarà sottoposto al sinedrio; e chi gli avrà detto: Pazzo! sarà condannato alla geenna del fuoco* - > Mt 5:21-22.

MT 5:21-22 fi) > Il Signore prosegue nel Suo sublime insegnamento, presentando il vero significato di alcuni principi della legge. Egli afferma - *Voi avete udito che fu detto agli antichi: Non uccidere: chiunque avrà ucciso sarà sottoposto al tribunale* -. La legge prevedeva appunto questo solenne precetto intorno alla preservazione della vita. Ma innanzitutto il Signore chiama in causa proprio - *gli antichi* -, ovvero i padri, gli antenati e soprattutto i detti che venivano tramandati oralmente.

De 32:7-8 > Da osservare quanto è scritto in De 32 Deuteronomio 32:7 *Ricordati dei giorni antichi, considera gli anni delle età passate, interroga tuo padre ed egli te lo farà conoscere, i tuoi vecchi ed essi te lo diranno.* Deuteronomio 32:8 *Quando l'Altissimo diede alle nazioni la loro eredità, quando separò i figli degli uomini, egli fissò i confini dei popoli, tenendo conto del numero dei figli d'Israele.* È importante ricordarsi degli insegnamenti antichi, passati, di ciò che è stato giustamente appreso nel passato. Le varie generazioni di Israele che si sarebbero succedute avrebbero dovuto interrogare i padri circa le cose insegnate nel passato, ad esempio quando il Signore diede in eredità ad Israele le nazioni, quando fissò i confini dei popoli e via dicendo. Ma è chiaro che gli insegnamenti ricevuti nel passato devono corrispondere effettivamente alla verità.

Sl 44:1 > Anche il salmista afferma: Salmi 44:1 *Al direttore del coro. Dei figli di Core. Cantico. O Dio, noi abbiamo udito con i nostri orecchi, i nostri padri ci hanno raccontato l'opera da te compiuta ai loro giorni, nei tempi antichi.* L'autore testimonia che gli insegnamenti ricevuti dai padri, dagli antenati, i quali raccontarono la Sua opera erano veritiera. Perciò il salmista si voleva assolutamente conformare ad essi.

MT 5:21-22 f2) _> Ma il Signore Gesù pone una netta contrapposizione con ciò che era stato ascoltato - *dagli antichi* - ed il vero significato che era rivelato nel precetto della Legge. Il Signore come abbiamo visto cita innanzitutto il comandamento di - *non uccidere* -.

Es 20:3 > In Es 20 troviamo questo precetto *Esodo 20:13 Non uccidere.* Il Signore ha sempre voluto preservare la vita dell'individuo ed ha sempre condannato l'atto sconsiderato della vendetta e dell'ira umana che confluiscono nell'omicidio.

Gm 2:10-11 > Anche l'apostolo Giacomo cita questo passo Giacomo 2:10 *Chiunque Infatti, osserva tutta la legge, ma la trasgredisce in un punto solo, si rende colpevole su tutti i punti.* Giacomo 2:11 *Poiché colui che ha detto: «Non commettere adulterio», ha detto anche: «Non uccidere». Quindi, se tu non commetti adulterio ma uccidi, sei trasgressore della legge.* L'apostolo desidera evidenziare un principio sostanziale ovvero che l'ubbidienza al decalogo ed alla Legge doveva essere rispettata al 100%. Bastava che si disubbidisse solo ad un punto che automaticamente si diventava trasgressori su tutti i punti. Era come una reazione a catena. Ecco perché nessuno può essere giustificato mediante le opere della Legge. Ma questa non vuole essere una giustificazione per la disubbidienza.

MT 5:21-22 f3) > Il Signore precisa che ciò che era stato udito anticamente prevedeva il tribunale per chi avesse ucciso, ovvero comunque sottoposto ad un giudizio umano. Quando si parla di tribunale si parla appunto di valutazione del proprio operato.

Co 5:10 > Il credente stesso, un giorno, dovrà comparire dinanzi al tribunale di Cristo 2Corinzi 5:10 *Noi tutti Infatti, dobbiamo comparire davanti al tribunale di Cristo, affinché ciascuno riceva la retribuzione di ciò che ha fatto quando era nel corpo, sia in bene sia in male.* Per quale motivo dovremo comparire davanti al Signore Gesù? Per essere giudicati e valutati, affinché possiamo ricevere la giusta retribuzione di ciò che abbiamo fatto. Perciò se la salvezza è il dono di Dio che non dipende da noi, il premio è connesso alle nostre precise responsabilità.

MT 5:21-22 f4) > Ma il Signore Gesù aggiunge una lezione assolutamente importante che rivela il carattere straordinario di quel precetto - *ma io vi dico: chiunque si adira contro suo fratello sarà sottoposto al tribunale; e chi avrà detto a suo fratello: Raca sarà sottoposto al sinedrio; e chi gli avrà detto: Pazzo! sarà condannato alla geenna del fuoco* -. Vi è un completo capovolgimento. Non sarà sottoposto al tribunale solo chi avrà ucciso in senso fisico, ma anche chi avrà utilizzato la propria lingua per uccidere moralmente. Il tutto provocato proprio dall'ira.

Mt 18:32-34 > Interessante ciò che afferma il Signore Gesù intorno alla parabola del servo ingiusto Matteo 18:32 *Allora il suo signore lo chiamò a sé e gli disse: Servo malvagio, ti ho condonato tutto quel debito, perché tu me ne supplicasti;* Matteo 18:33 *non dovevi anche tu aver pietà del tuo conservo, come io ho avuto pietà di te?* Matteo 18:34 *E il suo signore, adirato, lo diede in mano degli aguzzini fino a quando non avesse pagato tutto quello che gli doveva.* Questo servo malvagio fu perdonato dal suo padrone circa il grande debito che aveva, ma non ebbe pietà di un suo conservo che aveva un piccolo debito nei suoi confronti. Egli raccolse i frutti della sua ira, venendo condannato in carcere. Ma l'ira del padrone fu giustificata, mentre quella del servo malvagio no. Questo ci insegna che dobbiamo assolutamente stare attenti agli scatti d'ira ed a tutte le manifestazioni carnali che possono inquinare quel sano atteggiamento che dobbiamo tenere.

Ef 4:26 > Paolo è chiaro nella lettera agli Efesini Efesini 4:26 *Adiratevi e non peccate; sole non tramonti sopra la vostra ira* Efesini 4:27 *e non fate posto al diavolo.* Ci si può adirare per dimostrare fermezza nel condannare e denunciare il peccato. Ma bisogna stare attenti dall'ira carnale, in quanto risulta essere il motore di quegli atteggiamenti e comportamenti che possono compromettere le nostre relazioni sociali. Infatti, essere in preda all'ira significa *fare posto al diavolo* ed un cristiano che vuole vivere fedelmente non può permetterselo.

MT 5:21-22 f5ì > Oltre al tribunale, il Signore parla anche del - *sinedrio* -, che risultava l'organo giuridico dell'Israele di quel tempo.

At 4:15-17 > Purtroppo sia ai tempi del Signore che degli apostoli, il sinedrio non era un organo che sempre sapeva amministrare la giustizia, anzi il più delle volte si comportava in modo iniquo. Come è scritto in Atti Atti 4:15 *Ma, dopo aver ordinato loro di uscire dal sinedrio, si consultarono gli uni gli altri dicendo:* Atti 4:16 *«Che faremo a questi uomini? Che un evidente miracolo sia stato fatto per mezzo di loro, è noto a tutti gli abitanti di Gerusalemme, e noi non possiamo negarlo.* Atti 4:17 *Ma, affinché ciò non si diffonda maggiormente tra il popolo, ordiniamo loro con minacce di non parlar più a nessuno nel nome di costui».* Come possiamo osservare il sinedrio si consulta per decidere il da farsi intorno a Pietro e Giovanni, prendendo una decisione assolutamente ingiusta, ovvero proibire loro di parlare del Signore Gesù anche minacciandoli. Questa decisione era indicativa della malvagità che caratterizzava il cuore dei capi di Israele a quel tempo.

At 23:1-3 > Anche in Atti 23 è scritto : Atti 23:1 *Paolo, fissato lo sguardo sul sinedrio, disse: «Fratelli, fino ad oggi mi sono condotto davanti a Dio in tutta buona coscienza».* Atti 23:2 *Il sommo sacerdote Anania comandò a quelli che erano vicini a lui, di percuoterlo sulla bocca.* Atti 23:3 *Allora Paolo gli disse: «Dio percoterà te, parete imbiancata; tu siedi per giudicarmi secondo la legge e violando la legge comandi che io sia percosso?».* In questo caso è Paolo ad essere la vittima di un gesto inconsulto del sommo sacerdote, il quale invece di amministrare la giustizia, violava la legge. Ma anche se abbiamo questi esempi negativi, quando il Signore parla di sinedrio, tribunale, indica un giudizio giusto che verrà decretato verso tutti coloro che avranno osato insultare, oltraggiare il proprio fratello. Naturalmente queste parole sono rivolte al popolo d'Israele in senso specifico. Ma le applicazioni e gli insegnamenti sono anche per noi.

MT 5:21-22 f6) >Non solo, ma il Signore Gesù scende ancora più in profondità con il Suo insegnamento - *e chi avrà detto a suo fratello: Raca sarà sottoposto al sinedrio; e chi gli avrà detto: Pazzo! sarà condannato alla geenna del fuoco -.* Quindi possiamo affermare che il Signore mette propriamente in evidenza il problema della lingua. Il comandamento non è orientato solo all'atto fisico, ma anche quello morale.

Ga 3:1-2 > Da notare come nomina Paolo i credenti della Galazia. Galati 3:1 *O Galati insensati, chi vi ha ammaliati, voi, davanti ai cui occhi Gesù Cristo è stato rappresentato crocifisso?* Galati 3:2 *Questo soltanto desidero sapere da voi: avete ricevuto lo Spirito per mezzo delle opere della legge o mediante la predicazione della fede?* Come possiamo osservare, l'apostolo non ha alcun problema a definire i galati *insensati* e quindi folli. Ma nel fare questo non pecca nell'aver usato male la sua lingua. Egli non fa altro che sottolineare quella che era la realtà nella quale si trovavano questi credenti. Essi, dando credito a dei falsi insegnamenti che inquinavano la sana dottrina sull'azione dello Spirito Santo e sul fatto che Egli è stato ricevuto per mezzo della fede, si stavano comportando da insensati. Ma un conto è esprimersi in questo modo, un'altra cosa è usare epiteti ingiustificati solo perché spinti dalla carnalità e dalla malvagità.

Pr 17:20 > Guardiamo a cosa dice Pr 17 sulla lingua Proverbi 17:20 *Chi ha il cuore falso non trova bene, e chi ha la lingua perversa cade nella sciagura.* Colui che è caratterizzato da un cuore falso e malvagio, adotterà anche una lingua falsa e malvagia. Tutto parte dal cuore.

Gm 3:7-8 > Perciò come dichiara l'apostolo Giacomo Giacomo 3:7 *Ogni specie di bestie, uccelli, rettili e animali marini si può domare, ed è stata domata dalla razza umana;* Giacomo 3:8 *ma la lingua, nessun uomo la può domare; è un male continuo, è piena di veleno mortale.* Se è vero, come è vero che l'uomo è riuscito a domare gli animali, anche quelli più forti e risoluti, per lui la lingua diviene un ostacolo insormontabile. Essa è un *male continuo,* piena di veleno mortale, se lo Spirito Santo non agisce nell'uomo trasformando tale lingua da strumento di maledizione, in strumento di benedizione.

MT 5:21-22 f7) > Il Signore Gesù per approfondire il Suo discorso usa proprio l'immagine della - *geenna* -. Essa indicava la valle di Hinnom, un burrone a sud ovest di Gerusalemme nel quale venivano gettati tutti i rifiuti e bruciati. Per questo motivo, questa valle divenne sinonimo di maledizione e peccato.

Mt 10:27-28 > In Matteo 10 è scritto : Matteo 10:27 *Quello che io vi dico nelle tenebre, ditelo nella luce; e quello che udite dettovi all'orecchio, predicatelo sui tetti.* Matteo 10:28 *E non temete coloro che uccidono il corpo, ma non possono uccidere l'anima; temete piuttosto colui che può far perire l'anima e il corpo nella geenna.* Era un messaggio fondamentale quello che stava esprimendo il Signore, il Quale parla ancora della geenna come quel luogo nel quale l'anima perisce. L'uomo può solo uccidere il corpo, ma non l'anima. Il Signore ha il potere di far *perire l'anima*, non nel senso di annientamento, ma nel senso di perdita, rovina. Infatti, l'empio non sarà annientato, ma sarà tormentato per sempre.

Mt 5:21-26 (21 > ***Il valore della riconciliazione*** > - *Se dunque tu stai per offrire la tua offerta sull'altare e lì ti ricordi che tuo fratello ha qualcosa contro di te, lascia lì la tua offerta davanti all'altare, e va' prima a riconciliarti con tuo fratello; poi vieni a offrire la tua offerta. Fa' presto amichevole accordo con il tuo avversario mentre sei ancora per via con lui, affinché il tuo avversario non ti consegni in mano al giudice e il giudice in mano alle guardie, e tu non venga messo in prigione. Io ti dico in verità che di là non uscirai, finché tu non abbia pagato l'ultimo centesimo* - > Mt 5:23-26.

MT 5:23-26 f1> > Perciò il Signore prosegue mettendo in evidenza l'importanza della riconciliazione. Egli afferma - *Se dunque tu stai per offrire la tua offerta sull'altare e lì ti ricordi che tuo fratello ha qualcosa contro di te, lascia lì la tua offerta davanti all'altare, e va' prima a riconciliarti con tuo fratello; poi vieni a offrire la tua offerta* -. Prima ancora di offrire al Signore in adorazione, si è chiamati a riconciliarsi con i propri fratelli se ce n'è bisogno, in quanto solo in questo modo la nostra adorazione potrà essere gradita. Soprattutto se noi stessi abbiamo commesso qualcosa contro qualcuno. Nel parlare di offerta, Infatti,, si parla proprio di adorazione.

Ml 3:3-4 > In Malachia 3 leggiamo Malachia 3:3 *Egli si metterà seduto, come chi raffina e purifica l'argento, e purificherà i figli di Levi e li raffinerà come si fa dell'oro e dell'argento; ed essi offriranno al SIGNORE offerte giuste.* Malachia 3:4 *Allora l'offerta di Giuda e di Gerusalemme sarà gradita al SIGNORE, come nei giorni antichi, come negli anni passa.* Perché l'adorazione e l'offerta dei leviti fosse gradita a Dio era importante l'atto di purificazione del Signore. Essi sarebbero stati raffinati come l'oro e l'argento, in modo tale che fossero in grado di offrire al Signore un'adorazione a Lui gradita. Ma se nel cuore vi è invidia, cattiveria, malvagità, contesa, possiamo stare certi che la nostra adorazione non sarà gradita a Lui.

Pt 2:4-5 > Inoltre l'apostolo Pietro afferma 1Pietro 2:4

*Accostandovi a lui, pietra vivente, rifiutata dagli uomini, ma davanti a Dio scelta e preziosa,* 1Pietro 2:5 *anche voi, come pietre viventi, siete edificati per formare una casa spirituale, un sacerdozio santo, per offrire sacrifici spirituali, graditi a Dio per mezzo di Gesù Cristo.* Quali pietre viventi, siamo chiamati ad accostarci al Signore Gesù per edificare una casa spirituale, visto che la nostra posizione è diametralmente cambiata. Da empi perduti, siamo divenuti figli di Dio e sommi sacerdoti, che hanno il diritto ed il privilegio di offrire a Dio *sacrifici spirituali* a Lui graditi. Ma come detto, vi sono delle precise condizioni perché ciò avvenga.

Gr 37:17-18 > Perché avvenga una riconciliazione c'è bisogno di sforzo ed impegno da parte nostra. Guardiamo all'esempio che ci perviene dal profeta Geremia. Geremia 37:17 *il re Sedechia lo mandò a prendere, lo interrogò in casa sua, di nascosto, e gli disse: «C'è qualche parola da parte del SIGNORE?» Geremia rispose: «Sì, c'è»; e aggiunse: «Tu sarai dato in mano del re di Babilonia».* Geremia 37:18 *Geremia disse inoltre al re Sedechia: «Che male ho commesso contro di te o contro i tuoi servitori o contro questo popolo, perché mi abbiate messo in prigione?* La situazione nella quale si trovò il profeta non era delle più semplici. Il re Sedechia mandò a prendere il profeta, interrogandolo di nascosto, chiedendo se vi fosse qualche rivelazione da parte di Dio. Il profeta rispose affermativamente ma preannunciando anche la conquista di Babilonia su Gerusalemme. Poi il profeta rivolge una domanda solenne *Che male ho commesso contro di te o contro i tuoi servitori o contro questo popolo, perché mi abbiate messo in prigione?* È un bell'esempio quello che noi abbiamo. Bisogna sempre essere disposti a fare il primo passo per cercare una riconciliazione. E qui stiamo parlando di un re che aveva ingiustamente imprigionato un profeta di Dio. Siamo noi disposti a farlo?

Mt 18:15-17 > In Matteo 18 afferma il Signore Gesù Matteo 18:15 *«Se tuo fratello ha peccato contro di te, va' e convincilo fra te e lui solo. Se ti ascolta, avrai guadagnato tuo fratello;* Matteo 18:16 *ma, se non ti ascolta, prendi con te ancora una o due persone, affinché ogni parola sia confermata per bocca di due o tre testimoni.* Matteo 18:17 *Se rifiuta d'ascoltarli, dillo alla chiesa; e, se rifiuta d'ascoltare anche la chiesa, sia per te come il pagano e il pubblicano.* È una prassi che quasi mai se non mai viene attuata nelle assemblee. Anche se ci troviamo sempre in un contesto squisitamente giudaico, i principi esposti rimangono. Se vi è una contesa, deve essere colui che è nella ragione ad andare dall'altro per cercare una riconciliazione e questo non è sempre facile. Se non vi è ascolto vi è bisogno di due o tre testimoni, se questi non sono sufficienti la testimonianza di tutta una chiesa e se anche questo non è sufficiente, allora scatta la disciplina *sia come il pagano ed il pubblicano*. Non si può transigere quando sussistono simili situazioni, in quanto sono proprio queste esperienze che minano la comunione fraterna.

Lu 17:3-4 > Inoltre è fondamentale il perdono Luca 17:3 *State attenti a voi stessi! Se tuo fratello pecca, riprendilo; e se si ravvede, perdonalo.* Luca 17:4 *Se ha peccato contro di te sette volte al giorno, e sette volte torna da te e ti dice: Mi pento, perdonalo».* Bisogna stare attenti a noi stessi, dice il Signore Gesù. Quando avviene una riconciliazione vi sono responsabilità da ambo le parti. Ci deve essere colui che chiede perdono e colui che perdona. Ognuno ha le sue responsabilità. Non ci può esimere da esse. Ecco perché bisogna stare attenti a noi stessi ed a quale atteggiamento si assume.

Pr 16:7 > Il valore della riconciliazione è ben espresso anche in Pr 16 Proverbi 16:7 *Quando il SIGNORE gradisce le vie di un uomo, riconcilia con lui anche i suoi nemici.* Quando il nostro comportamento, le nostre scelte, sono gradite a Dio, allora si possono sperimentare delle benedizioni straordinarie tra cui anche la riconciliazione con i propri nemici. È proprio ciò che stiamo vedendo nell'insegnamento del Signore Gesù. È chiaro che per una riconciliazione tutte e due le parti devono essere ben disposte a fare questo passo. Ma innanzitutto dobbiamo pensare a noi stessi e chiederci: siamo graditi a Dio nelle nostre scelte e nella nostra condotta?

Ro 12:17-18 > Quindi vale il consiglio che abbiamo in Romani 12 Romani 12:17 *Non rendete a nessuno male per male. Impegnatevi a fare il bene davanti a tutti gli uomini.* Romani 12:18 *Se è possibile, per quanto dipende da voi, vivete in pace con tutti gli uomini.* Nella nostra vita accadrà che subiremo dei torti, ci saranno degli avversari che sono pronti a farci del male, ma anche in questo caso, il nostro impegno deve essere ineccepibile. Non dobbiamo rispondere al male con il male, ma con il bene, dimostrando con le nostre azioni, con i nostri atteggiamenti che siamo figli di Dio. Perciò *per quanto dipende da noi* siamo chiamati a vivere in pace con tutti. Come detto anche il nostro interlocutore ha la sua responsabilità.

MT 5:23-26 f2) _> Ma il Signore Gesù prosegue affermando queste parole - *Fa' presto amichevole accordo con il tuo avversario mentre sei ancora per via con lui, affinché il tuo avversario non ti consegni in mano al giudice e il giudice in mano alle guardie, e tu non venga messo in prigione* -. Si tratta di un consiglio molto saggio. È veramente triste constatare come purtroppo in alcune assemblee si sia verificata una situazione di questo genere, dove addirittura si è arrivati a dei tribunali umani, per veder risolta una situazione. Perciò è importante che prima di arrivare a tale punto ci sia - *accordo* -. Nel greco troviamo il verbo - *eunoeo* - che significa essere benevoli, favorevoli. Perciò letteralmente abbiamo la traduzione Sii benevolo verso il tuo avversario. Sempre siamo chiamati a mostrare bontà ed amore verso il prossimo.

3:9-10 > La Scrittura ha molto da dirci sull'importanza dell'accordo. Quando ci si accorda o quando vi è accordo tra due parti significa che esiste un pari consentimento e questo vale per ogni situazione. In Sofonia 3 è scritto: Sofonia 3:9 *Allora io trasformerò le labbra dei popoli in labbra pure, affinché tutti invochino il nome del SIGNORE, per servirlo di comune accordo.* Sofonia 3:10 *Di là dai fiumi d'Etiopia i miei supplicanti, i miei figli dispersi, mi porteranno le loro offerte.* Il contesto che troviamo qui è molto diverso da quello che stiamo esaminando, tuttavia è interessante notare come sia importante l'accordo e la comunione. In questo caso si tratta dell'accordo che caratterizzeranno i popolo pagani, i quali andranno a Gerusalemme per invocare il Nome del Signore. Si tratta di una situazione escatologica che avverrà nel futuro, quando il Signore stabilirà il Suo regno sulla terra. Ma è bello considerare che popoli, dapprima nemici di Israele, diverranno non solo amici, ma anche sudditi del Signore.

Am 3:3 > Famoso è il passo che abbiamo in Amos Amos 3:3 *Due uomini camminano forse insieme, se prima non si sono accordati?* Quando si parla di comunione, di camminare insieme, è importante che ci possa essere l'accordo. Oggi purtroppo si tende a relativizzare un simile insegnamento, affermando che visto che siamo tutti fratelli in Cristo bisogna sopportarsi a vicenda. Questo è vero, ma nel senso che non dobbiamo focalizzarci sui difetti degli altri. Ma di certo non ci può essere accordo quando due figli di Dio prendono due strade diverse ed opposte per quanto concerne l'ubbidienza a Dio. Il nostro obiettivo è quello di vivere in comunione con tutti, ma ci sono delle condizioni da rispettare. Nel caso presentato dal Signore Gesù è chiaro che le due parti troveranno accordo nel momento in cui potranno godere di una comunione di pensiero e di sentimento.

Co 6:15-16 > Ecco perché Paolo dirà: 2Corinzi 6:15 *E quale accordo fra Cristo e Beliar? O quale relazione c'è tra il fedele e l'infedele?* 2Corinzi 6:16 *E che armonia c'è fra il tempio di Dio e gli idoli? Noi siamo Infatti, il tempio del Dio vivente, come disse Dio.* Non ci può essere accordo, né comunione tra Dio ed il peccato. E questo vale anche per colui che deliberatamente disubbidisce al Signore. Il consiglio che dà il Signore Gesù ha come fine il fatto di non essere consegnato in mano del giudice, in quanto, come specifica bene il Signore Gesù, quel fratello ha qualcosa - *contro di noi* -. Evidentemente le sue rimostranze sono valide e giuste. Perciò è importante riconciliarsi ed anche chiedere perdono. Ecco su quale base deve essere fondato l'accordo. Ma mai nella Scrittura si suggerisce l'accordo con il peccato e la malvagità.

119:63 > Come dirà il salmista Salmi 119:63 *Io sono amico di tutti quelli che ti temono, di quelli che osservano i tuoi precetti.* Un rapporto di amicizia sana che quindi è basata sulla comunione piena, la si può avere solamente con coloro che temono il Signore, non certamente con chi deliberatamente disubbidisce ai Suoi comandi.

Pr 17:17 > Inoltre in Proverbi leggiamo Proverbi 17:17 *L'amico ama in ogni tempo; è nato per essere un fratello nella sventura.* Qualunque cosa accada, l'amico rimane amico. Egli non annulla la sua amicizia, anzi sarà un sostegno per colui che è in difficoltà. Se rispettassimo sempre questi principi, sono convinto che molti problemi che oggi affliggono le chiese non ci sarebbero. Non si arriverebbe di certo ai tribunali o alle contese.

Lu 12:58 > Il passo parallelo di Matteo l'abbiamo anche in Luca 12. Luca 12:58 *Quando vai con il tuo avversario davanti al magistrato, fa' di tutto mentre sei per via, per accordarti con lui; perché non ti porti davanti al giudice, e il giudice ti consegni all'esecutore giudiziario e l'esecutore ti metta in prigione.* L'evangelista sottolinea un dettaglio ulteriore, ovvero che bisogna approfittare di ogni occasione per cercare una riconciliazione, anche quando *si è per via*. Non bisogna mai arrendersi in tal senso. Invece molto spesso non si ha alcuna pazienza e ci si chiude nel proprio orgoglio. Non è in questo modo che può avvenire una riconciliazione.

Fl 1:27-28 > Perciò siamo chiamati ad ascoltare il consiglio di Paolo Filippesi 1:27 *Soltanto, comportatevi in modo degno del vangelo di Cristo, affinché, sia che io venga a vedervi sia che io resti lontano, senta dire di voi che state fermi in uno stesso spirito, combattendo insieme con un medesimo animo per la fede del vangelo,* Filippesi 1:28 *per nulla spaventati dagli avversari.* La nostra condotta deve essere degna del Vangelo che noi proclamiamo. Non possiamo predicare bene e razzolare male. Il desiderio dell'apostolo era che non solo i filippesi, ma anche tutti noi, possiamo essere fermi in un solo spirito, combattendo con un medesimo animo. Quando ogni figlio di Dio è caratterizzato da tali presupposti, non può sussistere alcun problema di contesa o litigio. Se ci saranno avversari, essi saranno ammutoliti di fronte alla nostra condotta. Ma stiamo attenti a non essere noi stessi la causa della contesa.

MT 5:23-26 f3) > Ecco la conclusione del Signore - *Io ti dico in verità che di là non uscirai, finché tu non abbia pagato l'ultimo centesimo -*. Quando ci si ostina a non volersi riconciliare prima o poi si pagheranno le conseguenze. Ancora di più se esse sono di natura legale.

Mt 18:34-35 > Queste parole ricordano quelle che troviamo in Matteo 18 Matteo 18:34 *E il suo signore, adirato, lo diede in mano degli aguzzini fino a quando non avesse pagato tutto quello che gli doveva.* Matteo 18:35 *Così vi farà anche il Padre mio celeste, se ognuno di voi non perdona di cuore al proprio fratello».* Il servo malvagio che non seppe perdonare e condonare il piccolo debito di colui che l'aveva contratto, venne punito sulla base della sua stessa malvagità. Il padrone che dapprima gli aveva condonato il debito, ora lo imprigiona fino a quando egli avrà pagato *fino all'ultimo centesimo*. La lezione che il Signore vuole evidenziare è chiara: se noi non siamo pronti a perdonare di cuore, il Signore agirà nello stesso modo nei nostri confronti. Perciò possiamo dire che riconciliazione e perdono sono due realtà che devono essere assolute nella nostra vita.

# Matteo 5:27-32 La sacralità del matrimonio

Mt 5:27-32 (1ì > *Bisogna stare attenti dagli sguardi impuri* > - *«Voi avete udito che fu detto: Non commettere adulterio. Ma io vi dico che chiunque guarda una donna per desiderarla, ha già commesso adulterio con lei nel suo cuore -* > Mt 5:27-28.

MT 5:27-26 f1) > Con quest'ulteriore sezione, il Signore Gesù inizia a parlare di un argomento assolutamente importante come quello del matrimonio. In modo particolare si sofferma sulla fedeltà coniugale che parte innanzitutto dagli sguardi. Infatti, il Signore cita la Legge - *Voi avete udito che fu detto: Non commettere adulterio* -. In greco abbiamo il sostantivo - *moicheia* - che come vedremo è diverso da - *porneia* -, termine che indica la fornicazione.

Le 20:10 > La Legge era chiara a proposito. Levitico 20:10 *Se uno commette adulterio con la moglie di un altro, se commette adulterio con la moglie del suo prossimo, l'adultero e l'adultera dovranno essere messi a morte.* L'adulterio era uno di quei peccati puniti con la morte dei colpevoli. Tutti e due gli adulteri dovevano essere condannati a morte per aver oltraggiato e diffamato il vincolo matrimoniale.

Pr 6:32 > Ma al di là della pena prevista, è importante soffermarci su come la Scrittura definisce l'adultero e l'adultera, come leggiamo nei Proverbi Proverbi 6:32 *Ma chi commette un adulterio è privo di senno; chi fa questo vuol rovinare sé stesso.* Oltre alla pena che decretò il Signore nella Legge, una delle lezioni principali che riguardano l'adulterio è che tramite questo peccato si rovina se stessi. Tale comportamento risulta essere una chiara dimostrazione di follia e stoltezza, in quanto provoca una reazione a catena di conseguenze disastrose

Lu 16:18 > L'insegnamento del Signore Gesù è chiaro in proposito. Luca 16:18 *«Chiunque manda via la moglie e ne sposa un'altra, commette adulterio; e chiunque sposa una donna mandata via dal marito, commette adulterio.* Non vi sono eccezioni. Chiunque manda via la propria moglie, utilizzando lo stratagemma del divorzio per sposarne un'altra commette adulterio, ma anche la donna mandata via se si risposa commette adulterio. Da qualunque parte si osservi il problema, il principio non cambia.

MT 5:27-26 f2) > Ma il Signore prosegue - *Ma io vi dico che chiunque guarda una donna per desiderarla, ha già commesso adulterio con lei nel suo cuore -*. Ancora nel greco abbiamo l'espressione - *ego de lego umin* -, ovvero ma Io vi dico. Egli rivela un insegnamento che era celato nel precetto, ma che sottolinea un fatto importante: per commettere adulterio non è necessario consumare il rapporto fisicamente, ma anche solo desiderare un'altra donna con la mente e con il cuore.

Ge 13:9-13 > Come sappiamo tutto parte dalla concupiscenza dell'uomo. Un esempio l'abbiamo proprio in Lot. Genesi 13:9 *Tutto il paese non sta forse davanti a te? Ti prego, separati da me! Se tu vai a sinistra, io andrò a destra; se tu vai a destra, io andrò a sinistra».* Genesi 13:10 *Lot alzò gli occhi e vide l'intera pianura del Giordano. Prima che il SIGNORE avesse distrutto Sodoma e Gomorra, essa era tutta irrigata fino a Soar, come il giardino del SIGNORE, come il paese d'Egitto.* Genesi 13:11 *Lot scelse per sé tutta la pianura del Giordano e partì andando verso oriente. Così si separarono l'uno dall'altro...* Genesi 13:13 *Gli abitanti di Sodoma erano perversi e grandi peccatori contro il SIGNORE.* Dopo la contesa nata tra i pastori di Abraamo e Lot, quest'ultimo ebbe la possibilità di scegliere dove avrebbe voluto andare. Ma la sua scelta non fu tra le più felici. Egli scelse un territorio apparentemente bello, fertile, ben irrigato in quanto il suo sguardo fu colpito dalla bellezza esteriore. Ma egli non tenne conto del fatto che in quel territorio vi erano uomini perversi e grandi peccatori. Le conseguenze che egli pagò furono molto care, come sappiamo. Ecco cosa succede quando si è adescati dalla propria concupiscenza. Gm 1:13-15 > L'apostolo Giacomo dichiara: Giacomo 1:13 *Nessuno, quand'è tentato, dica: «Sono tentato da Dio»; perché Dio non può essere tentato dal male, ed egli stesso non tenta nessuno;* Giacomo 1:14 *invece ognuno è tentato dalla propria concupiscenza che lo attrae e lo seduce.* Giacomo 1:15 *Poi la concupiscenza, quando ha concepito, partorisce il peccato; e il peccato, quando è compiuto, produce la morte.* Quando si è tentati e quando si cade nella trappola della tentazione è solo per causa nostra. Non possiamo dare di certo la colpa al Signore se questo accade. Infatti, il Signore *non tenta nessuno,* ma quando si è tentati è perché la nostra carne, la nostra concupiscenza, il nostro desiderio carnale si fa avanti. Ma bisogna stare estremamente attenti alla reazione che viene evidenziata: concupiscenza-peccato-morte. Lo stesso vale ovviamente per chi cade nell'adulterio sia fisico, sia mentale.

Es 20:17 > Indirettamente il Signore cita anche l'ultimo comandamento del decalogo Esodo 20:17 *Non desiderare la casa del tuo prossimo; non desiderare la moglie del tuo prossimo, né il suo servo, né la sua serva, né il suo bue, né il suo asino, né cosa alcuna del tuo prossimo».* Bisogna essere contenti dello stato in cui si è, dei beni che il Signore ci concede senza invidiare il nostro prossimo con desideri iniqui. Questo vale soprattutto per la moglie (o il marito) del nostro prossimo. Infatti, la Scrittura ci dimostra come da uno sguardo impuro, possano succedere conseguenze nefaste. L'esempio di Davide è eclatante (2 Sa 11:2).

Sl 40:8 > Cosa il figlio di Dio deve effettivamente desiderare? Il salmista risponde a questa domanda Salmi 40:8 *Dio mio, desidero fare la tua volontà, la tua legge è dentro il mio cuore».* Ecco cosa dobbiamo desiderare: fare, compiere la volontà di Dio in tutti i suoi aspetti. Questo perché la Sua Parola è dentro al nostro cuore.

MT 5:27-26 f3) > In che stato si trova il nostro cuore? Il Signore precisa che se si guarda una donna per desiderarla, si commette adulterio - *nel proprio cuore* - e noi sappiamo che il cuore è la sede dei nostri sentimenti e delle nostre passioni.

Lu 6:45 > In Luca 6 è scritto: Luca 6:45 *L'uomo buono dal buon tesoro del suo cuore tira fuori il bene; e l'uomo malvagio, dal malvagio tesoro tira fuori il male; perché dall'abbondanza del cuore parla la sua bocca.* Se nel nostro cuore si trova ciò che vi è di edificante, di buono e di prezioso, ovvero ciò che è gradito a Dio, questa è la dimostrazione che siamo dei Suoi figli. Ciò che risiede nel cuore di un uomo è connesso al fatto se egli è buono o malvagio. Ovviamente se l'uomo è malvagio, anche il suo cuore lo sarà.

Mt 15:19 > Il Signore Gesù precisa Matteo 15:19 *Poiché dal cuore vengono pensieri malvagi, omicidi, adultèri, fornicazioni, furti, false testimonianze, diffamazioni.* Ciò che contamina un essere umano proviene proprio dal di dentro. *Da notare che il Signore menziona anche l'adulterio e la fornicazione.* Questo perché ogni desiderio iniquo proviene da un cuore iniquo. Perciò dobbiamo stare attenti da tutte queste trappole di cui il Signore ci avverte. Badiamo ai nostri sguardi, al nostro occhio, affinché anche in questo possiamo dare una buona testimonianza di fede.

Mt 5:27-32 (21 > **Eliminare dalla nostra vita ciò che Dio non gradisce** > - *Se dunque il tuo occhio destro ti fa cadere in peccato,* *cavalo e gettalo via da te; poiché è meglio per te che uno dei tuoi membri perisca, piuttosto che vada nella geenna tutto il tuo corpo. E se la tua mano destra ti fa cadere in peccato, tagliala e gettala via da te; poiché è meglio per te che uno dei tuoi membri perisca, piuttosto che vada nella geenna tutto il tuo corpo* - > Mt 5:29-30.

MT 5:29-30 fi) > Il principio qui espresso dal Signore Gesù è assolutamente chiaro. Ovviamente non intende che dobbiamo letteralmente amputare la nostra mano o cavare il nostro occhio, ma che dobbiamo eliminare dalla nostra vita tutto ciò che Dio non gradisce. Sl 101:4-5 > Ecco perché il salmista dichiara Salmi 101:4 *Allontanerò da me il cuore perverso; il malvagio non voglio conoscerlo.* Salmi 101:5 *Sterminerò chi sparla del suo prossimo in segreto; chi ha l'occhio altero e il cuore superbo non lo sopporterò.* Il salmista non voleva avere niente a che fare con il un cuore perverso, né tanto meno esserne caratterizzato. Egli, pur di piacere al Signore, era disposto a non aver nessun tipo di comunione con chi camminava nella maldicenza, nella calunnia, animato proprio da un cuore malvagio. Come abbiamo detto prima, l'origine di tutti i problemi dell'uomo risiede proprio nel suo cuore.

Pr 23:6-7 > A proposito dell'- *occhio* -, ecco cosa è scritto nei Proverbi *Proverbi 23:6 Non mangiare il pane di chi ha l'occhio maligno, non desiderare i suoi cibi delicati;* Proverbi 23:7 *poiché, nell'intimo suo, egli è calcolatore; ti dirà: «Mangia e bevi!», ma il suo cuore non è con te.* L'autore esorta caldamente il suo destinatario ed implicitamente anche noi, nel non avere alcun tipo di comunione con chi possiede un *occhio maligno.* Ovviamente questa descrizione, come il comando che ci rivolge il Signore in Matteo, non ha nulla di letterale, ma tutto di spirituale. Infatti, un *occhio maligno* non lo si riconosce dalla sua fattezza o dal colore dell'iride, ma da come l'individuo usa il suo occhio, per come guarda o osserva. L'esortazione è chiara: non si può avere alcun rapporto con chi usa i suoi occhi per concupire, desiderare o per usare malvagità, avendo un cuore doppio ed ipocrita.

Lu 11:34 > Perciò possiamo dire che le parole del Signore Gesù in Luca 11 sono illuminanti Luca 11:34 *La lampada del tuo corpo è l'occhio; se l'occhio tuo è limpido, anche tutto il tuo corpo è illuminato; ma se è malvagio, anche il tuo corpo è nelle tenebre.* L'occhio è la lampada del nostro corpo. Non è una cosa da poco. Se il nostro occhio è puro, ovvero se viene usato nel modo che Dio gradisce, se viene usato per desiderare ciò di cui abbiamo veramente bisogno e soprattutto con autocontrollo, allora tutto il nostro corpo sarà *illuminato*. Ma attenzione: se l'occhio è malvagio anche il nostro corpo ne risentirà.

MT 5:29-30 f2) > Ma il Signore parla anche della particolare azione che va compiuta, ovvero - *gettare via* - il membro che ci fa peccare.

Ez 18:30-31 > Non per niente in Ezechiele 18 leggiamo: Ezechiele 18:30 *Perciò, io vi giudicherò ciascuno secondo le sue vie, casa d'Israele, dice DIO, il Signore. Tornate, convertitevi da tutte le vostre trasgressioni e non avrete più occasione di caduta nell'iniquità!* Ezechiele 18:31 *Gettate via da voi tutte le vostre trasgressioni per le quali avete peccato; fatevi un cuore nuovo e uno spirito nuovo; perché dovreste morire, casa d'Israele?* È un forte messaggio che il profeta Ezechiele doveva indirizzare al popolo d'Israele. Un messaggio di ravvedimento e di conversioni. Il Signore Gesù afferma in Matteo di - *gettare via* - il membro che ci fa peccare ed in questo testo l'Eterno con forza dichiara che Israele doveva *gettare via* tutti i suoi peccati, tutte le sue trasgressioni e tornare al Signore. Il ravvedimento è una realtà assolutamente seria. Non ci si può ravvedere, rimanendo nel peccato. Esso deve essere *gettato via*.

Cl 3:8 > Ecco cosa afferma l'apostolo Paolo Colossesi 3:8 *Ora invece deponete anche voi tutte queste cose: ira, collera, malignità, calunnia; e non vi escano di bocca parole oscene.* Ira, malignità, calunnia sono solo alcune cose che come cristiani siamo chiamati a deporre, ad eliminare dalla nostra vita. È chiaro che tutto ciò avverrà con l'aiuto e la forza del Signore. Ma in noi vi deve essere anche quella santa disponibilità nel desiderare di compiere la volontà di Dio.

Il Signore parla anche della - *mano destra* - quale simbolo di forza e di capacità d'azione. È chiaro che se nel nostro cuore sussistono sentimenti e pensieri puri, anche le nostre azioni avranno queste caratteristiche. Ma attenzione è valido anche il principio opposto.

Is 59:2-3 > In Isaia 59 è scritto: Isaia 59:2 *ma le vostre iniquità vi hanno separato dal vostro Dio; i vostri peccati gli hanno fatto nascondere la faccia da voi, per non darvi più ascolto.* Isaia 59:3 *Le vostre mani Infatti, sono contaminate dal sangue, le vostre dita dall'iniquità; le vostre labbra proferiscono menzogna, la vostra* *lingua sussurra perversità. E ' * un passo molto conosciuto che esprime chiaramente l'odio, l'abominio che il Signore prova verso il peccato. L'uomo elabora delle hit parade per quanto concerne i peccati, ma per il Signore non vi sono peccati più o meno gravi. Ognuno è un abominio davanti a Dio. Israele aveva *le mani contaminate dal sangue,* ovvero le sue azioni esprimevano violenza, cattiveria, malvagità, caratterizzati da una bocca bugiarda ed una lingua perversa. Non era certamente una bella situazione. Ora domandiamoci: come usiamo le nostre mani spirituali? Le nostre azioni sono gradite al Signore perché caratterizzate da un cuore puro e timorato di Lui, oppure Le disapprova, perché malvagie, ipocrite e quant'altro?

Gm 4:7-8 > Perciò è più che mai indicativa l'esortazione di Giacomo Giacomo 4:7 *Sottomettetevi dunque a Dio; ma resistete al diavolo, ed egli fuggirà da voi.* Giacomo 4:8 *Avvicinatevi a Dio, ed egli si avvicinerà a voi. Pulite le vostre mani, o peccatori; e purificate i vostri cuori, o doppi d'animo!* Questa è la soluzione per il problema del peccato: sempre e comunque il ravvedimento. Siamo chiamati a sottometterci al Signore per resistere al diavolo e quand'anche le nostre azioni fossero caratterizzate dal peccato, la soluzione rimane sempre quella del ravvedimento. Solo così potremo *pulire le nostre mani,* le nostre azioni, tornando ad avere un cuore che ama il Signore. Il Signore fa certamente la Sua parte, ma anche noi dobbiamo fare la nostra.

Mt 5:27-32 (31> *Una clausola eccettuativa?* > - *Fu detto: Chiunque ripudia sua moglie le dia l'atto di ripudio. Ma io vi dico: chiunque manda via sua moglie, salvo che per motivo di fornicazione, la fa diventare adultera e chiunque sposa colei che è mandata via commette adulterio -* > Mt 5:31-32.

MT 5:31-32 lì > Con queste parole si entra in un campo minato, in quanto oggi esse suggeriscono un argomento molto dibattuto nelle assemblee circa l'indissolubilità o meno del matrimonio. Personalmente io non vedo tutte queste difficoltà, comunque procediamo con calma, analizzando il testo. Il Signore cita queste parole - *Fu detto: Chiunque ripudia sua moglie le dia l'atto di ripudio-.* Nel greco abbiamo due termini molto importanti. Il primo è - *apoluo* - che indica l'atto di sciogliere e slegare. Il secondo termine è il sostantivo - *apostasion* - che indica il divorzio, ma più propriamente l'abbandono.

De 24:1-4 > Il riferimento è chiaramente la legge sul divorzio contenuta in *Deuteronomio*; Deuteronomio 24:1 *Quando un uomo sposa una donna che poi non vuole più, perché ha scoperto qualcosa di indecente a suo riguardo, le scriva un atto di ripudio, glielo metta in mano e la mandi via.* Deuteronomio 24:2 *Se lei, uscita dalla casa di quell'uomo, diviene moglie di un altro* Deuteronomio 24:3 *e se quest'altro marito la prende in odio, scrive per lei un atto di divorzio, glielo mette in mano e la manda via di casa sua, o se quest'altro marito, che l'aveva presa in moglie, muore,* Deuteronomio 24:4 *il primo marito, che l'aveva mandata via, non potrà riprenderla in moglie, dopo che lei è stata contaminata, poiché sarebbe cosa abominevole agli occhi del SIGNORE. Tu non macchierai di peccato il paese che il SIGNORE, il tuo Dio, ti dà come eredità.* La legge prevedeva che se il marito, dopo aver sposato sua moglie, scopriva qualcosa di indecente in lei (quando vedremo Mt19 entreremo più nel dettaglio circa questo passo), l'uomo poteva scriverle un atto di ripudio affinché ella si potesse unire con un altro uomo senza incorrere nella pena di morte prevista nella Legge. Ma se anche il secondo marito avesse scritto un secondo atto di divorzio, la donna non poteva più tornare dal primo marito per un semplice motivo *si era contaminata*. Ora la domanda è: se la donna poteva risposarsi, perché si era contaminata? Come mai il Signore la vede sporca? È chiaro: il Signore diede questa legge per un motivo molto preciso: per la durezza del cuore di Israele (Mt 19:8). In altre parole, questa legge rappresentava una concessione momentanea. Ma vedremo più nel dettaglio in Matteo 19.

Ml 2:16 > La chiara volontà di Dio è ben espressa in Malachia 2 Malachia 2:16 «Poiché *odio il ripudio*», dice il SIGNORE, Dio d'Israele; «*chi ripudia copre di violenza la sua veste*», dice il SIGNORE *degli eserciti*. Badate dunque al vostro spirito e non siate sleali.

Signore odia il ripudio, odia il divorzio e che sia l'uomo a decidere se stare unito o meno al proprio coniuge. Nell'esaminare questo argomento sempre dobbiamo tenere presente gli assoluti di Dio. Perciò bisogna *badare al proprio spirito* per non essere sleali. È un principio che vale per tutti e due i coniugi.

MT 5:31-32 f2) _> Come negli altri casi, anche in questo il Signore Gesù evidenzia una rivelazione fondamentale - *Ma io vi dico: chiunque manda via sua moglie, salvo che per motivo di fornicazione, la fa diventare adultera -*. Su questa cosiddetta clausola si è scritto molto con pareri contrastanti. Quello che noi siamo chiamati a fare è basarci sui dati biblici e nient'altro. Tutto ruota intorno alla parola - *fornicazione* - che in greco è - *porneia* -. È importante osservare come questa parola viene utilizzata e soprattutto cosa indica.

Mt 19:7-9 > Il passo parallelo lo abbiamo in Mt 19 Matteo 19:7 *Essi gli dissero: «Perché dunque Mosè comandò di scriverle un atto di ripudio e di mandarla via?»* Matteo 19:8 *Gesù disse loro: «Fu per la durezza dei vostri cuori che Mosè vi permise di mandare via le vostre mogli; ma da principio non era così.* Matteo 19:9 *Ma io vi dico che chiunque manda via sua moglie, quando non sia per motivo di fornicazione, e ne sposa un'altra, commette adulterio».* Il Signore Gesù ripete le stesse parole anche se in un contesto diverso, in quanto in questa circostanza stava rispondendo a due domande precise formulate da un dottore della legge. Quest'ultimo si rifaceva proprio alla legge sul divorzio, ma il Signore con la sua risposta precisa almeno due cose. Innanzitutto la legge sul divorzio fu data *per la durezza del cuore* di Israele ed in secondo luogo l'uomo non ha alcun diritto di separare ciò che Dio ha unito. Perciò il Signore Gesù ripete *Ma io vi dico che chiunque manda via sua moglie, quando non sia per motivo di fornicazione, e ne sposa un'altra, commette adulterio».* Da tenere presente che l'argomento principale della domanda del dottore della legge era in relazione solo al mandare via la moglie.

Nu 25:1-3 > Ma che cos'è la fornicazione? Soprattutto ha senso parlare di fornicazione quando si parla di coppie sposate? La Scrittura fornisce un'ampia risposta. In Nu 25 leggiamo Numeri 25:1 *Or Israele era stanziato a Sittim e il popolo cominciò a fornicare con le figlie di Moab.* Numeri 25:2 *Esse invitarono il popolo ai sacrifici offerti ai loro dèi; e il popolo mangiò e si prostrò davanti ai loro dèi.* Numeri 25:3 *Israele si unì a Baal-Peor e l'ira del SIGNORE si accese contro Israele.* Questo brano rappresenta una situazione triste del popolo d'Israele, il quale commise peccato contro il Signore commettendo *fornicazione* con le donne moabite, quindi pagane. Esse furono strumento di tentazione per indurre Israele a commettere peccato d'idolatria, sacrificando ai loro idoli. Ma la domanda è: gli uomini ebrei erano sposati con queste donne? Certamente no. Essi ebbero rapporti sessuali illeciti, che il Signore disapprovava, e non in un contesto matrimoniale.

Na 3:4 > È chiaro anche quanto è scritto in Naum 3. Naum 3:4 *Questo a causa delle tante fornicazioni dell'avvenente prostituta, dell'abile incantatrice, che vendeva le nazioni con le sue fornicazioni, e i popoli con i suoi incantesimi.* Benché queste parole siano metaforiche, in quanto parlano della lussuria e del carattere immorale della città di Ninive, abbiamo una bella indicazione di come comprendere la parola fornicazione. Infatti, essa è legata con la *prostituzione* di Ninive, descritta come una donna bella, avvenente, ma immorale. Tale connessione è indicata anche nel termine greco - *porneia* - che può indicare l'incesto, la prostituzione o in senso più generale la fornicazione.

Eb 13:4 > La distinzione tra i due termini fornicazione e adulterio è evidente nella lettera agli Ebrei Ebrei 13:4 *Il matrimonio sia tenuto in onore da tutti e il letto coniugale non sia macchiato da infedeltà; poiché Dio giudicherà i fornicatori e gli adùlteri.* Il matrimonio è un'unione assolutamente santa che va conservata pura da tutti quegli attacchi iniqui che Satana cercherà di sferrare. Infatti, Dio giudicherà sia *i fornicatori che gli adulteri.* La distinzione di questi due termini è chiara ed indica il fatto che non possono essere compresi nello stesso modo. L'adulterio è il peccato che si commette quando si è vincolati da un patto matrimoniale, la fornicazione ha senso generico ed indica qualunque rapporto sessuale illecito.

De 22:13-21 > Un caso emblematico l'abbiamo in De 22. Deuteronomio 22:13 *Quando un uomo sposa una donna, entra da lei, e poi la prende in odio,* Deuteronomio 22:14 *le attribuisce azioni cattive e disonora il suo nome, dicendo: «Ho preso questa donna e, quando mi sono accostato a lei, non l'ho trovata vergine»,* Deuteronomio 22:15 *allora il padre e la madre della giovane prenderanno le prove della verginità della giovane e le presenteranno davanti agli anziani della città, alla porta.* Deuteronomio 22:16 *Il padre della giovane dirà agli anziani: «Io ho dato mia figlia in moglie a quest'uomo; egli l'ha presa in odio,* Deuteronomio 22:17 *ed ecco che le attribuisce azioni cattive, dicendo: Non ho trovato vergine tua figlia. Ora ecco le prove della verginità di mia figlia»,* e mostreranno il lenzuolo davanti agli anziani della città. Deuteronomio 22:18 *Allora gli anziani di quella città prenderanno il marito e lo castigheranno;* Deuteronomio 22:19 *e, per aver diffamato una vergine d'Israele, lo condanneranno a un'ammenda di cento sicli d'argento, che daranno al padre della giovane. Lei rimarrà sua moglie ed egli non potrà mandarla via per tutto il tempo della sua vita.* Deuteronomio 22:20 *Ma se la cosa è vera, se la giovane non è stata trovata vergine,* Deuteronomio 22:21 *allora si farà uscire quella giovane all'ingresso della casa di suo padre, e la gente della sua città la lapiderà a morte, perché ha commesso un atto infame in Israele, prostituendosi in casa di suo padre. Così toglierai via il male di mezzo a te.* Si parla di un caso specifico che riguardava la legge sul matrimonio nell'ambito ebraico. Un uomo poteva *prendere in odio* la propria moglie nel momento in cui avesse scoperto che la donna non era vergine come voleva far credere, ma che in realtà aveva in precedenza avuto un rapporto sessuale con un altro uomo. Se il marito avesse mentito, sarebbe stato condannato ad un castigo ed in più al pagamento di un pegno, ma se avesse detto la verità, per la donna ci sarebbe stata la pena di morte attraverso la lapidazione. Questo caso ben si collega a quanto insegna il Signore Gesù soprattutto nel discorso del Signore Gesù in Mt 19. La donna aveva compiuto *un atto infame* e per quello doveva essere punita. Perciò possiamo dire che quando il Signore Gesù parla di - *fornicazione* - non intende il tradimento compiuto da un coniuge in quanto quello sarebbe adulterio. Ma parla di un peccato avvenuto quando non si era ancora sposati. Ma come mai il Signore parla di - marito e moglie -. Abbiamo già citato il caso di Giuseppe e Maria, i quali sono chiamati marito e moglie, pur non essendo ancora sposati (rimando il lettore alle pagg.31-32 del commento). Perciò nel linguaggio ebraico si parlava di marito e moglie anche quando ancora non era avvenuto il matrimonio vero e proprio. Cercare di portare questo concetto alla nostra cultura sarebbe sbagliato, in quanto non si terrebbe conto del contesto.

Mr 10:10-12 > Citando anche Marco, possiamo veramente focalizzare bene l'insegnamento chiaro del Signore Gesù Marco 10:10 *In casa i discepoli lo interrogarono di nuovo sullo stesso argomento.* Marco 10:11 *Egli disse loro: «Chiunque manda via sua moglie e ne sposa un'altra, commette adulterio verso di lei;* Marco 10:12 *e se la moglie ripudia suo marito e ne sposa un altro, commette adulterio».* Non esistono in questo caso clausole, perché quando si parla propriamente di matrimonio non ce ne sono. Abbiamo visto come va compreso il termine fornicazione, dimostrando che è un concetto diverso dall'adulterio e soprattutto inserito in un chiaro contesto giudaico. Quando il Signore Gesù parlò di - *fornicazione* - i suoi ascoltatori sapevano a cosa si riferiva se conoscevano la Legge. Ma per quanto ci riguarda dobbiamo imparare che quando un uomo ed una donna si uniscono in un vincolo matrimoniale solo la morte scioglie tale vincolo.

MT 5:31-32 f3) > Infatti, il Signore precisa - *e chi ne sposa un'altra commette adulterio* -. Questo è l'insegnamento chiaro.

Pr 5:18-19 > In Proverbi 5 abbiamo una chiara indicazione nel come vivere un patto matrimoniale; Proverbi 5:18 *Sia benedetta la tua fonte, e vivi lieto con la sposa della tua gioventù.* Proverbi 5:19 *Cerva d'amore, capriola di grazia, le sue carezze t'inebrino in ogni tempo, e sii sempre rapito nell'affetto suo.* Sebbene queste parole siano indirizzate in modo specifico al piacere fisico dei due coniugi, possiamo certamente dire che sono implicate anche la sfera morale e spirituale. Niente deve offuscare l'idillio sottolineato in queste parole. I due coniugi devono godersi reciprocamente, vivendo un rapporto d'amore basato sul Signore. Anche se, come abbiamo detto, il tradimento di un coniuge non è motivo di seconde nozze, nel matrimonio, tale situazione non deve essere assolutamente contemplata. Il marito deve essere totalmente per la moglie e la moglie totalmente per il marito.

1 Co 7:39 > Concludo con le parole di 1 Corinzi 7:39 1Corinzi 7:39 *La moglie è vincolata per tutto il tempo che vive suo marito; ma, se il marito muore, ella è libera di sposarsi con chi vuole, purché lo faccia nel Signore.* Il passo non poteva essere più chiaro. Solo la morte scioglie il vincolo matrimoniale ed i due coniugi devono essere ben consapevoli che nel momento in cui si giurano reciprocamente, sono vincolati dal loro stesso giuramento. Questo perché il matrimonio è un giuramento.

# Matteo 5:33-37 > Insegnamenti sul giuramento

Mt 5:33-37 (11 > *Il precetto della Legge sul giuramento* > - *«Avete anche udito che fu detto agli antichi: Non giurare il falso; dà al Signore quello che gli hai promesso con giuramento* - > Mt 5:33.

MT 5:33 f1) > Il Signore ora tocca un altro argomento importante come quello del giuramento. Egli cita - *«Avete anche udito che fu detto agli antichi: Non giurare il falso* -.

Le 19:12 > Il passo dell'AT implicato è Levitico 19:12. Levitico 19:12 *Non giurerete il falso, usando il mio nome; perché profanereste il nome del vostro Dio. Io sono il SIGNORE.* Giurare il falso risultava essere un atto insegno, in quanto la base o il fondamento del giuramento era sul Nome glorioso del Signore. Nessuno poteva permettersi di giurare il falso profanando in questo senso il Nome di YHWH che sappiamo rappresentava la Sua stessa persona.

Gr 7:7-10 > In Geremia 7 leggiamo: Geremia 7:8 *Ecco, voi mettete la vostra fiducia in parole false, che non giovano a nulla.* Geremia 7:9 *Voi rubate, uccidete, commettete adulteri, giurate il falso, offrite profumi a Baal, andate dietro ad altri dèi che prima non conoscevate,* Geremia 7:10 *e poi venite a presentarvi davanti a me, in questa casa sulla quale è invocato il mio nome. Voi dite: Siamo salvi! Perciò commettete tutte queste abominazioni.* La situazione presentata in questo testo non è certamente delle più felici. Giuda poneva la sua fiducia in parole false, in menzogne, tanto che il popolo, tra le altre abominazioni come il furto e l'omicidio, continuava a giurare il falso. Questa situazione nono poteva essere tollerata dal Signore. Non solo ma Giuda aggiungeva anche il peccato d'idolatria e poi con ipocrisia si presentava davanti al Signore dicendo *Siamo salvi.* Quindi in realtà, essi pensavano che nessun male li avrebbe toccati che era proprio il messaggio che i falsi profeti proclamavano. Ma non ci si può beffare di Dio. Non si può impunemente *giurare il falso* o commettere altre abominazioni e pensare di poter sfuggire al giudizio di Dio se non vi è ravvedimento. Queste parole sono di forte monito per noi. Guai a giurare il falso, guai ad utilizzare la propria bocca per proferire menzogna.

MT 5:33 f2) > Il Signore prosegue nella Sua citazione - *dà al Signore quello che gli hai promesso con giuramento* -. Con queste parole si vuole proprio evidenziare la responsabilità di colui che giura e che si fa garante di una promessa.

Sl 89:31-33 > Per quanto concerne le promesse del Signore non abbiamo veramente motivo di dubitare in quanto come afferma il salmista. Salmi 89:31 *se violano i miei statuti e non osservano i miei comandamenti,* Salmi 89:32 *io punirò il loro peccato con la verga e la loro colpa con percosse;* Salmi 89:33 *ma non gli ritirerò la mia grazia e non verrò meno alla mia fedeltà.* Salmi 89:34 *Non violerò il impatto e non muterò quanto ho promesso.* Nonostante le infedeltà dell'uomo e la sua continua violazione alle sue stesse promesse, il Signore rimane immutabile. Il salmista aveva evidentemente in mente le continue violazioni di Israele, il quale venne meno più volte al patto stabilito con il Signore. Ma nonostante questo il Signore garantisce *Io non ritirerò la Mia grazia e non verrò meno alla mia fedeltà*. Se Israele ha violato il patto, il Signore rimarrà comunque fedele. Questa è una grande consolazione per ciascuno di noi. Il Signore adempirà tutte le Sue promesse a prescindere dalla nostra fedeltà.

Sl 119:57 > Ma questo non deve essere una giustificazione per le nostre mancanze. Il salmista afferma: Salmi 119:57 *Il SIGNORE è la mia parte; ho promesso di osservare le tue parole,* ed egli era assolutamente consapevole della solennità delle sue promesse. Dire al Signore prometto di ubbidirti è qualcosa di solenne che non può essere ignorato.

Anche quando noi cantiamo degli inni nei quali si trovano diverse affermazioni come ti seguirò, mi consacrerò a Te e via dicendo, dobbiamo essere consapevoli di ciò che stiamo cantando. Noi stiamo facendo una promessa al Signore.

Sl 50:14-15 > Come è scritto nel salmo 50. Salmi 50:14 *Come sacrificio offri a Dio il ringraziamento, e mantieni le promesse fatte al SIGNORE;* Salmi 50:15 *poi invocami nel giorno della sventura; io ti salverò, e tu mi glorificherai».* Il sacrificio che il Signore gradisce è il ringraziamento, l'adorazione, ma anche la fedeltà nel mantenere ciò che si promette. Quando si assume un simile comportamento, possiamo essere certi che il Signore interverrà ed agirà in nostro favore. La conseguenza non potrà essere altro che il glorificare, esaltare il Nome del Signore. Quindi dobbiamo essere sempre ben consapevoli di ciò che diciamo ed affermiamo.

Mt 5:33-37 *(21 >* **La sobrietà nel parlare** *> - Ma io vi dico: non giurate affatto, né per il cielo, perché è il trono di Dio; né per la terra, perché è lo sgabello dei suoi piedi; né per Gerusalemme, perché è la città del gran Re. Non giurare neppure per il tuo capo, poiché tu non puoi far diventare un solo capello bianco o nero. Ma il vostro parlare sia: Sì, sì; no, no; poiché il dipiù viene dal maligno - >* Mt 5:34-37.

MT5:34-37 f!) > Ma il Signore Gesù, come nei precetti precedenti, rivela molto di più. Egli afferma - *Ma io vi dico: non giurate affatto, né per il cielo, perché è il trono di Dio -.* Le parole del Signore sono estremamente solenni. Il suo ordine relativo al non giurare, non ha a che fare ad un presunto errore esistente nel precetto che abbiamo visto in Levitico, ma è in relazione all'incapacità ed alla debolezza dell'uomo.

Es 20:7 > In Esodo 20 è chiaramente scritto: Esodo 20:7 *Non pronunciare il nome del SIGNORE, Dio tuo, invano; perché il SIGNORE non riterrà innocente chi pronuncia il suo nome invano.* Questo comandamento non ha solo a che fare con i discorsi che possiamo fare, nei quali citiamo il Nome di Dio indegnamente, ma anche a promesse mai adempiute. Visto che una promessa la si faceva *nel Nome del Signore,* il non mantenerla significava aver pronunciato il Nome di Dio invano.

Is 66:1 > Ebbene il Signore Gesù esorta a non giurare innanzitutto - *per il cielo perché è il trono di Dio* -. Un insegnamento che troviamo ad esempio in Isaia 66. *Isaia 66:1 Così parla il SIGNORE: «Il cielo è il mio trono e la terra è lo sgabello dei miei piedi; quale casa potreste costruirmi? Quale potrebbe essere il luogo del mio riposo?* Sono immagini metaforiche, in quanto sappiamo che *Dio è Spirito* e che non ha bisogno di un luogo fisico per abitarvi. Ma queste parole vogliono focalizzare la nostra attenzione sulla grandezza e la maestosità del Signore. Il cielo, i cieli dei cieli rappresentano il trono di Dio, simbolo del Suo governo, della Sua autorità e la terra, con tutta la sua vastità non è altro che *lo sgabello dei Suoi piedi.*

Gb 26:9 > Anche in Giobbe 26 leggiamo: Giobbe 26:9 *Nasconde l'aspetto del suo trono, vi distende sopra le sue nuvole.* L'aspetto del Suo trono è una rivelazione che solo Giovanni avrà nell'Apocalisse. Ma l'uomo non può vedere Dio né la meraviglia della Sua gloria.

Sl 47:7-8 > Anche il salmista afferma : Salmi 47:7 *Poiché Dio è re di tutta la terra; cantategli un inno solenne.* Salmi 47:8 *Dio regna sui popoli; Dio siede sul suo trono santo.* Il trono di Dio parla dell'assoluta regalità e sovranità del Signore. Egli è Santo, il Suo trono è santo, indicazione del fatto che i Suoi occhi sono troppo puri per tollerare la vista del peccato.

Perciò, le nostre parole devono essere sempre ben calibrate e sobrie. Proprio a motivo della nostra debolezza, non possiamo giurare per il cielo, in quanto parleremmo, anche se in senso metaforico del trono di Dio ed implicitamente della Sua gloria e della Sua Persona.

MT 5: S4-S7 f2) > Non solo, ma il Signore esorta a - *non giurare...* *per la terra perché è lo sgabello dei Suoi piedi* -. Anche questa metafora è ben rappresentata nella Scrittura.

Sl 132:7 > Il salmista dichiara: Salmi 132:7 *Andiamo nella dimora del SIGNORE, adoriamo davanti allo sgabello dei suoi piedi!* Con quest'immagine, il salmista ha in mente quello sgabello che si trovava davanti al trono di un re, sul quale ci si inginocchiava in segno di riverenza e rispetto. Lo sgabello del Signore è niente meno che - *la terra* -, il luogo sul quale stiamo, viviamo ed abitiamo. Solo da questa indicazione è chiaro che ogni creatura, ogni essere umano è chiamato ad essere sottomesso al Re.

Cr 28:2-3 > Molto belle sono le parole di Davide: 1Cronache 28:2 *«Ascoltatemi, fratelli miei e popolo mio! Io avevo in cuore di costruire un tempio stabile per l'arca del patto del SIGNORE e per lo sgabello dei piedi del nostro Dio, e avevo fatto dei preparativi per la costruzione.* 1Cronache 28:3 *Ma Dio mi disse: Tu non costruirai una casa al mio nome, perché sei uomo di guerra e hai sparso sangue.* Egli parla del suo desiderio di costruire un tempio in onore del Signore. Sicuramente Davide era mosso dallo zelo per il Signore e dall'amore nei Suoi confronti. Ma ciò non gli fu consentito, in quanto Davide fu un uomo di guerra. Salomone avrà l'onore di portare a compimento questo desiderio. Ma da notare le parole di Davide: *Io avevo in cuore di costruire un tempio stabile per l'arca del patto del SIGNORE e per lo sgabello dei piedi del nostro Dio.* Ovvero il tempio, pur in tutta la sua bellezza, non sarebbe stato altro che *lo sgabello dei piedi* del Signore. Ma ancora di più colpisce il fatto che, come afferma il Signore, tutta la terra rappresenta lo sgabello del trono di Dio, ovvero la parte più bassa e più umile.

Perciò noi siamo chiamati anche a non giurare per la terra, perché né è il Suo sgabello, simbolo della Sua assoluta autorità che il Signore ha il diritto di manifestare e di mostrare nei confronti di tutta la Sua creazione.

MT 5: S4-S7 fS) _> Ma il Signore prosegue nella Sua spiegazione affermando - *Non giurate affatto... né per Gerusalemme perché è la città del gran Re*-. È chiaro che queste parole, come anche il resto sono rivolte in modo specifico al popolo d'Israele. Infatti, il pio ebreo sentiva molto l'affetto e l'amore per Gerusalemme.

Sl 147:12-13 > Come è scritto nel salmo 147. Salmi 147:12

*Celebra il SIGNORE, o Gerusalemme! Loda il tuo Dio, o Sion!*
Salmi 147:13 *Perché egli ha rinforzato le sbarre delle tue porte, ha benedetto i tuoi figli in mezzo a te.* Il salmista si rivolge idealmente a Gerusalemme, affinché prorompa in un grido di giubilo e gioia nei confronti del Suo Signore. Infatti, l'Eterno ha operato prodigi nella città, rinforzando le sue difese, le sue porte e benedicendone gli abitanti. Sono innumerevoli i benefici del Signore che Israele ha potuto realizzare, nonostante i suoi demeriti ed infedeltà.

Sl 137:5-6 > Molto belle sono anche queste altre parole del salmista. Salmi 137:5 *Se ti dimentico, Gerusalemme, si paralizzi la mia destra;* Salmi 137:6 *resti la mia lingua attaccata al palato, se io non mi ricordo di te, se non metto Gerusalemme al di sopra di ogni mia gioia.* È come se l'autore decretasse una maledizione per se stesso, nel caso in cui si fosse dimenticato di Gerusalemme. Come mai questo attaccamento? D'altro canto Gerusalemme era una città come un'altra da un punto di vista fisico. Ma non per l'ebreo e non nella realtà. Infatti, essa è - *la città del gran Re -,* la città che quando il Signore Gesù regnerà, diverrà la capitale del Regno e la città capo sopra tutte le altre. Ricordarsi di Israele significava ricordarsi di Israele, del popolo di Dio, del suo passato, del suo presente, ma anche del suo futuro.

Is 66:9-10 > Sono ulteriormente belle le parole che troviamo in Isaia 66. Isaia 66:9 Io *che preparo la nascita, non farei partorire?» dice il SIGNORE. «Io che faccio partorire, chiuderei il grembo materno?» dice il tuo Dio.* Isaia 66:10 *«Gioite con Gerusalemme ed esultate a motivo di lei, voi tutti che l'amate! Rallegratevi grandemente con lei, voi tutti che siete in lutto per essa.* Il Signore si rivela come Colui che fa partorire, simbolo di benedizione e perciò tutta Gerusalemme è invitata a gioire, a rallegrarsi e tale esortazione è rivolto proprio a coloro che erano in lutto per lei. Gerusalemme ha subito tanti attacchi, deportazioni, assedi, eppure è ancora li. Nessuno potrà distruggere Gerusalemme ed essa conoscerà il suo massimo splendore, quando riconoscerà il Re dei re ed il Signore dei signori.

Sl 48:1-3 > Nel salmo 48 leggiamo inoltre: Salmi 48:1 *Canto. Salmo dei figli di Core. Grande è il SIGNORE e degno di lode nella città del nostro Dio, sul suo monte santo.* Salmi 48:2 *Bello si erge, e rallegra tutta la terra, il monte Sion: parte estrema del settentrione, città del gran re.* Salmi 48:3 *Nei suoi palazzi Dio è conosciuto come fortezza inespugnabile.* È un salmo straordinario che non solo inneggia al Signore, ma che focalizza anche la nostra attenzione sulla *città del nostro Dio,* il suo monte santo che si uniscono per celebrare il Signore e per esaltare il Suo Nome. In tale giubilo di adorazione, Sion si erge in tutta la sua bellezza e la *città del gran Re* è ripiena della conoscenza del Signore.

Da 9:18-19 > In Daniele 9 abbiamo il bell'esempio di un uomo timorato di Dio, il quale teneva assolutamente a Gerusalemme. Daniele 9:18 *O mio Dio, inclina il tuo orecchio e ascolta! Apri gli occhi e guarda le nostre desolazioni, guarda la città sulla quale è invocato il tuo nome; poiché non ti supplichiamo fondandoci sulla nostra giustizia, ma sulla tua grande misericordia.* Daniele 9:19 *Signore, ascolta! Signore, perdona! Signore, guarda e agisci senza indugio per amore di te stesso, o mio Dio, perché il tuo nome è invocato sulla tua città e sul tuo popolo».* Come più volte abbiamo sottolineato, Gerusalemme ha conosciuto tanta sofferenza proprio a causa del suo peccato. Daniele conosce tutto questo e perciò si appella al Signore ed alla Sua misericordia, chiedendo il perdono su tutto il popolo, anche su se stesso, anche se non era parte in causa. Perciò Egli invoca il Signore affinché Egli possa agire ed intervenire in favore di Gerusalemme.

Tutti questi dati ci indicano quanto fosse solenne citare la città di Gerusalemme soprattutto per il significato di cui essa era rivestita. Essa era sì una città che più volte fu infedele al Signore, ma essa era stata scelta da Lui per essere la Sua città. Questo sarà evidente quando il Signore Gesù stabilirà il Suo regno sulla terra. Nel considerare anche il timore che Daniele mostra proprio verso quella città, l'ebreo doveva stare molto attento a giurare anche in nome di Gerusalemme, per ciò che rappresentava.

MT 5:34-37 f4) > Il Signore prosegue andando ancora più in profondità - *non giurate affatto...neppure per il tuo capo, poiché tu non puoi far diventare un solo capello bianco o nero -.* Non si può giurare su se stessi per almeno due motivi: l'insicurezza nel mantenere ciò che si promette e la nostra totale incapacità sulla nostra stessa persona. Noi non siamo neppure in grado di far diventare - *un capello bianco, nero -,* il che significa che la nostra vita non appartiene a noi, ma al Signore.

Mt 10:29-30 > Ecco cosa disse il Signore Matteo 10:29 *Due passeri non si vendono per un soldo? Eppure non ne cade uno solo in terra senza il volere del Padre vostro.* Matteo 10:30 *Quanto a voi, perfino i capelli del vostro capo sono tutti contati.* Tutta la creazione è sotto il governo del Signore, anche gli animali, anche il più piccolo degli uccelli. Quando uno di loro muore, ciò non accade senza il volere del Signore. I nostri capelli sono tutti contati e questo significa che il Signore conosce tutto di noi, perfino il numero dei nostri capelli, i nostri pensieri più reconditi e nascosti.

Perciò non bisogna giurare nemmeno su se stessi, proprio perché in realtà non abbiamo una forza nostra o l'autorità di poterlo fare. Noi non apparteniamo a noi stessi, ma al Signore, questa è la lezione che sempre dobbiamo tenere presente.

MT 5:34-37 f5) > In conclusione ecco cosa dice il Signore Gesù - *Ma il vostro parlare sia: Sì, sì; no, no; poiché il di più viene dal maligno -.* Queste parole ci invitano proprio alla sobrietà, come dice il titolo. Non dobbiamo sbilanciarci con le nostre parole, ma essere sobri e concisi.

Pr 17:7 > Nel libro dei Proverbi leggiamo: Proverbi 17:7 *Un parlare solenne non si addice all'uomo da nulla; quanto meno si addicono a un principe labbra bugiarde!* Il parlare solenne del giusto indica anche la sobrietà. Un uomo o una donna la riconosciamo certamente da come parla e l'uomo *da nulla* o l'uomo vano no né certamente caratterizzato da un parlar saggio. L'uomo saggio saprà anche seguire le indicazioni che il Signore Gesù diede in questa particolare circostanza.

Ec 5:2-3 > Come risplendono le parole che abbiamo in Ecclesiaste 5. Ecclesiaste 5:2 *Non essere precipitoso nel parlare e il tuo cuore non si affretti a proferir parola davanti a Dio; perché Dio è in cielo e tu sei sulla terra; le tue parole siano dunque poche;* Ecclesiaste 5:3 *poiché con le molte occupazioni vengono i sogni, e con le molte parole, i ragionamenti insensati.* Quante volte siamo precipitosi nel nostro parlare, nel nostro discutere dicendo farò questo e quest'altro e tutto poi va a finire in una bolla di sapone.

Il Signore ci indica attraverso l'autore di non essere frettolosi nel nostro parlare e che la nostra bocca deve essere caratterizzata da poche parole, considerando l'abisso esistente tra il Signore che è *Dio in cielo* e noi siamo sulla terra.

Perciò la nostra domanda è: come parliamo? Dalla nostra bocca escono parole abbondanti che riflettono la nostra stoltezza, oppure sono poche ma sagge? Ecco cosa significa essere sobri nel parlare.

Significa non esporsi in promesse che non si possono mantenere, significa riflettere bene prima di parlare, in quanto il Signore conosce tutti i nostri pensieri prima ancora che nascano.

MT 5:34-37 f6) > Interessante osservare come il Signore definisce Satana - *il maligno* -. In greco abbiamo l'aggettivo -*poneros* - che indica ciò che è cattivo, malvagio, perverso. Mt 13:18-19 > Nei Vangeli tale aggettivo è connessa proprio alla persona di Satana come possiamo osservare in Matteo 13. Matteo 13:18 *«Voi dunque ascoltate che cosa significhi la parabola del seminatore!* Matteo 13:19 *Tutte le volte che uno ode la parola del regno e non la comprende, viene il maligno e porta via quello che è stato seminato nel cuore di lui: questi è colui che ha ricevuto il seme lungo la strada.* In questa circostanza, il Signore stava spiegando la parabola del seminatore ed egli specifica molto bene che Satana ha tutto l'interesse di togliere quel seme del Vangelo che è stato sparso. Egli, come gli uccelli che prendono il seme dalla strada, ha lo scopo e l'obiettivo di portare via ciò che è stato seminato nel cuore, affinché non cresca e non divenga potenza di vita. Perché Satana si comporta in questo modo? Perché è - *il maligno* -

1Gv 5:18-19 > Tuttavia, come figli di Dio possiamo essere davvero incoraggiati da ciò che afferma l'apostolo Giovanni. 1Giovanni 5:18 *Noi sappiamo che chiunque è nato da Dio non persiste nel peccare; ma colui che nacque da Dio lo protegge, e il maligno non lo tocca.* 1Giovanni 5:19 *Noi sappiamo che siamo da Dio, e che tutto il mondo giace sotto il potere del maligno.* Colui che ha ricevuto da Dio la nuova nascita può essere assolutamente certo di essere un vincitore, in quanto non solo non *persisterà più nel peccare,* ma sarà protetto da Dio affinché il maligno non lo tocchi. Certamente dobbiamo essere consapevoli altresì che tutto il mondo empio giace sotto il potere del maligno. Questo significa che dobbiamo stare attenti da tutte le sollecitazioni che ci giungono.

Gv 2:14 > Ancora l'apostolo Giovanni dichiara: 1Giovanni 2:14 *Ragazzi, vi ho scritto perché avete conosciuto il Padre. Padri, vi ho scritto perché avete conosciuto colui che è fin dal principio. Giovani, vi ho scritto perché siete forti, e la parola di Dio rimane in voi, e avete vinto il maligno.* La realtà più sublime che un essere umano può realizzare e sperimentare è conoscere il Padre, conoscere l'Eterno. In tale conoscenza è riassunta la nostra esperienza della conversione e della nuova nascita, per mezzo della quale, possiamo dire di aver vinto il maligno. Ma l'importante è che la Parola di Dio rimanga in noi, dimori in noi, affinché possiamo resistere a tutti gli attacchi che il maligno ci manderà.

Questo riguarda anche il nostro modo di parlare. Le sollecitazioni che ci giungono dal maligno possono essere diverse, ma molte di esse riguardano proprio la nostra bocca. Quanto male purtroppo si procura quando la lingua non è controllata dallo Spirito di Dio, ma dalla carne! Questo riguarda anche il giuramento, la promessa. Il di più viene - *dal maligno* - dice il Signore, non solo da Satana, ma anche dal cuore dell'uomo che è *insanabilmente malvagio*. Dobbiamo veramente vigilare su noi stessi.

## Matteo 5:38-48 Insegnamenti sull'amore verso il prossimo

Mt 5:38-48 (1ì > *Non bisogna contrastare il malvagio* > - *Voi avete udito che fu detto: Occhio per occhio e dente per dente. Ma io vi dico: non contrastate il malvagio; anzi, se uno ti percuote sulla guancia destra, porgigli anche l'altra; e a chi vuol litigare con te e prenderti la tunica, lasciagli anche il mantello. Se uno ti costringe a fare un miglio, fanne con lui due. Dà a chi ti chiede, e a chi desidera un prestito da te, non voltar le spalle -* > Mt 5:38-42.

MT 5:36-42 fi) > Il Signore rivolge un altro insegnamento assolutamente prezioso - *Voi avete udito che fu detto: Occhio per occhio e dente per dente* -. Anche in questo caso si trattava di un precetto che si trovava nella Legge.

Es 21:22-25 / Le 24:19-20 > Queste istruzioni le troviamo sia in Esodo che Levitico. Esodo 21:22 *Se durante una rissa qualcuno colpisce una donna incinta e questa partorisce senza che ne segua altro danno, colui che l'ha colpita sarà condannato all'ammenda che il marito della donna gli imporrà; e la pagherà come determineranno i giudici;* Esodo 21:23 *ma se ne segue danno, darai vita per vita,* Esodo 21:24 *occhio per occhio, dente per dente, mano per mano, piede per piede,* Esodo 21:25 *scottatura per scottatura, ferita per ferita, contusione per contusione...* Levitico 24:19 *Quando uno avrà fatto una lesione al suo prossimo, gli sarà fatto come egli ha fatto:* Levitico 24:20 *frattura per frattura, occhio per occhio, dente per dente; gli si farà la stessa lesione che egli ha fatto all'altro.* In Esodo leggiamo una situazione molto particolare riguardo la donna incinta. Nel caso in cui ci fosse stata una rissa ed una donna incinta fosse stata colpita, se il bambino non riportava alcun danno, il colpevole sarebbe stato semplicemente sanzionato, ma se il bambino fosse morto, il colpevole sarebbe stato condannato a morte. In altre parole il principio era questo *Quando uno avrà fatto una lesione al suo prossimo, gli sarà fatto come egli ha fatto.* Il danno che un individuo avrebbe cagionato, sarebbe stato cagionato anche a lui. Da notare che in queste parole non vi è alcun principio di vendetta, ma il principio della certezza della pena, argomento tanto attuale al giorno d'oggi.

De 19:16-21 > Anche in Deuteronomio leggiamo: Deuteronomio 19:16 *Quando un falso testimone si alzerà contro qualcuno per accusarlo di un delitto,* Deuteronomio 19:17 *i due uomini tra i quali ha luogo la contestazione compariranno davanti al SIGNORE, davanti ai sacerdoti e ai giudici in carica in quei giorni.* Deuteronomio 19:18 *I giudici faranno una diligente inchiesta; se quel testimone risulta un testimone bugiardo, che ha deposto il falso contro il suo prossimo,* Deuteronomio 19:19 *farete a lui quello che egli aveva intenzione di fare al suo prossimo. Così toglierai via il male di mezzo a te. Deuteronomio 19:20 Gli altri lo udranno, temeranno, e non si commetterà più in mezzo a te una simile malvagità.* Deuteronomio 19:21 *Il tuo occhio non avrà pietà: vita per vita, occhio per occhio, dente per dente, mano per mano, piede per piede.* Il caso in questione è quello del falso testimone che dinanzi ai giudici dichiara il falso. Essi, dopo una diligente inchiesta, se smaschereranno il falso testimone, lui sarebbe stato condannato alla stessa pena che lui stesso aveva dichiarato falsamente. Perciò il principio è lo stesso: il male che si voleva causare o che si era causato sarebbe tornato indietro con un effetto boomerang.

Ma dobbiamo osservare che queste indicazioni erano soprattutto rivolte ai giudici, ai magistrati, a coloro che avevano il compito di amministrare la giustizia. Anche nel NT è chiaramente delineato il principio della giustizia amministrata dall'uomo come è scritto in Romani 13. Bisogna aver timore del magistrato, in quanto egli ha l'autorità di decretare una giusta pena e questo è un principio che dovrebbe regolare ogni governo nel mondo.

MT 5:36-42 f2) > Ma il cristiano che non ha questo solenne

compito di amministrazione della giustizia, di condannare o di assolvere, come si deve comportare? Ecco come risponde il Signore - *non contrastare il malvagio* -.

Lu 11:53-54 > Dobbiamo imparare proprio dal Signore, in quanto in Luca 11 leggiamo. Luca 11:53 *E quando fu uscito di là gli scribi e i farisei cominciarono a contrastarlo duramente e a farlo parlare su molte cose; tendendogli insidie,* Luca 11:54 *per cogliere qualche parola che gli uscisse di bocca.* Gli Scribi ed i Farisei, costantemente contrastarono il Signore Gesù, fino al punto di desiderarne ingiustamente la Sua morte. Essi Gli tendevano insidie, trappole, inganni, con lo scopo di trovare in Lui una sola macchia. Eppure il Signore Gesù non rispose mai con la vendetta, ma il Suo comportamento rimase sempre irreprensibile e perfetto.

Gv 18:20-23 > Un esempio eclatante l'abbiamo quando il Signore si trova dinanzi al sommo sacerdote. Giovanni 18:20 *Gesù gli rispose: «Io ho parlato apertamente al mondo; ho sempre insegnato nelle sinagoghe e nel tempio, dove tutti i Giudei si radunano; e non ho detto nulla in segreto.* Giovanni 18:21 *Perché m'interroghi? Domanda a quelli che mi hanno udito, quello che ho detto loro; ecco, essi sanno le cose che ho dette».* Giovanni 18:22 *Ma appena ebbe detto questo, una delle guardie che gli stava vicino dette uno schiaffo a Gesù, dicendo: «Così rispondi al sommo sacerdote?»* Giovanni 18:23 *Gesù gli rispose: «Se ho parlato male, dimostra il male che ho detto; ma se ho parlato bene, perché mi percuoti?».* Il Signore spiega la Sua posizione in modo chiaro e limpido, dicendo che non ha operato in modo celato o nascosto, ma il Suo insegnamento l'hanno ascoltato tutti. Perciò coloro che ascoltarono erano testimoni oculari e uditivi di ciò che il Signore aveva detto. Ma ad un tratto, una guardia percuote il Signore! Come reagisce il nostro amato Salvatore. Con una domanda che spiazza la guardia *Se ho parlato male, dimostra il male che ho detto; ma se ho parlato bene, perché mi percuoti?».* Ecco come noi ci dobbiamo comportare.

Sl 43:1 > Come afferma il salmista: *Salmi 43:1 Fammi giustizia, o Dio, difendi la mia causa contro gente malvagia; liberami dall'uomo falso e malvagio.* Come figli di Dio non dobbiamo farci giustizia da noi, ma confidare nella giustizia di Dio, il Quale darà la giusta retribuzione al malvagio per la sua malvagità. Certamente come Davide, possiamo chiedere al Signore di liberarci da situazioni difficili nelle quali il malvagio ci pone. Ma per l'amore che nutriamo nei suoi confronti, dobbiamo seguire l'esempio del Signore.

Eb 3:12-13 > Tuttavia dobbiamo sempre vigilare. Ebrei 3:12 *Badate, fratelli, che non ci sia in nessuno di voi un cuore malvagio e incredulo, che vi allontani dal Dio vivente;* Ebrei 3:13 *ma esortatevi a vicenda ogni giorno, finché si può dire: «Oggi», perché nessuno di voi s'indurisca per la seduzione del peccato.* Il malvagio si può nascondere anche in una chiesa locale, un falso credente che spinge ad allontanarci dal Dio vivente. Il fatto di - *non contrastare il malvagio* - non significa che bisogna conformarsi alla sua condotta. Anzi siamo chiamati ad allontanarci da lui, a denunciare il suo comportamento e ad aiutarlo ad andare al Signore.

Lu 6:27-36 > Perciò, in Luca 6 abbiamo il brano parallelo di Matteo. Luca 6:27 «Ma a *voi che ascoltate, io dico: amate i vostri nemici; fate del bene a quelli che vi odiano;* Luca 6:28 *benedite quelli che vi maledicono, pregate per quelli che vi oltraggiano.* Luca 6:29 *A chi ti percuote su una guancia, porgigli anche l'altra; e a chi ti toglie il mantello non impedire di prenderti anche la tunica.* Luca 6:30 *Dà a chiunque ti chiede; e a chi ti toglie il tuo, non glielo ridomandare.* Luca 6:31 *E come volete che gli uomini facciano a voi, fate voi pure a loro.* Luca 6:32 *Se amate quelli che vi amano, quale grazia ve ne viene? Anche i peccatori amano quelli che li amano.* Luca 6:33 *E se fate del bene a quelli che vi fanno del bene, quale grazia ve ne viene? Anche i peccatori fanno lo stesso.* Luca 6:34 *E se prestate a quelli dai quali sperate di ricevere, qual grazia ne avete? Anche i peccatori prestano ai peccatori per riceverne altrettanto.* Luca 6:35 *Ma amate i vostri nemici, fate del bene, prestate senza sperarne nulla e il vostro premio sarà grande e sarete figli dell'Altissimo; poiché egli è buono verso gli ingrati e i malvagi.* Luca 6:36 *Siate misericordiosi come è misericordioso il Padre vostro.* L'insegnamento è chiaro: dobbiamo amare i nostri nemici. Ma se ci aspettiamo di poterlo fare con i nostri sforzi, possiamo stare tranquilli che non ci riusciremo mai. Siamo chiamati a fare del bene a coloro che ci odiano e che ci perseguitano, a donare anche a coloro che ci percuotono e a chi ci chiede. Questa è la vita sovrannaturale a cui il Signore ci ha chiamati. Dobbiamo prendere esempio dal nostro amato Padre Celeste che fa piovere sia sui giusti che sugli ingiusti, che è pronto a mostrare il Suo amore e la Sua misericordia anche verso coloro che sono ancora Suoi nemici. In altre parole siamo chiamati ad essere *misericordiosi come è misericordioso il nostro Padre Celeste.*

Perciò il non contrastare al malvagio non significa che bisogna assecondarlo o conformarci a lui, ma che bisogna perdonarlo, amarlo, mostrando con i propri fatti e le proprie azioni il proprio amore. L'esperienza insegna che molti si sono avvicinati a Dio e si sono convertiti proprio grazie ad un simile comportamento. Siamo noi pronti a mostrare un simile comportamento?

MT 5:36-42 f3) > Il Signore è assolutamente chiaro nella Sua esposizione - *anzi, se uno ti percuote sulla guancia destra, porgigli anche l'altra* -. Le parole del Signore Gesù non possono essere assolutamente fraintese. Non solo non dobbiamo contrastare il malvagio, ma addirittura porgere l'altra guancia se veniamo percossi.

Es 21:18-19 > Il tema del litigio, della contesa anche fisica, era ben legiferata nella Torah. Esodo 21:18 *«Se degli uomini litigano e uno percuote l'altro con una pietra o con il pugno, e questo non muore, ma deve mettersi a letto,* Esodo 21:19 *se poi si alza e può camminare fuori appoggiato al suo bastone, colui che lo percosse sarà assolto; soltanto, lo indennizzerà del tempo che ha perduto e lo farà curare fino a guarigione compiuta.* Come abbiamo potuto osservare si pagava con la vita solo quando si uccideva intenzionalmente. Ma anche in questo caso, ovvero quando in una contesa, uno rimaneva ferito e costretto a letto, il colpevole non poteva essere assolto impunemente, ma doveva pagare un'ammenda. Queste leggi avevano a che fare proprio con la violenza, l'ira che è propria della natura umana.

Co 6:3-5 > Come figli di Dio non solo non dobbiamo contendere o litigare, ma ringraziare il Signore quando diveniamo oggetto di scherno, di persecuzione da parte del mondo empio. 2Corinzi 6:3 *Noi non diamo nessun motivo di scandalo affinché il nostro servizio non sia biasimato;* 2Corinzi 6:4 *ma in ogni cosa raccomandiamo noi stessi come servitori di Dio, con grande costanza nelle afflizioni, nelle necessità, nelle angustie,* 2Corinzi 6:5 *nelle percosse, nelle prigionie, nei tumulti, nelle fatiche, nelle veglie, nei digiuni.* Paolo era consapevole del suo comportamento ed atteggiamento. Egli sapeva che la sua condotta non scandalizzava nessuno, anzi il suo desiderio era quello di raccomandare se stesso a Dio in tutte le circostanze e situazioni negative nelle quali si poteva trovare, anche quando veniva percosso ingiustamente. Egli conosceva bene l'insegnamento del Signore ed anche se tale lezione cozza con il nostro orgoglio umano, siamo chiamati a comportarci proprio come Paolo.

Gr 20:1-2 > Ma esempi sublimi li abbiamo anche nell'AT. Geremia 20:1 *Pascur, figlio d'Immer, sacerdote e capo-sovrintendente della casa del SIGNORE, udì Geremia che profetizzava queste cose.* Geremia 20:2 *Pascur percosse il profeta Geremia e lo mise nei ceppi nella prigione che era presso la porta superiore di Beniamino, nella casa del SIGNORE.* Geremia è propriamente nell'AT, il profeta perseguitato. Uno dei tanti esempi l'abbiamo proprio in questo testo, nel quale è scritto che Pascur, capo-sovrintendente del tempio, al solo udire del messaggio che il profeta stava annunziando, si scagliò contro di lui percuotendolo ed imprigionandolo. Da quello che leggiamo, il profeta, pur nel suo dolore e sofferenza, non alzò un dito per difendersi, ma si appellò al Signore.

Quello che mi chiedo è se oggi, il credente è consapevole di un insegnamento così sublime. È triste dirlo, ma si predica dai pulpiti che bisogna porgere l'altra guancia e nel frattempo non si è in grado di vivere in pace nemmeno tra persone che si dichiarano figli di Dio. Tutto questo ci deve far riflettere.

MT 5:36-42 f4) > Infatti, il Signore prosegue - *e a chi vuol litigare con te e prenderti la tunica, lasciagli anche il mantello* -. Questo significa che bisogna anche essere in grado di, come si suole dire, fare un passo indietro, per non rischiare di essere vittima di situazioni nelle quali poi noi passiamo dalla parte del torto. Ci vuole discernimento spirituale. Non sto Infatti, dicendo che come cristiani dobbiamo rinunciare ai nostri diritti, ma comunque agire con saggezza, tenendo anche conto chi si ha davanti; ovvero un empio che non conosce il Signore.

Is 58:4-5 > In Isaia 58 leggiamo una pesante denuncia del Signore. *Isaia 58:4 Ecco, voi digiunate per litigare, per fare discussioni, e colpite con pugno malvagio; oggi, voi non digiunate in modo da far ascoltare la vostra voce in alto. Isaia 58:5 E forse questo il digiuno di cui mi compiaccio, il giorno in cui l'uomo si umilia? Curvare la testa come un giunco, sdraiarsi sul sacco e sulla cenere, è dunque questo ciò che chiami digiuno, giorno gradito al SIGNORE?* A che cosa poteva mai servire il digiuno, se poi nel cuore vi era ira, risentimento che si scatenava nel litigio e nella contesa? Addirittura il Signore afferma che si *colpiva con pugno malvagio* ed il digiuno che si effettuava non serviva assolutamente per essere graditi al Signore. Ma è questo il digiuno che piace al Signore? Egli si compiace della fedeltà a Lui, del timore, dell'amore nei Suoi confronti.

Gm 4:1-3 > L'apostolo Giacomo ha qualcosa da dirci: Giacomo 4:1 *Da dove vengono le guerre e le contese tra di voi? Non derivano forse dalle passioni che si agitano nelle vostre membra?* Giacomo 4:2 *Voi bramate e non avete; voi uccidete e invidiate e non potete ottenere; voi litigate e fate la guerra; non avete, perché non domandate;* Giacomo 4:3 *domandate e non ricevete, perché domandate male per spendere nei vostri piaceri.* Non possiamo certamente negare che oggi, nelle assemblee, non sussistano litigi e contese. Sarebbe un mentire a se stessi. Qual è il motore di tutto ciò? L'apostolo è chiaro: *le passioni che si agitano* in noi, come ira, collera, e tutto ciò che ci può essere di carnale e malvagio. Inoltre, in una tale situazione, si pretende anche di ricevere esaudimento dal Signore alle nostre preghiere! Questa è solo un'illusione. Il Signore ascolterà le nostre preghiere nel momento in cui il nostro cuore sarà attaccato a Lui.

Ti 2:24 > Sono molto chiare le parole che Paolo rivolge a Timoteo. 2Timoteo 2:24 *Il servo del Signore non deve litigare, ma deve essere mite con tutti, capace di insegnare, paziente.* Il servo del Signore non è un titolo accademico, né un titolo di cui pochi si possono fregiare. Infatti, ogni figlio di Dio è chiamato ad essere servo del Signore. Ma tutti coloro che Lo vogliono servire, non devono litigare, contendere, ma mostrare mitezza, umiltà, pazienza, unitamente alla capacità di insegnare gli oracoli divini. Ma insegnamento non vi può essere fino a quando il nostro comportamento non sarà conforme alla Parola di Dio.

Gv 19:23-24 > Vorrei citare ora Giovanni 19:23-24. Giovanni 19:23 *I soldati dunque, quando ebbero crocifisso Gesù, presero le sue vesti e ne fecero quattro parti, una parte per ciascun soldato. Presero anche la tunica, che era senza cuciture, tessuta per intero dall'alto in basso.* Giovanni 19:24 *Dissero dunque tra di loro: «Non stracciamola, ma tiriamo a sorte a chi tocchi»; affinché si adempisse la Scrittura che dice: «Hanno spartito fra loro le mie vesti, e hanno tirato a sorte la mia tunica».* Questo fecero dunque i soldati. Il Signore Gesù è l'Insegnante per eccellenza, in quanto ciò che insegnava veniva prontamente eseguito nel Suo comportamento. Nella persecuzione che Lo ha visto protagonista, Egli non si è mai ribellato, non ha mai rivendicato i Suoi diritti regali e divini, ma molte volte è rimasto muto *come una pecora dinanzi ai suoi tosatori* (Is 53), si è lasciato crocifiggere e di conseguenza, ha lasciato che la sua tunica venisse spartita. Tale volontà non era solo per adempiere una profezia a Lui riguardante, ma per darci un altro chiaro esempio di abnegazione e d'amore.

Mi 2:7-8 > Invece come si comportava il popolo d'Israele? Ecco cosa è scritto in Michea 2*:* Michea 2:7 *O tu, che porti il nome di casa di Giacobbe, è forse il SIGNORE pronto all'ira? È questo il suo modo di agire? «Le mie parole non sono forse favorevoli a chi cammina rettamente?* Michea 2:8 *Ma da tempo il mio popolo è trattato da nemico; voi strappate il mantello dalla veste a quelli che passano tranquilli, che tornano dalla guerra.* Israele che aveva il solenne compito di portare il Nome di YHWH tra le nazioni, si continuava a macchiare di crimini nefandi come il portare via il mantello da coloro che sono innocenti e tranquilli, che tra l'altro tornano da una situazione così devastante come quello della guerra. Invece di lasciare il mantello, lo depredano. Non è certo questo l'esempio che dobbiamo seguire.

Lu 6:29 > Nel brano parallelo di Matteo, inserito nel Vangelo di Luca è scritto: Luca 6:29 *A chi ti percuote su una guancia, porgigli anche l'altra; e a chi ti toglie il mantello non impedire di prenderti anche la tunica.* Qui abbiamo i due elementi; tunica e mantello invertiti, ma il contenuto del messaggio non cambia. Se noi reagiamo alla violenza, utilizzando le stesse tattiche del mondo, non potremo mai dare una testimonianza luminosa.

Solo se seguiamo l'esempio faticoso, sofferente, impegnativo del Signore Gesù, potremo dire di vivere da testimoni di Cristo viventi

MT 5:36-42 f5) > Per chiarire ulteriormente la lezione che il Signore sta evidenziando, ecco cosa aggiunge: - *Se uno ti costringe a fare un miglio, fanne con lui due* -. Quindi non solamente la percossa fisica, non soltanto il litigio, ma anche la costrizione. Ovvero, a meno che non si sia costretti a disubbidire al Signore che come sappiamo è l'unica situazione per la quale il figlio di Dio è chiamato a ribellarsi, se l'empio usa la violenza, la forza per costringere, il consiglio del Signore Gesù è quello di manifestare l'amore facendo oltre ciò che l'empio richiede.

At 26:10-11 > L'apostolo Paolo in Atti cap.26, racconta quella che è stata la sua esperienza di persecutore. Atti 26:10 *Questo Infatti, feci a Gerusalemme; e avendone ricevuta l'autorizzazione dai capi dei sacerdoti, io rinchiusi nelle prigioni molti santi; e, quand'erano messi a morte, io davo il mio voto.* Atti 26:11 *E spesso, in tutte le sinagoghe, punendoli, li costringevo a bestemmiare; e, infuriato oltremodo contro di loro, li perseguitavo fin nelle città straniere.* Questo è un chiaro esempio di costrizione nel fare ciò che il Signore disapprova. Paolo, quando agiva nella sua convinzione di essere gradito a Dio, perseguitando la Chiesa del Signore Gesù, come testimonia, costringeva a bestemmiare il Nome del Signore i cristiani e questo prevedeva non la bestemmia come oggi noi la intendiamo ma l'abiurare il Signore Gesù. Per fare questo usava tutto ciò che era in suo potere per costringere i cristiani a fare ciò che non avrebbero mai voluto fare.

Co 5:13-14 > Ma dall'altra parte possiamo dire che vi è anche un altro tipo di costrizione, come precisa bene sempre l'apostolo Paolo. 2Corinzi 5:13 *Perché se siamo fuor di senno, è per Dio, e se siamo di buon senno, è per voi;* 2Corinzi 5:14 *Infatti, l'amore di Cristo ci costringe, perché siamo giunti a questa conclusione: che uno solo morì per tutti, quindi tutti morirono.* Il mondo giudica, valuta, il figlio di Dio pazzo, senza senno, proprio perché il suo comportamento è del tutto controcorrente. Tale inversione di tendenza lo si può vedere anche proprio in quel comportamento che il Signore Gesù evidenzia, ovvero fare due miglia a chi ci costringe a farne uno. Ma se possiamo assumere un simile comportamento è solo perché *l'amore di Cristo ci costringe.* L'amore di Dio è qualcosa di straordinario che nel momento in cui la realizzeremo sempre di più nella nostra vita, potremo noi stessi essere strumenti per mezzo dei quali il Signore mostra amore agli altri. Sì, l'amore di Cristo ci costringe, ma non è una costrizione come quella del mondo. Possiamo dire che si tratta di una dolce costrizione che ci permette di agire conformemente alla Sua volontà.

MT 5: S6-42 f6) _> Il Signore Gesù prosegue toccando un altro argomento molto importante - *Dà a chi ti chiede* -. Sono parole molto semplici, ma che cozzano contro la vanità dell'uomo ed il suo desiderio di soddisfare se stesso. Non è facile dare, è molto più semplice e gratificante ricevere. Ma non è questo l'insegnamento del Signore.

Pr 3:28 > Nel libro dei Proverbi è scritto: Proverbi 3:28 *Se hai di che dare, non dire al tuo prossimo: «Va' e torna, te lo darò domani».* In altre parole abbiamo l'enfasi di un proverbio umano che trova la sua radice in queste parole Non fare domani ciò che potresti fare oggi. È un motto generale, ma che è assolutamente valido soprattutto quando si parla di fare il bene. Se abbiamo la possibilità e la capacità di fare il bene, non procrastiniamo, ma agiamo immediatamente.

Mt 20:26-28 > Dobbiamo veramente imparare dal nostro amato Signore, il quale disse: Matteo 20:26 *Ma non è così tra di voi: anzi, chiunque vorrà essere grande tra di voi, sarà vostro servitore;* Matteo 20:27 *e chiunque tra di voi vorrà essere primo, sarà vostro servo;* Matteo 20:28 *appunto come il Figlio dell'uomo non è venuto per essere servito ma per servire e per dare la sua vita come prezzo di riscatto per molti».* In questo testo, il Signore Gesù dà un fondamentale insegnamento sull'umiltà, sul voler essere servi gli uni per gli altri al fine di essere grandi nel regno dei cieli. Ma nello stesso tempo il Signore Gesù presenta il più grande esempio del dare; ovvero offrire la Sua stessa vita. Non vi è amore più grande di questo. Se noi vogliamo dare nel vero senso della parola, significa che dobbiamo donare noi stessi.

At 20:34-35 > Perciò vale il principio espresso in Atti 20. *Atti 20:34 Voi stessi sapete che queste mani hanno provveduto ai bisogni miei e di coloro che erano con me. Atti 20:35 In ogni cosa vi ho mostrato che bisogna venire in aiuto ai deboli lavorando così, e ricordarsi delle parole del Signore Gesù, il quale disse egli stesso: Vi è più gioia nel dare che nel ricevere».* L'apostolo Paolo non era come alcuni missionari moderni, i quali pretendono di essere sostenuti economicamente per svolgere un servizio. L'apostolo aveva sempre lavorato per provvedere a se stesso, senza volere essere di peso per gli altri. Infatti, quando si ha un sostegno economico anche piccolo, si può realizzare veramente il principio esposto in questo brano *Vi è più gioia nel dare che nel ricevere.* Ne siamo noi consapevoli? Siamo convinti di questo? Siamo disposti a dare a chi ci chiede?

MT 5: S6-42 f7) > Non solo, ma il Signore aggiunge - *e a chi desidera un prestito da te, non voltar le spalle* -. Quando qualcuno chiede un prestito economico non è facile accettare. Infatti, sussiste il rischio di perdere i soldi imprestati, se il debitore non assolverà al suo compito. Ma l'esortazione del Signore è chiara -

*non voltar le spalle* -, ovvero non si può ignorare una simile richiesta.

Sl 112:5-6 > Il salmista afferma Salmi 112:5 *Felice l'uomo che ha compassione, dà in prestito e amministra i suoi affari con giustizia,* Salmi 112:6 *perché non vacillerà mai; il giusto sarà ricordato per sempre.* La compassione la si può mostrare in tanti modi, anche prestando senza sperare nulla in cambio. Colui che agisce in questo modo dimostra di avere bontà, amore nel suo cuore. I suoi piedi non vacilleranno mai, ma *sarà ricordato* per sempre. Sono convinto che questa sia una delle nostre più grandi aspettative: essere ricordati per la nostra fede, il nostro amore, la nostra bontà. Domandiamoci: se la nostra vita terminasse ora, cosa direbbero i posteri di noi?

Sl 37:21, 26 > Il salmista aggiunge queste parole Salmi 37:21 *L'empio prende in prestito e non restituisce; ma il giusto ha pietà e dona.* Salmi 37:26 *Tutti i giorni è pietoso e dà in prestito, la sua discendenza è benedetta.* In questi due versetti possiamo osservare due diversi modi di comportarsi. L'empio prende, riceve, senza restituire niente, ma per contro il giusto mostra la sua pietà, donando e prestando. Possiamo essere certi che è questo comportamento che sarà benedetto e ricompensato dal Signore. Non certamente quello orgoglioso ed egocentrico dell'empio.

Mt 5:38-48 (21 > *Amare il proprio prossimo* > - *Voi avete udito che fu detto: Ama il tuo prossimo e odia il tuo nemico. Ma io vi dico: amate i vostri nemici, [benedite coloro che vi maledicono, fate del bene a quelli che vi odiano,] e pregate per quelli [che vi maltrattano e] che vi perseguitano, affinché siate figli del Padre vostro che è nei cieli; poiché egli fa levare il suo sole sopra i malvagi e sopra i buoni, e fa piovere sui giusti e sugli ingiusti -* > Mt 5:43-45.

MT 5:43-45 fl) > Con ciò che abbiamo osservato fino ad ora, non si poteva che concludere questa sezione con un necessario approfondimento da parte del Signore Gesù sull'amore per il prossimo. Egli afferma - *Voi avete udito che fu detto: Ama il tuo prossimo e odia il tuo nemico* -. Già nella legge si poteva osservare questo principio così importante.

Le 19:17-18 > In Levitico 17 leggiamo: Levitico 19:17 *Non odierai tuo fratello nel tuo cuore; rimprovera pure il tuo prossimo, ma non ti caricare di un peccato a causa sua.* Levitico 19:18 *Non ti vendicherai e non serberai rancore contro i figli del tuo popolo, ma amerai il prossimo tuo come te stesso. Io sono il SIGNORE.* Il precetto era chiaro: non doveva sussistere nel cuore nessun pensiero di odio o di risentimento nei confronti di un fratello ebreo, ma nemmeno bisognava caricarsi di peccati che non si erano commessi. Non ci doveva essere né vendetta, né rivalsa, ma l'amore che doveva essere manifestato doveva essere rivolto verso *tutto il prossimo* che nel contesto è riferito ad Israele.

Mt 22:36-40 > Ancora in Matteo 22 ecco come il Signore risponde ad un dottore della legge, il quale voleva metterlo alla prova Matteo 22:36 *«Maestro, qual è, nella legge, il gran comandamento?»* Matteo 22:37 *Gesù gli disse: «Ama il Signore Dio tuo con tutto il tuo cuore, con tutta la tua anima e con tutta la tua mente.* Matteo 22:38 *Questo è il grande e il primo comandamento.* Matteo 22:39 *Il secondo, simile a questo, è: Ama il tuo prossimo come te stesso.* Matteo 22:40 *Da questi due comandamenti dipendono tutta la legge e i profeti».* Tutta la Legge, è riassunta in questi due grandi comandamenti: il primo sull'amore da mostrare nei confronti di Dio e ciò presuppone l'ubbidienza, il timore, la riverenza, possiamo dire tutta la sfera del cristiano. Ma il secondo comandamento viene di conseguenza: ovvero amare il nostro prossimo. Ma chi è il nostro prossimo? Chiunque, sono solo gli italiani, anche se siamo cittadini italiani, non solo gli abitanti della nazione nella quale siamo nati, ma tutti quanti. Tutta la legge ed i profeti dipendono da questi due comandamenti. Ci rendiamo conto della solennità di tale affermazione?

MT 5:43-45 f2) > Ebbene, il Signore Gesù dichiara lapidariamente un solenne insegnamento che traspariva appunto dalle parole - *Ama il tuo prossimo* -. Infatti, il Signore non intendeva solamente l'amore verso il proprio amico o fratello o famigliare, ma anche verso il proprio nemico. Infatti, Egli dichiara - *Amate i vostri nemici...*-. È questo il comportamento sovrannaturale che il figlio di Dio è chiamato ad assumere. Ma cosa dice la Scrittura sul rapporto che deve intercorrere con il proprio nemico?

Sa 2:1 > La preghiera di Anna > 1Samuele 2:1 *Allora Anna pregò e disse: «Il mio cuore esulta nel SIGNORE, il SIGNORE ha innalzato la mia potenza, la mia bocca si apre contro i miei nemici perché gioisco nella tua salvezza.* In queste parole Anna, la madre di Samuele, dimostra tutta la sua gioia ed allegrezza nel Signore, in quanto è convinta e consapevole del fatto che il Signore ha mostrato la Sua potenza e la Sua autorità. Perciò la bocca di Anna *si apre contro i suoi nemici*, in quanto gioisce nella salvezza di Dio. Da questo dettaglio impariamo una lezione importante: amare i propri nemici non significa accondiscendere il loro operato, oppure mostrare simpatia per la loro malvagità. Amare i nemici significa anche avvertirli del pericolo che corrono se continuano ad intraprendere una strada sbagliata, in quanto andranno incontro al giudizio di Dio. Il figlio di Dio può sempre e comunque confidare nella misericordia del Signore e certo della Sua posizione di assoluto privilegio di figlio di Dio, potrà amare anche i suoi nemici come il Signore comanda.

Sl 44:6-7 > Dio salva e libera dai nemici > Salmi 44:6 *Io non confido nel mio arco, e non è la mia spada che mi salverà;* Salmi 44:7 *ma sei tu che ci salvi dai nostri nemici e copri di vergogna quelli che ci odiano.* In questo testo possiamo osservare come Davide, il quale era letteralmente circondato da nemici che lo volevano eliminare, dichiara non solo la sua debolezza, ma anche il fatto che sarà il Signore ad intervenire in suo favore. Egli sapeva che il Signore era ed è potente da salvarlo dalla mano nemica. Questo cosa significa? Molto spesso invece di seguire il consiglio del Signore Gesù, si rischia di avere nel proprio cuore dei sentimenti di rivalsa e di risentimento. Ma tali sentimenti non possono di certo essere graditi a Dio. Infatti, solo al Signore *appartiene la vendetta* e solo Lui ha il diritto di emettere le sentenze. Sentimenti di odio o di malvagità impediscono l'attuazione del comando del Signore Gesù di - *amare i propri nemici* -. Al contrario, dobbiamo essere consapevoli che i nostri nemici, i quali non hanno creduto nel Signore, si trovano in una posizione assolutamente delicata e rischiosa. Perciò essi hanno bisogno delle nostre preghiere, affinché il loro cuore si apra al Signore. Se siamo invece perseguitati ed oltraggiati dai nemici, valgono le parole che dichiara Davide in questa circostanza: Dio interverrà come solo Lui può fare.

Pr 16:7 > Quando si è graditi a Dio vi è riconciliazione con i propri nemici > Proverbi 16:7 *Quando il SIGNORE gradisce le vie di un uomo, riconcilia con lui anche i suoi nemici.* Ecco un brano assolutamente straordinario. Ci possono essere dei nemici sulla nostra strada, nella nostra vita, ma quando si seguono le direttive del Signore, allora è possibile che essi stessi siano riconciliati con noi. Questo accade, quando il nemico non può fare altro che vedere in noi una testimonianza di vita potente che lo porta a riflettere. Perciò, nessun sentimento di rivalsa o di vendetta, ma che il nostro cuore sia del continuo caratterizzato da un profondo sentimento di amore verso i nostri nemici.

MT 5:43-45 f3) _> Il Signore Gesù prosegue identificando appunto questi nemici - *[benedite coloro che vi maledicono, fate del bene a quelli che vi odiano,]* -. Quindi non si tratta solo di sopportare i nemici, ma l'atteggiamento che siamo chiamati a mostrare, deve essere proprio quello di benedirli e di fare del bene a loro. Solo così potremo dimostrare realmente quell'amore a cui ci chiama il Signore.

Ne 9:4-5 > L'importanza di benedire il Signore > *Neemia 9:4 Iesua, Bani, Cadmiel, Sebania, Bunni, Serebia, Bunni e Chenani salirono sulla tribuna dei Leviti e invocarono ad alta voce il SIGNORE loro Dio. Neemia 9:51 Leviti Iesua, Cadmiel, Bani, Casabneia, Serebia, Odia, Sebania e Petaia dissero: «Alzatevi e benedite il SIGNORE vostro Dio, di eternità in eternità!» Si benedica il tuo nome glorioso, che è esaltato al di sopra di ogni benedizione e di ogni lode!* Quando si parla di benedizione, innanzitutto la Scrittura ci esorta a benedire il Signore come possiamo osservare in questo brano. I leviti menzionati invocarono il Signore gridando a Lui ed esortando tutto il popolo ad alzarsi ed a benedirlo, a benedire il Suo Nome glorioso, al di sopra di tutto e tutti. Non si possono benedire i propri nemici, se nella nostra vita manca quest'attività e questo impegno costante a benedire il Signore per ciò che Egli è ed opera.

Ro 12:14 > Benedire coloro che ci perseguitano > Romani 12:14 *Benedite quelli che vi perseguitano. Benedite e non maledite.* L'apostolo Paolo in questo brano, non fa altro che ribadire l'insegnamento dato dal Signore Gesù. Non si tratta di nemici di poco conto, ma addirittura di coloro che perseguitavano i cristiani. Ebbene, come abbiamo accennato prima, nel figlio di Dio non vi devono essere sentimenti o pensieri di rivalsa e vendetta, ma una costante attività di preghiera in favore loro. Umanamente si è portati a maledire coloro che ci perseguitano, ma il figlio di Dio ha la capacità e la potenza di benedire e di fare del bene a coloro che operano il male.

Pt 3:8-9 > La compassione deve caratterizzare il nostro cuore > *1Pietro 3:8 Infine, siate tutti concordi, compassionevoli, pieni di amore fraterno, misericordiosi e umili; 1Pietro 3:9 non rendete male per male, od oltraggio per oltraggio, ma, al contrario, benedite; poiché a questo siete stati chiamati affinché ereditiate la benedizione.* Certamente per poter ubbidire all'insegnamento del Signore si devono soddisfare delle esigenze ben precise. Soprattutto bisogna essere nelle condizioni di benedire coloro che ci perseguitano. Perciò Pietro sottolinea una qualità assolutamente importante: ovvero la compassione. Siamo chiamati ad essere concordi, compassionevoli, misericordiosi anche e soprattutto verso coloro che ci sono nemici. La compassione è proprio quel sentimento che ci porta ad avere pietà della situazione deprecabile e spaventosa nella quale si trovano tutti coloro che sono lontani dal Signore. Solo quando la compassione di Dio pervaderà il nostro cuore potremo benedire e *non rendere male per male o oltraggio per oltraggio,* affinché possiamo ereditare la benedizione.

Pr 13:21 > Il male perseguita i peccatori > Proverbi 13:21 *Il male perseguita i peccatori, ma il giusto è ricompensato con il bene.* Questo è un dato fondamentale che non può essere ignorato. Perché siamo chiamati ad amare i nostri nemici ed a benedire coloro che ci perseguitano? Perché chi perseguita, in realtà, è perseguitato dal suo stesso male. Possiamo dire che si tratta di un persecutore perseguitato. Mentre, per contro, il giusto sarà ricompensato con il bene, con le immense benedizioni del Signore.

Gv 15:20-21 > Colui che perseguita il figlio di Dio non Lo conosce > Giovanni 15:20 *Ricordatevi della parola che vi ho detta: Il servo non è più grande del suo signore. Se hanno perseguitato me, perseguiteranno anche voi; se hanno osservato la mia parola, osserveranno anche la vostra.* Giovanni 15:21 *Ma tutto questo ve lo faranno a causa del mio nome, perché non conoscono colui che mi ha mandato.* Questo è certamente un altro dato che dobbiamo sempre tenere presente. Il Signore Gesù, Infatti, in questo testo non solo afferma in modo solenne che la persecuzione farà parte della vita di colui che vorrà seguirlo, ma che coloro che perseguitano lo fanno perché non Lo conoscono e nello stesso tempo non conoscono il Padre che ha mandato il Figlio. Quindi essi agiscono nella loro totale malvagità. Ecco perché i nostri nemici devono vedere in noi un comportamento ed un amore che non hanno niente a che fare con i canoni di questo mondo.

Ti 3:12 > Tutti coloro che vogliono vivere piamente in Cristo conosceranno la persecuzione > 2Timoteo 3:12 *Del resto, tutti quelli che vogliono vivere piamente in Cristo Gesù saranno perseguitati.* 2Timoteo 3:13 *Ma gli uomini malvagi e gli impostori andranno di male in peggio, ingannando gli altri ed essendo ingannati.* La persecuzione sotto molteplici forme risulta essere una delle più belle dimostrazioni che si sta effettivamente seguendo il Signore e la Sua Parola. Infatti, quando si parla di persecuzione non si parla solo di quella fisica, ma anche di quella psicologica, morale e spirituale. Gli uomini malvagi vanno sempre di più di male in peggio, seducendo, ingannando ed essendo ingannati. Ma coloro che sono perseguitati a motivo della loro fede, non fanno altro che dimostrare un fatto fondamentale *vivono piamente in Cristo Gesù.* È così anche per noi?

Gr 15:10 > L'esempio di Geremia > Geremia 15:10 *Me infelice! o madre mia, perché mi hai fatto nascere uomo di lite e di contesa per tutto il paese! io non do né prendo in prestito, eppure tutti mi maledicono.* L'esempio di Geremia è assolutamente emblematico. Egli è stato realmente un profeta perseguitato ed in queste parole esprime tutta la sua amarezza, tutto il suo dolore causato da coloro che lo maledicevano. Egli esprime la sua infelicità per la lite e la contesa che lui del continuo doveva sopportare nella nostra vita. Questo ci insegna che avere a che fare con gente che ci odia e ci perseguita non è assolutamente facile. Eppure l'insegnamento del Signore è chiaro. Siamo chiamati a - *benedire coloro che ci odiano e ci perseguitano* -.

Sl 41:7-8 > I sentimenti che sono nel cuore di coloro che odiano > Salmi 41:7 *Tutti quelli che m'odiano bisbigliano tra loro contro di me; contro di me tramano il male.* Salmi 41:8 *«È stato colpito», essi dicono, «da un male incurabile; e, ora che è steso su un letto, non si rialzerà mai più».* Quando abbiamo a che fare con coloro che sono caratterizzati dall'odio e dal risentimento, significa che nel loro cuore vi è non solo del male, ma soprattutto il desiderio di attuarlo. Lo dimostrano queste parole di Davide, il quale era circondato da tanti nemici che lo odiavano e volevano il suo male. Eppure siamo chiamati ad amare anche queste persone, nel cui cuore sussistono pensieri malvagi e di violenza. Questo per un motivo molto importante.

Am 5:10 > Si è odiati quando si rimane fedeli al Signore > Amos 5:10 *Essi odiano chi ammonisce e detestano chi parla con rettitudine.* Quando si è odiati e perseguitati, come abbiamo sottolineato prima, si ha in un certo qual modo la dimostrazione che si cammina fedelmente seguendo le orme del Signore. Infatti, è il comportamento, la condotta del figlio di Dio che porta quegli empi nei quali sussistono pensieri di odio e di risentimento, agire con persecuzione. Ma il nostro amore non deve mai venire meno, né tanto meno il desiderio di avvertire ed ammonire coloro che sono lontani dal Signore.

MT 5:43-45 f4) > Il Signore Gesù dichiara altresì - *e pregate per quelli [che vi maltrattano e] che vi perseguitano* -. Ovvero si parla del maltrattamento e quindi ancora di persecuzione.

Is 53:7 > L'esempio eccellente del Signore Gesù > Isaia 53:7 *Maltrattato, si lasciò umiliare e non aprì la bocca. Come l'agnello condotto al mattatoio, come la pecora muta davanti a chi la tosa, egli non aprì la bocca.* Quando si parla di maltrattamento non possiamo certamente ignorare l'esempio del Signore Gesù, le cui sofferenze sono preannunciate dal profeta Isaia. Egli fu maltrattato, perseguitato, eppure sulla croce disse *Padre perdona loro, perché non sanno quello che fanno* (Lu 23:34). Egli fu come una pecora muta dinanzi a coloro che Lo tosano e sulla croce mise in evidenza e dimostrò le parole che Lui stesso insegnò.

Eb 13:3 > Ricordarsi di coloro che sono maltrattati ingiustamente > Ebrei 13:3 *Ricordatevi dei carcerati, come se foste in carcere con loro; e di quelli che sono maltrattati, come se anche voi lo foste!* Un'altra riflessione che è doverosa sta nel fatto che nel mondo ci sono effettivamente tanti credenti che sono maltrattati e che quindi sono per noi un esempio di fede. In questo passo, l'autore della lettera agli Ebrei, esorta di ricordarsi di tutti coloro che sono maltrattati, in carcere, come se anche noi lo fossimo. E vero che siamo chiamati *a-pregare per coloro che ci maltrattano* ma anche di pregare per coloro che passano appunto in queste triste condizioni o situazioni.

Eb 11:37-39 > Essere maltrattati significa dare buona testimonianza di fede > Ebrei 11:37 *Furono lapidati, segati, uccisi di spada; andarono attorno coperti di pelli di pecora e di capra; bisognosi, afflitti, maltrattati* Ebrei 11:38 *(di loro il mondo non era degno), erranti per deserti, monti, spelonche e per le grotte della terra.* Ebrei 11:39 *Tutti costoro, pur avendo avuto buona testimonianza per la loro fede, non ottennero ciò che era stato promesso.* Questo è un altro punto molto importante. Se il figlio di Dio vuole dare una buona testimonianza di fede, è assolutamente doveroso essere consapevoli del fatto che possiamo trovarci in situazioni nelle quali possiamo dare testimonianza di fede essendo maltrattati e perseguitati. In questo straordinario elenco riguardante gli esempi di fede dell'AT, troviamo credenti che furono lapidati, segati, torturati, maltrattati, ma che nello stesso tempo diedero *una buona testimonianza di fede*. Anche noi siamo chiamati a dare la stessa buona testimonianza.

MT 5:43-45 f5) > Per quale motivo però dobbiamo comportarci proprio in questo modo? Anche a questo interrogativo risponde sempre il Signore Gesù - *affinché siate figli del Padre vostro che è nei cieli; poiché egli fa levare il suo sole sopra i malvagi e sopra i buoni, e fa piovere sui giusti e sugli ingiusti-*. Il motivo è perché siamo figli di Dio ed il nostro amato Padre sa far piovere sia sui giusti che sugli ingiusti. Perciò è doveroso riflettere su come la Scrittura descrive la pioggia.

De 11:13-14 > La pioggia come simbolo di benedizione > Deuteronomio 11:13 *Se ubbidirete diligentemente ai miei comandamenti che oggi vi do, amando il SIGNORE, il vostro Dio, servendolo con tutto il vostro cuore e con tutta la vostra anima,* Deuteronomio 11:14 *io darò al vostro paese la pioggia nella stagione giusta: la pioggia d'autunno e di primavera, perché tu possa raccogliere il tuo grano, il tuo vino e il tuo olio.* La pioggia è sicuramente un simbolo di benedizione. In questo testo, il Signore, ponendo come condizione l'ubbidienza alla Sua Legge, garantisce ad Israele ogni forma di benedizione, anche fisica come la pioggia e di conseguenza il giusto raccolto dalla terra. Quando non c'è pioggia, quando non c'è acqua è veramente la tragedia e la rovina. Quindi questo significa che il Signore nella Sua Grazia e bontà si prende cura anche - *degli ingiusti -*, ovvero di coloro che sono lontani da Dio e che Lo rifiutano.

1 Pt 3:18 > Cristo ha sofferto per gli ingiusti > 1Pietro 3:18 *Anche Cristo ha sofferto una volta per i peccati, lui giusto per gli ingiusti, per condurci a Dio. Fu messo a morte quanto alla carne, ma reso vivente quanto allo spirito.* Questo è sicuramente il più grande dono che Dio abbia dato all'uomo: Suo Figlio. Cristo soffrì non per persone meritevoli, ma per degli ingiusti, per persone che meritavano la condanna eterna, come anche noi. Egli è morto *quando ancora eravamo Suoi nemici.* Perciò non solo il Signore fa piovere sui giusti e sugli ingiusti, ma ha fatto molto di più: ha donato Suo Figlio per l'umanità perduta!

Ro 3:22-24 > Tutti hanno peccato e sono privi della gloria di Dio >

Romani 3:22 *vale a dire la giustizia di Dio mediante la fede in Gesù Cristo, per tutti coloro che credono - Infatti, non c'è distinzione:* Romani 3:23 *tutti hanno peccato e sono privi della gloria di Dio* - Romani 3:24 *ma sono giustificati gratuitamente per la sua grazia, mediante la redenzione che è in Cristo Gesù.* Il fatto che il Signore Gesù si sia donato per tutti è proprio per il fatto che *tutti sono privi della gloria di Dio,* non essendoci nessun giusto. Gli unici giusti sono coloro che sono stati giustificati per fede, perché hanno accolto e creduto per fede all'opera della croce. Ma il Signore mostra la Sua bontà a tutti, ha donato

Suo Figlio per tutti, perciò noi come figli di Dio siamo chiamati ad assumere quel comportamento che il Signore Gesù ci ha insegnato: pregare per coloro che ci perseguitano, fare del bene a coloro che ci odiano, affinché possano vedere la nostra testimonianza di fede!

Mt 5:38-48 (31> *Amare il proprio prossimo* > - *Se Infatti, amate quelli che vi amano, che premio ne avete? Non fanno lo stesso anche i pubblicani? E se salutate soltanto i vostri fratelli, che fate di straordinario? Non fanno anche i pagani altrettanto? Voi dunque siate perfetti, come è perfetto il Padre vostro celeste -* > Mt 5:46-4?

MT5:46-46 fi) > Il Signore Gesù prosegue approfondendo ulteriormente il Suo discorso. *Se Infatti, amate quelli che vi amano, che premio ne avete? Non fanno lo stesso anche i pubblicani? -.* Molto spesso pensiamo di fare chissà che cosa, di comportarci in un modo corretto e gradito a Dio, quando in realtà non stiamo facendo altro che comportarci come si comportano anche i pagani. Infatti, è più che naturale amare coloro che ci amano, volere bene a chi ci vuole bene, ma è tutt'altra cosa amare coloro che ci perseguitano e che ci maltrattano.

Gv 2:15-16 > Non bisogna amare il mondo > 1Giovanni 2:15 *Non amate il mondo né le cose che sono nel mondo. Se uno ama il mondo, l'amore del Padre non è in lui.* 1Giovanni 2:16 *Perché tutto ciò che è nel mondo, la concupiscenza della carne, la concupiscenza degli occhi e la superbia della vita, non viene dal Padre, ma dal mondo.* Sembrerebbero apparentemente delle parole contraddittorie con quanto abbiamo letto nell'insegnamento del Signore Gesù, ma non è così. Infatti, amore può anche significare condivisione, essere d'accordo su una scelta ben precisa. Ma ovviamente il Signore Gesù non intende questo con - *amare coloro che ci odiano -.* Egli intende la compassione, la pietà, la misericordia che sono tutte sfaccettature dell'amore che ci portano a testimoniare della Persona del Signore Gesù.

*Applicazione* > Perciò ciò che intende l'apostolo Giacomo è che il nostro comportamento non deve essere incline o conforme a quello del sistema-mondo, nel quale ci troviamo. Il mondo offre la concupiscenza, il peccato, la seduzione, ma il figlio di Dio è chiamato a rifiutare tutto questo. Per contro siamo chiamati ad amare gli empi, affinché possano riconoscere le loro colpe, convertirsi ed andare a Cristo. Ma nello stesso tempo siamo chiamati a mostrare questo amore concretamente.

Pr 8:17 > L'amore della Saggezza di Dio > Proverbi 8:17 *Io amo quelli che mi amano, e quelli che mi cercano mi trovano*. Sono molto belle queste parole della Saggezza che esprime il Suo amore verso tutti coloro che La cercano, che l'amano. Possiamo dire che in questo testo si parla di un amore rivolto a coloro che mostrano amore. Ma è anche scritto *quelli che mi cercano mi trovano*. Ogni essere umano è chiamato a cercare il Signore e colui che è animato da sincerità di cuore, Lo troverà certamente.

*Applicazione* > Ma perché gli empi trovino il Signore è necessario anche che il figlio di Dio si comporti come il Signore comanda.

Sono molto belle le parole che esprime il Signore Gesù > Giovanni 15:9 *Come il Padre mi ha amato, così anch'io ho amato voi; dimorate nel mio amore*. Il Signore Gesù non soltanto conferma il Suo amore per i Suoi, ma anche l'importanza di dimorare nell'amore del Signore.

*Applicazione* > Il figlio di Dio potrà amare coloro che perseguitano e che mostrano odio e violenza, solo quando si dimora nell'amore di Cristo. Non vi è altra soluzione. È questa la nostra costante situazione?

MT 5:46-46 f2) _> Addirittura il Signore Gesù parla di - *pubblicani* -. Ma chi erano i pubblicani?

Mt 11:19 > Un esempio l'abbiamo in Mt 11 Matteo 11:19 *E venuto il Figlio dell'uomo, che mangia e beve, e dicono: Ecco un mangione e un beone, un amico dei pubblicani e dei «peccatori»! Ma la sapienza è stata giustificata dalle sue opere».* I dottori della legge (anche se non tutti), molti scribi e farisei, criticavano aspramente il Signore perché mangiava e beveva con i peccatori. Egli era definito *mangione e beone*, solo perché mostrava amore e compassione verso il peccatore. Ma come possiamo osservare i pubblicani risultavano una categoria che gli scribi ed i farisei emarginavano come anche la società ebraica emarginava in quanto erano in un certo qual modo dipendenti dell'impero romano.

*Applicazione* > Ebbene il Signore Gesù dichiara che anche i pubblicani mostrano amore verso coloro che li amano. Quale differenza quindi c'è con coloro che per antonomasia rappresentavano il peccatore emarginato dalla società.

Lu 15:1-2 > Eppure in Luca 15 leggiamo Luca 15:1 *Tutti i pubblicani e i «peccatori» si avvicinavano a lui per ascoltarlo. Luca 15:2 Ma i farisei e gli scribi mormoravano, dicendo: «Costui accoglie i peccatori e mangia con loro».* È bello osservare come il Signore Gesù fosse riconosciuto dai peccatori immorali, incalliti, i pubblicani e non da coloro che si ritenevano giusti come i farisei. Mentre questi ultimi criticavano il Signore in quanto accoglieva i peccatori ed i pubblicani, essi non si rendevano conto che proprio loro mostravano il giusto comportamento da tenere.

*Applicazione* > Perciò non è a caso che il Signore Gesù parla dei pubblicani. Non vi era alcuna differenza con coloro che si ritenevano i peccatori più incalliti, se si amava coloro che mostravano amore.

Lu 19:8-10 > Tra l'altro in Luca 19 abbiamo un bell'esempio di pubblicano redento Luca 19:8 *Ma Zaccheo si fece avanti e disse al Signore: «Ecco, Signore, io do la metà dei miei beni ai poveri; se ho frodato qualcuno di qualcosa gli rendo il quadruplo».* Luca 19:9 *Gesù gli disse: «Oggi la salvezza è entrata in questa casa, poiché anche questo è figlio d'Abraamo;* Luca 19:10 *perché il Figlio dell'uomo è venuto per cercare e salvare ciò che era perduto».* Zaccheo, questo personaggio che viene presentato anche ai piccoli di una scuola domenicale è un bellissimo esempio di ravvedimento. Egli era un pubblicano, un peccatore incallito, ma si ravvide e dimostrò il suo ravvedimento con un comportamento esemplare: dare la metà dei suoi beni ai poveri ed essere disposto a dare il quadruplo a colui che aveva frodato. Ecco come si dimostra il ravvedimento. Dopo tali dichiarazioni, il Signore disse *Oggi la salvezza è entrata in questa casa.*

*Applicazione* > Anche noi un giorno eravamo come Zaccheo, ma ci siamo *convertiti dagli idoli a Dio.* Quali figli di Dio, perciò siamo chiamati a mostrare sempre un amore sovrannaturale, con la speranza che tanti Zaccheo possano ravvedersi ed andare a Cristo.

MT 5:46-46 fS) > Il Signore prosegue parlando del saluto - *Esse salutate soltanto i vostri fratelli, che fate di straordinario? Non fanno anche i pagani altrettanto?* -. Nel greco abbiamo il verbo - *aspazomai* - che indica l'accogliere affettuosamente. Nella Scrittura è molto importante il valore del saluto che purtroppo al giorno d'oggi ha perso molto di valore.

Ro 16:3-5 > In Romani 16, Paolo si raccomanda di salutare parecchi collaboratori. Romani 16:3 *Salutate Prisca e Aquila, miei collaboratori in Cristo Gesù,* Romani 16:4 *i quali hanno rischiato la vita per me; a loro non io soltanto sono grato, ma anche tutte le chiese delle nazioni.* Romani 16:5 *Salutate anche la chiesa che si riunisce in casa loro. Salutate il mio caro Epeneto, che è la primizia dell'Asia per Cristo.* È un elenco piuttosto fornito nel quale troviamo personaggi conosciuti ed altri meno: come Priscilla e Aquila, i quali avevano rischiato la vita per lui, Epeneto ed altri ancora. Il saluto rappresentava una bellissima manifestazione di affetto e d'amore.

*Applicazione* > Ebbene il Signore Gesù evidenzia il valore di quest'atto anche per chi non è nostro amico o fratello in Cristo, ma anche per colui che è un empio, lontano da Dio. Certamente il saluto tra credenti esprime anche comunione intima, che con un empio purtroppo non ci può essere.

Te 5:26 > Inoltre Paolo ai tessalonicesi dichiara 1Tessalonicesi 5:26 *Salutate tutti i fratelli con un santo bacio.* Oggi non in tutti si nota quest'atteggiamento. È vero che non tutti abbiamo lo stesso carattere, ma un *santo bacio,* possiamo dire che riscalda il cuore. *Applicazione* > Anche questo è un elemento importante che dimostra amore ed affetto.

Gv 1:9-11 > Ma in 2 Gv 1:9-11 troviamo un insegnamento opposto 2Giovanni 9 *Chi va oltre e non rimane nella dottrina di Cristo, non ha Dio. Chi rimane nella dottrina, ha il Padre e il Figlio.* 2Giovanni 10 *Se qualcuno viene a voi e non reca questa dottrina, non ricevetelo in casa e non salutatelo.* 2Giovanni 11 *Chi lo saluta, partecipa alle sue opere malvagie.* Non vi è assolutamente contraddizione. Il Signore Gesù comanda di salutare anche coloro che non ci amano, in quanto tale atteggiamento di amore incondizionato può farli riflettere sulla loro condotta. Ben diverso è invece l'esempio posto dall'apostolo nel quale parla di colui che insegna una dottrina diabolica quale la negazione dell'incarnazione di Cristo. In tal caso *non bisogna ricevere in casa tale individuo e non salutarlo*, dimostrando in tal senso disapprovazione e denuncia del peccato.

*Applicazione* > C'è bisogno di discernimento quindi. Ma siamo noi pronti a comportarci sempre come il Signore ci comanda?

MT 5:46-46 f4) > Infatti, il Signore con l'ultima domanda mette in evidenza l'assoluta necessità di una distinzione - *Non fanno anche i pagani altrettanto?* -. Se ci si comporta come i pagani, non vi è la possibilità di far vedere e di far notare quella distinzione esistente tra i figli di Dio ed i figli delle tenebre.

Ne 5:9 > Dobbiamo sempre ricordarci che coloro che non conoscono il Signore ci guardano e ci osservano. In Neemia 5 leggiamo: Neemia 5:9 *Dissi ancora: «Quello che voi fate non è ben fatto. Non dovreste piuttosto camminare nel timore del nostro Dio per non essere oltraggiati dai pagani nostri nemici?* È necessario camminare nel timore del Signore, affinché gli empi non approfittino della nostra mediocrità spirituale per oltraggiare il Nome del Signore. Purtroppo spesso accade che a causa della cattiva testimonianza data da un figlio di Dio, l'empio subito ne approfitta per negare ad esempio la validità degli insegnamenti del Signore Gesù. Dobbiamo sempre ricordarci che come figli di Dio abbiamo delle grosse responsabilità.

Ro 15:17-18 > L'obiettivo che si prefiggeva Paolo è ben delineato in questo brano Romani 15:17 *Ho dunque di che vantarmi in Cristo Gesù, per quel che concerne le cose di Dio.* Romani 15:18 *Non oserei Infatti, parlare di cose che Cristo non avesse operato per mio mezzo allo scopo di condurre i pagani all'ubbidienza, con parole e opere.* Il vanto dell'apostolo risiedeva tutto in Cristo. Ma tale vanto non lo voleva per un tornaconto personale, ma per essere spronato a portare il Vangelo di Cristo ai pagani, per il loro ravvedimento e conversione. Ma l'apostolo sapeva molto bene che non poteva predicare bene e razzolare male. Era necessaria una testimonianza di vita potente.

MT 5:46-46 f5) > Perciò il nostro obiettivo come dichiara il Signore Gesù è - *Voi dunque siate perfetti, come è perfetto il Padre vostro celeste* -. Da osservare che in greco l'aggettivo - *teleios* - che indica un raggiungimento di un obiettivo, il completamento di un processo. Perciò si può anche tradurre *Siate completi*....

Gv 17:22-23 > Questo è evidente anche in Giovanni 17, quando il Signore prega per i Suoi e per tutti coloro che avrebbero creduto alla loro parola. Giovanni 17:22 *Io ho dato loro la gloria che tu hai data a me, affinché siano uno come noi siamo uno;* Giovanni 17:23 *io in loro e tu in me; affinché siano perfetti nell'unità, e affinché il mondo conosca che tu mi hai mandato, e che li ami come hai amato me.* Il Signore dichiara di aver donato ai Suoi, quella gloria che il Padre stesso aveva dato al Figlio, per il raggiungimento di un obiettivo *affinché siano uno come noi siamo uno.* Quindi si parla di una perfezione di unità, di una completezza di intenti. Purtroppo dobbiamo dire che oggi come oggi siamo lontani da questo desiderio del Signore. Ma possiamo essere certi che tale obiettivo sarà raggiunto, quando saremo nel cielo.

Gm 1:2-4 > Un esempio eclatante di perfezione quale sinonimo di completezza l'abbiamo nella lettera di Giacomo. Giacomo 1:2 *Fratelli miei, considerate una grande gioia quando venite a trovarvi in prove svariate,* Giacomo 1:3 *sapendo che la prova della vostra fede produce costanza.* Giacomo 1:4 *E la costanza compia pienamente l'opera sua in voi, perché siate perfetti e completi, di nulla mancanti.* L'apostolo parla dell'argomento assolutamente attuale della prova. Egli dichiara che tale situazione che da un punto di vista umano produce dolore e sofferenza, in realtà apporta un grande beneficio spirituale. Infatti, la prova della fede produce costanza ed attraverso di essa si può essere *perfetti e completi.* Il testo biblico segnala questa sinonimia tra i due termini.

Eb 13:20-21 > Perciò l'autore della lettera agli Ebrei afferma Ebrei 13:20 *Or il Dio della pace che in virtù del sangue del patto eterno ha tratto dai morti il grande pastore delle pecore, il nostro Signore Gesù,* Ebrei 13:21 *vi renda perfetti in ogni bene, affinché facciate la sua volontà, e operi in voi ciò che è gradito davanti a lui, per mezzo di Gesù Cristo; a lui sia la gloria nei secoli dei secoli. Amen.* Attraverso il sacrificio eccellente del Signore Gesù, mediante il sangue del nuovo patto, di questo *patto eterno* che è stato sigillato, possiamo essere resi *perfetti in ogni bene,* aventi lo scopo e l'obiettivo di fare e di compiere la volontà del Signore, operando ciò che è gradito a Lui per mezzo del Signore Gesù. Perciò il nostro obiettivo è quello di essere completi nelle virtù spirituali, per poter dare una potente testimonianza di vita in questo mondo.

# *Capitolo 6*

## IL FORMALISMO RELIGIOSO

### Matteo 6:1-4 > Contro il formalismo religioso

Mt 6:1-4 (11 > *Una falsa giustizia* > - «*Guardatevi dal praticare la vostra giustizia davanti agli uomini, per essere osservati da loro; altrimenti non ne avrete premio presso il Padre vostro che è nei cieli -* > Mt 6:1.

MT 6:1 fi) > Ora il Signore Gesù evidenzia un'altra lezione molto importante che nello stesso tempo è un'accusa contro il formalismo religioso. Egli dichiara - «*Guardatevi dal praticare la vostra giustizia davanti agli uomini -*. Il Signore non parla della giustizia di Dio, ma della giustizia dell'uomo.

De 6:24-25 > In Deuteronomio 6 leggiamo: Deuteronomio 6:24 *Il SIGNORE ci ordinò di mettere in pratica tutte queste leggi e di temere il SIGNORE, il nostro Dio, affinché venisse a noi del bene sempre ed egli ci conservasse in vita, come ha fatto finora.* Deuteronomio 6:25 *Questa sarà la nostra giustizia: l'aver cura di mettere in pratica tutti questi comandamenti davanti al SIGNORE nostro Dio, come egli ci ha ordinato».* La giustizia della legge era rappresentata dal mettere in pratica i precetti ed i comandamenti del Signore. In altre parole è evidenziato il principio dell'ubbidienza. La giustizia di Israele sarebbe stata rappresentata dalla cura nell'ubbidienza.

Pr 21:3 > Anche in Proverbi è scritto: Proverbi 21:3 *Praticare la giustizia e l'equità è cosa che il SIGNORE preferisce ai sacrifici.* Quando si pratica la giustizia di Dio e l'equità, si può essere certi di essere graditi al Signore. Egli desidera l'ubbidienza anziché i sacrifici di animali. Questa però è la giustizia di Dio, ovvero quella unica e vera.

Is 64:6 > Ma com'è descritta la nostra giustizia? Ecco cosa è scritto in Isaia. Isaia 64:6 *Tutti quanti siamo diventati come l'uomo impuro, tutta la nostra giustizia come un abito sporco; tutti quanti appassiamo come foglie e la nostra iniquità ci porta via come il vento.* La giustizia umana è come un abito sporco, iniquo, impuro che non può essere certamente gradito a Dio. Il peccato porta via inesorabilmente l'uomo e se non vi è nuova nascita e rigenerazione, le opere che si compiranno saranno sempre morte e senza valore.

MT 6:1 f2) > Perciò il Signore rivolge un solenne avvertimento - *per essere osservati da loro; altrimenti non ne avrete premio presso il Padre vostro che è nei cieli -.* Quando si fanno le cose per ricevere il plauso dell'uomo, non si avrà alcun premio da parte del Signore.

1 Co 9:24-25 > Ma Paolo dirà 1Corinzi 9:24 *Non sapete che coloro i quali corrono nello stadio, corrono tutti, ma uno solo ottiene il premio? Correte in modo da riportarlo.* 1Corinzi 9:25 *Chiunque fa l'atleta è temperato in ogni cosa; e quelli lo fanno per ricevere una corona corruttibile; ma noi, per una incorruttibile.* L'atleta di quei tempi si allenava un anno intero per vincere il premio tanto ambito. Il cristiano si deve allenare molto di più e con molta più volontà, per possedere un premio incorruttibile, che non passerà e tra l'altro ricevuto dal Signore Gesù stesso. Ma per ricevere il premio bisogna *correre secondo le regole,* ovvero osservare le regole e gli insegnamenti del Signore.

Mt 6:1-4 (21 > **La vera ricompensa** > - *Quando dunque fai l'elemosina, non far sonare la tromba davanti a te, come fanno gli ipocriti nelle sinagoghe e nelle strade, per essere onorati dagli uomini. Io vi dico in verità che questo è il premio che ne hanno. Ma quando tu fai l'elemosina, non sappia la tua sinistra quel che fa la destra, affinché la tua elemosina sia fatta in segreto; e il Padre tuo, che vede nel segreto, te ne darà la ricompensa -* > Mt 6:2-41.

MT 6:2-4 f!) > Il Signore Gesù spiega dettagliatamente il senso delle parole precedenti. Infatti, come uomini, noi siamo portati a farci notare anche con atteggiamenti apparentemente pii e giusti dagli altri, quando in realtà ciò che ci muove è solo l'orgoglio e l'egoismo. Il Signore parla appunto dell'- *elemosina* - che in greco significa avere compassione e pietà. Il Signore ovviamente intendeva quei gesti concreti che dimostrano amore e compassione. Ma proprio per questo motivo Egli dichiara che quando si compiono questi gesti - *non bisogna far suonare la tromba* - per farsi notare.

At 10:3-5 > L'esempio di Cornelio > Cornelio è un personaggio che abbiamo negli Atti ed è veramente singolare e straordinario notare come egli viene descritto in Atti 10. Nello stesso tempo è scritto: Atti 10:3 *Egli vide chiaramente in visione, verso l'ora nona del giorno, un angelo di Dio che entrò da lui e gli disse: «Cornelio!»* Atti 10:4 *Egli, guardandolo fisso e preso da spavento, rispose: «Che c'è, Signore?».* Cornelio è protagonista di una visione straordinaria e di un messaggio straordinario che un angelo del Signore gli stava portando. La prima parte del contenuto di questo messaggio ha a che fare con la conferma che le offerte, le elemosine di questo pagano erano salite *come una ricordanza a Dio,* ovvero erano a Lui graditi. Questo significa che è assolutamente importante offrire, dimostrare il proprio amore in sincerità di cuore.

At 3:1-8 > La fedeltà a Dio: la vera offerta > Non solo, ma se come figli di Dio ci chiedessimo: quale offerta il Signore gradisce più di tutto? La Scrittura risponde all'unisono: la fedeltà a Lui. È bello l'esempio di Pietro e Giovanni in Atti 3, nel quale è scritto che essi, dopo essere saliti al tempio, videro un uomo zoppo presso la porta che chiedeva appositamente l'elemosina. Egli era un uomo sfiduciato, sofferente, ma Atti 3:3 *Vedendo Pietro e Giovanni che stavano per entrare nel tempio, egli chiese loro l'elemosina.* Sicuramente i due apostoli erano conosciuti dalla popolazione e lo zoppo sperava in una dimostrazione di affetto e di compassione. Ma lo zoppo ricevette un dono molto maggiore. Infatti, Atti 3:4 *Pietro, con Giovanni, fissando gli occhi su di lui, disse: «Guardaci!»* Atti 3:5 *Ed egli li guardava attentamente, aspettando di ricevere qualcosa da loro.* Atti 3:6 *Ma Pietro disse: «Dell'argento e dell'oro io non ne ho; ma quello che ho, te lo do: nel nome di Gesù Cristo, il Nazareno, cammina!».* È proprio in queste parole che possiamo osservare la fedeltà di questi due uomini di Dio. Essi non erano ricchi, anzi non avevano nulla di materiale da offrire, ma ciò che manifestarono fu la loro fedeltà al Signore, per mezzo della quale invocarono il Nome del Signore per la guarigione di quel zoppo. Il risultato fu una guarigione straordinaria Atti 3:7 *Lo prese per la mano destra, lo sollevò; e in quell'istante le piante dei piedi e le caviglie gli si rafforzarono.* Atti 3:8 *E con un balzo si alzò in piedi e cominciò a camminare; ed entrò con loro nel tempio camminando, saltando e lodando Dio.* Non solo la guarigione, ma anche una lode ed un'adorazione rinnovata da parte dell'ex zoppo, il quale tutto gioioso può entrare nel Tempio e lodare il Signore. Quando si ama come il Signore vuole e quando si è fedeli a Lui vi sono sempre dei riscontri straordinari.

MT 6:2-4 f2) _>Il Signore Gesù è chiaro: non si può essere - *ipocriti*-.

Ro 12:9 > L'amore deve essere senza ipocrisia > Molto spesso si parla di amore, ma la domanda è: abbiamo realmente compreso cosa sia? Paolo ai Romani dirà: Romani 12:9 *L'amore sia senza ipocrisia.* Il vero amore non è caratterizzato da nessuna forma di ipocrisia. L'uomo è maestro nell'arte ipocrita, in quanto è sempre pronto a mostrare una maschera per nascondere ciò che è. Ma quando si ama dell'amore di Dio, non vi può essere ipocrisia. In questo modo si potrà operare sempre per il bene e mai per il male *Aborrite il male e attenetevi fermamente al bene.* Quando si ama secondo il Signore non vi è spazio per il male e per il peccato. Anzi si nutre nei suoi confronti un odio profondo.

1 Pt 2:1-3 > Bisogna sbarazzarsi di ogni forma di ipocrisia > Ovviamente perché l'amore sia senza ipocrisia, vi deve essere impegno e determinazione da parte nostra. 1Pietro 2:1 *Sbarazzandovi.* L'apostolo Pietro con questa semplice parola parla proprio di questo impegno. È chiaro che si può raggiungere l'obiettivo solo grazie al Signore, ma se per caso l'obiettivo non si raggiunge, non è certo perché il Signore non ha fatto la sua parte. Ci deve essere in noi quel santo timore di Dio che ci spinge a piacere solo a Lui. Di cosa dobbiamo sbarazzarci? *Di ogni cattiveria, di ogni frode, dell'ipocrisia, delle invidie e di ogni maldicenza.* Tra le altre cose anche l'ipocrisia ed è naturale che sia così. Ipocrisia, cattiveria, inganno non devono caratterizzare la vita di un cristiano. Il segreto per raggiungere quest'obiettivo è affidarsi completamente alla Parola di Dio. 1Pietro 2:2 *come bambini appena nati, desiderate il puro latte spirituale, perché con esso cresciate per la salvezza;* 1Pietro 2:3 *se davvero avete gustato che il Signore è buono.* La fiducia che vuole il Signore da noi è proprio quella di un bambino che si affida completamente ai genitori. È così anche per noi?

Gm 3:17 > La saggezza di Dio è senza ipocrisia > Molto importante anche questa lezione. Se si vuole essere caratterizzati dalla saggezza di Dio non vi può essere ipocrisia in noi, perché Giacomo 3:17 *La saggezza che viene dall'alto,* ovvero la saggezza di Dio in contrapposizione a quella carnale *anzitutto è pura,* cioè senza peccato *poi pacifica,* quindi incline alla pace, *mite* e questo ha a che fare con la formazione del nostro carattere, *conciliante piena di misericordia e di buoni frutti;* ovvero la saggezza di Dio produce sempre dei frutti graditi al Signore nella nostra vita, *imparziale,* ovvero senza riguardi personali ed infine *senza ipocrisia.* L'ipocrita non può essere guidato dalla saggezza divina.

MT 6:2-4 f3) > Perciò ecco come prosegue il Signore Gesù - *come fanno gli ipocriti nelle sinagoghe e nelle strade, per essere onorati dagli uomini -.* L'ipocrita vuole assolutamente essere onorato dall'uomo.

Co 4:10 > Da chi vogliamo essere onorati? > È una domanda assolutamente importante alla quale dobbiamo rispondere con sincerità. Paolo dichiara in 1 Corinzi 4 una serie di contrapposizioni nette tra lui e questi credenti. 1Corinzi 4:10 *Noi siamo pazzi a causa di Cristo, ma voi siete sapienti in Cristo.* I corinzi si credevano sapienti, ma di una sapienza terrena, che proviene dal sistema-mondo, mentre Paolo ed i suoi collaboratori erano veramente saggi anche se considerati pazzi. Seconda contrapposizione *noi siamo deboli, ma voi siete forti.* Paolo era veramente forte nel Signore, ma era considerato pazzo dai corinzi. Terza contrapposizione *voi siete onorati, ma noi siamo disprezzati.* Ma i corinzi da chi erano onorati? Dal Signore? Stante la loro condizione non credo proprio. Forse erano onorati da uomini, ma non da Dio. Come figli di Dio a noi deve interessare essere onorati dal Signore.

Sa 2:30 > Dio onora quelli che Lo onorano > Le parole che un giorno il Signore rivolse a Saul, per mezzo di Samuele, sono emblematiche. 1Samuele 2:30 *Perciò, così dice il SIGNORE, il Dio d'Israele: Io avevo dichiarato che la tua casa e la casa di tuo padre sarebbero state al mio servizio per sempre; ma ora il SIGNORE dice: Lungi da me tale cosa!* Come mai vi è questo cambiamento di pensiero? Ovviamente il Signore sapeva ogni cosa ed aveva tutto sotto controllo, ma prima il Signore parlò in un certo modo a Saul, ora vi è tutto un altro decreto. Perché? Ecco la risposta *Poiché io onoro quelli che mi onorano, e quelli che mi disprezzano saranno disprezzati.* È un principio biblico assoluto. Non vi è spazio per le dissertazioni futili. Se si vuole essere onorati dal Signore, bisogna onorare Lui e questo è possibile solo tramite la fedeltà e l'ubbidienza, un comportamento che Saul non dimostrò assolutamente.

MT 6:2-4 f4) > Il Signore arriva al concetto di fondo - *Ma quando tu fai l'elemosina, non sappia la tua sinistra quel che fa la destra, affinché la tua elemosina sia fatta in segreto; e il Padre tuo, che vede nel segreto, te ne darà la ricompensa -*. Quando si vuole aiutare concretamente una persona in difficoltà, non bisogna sbandierare la propria buona azione, anzi non bisogna farla sapere. Solo in questo modo si avrà ricompensa dal Padre Celeste. Il tema della ricompensa è caro nella Scrittura.

Cr 15:3-7 > Il discorso del profeta Azaria > Questo profeta inizia il suo discorso con queste parole: 2Cronache 15:3 *Per lungo tempo Israele è stato senza vero Dio, senza sacerdote che lo istruisse, e senza legge.* Queste parole mostrano chiaramente che purtroppo Israele non si è sempre comportato in modo esemplare verso il Signore. Anzi molto spesso risultava un popolo senza Dio e senza alcun punto di riferimento. Ma Azaria prosegue: 2Cronache 15:4 *ma nella sua angoscia egli si è convertito al SIGNORE, Dio d'Israele, l'ha cercato, ed egli si è lasciato trovare da lui.* Nella nostra vita ci potranno essere alti e bassi, momenti di fedeltà, come momenti di infedeltà, ma la cosa importante è convertirsi, ravvedersi al Signore e tornare ad essere in comunione con Lui. Infatti, come dice il profeta, mentre: 2Cronache 15:5 *In quel tempo, non c'era pace né per chi andava né per chi veniva; perché fra tutti gli abitanti dei vari paesi c'erano grandi agitazioni,* 2Cronache 15:6 *ed essi erano schiacciati, nazione da nazione, e città da città; poiché Dio agitava con ogni sorta di tribolazioni,* quindi le nazioni vivevano nell'angoscia e nella tribolazione, quale messaggio ora il Signore avrà per Israele? 2Cronache 15:7 *Ma voi, siate forti, non vi lasciate indebolire le braccia, perché la vostra opera avrà la sua ricompensa».* Ecco questo principio che ritroviamo ancora nelle parole del Signore Gesù. Ogni opera gradita a Dio, ogni parola gradita a Dio, ogni comportamento fedele produrrà una ricompensa straordinaria. Ma tale premio non ci sarà se in terra si pretende di ricevere l'onore dall'uomo.

Gv 1:8 > Perseverare per ottenere la giusta ricompensa > Per ottenere il giusto premio bisogna soddisfare delle precise condizioni come la perseveranza. Innanzitutto Giovanni dichiara: 2Giovanni 8 *Badate a voi stessi,* ovvero fare attenzione ed osservare attentamente non quello che fanno gli altri, ma quello che facciamo e diciamo noi. È importante questo per poter perseverare in modo tale da riportare la giusta ricompensa *affinché non perdiate il frutto delle opere compiute, ma riceviate piena ricompensa.* Come cristiani non possiamo accontentarci di ricevere una ricompensa a metà o non completa. Noi dobbiamo ambire ad una piena ricompensa, ma per giungere a tale obiettivo è fondamentale dare ascolto alle indicazioni del Signore.

## Matteo 6:5-15 > Uno straordinario esempio di preghiera

Mt 6:5-15 *dì* > *La preghiera dell'ipocrita* > - *Quando pregate, non siate come gli ipocriti; poiché essi amano pregare stando in piedi nelle sinagoghe e agli angoli delle piazze per essere visti dagli uomini. Io vi dico in verità che questo è il premio che ne hanno. Ma tu, quando preghi, entra nella tua cameretta e, chiusa la porta, rivolgi la preghiera al Padre tuo che è nel segreto; e il Padre tuo, che vede nel segreto, te ne darà la ricompensa -* > Mt 6:5-6.

MT 6:5-6 fi) > Ora il Signore entra in un argomento molto importante che ha a che fare proprio con la preghiera. Purtroppo il formalismo religioso può inquinare un santo atteggiamento come quello della preghiera. Ecco perché il Signore dichiara - *Quando pregate non siate come gli ipocriti-.* L'ipocrisia si può estendere anche nella preghiera.

Ef 6:17-18 > La preghiera per mezzo dello Spirito > Quando si prega il Signore bisogna certamente soddisfare delle condizioni. Paolo dirà agli efesini Efesini 6:17 *Prendete anche l'elmo della salvezza e la spada dello Spirito, che è la parola di Dio;* Efesini 6:18 *pregate in ogni tempo, per mezzo dello Spirito.* È assolutamente importante pregare il Signore, ma nello stesso tempo indossare l'armatura di Dio con la quale ci si può difendere dagli attacchi del Nemico. Se non si indossa quest'armatura invincibile, si può essere contagiati dall'ipocrisia e tale condizione si può ripercuotere anche nella preghiera. Perciò è importante pregare per mezzo dello Spirito. Deve essere Lui a guidarci *intercedendo per noi con sospiri ineffabili.* In questo modo non si potrà essere ipocriti o formalistici quando si prega il Signore. Perciò Paolo conclude dicendo *con ogni preghiera e supplica; vegliate a questo scopo con ogni perseveranza. Pregate per tutti i santi.* Unitamente alla preghiera vi è anche il discorso della perseveranza. Possiamo dire che chi è ammalato di formalismo religioso, non è certamente perseverante nella preghiera, come non lo è un figlio di Dio immaturo ed infantile.

Pr 15:8 > La preghiera degli uomini retti è gradita a Dio > Perché una preghiera sia gradita a Dio è importante che essa provenga da un uomo retto. Nei Proverbi leggiamo: Proverbi 15:8 *Il sacrificio degli empi è in abominio al SIGNORE*, ovvero un empio non potrà mai gradire qualcosa che il Signore gradisce, proprio perché nel suo cuore sussiste malvagità e peccato. Ma *la preghiera degli uomini retti gli è gradita.* Quando una preghiera proviene da un cuore rigenerato dallo Spirito che palpita di amore per il Signore, Egli gradirà certamente quella preghiera. Di certo non vi sarà né formalismo, né ipocrisia in quel cuore.

Gm 5:16 > La preghiera del giusto è efficace > Anche Giacomo potrà dire: Giacomo 5:16 *Confessate dunque i vostri peccati gli uni agli altri, pregate gli uni per gli altri affinché siate guariti.* Queste parole illuminano molto bene il contesto e l'argomento che l'apostolo sta sviscerando. Egli parla di colui che è ammalato a motivo del peccato e perciò evidenzia l'importanza di confessarsi i peccati reciprocamente. Ma nello stesso tempo conclude *la preghiera del giusto ha una grande efficacia.* È un principio che non è solo valido per l'argomento specifico di cui parla Giacomo, ma è assoluto. Quando un giusto prega il Signore, sfrutta una potenza inimmaginabile, in quanto chiede l'aiuto ed il sostegno del Signore. La preghiera dell'ipocrita non potrà mai essere efficace.

MT 6:5-6 f2) > Perciò il Signore Gesù prosegue - *poiché essi amano pregare stando in piedi nelle sinagoghe e agli angoli delle piazze per essere visti dagli uomini -.* Ecco come si sviluppa l'ipocrisia unitamente all'orgoglio. Si fanno le cose solo per ricevere il plauso dell'uomo, ma non perché si ama il Signore.

Ef 6:5-6 > Il servizio va svolto per piacere a Dio > Questa è una lezione molto importante. Paolo parlando ai servi dichiara: Efesini 6:5 *Servi, ubbidite ai vostri padroni secondo la carne con timore e tremore, nella semplicità del vostro cuore, come a Cristo.* L'apostolo si rivolge a coloro che erano sotto padrone e che perciò dovevano svolgere le mansioni per suo conto. Non dobbiamo dimenticare che a quei tempi vigeva ancora la schiavitù, ma le regole dettate dagli apostoli rendevano civile ed efficace il rapporto tra padroni e servi. Quest'ultimi dovevano servire i loro padroni, in ubbidienza, come essi ubbidivano a Cristo. Efesini 6:6 *non servendo per essere visti, come per piacere agli uomini, ma come servi di Cristo. Fate la volontà di Dio di buon animo.* Ecco il principio. Esso non vale solo per questi servi, ma per ogni figlio di

Dio. Se serviamo il Signore per essere visti ed applauditi dagli altri, riceviamo già la nostra ricompensa. Ma se serviamo per amore verso il Signore, con l'unico obiettivo di piacere a Lui, allora riceveremo la ricompensa proprio da Lui, un premio incorruttibile.

Os 6:10 > Cosa vede il Signore nella nostra vita? > Se è vero che dobbiamo servire il Signore per piacere a Lui e non per essere visti dagli uomini, la domanda è: cosa vede il Signore di noi? In Osea 6 leggiamo: Osea 6:10 *Nella casa d'Israele ho visto cose orribili*. Di Israele, il quale si comportava come una donna adultera, il Signore vede cose orribili come la sua prostituzione spirituale *là si è prostituito Efraim! là Israele si contamina*. Ma come il Signore vide la condizione spirituale triste di Israele, così può vedere tutto di noi. Al Signore non sfugge assolutamente nulla. Perciò cosa vede il Signore in noi? Ipocrisia, orgoglio, formalismo o purezza e timore di Lui?

MT 6:5-6 f3) _> Ecco qual è il consiglio del Signore - *Ma tu, quando preghi, entra nella tua cameretta e, chiusa la porta, rivolgi la preghiera al Padre tuo che è nel segreto* -. È chiaro che quando tutta la chiesa si riunisce, quando si prega si sono visti dagli altri. Ma si può osservare se quest'atteggiamento è puro formalismo o no, quando un figlio di Dio esercita o no la preghiera nella sua vita. La preghiera segreta, fatta nella propria camera, nella propria intimità è di grande valore per il Signore.

Ge 43:29-30 > La camera, luogo di intimità > Il Signore Gesù cita la propria stanza proprio per evidenziare quell'intimità segreta che solo noi possiamo avere con il Signore. Interessante quanto leggiamo in Genesi: 43 Genesi 43:29 *Giuseppe alzò gli occhi, vide Beniamino suo fratello, figlio di sua madre, e disse: «È questo il vostro fratello più giovane di cui mi avete parlato?» Poi disse a lui: «Dio ti sia propizio, figlio mio!»*. Fu un momento assolutamente commovente per Giuseppe, vedere suo fratello minore Beniamino, ovvero l'altro figlio che sua madre Rachele ebbe. Il suo animo era sconvolto, commosso, perciò *Genesi 43:30 s'affrettò a uscire, perché si era commosso nell'intimo per suo fratello; cercava un luogo dove piangere; entrò nella sua camera e pianse*. Dove andò Giuseppe? Proprio nella sua camera per poter scomparire dalla vista di tutti, per stare da solo. Certo, non è scritto che pregò il Signore, ma questa situazione ci spiega quanto sia importante stare anche un attimo da soli, nella propria intimità, nel segreto, quando si è rattristati, commossi, scoraggiati e via dicendo.

Gb 13:9-10 > Il Signore vede e conosce ogni cosa > È una lezione che abbiamo già visto prima, ma che vogliamo approfondire. Il Signore scruta il nostro cuore. Giobbe 13:9 *Sarà un bene per voi quando egli vi scruterà a fondo? Credete di ingannarlo come s'inganna un uomo?* Sono domande solenni che Giobbe pone alle quali tutti noi dobbiamo dare una risposta. Cosa vede il Signore in noi, Lui che può scrutarci veramente a fondo? Non possiamo ingannare, né beffarci del Signore, in quanto se nel nostro cuore sussistono pensieri cattivi, come afferma Giobbe: Giobbe 13:10 *Certo egli vi riprenderà severamente, se nel vostro segreto avete dei riguardi personali. Cosa sussiste nel nostro segreto?*

Mt 6:5-15 (21 > **Non bisogna moltiplicare le parole** > - *Nel pregare non usate troppe parole come fanno i pagani, i quali pensano di essere esauditi per il gran numero delle loro parole. Non fate dunque come loro, poiché il Padre vostro sa le cose di cui avete bisogno, prima che gliele chiediate -* > Mt 6:7-8.

MT 6:7-6 fl) > Ecco qual è il consiglio che dà il Signore. Bisogna stare attenti a come si parla e a non moltiplicare le parole davanti al Signore - *come fanno i pagani* -.

Pr 25:11 > Le parole assennate sono di grande valore > Quando si moltiplicano le parole è difficile che dalla nostra bocca escano tutte parole assennate e sagge. Questo vale sia per la preghiera, che per i rapporti interpersonali. Ma in Pr 25 è scritto: Proverbi 25:11 *Le parole dette a tempo sono come frutti d'oro in vasi d'argento cesellato.* Le parole sagge, assennate sono assolutamente di grande valore per il Signore, come lo è anche una preghiera semplice, breve. Ma genuina, sincera e piena d'amore per il Signore. Ec 5:2-3 > Dinanzi a Dio bisogna usare poche parole senza precipitazione > Anche l'Ecclesiaste sottolinea la stessa lezione evidenziata dal Signore. *Ecclesiaste 5:2 Non essere precipitoso nel parlare e il tuo cuore non si affretti a proferir parola davanti a Dio.* Bisogna stare attenti dalla fretta e dalla precipitazione. Soprattutto quando si parla con il Signore. Infatti, bisogna ricordarsi che *Dio è in cielo e tu sei sulla terra; le tue parole siano dunque poche.* Dobbiamo sempre tenere presente della differenza abissale esistente tra noi ed il Signore, anche se siamo Suoi figli. Dobbiamo stare attenti a come parliamo, perché *Ecclesiaste 5:3 con le molte parole vengono i ragionamenti insensati.* Se è sbagliato ragionare in modo insensato con gli altri, figuriamoci con il Signore.

Fl 4:6-7 > Bisogna pregare con ringraziamento > Questa è un altro bell'insegnamento fondamentale per essere ascoltati dal Signore. Paolo dirà: Filippesi 4:6 *Non angustiatevi di nulla, ma in ogni cosa fate conoscere le vostre richieste a Dio in preghiere e suppliche, accompagnate da ringraziamenti.* Sebbene non dobbiamo moltiplicare le nostre parole ed anche se il Signore conosce perfettamente ogni nostra situazione, ogni nostro pensiero, Egli si compiace di ascoltare le nostre richieste. Egli le ascolta non perché non le conosca, ma perché noi stessi possiamo essere incoraggiati e fortificati dalla profonda convinzione che il Signore ci ascolta. In questo modo Filippesi 4:7 *la pace di Dio, che supera ogni intelligenza, custodirà i vostri cuori e i vostri pensieri in Cristo Gesù.* Quando si è pervasi dalla pace di Dio, non vi è preoccupazione che possa smuoverci. Ma per realizzare questa pace è fondamentale avere un rapporto intimo con il Signore.

MT 6:7-6 f2) > Il Signore Gesù mette chiaramente in evidenza quella che era l'illusione dei pagani, ovvero quello di pregare con molte parole per essere - *esauditi* -. Il Signore Gesù si riferiva alle litanie ed alle preghiere dei pagani che pregavano i loro falsi idoli per ricevere risposta. Ma il figlio di Dio è chiamato a comportarsi in altro modo.

Sl 34:4-6 > La gioia di colui che è esaudito dal Signore > È chiaro che quando si prega il Signore, si desidera il pieno esaudimento delle nostre richieste. Ma prima di questo bisogna agire esattamente come un giorno agì Davide. Innanzitutto Salmi 34:4 *Ho cercato il SIGNORE, ed egli m'ha risposto; m'ha liberato da tutto ciò che m'incuteva terrore.* Ovvero bisogna cercare il Signore, ovvero desiderare di fare, di compiere la Sua volontà per la nostra vita. Quando si ricerca veramente il Signore possiamo essere certi, che la nostra preghiera, la nostra supplica sarà esaudita. Infatti, dice Davide: Salmi 34:5 *Quelli che lo guardano sono illuminati, nei loro volti non c'è delusione.* Il Signore non delude mai. Coloro che fissano il loro sguardo su di Lui, possono essere veramente consapevoli del fatto che ciò che vorrà il Signore per loro è per il loro stesso bene. Ed ecco la gioia dell'esaudimento Salmi 34:6 *Quest'afflitto ha gridato, e il SIGNORE l'ha esaudito; l'ha salvato da tutte le sue disgrazie.* Nella nostra vita potremo conoscere sofferenza, dolore, ma possiamo stare certi del fatto che il Signore interverrà ed agirà. Forse in un modo che noi non comprendiamo, ma Egli lo farà.

Sl 22:23-24 > Il Signore esaudisce coloro che Lo temono > Anche questa è una lezione assolutamente importante. Non si può pretendere di essere esauditi dal Signore se il nostro cuore è lontano da Lui. Davide esclama nel salmo 22: Salmi 22:23 *O voi che temete il SIGNORE, lodatelo! Voi tutti, discendenti di Giacobbe, glorificatelo, temetelo voi tutti, stirpe d'Israele!* Prima Davide si rivolge a coloro che temono il Signore ed in secondo luogo lui stesso esorta a temerlo. Cosa significa temere il Signore? Significa amarlo, ubbidirlo, fare la Sua volontà ed essere disponibili ad essere guidati da Lui. Quando è Lui che gestisce la nostra vita è tutto più semplice. Infatti, Egli, Salmi 22:24 *Poiché non ha disprezzato né sdegnato l'afflizione del sofferente, non gli ha nascosto il suo volto.* Il Signore tiene sempre conto della nostra sofferenza e del nostro dolore. Egli non si gira dall'altra parte quando siamo nella sofferenza, in quanto come dice Davide *ma quando quello ha gridato a lui, egli l'ha esaudito.* Il Signore può esaudire immediatamente come dopo anni, per Lui il tempo non ha importanza. Siamo noi che siamo chiamati ad aspettare ed attendere la Sua volontà.

Gv 5:14-15 >Si è esauditi quando si chiede secondo la volontà di Dio > Molto spesso si pensa anche involontariamente che Dio sia al nostro servizio e che Egli deve esaudire tutte le nostre richieste. Ma non è così. Giovanni dichiara: 1Giovanni 5:14 *Questa è la fiducia che abbiamo in lui: che se domandiamo qualche cosa secondo la sua volontà, egli ci esaudisce.* Certamente bisogna soddisfare gli altri presupposti, ovvero cercare la Sua volontà e temere il Signore. Solo in questo modo potremo chiedere ciò che è nella Sua volontà. Infatti, come afferma l'apostolo 1Giovanni 5:15 *Se sappiamo che egli ci esaudisce in ciò che gli chiediamo, noi sappiamo di aver le cose che gli abbiamo chieste.* Quando vi è l'esaudimento della nostra richiesta, sappiamo per certo di aver chiesto ciò che a Dio piace. Questo deve essere il nostro obiettivo. Molte volte le richieste possono avere un origine carnale ed egoistica che non c'entrano per niente con la volontà di Dio. Chiediamo secondo la volontà di Dio e non saremo delusi.

MT 6:7-6 f3) _ > Come mai il Signore Gesù dà tutte queste raccomandazioni? Ecco cosa dichiara - *Non fate dunque come loro, poiché il Padre vostro sa le cose di cui avete bisogno, prima che gliele chiediate* -. Il Signore conosce esattamente ciò di cui abbiamo bisogno. Egli sa ogni cosa da sempre. Perciò non dobbiamo preoccuparci.

Lu 12:22-23, 29-30 > Dio sa ciò di cui abbiamo bisogno > Anche in Luca 12 troviamo spiegato questo meraviglioso insegnamento. Luca 12:22 *Poi disse ai suoi discepoli: «Perciò vi dico: non siate in ansia per la vita vostra, di quel che mangerete, né per il corpo, di che vi vestirete;* Luca 12:23 *poiché la vita è più del nutrimento e il corpo più del vestito....* Dobbiamo ammettere che è proprio nella natura umana, essere ansiosi, preoccupati, angosciati. Io mi ricordo che quando fui per un mese e mezzo in cassa integrazione, ero preoccupato, anche se confidavo certamente nel Signore. Basta un niente per far crollare le nostre certezze! Ma il Signore è pronto a confortarci. Infatti, il Signore Gesù ci incoraggia Luca 12:29 *Anche voi non state a cercare che cosa mangerete e che cosa berrete, e non state in ansia!* Luca 12:30 *Perché è la gente del mondo che ricerca tutte queste cose; ma il Padre vostro sa che ne avete bisogno.* La nostra certezza è basata sul fatto che abbiamo il Padre Celeste che conosce perfettamente ciò di cui i Suoi figli hanno bisogno. Perciò non abbiamo motivo di essere ansiosi o preoccupati. Ed ecco perché siamo chiamati ad esprimere poche parole, in quanto il Signore conosce ogni cosa di noi.

Mt 6:5-15 (21 > **La preghiera esemplare** > - *Voi dunque pregate così: Padre nostro che sei nei cieli, sia santificato il tuo nome; venga il tuo regno; sia fatta la tua volontà anche in terra come è fatta in cielo. Dacci oggi il nostro pane quotidiano; rimettici i nostri debiti come anche noi li abbiamo rimessi ai nostri debitori; e non ci esporre alla tentazione, ma liberaci dal maligno. [Perché a te appartengono il regno, la potenza e la gloria in eterno, amen.]* - > Mt 6:9-13.

MT 6:9-13 fi) > Siamo arrivati finalmente a questa straordinaria preghiera che il Signore pone come esempio per i Suoi discepoli. Analizzeremo questa preghiera nel dettaglio. Innanzitutto il Signore pronuncia queste parole - *Padre nostro...*-. È assolutamente bello e straordinario rivolgersi a Dio come Padre.

De 32:6 > La rivelazione di Dio Padre nell'AT > È altrettanto bello osservare come già nell'AT il Signore si rivela in questo modo. In De 32 ecco cosa dirà Mosè al popolo: *Deuteronomio 32:6 È questa la ricompensa che date al SIGNORE, o popolo insensato e privo di saggezza?* Purtroppo è vero, Israele non ricompensò con la fedeltà e l'ubbidienza il Signore, ma rispose alla Sua grazia e compassione con la disubbidienza ed il peccato. Questo ci parla di tutte quelle volte nelle quali anche noi abbiamo commesso lo stesso sbaglio. Ma Mosè dichiara *Non è lui il padre che ti ha acquistato? Non è lui che ti ha fatto e stabilito?* Ecco questa straordinaria rivelazione. Israele doveva sapere che il Dio che adorava e che era chiamato a servire, non era un dio lontano, ma era il Padre che l'aveva riscattato e liberato dalla schiavitù egiziana.

Pr 3:12 > Dio è come un padre che educa i propri figli > Il fatto che Dio è nostri Padre presume anche che Egli sia Colui che ci educa e ci corregge. In Proverbi 3 leggiamo: Proverbi 3:12 *perché il SIGNORE riprende colui che egli ama.* Essere ripresi dal Signore non è all'inizio bello e gratificante, come non è bello essere ripresi da nessuno. Ma è indispensabile che il Signore agisca in questo modo. Infatti, Egli è *come un padre* che agisce in questo modo per *il figlio che gradisce.* Essere graditi da Dio significa anche accettare la Sua correzione ed educazione. Se noi diciamo e preghiamo - *Padre nostro* -, significa che dobbiamo essere disposti ad accettare tutto della Sua correzione.

Ml 1:6 > Dio va onorato come Padre > Questa lezione ha a che fare con il nostro stesso atteggiamento. È scritto in Malachia: Malachia 1:6 «*Un figlio onora suo padre e un servo il suo padrone; se dunque io sono padre, dov'è l'onore che m'è dovuto?* È una domanda assolutamente solenne alla quale dobbiamo dare una risposta. Come figli di Dio onoriamo il Signore come Padre con l'ubbidienza e l'adorazione? Non solo, ma il Signore afferma anche *Se sono padrone, dov'è il timore che mi è dovuto?* Egli è Padre e Signore assoluto della nostra vita. Ma non basta dirlo con le parole, bisogna dimostrare tale sottomissione con i fatti e con il proprio comportamento. Infatti, il Signore ecco cosa dichiara ai sacerdoti: *Il SIGNORE degli eserciti parla a voi, o sacerdoti, che disprezzate il mio nome! Ma voi dite: In che modo abbiamo disprezzato il tuo nome?* Sono parole specifiche come l'intero brano rivolto ai sacerdoti d'Israele che non svolgevano più il loro compito. Ma come applicazione, queste parole sono valide per tutti. Dio è nostro Padre e perciò va onorato come tale.

Co 1:1-2 > Dio nostro Padre ci elargisce grazia e pace > Il fatto che Dio sia nostro Padre non evidenzia solo doveri ed impegni che noi abbiamo nei Suoi confronti, ma anche privilegi immensi. Paolo dirà nel salutare i corinzi: 2Corinzi 1:1 *Paolo, apostolo di Cristo*

*Gesù per volontà di Dio, e il fratello Timoteo, alla chiesa di Dio che è in Corinto, con tutti i santi che sono in tutta l'Acaia;* 2Corinzi 1:2 *grazia a voi e pace da Dio nostro Padre e dal Signore Gesù Cristo.* Il Signore è Colui che ci elargisce grazia e pace, due doni che sono straordinari e per ogni Suo figlio. Essi provengono anche dal Signore Gesù, ma è significativo osservare come l'appellativo di Padre sia inerente ai beni ed ai doni che il Signore rivolge ai Suoi figli. Come si diceva prima: Egli sa ciò di cui abbiamo bisogno. E sicuramente noi abbiamo bisogno della Sua grazia e della Sua pace.

MT 6:9-13 f2) > Il Signore prosegue - *che sei nei cieli -,* indicando alcune lezioni che ora vogliamo vedere. Infatti, 1 Re 8:27 > I cieli dei cieli non possono contenere il Signore > Questa è una lezione chiara nella Scrittura. Salomone, nell'inaugurare il tempio disse: 1Re 8:27 *Ma è proprio vero che Dio abiterà sulla terra?* Sicuramente il Signore Gesù abiterà e regnerà sulla terra come è insegnato nelle Scritture (Za 14, Mt 24-25). Ma la domanda di Salomone era volta a questa riflessione specifica: *Ecco, i cieli e i cieli dei cieli non ti possono contenere; quanto meno questa casa che io ho costruita!* Salomone sapeva perfettamente che nessuna costruzione avrebbe potuto contenere il Signore, in quanto Egli è Spirito, Onnisciente, Onnipresente ed infinito nella Sua gloria. Come può un tempio, seppure grande e magnifico ospitarlo?

Eb 8:1-2 / Eb 1:3 > I luoghi altissimi, simbolo della maestà e dell'autorità del Signore, e del cielo spirituale > In tutta la Scrittura è evidente questo insegnamento. Quando si parla di cielo o cieli si vuole parlare in modo simbolico e metaforico dell'autorità di Dio. L'autore della lettera agli Ebrei è chiaro: Ebrei 8:1 *Ora, il punto essenziale delle cose che stiamo dicendo è questo: abbiamo un sommo sacerdote tale che si è seduto alla destra del trono della Maestà nei cieli;* Ebrei 8:2 *ministro del santuario e del vero tabernacolo, che il     Signore, e non un uomo, ha eretto....* In questo testo l'autore parla del Signore Gesù, il Quale come sommo sacerdote si è assiso alla destra di Dio Padre nei cieli. Ma con queste parole l'autore non vuole far altro che evidenziare la suprema autorità del Signore Gesù e di Dio Padre insieme. O per meglio dire, non si parla certamente di cielo fisico, ma di un cielo spirituale, lo stesso che visitò in spirito Paolo (2 Co 12) e dove egli dovette testimoniare che non poteva raccontare ciò che aveva visto e sentito perché troppo sublime. Ancora in Ebrei è scritto: Ebrei 1:3 *Egli, che è splendore della sua gloria e impronta della sua essenza, e che sostiene tutte le cose con la parola della sua potenza, dopo aver fatto la purificazione dei peccati, si è seduto alla destra della Maestà nei luoghi altissimi.* Qui si parla dell'autorità e dell'innalzamento del Signore Gesù, il Quale è lo splendore della gloria di Dio e l'impronta della Sua stessa essenza. Egli è Dio pienamente e dopo essersi offerto in sacrificio, non solo è risorto, ma si è seduto alla destra di Dio nei luoghi altissimi. Perciò il Signore Gesù nel dire - *che sei nei cieli* -, parla sia dell'autorità del Signore, ma anche di quella realtà dove risplende la Sua stessa gloria.

MT 6:9-13 f3) > Il Signore Gesù prosegue con questa straordinaria preghiera parlando del Nome santo del Padre - *sia santificato il Tuo Nome* -. Ovviamente con il termine santificare non si vuole intendere l'atto di rendere santo, come ad esempio è per quanto concerne il figlio di Dio.

Le 22:32-33 > Non bisogna profanare il Nome del Signore > Innanzitutto per santificare il Nome del Signore, si intende il non profanarlo. Bisogna sempre nutrire riverenza e rispetto per il Suo Nome, in quanto esso rappresenta la Sua gloriosa Persona. In Le 22 è scritto: Levitico 22:32 *Non profanerete il mio santo nome, affinché io sia santificato in mezzo ai figli d'Israele.* Con queste parole possiamo osservare proprio il connubio tra la santità di Dio ed il Suo stesso Nome. Infatti, Egli può dire: *Io sono il SIGNORE; io vi santifico;* Levitico 22:33 *e vi ho fatti uscire dal paese d'Egitto per essere vostro Dio. Io sono il SIGNORE.* Il fatto che sia il Signore a santificare, questo significa che è Lui che ci rende santi, ovvero appartati per Lui e per il Suo servizio. Ma Egli lo può fare in quanto, nei Suoi gloriosi attributi vi è la santità.

Is 5:15-16 > Il Signore è santificato per la Sua giustizia > In Isaia 5 è scritto: Isaia 5:15 *L'uomo è umiliato, ognuno è abbassato, e abbassati sono gli sguardi alteri.* Questo è ciò che sperimenta l'uomo a causa del suo orgoglio. Egli conoscerà l'umiliazione, l'abbassamento, in quanto il Signore non può tollerare la superbia e l'orgoglio. Ma ecco la contrapposizione Isaia 5:16 *ma il SIGNORE degli eserciti è esaltato mediante il giudizio, e il Dio santo è santificato per la sua giustizia.* Questo significa che Dio si santifica quando agisce manifestando i Suoi attributi perfetti come la Sua giustizia. Il figlio di Dio è stato reso giusto, ma Dio è giusto. Il figlio di Dio è stato reso santo, ma Egli è Santo. Se si parla ad esempio della Sua giustizia, ogni volta che essa è manifestata, il Signore si santifica, ovvero dimostra ciò che Egli è. Possiamo essere veramente grati al Signore, per il privilegio che ci ha concesso nell'adorarlo e nel servirlo. Ma vi è un'altra lezione importante.

De 32:50-51 > Santificare il Signore significa essere fedeli a Lui > Questa lezione ha a che fare con la nostra diretta responsabilità. Un esempio eclatante l'abbiamo con la disubbidienza che Mosè ed Aronne manifestarono in occasione dell'episodio dell'acqua di Meriba. In Deuteronomio 32 sono riportate queste parole Deuteronomio 32:50 *Tu morirai sul monte sul quale stai per salire e sarai riunito al tuo popolo, come tuo fratello Aaronne è morto sul monte Or ed è stato riunito al suo popolo.* Mosè, come Aronne, non avrebbe avuto il permesso di far entrare Israele nella terra promessa. Egli sarebbe morto prima, sul monte Nebo. Per quale motivo? Ecco la risposta Deuteronomio 32:51 *perché mi siete stati infedeli in mezzo ai figli d'Israele, presso le acque di Meriba, a Cades, nel deserto di Sin.* Nonostante il fatto che Mosè sia stato fedele al Signore mentre conduceva Israele nel deserto, nonostante egli sia stato certamente provocato dal popolo in quel triste episodio, e nonostante egli certamente avesse chiesto perdono per il suo peccato, il Signore emette la Sua sentenza. Egli non sarebbe entrato in Canaan *in quanto non mi avete santificato in mezzo ai figli d'Israele.* Ecco la gravità della disubbidienza. Quando si disubbidisce al Signore in ogni aspetto della disubbidienza e dell'infedeltà, il Suo Nome non è glorificato ed onorato. È proprio in questo che sta la gravità del peccato. Perciò la domanda è: santifichiamo il Signore nella nostra vita?

MT 6:9-13 f4) _> Il Signore prosegue con la preghiera con una precisa richiesta - *venga il Tuo regno* -. Queste parole mostrano l'obiettivo prefisso nella preghiera del Padre nostro. Essa si muove nel contesto dei Vangeli ed in un terreno veterotestamentario, nel quale si parla dell'attesa del regno di Dio.

Es 19:5-6 > Israele: un regno di sacerdoti > Interessante leggere ciò che è scritto in Es 19 a proposito di quel patto che il Signore fece con Israele Esodo 19:5 *Dunque, se ubbidite davvero alla mia voce e osservate il mio patto, sarete fra tutti i popoli il mio tesoro particolare; poiché tutta la terra è mia.* Come possiamo osservare vi era una precisa condizione: l'ubbidienza. Se Israele avesse rispettato questa condizione, sarebbe stato a capo di tutte le nazioni, in quanto popolo testimone di YHWH. Non solo, ma

Israele sarebbe divenuto anche Esodo 19:6 *un regno di sacerdoti, una nazione santa.* Israele sarebbe stato quel regno nel quale avrebbe governato in modo incontrastato il Signore e che avrebbe manifestato santità e purezza. Ma quando ci sarà effettivamente il regno di Dio sulla terra, il vero Israele occuperà un posto di assoluto rilievo. Nel nuovo patto, queste parole *regno di sacerdoti* sono rivolte a tutti i credenti (1 Pt 2).

Sl 145:10-12 > Si celebrerà il Signore e si racconteranno i prodigi e la gloria del Suo regno > Ovvero giungerà il tempo nel quale come afferma il salmista Salmi 145:10 *Tutte le tue opere ti celebreranno, o SIGNORE, e i tuoi fedeli ti benediranno.* Salmi 145:11 *Parleranno della gloria del tuo regno e racconteranno la tua potenza.* Sono parole che evidenziano una testimonianza assolutamente massiccia da parte di tutti i fedeli del Signore, ovvero di coloro che appartengono a Lui. Si racconteranno le Sue meraviglie, i Suoi prodigi, le Sue opere e della gloria del Suo regno. Sebbene anche ora la Chiesa testimoni e racconti della gloria di Dio, quando ci sarà il regno di Dio sulla terra si vorrà Salmi 145:12 *far conoscere ai figli degli uomini i tuoi prodigi e la gloria maestosa del tuo regno.* Possiamo dire che vi sarà una testimonianza universale da parte di tutti coloro che hanno posto fede nel Signore. L'attesa del regno comporta anche l'attesa di questa celebrazione e di questa testimonianza.

Da 7:13-14 > Il Suo regno è eterno > Quando si parla del regno di Dio, tale argomento offre un gran numero di sfaccettature. In Daniele 7 è scritto: Daniele 7:13 *Io guardavo, nelle visioni notturne, ed ecco venire sulle nuvole del cielo uno simile a un figlio d'uomo; egli giunse fino al vegliardo e fu fatto avvicinare a lui.* Questi due personaggi sono facilmente identificabili. Si parla del Padre e del Figlio e del rapporto unico esistente tra di loro. Ma quando si parla di regno di Dio, non si può far altro che parlare anche del regno di Cristo, Infatti, è scritto Daniele 7:14 *gli furono dati dominio, gloria e regno, perché le genti di ogni popolo, nazione e lingua lo servissero. Il suo dominio è un dominio eterno che non passerà, e il suo regno è un regno che non sarà distrutto.* Queste parole il Signore le ripeterà in una precisa occasione per rivelare chiaramente di essere il Messia glorioso (Mt 26:64). Il dominio del Cristo glorioso è eterno, in quanto tale dominio non è confinato solo al regno millenale, ma anche a quello eterno, glorioso, descritto nell'Apocalisse capp.21-22.

Ap 19:6-7 > Il tempo in cui verrà stabilito il regno > C'è un tempo nel quale il regno sarà stabilito? Certamente! Apocalisse 19:6 *Poi udii come la voce di una gran folla e come il fragore di grandi acque e come il rombo di forti tuoni, che diceva: «Alleluia! Perché il Signore, nostro Dio, l'Onnipotente, ha stabilito il suo regno.* Giungerà questo beato periodo nel quale, quando si compiranno i tempi stabiliti dal Padre, Egli stabilirà il Suo regno. La futura Babilonia sarà distrutta, il coro celeste celebrerà tale vittoria ed il regno giungerà. Ma prima vi sarà un evento straordinario Apocalisse 19:7 *Rallegriamoci ed esultiamo e diamo a lui la gloria, perché sono giunte le nozze dell'Agnello e la sua sposa si è preparata*, ovvero ci saranno le meravigliose nozze dell'Agnello. La Chiesa si sposerà con il Suo sposo per regnare insieme a Lui. È stupefacente notare quante lezioni si possono trovare in questa semplice espressione - *venga il tuo regno* -.

MT6:9-1 Sf5) _ > Ma ora ecco una parte della preghiera che ci responsabilizza fortemente *sia fatta la tua volontà anche in terra come è fatta in cielo* -. Questa deve essere la massima aspirazione del cristiano: fare la volontà del Signore. Ma quali caratteristiche ha la volontà di Dio?

Sl 33:11 > La volontà di Dio è per sempre > È bello leggere ciò che afferma il salmista: Salmi 33:11 *La volontà del SIGNORE sussiste per sempre, i disegni del suo cuore durano d'età in età.* Ben diversa è la volontà dell'uomo. Essa è imperfetta, ingannevole, fallace, ma la volontà del Signore sussiste per sempre, le Sue decisioni, i Suoi decreti, i Suoi disegni sono per sempre. Ecco perché come figli di Dio dobbiamo impegnarci a rispettare questa volontà.

Ro 12:2 > Le tre caratteristiche della volontà di Dio > Quali sono queste caratteristiche? Paolo afferma nella lettera ai Romani Romani 12:2 *Non conformatevi a questo mondo.* Questa è una prima forte esortazione. Come figli di Dio non possiamo conformarci a questo mondo, ovvero imitare la sua ideologia, i suoi modi di fare, ma il nostro compito è quello di lasciarci trasformare *mediante il rinnovamento della vostra mente, affinché conosciate per esperienza quale sia la volontà di Dio.* Più siamo attaccati al Signore ed in comunione con Lui, più possiamo realmente comprendere quale sia la Sua volontà per noi. Non si parla solo della Sua volontà generale, ma anche del Suo piano specifico per la nostra vita. Molto spesso si sente dire farò così perché questa è la volontà di Dio. Ma ne siamo veramente sicuri? Sempre dobbiamo tenere presente che la Sua volontà è *buona, gradita e perfetta*. Tre caratteristiche che rendono la volontà di Dio perfetta sotto ogni aspetto. Essa è buon, ovvero qualunque cosa accada nella nostra vita, dobbiamo essere consapevoli che è per il nostro bene. Essa è gradita, in quanto se siamo consapevoli che è per il nostro bene, l'accetteremo come tale, ovvero sarà per noi un bene prezioso. E poi è perfetta, senza alcun difetto. Il Signore non potrà mai essere accusato di niente. Perciò la Sua volontà deve essere eseguita.

MT 6:9-13 f6) > Il Signore Gesù prosegue con questa straordinaria preghiera - *Dacci oggi il nostro pane quotidiano* -. Nel greco abbiamo l'aggettivo - *epiousios* - che indica ciò che è necessario, giornaliero. Quindi con questa richiesta, il Signore insegna che non dobbiamo chiedere per il sovrappiù, ma per ciò che ci necessita ogni giorno.

Re 17:3-6 > Il Signore può provvedere al nostro sostentamento in modi svariati: l'esempio di Elia > Nella Scrittura abbiamo tanti esempi nei quali il Signore dimostra la Sua bontà ed il Suo amore. Un esempio eclatante l'abbiamo con il profeta Elia. 1Re 17:3 *«Parti di qua, va' verso oriente, e nasconditi presso il torrente Cherit, che è di fronte al Giordano. 1Re 17:4 Tu berrai al torrente, e io ho comandato ai corvi che là ti diano da mangiare».* Il profeta non aveva un compagno con sé, si trovava nella sofferenza e apparentemente non aveva nessun sostentamento nemmeno materiale. Ma il Signore usa dei volatili, Sue creature per portare da mangiare al Suo servo che si trovava in difficoltà. Questo è un modo miracoloso nel quale il Signore ha saputo provvedere ai bisogno di un Suo servo, ma quest'episodio vuole essere di consolazione e di incoraggiamento per chi si trova nella sofferenza e nella difficoltà. Come reagì Elia? 1Re 17:5 *Egli dunque partì, e fece secondo la parola del SIGNORE; andò e si stabilì presso il torrente Cherit, che è di fronte al Giordano. 1Re 17:6 E i corvi gli portavano del pane e della carne la mattina, e del pane e della carne la sera; e beveva al torrente.* È bello vedere l'ubbidienza dimostrata da questo figlio di Dio. Molto spesso la Scrittura ci parla di infedeltà, di peccato, ma vi sono anche casi di ubbidienza e di fedeltà, come questo. Egli si fidò del Signore ed Egli mantenne la Sua Parola, sostenendo il Suo profeta.

Sl 37:25-26 > La testimonianza di un vecchio salmista > Sono preziose queste parole Salmi 37:25 *Io sono stato giovane e son anche divenuto vecchio, ma non ho mai visto il giusto abbandonato, né la sua discendenza mendicare il pane.* Davide racconta la sua esperienza, facendo mente locale nelle varie situazioni che hanno visto lui coinvolto ed altre situazioni, ed era giunto a questa conclusione: ha sempre visto il Signore intervenire, sostenendo il giusto. Questo perché al giusto non è mai mancato il pane. Infatti, egli Salmi 37:26 *Tutti i giorni è pietoso e dà in prestito, la sua discendenza è benedetta*

Pr 12:11 > La nostra responsabilità > Nei Proverbi è scritto: Proverbi 12:11 *Chi coltiva la sua terra avrà pane da saziarsi, ma chi va dietro ai fannulloni è privo di senno.* Dobbiamo ricordarci sempre che il Signore è pronto ad aiutarci, a sostenerci ed a guidarci, ma vi è anche una precisa responsabilità da parte nostra. Ovvero siamo chiamati a lavorare per nutrirci e per vestirci. Come dice l'autore chi coltiva la sua terra, ha di che saziarsi, ma chi è pigro, fannullone dimostra la sua stoltezza. Paolo dirà in modo chiaro che chi non lavora non deve nemmeno mangiare (2 Te 3:10).

Gm 2:14-17 > La dimostrazione di una fede operante > Come figli di Dio siamo anche chiamati non solo ad occuparci del nostro sostentamento, ma anche occuparci di chi effettivamente è nel bisogno. Non si può fare il discorso Tanto ci penserà il Signore. Siamo chiamati a dimostrare amore e fede verso chi è in difficoltà. Ecco perché Giacomo dichiara: Giacomo 2:14 *A che serve, fratelli miei, se uno dice di aver fede ma non ha opere? Può la fede salvarlo?* Giacomo 2:15 *Se un fratello o una sorella non hanno vestiti e mancano del cibo quotidiano,* Giacomo 2:16 *e uno di voi dice loro: «Andate in pace, scaldatevi e saziatevi», ma non date loro le cose necessarie al corpo, a che cosa serve?* Giacomo 2:17 *Così è della fede; se non ha opere, è per sé stessa morta.* Il discorso dell'apostolo è assolutamente chiaro. Non si può dire di amare il prossimo per poi lasciarlo da solo nel momento del bisogno. Anche perché il Signore si può servire anche di noi per poter portare quel - *pane quotidiano* - a chi è nel bisogno. Se il Signore si servì di corvi per nutrire Elia, il Signore può servirsi anche di noi, per portare non solo il Vangelo ma anche un aiuto concreto e materiale a coloro che sono nella sofferenza.

MT 6:9-13 f7) > La preghiera continua mettendo in evidenza un'altra nostra precisa responsabilità - *rimettici i nostri debiti come anche noi li abbiamo rimessi ai nostri debitori -*. Questo ha a che fare con il bellissimo argomento del perdono, trattato numerose volte nella Scrittura.

Mt 18:28-35 > Il cattivo esempio del servo malvagio > In Matteo 18 leggiamo un'interessante parabola che parla di un servo malvagio. Egli aveva un debito molto grande con il suo padrone, ma esso gli fu condonato per le compassioni del suo signore. Ma è altresì scritto quanto segue : Matteo 18:28 *Ma quel servo, uscito, trovò uno dei suoi conservi che gli doveva cento denari; e, afferratolo, lo strangolava, dicendo: Paga quello che devi!* Matteo 18:29 *Perciò il conservo, gettatosi a terra, lo pregava dicendo: Abbi pazienza con me, e ti pagherò.* Matteo 18:30 *Ma l'altro non volle; anzi andò e lo fece imprigionare, finché avesse pagato il debito.* Matteo 18:31 *I suoi conservi, veduto il fatto, ne furono molto rattristati e andarono a riferire al loro signore tutto l'accaduto.* Matteo 18:32 *Allora il suo signore lo chiamò a sé e gli disse: Servo malvagio, io ti ho condonato tutto quel debito, perché tu me ne supplicasti;* Matteo 18:33 *non dovevi anche tu aver pietà del tuo conservo, come io ho avuto pietà di te?* Matteo 18:34 *E il suo signore, adirato, lo diede in mano degli aguzzini fino a quando non avesse pagato tutto quello che gli doveva.* Matteo 18:35 *Così vi farà anche il Padre mio celeste, se ognuno di voi non perdona di cuore al proprio fratello».* Quante volte accade che si realizza proprio questo nella vita di un cristiano! Ogni figlio di Dio è consapevole del fatto che un grandissimo debito è stato pagato e completamente rimosso grazie al sacrificio di Cristo. Il nostro debito era incolmabile, in quanto aveva a che fare con il peso e la gravità del nostro peccato. Ma Dio Padre non vede più questo debito, perché c'è stata la riconciliazione in Cristo. Come mai allora tra i figli di Dio vi è una così grande difficoltà a perdonare? Il servo malvagio non perdonò un conservo che aveva un piccolo debito verso di lui. Ecco come spesso ci si comporta. Ma quando vi è una richiesta di perdono, siamo sempre chiamati a perdonare.

Ro 13:8 > Il debito dell'amore > Il Signore Gesù usa un termine preciso ovvero – *debito* — Interessante notare ciò che dice Paolo ai Romani. Romani 13:8 *Non abbiate altro debito con nessuno, se non di amarvi gli uni gli altri; perché chi ama il prossimo ha adempiuto la legge.* Come figli di Dio siamo chiamati a vivere nell'onestà e nella trasparenza non avendo alcun debito se non quello dell'amore verso il proprio prossimo. Quando si nutre un sincero amore verso il prossimo si è anche disposti al perdono ed a chiedere perdono.

Lu 17:3-4 > La necessità di un perdono costante > Il Signore Gesù è molto preciso in Luca 17. Luca 17:3 *State attenti a voi stessi! Se tuo fratello pecca, riprendilo; e se si ravvede, perdonalo.* Luca 17:4 *Se ha peccato contro di te sette volte al giorno, e sette volte torna da te e ti dice: Mi pento, perdonalo».* Quando vi è una richiesta di perdono, quand'anche fosse anche la stessa colpa o torto, siamo chiamati a perdonare. Non ci sono giustificazioni o scusanti. Ecco perché il Signore Gesù esorta *State attenti a voi stessi.* Si, perché siamo chiamati a guardare ed osservare attentamente la nostra condotta, il nostro comportamento, non quello degli altri. Se un nostro fratello (che nel contesto di Luca 17 è giudeo, ma che possiamo applicare anche a noi) commette un torto nei nostri confronti, non dobbiamo fare finta di niente ma riprenderlo e se si ravvede, allora va accordato il perdono, sempre e comunque.

MT 6:9-13 f6) > Il Signore prosegue nel Suo insegnamento - *e non ci esporre alla tentazione, ma liberaci dal maligno* -. Da notare il verbo greco che viene utilizzato ovvero *eisphero* - che letteralmente indica l'atto di portare dentro, introdurre. Letteralmente perciò avremmo la traduzione *non ci introdurre nella tentazione* o *nella prova*. Il fatto che poi il Signore Gesù affermi - *ma liberaci dal maligno* -, indica chiaramente il fatto che sia lui l'autore ed il promotore della tentazione, non il Signore. In altre parole il Signore, nel formulare questa preghiera, presenta l'importanza di chiedere al Padre il Suo intervento per essere liberati dall'azione di Satana e della tentazione in genere.

Lu 22:39-40 > La necessità di pregare il Signore per non entrare in tentazione > Luca 22:39 *Poi, uscito, andò, come al solito, al monte degli Ulivi; e anche i discepoli lo seguirono.* Luca 22:40 *Giunto sul luogo, disse loro: «Pregate di non entrare in tentazione».* È un momento assolutamente solenne e di sofferenza per il Signore Gesù, ma prima ancora di appartarsi per pregare il Padre, Egli esorta i Suoi nel chiedere a Dio di non entrare in tentazione, Sono convinto che proprio queste parole sono la più bella spiegazione della richiesta che il Signore Gesù formula nel Padre nostro. Infatti, potremmo anche tradurre - *Non farci entrare in tentazione* - .

Eb 2:17-18 > La consolazione di avere il Signore Gesù quale

nostro Sommo Sacerdote. Ebrei 2:17 *Perciò, egli doveva diventare simile ai suoi fratelli in ogni cosa, per essere un misericordioso e fedele sommo sacerdote nelle cose che riguardano Dio, per compiere l'espiazione dei peccati del popolo.* Ebrei 2:18 *Infatti, poiché egli stesso ha sofferto la tentazione, può venire in aiuto di quelli che sono tentati.* È veramente straordinario considerare anche questa lezione. Ogni figlio di Dio pur con tutte le sue debolezze e difficoltà ha la grande convinzione che il Sommo Sacerdote intercede per lui, ovvero il Signore Gesù. Egli è diventato simile a noi proprio per essere il fedele e Sommo Sacerdote che noi adoriamo. Egli ha conosciuto gli effetti della tentazione, la sua forza e l'intensità, certamente senza mai cadere o peccare. Ma proprio per questo motivo, Egli può simpatizzare con le nostre sofferenze e capirci perfettamente. Certo che sempre dobbiamo chiedere al Signore di aiutarci affinché Lo possiamo onorare vincendo e superando le varie tentazioni che incontreremo nella nostra vita.

MT 6:9-13 f9) > Il Signore Gesù avviandosi verso la conclusione di questa straordinaria preghiera afferma - *ma liberaci dal maligno* -. Con queste parole il Signore affronta il tema della liberazione da parte di Dio di quelli che sono e possono essere gli attacchi del Nemico. Tutta la Scrittura all'unisono insegna che il Signore libera.

Sl 44:25-26 > Il Signore libera sulla base della Sua bontà > Salmi 44:25 *Poiché l'anima nostra è abbattuta nella polvere; il nostro corpo giace per terra.* Salmi 44:26 *Ergiti in nostro aiuto, liberaci nella tua bontà.* In queste parole il salmista esprime da una parte il suo dolore, la sua sofferenza, ma dall'altro lato è assolutamente consapevole che il Signore agirà ed interverrà liberando sulla base della Sua meravigliosa *bontà*.

Egli è benevolo nei nostri confronti e mostra il Suo amore in azioni e fatti di cui magari nemmeno noi ci accorgiamo, nel proteggerci e liberarci dalle tentazioni o dagli attacchi di Satana. Questo esclude sicuramente il fatto che nella preghiera si voglia accennare al pensiero che sia Dio a tentare. Egli non tenta nessuno, ma libera dalla tentazione.

Sl 79:9-10 > Il Signore libera per la gloria del Suo Nome > Salmi 79:9 *Soccorrici, o Dio della nostra salvezza, per la gloria del tuo nome; liberaci, e perdona i nostri peccati, per amor del tuo nome.* Salmi 79:10 *Perché direbbero i popoli: «Dov'è il loro Dio?»* Si *conosca tra le nazioni, sotto i nostri occhi, la vendetta per il sangue dei tuoi servi, che è stato sparso.* Ancora ci troviamo di fronte ad un altro salmo, ad una preghiera nella quale il salmista invoca il Signore per chiedere il Suo aiuto e la Sua protezione. Ma tale richiesta non è dettata da nessun motivo egoistico, ma il pensiero fisso del salmista era che il Nome del Signore venisse glorificato. Nel liberare e perdonare i peccati del popolo, il Signore avrebbe esaltato il Suo Nome e la Sua Persona. È veramente bello e prezioso tale pensiero. Quando chiediamo al Signore il Suo intervento di liberazione non ci deve muovere solamente un interesse personale, ma innanzitutto il desiderio che il Suo Nome venga glorificato. In questo modo la bocca degli empi starà zitta e non dirà *Dov'è il tuo Dio?* Egli perciò libera per glorificare il Suo santo Nome.

MT 6:9-13 f10) > La preghiera si conclude con un'espressione che non si trova in tutti i manoscritti - *[Perché a te appartengono il regno, la potenza e la gloria in eterno, amen.]* -. Sebbene tale espressione non si trovi in tutti i manoscritti greci, non possiamo certo dire che venga espresso un messaggio falso. Al Signore appartiene effettivamente il regno, la potenza e la gloria.

Gb 12:13-14 > Al Signore appartiene la saggezza e la potenza > Giobbe 12:13 *«In Dio stanno la saggezza e la potenza, a lui appartengono il consiglio e l'intelligenza. Giobbe 12:14 Egli abbatte, e nessuno può ricostruire. Chiude un uomo in prigione, e non c'è chi gli apra.* È bello constatare come la Scrittura non indica solamente la saggezza, la gloria o il regno come realtà che appartengono da sempre al Signore, ma come afferma in questo passo Giobbe, anche il consiglio e l'intelligenza. Ecco perché nessuno può accusare il Signore di ingiustizia. In Dio abita la pienezza, la perfezione della saggezza, della potenza, del consiglio e dell'intelligenza, con le quali mostra la Sua suprema autorità nell'abbattere e nell'edificare. Ecco perché tutti i giorni siamo chiamati a conoscere sempre di più il Signore.

Pt 4:10-11 > Al Signore appartiene la gloria e la potenza per sempre > 1Pietro 4:10 *Come buoni amministratori della svariata grazia di Dio, ciascuno, secondo il carisma che ha ricevuto, lo metta a servizio degli altri. 1Pietro 4:11 Se uno parla, lo faccia come si annunziano gli oracoli di Dio; se uno compie un servizio, lo faccia come si compie un servizio mediante la forza che Dio fornisce, affinché in ogni cosa sia glorificato Dio per mezzo di*

*Gesù Cristo, al quale appartengono la gloria e la potenza nei secoli dei secoli. Amen.* L'apostolo Pietro esorta i suoi destinatari a servire il Signore, ad essere Suoi buoni amministratori, secondo il dono che Egli ci ha donato. È assolutamente ambiguo ed anomalo, un cristiano che non serve il Signore e che vive nella pigrizia. Qualunque servizio si svolge per il Signore deve essere eseguito e con la consapevolezza che si sta servendo Colui *al quale appartengono la gloria e la potenza* per sempre. Sempre dobbiamo tenere presente con Chi abbiamo a che fare, anche se siamo figli di Dio.

Ap 19:1-2 > La testimonianza della gran voce celeste > Apocalisse 19:1 *Dopo queste cose, udii nel cielo una gran voce come di una folla immensa, che diceva: «Alleluia! La salvezza, la gloria e la potenza appartengono al nostro Dio,* Apocalisse 19:2 *perché veritieri e giusti sono i suoi giudizi.* Anche questa testimonianza è assolutamente preziosa. Proprio nel contesto che parla delle straordinarie nozze dell'Agnello, abbiamo la testimonianza della voce celeste che era come una folla immensa che all'unisono conferma che la salvezza, la gloria, la potenza appartengono al Signore. Proprio come afferma il Signore Gesù. Egli esprime e decreta giudizi veritieri come farà nei confronti della malvagia Babilonia, affinché Egli possa stabilire il Suo regno di pace e di giustizia. Perciò il Signore possiede tutte queste realtà e per questo motivo siamo chiamati ancora una volta a piacere a Lui.

Gb 9:4-5 > Dio è grande in potenza > Giobbe 9:4 *Dio è saggio, è grande in potenza; chi gli ha tenuto fronte e se n'è trovato bene?* Giobbe 9:5 *Egli trasporta le montagne senza che se ne accorgano, nel suo furore le sconvolge.* Per quanto concerne ancora la potenza del Signore, è bella anche questa testimonianza. Dio è saggio, grande in potenza e nessuno può contrastare il Sui volere. Egli è in grado mediante la potenza della Sua Parola di trasportare le montagne e di creare il tutto dal nulla, come Egli ha fatto (Ge 1).

Ge 17:1-2 > La prima rivelazione del Dio Onnipotente > Genesi 17:1 *Quando Abramo ebbe novantanove anni, il SIGNORE gli apparve e gli disse: «Io sono il Dio onnipotente; cammina alla mia presenza e sii integro;* Genesi 17:2 *e io stabilirò il mio patto fra me e te e ti moltiplicherò grandemente».* A proposito sempre della potenza del Signore, è interessante osservare la prima rivelazione esplicita della Sua onnipotenza che abbiamo proprio in questo brano. Questo messaggio aveva come obiettivo quello di incoraggiare Abraamo al timore verso di Lui ed all'integrità, in quanto Egli è *il Dio Onnipotente*, per il Quale niente è troppo difficile, nemmeno far nascere un figlio da una donna sterile ed anziana. Questa è una delle lezioni principali che traiamo dalla rivelazione della Sua Onnipotenza. Nulla è troppo difficile per il Signore, perché a Lui appartiene la potenza.

Mt 6:5-15 (31> *Il principio del perdono* > - Perché se voi perdonate agli uomini le loro colpe, il Padre vostro celeste perdonerà anche a voi; ma se voi non perdonate agli uomini, neppure il Padre vostro perdonerà le vostre colpe - > Mt 6:14-15.

MT 6:14-15 f1) > Ora ci troviamo di fronte ad una pressante esortazione che è staccata dalla preghiera del Padre nostro, ma comunque legata. Il Signore dichiara - *Perché se voi perdonate agli uomini le loro colpe, il Padre vostro celeste perdonerà anche a voi; ma se voi non perdonate agli uomini, neppure il Padre vostro perdonerà le vostre colpe* -. Quindi dobbiamo stare assolutamente attenti a come ci comportiamo.

Cl 3:12-14 > I presupposti del perdono reciproco > Colossesi 3:12 *Rivestitevi, dunque, come eletti di Dio, santi e amati, di sentimenti di misericordia, di benevolenza, di umiltà, di mansuetudine, di pazienza.* Colossesi 3:13 *Sopportatevi gli uni gli altri e perdonatevi a vicenda, se uno ha di che dolersi di un altro. Come il Signore vi ha perdonati, così fate anche voi.* Colossesi 3:14 *Al di sopra di tutte queste cose rivestitevi dell'amore che è il vincolo della perfezione.* Mediante le parole del Signore Gesù ci possiamo rendere conto del perché il NT e la Scrittura in genere evidenzia molte volte il valore del perdono. Nel testo di Colossesi sono menzionati i presupposti del perdono. Come eletti di Dio siamo chiamati a rivestirci di cinque tessuti che costituiscono il vestito che il cristiano deve sempre mostrare *misericordia, benevolenza, umiltà, mansuetudine e pazienza.* Grazie a queste cinque caratteristiche sarà possibile sia chiedere perdono che perdonare, consapevoli del fatto che il Signore stesso nel Suo amore ci ha perdonato. Questo significa amarsi reciprocamente. Se si vivesse sempre la realtà del perdono, molti problemi che oggi affliggono le assemblee scomparirebbero.

Ef 4:31-32 > Il perdono è la dimostrazione delle benevolenza e della misericordia > Efesini 4:31 *Via da voi ogni amarezza, ogni cruccio e ira e clamore e parola offensiva con ogni sorta di cattiveria!* Efesini 4:32 *Siate invece benevoli e misericordiosi gli uni verso gli altri, perdonandovi a vicenda come anche Dio vi ha perdonati in Cristo.* Paolo esorta gli efesini e ciascuno di noi di gettare via ogni radice di amarezza e di cruccio, per dare posto alla benevolenza ed alla misericordia che rappresentano proprio la base del perdono. Non si può realmente perdonare se mancano tutti questi presupposti. Dio ci ha perdonato in Cristo, ha dimostrato e dimostra del continuo il Suo amore, così siamo chiamati a fare anche noi. Perché se così non faremo, osservando le parole del Signore Gesù, un giorno dovremo rendere conto al Signore.

MT 6:14-15 f2) > Perciò siamo chiamati a perdonare agli uomini le loro - *colpe* -. È un atteggiamento che sempre ci deve contraddistinguere come figli di Dio. Se riflettiamo sul rapporto tra noi ed il Signore e di come Egli si comporta, possiamo trarre delle grandi lezioni.

Sl 51:2-3 > Le colpe vanno riconosciute > Salmi 51:2 *Lavami da tutte le mie iniquità e purificami dal mio peccato;* Salmi 51:3 *poiché riconosco le mie colpe, il mio peccato è sempre davanti a me.* Sono assolutamente importanti queste parole di Davide il quale era caratterizzato dalla gravosa consapevolezza del suo peccato. Egli sapeva che a causa della sua condotta scellerata con Bat-Sceba aveva perso quella comunione intima con il Signore. Ma essa poteva essere ripristinata. Perciò innanzitutto Davide riconosce la sua colpa, non si nasconde, non si giustifica, in quanto dichiara *riconosco le mie colpe.* Egli aveva sempre davanti agli occhi il suo peccato. Perciò è desideroso di confessarlo e di ricevere il perdono di Dio.

Co 5:19 > Dio non ha imputato le nostre colpe > 2Corinzi 5:19 *Infatti, Dio era in Cristo nel riconciliare con sé il mondo, non imputando agli uomini le loro colpe, e ha messo in noi la parola della riconciliazione.* Questo è un atteggiamento straordinario che il Signore ha manifestato nei nostri confronti. In Cristo Egli ci ha riconciliati a Lui, non imputando agli uomini le loro colpe, ma desiderando offrire loro la Via della salvezza, ovvero Suo Figlio. Ogni cristiano è chiamato a portare la *parola della riconciliazione,* il messaggio di perdono e di speranza da parte del Signore. Egli non ci ha annientati e distrutti, come noi meritavamo a causa del nostro peccato.

Mi 7:18-19 > Il perdono di Dio è totale e completo > Michea 7:18 *Quale Dio è come te, che perdoni l'iniquità e passi sopra alla colpa del resto della tua eredità? Egli non serba la sua ira per sempre, perché si compiace di usare misericordia.* Michea 7:19 *Egli tornerà ad avere pietà di noi, metterà sotto i suoi piedi le nostre colpe e getterà in fondo al mare tutti i nostri peccati.* Questo messaggio che è rivolto al popolo d'Israele propone una lezione straordinaria. Dio è il grande perdonatore. Il profeta si interroga su quale Dio è come il Signore che perdona il peccato, l'iniquità, che è in grado di cancellare le colpe del popolo. Certo Egli è giusto, ma non *serba la Sua ira per sempre,* in quanto il Suo compiacimento è nell'usare misericordia e Grazia. È molto bella quest'espressione *metterà sotto i suoi piedi le nostre colpe e getterà in fondo al mare tutti i nostri peccati.* Quando Dio perdona, i peccati non hanno più nessuna possibilità di risuscitare. Siamo chiamati ad imitare proprio questo comportamento. Dobbiamo confessare le nostre colpe reciprocamente, chiedere perdono e perdonare in modo completo, esattamente come il Signore ha fatto con noi.

## Matteo 6:16-18 > Insegnamenti sul digiuno

Mt 6:16-18 (11 > *Il digiuno ipocrita* > - «*Quando digiunate, non abbiate un aspetto malinconico come gli ipocriti; poiché essi si sfigurano la faccia per far vedere agli uomini che digiunano. Io vi dico in verità: questo è il premio che ne hanno* - > Mt 6:16.

MT 6:16 fi) > Con quest'ulteriore sezione del cap.6, il Signore ci presenta l'argomento del digiuno. Purtroppo anche tramite quest'atto si poteva cadere nell'ipocrisia e nella doppiezza d'animo. Ma il Signore Gesù dichiara - «*Quando digiunate, non abbiate un aspetto malinconico come gli ipocriti; poiché essi si sfigurano la faccia per far vedere agli uomini che digiunano* -. La Scrittura parla diffusamente del digiuno, ma esso non vuole essere certamente un atteggiamento che possa mostrare ipocrisia o inganno.

Sa 31:9-13 / 2 Sa 12:15-17 > Il digiuno quale manifestazione di dolore, sofferenza e vergogna > 1Samuele 31:9 *Tagliarono la testa a Saul, lo spogliarono delle sue armi e mandarono intorno, per il paese dei Filistei, ad annunciare la buona notizia nei templi dei loro idoli e al popolo;* 1Samuele 31:10 *collocarono le armi di lui nel tempio di Astarte e appesero il suo cadavere alle mura di Bet-San.* 1Samuele 31:11 *Ma quando gli abitanti di Iabes di Galaad udirono quello che i Filistei avevano fatto a Saul,* 1Samuele 31:12 *tutti gli uomini valorosi si alzarono, camminarono tutta la notte, tolsero dalle mura di Bet-San il cadavere di Saul e i cadaveri dei suoi figli, tornarono a Iabes e là li bruciarono.* 1Samuele 31:13 *Poi presero le loro ossa, le seppellirono sotto la tamerice di Iabes, e digiunarono per sette giorni...* 2Samuele 12:15 *Il SIGNORE colpì il bambino che la moglie di Uria aveva partorito a Davide, ed esso cadde gravemente ammalato.* 2Samuele 12:16 *Davide quindi rivolse suppliche a Dio per il bambino e digiunò; poi venne e passò la notte disteso per terra.* 2Samuele 12:17 *Gli anziani della sua casa insistettero presso di lui perché egli si alzasse da terra; ma egli non volle e rifiutò di prendere cibo con loro.* Questa è una prima lezione importante. Il digiuno è un atteggiamento che nella Scrittura non vediamo imposto, ma messo in pratica quando innanzitutto subentrano situazioni di dolore, sofferenza e vergogna. Questo lo possiamo osservare in questi due brani. Nel primo si parla dell'oltraggio che i filistei arrecarono al corpo di Saul. È scritto che gli abitanti di Iabes di Galaad, non potendo permettere un simile comportamento, presero il corpo di Saul ed i cadaveri dei suoi figli e li bruciarono. Dopo di che seppellirono le loro ossa ed in seguito digiunarono. Nel contesto perciò possiamo vedere sia la sofferenza, sia la vergogna causata proprio dall'oltraggio che un popolo nemico come quello filisteo arrecò non solo a Saul ma a tutto Israele. Nel secondo brano, invece, vediamo Davide che supplica il Signore per quel figlio nato dalla relazione adulterina con Bat-Sceba. Il figlio stava morendo e Davide prega il Signore, digiuna, senza voler mangiare o bere. Quella era la dimostrazione della sua grande sofferenza. Certamente in nessuno dei due casi notiamo un digiuno ipocrita o forzato.

Co 6:4-5 > Anche nel digiuno bisogna essere raccomandati dal Signore. > 2Corinzi 6:4 *ma in ogni cosa raccomandiamo noi stessi come servitori di Dio, con grande costanza nelle afflizioni, nelle necessità, nelle angustie,* 2Corinzi 6:5 *nelle percosse, nelle prigionie, nei tumulti, nelle fatiche, nelle veglie, nei digiuni.* Queste parole di Paolo sono illuminanti. Il desiderio dell'apostolo era quello di essere raccomandato dal Signore in tutto e per tutto, nelle sue afflizioni, nelle percosse, nelle persecuzioni, ma anche nei digiuni. Possiamo immaginarci i motivi che spingevano Paolo a digiunare. Egli conobbe tanta sofferenza nella sua vita, tanto pianto e dolore. Ma nonostante le difficoltà, egli voleva piacere al Signore.

Is 58:5-6 > Il digiuno che Dio gradisce > Isaia 58:5 *È forse questo il digiuno di cui mi compiaccio, il giorno in cui l'uomo si umilia? Curvare la testa come un giunco, sdraiarsi sul sacco e sulla cenere, è dunque questo ciò che chiami digiuno, giorno gradito al SIGNORE?* Isaia 58:6 *Il digiuno che io gradisco non è forse questo: che si spezzino le catene della malvagità, che si sciolgano i legami del giogo, che si lascino liberi gli oppressi e che si spezzi ogni tipo di giogo?* Se ci domandassimo quale sia il digiuno che il Signore gradisce, qui abbiamo la risposta. Il Signore condanna l'ipocrisia e quella manifestazione esteriore forzata come curvare la testa come un giunco o sdraiarsi sul sacco di cenere. Il digiuno che il Signore gradisce è un cammino retto e fedele a Lui, assumendo un comportamento santo ed irreprensibile, mostrano amore e dolcezza anziché violenza. Egli vuole vedere la sostanza, non una forma apparente.

MT 6:16 f2) > Perciò, come abbiamo detto anche con il digiuno si può assumere un comportamento ipocrita e quindi diventare degli ipocriti. Vediamo ancora qualcosa sull'ipocrisia.

Sl 26:4 > Nessuna comunione con gli ipocriti > Salmi 26:4 *Io non siedo in compagnia di uomini bugiardi, non vado con gente ipocrita.* Non si può avere comunione con chi cammina nella doppiezza e nell'inganno. Queste parole di Davide sono chiare. Egli non voleva avere nulla a che fare con chi camminava nella menzogna, nell'ipocrisia, per gli effetti disastrosi che purtroppo questo peccato produce.

Ti 4:1-2 > Gli ipocriti sviano dalla giusta strada > 1Timoteo 4:1 *Ma lo Spirito dice esplicitamente che nei tempi futuri alcuni apostateranno dalla fede, dando retta a spiriti seduttori e a dottrine di demòni,* 1Timoteo 4:2 *sviati dall'ipocrisia di uomini bugiardi, segnati da un marchio nella propria coscienza.* Altra lezione molto importante. Non è a caso che non bisogna avere comunione con chi si conduce nell'ipocrisia. Paolo, parlando della rivelazione degli ultimi tempi, afferma che lo Spirito stesso attesta che ci saranno uomini ipocriti e bugiardi che svieranno e che saranno i promotori di quell'apostasia di cui parla il Signore. Perciò ciò che può provocare un ipocrita è qualcosa di disastroso. E tale ipocrisia la si può mostrare anche nel digiuno.

MT 6:16 f3) > Perciò il Signore dichiara - *Io vi dico in verità: questo è il premio che ne hanno* -. Il fatto di farsi vedere dall'uomo per essere ammirati ed anche lodati per una mera apparenza, questo è il loro premio. Ma il figlio di Dio ambisce e deve ambire a ben altro.

Fl 3:13-14 > Correre per ricevere il premio dal Signore > Filippesi 3:13 *Fratelli, io non ritengo di averlo già afferrato; ma una cosa faccio: dimenticando le cose che stanno dietro e protendendomi verso quelle che stanno davanti,* Filippesi 3:14 *corro verso la mèta per ottenere il premio della celeste vocazione di Dio in Cristo Gesù.* L'apostolo Paolo è molto chiaro in queste parole. Egli sapeva che, nonostante ciò che aveva già fatto per il Signore, doveva proseguire la sua corsa per ricevere quel premio, quella ricompensa che il Signore gli aveva preparato. Il suo sguardo era rivolto alla *meta,* al traguardo, per ottenere la ricompensa assegnata del suo servizio e di quella *celeste vocazione* a cui era stato chiamato.

Co 3:8 > Ciascuno riceverà il premio secondo la propria fatica > 1Corinzi3:8 *Ora, colui che pianta e colui che annaffia sono una medesima cosa, ma ciascuno riceverà il proprio premio secondo la propria fatica.* Questo brano specifica un'altra lezione molto importante. Infatti, se è vero come è vero che la salvezza di un figlio di Dio è basata sulla sola Grazia di Dio, la ricompensa ha a che fare con la nostra responsabilità e fatica. Infatti, ogni figlio di Dio è chiamato a servire il Signore, non nell'apparenza, ma nella realtà con lo scopo di esaltare il Nome del Signore, mediante quel dono o doni che il Egli ha trasmesso. Ecco qual è il premio verso il quale deve andare la nostra ambizione. Un servizio apparente e solamente formalistico non ha nessun valore per il Signore.

Mt 6:16-18 (21 > *Il vero digiuno* > - *Ma tu, quando digiuni, ungiti il capo e lavati la faccia, affinché non appaia agli uomini che tu digiuni, ma al Padre tuo che è nel segreto; e il Padre tuo, che vede nel segreto, te ne darà la ricompensa* - > Mt 6:17-1?

MT 6:17-16 fi) > In queste parole il Signore spiega nel dettaglio cosa bisogna fare per digiunare come vuole il Signore. Egli innanzitutto dichiara - *Ma tu, quando digiuni, ungiti il capo* -. Questo è il primo atteggiamento da tenere per nascondere un'eventuale sofferenza provocata dal digiuno. Chi digiuna non lo deve sbandierare ai quattro venti, anzi deve fare in modo che gli altri non si accorgano di questo. Interessante osservare che l'unzione nella Scrittura ha una connotazione precisa.

Es 28:40-41 > L'unzione, sinonimo di consacrazione > Esodo 28:40 *Per i figli di Aaronne farai delle tuniche, farai delle cinture, farai delle mitre in segno di dignità e come ornamento.* Esodo 28:41 *Ne vestirai tuo fratello Aaronne, i suoi figli con lui; li ungerai, li consacrerai e li santificherai perché mi servano come sacerdoti.* È un contesto diverso da quello di Matteo, ma il testo di Esodo è uno dei tanti che evidenzia il profondo significato dell'unzione come sinonimo di consacrazione. Ad esempio i figli di Aaronne dovevano vestirsi con abiti ben precisi, ed in più dovevano essere unti come simbolo di consacrazione totale per il Signore. Ogni cristiano deve essere consapevole non solo di essere salvato per grazia, ma che è anche appartato completamente per il Signore.

MT 6:17-16 f2) > Il secondo atteggiamento che il Signore Gesù evidenzia è questo - *lavati la faccia* -, sempre con lo stesso obiettivo, non far vedere agli altri la propria tristezza. Infatti, quando non vogliamo far vedere ad esempio agli altri che abbiamo pianto, la prima cosa che facciamo è lavarci la faccia per far scomparire qualsiasi traccia di lacrime.

Ge 43:30-31 > L'atteggiamento di Giuseppe > Genesi 43:30 *E Giuseppe s'affrettò a uscire, perché si era commosso nell'intimo per suo fratello; cercava un luogo dove piangere; entrò nella sua camera e pianse.* Genesi 43:31 *Poi si lavò la faccia e uscì, si fece forza e disse: «Portate il pranzo».* Anche Giuseppe si comportò in questo modo. Anche in questo caso il contesto è diverso, ma è interessante osservare come Giuseppe, proprio per non far vedere ai suoi fratelli la sua commozione nell'aver visto Beniamino, si *lavò la faccia.* L'obiettivo è lo stesso: non far vedere agli altri la propria sofferenza, anche se il contesto è diverso. Perciò chi digiuna non può permettersi di agire nell'apparenza e nel formalismo.

MT 6:17-16 f8) > Infatti, il Signore Gesù spiega - *affinché non appaia agli uomini che tu digiuni, ma al Padre tuo che è nel segreto; e il Padre tuo, che vede nel segreto, te ne darà la ricompensa* -. È veramente molto importante tenere presente come la Scrittura ci metta in guardia dal pericolo dell'apparenza e di come sia nella natura dell'uomo puntare proprio sull'apparenza.

Sa 16:6-7 > L'uomo guarda all'apparenza. Dio guarda al cuore > 1Samuele 16:6 *Mentre entravano, egli pensò, vedendo Eliab: «Certo l'unto del SIGNORE è qui davanti a lui».* 1Samuele 16:7 *Ma il SIGNORE disse a Samuele: «Non badare al suo aspetto né alla sua statura, perché io l'ho scartato; Infatti, il SIGNORE non bada a ciò che colpisce lo sguardo dell'uomo: l'uomo guarda all'apparenza, ma il SIGNORE guarda al cuore».* Questa fu la grande lezione che un giorno imparò il profeta Samuele. Egli pensava che il primogenito di Isai, fosse il re prescelto dal Signore, ma sbagliò valutazione. Samuele si fermò alla sua apparenza, ma non poteva leggere il suo cuore. Infatti, il Signore avverte Samuele Non badare al suo aspetto né alla sua statura, perché io l'ho scartato; infatti, *il SIGNORE non bada a ciò che colpisce lo sguardo dell'uomo: l'uomo guarda all'apparenza, ma il SIGNORE guarda al cuore.* Quante volte anche noi ci fermiamo solo all'apparenza delle cose, senza andare in profondità. Ma il Signore sa, conosce e valuta in modo perfetto.

Is 11:2-3 > Il Rampollo d'Isai non giudicherà dall'apparenza > Isaia 11:2 *Lo Spirito del SIGNORE riposerà su di lui: Spirito di saggezza e d'intelligenza, Spirito di consiglio e di forza, Spirito di conoscenza e di timore del SIGNORE.* Isaia 11:3 *Respirerà come profumo il timore del SIGNORE, non giudicherà dall'apparenza, non darà sentenze stando al sentito dire.* Dovremmo imparare sempre dall'atteggiamento e dal comportamento che il Signore Gesù, il Rampollo d'Isai, preannunciato, ha sempre dimostrato. Egli non si fermava certamente all'apparenza, ma quando dava delle sentenze come ad esempio nei confronti degli Scribi e Farisei (Mt 23), esse erano perfette, perché Egli conosce i cuori. Lo stesso accadrà quando il Signore Gesù dovrà valutare il nostro operato e lo stesso accadrà, quando Egli eseguirà il giudizio finale (Ap 20). Il Signore Gesù, che ha dimostrato nel corso della Sua vita terrena, di essere del continuo ripieno di Spirito, ci ha fornito il modus operandi di come dobbiamo comportarci.

Ti 3:4-5 > Si può essere apparenti nella pietà, ma in realtà se ne è rinnegata la potenza > 2Timoteo 3:4 *traditori, sconsiderati, orgogliosi, amanti del piacere anziché di Dio,* 2Timoteo 3:5 *aventi l'apparenza della pietà, mentre ne hanno rinnegato la potenza. Anche da costoro allontanati!* Non solo il cristiano non si deve fermare all'apparenza, ma deve essere lui stesso attento a non cadere nel pericolo dell'apparenza. Infatti, Paolo, parlando evidentemente di falsi credenti, li descrive come coloro che hanno l'apparenza della pietà, ma che in realtà ne hanno rinnegato la potenza. Da essi, insieme a coloro che sono traditori, orgogliosi ed amanti del piacere, bisogna allontanarsi e non condividere assolutamente nulla. Questo per il pericolo di essere noi stessi influenzati da un cattivo esempio.

Ap 3:1 > Il triste esempio della chiesa di Sardi > Apocalisse 3:1 *«All'angelo della chiesa di Sardi scrivi: Queste cose dice colui che ha i sette spiriti di Dio e le sette stelle: Io conosco le tue opere: tu hai fama di vivere ma sei morto.* La chiesa che era in Sardi è un esempio molto eloquente di apparenza. Colui che parla, ovvero il Signore Gesù che si rivela come Colui che *ha i sette spiriti di Dio e le sette stelle* dichiara chiaramente che la chiesa di Sardi aveva solo il nome di vita, ma in realtà la sostanza era molto diversa: era morta. In altre parole erano cristiani di nome, ma nella sostanza no. Non tutti si trovavano in questo grande equivoco: Infatti, alcuni non si erano contaminati (v.4). Ma purtroppo la stragrande maggioranza viveva in questo modo ambiguo. Così non deve essere per noi. Dobbiamo essere cristiani non solo di nome, ma soprattutto di fatto.

MT 6:17-16 f4) > Perciò ecco perché non bisogna affannarsi ed operare per cercare di farsi vedere solo nell'esteriore e nell'apparenza. Essa non ha valore dinanzi al Signore. Infatti, Egli - *vede ciò che è nel segreto* -.

Gb 28:23 > Lo sguardo del Signore è dappertutto > Giobbe 28:23 *Dio solo conosce la via che vi conduce, egli solo sa il luogo dove risiede,* Giobbe 28:24 *perché il suo sguardo giunge fino alle estremità della terra, perché egli vede tutto quello che è sotto i cieli.* Giobbe, in questo contesto parla della saggezza che è introvabile per l'uomo. Solo il Signore conosce *il luogo dove essa risiede,* per quale motivo? Sulla base della Sua onniscienza. Il Suo sguardo giunge dappertutto, Egli sa e conosce le cose prima ancora che esse avvengono. Per Lui tutto è un eterno presente. Egli conosce da ogni eternità i fatti ed i pensieri dell'uomo. Perciò:

Eb 4:13 > Nessuno si può nascondere davanti al Signore > Ebrei 4:13 *E non v'è nessuna creatura che possa nascondersi davanti a lui; ma tutte le cose sono nude e scoperte davanti agli occhi di colui al quale dobbiamo render conto.* Proprio per il fatto che il Signore conosce tutto da sempre, non solo l'uomo, ma nessuna creatura si può nascondere dinanzi a Lui. Tutto è *nudo e scoperto* davanti a Lui. I pensieri più reconditi e nascosti, sono per Lui alla luce del sole. Questo perché Egli è Colui al Quale *dobbiamo rendere conto.* Dovremo rendere conto del nostro operato, del nostro servizio, delle nostre parole, di ogni nostro pensiero. Quale sarà il risultato? Cosa ci dirà il Signore?

# Matteo 6:19-24 > Un tesoro in cielo

Mt 6:19-24 dì > **Due tesori contrapposti** > - «*Non fatevi tesori sulla terra, dove la tignola e la ruggine consumano, e dove i ladri scassinano e rubano; ma fatevi tesori in cielo, dove né tignola né ruggine consumano, e dove i ladri non scassinano né rubano. Perché dov'è il tuo tesoro, lì sarà anche il tuo cuore* - > Mt 6:19-21.

MT 6:19-21 fì) interessante osservare il nuovo argomento sottolineato dal Signore Gesù. Dobbiamo precisare che questo sermone dovrebbe essere letto tutto d'un fiato per poi soffermarsi sui dettagli. Ora il Signore parla dell'importanza di non farsi tesori in terra, ma piuttosto in cielo. Non è nuovo questo insegnamento nella Scrittura. Il Signore ci presenta nella Sua Parola, in cosa consista il vero tesoro o i veri tesori.

Pr 8:20-21 > Le ricchezze della Saggezza verso coloro che l'amano > Proverbi 8:20 *Io cammino per la via della giustizia, per i sentieri dell'equità,* Proverbi 8:21 *per far ereditare ricchezze a quelli che mi amano, e per riempire i loro tesori.* Sono molto incoraggianti le parole che la Saggezza, che nei Proverbi è personificata, rivolge a coloro che l'amano, ovvero a tutti coloro che appartengono al Signore. Essa cammina per le vie della giustizia, dell'equità, insegna quale sia realmente la volontà di Dio. Ma tutto questo ha un fine: far ereditare quelle ricchezze straordinarie, eterne a tutti coloro che amano la Saggezza e che di conseguenza amano il Signore. Non vi è spazio per coloro che vogliono accumulare ricchezze terrene, disinteressandosi del Signore.

Pr 21:20 > I tesori della casa del saggio > Proverbi 21:20 *In casa del saggio ci sono tesori preziosi e olio, ma l'uomo stolto dà fondo a tutto.* Osserviamo attentamente la contrapposizione di questo brano. Si parla della *casa del saggio* e nella Scrittura la casa ha un importante significato simbolico, in quanto rappresenta la vita stessa della persona. Nella vita del saggio ci sono grandi tesori, grandi ricchezze, in quanto il Signore è Rimuneratore di tutti coloro che Lo cercano. Ma lo stolto dilapida quello che ha e non gli rimane più niente se non la sua disperazione. Questo perché insegue ciò che è terreno, ciò che è vanità, ciò che è solo per un tempo, ma il saggio guarda alle ricchezze eterne. Nella Scrittura abbiamo esempi di vita in tal senso.

Eb 11:24-26 > L'esempio di Mosè > Ebrei 11:24 *Per fede Mosè, fattosi grande, rifiutò di essere chiamato figlio della figlia del faraone,* Ebrei 11:25 *preferendo essere maltrattato con il popolo di Dio, che godere per breve tempo i piaceri del peccato;* Ebrei 11:26 *stimando gli lo sguardo rivolto alla ricompensa.* È veramente molto bello ed edificante l'esempio che abbiamo da quest'uomo che invece di ambire nell'essere chiamato *figlio della figlia di faraone,* preferì i maltrattamenti con il popolo di Dio, in quanto stimava gli oltraggi di Cristo una ricchezza maggiore di quella del mondo. È così anche per noi? Quando soffriamo per il Signore Gesù, a motivo della testimonianza, abbiamo la stessa consapevolezza? Oppure ci lamentiamo di questo? Mosè non voleva *godere per breve tempo i piaceri del peccato,* come fanno coloro che vogliono accumulare tesori sulla terra. Il suo sguardo era *rivolto alla ricompensa.* Infatti, dobbiamo considerare cosa significa porre fede in Cristo.

Cl 2:1-3 > In Cristo abita la pienezza di tutti i tesori della sapienza e della conoscenza. Colossesi 2:1 *Desidero Infatti, che sappiate quale arduo combattimento sostengo per voi, per quelli di Laodicea e per tutti quelli che non mi hanno mai visto di persona,* Colossesi 2:2 *affinché siano consolati i loro cuori e, uniti mediante l'amore, siano dotati di tutta la ricchezza della piena intelligenza per conoscere a fondo il mistero di Dio, cioè Cristo,* Colossesi 2:3 *nel quale tutti i tesori della sapienza e della conoscenza sono nascosti.* Avere fiducia del Signore Gesù non significa solo scampare dall'inferno ed ottenere il perdono di Dio, ma significa anche riporre fede in Colui nel quale abita la pienezza di ogni tesoro celeste. Tale pensiero produce consolazione anche nel cuore più afflitto e sofferente. Perciò - *farsi tesori in cielo* -, significa fissare lo sguardo su di Lui.

MT 6:19-21 f2) > Ma il Signore prosegue - *Non fatevi tesori sulla terra, dove la tignola e la ruggine consumano, e dove i ladri scassinano e rubano* -. Possiamo individuare tre elementi che vanno a minare e distruggere le ricchezze terrene: tignola, ruggine ed il ladro. De 28:21-22 > La ruggine: elemento di punizione e di giudizio > Deuteronomio 28:21 *Il SIGNORE farà sì che la peste si attaccherà a te, finché essa ti abbia consumato nel paese nel quale stai per entrare per prenderne possesso.* Deuteronomio 28:22 *Il SIGNORE ti colpirà di deperimento, di febbre, di infiammazione, di arsura, di aridità, di carbonchio e di ruggine, che ti perseguiteranno finché tu sia perito.* Interessante osservare proprio che la tignola (Is 51:8) e la ruggine siano elementi di punizione e di giudizio che il Signore aveva annunciato per un Israele disubbidiente. Infatti, nel passo di Deuteronomio, il Signore avverte Israele su ciò che avrebbe patito nel caso in cui avesse trasgredito al patto. Avrebbe conosciuto la peste, la febbre, l'arsura, l'aridità e la ruggine che era una malattia che distruggeva i raccolti. Il raccolto della terra è un tesoro terreno anche se necessario per la sopravvivenza. La ruggine l'avrebbe eliminata. Questo ci parla della vanità degli sforzi dell'uomo.

Gm 5:3 > La vanità delle ricchezze terrene > Giacomo 5:3 *Il vostro oro e il vostro argento sono arrugginiti, e la loro ruggine sarà una testimonianza contro di voi e divorerà le vostre carni come un fuoco. Avete accumulato tesori negli ultimi giorni.* Giacomo 5:4 *Ecco, il salario da voi frodato ai lavoratori che hanno mietuto i vostri campi, grida; e le grida di quelli che hanno mietuto sono giunte agli orecchi del Signore degli eserciti.* Queste parole di Giacomo sono illuminanti. Le ricchezze terrene hanno tutte questa caratteristica: la vanità. Per tali tesori l'uomo si affanna per accumularli, difenderli dal - *ladro che scassina e ruba* - e da tutto ciò che lo può privare del frutto delle sue fatiche. Ma tutto questo è una vanità. Infatti, tali ricchezze marciranno e nell'aldilà non si potrà portare un centesimo della propria ricchezza. Ancora troviamo l'elemento della *ruggine,* quale elemento di giudizio che distrugge ogni ricchezza. Quanti ricchi hanno perso tutto in un attimo. Ma quand'anche tenessero le loro ricchezze fino alla fine, non potranno portarsi nulla con sé, quando si troveranno nell'aldilà.

MT 6:19-21 f3) > Perciò il Signore Gesù afferma - *ma fatevi tesori in cielo, dove né tignola né ruggine consumano, e dove i ladri non scassinano né rubano* -. La nostra fatica, il nostro servizio, devono essere rivolti verso il Signore, il Quale ci donerà la giusta ricompensa. La contrapposizione Infatti, è netta. Prima si parlava dei tesori - *sulla terra* -, ora di quelli - *del cielo* -.

Ef 2:4-7 > L'autorità conferita al cristiano > Efesini 2:4 *Ma Dio, che è ricco in misericordia, per il grande amore con cui ci ha amati,* Efesini 2:5 *anche quando eravamo morti nei peccati, ci ha vivificati con Cristo (è per grazia che siete stati salvati),* Efesini 2:6 *e ci ha risuscitati con lui e con lui ci ha fatti sedere nel cielo in Cristo Gesù,* Efesini 2:7 *per mostrare nei tempi futuri l'immensa ricchezza della sua grazia, mediante la bontà che egli ha avuta per noi in Cristo Gesù.* Il cielo nella Scrittura ricorda veramente innumerevoli realtà. Una di queste è proprio l'autorità di cui il cristiano è caratterizzato. Paolo dichiara in questo brano che Dio, il Quale è ricco in misericordia, nonostante il nostro stato di schiavitù nei nostri falli e peccati, nonostante gli abomini che sussistevano nella nostra vita, ci ha salvati, ci ha vivificato in Cristo e *ci ha fatto sedere nei luoghi celesti in Cristo.* È vero, ancora non abbiamo realizzato questa straordinaria realtà, ma la nostra posizione è radicalmente cambiata da quando abbiamo posto fede nell'opera della croce. Per il Signore, il tempo non è un problema. Egli è al di fuori del tempo e ci vede già seduti nei luoghi celesti. Quale posizione autorevole! In vista di tale privilegio, siamo chiamati ad impegnarci ed a servire Lui.

Ap 21:10-11 > Lo splendore della Gerusalemme celeste > Apocalisse 21:10 *Egli mi trasportò in spirito su una grande e alta montagna, e mi mostrò la santa città, Gerusalemme, che scendeva dal cielo da presso Dio,* Apocalisse 21:11 *con la gloria di Dio. Il suo splendore era simile a quello di una pietra preziosissima, come una pietra di diaspro cristallino.* Le ricchezze celeste confluiscono in una città straordinaria che l'Apocalisse ci descrive come la Gerusalemme celeste, la città il cui *architetto e costruttore è Dio,* ripiena di ogni genere di ricchezza. Basti considerare come viene descritto il suo splendore *come una pietra preziosissima, come una pietra di diaspro.* È vero che le ricchezze celesti ci sono state date in dono, dalla Grazia di Dio. Ma è pur vero che per possedere tali ricchezze siamo chiamati ad osservare l'opera di Dio *che crediate in Colui che Egli ha mandato* (Gv 6:29). Il nostro sguardo deve essere rivolto alle cose celesti ed eterne.

Co 5:9-10 > Il tribunale di Cristo > *2Corinzi 5:9 Per questo ci sforziamo di essergli graditi, sia che abitiamo nel corpo, sia che ne partiamo.* 2 Corinzi 5:10 *Noi tutti Infatti, dobbiamo comparire davanti al tribunale di Cristo, affinché ciascuno riceva la retribuzione di ciò che ha fatto quando era nel corpo, sia in bene sia in male.* Come cristiani non possiamo certamente ignorare che un giorno ogni figlio di Dio dovrà affrontare questa particolare situazione. Paolo insegna che uno dei nostri massimi obiettivi è rivolto all'essere graditi dal Signore sempre. Infatti, dovremo comparire dinanzi al Tribunale di Cristo ed essere giudicati e valutato proprio da Lui. Quale - *tesoro* - riceveremo? Quale ricompensa Egli ci darà? Oppure non riceveremo nulla a causa della nostra stoltezza e quant'altro?

MT 6:19-21 f4) > Ecco qual è il principio conclusivo del Signore Gesù - *Perché dov'è il tuo tesoro, lì sarà anche il tuo cuore* -. Non possiamo certamente ingannare il Signore, né noi stessi. Noi agiamo, pensiamo e ci comportiamo sulla base di ciò che sussiste nel nostro cuore. Perciò è importante tenere presente alcune indicazioni bibliche.

De 30:5-6 > Innanzitutto l'importanza della circoncisione del proprio cuore > Deuteronomio 30:5 *Il SIGNORE, il tuo Dio, ti ricondurrà nel paese che i tuoi padri avevano posseduto e tu lo possederai; ed egli ti farà del bene e ti moltiplicherà più dei tuoi padri.* Deuteronomio 30:6 *Il SIGNORE, il tuo Dio, circonciderà il tuo cuore e il cuore dei tuoi discendenti affinché tu ami il SIGNORE, il tuo Dio, con tutto il tuo cuore e con tutta l'anima tua, e così tu viva.* In questo testo del Deuteronomio, Mosè stava elencando tutti quei benefici che Israele avrebbe goduto nel caso in cui la sua condotta ed il suo comportamento fossero stati di ubbidienza e di sottomissione a Lui. Nello stesso tempo, il Signore garantisce che avrebbe *circonciso il loro cuore,* in modo tale che le aspirazioni ed i desideri di Israele fossero identificati all'amore incondizionato e totale per il Signore. Ogni figlio di Dio ha realizzato questo straordinario miracolo. Eppure talvolta accade che ciò che ci muove non è un *cuore circonciso*, ma un cuore malvagio, usato dal vecchio uomo che tenta sempre di risuscitare. Perciò il nostro desiderio di piacere al Signore deve provenire da un cuore che si è arreso completamente a Lui.

Sl 20:4-5 > In secondo luogo, il giusto riceve esaudimento dei desideri del suo cuore > Salmi 20:4 *Ti dia egli quel che il tuo cuore desidera, faccia riuscire ogni tuo progetto* Salmi 20:5 *Noi canteremo di gioia per la tua vittoria, alzeremo le nostre bandiere nel nome del nostro Dio. Il SIGNORE esaudisca tutte le tue richieste.* Il salmista rivolge un incoraggiamento solenne relativo all'esaudimento dei propri desideri da parte del Signore.

Ma domandiamoci, quando questo avviene? Quando il nostro cuore desidera ciò che anche il Signore desidera. Noi potremo cantare di gioia, lodare il Nome del Signore, alzando la nostra bandiera che è Cristo, quando le nostre aspirazioni e desideri saranno completamente conformi alla volontà di Dio. In questo modo ci accumuleremo un - *tesoro nel cielo* - straordinario.

Ro 2:5 > In terzo luogo, per contro, l'empio si accumula un tesoro d'ira > Romani 2:5 *Tu, invece, con la tua ostinazione e con l'impenitenza del tuo cuore, ti accumuli un tesoro d'ira per il giorno dell'ira e della rivelazione del giusto giudizio di Dio.* Se prima si parlava dell'importanza di accumulare un tesoro celeste, il testo di Romani parla dell'esatto contrario. Paolo ci informa che anche l'empio si accumula un tesoro ma che è ben diverso da quello del giusto. A causa della sua ostinazione e ribellione, a causa del suo cuore impenitente, ciò che spetta all'empio sarà solo il giudizio definitivo del Signore. Questo è il suo *tesoro d'ira*. Perciò due tesori contrapposti e due categorie di personaggi contrapposti: il giusto e l'empio.

Mt 6:19-24 (21 > **La lampada del corpo** > - *La lampada del corpo è l'occhio. Se dunque il tuo occhio è limpido, tutto il tuo corpo sarà illuminato; ma se il tuo occhio è malvagio, tutto il tuo corpo sarà nelle tenebre. Se dunque la luce che è in te è tenebre, quanto grandi saranno le tenebre!* - > Mt 6:22-23.

MT 6:22-23 f1) > Il Signore Gesù prosegue - *La lampada del corpo è l'occhio. Se dunque il tuo occhio è limpido, tutto il tuo corpo sarà illuminato* -. Ancora il Signore Gesù si sofferma sull'importanza di ciò che vediamo e come vediamo. Il nostro occhio è l'elemento esterno attraverso il quale decidiamo cosa guardare e cosa no. Quindi se il nostro occhio sarà limpido, lo sarà anche il nostro cuore. Vediamo sei insegnamenti in proposito.

Pr 23:26 > L'esortazione del padre affinché il figlio prenda piacere nelle sue vie > Proverbi 23:26 *Figlio mio, dammi il tuo cuore, e gli occhi tuoi prendano piacere nelle mie vie.* Sebbene queste parole siano di un padre che rivolge le sue esortazioni al proprio figlio affinché possa seguire le sue vie, è indubbio che queste stesse parole il Signore le rivolge ad ogni Suo figlio. Egli desidera che ogni figlio di Dio *prenda piacere nelle Sue vie* e questo esclude ogni forzatura o costrizione. Il Signore non ha mai gradito un'ubbidienza forzata, religiosa o apparente. È importante *dare il proprio cuore* al Signore affinché sia Lui a governarlo totalmente.

Sl 19:8 > Il comandamento del Signore illumina gli occhi > Salmi 19:8 *I precetti del SIGNORE sono giusti, rallegrano il cuore; il comandamento del SIGNORE è limpido, illumina gli occhi.* Per avere degli occhi illuminati, è assolutamente importante affidarsi alla Parola di Dio. Il salmista poteva affermare non solo che i precetti del Signore, la Sua Parola è giusta, ma che ha anche il potere di illuminare i nostri occhi spirituali. È straordinario questo: un credente può anche essere cieco fisicamente, ma spiritualmente vedere molto di più e molto meglio di un incredulo che ha occhi sani. Questo è il miracolo che il Signore compie nella nostra vita.

Fl 1:9-11 > Essere limpidi e irreprensibili > Filippesi 1:9 *E prego che il vostro amore abbondi sempre più in conoscenza e in ogni discernimento,* Filippesi 1:10 *perché possiate apprezzare le cose migliori, affinché siate limpidi e irreprensibili per il giorno di Cristo,* Filippesi 1:11 *ricolmi di frutti di giustizia che si hanno per mezzo di Gesù Cristo, a gloria e lode di Dio.* Queste parole sono la conseguenza di ciò che stiamo affermando. Paolo pregava il Signore affinché i filippesi camminassero nella saggezza, nel discernimento per apprezzare realmente ciò che è gradito a Dio, ma anche per essere limpidi ed irreprensibili. Questo significa che nell'animo di un figlio di Dio timorato di Lui non esiste doppiezza o ipocrisia. Quando vi è l'irreprensibilità, si è *ricolmi di frutti di giustizia che si hanno per mezzo di Cristo.* Stiamo dimostrando questo nella nostra vita?

Ef 1:16-19 > Il Signore illumina i nostri occhi spirituali > Efesini 1:16 *non smetto mai di rendere grazie per voi, ricordandovi nelle mie preghiere,* Efesini 1:17 *affinché il Dio del nostro Signore Gesù Cristo, il Padre della gloria, vi dia uno spirito di sapienza e di rivelazione perché possiate conoscerlo pienamente;* Efesini 1:18 *egli illumini gli occhi del vostro cuore, affinché sappiate a quale speranza vi ha chiamati, qual è la ricchezza della gloria della sua eredità che vi riserva tra i santi,* Efesini 1:19 *e qual è verso di noi, che crediamo, l'immensità della sua potenza.* Anche in questo brano Paolo ribadisce che è il Signore ad illuminarci. Paolo ringraziava il Signore per questi cristiani di Efeso, affinché potessero essere sempre di più dei figli di Dio che progredivano nella consacrazione e nella conoscenza del Signore. Solo il Signore Infatti, ci può dare *uno spirito di saggezza e di rivelazione,* affinché possiamo conoscerlo pienamente. Mediante questa conoscenza, i nostri occhi saranno da Lui illuminati perché sia sempre viva in noi quella speranza, quella certezza inerente alla nostra chiamata ed alla gloria che ci attende.

Sl 34:4-5 > Coloro che volgono lo sguardo verso il Signore sono illuminati > Salmi 34:4 *Ho cercato il SIGNORE, ed egli m'ha risposto; m'ha liberato da tutto ciò che m'incuteva terrore.* Salmi 34:5 *Quelli che lo guardano sono illuminati, nei loro volti non c'è delusione.* Questo testo ha a che fare con una nostra precisa responsabilità. Infatti, il salmista evidenzia almeno due comportamenti che come figli di Dio siamo chiamati a mostrare verso il Signore. Innanzitutto dobbiamo *cercarlo*, ovvero conoscere la Sua volontà sovrana per attuarla nella nostra vita. In secondo luogo dobbiamo *guardare a Lui,* affinché possiamo essere illuminati e non delusi. Quante volte accade che un figlio di Dio sia deluso per non aver ascoltato il Signore, ma piuttosto la sua volontà. Non saremo mai delusi se daremo ascolto al Signore.

Gr 5:20-21 > Nella propria stoltezza si può essere ciechi spiritualmente > Geremia 5:20 «*Annunziate questo alla casa di Giacobbe, proclamatelo in Giuda, e dite:* Geremia 5:21 *Ascoltate ora questo, popolo stolto e senza cuore, hanno occhi, ma non vedono, hanno orecchi, ma non odono.* Quando si è caratterizzati dalla stoltezza, dalla follia spirituale, non si può vedere bene. È ciò che apprendiamo da questo messaggio che il profeta Geremia doveva annunziare al popolo di Giuda. Esso era divenuto un popolo stolto *senza cuore,* completamente addentrato nel peccato d'idolatria e di ribellione al Signore. Perciò essi avevano sì degli occhi, ma spiritualmente erano ciechi e sordi. Ecco la contrapposizione tra la saggezza e la stoltezza. Quando si è saggi si hanno occhi illuminati e limpidi, quando si è stolti, si è ciechi spiritualmente. Perciò domandiamoci: i nostri occhi spirituali sono limpidi ed irreprensibili?

MT 6:22-23 f2) > Perciò il Signore evidenzia una grande contrapposizione - *ma se il tuo occhio è malvagio, tutto il tuo corpo sarà nelle tenebre. Se dunque la luce che è in te è tenebre, quanto grandi saranno le tenebre!* -. Prima si parlava dell'occhio limpido, irreprensibile, ma ora dell'occhio malvagio, cattivo, dimostrazione del fatto che anche il cuore è malvagio. Nella Scrittura possiamo osservare quattro precisi insegnamenti.

Sl 18:26-27 > Il Signore abbassa gli occhi superbi > Salmi 18:26 *ti mostri puro con il puro e ti mostri astuto con il perverso;* Salmi 18:27 *poiché tu sei colui che salva la gente afflitta e fa abbassare gli occhi alteri.* Ciò che insegna il salmista è assolutamente vero e reale. Il Signore agisce in favore di coloro che temono il Suo Nome, ma non vi è assolutamente spazio verso colui che agisce con superbia, manifestando degli occhi alteri ed orgogliosi. Il Signore abbasserà questi occhi affinché guardino a terra, anziché in alto.

1Gv 2:15-16 > La concupiscenza carnale dell'occhio malvagio > 1Giovanni 2:15 *Non amate il mondo né le cose che sono nel*

*mondo. Se uno ama il mondo, l'amore del Padre non è in lui.*
1Giovanni 2:16 *Perché tutto ciò che è nel mondo, la concupiscenza della carne, la concupiscenza degli occhi e la superbia della vita, non viene dal Padre, ma dal mondo.* L'occhio malvagio è caratterizzato proprio da una concupiscenza carnale, in quanto il desiderio sarò certamente rivolto a ciò che non piace al Signore. Ecco perché Giovanni esorta a non amare il sistema-mondo, né ciò che offre. Infatti, non si può amare il mondo e di conseguenza amare il Signore. Questi due tipi di amore sono assolutamente incompatibili. Ciò che offre il mondo Infatti, è superbia, orgoglio e concupiscenza che il Signore disapprova.

Sl 7:14 > Il malvagio produce iniquità > Salmi 7:14 *Ecco, il malvagio è in doglie per produrre iniquità. Egli ha concepito malizia e partorisce menzogna.* Colui che è senza il Signore e che ha un occhio ed un cuore malvagio non può far altro che produrre nella sua vita iniquità e peccato. Per contrapposizione, il giusto è chiamato a produrre un frutto che è gradito a Dio. Ma purtroppo dobbiamo anche precisare, che anche quando un figlio di Dio ha pensieri impuri nel suo cuore, quando in lui vi sono desideri cattivi, è impossibile che la sua vita possa produrre quel frutto che il Signore vuole. Perciò dobbiamo stare attenti da ogni forma di malvagità.

Sl 37:35-36 > La vanità dell'uomo malvagio > Salmi 37:35 *Ho visto l'uomo malvagio e prepotente ergersi come albero verdeggiante sul suolo natio,* Salmi 37:36 *ma poi è scomparso, ed ecco, non c'è più; io l'ho cercato, ma non si è più trovato.* Quando un uomo decide di dedicare la sua vita alla malvagità e perciò lontano dal Signore, deve anche rendersi conto della vanità che caratterizza la sua esistenza. Il problema è che non se ne rende conto. Il salmista parla *dell'uomo malvagio e prepotente* che nella sua arroganza si erge come un albero possente, quando in realtà possente non lo è proprio. Infatti, in un attimo scompare, lo si cerca, ma non lo si trova più. Questo perché tutta la sua esistenza è avvolta - *dalle tenebre -.* Giungerà il tempo nel quale ogni orgoglioso e superbo si renderanno conto della vanità del loro orgoglio.

Ga 1:3-5 > Il Signore ci ha liberato dal presente malvagio secolo > Galati 1:3 *grazia a voi e pace da Dio nostro Padre e dal Signore Gesù Cristo,* Galati 1:4 *che ha dato sé stesso per i nostri peccati, per sottrarci al presente secolo malvagio, secondo la volontà del nostro Dio e Padre,* Galati 1:5 *al quale sia la gloria nei secoli dei secoli. Amen.* Per quanto ci riguarda è una realtà ed un privilegio assoluto, quello di essere stati liberati dal presente malvagio secolo. Ma perché ciò avvenisse è stato necessario un sacrificio cruento, quello del Figlio di Dio, il cui sangue ci ha purificato da ogni peccato. Siamo stato sottratti da questo falso sistema ideologico di malvagità e di peccato e questo significa che il nostro modo di pensare e di agire è e deve essere conforme alla volontà divina.

MT 6:22-23 f3) _> Anche perché sono assolutamente solenni le parole del Signore - *Se dunque la luce che è in te è tenebre, quanto grandi saranno le tenebre!* -. Le tenebre sono l'elemento che parla appunto del peccato e di quell'oscurità che affligge lo spirito dell'uomo lontano da Dio. La Scrittura ci presenta almeno quattro lezioni principali.

Ge 1:3-5 > La separazione della luce dalle tenebre nell'atto creativo di Dio > Genesi 1:3 *Dio disse: «Sia luce!» E luce fu.* Genesi 1:4 *Dio vide che la luce era buona; e Dio separò la luce dalle tenebre. Genesi 1:5 Dio chiamò la luce «giorno» e le tenebre «notte». Fu sera, poi fu mattina: primo giorno.* È veramente interessante osservare come già nel primo giorno della creazione, il Signore decise di separare la luce dalle tenebre. Questo perché i due elementi sono l'uno in contrapposizione all'altro. Questo fu necessario per suddividere la giornata in due parti, ma anche per darci un chiaro insegnamento spirituale. Purtroppo accade spesso che l'uomo, persino coloro che si dicono credenti, cercano di unire ciò che Dio ha separato, cercando di accordare luce e tenebre. Ma questo è impossibile.

*Pr 2:1* riflessione veglierà su di te, l'intelligenza ti proteggerà. Proverbi 2:12 *essa ti scamperà così dalla via malvagia, dalla gente che parla di cose perverse,* Proverbi 2:13 *da quelli che lasciano i sentieri della rettitudine per camminare nella via delle tenebre.* Sono molto importanti le parole che abbiamo in questo testo, nel quale l'autore sottolinea molto chiaramente l'importanza della riflessione e dell'insegnamento. Siamo chiamati a camminare nella via dell'intelligenza, di quella saggezza che ci dona il Signore e questo è appunto il segreto per poter sfuggire ad ogni via malvagia. Infatti, coloro che la perseguono, camminano inevitabilmente *nelle tenebre,* provocando disastri nella loro vita.

1Gv 2:11 > Le tenebre accecano gli occhi spirituali > 1Giovanni

**2:11** *Ma chi odia suo fratello è nelle tenebre, cammina nelle tenebre e non sa dove va, perché le tenebre hanno accecato i suoi occhi.* Questo è il risultato di coloro che camminano nelle tenebre: essere accecati. L'apostolo Giovanni parla in modo specifico di coloro che hanno nel loro cuore odio anziché amore, ma il principio esposto è assoluto. Chi cammina nelle tenebre non sa dove va, anche se crede di saperlo, perché i suoi occhi spirituali sono accecati. La prima lettera di Giovanni è una miniera di informazioni nelle quali si delinea la figura dell'ipocrita, ovvero di colui che dice di credere e di amare il Signore, ma in realtà la situazione è ben diversa. Ma tra i figli di luce e di tenebre vi è una netta contrapposizione.

1 Te 5:4-7 > La contrapposizione tra i figli di luce ed i figli delle tenebre > 1Tessalonicesi 5:4 *Ma voi, fratelli, non siete nelle tenebre, così che quel giorno abbia a sorprendervi come un ladro;* 1Tessalonicesi 5:5 *perché voi tutti siete figli di luce e figli del giorno; noi non siamo della notte né delle tenebre.* 1Tessalonicesi 5:6 *Non dormiamo dunque come gli altri, ma vegliamo e siamo sobri;* 1Tessalonicesi 5:7 *poiché quelli che dormono, dormono di notte, e quelli che si ubriacano, lo fanno di notte.* Queste parole di Paolo evidenziano chiaramente questa differenza. Il vero cristiano *non è nelle tenebre,* in quanto egli è figlio di luce. Benché noi non abbiamo il diritto né la capacità di esprimere sentenze, è pur vero che la Scrittura afferma chiaramente che chi cammina nelle tenebre, non è un figlio di luce, perciò un genuino figlio di Dio. Infatti, Paolo afferma *noi non siamo della notte né delle tenebre.* Perciò l'esortazione è chiara: visto che chi dorme e si dà alle gozzoviglie lo fa di notte, noi siamo chiamati a non dormire spiritualmente, ma a mettere in evidenza quella luce che caratterizza la nostra esistenza spirituale.

Mt 6:19-24 (31 > ***Nessuno può servire due padroni*** > - *Nessuno può servire due padroni; perché o odierà l'uno e amerà l'altro, o avrà riguardo per l'uno e disprezzo per l'altro. Voi non potete servire Dio e Mammona* - > Mt 6:24.

MT6:24f1)>È un insegnamento fondamentale che il Signore rivolge in queste parole. Come cristiani siamo chiamati ad essere coerenti con la fede che professiamo e perciò non possiamo avere - *due padroni* - o servire due padroni. In greco abbiamo il verbo - *douleuo* - che indica l'essere in uno stato di schiavitù. Perciò se siamo stati liberati dalla vecchia schiavitù del peccato, il nostro servizio unico ed esclusivo è solo per il Signore. Perciò vogliamo osservare quattro insegnamenti molto importanti.

Es 21:2-6 > La legge che regolava il rapporto padrone-schiavo > Esodo 21:2 Se *compri uno schiavo ebreo, egli ti servirà per sei anni, ma il settimo se ne andrà libero, senza pagare nulla.* Esodo 21:3 *Se è venuto solo, se ne andrà solo; se aveva moglie, la moglie se ne andrà con lui.* Esodo 21:4 *Se il suo padrone gli dà moglie e questa gli partorisce figli e figlie, la moglie e i figli di lei saranno del padrone, ed egli se andrà solo.* Esodo 21:5 *Ma se lo schiavo fa questa dichiarazione: Io amo il mio padrone, mia moglie e i miei figli; io non voglio andarmene libero;* Esodo 21:6 *allora il suo padrone lo farà comparire davanti a Dio, lo farà accostare alla porta o allo stipite; poi il suo padrone gli forerà l'orecchio con una lesina ed egli lo servirà per sempre.* Interessante osservare come la legge regolava il rapporto padrone- schiavo. Nell'ambito ebraico, a differenza di ciò che avveniva nelle altre nazioni, uno schiavo poteva andare libero al settimo anno del suo servizio e se aveva famiglia, anch'essa se ne sarebbe andata via. Ma attenzione a questo dettaglio. Ma se lo schiavo fa questa dichiarazione: *Io amo il mio padrone, mia moglie e i miei figli; io non voglio andarmene libero;* Esodo 21:6 *allora il suo padrone lo farà comparire davanti a Dio, lo farà accostare alla porta o allo stipite; poi il suo padrone gli forerà l'orecchio con una lesina ed egli lo servirà per sempre.* Perché questo? Perché è stato il servo o lo schiavo a fare questa dichiarazione ed a scegliere deliberatamente chi voleva servire. In ambito spirituale è accaduta la stessa cosa anche a noi. Se siamo realmente figli di Dio, un giorno abbiamo dichiarato non solo di amare il Signore, ma di volerlo anche servire. Ebbene questo è *per sempre,* non solo qualche giorno. Dobbiamo sentire il forte senso di responsabilità delle nostre stesse parole. Perciò se abbiamo dichiarato di servire il Signore sempre, è escluso qualunque altro padrone.

Malachia 1:6 > Il Signore quale Padrone deve essere onorato > Malachia 1:6 *«Un figlio onora suo padre e un servo il suo padrone; se dunque io sono padre, dov'è l'onore che m'è dovuto? Se sono padrone, dov'è il timore che mi è dovuto? Il SIGNORE degli eserciti parla a voi, o sacerdoti, che disprezzate il mio nome! Ma voi dite: In che modo abbiamo disprezzato il tuo nome?* Se noi diciamo che il Signore è il nostro Padrone e Signore, è ovvio che il nostro comportamento, la nostra condotta deve essere rivolta ad onorare il Suo Nome e ad ubbidire a Lui. Non vi è spazio per la mediocrità o la superficialità. I sacerdoti verso i quali il Signore rivolge il solenne messaggio tramite Malachia ci deve far riflettere. Non possiamo chiamare Dio Signore se in realtà noi vogliamo servire i nostri desideri e le nostre passioni.

2 Ti 2:20-21 > Una condizione assoluta di servizio per il Signore: essere vasi nobili. 2Timoteo 2:20 *In una grande casa non ci sono soltanto vasi d'oro e d'argento, ma anche vasi di legno e di terra; e gli uni sono destinati a un uso nobile e gli altri a un uso ignobile.* 2Timoteo 2:21 *Se dunque uno si conserva puro da quelle cose, sarà un vaso nobile, santificato, utile al servizio del padrone, preparato per ogni opera buona.* Per servire il Signore non sono sufficienti solo le buone intenzioni, ma come dichiara Paolo a Timoteo, siamo chiamati ad essere dei *vasi nobili,* ovvero di coloro che si conservano puri da quelle che possono essere le sollecitazioni di questo mondo, le varie tentazioni, al fine di essere completamente *santificati* per l'utilizzo che il Signore vuole fare di noi. Infatti, vi sono sia vasi per uso nobile che per uso ignobile, ma tali definizioni hanno a che fare con la nostra diretta responsabilità. Perciò la domanda è: ci stiamo conservando puri?

Giuda 1:4 > Il Signore Gesù è il nostro unico Signore e Padrone > Giuda 4 *Perché si sono infiltrati fra di voi certi uomini (per i quali già da tempo è scritta questa condanna); empi che volgono in dissolutezza la grazia del nostro Dio e negano il nostro unico Padrone e Signore Gesù Cristo.* Questo è l'unico passo del NT, nel quale il Signore Gesù è chiamato *Padrone,* in greco - *despotes* -. Questo indica che Egli è il Signore assoluto della nostra vita e che noi non apparteniamo più a noi stessi, visto che siamo stati comprati a prezzo. Purtroppo a quei tempi, si introdussero dei falsi cristiani, i quali adulteravano il concetto di salvezza e di grazia, negando l'assoluta signoria di Cristo. Ma non deve essere così per noi. Noi dobbiamo sempre tenere presente che la nostra vita appartiene totalmente e completamente al Signore.

MT 6:24 f2) > Interessante osservare come il Signore parli proprio dell'impossibilità di - *servire* - due padroni. Anche in questo caso è bello osservare tre lezioni fondamentali.

Es 20:4-5 > Il Signore vuole solo per Lui il servizio > Esodo 20:4 *Non farti scultura, né immagine alcuna delle cose che sono lassù nel cielo o quaggiù sulla terra o nelle acque sotto la terra.* Esodo 20:5 *Non ti prostrare davanti a loro e non li servire, perché io, il SIGNORE, il tuo Dio, sono un Dio geloso; punisco l'iniquità dei padri sui figli fino alla terza e alla quarta generazione di quelli che mi odiano.* In questo preciso comandamento del decalogo, il Signore spiega molto bene cosa sia idolatria. Non è solo l'adorare altri idoli, ma anche servirli. Già in questa legge possiamo osservare l'impossibilità di servire sia Dio che gli idoli. L'uno esclude l'altro. Perciò Israele non si doveva fare scultura alcuna, né immagine che potesse rappresentare un falso dio per servirlo ed adorarlo. Questo perché il Signore è *il Dio Geloso*. Egli è Geloso di noi, perché siamo Suoi.

1 Te 1:9-10 > Siamo stati salvati per servire il Dio vivente e vero > 1Tessalonicesi 1:9 *perché essi stessi raccontano quale sia stata la nostra venuta fra voi, e come vi siete convertiti dagl'idoli a Dio per servire il Dio vivente e vero,* 1Tessalonicesi 1:10 *e per aspettare dai cieli il Figlio suo che egli ha risuscitato dai morti; cioè, Gesù che ci libera dall'ira imminente.* Lo scopo della salvezza, non è certamente quello di oziare o di impigrirsi, ma confluisce nel servizio verso Dio. Paolo era contento nel sapere che i tessalonicesi mostravano una fede operante, in quanto la loro non fu una falsa conversione, ma reale, in quanto si convertirono dagli idoli a Dio *per servire il Dio vivente e vero* e per aspettare dai cieli il ritorno del Signore Gesù. Questo è l'obiettivo che ci dobbiamo prefiggere.

Ro 1:24-25 > Per contro l'empio è idolatra > Romani 1:24 *Per questo Dio li ha abbandonati all'impurità, secondo i desideri dei loro cuori, in modo da disonorare fra di loro i loro corpi;* Romani 1:25 *essi, che hanno mutato la verità di Dio in menzogna e hanno adorato e servito la creatura invece del Creatore, che è benedetto in eterno. Amen.* L'idolatria è propria e caratteristica dell'empio. Lo spiega molto bene Paolo in questo brano nel quale dichiara che Dio ha abbandonato gli empi all'impurità ed ai desideri insani del loro cuore, in modo tale che i loro stessi corpi siano disonorati, in quanto hanno preferito *servire la creatura anziché il Creatore.* Da sempre l'uomo è caduto in questo tragico equivoco. Ma per il cristiano non deve e non può essere così. Il suo obiettivo è adorare e servire l'unico e vero Dio.

## Matteo 6:25-34 > Il Padre sa ciò di cui abbiamo bisogno

Mt 6:25-34 (1ì > ***Non bisogna stare in ansia*** > - «*Perciò vi dico: non siate in ansia per la vostra vita, di che cosa mangerete o di* *che cosa berrete; né per il vostro corpo, di che vi vestirete. Non è la vita più del nutrimento, e il corpo più del vestito? - > Mt 6:25.*

MT 6:25 f1) > In quest'ultima sezione del cap.6 di Matteo, il Signore parla dell'- *ansia* -, dichiarando che non dobbiamo essere ansiosi per la nostra vita. In greco abbiamo il verbo *merimnao* - che significa essere angosciati, preoccupati o affannarsi. Come mai quest'esortazione? Ecco almeno due risposte.

Sl 13:1-2 > L'ansia provoca affanno nel cuore > Salmi 13:1 *Al direttore del coro. Salmo di Davide. Fino a quando, o SIGNORE, mi dimenticherai? Sarà forse per sempre? Fino a quando mi nasconderai il tuo volto?* Salmi 13:2 *Fino a quando avrò l'ansia nell'anima e l'affanno nel cuore tutto il giorno? Fino a quando s'innalzerà il nemico su di me?* Dai salmisti possiamo veramente imparare come noi siamo fatti esteriormente ed interiormente. Nessuno di noi può negare il fatto che l'ansia produce affanno e peso nel cuore come dichiara Davide. A causa di quest'ansia che il salmista provava, egli si chiede dove sia il Signore e fino a quando Egli continuerà a dimenticarsi di lui. Ovviamente non era così perché il Signore non si dimentica dei Suoi figli. Ma quando si è in preda ad una forte ansia ed angoscia, si possono esprimere anche queste parole. Davide era preoccupato perché il nemico si levava contro di lui, ma tante situazioni negative possono accadere nella nostra vita. Perciò dobbiamo evitare di essere affannati e di sentire questo peso nel cuore.

Lu 21:34-35 > L'ansia provoca torpore spirituale > Luca 21:34 *Badate a voi stessi, perché i vostri cuori non siano intorpiditi da stravizio, da ubriachezza, dalle ansiose preoccupazioni di questa vita e che quel giorno non vi venga addosso all'improvviso come un laccio;* Luca 21:35 *perché verrà sopra tutti quelli che abitano su tutta la terra.* Anche questa è una lezione importante. Quando si è dominati dall'ansia non si vede chiaramente, si è confusi e lo spiega molto bene il Signore in questo brano. Parlando del futuro escatologico e profetico che concerneva Israele, Egli esorta il popolo a badare a se stesso proprio perché i loro cuori non siano dominati da *stravizio, torpore, ansie,* in modo tale da non essere sorpresi quando il giorno del Signore, ovvero il periodo di giudizio contro l'empio, giungerà. L'ansia può produrre torpore spirituale e perciò cessazione di ogni servizio verso il Signore. Ecco perché - *non dobbiamo essere ansiosi* -.

MT 6:25 f2) > Il Signore Gesù prosegue, parlando anche dell'ansia nel bere. Il mangiare ed il bere risultano essere proprio quelle situazioni fondamentali e necessarie per la vita e l'esistenza terrena. A tal proposito possiamo osservare molti insegnamenti a riguardo.

Nu 11:18-20 > La gravità del lamentarsi contro il Signore > Numeri 11:18 *Dirai al popolo: Santificatevi per domani e mangerete della carne, poiché avete pianto alle orecchie del SIGNORE, dicendo: «Chi ci farà mangiare della carne? Stavamo bene in Egitto!» Ebbene, il SIGNORE vi darà della carne e voi ne mangerete.* Numeri 11:19 *Ne mangerete non per un giorno, non per due giorni, non per cinque giorni, non per dieci giorni, non per venti giorni,* Numeri 11:20 *ma per un mese intero, finché vi esca dalle narici e ne proviate nausea, poiché avete respinto il SIGNORE che è in mezzo a voi e avete pianto davanti a lui, dicendo: «Perché mai siamo usciti dall'Egitto?».* L'uomo è proprio portato a lamentarsi sempre, senza mai essere soddisfatto. Un esempio lampante l'abbiamo proprio in Israele, il quale, pur avendo visto i miracoli compiuti da Dio per liberarlo dalla schiavitù egiziana e quello della manna, era ancora dubbioso. Essi si chiedevano Chi ci farà mangiare della carne? Il Signore esaudisce la loro richiesta, donando loro tanta di quella carne che ne avrebbero avuto nausea. Ma la loro lamentela, in realtà, era un chiaro atto di ribellione al Signore, tanto che Egli dirà *poiché avete respinto il Signore*. Purtroppo l'ansia può portare anche a questo pericolo: quello di lamentarsi contro il Signore, accusandolo magari di ingiustizia. Invece siamo chiamati a nutrire sempre fiducia piena nei Suoi confronti.

Pr 13:25 > Il giusto ha mangiare in abbondanza > Proverbi 13:25 *Il giusto ha di che mangiare a sazietà, ma il ventre degli empi manca di cibo.* Tale lezione la ricaviamo proprio da questo testo, nel quale si pone in contrapposizione l'abbondanza del giusto ed il fatto che l'empio manchi di cibo. Queste parole possono suscitare qualche perplessità se si pensa alle situazioni che molti cristiani oggi sperimentano. In effetti tali parole sono particolarmente collegare alle benedizioni che il Signore rivolge ad Israele ad esempio in Deuteronomio 8, dove si parla di abbondanza e prosperità (De 8:11-12). Tuttavia queste parole vogliono essere anche di consolazione. Il Signore si prende cura dei Suoi figli in modo che forse noi non comprendiamo totalmente. Ma è la realtà. Se vi è sofferenza e persecuzione è solo a causa della malvagità dell'uomo che *giace sotto il potere del maligno*.

1 Co 10:31 > Bisogna in ogni cosa fare tutto alla gloria di Dio > 1Corinzi 10:31 *Sia dunque che mangiate, sia che beviate, sia che facciate qualche altra cosa, fate tutto alla gloria di Dio.* Anche questa lezione è molto importante. Quando abbiamo di che mangiare e bere, non dobbiamo essere ingrati come se ci fosse tutto dovuto, ma siamo chiamati a ringraziare il Signore e glorificare il Suo Nome *sia che mangiamo o che beviamo* o che stiamo compiendo qualunque altra cosa. Mai deve mancare quest'atteggiamento nei confronti del Signore.

Am 4:7-8 > Quando manca l'acqua perché Dio punisce > Amos 4:7 *«Vi ho anche rifiutato la pioggia, quando mancavano ancora tre mesi alla mietitura; ho fatto piovere sopra una città e non ho fatto piovere sull'altra; una parte del campo ha ricevuto la pioggia e la parte su cui non ha piovuto è inaridita.* Amos 4:8 *Due, tre città si trascinavano verso un'altra città per bere acqua, e non potevano dissetarsi; ma voi non siete tornati a me», dice il SIGNORE.* È inevitabile che ci sia anche l'altro risvolto della medaglia. Cosa significa quando manca l'acqua? Nel passo di Amos è chiaro che tale situazione rappresentava una chiara punizione del Signore nei confronti di un Israele ribelle e disubbidiente. Il Signore aveva *rifiutato la pioggia*, provocando siccità e dolore, per ottenere uno scopo ed un obiettivo preciso: che Israele tornasse dal Signore. Il Signore può portarci a situazioni difficili e complicate, come anche quello di essere privati di ciò che ci è necessario per un tempo, al fine di capire e comprendere che stiamo intraprendendo una strada sbagliata. Ma questo non mina assolutamente il principio secondo il quale, il Signore si prende cura di noi. Egli si prende cura di noi anche quando ci disciplina.

> 2Re 3:14-19 > Il miracolo del Signore compiuto in favore di Giosafat > 2Re 3:14 *Allora Eliseo disse: «Com'è vero che vive il SIGNORE degli eserciti, del quale sono servitore, se non avessi rispetto per Giosafat, re di Giuda, io non avrei badato a te né ti avrei degnato di uno sguardo.* 2Re 3:15 *Ma ora conducetemi qua un sonatore d'arpa».* E, mentre il sonatore arpeggiava, la mano *del SIGNORE fu sopra Eliseo,* 2Re 3:16 *che disse: «Così parla il SIGNORE: Fate in questa valle delle fosse!* 2Re 3:17 *Infatti, così dice il SIGNORE: Voi non vedrete vento, non vedrete pioggia, e tuttavia questa valle si riempirà d'acqua; e berrete voi, il vostro bestiame e le vostre bestie da soma.* 2Re 3:18 *E questo è ancora poco agli occhi del SIGNORE; perché egli darà anche Moab nelle*

*vostre mani.* 2Re 3:19 *Voi distruggerete tutte le città fortificate e tutte le città importanti, abbatterete tutti i buoni alberi, turerete tutte le sorgenti d'acqua, e guasterete con delle pietre ogni buon pezzo di terra».* Mi ha molto colpito quest'esperienza straordinaria che visse il re Giosafat. Eliseo, il profeta di Dio, rivolge un solenne messaggio a questo re, mentre l'arpista suona la sua dolce melodia, un messaggio di speranza e di certezza. Anche se non ci sarebbe stata pioggia o vento, la valle sarebbe stata ricolma d'acqua e tutto l'esercito e gli animali si sarebbero dissetati presso quell'acqua. Non solo, ma Giosafat avrebbe riportato anche vittoria presso i moabiti. Guai a lamentarci del Signore. Quando si è fedeli a Lui, Egli ricompensa coloro che Lo servono.

> Ez 12:18-19 > In quale stato godiamo delle benedizioni materiali che Dio ci dona? Ezechiele 12:18 *«Figlio d'uomo, mangia il tuo pane con tremore, bevi la tua acqua con preoccupazione e angoscia;* Ezechiele 12:19 *di' al popolo del paese: Così parla DIO, il Signore, riguardo agli abitanti di Gerusalemme nella terra d'Israele: Mangeranno il loro pane con angoscia e berranno la loro acqua con spavento, poiché il loro paese sarà desolato, spogliato di tutto ciò che contiene, a causa della violenza di tutti quelli che l'abitano.* È una domanda a cui siamo chiamati a rispondere. Infatti, non è solo bello e gratificante godere delle benedizioni materiali che il Signore ci dona, ma anche con che stato spirituale ne godiamo. Al profeta Ezechiele viene rivolto l'ordine di mangiare e di bere *con tremore ed angoscia,* non perché lui avesse compiuto un peccato, ma quale gesto simbolico della situazione nella quale Gerusalemme ed Israele si trovavano. Infatti, essi non potevano essere gioiosi ed allegri nel mangiare e bere, a causa della loro malvagità e del loro peccato. È questa la situazione che vive colui che è consapevole di essere lontano dal Signore. Perciò non solo non dobbiamo essere - *ansiosi* -, ma anche occuparci quotidianamente della nostra relazione con il Signore.

> Sl 78:14-16 > Israele dissetato dal Signore nel deserto > Salmi 78:14 *Di giorno li guidò con una nuvola e tutta la notte con un fuoco fiammeggiante.* Salmi 78:15 *Spaccò le rocce nel deserto e li dissetò abbondantemente, come da sorgenti d'acque profonde.* Salmi 78:16 *Fece scaturire ruscelli dalla rupe, fece sgorgare acque come fiumi.* In conclusione di questo punto, è bello ricordare quanto afferma il salmista, ovvero che il Signore ha fatto scaturire acqua perfino dalle rocce, pur di dissetare il Suo popolo. Egli *è lo*

*stesso ieri, oggi ed in eterno* e può compiere miracoli straordinari nella nostra vita. Possiamo essere consolati ancora da questo testo che ci ricorda nuovamente che Dio ha cura dei Suoi.

MT 6:25 f3) > Ma il Signore Gesù prosegue e parla anche del - *vestirsi* -. In un periodo di crisi lavorativa come quello che si sta vivendo, anche molti credenti ne sono implicati e ci si rende conto che senza il lavoro, manca la fonte principale del proprio sostegno. Ma il Signore consola il nostro cuore e ci ricorda che non dobbiamo dubitare. Possiamo vedere tre insegnamenti principali.

> Ge 3:21 > Dio riveste Adamo ed Eva > Genesi 3:21 *Dio il SIGNORE fece ad Adamo e a sua moglie delle tuniche di pelle, e li vestì.* Possiamo affermare che questo fu il primo atto di Dio per dimostrare che, nonostante la ribellione e la disubbidienza dell'uomo e della donna, Egli desiderava prendersi cura di loro. Lo dimostrò proprio rivestendo la loro nudità, simbolo di vergogna. Per fare questo ovviamente sacrificò la vita di un animale. Questo non ci parla solo della misericordia di Dio, ma anche del fatto che sempre il Signore è pronto a curarsi di noi.

> Pr 31:21 > Una famiglia timorata di Dio si impegna per quanto concerne le sue responsabilità > Proverbi 31:21 *Non teme la neve per la sua famiglia, perché tutta la sua famiglia è vestita di lana rossa.* Sebbene sia assolutamente vero che il Signore si prende cura di noi, nello stesso tempo Egli ci insegna che la nostra parte la dobbiamo comunque fare. Impariamo dalla donna saggia e virtuosa, descritta in Pr 31, la quale lavora, si impegna, si affatica per vestire tutta la sua famiglia. Sempre la Scrittura evidenzia questo connubio: la cura del Signore nei nostri confronti, ma anche la nostra responsabilità.

> 1 Ti 6:7 > Essere contenti del necessario > 1Timoteo 6:7 *Infatti, non abbiamo portato nulla nel mondo, e neppure possiamo portarne via nulla;* 1Timoteo 6:8 *ma avendo di che nutrirci e di che coprirci, saremo di questo contenti.* Quando siamo animati dal giusto sentimento, dal senso di responsabilità e dalla fiducia nei confronti del Signore, potremo anche essere soddisfatti solo del necessario. Paolo è molto preciso *ma avendo di che nutrirci e di che coprirci, saremo di questo contenti.* Siamo contenti di ciò che abbiamo? Oppure vogliamo e pretendiamo sempre di più, imitando i desideri di coloro che sono senza il Signore? Paolo non era ricco, aveva conosciuto la penuria e la povertà, eppure lui era contento di ciò che aveva. Infatti, da questo mondo *non potremo portare via*

*nulla.* Perciò ancora oggi il Signore ci esorta ad essere contenti e soddisfatti di ciò che abbiamo per la Grazia di Dio.

MT 6:25 f4) > Il v.25 si conclude con una domanda solenne del Signore Gesù - *Non è la vita più del nutrimento, e il corpo più del vestito?* -. È una domanda che pone in evidenza sicuramente il valore della vita e del corpo sia per la persona stessa che per l'Eterno. A tal proposito possiamo vedere sei insegnamenti molto importanti.

> Gb 33:4 > La vita proviene da Dio > Giobbe 33:4 *Lo Spirito di Dio mi ha creato, e il soffio dell'Onnipotente mi dà la vita.* Un primo motivo per cui la vita è preziosa per il Signore è proprio per il fatto che Lui ne è il Donatore. Come asserisce Giobbe, mediante il Suo Spirito, siamo stati creati e per il Suo soffio, noi viviamo. Non a caso chi uccideva una vita volutamente ed intenzionalmente, nella Legge, era comminata senza esitazione la pena di morte. Perciò possiamo essere certi e sicuri che il Signore si prende cura della nostra vita perché Lui ce l'ha donata.

> Sl 23:6 > Quando si è timorati di Dio si può essere certi che la propria vita sarà circondata da beni e benignità > Salmi 23:5 *Per me tu imbandisci la tavola, sotto gli occhi dei miei nemici; cospargi di olio il mio capo; la mia coppa trabocca.* Salmi 23:6 *Certo, beni e bontà m'accompagneranno tutti i giorni della mia vita; e io abiterò nella casa del SIGNORE per lunghi giorni.* Il Signore è pronto ed è disponibile a pervadere la nostra vita, la nostra esistenza delle Sue benedizioni. Davide può affermare in questo salmo famoso, che con il Signore non ha paura di nulla. Davanti ai suoi nemici, il Signore avrebbe imbandito una tavola abbondante, simbolo di vittoria e trionfo e sarebbe stato ricolmo di benedizioni *tutti i giorni della sua vita.* Ma qui parla un Davide che riconosce nell'Eterno, il suo *buon Pastore.* Ovvero egli è disposto a seguire il Signore dovunque. Così deve essere anche per ciascuno di noi. Il Signore vuole prendersi cura di noi, ma nello stesso tempo noi dobbiamo essere disponibili e disposti a servire ed ubbidire il Signore sempre.

> Ga 2:20-21 > Vivere una vita di fede nel Figlio di Dio > Galati 2:20 *Sono stato crocifisso con Cristo: non sono più io che vivo, ma Cristo vive in me! La vita che vivo ora nella carne, la vivo nella fede nel Figlio di Dio il quale mi ha amato e ha dato sé stesso per me.* Galati 2:21 *Io non annullo la grazia di Dio; perché se la giustizia si ottenesse per mezzo della legge, Cristo sarebbe dunque*

*morto inutilmente.* Appunto questo testo parla proprio della nostra responsabilità. Paolo può affermare che è stato crocifisso con Cristo e questa non è solo la sua specifica situazione, ma è anche la nostra. Ma l'apostolo sapeva anche tutte le implicazioni di una simile realtà. La vita che Dio ci ha donato e che è stata comprata a caro prezzo dal Signore Gesù, non appartiene a noi, ma a Lui. Perciò *La vita che vivo ora nella carne, la vivo nella fede nel Figlio di Dio,* ovvero una vita in completa dipendenza del Signore. Egli viveva, serviva per la Grazia di Dio. Anche noi dobbiamo vivere in questa consapevolezza.

4>Pr 3:7-8 / 4:20-23 > La salute del corpo > Proverbi 3:7 *Non ti stimare saggio da te stesso; temi il SIGNORE e allontanati dal male;* Proverbi 3:8 *questo sarà la salute del tuo corpo e un refrigerio alle tue ossa.* Proverbi 4:20 *Figlio mio, sta' attento alle mie parole, inclina l'orecchio ai miei detti.* Proverbi 4:21 *non si allontanino mai dai tuoi occhi, conservali in fondo al cuore;* Proverbi 4:22 *poiché sono vita per quelli che li trovano, salute per tutto il loro corpo.* Proverbi 4:23 *Custodisci il tuo cuore più di ogni altra cosa, poiché da esso provengono le sorgenti della vita.* Come asserisce il Signore Gesù anche il - *corpo* - ha un grande valore e vale certamente più del vestito. Ma la domanda è: come noi trattiamo il nostro corpo? Possiamo essere certi che anche il corpo è molto prezioso per il Signore, ma qual è realmente la salute del nostro corpo? Noi diremmo, trattarlo bene, prendere le necessarie medicine, quando siamo ammalati, ma non secondo questi testi della Bibbia. Infatti, in questi due brano di Proverbi è evidente che il segreto non consiste in metodi umani, ma nel timore del Signore. Nel primo testo è chiaramente detto che *non dobbiamo stimarci saggi da noi stessi,* ma che dobbiamo temere il Signore ed allontanarci da ogni forma di male. Non possiamo Infatti, negare che le malattie sono la conseguenza del peccato che è entrato nel mondo e che talvolta il Signore può anche toccare il nostro fisico, per disciplinarci e correggerci. Di certo non è una regola assoluta, in quanto la malattia può anche essere una forma di prova per saggiare la nostra fede. Tuttavia il timore di Dio è il segreto. Nel secondo testo, essendoci l'incoraggiamento e l'esortazione del padre verso il proprio figlio di ascoltarlo e di ubbidirlo, possiamo asserire la stessa cosa. Infatti, in questo *padre,* possiamo vedervi il Signore che impartisce le Sue lezioni che noi siamo chiamati a seguire. Siamo chiamati a *conservare nel nostro cuore* tali lezioni, affinché il nostro stesso corpo ne abbia giovamento. Infatti, è fondamentale *custodire il nostro cuore*, in quanto da esso provengono le sorgenti della vita.

> 1 Te 4:3-5 > Saper possedere il proprio corpo in santità ed onore > 1Tessalonicesi 4:3 *Perché questa è la volontà di Dio: che vi santifichiate, che vi asteniate dalla fornicazione,* 1Tessalonicesi 4:4 *che ciascuno di voi sappia possedere il proprio corpo in santità e onore,* 1Tessalonicesi 4:5 *senza abbandonarsi a passioni disordinate come fanno gli stranieri che non conoscono Dio.* Proprio per il fatto che per il Signore è molto importante e prezioso anche il nostro corpo, è assolutamente fondamentale che noi lo possediamo in santità ed onore. Questo significa che dobbiamo assolutamente rispettare la volontà di Dio il che significa che non possiamo e non dobbiamo abbandonarci a *passioni disordinate* e carnali, come la fornicazione. In questo modo si comportano i pagani, non chi conosce il Signore. Perciò dobbiamo stare molto attenti, perché se corrompiamo il nostro corpo con le nostre passioni, ne dovremo rispondere dinanzi a Dio.

> Fl 3:20-21 > Il corpo della nostra umiliazione, sarà trasformato in un corpo di gloria > Filippesi 3:20 *Quanto a noi, la nostra cittadinanza è nei cieli, da dove aspettiamo anche il Salvatore, Gesù Cristo, il Signore,* Filippesi 3:21 *che trasformerà il corpo della nostra umiliazione rendendolo conforme al corpo della sua gloria, mediante il potere che egli ha di sottomettere a sé ogni cosa.* Il fatto che per il Signore il nostro corpo è prezioso, ha anche una valenza escatologica. Infatti, come afferma Paolo, la nostra cittadinanza è nei cieli, non qui sulla terra. Perciò il nostro sguardo deve essere rivolto in alto, in attesa del ritorno del Signore Gesù. Quando ciò avverrà, il *corpo della nostra umiliazione*, della nostra vergogna, del nostro peccato, sarà completamente trasformato in un corpo di gloria, adatto a contemplare nella pienezza e nella perfezione la gloria splendente del Signore. Il Signore non ci lascerà senza un corpo, ma ce ne donerà un altro completamente nuovo e perfetto. Questo perché il Signore ha cura di noi.

Mt 6:25-34 (21 > *Gli esempi degli uccelli e dei gigli* > - *Guardate gli uccelli del cielo: non seminano, non mietono, non raccolgono in granai, e il Padre vostro celeste li nutre. Non valete voi molto più di loro? E chi di voi può con la sua preoccupazione aggiungere un'ora sola alla durata della sua vita? E perché siete così ansiosi per il vestire? Osservate come crescono i gigli della campagna: essi non faticano e non filano; eppure io vi dico che neanche Salomone, con tutta la sua gloria, fu vestito come uno di loro. Ora se Dio veste in questa maniera l'erba dei campi che oggi è, e domani è gettata nel forno, non farà molto di più per voi, o gente di poca fede? - >* Mt 6:26-30.

MT 6:26-30 f1) > Per sottolineare ulteriormente il Suo insegnamento, il Signore Gesù cita due esempi illuminanti. Il primo è preso proprio dagli - *uccelli* -. Nella Scrittura essi hanno una valenza sia positiva che negativa, vogliamo però soffermarci solo sulla parte positiva. Infatti, possiamo notare almeno tre insegnamenti.

> Gb 12:7-9 > L'insegnamento dato dagli animali in relazione al Dio Creatore > Giobbe 12:7 *Ma interroga un po' gli animali, e te lo insegneranno; gli uccelli del cielo, e te lo mostreranno;* Giobbe 12:8 *oppure parla alla terra ed essa te lo insegnerà, e i pesci del mare te lo racconteranno.* Giobbe 12:9 *Chi non sa, fra tutte queste creature, che la mano del SIGNORE ha fatto ogni cosa.* Questo passo è molto importante in quanto ci mostra la funzione della creazione quale testimone della potenza di Dio e del fatto che Egli ha creato ogni cosa. Queste parole pronunciate da Giobbe, parlano in modo specifico degli animali, i quali con il loro comportamento, seppure istintivo, ma donato comunque dal Creatore, insegnano *che la mano del Signore ha fatto ogni cosa.* Giobbe cita proprio gli uccelli, unitamente ai pesci e la terra in generale. Essi ci insegnano. Ma il fatto che la loro testimonianza sia rivolta al fatto che Dio ha fatto ogni cosa, significa anche che essi, a loro modo, testimoniano che il Signore si prende cura di loro.

> Is 31:5 > Gli uccelli quando spiegano le loro ali sono simbolo della protezione del Signore > Isaia 31:5 *Come gli uccelli spiegano le ali sulla loro nidiata, così il SIGNORE degli eserciti proteggerà Gerusalemme; la proteggerà, la libererà, la risparmierà, la farà scampare».* A proposito degli uccelli, mi è piaciuta particolarmente questa lezione che proviene proprio da un loro caratteristico comportamento: spiegare le loro ali per proteggere i loro piccoli. È un'immagine che usa proprio il Signore, parlando ad Israele ed a Gerusalemme, per simboleggiare la Sua particolare protezione verso il Suo popolo, D'altro canto il Signore Gesù stesso ci invita ad - *osservare gli uccelli* -, quindi a stare attenti ad ogni loro comportamento. Non dubitiamo quindi, il Signore ci cura e ci protegge.

> Gb 34:12-13 > Il Signore ha cura dell'universo > Giobbe 34:12

No, di certo Dio non commette ingiustizie! L'Onnipotente non perverte il diritto. Giobbe 34:13 *Chi gli ha dato il governo della terra? Chi ha affidato l'universo alla sua cura?* Questa volta ci troviamo di fronte alle parole di Eliu in risposta a Giobbe. Egli sottolinea due verità molto importanti. Innanzitutto *Dio non commette ingiustizie.* I Suoi decreti, le Sue verità sono giuste e perfette. Ma nello stesso tempo Egli governa le leggi fisse che regolano l'universo e nello stesso tempo se ne prende cura. È straordinaria la grandezza del Signore. Egli non si prende solo cura del pianeta terra, di noi, degli animali, ma *di tutto l'universo.* Perciò anche questo è dato è importante ricordarlo, affinché la nostra fede sia salda in Lui.

MT 6:26-30 f2) > Perciò il Signore Gesù rivolge una domanda solenne che ha già in sé la risposta - *Non valete voi molto più di loro?* -. In greco abbiamo un verbo interessante - *diaphero* - che in senso intransitivo indica il distinguersi, l'essere superiore. Ovviamente la risposta è positiva, noi valiamo molto più degli uccelli. Vogliamo osservare tre insegnamenti illuminanti.

> Mt 10:29-31 > L'esempio dei passeri > Matteo 10:29 *Due passeri non si vendono per un soldo? Eppure non ne cade uno solo in terra senza il volere del Padre vostro.* Matteo 10:30 *Quanto a voi, perfino i capelli del vostro capo sono tutti contati.* Matteo 10:31 *Non temete dunque; voi valete più di molti passeri.* Poco più avanti, nel cap.10 di Matteo, il Signore Gesù presenta proprio l'esempio dei passeri. Essi sono uccelli che al mercato vengono venduti a poco e niente *un soldo,* eppure non ne cade uno se il Padre non lo vuole. È bello osservare come il tema della volontà di Dio si estende dal piano di salvezza per l'uomo fino ai dettagli della vita quotidiana dell'uomo, dell'animale e di ogni creatura. Addirittura ci viene ricordato che i capelli del nostro capo sono tutti contati, in quanto il Signore è onnisciente e conosce ogni cosa. Perciò non abbiamo motivo di temere. Nel brano parallelo di Luca al cap.12 è scritto che nessun passero *è dimenticato da Dio.* Perciò come nessun passero è dimenticato dal Signore, lo stesso ed in misura estremamente maggiore vale anche per ciascuno di noi. Perciò *non dobbiamo temere.*

> Mt 12:9-12 > L'uomo vale molto più dell'animale > Matteo 12:9 *Poi se ne andò, e giunse nella loro sinagoga;* Matteo 12:10 *dove c'era un uomo che aveva una mano paralizzata. Allora essi, per poterlo accusare, fecero a Gesù questa domanda: «È lecito far*

*guarigioni in giorno di sabato?»* Matteo 12:11 *Ed egli disse loro: «Chi è colui tra di voi che, avendo una pecora, se questa cade in giorno di sabato in una fossa, non la prenda e la tiri fuori?* Matteo 12:12 *Certo un uomo vale molto più di una pecora! È dunque lecito far del bene in giorno di sabato».* Il valore superiore dell'uomo sull'animale è ben descritto anche in questo brano che parla di una guarigione miracolosa operata dal Signore Gesù in giorno di sabato. Un uomo con la mano paralizzata venne guarito in modo potente dal Signore, ma purtroppo non mancarono le accuse da parte di coloro che erano invidiosi di Lui. Perciò rivolgono questa subdola domanda *È lecito far guarigioni in giorno di sabato?* Con questo interrogativo dimostrano di non aver realmente compreso il pieno insegnamento intorno al sabato. Ma il Signore risponde con piena sapienza *Chi è colui tra di voi che, avendo una pecora, se questa cade in giorno di sabato in una fossa, non la prenda e la tiri fuori?* Ovviamente a questa domanda non si poteva far altro che rispondere in modo affermativo. Perciò era assolutamente lecito che un uomo malato ed infermo ricevesse guarigione anche in giorno di sabato, perché *l'uomo vale molto di più di una pecora!* L'uomo ha un valore ed una preziosità unica davanti al Signore, tanto che il Padre ha donato Suo Figlio per la sua salvezza. Perciò, quando siamo in crisi, o quando attraversiamo dei momenti bui, abbiamo fiducia del fatto che come il Signore ha cura degli uccelli, a maggior ragione si curerà di noi.

> Sl 8:3-4 > La domanda solenne del salmista > Salmi 8:3 *Quand'io considero i tuoi cieli, opera delle tue dita, la luna e le stelle che tu hai disposte,* Salmi 8:4 *che cos'è l'uomo perché tu lo ricordi? Il figlio dell'uomo perché te ne prenda cura?* Questa domanda che rivolge il salmista Davide è assolutamente solenne ma che ci ricorda la Grazia che il Signore ci ha concesso. Che cos'è l'uomo di fronte all'immensità della creazione, dell'universo, dei cieli, selle stelle del firmamento? Un pulviscolo, un elemento insignificante noi diremmo, ma non per il Signore. Davide rimaneva meravigliato del fatto che il Signore si degnava di prendersi cura non solo di una creatura apparentemente insignificante se paragonata al resto dell'universo, ma addirittura ribelle e corrotto. Non possiamo che rimanere sbigottiti della Grazia e della bontà del Signore, per il fatto che non solo Egli ci ha salvati, ma che si prende sempre cura di noi.

MT 6:26-30 fS) _> Ma il Signore Gesù rivolge ancora due solenni domande - *E chi di voi può con la sua preoccupazione aggiungere un'ora sola alla durata della sua vita? E perché siete così ansiosi per il vestire? -.* Con tutte le preoccupazioni che possiamo avere, esse non serviranno a niente per aumentare anche di una sola ora il tempo della nostra vita che solo il Signore conosce. A tal proposito possiamo vedere due lezioni molto importanti.

> 1 Pt 5:6-7 > Dobbiamo gettare sul Signore ogni nostra preoccupazione > 1Pietro 5:6 *Umiliatevi dunque sotto la potente mano di Dio, affinché egli vi innalzi a suo tempo;* 1Pietro 5:7 *gettando su di lui ogni vostra preoccupazione, perché egli ha cura di voi.* Ciò che asserisce l'apostolo Pietro è molto importante. Siamo chiamati ad umiliarci sotto la potente mano del Signore, ad essere sottomessi a Lui, pieni di fede, di fiducia che Egli saprà intervenire nella nostra vita in modo perfetto. Perciò dobbiamo *gettare su di Lui* ogni nostra preoccupazione ed ansietà, consapevoli che Egli ha cura di noi. A causa della nostra incredulità e pochezza, possiamo correre il rischio di non vedere il Signore all'opera. Ma in realtà il Signore veglia sempre su di noi.

> Sl 94:18-19 > Il Signore conforta quando l'animo è preoccupato > Salmi 94:18 *Quand'ho detto: «Il mio piede vacilla», la tua bontà, o SIGNORE, m'ha sostenuto.* Salmi 94:19 *Quand'ero turbato da grandi preoccupazioni, il tuo conforto ha alleviato l'anima mia.* Può accadere che il nostro animo sia particolarmente afflitto e sofferente per preoccupazioni continue come lo era l'animo del salmista. Ebbene come interviene il Signore in questo caso? Ci conforta. Egli sa alleviare qualsiasi tipo di sofferenza, di dolore, quand'anche mille preoccupazioni attanagliano la nostra vita. Tuttavia ciò che dobbiamo fare è ben scritto dall'apostolo Pietro. Non dobbiamo tenerci per noi le preoccupazioni, ma affidarle al Signore.

MT 6:26-30 f4) > Il Signore prosegue nel Suo insegnamento - *Osservate come crescono i gigli della campagna: essi non faticano e non filano -.* In greco abbiamo il sostantivo - *krinon* - che indica appunto il giglio. Il Signore ci invita ad osservare questi fiori attentamente, in quanto essi ci possono trasmettere lezioni straordinarie.

> Ca 2:1-2 > Il giglio: simbolo di bellezza > Cantico 2:1 *Io sono la rosa di Saron, il giglio delle valli.* Cantico 2:2 *Quale un giglio tra le spine, tale è l'amica mia tra le fanciulle.* In questo meraviglioso testo del Cantico dei cantici, la sposa, l'amata si identifica in un giglio bellissimo. Una nota: alcuni cantici identificano il giglio o la

rosa di Sharon nel Signore Gesù, ma bisogna precisare che tale identificazione non è rivolta a Lui bensì alla donna ed in senso figurato al popolo d'Israele. Ebbene il giglio è simbolo di bellezza. Basti osservare non solo il giglio ma i tanti fiori del creato per renderci conto della loro bellezza. Credo che ognuno di noi abbia visto un fiore aprirsi, sbocciare. Quello è un miracolo.

> Os 14:4-5 > Il fiorire del giglio > Osea 14:4 *«Io guarirò la loro infedeltà, io li amerò di cuore, poiché la mia ira si è distolta da loro.* Osea 14:5 *Io sarò per Israele come la rugiada; egli fiorirà come il giglio e spanderà le sue radici come il Libano.* L'atto del fiorire del giglio è talmente bello e particolare che viene utilizzato come paragone dal Signore per parlare di un Israele rinnovato e soprattutto fedele al Signore. Infatti, Dio sarà per il Suo popolo come rugiada che è simbolo di benedizione ed il giglio Israele non rimarrà chiuso ma sboccerà, fiorirà a nuova vita. Quante lezioni ci danno ancora i fiori, in questo caso il giglio.

MT 6:26-30 f5) _> Ebbene cosa dice il Signore Gesù? - *eppure io vi dico che neanche Salomone, con tutta la sua gloria, fu vestito come uno di loro* -. Ci rendiamo conto di ciò che afferma il Signore? Ma chi era Salomone, cosa viene detto del Suo regno? Possiamo ricordare almeno due cose.

> 1 Re 4:20-26 > Il dominio di Salomone > 1Re 4:20 *Gli abitanti di Giuda e Israele erano numerosissimi, come la sabbia che è sulla riva del mare. Essi mangiavano e bevevano allegramente.* 1Re 4:21 *Salomone dominava su tutti i regni di qua dal fiume, sino al paese dei Filistei e sino ai confini dell'Egitto. Essi gli portavano tributi, e gli furono soggetti tutto il tempo che egli visse.* 1Re 4:22 *La fornitura giornaliera di viveri per Salomone consisteva in trenta cori di fior di farina e sessanta cori di farina ordinaria;* 1Re 4:23 *in dieci buoi ingrassati, venti buoi di pastura e cento montoni, senza contare i cervi, le gazzelle, i daini e il pollame di allevamento.* 1Re 4:24 *Egli dominava su tutto il paese di qua dal fiume, da Tifsa fino a Gaza, su tutti i re di qua dal fiume, ed era in pace con tutti i confinanti all'intorno.* 1Re 4:25 *Gli abitanti di Giuda e Israele, da Dan fino a Beer-Sceba, vissero al sicuro, ognuno all'ombra della sua vite e del suo fico, tutto il tempo che regnò Salomone.* 1Re 4:26 *Salomone aveva inoltre quarantamila greppie da cavalli per i suoi carri, e dodicimila cavalieri.* Questo brano ci parla proprio dei grandi domini che possedeva Salomone, territori che suo padre Davide aveva conquistato. Ci viene

ricordato che il popolo d'Israele era numerosissimo e tutto quanto mangiava e beveva tranquillamente, senza preoccupazioni. I popoli soggetti a Salomone portavano tributi di ogni genere e furono sottomessi a lui per tutto il tempo che egli visse. La fornitura giornaliera di cibo era estremamente abbondante e non solo dominava i suoi territori, ma anche in pace con loro. Con Salomone Infatti, Israele non conobbe guerre. Ma potremmo anche ricordare l'esperienza della regina di Sceba che rimase impressionata dalla gloria e dalla bellezza del regno di Salomone (1 Re 10:5). Il testo dice che rimase senza fiato. Da notare che essa rimase impressionata anche dall'organizzazione dei suoi ufficiali e dalle loro uniformi. Se rimase impressionata da come erano vestiti dei semplici ufficiali, figuriamoci come poteva essere vestito il re.

> 1 Re 10:14-15 > La ricchezza di Salomone > 1Re 10:14 *Il peso dell'oro che giungeva ogni anno a Salomone era di seicentosessantasei talenti,* 1Re 10:15 *oltre a quello che egli percepiva dai mercanti, dal traffico dei negozianti, da tutti i re d'Arabia e dai governatori del paese.* È interessante dare uno sguardo anche alla ricchezza di Salomone in quanto a materiale prezioso. In questo testo ci viene ricordato che Salomone incassava ogni anno 666 talenti d'oro. Un talento d'oro sono circa 15 kg. Perciò possiamo avere un pallido sentore di quanto oro entrava nelle casse del regno, ma era escluso ciò che percepiva dai mercanti, dai negozianti e da tutti i re dell'Arabia. Ebbene il Signore Gesù dichiara che con tutta questa gloria che caratterizzava questo re, egli non si poté vestire come un solo giglio che è rivestito dal Padre. Che straordinaria lezione!

MT 6:26-30 f6) > Perciò la conclusione del discorso del Signore Gesù è illuminante - *Ora se Dio veste in questa maniera l'erba dei campi che oggi è, e domani è gettata nel forno, non farà molto di più per voi, o gente di poca fede?* -. Non possiamo dubitare dell'azione di Dio nella nostra vita, visto che Egli come abbiamo notato si prende cura anche dell'erba dei campi. Possiamo vedere due lezioni molto importanti in proposito.

> Sl 103:15-16 > Il salmista afferma che i giorni dell'uomo sono come l'erba ed il fiore dei campi > Salmi 103:15 *i giorni dell'uomo son come l'erba; egli fiorisce come il fiore dei campi;* Salmi 103:16 *se lo raggiunge un colpo di vento esso non esiste più e non si riconosce più il luogo dov'era.* Come possiamo osservare da questo testo, il salmista paragona i giorni dell'uomo all'erba che

passa e va. Qualcuno allora potrebbe obiettare dicendo Ma allora che differenza c'è tra l'uomo ed il fiore del campo? In realtà il salmista parla dei *giorni dell'uomo*, ovvero dell'esistenza labile dell'essere umano il quale, come abbiamo visto qualche pagina indietro, è incapace addirittura di allungare di un'ora o di un minuto la sua esistenza. Infatti, basta un colpo di vento che come l'erba viene strappata via, così è anche per l'uomo nella sua fragilità. Ma non si parla del valore intrinseco dell'essere umano. Infatti, non possiamo ignorare che il Padre ha donato il Figlio per la salvezza dell'uomo.

> 1 Pt 1:22-25 > L'apostolo Pietro afferma chiaramente che il cristiano è stato rigenerato a nuova vita e cita proprio il testo del salmo appena visto > 1Pietro 1:22 *Avendo purificato le anime vostre con l'ubbidienza alla verità per giungere a un sincero amor fraterno, amatevi intensamente a vicenda di vero cuore,* 1Pietro 1:23 *perché siete stati rigenerati non dà seme corruttibile, ma incorruttibile, cioè mediante la parola vivente e permanente di Dio.* 1Pietro 1:24 *Infatti, «ogni carne è come l'erba, e ogni sua gloria come il fiore dell'erba. L'erba diventa secca e il fiore cade;* 1Pietro 1:25 *ma la parola del Signore rimane in eterno».* E questa è la parola della Buona Notizia che vi è stata annunziata. Noi siamo stati purificati dal sangue del Signore Gesù, siamo rinati a nuova vita, mediante la parola eterna e vivente del Signore. Non a caso l'apostolo cita come contrapposizione proprio il salmo 103. Infatti, l'apostolo vuole sottolineare da una parte la fragilità dell'uomo, ma dall'altra la straordinaria esperienza e realtà della nuova nascita. Infatti, se è vero che l'uomo è come l'erba, è altresì vero che la parola di Dio rimane in eterno. Il cristiano ha ubbidito a questa straordinaria verità, perciò è chiamato ad amare, a servire il Signore e ad annunziare il Vangelo rivelato.

MT 6:26-30 f7) _> Chi dubita delle parole del Signore Gesù può essere definito solo in un modo - *gente di poca fede* -. Sono molto importanti tre lezioni che possiamo trarre dalla Parola di Dio.

Mt 14:30-33 > Innanzitutto in Mt 14 possiamo osservare la riprensione del Signore Gesù nei confronti di Pietro > Matteo 14:30 *Ma, vedendo il vento, ebbe paura e, cominciando ad affondare, gridò: «Signore, salvami!»* Matteo 14:31 *Subito Gesù, stesa la mano, lo afferrò e gli disse: «Uomo di poca fede, perché hai dubitato?»* Matteo 14:32 *E, quando furono saliti sulla barca, il vento si calmò.* Matteo 14:33 *Allora quelli che erano nella barca si prostrarono davanti a lui, dicendo: «Veramente tu sei Figlio di Dio!».* Si trattava questa di una circostanza molto particolare, nella quale Pietro prova la straordinaria esperienza di camminare sull'acqua. Ma è bastato il vento per togliere quella fiducia che era nel suo cuore. Quante volte corriamo il rischio di assomigliare a questo Pietro. Magari ci reputiamo tanto fedeli e poi basta *un po' di vento* per farci vacillare. Allora poi gridiamo come Pietro *Signore salvami.* Egli interviene, ma nello stesso tempo non potrà fare a meno che dirci *Uomo di poca fede.* Dobbiamo nutrire una fiducia incondizionata nei confronti del Signore.

Ti 4:6-7 > L'apostolo Paolo sottolinea l'importanza di conservare la fede > 2Timoteo 4:6 *Quanto a me, io sto per essere offerto in libazione, e il tempo della mia partenza è giunto.* 2Timoteo 4:7 *Ho combattuto il buon combattimento, ho finito la corsa, ho conservato la fede.* Questa lezione è evidente nella stessa testimonianza che rivolge l'apostolo. Egli sapeva che ormai era giunto all'ultimo segmento della sua vita e che *stava per essere offerto in libazione.* Ma non vediamo un uomo che ha dei rimpianti, anzi possiamo osservare un servo di Dio vittorioso che con giubilo può affermare *ho combattuto il buon combattimento, ho finito la corsa, ho serbato la fede.* È assolutamente importante conservare una fede viva, operante nei confronti del Signore e non essere dei servi di Dio con poca fede, per il quale il Signore ci deve riprendere.

Ti 6:11-12 > In terzo luogo, sempre Paolo esorta Timoteo a combattere il combattimento della fede > 1Timoteo 6:*11 Ma tu, uomo di Dio, fuggi queste cose, e ricerca la giustizia, la pietà, la fede, l'amore, la costanza e la mansuetudine.* 1Timoteo 6:12 *Combatti il buon combattimento della fede, afferra la vita eterna alla quale sei stato chiamato e in vista della quale hai fatto quella bella confessione di fede in presenza di molti testimoni.* È bello osservare come Paolo definisce Timoteo, un *uomo di Dio,* ma non lo fa certamente per uno spirito di parzialità o perché fosse un suo discepolo, ma perché effettivamente Timoteo amava profondamente il Signore. Come servo di Dio era chiamato a combattere il buon combattimento della fede, ma la stessa cosa vale anche per noi. Ogni giorno ci troviamo in un combattimento spirituale e Satana cerca di minare o porre dei dubbi nella nostra mente e nel nostro cuore. Per contro, siamo chiamati a ricercare la giustizia, la pietà, la fede, l'amore, la costanza e la mansuetudine, cinque pilastri della vita spirituale che mai devono mancare.

1 Te 5:8 > In quarto luogo. Paolo ci esorta a rivestirci della corazza della fede > 1Tessalonicesi 5:8 *Ma noi, che siamo del giorno, siamo sobri, avendo rivestito la corazza della fede e dell'amore e preso per elmo la speranza della salvezza.* È molto interessante osservare come Paolo parli dei figli di Dio come di coloro che sono sobri, che sanno vegliare. Purtroppo non sempre la situazione è questa. Viviamo purtroppo in un tempo, in un periodo di torpore e di sonnolenza spirituale. Ma per indossare *la corazza della fede,* dobbiamo essere sobri e pronti a combattere. Se viene meno la fede, vengono meno le difese contro il maligno. Perciò non siamo *di poca fede,* ma che possiamo essere di coloro che ripongono tutta la loro fiducia nel Signore.

Mt 6:25-34 (21 > ***Cercare innanzitutto il regno e la giustizia di Dio*** > - *Non siate dunque in ansia, dicendo: Che mangeremo? Che berremo? Di che ci vestiremo? Perché sono i pagani che ricercano tutte queste cose; ma il Padre vostro celeste sa che avete bisogno di tutte queste cose. Cercate prima il regno e la giustizia di Dio, e tutte queste cose vi saranno date in più. Non siate dunque in ansia per il domani, perché il domani si preoccuperà di sé stesso. Basta a ciascun giorno il suo affanno -* > Mt 6:3134.

MT 6:31-34 fi) > Il Signore Gesù ancora ribadisce il concetto che non dobbiamo essere in ansia sul magiare, sul vestire, per un semplice motivo- *sono i pagani che ricercano tutte queste cose -.* Con il mangiare ed il bere, in questo caso, il Signore vuole sottolineare piaceri della vita, i desideri della carne di cui i pagani si nutrono. Ma il cristiano cosa deve ricercare? Possiamo citare quattro cose.

Sl 71:15-17 > In primo luogo. Il salmista dichiara che ricercherà la giustizia del Signore > Salmi 71:15 *La mia bocca racconterà ogni giorno la tua giustizia e le tue liberazioni, perché sono innumerevoli.* Salmi 71:16 *Proclamerò i prodigi di Dio, il SIGNORE, ricercherò la tua giustizia, la tua soltanto.* Salmi 71:17 *O Dio, tu mi hai istruito sin dalla mia infanzia, e io, fino a oggi, ho annunziato le tue meraviglie.* La stessa lezione vale ovviamente anche per ciascuno di noi. L'autore di queste parole afferma che la sua bocca racconterà del continuo la giustizia di Dio, le Sue liberazioni, le Sue opere, i Suoi prodigi. Perciò il salmista si sente assolutamente spronato nel raccontare, nell'annunziare tali opere, ricercando nel contempo la giustizia di Dio, la Sua volontà.

Co 13:11 > In secondo luogo. Paolo ci esorta a ricercare la perfezione > 2Corinzi 13:11 *Del resto, fratelli, rallegratevi, ricercate la perfezione, siate consolati, abbiate un medesimo sentimento, vivete in pace; e il Dio d'amore e di pace sarà con voi.* È sicuramente un traguardo molto ambizioso. Ma dobbiamo anche dire che solo quando il traguardo o l'obiettivo è ambizioso, possiamo realmente migliorare. Questo è l'obiettivo che dobbiamo prefiggersi: piacere sempre di più al Signore, essere completi, avendo un medesimo sentimento e vivendo in pace. Il Signore ci può realmente consolare ed aiutarci nel conseguimento di questo sublime obiettivo: essere uomini e donne completi in Cristo.

1 Co 14:1 > In terzo luogo. Dobbiamo ricercare l'amore ed i doni spirituali > Corinzi 14:1 *Desiderate ardentemente l'amore, non tralasciando però di ricercare i doni spirituali, principalmente il dono di profezia.* Paolo tratta questo particolare argomento parlando proprio del servizio cristiano. Ma non si può servire il Signore senza l'amore. Perciò dobbiamo desiderare ardentemente questo sentimento e nello stesso tempo quei carismi spirituali necessari per poter servire il Signore efficacemente. È questo il nostro desiderio?

Sl 27:4 > In quarto luogo, il salmista desidera, ricerca la presenza del Signore > Salmi 27:4 *Una cosa ho chiesto al SIGNORE, e quella ricerco: abitare nella casa del SIGNORE tutti i giorni della mia vita, per contemplare la bellezza del SIGNORE, e meditare nel suo tempio.* Lo stesso vale anche per noi. Desideriamo stare alla presenza di Dio? Dimorare nella Sua presenza, significa ricercare la Sua approvazione, la Sua guida. Davide bramava contemplare la bellezza del Signore e quando giungerà il giorno eterno, anche noi potremo contemplarlo in tutto il Suo splendore. È questo il nostro vivido desiderio? È questo ciò che noi ricerchiamo?

MT 6:31-34 f2) > Perciò il Signore Gesù sottolinea molto bene il motivo per il quale non dobbiamo essere ansiosi, come già abbiamo avuto modo di osservare - ma il Padre vostro celeste sa che avete bisogno di tutte queste cose -. In greco abbiamo il verbo - *oida* -, indicativo perfetto attivo che indica l'atto di vedere e di conoscere. Il Signore conosce anzitempo, da ogni eternità, tutto, anche ciò di cui abbiamo bisogno nel dettaglio. Possiamo vedere due preziosi insegnamenti.

Co 12:20-23 > In primo luogo, Paolo afferma ai corinzi che

nessuno può sentirsi auto-sufficiente > 1Corinzi 12:20 *Ci son dunque molte membra, ma c'è un unico corpo;* 1Corinzi 12:21 *l'occhio non può dire alla mano: «Non ho bisogno di te»; né il capo può dire ai piedi: «Non ho bisogno di voi».* 1Corinzi 12:22 *Al contrario, le membra del corpo che sembrano essere più deboli, sono invece necessarie;* 1Corinzi 12:23 *e quelle parti del corpo che stimiamo essere le meno onorevoli, le circondiamo di maggior onore; le nostre parti indecorose sono trattate con maggior decoro.* È una lezione molto importante che sempre dobbiamo tenere presente. Molto spesso Infatti, accade che anche se con la bocca diciamo che abbiamo bisogno del Signore e degli altri, poi nella pratica dimostriamo una sorta di autosufficienza che non piace certamente al Signore. Paolo evidenzia che, essendo la Chiesa del Signore Gesù, il Suo corpo, nessun membro può affermare di essere autosufficiente, ma tutti hanno bisogno gli uni degli altri. Addirittura, Paolo insegna che quelle membra che apparentemente sono *meno onorevoli*, devono essere trattate con maggiore onore. Ma purtroppo dobbiamo anche affermare che il cristiano talvolta, peccando di orgoglio, pensa di poter fare a meno del Signore. Ma questo è un grave affronto a Lui.

Fl 4:19 > Soprattutto tenendo presente, in secondo luogo, ciò che insegna Paolo ai filippesi ovvero che è il Signore a supplire ai nostri bisogni > Filippesi 4:19 *Il mio Dio provvederà splendidamente a ogni vostro bisogno secondo le sue ricchezze, in Cristo Gesù.* Teniamo sempre conto di questo grande privilegio di cui possiamo godere? Il Signore sa supplire ai nostri bisogni come nessun altro, secondo le Sue immense ricchezze in Cristo. Ecco perché sempre dobbiamo avere fiducia di Lui ed in Lui, perché Egli conosce tutto di noi.

MT 6:31-34 f3) > Perciò il Signore Gesù esordisce con queste straordinarie parole che tutti noi conosciamo - *Cercate prima il regno e la giustizia di Dio* -. Nel greco abbiamo un chiaro imperativo presente – *zeteite* -, da - *zeteo* - cioè cercare. Cosa dobbiamo cercare effettivamente? Ciò che è la volontà di Dio e la Sua giustizia. Possiamo vedere tre lezioni.

Sl 45:6-7 > In primo luogo il salmista afferma che lo scettro del Signore è di giustizia. Salmi 45:6 *Il tuo trono, o Dio, dura in eterno; lo scettro del tuo regno è uno scettro di giustizia.* Salmi 45:7 *Tu ami la giustizia e detesti l'empietà.* Questo particolare insegnamento ci parla del governo giusto e perfetto del Signore, nonché della Sua volontà perfetta. In questo salmo messianico, viene proprio sottolineato che il Signore ama la giustizia, ma odia, detesta, l'empietà ed il peccato. Lo stesso deve valere anche per ciascuno di noi. Il Suo regno, la Sua Persona, la Sua volontà, è caratterizzata dalla giustizia.

Te 1:3-5 > In secondo luogo. Paolo sottolinea l'importanza di essere riconosciuti degni del Suo regno > 2Tessalonicesi 1:3 *Noi dobbiamo sempre ringraziare Dio per voi, fratelli, com'è giusto, perché la vostra fede cresce in modo eccellente, e l'amore di ciascuno di voi tutti per gli altri abbonda sempre di più;* 2Tessalonicesi 1:4 *in modo che noi stessi ci gloriamo di voi nelle chiese di Dio, a motivo della vostra costanza e fede in tutte le vostre persecuzioni e nelle afflizioni che sopportate.* 2Tessalonicesi 1:5 *Questa è una prova del giusto giudizio di Dio, perché siate riconosciuti degni del regno di Dio, per il quale anche soffrite.* Ovviamente questo non dipende da nostri sforzi o meriti, ma come ben evidenzia l'apostolo, questo è possibile solo per la Grazia di Dio che il cristiano ha accolto per fede. Infatti, Paolo ringrazia il Signore per la fede dei tessalonicesi che cresceva sempre di più, in modo eccellente ed in modo costante. Per questo motivo Paolo si rallegrava in quanto poteva osservare che questi cari in Cristo dimostravano concretamente di essere degni del regno di Dio. Ma lo voglio ripetere, non per loro meriti o perché fossero migliori di altri, ma perché dimostravano la loro fede, dimostravano di essere cristiani, realtà che diciamolo pure, oggi manca sempre di più.

Ro 14:16-18 > In terzo luogo. Paolo sottolinea che il regno di Dio consiste in tre realtà prodotte dallo Spirito > Romani 14:16 *Ciò che è bene per voi non sia dunque oggetto di biasimo;* Romani 14:17 *perché il regno di Dio non consiste in vivanda né in bevanda, ma è giustizia, pace e gioia nello Spirito Santo.* Romani 14:18 *Poiché chi serve Cristo in questo, è gradito a Dio e approvato dagli uomini.* La nostra concezione, il nostro discernimento umano, il nostro pensiero, molto spesso è lontano dal pensiero del Signore e questo testo ce lo dimostra chiaramente. Infatti, Paolo dichiara che il regno di Dio non può essere concepito con parametri umani, ad esempio con elementi materiali, ma vi sono tre caratteristiche ben precise che lo descrivono *giustizia, pace e gioia nello Spirito.* La prima caratteristica è proprio la giustizia. Cercare il regno di Dio significa perciò servire il Signore e condursi, comportarsi dimostrando proprio queste tre precise caratteristiche, in modo tale da essere approvati da Dio e non dagli uomini.

De 32:4 > In quarto luogo. De 32 ci ricorda che tutte le vie del Signore sono giustizia. Deuteronomio 32:4 *Egli è la rocca, l'opera sua è perfetta, poiché tutte le sue vie sono giustizia. È un Dio fedele e senza iniquità. Egli è giusto e retto.* Quando noi cerchiamo la Sua volontà, la Sua persona gloriosa, dobbiamo anche ricordarci che ogni Sua via, ovvero ogni Suo decreto, pensiero, decisione è giusta ed è perfetta. La conclusione del testo è eloquente *Egli è giusto e retto.* Nessuno può accusare il Signore di ingiustizia.

Ro 1:16-17 > Anche perché dobbiamo ricordare. In quinto luogo. Che noi siamo resi giusti per la giustizia di Dio che è rivelata da fede a fede> Romani 1:16 *Infatti, non mi vergogno del vangelo; perché esso è potenza di Dio per la salvezza di chiunque crede; del Giudeo prima e poi del Greco;* Romani 1:17 *poiché in esso la giustizia di Dio è rivelata da fede a fede, com'è scritto: «Il giusto per fede vivrà».* È molto importante questo concetto. Per quale motivo Paolo non si vergognava del Vangelo? Perché egli era così intenzionato a predicarlo? Non solo perché il Vangelo di Dio è potenza di Dio per chiunque crede, ma perché in esso la giustizia di Dio si manifesta potentemente in modo tale che si realizzi quel miracolo già annunciato nell'AT *il giusto per fede vivrà.* Noi siamo non solo resi giusti, ma dichiarati giusti per fede, sulla base della stessa giustizia di Dio. Questo è un ulteriore sprone per noi nel cercare la Sua giustizia e la Sua volontà.

Sl 71:14-16 > In sesto luogo, il salmista dichiara apertamente di ricercare la giustizia *di Dio* > Salmi 71:14 *Ma io spererò sempre, e a tutte le tue lodi ne aggiungerò altre.* Salmi 71:15 *La mia bocca racconterà ogni giorno la tua giustizia e le tue liberazioni, perché sono innumerevoli.* Salmi 71:16 *Proclamerò i prodigi di Dio, il SIGNORE, ricercherò la tua giustizia, la tua soltanto.* Dobbiamo imparare proprio da questo esempio. L'autore di queste parole esalta il Signore, impegnandosi a lodarlo, adorarlo sempre, annunziando ogni giorno la Sua giustizia, le Sue liberazioni, i Suoi interventi, ma anche ricercando solo ed esclusivamente la Sua giustizia. Queste parole si collegano a quando un giorno poteva dire Paolo 1Corinzi 2:1 *E io, fratelli, quando venni da voi, non venni ad annunziarvi la testimonianza di Dio con eccellenza di parola o di sapienza;* 1Corinzi 2:2 *poiché mi proposi di non sapere altro fra voi, fuorché Gesù Cristo e lui crocifisso.* Nient'altro ci deve interessare. Il nostro obiettivo è piacere al Signore.

MT 6:31-34 f4) > Ebbene cosa accadrà se cercheremo prima di tutto il regno e la giustizia di Dio? Ecco come risponde il Signore - *e tutte queste cose vi saranno date in più -*. Proprio per il fatto che il Signore conosce ciò di cui abbiamo bisogno, il nostro intento e compito deve essere rivolto solo a piacere a Lui, tutto il resto ci sarà aggiunto. A tal proposito possiamo vedere due testi emblematici

1 Re 3:9-14 > In primo luogo l'esempio di Salomone > 1Re 3:9 *Dà dunque al tuo servo un cuore intelligente perché io possa amministrare la giustizia per il tuo popolo e discernere il bene dal male; perché chi mai potrebbe amministrare la giustizia per questo tuo popolo che è così numeroso?»* 1Re 3:10 *Piacque al SIGNORE che Salomone gli avesse fatto una tale richiesta.* 1Re 3:11 *E Dio gli disse: «Poiché tu hai domandato questo, e non hai chiesto per te lunga vita, né ricchezze, né la morte dei tuoi nemici, ma hai chiesto intelligenza per poter discernere ciò che è giusto,* 1Re 3:12 *ecco, io faccio come tu hai detto; e ti do un cuore saggio e intelligente: nessuno è stato simile a te nel passato, e nessuno sarà simile a te in futuro.* 1Re 3:13 *Oltre a questo io ti do quello che non mi hai domandato: ricchezze e gloria; tanto che non vi sarà durante tutta la tua vita nessun re che possa esserti paragonato.* 1Re 3:14 *Se cammini nelle mie vie, osservando le mie leggi e i miei comandamenti, come fece Davide tuo padre, io prolungherò i tuoi giorni».* Come si comportò Salomone in questa circostanza? Purtroppo questo re non si comportò sempre in questo modo, ma vogliamo trarre lezione da questo Salomone. Egli, che poteva chiedere qualsiasi cosa, chiese la cosa più importante e proficua *un cuore intelligente*, in modo tale da poter amministrare la giustizia per Israele e per discernere il bene dal male. Ecco cosa anche noi dobbiamo chiedere: la saggezza di Dio. La richiesta fu talmente gradita al Signore che non soltanto Salomone venne esaudito nella sua richiesta specifica, ma furono aggiunte tantissime altre benedizioni che egli non aveva richiesto. Salomone ricevette gloria, onore, potere, tanto che al suo tempo, nessun re poteva superare Salomone in grandezza. Perciò, cerchiamo prima - *il regno e la giustizia di Dio -,* cerchiamo ciò che piace a Lui, che è secondo la Sua volontà, ed il Signore si occuperà anche del resto.

Lu 18:28-30 > In secondo luogo il Signore Gesù, rispondendo ai Suoi, dichiara che chiunque rinuncia per Lui, riceverà molto di più > Luca 18:28 *Pietro disse: «Ecco, noi abbiamo lasciato le nostre cose e ti abbiamo seguito».* Luca 18:29 *Ed egli disse loro: «Vi dico in verità che non c'è nessuno che abbia lasciato casa, o moglie, o fratelli, o genitori, o figli per amor del regno di Dio,* Luca 18:30 *il quale non ne riceva molte volte tanto in questo tempo, e nell'età futura la vita eterna».* Ricordiamoci che il Signore non è mai debitore di nessuno. Alla domanda di Pietro, il quale disse al Signore che tutti loro avevano rinunciato a tutto pur di seguirlo, Gesù risponde in un modo straordinario; non solo a lui ma anche a noi. Abbiamo rinunciato e stiamo rinunciando per il Signore?

Seguire il Signore Gesù comporta sempre un prezzo. Bene, possiamo stare certi che per le nostre rinunce, riceveremo molto di più, immensamente di più, perché Dio è *il Rimuneratore di tutti coloro che Lo cercano* (Eb 11:6).

MT 6:31-34 f5) _> Il Signore Gesù prosegue giungendo ormai alla parte conclusiva dell'insegnamento sull'ansia - *Non siate dunque in ansia per il domani, perché il domani si preoccuperà di sé stesso -*. Dobbiamo sempre essere consapevoli che il giorno del domani noi non lo conosciamo ed a dire la verità non possiamo nemmeno sapere con certezza cosa fare da qui ad un'ora. Perciò dobbiamo sempre affidarci al Signore. Possiamo vedere tre testi molto importanti.

Pr 27:1 > L'autore esorta a non vantarsi del domani perché non si sa ciò che quel giorno può produrre > Proverbi 27:1 *Non ti vantare del domani, poiché non sai quel che un giorno possa produrre.* È un consiglio assolutamente saggio che bisogna comprendere. Molto spesso l'uomo afferma nel suo orgoglio ah, domani farò questo e quest'altro, concluderò questo bell'affare ecc. Ma in realtà lui non può sapere certo niente di tutto questo. Noi non possiamo sapere cosa produrrà il giorno del domani, non possiamo nemmeno garantire di essere in vita.

Is 22:12-13 > Inoltre in Is 22, viene messo in evidenza un atteggiamento assolutamente negativo materialistico, pensando che il tutto finisca con la morte fisica > Isaia 22:12 *Il Signore, DIO degli eserciti, vi chiama in questo giorno a piangere, a fare lamento, a radervi il capo, a indossare il sacco,* Isaia 22:13 *ed ecco che tutto è gioia, tutto è festa! Si ammazzano buoi, si* scannano pecore, si mangia carne, si beve vino. «Mangiamo e beviamo, poiché domani morremo!». Credo che tutti noi siamo a conoscenza di questo cattivo modo di pensare. Il Signore chiama Israele a ravvedimento, a lamentarsi ed a piangere sul suo peccato, ma mentre Egli rivolge questo messaggio solenne, come risponde il popolo? Con la gozzoviglia, una gioia carnale motivata da questo tragico pensiero *Mangiamo e dormiamo perché domani morremo.* È la visione materialistica che impera in questo sistema-mondo. Ma dalla Scrittura apprendiamo che con la morte fisica non finisce ogni cosa. Vi sono due realtà eterne l'una contrapposta all'altra: vita eterna o morte eterna. Il credente non può e non potrà essere governato da questo sistema ideologico.

Gm 4:13-15 > Anzi, come dichiara Giacomo, il figlio di Dio si deve sempre rimettere al Signore > Giacomo 4:13 *E ora a voi che dite: «Oggi o domani andremo nella tale città, vi staremo un anno, trafficheremo e guadagneremo»;* Giacomo 4:14 *mentre non sapete quel che succederà domani! Che cos'è Infatti, la vostra vita? Siete un vapore che appare per un istante e poi svanisce.* Giacomo 4:15 *Dovreste dire invece: «Se Dio vuole, saremo in vita e faremo questo o quest'altro».* Non è certamente sbagliato programmare o progettare, ma nello stesso tempo non abbiamo né la conoscenza, né la possibilità di dire domani faremo questo e quest'altro. Tutto è nelle mani di Dio. Perciò siamo chiamati a dire *se Dio vuole,* certi che la Sua volontà è santa ed è perfetta.

MT 6:31-34 f6) _> Il Signore Gesù conclude con queste parole - *Basta a ciascun giorno il suo affanno* -. Interessante osservare che nel greco abbiamo il sostantivo - *kakia* - che indica la cattiveria, la malvagità, non propriamente l'affanno. Ogni giorno Infatti, vengono perpetrare azioni malvagie, atti malvagi da parte dell'uomo. Ma stiamo sulla versione della NR. Possiamo osservare due brani fondamentali.

Sl 55:22 > Il salmista innanzitutto ci invita a gettare sul Signore ogni affanno > Salmi 55:22 *Getta sul SIGNORE il tuo affanno, ed egli ti sosterrà; egli non permetterà mai che il giusto vacilli.* Questo insegnamento l'abbiamo visto anche prima. Molto spesso accade che le preoccupazioni ce le teniamo per noi, ma non deve essere così.

Siamo chiamati a *gettare sul Signore ogni affanno,* essendo fiduciosi del fatto che Egli ci sosterrà, interverrà nella nostra vita affinché il nostro piede non vacilli.

Lu 10:41-42 > In secondo luogo possiamo osservare l'esempio di Marta > Luca 10:41 *Ma il Signore le rispose: «Marta, Marta, tu ti affanni e sei agitata per molte cose, ma una cosa sola è necessaria.* Luca 10:42 *Maria ha scelto la parte buona che non le sarà tolta».* Marta e Maria erano due sorelle che, come possiamo osservare in questo testo, avevano compiuto due scelte completamente differenti. Marta era affaccendata nei lavori domestici, mentre Maria preferì ascoltare la voce del Signore. Ad un certo punto dopo il disappunto di Marta per il fatto che Maria non l'aiutava, il Signore la riprende *Marta, Marta tu ti affanni....* Quale delle due donne avrà sicuramente goduto della presenza del Signore? Certamente Maria. Non era il momento per affaticarsi, per affaccendarsi, ma di ascoltare il Signore. Siamo chiamati a comportarci proprio come Maria.

# *Capitolo 7*

## NON ESSERE IPOCRITI NEL GIUDIZIO

### Matteo 7:1-6> Non si può essere ipocriti nel giudizio

Mt 7:1-6 (1ì > ***Non giudicare per non essere giudicati*** > - *«Non giudicate, affinché non siate giudicati; perché con il giudizio con il quale giudicate, sarete giudicati; e con la misura con la quale misurate, sarà misurato a voi* - > Mt 7:1-2.

MT 7:1-2 fi) > Con il cap.7 di Matteo, inizia un altro argomento molto importante: quello sul giudizio. Il Signore insegna - *Non giudicate; affinché non siate giudicati* -. Nel proseguo del commento avremo modo di precisare ulteriormente queste parole. Certamente il Signore mette in guardia sullo spirito malvagio di giudizio che caratterizza ogni essere umano. Vediamo quattro passi emblematici.

Sl 58:1-2 > Il salmista domanda ai potenti se essi giudicano rettamente > Salmi 58:1 *Al direttore del coro. «Non distruggere». Inno di Davide. E proprio secondo giustizia che voi parlate, o potenti? Giudicate voi rettamente i figli degli uomini?* Salmi 58:2 *Anzi, in cuor vostro commettete iniquità; nel paese, voi gettate nella bilancia la violenza delle vostre mani.* È chiaro dal contesto che Davide si stava riferendo a coloro che avevano il diritto di giudicare, o di emettere sentenze come i giudici. Eppure l'esperienza insegna che molto spesso il giudizio è inquinato, approssimativo e molto spesso ingiusto. Questo perché chi emette giudizi, ha il cuore corrotto, malvagio ed il suo peccato gli impedisce di giudicare rettamente. Ecco perché anche noi dobbiamo stare attenti da un cattivo spirito di giudizio.

Ro 2:1-3 > In secondo luogo. Paolo insegna. rivolgendosi all'uomo giudeo. Che chi giudica è inescusabile > Romani 2:1 *Perciò, o uomo, chiunque tu sia che giudichi, sei inescusabile; perché nel giudicare gli altri condanni te stesso; Infatti, tu che giudichi, fai le stesse cose.* Romani 2:2 *Ora noi sappiamo che il giudizio di Dio su quelli che fanno tali cose è conforme a verità.* Romani 2:3 *Pensi tu, o uomo, che giudichi quelli che fanno tali cose e le fai tu stesso, di scampare al giudizio di Dio?* È molto importante focalizzare il destinatario specifico di queste parole, in quanto molto spesso, come possiamo osservare nell'atteggiamento degli Scribi e dei Farisei, nel Giudeo zelante ed osservante la Legge, vi era questo spirito di giudizio. Egli giudicava, ma in modo ipocrita, Infatti, Paolo deve dire che in questo modo *condannava se stesso.* In che senso? Perché non poteva giudicare coloro che trasgredivano la Legge, quando lui stesso la trasgrediva. In questo caso impariamo un concetto molto importante: quando si avverte, quando si denuncia il peccato come vedremo più avanti, bisogna essere irreprensibili.

Gm 4:12 > In terzo luogo. Giacomo rivolge un solenne interrogativo: chi siamo noi per giudicare? > Giacomo 4:12 *Uno soltanto è legislatore e giudice, colui che può salvare e perdere; ma tu chi sei, che giudichi il tuo prossimo?* L'apostolo precisa molto bene che il Legislatore e Giudice è solo uno, ovvero il Signore. Lui solo può emettere giudizi perfetti e sentenze perfette. Noi non abbiamo nessun potere in tal senso, perciò dobbiamo cessare, se esiste, ogni spirito di giudizio.

1 Co 5:3. 9-13 > Tuttavia. Paolo insegna che non giudicare non significa che non bisogna denunciare il peccato > 1Corinzi 5:3 *Quanto a me, assente di persona ma presente in spirito, ho già giudicato, come se fossi presente, colui che ha commesso un tale atto...*1Corinzi 5:9 *Vi ho scritto nella mia lettera di non mischiarvi con i fornicatori;* 1Corinzi 5:10 *non del tutto però con i fornicatori di questo mondo, o con gli avari e i ladri, o con gl'idolatri; perché altrimenti dovreste uscire dal mondo;* 1Corinzi 5:11 *ma quel che vi ho scritto è di non mischiarvi con chi, chiamandosi fratello, sia un fornicatore, un avaro, un idolatra, un oltraggiatore, un ubriacone, un ladro; con quelli non dovete neppure mangiare.* 1Corinzi 5:12 *Poiché, devo forse giudicare quelli di fuori? Non giudicate voi quelli di dentro?* 1Corinzi 5:13 *Quelli di fuori li giudicherà Dio. Togliete il malvagio di mezzo a voi stessi.* Molto spesso si sente dire Chi sei tu per giudicarmi? quando in realtà non si fa altro che avvertire per amore del fratello o della sorella. Quando nella Scrittura leggiamo che non dobbiamo giudicare, non significa che il peccato non vada denunciato ed un esempio emblematico l'abbiamo nel caso del fornicatore di Corinto. Paolo

afferma chiaramente che aveva *già giudicato* come se fosse presente quel peccatore impenitente e nello stesso tempo emette la sentenza che *quel tale sia consegnato in man di Satana per la rovina della carne.* Una sentenza ben precisa. Ma non soltanto, ma Paolo esorta i corinzi a non mischiarsi con chi, nominandosi fratello e quindi figlio di Dio compie atti di fornicazione, idolatria, oltraggio, ubriachezza e quant'altro, anzi non si può e non si deve avere comunione con chi non confessa ed abbandona il peccato. Infatti, Paolo domanda *Non giudicate voi quelli di dentro?* Quindi esiste un giudizio che è rivolto alla denuncia del peccato ed alla disciplina che è necessaria in una chiesa locale. Ma come abbiamo detto, bisogna essere irreprensibili per comportarsi in questo modo.

MT 7:1-2 f2) > Perché non bisogna giudicare? Ecco la risposta del Signore - *perché con il giudizio con il quale giudicate, sarete giudicati; e con la misura con la quale misurate, sarà misurato a voi -.* Quindi è per il nostro stesso bene che il Signore ci esorta a non avere uno spirito di giudizio nei confronti degli altri. Infatti, il metro, la misura che useremo, sarà usato anche verso di noi. Possiamo vedere due testi illuminanti.

Gb 36:17 > In primo luogo, bisogna stare attenti a non giudicare le vie di Dio > Giobbe 36:17 *Ma, se giudichi le vie di Dio come fanno gli empi, il suo giudizio e la sua sentenza ti piomberanno addosso.* Purtroppo bisogna dire che quando si ha uno spirito di giudizio, nella propria stoltezza, si rischia addirittura di giudicare le vie del Signore, ovvero la Sua volontà, i Suoi disegni. Forse questo non viene fatto in modo palese, ma dobbiamo precisare che quando si disubbidisce al Signore, in altre parole si sta valutando che la volontà di Dio non è il meglio per noi. Infatti, in quel momento pensiamo che sia il nostro pensiero o la nostra volontà, la cosa migliore. Ma sono solenni le parole che Eliu rivolge a Giobbe. Se si osa giudicare le vie di Dio, sicuramente si pagheranno le doverose conseguenze e le *sentenze* del Signore.

Co 11:31-32 > In secondo luogo, Paolo ci invita ad esaminare noi stessi per non essere giudicati > 1Corinzi 11:31 *Ora, se esaminassimo noi stessi, non saremmo giudicati;* 1Corinzi 11:32 *ma quando siamo giudicati, siamo corretti dal Signore.* Non soltanto non dobbiamo avere uno spirito di giudizio, per non incorrere nel rischio di essere giudicati, siamo chiamati all'irreprensibilità. Infatti, l'apostolo ci esorta ad *esaminare noi stessi,* a fare un'attenta diagnosi del nostro comportamento, della nostra condotta per non essere giudicati. Certamente dobbiamo altresì dire che quando il Signore ci giudica, ci corregge, ci educa per aiutarci a camminare per quella via che Egli gradisce.

MT 7:1-2 f3) > Come abbiamo detto prima bisogna stare attenti a giudicare, in quanto con la misura con la quale giudichiamo, lo stesso metro sarà usato anche per noi. A tal proposito possiamo notare tre insegnamenti.

Pr 20:10 > In primo luogo doppio peso e doppia misura sono in abominio al Signore Proverbi 20:10 *Doppio peso e doppia misura sono entrambi in abominio al SIGNORE.* Qui ci viene chiaramente spiegato come mai dobbiamo esimerci dal giudicare. Infatti, molto spesso il nostro giudizio rischia di essere falsato. Il doppio peso e la doppia misura sono assolutamente disapprovati dal Signore. Questa è un'espressione che indica un giudizio falsato, approssimativo e sicuramente non parziale. Tutti noi corriamo il rischio di comportarci in questo modo. L'uomo è soggetto alla parzialità. Ma il Signore ci assicura che se noi giudichiamo animati dalla malvagità o dalla cattiveria, lo stesso metro, la stessa misura sarà adoperata anche per noi.

Lu 6:37-38 > In secondo luogo, saremo misurati con la stessa misura con cui abbiamo anche fatto del bene > Luca 6:37 *«Non giudicate, e non sarete giudicati; non condannate, e non sarete condannati; perdonate, e vi sarà perdonato.* Luca 6:38 *Date, e vi sarà dato; vi sarà versata in seno buona misura, pigiata, scossa, traboccante; perché con la misura con cui misurate, sarà rimisurato a voi».* È bella e consolante questa lezione. Questo è un testo parallelo a quello di Matteo, nel quale ci viene ricordato che non dobbiamo giudicare, non condannare e di perdonare, in quanto lo stesso trattamento sarà riservato anche a noi, se non dall'uomo, certamente dal Signore. Ma vi è un altro dettaglio molto importante. Infatti, il Signore ci esorta a dare, a fare del bene, a dimostrare amore *perché con la misura con cui misurate, sarà rimisurato a voi.* Molto spesso pensiamo che amare anche chi non ci dimostra amore sia tempo sprecato. Ma non è così. Quando si ama secondo il Signore, vi sarà sempre una meravigliosa ricompensa.

Ap 18:6-8 > In terzo luogo, in Ap 18, il Signore decreta una doppia retribuzione per la Babilonia della fine dei tempi per il trattamento malvagio che lei usava > Apocalisse 18:6 *Usatele il* trattamento che lei usava, datele doppia retribuzione per le sue opere; nel calice in cui ha versato ad altri, versatele il doppio. Apocalisse 18:7 Datele tormento e afflizione nella stessa misura in cui ha glorificato sé stessa e vissuto nel lusso. Poiché dice in cuor suo: Io sono regina, non sono vedova e non vedrò mai lutto. Apocalisse 18:8 Perciò in uno stesso giorno verranno i suoi flagelli: morte, lutto e fame, e sarà consumata dal fuoco; poiché potente è Dio, il Signore che l'ha giudicata. L'esempio di Babilonia è assolutamente illuminante. Qui non si parla propriamente del giudizio, ma della malvagità che Babilonia ha continuato a manifestare nei confronti degli altri. Ebbene il decreto è assolutamente chiaro usatele doppia retribuzione per le sue opere. Babilonia sarebbe stata tormentata, afflitta, in quanto nel suo orgoglio ha ricercato il lusso, la ricchezza, illudendosi che nessun male l'avrebbe colpita. Ma in un momento essa avrebbe conosciuto ogni genere di calamità. Anche se il contesto è diverso, il principio rimane. Babilonia ha raccolto il frutto della sua malvagità, chi giudica, chi è animato da uno spirito di giudizio, raccoglierà il frutto delle sue opere.

## Mt 7:1-6 (21 Via ogni forma di ipocrisia

Perché guardi la pagliuzza che è nell'occhio di tuo fratello, mentre non scorgi la trave che è nell'occhio tuo? O, come potrai tu dire a tuo fratello: Lascia che io ti tolga dall'occhio la pagliuzza, mentre la trave è nell'occhio tuo? Ipocrita, togli prima dal tuo occhio la trave, e allora ci vedrai bene per trarre la pagliuzza dall'occhio di tuo fratello - > Mt 7:3-5.

MT 7:3-5 fi) > Con queste parole ci viene chiaramente spiegato cosa dobbiamo eliminare dalla nostra vita: l'ipocrisia. Infatti, il Signore domanda - Perché guardi la pagliuzza che è nell'occhio di tuo fratello, mentre non scorgi la trave che è nell'occhio tuo? O, come potrai tu dire a tuo fratello: Lascia che io ti tolga dall'occhio la pagliuzza, mentre la trave è nell'occhio tuo? -. Dobbiamo esimerci dal giudizio, perché molto spesso ci comportiamo proprio in questo modo. Guardiamo al cavillo, guardiamo alla - pagliuzza - del nostro fratello cioè a qualcosa di insignificante, ma non guardiamo alla - trave - che ci acceca. Possiamo vedere dei saggi consigli nella Scrittura che ci devono far riflettere.

Co 10:11-12 > In primo luogo non dobbiamo essere presuntuosi > 1Corinzi 10:11 Ora, queste cose avvennero loro per servire da *esempio e sono state scritte per ammonire noi, che ci troviamo nella fase conclusiva delle epoche.* 1Corinzi 10:12 *Perciò, chi pensa di stare in piedi, guardi di non cadere.* Molto spesso quando si è animati dallo spirito del giudizio, si è caratterizzati anche dalla presunzione, dall'orgoglio, come se in noi ci fosse l'illusione che non cadremo mai. Ma Paolo ci lancia un solenne avvertimento *chi pensa di stare in piedi, guardi di non cadere.* L'esempio di Israele è illuminante. Tutto ciò che è stato scritto nel passato è per la nostra istruzione. Non dobbiamo essere presuntuosi. Basta un attimo, un piccolo momento di incertezza o di dubbio e subito si è caduti.

Os 11:7 > In secondo luogo, dobbiamo guardare al Signore > Osea 11:7 *Il mio popolo persiste a sviarsi da me; lo s'invita a guardare a chi è in alto, ma nessuno di essi alza lo sguardo.* Invece di guardare gli altri, il loro comportamento, la loro condotta per cercare una-*pagliuzza* - per cui giudicarli, dobbiamo guardare solo al Signore. In questo testo di Osea, il Signore afferma che il Suo popolo continuava a persistere nel suo sviamento, nella sua ribellione. Perciò Egli lo invita a *guardare in alto*, ovvero a guardare al Signore, ma purtroppo nessuno seguì questo consiglio. Noi non dobbiamo e non possiamo comportarci come il popolo d'Israele. Dobbiamo sempre guardare al Signore e non guardare agli altri con lo scopo di puntare il nostro dito.

Fl 3:17 > In terzo luogo dobbiamo guardare chi è esempio di fede > Filippesi 3:17 *Siate miei imitatori, fratelli, e guardate quelli che camminano secondo l'esempio che avete in noi.* Se dobbiamo proprio guardare gli altri, dobbiamo farlo per imparare e non per giudicare. Paolo invita i filippesi ad essere *suoi imitatori* ed a osservare attentamente l'atteggiamento ed il comportamento di coloro che camminano con fede, essendo un esempio per tutta la fratellanza. Accogliamo sempre questo consiglio? Oppure, invece di osservare con favore e con il desiderio di apprendere coloro che sono esempi per noi, li guardiamo animati da invidia e cattiveria? Non sono domande inutili, in quanto non possiamo ignorare che molto spesso nella Chiesa del Signore accade anche questo. Perciò impariamo anche da coloro che ci insegnano e che ci ammaestrano con il loro comportamento.

Ga 5:13-15 > In quarto luogo dobbiamo stare attenti a non dare libertà alla carne > Galati 5:13 *Perché, fratelli, voi siete stati chiamati a libertà; soltanto non fate della libertà un'occasione per vivere secondo la carne, ma per mezzo dell'amore servite gli uni agli altri; Galati 5:14 poiché tutta la legge è adempiuta in quest'unica parola: «Ama il tuo prossimo come te stesso».* Galati *5:15 Ma se vi mordete e divorate gli uni gli altri, guardate di non essere consumati gli uni dagli altri.* Non dobbiamo dimenticarci che quando siamo animati da uno spirito di giudizio cattivo, stiamo dando libertà alla nostra carne, come asserisce l'apostolo Giacomo in questo brano. Stiamo dando un'occasione alla carne di manifestare tutte le sue nefaste caratteristiche. Lo spirito di giudizio, di confronto, di paragone, è contrario all'amore che siamo chiamati a mostrare gli uni gli altri. Infatti, Giacomo ci ricorda che tutta la legge è adempiuta nella parola *Ama il tuo prossimo come te stesso.* Se invece *ci si divora,* si litiga, si contende, c'è il rischio che ci si *consumi* reciprocamente. Purtroppo molto spesso, invece di combattere tutti insieme quel combattimento spirituale al quale siamo tutti chiamati, sprechiamo il nostro tempo nel giudicarci reciprocamente. Quale follia! Stiamo attenti a non dare *libertà alla nostra carne.*

MT 7:3-5 f2) > Perciò il Signore Gesù definisce in solo modo che si comporta in questo modo - *Ipocrita* -. Non vi può essere altra definizione. Colui che cerca di correggere altri, quando lui stesso ne ha più bisogno, è chiaramente un ipocrita, ovvero cerca di apparire migliore del suo prossimo. Da qui possiamo imparare diverse lezioni.

Sl 26:4-5 > In primo luogo, il salmista confessa che non può avere alcuna comunione con uomini ipocriti > Salmi 26:4 *Io non siedo in compagnia di uomini bugiardi, non vado con gente ipocrita.* Salmi 26:5 *Detesto l'assemblea dei malvagi, non vado a sedermi tra gli empi. È un saggio consiglio che ci dà il salmista, che dobbiamo assolutamente accogliere.* Non si può avere alcuna comunione con gli ipocriti, in quanto con il loro comportamento provocano enormi danni. Addirittura Davide afferma che è suo intento non sedersi con chi cammina nella menzogna, nell'ipocrisia, in quanto egli detesta tali comportamenti. Lo stesso deve valere anche per noi. Un cristiano non potrà mai accettare una simile condotta o approvarla. Anzi odierà un simile modo di comportarsi.

Ga 2:11-14 > In secondo luogo è bene ricordare che l'ipocrisia trascinò nel peccato perfino Pietro e Barnaba > Galati 2:11 *Ma quando Cefa venne ad Antiochia, gli resistei in faccia perché era* da condannare. *Galati 2:12 Infatti, prima che fossero venuti alcuni da parte di Giacomo, egli mangiava con persone non giudaiche; ma quando quelli furono arrivati, cominciò a ritirarsi e a separarsi per timore dei circoncisi.* Galati 2:13 *E anche gli altri Giudei si misero a simulare con lui; a tal punto che perfino Barnaba fu trascinato dalla loro ipocrisia. Galati 2:14 Ma quando vidi che non camminavano rettamente secondo la verità del vangelo, dissi a Cefa in presenza di tutti: «Se tu, che sei giudeo, vivi alla maniera degli stranieri e non dei Giudei, come mai costringi gli stranieri a vivere come i Giudei?».* Non è certamente un caso il fatto che bisogna detestare l'atteggiamento ipocrita. In questo testo ne abbiamo un chiaro esempio, in quanto due uomini di Dio considerati ed esempi di fede, caddero nella trappola dell'ipocrisia. Il primo è Pietro, il quale, prima che giungessero i giudei, mangiava tranquillamente con persone gentili. Ma quando i giudei giunsero subito Pietro cambiò comportamento. Non solo, ma con il suo triste esempio, anche altri imitarono la condotta di Pietro, tra cui anche Barnaba. Paolo fece bene a riprendere Pietro, in quanto non solo lui era un cristiano, ma un apostolo del Signore Gesù e perciò un esempio per tutti. Con un simile comportamento non si camminava *secondo la verità del Vangelo.* Perciò Paolo domanda a Pietro *Se tu, che sei giudeo, vivi alla maniera degli stranieri e non dei Giudei, come mai costringi gli stranieri a vivere come i Giudei?».* Una domanda perfettamente logica basato sul comportamento tenuto proprio da Pietro. Questo testo perciò vuole essere un monito per tutti noi a stare attenti non solo dall'ipocrisia, ma dai suoi terribili effetti.

Pt 2:1-3 > In terzo luogo. Pietro ci esorta fortemente a sbarazzarci di ogni forma d'ipocrisia > 1Pietro 2:1 *Sbarazzandovi di ogni cattiveria, di ogni frode, dell'ipocrisia, delle invidie e di ogni maldicenza,* 1Pietro 2:2 *come bambini appena nati, desiderate il puro latte spirituale, perché con esso cresciate per la salvezza,* 1Pietro 2:3 *se davvero avete gustato che il Signore è buono.* Non per niente proprio Pietro ci esorta a sbarazzarci, ad eliminare dalla nostra vita, ogni forma di cattiveria, inganno, invidia, maldicenza, ma anche *ipocrisia.* Nulla di tutto ciò si deve trovare in noi. Anzi, come *bambini appena nati,* siamo chiamati a desiderare il puro latte della Parola, ascoltare con amore e dedizione la voce del Padre al fine di *crescere* fino allo stato d'uomini fatti. È chiaro che un ipocrita non potrà mai raggiungere simili obiettivi.

MT 7:3-5 f3) > Ma il Signore Gesù non si limita solo a definire colui che si comporta nel modo da Lui stesso spiegato, ma dà anche il saggio consiglio per uscire dall'ipocrisia - *togli prima dal tuo occhio la trave, e allora ci vedrai bene per trarre la pagliuzza dall'occhio di tuo fratello* -. Ovvero, prima bisogna risolvere il problema che è nel nostro cuore, in noi stessi, poi possiamo aiutare gli altri. A tal proposito possiamo vedere due lezioni molto importanti.

Mt 15:10-14 > In primo luogo il Signore dichiara che un cieco non può guidare un altro cieco > Matteo 15:10 *Chiamata a sé la folla, disse loro: «Ascoltate e intendete:* Matteo 15:11 *non quello che entra nella bocca contamina l'uomo; ma è quello che esce dalla bocca, che contamina l'uomo!».* Matteo 15:12 *Allora i suoi discepoli si avvicinarono e gli dissero: «Sai che i farisei, quando hanno udito questo discorso, ne sono rimasti scandalizzati?»* Matteo 15:13 *Egli rispose loro: «Ogni pianta che il Padre mio celeste non ha piantata, sarà sradicata.* Matteo 15:14 *Lasciateli; sono ciechi, guide di ciechi; ora se un cieco guida un altro cieco, tutti e due cadranno in un fosso».* Vedere un cieco che cerca di guidare un altro cieco non solo susciterebbe ilarità, ma entrambi verrebbero definiti pazzi. Però è proprio ciò che cerca di fare l'ipocrita, quando vuole cercare di togliere - *la pagliuzza* - al fratello. Il Signore Gesù, nel testo sopra citato, parla dei farisei, i quali continuamente cercavano inutilmente di criticare sia il comportamento che l'insegnamento del Signore. Questa volta, essi criticavano l'insegnamento secondo il quale ciò che contamina l'uomo è il cuore, non ciò che entra nella sua bocca. Il Signore ha dichiarato l'assoluta verità, ma i farisei non capirono e non vollero capire l'insegnamento del Signore. Perciò Egli li definisce senza esitare *ciechi* che vogliono guidare altri ciechi. Come può un cieco togliere la-*pagliuzza* - ad un altro? Perciò il Signore ci esorta a - *togliere prima da noi la trave* -, affinché possiamo vedere bene per togliere l'eventuale pagliuzza che annebbia la vista del nostro fratello o sorella.

Co 13:5 > In secondo luogo, Paolo ci invita ad esaminarci per vedere se siamo nella fede > 2Corinzi 13:5 *Esaminatevi per vedere se siete nella fede; mettetevi alla prova. Non riconoscete che Gesù Cristo è in voi? A meno che l'esito della prova sia negativo.* Cosa noi dobbiamo realmente vedere ed osservare? Noi stessi, non gli altri. Paolo ci esorta ad esaminarci per *vedere se siamo nella fede.* Ecco cosa dobbiamo realmente vedere. Siamo chiamati a metterci alla prova e a fare una diagnosi completa della nostra vita spirituale. Siamo noi pronti a farlo?

## Mt 7:1-6 (31 Non bisogna sprecare le cose sante del Signore

Non date ciò che è santo ai cani e non gettate le vostre perle davanti ai porci, perché non le pestino con le zampe e rivolti contro di voi non vi sbranino - >        Mt 7:6.

MT 7:6 f1) > Anche in questo passo possiamo osservare un solenne insegnamento. Come afferma il Signore - *Non date ciò che è santo ai cani* -. Bisogna assolutamente rispettare e tenere in dovuta considerazione le cose sante del Signore. Cinque testi biblici sono illuminanti.

Es 30:25-29 > In primo luogo, possiamo osservare come il Signore ordini in Es 30, di consacrare diversi arredi del tabernacolo, affinché siano santissime > Esodo 30:25 *Ne farai un olio per l'unzione sacra, un profumo composto secondo l'arte del profumiere; sarà l'olio per l'unzione sacra.* Esodo 30:26 *Con esso ungerai la tenda di convegno, l'arca della testimonianza,* Esodo 30:27 *la tavola e tutti i suoi utensili, il candelabro e i suoi utensili, l'altare dei profumi,* Esodo 30:28 *l'altare degli olocausti e tutti i suoi utensili, la conca e la sua base.* Esodo 30:29 *Consacrerai così queste cose, ed esse saranno santissime: tutto quello che le toccherà sarà santo.* Nell'AT, possiamo notare come il Signore ci teneva assolutamente che Israele, i sacerdoti, tutti quanti, tenessero in considerazione le sue cose sante. Un esempio l'abbiamo negli arredi del tabernacolo. Nel brano di Esodo, il Signore ordina l'elaborazione di un olio adatto per l'unzione sacra ed un profumo particolare. Tutta la tenda di convegno doveva essere unta con tutto ciò che essa conteneva: l'arca dell'alleanza, la tavola, l'altare dei profumi, l'altare degli olocausti, ogni cosa. Perché dovevano essere unti? Tale atto era il simbolo della consacrazione di questi arredi, ovvero che essi dovevano essere utilizzati solo per il Signore. Questo è un bel testo che ci parla della dedizione che il Signore mostra per ciò che può glorificare ed onorare il Suo Nome.

Ez 22:25-26 > In secondo luogo, in Ez 25 possiamo notare la gravità nel profanare le cose sante del Signore > Ezechiele 22:25 *In lei i suoi profeti cospirano; come un leone ruggente che sbrana la preda, costoro divorano la gente, pigliano tesori e cose preziose, moltiplicano le vedove in mezzo a lei.* Ezechiele 22:26 *I suoi sacerdoti violano la mia legge e profanano le mie cose sante;*

*non distinguono fra santo e profano, non fanno conoscere la differenza che passa fra ciò che è impuro e ciò che è puro, chiudono gli occhi sui miei sabati, e io sono disonorato in mezzo a loro.* Se è vero come è vero che le cose sante del Signore, che nell'AT potevano essere anche gli arredi del tabernacolo, ma per quanto ci riguarda sicuramente sono rappresentate dai precetti del Signore, dalla Sua Parola, devono essere assolutamente rispettate, è chiaro che il profanare ciò che per l'Eterno è santo è un peccato assolutamente grave e che va condannato. Nel passo di Ezechiele, viene descritta una situazione tragica nella quale i profeti cospirano per il loro proprio tornaconto ed i sacerdoti, i quali proprio loro dovevano tenere in considerazione le cose sante di Dio, le profanavano. Questo perché essi *non distinguevano più ciò che era santo e profano,* ovvero non discernevano più ciò che era la volontà di Dio da ciò che non lo era. In questo modo il Nome del Signore era disonorato e questo l'Eterno non può mai permetterlo.

Mt 10:14-15 > Infatti, in terzo luogo è interessante notare l'ordine che il Signore diede ai Suoi prima di annunziare il vangelo del regno > Matteo 10:14 *Se qualcuno non vi riceve né ascolta le vostre parole, uscendo da quella casa o da quella città, scotete la polvere dai vostri piedi.* Matteo 10:15 *In verità vi dico che il paese di Sodoma e di Gomorra, nel giorno del giudizio, sarà trattato con meno rigore di quella città.* Abbiamo compreso la forza di queste parole? I discepoli furono chiamati dal Signore a portare il vangelo del regno, ma se qualcuno non avesse ascoltato, egli sarebbe stato giudicato in modo più severo che Sodoma e Gomorra, due città famose anche nella cultura secolare per la loro malvagità. Questa è una chiara dimostrazione di cosa significa - *non dare ciò che è santo ai cani -.*

Sl 59:5-6 > In quarto luogo, i cani sono simbolo di uomini malvagi e non appartenenti al popolo d'Israele > Salmi 59:5 *Tu, o SIGNORE, Dio degli eserciti, Dio d'Israele, alzati a giudicare tutte le genti! Non far grazia ad alcuno dei perfidi malfattori! [Pausa]* Salmi 59:6 *Ritornano di sera, urlano come cani e si aggirano per la città.* Perché il Signore Gesù parla dei - *cani -.* Proprio per il particolare simbolismo di quest'animale nella Scrittura. Essi rappresentano innanzitutto gli uomini malvagi, senza il Signore e dal punto di vista di Israele, coloro che non facevano parte del popolo eletto Israele. Il salmista parla proprio delle genti in generale (chiaramente empi visto che si parla di giudizio di Dio) e li descrive come dei *cani ululanti* che si aggirano per la città.

Fl 3:2-3 > In quinto luogo, Paolo definisce cani giudei che volevano nuovamente imporre la circoncisione fisica > Filippesi 3:2 *Guardatevi dai cani, guardatevi dai cattivi operai, guardatevi da quelli che si fanno mutilare;* Filippesi 3:3 *perché i veri circoncisi siamo noi, che offriamo il nostro culto per mezzo dello Spirito di Dio, che ci vantiamo in Cristo Gesù, e non mettiamo la nostra fiducia nella carne.* Non solo i cani, in senso simbolico rappresenta l'uomo senza Dio, ma anche quei giudei che volevano imporre nuovamente ciò che con il sacrificio di Cristo era stato abolito. In gergo essi erano conosciuti come giudaizzanti, ovvero coloro che volevano mettere sullo stesso piano la Legge ed il sacrificio di Cristo. Ma l'opera della croce ha portato una rivoluzione straordinaria, per la quale chiunque crede che il Signore Gesù ha pagato per il peccato dell'uomo ed è risuscitato dalla morte è salvato. Perciò bisognava guardarsi da tutti coloro che insegnavano simili cose, tenendo presente, come dice Paolo che *i veri circoncisi siamo noi, che offriamo il nostro culto per mezzo dello Spirito di Dio, che ci vantiamo in Cristo Gesù, e non mettiamo la nostra fiducia nella carne.* Questi giudaizzanti proponevano una via meritoria e di opere, ma le Scritture insegnano chiaramente la *salvezza per grazia, mediante la fede.* Non vi sono altre strade. Ma è chiaro che anche questi tipi di *cani,* avrebbero rigettato le cose sante del Signore.

MT 7:6 f2)> Il secondo animale menzionato dal Signore è il maiale. Seguendo lo stesso filo del discorso, ecco cosa dichiara il Signore Gesù - *e non gettate le vostre perle davanti ai porci, perché non le pestino con le zampe e rivolti contro di voi non vi sbranino* -. L'insegnamento è sempre lo stesso. È assolutamente inutile sprecare le cose sante di Dio per chi non le apprezza o le crede. Interessante osservare il parallelo tra la perla ed il maiale. Per quanto riguarda la perla possiamo vedere alcuni brani a riguardo.

Gb 28:17-18 > In primo luogo, Giobbe parla delle perle in senso simbolico per sottolineare il valore della saggezza > Giobbe 28:17 *L'oro e il vetro non reggono al suo confronto, non la si dà in cambio di vasi d'oro fino.* Giobbe 28:18 *Non si parli di corallo, di cristallo; la saggezza vale più delle perle.* Sono molto belle queste parole che mettono in evidenza il grande valore della saggezza.

Tutto l'oro del mondo, anche quello più pregiato non può assolutamente competere con il valore eterno della saggezza di Dio. Essa vale molto più delle perle. Ma come può un empio impenitente, che non crede nella Parola di Dio, nel Signore apprezzare la Sua saggezza? È impossibile. Eppure la saggezza divina è una di quelle realtà sante chiaramente descritte nella Parola.

Mt 13:45-46 > Inoltre, il Signore Gesù in una mirabile parabola, paragona il regno dei cieli ad un mercante che va in cerca di una perla di grande valore > Matteo 13:45 *«Il regno dei cieli è anche simile a un mercante che va in cerca di belle perle;* Matteo 13:46 *e, trovata una perla di gran valore, se n'è andato, ha venduto tutto quello che aveva, e l'ha comperata.* La portata spirituale di questa parabola è immensa. Il regno dei cieli viene descritto, parlando di un mercante, che con desiderio e bramosia cerca una *perla di grande valore* e dopo averla trovata vende tutto ciò che ha per acquistarla. In tale descrizione possiamo certamente osservare l'amore del Signore Gesù, il Quale lasciò ogni ricchezza per acquistare la Sua Chiesa, preziosa agli occhi Suoi. Ma anche in questo caso, chi non appartiene al popolo di Dio, chi non appartiene alla schiera dei salvati per grazia, potrà mai apprezzare tutto questo? Potrà adorare il Signore per il fatto che si è fatto servo per morire per lui? Potrà consacrarsi a Lui e servirlo se non crede in Lui? Certamente no, esattamente come un maiale non può apprezzare il valore di una perla.

Pr 20:15 > In terzo luogo, in Pr 20 è scritto che le labbra piene di scienze valgono più delle perle > Proverbi 20:15 *C'è dell'oro e abbondanza di perle, ma le cose più preziose sono le labbra ricche di scienza.* In queste *labbra piene di scienze,* possiamo certamente vedervi i detti del Signore, Colui che parla ed insegna con saggezza infinita e con una ricchezza inestimabile. Nessuno può essere paragonato al Signore. Ma come può un empio apprezzare la Parola di Dio, il Suo valore eterno, se non ha fede in essa? Anche in questo caso, la risposta è: impossibile.

MT 7:6 f3)> Tuttavia vi è da notare il motivo per cui il Signore Gesù, insieme al - *cane* -, parla anche del - *maiale* -. Due testi sono illuminanti.

Lu 15:15-16 > In Lu 15, il Signore Gesù, descrivendo la parabola del figlio prodigo, parla anche di ciò che si cibano i maiali > Luca 15:15 *Allora si mise con uno degli abitanti di quel paese, il quale lo mandò nei suoi campi a pascolare i maiali.* Luca 15:16 *Ed egli avrebbe voluto sfamarsi con i baccelli che i maiali mangiavano, ma nessuno gliene dava.* Leggiamo forse che i maiali si fermano a contemplare, ad osservare attentamente e scrupolosamente perle di grande valore? Assolutamente no. La loro attenzione è focalizzata sul loro cibo che provoca disgusto in noi, ovvero dei *baccelli*, gli stessi baccelli che desiderava il figlio prodigo, poco prima del suo ravvedimento. Il maiale è incapace di apprezzare ciò che è di vero valore.

Pt 2:20-22 > Non a caso, Pietro parla del maiale in senso simbolico per rappresentare quegli empi che conoscono la verità. Ma che la rifiutano > 2Pietro 2:20 *Se Infatti, dopo aver fuggito le corruzioni del mondo mediante la conoscenza del Signore e Salvatore Gesù Cristo, si lasciano di nuovo avviluppare in quelle e vincere, la loro condizione ultima diventa peggiore della prima.* 2Pietro 2:21 *Perché sarebbe stato meglio per loro non aver conosciuto la via della giustizia, che, dopo averla conosciuta, voltar le spalle al santo comandamento che era stato dato loro.* 2Pietro 2:22 *E avvenuto di loro quel che dice con verità il proverbio: «Il cane è tornato al suo vomito», e: «La scrofa lavata è tornata a rotolarsi nel fango».* Quanti nel mondo si trovano in questa tragica condizione! Essi sono coloro che magari hanno apprezzato all'inizio il valore della Parola di Dio, essendo fuggiti *dalla corruzione del mondo,* in quanto hanno *conosciuto il Salvatore e Signore Gesù Cristo.* Ma è lecita la domanda: in che modo l'hanno conosciuto? La conoscenza teorica e solo mentale non serve assolutamente a niente. Assomiglia al *credere dei demoni* che non ha alcun valore. Ebbene quando si è caratterizzati da una conoscenza così sterile, purtroppo si può ritornare alla vecchia schiavitù, dimostrando in altre parole ciò che si è *«Il cane è tornato al suo vomito», e: «La scrofa lavata è tornata a rotolarsi nel fango».* In altre parole, il cane è sempre rimasto cane e la scrofa sempre scrofa. Non vi è stato un cambiamento di natura e di sostanza. Perciò chi non apprezza le cose sante del Signore, può essere anche colui che conosce la Parola di Dio, che conosce qualcosa del Signore Gesù, ma in realtà non vi è mai stata una reale nuova nascita e di conseguenza una reale conversione.

# Matteo 7:7-12 La gioia dell'esaudimento della preghiera

Mt 7:7-12 (11 > *Un esaudimento completo* > - *«Chiedete e vi sarà* dato; cercate e troverete; bussate e vi sarà aperto; perché chiunque chiede riceve; chi cerca trova, e sarà aperto a chi bussa - > Mt 7:7

MT7:7-6 f!)> In quest'ulteriore sezione del cap.7, possiamo osservare ancora una volta il tema ricorrente della preghiera, ma soprattutto la preghiera in vista del suo esaudimento.

. Il Signore dichiara - *Chiedete e vi sarà dato* -. Sono parole che devono essere comprese nel giusto modo. Il Signore non è certamente quel padre permissivo che dà al figlio tutto ciò che vuole.

Mt 20:20-22 > Ad esempio il Signore Gesù non acconsente certamente alla richiesta della madre di Giacomo e Giovanni > Matteo 20:20 *Allora la madre dei figli di Zebedeo si avvicinò a Gesù con i suoi figli, prostrandosi per fargli una richiesta.* Matteo 20:21 *Ed egli le domandò: «Che vuoi?» Ella gli disse: «Di' che questi miei due figli siedano l'uno alla tua destra e l'altro alla tua sinistra, nel tuo regno».* Matteo 20:22 *Gesù rispose: «Voi non sapete quello che chiedete.* Questa madre si accosta al Signore nell'esteriore nel giusto modo ovvero prostrandosi dinanzi a Lui, per fargli una richiesta. Ma ciò che è realmente importante è capire e comprendere la volontà di Dio. Questa donna rivolge una richiesta piuttosto egoistica, in altre parole, che i suoi figli fossero posti in una posizione di supremazia rispetto agli altri discepoli. Ma qual è stata la risposta del Signore *Voi non sapete quello che chiedete.* Bisogna essere in sintonia con il Signore, quando si chiede a Lui.

Gv 16:23-24 > In secondo luogo, il Signore Gesù insegna che bisogna chiedere nel Suo Nome > Giovanni 16:23 *In quel giorno non mi rivolgerete alcuna domanda. In verità, in verità vi dico che qualsiasi cosa domanderete al Padre nel mio nome, egli ve la darà.* Giovanni 16:24 *Fino ad ora non avete chiesto nulla nel mio nome; chiedete e riceverete, affinché la vostra gioia sia completa.* Anche le parole iniziali del Signore vanno comprese. Effettivamente qualunque cosa chiederemo al Padre, Egli ce la donerà, ma il presupposto e la condizione assoluta è che ciò che chiediamo corrisponda alla Sua volontà. Inoltre la richiesta deve essere fatta *nel Suo Nome,* ovvero appellandoci alla stessa autorità del Signore Gesù. In tal modo *chiederemo e riceveremo,* ciò che è effettivamente per il nostro bene. Così la nostra gioia sarà completo.

Ro 8:26-27 > In terzo luogo è indispensabile tenere conto dell'apporto dello Spirito di Dio > Romani 8:26 *Allo stesso modo ancora, lo Spirito viene in aiuto alla nostra debolezza, perché non sappiamo pregare come si conviene; ma lo Spirito intercede egli stesso per noi con sospiri ineffabili;* Romani 8:27 *e colui che esamina i cuori sa quale sia il desiderio dello Spirito, perché egli intercede per i santi secondo il volere di Dio.* Quanto è prezioso questo brano. È vero, noi non sappiamo pregare come si conviene, ma proprio per questo motivo Dio Padre ci ha donato il Suo Spirito, mediante il Quale possiamo pregare nel giusto modo. Infatti, Egli *intercede per noi con sospiri ineffabili* e di certo lo Spirito di Dio conosce perfettamente ciò che è gradito a Dio. Perciò se diamo ascolto ai Suoi sospiri, ai Suoi consigli, noi chiederemo certamente secondo la volontà divina.

MT 7:7-6 f2) _ > Ma nello stesso tempo è bello osservare qualche esempio di preghiera esaudita. Questo corrisponde alla seconda parte dell'espressione - *Chiedete e vi sarà dato*

Sa 22:34-37 > Come primo esempio, in 2 Sa 22, Davide dichiara di aver ricevuto da Dio lo scudo della salvezza > 2Samuele 22:34 *Egli rende i miei piedi simili a quelli delle cerve e mi rende saldo sulle mie montagne.* 2Samuele 22:35 *Egli addestra le mie mani alla battaglia e le mie braccia tendono un arco di bronzo.* 2Samuele 22:36 *Tu mi hai anche dato lo scudo della tua salvezza e la tua bontà mi ha reso grande.* 2Samuele 22:37 *Tu hai allargato la via ai miei passi e i miei piedi non hanno vacillato.* Le immagini che il dolce cantore d'Israele usa sono molto suggestive. Per la misericordia di Dio, Davide si rendeva conto che la sua salvezza non solo spirituale, ma anche fisica, dai pericoli di tutti i giorni, dipendeva solo dal Signore. Le sue gambe, i suoi piedi, le sue braccia erano più forti, solo per la bontà del Signore. Quante preghiere di Davide il Signore ha esaudito! Ma se andassimo ad esaminarli tutti, verificheremmo che Davide, in quelle circostanze non ha fatto altro che chiedere ciò che era nel pensiero di Dio. Quando anche noi chiediamo che il Signore *ci renda stabili e forti* stiamo certamente chiedendo qualcosa che è nella Sua volontà. Ma la condizione è che noi ci lasciamo trasformare da Lui.

Ef 3:14-19 > Come secondo esempio, possiamo osservare la preghiera di Paolo nella lettera agli Efesini > Efesini 3:14 *Per questo motivo piego le ginocchia davanti al Padre,* Efesini 3:15 *dal quale ogni famiglia nei cieli e sulla terra prende nome,* Efesini

3:16 *affinché egli vi dia, secondo le ricchezze della sua gloria, di essere potentemente fortificati, mediante lo Spirito suo, nell'uomo interiore,* Efesini 3:17 *e faccia sì che Cristo abiti per mezzo della fede nei vostri cuori, perché, radicati e fondati nell'amore,* Efesini 3:18 *siate resi capaci di abbracciare con tutti i santi quale sia la larghezza, la lunghezza, l'altezza e la profondità dell'amore di Cristo* Efesini 3:19 *e di conoscere questo amore che sorpassa ogni conoscenza, affinché siate ricolmi di tutta la pienezza di Dio.* Sono veramente straordinarie queste parole nelle quali Paolo rivolge tutto il suo ringraziamento al Padre, esaltando la Sua autorità, la Sua grandezza. Ma nello stesso tempo, l'apostolo rivolge una solenne richiesta *affinché egli vi dia, secondo le ricchezze della sua gloria, di essere potentemente fortificati, mediante lo Spirito suo, nell'uomo interiore.* Questa è la volontà del Padre. Egli desidera trasformare il nostro essere, fortificarci mediante la Sua potenza, affinché possiamo essere sempre di più radicati e fondati nel Suo amore, nell'amore di Cristo, il quale sorpassa ogni conoscenza, ma che nello stesso tempo siamo chiamati ad *abbracciare con tutti i santi.* Ma certamente siamo anche noi che dobbiamo volere tutto questo. Ovvero la nostra volontà deve essere completamente sottomessa alla Sua.

Ef 1:15-17 > Come terzo esempio, sempre Paolo chiede al Signore che Egli possa donare agli efesini uno spirito di sapienza > Efesini 1:15 *Perciò anch'io, avendo udito parlare della vostra fede nel Signore Gesù e del vostro amore per tutti i santi,* Efesini 1:16 *non smetto mai di rendere grazie per voi, ricordandovi nelle mie preghiere,* Efesini 1:17 *affinché il Dio del nostro Signore Gesù Cristo, il Padre della gloria, vi dia uno spirito di sapienza e di rivelazione perché possiate conoscerlo pienamente.* Non è forse anche questa richiesta secondo la volontà di Dio? Paolo aveva sentito parlare della fede di questi cristiani e del loro amore, ma non per questo ci si può riposare sugli allori. Bisogna crescere sempre di più, migliorare. Perciò l'apostolo rivolge una richiesta assolutamente conforme alla volontà di Dio: ovvero essere caratterizzati dalla sapienza di Dio. Se la chiediamo con fede, ci verrà certamente elargita senza nessun problema. Ma la dobbiamo chiedere con fede (Gm 1). Perché è necessario uno *spirito di sapienza?* Per conoscere sempre di più il Padre. Dio non lo si conosce con l'intelletto umano, ma mediante quella saggezza che Egli stesso ci dona.

MT 7:7-6 f3) > Ma il Signore Gesù prosegue con queste parole -

*Cercate e troverete* -. Non viene specificato cosa bisogna cercare, ma è chiaro che per un figlio di Dio, ciò che deve cercare primariamente nella Sua vita è sempre il Signore e la Sua volontà.

Cr 16:11-12 > Davide dichiara di cercare il Signore. Il Suo volto > 1Cronache 16:11 *Cercate il SIGNORE e la sua forza, cercate sempre il suo volto! 1Cronache 16:12 Ricordatevi delle meraviglie che egli ha fatte, dei suoi miracoli e dei giudizi della sua bocca.* Questa è una richiesta assolutamente importante. Molto spesso il nostro sguardo è rivolto ad altro ma non è verso il Signore. Quando questo accade, ci sono le cadute e le sconfitte. Invece Davide ci esorta a cercare il Signore, la Sua forza, il Suo volto, il Suo pensiero, ricordandoci di tutte quelle benedizioni, quei *prodigi* che Egli ha compiuto nella nostra vita.

Cl 3:1-3 > Come dichiara Paolo. Dobbiamo aspirare alle cose di lassù > *Colossesi3:1 Se dunque siete stati risuscitati con Cristo, cercate le cose di lassù dove Cristo è seduto alla destra di Dio.* Colossesi 3:2 *Aspirate alle cose di lassù, non a quelle che sono sulla terra;* Colossesi 3:3 *poiché voi moriste e la vostra vita è nascosta con Cristo in Dio.* Troppe volte accade che lo sguardo del cristiano è rivolto alle cose di questa terra che passano. L'apostolo ci esorta ad *aspirare alle cose di lassù*, a desiderarle fortemente, in quanto siamo stati risuscitati con Cristo ed apparteniamo a Lui. Siamo chiamati a cercare le cose di lassù, proprio perché Cristo *è seduto alla destra di Dio.* Perciò dobbiamo bramare quelle ricchezze gloriose che già ci appartengono, ma che un giorno realizzeremo nella realtà.

So2:3 > Inoltre, Il profeta Sofonia esorta gli umili a cercare il Signore. Ma anche ad ubbidire alla Sua parola > Sofonia 2:3 *Cercate il SIGNORE, voi tutti umili della terra, che mettete in pratica i suoi precetti! Cercate la giustizia, cercate l'umiltà! Forse sarete messi al sicuro nel giorno dell'ira del SIGNORE.* Non si può cercare il Signore con vero cuore, per poi desiderare di agire secondo il proprio discernimento. Il profeta è chiaro: per cercare realmente il Signore bisogna anche essere animati dal desiderio di *mettere in pratica i Suoi precetti,* quindi praticare la giustizia, l'umiltà e tutto ciò che vuole il Signore. In un contesto di giudizio nel quale si trova questo passo leggiamo *Forse sarete messi al sicuro nel giorno dell'ira del SIGNORE.* È vero che si parla del giorno del Signore, ovvero di quel periodo di giudizio, annunciato dai profeti, che la Chiesa del Signore non vedrà. Ma è anche vero che rimane fermo il principio secondo il quale, quando si disubbidisce a Dio si pagano sempre amare conseguenze.

Gr 29:12-13 > Ancora. In Gr 29 il Signore dichiara a Giuda che esaudirà le richieste di Giuda. In quanto essi Lo cercheranno con tutto il cuore > Geremia 29:12 *Voi m'invocherete, verrete a pregarmi e io vi esaudirò.* Geremia 29:13 *Voi mi cercherete e mi troverete, perché mi cercherete con tutto il vostro cuore.* Questa è una condizione imprescindibile. Non si può cercare il Signore con superficialità e con mediocrità. Tutta la nostra persona deve essere completamente coinvolta. Allora il Signore non solo si farà trovare, ma esaudirà anche.

MT 7:7-6 f4) > Che cosa vogliamo quindi ricevere dal Signore?

Pr 8:8-10 > La Saggezza parla dell'importanza di ricevere l'istruzione e la vera conoscenza > Proverbi 8:8 *Tutte le parole della mia bocca sono conformi a giustizia, non c'è nulla di ambiguo o di perverso in esse.* Proverbi 8:9 *Sono tutte rette per l'uomo intelligente, giuste per quelli che hanno trovato la scienza. Proverbi 8:10 Ricevete la mia istruzione anziché l'argento, e la scienza anziché l'oro scelto.* È veramente straordinario studiare il cap.8 di Proverbi, nel quale la Saggezza parla come se fosse una persona. Infatti, è il Signore stesso che ci rivolge la Sua Parola. Essa è realmente conforme alla giustizia, nulla di iniquo, ambiguo o perverso si trova nella Parola di Dio. Ogni precetto divino è giusto, ma tale giudizio lo potranno dare solo coloro che sono caratterizzati dalla conoscenza di Dio, quella stessa conoscenza che Egli dona. L'empio, fino a quando non vi sarà una trasformazione nel suo essere, non potrà valutare la Parola di Dio come perfetta e giusta.

Gb 34:11 > Tuttavia dobbiamo ricordare un principio assoluto: Dio darà la giusta retribuzione sulla base della propria condotta > Giobbe 34:11 *Poiché egli rende all'uomo secondo le sue opere, fa trovare a ognuno il salario della sua condotta.* Questa è una delle prime rivelazioni che incontriamo nella Parola sul Signore. Egli è il perfetto Giudice e donerà la giusta ricompensa sulla base del comportamento, della condotta, delle scelte fatte. L'empio riceverà una retribuzione di giudizio, il giusto la ricompensa eterna identificata nelle ricchezze gloriose del Signore e dallo splendore della Sua presenza.

MT 7:7-6 f5) > Ma il Signore prosegue con quest'altra espressione

*- Bussate e vi sarà aperto -*. Sono parole queste che spesso vengono ricordate nelle campagne evangelistiche. Tuttavia è anche vero che il figlio di Dio non sempre bussa al Signore, ovvero Lo interpella, Lo cerca e Lo prega. Come già abbiamo avuto modo di ricordare.

Lu 11:9-10 > Nel brano parallelo di Luca. Viene aggiunto un altro dettaglio ovvero la perseveranza > Luca 11:9 *Io altresì vi dico: Chiedete con perseveranza, e vi sarà dato; cercate senza stancarvi, e troverete; bussate ripetutamente, e vi sarà aperto.* Luca 11:10 *Perché chiunque chiede riceve, chi cerca trova, e sarà aperto a chi bussa.* Quindi non è solo importante cercare il Signore, bussare alla Sua porta, ma bisogna agire con perseveranza. Ogni cristiano dovrebbe essere caratterizzato da una vita di preghiera costante e perseverante. Il testo dice *bussate ripetutamente*. Il Signore vuole vedere nei Suoi figli la perseveranza nella preghiera.

Ap 3:19-20 > Inoltre è molto importante ricordare l'iniziativa di Dio nel bussare al cuore dell'uomo > Apocalisse 3:19 *Tutti quelli che amo, io li riprendo e li correggo; sii dunque zelante e ravvediti.* Apocalisse 3:20 *Ecco, io sto alla porta e busso: se qualcuno ascolta la mia voce e apre la porta, io entrerò da lui e cenerò con lui ed egli con me.* Interessante notare che il contesto parla della disciplina di Dio nei confronti dei Suoi figli. Laodicea era un triste esempio di chiesa, in quanto abbiamo l'immagine di coloro che si gloriavano di loro stessi, della loro autosufficienza, senza tenere in minimo conto il Signore. È uno stato spirituale assolutamente tragico. Perciò è lecita la domanda se ci troviamo di fronte a dei veri credenti o solo nominali. Tuttavia, è anche vero che un cristiano realmente nato di nuovo, nel corso della sua vita può anche, per un tempo, tenere il Signore fuori dalla sua vita e questo accade appunto quando vogliamo fare secondo il nostro discernimento. Allora non siamo più noi che bussiamo, ma è il Signore che con dolcezza *sta alla porta e bussa*. Sta al soggetto in questione aprire la porta, oppure no. Come reagiamo quando il Signore parla al nostro cuore, quando ci richiama dalla Sua Parola?

Mt 7:7-12 (21 > ***L'esempio tratto dall'atteggiamento di genitori malvagi*** >- *Qual è l'uomo tra di voi, il quale, se il figlio gli chiede un pane, gli dia una pietra? Oppure se gli chiede un pesce, gli dia un serpente? Se dunque voi, che siete malvagi, sapete dare buoni* *doni ai vostri figli, quanto più il Padre vostro, che è nei cieli, darà cose buone a quelli che gliele domandano! «Tutte le cose dunque che voi volete che gli uomini vi facciano, fatele anche voi a loro; perché questa è la legge e i profeti -* > Mt 7:9-12.

MT 7:9-12 f1) > È assolutamente straordinario il paragone che il Signore Gesù sottolinea in questo frangente. Egli, per accentuare il fatto che il Padre si prende e si prenderà sempre cura dei Suoi figli, cita proprio - *i genitori malvagi -,* i quali, ovviamente, non danno una pietra se ad esempio il figlio chiede pane. Nello stesso tempo possiamo anche osservare come il Signore, con queste parole, accentui in modo particolare il valore della famiglia e la relazione genitori-figli. Possiamo vedere quattro testi significativi.

*Sl 115:14-15* > In primo luogo, il salmista prega il Signore affinché Egli possa moltiplicare le Sue grazie a genitori e figli > Salmi 115:14 *Il SIGNORE moltiplichi le sue grazie a voi e ai vostri figli.* Salmi 115:15 *Siate benedetti dal SIGNORE, che ha fatto* il cielo e la terra. È chiaro che il salmista ha in mente la famiglia ed il nucleo ebraico. Ma certamente tale richiesta è valida anche per tutti noi. Come genitori abbiamo delle grandi responsabilità ed è assolutamente necessario che il Signore ci guidi mediante la Sua Grazia. Come famiglia, come individui siamo chiamati a benedire Colui che ha creato il cielo e la terra.

Sl 127:3-4 > Ma il salmista evidenzia anche il valore dei figli > Salmi 127:3 *Ecco, i figli sono un dono che viene dal SIGNORE; il frutto del grembo materno è un premio.* Salmi 127:4 *Come frecce nelle mani di un prode, così sono i figli della giovinezza.* Come si diceva prima, educare dei figli è una grande responsabilità, ma anche un grande privilegio. Come attesta il salmista essi *sono un dono del Signore* che Egli ci ha regalato affinché possiamo prendercene cura. Infatti, i figli nella loro giovinezza, soprattutto se sono poi caratterizzati dalla saggezza divina sono veramente una benedizione straordinaria *come frecce nelle mani di un prode.* Proprio per questo motivo, essendo dei figli un dono meraviglioso, di cui persino coloro che non conoscono il Signore non possono fare a meno di considerare, se essi ci chiedono del pane, è impensabile che noi rispondiamo dando un qualcosa di immangiabile e disgustoso.

De 32:45-47 > Ma certamente ciò che dobbiamo innanzitutto dare ai nostri figli di buono, sono gli insegnamenti del Signore > Deuteronomio 32:45 *E quando Mosè ebbe finito di pronunziare*

*tutte queste parole davanti a tutto Israele, disse loro:*
Deuteronomio 32:46 *«Prendete a cuore tutte le parole che oggi pronunzio solennemente davanti a voi. Le prescriverete ai vostri figli, affinché abbiano cura di mettere in pratica tutte le parole di questa legge.* Deuteronomio 32:47 *Poiché questa non è una parola senza valore per voi: anzi, è la vostra vita; per questa parola prolungherete i vostri giorni nel paese del quale andate a prendere possesso, passando il Giordano».* Tra l'altro il pane nella Scrittura, è un bellissimo simbolo della Parola di Dio. In questo passo di Deuteronomio, possiamo vedere evidenziato questo concetto. Mosè esorta tutte le famiglie, tutti i genitori a prescrivere ai loro figli la volontà di Dio. Essa *non è una parola senza valore,* ma come specifica molto bene Mosè *è la nostra vita,* quindi una realtà che supera di gran lunga le cose o le esigenze materiali. Questa è una chiara dimostrazione di amore per la quale un genitore non potrà mai dare ai propri figli qualcosa che nuocerà a loro.

Pr 7:1-2 > Lo stesso concetto è esplicato dal padre che parla in Proverbi 7 > Proverbi 7:1 *Figlio mio, custodisci le mie parole, fa' tesoro dei miei precetti.* Proverbi 7:2 *Osserva i miei precetti e vivrai; custodisci il mio insegnamento come la pupilla degli occhi.* Queste sono parole vivide che provengono dalla bocca di un padre che ci tiene al benessere del proprio figlio. Quest'ultimo è chiamato a custodire le sue parole, a far tesoro dei suoi insegnamenti e precetti, in quanto tramite essi potrà prosperare. Questo è il desiderio di ogni genitore cristiano: vedere i propri figli crescere nel timore del Signore.

MT 7:9-12 f2) > Ma proseguendo, il Signore Gesù parla di una richiesta ipotetica da parte di un figlio assolutamente legittima, ovvero - *il pane* -. Come abbiamo detto, esso è simbolo della Parola di Dio ma rappresenta anche l'esigenza materiale necessaria e non certamente superflua.

De 8:7-9 > Anche in questo dobbiamo imparare dal Signore > Deuteronomio 8:7 *perché il SIGNORE, il tuo Dio, sta per farti entrare in un buon paese: paese di corsi d'acqua, di laghi e di sorgenti che nascono nelle valli e nei monti;* Deuteronomio 8:8 *paese di frumento, d'orzo, di vigne, di fichi e di melagrane; paese d'ulivi e di miele;* Deuteronomio 8:9 *paese dove mangerai del pane a volontà, dove non ti mancherà nulla; paese dove le pietre sono ferro e dai cui monti scaverai il rame.* Questo brano dimostra che del continuo l'Eterno si prese cura di Israele, pur essendo il popolo in un contesto difficile come quello del deserto. Ma il Signore promette un paese pieno di corsi d'acqua, un paese di frumento, d'orzo, di vigne e di fichi, dove avrebbe *mangiato pane a volontà*. Questo perché Dio amava ed ama il Suo popolo. Come Israele chiese del pane anche purtroppo con mormorio e lamentela ed il Signore comunque esaudì alla sua richiesta, così fa qualunque genitore nei confronti dei suoi figli. Questo testo di Deuteronomio ci deve incoraggiare sulla lezione che proprio il Signore Gesù vuole impartirci: ovvero avere fiducia completa nel Signore.

Am 4:6 > Tuttavia nella Scrittura abbiamo anche la descrizione di situazioni opposte. Amos 4:6 *«Da parte mia, vi ho lasciati a bocca asciutta in tutte le vostre città; vi ho fatto mancare il pane in tutti i vostri villaggi; ma voi non siete tornati a me», dice il SIGNORE.* Questo dimostra che il dare del semplice pane ai nostri figli è sempre frutto della Grazia di Dio. Infatti, non è detto che un terreno abbia frumento o orzo e di conseguenza si possa produrre pane. Basta che ci sia per un certo periodo siccità o arsura o malattia che tutto viene rovinato. Ma quando questo accade? Nel contesto di Amos é chiara la risposta: quando vi è il peccato. Anche questa è una lezione per noi. Quando un figlio ci disubbidisce ripetutamente, non accade forse che nel momento in cui egli dice io voglio, il genitore lo zittisce e lo disciplina? Così fa anche il Padre nei nostri confronti.

La 4:4 > Un altro terribile passo è in Lamentazioni 4 nel quale è detto che i figli chiedono pane, ma pane non ce n'è > *Lamentazioni 4:4 La lingua del lattante gli si attacca al palato, per la sete; i bambini chiedono pane, e non c'è chi gliene dia.* Chiaramente anche in questo caso ci troviamo in un contesto di giudizio, di una Gerusalemme che sta pagando per il suo peccato. Ma la situazione cambia radicalmente quando vi è conversione e ravvedimento. Pensiamo al dolore di quei genitori i quali non possono dare del pane ai propri figli, nonostante la loro richiesta, perché non ce n'è.

Lu 15:17-24 > Ma come abbiamo detto con un sincero ravvedimento cambia tutto: l'esempio più eclatante è nel figlio prodigo > Luca 15:17 *Allora, rientrato in sé, disse: Quanti servi di mio padre hanno pane in abbondanza e io qui muoio di fame!* Luca 15:18 *Io mi alzerò e andrò da mio padre, e gli dirò: padre, ho peccato contro il cielo e contro di te:* Luca 15:19 *non sono più*

*degno di essere chiamato tuo figlio; trattami come uno dei tuoi
servi.* Luca 15:20 Egli dunque si alzò e tornò da suo padre; ma
mentre egli era ancora lontano, suo padre lo vide e ne ebbe
compassione: corse, gli si gettò al collo, *lo baciò e ribaciò.* Luca
15:21 *E il figlio gli disse: Padre, ho peccato contro il cielo e
contro di te; non sono più degno di essere chiamato tuo figlio.*
Luca 15:22 *Ma il padre disse ai suoi servi: Presto, portate qui la
veste più bella, e rivestitelo, mettetegli un anello al dito e dei
calzari ai piedi; Luca 15:23 portate fuori il vitello ingrassato,
ammazzatelo, mangiamo e facciamo festa,* Luca 15:24 *perché
questo mio figlio era morto ed è tornato in vita; era perduto, ed è
stato ritrovato.* In questa parabola è evidente la prima situazione
nella quale questo giovane si trova. Dopo aver dilapidato il suo
matrimonio non ha un tozzo di pane da mangiare, addirittura si
voleva cibare dei baccelli dei maiali ma nessuno gliene dava.
Quando comprende la tragedia della sua situazione, torna dal padre
e non soltanto ottiene il perdono, ma per lui viene addirittura
ammazzato *un vitello ingrassato* e rivestito di meravigliose vesti.
Quando si torna al Signore c'è tutto da guadagnare. Perciò il
Signore Gesù, nel Suo insegnamento, non vuole affermare che il
Padre è a disposizione di ogni nostra richiesta, ma che Egli non ci
farà mai mancare ciò che vi è di necessario. Ma nello stesso
tempo, il figlio di Dio è chiamato a seguire e ad ubbidire le Sue
indicazioni.

MT 7:9-12 f3) > Il Signore prosegue con un altro esempio -
*Oppure se gli chiede un pesce, gli dia un serpente?* -. Il pesce
possiamo dire che è una creatura che viene spesso citata nei
Vangeli e sicuramente era un elemento ben conosciuto da chi stava
ascoltando. Gv 21:4-14 > È bello ad esempio ricordare che il
Signore Gesù, dopo la Sua risurrezione, si fece riconoscere proprio
ordinando di gettare le reti per raccogliere del pesce > Giovanni
21:4 *Quando già era mattina, Gesù si presentò sulla riva; i
discepoli però non sapevano che era Gesù.* Giovanni 21:5 *Allora
Gesù disse loro: «Figlioli, avete del pesce?» Gli risposero: «No».*
Giovanni 21:6 *Ed egli disse loro: «Gettate la rete dal lato destro
della barca e ne troverete». Essi dunque la gettarono, e non
potevano più tirarla su per il gran numero di pesci.* Giovanni 21:7
*Allora il discepolo che Gesù amava disse a Pietro: «È il Signore!»
Simon Pietro, udito che era il Signore, si cinse la veste, perché era
nudo, e si gettò in mare.* Giovanni 21:8 *Ma gli altri discepoli
vennero con la barca, perché non erano molto distanti da terra*

*(circa duecento cubiti), trascinando la rete con i pesci.* Giovanni 21:12 *Gesù disse loro: «Venite a far colazione». E nessuno dei discepoli osava chiedergli: «Chi sei?» Sapendo che era il Signore.* Giovanni 21:13 *Gesù venne, prese il pane e lo diede loro; e così anche il pesce.* Giovanni 21:14 *Questa era già la terza volta che Gesù si manifestava ai suoi discepoli, dopo esser risuscitato dai morti.* È un episodio assolutamente emblematico. Il Signore chiede del pesce, ma è bello osservare che le sue parole sono come quelle di un padre verso i propri figli *Figlioli avete del pesce?* È Lui che chiede ai discepoli di dargli del pesce. Subito i discepoli non lo riconoscono, ma dopo il Suo ordine di gettare le reti, Pietro riconosce immediatamente il Suo Maestro e lo raggiunge tempestivamente. Così il Signore Gesù per la terza volta dopo la Sua risurrezione si rivela ai Suoi, distribuendo a loro pane e pesce, gli stessi elementi che cita il Signore nel Suo sermone.

Le 11:41 > A proposito del serpente è bene ricordare che quest'animale era assolutamente vietato dalla Legge > Levitico 11:41 *Ogni cosa che striscia sulla terra è abominevole; non se ne mangerà.* Perciò un padre pio ebreo, alla richiesta di un figlio di dargli del pesce, non poteva assolutamente rispondere con un serpente. Così si comporta il Padre nei nostri confronti. Ma come vedremo, il Signore Gesù non parla di ogni cosa, ma di una realtà ben specifica.

MT 7:9-12 f4) _ > Ora il Signore Gesù rivela il motivo dei paragoni precedenti. Infatti, Egli afferma - *Se dunque voi, che siete malvagi, sapete dare buoni doni ai vostri figli, quanto più il Padre vostro, che è nei cieli, darà cose buone a quelli che gliele domandano!* -. Il Signore è molto chiaro e lapidario e definisce gli astanti come persone - *malvagie* -. È chiaramente una definizione biblica che non lascia adito a dubbi, in quanto essa è chiaramente connessa alla natura umana. Possiamo vedere tre testi illuminanti.

Sa 24:13-14 > In primo luogo, Davide, rispondendo a Saul cita un proverbio antico nel quale si può osservare che la malvagità viene solo dai malvagi > 1Samuele 24:13 SIGNORE sia giudice fra me e te e il SIGNORE mi vendichi di te; ma io non ti metterò le mani addosso. 1Samuele 24:14 Dice il proverbio antico: Il male viene dai malvagi! *Io quindi non ti metterò le mani addosso.* Era quello un proverbio che era conosciuto a quei tempi ma che certamente corrisponde a verità. Saul si comportava da malvagio nei confronti di Davide, in quanto quest'ultimo non solo non aveva mai fatto del male al re, ma l'aveva sempre rispettato. Ma Saul roso dall'invidia e dall'orgoglio ha cercato più volte di ucciderlo. Perciò Davide, citando quel proverbio, mette in evidenza una lezione importante: la malvagità fa parte della natura dell'uomo. Eppure, Gesù dice che pur essendo l'uomo malvagio, essendo egli comunque un essere morale, è capace di donare cose buone ai suoi figli.

Ne 9:32-33 > In secondo luogo, in Ne 9, troviamo una netta contrapposizione tra la giustizia di Dio e la malvagità dell'uomo > Neemia 9:32 *Ora dunque, o Dio nostro, Dio grande, potente e tremendo, che mantieni il patto e agisci con misericordia, non ti sembrino poca cosa tutte queste afflizioni che sono piombate addosso a noi, ai nostri re, ai nostri capi, ai nostri sacerdoti, ai nostri profeti, ai nostri padri, a tutto il tuo popolo, dal tempo dei re d'Assiria fino a oggi.* Neemia 9:33 *Tu sei stato giusto in tutto quello che ci è accaduto, poiché tu hai agito fedelmente, mentre noi abbiamo agito da malvagi.* Questa contrapposizione viene proprio sottolineata da alcuni leviti i quali spronano il popolo a confessare il loro peccato, cosa che poi faranno. Il Signore è l'Eterno che è potente, tremendo, che mantiene il patto, che è fedele, che agisce con misericordia e che è giusto in tutte le Sue sentenze. Mentre invece l'uomo cos'è? Malvagio! Ebbene come potremmo quindi noi dubitare dell'amore del Signore nei nostri confronti? Se noi che siamo ancora nell'imperfezione, oppure addirittura l'uomo che non conosce il Signore, è in grado di soddisfare le richieste più semplici e lecite di un figlio, quanto più il Padre farà del bene a noi?

Mt 5:46-47 > Ricordiamo le parole del Signore Gesù > *Matteo 5:46 Se Infatti, amate quelli che vi amano, che premio ne avete? Non fanno lo stesso anche i pubblicani?* Matteo 5:47 *E se salutate soltanto i vostri fratelli, che fate di straordinario? Non fanno anche i pagani altrettanto?* I pagani amano coloro che li amano. Essi sanno amare i loro figli ed a loro modo proteggerli e nutrirli. Ma chiaramente il figlio di Dio deve andare ben oltre, amando anche coloro che l'odiano e lo perseguitano. Ma il fatto che l'uomo naturale, in senso generale, agisca in protezione verso il proprio figlio, non ci deve far assolutamente dubitare dell'intervento del Signore nei nostri confronti.

MT 7:9-12 f5) > Il Padre ci donerà - *cose buone* -. Quali sono? Nella Scrittura ne abbiamo menzionati diversi.

Co 2:12-13 > Innanzitutto lo Spirito ci rivela le cose che Dio ci ha donate > 1Corinzi 2:12 *Ora noi non abbiamo ricevuto lo spirito del mondo, ma lo Spirito che viene da Dio, per conoscere le cose che Dio ci ha donate;* 1Corinzi 2:13 *e noi ne parliamo non con parole insegnate dalla sapienza umana, ma insegnate dallo Spirito, adattando parole spirituali a cose spirituali.* È un dettaglio ed una lezione molto importante. Noi non abbiamo ricevuto lo spirito del mondo, ma lo Spirito Santo, il Quale ci rivela le cose del Signore, quelle - *cose buone* - che Egli ci ha donato. Mediante la Sua azione, il cristiano è in grado di parlare *non con parole di sapienza umana, ma insegnate dallo Spirito.* Ma è altresì chiaro ed evidente che lo Spirito Santo rientra in quelle straordinarie benedizioni che Egli ci ha conferito.

Gm 1:5-6 > In secondo luogo, Dio ci dona la Sua saggezza > Giacomo 1:5 *Se poi qualcuno di voi manca di saggezza, la chieda a Dio che dona a tutti generosamente senza rinfacciare, e gli sarà data.* Giacomo 1:6 *Ma la chieda con fede, senza dubitare; perché chi dubita rassomiglia a un'onda del mare, agitata dal vento e spinta qua e là.* L'abbiamo ricordato in più occasioni. Il Signore è sempre pronto a donare la Sua saggezza, ma a chi la domanda. Non rientra questo straordinario esempio nelle parole stesse del Signore Gesù? Egli vuole donare la Sua saggezza generosamente, ma bisogna chiederla con fede. Ma possiamo stare certi che il Signore non si tirerà mai indietro.

Pt 1:3-4 > In terzo luogo, Dio ci ha donato tutto ciò che riguarda la vita e la pietà > 2Pietro 1:3 *La sua potenza divina ci ha donato tutto ciò che riguarda la vita e la pietà mediante la conoscenza di colui che ci ha chiamati con la propria gloria e virtù.* 2Pietro 1:4 *Attraverso queste ci sono state elargite le sue preziose e grandissime promesse perché per mezzo di esse voi diventaste partecipi della natura divina dopo essere sfuggiti alla corruzione che è nel mondo a causa della concupiscenza.* Pietro parla della Sua potenza divina, mediante la quale abbiamo ottenuto tutto ciò che riguarda la vita e la pietà. Ma tale bene dipende anche dalla conoscenza che noi abbiamo di *Colui che ci ha chiamati con la propria gloria e virtù,* attraverso le quali abbiamo ottenuto le Sue preziose e grandissime promesse, affinché potessimo diventare *partecipi della natura divina.* Anche questa è una delle - *cose buone* - che abbiamo ottenuto.

Co 12:1-2 > In quarto luogo Dio ci ha donato i doni spirituali > 1Corinzi 12:1 *Circa i doni spirituali, fratelli, non voglio che siate nell'ignoranza.* 1Corinzi 12:2 *Voi sapete che quando eravate pagani eravate trascinati dietro agli idoli muti secondo come vi si conduceva.* Essi sono assolutamente necessari per svolgere quel servizio a cui siamo chiamati. Dio ci ha fornito di ogni equipaggiamento e di tutti gli strumenti per poterlo servire efficacemente e nel modo che Lui gradisce. Non sono anche queste - *cose buone* - che il Signore ci ha donato?

MT 7:9-12 f6) > Perciò il Signore Gesù conclude con queste parole - «*Tutte le cose dunque che voi volete che gli uomini vi facciano, fatele anche voi a loro; perché questa è la legge e i profeti* -. In altre parole abbiamo lo stesso insegnamento registrato qualche pagina indietro. È un principio che dobbiamo imparare: dobbiamo comportarci come noi vorremo che gli altri si comportassero con noi. Il Signore sa e vede ogni cosa ed Egli retribuisce secondo le azioni dell'uomo.

Gl 3:2-6 > Infatti, in Gl 3 è scritto che Tiro e Sidone riceveranno la ricompensa per la loro malvagità > *Hanno tirato a sorte il mio popolo; hanno dato un ragazzino in cambio di una prostituta, hanno venduto una ragazzina per del vino, e si sono messi a bere.* Gioele 3:4 *Anche voi, Tiro, Sidone e tutta quanta la Filistia, che cosa pretendete da me? Volete darmi una retribuzione, o volete fare del male contro di me? Subito, in un attimo, io farò ricadere la vostra retribuzione sul vostro capo,* Gioele 3:5 *perché avete preso il mio argento e il mio oro, avete portato nei vostri templi i miei tesori più preziosi,* Gioele 3:6 *e avete venduto ai figli di Iavan i figli di Giuda e i figli di Gerusalemme, per allontanarli dalla loro patria.* In questo testo i protagonisti sono proprio Tiro e Sidone e la Filistia, tre realtà pagane ed idolatre che avevano fatto del male al popolo d'Israele. Vengono menzionati diversi atti malvagi come dare un ragazzino in cambio di una prostituta o vendere una ragazzina solo per un bicchiere di vino. Essi non si sono certamente comportati nel modo in cui essi avrebbero voluto che gli altri si comportassero con loro. Ebbene il Signore decreta la Sua sentenza *Subito, in un attimo, io farò ricadere la vostra retribuzione sul vostro capo.* Non si può scherzare con il Signore.

Ec 8:14 > Molto importante ciò che asserisce l'Ecclesiaste, ovvero che nel mondo vi è una vanità terribile: il giusto che viene trattato come l'empio > Ecclesiaste 8:14 *C'è una vanità che avviene sulla terra; ed è che vi sono dei giusti i quali sono trattati come se avessero fatto l'opera degli empi, e ci sono degli empi i quali sono trattati come se avessero fatto l'opera dei giusti. Io ho detto che anche questo è vanità.* Quanto è triste e doloroso ricevere atteggiamenti cattivi e violenti che non si meritano. Quanto è triste che il giusto venga trattato come l'empio e l'empio come il giusto. Purtroppo molto spesso questo accade; ovvero quando non si tiene conto delle parole del Signore Gesù. Siamo chiamati a comportarci sempre in modo corretto, chiedendoci sempre: quale comportamento vorrei da parte degli altri?

Mt 22:37-40 > Ricordiamoci del secondo grande comandamento > Matteo 22:37 *Gesù gli disse: «Ama il Signore Dio tuo con tutto il tuo cuore, con tutta la tua anima e con tutta la tua mente.* Matteo 22:38 *Questo è il grande e il primo comandamento.* Matteo 22:39 *Il secondo, simile a questo, è: Ama il tuo prossimo come te stesso.* Matteo 22:40 *Da questi due comandamenti dipendono tutta la legge e i profeti».* Amare il Signore con tutto noi stessi ed amare il nostro prossimo come noi stessi sono i due comandamenti da cui dipendono *la legge ed i profeti.* Osservandoli, in altre parole, si adempie la volontà del Signore. È sempre così per ciascuno di noi?

# Matteo 7:13-14 Le due vie

Mt 7:13-14 dì > *La via che conduce alla perdizione* > - *Entrate per la porta stretta, poiché larga è la porta e spaziosa la via che conduce alla perdizione, e molti sono quelli che entrano per essa* - > Mt 7:13.

MT 7:13 fi) > Ci troviamo ora in una sezione assolutamente importante (non che le altre non le fossero), nella quale il Signore Gesù impartisce una precisa lezione ed un preciso principio. Ovvero che l'uomo deve scegliere nella sua vita quale delle due vie intraprendere. L'imperativo del Signore è - *Entrate per la porta stretta* -. Infatti, in greco abbiamo l'imperativo di - *eiserchomai* - ovvero entrare. L'uomo deve fare una scelta ben precisa. Vogliamo osservare tre brani significativi.

Mt 23:13 > Innanzitutto è interessante osservare come il Signore Gesù denuncia l'ipocrisia degli scribi e dei farisei affermando che essi serravano. Ovvero chiudevano l'entrata del regno dei cieli alla gente > Matteo 23:13 *«Ma guai a voi, scribi e farisei ipocriti, perché serrate il regno dei cieli davanti alla gente; poiché non vi entrate voi, né lasciate entrare quelli che cercano di entrare.* Per quale motivo essi si comportavano in questo modo? Per il fatto che loro stessi non volevano realmente entrarci. Essi erano ripieni di una conoscenza che gonfiava, che li inorgogliva, ma che non portava loro alcun beneficio spirituale. Essi vivevano nell'ipocrisia e nonostante le loro false accuse, in realtà essi camminavano nella via dell'ipocrisia. In realtà essi non erano entrati- *per la porta stretta* – di essi sta parlando di coloro che dovevano essere le guide del popolo d'Israele.

> Lu 11:52 > Luca 11:52 *Guai a voi, dottori della legge, perché avete portato via la chiave della scienza! Voi non siete entrati, e a quelli che volevano entrare l'avete impedito».* In queste parole possiamo trovare un brano parallelo a quello di Matteo, ma con ulteriori dettagli. In realtà i dottori della Legge o coloro che si reputavano tali *avevano portato via le chiavi della scienza.* La chiave serve proprio per aprire e chiudere e come non ricordare le parole che il Signore Gesù rivolge a Pietro *Io ti darò le chiavi del regno dei cieli; tutto ciò che legherai in terra sarà legato nei cieli, e tutto ciò che scioglierai in terra sarà sciolto nei cieli»* (Mt 16:19). Avremo modo di osservare questo testo più da vicino, ma è chiaro che la chiave rappresentato dal messaggio del Vangelo non apparteneva ai dottori della Legge. Essi, a causa della loro ipocrisia e malvagità *avevano impedito* agli altri di entrare. Tuttavia la responsabilità umana rimane assoluta. Se un individuo non vuole entrare è una sua precisa scelta.

> 2 Pt 1:10-11 > 2Pietro 1:10 *Perciò, fratelli, impegnatevi sempre di più a render sicura la vostra vocazione ed elezione; perché, così facendo, non inciamperete mai.* 2Pietro 1:11 *In questo modo Infatti, vi sarà ampiamente concesso l'ingresso nel regno eterno del nostro Signore e Salvatore Gesù Cristo.* Queste bellissime parole di Pietro ci parlano invece della nostra posizione come figli di Dio. Egli ci esorta a rende sempre più sicura la nostra vocazione ed elezione, non per la paura di poter perdere la salvezza, ma per raggiungere quell'obiettivo di *non inciampare mai.* Infatti, è chiaro che quando si cade nel peccato è perché non si è vigilato su noi stessi. Ma poi, l'apostolo parla di quell' *ampio ingresso nel regno eterno del nostro Signore,* parole che sono chiaramente rivolte a coloro che sono realmente nati di nuovo e che sono – *entrati per la porta stretta* -. È una scelta che comporta il pagamento di un prezzo, ma è l'unica scelta possibile per poter ricevere la salvezza eterna del Signore.

MT 7:13 f2) > Il Signore Gesù usa l'immagine della - *porta* - per motivi ben precisi. Essa è ricorrente nella Scrittura nel suo valore non solo intrinseco, ma anche spirituale. Due testi sono illuminanti.

> Ge 7:1. 15-16 > Genesi 7:1 *Il SIGNORE disse a Noè: «Entra nell'arca tu con tutta la tua famiglia, perché ho visto che sei giusto davanti a me, in questa generazione...* Genesi 7:15 *Di ogni essere vivente in cui è alito di vita venne una coppia a Noè nell'arca;* Genesi 7:16 *venivano maschio e femmina d'ogni specie, come Dio aveva comandato a Noè; poi il SIGNORE lo chiuse dentro.* Ci troviamo nel momento culminante dell'inizio del diluvio universale e ad un certo punto il Signore ordina a Noè ed alla sua famiglia di entrare nell'arca, perché era giunto il tempo dell'esecuzione del decreto dell'Eterno. Noè era giusto dinanzi a Dio ed egli dimostrò questa giustizia, proprio perché confermò con azioni e parole che egli apparteneva al Signore. Ma ad un certo punto *la porta dell'arca fu chiusa* dal Signore stesso. Non vi era più tempo per gli uomini e le donne di quel tempo di salire sull'arca. Il tempo era scaduto. Perciò oggi l'uomo è chiamato a far tesoro di questo imperativo del Signore Gesù, prima che sia troppo tardi.

> Gv 10:9 > Giovanni 10:9 *Io sono la porta; se uno entra per me, sarà salvato, entrerà e uscirà, e troverà pastura.* Il Signore Gesù usa l'immagine della porta, proprio perché, come leggiamo in questo brano, Lui si identifica in quell'unica porta per la quale si può ottenere salvezza. Solamente se si *entra per lui* si è salvati, non esiste altra porta o altra via. Come delle pecore guidate dal Pastore, chiunque entra per quella porta troverà nutrimento in abbondanza. Ma quale tragedia per coloro che preferiscono entrare da un'altra parte.

MT 7:13 f3)> Ma il Signore Gesù prosegue - *poiché larga è la porta e spaziosa la via che conduce alla perdizione, e molti sono quelli che entrano per essa* -. Ora il Signore parla della via larga e spaziosa, una via sicuramente più comoda ma che è falsa, ingannevole e che porta alla perdizione. A proposito di questo tema vogliamo osservare quattro testi biblici.

> 1 Co 16:8-9 > 1Corinzi 16:8 *Rimarrò a Efeso fino alla Pentecoste,* 1Corinzi 16:9 *perché qui una larga porta mi si è aperta a un lavoro efficace, e vi sono molti avversari.* In questo caso possiamo osservare che la *larga via* non è sinonimo di via che conduce alla perdizione, ma dell'ampia opportunità che Paolo ebbe ad Efeso di proclamare il Vangelo. Nonostante la presenza di molti

avversari, Paolo non mostra paura o angoscia, ma è soddisfatto del fatto che lì ad Efeso ha una *larga porta* di testimonianza che si è aperta. Ma purtroppo la larga porta come indica il Signore Gesù può avere anche tutt'altro significato.

> Pr 14:12 > Proverbi 14:12 *C'è una via che all'uomo sembra diritta, ma essa conduce alla morte.* Ecco qual è l'inganno dell'uomo. Egli pensa di intraprendere la via giusta e corretta, una via che *sembra diritta.* Questa via apparentemente giusta è la via della religione, dello sforzo umano, dell'umana concezione di potersi accaparrare della salvezza di Dio con le proprie forze. Ma non è così. Questa via, inevitabilmente *conduce alla morte,* come dice il Signore Gesù - *conduce alla perdizione -,* alla rovina.

> Ez 33:10-11 > Ezechiele 33:10 *Tu, figlio d'uomo, di' alla casa d'Israele: Voi dite così: 'Le nostre trasgressioni e i nostri peccati sono su di noi, e a motivo di essi noi languiamo: come potremmo vivere?'* Ezechiele 33:11 *Di' loro: Com'è vero che io vivo, dice DIO, il Signore, io non mi compiaccio della morte dell'empio, ma che l'empio si converta dalla sua via e viva; convertitevi, convertitevi dalle vostre vie malvagie! Perché morireste, o casa d'Israele?* Quello che vuole il Signore è che l'empio si converta dalla sua via, dalla strada pericolosa e malvagia che sta percorrendo e si converta al Signore. Anche se queste parole sono rivolte alla casa d'Israele, sono valide per tutti. Dio non vuole la morte dell'empio, ma la sua vita, la sua conversione e ravvedimento. Ma fermo resta che si tratta sempre di una precisa scelta dell'uomo. Egli può tornare indietro, cambiare strada e via, ovviamente per l'iniziativa di Dio ed i Suoi richiami. Queste parole spiegano molto bene il concetto di ravvedimento. Bisogna lasciare la via malvagia, per intraprendere la - via stretta - che però è l'unica che porta alla salvezza.

> At 22:3-5 > Atti 22:3 *«Io sono un giudeo, nato a Tarso di Cilicia, ma allevato in questa città, educato ai piedi di Gamaliele nella rigida osservanza della legge dei padri; sono stato zelante per la causa di Dio, come voi tutti siete oggi;* Atti 22:4 *perseguitai a morte questa Via, legando e mettendo in prigione uomini e donne,* Atti 22:5 *come me ne sono testimoni il sommo sacerdote e tutto il collegio degli anziani; avute da loro delle lettere per i fratelli, mi recavo a Damasco per condurre legati a Gerusalemme anche quelli che erano là, perché fossero puniti.* Molto interessante questa testimonianza dell'apostolo Paolo, il quale parla

del suo passato e della sua carta d'identità di perfetto fariseo, cresciuto ai piedi di uno dei dottori della legge più influenti di quel tempo, ma che a causa della sua ignoranza e malvagità, perseguitò *quelli della Via*. Come mai erano chiamati in questo modo i cristiani. Proprio perché essi avevano scelto quale via seguire: quella indicata dal Signore Gesù, la - *via angusta e difficile* -, ma che porta alla salvezza.

MT 7:13 f4)> Il Signore Gesù è assolutamente preciso è dichiara in modo lapidario dove conduce la via larga e spaziosa: alla - *perdizione* -. L'uomo si illude che scegliendo la via larga e spaziosa, egli sperimenterà la gioia e la vera felicità, ma non è così. Vogliamo vedere due testi biblici.

> Sl 40:1-2 > *Salmi 40:1 Al direttore del coro. Di Davide. Salmo. Ho pazientemente aspettato il SIGNORE, ed egli si è chinato su di me e ha ascoltato il mio grido.* Salmi 40:2 *Mi ha tratto fuori da una fossa di perdizione, dal pantano fangoso; ha fatto posare i miei piedi sulla roccia, ha reso sicuri i miei passi.* In questo salmo, Davide dichiara di aver aspettato il Signore, ovvero di aver atteso il Suo intervento in suo favore. Egli ha ascoltato il suo grido ed è veramente meraviglioso quando un figlio di Dio sperimenta la risposta del Signore in esaudimento alla sua preghiera. Ma nello stesso tempo, Davide evidenzia una lezione molto importante: Dio lo ha tratto fuori dalla fossa di perdizione. Questo significa che l'uomo non può fare nulla per risolvere il suo problema gravoso e che esiste da sempre, ovvero il peccato. Davide qui parla di perdizione in senso generale, ma possiamo essere certi che quando si va fiduciosi verso il Signore chiedendogli di liberare dalla schiavitù del peccato, Egli certamente risponderà ed agirà.

> Os 13:9 > Osea 13:9 *«È la tua perdizione, Israele, l'essere contro di me, contro il tuo aiuto.* L'uomo deve comprendere, come è scritto in questo brano che la perdizione dell'uomo è l'essere contro il Signore. Ovvero la sua rovina consiste nel fatto di essere lontano dal Signore. La via larga e spaziosa è apparentemente la più bella e la più facile ma in essa non vi è la volontà di Dio, né il Signore. L'uomo è lasciato solo a se stesso e di certo giungerà in un'eterna rovina, se non si ravvedrà e si convertirà al Signore. In altre parole, l'uomo andrà in perdizione, perché avrà rifiutato il Signore *che è* il suo aiuto.

Mt 7:13-14 (21 > *La via che conduce alla vita* > - *Stretta invece è la porta e angusta la via che conduce alla vita, e pochi sono quelli che la trovano* - > Mt 7:141.

MT7:14 f!)> Ma attenzione vi è anche un'altra via e questa - *conduce alla vita* -. Sono molto belli quattro brani biblici illuminanti.

> Lu 13:24-27 > Luca 13:24 *«Sforzatevi di entrare per la porta stretta, perché io vi dico che molti cercheranno di entrare e non potranno.* Luca 13:25 *Quando il padrone di casa si alzerà e chiuderà la porta, voi, stando di fuori, comincerete a bussare alla porta, dicendo: Signore, aprici. Ed egli vi risponderà: Io non so da dove venite.* Luca 13:26 *Allora comincerete a dire: Noi abbiamo mangiato e bevuto in tua presenza, e tu hai insegnato nelle nostre piazze!* Luca 13:27 *Ed egli dirà: Io vi dico che non so da dove venite. Allontanatevi da me, voi tutti, malfattori.* Queste parole sono parallele a quelle che abbiamo letto in Matteo, ma con altri dettagli. Il Signore Gesù Infatti, esorta a sforzarsi di entrare per la porta stretta, in quanto molti cercheranno di entrarvi ma non potranno. Cosa significa questo? In altre parole che l'uomo, come abbiamo sottolineato prima, cerca in tutti i modi, ma basandosi sempre sui suoi sforzi, di meritare la salvezza di Dio. Ma questo non è possibile. Fino a quando non ci si rende conto del proprio bisogno spirituale e che solo il Signore può risolvere la situazione dell'uomo, è solo illusione. Ecco perché il Signore, in questo testo, parla di coloro che apparentemente erano di coloro che appartenevano a Dio, in quanto hanno partecipato ai discorsi del Signore, sono stati con Lui. Ma questo non è sufficiente se non vi è un vero e sincero ravvedimento di cuore. La sentenza del Signore sarà solo una *Io vi dico che non so da dove venite.*

> Pr 11:18-19 > Proverbi 11:18 *L'empio fa un'opera illusoria, ma chi semina giustizia ha una ricompensa sicura.* Proverbi 11:19 *Così la giustizia conduce alla vita, ma chi va dietro al male si avvia verso la morte.* Come è chiaramente detto in questo testo, l'empio compie un'opera illusoria, come i religiosi di oggi che pretendono con i loro sforzi di entrare in paradiso. Ma in realtà chi semina la giustizia riceverà una ricompensa sicura. Perché? Perché la giustizia conduce alla vita. Infatti, cosa dice il Signore? La via stretta ed angusta - *conduce alla vita* -. Non vi è una terza via. Chi persegue la sua illusione si avvia inevitabilmente verso la morte.

> Gv 3:36 > Giovanni 3:36 *Chi crede nel Figlio ha vita eterna, chi invece rifiuta di credere al Figlio non vedrà la vita, ma l'ira di Dio rimane su di lui».* Anche queste parole del Signore Gesù sono

preziose in quanto ci mostrano che la vita eterna è basata solo ed esclusivamente sulla fede in Lui. Questo significa che non ci sono altri mezzi, altre vie. Egli potrà dire *Io sono la via...* (Gv 14:6). Perciò chi crede in Lui, chi ha fede in Lui, ha la certezza di possedere la vita eterna, ma chi non crede deve avere altresì la certezza che *l'ira di Dio rimane su di lui.*

> Ef 2:1-6 > Efesini 2:1 *Dio ha vivificato anche voi, voi che eravate morti nelle vostre colpe e nei vostri peccati,* Efesini 2:2 *ai quali un tempo vi abbandonaste seguendo l'andazzo di questo mondo, seguendo il principe della potenza dell'aria, di quello spirito che opera oggi negli uomini ribelli.* Efesini 2:3 *Nel numero dei quali anche noi tutti vivevamo un tempo, secondo i desideri della nostra carne, ubbidendo alle voglie della carne e dei nostri pensieri; ed eravamo per natura figli d'ira, come gli altri.* Efesini 2:4 *Ma Dio, che è ricco in misericordia, per il grande amore con cui ci ha amati,* Efesini 2:5 *anche quando eravamo morti nei peccati, ci ha vivificati con Cristo (è per grazia che siete stati salvati),* Efesini 2:6 *e ci ha risuscitati con lui e con lui ci ha fatti sedere nel cielo in Cristo Gesù.* Come spiega molto bene Paolo in questo stralcio della lettera agli efesini, Dio ci ha vivificato, ovvero ci ha donato la vita, salvandoci da quella situazione di morte spirituale che ci caratterizzava. Tutto è dipeso da Lui. Un tempo eravamo lontani, morti nei nostri peccati, schiavi di un padrone senza scrupoli *il principe della potenza dell'aria.* Ma la misericordia di Dio ci ha raggiunti. Noi non facevamo parte di Israele, ma Dio si è compiaciuto anche quei gentili che avrebbero posto fede in Lui e nel Signore Gesù. Prima ubbidivamo alle nostre voglie, alle nostre passioni, ora non è più così. Siamo stati vivificati per il Suo amore. Siamo rinati a nuova vita. Solo per la Sua Grazia.

> Cl 2:13 > Colossesi 2:13 *Voi, che eravate morti nei peccati e nella incirconcisione della vostra carne, voi, dico, Dio ha vivificati con lui, perdonandoci tutti i nostri peccati.*

Anche in questo brano, Paolo sottolinea lo stesso concetto. Siamo stati vivificati con Cristo. Perciò abbiamo ottenuto il pieno perdono dei nostri peccati. È straordinario: non importa quali crimini abbiamo commesso o quali peccati abbiamo compiuto. Il perdono di Dio è completo e totale.

# Matteo 7:15-23 > Il pericolo dell'apparenza

Mt 7:15-23 (11 > *Un solenne avvertimento* > - «*Guardatevi dai falsi profeti i quali vengono verso di voi in vesti da pecore, ma dentro son lupi rapaci. Li riconoscerete dai loro frutti* - > Mt 7:15-16a.

MT 7:15-16A fi) > In questa ulteriore sezione del cap.7, il Signore ci parla in modo approfondito del pericolo dell'apparenza che già abbiamo avuto modo di vedere. Quale esempio di apparenti il Signore parla dei - *falsi profeti* -. Ma prima di questo il Signore rivolge un solenne imperativo - *Guardatevi...-*. In greco abbiamo il verbo - *prosecho* - che in senso intransitivo, significa prestare attenzione, pensare, badare. E in greco è proprio un imperativo presente. Nella Scrittura da cosa dobbiamo guardarci? Vediamo due esempi.

> De 4:23-24 > Deuteronomio 4:23 *Guardatevi dal dimenticare il patto che il SIGNORE, il vostro Dio, ha stabilito con voi e dal farvi una scultura che sia immagine di qualsiasi cosa che il SIGNORE, il tuo Dio, ti ha proibita.* Deuteronomio 4:24 *Poiché il SIGNORE, il tuo Dio, è un fuoco che divora, un Dio geloso.* In questo primo testo, il Signore raccomanda ad Israele di guardarsi o di stare attenti dal dimenticare il patto con il Signore. Come sappiamo il Signore aveva stabilito un patto con il Suo popolo, mediante il quale il popolo si impegnava a ubbidire ai comandamenti del Signore ed a seguirlo. Essi dovevano realmente stare attenti dall'abbandonare il Signore. Ma certamente possiamo dire che lo stesso avvertimento vale anche per noi, anche se facciamo parte del *nuovo patto*. Infatti, un apparente, in realtà è colui che formalmente ed esteriormente dimostra di appartenere al Signore, quando in realtà la sostanza è ben diversa.

> Fl 3:2-3 > Filippesi 3:2 *Guardatevi dai cani, guardatevi dai cattivi operai, guardatevi da quelli che si fanno mutilare;* Filippesi 3:3 *perché i veri circoncisi siamo noi, che offriamo il nostro culto per mezzo dello Spirito di Dio, che ci vantiamo in Cristo Gesù, e non mettiamo la nostra fiducia nella carne.* Anche in questo caso, Paolo invita a guardarsi o a stare attenti da personaggi che potevano portare un'influenza altamente negativa, come i falsi profeti menzionati dal Signore. Infatti, dobbiamo ribadire con forza che chiunque porta un messaggio non confacente a quello biblico è un falso profeta. Infatti, questi *cattivi operai* di cui parla

Paolo portavano un falso messaggio, nel quale si voleva nuovamente ripristinare la circoncisione fisica, quando tali precetti erano completamente passati grazie al sacrificio di Cristo. In realtà, essi volevano vantarsi della loro carne, ovvero dei loro sforzi. Ecco chi sono gli apparenti e da essi bisogna assolutamente guardarsi.

MT7:15-16Af2) > Ovviamente il Signore Gesù non dà solo l'avvertimento, ma specifica chiaramente da che cosa bisogna guardarsi, ovvero - *i falsi profeti* -. In greco abbiamo il sostantivo - *pseudoprophetes* - ovvero pseudo profeti, falsi, ingannevoli. A tal proposito possiamo osservare quattro passi biblici.

> De 13:1-5 > Deuteronomio 13:1 *Quando sorgerà in mezzo a te un profeta o un sognatore che ti annunzia un segno o un prodigio,* Deuteronomio 13:2 *e il segno o il prodigio di cui ti avrà parlato si compie, ed egli ti dice: «Andiamo dietro a dèi stranieri, che tu non hai mai conosciuto, e serviamoli»,* Deuteronomio 13:3 *tu non darai retta alle parole di quel profeta o di quel sognatore, perché il SIGNORE, il vostro Dio, vi mette alla prova per sapere se amate il SIGNORE, il vostro Dio, con tutto il vostro cuore e con tutta l'anima vostra.* Deuteronomio 13:4 *Seguirete il SIGNORE, il vostro Dio, lo temerete, osserverete i suoi comandamenti, ubbidirete alla sua voce, lo servirete e vi terrete stretti a lui.* Deuteronomio 13:5 *Quel profeta o quel sognatore sarà messo a morte, perché avrà predicato l'apostasia dal SIGNORE Dio vostro che vi ha fatti uscire dal paese d'Egitto e vi ha liberati dalla casa di schiavitù, per spingerti fuori dalla via per la quale il SIGNORE, il tuo Dio, ti ha ordinato di camminare. Così toglierai il male di mezzo a te.* Questo passo è altamente significativo, in quanto il Signore aveva dato precise disposizioni ad Israele per riconoscere il falso profeta. Infatti, l'Eterno dichiara che se fosse sorto un profeta in mezzo al popolo che annunciava un evento o un prodigio e questo si avverava, non per questo bisognava riconoscere immediatamente la genuinità del ministero di quest'uomo. Infatti, bisognava anche ascoltare il suo messaggio e se chiaramente incoraggiava all'idolatria o a peccare contro il Signore, questi era un falso profeta che doveva essere immediatamente condannato a morte e tolto di mezzo. Questo dettaglio è assolutamente importante. Ciò che garantisce la bontà del ministero di profeta non era tanto l'avverarsi di una sua profezia, quanto il messaggio che egli proclamava.

> Ne 9:29-30 > Neemia 9:29 *Tu li scongiuravi per farli tornare alla tua legge; ma essi si inorgoglivano e non ubbidivano ai tuoi comandamenti, peccavano contro le tue prescrizioni che fanno vivere chi le mette in pratica. La loro spalla rifiutava il giogo, essi irrigidivano i loro colli e non volevano ubbidire.* Neemia 9:30 *Hai avuto pazienza con loro molti anni, mentre li avvertivi per mezzo del tuo Spirito e per bocca dei tuoi profeti; ma essi non vollero dare ascolto, e tu li hai messi in mano ai popoli dei paesi stranieri.* Queste parole che pronuncia Neemia, mettono ben in mostra che i veri profeti di Dio, coloro che il Signore mandava non avevano mai una vita facile. Infatti, molto spesso al messaggio di ravvedimento e di conversione che il profeta annunciava, o non vi era risposta da parte di Israele, oppure addirittura vi era la persecuzione e la sofferenza. Perciò il Signore dimostrò pazienza e misericordia in più occasioni, verso una nazione assolutamente irriconoscente. Questi erano i veri profeti di Dio.

> Gr 23:11 > I falsi profeti sono sempre stati una piaga per il popolo di Dio come è scritto in Gr 23 > Geremia 23:11 *«Profeti e sacerdoti sono empi, nella mia casa stessa ho trovato la loro malvagità», dice il SIGNORE.* Geremia 23:12 *«Perciò la loro via sarà per loro come luoghi sdrucciolevoli in mezzo alle tenebre; essi vi saranno spinti e cadranno; poiché io farò venire su di loro la calamità, l'anno in cui li visiterò», dice il SIGNORE.* In questo brano il Signore denuncia il peccato di profeti e sacerdoti, i quali, invece di essere guida per il popolo di Giuda, camminavano nell'empietà, nelle loro passioni malvagie. Perciò, la via che essi avevano intrapreso sarebbe naufragata in mezzo alle tenebre. Per il Signore è assolutamente in abominio che qualcuno si presenti come Suo profeta, quando poi nel suo cuore sussiste solo falsità ed inganno. Perciò è fondamentale dare ascolto al Signore Gesù ed al Suo avvertimento.

4>1Co 14:3 > Quali sono le caratteristiche del profeta di Dio? In 1 Co 14:3 abbiamo la risposta > 1Corinzi 14:3 *Chi profetizza, invece, parla agli uomini un linguaggio di edificazione, di esortazione e di consolazione.* Sappiamo che essere profeti non significa semplicemente annunciare eventi futuri. Tale caratteristica era propria del ministero profetico dell'AT. Ma essere profeta di Dio significa annunciare il messaggio che Dio vuole che si proclami. Anche oggi, nella Chiesa del Signore Gesù, è importantissimo il ministero di profeta, ma nel modo descritto da Paolo in questo testo. Il profeta del Signore, nel messaggio che proclama, edifica, esorta e consola. Per edificare dovrà proclamare per forza il genuino messaggio di Dio che porterà beneficio a coloro che l'ascolteranno. Ma non illudiamoci, anche oggi ci sono i falsi profeti.

MT7:15-16 Af3) _> Come si comportano i falsi profeti? Ecco cosa dice il Signore Gesù - *quali vengono verso di voi in vesti da pecore, ma dentro son lupi rapaci* -. Ovvero indossano una maschera. Si travestono per ingannare, quando in realtà hanno nel cuore propositi malvagi. Sono importanti tre insegnamenti che abbiamo nella Scrittura. È piuttosto netta la contrapposizione che il Signore sottolinea tra la pecora ed il lupo.

> Mt 10:16 > La pecora è un animale che a motivo della sua dolcezza è una figura del credente, mentre il lupo è l'immagine dell'empio che non ha scrupoli > Matteo 10:16 «*Ecco, io vi mando come pecore in mezzo ai lupi; siate dunque prudenti come i serpenti e semplici come le colombe.* Matteo 10:17 *Guardatevi dagli uomini; perché vi metteranno in mano ai tribunali e vi flagelleranno nelle loro sinagoghe.* Queste parole del Signore sono assolutamente eloquenti. I discepoli sarebbero stati nel mondo come *pecore in mezzo ai lupi*, ovvero in mezzo ad una storta e perversa generazione. Perciò il cristiano è chiamato ad usare saggezza, intelligenza spirituale, in quanto il Signore ci esorta anche ad essere *prudenti come serpenti*. Ebbene il falso profeta vuole proprio apparire in questo modo: come la persona più dolce del mondo, la più sensibile, ma in realtà nutre propositi malvagi.

> So 3:1-3 > In secondo luogo, So 3 i giudici ed i capi malvagi di Israele sono paragonati ai lupi > Sofonia 3:1 *Guai alla città ribelle, contaminata, alla città piena di soprusi!* Sofonia 3:2 *Essa non dà ascolto ad alcuna voce, non accetta correzione, non si confida nel SIGNORE, non si avvicina al suo Dio.* Sofonia 3:3 *I suoi capi, in mezzo a lei, sono leoni ruggenti; i suoi giudici sono lupi della sera, che non serbano nulla per la mattina.* Gerusalemme si trovava in una situazione spirituale assolutamente drammatica. Essa era contaminata dal peccato, ribelle a Dio ed in una situazione siffatta, non vi potevano essere giudici o capi timorati di Dio. Infatti, essi, come tutto il popolo, non davano ascolto al messaggio di Dio e, spronati dalle loro passioni, sembravano dei *leoni ruggenti e lupi* che cercano cosa mangiare. Perciò possiamo dire che la descrizione del Signore è assolutamente appropriata. Il falso profeta, mosso dal suo

interesse, è come un lupo che pur di cercare di soddisfare le sue ambizioni ed i suoi propositi è disposto anche a apparire pecora.

> At 20:28 > In terzo luogo, Paolo avverte i cristiani di Efeso che in un prossimo futuro si sarebbero introdotti dei lupi rapaci ovvero falsi insegnanti aventi solo il proposito di insegnare cose perverse > Atti 20:28 *Badate a voi stessi e a tutto il gregge, in mezzo al quale lo Spirito Santo vi ha costituiti vescovi, per pascere la chiesa di Dio, che egli ha acquistata con il proprio sangue.* Atti 20:29 *Io so che dopo la mia partenza si introdurranno fra di voi lupi rapaci, i quali non risparmieranno il gregge;* Atti 20:30 *e anche tra voi stessi sorgeranno uomini che insegneranno cose perverse per trascinarsi dietro i discepoli.* Non possiamo ignorare o essere superficiali di fronte ad un avvertimento così solenne. L'avvertimento di Paolo come quello del Signore Gesù non è lontano nel tempo, ma assolutamente attuale. Nel corso dei secoli, nella Chiesa del Signore, ed ancora ai nostri giorni si introducono falsi insegnanti, falsi profeti che insegnano realmente *cose perverse.* Bisogna assolutamente stare in guardia, come ci avverte il Signore.

MT7:15-16A(4) > Non solo, ma il Signore dichiara altresì - *Li riconoscerete dai loro frutti -.* In greco abbiamo il verbo - *epigignosko* - che indica non una sterile conoscenza, ma quella piena. Ovvero saranno le azioni che questi falsi profeti compiranno che li smaschereranno completamente. Vogliamo vedere due insegnamenti molto importanti.

> Lu 6:43-45 > In primo luogo, il frutto cattivo proviene da un albero cattivo > Luca 6:43 *Non c'è Infatti, albero buono che faccia frutto cattivo, né vi è albero cattivo che faccia frutto buono;* Luca 6:44 *perché ogni albero si riconosce dal proprio frutto; Infatti, non si colgono fichi dalle spine, né si vendemmia uva dai rovi.* Luca 6:45 *L'uomo buono dal buon tesoro del suo cuore tira fuori il bene; e l'uomo malvagio, dal malvagio tesoro tira fuori il male; perché dall'abbondanza del cuore parla la sua bocca.* Con questa similitudine, il Signore Gesù ci vuole proprio insegnare che è impossibile che ad esempio un melo produca pere o fichi spine. Il frutto dipende assolutamente dalla natura dell'albero. Lo stesso vale anche in senso spirituale. I frutti, ovvero le azioni, le scelte che compiamo e che compiremo, dimostreranno ciò che siamo. Senza esprimere sentenze, certamente sono le opere e le scelte che compiamo nella nostra vita che dimostrano se siamo o non siamo

dei credenti o se siamo o non siamo dei credenti spirituali. Infatti, l'uomo buono, dal suo tesoro tira fuori del bene, *ma l'uomo malvagio solo cose malvagie.* Un falso profeta non potrà mai tirare fuori del bene.

Gd 1:11-12 > Gli empi che si erano introdotti nelle agapi. Citati dall'apostolo Giuda. Sono descritti proprio come alberi senza frutto > *Giuda 11 Guai a loro! Perché si sono incamminati per la via di Caino, e per amor di lucro si sono gettati nei traviamenti di Balaam, e sono periti per la ribellione di Core.* Giuda 12 *Essi sono delle macchie nelle vostre agapi quando banchettano con voi senza ritegno, pascendo sé stessi; nuvole senza acqua, portate qua e là dai venti; alberi d'autunno senza frutti, due volte morti, sradicati.* Questa descrizione, quindi non fa altro che evidenziare ancora con più forza l'avvertimento del Signore. L'apostolo avverte solennemente questi malvagi con l'espressione *Guai a loro.* Infatti, la via che essi avevano intrapreso, ovvero quella del peccato, come la intrapresero Caino e Balaam, dimostrava chiaramente chi essi fossero. Questi empi banchettavano senza ritegno, desiderando solo la propri soddisfazione personale. Ecco perché sono descritti come *alberi senza frutto, due volte morti, sradicati.* I loro frutti erano malvagi, perché loro stessi erano malvagi. La stessa lezione vale anche per i falsi profeti. Essi si possono riconoscere dalle loro azioni, dal messaggio che essi promuovono, dal loro non timore verso il Signore.

Mt 7:15-23 (21 > *Ogni albero che non dà buon frutto è tagliato e gettato nel fuoco* > - *Si raccoglie forse uva dalle spine, o fichi dai rovi? Così, ogni albero buono fa frutti buoni, ma l'albero cattivo fa frutti cattivi. Un albero buono non può fare frutti cattivi, né un albero cattivo far frutti buoni. Ogni albero che non fa buon frutto è tagliato e gettato nel fuoco. Li riconoscerete dunque dai loro frutti* - > Mt 7:16b-20.

MT 7:16B-20 fi) > Il Signore Gesù prosegue con i Suoi insegnamenti, facendo degli esempi eloquenti per far comprendere la lezione che voleva impartire. Egli chiede - *Si raccoglie uva dalle spine o fichi dai rovi? -.* È chiaro che la risposta può essere solo negativa. Ma come mai il Signore parla di - *spine e rovi -?* Perché nella Scrittura essi hanno un chiaro simbolo.

Sa 23:6-7 > Nelle ultime parole che Davide pronuncia prima di terminare la sua vita. Egli ricorda che gli scellerati sono come delle spine che si buttano via > 2Samuele 23:6 *Ma gli scellerati tutti quanti sono come spine che si buttano via e non si prendono con la mano;* 2Samuele 23:7 *chi le tocca si arma di un ferro o di un'asta di lancia, e si bruciano interamente là dove sono.* È certamente importante questo paragone, in quanto esso ci ricorda l'assoluta fragilità e vanità dell'uomo senza Dio. Per scellerato Infatti, si intende colui che è stolto, folle, che segue solo la via del peccato e della propria volontà. Ma egli è come la spina che non solo viene buttata via, ma che viene anche bruciata.

Pr 22:4-5 > In Pr 22. È scritto che le spine sono sulla via del perverso > Proverbi 22:4 *Il frutto dell'umiltà e del timore del SIGNORE è ricchezza, gloria e vita.* Proverbi 22:5 *Spine e lacci sono sulla via del perverso; chi ha cura della sua vita se ne tiene lontano.* Da questo brano possiamo chiaramente osservare come l'autore ponga una netta contrapposizione tra il giusto e l'empio. Il primo ricerca l'umiltà ed il timore del Signore che rappresenta la vera ricchezza. Ma il secondo persegue una via estremamente pericolosa, nella quale vi sono *spine e lacci* nelle quali cade. La via del perverso, di colui che non si vuole ravvedere dei suoi peccati e che non cerca il Signore, in altre parole è un inganno, come abbiamo già avuto modo di osservare. Ma colui che teme il Signore si terrà certamente lontano da tutto ciò che, da un punto di vista spirituale, non è gradevole al Signore.

Mt 13:7 > Inoltre il Signore Gesù. Nello spiegare la parabola del seminatore. Parla anche di quel terreno caratterizzato dalle spine > Matteo 13:7 *Un'altra cadde tra le spine; e le spine crebbero e la soffocarono.* Questo è uno di quei terreni che purtroppo simboleggia un tipo del non credente. In questo caso le spine rappresentano quelle situazioni o circostanze negative che un uomo deve affrontare, mediante le quali il seme del Vangelo viene soffocato, per il fatto che in realtà l'uomo non ha realmente creduto nel Signore. Perciò, come possiamo osservare, le - *spine* - hanno un chiaro riscontro negativo come è evidente anche dal discorso del Signore, il Quale le paragona proprio agli - *alberi cattivi* -.

> Eb 6:7-8 > Ebrei 6:7 *Quando una terra, imbevuta della pioggia che vi cade frequentemente, produce erbe utili a quelli che la coltivano, riceve benedizione da Dio; Ebrei 6:8 ma se produce spine e rovi, è riprovata e prossima a essere maledetta; e la sua fine sarà di essere bruciata.* Anche l'autore della lettera agli Ebrei, riprende lo stesso insegnamento del Signore sulla parabola del seminatore, parlando di quel terreno che se, imbevuto di pioggia,

produce erba verde, ma se produce spine. È destinata ad essere maledetta e bruciata. Questo è ciò che attende l'empio se non si converte al Signore, ravvedendosi dei suoi peccati.

MT 7:16B-20 f2) > Il Signore Gesù afferma - *Così, ogni albero buono fa frutti buoni, ma l'albero cattivo fa frutti cattivi. Un albero buono non può fare frutti cattivi, né un albero cattivo far frutti buoni. Ogni albero che non fa buon frutto è tagliato e gettato nel fuoco. Li riconoscerete dunque dai loro frutti -.* Abbiamo già avuto modo di sottolineare questo paragone così importante. Il Signore Gesù però, nello stesso tempo, spiega anche quale sia il destino dell'albero cattivo che produce frutti cattivi. Come accade anche nell'agricoltura, quando un albero è malato, viene tagliato e bruciato. Vogliamo vedere due brani illuminanti.

> Mt 3:9-10 > Matteo 3:9 *Non pensate di dire dentro di voi: Abbiamo per padre Abraamo; perché io vi dico che da queste pietre Dio può far sorgere dei figli ad Abraamo. Matteo 3:10 Ormai la scure è posta alla radice degli alberi; ogni albero dunque che non fa buon frutto, viene tagliato e gettato nel fuoco.* Queste parole di Giovanni Battista sono illuminanti e non fanno altro che ribadire lo stesso concetto espresso anche dal Signore Gesù. I Giudei si vantavano di avere *come padre Abraamo,* ma Giovanni risponde con parole lapidarie; ovvero che se Dio avesse voluto avrebbe potuto creare dà delle pietre dei figli d'Abraamo. Questo vanto non serviva a nulla se a monte non vi era quella stessa fede che aveva animato Abraamo. Perciò anche questo tipo di albero, figura di quel giudeo che si vantava del suo retaggio, ma senza essere animato da vera fede, era destinato ad *essere tagliato e bruciato nel fuoco.*

> Ez 31:10-12 > Ezechiele 31:10 *Perciò così parla DIO, il Signore: Perché era salito a tanta altezza e sporgeva la sua vetta tra il folto dei rami e perché il suo cuore s'era insuperbito della sua altezza,* Ezechiele 31:*11 io lo diedi in mano del più forte fra le nazioni affinché lo trattasse a suo piacimento; per la sua empietà io lo cacciai via.* Ezechiele 31:*12 Degli stranieri, i più violenti fra le nazioni, l'hanno tagliato e l'hanno abbandonato; sui monti e in tutte le valli sono caduti i suoi rami, i suoi ramoscelli sono stati spezzati in tutti i burroni del paese, tutti i popoli della terra si sono ritirati dalla sua ombra e l'hanno abbandonato.* Anche questo testo è illuminante. Il Signore rivolge queste parole al faraone d'Egitto per spiegargli che a motivo della sua superbia, avrebbe

fatto la stessa fine del regno assiro. Infatti, l'Assiria, a motivo del suo orgoglio, si era insuperbito, rivoltandosi contro al Signore e producendo malvagità su malvagità. Perciò l'Eterno lo condannò ad essere distrutto da una nazione ancora più forte affinché ricevesse lo stesso trattamento che quest'impero riservava agli altri. Sappiamo che nella storia questo è avvenuto con l'impero babilonese. Perciò il Signore dichiara che le nazioni stesse avrebbero tagliato e abbandonato quest' albero malvagio, in modo tali che i suoi rami siano spezzati. Questa è un'immagine significativa dell'empio che sarà retribuito delle sue azioni malvagie.

Mt 7:15-23 (31> *Si può invocare il Signore in modo falso* > - «*Non chiunque mi dice: Signore, Signore! entrerà nel regno dei cieli, ma chi fa la volontà del Padre mio che è nei cieli* - > Mt 7:21.

MT 7:21 f1) > Ma il Signore prosegue ancora con altre lezioni, assolutamente importanti per la nostra vita. Infatti, Egli dichiara - «*Non chiunque mi dice: Signore, Signore! entrerà nel regno dei cieli* -. È un avvertimento assolutamente solenne che non può essere ignorato. Qui si parla del pericolo di invocare sì il Signore ma in modo falso ed ipocrita. La Scrittura certamente ci parla dell'importanza di invocare il Nome del Signore, ma di invocarlo anche con le giuste condizioni e presupposti. Tre testi biblici ne sono una testimonianza.

> De 4:6-8 > Deuteronomio 4:6 *Le osserverete dunque e le metterete in pratica, perché quella sarà la vostra sapienza e la vostra intelligenza agli occhi dei popoli, i quali, udendo parlare di tutte queste leggi, diranno: «Questa grande nazione è il solo popolo savio e intelligente!»* Deuteronomio 4:7 *Qual è Infatti, la grande nazione alla quale la divinità sia così vicina come è vicino a noi il SIGNORE, il nostro Dio, ogni volta che lo invochiamo?* Deuteronomio 4:8 *Qual è la grande nazione che abbia leggi e prescrizioni giuste come è tutta questa legge che io vi espongo oggi?* Con queste parole, Mosè ricorda al popolo il suo compito di ubbidire totalmente alla Legge del Signore, mettendola in pratica. Tale comportamento sarebbe stata la lampante dimostrazione della sua saggezza ed intelligenza spirituale. Questo è un insegnamento anche per noi. Se vogliamo essere saggi ed intelligenti siamo chiamati a mettere in pratica la Parola di Dio. Associato a tale giusto comportamento, Mosè parla anche dell'importanza di

invocare il Signore, quale unico Dio. Infatti, Mosè domanda Qual è Infatti, la grande nazione alla quale la divinità sia così vicina come è vicino a noi il SIGNORE, il nostro Dio, ogni volta che lo invochiamo? Ma da notare che Mosè, giustamente associa l'invocare il Signore con l'ubbidienza alla Sua volontà. Lo stesso vale anche per noi.

> Sl 55:16 > Salmi 55:16 *Io invocherò Dio, e il SIGNORE mi salverà*. Il salmista, con queste parole, manifesta tutta la sua gioia nell'aver potuto sperimentare l'intervento di Dio nella sua vita, dopo che egli Lo ha invocato. È straordinario testimoniare di quei miracoli che il Signore ha compiuto nella nostra vita, dopo che siamo andati a Lui supplicanti. Ma se si è degli ipocriti e dei bugiardi, si potrà anche formalmente invocare il Signore, senza ricevere alcun beneficio. Non solo, ma il Signore dichiarerà in modo lapidario di non conoscere costoro.

> Sl 145:18 > Salmi 145:18 *Il SIGNORE è vicino a tutti quelli che lo invocano, a tutti quelli che lo invocano in verità*. Anche queste parole sono illuminanti. Il salmista parla di coloro che invocano il Signore *in verità*. Cosa significa questo? Non solo si deve invocare il Signore, ma siamo chiamati a farlo *in verità*, ovvero animati dal desiderio di mettere in pratica la volontà di Dio e di ubbidire alla Sua Parola. Ma tale desiderio non deve solo rimanere tale, ma si deve concretizzare con i fatti. Altrimenti si sarà come quelli che dicono solo - *Signore, Signore* -, senza che vi sia una reale fede in Lui.

MT 7:21 f2) > Infatti, il Signore Gesù è assolutamente chiaro: chi entrerà nel regno dei cieli è colui - *che fa la volontà del Padre* -. Sicuramente è volontà del Padre che l'uomo ponga fede in Lui e nell'opera del Signore Gesù Cristo. Tuttavia è inevitabile riflettere ancora una volta sul valore e l'importanza della volontà di Dio e nello stesso tempo, sulla necessità di attuarla. Ecco quattro testi biblici molto importanti.

> Sl 143:10 > Salmi 143:10 *Insegnami a far la tua volontà, poiché tu sei il mio Dio, il tuo Spirito benevolo mi guidi in terra piana*. Salmi 143:11 *SIGNORE, fammi vivere per amor del tuo nome; nella tua giustizia libera l'anima mia dalla tribolazione!* Come dichiara il salmista, il suo desiderio era proprio quello di *fare la volontà di Dio*. Ma l'autore di queste parole non è un illuso ed egli è assolutamente consapevole che da solo, con i suoi sforzi non potrà raggiungere tale scopo. È necessario che il Signore

intervenga affinché non solo ci insegni la Sua volontà, ma anche ci conduca e ci guidi per ubbidire ad essa. Il salmista sapeva che il Signore era il suo Dio e che *per amore del Suo Nome*, certamente avrebbe agito in suo favore. Quando si vuole ubbidire al Signore e quando tale desiderio corrisponde alla realtà, il Signore è pronto a riversare le Sue immense benedizioni.

> Gv 9:31 > Giovanni 9:31 *Si sa che Dio non esaudisce i peccatori; ma se uno è pio e fa la volontà di Dio, egli lo esaudisce.* Anche queste parole del Signore Gesù sono illuminanti e ci mostrano ancora il tema dell'esaudimento. Dio vuole esaudirci, ma nello stesso tempo è necessario osservare la condizione posta dal Signore Gesù, ovvero essere *pio e fare la volontà di Dio.* Ovviamente non vi è spazio per colui che, come afferma il Signore si limita solo a dire - *Signore, Signore -,* senza che in realtà ci sia sostanza. Egli non riceverà esaudimento.

> Eb 13:20-21 > Ebrei 13:20 *Or il Dio della pace che in virtù del sangue del patto eterno ha tratto dai morti il grande pastore delle pecore, il nostro Signore Gesù,* Ebrei 13:21 *vi renda perfetti in ogni bene, affinché facciate la sua volontà, e operi in voi ciò che è gradito davanti a lui, per mezzo di Gesù Cristo; a lui sia la gloria nei secoli dei secoli. Amen.* Anche questo brano della lettera agli Ebrei è estremamente importante in quanto ancora una volta ci viene mostrata la Grazia di Dio, di Colui che è il *Dio della pace,* il Quale in virtù del sangue del patto eterno, ha risuscitato il Signore Gesù, il nostro amato Pastore. Egli ci può rendere veramente *perfetti,* completi in ogni bene per raggiungere un solo obiettivo: fare la volontà del Signore.

>1Pt 4:1-2 > Ecco perché Pietro dichiara che dobbiamo consacrare il nostro tempo 1Pietro 4:1 *Poiché dunque Cristo ha sofferto nella carne, anche voi armatevi dello stesso pensiero, che, cioè, colui che ha sofferto nella carne rinuncia al peccato,* 1Pietro 4:2 *per consacrare il tempo che gli resta da vivere nella carne, non più alle passioni degli uomini, ma alla volontà di Dio.* La domanda è lecita: come impieghiamo il nostro tempo? Come passiamo le giornate che il Signore ci concede? Il Signore Gesù ha sofferto per noi e tale sofferenza era legata al Suo rinunciare al peccato, come effettivamente è avvenuto. Nessun peccato, nessuna caduta intaccò la perfezione del Signore Gesù. Ma lo stesso deve valere anche per noi. Il nostro tempo va impiegato e consacrato per fare la volontà di Dio, non certamente per soddisfare le nostre

vecchie passioni.

Mt 7:15-23 (41 > *Io non vi ho mai conosciuti...* > - *Molti mi diranno in quel giorno: Signore, Signore, non abbiamo noi profetizzato in nome tuo e in nome tuo cacciato demòni e fatto in nome tuo molte opere potenti? Allora dichiarerò loro: Io non vi ho mai conosciuti; allontanatevi da me, malfattori!* -> Mt 7:22-23.

MT 7:22-23 f1) > Il Signore Gesù è assolutamente chiaro nella Sua esposizione. Tutti coloro che cercheranno di giustificarsi, ponendo in evidenza opere, parole, prodigi fatte nel Suo Nome, saranno delusi. Da notare che costoro mettono in evidenza almeno tre elementi. Il primo è la profezia - *non abbiamo noi profetizzato in Nome Tuo?* -. Già abbiamo visto qualcosa sulla profezia e sul pericolo dei falsi profeti. Ma vogliamo vedere ancora qualcos'altro.

Gr 29:31-32 > In Gr 29 si parla del falso profeta Semaia, smascherato da Geremia > Geremia 29:31 «*Manda a dire a tutti quelli che sono deportati: Così parla il SIGNORE riguardo a Semaia il Neelamita: Poiché Semaia vi ha profetizzato, sebbene io non l'abbia mandato, e vi ha fatto confidare nella menzogna,* Geremia 29:32 *così parla il SIGNORE: Ecco, io punirò Semaia, il Neelamita, e la sua discendenza; non ci sarà nessuno dei suoi discendenti che abiti in mezzo a questo popolo, ed egli non vedrà il bene che io farò al mio popolo, dice il SIGNORE; poiché egli ha parlato di ribellione contro il SIGNORE*». Come possiamo osservare Geremia mette in guardia i deportati sul messaggio di questo falso profeta. Egli pretendeva di essere un profeta di Dio ed aveva profetizzato proprio *nel Nome del Signore*. Il problema è che lui proclamava un messaggio che Dio non aveva assolutamente rivelato. Perciò il giudizio è chiaro: non solo Semaia sarebbe stato punito ma anche tutta la sua discendenza. È terribile osservare gli effetti che può avere il peccato e le sue conseguenze non solo su chi lo ha commesso, ma anche sui componenti della stessa famiglia del soggetto. Da cosa si capiva che Semaia era un falso profeta? Proprio dal messaggio che proclamava: egli *parlava di ribellione contro il Signore*. Perciò è inutile e assurdo profetizzare nel Suo Nome, quando si proclama un messaggio falso ed ingannevole.

Re 13:13-18 > In 1 Re 13 possiamo osservare le conseguenze che un uomo di Dio subì perché ingannato da un falso profeta > 1Re 13:13 *Egli disse ai suoi figli: «Sellatemi l'asino». Quelli gli sellarono l'asino; ed egli vi montò su,* 1Re 13:14 *seguì l'uomo di*

*Dio, e lo trovò seduto sotto il terebinto, e gli disse: «Sei tu l'uomo di Dio venuto da Giuda?» Egli rispose: «Sono io».* 1Re 13:15 *Allora il vecchio profeta gli disse: «Vieni con me a casa mia a mangiare».* 1Re 13:16 *Ma egli rispose: «Io non posso tornare indietro con te, né entrare in casa tua; e non mangerò pane né berrò acqua con te in questo luogo;* 1Re 13:17 *poiché mi è stato detto, per ordine del SIGNORE: In quel luogo tu non mangerai pane, né berrai acqua, e non tornerai per la strada che avrai fatta all'andata».* 1Re 13:18 *L'altro gli disse: «Anch'io sono profeta come te; e un angelo mi ha parlato per ordine del SIGNORE, dicendo: Riportalo con te in casa tua, perché mangi del pane e beva dell'acqua». Egli mentiva.*

Il testo biblico non rivela il nome di questo profeta di Dio. Ma più volte è chiamato *uomo di Dio*. Precedentemente aveva proclamato con coraggio un messaggio contro il re Geroboamo, dimostrando tenacia e fedeltà all'ordine che il Signore aveva impartito. Ma purtroppo in questa circostanza un vecchio e falso profeta avanza per ingannare quest'uomo di Dio. Nonostante l'uomo di Dio sapesse cosa il Signore voleva, egli diede ascolto al *vecchio profeta,* il quale si presenta in questo modo *Anche io sono profeta come te.* È un'espressione significativa. È come se quest'uomo stesse dicendo tu non hai l'esclusiva, anche io ho il tuo stesso ministero. Quante volte ci troviamo di fronte anche noi ad un simile modo di fare anche in mezzo ai credenti? Molto spesso si sente dire tu leggi in questo modo, io in quest'altro, ma d'altro canto anche io ho lo Spirito Santo come te. Ma la Parola di Dio non potrà mai insegnare due cose opposte. Infatti, il testo biblico afferma che il vecchio e falso profeta *mentiva.* Ma chi ne pagò le conseguenze? Proprio l'uomo di Dio, il quale venne sbranato da un leone (v.24). Tra l'altro il messaggio di giudizio gli viene proprio annunciato dal vecchio profeta che precedentemente gli aveva rivolto un falso messaggio. Bisogna fare assolutamente attenzione.

Za 13:2-3 > In Za 13 si parla dell'eliminazione di ogni falso profeta > Zaccaria 13:2 *In quel giorno avverrà», dice il SIGNORE degli eserciti, «che io sterminerò dal paese i nomi degli idoli e non se ne farà più menzione; anche i profeti e gli spiriti immondi farò sparire dal paese. Zaccaria 13:3 Se qualcuno farà ancora il profeta, suo padre e sua madre che l'hanno generato gli diranno: Tu non vivrai, perché dici menzogne nel nome del SIGNORE; e suo padre e sua madre, che l'hanno generato, lo trafiggeranno perché fa il profeta.* È interessante osservare come, nel parlare della restaurazione di Israele e del suo ritorno al Signore, si parli anche dell'eliminazione di ogni profeta che annuncia menzogne *nel Nome del Signore*. È proprio questo che aumenta la gravità di questo peccato. Non si può usare il Nome del Signore impunemente. Idoli, statue, spiriti immondi e falsi profeti spariranno. Ma da notare che essi si comportano in modo formale ed apparente esattamente come i profeti di Dio che parlano *nel Nome del Signore*. Ma il Signore conosce perfettamente il nostro cuore.

De 6:13 > Come è scritto in De 6 bisogna temere il Nome del Signore > Deuteronomio 6:13 *Temerai il SIGNORE, il tuo Dio, lo servirai e giurerai nel suo nome.* È un imperativo che vale anche per noi. Siamo chiamati a temere il Signore e questo significa anche temere il Suo Nome. Tale timore va dimostrato con il servizio, la devozione e l'espletamento di quei doni spirituali che abbiamo ricevuto. Perciò un falso profeta non può rimanere impunito nell'aver usato indegnamente il Santo Nome del Signore.

Gm 5:10 > Per contro, l'apostolo Giacomo ci esorta a prendere come esempio i veri profeti di Dio > Giacomo 5:10 *Prendete, fratelli, come modello di sopportazione e di pazienza i profeti che hanno parlato nel nome del Signore.* Essi sono veramente per noi un *modello di sopportazione e di pazienza*, basti osservare la loro vita e le loro peripezie. Essi hanno realmente parlato *nel Nome del Signore*, in quanto proclamavano con coraggio e fedeltà il messaggio di Dio, qualunque esso fosse. Tale coraggio e fedeltà il Signore la vuole da tutti noi. Essi sono conosciuti dal Signore e riceveranno giusta ricompensa. Ma non certamente coloro che hanno profetizzato falsamente nel Suo Nome.

MT 7:22-28 f2) > Ma questi ipotetici personaggi che pretendono di conoscere il Signore, evidenziano un altro dettaglio - *e in Nome Tuo scacciato demoni* -. Ovvero non solo la profezia, ma anche il compimento di opere potenti come lo scacciare demoni dalle persone e sempre nel Suo Nome. Come possiamo osservare l'insistenza verte sul fatto che essi hanno operato nel Nome del Signore. Ma questo non ha valore se alla base non vi è una conoscenza genuina del Signore.

Mt 8:28-32 > Il Signore Gesù, effettivamente, in diverse occasioni schiacciò demoni come nel caso dei due indemoniati di Gerasa > Matteo 8:28 *Quando Gesù fu giunto all'altra riva, nel paese dei Gadareni, gli vennero incontro due indemoniati, usciti dai*

*sepolcri, così furiosi, che nessuno poteva passare per quella via.*
Matteo 8:29 *Ed ecco si misero a gridare: «Che c'è fra noi e te, Figlio di Dio? Sei venuto qua prima del tempo a tormentarci?»*
Matteo 8:30 *Lontano da loro c'era un gran branco di porci al pascolo.* Matteo 8:31 *E i demòni lo pregavano dicendo: «Se tu ci scacci, mandaci in quel branco di porci».* Matteo 8:32 *Egli disse loro: «Andate». Ed essi, usciti, se ne andarono nei porci; e tutto il branco si gettò a precipizio giù nel mare e perirono nell'acqua.* Il Signore Gesù, il Quale si trova nel paese dei Gadareni si vede venire incontro due indemoniati, i quali chiaramente erano posseduti da spiriti demoniaci. Infatti, la loro furia non era normale, in quanto nessuno poteva passare per quei luoghi. Ma subito questi demoni riconoscono nel Signore Gesù il *Figlio di Dio* e nello stesso tempo il fatto che Lui non poteva avere certamente comunione con loro. Ecco perché sono loro a chiedere *Se tu ci scacci, mandaci in quel branco di porci.* Questo perché essi avevano timore che il loro tormento fosse anticipato. Il Signore Gesù acconsente alla loro richiesta, ma nello stesso tempo dimostra la Sua potenza nel guarire immediatamente questi due uomini.

At 8:5-8 > Inoltre in At 8, possiamo osservare come anche Filippo, nel Nome del Signore guarì diversi indemoniati a Samaria > Atti 8:5 *Filippo, disceso nella città di Samaria, vi predicò il Cristo.* Atti 8:6 *E le folle unanimi prestavano attenzione alle cose dette da Filippo, ascoltandolo e osservando i miracoli che faceva.* Atti 8:7 *Infatti, gli spiriti immondi uscivano da molti indemoniati, mandando alte grida; e molti paralitici e zoppi erano guariti.* Atti 8:8 *E vi fu grande gioia in quella città.* Filippo è solo un esempio dei tanti che possiamo fare, nei quali anche coloro che ponevano una fede salda nel Signore, nei primi anni della chiesa primitiva, compirono questo atto potente come lo scacciare demoni da molte persone. Infatti, è scritto che *molti indemoniati* furono guariti. Ovviamente ciò accadde per la forza del Signore e non per un potere umano che possedeva Filippo. I discepoli del Signore Gesù si riconoscevano anche nel fatto che compirono le stesse opere potenti che Lui stesso aveva compiuto tra cui anche lo scacciare demoni. Ma attenzione: quando ciò accade ed anche quando si nomina il Nome del Signore, non è questo garanzia di fedeltà a Lui. Infatti, il cuore può essere caratterizzato da ben altri pensieri.

At 19:13-16 > Nel libro degli Atti abbiamo Infatti, un altro esempio ma ben diverso da quello di Filippo o degli altri apostoli >

Atti 19:13 *Or alcuni esorcisti itineranti giudei tentarono anch'essi d'invocare il nome del Signore Gesù su quelli che avevano degli spiriti maligni, dicendo: «Io vi scongiuro, per quel Gesù che Paolo annunzia».* Atti 19:14 *Quelli che facevano questo erano sette figli di un certo Sceva, ebreo, capo sacerdote.* Atti 19:15 *Ma lo spirito maligno rispose loro: «Conosco Gesù, e so chi è Paolo; ma voi chi siete?»* Atti 19:16 *E l'uomo che aveva lo spirito maligno si scagliò su due di loro; e li trattò in modo tale che fuggirono da quella casa, nudi e feriti.* Il testo narra di esorcisti giudei i quali volevano anche loro scimmiottare ed imitare le opere degli apostoli del Signore e di Lui stesso. Formalmente ed apparentemente non vi era differenza. Infatti, anche loro invocarono il Nome del Signore Gesù su alcuni che avevano effettivamente degli spiriti maligni. Ma la loro invocazione è tutta un programma *Io vi scongiuro, per quel Gesù che Paolo annunzia.* Sono forse queste parole che denotano una conoscenza intima e profonda del Signore? Certamente no. Il risultato fu molto diverso da quello che si era verificato in Samaria. L'indemoniato si scagliò su questi giudei tanto da ferirli. Questo è un esempio eclatante di persone che hanno invocato il Nome del Signore per scacciare demoni, ma senza risultato, in quanto in realtà non vi era una profonda fede in Lui. Ma anche se ciò si fosse verificato, se nel proprio cuore mancava la fede, l'aver compiuto tale opera non serviva a nulla.

MT 7:22-23 f3) > Ecco il terzo dettaglio o la terza scusante - *e fatto in nome tuo molte opere potenti? -*. Insomma da un punto di vista esteriore questi personaggi sembrano dei credenti veramente fedeli. Ma non è così. Anche l'aver compiuto opere potenti nel Suo Nome, non serve a nulla se alla base non vi è la reale conoscenza del Signore. Tre testi biblici sono illuminanti.

Lu 10:13-14 > Luca 10:13 *«Guai a te, Corazin! Guai a te, Betsàida; perché se in Tiro e in Sidone fossero state fatte le opere potenti compiute tra di voi, già da tempo si sarebbero ravvedute, prendendo il cilicio e sedendo nella cenere.* Luca 10:14 *Perciò, nel giorno del giudizio, la sorte di Tiro e di Sidone sarà più tollerabile della vostra.* Come possiamo osservare anche in questo testo, il Signore Gesù dimostrava la Sua potenza in più occasioni, compiendo opere potenti che ovviamente responsabilizzavano enormemente chi le vedeva o chi ne era a conoscenza. Infatti, Corazin e Betsaida che avevano visto le opere potenti del Signore, ma che purtroppo erano rimaste nella loro incredulità, sarebbero state trattate con maggior rigore nel giorno del giudizio di Tiro e

Sidone, due città nemiche di Israele ed idolatre. Ad ogni modo, il Signore Gesù dimostrò la Sua potenza proprio attraverso opere potenti di ogni genere.

> Eb 2:3-4 > Ebrei 2 :3 *come scamperemo noi se trascuriamo una così grande salvezza? Questa, dopo essere stata annunziata prima dal Signore, ci è stata poi confermata da quelli che lo avevano udito,* Ebrei 2:4 *mentre Dio stesso aggiungeva la sua testimonianza alla loro con segni e prodigi, con opere potenti di ogni genere e con doni dello Spirito Santo, secondo la sua volontà.* L'autore della lettera agli Ebrei mette in evidenza proprio questa lezione. La grande salvezza di Dio è stata proclamata innanzitutto dal Signore Gesù, il Quale mediante segni, prodigi ed opere potenti confermava la Sua missione e la Sua potenza. Per gli apostoli, le opere potenti servivano come biglietto da visita per dimostrare che essi erano realmente gli apostoli di Cristo. Ma attenzione: ci possono essere anche segni e prodigi bugiardi ed opera d'inganno.

Te 2:8-10 > 2Tessalonicesi 2:8 *E allora sarà manifestato l'empio, che il Signore Gesù distruggerà con il soffio della sua bocca, e annienterà con l'apparizione della sua venuta.* 2Tessalonicesi 2:9 *La venuta di quell'empio avrà luogo, per l'azione efficace di Satana, con ogni sorta di opere potenti, di segni e di prodigi bugiardi,* 2Tessalonicesi 2:10 *con ogni tipo d'inganno e d'iniquità a danno di quelli che periscono perché non hanno aperto il cuore all'amore della verità per essere salvati.* Questo è un passo emblematico che dimostra quanto si sta affermando. Paolo parla della venuta dell'empio, del figlio della perdizione, il quale, negli ultimi tempi, vorrà essere adorato come un dio e per convincere gli uomini, anche lui farà segni e prodigi e opere potenti. Ma questo avverrà *per l'azione efficace di Satana,* non per il potere del Signore. Lo scopo è proprio quello di ingannare coloro che volutamente hanno rifiutato il messaggio della salvezza e del Vangelo. Perciò si possono anche compiere opere potenti, ma in realtà, alla base non vi è una profonda fede nel Signore, ma solo falsità ed inganno.

MT 7:22-23 f4) > Infatti, ecco come risponderà il Signore Gesù a questi empi - *Io non vi ho mai conosciuti* -. Cosa significa quest'espressione? Anche in questo caso tre testi biblici ci vengono in aiuto.

Mt 9:2-4 > Matteo 9:2 *Ed ecco gli portarono un paralitico disteso*

*sopra un letto. Gesù, veduta la loro fede, disse al paralitico:*
*«Figliolo, coraggio, i tuoi peccati ti sono perdonati».* Matteo 9:3
*Ed ecco alcuni scribi pensarono dentro di sé: «Costui bestemmia».*
Matteo 9:4 *Ma Gesù, conosciuti i loro pensieri, disse: «Perché
pensate cose malvagie nei vostri cuori?».* Da quello che leggiamo
in questo ed in tanti altri brani, quando il Signore dichiara Io non
vi conosco, non significa che non conosce cosa si cela nella mente
e nel cuore dell'uomo. Infatti, in quest'episodio che vede come
protagonista un paralitico ed i suoi amici, i quali nutrivano una
profonda fede nel Signore, sono contrapposti a degli scribi, i quali
invece erano animati da incredulità. Ma è scritto che *Gesù
conosceva i loro pensieri.* Perciò quando il Signore dichiara - *Io
non vi ho mai conosciuti -,* non parla di questo tipo di conoscenza.

Es 33:16-17 > Esodo 33:16 *Poiché, come si farà ora a conoscere
che io e il tuo popolo abbiamo trovato grazia agli occhi tuoi, se tu
non vieni con noi? Questo fatto distinguerà me e il tuo popolo da
tutti i popoli che sono sulla faccia della terra».* Esodo 33:17 *Il
SIGNORE disse a Mosè: «Farò anche questo che tu chiedi, perché
tu hai trovato grazia agli occhi miei, e ti conosco personalmente».*
Ecco di quale tipo di conoscenza si parla; quella basata su un
rapporto intimo e di comunione con il Signore. Come sono belle
queste parole che l'Eterno rivolge a Mosè *Io ti conosco
personalmente.* Verso ognuno di noi il Signore rivolge le stesse
parole. Mosè desiderava ardentemente che il Signore rimanesse
con lui ed il Suo popolo, ed Egli lo incoraggia con queste mirabili
parole. Ogni figlio di Dio è intimamente conosciuto dal Signore.

Ti 2:19 > 2Timoteo 2:19 *Tuttavia il solido fondamento di Dio
rimane fermo, portando questo sigillo: «Il Signore conosce quelli
che sono suoi», e «Si ritragga dall'iniquità chiunque pronunzia il
nome del Signore».* Questo passo famoso in tutta la sua bellezza, ci
rivela che è proprio il *fondamento di Dio,* il fatto che Egli conosce
intimamente coloro che appartengono a Lui. Così come è anche
vero che tutti coloro che invocano il Signore sono chiamati a
ritirarsi da ogni forma d'iniquità. Ma il Signore conosce i Suoi.
Non si parla di una conoscenza superficiale, ma di quella intima
che Egli ha solo con coloro che Gli appartengono. Questi falsi
credenti, coloro che si giustificheranno in quel modo dicendo
Abbiamo fatto questo e quest'altro, in realtà non sono mai stati
conosciuti dal Signore.

MT 7:22-23 fS) _> Perciò il Signore Gesù conclude con

un'asserzione molto forte - *Allontanatevi da Me, malfattori* -. In greco abbiamo un chiaro imperativo presente del verbo - *apochoreo* - che indica l'atto di andare via, di allontanarsi. Perciò in questo caso il Signore sta dando un preciso ordine, in quanto non vuole avere nulla a che fare con questi ipocriti. Vogliamo vedere tre testi molto importanti.

Lu 19:9-10 > Luca 19:9 *Gesù gli disse: «Oggi la salvezza è entrata in questa casa, poiché anche questo è figlio d'Abraamo;* Luca 19:10 *perché il Figlio dell'uomo è venuto per cercare e salvare ciò che era perduto».* Molto spesso nei Vangeli si incontra il comportamento del Signore rivolto al peccatore, esattamente come noi lo vediamo nel caso della conversione di Zaccheo. Ovvero il Signore si presenta come Colui che cerca il peccatore, in quanto, come Egli afferma in occasione della conversione di quest'uomo, Egli venne nel mondo per *cercare e salvare ciò che era perduto*. Se non vado errato, nei Vangeli questa è l'unica volta che il Signore Gesù comanda - *Allontanatevi da Me* - ed abbiamo anche visto la ragione. Il Signore è sì venuto per cercare il peccatore, ma la salvezza eterna è solo per chi si ravvede dei suoi peccati e si converte a Lui.

Interessante è l'atteggiamento che il salmista aveva nei confronti dei malvagi > Salmi 119:115 *Allontanatevi da me, malvagi; io osserverò i comandamenti del mio Dio.* Salmi 119:116 *Sostienimi secondo la tua parola, perché io viva; non rendermi confuso nella mia speranza.* Anche l'autore di queste parole, in modo esplicito, chiede ai malvagi che si allontanino da lui. Questo per un semplice motivo. Gli obiettivi che si prefiggeva il salmista erano notevolmente diversi da questi empi, i quali non avevano alcuna intenzione di osservare la Legge di Dio. Ben diverse erano invece le aspirazioni del salmista. Perciò chiede a Dio di sostenerlo secondo la Sua Parola, affinché potesse camminare senza vacillare. Non dobbiamo illuderci: non vi può essere comunione con chi vuole e desidera camminare lontano dalla volontà di Dio.

Paolo in Ro 16. Esorta caldamente ad evitare e ad allontanarsi da tutti coloro che creano divisioni > Romani 16:17 *Ora vi esorto, fratelli, a tener d'occhio quelli che provocano le divisioni e gli scandali in contrasto con l'insegnamento che avete ricevuto. Allontanatevi da loro.* Romani 16:18 *Costoro, Infatti, non servono il nostro Signore Gesù Cristo, ma il proprio ventre; e con dolce e lusinghiero parlare seducono il cuore dei semplici.* Paolo è assolutamente chiaro *Allontanatevi da loro*. Era necessario assumere un simile comportamento in quanto questi falsi credenti, esattamente come era il caso presentato dal Signore Gesù, non volevano realmente servire il Signore, ma loro stessi. Quando si ha a che fare con simili personaggi, bisogna assolutamente *tenerli d'occhio* ed evitarli. Infatti, il loro modo di parlare e di agire è volto proprio ad ingannare e sedurre. Coloro che, come afferma il Signore Gesù, hanno operato miracoli, profetizzato nel Nome del Signore, ma che in realtà non sono caratterizzati dalla fede, sono solo persone da evitare e da cui allontanarsi.

Come definisce il Signore Gesù, questi personaggi? - *Malfattori* -, in greco letteralmente operatori di peccato.

Anche in questo caso il salmista Davide definisce in questo modo i nemici che volevano fargli del male > Salmi 6:8 *Via da me, voi tutti malfattori; poiché il SIGNORE ha udito la voce del mio pianto.* Salmi 6:9 *Il SIGNORE ha ascoltato la mia supplica, il SIGNORE accoglie la mia preghiera.* Salmi 6:10 *Tutti i miei nemici siano confusi e grandemente smarriti; voltino le spalle per la vergogna in un attimo.* Anche per Davide era chiaro che non poteva assolutamente avere alcun tipo di comunione con questi *malfattori*. Il Signore aveva dato ascolto alla preghiera di Davide e questo donò a lui forza e coraggio. Per contro i suoi nemici, che camminano nel peccato e nella malvagità, non potranno che essere confusi e svergognati.

Come non ricordare a tal proposito i due malfattori che erano crocifissi con Cristo > Luca 23:39 *Uno dei malfattori appesi lo insultava, dicendo: «Non sei tu il Cristo? Salva te stesso e noi!»* Luca 23:40 *Ma l'altro lo rimproverava, dicendo: «Non hai nemmeno timor di Dio, tu che ti trovi nel medesimo supplizio?* Luca 23:41 *Per noi è giusto, perché riceviamo la pena che ci meritiamo per le nostre azioni; ma questi non ha fatto nulla di male».* Luca 23:42 *E diceva: «Gesù, ricordati di me quando entrerai nel tuo regno!»* Luca 23:43 *Gesù gli disse: «Io ti dico in verità che oggi tu sarai con me in paradiso».* Luca è l'unico che menziona la conversione di uno dei due malfattori. Essi meritavano la loro pena, ma uno dei malfattori pensando solo a se stesso, chiede al Signore in senso ironico e sarcastico di salvare Lui e loro. Ma l'altro malfattore, riconosce le sue colpe affermando che essi stavano pagando giustamente per i loro crimini, ma nello stesso tempo riconoscere nel Signore, l'Innocente per eccellenza.

Perciò a lui va questa straordinaria promessa *Io ti dico in verità che oggi tu sarai con me in paradiso*. Questa promessa non è valida per l'altro malfattore impenitente ed egoista, ma solo per colui che si è ravveduto.

Inoltre Davide definisce come malfattore colui che ha la malizia nel cuore > *Salmi 28:3 Non trascinarmi via con gli empi e con i malfattori, i quali parlano di pace con il prossimo, ma hanno la malizia nel cuore* . Esattamente come i personaggi menzionati dal Signore Gesù, i quali apparentemente sembravano credenti straordinari, per la Scrittura, il malfattore è colui che parla bene, che seduce, ma in realtà il suo cuore è caratterizzato dall'inganno e dalla malizia. Caro fratello o sorella che leggi queste parole; non sono inutili questi avvertimenti. Stiamo attenti e diamo ascolto al Signore.

## Matteo 7:24-29 Due tipi di uomini

Mt 7:24-29 dì > *L'uomo saggio* > - «*Perciò chiunque ascolta queste mie parole e le mette in pratica sarà paragonato a un uomo avveduto che ha costruito la sua casa sopra la roccia. La pioggia è caduta, sono venuti i torrenti, i venti hanno soffiato e hanno investito quella casa; ma essa non è caduta, perché era fondata sulla roccia* - > Mt 7:24-25.

MT 7:24-25 fi) _> In quest'ultima sezione del cap.7 e che conclude il sermone sul monte, il Signore presenta l'esempio di due uomini l'uno contrapposto all'altro. Innanzitutto Egli parla dell'uomo saggio, ovvero di colui che - *ascolta le mie parole e le mette in pratica* -. Due atteggiamenti che devono sempre andare di pari passo. Innanzitutto l'ascolto.

In De 5, Mosè ricorda ad Israele il valore dell'ascolto e dell'ubbidienza > *Deuteronomio 5:1 Mosè convocò tutto Israele e disse loro: Ascolta, Israele, le leggi e le prescrizioni che oggi io proclamo davanti a voi; imparatele e mettetele diligentemente in pratica.* Israele fu chiamato numerose volte ad imparare i precetti del Signore. Tale apprendimento non doveva essere solo mnemonico, teorico e astratto, ma il tutto doveva poi essere eseguito nella pratica. Perciò Mosè convoca tutto Israele, era assolutamente importante che tutto il popolo ascoltasse tale pressante invito. Lo stesso vale anche per noi. Sono convinto che al punto che siamo, il credente che è convertito da un po' d'anni, sappia quale sia la volontà di Dio. I problemi si incontrano sempre sull'ubbidienza. Vogliamo realmente ubbidire al Signore?

In Pr 5 vi è un grido di dolore da parte di colui che ipoteticamente disubbidisce ai sani precetti > Proverbi 5:13 *Come ho fatto a non ascoltare la voce di chi m'insegnava, e a non porgere l'orecchio a chi m'istruiva?* Il contesto parla dell'educazione di un padre nei confronti del proprio figlio. Ma possiamo certamente estendere il tutto sul nostro rapporto con il Signore. Siamo chiamati ad ubbidire sempre a Dio, per quale motivo? Affinché un giorno non possiamo esprimere questo grido di dolore! Quanti credenti si sono rovinati per scelte e decisioni sbagliate!

Perciò impariamo dall'apostolo Giacomo che ci esorta ad essere sempre pronti all'ascolto > Giacomo 1:19 *Sappiate questo, fratelli miei carissimi: che ogni uomo sia pronto ad ascoltare, lento a parlare, lento all'ira;* Giacomo 1:20 *perché l'ira dell'uomo non compie la giustizia di Dio.* Per ascoltare bisogna prima stare zitti. Ecco perché dobbiamo assolutamente rispettare questa triplice esortazione: pronti all'ascolto, lenti nel parlare e lenti all'ira. Non si può ascoltare in modo proficuo se si è caratterizzati dall'ira, dal rancore e dalla voglia di difendere sempre il nostro pensiero. Siamo noi pronti ad ascoltare la voce del Signore?

MT 7:24-25 f2) _> Il secondo atteggiamento da tenere, dopo l'ascolto è il - *mettere in pratica* - ciò che si apprende. L'ascolto non può rimanere senza ubbidienza o fine a se stesso.

In Le 26 il Signore avverte Israele sulle conseguenze che avrebbe pagato se avesse disubbidito al Signore > Levitico 26:14 *«Ma se non mi date ascolto e se non mettete in pratica tutti questi comandamenti,* Levitico 26:15 *se disprezzate le mie leggi e detestate le mie prescrizioni non mettendo in pratica tutti i miei comandamenti e così rompete il mio patto,* Levitico 26:16 *ecco quel che vi farò a mia volta.* Sempre il Signore, nella Sua Parola, sottolinea questo solenne principio. L'uomo è libero di ubbidire o meno, ma egli deve sapere che la disubbidienza comporta sempre delle amare conseguenze. Dobbiamo Infatti, tenere presente che disubbidire al Signore significa *disprezzare la Sua Parola*, ovvero non tenerne in alcun conto. Sembrano esagerate queste parole ma non è così. Quando si disubbidisce al Signore significa che in realtà non si crede a quello che Egli afferma.

Per ubbidire al Signore è necessario l'impegno come è scritto in De 12 > Deuteronomio 12:32 *Avrete cura di mettere in pratica tutte le cose che vi comando; non vi aggiungerai nulla e nulla né toglierai.* Purtroppo l'uomo è sempre stato molto abile nell'aggiungere e togliere alla Parola di Dio. Ma il Signore non ha mai approvato un simile modo di fare. È necessario l'impegno, ovvero la disponibilità di cuore e la volontà di ubbidire. Se mancano questi presupposti vi sarà invece la disubbidienza. Non possiamo essere superficiali con la Parola di Dio.

L'apostolo Giacomo pone una netta contrapposizione tra quel credente che ubbidisce e che disubbidisce > Giacomo 1:21 *Perciò, deposta ogni impurità e residuo di malizia, ricevete con dolcezza la parola che è stata piantata in voi, e che può salvare le anime vostre.* Giacomo 1:22 *Ma mettete in pratica la parola e non ascoltatela soltanto, illudendo voi stessi.* Giacomo 1:23 *Perché, se uno è ascoltatore della parola e non esecutore, è simile a un uomo che guarda la sua faccia naturale in uno specchio;* Giacomo 1:24 *e quando si è guardato se ne va, e subito dimentica com'era.* Giacomo 1:25 *Ma chi guarda attentamente nella legge perfetta, cioè nella legge della libertà, e in essa persevera, non sarà un ascoltatore smemorato ma uno che la mette in pratica; egli sarà felice nel suo operare.* Siamo chiamati a deporre ogni impurità, ogni malizia di cuore, ovvero a rigettare tutti quei sentimenti negativi che possono ostacolare il nostro cammino con il Signore. Per contro, dobbiamo ricevere *con dolcezza* la Parola di Dio, la quale essendo piantata in noi, sarà certamente un punto di riferimento per la nostra vita. Ma Giacomo è molto chiaro *Ma mettete in pratica la parola e non ascoltatela soltanto, illudendo voi stessi.* Partecipare alle riunioni di una chiesa locale, ascoltare la Parola, è importante, ma se all'ascolto non segue l'ubbidienza, Giacomo afferma che è solo un'illusione. Infatti, se *non si mette in pratica* la Parola, si è come un *ascoltatore smemorato* che dopo essersi guardato in uno specchio ci si dimentica come si è fatti.

MT 7:24-25 f3) _> Perciò, il Signore Gesù dichiara che chiunque ascolta la Parola di Dio e la mette in pratica - *sarà paragonato a un uomo avveduto che ha costruito la sua casa sopra la roccia -.* In greco abbiamo l'aggettivo - *phronimos* - che significa assennato, saggio, prudente.

In Mt 25, possiamo osservare una bella parabola dove viene evidenziata l'importanza della saggezza e della prudenza > Matteo 25:1 *«Allora il regno dei cieli sarà simile a dieci vergini le quali, prese le loro lampade, uscirono a incontrare lo sposo.* Matteo 25:2

*Cinque di loro erano stolte e cinque avvedute;* Matteo 25:3 *le stolte, nel prendere le loro lampade, non avevano preso con sé dell'olio;* Matteo 25:4 *mentre le avvedute, insieme con le loro lampade, avevano preso dell'olio nei vasi.* Matteo 25:5 *Siccome lo sposo tardava, tutte divennero assonnate e si addormentarono.* Matteo 25:6 *Verso mezzanotte si levò un grido: Ecco lo sposo, uscitegli incontro!* Matteo 25:7*Allora tutte quelle vergini si svegliarono e prepararono le loro lampade.* Matteo 25:8 *E le stolte dissero alle avvedute: Dateci del vostro olio, perché le nostre lampade si spengono.* Matteo 25:9 *Ma le avvedute risposero: No, perché non basterebbe per noi e per voi; andate piuttosto dai venditori e compratevene!* La parabola delle dieci vergini ha un valore escatologico molto importante, ma non voglio evidenziare ancora questo concetto. Piuttosto desidero sottolineare la netta contrapposizione tra le cinque vergini sagge e quelle stolte. In che cosa le cinque vergini sagge dimostrarono la loro saggezza? Proprio nella loro prudenza. Infatti, esse si procurarono anzitempo l'olio per le lampade, mentre le stolte no. Tutte si addormentarono, ma quando giunse lo sposo, le vergini sagge, avendo l'olio prepararono le loro lampade e raggiunsero lo sposo. Non vi era più speranza per le vergini stolte, le quali, nella loro stoltezza non furono prudenti. Ecco chi è un uomo avveduto. Non è solo un uomo saggio, ma anche previdente, il quale costruisce la sua casa, ovvero la sua vita in modo saldo, al fine di resistere alle sofferenze ed alle vicissitudini della vita.

In Pr 3 è scritto che per dimostrare di essere saggi bisogna temere il Signore ed allontanarsi dal male > Proverbi 3:7 *Non ti stimare saggio da te stesso; temi il SIGNORE e allontanati dal male.* È molto facile stimarsi saggi da se stessi, presi dal proprio orgoglio. Ma questo non serve a niente. Siamo chiamati a dimostrare di essere saggi con una condotta sana ed irreprensibile, fuggendo il peccato ed onorando il Signore e la Sua Parola con l'ubbidienza.

Giacomo dichiara che il saggio dimostra la sua saggezza > Giacomo 3:13 *Chi fra voi è saggio e intelligente? Mostri con la buona condotta le sue opere compiute con mansuetudine e saggezza.* Le chiacchiere non servono a niente. Bisogna dimostrare ciò che si è e l'unico modo è quello di dimostrare un comportamento saggio ed irreprensibile, compiendo quelle *opere che Dio ha precedentemente preparato* affinché le pratichiamo.

MT 7:24-25 f4) > Il Signore parla della - *casa* - del saggio.

Ovviamente questo è un linguaggio figurato che rappresenta la vita stessa del saggio.

In Gb 8, Bildad dichiara che l'empio cerca di appoggiarsi sulla sua casa, ma essa non regge > Giobbe 8:13 *Tale è la sorte di tutti quelli che dimenticano Dio; la speranza dell'empio perirà.* Giobbe 8:14 *La sua baldanza è troncata, la sua fiducia è come una tela di ragno.* Giobbe 8:15 *Egli si appoggia alla sua casa, ma essa non regge; vi si aggrappa, ma quella non tiene.* Ovvero abbiamo la stessa immagine di ciò che il Signore dirà dell'uomo stolto. La sorte degli empi, se essi non si ravvedono e si convertono al Signore è segnata. La casa in questo caso rappresenta la forza dell'empio, le sue certezze, ma egli ignora che la vera certezza la si ha solo nel Signore. Il suo orgoglio scompare, la sua fiducia è *come una tela di ragno,* ovvero estremamente fragile, perché basata su sicurezze effimere. Ben diversa è la casa del saggio che è poggiata sulla roccia.

Il salmista afferma che deve essere il Signore ad edificare la casa > Salmi 127:1 *Canto dei pellegrinaggi. Di Salomone. Se il SIGNORE non costruisce la casa, invano si affaticano i costruttori; se il SIGNORE non protegge la città, invano vegliano le guardie.* Ovvero se vogliamo avere una casa salda e forte, deve essere il Signore a costruirla e non noi. L'uomo saggio lo si vede proprio in questo, in quanto egli lascia agire il Signore nella sua vita. Se il Signore non edifica e non protegge, per noi non vi sarebbe speranza.

È molto bella anche l'immagine della Saggezza che costruisce la sua casa > Proverbi 9:1 *La saggezza ha fabbricato la sua casa, ha lavorato le sue colonne, in numero di sette.* Anche in questo caso ci troviamo di fronte ad un'immagine figurata nella quale la Saggezza, che nei Proverbi, è personificata, costruisce la sua casa su sette colonne. Ovvero la rende stabile in modo perfetto. Ecco come si comporta l'uomo saggio. La sua casa è fondata sulla roccia, salda, forte e resistente. Così è la sua vita.

MT 7:24-25 f5) > Infatti, come afferma il Signore Gesù, l'uomo saggio ha costruito la sua casa, ovvero la sua vita, sulla - *roccia* -. In greco abbiamo il sostantivo - *petra* -, lo stesso termine che troviamo quando il Signore Gesù dichiara *su questa pietra Io edificherò la Mia Chiesa.* È veramente consolante tutto questo.

Il salmista testimonia che il Signore ha fatto posare i suoi piedi sulla roccia > Salmi 40:2 *Mi ha tratto fuori da una fossa di perdizione, dal pantano fangoso; ha fatto posare i miei piedi sulla roccia, ha reso sicuri i miei passi.* Il fatto che l'uomo saggio edifichi la sua casa sulla roccia, è connesso all'opera del Signore nella sua vita. Costruire sulla roccia significa innanzitutto convertirsi al Signore ma non solo. Perché i nostri piedi non vacillino è assolutamente importante, che essi siano sempre ben saldi sul Signore, nel seguire la Sua volontà. Solo in questo modo non vacilleremo. Egli ci ha veramente tratto fuori dal *fango della perdizione.*

In De 32, Mosè ricorda che il Signore è la Roccia > Deuteronomio 32:4 *Egli è la rocca, l'opera sua è perfetta, poiché tutte le sue vie sono giustizia. È un Dio fedele e senza iniquità. Egli è giusto e retto.* Con tale paragone Mosè vuole proprio sottolineare che solo in Lui vi è certezza e sicurezza totale. La Sua opera è perfetta e sono colui che confida in Lui non sarà mai deluso. Egli è fedele, puro, tutte le Sue vie, le quali rappresentano la Sua volontà sono giuste. Perciò possiamo essere certi che l'essere curati dal Signore è una realtà straordinaria.

Anna, la dolce madre di Samuele testimonia che non esiste roccia pari al Signore > 1Samuele 2:1 *Allora Anna pregò e disse: «Il mio cuore esulta nel SIGNORE, il SIGNORE ha innalzato la mia potenza, la mia bocca si apre contro i miei nemici perché gioisco nella tua salvezza.* 1Samuele 2:2 *Nessuno è santo come il SIGNORE, poiché non c'è altro Dio all'infuori di te; e non c'è rocca pari al nostro Dio.* È chiaro che anche in questo caso ci troviamo di fronte ad un'immagine simbolica. Essa esulta di gioia, in quanto il Signore esaudì la richiesta di Anna nell'avere un figlio nonostante la sua sterilità. Ma questa donna non si limita solo a questo. Anna esalta la potenza del Signore, il fatto che Egli l'ha difesa dai nemici, perciò essa può veramente gioire nella salvezza del Signore. Egli è perfettamente santo, nessun idolo può essere paragonato al Signore perché Egli è l'unico Dio, l'unica Roccia. L'uomo saggio costruisce, edifica la sua vita, ovvero compie le sue scelte sulla base della volontà di Dio chiaramente espressa nella Sua Parola. In questo modo i nostri piedi non vacilleranno.

MT 7:24-25 f6) > È significativa la descrizione che poi dà il Signore Gesù - *La pioggia è caduta, sono venuti i torrenti, i venti hanno soffiato e hanno investito quella casa; ma essa non è caduta, perché era fondata sulla roccia -.* Ovvero troviamo tre elementi presi dalla natura che parlano di prove e di situazioni difficili. Il primo elemento è la - *pioggia* -. Nella Scrittura essa è sinonimo di benedizione, ma in taluni contesti può avere anche un significato diverso.

In Ge 7, Infatti, la pioggia di cui si parla è l'elemento di giudizio decretato dal Signore Genesi 7:10 *Trascorsi i sette giorni, le acque del diluvio vennero sulla terra.* Genesi 7:11 *Il seicentesimo anno della vita di Noè, il secondo mese, il diciassettesimo giorno del mese, in quel giorno tutte le fonti del grande abisso eruppero e le cateratte del cielo si aprirono.* Genesi 7:12 *Piovve sulla terra quaranta giorni e quaranta notti.* Come possiamo osservare si parla proprio della pioggia del diluvio, di quel giudizio che doveva sterminare ogni essere vivente sulla faccia della terra, a parte Noè e la sua famiglia, gli unici che credettero nel Signore e nella Sua Parola. È scritto che *piovve sulla terra quaranta giorni e quaranta notti* e ogni essere vivente che non era nell'arca perì.

Anche in Ez 38, nel messaggio contro Gog e Magog, la pioggia assume il significato di giudizio > Ezechiele 38:22 *Verrò in giudizio contro di lui, con la peste e con il sangue; farò piovere torrenti di pioggia e grandine, fuoco e zolfo, su di lui, sulle sue schiere e sui popoli numerosi che saranno con lui.* Ezechiele 38:23 *Così mostrerò la mia potenza e mi santificherò; mi farò conoscere agli occhi di molte nazioni, ed esse sapranno che io sono il SIGNORE.* Il Signore decreta il Suo messaggio di giudizio parlando proprio di una *pioggia torrenziale, di grandine, fuoco e zolfo,* in quanto il Signore mostrerà la Sua potenza contro Gog e facendosi conoscere anche dalle altre nazioni, dimostrando che solo Lui è il Signore. È vero che nel contesto dell'uomo saggio, tale pioggia non ha un significato di giudizio, ma di prova e di sofferenza. Ma questi testi sono serviti come esempio per dimostrare che non sempre la pioggia è sinonimo di benedizione nella

Scrittura. Una cosa è chiara: quando parleremo dell'uomo - *stolto* -, vista la sua condizione spirituale, la pioggia può assumere però anche questo significato. Infatti, se i nostri piedi non sono poggiati sulla roccia, ma sul nostro discernimento, allora il Signore ci disciplinerà e correggerà.

MT 7:24-25 Il secondo elemento è rappresentato dai - *torrenti* -. Anch'essi, nel contesto parlano di prova e di sofferenza.

A tal proposito, Giobbe dirà che i suoi fratelli, i suoi amici si sono mostrati infidi come un torrente in piena > Giobbe 6:14 *«Pietà deve l'amico a colui che soccombe, se anche abbandonasse il timor dell'Onnipotente.* Giobbe 6:15 *Ma i fratelli miei si sono mostrati infidi come un torrente, come l'acqua di torrenti che passa.* Vista la condizione morale e fisica nella quale Giobbe si trovava, i suoi tre amici che lo vennero a trovare non furono molto d'aiuto a lui. Anzi, nel loro parlare, essi furono considerati da Giobbe come dei *consolatori molesti.* In altre parole, essi rappresentarono per Giobbe una prova ed una sofferenza che egli dovette sopportare. Egli Infatti, parla del vero *amico* che mostra pietà verso il sofferente, ma questo non era il caso dei suoi amici. L'uomo saggio può andare incontro anche a questo tipo di sofferenza: l'essere magari accusato ingiustamente o non essere compreso. Potrà essere un - *torrente* - che lui dovrà sopportare. Ma se la sua casa è sulla roccia, non potrà vacillare.

In 2 Sa 22, Davide testimonia di essere stato salvato dal Signore dai torrenti della distruzione > 2Samuele 22:4 *Io invocai il SIGNORE che è degno di ogni lode e fui salvato dai miei nemici.* 2Samuele 22:5 *Le onde della morte mi avevano circondato e i torrenti della distruzione mi avevano spaventato.* 2Samuele 22:6 *I legami del soggiorno dei morti mi avevano attorniato, i lacci della morte mi avevano sorpreso.* 2Samuele 22:7 *Nella mia angoscia invocai il SIGNORE, gridai al mio Dio. Egli udì la mia voce dal suo tempio. Il mio grido giunse ai suoi orecchi.* Ci troviamo di fronte ad un'altra bella testimonianza nella Scrittura della salvezza di Dio. Davide era spaventato, in quanto stava subendo una situazione di sofferenza veramente grande. Egli parla di *onde di morte e di torrenti di distruzione* che gli stavano togliendo ogni certezza. Parla anche di *legami di morte.* Ma nonostante egli fosse angosciato, egli fece l'unica cosa giusta: invocare il Signore, chiedere il Suo aiuto. Ecco come agisce l'uomo saggio. Anche se vi sono dei forti torrenti che cercano di distruggere la casa del saggio, egli chiederà sempre l'aiuto del Signore. Il risultato fu che *Davide venne salvato dai suoi nemici,* ovvero da quella situazione che lo stava affliggendo.

MT 7:24-25 > Il terzo elemento sottolineato dal Signore è il - *vento* -. Come sappiamo questo è uno dei simboli dello Spirito Santo, ma in certi contesti può assumere anche tutt'altro significato.

Sempre Giobbe afferma che il suo onore è stato portato via come dal vento > Giobbe 30:15 *Terrori mi si rovesciano addosso; il mio onore è portato via come dal vento, è passata come una nube la mia felicità.* Giobbe parla propriamente di quella serenità d'animo, di quella felicità che egli non sperimentava più. Era come se fosse sopraggiunto un *vento impetuoso* che gli aveva portato via la tranquillità nel cuore. Anzi, al posto della serenità, egli sentiva solo terrore e spavento. Anche l'uomo saggio può conoscere situazioni che in un primo tempo possono portare spavento, situazioni che possono togliere temporaneamente la serenità. Ma egli saprà anche appellarsi al Signore e chiedere il Suo intervento come abbiamo visto in Davide.

Inoltre Paolo, parla anche di vento quale immagine delle false dottrine da cui il cristiano deve guardarsi > Efesini 4:11 *È lui che ha dato alcuni come apostoli, altri come profeti, altri come evangelisti, altri come pastori e dottori,* Efesini 4:12 *per il perfezionamento dei santi in vista dell'opera del ministero e dell'edificazione del corpo di Cristo,* Efesini 4:13 *fino a che tutti giungiamo all'unità della fede e della piena conoscenza del Figlio di Dio, allo stato di uomini fatti, all'altezza della statura perfetta di Cristo;* Efesini 4:14 *affinché non siamo più come bambini sballottati e portati qua e là da ogni vento di dottrina per la frode degli uomini, per l'astuzia loro nelle arti seduttrici dell'errore.* Le false dottrine risultano essere un grosso pericolo per il credente. Ecco perché il Signore ha provveduto alla Sua Chiesa *apostoli, pastori, dottori, evangelisti,* ovvero quattro figure di uomini che predicano e spiegano fedelmente la Parola di Dio soprattutto i pastori e dottori. Vi è bisogno di simili uomini di Dio, in quanto oggi la Chiesa del Signore deve affrontare questo forte *vento* che va imperversando. Siamo chiamati a giungere all'unità della fede, ad avere un comune pensiero, realtà che sempre più raramente oggi si sperimenta. Purtroppo ci sono stati, ci sono e ci saranno sempre uomini che hanno la *frode* nel cuore e che cercheranno di sedurre ed ingannare. L'uomo saggio deve stare attento anche da questo *vento* volto a distruggere la sua casa. Ma la sua casa, come afferma il Signore non sarà distrutta, in quanto colui che è caratterizzato dal timore di Dio, seguirà ed ubbidirà al consiglio dell'Eterno e non certamente a false dottrine.

MT 7:24-25 f9) > Ebbene, nonostante tutte le varie difficoltà, la casa del saggio - *non è caduta* -. Essa ha resistito alle situazioni difficili, alle tentazioni, agli attacchi di Satana, rimanendo in piedi, perché era poggiata sulla roccia.

Il salmista dichiara che il suoi piedi sono stati preservati dalla caduta grazie all'intervento del Signore > Salmi 56:12 *Io manterrò le promesse che ti ho fatte, o Dio; io t'offrirò sacrifici di lode,* Salmi 56:13 *perché tu hai salvato l'anima mia dalla morte, hai preservato i miei piedi da caduta, perché io cammini, davanti a Dio, nella luce dei viventi.* Non dobbiamo mai ignorare il fatto che le vittorie che nella nostra vita riportiamo sul peccato e sugli attacchi del nemico, oppure resistendo a situazioni di prova e di sofferenza, dipendono dall'azione di Dio in noi. Egli agisce affinché noi camminiamo secondo la Sua volontà, per piacere a Lui. Perciò il salmista può affermare che manterrà le sue promesse davanti al Signore, ma non perché lui sia migliore di altri, ma per come Dio ha operato in Lui.

L'apostolo Giuda dichiara in modo chiaro che è il Signore che ci preserva da ogni caduta per essere irreprensibili dinanzi a Lui > Giuda 24 *A colui che può preservarvi da ogni caduta e farvi comparire irreprensibili e con gioia davanti alla sua gloria,* Giuda 25 *al Dio unico, nostro Salvatore per mezzo di Gesù Cristo nostro Signore, siano gloria, maestà, forza e potere prima di tutti i tempi, ora e per tutti i secoli. Amen.* Quindi anche Giuda non fa altro che evidenziare la stessa lezione. Egli è Colui che ci ha equipaggiato affinché possiamo vivere una vita piena di vittorie ed abbondante. Egli è il *Dio unico, nostro Salvatore per mezzo di Gesù Cristo,* a cui va gloria, onore, adorazione poiché Egli ne è degno.

Perciò deve essere bandito dal nostro cuore ogni orgoglio. In quanto come ci ricorda Paolo chi pensa di stare in piedi deva stare attento a non cadere > 1Corinzi 10:12 *Perciò, chi pensa di stare in piedi, guardi di non cadere.* Satana gioca molto sull'orgoglio dell'uomo e molte volte è per lui una carta vincente. Molti sono caduti rovinosamente proprio perché pensavano di essere immuni dalle prove o tentazioni. Nella mia vita ho imparato che non posso garantire su niente. Ecco perché dobbiamo vegliare su noi stessi.

Mt 7:24-29 (21 > *L'uomo stolto* > - *E chiunque ascolta queste mie parole e non le mette in pratica sarà paragonato a un uomo stolto che ha costruito la sua casa sulla sabbia. La pioggia è caduta, sono venuti i torrenti, i venti hanno soffiato e hanno fatto impeto contro quella casa, ed essa è caduta e la sua rovina è stata grande»* - > Mt 7:26-27.

MT 7:26-27 f1) > Ora il Signore Gesù parla dell'uomo - *stolto* - identificato in colui che *ascolta ma non mette in pratica* - la Sua Parola. Questo è un dettaglio molto importante. Anche lo stolto ascolta, ma poi non vi è ubbidienza. È proprio da questo atteggiamento che si vede se l'ascolto è stato proficuo oppure no.

In De 27. La Legge prescriveva che chi non la metteva in pratica era maledetto > Deuteronomio 27:26 «*Maledetto chi non si attiene alle parole di questa legge, per metterle in pratica!*» - *E tutto il popolo dirà: «Amen».* Tra l'altro tutto il popolo rispondeva *amen*, ovvero dava il consenso a ciò che stava ascoltando. Essere maledetti significava essere emarginati, allontanati in modo inesorabile perché si aveva osato trasgredire alla Parola di Dio. Ma il principio dell'ubbidienza rimane ancora oggi.

In De 28. Il Signore avverte Israele delle conseguenze che avrebbe pagato in caso di disubbidienza > Deuteronomio 28:58 *Se non hai cura di mettere in pratica tutte le parole di questa legge, scritte in questo libro, se non temi questo nome glorioso e tremendo del SIGNORE tuo Dio,* Deuteronomio 28:59 *il SIGNORE renderà straordinarie le piaghe con le quali colpirà te e i tuoi discendenti: piaghe grandi e persistenti, malattie maligne e persistenti.* Dal resto dell'AT, possiamo affermare che ogni piaga, ogni conseguenza annunciata dal Signore si è prontamente realizzata. Se Israele non avesse ubbidito, se non vi fosse stato timore nei confronti del Signore, Egli *avrebbe reso straordinarie le piaghe* con cui avrebbe colpito il Suo popolo. Esse sarebbero state due, costanti, persistenti e di ogni genere. Questo ci insegna che la disubbidienza porta sempre delle conseguenze inevitabili.

L'apostolo Giovanni non è certamente più tenero > 1Giovanni 1:6 *Se diciamo che abbiamo comunione con lui e camminiamo nelle tenebre, noi mentiamo e non mettiamo in pratica la verità.* L'ubbidienza, come abbiamo ripetutamente detto, dimostra ciò che noi siamo. Se diciamo di avere comunione con il Signore, ma *camminiamo nelle tenebre*, ovvero perseguiamo la strada della disubbidienza e della ribellione, dimostriamo l'esatto contrario di ciò che professiamo e *mentiamo*. Sono parole scomode, ma che non possono essere ignorate. Lo - *stolto* - non dimostra certamente timore nel Signore, proprio perché il suo comportamento lo qualifica.

In Pr 12 è scritto che la via dello stolto è diritta ai suoi occhi > Proverbi 12:15 *La via dello stolto è diritta ai suoi occhi, ma chi ascolta i consigli è saggio*. Questo significa che colui che non è caratterizzato dal timore di Dio si illude facilmente. Quante volte Infatti, si decide, si sceglie la cosa apparentemente più logica, ma secondo la nostra razionalità, ma che poi si dimostra fallimentare, perché non si è tenuto conto del consiglio di Dio. Lo stolto inoltre non vuole mai ascoltare consigli, ma *chi ascolta i consigli è saggio*. Nei Proverbi è evidente questa contrapposizione tra saggi e stolti.

Inoltre, In Pr 14 ci viene ricordato che la bocca dello stolto è pieno di superbia > Proverbi 14:3 *Nella bocca dello stolto germoglia la superbia, ma le labbra dei saggi sono la loro custodia*. Ovvero, si può anche ascoltare la Parola di Dio, ma quando il proprio cuore è caratterizzato dalla superbia e dall'orgoglio, non vi può essere ubbidienza. Lo stolto dimostra la sua stoltezza, anche attraverso la sua bocca, da come parla, ma *le labbra dei saggi sono la loro custodia*. Come lo stolto dimostra la sua follia con la bocca, il saggio dimostra la sua saggezza.

Perciò è fondamentale ascoltare il consiglio di Paolo ovvero badare a come ci si comporta > Efesini 5:15 *Guardate dunque con diligenza a come vi comportate; non dà stolti, ma da saggi;* Efesini 5:16 *ricuperando il tempo perché i giorni sono malvagi.* Efesini 5:17 *Perciò non agite con leggerezza, ma cercate di ben capire quale sia la volontà del Signore.* Dobbiamo badare a noi stessi *con diligenza*, ovvero con intelligenza spirituale per valutare se ci stiamo comportando da saggi o da stolti. Siamo chiamati a recuperare il tempo, in quanto molto spesso lo sprechiamo per realtà che sono illusorie e fugaci. Perciò non possiamo e non dobbiamo agire con leggerezza, con superficialità, ma siamo chiamati a capire bene quale sia la volontà di Dio per noi. Molti credenti si sono rovinati per scelte sbagliate, decisioni avventate che li hanno condizionati per sempre. Il nostro obiettivo deve essere quello di fare la volontà di Dio.

MT 7:26-27 f2) > Come si comporta l'uomo stolto? Costruisce la sua casa - *sulla sabbia* -. Questo significa che, a differenza del saggio, la casa di colui che non ubbidisce alla Parola di Dio, non ha fondamenta.

Dalla Scrittura e dalla logica possiamo rilevare come una casa, perché sia robusta e forte, ha bisogno di solide fondamenta > 2Cronache 3:3 *Queste sono le misure delle fondamenta gettate da Salomone per la costruzione della casa di Dio: la lunghezza, in cubiti dell'antica misura, era di sessanta cubiti; la larghezza, di venti cubiti.* Questo è uno dei tanti testi nel quale è chiaramente evidenziata l'importanza delle fondamenta per una casa. Per costruire il tempio, Salomone fece gettare delle solide fondamenta per assicurarne la sicurezza. Lo stesso principio vale anche da un punto di vista spirituale. Molto interessante leggere il brano parallelo nel Vangelo di Luca > Luca 6:49 *Ma chi ha udito e non ha messo in pratica, assomiglia a un uomo che ha costruito una casa sul terreno, senza fondamenta; la fiumana l'ha investita, e subito è crollata; e la rovina di quella casa è stata grande».* Al posto dell'elemento sabbia, il testo di Luca specifica che la casa dello stolto è posata sul terreno *senza fondamenta.* Ovvero la sua vita spirituale non è basata sul Signore e la Sua Parola, ma su ciò che è passeggero e soprattutto imperfetto, come il suo discernimento. Quando giungeranno i problemi come *la fiumana, la pioggia, i torrenti,* la casa non potrà resistere.

MT 7:26-27 f3) > Quali saranno dunque le conseguenze? La casa - *è caduta e la sua rovina è stata grande -,* espressione che parla del chiaro fallimento spirituale dell'uomo stolto. È drammatico quando si vede tutto questo in un uomo. In quest'uomo stolto, Infatti, non dobbiamo vedervi solo un empio, ma anche quel figlio di Dio che però preferisce seguire i propri canoni, anziché la Parola di Dio.

Certo è che la Scrittura associa la rovina soprattutto all'uomo empio come nel caso di Gb 18 > Giobbe 18:6 *La luce si oscura nella sua tenda, e la lampada che gli sta sopra si spegne.* Giobbe 18:7 *I passi che faceva nella sua forza si raccorciano, i suoi disegni lo conducono a rovina.* In queste parole di Bildad, viene proprio sottolineato il fatto che la luce degli empi è praticamente inesistente, in quanto *si oscura e si spegne.* Quando non si hanno punti di riferimento sicuri e certi è veramente la tragedia. Perciò senza una guida, i suoi passi non potranno che condurre l'empio alla rovina.

È vero che talvolta ci possono essere in noi interrogativi come li aveva Giobbe > Giobbe 21:29 *Non avete dunque interrogato quelli che hanno viaggiato? Voi non vorreste negare quello che attestano;* Giobbe 21:30 *che, cioè, il malvagio è risparmiato nel dì della rovina, che nel giorno dell'ira egli sfugge.* Giobbe 21:31 *Chi gli rimprovera in faccia la condotta? Chi gli rende quel che ha fatto?* Spesso accade, come anche per il caso di Asaf (Sl 73), che ci si interroghi sull'apparente prosperità degli empi. Infatti, vi sono molti uomini senza Dio che stanno bene fisicamente, economicamente al contrario magari di figli di Dio fedeli che versano in malattie o in penuria. Questo perché si perde di vista ciò che è il reale destino dell'empio: ovvero la sua eterna rovina. In realtà *nel giorno della rovina*, l'empio non sarà risparmiato e pagherà per aver rifiutato la salvezza di Dio.

In questi empi rientrano anche coloro che sono apparenti credenti come nel caso esposto dall'apostolo Pietro > 2Pietro 2:1 *Però ci furono anche falsi profeti tra il popolo, come ci saranno anche tra di voi falsi dottori che introdurranno occultamente eresie di perdizione, e, rinnegando il Signore che li ha riscattati, si attireranno addosso una rovina immediata.* L'apostolo parla di *falsi profeti e falsi dottori* che apparentemente seguivano la strada della verità, quando in realtà l'avevano rinnegata, introducendo di nascosto *eresie di perdizione.* Già abbiamo accennato all'importanza di vegliare e di stare attenti proprio per evitare il pericolo di essere sedotti. Essi *si attireranno addosso una rovina immediata.* Ma ricordiamoci che lo stolto può essere anche il figlio di Dio che desidera invece seguire il proprio discernimento. Non a caso Paolo, definisce i Galati, in un contesto molto particolare *insensati* (Gl 3).

Mt 7:24-29 (31 > *Lo stupore della folla* > - *Quando Gesù ebbe finito questi discorsi, la folla si stupiva del suo insegnamento, perché egli insegnava loro come uno che ha autorità e non come i loro scribi -* > Mt 7:28-29.

MT 7:26-29 > Di fronte a tutto l'insegnamento del Signore relativo al sermone sul monte, la reazione della folla fu quella di stupore. In greco abbiamo il verbo - *ekplesso* - che indica l'atto di colpire, ma anche di sbalordire. Essi furono colpiti dall'insegnamento del Signore e non è certo la prima volta che ciò accade.

Come non ricordare ciò che avvenne in Luca 2 ovvero che i dottori della legge stupirono della saggezza del Signore Gesù che era ancora un fanciullo > Luca 2:46 *Tre giorni dopo lo trovarono nel tempio, seduto in mezzo ai maestri: li ascoltava e faceva loro delle domande;* Luca 2:47 *e tutti quelli che l'udivano, si stupivano del suo senno e delle sue risposte.* Questo è uno dei pochi passi che parla del Signore come fanciullo. Ma a noi è sufficiente sapere che anche in queste circostanze, la Sua saggezza non passò inosservata. Coloro che l'ascoltarono stupirono del suo senno e delle sue risposte. Possiamo noi dire che coloro che ci ascoltano si stupiscono dei nostri discorsi, perché colpiti dalla Parola di Dio.

Anche in Mt 22 è scritto che la folla stupiva dell'insegnamento del Signore > Matteo 22:31 *Quanto poi alla risurrezione dei morti, non avete letto quello che vi è stato detto da Dio:* Matteo 22:32 *Io sono il Dio d'Abraamo, il Dio d'Isacco e il Dio di Giacobbe? Egli non è il Dio dei morti, ma dei vivi».* Matteo 22:33 *E la folla, udite queste cose, stupiva del suo insegnamento.* A proposito dell'argomento della risurrezione, il quale non era così chiaro a quei tempi, il Signore Gesù getta luce definendo il Dio d'Abraamo, Isacco e Giacobbe, il Dio *dei vivi,* proprio per evidenziare il valore e la realtà della risurrezione. Di fronte ad un simile insegnamento, la folla stupì, ovvero fu colpita dalle Sue parole. Possiamo noi dire, magari a distanza di tanti anni dalla nostra conversione, che la Parola di Dio ci stupisce del suo insegnamento?

Ma come afferma Paolo, di fronte all'insegnamento divino non bisogna mostrare solo stupore, ma soprattutto ubbidienza > Romani 6:16 *Non sapete voi che se vi offrite a qualcuno come schiavi per ubbidirgli, siete schiavi di colui a cui ubbidite: o del peccato che conduce alla morte o dell'ubbidienza che conduce alla giustizia?* Romani 6:17 *Ma sia ringraziato Dio perché eravate schiavi del peccato ma avete ubbidito di cuore a quella forma d'insegnamento che vi è stata trasmessa.* Paolo chiarisce molto bene il concetto di schiavitù. Se si è schiavi, bisogna servire con tutto se stessi il padrone a cui si è asserviti. Come figli di Dio siamo chiamati ad essere *servi della giustizia,* ma ciò è possibile solo se si ubbidisce di vero cuore all'insegnamento trasmesso. Il contesto parla del messaggio del Vangelo, ma è chiaro che il segreto per una vita vittoriosa ed abbondante è l'ubbidire all'insegnamento della Parola di Dio. Se ci si ferma solo allo stupore, questo non serve a nulla.

Giovanni ci ricorda che in noi vi è l'Insegnante per eccellenza > 1Giovanni 2:27 *Ma quanto a voi, l'unzione che avete ricevuta da lui rimane in voi, e non avete bisogno dell'insegnamento di nessuno; ma siccome la sua unzione vi insegna ogni cosa ed è veritiera, e non è menzogna, rimanete in lui come essa vi ha insegnato.* È veramente straordinario tutto questo. Non solo possiamo ascoltare l'insegnamento della Parola, ma anche apprendere dall'Insegnante che è in noi, lo Spirito di Dio, le lezioni necessarie per la nostra vita. Noi *siamo stati unti dallo Spirito* ed è proprio tale unzione che ci permette di capire e di comprendere la

Parola di Dio. Ovviamente è necessaria una sottomissione totale alla Sua guida.

MT 7:2Ó-29 f2) > Come mai la folla stupiva? Perché il Signore parlava - *come se avesse autorità, non come gli scribi* -. In greco abbiamo il sostantivo - *exousia* -, che indica il poter fare qualcosa, il potere in generale, l'autorità. In più occasioni il Signore Gesù dimostrò la Sua autorità, soprattutto quella inerente alla Sua Persona.

In Mt 9 il Signore Gesù rivendica la Sua autorità di perdonare i peccati > Matteo 9:5 *Infatti, che cos'è più facile, dire: «I tuoi peccati ti sono perdonati», o dire: «Alzati e cammina?»* Matteo 9:6 *Ma, affinché sappiate che il Figlio dell'uomo ha sulla terra autorità di perdonare i peccati: «Alzati», disse allora al paralitico, «prendi il tuo letto e vattene a casa».* Matteo 9:7 *Il paralitico si alzò e se ne andò a casa sua. Matteo 9:8 Visto ciò, la folla fu presa da timore e glorificò Dio, che aveva dato tale autorità agli uomini.* Per il pio ebreo chi poteva perdonare, rimettere i peccati era solo il Signore Dio. Perciò l'asserzione di poter rimettere i peccati in bocca di un semplice uomo era solo una bestemmia. Il fatto è che il Signore Gesù non era solo un uomo, ma *Dio manifestato in carne*. Perciò egli rivolge una domanda molto precisa. *Infatti, che cos'è più facile, dire: «I tuoi peccati ti sono perdonati», o dire: «Alzati e cammina?»*. Guarire in modo immediato un paralitico, era certamente un'opera sovrannaturale che poteva provenire solo da Dio. Ma questo miracolo dimostrava anche che il Signore Gesù è pienamente autorevole in tutto e per tutto. Come Egli può guarire un paralitico in modo immediato, così ha anche autorità di perdonare i peccati. La reazione della folla fu quella di glorificare Dio.

Ma la dichiarazione più completa l'abbiamo in Mt 28 dove il Signore afferma che di possedere ogni potere > Matteo 28:18 *E Gesù, avvicinatosi, parlò loro, dicendo: «Ogni potere mi è stato dato in cielo e sulla terra. Matteo 28:19 Andate dunque e fate miei discepoli tutti i popoli battezzandoli nel nome del Padre, del Figlio e dello Spirito Santo, Matteo 28:20 insegnando loro a osservare tutte quante le cose che vi ho comandate. Ed ecco, io sono con voi tutti i giorni, sino alla fine dell'età presente».* Nel dire *ogni potere* è come se il Signore stesse dicendo ogni autorità. Infatti, il termine greco è lo stesso. In cielo e sulla terra il Signore ha tutta l'autorità e questa è una chiara dichiarazione di onnipotenza. Egli è l'Onnipotente. Perciò i discepoli, incoraggiati da questa speciale rivelazione, ricevono il mandato di andare e proclamare il messaggio del Vangelo ad ogni creatura, insegnando le cose ricevute dal Signore e fortificati dalla realtà della Sua autorità assoluta.

Ma attenzione: la Scrittura parla anche dell'autorità di colui che è timorato di Dio > Tito 2:14 *Egli ha dato sé stesso per noi per riscattarci da ogni iniquità e purificarsi un popolo che gli appartenga, zelante nelle opere buone.* Tito 2:15 *Parla di queste cose, esorta e riprendi con piena autorità. Nessuno ti disprezzi.* Queste parole dell'apostolo Paolo sono illuminanti. Egli ricorda a Timoteo il sacrificio di Cristo, il fatto che Egli si è offerto per i nostri peccati al fine di riscattarci dal nostro stato di schiavitù. Lo scopo che è stato pienamente raggiunto era quello di *purificare un popolo* che gli sarebbe appartenuto. Ebbene questi insegnamenti non potevano rimanere serrati o chiusi, ma insegnati con potenza ed autorità. Da cosa deriva l'autorità del credente? Certamente dalla posizione nuova che egli ha conseguito grazie alla misericordia di Dio ed alle Sue compassioni. Ma nello stesso tempo il cristiano potrà dimostrare autorità nel momento in cui il suo comportamento e la sua condotta, sarà irreprensibile davanti a Dio ed agli uomini. Esattamente come nell'esempio eccellente del Signore Gesù. Egli - *parlava con autorità* - perché oltre alle Sue parole, vi era anche il Suo comportamento esemplare. Così deve essere anche per noi.

# *Capitolo 8*

## LA PURIFICAZIONE DEL LEBBROSO

### Matteo 8:1-4 > La purificazione del lebbroso

M t 8:1-4 (11 > *La richiesta del lebbroso* > - *Quando egli scese dal monte, una gran folla lo seguì. Ed ecco un lebbroso, avvicinatosi, gli si prostrò davanti, dicendo: «Signore, se vuoi, tu puoi purificarmi»* - > Mt 8:1-2.

MT 6:1-2 f1) > L'inizio del cap.8 è caratterizzato da un evento straordinario che ancora dimostrerà la potenza del Signore. È scritto che - *quando Egli scese dal monte una gran folla lo seguì* -. Ancora troviamo come protagonista la folla. Oggi molto spesso l'uomo va dietro alla folla, alla maggioranza e dobbiamo dire che anche il credente corre questo rischio. Nella Scrittura abbiamo esempi di folle che sono mosse da timore verso Dio come anche da orgoglio.

In Es 23 è comandato di non andare dietro alla folla per fare del male > Esodo 23:2 *Non andare dietro alla folla per fare il male e non deporre in giudizio schierandoti dalla parte della maggioranza per pervertire la giustizia.* Ovvero non è che perché la maggioranza decide di compiere qualcosa di malvagio, bisogna per forza andargli dietro. Purtroppo oggi la maggioranza, costituita certamente da empi che non seguono il Signore, decidono di compiere opere malvagie secondo la loro natura. Per questo noi dobbiamo seguirli? Certamente no. Non sempre la maggioranza ha ragione. Perciò bisogna ben valutare che cosa spinge una folla anche a seguire Cristo.

Anche in Ed 10, abbiamo il caso di una folla particolare che però ha nel cuore sentimenti di timore e di ravvedimento verso Dio > Esdra 10:1 *Mentre Esdra pregava e faceva questa confessione piangendo e prostrato davanti alla casa di Dio, si radunò intorno a lui una grandissima folla di Israeliti, uomini, donne e bambini; e il popolo piangeva a dirotto.* È un passo emblematico che mostra un popolo addolorato per il suo peccato, ma che nello stesso tempo desidera porre rimedio. Infatti, mentre Esdra pregava e confessava il peccato del popolo, esso si radunò intorno a lui, tutti quanti, per piangere a dirotto. Questo è sincero pentimento e ravvedimento. Tutti quanti si sentono responsabili di quanto è accaduto. Ecco cosa deve muovere veramente una folla.

Ma il caso più triste ed eclatante l'abbiamo nella folla che grida per crocifiggere il Signore Gesù > Matteo 27:20 *Ma i capi dei sacerdoti e gli anziani persuasero la folla a chiedere Barabba e a far morire Gesù.* Matteo 27:21 *E il governatore si rivolse di nuovo a loro, dicendo: «Quale dei due volete che vi liberi?» E quelli dissero: «Barabba».* Matteo 27:22 *E Pilato a loro: «Che farò dunque di Gesù detto Cristo?» Tutti risposero: «Sia crocifisso».* Matteo 27:23 *Ma egli riprese: «Che male ha fatto?» Ma quelli sempre più gridavano: «Sia crocifisso!».* Come possiamo notare, proprio gli anziani, i capi del popolo, insomma tutte le autorità umane di Israele persuasero la folla a convincere Pilato di crocifiggere il Signore Gesù anziché un criminale come Barabba. Anche se Pilato non voleva condannare il Signore Gesù, egli diede retta al consiglio della folla. Ecco il caso di una folla che è spinta da un odio inimmaginabile verso Colui che è il Puro ed il Santo. Nel testo di Mt 8è scritto che - *la folla seguì il Signore Gesù* -. Ma noi sappiamo che alla fine rimasero solo in undici più alcune donne con il Signore.

MT 6:1-2 f2) > Ecco che arriva il protagonista del racconto - *Ed ecco un lebbroso gli si prostrò davanti*-. Il lebbroso era, nella società di allora l'immagine dell'impurità.

La Legge prevedeva tutto un modo di procedere per la purificazione del lebbroso. Levitico 13:43 *Il sacerdote lo esaminerà. Se il tumore della piaga nella parte calva posteriore o anteriore del capo è bianco tendente al rosso, simile alla lebbra della pelle del corpo,* Levitico 13:44 *quel tale è un lebbroso. È impuro e il sacerdote dovrà dichiararlo impuro; egli ha la piaga sul capo.* Il sacerdote aveva il compito di decidere se il tumore della pelle era lebbra oppure no. Nel caso di un esito positivo, il lebbroso doveva essere irrimediabilmente emarginato e doveva gridare impuro, impuro, non solo per avvertire la gente che stava arrivando, ma anche per evidenziare sempre e comunque la sua situazione.

Nella Scrittura, la lebbra è usata dal Signore anche come elemento di punizione come nel caso di Uzzia > 2Cronache 26:16 *Ma quando fu divenuto potente, il suo cuore, insuperbitosi, si pervertì, ed egli commise un'infedeltà contro il SIGNORE, il suo Dio, entrando nel tempio del SIGNORE per bruciare dell'incenso sull'altare dei profumi.* 2Cronache 26:17 *Ma il sacerdote Azaria entrò dopo di lui con ottanta sacerdoti del SIGNORE, uomini coraggiosi,* 2Cronache 26:18 *i quali si opposero al re Uzzia, e gli dissero: «Non spetta a te, Uzzia, di offrire incenso al SIGNORE, ma ai sacerdoti, figli d'Aaronne, che sono consacrati per offrire i profumi! Esci dal santuario, poiché tu hai commesso un'infedeltà! E questo non ti tornerà a gloria davanti a Dio, al SIGNORE».* 2Cronache 26:19 *Allora Uzzia, che teneva in mano un turibolo per offrire l'incenso, si adirò. E mentre si adirava contro i sacerdoti, la lebbra gli scoppiò sulla fronte, in presenza dei sacerdoti, nella casa del SIGNORE, presso l'altare dei profumi.* 2Cronache 26:20 *Il sommo sacerdote Azaria e tutti gli altri sacerdoti lo guardarono, ed ecco che aveva la lebbra sulla fronte; e lo fecero uscire in fretta, ed egli stesso si affrettò ad andarsene fuori, perché il SIGNORE lo aveva colpito.* 2Cronache 26:21 *Il re Uzzia fu lebbroso fino al giorno della sua morte e rimase nell'infermeria come lebbroso, perché era escluso dalla casa del SIGNORE; e Iotan, suo figlio,* era a capo della casa reale e rendeva giustizia al popolo del paese. Questo re iniziò bene, ma quando egli vide e si rese conto che stava crescendo in potenza, il suo cuore si insuperbì e commise una grave infedeltà al Signore, bruciando incenso sull'altare dei profumi, cosa che come re non aveva il compito di fare. Il sacerdote Azaria con altri ottanta sacerdoti andarono da lui per denunciare il suo peccato, ma invece di ravvedersi, si adirò. Quindi non solo commise peccato, ma non fu nemmeno disposto ad ammetterlo. Di fronte a questa mancanza di ravvedimento, questo re fu colpito da lebbra, costretto all'emarginazione *fino al giorno della sua morte.* È proprio vero che chi si innalza, sarà abbassato. Questo lebbroso che incontra il Signore Gesù, si trovava nella posizione più bassa della società. Ma egli sa Chi può guarire la sua malattia fisica e morale.

Come è bello leggere in Luca 17, il ringraziamento di quel lebbroso samaritano guarito dal Signore > Luca 17:11 *Nel recarsi a Gerusalemme, Gesù passava sui confini della Samaria e della Galilea.* Luca 17:12 *Come entrava in un villaggio, gli vennero incontro dieci lebbrosi, i quali si fermarono lontano da lui,* Luca

17:13 *e alzarono la voce, dicendo: «Gesù, Maestro, abbi pietà di noi!»* Luca 17:14 *Vedutili, egli disse loro: «Andate a mostrarvi ai sacerdoti». E, mentre andavano, furono purificati.* Luca 17:15 *Uno di loro vedendo che era purificato, tornò indietro, glorificando Dio ad alta voce;* Luca 17:16 *e si gettò ai piedi di Gesù con la faccia a terra, ringraziandolo; ed era un samaritano.* Luca 17:17 *Gesù, rispondendo, disse: «I dieci non sono stati tutti purificati? Dove sono gli altri nove?* Luca 17:18 *Non si è trovato nessuno che sia tornato per dar gloria a Dio tranne questo straniero?»* Luca 17:19 *E gli disse: «Alzati e va'; la tua fede ti ha salvato».* Dieci furono i lebbrosi che si avvicinarono al Signore per chiedere guarigione. Tutti furono guariti in modo sovrannaturale, tutti ricevettero lo stesso beneficio, ma solo uno tornò indietro per ringraziare il Signore. Non solo tornò indietro ma glorificò il Signore per ciò che era accaduto a lui. Egli *si gettò ai piedi di Gesù con la faccia a terra*, in segno di adorazione. Egli aveva mostrato quella vera fede caratterizzata anche dal ringraziamento e dall'adorazione.

MT 6:1-2 f8) > Come si comporta questo lebbroso? È molto interessante osservare che prima ancora di chiedere al Signore - *Gli si prostrò davanti* -. Nella Scrittura l'atto della prostrazione è proprio l'atteggiamento fisico inerente all'adorazione. Nel greco il verbo è - *proskuneo* -.

Da molti testi nella Bibbia possiamo osservare come l'atto della prostrazione sia inserito in contesti di adorazione sia verso il Signore. Sia verso altri idoli. Ecco perché in De 4 si trova l'ingiunzione a non prostrarsi di fronte a falsi idoli > Deuteronomio 4:15 *Siccome non vedeste nessuna figura il giorno che il SIGNORE vi parlò in Oreb dal fuoco, badate bene a voi stessi,* Deuteronomio 4:16 *affinché non vi corrompiate e non vi facciate qualche scultura, la rappresentazione di qualche idolo, la figura di un uomo o di una donna,* Deuteronomio 4:17 *la figura di uno degli animali della terra, la figura di un uccello che vola nei cieli,* Deuteronomio 4:18 *la figura di una bestia che striscia sul suolo, la figura di un pesce che vive nelle acque sotto la terra;* Deuteronomio 4:19 *e anche affinché, alzando gli occhi al cielo e vedendo il sole, la luna, le stelle, tutto l'esercito celeste, tu non ti senta attratto a prostrarti davanti a quelle cose e a offrire loro un culto, perché quelle sono le cose che il SIGNORE, il tuo Dio, ha lasciato per tutti i popoli che sono sotto tutti i cieli.* È molto importante il principio esposto in queste parole. Israele, esattamente come ogni uomo non ha alcun diritto di farsi qualche figura o immagine per rappresentare la Persona gloriosa di Dio. Era necessario ubbidire a tale precetto affinché Israele, come purtroppo è accaduto molte volte, non si corrompesse con i costumi idolatrici delle altre nazioni. Sole, luna o stelle non dovevano diventare l'oggetto della loro adorazione, né *prostrarsi davanti a quelle cose*. Perché? Proprio per il fatto che la prostrazione indicava ed indica adorazione.

Tutt'altro esempio l'abbiamo in Ne 8. Nel quale è scritto che tutto il popolo d'Israele si prostrò per adorare il Signore > Neemia 8:4 *Esdra, lo scriba, stava sopra un palco di legno, che era stato fatto apposta; accanto a lui stavano, a destra, Mattitia, Sema, Anania, Uria, Chilchia e Maaseia; a sinistra, Pedaia, Misael, Malchia, Casum, Casbaddana, Zaccaria e Mesullam.* Neemia 8:5 *Esdra aprì il libro in presenza di tutto il popolo, poiché stava nel posto più elevato; e, appena aperto il libro, tutto il popolo si alzò in piedi.* Neemia 8:6 *Esdra benedisse il SIGNORE, Dio grande, e tutto il popolo rispose: «Amen, amen», alzando le mani; e s'inchinarono, e si prostrarono con la faccia a terra davanti al SIGNORE.* Ci troviamo di fronte ad un bellissimo testo dove si parla del risveglio del popolo, attento ad ascoltare le parole lette dallo scriba Esdra. Era tale il rispetto per ciò che si stava realizzando che all'inizio il popolo *si alza in piedi,* Esdra benedice il Signore, esalta il Suo Nome ed il popolo risponde non solo con un duplice amen, ma si prostra in segno di adorazione. Con quest'atto si vuole evidenziare la propria bassezza, la propria indegnità, ma nello stesso tempo il ringraziamento per la Sua Grazia.

È bello ed è consolante leggere in Ap 4 che le quattro creature viventi ed i ventiquattro anziani si prostrano per adorare Colui che siede sul trono > Apocalisse *4:9 Ogni volta che queste creature viventi rendono gloria, onore e grazie a colui che siede sul trono, e che vive nei secoli dei secoli,* Apocalisse 4:10 *i ventiquattro anziani si prostrano davanti a colui che siede sul trono e adorano colui che vive nei secoli dei secoli e gettano le loro corone davanti al trono, dicendo:* Apocalisse 4:11 *«Tu sei degno, o Signore e Dio nostro, di ricevere la gloria, l'onore e la potenza: perché tu hai creato tutte le cose, e per tua volontà furono create ed esistono».* Le autorità angeliche e tutti i credenti di tutte le età hanno questo onore e privilegio: adorare il Signore, rendere a Lui *gloria ed onore* per la Sua gloria infinita. Tale adorazione durerà per sempre e mai cesseremo di adorare il Signore, per il fatto che Egli ci ha creato, ci ha salvato per la Sua Grazia e ci ha donato ogni cosa in Cristo.

MT 6:1-2 f4) > Perciò è bello notare l'atteggiamento di questo lebbroso che con il suo atto riconosce il suo stato di indegnità e di peccatore. Ma nello stesso tempo formula la sua richiesta - *Signore se vuoi tu puoi purificarmi* -. Il lebbroso non pretende assolutamente nulla, non formula una richiesta come se il Signore fosse obbligato a soddisfarla, ma si rimette alla Sua volontà. È una lezione che anche noi come credenti dobbiamo imparare.

È molto interessante un parallelo con Gedeone. Il quale anche lui dice al Signore Se vuoi. Ma in un contesto completamente diverso > Giudici 6:36 *Gedeone disse a Dio: «Se vuoi salvare Israele per mano mia, come hai detto,* Giudici 6:37 *ecco, io metterò un vello di lana sull'aia: se c'è della rugiada sul vello soltanto e tutto il terreno resta asciutto, io saprò che tu salverai Israele per mia mano come hai detto».* Giudici 6:38 *Così avvenne. La mattina dopo, Gedeone si alzò presto, strizzò il vello e ne spremette la rugiada: una coppa piena d'acqua.* Giudici 6:39 *Gedeone disse a Dio: «Non si accenda l'ira tua contro di me. Io non parlerò che questa volta soltanto. Permetti che io faccia un'altra prova con il vello: resti asciutto soltanto il vello e ci sia della rugiada su tutto il terreno».* Giudici 6:40 *Dio fece così quella notte: il vello soltanto restò asciutto e ci fu della rugiada su tutto il terreno.* Abbiamo notato la differenza? Il lebbroso non sapeva o non aveva la certezza che il Signore avrebbe acconsentito alla sua richiesta, ma Gedeone sapeva per certo che il Signore sarebbe intervenuto. Infatti, Gedeone afferma *Se vuoi salvare Israele...come hai detto.* Perciò il Signore già aveva incoraggiato Gedeone a tal proposito. Il *se vuoi* di Gedeone è condizionato da prove ed ulteriori conferme che lui voleva avere. Ecco perché in questo brano chiede almeno due conferme: che il vello sia ricolmo di rugiada mentre il terreno no ed in secondo luogo che il vello rimanga asciutto ed il terreno impregnato di rugiada. Il lebbroso non chiede conferme, ma si appella solo alla volontà del Signore.

MT 6:1-2 > Il lebbroso vuole essere purificato e questa è la straordinaria esperienza che ogni figlio di Dio ha fatto.

Il salmista chiede al Signore di purificare la sua persona > Salmi 26:1 *Di Davide. Fammi giustizia, o SIGNORE, perché io cammino nell'integrità e confido nel SIGNORE senza vacillare.* Salmi 26:2

429

*Scrutami, o SIGNORE, e mettimi alla prova; purifica i miei reni e il mio cuore.* Davide conferma il fatto che sta camminando in integrità, ovvero secondo il volere di Dio, ma nello stesso tempo sente la necessità che il Signore lo possa purificare. Avere un cuore puro significa nutrire quei sentimenti, quei pensieri, quel volere che è conforme al Signore ed alla Sua Parola.

L'apostolo Giovanni dichiara che è il sangue del Signore a purificarci da ogni peccato 1Giovanni 1:7 *Ma se camminiamo nella luce, com'egli è nella luce, abbiamo comunione l'uno con l'altro, e il sangue di Gesù, suo Figlio, ci purifica da ogni peccato.* Sempre dobbiamo fare affidamento all'opera della croce, all'opera compiuta dal Signore Gesù che con il Suo sangue purifica completamente. Ma nello stesso tempo siamo chiamati a comportarci da *puri*, ovvero camminare nella luce avendo comunione l'uno con l'altro.

Paolo dichiara che il Signore Gesù ha dato Se stesso per noi per riscattarci da ogni iniquità > *Tito 2:14 Egli ha dato sé stesso per noi per riscattarci da ogni iniquità e purificarsi un popolo che gli appartenga, zelante nelle opere buone.* Proprio per questo motivo dobbiamo sempre tenere presente che l'essere riscattati significa non appartenere più a noi stessi, ma solo al Signore. Il nostro obiettivo è quello di essere *zelanti nelle opere buone.*

Mt 8:1-4 (21 > **L'intervento del Signore** > - *Gesù, tesa la mano, lo toccò dicendo: «Lo voglio, sii purificato». E in quell'istante egli fu purificato dalla lebbra. Gesù gli disse: «Guarda di non dirlo a nessuno, ma va', mostrati al sacerdote e fa ' l'offerta che Mosè ha prescritto, e ciò serva loro di testimonianza»* - > Mt 8:3-4.

MT 6:3-4 fi) >È molto importante l'atto del Signore Gesù che - *stende la Sua mano* -. Con quest'atto Egli sottolinea la Sua potenza che niente e nessuno può contrastare.

Infatti, sulla base del contesto, il Signore può esprimere la Sua potenza sia in termini di guarigione come nel caso del lebbroso, sia in termini di giudizio come leggiamo in Gr 51 > *Geremia 51:24 Ma, sotto i vostri occhi, io renderò a Babilonia e a tutti gli abitanti della Caldea, tutto il male che hanno fatto a Sion», dice il SIGNORE. Geremia 51:25 «Eccomi a te, o montagna di distruzione», dice il SIGNORE; «a te che distruggi tutta la terra! Io stenderò la mia mano su di te, ti rotolerò giù dalle rocce e farò di te una montagna bruciata.* Si tratta del messaggio di giudizio contro Babilonia, nel quale viene annunciato che tutto il male commesso da quest'impero ricadrà su di esso. Ma il Signore rivolge anche questo solenne avvertimento *Io stenderò la Mia mano su di te* e non certamente in benedizione, ma per annunciare la distruzione di quest'impero.

Ma il Signore può stendere la Sua mano anche per salvare > 2Samuele 22:17 *Egli tese dall'alto la mano e mi prese, mi trasse fuori dalle grandi acque.* 2Samuele 22:18 *Mi liberò dal mio potente nemico, e da quelli che mi odiavano; perché erano più forti di me.* Davide testimonia che il Signore ha teso la Sua mano per salvarlo dal pericolo, dal potente nemico che lo perseguitava a da tutti coloro che lo odiavano. Davide sapeva che con le sue forze non poteva fare niente, in quanto i suoi nemici *erano più forti di lui.* Ma quando il Signore è con noi, nulla ci può impaurire.

Inoltre il Signore tende la Sua mano per incoraggiare > Apocalisse 1:17 *Quando lo vidi, caddi ai suoi piedi come morto. Ma egli pose la sua mano destra su di me, dicendo: «Non temere, io sono il primo e l'ultimo,* Apocalisse 1:18 *e il vivente. Ero morto, ma ecco sono vivo per i secoli dei secoli, e tengo le chiavi della morte e dell'Ades.* Quanto è bello e prezioso questo passo! Il Signore posa la Sua mano su Giovanni, il quale era stremato, senza forza di fronte alla visione gloriosa che si era trovato davanti. Infatti, egli vede il Signore Gesù glorioso. Ma Egli lo incoraggia, ponendo la Sua mano su di lui e dicendogli *Non temere, Io sono il Primo e l'Ultimo.* Ovvero il Signore ci incoraggia ricordandoci la grandezza della Sua autorità e della Sua Persona. Così il Signore tende la Sua mano per guarire il lebbroso ed anche per dargli forza.

MT 6:3-4 f2) > Il secondo atteggiamento del Signore Gesù verso il lebbroso è il seguente *lo toccò -.* In greco abbiamo il verbo - *apto -* che indica l'atto di legare, di afferrare, di toccare. Tuttavia non sembra che il Signore l'abbia afferrato dal contesto, ma semplicemente toccato.

Interessante osservare che in Aggeo 2 si parla della legiferazione mosaica secondo la quale chiunque toccava qualcosa di immondo, diventava impuro Aggeo 2:13 *Aggeo disse: «Se uno è impuro per aver toccato un cadavere e tocca qualcuna di quelle cose, questa diventerà impura?» I sacerdoti risposero e dissero: «Sì, diventerà impura».* Ovvero è valido anche il principio opposto. Bastava che qualcuno toccasse un cadavere o qualunque cosa impura, che in automatico, il soggetto diventava impuri. La domanda posta dal profeta Aggeo, ha Infatti, una risposta positiva da parte dei sacerdoti. Ma se questo è vero per l'impurità, abbiamo anche esempi che ci parlano dell'atto del toccare proprio con lo scopo di purificare.

Uno di questi esempi è contenuto proprio in Is 6 Isaia 6:3 *L'uno gridava all'altro e diceva: «Santo, santo, santo è il SIGNORE degli eserciti! Tutta la terra è piena della sua gloria!»* Isaia 6:4 *Le porte furono scosse fin dalle loro fondamenta dalla voce di loro che gridavano, e la casa fu piena di fumo.* Isaia 6:5 *Allora io dissi: «Guai a me, sono perduto! Perché io sono un uomo dalle labbra impure e abito in mezzo a un popolo dalle labbra impure; e i miei occhi hanno visto il Re, il SIGNORE degli eserciti!»* Isaia 6:6 *Ma uno dei serafini volò verso di me, tenendo in mano un carbone ardente, tolto con le molle dall'altare.* Isaia 6:7 *Mi toccò con esso la bocca, e disse: «Ecco, questo ti ha toccato le labbra, la tua iniquità è tolta e il tuo peccato è espiato».* Abbiamo notato? Il profeta Isaia, benché fosse di una levatura spirituale notevole si ritiene impuro, a confronto con la visione gloriosa avuta della Persona di Dio. Infatti, i serafini, gli angeli dell'adorazione, non possono fare altro che esclamare Santo, santo, santo è il Signore degli eserciti. Ecco perché Isaia dichiara Guai a me, io sono perduto. Non poteva certamente dire una cosa diversa a confronto con la visione ricevuta. Ma cosa accade? Un serafino si avvicina, tenendo in mano un carbone ardente e con il semplice tocco sulle labbra del profeta, vi è la purificazione. L'importante è essere consapevoli del proprio stato e del bisogno di essere purificati dal Signore, dopo di che il Signore opera questo grande miracolo.

Anche se non si parla propriamente di purificazione, è importante ciò che è scritto in Geremia. *1*Geremia 1:9 *Poi il SIGNORE stese la mano e mi toccò la bocca; e il SIGNORE mi disse: «Ecco, io ho messo le mie parole nella tua bocca.* Geremia 1:10 *Vedi, io ti stabilisco oggi sulle nazioni e sopra i regni, per sradicare, per demolire, per abbattere, per distruggere, per costruire e per piantare».* Anche in questo caso il Signore tocca la bocca del profeta, affinché Geremia fosse equipaggiato per iniziare il suo ministero profetico, in quanto avrebbe avuto il compito di proclamare sempre e fedelmente il messaggio di Dio. Egli avrebbe proclamato un messaggio di consolazione, avvertimento e distruzione. Ma anche se non ci troviamo in un contesto che parla di purificazione, è stupefacente osservare cosa il Signore possa fare semplicemente toccando, sfiorando la nostra persona.

MT Ó:3-4 f3) > Perciò quale fu la risposta del Signore? - *Si lo voglio, sii purificato* -. La richiesta del lebbroso era assolutamente conforme alla volontà divina.

In Is 48 è scritto > Isaia 48:11 *Per amor di me stesso, per amor di me stesso io voglio agire; perché Infatti, dovrei lasciare profanare il mio nome? Io non darò la mia gloria a un altro.* Come possiamo osservare la volontà del Signore è assolutamente in linea con la Sua azione. Egli agisce perché vuole agire. Egli compie una determinata azione perché essa rientra nella Sua volontà. Quando Egli agisce lo fa *per amore del Suo Nome*, ovvero per la Sua Persona gloriosa, gloria che non potrà mai dare a nessun altro. Il Signore Gesù quando disse - *Si lo voglio* -, esprimeva proprio questo concetto di azione e volontà insieme. Qualunque cosa il Signore faccia nella nostra vita è perché essa rientra nella Sua perfetta volontà.

E come afferma Paolo ai Romani > Romani 12:2 *Non conformatevi a questo mondo, ma siate trasformati mediante il rinnovamento della vostra mente, affinché conosciate per esperienza quale sia la volontà di Dio, la buona, gradita e perfetta volontà.* La volontà di Dio è santa, perfetta e gradita, tre attributi che descrivono molto bene il pensiero di Dio. Proprio per questo motivo, come figli di Dio non possiamo più conformarci a questo mondo, ma siamo chiamati ad essere trasformati *mediante il rinnovamento della nostra mente,* proprio per conoscere questa sublime e perfetta volontà.

MT 8:3-4 f4) > Il Signore Gesù prosegue e dichiara quanto segue al lebbroso - E in quell'istante egli fu purificato dalla lebbra. *Gesù gli disse: «Guarda di non dirlo a nessuno, ma va', mostrati al sacerdote e fa' l'offerta che Mosè ha prescritto, e ciò serva loro di testimonianza»* -. Il lebbroso non dovette aspettare anni o mesi o giorni per la purificazione. Il tutto avvenne in un istante. Il Signore gli raccomanda di non dire a nessuno quanto era accaduto, ma di ubbidire alle prescrizioni del Signore circa l'offerta - che Mosè aveva prescritto -, *ovvero ciò che leggiamo in* Le 14:4-8 *ordinerà che si prendano, per colui che dev'essere purificato, due uccelli vivi, puri, del legno di cedro, dello scarlatto e dell'issopo.* Levitico 14:5 *Il sacerdote ordinerà che si sgozzi uno degli uccelli sopra un vaso di terracotta contenente acqua di fonte.* Levitico 14:6 *Poi prenderà l'uccello vivo, il legno di cedro, lo scarlatto e l'issopo.*

*Immergerà quelle cose, insieme con l'uccello vivo, nel sangue dell'uccello sgozzato sopra l'acqua di fonte.* Levitico 14:7 *Aspergerà sette volte colui che deve essere purificato dalla lebbra; lo dichiarerà puro e lascerà l'uccello vivo andare libero per i campi.* Al di là dell'offerta specifica che bisognava osservare, è bello vedere come proprio l'offerta sia il corollario o il bellissimo epilogo di questa vicenda. Quando il Signore opera in questo modo, non vi può che essere l'adorazione.

In Os 14 leggiamo > Osea 14:1 *O Israele, torna al SIGNORE, al tuo Dio, poiché tu sei caduto per la tua iniquità.* Osea 14:2 *Preparatevi delle parole e tornate al SIGNORE! Ditegli: «Perdona tutta l'iniquità e accetta questo bene; noi ti offriremo, invece di tori, l'offerta di lode delle nostre labbra.* In questo testo abbiamo un solenne invito da parte del Signore a tornare a lui, in quanto il popolo si era drammaticamente allontanato da Lui e dalla Sua Legge. Israele era caduto per la sua iniquità, ma la sua situazione non era irrimediabile. Infatti, aveva la possibilità di tornare al Signore, di ravvedersi del suo peccato e di sperimentare in senso spirituale, proprio ciò che il lebbroso realizzò. Quando ciò fosse avvenuto, Israele sarebbe tornato nuovamente ad *offrire l'offerta di lode delle sue labbra.* Non sacrifici, non animali, ma l'adorazione.

Paolo dirà agli Efesini > Efesini 5:1 *Siate dunque imitatori di Dio, perché siete figli da lui amati;* Efesini 5:2 *e camminate nell'amore come anche Cristo vi ha amati e ha dato sé stesso per noi in offerta e sacrificio a Dio quale profumo di odore soave.* Come figli di Dio siamo chiamati ad essere Suoi imitatori, in quanto Egli deve essere sempre per noi il nostro punto di riferimento. Quando ciò si realizza, allora possiamo veramente camminare nell'amore del Signore, avendo come esempio l'amore stesso di Cristo che ha donato Se stesso per noi *in offerta e sacrificio a Dio quale profumo di odore soave.* Noi possiamo offrire ed adorare, proprio perché il Signore Gesù si è offerto totalmente per noi.

Ed ancora l'apostolo Pietro aggiunge > *1Pietro 2:4 Accostandovi a lui, pietra vivente, rifiutata dagli uomini, ma davanti a Dio scelta e preziosa, 1Pietro 2:5 anche voi, come pietre viventi, siete edificati per formare una casa spirituale, un sacerdozio santo, per offrire sacrifici spirituali, graditi a Dio per mezzo di Gesù Cristo.* Il Signore Gesù è la pietra angolare, la pietra vivente sul quale tutto l'edificio si fonda. Ma nello stesso tempo ogni figlio di Dio è una *pietra viva* che fa parte dell'edificio spirituale della Chiesa, edificio che certamente non è identificabile in una costruzione dalle quattro mura, ma dall'insieme di tutti i credenti. Come sacerdoti, possiamo ed abbiamo il privilegio di adorare il Signore liberamente, nella libertà dello Spirito, offrendo sacrifici spirituali che a Lui sono graditi.

MT 6:3-4 f5) > Inoltre viene evidenziato il valore della - *testimonianza* -. Quando succedono i miracoli nella nostra vita, possiamo essere veramente dei testimoni fedeli del Signore.

Ad esempio Timoteo era caratterizzato da una buona testimonianza > Atti 16:1 *Giunse anche a Derba e a Listra; e là c'era un discepolo, di nome Timoteo, figlio di una donna ebrea credente, ma di padre greco.* Atti 16:2 *Di lui rendevano buona testimonianza i fratelli che erano a Listra e a Iconio.* Ovviamente non era lui che si autoproclamava buon testimone, ma erano quelli di Listra e Iconio. Gli altri devono dire di noi che siamo dei buoni testimoni, in quanto testimoniano della Grazia, della potenza, della misericordia e della giustizia del Signore.

## Matteo 8:5-13 Il centurione di Capernaum

Mt 8:5-13 (11 > *La richiesta del centurione* > - *Quando Gesù fu entrato in Capernaum, un centurione venne da lui, pregandolo e dicendo: «Signore, il mio servo giace in casa paralitico e soffre moltissimo»* - > Mt 8:5-6.

MT 6:5-6 f1) > L'inizio di questa nuova sezione del cap.8 di Matteo si apre con una vicenda estremamente significativa e densa di lezioni per ciascuno di noi. È scritto che il Signore Gesù entrò in - *Capernaum* -, un luogo che si ritrova spesso nei Vangeli.

In Mt 11, questo luogo ma soprattutto i suoi abitanti sono menzionati per la loro incredulità > Matteo 11:23 *E tu, o Capernaum, sarai forse innalzata fino al cielo? No, tu scenderai fino all'Ades. Perché se in Sodoma fossero state fatte le opere potenti compiute in te, essa sarebbe durata fino ad oggi.* Matteo 11:24 *Perciò, vi dichiaro, nel giorno del giudizio la sorte del paese di Sodoma sarà più tollerabile della tua».* Capernaum è proprio una di quelle città verso le quali il Signore rivolge il Suo solenne monito e giudizio per l'incredulità manifestata. Gli abitanti di Capernaum avevano visto i miracoli del Signore, le Sue opere potenti, ma invece di ravvedimento e di conversione, si continuava a manifestare incredulità ed impenitenza. Proprio per questo motivo, Sodoma e Gomorra saranno trattate meglio nel giorno del giudizio. Il Signore, anche quando si tratta del giudizio eterno, tiene conto delle responsabilità di ognuno.

Nello stesso tempo, Capernaum è quel luogo nel quale il Signore insegnò il sublime insegnamento sul pane di vita > Giovanni 6:57 *Come il Padre vivente mi ha mandato e io vivo a motivo del Padre, così chi mi mangia vivrà anch'egli a motivo di me.* Giovanni 6:58 *Questo è il pane che è disceso dal cielo; non come quello che i padri mangiarono e morirono; chi mangia di questo pane vivrà in eterno».* Giovanni 6:59 *Queste cose disse Gesù, insegnando nella sinagoga di Capernaum.* Perché si tratta di un sublime insegnamento? Perché il *pane della vita* è niente meno che un'immagine straordinaria del Signore Gesù, l'eterno Figlio di Dio, mandato dal Padre per dare la vita al mondo. Egli è quel *pane disceso dal cielo*, ben superiore alla manna che i padri d'Israele mangiarono nel deserto. Ora possiamo comprendere ancora di più perché il Signore avverte Capernaum per la sua incredulità. Non si poteva rimanere insensibili di fronte ad un messaggio così sublime.

MT 6:5-6 f2) > Ma Capernaum, non è solo un luogo nel quale il Signore ha formulato ed elaborato straordinari discorsi, ma anche dove si sono fatti dei mirabili incontri come questo. Infatti, il testo dichiara che - *un centurione venne a Lui* -. Io centurione era un'autorità militare romana, anche se non fra le più importanti, che comandava le centurie, ovvero un gruppo di cento soldati. Era comunque un gruppo consistente. Inoltre il centurione si trovava nella posizione di dominatore, in quanto faceva parte dell'impero più potente di allora, da un punto di vista umana. Interessante notare come diversi centurioni nel NT siano menzionati in contesti assolutamente positivi.

Come non ricordare il centurione di Mt 27, il quale riconobbe nel Signore Gesù il Figlio di Dio > Matteo 27:54 *Il centurione e quelli che con lui facevano la guardia a Gesù, visto il terremoto e le cose avvenute, furono presi da grande spavento e dissero: «Veramente, costui era Figlio di Dio».* Come possiamo osservare non solo il centurione, ma anche coloro che furono con lui fecero la stessa confessione. Riconoscere il Signore Gesù come Figlio di Dio non era solo una confessione della Sua divinità, ma anche il fatto che Egli era superiore a qualsiasi falso idolo pagano e degno di essere adorato.

Un altro centurione degno di nota è in Atti 27 > Atti 27:42 *Il parere dei soldati era di uccidere i prigionieri, perché nessuno fuggisse a nuoto.* Atti 27:43 *Ma il centurione, volendo salvar Paolo, li distolse da quel proposito, e ordinò che per primi si gettassero in mare quelli che sapevano nuotare, per giungere a terra,* Atti 27:44 *e gli altri, chi sopra tavole, e chi su rottami della nave. E così avvenne che tutti giunsero salvi a terra.* In una situazione di estrema difficoltà nella quale si trovava Paolo, un centurione lo difese, volendolo salvare. Perciò egli, forte della sua autorità distolse i soldati dal loro malvagio proposito. Così non solo Paolo, ma anche gli altri prigionieri furono salvati.

MT 6:5-6 f8) > Come si comporta il centurione nei confronti del Signore Gesù? Ci sono almeno due atteggiamenti molto importanti. Innanzitutto Lo prega. Non è strano che un centurione romano, il quale umanamente aveva tutte le ragioni di ritenersi superiore, abbia un atteggiamento così umile? Si è possibile solo nell'eventualità che egli abbia riconosciuto in Gesù Chi Egli era veramente. Infatti, la preghiera, unita alla sua richiesta particolare, poteva essere rivolta solo ad una divinità.

In Is 45 ci viene ricordata la follia dell'idolatria > Isaia 45:20 *«Adunatevi, venite, accostatevi tutti assieme, voi che siete scampati dalle nazioni! Non hanno intelletto quelli che portano il loro idolo di legno e pregano un dio che non può salvare.* È un messaggio molto particolare rivolto a tutti coloro che pretendono di pregare in definitiva un *pezzo di legno,* un idolo morto che non può fare assolutamente nulla. Nell'impero romano vi erano molte divinità, ma il centurione non si rivolge a nessuno di essi, ma ad un ebreo, che nell'ottica e cultura romana doveva essere solo disprezzato. Ma egli si comporta in questo modo proprio perché era la fede a muoverlo.

Il Signore dirà in Mr 11 di avere fede in Dio > Marco 11:22 *Gesù rispose e disse loro: «Abbiate fede in Dio!* Marco 11:23 *In verità io vi dico che chi dirà a questo monte: Togliti di là e gettati nel mare, se non dubita in cuor suo, ma crede che quel che dice avverrà, gli sarà fatto.* Marco 11:24 *Perciò vi dico: tutte le cose che voi domanderete pregando, credete che le avete ricevute, e voi le otterrete.* Solo sul Signore siamo chiamati ad esercitare la nostra fede. L'imperativo è *Abbiate fede in Dio.* L'uomo può avere fede nella religione, nella politica, in qualche capo o autorità, ma questo tipo di fede non può assolutamente salvare. Né può avere valore. Solo quando si nutre una fiducia salda nel Signore si può dire anche ad un monte *Togliti di là e gettati nel mare*. Se questo corrispondesse alla volontà di Dio, ciò si realizzerebbe. Perciò solo quando si prega credendo che si riceveranno quelle cose perché sicuri che è la volontà di Dio, saremo esauditi. Ecco la fede che muoveva il centurione. Egli sapeva e credeva che ciò che il Signore avrebbe detto, si sarebbe realizzato.

MT 6:5-6 f4) > Come esordisce il centurione? Con questo sublime titolo - *Signore* -. In greco abbiamo il vocativo, è come se il centurione dicesse Oh Signore! Da qui si comprende il profondo dolore di quest'uomo. Ma nello stesso tempo non si può ignorare il fatto che un romano, chiama un ebreo - *Signore* -. Tutto ciò è contro ogni logica, a meno che egli non riconosce chi è realmente Gesù.

Infatti, in Fl 2 Paolo dichiara che giungerà il tempo nel quale ogni lingua confesserà la signoria di Cristo > Filippesi 2:9 *Perciò Dio lo ha sovranamente innalzato e gli ha dato il nome che è al di sopra di ogni nome,* Filippesi 2:10 *affinché nel nome di Gesù si pieghi ogni ginocchio nei cieli, sulla terra, e sotto terra,* Filippesi 2:11 *e ogni lingua confessi che Gesù Cristo è il Signore, alla gloria di Dio Padre.* Egli è il Signore assoluto, alla gloria di Dio Padre. Questo perché è stato sovranamente innalzato dal Padre, avendo compiuto perfettamente l'opera della croce. La posizione del Signore Gesù è unica ed è il Suo Nome l'unico che può donare salvezza e certezza. Tutti, credenti e non, un giorno si inginocchieranno davanti a Lui proprio per rivolgere questa straordinaria confessione.

Non solo, ma sempre Paolo ci esorta a servire Cristo il Signore > Colossesi 3:23 *Qualunque cosa facciate, fatela di buon animo, come per il Signore e non per gli uomini,* Colossesi 3:24 *sapendo che dal Signore riceverete per ricompensa l'eredità. Servite Cristo, il Signore!* In greco l'espressione - *ho kyrios* - era rivolta all'imperatore di Roma. Egli è il nostro Imperatore, il nostro Signore al Quale va ogni adorazione e servizio. Questo principio vale in tutto ciò che noi facciamo. Ecco perché ogni cosa deve essere fatta *di buon animo,* sapendo che riceveremo dal Signore la ricompensa.

L'apostolo Pietro specifica inoltre che siamo chiamati a glorificare il Cristo come Signore nei nostri cuori > 1Pietro 3:14 *Se poi doveste soffrire per la giustizia, beati voi! Non vi sgomenti la paura che incutono e non vi agitate;* 1Pietro 3:15 *ma glorificate il Cristo come Signore nei vostri cuori. Siate sempre pronti a render conto della speranza che è in voi a tutti quelli che vi chiedono spiegazioni.* Tale esortazione è inserita nel contesto difficile della sofferenza. Ma quando si soffre *per la giustizia* si è beati. Questo perché si realizzano le gioie del Signore e la Sua forza. Perciò il nostro animo non deve essere in preda alla paura o allo spavento, ma anche in queste tristi situazioni siamo chiamati a *glorificare Cristo in noi,* rendendo sempre una testimonianza efficace a chiunque ci interroga sulla nostra fede e speranza. Il centurione, chiamando Gesù - *Signore* -, si mette automaticamente in una posizione di sudditanza ed inferiorità.

MT 6: S-6 fS) _> Ecco la particolare richiesta del centurione - *il mio servo giace in casa paralitico e soffre moltissimo* -. È veramente bello considerare come un padrone possa considerare un suo servo, che a quei tempi era alla stregua di uno schiavo senza diritti, fino a questo punto. D'altro canto vi è da considerare che un servo se era qualificato e con buone caratteristiche morali e spirituali risultava essere certamente una ricchezza, come vediamo nell'esempio illuminante di Giuseppe nella casa di Potifar. Sta di fatto che questo centurione amava profondamente questo suo servo.

Interessante osservare come in Pr 17 si parli del servo saggio che è superiore addirittura ad un figlio che fa vergogna > Proverbi 17:2 *Un servo sagace dominerà su un figlio che fa vergogna e avrà parte all'eredità insieme con i fratelli.* Ricordiamoci sempre che la qualità morale e spirituale di un individuo non potrà mai passare inosservato. Non ci viene detto niente delle caratteristiche di questo servo, ma è interessante ciò che dichiara l'evangelista Luca che questo servo era *molto stimato* dal centurione. Sicuramente vi era un ottimo rapporto tra i due.

In Pr 14 è scritto che il favore del re è per il servo prudente > Proverbi 14:35 *Il favore del re è per il servo prudente, ma la sua ira è per chi lo offende.* Avere il favore del re o del padrone che si serviva, era veramente un ottima cosa per un servo. Ma il testo biblico ci informa anche che per il servo malvagio e disonesto, vi è l'ira del padrone. Anche per questo particolare dettaglio, si può facilmente e legittimamente dedurre che il servo del centurione fosse fedele a lui ed ubbidiente.

Non solo, ma in Ml 1 leggiamo anche che un servo, se è tale, onora il suo padrone > Malachia 1:6 «*Un figlio onora suo padre e un servo il suo padrone; se dunque io sono padre, dov'è l'onore che m'è dovuto? Se sono padrone, dov'è il timore che mi è dovuto? Il SIGNORE degli eserciti parla a voi, o sacerdoti, che disprezzate il mio nome! Ma voi dite: In che modo abbiamo disprezzato il tuo nome?* Questo bell'esempio è riportato proprio per sottolineare la solenne lezione che il Signore, se è tale nella nostra vita, come professiamo, deve avere da parte nostra il massimo onore e riverenza. Tutto ciò può essere mostrato solo con l'ubbidienza ed una devozione totale. Invece Israele disonorava il Signore, a partire proprio dai sacerdoti. Una caratteristica fondamentale del perfetto servo è quello di onorare il suo padrone ed anche in questo caso possiamo dedurre che lo schiavo del centurione agiva proprio in questo modo.

Anche Paolo esorta i servi ad ubbidire in tutto e per tutti ai loro padroni > Tito 2:9 *Esorta i servi a essere sottomessi ai loro padroni, a compiacerli in ogni cosa, a non contraddirli,* Tito 2:10 *a non derubarli, ma a mostrare sempre lealtà perfetta, per onorare in ogni cosa la dottrina di Dio, nostro Salvatore.* Bisogna sottolineare il fatto che in questo caso si parla del servo cristiano, il quale doveva onorare, servire il suo padrone ed a compiacerlo in ogni cosa. Dovevano mostrare fedeltà, onestà assoluta e lealtà, atteggiamenti che avrebbero fatto in modo di onorare la dottrina di Dio che non è solo teoria, ma anche e soprattutto pratica.

MT 6:5-6 f6) > Ebbene, questo servo tanto caro a questo centurione, era - *paralitico* -. Non ci viene detto quale parte fosse paralizzata o se lo era totalmente, ma sicuramente si trattava di un male incurabile.

Il Signore Gesù guarì diversi paralitici come vedremo ed anche Pietro, ad esempio, nel Nome di Gesù guarì il paralitico Enea > Atti 9:32 Avvenne che mentre Pietro andava a far visita a tutti si recò anche dai santi residenti a Lidda. Atti 9:33 Là trovò un uomo di nome Enea, che da otto anni giaceva paralitico in un letto. Atti 9:34 Pietro gli disse: «Enea, Gesù Cristo ti guarisce; alzati e rifatti il letto». Egli subito si alzò. *Non fu Pietro, per la sua forza o abilità a guarire Enea, ma fu il Signore Gesù che usò Pietro in questo. Nessun male fisico può ostacolare il Signore. Ma questo non significa che guarisce sempre.*

MT 6:5-6 f7) > Il centurione era seriamente preoccupato per il suo servo, in quanto - *soffriva moltissimo* -. Non era semplicemente una paralisi che non portava dolore, ma evidentemente questo servo soffriva di dolori lancinanti dappertutto.

La sofferenza fa proprio parte dell'essere umano corrotto dal peccato > Giobbe 5:6 *Infatti, la sventura non spunta dalla terra, né il dolore germina dal suolo;* Giobbe 5:7 *ma l'uomo nasce per soffrire, come la favilla per volare in alto.* Come attesta Giobbe, esattamente come la sventura o la circostanza dolorosa e negativa non giunge a caso, né *spunta dalla terra,* così l'uomo nasce per soffrire. Non è una visione pessimistica, in quanto la sofferenza fa parte dell'uomo che nasce nella malvagità. Senza il Signore, tale sofferenza può trasformarsi proprio in disperazione. Questo è uno dei tanti vantaggi di essere dei figli di Dio, si può sempre sperare e trovare consolazione nel Signore. Questo servo soffriva. Aveva bisogno di speranze. Di certezze. Che di certo il centurione non gli poteva dare.

Ma il Signore che è il Padrone della vita può anche mandare la malattia per punire la malvagità dell'uomo > 2Cronache 21:18 *Dopo tutto questo il SIGNORE lo colpì con una malattia intestinale incurabile.* 2Cronache 21:19 *E, con l'andar del tempo, verso la fine del secondo anno, gli intestini gli vennero fuori, in seguito alla malattia; morì in mezzo ad atroci sofferenze; il suo popolo non bruciò profumi in suo onore, come aveva fatto per i suoi padri.* Un caso eclatante l'abbiamo appunto con il re Ieoram, il quale fu colpito da una malattia intestinale incurabile che non solo lo portò alla morte, ma lo fece soffrire moltissimo. Nello stesso tempo, egli non fu nemmeno onorato con una ricordanza funebre, a testimonianza della malvagità di questo re.

Il testo non dice che questo servo fosse paralizzato per peccati particolari commessi. Ma come detto. Tutto rientrava nella debolezza e fragilità dell'uomo corrotto dal peccato. Ma come agisce il centurione?

Mt 8:5-13 (21 > *Signore. Io non sono degno...* > - *Gesù gli disse: «Io verrò e lo guarirò». Ma il centurione rispose: «Signore, io non son degno che tu entri sotto il mio tetto, ma di' soltanto una parola e il mio servo sarà guarito. Perché anche io sono uomo sottoposto ad altri e ho sotto di me dei soldati; e dico a uno: Va', ed egli va; e a un altro: Vieni, ed egli viene; e al mio servo: Fa' questo, ed egli lo fa»* - > Mt 8:7-9.

MT 6:7-9 fi) > Inizialmente il Signore risponde in modo chiaro ed incoraggiante - *Io verrò e Lo guarirò* -. Per il centurione non vi poteva essere risposta migliore. Egli aveva la garanzia che il Signore sarebbe venuto in casa sua per guarire il suo servitore.

Anche in Gv 11, il Signore si recò al sepolcro dove era Lazzaro per operare una potente risurrezione > Giovanni 11:32 *Appena Maria fu giunta dov'era Gesù e l'ebbe visto, gli si gettò ai piedi dicendogli: «Signore, se tu fossi stato qui, mio fratello non sarebbe morto».* Giovanni 11:33 *Quando Gesù la vide piangere, e vide piangere anche i Giudei che erano venuti con lei, fremette nello spirito, si turbò e disse:* Giovanni 11:34 *«Dove l'avete deposto?» Essi gli dissero: «Signore, vieni a vedere!»* Giovanni 11:35 *Gesù pianse.* Giovanni 11:36 *Perciò i Giudei dicevano: «Guarda come l'amava!»* Giovanni 11:37 *Ma alcuni di loro dicevano: «Non poteva, lui che ha aperto gli occhi al cieco, far sì che questi non morisse?»* Giovanni 11:38 *Gesù dunque, fremendo di* nuovo in sé stesso, andò al sepolcro. Era una grotta, e una pietra era posta all'apertura. Possiamo dire che era prassi del Signore quella di andare dove era o il malato o il defunto per mostrare la Sua potenza. In Gv 11 abbiamo il bellissimo episodio della risurrezione di Lazzaro. Maria, come afferma il testo, si getta ai piedi del Signore manifestando tutto il suo dolore per la morte del fratello, affermando proprio *Se tu fossi stato qui, mio fratello non sarebbe morto.* Maria aveva fiducia del Signore, ma aveva ancora una visione riduttiva della Sua gloriosa Persona. Il Signore, vedendo piangere lei, gli altri giudei, anche lui si commosse e pianse. Alcuni dubitarono del Signore, ma Egli andò deciso al sepolcro per rivelare che Egli era veramente *la risurrezione e la vita (Gv 11:25).*

Un altro esempio eclatante è in Mt 9 in cui il Signore si reca alla casa del capo della sinagoga > Matteo 9:18 *Mentre egli diceva loro queste cose, uno dei capi della sinagoga, avvicinatosi, s'inchinò davanti a lui e gli disse: «Mia figlia è morta or ora; ma vieni, posa la mano su di lei ed ella vivrà».* Matteo 9:19 *Gesù, alzatosi, lo seguiva con i suoi discepoli...* Matteo 9:23 *Quando Gesù giunse alla casa del capo della sinagoga e vide i sonatori di flauto e la folla che faceva grande strepito, disse loro:* Matteo 9:24 *«Allontanatevi, perché la bambina non è morta, ma dorme». Ed essi ridevano di lui.* Matteo 9:25 *Ma quando la folla fu messa fuori, egli entrò, prese la bambina per la mano ed ella si alzò.* Matteo 9:26 *E se ne divulgò la fama per tutto quel paese.* L'analisi di questo testo lo vedremo tra poco. Interessante per ora osservare che anche in questo caso il Signore, alla richiesta di un padre sofferente per la morte della figlia, va a casa sua per operare il miracolo della guarigione. Nonostante l'incredulità di alcuni, la figlia risuscitò per la potenza del Signore.

Ma abbiamo notato? Sia nel caso di Maria, sia nel caso di Iairo, entrambi mettono in evidenza l'importanza del fatto che il Signore sia proprio nel luogo dove vi è il soggetto da guarire o da risuscitare. Ma con il centurione si può osservare qualcosa di estremamente bello e significativo.

MT 6:7-9 f2) > Ecco come risponde il centurione - *Signore, io non son degno che tu entri sotto il mio tetto* -. Ovvero egli adotta un comportamento esattamente opposto a quello di Maria e Iairo. Colui che nutriva timore e ammirazione nei confronti del Signore, sarebbe stato ben felice di accoglierlo a casa sua. Ma il centurione non invita il Signore a casa sua non per maleducazione, ma perché egli si riteneva, giustamente, infimo nei confronti del Signore. Possiamo osservare cinque testi biblici molto importanti.

Mt 3:10-12 > Matteo 3:10 *Ormai la scure è posta alla radice degli alberi; ogni albero dunque che non fa buon frutto, viene tagliato e gettato nel fuoco.* Matteo 3:11 *Io vi battezzo con acqua, in vista del ravvedimento; ma colui che viene dopo di me è più forte di me, e io non sono degno di portargli i calzari; egli vi battezzerà con lo Spirito Santo e con il fuoco.* Matteo 3:12 *Egli ha il suo ventilabro in mano, ripulirà interamente la sua aia e raccoglierà il suo grano nel granaio, ma brucerà la pula con fuoco inestinguibile».* Queste parole appartengono a Giovanni Battista, il quale mette in evidenzia il prezioso e solenne insegnamento secondo il quale ogni *albero che non dà buon frutto viene tagliato e gettato nel fuoco.* Ovvero Giovanni mette in correlazione la natura di un individuo con le opere da lui compiute. Ma nello stesso tempo, anche Giovanni dichiara la sua indegnità. Confrontandosi con il Signore Gesù, egli può solo dire *Io non sono degno nemmeno di portargli i calzari,* ovvero in altre parole, Giovanni non si reputava degno nemmeno di essere servitore del Signore. Egli Infatti, battezzava solo con acqua, ma il Signore Gesù avrebbe *battezzato con lo Spirito Santo e con il fuoco.*

Il Signore Gesù dirà che chi non è disposto a prendere la Sua croce, non è degno di Lui. Matteo 10:38 *Chi non prende la sua croce e non viene dietro a me, non è degno di me.* Matteo 10:39

*Chi avrà trovato la sua vita la perderà; e chi avrà perduto la sua vita per causa mia, la troverà.* Queste sono parole molto importanti che ci ricordano il prezzo di essere discepoli di Cristo. È necessario prendere il giogo che il Signore ci consegna per essere realmente degni di essere Suoi discepoli. Bisogna essere disposti anche a *perdere la propria vita* per il Signore, per essere chiamati Suoi discepoli.

Molto importante è anche la confessione di Paolo, il quale non si reputava degno di essere apostolo > 1Corinzi 15:7 *Poi apparve a Giacomo, poi a tutti gli apostoli;* 1Corinzi 15:8 *e, ultimo di tutti, apparve anche a me, come all'aborto;* 1Corinzi 15:9 *perché io sono il minimo degli apostoli, e non sono degno di essere chiamato apostolo, perché ho perseguitato la chiesa di Dio.* Come mai Paolo ha questo pensiero? Non è falsa modestia o scoraggiamento che lo vuole, ma il ricordo del suo terribile passato. Nonostante il Signore l'avesse pienamente perdonato, Paolo si reputava indegno di essere un apostolo del Signore e per di più testimone della Sua gloria, esattamente come Giacomo e Pietro. Non solo, ma egli si definiva anche *un aborto,* ritenendosi il minimo e l'ultimo degli apostoli. Certamente se tenessimo sempre presente l'abissale differenza esistente tra noi ed il Signore, ogni orgoglio ed egoismo scomparirebbe.

Come afferma il salmista l'unico degno è il Signore > Salmi 96:4 *Perché il SIGNORE è grande e degno di sovrana lode; egli è tremendo sopra tutti gli dèi.* L'Eterno è degno di sovrana lode, di ogni adorazione, la Sua grandezza non ha eguali. In una società idolatra come quella in cui viveva il salmista, dove venivano adorati tanti falsi dèi, il salmista può ben affermare che solo il Signore è l'unico e vero Dio e degno di essere adorato.

La dignità assoluta la possiede anche il Signore Gesù verso il Quale vi è una totale adorazione celeste > Apocalisse 5:11 *E vidi, e udii voci di molti angeli intorno al trono, alle creature viventi e agli anziani; e il loro numero era di miriadi di miriadi, e migliaia di migliaia.* Apocalisse 5:12 *Essi dicevano a gran voce: «Degno è l'Agnello, che è stato immolato, di ricevere la potenza, le ricchezze, la sapienza, la forza, l'onore, la gloria e la lode».* Il coro celeste costituito da miriadi angeliche, le quattro creature viventi e gli anziani si uniscono in un concerto di adorazione, i cui destinatari sono Dio e l'Agnello. Anche l'Agnello è pienamente degno, essendo stato immolato per noi, di ricevere ogni gloria, onore, potenza e sapienza. La Sua assoluta dignità è in pieno contrasto con la nostra indegnità. Eppure Dio ci ha fatti degni, per la Sua Grazia, di essere Suoi figli.

Un bellissimo esempio di umiltà l'abbiamo nella donna peccatrice > Luca 7:36 *Uno dei farisei lo invitò a pranzo; ed egli, entrato in casa del fariseo, si mise a tavola.* Luca 7:37 *Ed ecco, una donna che era in quella città, una peccatrice, saputo che egli era a tavola in casa del fariseo, portò un vaso di alabastro pieno di olio profumato;* Luca 7:38 *e, stando ai piedi di lui, di dietro, piangendo, cominciò a rigargli di lacrime i piedi; e li asciugava con i suoi capelli; e gli baciava e ribaciava i piedi e li ungeva con l'olio.* Luca 7:39 *Il fariseo che lo aveva invitato, veduto ciò, disse fra sé: «Costui, se fosse profeta, saprebbe che donna è questa che lo tocca; perché è una peccatrice».* Luca 7:40 *E Gesù, rispondendo gli disse: «Simone, ho qualcosa da dirti». Ed egli: «Maestro, di' pure».* Luca 7:41 *«Un creditore aveva due debitori; l'uno gli doveva cinquecento denari e l'altro cinquanta.* Luca 7:42 *E poiché non avevano di che pagare condonò il debito a tutti e due. Chi di loro dunque lo amerà di più?»* Luca 7:43 *Simone rispose: «Ritengo sia colui al quale ha condonato di più». Gesù gli disse: «Hai giudicato rettamente».* Come possiamo osservare i farisei non si facevano certamente tanti scrupoli come il centurione o questa donna. Simone il fariseo invita il Signore Gesù, senza pensare al suo stato di peccatore, ma semplicemente perché il Signore stava diventando o era già diventato un personaggio famoso e discusso. Ma la donna peccatrice non vuole incontrare il Signore spinta da una sorta di curiosità, ma per ringraziarlo, adorarlo per la salvezza ricevuta. La donna stava per entrare nella casa di un fariseo, perciò sarebbe stata disprezzata, forse anche calunniata, ma questo a lei non interessa. Il suo unico desiderio è quello di mostrare gratitudine, ringraziamento, adorazione verso il Signore. Perciò Gesù narra la parabola dei due debitori. Colui che avrà il debito maggiore condonato, mostrerà più gratitudine dell'altro. Così aveva fatto questa donna. Anche lei si reputava indegna e ciò è dimostrato dagli atteggiamenti assunti. Ma nello stesso tempo ha un cuore ricolmo di gioia.

Quanto è bello ricordare il desiderio del Signore ovvero quello di entrare nella nostra casa ovvero essere il protagonista della nostra vita > Apocalisse 3:20 *Ecco, io sto alla porta e busso: se qualcuno ascolta la mia voce e apre la porta, io entrerò da lui e cenerò con lui ed egli con me.* È vero che il centurione non invitò il Signore a venire a casa sua, ma come abbiamo visto la motivazione era la sua indegnità. Ma possiamo essere certi che il suo cuore era pienamente disposto verso il Signore.

MT 6:7-9 f3) > Infatti, come prosegue il centurione? - *ma dì soltanto una parola ed il mio servo sarà guarito* -. Ecco la fede. Per il centurione non era necessario che il Signore fosse presente fisicamente a casa sua. Sarebbe bastata solo una Sua Parola, perché il suo servo fosse guarito.

In Luca 5, Pietro usa parole simili a quelle del centurione > Luca 5:4 *Com'ebbe terminato di parlare, disse a Simone: «Prendi il largo, e gettate le reti per pescare».* Luca 5:5 *Simone gli rispose: «Maestro, tutta la notte ci siamo affaticati, e non abbiamo preso nulla; però, secondo la tua parola, getterò le reti».* Luca 5:6 *E, fatto così, presero una tal quantità di pesci, che le reti si rompevano.* La circostanza è diversa, ma la lezione è la stessa. Simone, che poi verrà chiamato Pietro, era stanco affaticato e sicuramente demoralizzato per non aver preso pesci. Il Signore gli ordina di tornare nuovamente al largo ed egli risponde *secondo la tua parola getterò le reti.* Ovvero anche se forse non comprendiamo gli ordini del Signore, il principio che ci deve sempre muovere è che la Sua Parola è fonte di ogni autorità. Posso non comprendere ciò che il Signore mi chiede, ma io sono chiamato ad ubbidire.

Infatti, il salmista ci ricorda che l'intelligenza spirituale viene dall'osservanza della Parola di Dio > Salmi 119:169 *Giunga il mio grido fino a te, SIGNORE; dammi intelligenza secondo la tua parola.* L'autore di queste parole chiede proprio al Signore intelligenza *secondo la Sua Parola.* Non possiamo pensare di essere saggi o intelligenti come vuole il Signore se disubbidiamo o trasgrediamo alla Sua Parola. Perciò il salmista può gridare al Signore, essere fiducioso nella sua richiesta, in quanto ha compreso realmente la volontà di Dio.

Ora il centurione parla della sua esperienza personale di uomo che ha autorità e che nello stesso tempo è sottoposto a qualcun altro - *Perché anche io sono uomo sottoposto ad altri e ho sotto di me dei soldati* -. Quindi possiamo dire che il centurione aveva fatto tutte e due le esperienze: sia di comandante, sia di un soldato che è sottoposto ad altri. Ma un conto era essere sottomesso al tribuno (grado romano superiore al centurione) o ancora di più all'imperatore. Ma come mai egli si sottopone anche al Signore

Gesù? Cosa aveva visto in Lui, se non il fatto che Egli era infinitamente superiore? Osserviamo tre testi emblematici.

Eb 2:8-9 > Ebrei 2:8 *tu hai posto ogni cosa sotto i suoi piedi».* *Avendogli sottoposto tutte le cose, Dio non ha lasciato nulla che non gli sia soggetto. Al presente però non vediamo ancora che tutte le cose gli siano sottoposte;* Ebrei 2:9 *però vediamo colui che è stato fatto di poco inferiore agli angeli, cioè Gesù, coronato di gloria e di onore a motivo della morte che ha sofferto, affinché, per la grazia di Dio, gustasse la morte per tutti.* Nel parlare di sottomissione, è molto bello osservare ciò che dichiara l'autore della lettera agli Ebrei, ovvero che Dio Padre ha sottoposto ogni cosa al Figlio. Questo significa che nessuno può ritenersi superiore a Lui. È vero che Egli, rivelandosi come Agnello di Dio, si è fatto servo delle Sue creature, ma nello stesso tempo, il Padre lo ha sovranamente innalzato, donandogli una posizione assolutamente unica. Egli è stato *coronato di gloria ed onore,* a motivo della morte che ha sofferto.

Perciò Egli può veramente comandare con ogni autorità > Giovanni 15:14 *Voi siete miei amici, se fate le cose che io vi comando.* La relazione che il Signore vuole stringere con noi non è semplicemente quella di un capo che ordina ai Suoi sudditi, ma Egli desidera un rapporto di vera amicizia che però ha una condizione: l'ubbidienza alla Sua Parola. Se vogliamo essere veramente amici e discepoli di Cristo, l'ubbidienza è una condizione assoluta.

MT 6:7-9 f4) > Interessante inoltre osservare come il centurione, nel fare degli esempi pratici parla di tre comandi molto semplici, per i quali era sicuro che i suoi soldati avrebbero ubbidito - *e dico a uno: Va', ed egli va; ea un altro: Vieni, ed egli viene; e al mio servo: Fa' questo, ed egli lo fa»* -. Andare, venire e fare, tre ordini che ritroviamo tra l'altro spesso nella Parola di Dio.

Come cristiani cosa dobbiamo fare, come dobbiamo comportarci? Paolo risponde a questo interrogativo > Colossesi 3:5 *Fate dunque morire ciò che in voi è terreno: fornicazione, impurità, passioni, desideri cattivi e cupidigia, che è idolatria.* Anche il Signore ci ordina e ci comanda *Fai.* Il problema è se noi siamo sottomessi a Lui e se ubbidiamo a tale comando. Siamo veramente disposti a fare ciò che Lui ci ordina?

In 1 Re 17, il Signore ordina a Elia di andare a Sarepta > 1Re 17:8

*Allora la parola del SIGNORE gli fu rivolta in questi termini:* 1Re 17:9 *«Alzati, va' ad abitare a Sarepta dei Sidoni; io ho ordinato a una vedova di laggiù che ti dia da mangiare».* 1Re 17:10 *Egli dunque si alzò, e andò a Sarepta; e, quando giunse alla porta della città, c'era una donna vedova, che raccoglieva legna.* In questo caso abbiamo il comando Vai. Siamo disposti ad andare dove il Signore ci ordina? Elia era disposto a compiere la volontà del Signore ed ubbidì anche nel dettaglio, in questa circostanza, andando proprio nel luogo che il Signore gli aveva detto. Il profeta si renderà conto presto che quell'incontro gli sarebbe servito molto per la sua crescita e maturità spirituale.

In Is 20, inoltre, il Signore comanda ad Isaia di andare e nello stesso tempo di andare seminudo > Isaia 20:1 *L'anno in cui Tartan, mandato da Sargon, re d'Assiria, marciò contro Asdod, la cinse d'assedio e la prese,* Isaia 20:2 *verso quel tempo, il SIGNORE parlò per mezzo d'Isaia, figlio di Amots, e gli disse: «Va', sciogliti il sacco dai fianchi e togliti i calzari dai piedi».* Questi fece così e camminò seminudo e scalzo. Vi sono ordini nella Parola di Dio che non possiamo comprendere totalmente. Uno di questi è il caso di questo passo. I profeti, per simboleggiare situazioni future che Israele avrebbe vissuto, a volte dovevano comportarsi in un modo un po' insolito, come nel caso del profeta Isaia. Doveva andare seminudo e scalzo e così fece. Tutto questo era collegato alla particolare situazione storica che si stava vivendo ovvero l'attacco di Sargon contro Asdod. Ma una costante nei profeti di Dio è proprio l'ubbidienza incondizionata. E così anche per noi? Perché il centurione non si poneva domande o dubbi sull'operato dei soldati? Perché la disubbidienza sarebbe costata la vita di quel soldato. Egli era assolutamente certo che i suoi soldati avrebbero ubbidito.

In At 22. Paolo parla della sua chiamata al ministero missionario > Atti 22:17 *Dopo il mio ritorno a Gerusalemme, mentre pregavo nel tempio fui rapito in estasi,* Atti 22:18 *e vidi Gesù che mi diceva: Affrettati, esci presto da Gerusalemme, perché essi non riceveranno la tua testimonianza su di me.* Atti 22:19 *E io dissi: Signore, essi sanno che io incarceravo e flagellavo nelle sinagoghe quelli che credevano in te;* Atti 22:20 *quando si versava il sangue di Stefano, tuo testimone, anch'io ero presente e approvavo, e custodivo i vestiti di coloro che lo uccidevano.* Atti 22:21 *Ma egli mi disse: Va' perché io ti manderò lontano, tra i popoli».* Come sappiamo fu il Signore a mandare Paolo alle nazioni, ed egli ubbidì a questo comando, nonostante le tante difficoltà. Egli ubbidì al - *Vai* - del Signore. Egli descrive una visione avuta dopo il suo ritorno a Gerusalemme, nella quale il Signore Gesù lo esorta a lasciare Gerusalemme a causa dell'incredulità che avrebbe incontrato. Paolo evidenzia il suo passato di persecutore della chiesa, anche il fatto che egli approvò il martirio di Stefano, ma il Signore non si lascia condizionare dalle nostre fragilità. L'ordine era chiaro *Va', Perché Io ti manderò lontano tra i popoli.*

MT 6:7-9 f5) > Perciò è bello osservare nei tre esempi del centurione, tre situazioni nelle quali anche il Signore ci può ordine Vai, vieni, fai e noi siamo chiamati ad eseguire la Sua volontà. Ecco altri esempi.

In Is 30. Il Signore chiama Isaia ad andare da Lui e nello stesso tempo a scrivere sopra una tavola le Sue parole come ricordanza > Isaia 30:8 *Ora vieni e traccia queste cose in loro presenza sopra una tavola, e scrivile in un libro, perché rimangano per i giorni futuri, per sempre.* Possiamo certamente ringraziare il Signore, nell'aver usato degli uomini fedeli che hanno trascritto e registrato proprio ciò che Egli voleva. Ma Isaia, prima ancora di trascrivere, doveva *andare al Signore,* stare alla Sua presenza in piena sottomissione e riverenza. Questa è proprio la posizione che il centurione assume nei confronti di Gesù.

Anche in Ap 21. L'angelo comanda a Giovanni Vieni > Apocalisse 21:9 *Poi venne uno dei sette angeli che avevano le sette coppe piene degli ultimi sette flagelli, e mi parlò, dicendo: «Vieni e ti mostrerò la sposa, la moglie dell'Agnello».* Molto spesso l'apostolo Giovanni ha ubbidito ad un simile comando e grazie anche alla sua disponibilità all'ubbidienza, egli ha potuto trascrivere l'Apocalisse e nel contempo la straordinaria visione della *sposa, la moglie dell'Agnello.* Ma Giovanni doveva andare, doveva rispondere a quel richiamo *Vieni.* Il Signore ci comanda sempre all'azione. I credenti passivi non sono a Lui graditi.

Mt 8:5-13 (31> La meraviglia e la risposta del Signore > - *Gesù, udito questo, ne restò meravigliato, e disse a quelli che lo seguivano: «Io vi dico in verità che in nessuno, in Israele, ho trovato una fede così grande! E io vi dico che molti verranno da Oriente e da Occidente e si metteranno a tavola con Abraamo, Isacco e Giacobbe nel regno dei cieli, ma i figli del regno saranno gettati nelle tenebre di fuori. Là ci sarà pianto e stridore di denti».*

*Gesù disse al centurione: «Va' e ti sia fatto come hai creduto». E il servitore fu guarito in quella stessa ora -* > Mt 8:10-13.

MT 6:10-18 f1)> È bello osservare come il Signore Gesù - *rimase meravigliato* - della fede di questo centurione. Credo che non si possa comprendere nella pienezza questo dettaglio. Il verbo greco usato è - *thaumazo* - che indica l'essere meravigliato, stupito. Ma come, il Signore Gesù non conosceva ciò che era nel cuore del centurione? Certamente, ma la meraviglia del Signore Gesù non ha a che fare con una sua ipotetica non conoscenza, ma con il fatto che egli rimase ammirato del centurione.

A proposito di meraviglie, possiamo certamente dire che è sempre il Signore a meravigliarci > Salmi 17:7*Mostrami le meraviglie della tua bontà, o tu che con la tua destra salvi chi cerca un rifugio al riparo dai suoi avversari.* Come attesta il salmista, il Signore nel mostrare le *meraviglie della Sua bontà,* ci rende sempre stupiti e gioiosi. Egli con la Sua potenza ci salva, ci protegge, ci consola ed ogni giorno possiamo rimanere sbigottiti della Sua grandezza.

Ma osservando nei Vangeli, abbiamo anche un caso negativo di stupore del Signore > Marco 6:4 *Ma Gesù diceva loro: «Nessun profeta è disprezzato se non nella sua patria, fra i suoi parenti e in casa sua».* Marco 6:5 *E non vi poté fare alcuna opera potente, ad eccezione di pochi malati a cui impose le mani e li guarì.* Marco 6:6 *E si meravigliava della loro incredulità.* Anche in questo caso il Signore si meravigliò, ma non della fede di queste persone, ma della loro incredulità. Dove avvenne questo? Proprio a Nazaret, la cittadina che aveva visto il Signore fin dall'infanzia. Ecco perché Gesù dichiara *Nessun profeta è disprezzato se non nella sua patria, fra i suoi parenti.* Infatti, dobbiamo ricordare che inizialmente i suoi fratelli non credevano in Lui (Gv 7:5). Perciò non poté fare nessun miracolo, proprio a causa dell'incredulità che incontrò e questo Lo meravigliò. Ora la domanda è: quale esempio seguiamo noi? L'esempio del centurione che mostra una fede salda e meravigliosa, oppure l'esempio di colui che è sempre caratterizzato dal dubbio e dalla perplessità?

MT 6:10-18 f2) > Le parole che il Signore Gesù rivolse al centurione sono illuminanti – *Io vi dico in verità che in nessuno, in Israele, ho trovato una fede così grande!* -. Possiamo certamente affermare che queste parole giunsero come una spada nel cuore dei giudei che potevano essere presenti. Da notare anche come il

Signore introduce tale espressione - *Io vi dico in verità* -. Questa espressione non voleva solo sottolineare il fatto che sempre il Signore ha dichiarato la verità, ma altresì il fatto che Egli stesso è la verità. In Is 14, il Signore usa proprio quest'espressione per sottolineare l'autorevolezza della Sua Parola > Isaia 14:24 *Il SIGNORE degli eserciti l'ha giurato, dicendo: «In verità, come io penso, così sarà; come ho deciso, così avverrà.* Nella Scrittura un giuramento era certamente qualcosa di estremamente solenne quando veniva pronunciato da un uomo o una donna. Non possiamo certamente immaginare, invece, quanta solennità ci possa essere in un giuramento stesso del Signore. A differenza dell'uomo, Egli adempie ciò che promette o annuncia. Perciò Egli afferma *In verità come Io penso così sarà.* Egli è il Sovrano e le Sue dichiarazioni sono sempre accompagnate e caratterizzate dalla verità.

Ma tale espressione è usata anche in contesti di giudizio > Matteo 24:1 *Mentre Gesù usciva dal tempio e se ne andava, i suoi discepoli gli si avvicinarono per fargli osservare gli edifici del tempio.* Matteo 24:2 *Ma egli rispose loro: «Vedete tutte queste cose? Io vi dico in verità: Non sarà lasciata qui pietra su pietra che non sia diroccata».* In Mt 24 abbiamo il famoso sermone profetico del Signore Gesù e lo spunto proviene proprio dal fatto che i discepoli Gli fecero osservare gli edifici del tempio. Ma il Signore come introduce il Suo solenne insegnamento? Io vi dico in verità.... Abbiamo notato la differenza? I profeti dell'AT esordivano con l'espressione *Così parla il Signore...*, ma il Signore Gesù può dire con autorevolezza *Io vi dico in verità,* ovvero senza tema di errore.

Ma come nel caso del centurione. Il Signore usa quest'espressione anche per evidenziare la fede di un individuo > Marco 14:6 *Ma Gesù disse: «Lasciatela stare! Perché le date noia? Ha fatto un'azione buona verso di me.* Marco 14:7 *Poiché i poveri li avete sempre con voi; quando volete, potete far loro del bene; ma me non mi avete per sempre.* Marco 14:8 *Lei ha fatto ciò che poteva; ha anticipato l'unzione del mio corpo per la sepoltura.* Marco 14:9 *In verità vi dico che in tutto il mondo, dovunque sarà predicato il vangelo, anche quello che costei ha fatto sarà raccontato, in memoria di lei».* In questo brano abbiamo come protagonista proprio Maria, la quale contro la logica umana e contro il parere dei più, ruppe un vaso di alabastro pieno d'olio profumato per ungere il capo di Gesù. Il Signore non solo prende le su difese, ma elogia questa donna, mettendo in evidenza la sua saggezza e previdenza. Perciò il Signore usando proprio l'espressione *In verità vi dico,* preannuncia il fatto che la sua azione sarebbe stata ricordata ai posteri *in memoria di lei.*

Nello stesso tempo è bello osservare come l'elogio in relazione ad una fede grande ed esemplare. Nei Vangeli sia rivolto proprio a persone pagane come il centurione > Matteo 15:26 *Gesù rispose: «Non è bene prendere il pane dei figli per buttarlo ai cagnolini».* Matteo 15:27 *Ma ella disse: «Dici bene, Signore, eppure anche i cagnolini mangiano delle briciole che cadono dalla tavola dei loro padroni».* Matteo 15:28 *Allora Gesù le disse: «Donna, grande è la tua fede; ti sia fatto come vuoi». E da quel momento sua figlia fu guarita.* È molto interessante osservare come la grande fede elogiata dal Signore provenga proprio da persone gentili, ovvero non appartenenti al popolo d'Israele. Un esempio eclatante l'abbiamo con la donna cananea, protagonista di quest'episodio. Questa donna era afflitta per la sua figliola che era gravemente tormentata da un demonio. Essa grida, chiama il Signore Gesù ed Egli dapprima reagisce con il silenzio, in un secondo tempo afferma che la Sua missione era solo *per le pecore perdute della casa d'Israele* ed in terzo luogo paragona questa donna ai *cagnolini.* Umanamente parlando vi era da scoraggiarsi, ma il Signore vuole dare a questa donna una solenne lezione, ma nello stesso tempo far scoprire la bellezza della sua fede. Perciò, dopo la risposta saggia della donna, il Signore può veramente dire *Donna, grande è la tua fede.* La domanda è: noi abbiamo una grande fede? Come avremmo reagito di fronte ad una situazione simile? L'apostolo Pietro ci ricorda che la fede è il punto di partenza per un processo di crescita fondamentale > 2Pietro 1:5 *Voi, per questa stessa ragione, mettendoci da parte vostra ogni impegno, aggiungete alla vostra fede la virtù; alla virtù la conoscenza;* 2Pietro 1:6 *alla conoscenza l'autocontrollo; all'autocontrollo la pazienza; alla pazienza la pietà;* 2Pietro 1:7 *alla pietà l'affetto fraterno; e all'affetto fraterno l'amore.* Come evidenzia l'apostolo, vi è bisogno di *impegno,* affinché alla fede che ogni figlio di Dio possiede, si debbano aggiungere altre virtù estremamente importanti per la nostra crescita spirituale come *la conoscenza, l'autocontrollo, la pazienza, la pietà, l'affetto fraterno e l'amore.* Una fede esemplare possiede tutte queste caratteristiche.

E l'apostolo Giacomo aggiunge che la fede provata produce costanza > Giacomo 1:2 *Fratelli miei, considerate una grande gioia quando venite a trovarvi in prove svariate,* Giacomo 1:3 *sapendo che la prova della vostra fede produce costanza.* Come nel caso della donna cananea, il Signore può provare la nostra fede. Ma grazie alla prova ci può essere realmente costanza nella nostra vita. Solo quando si passa per *prove svariate,* si può essere dei cristiani maturi e con una fede incrollabile.

MT 6:10-13 f3)> Ma il Signore non si limita solo ad elogiare la fede del centurione, ma va oltre - *E io vi dico che molti verranno da Oriente e da Occidente e si metteranno a tavola con Abraamo, Isacco e Giacobbe nel regno dei cieli -.* Ci troviamo di fronte ad una predizione precisa del Signore riguardo al Regno dei cieli. Non vi sono distinzioni di razze o religioni, in quanto chiunque porrà fede in Cristo, potrà addirittura sedere a tavola con Abraamo, Isacco e Giacobbe. Quando si parla di Oriente ed Occidente si vuole indicare ogni angolo della terra.

Il salmista afferma che il Signore fa sgorgare canti dall'oriente e dall'occidente > Salmi 65:8 *Gli abitanti delle estremità della terra tremano davanti ai tuoi prodigi; tu fai sgorgare canti di gioia dall'oriente all'occidente.* Con queste parole, l'autore vuole proprio sottolineare una gioia universale che si realizzerà certamente quando il Signore Gesù regnerà sulla terra. Vi sarà un timore e tremore universali, gioia espressa nei canti che proverranno dappertutto.

Anche in Ml 1 è scritto che il Nome del Signore è grande dall'oriente all'occidente > Malachia 1:11 *Ma dall'oriente all'occidente il mio nome è grande fra le nazioni; in ogni luogo si brucia incenso al mio nome e si fanno offerte pure; perché grande è il mio nome fra le nazioni»,* dice il SIGNORE degli eserciti. Ovvero la Persona gloriosa del Signore sarà celebrata in ogni dove, dappertutto, in ogni luogo si brucerà incenso, simbolo di adorazione nei Suoi confronti, a motivo della grandezza del Suo Nome. Il tutto non sarà confinato solo in Israele, ma *dall'oriente, all'occidente.*

Anche in Lu 13, il Signore predice che dà oriente a occidente verranno molti a stare a tavola nel regno di Dio > Luca 13:23 *Un tale gli disse: «Signore, sono pochi i salvati?» Ed egli disse loro:* Luca 13:24 *«Sforzatevi di entrare per la porta stretta, perché io vi dico che molti cercheranno di entrare e non potranno.* Luca 13:25 *Quando il padrone di casa si alzerà e chiuderà la porta, voi, stando di fuori, comincerete a bussare alla porta, dicendo:*

*Signore, aprici. Ed egli vi risponderà: Io non so da dove venite.*
Luca 13:26 *Allora comincerete a dire: Noi abbiamo mangiato e bevuto in tua presenza, e tu hai insegnato nelle nostre piazze!*
Luca 13:27 *Ed egli dirà: Io vi dico che non so da dove venite. Allontanatevi da me, voi tutti, malfattori.* Luca 13:28 *Là ci sarà pianto e stridore di denti, quando vedrete Abraamo, Isacco, Giacobbe e tutti i profeti nel regno di Dio e voi ne sarete buttati fuori.* Luca 13:29 *E ne verranno da oriente e da occidente, da settentrione e da mezzogiorno, e staranno a tavola nel regno di Dio.* Luca 13:30 *Ecco, vi sono degli ultimi che saranno primi e dei primi che saranno ultimi».* Il contesto è sempre in riferimento al Regno. Alla domanda rivolta al Signore *sono pochi i salvati?* il Signore rivela cosa l'uomo deve fare per ricevere la salvezza di Dio, ovvero *sforzarsi di entrare per la porta stretta.* In questa porta non ci può entrare colui che confida nella religione, nei suoi sforzi, nella sua intelligenza, ma solo chi pone fede in Lui. Anche se molti diranno *Noi abbiamo mangiato e bevuto in tua presenza, e tu hai insegnato nelle nostre piazze!* questo è inutile se il proprio cuore non era caratterizzato dalla fede in Lui. Molti si saranno solo illusi, perciò il loro destino è in quel luogo dove regna *il pianto e lo stridore dei denti.* Ma vi è anche una notizia positiva, ovvero che molti, senza distinzioni di razza o tribù verranno da ogni luogo e parteciperanno a tutti quei privilegi concernenti *il Regno di Dio,* proprio per la fede manifestata.

MT 6:10-13 f4) > Questo è ciò che il Signore sta dicendo, prendendo spunto dalla fede del centurione. Ma esiste anche l'altra faccia della medaglia - *ma i figli del regno saranno gettati nelle tenebre di fuori. Là ci sarà pianto e stridore di denti»* -. Chi sono questi figli del regno? Da notare che l'espressione - *uioi tes basileias* -, ovvero figli del regno, viene impiegata spesse volte, se non tutte le volte in senso positivo.

In Mt 13, a proposito della parabola delle zizzanie, i figli del regno vengono identificati nel buon seme > Matteo 13:37 *Egli rispose loro: «Colui che semina il buon seme è il Figlio dell'uomo;* Matteo 13:38 *il campo è il mondo; il buon seme sono i figli del regno; le zizzanie sono i figli del maligno.* Il campo, ovvero il terreno sul quale si semina è il mondo, ma in esso, ovvero tra le nazioni vi sono le zizzanie, ovvero i figli del maligno, contrapposti ai figli del regno, ovvero a coloro che avranno il diritto di accedere ad esso. Ma il fatto che essi siano *il buon seme* ci fa pensare al fatto che la loro natura sia radicalmente cambiata a motivo della fede nel Messia. Il contesto è rivolto a quei giudei o ebrei che crederanno nel Messia e che perciò avranno accesso nel regno del Re.

Infatti, l'espressione figli del regno, ha una precisa connotazione escatologica in relazione a coloro che il Padre ha benedetto > Matteo 25:34 *Allora il re dirà a quelli della sua destra: Venite, voi, i benedetti del Padre mio; ereditate il regno che v'è stato preparato fin dalla fondazione del mondo.* Matteo 25:35 *Perché ebbi fame e mi deste da mangiare; ebbi sete e mi deste da bere; fui straniero e mi accoglieste;* Matteo 25:36 *fui nudo e mi vestiste; fui ammalato e mi visitaste; fui in prigione e veniste a trovarmi.* Matteo 25:37 *Allora i giusti gli risponderanno: Signore, quando mai ti abbiamo visto affamato e ti abbiamo dato da mangiare? O assetato e ti abbiamo dato da bere? Matteo 25:38 Quando mai ti abbiamo visto straniero e ti abbiamo accolto? O nudo e ti abbiamo vestito? Matteo 25:39 Quando mai ti abbiamo visto ammalato o in prigione e siamo venuti a trovarti?* Matteo 25:40 *E il re risponderà loro: In verità vi dico che in quanto avete fatto a uno di questi miei minimi fratelli, l'avete fatto a me.* In altre parole i figli del regno sono i giusti, coloro al quale il Re dei re non soltanto dà il diritto di accedere al Regno, ma nello stesso tempo coloro verso i quali il Signore rivolge dei precisi elogi basati sulla risposta o la conseguenza della loro fede. Essi *diedero da mangiare, da bere e da vestire* al Re dei re non in senso fisico o letterale, ma aiutando proprio i *minimi fratelli* del Signore Gesù, ovvero l'Israele afflitto e sofferente. Nel tempo escatologico, Israele dovrà conoscere la sofferenza della grande tribolazione, ma quei gentili che aiuteranno Israele, dimostreranno in modo visibile e concreto la loro fede nel Messia. Questi sono i *figli del regno* che non saranno solo gli ebrei credenti, ma anche quei gentili che avranno posto una reale fiducia nel Messia.

MT 6:10-13 f5) > Ma vi è anche il pericolo di illudersi di essere dei figli del regno, quando in realtà si è solo destinati ad essere - *gettati nelle tenebre di fuori* -. Perciò dal contesto si capisce che il Signore parla di quegli ebrei che erano orgogliosi del loro retaggio nazionale, ma se non si ha fede nel Messia-Re, non vi sarà la possibilità di entrare nel Regno. Anzi si sarà gettati fuori a dimostrazione della totale disapprovazione del Signore.

Salmista dichiara che gli empi saranno gettati nel fuoco > Salmi 140:8 *Non concedere agli empi quel che desiderano, o SIGNORE;*

*non assecondare i loro disegni, perché non si esaltino. [Pausa]*
Salmi 140:9 *Sulla testa di quanti mi circondano ricada la perversità delle loro labbra!* Salmi 140:10 *Cadano loro addosso carboni accesi! Siano gettati nel fuoco, in fosse profonde, da cui non possano risorgere.* Sebbene ci troviamo in una richiesta che il salmista rivolge al Signore, è altresì vero che egli non fa altro che evidenziare una sua precisa convinzione. Egli chiede al Signore che i propositi ed i desideri degli empi non siano adempiuti, che Egli non assecondi i loro disegni, in quanto essi pagheranno la *perversità delle loro labbra.* Perciò dovranno sperimentare il tormento ed il dolore eterno.

Un caso emblematico l'abbiamo in Mt 22, dove il Signore, nella parabola delle nozze, parla di colui che viene gettato fuori per non avere l'abito adatto > Matteo 22:11 *Ora il re entrò per vedere quelli che erano a tavola e notò là un uomo che non aveva l'abito di nozze.* Matteo 22:12 *E gli disse: Amico, come sei entrato qui senza avere un abito di nozze? E costui rimase con la bocca chiusa.* Matteo 22:13 *Allora il re disse ai servitori: Legatelo mani e piedi e gettatelo nelle tenebre di fuori. Lì sarà il pianto e lo stridore dei denti.* Matteo 22:14 *Poiché molti sono i chiamati, ma pochi gli eletti».* Interessante osservare come nella parabola, che vorrei precisare è un racconto fittizio che il Signore narra per evidenziare precise lezioni, si parla del re che entrando nella stanza del convito trova un uomo che non aveva l'abito adatto. Fu proprio questo a causare la sua eliminazione dal convito. Non si potrà entrare nel Regno glorioso del Messia se non si ha *l'abito adatto* che è e rimane sempre quel vestito lavato e purificato dal sangue dell'Agnello. Gli eletti del Signore, Infatti, hanno tutti i *vestimenti bianchi.*

Ed in Mt 13, si parla di coloro che saranno gettati nelle tenebre di fuori perché operatori d'iniquità > Matteo 13:41 *Il Figlio dell'uomo manderà i suoi angeli che raccoglieranno dal suo regno tutti gli scandali e tutti quelli che commettono l'iniquità,* Matteo 13:42 *e li getteranno nella fornace ardente. Lì sarà il pianto e lo stridore dei denti.* Matteo 13:43 *Allora i giusti risplenderanno come il sole nel regno del Padre loro. Chi ha orecchi [per udire] oda.* Si tratta di una precisa predizione del Signore Gesù. Egli parla di Se stesso, quando tornerà in gloria ed anche la parabola precedente è attinente a tale periodo. Egli manderà i Suoi angeli per raccogliere tutti gli empi e per *gettarli nella fornace ardente.* Possiamo dire che è l'Apocalisse a dare tutti i dettagli di questo giudizio che sarà effettuato dopo l'ultima seduzione di Satana (Ap 20:9-10). Ma ciò che è importante evidenziare è che purtroppo molti che si illuderanno di entrare nel Regno, non solo non vi entreranno, ma saranno irrimediabilmente giudicati.

Come è scritto in Luca 13, il Signore designa chiaramente questi figli del regno come in coloro che si erano illusi solo perché avevano ascoltato il Signore Gesù, ma in realtà erano dei malfattori > Luca 13:28 *Là ci sarà pianto e stridore di denti, quando vedrete Abraamo, Isacco, Giacobbe e tutti i profeti nel regno di Dio e voi ne sarete buttati fuori.* Non ci sarà possibilità d'appello.

MT 6:10-13 f6) > Per contro, verso il centurione il Signore rivolge delle parole straordinarie - *«Va' e ti sia fatto come hai creduto». E il servitore fu guarito in quella stessa ora* -. Il centurione non ha solo creduto in senso astratto, ma aveva realmente posto fede nel Signore Gesù. Sappiamo che vi sono diversi modi di credere, ma uno solo è quello reale e genuino.

In Gv 9, il Signore rivolge una solenne domanda al cieco che era stato guarito > Giovanni 9:35 *Gesù udì che lo avevano cacciato fuori; e, trovatolo, gli disse: «Credi nel Figlio dell'uomo?»* Giovanni 9:36 *Quegli rispose: «Chi è, Signore, perché io creda in lui?»* Giovanni 9:37 *Gesù gli disse: «Tu l'hai già visto; è colui che parla con te, è lui».* Giovanni 9:38 *Egli disse: «Signore, io credo». E gli si prostrò dinanzi.* La domanda è *Credi tu nel Figlio dell'uomo?* Non si può sfuggire a tale interrogativo. O si crede realmente o non si crede. Il cieco aveva già ricevuto la guarigione, ma doveva compiere un salto di qualità: porre fede in Colui che l'aveva guarito. Egli non doveva solo pensare di avere di fronte un grande profeta, ma il Figlio di Dio. Ed ora poteva anche vederlo!! Egli rispose con un semplice *Io credo* e come atto di adorazione lo adora.

*La stessa domanda è rivolta a Marta* > Giovanni 11:25 *Gesù le disse: «Io sono la risurrezione e la vita; chi crede in me, anche se muore, vivrà;* Giovanni 11:26 *e chiunque vive e crede in me, non morirà mai. Credi tu questo?* Il Signore Gesù è la risurrezione e la vita, ma bisogna realmente crederlo per fede. Altrimenti avere tanta conoscenza non ha senso.

In Gv 14, il Signore Gesù rivolge una domanda solenne a Filippo > Giovanni 14:9 *Gesù gli disse: «Da tanto tempo sono con voi e tu non mi hai conosciuto, Filippo? Chi ha visto me, ha visto il Padre; come mai tu dici: Mostraci il Padre?* Giovanni 14:10 *Non credi tu che io sono nel Padre e che il Padre e in me? Le parole che io vi dico, non le dico di mio; ma il Padre che dimora in me, fa le opere sue.* Giovanni 14:11 *Credetemi: io sono nel Padre e il Padre e in me; se no, credete a causa di quelle opere stesse.* È incredibile quanto l'uomo possa essere duro nel comprendere. Filippo da tanto tempo ormai seguiva il Maestro, ed ancora non aveva compreso questa straordinaria lezione. *Chi aveva visto il Signore Gesù, aveva visto il Padre.* Dio, l'Eterno si era pienamente rivelato nella Persona di Suo Figlio. Ascoltare il Signore, osservare il Suo comportamento significava vedere Dio in azione. Ma tutto questo va creduto per fede.Matteo 8:14-17 La potenza del Signore Gesù all'opera

Mt 8:14-17 (11 > **La guarigione della suocera di Pietro** > - *Poi Gesù, entrato nella casa di Pietro, vide che la suocera di lui era a letto con la febbre; ed egli le toccò la mano e la febbre la lasciò. Ella si alzò e si mise a servirlo* - > Mt 8:14-15.

MT 6:14-15 f1) > L'inizio di questa nuova sezione del cap.8 di Matteo, parla propriamente della guarigione miracolosa della suocera di Pietro. Subito il testo ci presenta la situazione difficile che nella casa di Pietro si viveva - *Poi Gesù, entrato nella casa di Pietro, vide che la suocera di lui era a letto con la febbre* -. In greco abbiamo il sostantivo - *penthera* - che indica la suocera. Sebbene il testo di Matteo ci presenti una situazione di difficoltà senza entrare troppo nel dettaglio, si può desumere che Pietro fosse legato particolarmente a sua suocera. Questo ci parla anche del particolare rapporto che il marito e la moglie devono avere anche con le famiglie reciproche.

È bello ad esempio osservare il particolare rapporto esistente tra Rut e sua suocera > Rut 2:10 *Allora Rut si gettò giù, prostrandosi con la faccia a terra, e gli disse: «Come mai ho trovato grazia agli occhi tuoi, così che tu presti attenzione a me che sono una straniera?»* Rut 2:11 *Boaz le rispose: «Mi è stato riferito tutto quello che hai fatto per tua suocera dopo la morte di tuo marito, e come hai abbandonato tuo padre, tua madre e il tuo paese natio, per venire a un popolo che prima non conoscevi.* Non è raro, purtroppo, che anche tra figli di Dio nascano dei contrasti con le famiglie reciproche ed è classico che questo avvenga proprio con le suocere. Ma non era questo il caso di Rut. Questa donna che aveva trovato il favore di Boaz, colui che diverrà suo marito, rimane stupita del fatto che *aveva trovato grazia ai suoi occhi*. Ma come mai Boaz fu colpito da questa donna? Non solo dall'aspetto esteriore, in quanto possiamo dedurre che fosse una donna molto bella, ma soprattutto perché egli aveva sentito bellissime notizie sul comportamento che Rut mostrava verso Naomi, sua suocera. Infatti, Rut non esitò ad abbandonare tutto pur di seguire Naomi ed il Dio di Naomi. Dobbiamo prendere esempio da un simile comportamento.

Purtroppo viviamo in tempi nei quali invece di concordia famigliare, esiste guerra come è scritto in Mi 7 > Michea 7:6 *Perché il figlio offende il padre, la figlia insorge contro la madre, la nuora contro la suocera e i nemici di ciascuno sono quelli di casa sua.* Queste sono solamente alcune conseguenze di ciò che provoca il peccato. Purtroppo la situazione che stava vivendo Israele in questa circostanza è la stessa che si vede ancora oggi. La famiglia è disgregata, non ci sono più valori, né rispetto reciproco. Vi è mancanza di regole, tanto che i figli insorgono contro i genitori, nuora contro suocera ed i primi nemici che si incontrano sono proprio quelli di casa propria. Ma impariamo da Rut e Naomi.

MT 6:14-15 f2) > Come abbiamo potuto osservare, è scritto che la suocera di Pietro era afflitta da una - *febbre* - molto grave. In greco abbiamo il verbo - *puresso* - che indica proprio l'avere la febbre, essere febbricitante.

Il brano parallelo di Luca 4 ci mostra la gravità della situazione > Luca 4:38 *Poi, alzatosi e uscito dalla sinagoga, entrò in casa di Simone. Or la suocera di Simone era tormentata da una gran febbre; e lo pregarono per lei.* Luca 4:39 *Chinatosi su di lei, egli sgridò la febbre, e la febbre la lasciò; ed ella subito si alzò e si mise a servirli.* Da queste parole si evince chiaramente che non ci troviamo di fronte ad una febbre normale, ma probabilmente alla conseguenza di un male ben più duro da sconfiggere. Si sa Infatti, che la febbre alto non è che la conseguenza di un male fisico che è in corso. La suocera di Pietro era *tormentata*, questo significa che non solo soffriva molto, ma si trattava di una sofferenza costante. Un altro esempio l'abbiamo in Gv 4 dove si parla del figlio dell'ufficiale reale > Giovanni 4:46 *Gesù dunque venne di nuovo a Cana di Galilea, dove aveva cambiato l'acqua in vino. Vi era un ufficiale del re, il cui figlio era infermo a Capernaum.* Giovanni

*4:47 Come egli ebbe udito che Gesù era venuto dalla Giudea in Galilea, andò da lui e lo pregò che scendesse e guarisse suo figlio, perché stava per morire.* Giovanni 4:48 *Perciò Gesù gli disse: «Se non vedete segni e miracoli, voi non crederete».* Giovanni 4:49 *L'ufficiale del re gli disse: «Signore, scendi prima che il mio bambino muoia».* Giovanni 4:50 *Gesù gli disse: «Va', tuo figlio vive». Quell'uomo credette alla parola che Gesù gli aveva detta, e se ne andò.* Giovanni 4:51 *E mentre già stava scendendo, i suoi servi gli andarono incontro e gli dissero: «Tuo figlio vive».* Giovanni 4:52 *Allora egli domandò loro a che ora avesse cominciato a star meglio; ed essi gli risposero: «Ieri, all'ora settima, la febbre lo lasciò».* Giovanni 4:53 *Così il padre riconobbe che la guarigione era avvenuta nell'ora che Gesù gli aveva detto: «Tuo figlio vive»; e credette lui con tutta la sua casa.* Gesù si trova nuovamente a Cana, luogo nel quale aveva operato il miracolo del cambiamento dall'acqua in vino. Ma in quel luogo vi era anche un'ufficiale del re che aveva un figlio infermo. Tale infermità era manifestata, anche in questo caso, da una febbre molto grave. Interessante notare l'appunto del Signore *«Se non vedete segni e miracoli, voi non crederete.* In realtà il Signore desidera una fede che non sia motivata dal vedere in continuazione segni e miracoli, ma un fede poggiata solo sulla Parola di Dio e la Persona del Signore. Ma anche in questo caso, come nell'episodio del centurione, il Signore non si recò a casa di quest'uomo, ma soltanto alla Sua parola, il figlio venne guarito all'istante. È bello osservare che questo ufficiale credette immediatamente e quando verificò la guarigione avvenuta *credette lui e tutta la sua casa.*

Anche in At 28. Si legge della guarigione del padre di Publio il quale era afflitto dalla febbre > Atti 28:7 *Nei dintorni di quel luogo vi erano dei poderi dell'uomo principale dell'isola, chiamato Publio, il quale ci accolse amichevolmente e ci ospitò per tre giorni.* Atti 28:8 *Il padre di Publio era a letto colpito da febbre e da dissenteria. Paolo andò a trovarlo; e, dopo aver pregato, gli impose le mani e lo guarì.* Atti 28:9 *Avvenuto questo, anche gli altri che avevano delle infermità nell'isola, vennero, e furono guariti;* Atti 28:10 *questi ci fecero grandi onori; e, quando salpammo, ci rifornirono di tutto il necessario.* In questo caso, lo strumento nelle mani del Signore fu Paolo, il quale venne accolto ed ospitato da Publio per tre giorni con i rischi che questo comportava. Ma quest'uomo aveva il papà gravemente ammalato *colpito da febbre e dissenteria.* Paolo andò, pregò il Signore, essendo consapevole che lui non aveva nessun potere, ma solo il Signore poteva guarire. Inoltre, impose le mani e subito dopo ci fu la guarigione. Non solo, ma il Signore tramite Paolo guarì anche tanti altri infermi che erano in quel luogo. Nessuna malattia può fermare il Signore. Ma nello stesso tempo dobbiamo sempre tenere presente che la fede che piace al Signore ed è gradita a Lui è quella fondata sulla Sua Parola.

MT 6:14-1S f3) > È bello inoltre osservare come la suocera di Pietro, subito guarita - *si alzò e li servì* -. Non vediamo un discorso o un dialogo da parte di questa donna, ma essa dimostrò la sua gratitudine con i fatti. Come è scritto in Gs 24. Scegliere il Signore significa anche servirlo > Giosuè 24:22 *E Giosuè disse al popolo: «Voi siete testimoni contro voi stessi, che vi siete scelto il SIGNORE per servirlo!» Quelli risposero: «Siamo testimoni!* Quando si sceglie di seguire il Signore, si è anche testimoni di se stessi. Scegliere il Signore significa assolutamente non solo credere in Lui, ma anche servirlo sotto tutti gli aspetti.

Ben avevano compreso questa lezione i tessalonicesi > 1Tessalonicesi 1:9 *perché essi stessi raccontano quale sia stata la nostra venuta fra voi, e come vi siete convertiti dagl'idoli a Dio per servire il Dio vivente e vero,* 1Tessalonicesi 1:10 *e per aspettare dai cieli il Figlio suo che egli ha risuscitato dai morti; cioè, Gesù che ci libera dall'ira imminente.* Essi si erano convertiti non semplicemente per un'emozione temporanea. Essi avevano realmente creduto, e tale fede veniva mostrata anche nella pratica. Essi avevano lasciato tutti gli idoli, per *servire il Dio vivente e vero*. Questa deve essere la nostra massima aspirazione. Siamo chiamati a servire il Signore e nello stesso tempo ad aspettare il Suo ritorno.

Mt 8:14-17 (21 > *L'adempimento di una profezia* > - *Poi, venuta la sera, gli presentarono molti indemoniati; ed egli, con la parola, scacciò gli spiriti e guarì tutti i malati, affinché si adempisse quel che fu detto per bocca del profeta Isaia: «Egli ha preso le nostre infermità e ha portato le nostre malattie»* - > Mt 8:16-17.

MT 6:16-17 f1) > In queste parole possiamo osservare la dimostrazione palese della potenza del Signore, il Quale, solo con la Sua Parola - *scacciò gli spiriti* -. Diversi indemoniati troviamo menzionati nei Vangeli e questo è un tema molto importante. Da notare che l'origine del male di un indemoniato è proprio lo spirito di un demone che entra in lui possedendolo.

Ecco perché come è scritto in Le 20 non bisognava assolutamente rivolgersi agli spiriti, pena la morte > Levitico 20:6 *Se qualche persona si rivolge agli spiriti e agli indovini per prostituirsi andando dietro a loro, io volgerò la mia faccia contro quella persona, e la toglierò via dal mezzo del suo popolo.* Ancora oggi vi sono di coloro che praticano queste arti occulte e non ci si rende conto che in realtà si sta entrando in contatto con demoni, con spiriti immondi che possono provocare veramente dei grandi danni. Non a caso dei medium professionisti sono stati a loro volta posseduti da demoni. Perciò il Signore proibisce tale pratica.

Un esempio eclatante l'abbiamo in Mr 9 dove si parla di un figlio indemoniato che nemmeno i discepoli erano riusciti a guarire > Marco 9:17 *Uno della folla gli rispose: «Maestro, ho condotto da te mio figlio che ha uno spirito muto;* Marco 9:18 *e, quando si impadronisce di lui, dovunque sia, lo fa cadere a terra; egli schiuma, stride i denti e rimane rigido. Ho detto ai tuoi discepoli che lo scacciassero, ma non hanno potuto».* Marco 9:19 *Gesù disse loro: «O generazione incredula! Fino a quando sarò con voi? Fino a quando vi sopporterò? Portatelo qui da me».* Marco 9:20 *Glielo condussero; e come vide Gesù, subito lo spirito cominciò a contorcere il ragazzo con le convulsioni; e, caduto a terra, si rotolava schiumando.* Marco 9:21 *Gesù domandò al padre: «Da quanto tempo gli avviene questo?» Egli disse: «Dalla sua infanzia;* Marco 9:22 *e spesse volte lo ha gettato anche nel fuoco e nell'acqua per farlo perire; ma tu, se puoi fare qualcosa, abbi pietà di noi e aiutaci».* Marco 9:23 *E Gesù: «Dici: Se puoi! Ogni cosa è possibile per chi crede».* Marco 9:24 *Subito il padre del bambino esclamò: «Io credo; vieni in aiuto alla mia incredulità».* Marco 9:25 *Gesù, vedendo che la folla accorreva, sgridò lo spirito immondo, dicendogli: «Spirito muto e sordo, io te lo comando, esci da lui e non rientrarvi più».* Marco 9:26 *Lo spirito, gridando e straziandolo forte, uscì; e il bambino rimase come morto, e quasi tutti dicevano: «È morto».* Marco 9:27 *Ma Gesù lo sollevò ed egli si alzò in piedi.* Possiamo immaginare il dolore di questo padre, nel vedere suo figlio così tormentato e sofferente a causa di questo demone. Egli cadeva a terra, schiumava, digrignava i denti e rimaneva poi rigido. Non si trattava di un caso di schizofrenia, ma di possessione demoniaca vera e propria. Alla notizia del fatto che i discepoli non riuscirono a guarire l'indemoniato, il Signore mostra il Suo dolore e disappunto «O generazione incredula! Fino a quando sarò con voi?

Fino a quando vi sopporterò? Portatelo qui da me. Effettivamente quanta incredulità o pochezza di fede il Signore ha dovuto incontrare sul Suo cammino, non solo da parte della folla, ma anche da parte dei Suoi discepoli. Ma è bastata una parola del Signore perché questo demone uscisse gridando dal corpo di questo ragazzo. Sono belle le parole di questo padre *Signore, vieni in aiuto alla mia incredulità*. Quando manchiamo nella fede, queste sono le parole che dobbiamo dire. Egli è il Dio dell'impossibile, può fare ogni cosa secondo la Sua volontà. Ma noi siamo chiamati a credere, a nutrire una fede incrollabile in Lui.

MT 6:16-17 f2) > Il testo prosegue, mettendo in evidenza il fatto che il Signore Gesù - *guarì tutti i malati* -. Come possiamo notare più volte viene menzionato questo dettaglio, non per una sorta di spettacolarizzazione del miracolo, ma per evidenziare che realmente il Signore Gesù era il Messia promesso.

Mt 9:11-12 > Infatti, il Signore disse proprio che non sono i sani ad aver bisogno del medico. Ma i malati > Matteo 9:11 *I farisei, veduto ciò, dicevano ai suoi discepoli: «Perché il vostro maestro mangia con i pubblicani e con i peccatori?»* Matteo 9:12 *Ma Gesù, avendoli uditi, disse: «Non sono i sani che hanno bisogno del medico, ma i malati.* La malattia principale che aveva colpito l'uomo, dai tempi della disubbidienza di Adamo ed Eva, era proprio il peccato. Tutti noi ne siamo stati irrimediabilmente infettati. I farisei non compresero questo o non lo vollero comprendere, perciò cercarono di accusare falsamente il Signore di *mangiare con i pubblicani ed i peccatori*. Ma il Signore risponde manifestando la Sua Saggezza, evidenziando l'estremo bisogno che l'uomo ha di essere guarito.

Il comando del Signore Gesù a coloro che mandò di casa in casa anche nel guarire > Lu 10:7-9 Luca 10:7 *Rimanete in quella stessa casa, mangiando e bevendo di quello che hanno, perché l'operaio e degno del suo salario. Non passate di casa in casa.* Luca 10:8 *In qualunque città entriate, se vi ricevono, mangiate ciò che vi sarà messo davanti,* Luca 10:9 *guarite i malati che ci saranno e dite loro: Il regno di Dio si e avvicinato a voi.* Sebbene l'uomo abbia l'estremo bisogno di essere guarito dal peccato, il tempo della venuta del Signore tra gli uomini doveva essere necessariamente *accreditato tramite segni e prodigi*. Anche coloro che seguirono Gesù non furono esenti da questo, tanto che Egli diede a loro il potere e l'autorità di guarire i malati, annunciando nello stesso tempo che *il Regno di Dio si era avvicinato*. Il Regno di Dio era rappresentato dalla stessa Persona del Signore.

At 19:11-12 > I miracoli che il Signore compiva attraverso Paolo > Atti 19:11 *Dio intanto faceva miracoli straordinari per mezzo di Paolo;* Atti 19:12 *al punto che si mettevano sopra i malati dei fazzoletti e dei grembiuli che erano stati sul suo corpo, e le malattie scomparivano e gli spiriti maligni uscivano.* Anche Paolo fu potente strumento nelle mani di Dio ed è scritto che addirittura era sufficiente che fazzoletti o grembiuli che lui aveva indossato finissero sul corpo malato di tante persone, che subito c'era la guarigione. Era un tempo assolutamente particolare nel quale la Chiesa era appena nata e gli apostoli del Signore dovevano mostrare questi segni caratteristici. Tuttavia i miracoli contenuti nei Vangeli ci ricordano che niente è impossibile per il Signore.

MT 6:16-17 f3) > Tutto questo serviva per l'adempimento di una precisa profezia biblica

*Egli ha preso le nostre infermità e ha portato le nostre malattie»* -. Alcuni insegnano, decontestualizzando questo passo che oggi il cristiano ha il diritto di stare sempre bene e di pretendere la guarigione. Ma dobbiamo dire che il testo non insegna questo.

L'adempimento di questa profezia è innanzitutto legata alla guarigione dal peccato ed in secondo luogo al fatto che il Signore è potente da guarire ogni infermità, come leggiamo nel contesto. Tale insegnamento l'abbiamo in tutta la Scrittura.

Nel Sl 103 il salmista ricorda che è il Signore a risanare da ogni infermità > Salmi 103:2 *Benedici, anima mia, il SIGNORE e non dimenticare nessuno dei suoi benefici.* Salmi 103:3 *Egli perdona tutte le tue colpe, risana tutte le tue infermità;* Salmi 103:4 *salva la tua vita dalla fossa, ti corona di bontà e compassioni.* Il salmista può veramente benedire il Signore, senza dimenticare nessuno dei Suoi benefici. Infatti, Egli è Colui che perdona il peccato, ma altresì che risana in un modo straordinario. Egli è Colui che ci circonda di bontà e compassione e tutti i giorni possiamo sperimentare tali attributi nella nostra vita.

Ma nello stesso tempo è importante ricordare il testo citato che è appunto quello contenuto in Is 53:3-4 > Isaia 53:3 *Disprezzato e abbandonato dagli uomini, uomo di dolore, familiare con la sofferenza, pari a colui davanti al quale ciascuno si nasconde la faccia, era spregiato, e noi non ne facemmo stima alcuna.* Isaia 53:4 *Tuttavia erano le nostre malattie che egli portava, erano i nostri dolori quelli di cui si era caricato; ma noi lo ritenevamo colpito, percosso da Dio e umiliato!* Questa è la profezia che si è pienamente adempiuta nella Persona del Signore Gesù. Possiamo dire che tale adempimento è ancora più chiaro e nitido alla croce, dove il Signore Gesù ha offerto la Sua vita. Egli è stato *disprezzato ed abbandonato* come i Vangeli dimostrano, l'uomo di dolore, il vero *esperto in languori,* tanto che tutti si nascondevano la faccia. Ma se Egli era sfigurato lo era a causa del nostro peccato che Egli portava su di Se. Quale amore Egli ha mostrato verso di noi!

## Matteo 8:18-22 L'importanza di seguire il Signore Gesù

Mt 8:19-22 (11 > *Il dialogo con lo scriba* > - *Gesù, vedendo una gran folla intorno a sé, comandò che si passasse all'altra riva. Allora uno scriba, avvicinatosi, gli disse: «Maestro, io ti seguirò dovunque tu andrai». Gesù gli disse: «Le volpi hanno delle tane e gli uccelli del cielo hanno dei nidi, ma il Figlio dell'uomo non ha dove posare il capo»* - > Mt 8:18-20.

MT 6:16-20 f1) > È molto importante anche questa sezione, in quanto ci viene mostrata l'importanza di seguire Cristo. Infatti, credere in Lui, avere fede in Lui, comporta certe responsabilità.

Il salmista evidenzia l'importanza di seguire gli statuti del Signore > Salmi 119:33 *Insegnami, o SIGNORE, la via dei tuoi statuti e io la seguirò sino alla fine.* Le parole del salmista sono assolutamente chiare. Egli chiede al Signore che possa a lui insegnare, in quanto il Suo desiderio è seguire i Suoi comandamenti sempre e fino alla fine. Non si può Infatti, seguire il Signore, se non si è anche disposti a fare ed ubbidire ciò che Egli ci comanda. È una condizione imprescindibile.

Infatti, dobbiamo ricordare che seguire il Signore comporta un prezzo > Luca 9:61 *Un altro ancora gli disse: «Ti seguirò, Signore, ma lasciami prima salutare quelli di casa mia».* Luca 9:62 *Ma Gesù gli disse: «Nessuno che abbia messo la mano all'aratro e poi volga lo sguardo indietro, è adatto per il regno di Dio».* Come è scritto in questo testo, colui che voleva seguire il Signore, voleva prima salutare quelli di casa sua, ma tale atteggiamento sembrava quasi un ripensamento a ciò che ci si era prefissati. Come insegna il    Signore Gesù, seguirlo comporta una ferma decisione, tanto che chi mette la mano all'aratro e poi guarda indietro non è degno del Regno di Dio. Questo significa che seguire il Signore comporta certamente un prezzo.

Interessante osservare la risposta del Signore verso il giovane ricco > Luca 18:22. *Gesù, udito questo, gli disse: «Una cosa ti manca ancora: vendi tutto quello che hai, e distribuiscilo ai poveri, e avrai un tesoro nel cielo; poi vieni e seguimi».* Come sappiamo il giovane ricco era animato fa buoni propositi, ma nello stesso tempo era schiavo delle sue ricchezze. Non si può seguire il Signore se il proprio cuore è ancora ancorato alla vecchia schiavitù. Perciò, è vero *una cosa sola* mancava al giovane ricco, ma doveva essere disposto a farla: lasciare ogni ricchezza per seguire Cristo. Infatti, i discepoli che seguivano il Signore non godevano di alcuna ricchezza, così doveva fare anche questo ricco. Ma purtroppo, di fronte a questa scelta, tutti i suoi buoni propositi svanirono. Siamo disposti a lasciare tutto per il Signore?

MT 6:16-20 f2) _> Anche i propositi dello scriba erano certamente buoni - *Maestro, io ti seguirò dovunque tu andrai* -. Ci rendiamo conto della solennità di queste parole? Siamo veramente disposti a seguire il Signore dovunque?

Innanzitutto dobbiamo ricordare che perché il Signore sia con noi dovunque andiamo è necessario mettere in pratica i Suoi comandamenti > Giosuè 1:8 *Questo libro della legge non si allontani mai dalla tua bocca, ma meditalo, giorno e notte; abbi cura di mettere in pratica tutto ciò che vi è scritto; poiché allora riuscirai in tutte le tue imprese, allora prospererai.* Giosuè 1:9 *Non te l'ho io comandato? Sii forte e coraggioso; non ti spaventare e non ti sgomentare, perché il SIGNORE, il tuo Dio, sarà con te dovunque andrai».* Sono assolutamente fondamentali queste lezioni che il Signore diede a Giosuè, prima di entrare in Canaan. Il *libro della legge,* non si doveva mai dipartire da lui, Giosuè doveva studiarlo in continuazione per poi metterlo in pratica. Come figli di Dio dobbiamo sempre riflettere sul fatto che seguire il Signore dovunque, significa anche e soprattutto ubbidire alla Sua Parola, costi quello che costi. Solamente così vi sarà forza e coraggio in noi, al fine di affrontare quei pericoli che certamente incontreremo, come li incontrò Giosuè in Canaan.

È straordinario l'esempio che abbiamo nei 144000 > Apocalisse 14:4 *Essi sono quelli che non si sono contaminati con donne, poiché sono vergini. Essi sono quelli che seguono l'Agnello dovunque vada. Essi sono stati riscattati tra gli uomini per esser primizie a Dio e all'Agnello.* Questi personaggi saranno fondamentali nel tempo escatologico della grande tribolazione, ma è bello osservare proprio le loro caratteristiche: essi non si sono contaminati, sono vergini e essi sono di coloro che *seguono l'Agnello dovunque vada.* È solo in questo modo che si può essere veramente discepoli di Cristo. Siamo noi disposti a fare la stessa cosa?

MT 6:16-20 f3) > La risposta del Signore Gesù è emblematica - *Le volpi hanno delle tane e gli uccelli del cielo hanno dei nidi, ma il Figlio dell'uomo non ha dove posare il capo -.* Da notare come il Signore, tra l'altro, non prende come esempio degli animali che nella Scrittura sono descritti in senso positivo, ma molto spesso negativo. Essi hanno una tana, un rifugio dove risposarsi, ma il Signore Gesù era privato anche di questo.

In Gb 37 viene ricordato che persino le bestie selvagge hanno una tana > Giobbe 37:8 *Le bestie selvagge vanno nel covo e stanno accovacciate entro le tane.* Per bestie selvagge si intendono chiaramente gli animali predatori che cacciano di notte per azzannare le loro prede. Ma essi hanno anche una tana dove potersi riposare e ristorare. Persino loro! Ma il Signore Gesù non aveva una casa fissa o un rifugio fisso dove posare il proprio capo.

Nel Sl 104 è scritto lo stesso principio > Salmi 104:211 *leoncelli ruggiscono in cerca di preda e chiedono a Dio il loro cibo.* Salmi 104:22 *Sorge il sole ed essi rientrano, si accovacciano nelle loro tane.* È interessante osservare come il salmista, nel parlare dei leoni, affermi anche che essi *chiedono a Dio il loro cibo.* Pur essendo animali, dotato di istinto cacciatore, essi rimangono creature dipendenti dal Creatore. Perciò nel loro agire, cacciano di notte, si riposano durante il giorno stando tranquillamente accovacciate nelle proprie tane.

Inoltre il salmista ricorda che gli uccelli costruiscono tranquillamente i loro nidi > Salmi 104:17 *Gli uccelli vi fanno i loro nidi; la cicogna fa dei cipressi la sua dimora.* Quindi non solo le bestie selvagge o i leoni hanno il privilegio di avere una tana, ma anche degli uccelli che possono apparire ai nostri occhi insignificanti. Essi costruiscono i loro nidi alacremente, non solo per riposarsi, ma anche per proteggersi da eventuali attacchi. Ma ecco che nel Sl 84 tra il fatto che gli uccelli hanno una casa dove riposare, mentre il salmista è angosciato >Salmi 84:2 *L'anima mia langue e vien meno, sospirando i cortili del SIGNORE; il mio cuore e la mia carne mandano grida di gioia al Dio vivente.* Salmi 84:3 *Anche il passero si trova una casa e la rondine un nido dove posare i suoi piccini... I tuoi altari, o SIGNORE degli eserciti, Re mio, Dio mio!* Queste parole ricordano da vicino proprio quelle menzionate dal Signore. Il salmista si trovava in una profonda angoscia e possiamo certamente dire che anche le parole del Signore siano intrise di tristezza ed angoscia. Il salmista sospirava nei cortili della Casa di Dio, il suo animo era profondamente rattristato, quando addirittura il passero e la rondine hanno un nido dove posare i propri piccini e riposarsi. Ecco la contrapposizione. L'umiliazione del Signore Gesù ha comportato determinate conseguenze sul Suo essere, sul Suo fisico, sul Suo animo che sempre traspare nei Vangeli. Ricordiamoci di questo: noi possiamo avere una casa piccola o grande che sia, nella quale possiamo riposarci, ma il Signore Gesù non aveva - *dove posare il Suo capo -*.

A proposito del riposo, Davide sottolinea che è il Signore che lo fa riposare come il buon Pastore > Salmi 23:1 *Salmo di Davide. Il SIGNORE è il mio pastore: nulla mi manca.* Salmi 23:2 *Egli mi fa riposare in verdeggianti pascoli, mi guida lungo le acque calme.* Salmi 23:3 *Egli mi ristora l'anima, mi conduce per sentieri di giustizia, per amore del suo nome.* Il vero riposo lo troviamo solo nel Signore e questo è stato possibile proprio perché Colui che non aveva nemmeno dove posare la Sua testa, si è offerto e si è sacrificato per ciascuno di noi! Davide può veramente affermare che è il Signore a farlo riposare in *verdeggianti pascoli,* conducendolo lungo le acque chete. È Lui che ci ristora l'anima, che ci consola da ogni afflizione e che ci conduce per sentieri di giustizia. Anche nel contesto escatologico riguardante il futuro glorioso d'Israele, viene ricordato che è il Signore che farà riposare il Suo popolo > Ezechiele 34:14 *Io le pascerò in buoni pascoli e i loro ovili saranno sugli alti monti d'Israele; esse riposeranno là in buoni ovili e pascoleranno in grassi pascoli sui monti d'Israele.* Ezechiele 34:15 *Io stesso pascerò le mie pecore, io stesso le farò riposare, dice DIO, il Signore.* È un testo straordinario che ci ricorda come la concezione secondo la quale per Israele non ci sia più alcun futuro, sia ben lontano dalla verità. Ma al di là dell'escatologia particolare riguardante Israele, è bello considerare come anche questo brano metta in rilievo il fatto che è il Signore che fa riposare il Suo gregge. Israele come gregge del

Signore riposerà in buoni pascoli, senza più il timore di nuove guerre o nuovi attacchi. Il Signore afferma *Io stesso pascerò le mie pecore, io stesso le farò riposare, dice DIO, il Signore*. Lo stesso vale anche per noi.

Inoltre, in Mr 6 il Signore invita i Suoi proprio a mettersi in disparte per riposare > Marco 6:30 *Gli apostoli si riunirono attorno a Gesù e gli riferirono tutto quello che avevano fatto e insegnato*. Marco 6:31 *Ed egli disse loro: «Venitevene ora in disparte, in un luogo solitario, e riposatevi un poco»*. *Difatti, era tanta la gente che andava e veniva, che essi non avevano neppure il tempo di mangiare*. È un bellissimo invito che il Signore Gesù non rivolse ai Suoi solo in quella circostanza, ma la rivolge anche a noi. Egli rivolge due inviti *Venitevene in disparte in un luogo solitario per riposare*. Noi possiamo realmente riposare quando siamo al di fuori da ogni disturbo che ci procura questo sistema-mondo e soprattutto se c'è il Signore che ci dà conforto. Il riposo nel contesto era soprattutto fisico, visto che il lavoro da fare era talmente tanto che i discepoli non avevano il tempo neppure per mangiare. Ma il riposo che dona il Signore è completo.

Mt 8:19-22 (21 > *Il dialogo con uno dei Suoi discepoli* > - *Un altro dei discepoli gli disse: «Signore, permettimi di andare prima a seppellire mio padre». Ma Gesù gli disse: «Seguimi, e lascia che i morti seppelliscano i loro morti»* - > Mt 8:21-22.

MT 6:21-22 f1) > In questi versi troviamo il secondo dialogo ovvero quello con uno dei Suoi discepoli. La richiesta che viene fatta era sicuramente legittima - *«Signore, permettimi di andare prima a seppellire mio padre»* -. Tra l'altro da notare che si trattava del padre del discepolo, quindi erano in gioco certamente delle forti emozioni umane. Nella Scrittura stessa si parla del valore del seppellimento.

In Ge 23 si parla del seppellimento di Sara, la moglie di Abraamo > Genesi 23:2 *Sara morì a Chiriat-Arba, che è Ebron, nel paese di Canaan, e Abraamo venne a far lutto per Sara e a piangerla*. Genesi 23:3 *Poi Abraamo si alzò, si allontanò dalla salma e parlò ai figli di Chet dicendo*: Genesi 23:4 *«Io sono straniero e di passaggio tra di voi; datemi la proprietà di una tomba in mezzo a voi per seppellire la salma e toglierla dalla mia vista»*. Genesi 23:5 *I figli di Chet risposero ad Abraamo*: Genesi 23:6 *«Ascoltaci, signore! Tu sei un principe di Dio in mezzo a noi; seppellisci la tua salma nella migliore delle nostre tombe; nessuno di noi ti rifiuterà la sua tomba perché tu ve la seppellisca».* Sara morì prima di Abraamo e tutto quello che egli poté fare, fu comprare un pezzo di terreno dai figli di Chet. Egli, che era in realtà uno straniero ed un pellegrino, chiese un pezzo di terra per seppellire sua moglie. Ma è commovente anche il motivo di tutto questo *per toglierla dalla mia vista.* Non era certamente questa una frase dispregiativa, ma Abraamo non ce la faceva più a vedere il corpo di sua moglie senza vita. Perciò desiderava onorarla con un segno seppellimento ed i figli di Chet acconsentirono.

In Ge 50 abbiamo un altro esempio, ovvero il seppellimento del corpo di Giacobbe per mano di Giuseppe > Genesi 50:14 *Giuseppe, dopo aver sepolto suo padre, tornò in Egitto con i suoi fratelli e con tutti quelli che erano saliti con lui a seppellire suo padre.* Anche in questo caso si tratta del seppellimento operato da un figlio nei confronti del proprio padre. Giuseppe si impegna a seppellire Giacobbe per poi tornare in Egitto. Ognuno di noi quando muore un proprio caro, ci si preoccupa di assicurare a quel corpo senza vita una degna sepoltura. Infatti, nella Scrittura un corpo non seppellito era molto spesso simbolo di maledizione come nel caso della malvagia Izebel (2Re9:10).

MT 6:21-22 f2) > Perciò il problema non è il fatto del seppellire il proprio padre, ma è il fatto che per questo discepolo, tale fatto rappresentava per lui la priorità. Infatti, egli afferma - *Lascia che prima...-.* È questo che è sbagliato. La priorità non va ai nostri interessi anche se legittimi, ma solo al Signore.

Paolo insegna chiaramente che in ogni cosa Cristo ha il primato > Colossesi 1:18 *Egli è il capo del corpo, cioè della chiesa; è lui il principio, il primogenito dai morti, affinché in ogni cosa abbia il primato.* Queste parole di Paolo, sono assolutamente importanti e fondamentali. Il Signore Gesù è il Capo del corpo, della Chiesa, Egli detiene la massima autorità. Egli è *il principio,* prima di ogni cosa, il Creatore di ogni cosa affinché egli sempre abbia *il primato.* Egli deve essere il nostro punto di riferimento. Inoltre, in Mt 6, come già abbiamo visto, siamo chiamati a cercare prima di tutto il regno di Dio > Matteo 6:33 *Cercate prima il regno e la giustizia di Dio, e tutte queste cose vi saranno date in più.* Sono parole che abbiamo già visto, ma che ancora ritornano visto l'argomento. La priorità va al Signore ed alla Sua volontà. Le nostre aspirazioni, le nostre ambizioni, le nostre volontà devono essere sottomesse alla volontà del Signore. Perciò dobbiamo *cercare prima* ciò che vuole il Signore, non i nostri progetti benché legittimi.

MT 6:21-22 f3) _> La risposta del Signore non si fa attendere - *Lascia che i morti seppelliscano i loro morti -*. Queste parole si possono comprendere solo se si ingloba, in tale risposta, anche la morte spirituale. Infatti, l'empio, colui che rifiuta la salvezza del Signore, è un morto spirituale, anche se cammina e respira.

In Ef 2 si parla proprio dello stato di morte spirituale > Efesini 2:4 *Ma Dio, che è ricco in misericordia, per il grande amore con cui ci ha amati,* Efesini 2:5 anche quando eravamo morti nei peccati, ci ha vivificati con Cristo (è per grazia che siete stati salvati), Efesini 2:6 *e ci ha risuscitati con lui e con lui ci ha fatti sedere nel cielo in Cristo Gesù,* Efesini 2:7 *per mostrare nei tempi futuri l'immensa ricchezza della sua grazia, mediante la bontà che egli ha avuta per noi in Cristo Gesù.* Possiamo certamente dire che Dio è stato veramente ricco in misericordia nei nostri confronti. Egli ci ha amati di un grande amore e da *morti nei peccati* siamo stati vivificati in Cristo Gesù. È un miracolo che poteva compiere solo l'Eterno, facendoci risuscitare a nuova vita e facendoci anche sedere *nei luoghi celesti* in Cristo. Il Signore è al di fuori del tempo, ed Egli vede la nostra posizione celeste, quando ancora noi la dobbiamo realizzare.

Ma vi è una realtà assolutamente chiara che dobbiamo comprendere: prima il figlio di Dio era morto nel peccato, ora è morto al peccato > Romani 6:1 *Che diremo dunque? Rimarremo forse nel peccato affinché la grazia abbondi?* Romani 6:2 *No di certo! Noi che siamo morti al peccato, come vivremmo ancora in esso?* È una distinzione che per noi deve essere assolutamente chiara. Prima eravamo *morti nei peccati,* ma dopo il miracolo della nuova nascita, siamo *morti al peccato,* ovvero la realtà dell'iniquità non ci deve più assolutamente riguardare. Infatti, Paolo è chiaro nel domandare *Rimarremo nel peccato affinché la grazia abbondi?* La risposta è immediata *No di certo.* Il figlio di Dio non può più vivere nel peccato, proprio perché egli non è più morto nei suoi peccati, ma rinato a nuova vita.

Inoltre l'apostolo Giuda parla di empi i quali sono definiti due volte morti > Giuda *Essi sono delle macchie nelle vostre agapi quando banchettano con voi senza ritegno, pascendo sé stessi; nuvole senza acqua, portate qua e là dai venti; alberi d'autunno senza frutti, due volte morti, sradicati;* Giuda 13 *onde furiose del mare, schiumanti la loro bruttura; stelle erranti, a cui è riservata l'oscurità delle tenebre in eterno.* Nel parlare chiaramente di empi che volgono in dissolutezza la grazia di Dio, l'apostolo li descrive in un modo molto chiaro. Ogni dettaglio ha a che fare con il loro stato di morte e perdizione. Essi sono nuvole senz'acqua, quindi senza vita alberi d'autunno senza frutti, due volte morti, sradicati. Queste parole delineano chiaramente la condizione non solo di questi empi, ma in generale di tutti coloro che sono lontani da Dio. Perciò quando un empio seppellisce un altro empio è veramente - un morto che seppellisce un altro morto -.

## Matteo 8:23-27 La tempesta

Mt 8:23-27 dì > *L'incredulità dei discepoli* > - *Gesù salì sulla barca e i suoi discepoli lo seguirono. Ed ecco si sollevò in mare una così gran burrasca, che la barca era coperta dalle onde; ma Gesù dormiva. E i suoi discepoli, avvicinatisi, lo svegliarono dicendo: «Signore, salvaci, siamo perduti!* - > Mt 8:23-25.

MT 6:23-25 fi) > In questa nuova sezione del Vangelo di Matteo, entriamo in un episodio molto conosciuto, ovvero di come il Signore, in modo sovrannaturale, calmò la tempesta. Ma prima di entrare nel merito, osserviamo un elemento che molte volte contraddistinse fatti e situazioni che il Signore visse, ovvero - *la barca* -. Possiamo dire che il Signore passò molto tempo sulla barca dei Suoi discepoli.

In Mt 14. Si parla del Signore Gesù che insegna ad una grande folla dopo aver fatto un viaggio sulla barca > Matteo 14:13 *Udito ciò, Gesù si ritirò di là in barca verso un luogo deserto, in disparte; le folle, saputolo, lo seguirono a piedi dalle città.* Matteo 14:14 *Gesù, smontato dalla barca, vide una gran folla; ne ebbe compassione e ne guarì gli ammalati.* Interessante osservare come il testo precisi che il Signore volle ritirarsi verso un luogo deserto, per stare in disparte e per fare ciò usò la barca. Nella Sua deità poteva certamente mostrare la Sua potenza anche in questo caso, invece umilmente usa una barca per spostarsi.

Inoltre in Gv 6 abbiamo l'episodio famoso del Signore che cammina sull'acqua > Giovanni 6:19 *Com'ebbero remato per circa venticinque o trenta stadi, videro Gesù camminare sul mare e accostarsi alla barca; ed ebbero paura.* Giovanni 6:20 *Ma egli disse loro: «Sono io, non temete».* Giovanni 6:21 *Essi dunque lo vollero prendere nella barca, e subito la barca toccò terra là dove erano diretti.* Queste parole raccontano il fatto straordinario di Gesù che cammina sull'acqua. Con questo atto il Signore volle dimostrare che il Suo potere era anche sugli elementi della natura come vedremo nel caso della tempesta. I discepoli furono impauriti, ma il Signore li consolò con le incoraggianti parole *Sono io, non temete.* Dopo quelle parole, essi furono presi da coraggio e forza e nuovamente il Signore entrò nella loro barca. Non ci avevo mai riflettuto, ma possiamo dire che anche la barca è un elemento importante che sottolinea l'umiliazione del Signore Gesù.

MT 6:23-25 f2) _> Il testo prosegue mettendo in evidenza il fatto che - *una gran burrasca* - sollevò il mare causando la paura e lo sgomento dei discepoli. Certamente non era un fenomeno inusuale e tra l'altro molti dei discepoli, non dimentichiamolo, erano dei provetti pescatori. Eppure tutti ebbero paura. Ma io credo che come credenti dobbiamo imparare una solenne lezione.

In Gb 38 il Signore si rivela come Colui che parla nella tempesta > Giobbe 38:1 *Allora il SIGNORE rispose a Giobbe dal seno della tempesta, e disse:* Giobbe 38:2 *«Chi e costui che oscura i miei disegni con parole prive di senno?* Giobbe 38:3 *Cingiti i fianchi come un prode; io ti farò delle domande e tu insegnami!* Mi hanno molto colpito queste parole. Il Signore può parlarci in un modo davvero particolare anche in situazioni che per noi sono di paura e di confusione. Quante tempeste affrontiamo nella nostra vita! Eppure possiamo dire che in quelle situazioni, il Signore non ci parla? Assolutamente no! Egli ci può parlare *nella tempesta* per rivolgersi delle solenne lezioni, come nel caso di Giobbe.

Inoltre come afferma il salmista. La tempesta è simbolo di circostanze e situazioni di paura ed angoscia > Salmi 55:6 *e io dico: «Oh, avessi ali come di colomba, per volar via e trovare riposo!* Salmi 55:7 *Ecco, fuggirei lontano, andrei ad abitare nel deserto; [Pausa]* Salmi 55:8 *m'affretterei a ripararmi dal vento impetuoso e dalla tempesta».* Certamente la tempesta è il simbolo di quelle circostanze negative o di dolore di cui la nostra vita è caratterizzata. Davide vorrebbe essere come *una colomba* per volare e sfuggire via dai problemi che lo angustiavano per andare ad *abitare nel deserto,* pur di ripararsi dalla tempesta. Ma dobbiamo sempre avere fiducia che il Signore potrà sedare e calmare la tempesta nella quale siamo.

MT 6:23-2S f3) _> Il testo prosegue mettendo in evidenza il

473

particolare atteggiamento del Signore Gesù. Egli - *dormiva* -. Tale comportamento è in stridente contrapposizione a quello dei discepoli, i quali erano tutti turbati per ciò che si stava verificando. Ma la loro fede li doveva tranquillizzare, se essi avevano capiti e conosciuto Chi ospitavano sulla barca: il Signore.

Il salmista ricorda che solo con il Signore possiamo dormire in tranquillità > Salmi 4:8 *In pace mi coricherò e in pace dormirò, perché tu solo, o SIGNORE, mi fai abitare al sicuro.* Sono veramente molto belle queste parole che ci mostrano la sicurezza e la certezza del salmista anche nel momento della giornata nella quale siamo più vulnerabili: la notte. Il giusto si potrà coricare in pace e dormire nella serenità, perché sa che il Signore veglia su di lui. Lo stesso pensiero doveva animare anche il cuore dei discepoli: ovvero essere certi che nessun male li avrebbe colpiti, fino a quando il Signore era con loro. Inoltre, In Gb 11 Zofar ricorda che se si dispone il proprio cuore verso il Signore. Anche quando si dormirà. Non ci sarà nessuno spavento > Giobbe 11:13 *«Tu però, se ben disponi il cuore, e tendi verso Dio le mani,* Giobbe 11:14 *se allontani il male che è nelle tue mani, e non alberghi l'iniquità nelle tue tende,* Giobbe 11:15 *allora alzerai la fronte senza macchia, sarai incrollabile, e non avrai paura di nulla;* Giobbe 11:16 *dimenticherai i tuoi affanni; te ne ricorderai come d'acqua passata;* Giobbe 11:17 *la tua vita sorgerà più fulgida del pieno giorno, l'oscurità sarà come la luce del mattino.* Giobbe 11:18 *Sarai fiducioso perché avrai speranza; ti guarderai bene attorno e ti coricherai sicuro.* Giobbe 11:19 *Ti metterai a dormire e nessuno ti spaventerà; e molti cercheranno il tuo favore.* Questo è un insegnamento molto importante. Zofar, uno degli amici di Giobbe, parla di tutti quei vantaggi a cui si va incontro se *si dispone il proprio cuore verso il Signore.* In altre parole, se il nostro cuore è timorato di Lui. Questo significa *allontanare il male,* non dimorare nel peccato e camminare per piacere al Signore. Quando si soddisfano queste condizioni, allora *non si ha più paura di nulla,* in quanto il Signore è con colui che ha il Suo timore nel cuore. Non vi sarà più pensiero per gli affanni, non si vedrà più tutto buio, ma il proprio cuore sarà caratterizzato da una fiducia talmente forte nel Signore che *ci si metterà a dormire* e non vi sarà spavento. Possiamo dire che queste parole non fanno altro che ricalcare le parole del salmista.

Per contro. In Lu 22 il Signore Gesù domanda ai Suoi perché dormono > Luca 22:45 *E, dopo aver pregato, si alzò, andò dai discepoli e li trovò addormentati per la tristezza,* Luca 22:46 *e disse loro: «Perché dormite? Alzatevi e pregate, affinché non entriate in tentazione».* Vi sono dei momenti in cui bisogna dormire, nel senso di riposarsi, ma altri dove bisogna stare ben desti. Uno di questi momenti è descritto in Luca 22, nel cui contesto possiamo osservare la particolare richiesta del Signore Gesù verso i Suoi discepoli di vegliare con Lui. Ma dopo aver pregato, purtroppo il Signore vide ogni Suo discepolo dormire. Dobbiamo imparare a mostrare discernimento spirituale. Non si poteva dormire in una circostanza come quella descritta in Luca 22. Esattamente come per i discepoli era impensabile dormire nella situazione che stiamo vedendo in Matteo, ma per il     Signore quello era il momento in cui ci si poteva tranquillamente riposare. Come è diverso il pensiero del Signore dal nostro!

MT 6:28-25 f4) > La preghiera dei discepoli non si fa attendere - *Signore salvaci -.* Come possiamo osservare questa breve richiesta è costituita da due parti. La prima è questa dove abbiamo una chiara richiesta di salvezza.

Anche in 1 Cr 16, Davide invoca la salvezza del Signore > 1Cronache 16:34 *Celebrate il SIGNORE, perché egli è buono, perché la sua bontà dura per sempre.* 1Cronache 16:35 *E dite: «Salvaci, o Dio della nostra salvezza! Raccoglici fra le nazioni e liberaci, affinché celebriamo il tuo santo nome e mettiamo la nostra gloria nel lodarti».* I salmi di Davide sono famosi proprio per il pullulare di richieste di salvezza al Signore. Dobbiamo precisare che esse non vanno sempre intese come salvezza spirituale, ma anche salvezza fisica o da particolari situazioni difficili, come anche nel caso di Mt 8. Davide esalta il Signore per la Sua bontà e dichiara *Salvaci, o Dio della nostra salvezza!* Tale richiesta non era motivata da un mero egoismo, ma dal desiderio che il Nome del Signore venisse esaltato tra le nazioni. Lo stesso siamo chiamati a fare anche noi.

Nel Sl 108 abbiamo la stessa richiesta > Salmi 108:6 *Perché quelli che ami siano liberati, salvaci con la tua destra e ascoltaci.* Il salmista aggiunge un dettaglio molto importante *quelli che ami siano liberati.* Anche in questo caso va intesa una salvezza a 360 gradi. Ma il Signore ha chiaramente dimostrato il Suo amore nei nostri confronti non solo salvandoci dal nostro stato di schiavitù, ma anche liberandoci dalle tante situazioni difficili che nella vita possiamo incontrare. Tante tempeste si possono scatenare contro di noi, ma il Signore è potente da liberarci da tutte.

MT 6:28-25 f5) _> La seconda parte della richiesta è la seguente - *siamo perduti -*. È triste constatare come per i discepoli ormai non c'era più speranza. Essi si ritenevano già perduti, ovvero vittime di quella burrasca che si era alzata.

In Ez 37, nella visione delle ossa secche, vi è l'ammissione di essere senza speranza e perduti, ma poi giunge la risposta consolante del Signore > Ezechiele 37:11 *Egli mi disse: «Figlio d'uomo, queste ossa sono tutta la casa d'Israele. Ecco, essi dicono: Le nostre ossa sono secche, la nostra speranza è svanita, noi siamo perduti!* Ezechiele 37:12 *Perciò, profetizza e di' loro: Così parla DIO, il Signore: Ecco, io aprirò le vostre tombe, vi tirerò fuori dalle vostre tombe, o popolo mio, e vi ricondurrò nel paese d'Israele.* Ezechiele 37:13 *Voi conoscerete che io sono il SIGNORE, quando aprirò le vostre tombe e vi tirerò fuori dalle vostre tombe, o popolo mio!* Questo è un esempio molto incoraggiante. La visione delle ossa secche che parla dello stato di morte del popolo d'Israele ha in sé la risposta consolante del Signore intorno al risveglio ed al ritorno alla vita di questo popolo. Ma anche queste *ossa secche* dicono *noi siamo perduti.* Non vi è mai niente di irreparabile per il Signore, anche se la situazione nella quale versava Israele era disperata. Per il popolo di Dio vi sarà un chiaro avvenire, quando tutto quanto tornerà nella propria terra, perché *ricondotto da Dio.*

Inoltre non dobbiamo dimenticare che il Signore Gesù è venuto a salvare colui che era perduto > Luca 19:10 *perché il Figlio dell'uomo è venuto per cercare e salvare ciò che era perduto».* È vero che queste parole hanno soprattutto una valenza spirituale. Noi tutti eravamo perduti nei nostri falli e peccati, ma il Signore ci ha liberato in modo straordinario. Non solo Egli ci ha cercato, ma ci ha anche liberato. Ma dobbiamo acquisire questa lezione, anche dal punto di vista fisico e quotidiano. Se il Signore ha operato un così grande miracolo salvandoci e liberandoci dalla schiavitù del peccato, potrà Egli anche salvarci da situazioni difficili o umanamente impossibili da superare? Certamente sì!

Mt 8:23-27 (21 > ***Il giusto rimprovero del Signore*** > - *Ed egli disse loro: «Perché avete paura, o gente di poca fede?» Allora, alzatosi, sgridò i venti e il mare, e si fece gran bonaccia. E quegli uomini si meravigliarono e dicevano: «Che uomo è mai questo che anche i venti e il mare gli ubbidiscono?* - > Mt 8:26-27.

MT 6:26-27 fi) _> Il Signore non poteva certamente elogiare i Suoi per questa mancanza di fede. Infatti, Egli afferma - *Perché avete paura o gente di poca fede?* -. Il loro dubbio e la loro paura era ancor più grave considerando che il Signore era con loro.

Bisogna stare attenti al dubbio prodotto dalla poca fede > Luca 12:28 *Ora se Dio riveste così l'erba che oggi è nel campo e domani è gettata nel forno, quanto più vestirà voi, gente di poca fede!* Dobbiamo sempre stare attenti dal pericolo o dal rischio di dubitare della potenza del Signore. In questo brano si parla della preoccupazione del vestirsi ed il Signore ci invita a non dubitare ma ad avere fede in Dio. In caso contrario si è gente di poca fede.

In Mt 14, il Signore rivolge una solenne domanda a Pietro intorno alla sua pochezza di fede > Matteo 14:29 *Egli disse: «Vieni!» E Pietro, sceso dalla barca, camminò sull'acqua e andò verso Gesù.* Matteo 14:30 *Ma, vedendo il vento, ebbe paura e, cominciando ad affondare, gridò: «Signore, salvami!»* Matteo 14:31 *Subito Gesù, stesa la mano, lo afferrò e gli disse: «Uomo di poca fede, perché hai dubitato?»* Matteo 14:32 *E, quando furono saliti sulla barca, il vento si calmò.* In questo brano, abbiamo una circostanza simile a quella che stiamo vedendo. Pietro, dapprima, dà ascolto al Signore Gesù e cammina sull'acqua, ma poi preoccupandosi del vento che si stava agitando, ebbe paura e cominciò ad affondare. Il Signore viene incontro alla nostra mancanza di fede, ma Egli potrà dirci, come chiese a Pietro *Uomo di poca fede perché hai dubitato?* Cosa possiamo rispondere di fronte ad una tale domanda. Solo ammettere la nostra pochezza e chiedere perdono a Dio.

MT 6:26-27 f2) > Nonostante la poca fede dimostrata dai discepoli, il Signore interviene in modo potente. Infatti, è scritto - *alzatosi sgridò i venti ed il mare e si fece grande bonaccia* -. In greco abbiamo il verbo - *epitimao* - che può significare sia rendere onore, ma anche rimproverare. Ovviamente stante il contesto va utilizzato quest'ultimo significato. È chiaro che con quest'atto, il Signore dimostra un'ulteriore volta la Sua onnipotenza.

Il salmista nel parlare proprio dell'atto dello sgridare, cita l'episodio dell'apertura del mar Rosso > Salmi 106:8 *Ma egli li salvò per amore del suo nome, per far conoscere la sua potenza.* Salmi 106:9 *Sgridò il mar Rosso ed esso si prosciugò; li guidò attraverso gli abissi marini come attraverso un deserto.* Salmi 106:10 *Li salvò dalla mano di chi li odiava e li riscattò dalla mano del nemico.* Israele venne salvato veramente in modo sovrannaturale dal Signore. Ma come avvenne l'apertura del mare? Tanti scienziati hanno cercato di dare una spiegazione a questo fenomeno, ma in realtà il mare ha ubbidito ad un preciso comando del Signore. Egli *sgridò il mar Rosso ed esso si prosciugò.* Per chi ha fede nel Creatore Onnipotente, ogni domanda trova una risposta nella Sua sovrana volontà.

In Naum 1 ci viene ricordato che il Signore è Colui che sgrida il mare > Naum 1:3 *Il SIGNORE è lento all'ira ed è molto potente, ma non lascia il colpevole impunito. Il SIGNORE cammina nell'uragano e nella tempesta, e le nuvole sono la polvere dei suoi piedi.* Naum 1:4 *Egli sgrida il mare e lo prosciuga, dissecca tutti i fiumi. Basan langue, langue il Carmelo e appassisce il fiore del Libano.* Anche queste parole mettono chiaramente in evidenza il valore della sovranità del Dio Creatore. Egli è Colui che è lento all'ira, ma è anche Colui che è pienamente autorevole e con la potenza della Sua voce sgrida il mare per essere da quest'ultimo ubbidito. Questo ci parla dell'autorevolezza della Parola di Dio. Tutto è sotto di Lui ed è alle Sue dipendenze.

Anche in Numeri 11 leggiamo che il Signore ordinò al vento di portare le quaglie per nutrire il Suo popolo > Numeri 11:31 *Un vento si levò, per ordine del SIGNORE, e portò delle quaglie dalla parte del mare e le fece cadere presso l'accampamento sulla distesa di circa una giornata di cammino da un lato e una giornata di cammino dall'altro intorno all'accampamento, e a un'altezza di circa due cubiti sulla superficie del suolo.* Anche questo è un bellissimo episodio che ci ricorda della provvidenza del Signore verso un popolo, vogliamo ricordarlo, che molto spesso dimostrò incoerenza, ambiguità spirituale e ribellione. Il Signore provvide addirittura anche alla carne, mentre Israele si trovava nel deserto, in modo da nutrirlo. Per fare questo usò proprio il vento come Suo strumento.

Ma il Signore può usare il vento anche come giudizio > Giona 1:4 *Il SIGNORE scatenò un gran vento sul mare, e vi fu sul mare una tempesta così forte che la nave era sul punto di sfasciarsi.* Giona 1:5 *I marinai ebbero paura e invocarono ciascuno il proprio dio e gettarono a mare il carico di bordo, per alleggerire la nave. Giona, invece, era sceso in fondo alla nave, si era coricato e dormiva profondamente.* Ci ricordiamo tutti della storia del profeta Giona, il quale non volle inizialmente ubbidire all'ordine del Signore di predicare il messaggio di giudizio a Ninive. Egli si allontanò dal Signore per fuggire a Tarsis, ma il Signore non può certamente tollerare simili cose. Perciò Egli *scatenò un gran vento orientale,* tanto che ci fu una forte tempesta che i marinai non sapevano contrastare. Essi erano impauriti, mentre Giona dormiva profondamente. Ma quel vento era un chiaro messaggio di avvertimento e di giudizio non tanto verso i marinai, quanto per Giona e la sua disubbidienza. Il Signore può usare anche gli eventi della natura per farci riflettere.

Inoltre, in Amos 4 ci viene ricordato che è il Signore ad aver creato il vento > Amos 4:13 *Poiché, ecco, egli forma i monti, crea il vento, e fa conoscere all'uomo il suo pensiero; egli muta l'aurora in tenebre, e cammina sulle alture della terra. Il suo nome è il SIGNORE, Dio degli eserciti.* Come sappiamo il vento non lo si vede o lo si scorge con occhio umano, ma se ne sentono gli effetti. Nell'atto creativo, fu il Signore a creare il vento, i monti, i mari, l'aurora, perché *il Suo Nome è il Signore degli eserciti.* Egli è il Glorioso Creatore.

La Scrittura ci ricorda che Egli ha creato ogni cosa > Esodo 20:11 *poiché in sei giorni il SIGNORE fece i cieli, la terra, il mare e tutto ciò che è in essi, e si riposò il settimo giorno; perciò il SIGNORE ha benedetto il giorno del riposo e lo ha santificato,* ed il tutto avvenne in sei giorni. Anche se non mancano i critici che negano la creazione biblica, per il figlio di Dio questa non è solamente una straordinaria rivelazione, ma un messaggio che continuamente consola il suo cuore. Ogni elemento della natura è sotto il Suo diretto controllo.

In Amos 9 è scritto che è il Signore ad aver chiamato a raccolta le acque del mare > Amos 9:5 *Il Signore, DIO degli eserciti, è colui che tocca la terra ed essa si scioglie e tutti i suoi abitanti sono in lutto; essa si solleva tutta quanta come il fiume e si abbassa come il fiume d'Egitto.* Amos 9:6 Egli ha costruito nel cielo la sua scala e ha appoggiato la sua vòlta sulla terra; egli chiama le acque del mare e le riversa sulla faccia della terra; *il suo nome è il SIGNORE.* Basta un detto del Signore, una Sua sola Parola che la terra si scioglie, non esiste più. È bastata una parola del Signore per la creazione e la distesa dei cieli, per richiamare le acque del mare, per fissare i confini delle nazioni e per fissare l'ordine della creazione. Perciò il Signore Gesù, nello sgridare - *i venti ed il mare* – non dimostra solo di essere un grande profeta, ma di essere realmente *Dio manifestato in carne.*

# Matteo 8:28-34 > La guarigione di due indemoniati

Mt 8:28-34 dì > *L'incontro con i due indemoniati del paese dei Gadareni* > - *Quando Gesù fu giunto all'altra riva, nel paese dei Gadareni, gli vennero incontro due indemoniati, usciti dai sepolcri, così furiosi, che nessuno poteva passare per quella via. Ed ecco si misero a gridare: «Che c'è fra noi e te, Figlio di Dio? Sei venuto qua prima del tempo a tormentarci?* - > Mt 8:28-29.

MT6:26-29 fi) > In quest'ulteriore sezione del cap.8 del Vangelo di Matteo, ci troviamo di fronte ad un episodio molto significativo intorno alla guarigione di due indemoniati. È scritto Infatti, che - *Quando Gesù fu giunto all'altra riva, nel paese dei Gadareni, gli vennero incontro due indemoniati, usciti dai sepolcri, così furiosi, che nessuno poteva passare per quella via* -. I gadareni erano gli abitanti di Gadara, o Gerasa, ovvero la capitale della provincia romana della Perea, ad est del Giordano, a 9 km circa dalla riva meridionale del lago di Galilea. Interessante osservare il particolare comportamento tenuto da questi due indemoniati: essi erano - *furiosi* -. Nel greco abbiamo l'aggettivo - *chalepos* - che indica l'essere ostile, irascibile. Tale aggettivo è unito all'avverbio - *lian* - che indica l'esagerazione. Ovvero essi erano enormemente, esageratamente irascibili ed ostili. Questo era provocato chiaramente dalla possessione demoniaca che li caratterizzava.

Il salmista precisa che la furia. La violenza è una chiara caratteristica dei suoi nemici Salmi 124:1 *Canto dei pellegrinaggi. Di Davide. Se il SIGNORE non fosse stato in nostro favore, - lo dica pure Israele* - Salmi 124:2 *se il SIGNORE non fosse stato in nostro favore, quando gli uomini ci assalirono,* Salmi 124:3 *essi ci avrebbero inghiottiti vivi, talmente erano furiosi contro di noi;* Salmi 124:4 *allora le acque ci avrebbero sommersi, il torrente sarebbe passato sull'anima nostra.* Sebbene non ci troviamo di fronte ad una possessione demoniaca, è chiaro come Davide desidera delineare il quadro caratteristico dei suoi nemici, di empi che volevano non solo la sua morte, ma anche l'annientamento del popolo d'Israele. Egli confessa che se non fosse stato per il Signore e la Sua misericordia, per loro non ci sarebbe stata speranza nel contrastare la furia e la violenza dei nemici di Israele. Essi sarebbero stati come un torrente in piena che tutto travolge. È significativo questo dettaglio, tenendo presente che la furia, la violenza proviene proprio da quel carattere carnale di cui l'empio è caratterizzato.

Come è scritto in Proverbi 29. L'uomo furioso commette molte trasgressioni > *Proverbi 29:22 L'uomo collerico fa nascere contese, e l'uomo furioso commette molte trasgressioni.* Quando si è in preda alla furia, ovvero all'ira incontrollata, si possono commettere moltissimi sbagli e peccati, esattamente come, a causa della collera, possono nascere i litigi e le contese. Il figlio di Dio non può agire in questo modo. Egli deve sempre mostrare integrità sia in parole che in azioni.

Il fatto che questa furia era provocata dai demoni che erano dentro questi due personaggi, ci deve parlare del carattere diabolico di cui è caratterizzata l'ira carnale ed animale. Ma questi indemoniati esprimono delle precise parole - «*Che c'è fra noi e te, Figlio di Dio?* -. Ovviamente sono i demoni che parlano in questo caso, usando come strumento la bocca di questi due uomini. Con queste parole essi evidenziano innanzitutto l'assoluta impossibilità di comunione tra loro ed il Signore. Ovvero essi confessano che non vi poteva essere alcun rapporto tra loro ed il Figlio di Dio.

Chiaramente non è così per il cristiano che ha creduto per fede nel Nome del Signore. Un giorno il Signore disse ad Abraamo che avrebbe stabilito un patto con lui > Genesi 17:1 *Quando Abramo ebbe novantanove anni, il SIGNORE gli apparve e gli disse: «Io sono il Dio onnipotente; cammina alla mia presenza e sii integro;* Genesi 17:2 *e io stabilirò il mio patto fra me e te e ti moltiplicherò grandemente».* Sono parole illuminanti che volevano spronare Abraamo a nutrire veramente fiducia nel Signore. Egli è *il Dio Onnipotente*, perciò Abraamo doveva stare attento a camminare sempre in modo integro dinanzi a Lui. Ma nello stesso tempo il Signore ribadisce che avrebbe stabilito un patto *tra Lui ed Abraamo.* Questo non ha solo un significato escatologico, ma con queste parole, il Signore voleva stringere un vero rapporto intimo e di comunione con Abraamo. Non può essere così invece con i demoni che erano dentro i due uomini.

Infatti, Paolo ci ricorda che non vi può essere comunione tra la luce e le tenebre > 2Corinzi 6:14 *Non vi mettete con gli infedeli sotto un giogo che non è per voi; Infatti, che rapporto c'è tra la giustizia e l'iniquità? O quale comunione tra la luce e le tenebre?* 2Corinzi 6:15 *E quale accordo fra Cristo e Beliar? O quale relazione c'è tra il fedele e l'infedele?* 2Corinzi 6:16 *E che armonia c'è fra il tempio di Dio e gli idoli?* Questo passo è preso molto spesso per segnalare la proibizione di contrarre un rapporto con un empio o un infedele. Questo è assolutamente vero, ma bisogna anche sottolineare che con queste parole, Paolo vuole esprimere un chiaro concetto: non vi può essere comunione con il peccato, quindi con Satana ed i demoni. Essi lo sanno molto bene ed ecco perché domandano - *Che c'è fra noi e te, Figlio di Dio? -*. Essi riconoscono la natura divina del Signore Gesù e sono colti da spavento.

MT 6:26-29 (2) > Infatti, essi proseguono - *Sei venuto qua prima del tempo a tormentarci? -*. Con queste parole i demoni dimostrano di conoscere quale sia il loro destino eterno. Essi parlano di tormento, ma dobbiamo sottolineare che questa realtà non vale solo per loro ma anche per tutti coloro che rigetteranno il Signore.

In Ap 14 è scritto che chiunque adorerà la bestia e la sua immagine sarà tormentato Apocalisse 14:9 *Seguì un terzo angelo, dicendo a gran voce: «Chiunque adora la bestia e la sua immagine, e ne prende il marchio sulla fronte o sulla mano,* Apocalisse 14:10 *egli pure berrà il vino dell'ira di Dio versato puro nel calice della sua ira; e sarà tormentato con fuoco e zolfo davanti ai santi angeli e davanti all'Agnello».* Apocalisse 14:11 *Il fumo del loro tormento sale nei secoli dei secoli. Chiunque adora la bestia e la sua immagine e prende il marchio del suo nome, non ha riposo né giorno né notte.* Si parla di un periodo che deve ancora giungere, nel quale vi sarà sofferenza, tribolazione e soprattutto il *figlio della perdizione* che vorrà essere adorato come dio. Molti prenderanno il marchio sulla fronte e sulla mano, dimostrando con tale atto la loro completa appartenenza alla bestia. Ma quest'atto costerà a loro il tormento eterno. Questo non varrà solo per queste persone, ma in generale, per tutti coloro che hanno rifiutato il Signore Gesù.

Un esempio l'abbiamo nel racconto del ricco e di Lazzaro > Luca 16:23 *E nell'Ades, essendo nei tormenti, alzò gli occhi e vide da lontano Abraamo, e Lazzaro nel suo seno;* Luca 16:24 *ed esclamò: Padre Abraamo, abbi pietà di me, e manda Lazzaro a intingere la punta del dito nell'acqua per rinfrescarmi la lingua, perché sono tormentato in questa fiamma.* Luca 16:25 *Ma Abraamo disse: Figlio, ricordati che tu nella tua vita hai ricevuto i tuoi beni e che Lazzaro similmente ricevette i mali; ma ora qui egli è consolato, e tu sei tormentato.* Il ricco che aveva vissuto nella ricchezza, disinteressandosi del Signore, si trovava *nell'Ades, nei tormenti,* quindi nella sofferenza. Mentre il povero si trovava nel seno d'Abraamo, luogo di felicità e di serenità. Per il ricco non vi era più nessuna possibilità, nemmeno che la sua lingua venisse rinfrescata dalla punta del dito di Lazzaro. In queste parole leggiamo quasi un Ma come ho fatto? ma ormai è troppo tardi.

Tornando all'argomenti dei demoni, è scritto in Matteo 25 che il fuoco eterno è stato preparato per Satana ed i suoi angeli > Matteo 25:41 *Allora dirà anche a quelli della sua sinistra: Andate via da me, maledetti, nel fuoco eterno, preparato per il diavolo e per i suoi angeli!* Si tratta di un insegnamento solenne! Il tormento, il fuoco eterno non fu preparato inizialmente per l'uomo, ma per *Satana ed i suoi angeli*, a motivo della loro ribellione. Perciò i demoni, conoscendo tale stato futuro, chiedono non di non essere tormentati, ma di non essere tormentati - *prima del tempo* -, preferendo andare in un branco di porci.

Mt 8:28-34 (21 > *La guarigione degli indemoniati e la reazione della città* >- *Lontano da loro c'era un gran branco di porci al pascolo. E i demòni lo pregavano dicendo: «Se tu ci scacci, mandaci in quel branco di porci». Egli disse loro: «Andate». Ed essi, usciti, se ne andarono nei porci; e tutto il branco si gettò a precipizio giù nel mare e perirono nell'acqua. Quelli che li custodivano fuggirono e, andati nella città, raccontarono ogni cosa e il fatto degli indemoniati. Tutta la città uscì incontro a Gesù e, come lo videro, lo pregarono che si allontanasse dal loro territorio -* > Mt 8:30-34.

MT 6:30-34 f1*)* > Come possiamo leggere, i demoni chiedono di andare in un branco di porci, animali che come sappiamo erano impuri e simbolo di sporcizia e di peccato.

In Is 66, nel parlare delle abominazioni che si compivano, si parla anche di colui che presenta un'offerta come se offrisse sangue di maiale > Isaia 66:3 *Chi scanna un bue è come se uccidesse un uomo; chi sacrifica un agnello, come se accoppasse un cane; chi presenta un'offerta, come se offrisse sangue di porco; chi fa un profumo d'incenso, come se benedicesse un idolo. Come costoro hanno scelto le proprie vie e prendono piacere nelle loro abominazioni.* Con tutti questi paragoni, come quello del porco, il Signore vuole appunto sottolineare le tante abominazioni che si continuavano a compiere sotto i suoi occhi. Infatti, si parla anche di colui che offre incenso *come se benedicesse un idolo.* Con questo passo insieme ad altri è chiaro di cosa è simbolo il maiale, anche da un punto di vista spirituale.

MT 6:30-34 f2) > Perciò non deve certamente stupire se i demoni chiedono di andare proprio in un branco di porci.

Leggiamo il brano parallelo di Luca 8 > Luca 8:29 *Gesù, infatti, aveva comandato allo spirito immondo di uscire da quell'uomo, di cui si era impadronito da molto tempo; e, anche quando lo legavano con catene e lo custodivano in ceppi, spezzava i legami, e veniva trascinato via dal demonio nei deserti.* Luca 8:30 *Gesù gli domandò: «Qual è il tuo nome?» Ed egli rispose: «Legione»; perché molti demòni erano entrati in lui.* Luca 8:31 *Ed essi lo pregavano che non comandasse loro di andare nell'abisso.* Luca 8:32 *C'era là un branco numeroso di porci che pascolava sul monte; e i demòni lo pregarono di permetter loro di entrare in quelli. Ed egli lo permise.* Luca 8:33 *I demòni, usciti da quell'uomo, entrarono nei porci; e quel branco si gettò a precipizio giù nel lago e affogò.* Luca 8:34 *Coloro che li custodivano videro ciò che era avvenuto, se ne fuggirono e portarono la notizia in città e per la campagna.* Luca 8:35 *La gente uscì a vedere l'accaduto; e, venuta da Gesù, trovò l'uomo, dal quale erano usciti i demòni, che sedeva ai piedi di Gesù, vestito e sano di mente; e si impaurirono.* Luca 8:36 *Quelli che avevano visto, raccontarono loro come l'indemoniato era stato liberato.* Luca 8:37 *L'intera popolazione della regione dei Geranesi pregò Gesù che se ne andasse via da loro; perché erano presi da grande spavento. Egli, salito sulla barca, se ne tornò indietro.* Luca 8:38 *L'uomo dal quale erano usciti i demòni, lo pregava di poter restare con lui, ma Gesù lo rimandò, dicendo:* Luca 8:39 *«Torna a casa tua, e racconta le grandi cose che Dio ha fatte per te». Ed egli se ne andò per tutta la città, proclamando tutto quello che Gesù aveva fatto per lui.* Si parla di un solo indemoniato ed in più abbiamo anche il nome del demone ovvero *Legione,* in quanto si trattava di tanti demoni. È scritto come anche in Matteo che gli abitanti di quel luogo chiesero al Signore di andare via per lo spavento che avevano, ma nello stesso tempo è bello leggere che l'ex indemoniato voleva seguire il Signore. Ma l'ordine del Signore è chiaro: *Torna a casa tua e racconta le grandi cose che Dio ha fatto per te.*

Quanto è bello raccontare. Testimoniare delle grandi cose che il Signore ha fatto > Salmi 106:1 *Alleluia! Celebrate il SIGNORE, perché egli è buono, perché la sua bontà dura in eterno.* Salmi 106:2 *Chi può raccontare le gesta del SIGNORE, o proclamare tutta la sua lode?* Salmi 106:3 *Beati coloro che osservano ciò ch'è prescritto, che fanno ciò ch'è giusto, in ogni tempo!* Le parole del salmista sono straordinarie! Egli desidera celebrare il Signore ed invita tutti quanti a farlo. Infatti, domanda *Chi può raccontare le gesta del SIGNORE, o proclamare tutta la sua lode?* Chi può realmente farlo? Solo colui che ha sperimentato la salvezza del Signore e la Sua Grazia. Perciò sono beati coloro che osservano ciò che è prescritto e che fanno ciò che è giusto.

Come dirà il salmista. Il Signore è il suo rifugio. Affinché egli possa raccontare le Sue meraviglie > Salmi 73:28 *Ma quanto a me, il mio bene è stare unito a Dio; io ho fatto del Signore, di Dio, il mio rifugio, per raccontare, o Dio, tutte le opere tue.* È bello considerare che il bene del salmista era lo stare unito al Signore. Ecco perché egli desidera narrare tutte le Sue meraviglie e quante volte noi stessi abbiamo questa opportunità. Siamo chiamati a raccontare, come il Signore comanda l'uomo guarito, i miracoli che Egli compie nella nostra vita.

MT 6:30-34 f3) > Questa sezione si conclude con la seguente informazione - *Tutta la città uscì incontro a Gesù e, come lo videro, lo pregarono che si allontanasse dal loro territorio -.* Come abbiamo letto nel Vangelo di Luca, essi furono mossi dallo spavento. Tuttavia, visto il grande miracolo che era stato compiuto, sarebbe stato più logico il comportamento opposto.

Sicuramente un comportamento simile a quello che leggiamo in Luca 4 > Luca 4:42 *Poi, fattosi giorno, uscì e andò in un luogo deserto; e le folle lo cercavano e giunsero fino a lui; e lo trattenevano perché non si allontanasse da loro.* Luca 4:43 *Ma egli disse loro: «Anche alle altre città bisogna che io annunzi la buona notizia del regno di Dio; poiché per questo sono stato mandato».* Luca 4:44 *E andava predicando nelle sinagoghe della Giudea.* In questo brano possiamo osservare il comportamento opposto, ovvero il desiderio delle folle di trattenere il Signore. Possiamo certamente che si tratta di un bel desiderio, ma esso non deve essere certo motivato da un mero e superficiale interesse, ma dal timore di Dio. Tuttavia in questa circostanza, giustamente, il Signore dichiara che *la buona notizia del regno di Dio* deve essere divulgata anche nelle altre città. La domanda è: desideriamo noi trattenerci alla presenza del Signore per essere da Lui ammaestrati, esortati, ammoniti, oppure ci allontaniamo da Lui?

# Capitolo 9

## LA GUARIGIONE DEL PARALITICO

### Matteo 9:1-8 > La guarigione del paralitico

**M**t 9:1-8 dì > ***La fede degli amici del paralitico*** > - *Gesù, entrato in una barca, passò all'altra riva e venne nella sua città. Ed ecco gli portarono un paralitico disteso sopra un letto. Gesù, veduta la loro fede, disse al paralitico: «Figliolo, coraggio, i tuoi peccati ti sono perdonati»* - > Mt 9:12.

MT 9:1-2 f1) > L'inizio del cap.9 parla della guarigione miracolosa di un paralitico. Infatti, è scritto - *Gesù, entrato in una barca, passò all'altra riva e venne nella sua città. Ed ecco gli portarono un paralitico disteso sopra un letto* -. Ancora una volta vediamo protagonista una barca come mezzo di trasporto e già abbiamo potuto fare qualche riflessione precedentemente. Ora il testo ci presenta il primo protagonista della storia, ovvero - *un paralitico* -.

Dalla Scrittura possiamo osservare come la malattia della paralisi sia spesso inserita in contesti negativi, dove si parla di peccato > 1Re 13:4 *Quando il re Geroboamo udì la parola che l'uomo di Dio aveva gridata contro l'altare di Betel, stese la mano dall'alto dell'altare, e disse: «Pigliatelo!» Ma la mano che Geroboamo aveva stesa contro di lui rimase paralizzata, e non poté più tirarla indietro;* 1Re 13:5 *l'altare si spaccò; e la cenere che vi era sopra si disperse, secondo il segno che l'uomo di Dio aveva dato per ordine del SIGNORE.* L'esempio del re Geroboamo è eloquente. Egli fu uno dei primi re che introdusse l'idolatria nel regno del nord di Israele ed a motivo del fatto che egli non volle ascoltare il messaggio dell'uomo di Dio, ovvero di quel profeta che il Signore gli aveva inviato, è scritto che la sua mano *rimase paralizzata*. Egli l'aveva stesa per ordinare di catturare il profeta, ma il Signore giudicò immediatamente tale atto, soprattutto per l'incredulità che era nel suo cuore.

Anche il salmista dichiara che se lui si fosse dimenticato di

Gerusalemme, la sua mano destra sarebbe rimasta paralizzata > Salmi 137:5 *Se ti dimentico, Gerusalemme, si paralizzi la mia destra;* Salmi 137:6 *resti la mia lingua attaccata al palato, se io non mi ricordo di te, se non metto Gerusalemme al di sopra di ogni mia gioia.* Sono queste parole molto belle che esprimono l'amore che il pio ebreo nutriva per Gerusalemme. Essa doveva sempre risultare il punto di riferimento, la città del gran Re, perciò l'israelita non poteva permettersi di ignorarla o dimenticarla. Se ciò fosse avvenuto è il salmista stesso che si attira un giudizio *si paralizzi la mia destra...resti la mia lingua attaccata al palato se io non mi ricordo di te.* Naturalmente non possiamo in tal senso formulare delle dottrine assolute. La malattia ci può essere a motivo di un peccato o di più peccati non commessi, ma anche per altri motivi.

Sempre a proposito di paralitici, in Atti 18 abbiamo la guarigione dello zoppo, paralizzati ai piedi che era a Listra > Atti 14:8 *A Listra c'era un uomo che, paralizzato ai piedi, se ne stava sempre seduto e, siccome era zoppo fin dalla nascita, non aveva mai potuto camminare.* Atti 14:9 *Egli udì parlare Paolo; il quale, fissati gli occhi su di lui, e vedendo che aveva fede per essere guarito,* Atti 14:10 *disse ad alta voce: «Alzati in piedi».* Ed egli *saltò su, e si mise a camminare.* È probabile che la gravità della paralisi di quest'uomo fosse inferiore a quella che vediamo in Matteo 9. Tuttavia è significativo considerare che egli era *zoppo fin dalla nascita* e che quindi dalla nascita ha dovuto lottare e combattere contro questo handicap. Paolo fu lo strumento nelle mani del Signore in questa situazione e furono sufficienti solo le sue parole *Alzati in piedi,* affinché lo zoppo iniziasse nuovamente a camminare. L'autore del miracolo è sempre e solo il Signore.

MT 9:1-2 f2) > Ma il dettaglio importante del brano l'abbiamo ora - *Gesù, veduta la loro fede, disse al paralitico: «Figliolo, coraggio, i tuoi peccati ti sono perdonati»* -. Non si parla quindi della fede del paralitico, ma della fede dei suoi amici, i quali, superando certi ostacoli e problematiche anche pratiche, portarono il loro amico paralizzato dal Signore. Con tale atto essi dimostrarono la loro profonda fiducia nel Signore.

È bello ricordare l'ammonimento di Paolo, ovvero di esaminarci per vedere se siamo nella fede > 2Corinzi 13:5 *Esaminatevi per vedere se siete nella fede; mettetevi alla prova. Non riconoscete che Gesù Cristo è in voi? A meno che l'esito della prova sia negativo.* Bisogna ammettere che non tutti i giorni sono uguali. Ci possono essere giornate vissute all'insegna della fedeltà al Signore ed altre dove invece sussiste incredulità. Perciò siamo chiamati a *metterci alla prova* e domandarci profondamente se il nostro cammino è caratterizzato da una fede costante, oppure no.

Come cristiani siamo chiamati a progredire nella gioia della fede > Filippesi 1:25 *Ho questa ferma fiducia: che rimarrò e starò con tutti voi per il vostro progresso e per la vostra gioia nella fede,* Filippesi 1:26 *affinché, a motivo del mio ritorno in mezzo a voi, abbondi il vostro vanto in Cristo Gesù.* Le parole che esprime Paolo in questo frangente sono illuminanti. Egli nutriva questa profonda fiducia: stare con i filippesi per il loro progresso spirituale e la gioia della loro fede. Una fede viva ed operante è anche una fede gioiosa, una fede che si può realmente vantare del Signore Gesù.

Perciò Paolo raccomanda a Timoteo di ricercare la fede > 2Timoteo 2:22 *Fuggi le passioni giovanili e ricerca la giustizia, la fede, l'amore, la pace con quelli che invocano il Signore con un cuore puro.* Come possiamo notare, non solo la fede doveva ricercare Timoteo, ma anche la giustizia, l'amore e la pace e nel contempo fuggire da tutte quelle passioni giovanili che potevano minare la sua fiducia nel Signore. Siamo chiamati anche noi ad accogliere questo solenne invito. Fuggire tutto ciò che non piace al Signore e nello stesso tempo ricercare ciò che è nella Sua volontà.

MT 9:1-2 f3) > Perciò il Signore rivolge queste parole al paralitico - *Figliolo coraggio i tuoi peccati ti sono perdonati* -. Con queste parole scopriamo la vera natura della paralisi di quest'uomo. La sua malattia era collegata ai suoi peccati. Ma per la fede che i suoi amici dimostrarono, il Signore non solo lo guarì, ma gli perdonò anche i peccati. Il Signore sa veramente incoraggiarci.

È bello leggere in 2 Cr 32 come Ezechia prese coraggio nonostante la situazione difficile che stava affrontando > *2Cronache 32:1 Dopo queste cose e questi atti di fedeltà di Ezechia, Sennacherib, re d'Assiria, venne in Giuda, e cinse d'assedio le città fortificate, con l'intenzione d'impadronirsene.* 2Cronache 32:2 *Quando Ezechia vide che Sennacherib era giunto e si proponeva di attaccare Gerusalemme,* 2Cronache 32:3 *deliberò con i suoi capi e con i suoi uomini valorosi di turare le sorgenti d'acqua che erano fuori della città; ed essi gli prestarono aiuto.* 2Cronache 32:4 *Si radunò dunque un gran numero di gente e turarono tutte le*

*sorgenti e il torrente che scorreva attraverso il paese. «Perché»,
dicevano essi, «i re d'Assiria, venendo, dovrebbero trovare
abbondanza d'acqua?»* 2Cronache 32:5 *Ezechia prese coraggio; e
ricostruì tutte le mura dov'erano diroccate, rialzò le torri, costruì
l'altro muro di fuori, fortificò Millo nella città di Davide, e fece
fare una gran quantità d'armi e di scudi.* Tale situazione era
proprio rappresentata dal pericolo del re assiro Sennacherib, il
quale cinse d'assedio Gerusalemme per impossessarsene. Ezechia
agì in primo luogo come un abile stratega, ordinando di serrare le
sorgenti d'acqua che erano fuori dalla città, ma nello stesso tempo
è scritto che *prese coraggio* e ricostruì le mura diroccate. Anche se
non è scritto, sono convinto che egli prese coraggio proprio dal
Signore. Anche se nella nostra vita dovremo affrontare situazioni
difficili e forse apparentemente impossibili, se il Signore è con noi,
non abbiamo motivo di temere. Come Ezechia dobbiamo prendere
coraggio.

Paolo dirà ai tessalonicesi che egli trovò il coraggio di annunziare
il vangelo in mezzo a molte lotte > 1Tessalonicesi 2:1 *Voi stessi,
fratelli, sapete che la nostra venuta tra voi non è stata vana;*
1Tessalonicesi 2:2 *anzi, dopo aver prima sofferto e subito
oltraggi, come sapete, a Filippi, trovammo il coraggio nel nostro
Dio, per annunziarvi il vangelo di Dio in mezzo a molte lotte.*
1Tessalonicesi 2:3 *Perché la nostra predicazione non proviene da
finzione, né da motivi impuri, né è fatta con inganno;*
1Tessalonicesi 2:4 *ma come siamo stati approvati da Dio che ci ha
stimati tali da poterci affidare il vangelo, parliamo in modo da
piacere non agli uomini, ma a Dio che prova i nostri cuori.* Per il
paralitico, il suo coraggio era rappresentato dal fatto che
finalmente il problema della sua malattia, ma anche il suo
problema spirituale era stato risolto. Per Paolo, il coraggio era
rappresentato da quella forza che solo il Signore può conferire, nel
predicare il Vangelo in mezzo a molte lotte e sofferenze. La
predicazione di Paolo ed i suoi collaboratori non era caratterizzata
da finzione, inganno, ma dalla verità, visto che il loro servizio era
*approvato dal Signore.* Ecco perché essi trovarono coraggio a
predicare la buona notizia del Vangelo. Siamo noi dei credenti
coraggiosi e fedeli?

Mt 9:1-8 (21 > **La fede degli amici del paralitico** > - *Ed ecco
alcuni scribi pensarono dentro di sé: «Costui bestemmia». Ma
Gesù, conosciuti i loro pensieri, disse: «Perché pensate cose
malvagie nei vostri cuori?» Infatti, che cos'è più facile, dire: «I*

*tuoi peccati ti sono perdonati», o dire: «Alzati e cammina?» Ma,*
*affinché sappiate che il Figlio dell'uomo ha sulla terra autorità di*
*perdonare i peccati: «Alzati», disse allora al paralitico, «prendi il*
*tuo letto e vattene a casa»* - > Mt 9:3-6.

MT 9:3-6 f1) _> Come al solito possiamo osservare l'ostinatezza e
la durezza di cuore di alcuni scribi nei confronti del Signore Gesù.
Essi erano consapevoli da un punto di vista dottrinale che solo Dio
può perdonare e rimettere i peccati, ma non credendo nel Signore
quale eterno Figlio di Dio, non credevano nemmeno alla Sua
autorità di rimettere i peccati. Per loro la conclusione è una sola -
*Costui bestemmia* -.

Bisogna dire che nella Scrittura la bestemmia non è semplicemente
un insulto o un oltraggio indirizzato al Signore, ma è qualcosa di
più complesso > Levitico 24:16 *Chi bestemmia il nome del*
*SIGNORE dovrà essere messo a morte; tutta la comunità lo dovrà*
*lapidare. Sia straniero o nativo del paese, se bestemmia il nome*
*del SIGNORE, sarà messo a morte.* In questo brano possiamo
osservare la bestemmia come sinonimo di disprezzo ed oltraggio
del Nome del Signore. Tale peccato era condannato chiaramente
con la morte e tutto il popolo doveva partecipare all'esecuzione di
tale pena verso il colpevole. Ovviamente il Signore non poteva
tollerare, come ancora oggi non tollera chi osa oltraggiare il Nome
del Signore.

Ma la bestemmia poteva essere intesa anche come un
insegnamento distorto atto a sviare il cuore di coloro che
l'ascoltavano, come leggiamo in Gv 10 > Giovanni 10:34 Gesù
rispose loro: «Non sta scritto nella vostra legge: Io ho detto: voi
siete dèi? Giovanni 10:35 Se chiama dèi coloro ai quali la parola di
Dio è stata diretta (e la Scrittura non può essere annullata),
Giovanni 10:36 *come mai a colui che il Padre ha santificato e*
*mandato nel mondo, voi dite che bestemmia, perché ho detto: Sono*
*Figlio di Dio? Giovanni 10:37 Se non faccio le opere del Padre*
*mio, non mi credete; Giovanni 10:38 ma se le faccio, anche se non*
*credete a me, credete alle opere, affinché sappiate e riconosciate*
*che il Padre è in me e che io sono nel Padre».* In questo testo, il
Signore risponde nuovamente all'obiezione ai giudei che erano lì
presenti proprio citando l'AT per dimostrare l'infondatezza delle
loro obiezioni. Egli cita la frase *voi siete dèi,* tenendo presente
però che il termine elohim nell'AT poteva indicare anche persone
umane in autorità. Se però loro sono chiamati tali, tanto più il

Signore Gesù poteva definirsi il Figlio di Dio. Però questo per loro era una bestemmia. *Ma il Signore pone imbarazzo al loro cuore quando li invita a credere almeno alle opere che compie, che erano assolutamente reali e concrete, affinché potessero riconoscere che il Padre è in Lui e Lui è nel* Padre.

MT 9:3-6 f2) > Il testo prosegue precisando che il Signore Gesù - *conosceva i loro pensieri* -. Nulla può essere nascosto al Signore.

Il salmista dichiara quelli che sono i pensieri dell'empio > Salmi 10:4 *L'empio, con viso altero, dice: «Il SIGNORE non farà inchieste». Tutti i suoi pensieri sono: «Non c'è Dio!».* Colui che rinnega il Signore, con uno sguardo superbo ed orgoglioso, afferma che non c'è Dio. Si tratta chiaramente di un pensiero di comodo, in quanto egli desidera operare come meglio crede, senza che nessuno lo possa accusare. Ma questo pensiero è solo un'illusione. Il Signore conosce bene questi pensieri, così come Gesù leggeva nel cuore di questi scribi la loro incredulità.

Anche nel Sl 94 è scritto che il Signore conosce i pensieri dell'uomo > Salmi 94:11 *Il SIGNORE conosce i pensieri dell'uomo, sa che sono vani.* Qual è il risultato? Essi sono *vani,* ovvero inutili oltre che dannosi. Quando ci si appoggia sul proprio discernimento e non sulla volontà del Signore, allora ci sono effettivamente i guai. Per quegli scribi, il pensare che il Signore stesse bestemmiando, era la prova inconfutabile della vanità del loro cuore.

Proprio per questo motivo. Come attesta Paolo. Come cristiani non possiamo più comportarci come i pagani i quali sono schiavi della vanità dei loro pensieri > Efesini 4:17 *Questo dunque io dico e attesto nel Signore: non comportatevi più come si comportano i pagani nella vanità dei loro pensieri,* Efesini 4:18 *con l'intelligenza ottenebrata, estranei alla vita di Dio, a motivo dell'ignoranza che è in loro, a motivo dell'indurimento del loro cuore.* Si tratta di un comando preciso. I pagani, come abbiamo visto hanno uno schema mentale che dimostra la vanità e l'illusione del loro cuore. Per il cristiano la situazione è invece radicalmente cambiata. Infatti, l'empio ha *l'intelligenza ottenebrata,* è estraneo alla vita di Dio per la durezza del suo cuore. Questa era la situazione spirituale di questi scribi.

MT 9:3-6 f3) > Il Signore denuncia e giudica i pensieri di questi scribi - *Perché pensate cose malvagie nel vostro cuore?* -. Quando il cuore dell'uomo non è illuminato e rigenerato dallo Spirito di Dio, si trova proprio in questo stato di rovina totale.

Come è scritto in Proverbi la bocca degli empi sgorga cose malvagie > Proverbi 15:28 *Il cuore del giusto medita la sua risposta, ma la bocca degli empi sgorga cose malvagie.* È chiara la contrapposizione: il cuore del giusto medita la risposta, ovvero non è precipitoso nel parlare. Il giusto dimostra saggezza e discernimento, ma l'empio può mostrare solo parole malvagie, proprio perché il suo cuore si trova in questa condizione. Così era il cuore di questi scribi.

Inoltre, in Gr 4 abbiamo l'invito del Signore, rivolto a Gerusalemme. A purificare il suo cuore dalla sua malvagità > Geremia 4:14 *Gerusalemme, purifica il tuo cuore dalla malvagità, affinché tu sia salvata. Fino a quando albergheranno in te i tuoi pensieri iniqui?* La domanda che pone l'Eterno è solenne ed è simile a quella del Signore Gesù: fino a quando Gerusalemme avrà pensieri malvagi nel suo cuore? Era necessario che Gerusalemme cambiasse comportamento per rivolgersi al Signore e convertirsi a Lui. Solo in questo modo sarebbe cambiata la sua triste situazione spirituale.

*Anche in Atti8 possiamo osservare la solenne risposta di Pietro a Simone il mago* > Atti 8:20 Ma Pietro gli disse: «Il tuo denaro vada con te in perdizione, perché hai creduto di poter acquistare con denaro il dono di Dio. Atti 8:21 Tu, in questo, non hai parte né sorte alcuna; perché il tuo cuore non e retto davanti a Dio. Atti 8:22 Ravvediti dunque di questa tua malvagità; e prega il Signore affinché, se e possibile, ti perdoni il pensiero del tuo cuore. Atti 8:23 Vedo Infatti, che tu sei pieno d'amarezza e prigioniero d'iniquità». Il dono di Dio non lo si può acquistare con denaro, come pretendeva questo Simone. Questo perché il cuore di quest'uomo *non era retto davanti a Dio.* Perciò la soluzione era una sola e questo vale anche per gli scribi menzionati nel brano di Matteo: il ravvedimento. L'empio è *prigioniero della sua iniquità,* ma può esserne liberato solo quando crede per fede all'opera della croce, nel Nome del Signore Gesù.

MT 9:3-6 f4) > La spiegazione del Signore prosegue con un altro interrogativo - *Infatti, che cos 'è più facile, dire: «I tuoi peccati ti sono perdonati», o dire: «Alzati e cammina?» -.* È questo un interrogativo che ci ricorda in modo meraviglioso ciò che come figli di Dio abbiamo ottenuto in Cristo.

In Ef 3 Paolo esorta a perdonare come Dio ci ha perdonati in Cristo > Efesini 4:31 *Via da voi ogni amarezza, ogni cruccio e ira e clamore e parola offensiva con ogni sorta di cattiveria!* Efesini 4:32 *Siate invece benevoli e misericordiosi gli uni verso gli altri, perdonandovi a vicenda come anche Dio vi ha perdonati in Cristo.* È bello osservare come il perdono ricevuto in Cristo Gesù, abbia una chiara correlazione anche con i rapporti interpersonali. Nel nostro cuore non vi deve essere traccia di amarezza, cruccio, ira e clamore, ma deve essere ricolmo di benevolenza, misericordia, ovvero quegli attributi che caratterizzano la persona gloriosa del Signore, dimostrati proprio nel Suo perdono. Non possiamo perciò esimerci dal nostro impegno di perdonarci reciprocamente, proprio perché perdono ci è stato dato.

Anche l'apostolo Giovanni afferma con forza che i nostri peccati sono stati perdonati 1Giovanni 2:12 *Figlioli, vi scrivo perché i vostri peccati sono perdonati in virtù del suo nome.* Il ricordo di questa straordinaria realtà era uno dei motivi per i quali l'apostolo scrive la sua prima lettera. È bello ricordare a ciascuno di noi che effettivamente i nostri peccati sono stati cancellati in modo chiaro e netto.

Anche Paolo ricorda ai Colossesi lo stesso concetto > Colossesi 1:13 *Dio ci ha liberati dal potere delle tenebre e ci ha trasportati nel regno del suo amato Figlio.* Colossesi 1:14 *In lui abbiamo la redenzione, il perdono dei peccati.* È avvenuta una straordinaria liberazione da parte del Signore. Siamo stati liberati *dal potere delle tenebre* per essere trasportati nel regno del Signore Gesù ed è proprio in Lui che noi abbiamo ottenuto la redenzione ed il perdono dei peccati. Perciò non solo il Signore Gesù ha l'autorità di perdonare i peccati, ma in Lui vi è il perdono di essi

Ma domandiamoci: per il Signore Gesù che cosa è stato più facile? Dire al paralitico - Alzati e cammina -. Oppure portare a compimento l'opera della croce. Proprio per il perdono dei peccati? Certamente la seconda opzione ed in Gv 19 ci viene ricordato che Egli ha compiuto ogni cosa > Giovanni 19:30 *Quando Gesù ebbe preso l'aceto, disse: «È compiuto!»* E, *chinato il capo, rese lo spirito.* Questa frase di vittoria echeggia veramente nel nostro cuore. Ogni cosa è stata compiuta, non vi è più nulla da aggiungere o da togliere. Grazie alla Sua vittoria e per la Sua vittoria abbiamo ottenuto la riconciliazione con Dio, il perdono dei peccati, la nostra salvezza.

MT 9:3-6 f5) _> Perciò il Signore Gesù dichiara - *Ma, affinché sappiate che il Figlio dell'uomo ha sulla terra autorità di perdonare i peccati:* «Alzati», disse allora al paralitico, «prendi il tuo letto e vattene a casa» -. *Egli ricorda ancora una volta che Egli è pienamente autorevole non solo di perdonare i peccati, ma su ogni cosa.*

In Efesini 1 Paolo dichiara che il Signore Gesù è al di sopra di ogni principato. *Autorità e potenza* > Efesini 1:20 Questa potente efficacia della sua forza egli l'ha mostrata in Cristo, quando lo risuscitò dai morti e lo fece sedere alla propria destra nel cielo, Efesini 1:21 al di sopra di ogni principato, autorità, potenza, signoria e di ogni altro nome che si nomina non solo in questo mondo, ma anche in quello futuro. Efesini 1:22 Ogni cosa egli ha posta sotto i suoi piedi e lo ha dato per capo supremo alla chiesa, Efesini 1:23 che è il corpo di lui, il compimento di colui che porta a compimento ogni cosa in tutti. È vero: Egli si è umiliato fino alla morte sulla croce, ma il Padre Lo ha risuscitato, donandogli un'autorità unica, ponendolo al di sopra di tutto e tutti (ovviamente il Padre ne è eccettuato), ponendo ogni cosa sotto i Suoi piedi. Dio Padre ha rispettato un principio da Lui stesso stabilito *Io onoro coloro che Mi onorano.* Il Signore Gesù è il Capo supremo della Chiesa, Colui che veramente porta a *compimento ogni cosa in tutti.*

MT 9:3-6 f6) > Da un punto di vista umano e dall'ottica degli scribi, era più difficile chiaramente dire ad un paralitico - *Alzati e cammina* -, ovvero operare un miracolo potente come quello di ristabilire il corpo paralizzato di un uomo. Questi due ordini presuppongono però non solo una guarigione fisica, ma soprattutto l'inizio di una nuova vita. Il primo ordine è -*Alzati* -.

Questo comando si riferisce alla prontezza all'azione come osserviamo in Gr 18 > Geremia 18:1 *Ecco la parola che fu rivolta a Geremia da parte del SIGNORE:* Geremia 18:2 *«Alzati, scendi in casa del vasaio, e là ti farò udire le mie parole».* Quando il Signore ordina al profeta Geremia *alzati,* significa che il profeta deve essere pronto all'azione, all'ubbidienza, in questo caso, *scendere in casa del vasaio,* in quanto proprio in quel luogo riceverà una straordinaria rivelazione.

Anche in At 26 possiamo osservare lo stesso concetto > Atti 26:15 *Io dissi: Chi sei, Signore? E il Signore rispose: Io sono Gesù, che tu perseguiti.* Atti 26:16 *Ma alzati, e sta in piedi perché per questo ti sono apparso: per farti ministro e testimone delle cose che hai viste, e di quelle per le quali ti apparirò ancora, Atti 26:17 liberandoti da questo popolo e dalle nazioni, alle quali io ti mando Atti 26:18 per aprire loro gli occhi, affinché si convertano dalle tenebre alla luce e dal potere di Satana a Dio, e ricevano, per la fede in me, il perdono dei peccati e la loro parte di eredità tra i santificati.* In questo testo, Paolo racconta la sua particolare esperienza dell'incontro con il Signore Gesù. Egli lo invita ad alzarsi, nel senso che Paolo avrebbe iniziato non solo un nuovo cammino con il Signore, ma soprattutto sarebbe stato uno strumento potente nelle Sue mani per essere *ministro e testimone* delle cose viste alle nazioni. Egli avrebbe portato il potente messaggio del Vangelo *per aprire gli occhi* e per la conversione delle nazioni e per ricevere per la fede il perdono dei peccati.

MT 9:3-6 f?) > Per il paralitico, l'alzarsi da quel letto che l'aveva ospitato per tanti anni, avrebbe rappresentato l'inizio di una nuova vita, di una nuova esistenza. Ma attenzione, egli si deve anche prendere - *il suo letto* -, ovvero ricordarsi del suo passato di paralitico. Ecco cosa è scritto in At 9 a proposito della guarigione di Enea > Atti 9:33 *Là trovò un uomo di nome Enea, che da otto anni giaceva paralitico in un letto.* Atti 9:34 *Pietro gli disse: «Enea, Gesù Cristo ti guarisce; alzati e rifatti il letto». Egli subito si alzò.* Anche Enea era paralitico da otto anni. Ma il Signore tramite Pietro lo guarisce ed è interessante osservare l'ordine dell'apostolo *alzati e rifatti il letto*. Nessun paralitico guarito in questo modo così potente penserebbe di rifarsi il letto o di prenderlo con sé. Ma anche Enea, nel rifare il suo letto, doveva ricordarsi del suo passato ed ora del suo presente. Come afferma Paolo in passato eravamo tenebre, ma ora siamo luce nel Signore > Efesini 5:8 *perché in passato eravate tenebre, ma ora siete luce nel Signore. Comportatevi come figli di luce.* Il nostro passato deve essere ricordato non in un senso nostalgico, ma per ringraziare ulteriormente e sempre di più il Signore per le Sue straordinarie benedizioni e per il miracolo della salvezza. Infatti, ora siamo *luce nel Signore* e come tali siamo chiamati a camminare ed a comportarci come figli di luce.

Mt 9:1-8 (31 > *La reazione della folla* > - *Il paralitico si alzò e se ne andò a casa sua. Visto ciò, la folla fu presa da timore e glorificò Dio, che aveva dato tale autorità agli uomini* - > Mt 9:7-86.

MT 9:7-6 f1)> È interessante osservare la reazione della folla.

Possiamo dire che essa si divide in due parti. Innanzitutto ci fu - *timore* - nel loro cuore. Questa è una bellissima caratteristica, ma ovviamente deve essere duratura e soprattutto genuina.

In Es 20, Mosè dichiara al popolo d'Israele che il Signore li stava mettendo alla prova affinché ci fosse nel loro cuore il Suo timore > Esodo 20:20 *Mosè disse al popolo: «Non temete, Dio è venuto per mettervi alla prova, perché ci sia in voi timore di Dio, e così non pecchiate».* Esodo 20:21 *Il popolo dunque se ne stava lontano, ma Mosè si avvicinò alla nuvola dov'era Dio.* Da notare la contrapposizione. Dapprima Mosè incoraggia Israele con le parole *Non temete,* indicando in tal caso la paura e lo spavento, per poi subito dopo affermare *perché ci sia in voi il timore di Dio,* inteso con quel santo rispetto e riverenza della Sua gloriosa Persona. Quando il nostro cuore è caratterizzato dal timore del Signore, possiamo essere certi che il nostro comportamento sarà secondo la volontà di Dio.

Il salmista, alle nazioni rivolge il solenne invito di servire il Signore con timore e tremore > Salmi 2:11 *Servite il SIGNORE con timore, e gioite con tremore.* Benché purtroppo ancora oggi l'uomo sia lontano dal Signore, questo invito del salmista è universale e vale per tutti. Il Signore, quale Dio Creatore e glorioso è degno di essere servito ed adorato con timore e tremore nel cuore. Non si può pensare di servire il Signore in modo superficiale ed approssimativo.

Anche l'apostolo Pietro dichiara che come cristiani siamo chiamati a comportarci con timore mentre siamo su questa terra > 1Pietro 1:17 *E se invocate come Padre colui che giudica senza favoritismi, secondo l'opera di ciascuno, comportatevi con timore durante il tempo del vostro soggiorno terreno;* 1Pietro 1:18 *sapendo che non con cose corruttibili, con argento o con oro, siete stati riscattati dal vano modo di vivere tramandatovi dai vostri padri.* Se è vero che l'empio è lontano dal Signore, è altresì vero che egli ci guarda in continuazione. Perciò il nostro comportamento, ogni nostro atteggiamento e pensiero deve essere veramente caratterizzato dal timore di Dio, tenendo sempre presente che siamo stati riscattati *non con cose corruttibili*, ma mediante il prezioso sangue di Cristo.

MT 9:7-6 f2) > La folla è appunto caratterizzata da - *timore* - che non è certamente paura o spavento, ma rispetto e riverenza verso il Signore Gesù. Ma tutto ciò dà cosa è mosso? Questo timore cambierà il modo di comportarsi di questa folla? Non possiamo saperlo, ma è indicativo osservare il secondo atteggiamento - *glorificò Dio* -. Questa è una bellissima conseguenza del timore di Dio.

Il salmista racconta di aver glorificato il Signore raccontando le Sue meraviglie > *Salmi 66:16 Venite e ascoltate, voi tutti che temete Dio! Io vi racconterò quel che ha fatto per l'anima mia.* Salmi 66:17 *Lo invocai con la mia bocca e la mia lingua lo glorificò.* Come possiamo osservare, il salmista invita tutti ad ascoltarlo. Ma attenzione: l'invito è rivolto solo a coloro che *temono Dio.* Egli avrebbe raccontato le meraviglie del Signore, le Sue benedizioni, tutto ciò che Egli aveva fatto per la sua anima. In questo modo, la nostra lingua può veramente glorificare il Signore.

Non soltanto, ma Paolo aggiunge che mediante l'esercizio della nostra fede possiamo glorificare il Nome del Signore nel nostro cuore > 2Tessalonicesi 1:11 *Ed è anche a quel fine che preghiamo continuamente per voi, affinché il nostro Dio vi ritenga degni della vocazione e compia con potenza ogni vostro buon desiderio e l'opera della vostra fede,* 2Tessalonicesi 1:12 *in modo che il nome del nostro Signore Gesù sia glorificato in voi, e voi in lui, secondo la grazia del nostro Dio e Signore Gesù Cristo.* Come possiamo osservare Paolo pregava proprio per questo, affinché i tessalonicesi potessero essere sempre degli strumenti di gloria per il Signore. Ma è anche vero che noi possiamo essere strumenti di gloria per il Signore, nel momento in cui Egli opera potentemente in noi, come effettivamente opera. Quando il cristiano manifesta ciò che Dio opera in Lui, allora il Nome del Signore è glorificato in lui.

## Matteo 9:9-13 Voglio misericordia e non sacrificio

Mt 9:9-13 (1ì > *La chiamata di Matteo* > - *Poi Gesù, partito di là, passando, vide un uomo chiamato Matteo, che sedeva al banco delle imposte e gli disse: «Seguimi». Ed egli, alzatosi, lo seguì* - > Mt 9:9.

MT 9:9 (1) _ > In quest'ulteriore sezione del cap.9, possiamo osservare la particolare chiamata di Matteo detto Levi. È scritto che - *Gesù, partito di là, passando, vide un uomo chiamato Matteo, che sedeva al banco delle imposte* -. Potrebbe sembrare un'informazione di poco conto ma così non è. Quando il Signore - *vede* - un uomo non lo vede solo esteriormente, ma soprattutto interiormente.

Il salmista, nell'invocare il Signore, si affida proprio al fatto che il Signore vede la sua sofferenza > Salmi 9:13 *Abbi pietà di me, o SIGNORE! Vedi come mi affliggono quelli che mi odiano, o tu che mi fai risalire dalle porte della morte,* Salmi 9:14, *affinché io racconti le tue lodi.* Davide desidera sperimentare le compassioni del Signore, la Sua misericordia, sapendo che Egli vede ogni suo pianto e sofferenza. Egli è in grado di *far risalire* Davide *dalle porte della morte,* ovvero risollevarlo dalla sofferenza più profonda. Quante volte il Signore ci ha risollevato proprio perché conosceva perfettamente la nostra sofferenza.

Ma nello stesso tempo il Signore può vedere anche se sussiste qualche pensiero iniquo nel nostro cuore > *Salmi 139:24 Vedi se c'è in me qualche via iniqua e guidami per la via eterna.* Il salmista desidera che il Signore possa operare nella sua vita. Perciò chiede al Signore di rivelare a lui se vi è qualche peccato occulto, o qualche scelta sbagliata da lui compiuta. Quando il Signore ci - vede -, significa che Egli conosce tutto di noi.

MT 9:9 f2) > Ma possiamo dire che anche nei Vangeli osserviamo la stessa situazione descritta per quanto riguarda Matteo.

Quasi le stesse parole di Matteo, le abbiamo in Gv 1, a proposito di Natanaele > Giovanni 1:47 *Gesù vide Natanaele che gli veniva incontro e disse di lui: «Ecco un vero Israelita in cui non c'è frode».* Giovanni 1:48 *Natanaele gli chiese: «Da che cosa mi conosci?» Gesù gli rispose: «Prima che Filippo ti chiamasse, quando eri sotto il fico, io ti ho visto».* Anche nel caso di Natanaele, il quale viene descritto come un uomo giusto *nel quale non sussiste frode,* come può il Signore effettuare questa diagnosi? Solo perché Egli conosce ciò che vi è nel nostro cuore. È bella l'affermazione del Signore *Prima che Filippo ti chiamasse, quando eri sotto il fico, io ti ho visto».* È come se il Signore Gesù dicesse Io ti conosco da sempre.

Anche l'esempio della povera vedova è eloquente > Luca 21:1 *Poi, alzati gli occhi, Gesù vide dei ricchi che mettevano i loro doni nella cassa delle offerte.* Luca 21:2 *Vide anche una vedova poveretta che vi metteva due spiccioli;* Luca 21:3 *e disse: «In verità vi dico che questa povera vedova ha messo più di tutti;* Luca 21:4 *perché tutti costoro hanno messo nelle offerte del loro superfluo; ma lei vi ha messo del suo necessario, tutto quello che aveva per vivere»*. I ricchi fanno presto a donare ciò che hanno di superfluo. Per un ricco, donare 100 euro è come per un povero donare un centesimo. Gli astanti giudicarono sulla base dell'apparenza, ma il Signore che *vide* questa povera vedova, rivela la verità: è lei ad aver donato più di tutti. Questo perché il Signore nel vedere questa vedova, conosceva perfettamente anche la sua situazione. Cosa vede il Signore in noi?

Mt 9:9-13 (21 > Non sono i sani che hanno bisogno del medico, ma i malati... > - *Mentre Gesù era a tavola in casa di Matteo, molti pubblicani e «peccatori» vennero e si misero a tavola con Gesù e con i suoi discepoli. I farisei, veduto ciò, dicevano ai suoi discepoli: «Perché il vostro maestro mangia con i pubblicani e con i peccatori?» Ma Gesù, avendoli uditi, disse: «Non sono i sani che hanno bisogno del medico, ma i malati* - > Mt 9:1012.

MT 9:10-12 f1) > Come possiamo osservare, in questo brano viene ancora una volta messo in evidenza l'ipocrisia dei farisei e la sublime saggezza del Signore. La circostanza è descritta nelle parole iniziali - *Mentre Gesù era a tavola in casa di Matteo, molti pubblicani e «peccatori» vennero e si misero a tavola con Gesù e con i suoi discepoli* -. Bisogna tenere presente che il mangiare a tavola, per la cultura medio-orientale, è qualcosa di solenne. Tale evento era sinonimo di condivisione e di comunione.

Non a caso in Atti 16, dopo l'avvenuta conversione, il carceriere di Filippi invitò subito Paolo e Sila a casa sua per mangiare insieme > Atti 16:31 *Ed essi risposero: «Credi nel Signore Gesù, e sarai salvato tu e la tua famiglia».* Atti 16:32 *Poi annunziarono la Parola del Signore a lui e a tutti quelli che erano in casa sua.* Atti 16:33 *Ed egli li prese con sé in quella stessa ora della notte, lavò le loro piaghe e subito fu battezzato lui con tutti i suoi.* Atti 16:34 *Poi li fece salire in casa sua, apparecchiò loro la tavola, e si rallegrava con tutta la sua famiglia, perché aveva creduto in Dio.* È veramente straordinaria questa narrazione, nella quale viene sottolineato il personaggio del carceriere che si arrende a Cristo e nello stesso tempo Paolo e Sila i quali, nonostante la loro situazione difficile rappresentata dal carcere, non si intimidirono ma continuarono ad evangelizzare ed a proclamare la salvezza in Cristo Gesù. Il risultato fu la conversione non solo del carceriere, ma di tutta la sua famiglia, fino a giungere alla gioia manifestata nel banchetto in comune.

Anche in Ap 3, il Signore Gesù usa proprio questa metafora per parlare di comunione e condivisione > Apocalisse 3:20 *Ecco, io sto alla porta e busso: se qualcuno ascolta la mia voce e apre la porta, io entrerò da lui e cenerò con lui ed egli con me.* La casa, nella Bibbia, in un senso spirituale indica proprio la vita di una persona. Il Signore desidera sempre essere al centro della nostra esistenza, della nostra vita, ma non forza mai nessuno. Bisogna aprire al Signore, permettergli di entrare, affinché possa *cenare con noi,* ovvero stringere un legame di comunione intenso con noi.

• Il fatto che il Signore Gesù era a mangiare con Matteo, significava che Egli voleva stringere un legame con lui.

MT 9:10-12 f2)> Ma chi partecipò a questo banchetto? È scritto che - *molti pubblicani e peccatori si misero a tavola* -. Il termine peccatore è molto generale, ma per pubblicano non si voleva solo intendere l'esattore delle tasse, ma anche una categoria di persone disprezzate dalla società.

In Mt 21 il Signore Gesù racconta appositamente la parabola dei due figli > Matteo 21:28 *«Che ve ne pare? Un uomo aveva due figli. Si avvicinò al primo e gli disse: Figliolo, va' a lavorare nella vigna oggi.* Matteo 21:29 *Ed egli rispose: Vado, signore; ma non vi andò.* Matteo 21:30 *Il padre si avvicinò al secondo e gli disse la stessa cosa. Egli rispose: Non ne ho voglia; ma poi, pentitosi, vi andò.* Matteo 21:31 *Quale dei due fece la volontà del padre?»* Essi gli dissero: «L'ultimo». E Gesù a loro: «Io vi dico in verità: I pubblicani e le prostitute entrano prima di voi nel regno di Dio.* Proprio per il fatto che i pubblicani, come le prostitute, erano disprezzate dalla società, il Signore racconta questa parabola per evidenziare la lezione secondo la quale proprio quel figlio che dapprima disse di no al padre, ma poi ubbidì, adempì la volontà del padre.

Questo proprio per evidenziare la seguente lezione *I pubblicani e le prostitute entrano prima di voi nel regno di Dio.* Ovvero non importa il passato squallido che un individuo può avere. L'importante è affidarsi al Signore.

Interessante osservare l'esempio di un altro pubblicano: Zaccheo > Luca 19:2 Un *uomo, di nome Zaccheo, il quale era capo dei pubblicani ed era ricco,* Luca 19:3 *cercava di vedere chi era Gesù, ma non poteva a motivo della folla, perché era piccolo di statura...* Luca 19:5 *Quando Gesù giunse in quel luogo, alzati gli occhi, gli disse: «Zaccheo, scendi, presto, perché oggi debbo fermarmi a casa tua».* Luca 19:6 *Egli si affrettò a scendere e lo accolse con gioia.* Luca 19:7 *Veduto questo, tutti mormoravano, dicendo: «È andato ad alloggiare in casa di un peccatore!»* Luca 19:8 *Ma Zaccheo si fece avanti e disse al Signore: «Ecco, Signore, io do la metà dei miei beni ai poveri; se ho frodato qualcuno di qualcosa gli rendo il quadruplo».* Luca 19:9 *Gesù gli disse: «Oggi la salvezza è entrata in questa casa, poiché anche questo è figlio d'Abraamo.* Non solo Zaccheo era un pubblicano, ma era il capo dei pubblicani. Egli ricopriva una certa posizione, era molto ricco, ma questo non gli bastava. Egli desiderava cercare il Signore, ma a motivo della sua bassa statura era impossibilitato nel trovarlo. Perciò egli salì su un albero, ma in realtà era il Signore che cercava lui. Infatti, Egli disse Zaccheo, *scendi, presto, perché oggi debbo fermarmi a casa tua.* Come nel caso di Matteo, anche in questo caso i mormorii non mancarono, ma al Signore interessava la salvezza di quest'uomo e così avvenne. Zaccheo non solo si convertì, ma dimostrò la sua conversione. In Luca 18 è proprio menzionata la parabola del fariseo e del pubblicano > Luca 18:9 *Disse ancora questa parabola per certuni che erano persuasi di essere giusti e disprezzavano gli altri:* Luca 18:10 *«Due uomini salirono al tempio per pregare; uno era fariseo, e l'altro pubblicano.* Luca 18:11 *Il fariseo, stando in piedi, pregava così dentro di sé: O Dio, ti ringrazio che io non sono come gli altri uomini, ladri, ingiusti, adùlteri; neppure come questo pubblicano.* Luca 18:12 *Io digiuno due volte la settimana; pago la decima su tutto quello che possiedo.* Luca 18:13 *Ma il pubblicano se ne stava a distanza e non osava neppure alzare gli occhi al cielo; ma si batteva il petto, dicendo: O Dio, abbi pietà di me, peccatore!* Luca 18:14 *Io vi dico che questo tornò a casa sua giustificato, piuttosto che quello; perché chiunque s'innalza sarà abbassato; ma chi si abbassa sarà innalzato».* Purtroppo i farisei si illudevano di essere giusti, ma questo pensiero era solo un'illusione. Questa parabola descrive bene l'atteggiamento classico che aveva il fariseo. Egli si vantava della sua ubbidienza apparentemente capillare alla Legge, ma in realtà era falsa. Questo fariseo immaginario ringrazia il Signore per non essere come il pubblicano che invece comprese bene ciò che il Signore voleva da lui: il ravvedimento. In realtà vale sempre il principio secondo cui *chi si innalza sarà abbassato, ma chi si abbassa sarà innalzato.* Questo non vale solo per la nostra conversione, ma per tutta la nostra vita.

MT 9:10-12 f8)> Ora intervengono i farisei con questo

interrogativo - *«Perché il vostro maestro mangia con i pubblicani e con i peccatori?» -*. Era questa ovviamente una domanda offensiva e tendenziosa. Infatti, la Scrittura fornisce diversi insegnamenti che dobbiamo tenere presente.

Sl 25:8 > Il Signore insegna la via ai peccatori > Salmi 25:8 *Il SIGNORE è buono e giusto; perciò insegnerà la via ai peccatori.* Questo significa che il Signore non caccia via nessuno. Se un peccatore desidera rispondere alla Sua chiamata, sarà Dio stesso ad insegnargli la Sua volontà e quale via percorrere. Ogni figlio di Dio può testimoniare di questo.

Ti 1:15 > Il Signore Gesù è venuto per salvare i peccatori > 1Timoteo 1:15 *Certa è quest'affermazione e degna di essere pienamente accettata: che Cristo Gesù è venuto nel mondo per salvare i peccatori, dei quali io sono il primo.* Come peccatori ciascuno di noi, ogni uomo, meritava la morte e l'ira del Signore. Ma come attesta l'apostolo Paolo, vi è una certezza assoluta che deve essere *pienamente accettata*; ovvero che il Signore Gesù è venuto per salvare i peccatori. Paolo riteneva di avere un primato, ma non era certamente positivo *il primo dei peccatori*. Non vi è peccatore che non possa essere salvato dal Signore: basta avere fede.

Pr 23:6-7 > Una solenne esortazione a non aver comunione con chi ha desideri iniqui Proverbi 23:6 *Non mangiare il pane di chi ha l'occhio maligno, non desiderare i suoi cibi delicati;* Proverbi 23:7 *poiché, nell'intimo suo, egli è calcolatore; ti dirà: «Mangia e bevi!», ma il suo cuore non è con te.* Il fatto che il Signore Gesù mangiasse con dei peccatori, non significava certamente approvare il loro passato. Infatti, il contesto parla evidentemente di peccatori che desideravano ricevere la salvezza del Signore, ma non di peccatori che invece volevano rimanere nella loro malvagità, come ad esempio i farisei. Infatti, il testo di Proverbi ci invita a non aver nulla a che fare con chi ha *l'occhio maligno,* di colui che medita disegni iniqui ed è un diabolico calcolatore. Bisogna stare molto attenti.

Co 5:11 > Non bisogna mischiarsi con chi si nomina fratello e vive nel peccato > 1Corinzi 5:11 *ma quel che vi ho scritto è di non mischiarvi con chi, chiamandosi fratello, sia un fornicatore, un avaro, un idolatra, un oltraggiatore, un ubriacone, un ladro; con quelli non dovete neppure mangiare.* Come possiamo osservare anche Paolo sottolinea lo stesso concetto. Egli non sta parlando di peccatori in senso generale, ma di coloro che si definiscono figli di Dio (e li possono anche essere), ma che invece di ubbidire al Signore preferiscono rimanere nella fornicazione o nell'avarizia o nell'ubriachezza e via dicendo. Non si può avere comunione o mostrare approvazione, verso chi sceglie e continua deliberatamente a perseguire una strada sbagliata.

MT 9:10-12 f4) > Perciò la risposta del Signore non si fa attendere - *Non sono i sani che hanno bisogno del medico, ma i malati*-. Con queste parole il Signore sottolinea una realtà assolutamente logica. Non si fa da un medico quando si è sani, ma quando si è malati. Come figli di Dio non dobbiamo certamente ignorare che un tempo anche noi eravamo malati, ma in Cristo siamo stati guariti. A proposito della salute spirituale possiamo osservare due lezioni importanti.

Tt 1:13-14 > Essere sani nella fede > Tito 1:13 *Questa testimonianza è vera. Perciò riprendili severamente, perché siano sani nella fede,* Tito 1:14 *e non diano retta a favole giudaiche né a comandamenti di uomini che voltano le spalle alla verità.* Come possiamo osservare in questo testo, Paolo esorta Tito a riprendere anche con una certa fermezza, in quanto la salute della propria fede è assolutamente importante. Per essere *sani nella fede*, è importante rimanere attaccati alla Parola di Dio, ai suoi insegnamenti, senza lasciarsi sviare a destra o a sinistra.

Tt 2:1 > Sei caratteristiche che mostrano salute spirituale > Tito 2:1 *Ma tu esponi le cose che sono conformi alla sana dottrina:* Tito 2:2 *i vecchi siano sobri, dignitosi, assennati, sani nella fede, nell'amore, nella pazienza.* In questo brano possiamo proprio notare sei caratteristiche che ovviamente non devono avere solo credenti avanti nell'età o responsabili di una chiesa locale, ma ogni credente. Proprio per il fatto che un tempo eravamo ammalati di peccato, dopo la rigenerazione e la nuova nascita ricevuta per la misericordia di Dio, siamo chiamati ad essere *conformi alla dottrina, sobri, dignitosi, assennati, sani nella fede, nell'amore e nella pazienza.* È bello osservare il comportamento e l'atteggiamento di quei figli di Dio che godono di salute spirituale, in quanto si affidano ai consigli del sublime Medico. Anche noi siamo chiamati ad acquisire queste caratteristiche.

MT 9:10-12 f5) > Ma come abbiamo notato il Signore parla soprattutto di - *malati* - e dal contesto è chiaro che questo termine include più che altro il problema spirituale.

In Gr 8:21-22 si parla della piaga incurabile del popolo di Giuda > Geremia 8:21 *Per la piaga della figlia del mio popolo io sono tutto affranto; sono in lutto, sono in preda alla costernazione.* Geremia 8:22 *Non c'è balsamo in Galaad? Non c'è laggiù nessun medico? Perché dunque la piaga della figlia del mio popolo non è stata medicata?* Il popolo di Giuda, come è ben descritto nel libro di Geremia, era contaminato dall'idolatria per sua deliberata scelta. A causa del suo peccato Giuda era afflitto da una *piaga incurabile* che nessun medico poteva guarire. Solo il Signore poteva intervenire in modo efficace. Questo è accaduto a noi quando siamo rinati a nuova vita, ma accade ancora oggi quando veniamo guariti dal Signore, nel senso di perdonati per un nostro peccato o scelte sbagliate che abbiamo commesso.

Non dobbiamo dimenticarci quella che è la tragica situazione di ogni uomo > Isaia *1:5 Per quale ragione colpirvi ancora? Aggiungereste altre rivolte. Tutto il capo è malato, tutto il cuore è languente.* Isaia 1:6 *Dalla pianta del piede fino alla testa non c'è nulla di sano in esso: non ci sono che ferite, contusioni, piaghe aperte, che non sono state ripulite, né fasciate, né lenite con olio.* Ovviamente non solo Israele versava in questa tragica situazione, ma ogni essere umano, se è onesto, deve ammettere di *essere tutto malato dalla pianta del piede fino alla testa.* La malattia del peccato ha colpito ogni essere umano ed addirittura il figlio di Dio, quando non è caratterizzato dal timore di Dio, può essere nuovamente colpito da esso.

Ma è bello ricordare che il Signore Gesù ha portato le nostre malattie > Isaia 53:4 *Tuttavia erano le nostre malattie che egli portava, erano i nostri dolori quelli di cui si era caricato; ma noi lo ritenevamo colpito, percosso da Dio e umiliato!* L'opera della croce è perfetta così com'è e non bisogna aggiungervi niente. Egli ha portato su di Se le nostre *malattie,* ha inchiodato il nostro peccato sulla croce, pagando con lo spargimento del Suo sangue. Egli è il nostro sublime Medico che ci ha guarito da questa malattia mortale!

Mt 9:9-13 (31> ***Il Signore Gesù chiama i peccatori*** > - *Ora andate e imparate che cosa significhi: Voglio misericordia e non sacrificio; poiché io non sono venuto a chiamare dei giusti, ma dei peccatori»* - > Mt 9:13.

MT 9:13 f1) _> Vi è una chiamata straordinaria, alla quale ogni peccatore deve dare una risposta. Interessante notare come innanzitutto il Signore parli di un insegnamento che deve essere imparato, Infatti, afferma - *Ora andate ed imparate...-*. Nella Scrittura abbiamo veramente tanti insegnamenti da imparare praticamente nella nostra vita.

In Pr 8:4-5 si parla di imparare l'accorgimento e la saggezza > Proverbi 8:4 *«Chiamo voi, o uomini nobili, la mia voce si rivolge ai figli del popolo. Proverbi 8:5 Imparate, o semplici, l'accorgimento, e voi, stolti, diventate intelligenti!* Per poter imparare questa grande lezione, tutti gli sforzi umani sono praticamente inutili. Bisogna andare al Signore, come per qualsiasi lezione spirituale. Siamo chiamati anche noi ad imparare *l'accorgimento e l'intelligenza*, come anche a praticare la - *misericordia -*, come dichiara il Signore.

Inoltre, in Fl 4:8-9 *possiamo rilevare come sia necessario mettere in pratica ciò che si impara* > Filippesi 4:8 *Quindi, fratelli, tutte le cose vere, tutte le cose onorevoli, tutte le cose giuste, tutte le cose pure, tutte le cose amabili, tutte le cose di buona fama, quelle in cui è qualche virtù e qualche lode, siano oggetto dei vostri pensieri. Filippesi 4:9 Le cose che avete imparate, ricevute, udite da me e viste in me, fatele; e il Dio della pace sarà con voi.* Gli insegnamenti del Signore non possono essere appresi solo teoricamente, ma soprattutto praticamente. Infatti, in questo brano, Paolo parla di tutto ciò che è *onorevole, amabile, puro, di buona fama*, affinché possiamo imparare tutto ciò che noi abbiamo ascoltato e ricevuto. Un insegnamento del Signore, se rimane solo a livello mentale, ma non penetra nel nostro cuore, non potrà produrre quegli effetti straordinari che ogni parola che procede dalla bocca dell'Eterno compie. Perciò *le cose imparate* siamo chiamati a *farle* per poter glorificare il Nome del Signore.

MT 9:13 f2) > Ma il Signore Gesù cita un passo dell'AT - *Voglio misericordia e non sacrificio -. Questo è il brano implicato* 1 Sa 15:20-23 > 1Samuele 15:20 *Saul disse a Samuele: «Ma io ho ubbidito alla voce del SIGNORE, ho compiuto la missione che il SIGNORE mi aveva affidata, ho condotto qui Agag, re di Amalec, e ho votato allo sterminio gli Amalechiti; 1Samuele 15:21 ma il popolo ha preso, fra il bottino, delle pecore e dei buoi come primizie di ciò che doveva essere sterminato, per farne dei sacrifici al SIGNORE, al tuo Dio, a Ghilgal». 1Samuele 15:22 Samuele disse: «Il SIGNORE gradisce forse gli olocausti e i sacrifici quanto l'ubbidire alla sua voce? No, l'ubbidire è meglio*

*del sacrificio, dare ascolto vale più che il grasso dei montoni;*
1Samuele 15:23 *Infatti, la ribellione e come il peccato della divinazione, e l'ostinatezza e come l'adorazione degli idoli e degli dei domestici. Poiché tu hai rigettato la parola del SIGNORE, anch'egli ti rigetta come re».* In questa triste circostanza, che vede ufficialmente la fine del regno di Saul, anche se egli regnerà ancora per un po' di tempo, possiamo osservare veramente il discernimento dell'uomo in contrapposizione a quello di Dio. L'ordine che Saul aveva ricevuto era chiaro: doveva votare allo sterminio tutti gli amalechiti ed i loro beni. Invece Saul risparmia ciò che a suo giudizio era il meglio, compreso il re. Il meglio che era stato risparmiato, viene offerto al Signore e con quest'atto Saul si vuole procurare come un alibi di ferro. Ma il Signore. Quando comanda. Esige un'ubbidienza totale. Infatti, il profeta Samuele rimprovera Saul con aspre parole *«Il SIGNORE gradisce forse gli olocausti e i sacrifici quanto l'ubbidire alla sua voce? No, l'ubbidire e meglio del sacrificio, dare ascolto vale più che il grasso dei montoni.* Non si può adorare il Signore e pretendere di offrire a Lui il meglio, quando nella nostra vita sussiste la disubbidienza e la ribellione. In realtà Saul aveva *rigettato la parola del Signore* e di conseguenza il Signore l'aveva rigettato come re.

In Ro 12:1 osserviamo il vero significato di un culto gradito a Dio > Romani 12:1 *Vi esorto dunque, fratelli, per la misericordia di Dio, a presentare i vostri corpi in sacrificio vivente, santo, gradito a Dio; questo e il vostro culto spirituale.* Proprio per il fatto che ogni figlio di Dio è stato comprato a caro prezzo, egli è chiamato ad offrire tutto se stesso per il Signore. Ciò include prima di tutto un'ubbidienza incondizionata. Tale esortazione di Paolo ha origine proprio nella *misericordia di Dio.* Siamo noi disposti tutti i giorni ad offrirci per il Signore?

MT 9:13 f3) _> La risposta del Signore però prosegue con un'altra fondamentale espressione - *poiché io non sono venuto a chiamare dei giusti, ma dei peccatori»* -. Perciò possiamo proprio osservare il tema della chiamata, il quale è molto caro nella Scrittura. Tale chiamata è rivolta verso tutti quanti, ma ognuno è responsabile della propria risposta e di come si pone di fronte a questa chiamata.

L'apostolo Paolo ci ricorda che il Signore ci ha rivolto una santa chiamata sulla base della Sua Grazia > 2Timoteo 1:9 *Egli ci ha* salvati e ci ha rivolto una santa chiamata, non a motivo delle nostre opere, ma secondo il suo proposito e la grazia che ci e stata fatta in Cristo Gesù fin dall'eternità. La salvezza e di conseguenza la chiamata del Signore, ha origine proprio nella Sua sola Grazia e non certamente nelle nostre opere. La Sua chiamata ha come centro e fulcro, la Persona gloriosa del Signore Gesù, da sempre. Ma il tema della chiamata non comporta solo il concetto di salvezza, ma anche di responsabilità > 1Pietro 1:14 *Come figli ubbidienti, non conformatevi alle passioni del tempo passato, quando eravate nell'ignoranza;* 1Pietro 1:15 *ma come colui che vi ha chiamati è santo, anche voi siate santi in tutta la vostra condotta,* 1Pietro 1:16 *poiché sta scritto: «Siate santi, perché io sono santo».* Come cristiani siamo chiamati proprio ad essere dei *figli ubbidienti* nei confronti del Padre Celeste. Tale ubbidienza deve essere manifestata nel non conformarsi più alle passioni del tempo passato, ricordandoci che Colui che ci ha chiamato è assolutamente santo e perfetto. Proprio a motivo di tale santità, anche noi siamo chiamati ad *essere santi,* ovvero a dimostrare ciò che noi siamo divenuti per la Grazia di Dio. D'altro canto, la salvezza è solo il punto di partenza.

MT 9:13 f4) > Ma come specifica molto bene il Signore Gesù, la Sua chiamata non è per i - *giusti* -. Anche perché come ci ricorda Paolo, non vi è nessun giusto neppure uno > Romani 3:9 *Che dire dunque? Noi siamo forse superiori? No affatto! Perché abbiamo già dimostrato che tutti, Giudei e Greci, sono sottoposti al peccato,* Romani 3:10 *com'è scritto: «Non c'è nessun giusto, neppure uno.* È interessante notare che Paolo si stava rivolgendo proprio ai Giudei, ovvero a coloro che per vanto nazionale, potevano in un certo qual modo definirsi *superiori* agli altri. Ma si trattava solo di una tremenda illusione. In realtà *tutti sono sottoposti al peccato,* perciò la chiamata del Signore vale per tutti.

Il miracolo che ha compiuto il Signore è però quello di averci trasformati in giusti > Isaia 50:7 *Ma il Signore, DIO, mi ha soccorso; perciò non sono stato abbattuto; perciò ho reso la mia faccia dura come la pietra e so che non sarò deluso.* Isaia 50:8 *Vicino è colui che mi giustifica; chi mi potrà accusare? Mettiamoci a confronto simultaneamente! Chi è il mio avversario? Mi venga vicino!* Questo testo di Isaia è prezioso in quanto ci viene ricordato che il nostro Dio, Colui che ci ha soccorsi, è altresì Colui che ci ha giustificati. Infatti, il profeta testimonia *Vicino è Colui che mi giustifica.* La giustificazione di Dio è assoluta ed impedisce qualsiasi accusa, in quanto in cielo abbiamo *l'avvocato presso il Padre* che ci difende. Ma questo è un privilegio che solo colui che ha risposto con la fede alla chiamata di Dio, può goderne.

Paolo ci ricorda che siamo stati giustificati per il sangue di Cristo > Romani 5:8 *Dio invece mostra la grandezza del proprio amore per noi in questo: che, mentre eravamo ancora peccatori, Cristo è morto per noi.* Romani 5:9 *Tanto più dunque, essendo ora giustificati per il suo sangue, saremo per mezzo di lui salvati dall'ira.* Ovvero, per la nostra giustificazione è stato necessario il sacrificio perfetto del Signore Gesù. In tale sacrificio possiamo proprio vedere l'amore immenso di Dio: mentre noi eravamo ancora peccatori e lontani da Lui, Egli aveva già predeterminato di offrire il Signore Gesù per ciascuno di noi. Perciò, quali giustificati, siamo salvati dalla Sua ira.

# Matteo 9:14-17 I veri motivi del digiuno

Mt 9:14-17 dì > *La domanda dei discepoli di Giovanni* > - *Allora si avvicinarono a lui i discepoli di Giovanni e gli dissero: «Perché noi e i farisei digiuniamo, e i tuoi discepoli non digiunano? -* > Mt 9:141.

MT 9:14 f1) _> In quest'ulteriore sezione di questo capitolo, possiamo osservare un'ulteriore interrogativo che viene posto al Signore Gesù. Innanzitutto è da osservare chi sono coloro che pongono la domanda ovvero - *i discepoli di Giovanni* -. Ovviamente essi erano carenti quanto a conoscenza, ma non possiamo dire che essi formularono questa domanda con intenti malvagi, come ad esempio nel caso dei farisei.

In Mt 14 si parla dei discepoli di Giovanni, a proposito dell'uccisione del loro maestro Matteo 14:9 *Il re ne fu rattristato ma, a motivo dei giuramenti e degli invitati, comandò che le fosse data,* Matteo 14:10 *e mandò a decapitare Giovanni in prigione.* Matteo 14:11 *La sua testa fu portata su un piatto e data alla fanciulla, che la portò a sua madre.* Matteo 14:12 *E i discepoli di Giovanni andarono a prenderne il corpo e lo seppellirono; poi vennero a informare Gesù.* È emblematico osservare il solenne esempio dato da questo servo di Dio, il quale non aveva paura di proclamare la verità, anche a rischio della sua vita. Egli venne decapitato per il capriccio di due donne, ma il suo esempio permane fino al giorno d'oggi.

Ma è certo che i discepoli di Giovanni ricevettero da lui dei sani *insegnamenti, soprattutto in relazione all'attesa del Signore Gesù* > Giovanni 1:35 *Il giorno seguente, Giovanni era di nuovo là con due dei suoi discepoli;* Giovanni 1:36 *e fissando lo sguardo su Gesù, che passava, disse: «Ecco l'Agnello di Dio!».* In Giovanni non vi erano sentimenti di orgoglio e presunzione. Egli si sentiva giustamente estremamente inferiore paragonato al Signore Gesù. Egli indica proprio ai suoi discepoli chi fosse veramente *l'Agnello di Dio che toglie il peccato del mondo*. Ma certamente Egli fu un saggio maestro e con discernimento spirituale.

MT 9:14 f2) _ > Ma arriviamo alla domanda in questione - *«Perché noi e i farisei digiuniamo, e i tuoi discepoli non digiunano? -*. Sebbene probabilmente nel cuore di questi personaggi non ci fossero sentimenti come nel caso degli scribi e dei farisei, è altresì probabile che nel loro cuore ci fosse uno spirito di paragone e di superiorità rispetto ai discepoli del Signore Gesù, solo per il fatto che non digiunavano.

Ma che significato ha il digiuno? In che modo si deve digiunare? Un bell'esempio l'abbiamo con il re Giosafat > 2Cronache 20:1 *Dopo questi fatti, i figli di Moab e i figli di Ammon, e con loro dei Maoniti, marciarono contro Giosafat per fargli guerra.* 2Cronache 20:2 *Vennero dei messaggeri a informare Giosafat, dicendo: «Una gran moltitudine avanza contro di te dall'altra parte del mare, dalla Siria, ed è giunta ad Asason-Tamar, cioè En-Ghedi».* 2Cronache 20:3 *Giosafat ebbe paura, si dispose a cercare il SIGNORE, e bandì un digiuno per tutto Giuda.* 2Cronache 20:4 *Giuda si radunò per implorare aiuto dal SIGNORE, e da tutte quante le città di Giuda venivano gli abitanti a cercare il SIGNORE.* Molti nemici; moabiti, ammoniti e maobiti marciarono contro Giosafat, creando una situazione di estrema difficoltà per questo re. Ma Giosafat sapeva in Chi confidava. Quando dei messaggeri informano il re del grande pericolo, Giosafat ebbe si paura, ma nello stesso tempo *si dispose a cercare il Signore* e bandì un digiuno per tutto Giuda. Ecco in che modo bisogna digiunare. Non bisogna digiunare per una regola imposta, ma perché lo si desidera e soprattutto quando si creano determinate circostanze. Infatti, *Giuda si radunò per implorare aiuto dal SIGNORE.* È sicuramente bello ed edificante digiunare, ovvero impiegare quel tempo che si sarebbe speso per mangiare, per cercare il volere del Signore per un qualcosa di specifico.

Vorrei tornare nuovamente sul cattivo esempio del fariseo descritto nella parabola del Signore > Luca 18:12 *Io digiuno due volte la settimana; pago la decima su tutto quello che possiedo.* Luca 18:13 *Ma il pubblicano se ne stava a distanza e non osava neppure alzare gli occhi al cielo; ma si batteva il petto, dicendo: O Dio, abbi pietà di me, peccatore!* Questo fariseo immaginario descrive molto bene il carattere di colui che pensa di essere giusto per i suoi sforzi, per i suoi meriti, quando in realtà è colpevole quanto gli altri. Egli si vantava di *digiunare due volte alla settimana*, ma se si digiuna avendo nel proprio cuore il pensiero della superiorità, allora questo non ha valore. Lo stesso concetto vale anche per i discepoli di Giovanni.

Mt 9:14-17 (21 > ***La risposta del Signore Gesù*** > - *Gesù disse loro: «Possono gli amici dello sposo far cordoglio finché lo sposo è con loro? Ma verranno i giorni che lo sposo sarà loro tolto, e allora digiuneranno. Nessuno mette un pezzo di stoffa nuova sopra un vestito vecchio; perché quella toppa porta via qualcosa dal vestito vecchio e lo strappo si fa peggiore. Neppure si mette vino nuovo in otri vecchi; altrimenti gli otri scoppiano, il vino si spande e gli otri si perdono; ma si mette il vino nuovo in otri nuovi e l'uno e gli altri si conservano»* - > Mt 9:15-17.

MT 9:15-17 f1) > GLI AMICI DELLO SPOSO. La risposta esauriente del Signore Gesù è estremamente saggia. Egli subito mette in correlazione il digiuno con il dolore e la sofferenza che si prova quando - *gli amici dello sposo* -, vengono privati della sua presenza. È un paragone che si trova spesso nella Scrittura quello dello Sposo in relazione al Signore.

Basti osservare come il Signore stesso si presenta come Sposo di Israele > Isaia 54:4 *Non temere, perché tu non sarai più confusa; non avere vergogna, perché non dovrai più arrossire; ma dimenticherai la vergogna della tua giovinezza, non ricorderai più l'infamia della tua vedovanza.* Isaia 54:5 *Poiché il tuo creatore è il tuo sposo; il suo nome è: il SIGNORE degli eserciti; il tuo redentore è il Santo d'Israele, che sarà chiamato Dio di tutta la terra.* In questo testo, che parla della futura gloria di Israele, di un popolo che finalmente si dimenticherà delle sue passate vergogne, in quanto non dovrà più arrossire, nello stesso tempo viene anche evidenziata la gioia che questo popolo sperimenterà nel momento in cui seguirà ed adempirà la volontà del Suo Sposo, il *Creatore dei cieli e della terra*. Nella Scrittura troviamo spesso questa relazione sponsale che nell'AT è tra Dio ed Israele, nel NT tra il Signore Gesù e la Chiesa.

Secondo le parole del Signore Gesù, vi è motivo di digiunare, quindi di soffrire, proprio quando lo Sposo non c'è ed è bello vedere come il Signore si rivela anche in questo modo particolare.

In Mt 25 viene spiegata una parabola molto interessante che ha come fulcro proprio la presenza dello sposo > Matteo 25:6 *Verso mezzanotte si levò un grido: Ecco lo sposo, uscitegli incontro!* Matteo 25:7 *Allora tutte quelle vergini si svegliarono e prepararono le loro lampade.* Matteo 25:8 *E le stolte dissero alle avvedute: Dateci del vostro olio, perché le nostre lampade si spengono.* Matteo 25:9 *Ma le avvedute risposero: No, perché non basterebbe per noi e per voi; andate piuttosto dai venditori e compratevene!* Matteo 25:10 *Ma, mentre quelle andavano a comprarne, arrivò lo sposo; e quelle che erano pronte entrarono con lui nella sala delle nozze, e la porta fu chiusa.* Matteo 25:11 *Più tardi vennero anche le altre vergini, dicendo: Signore, Signore, aprici!* Matteo 25:12 *Ma egli rispose: Io vi dico in verità: Non vi conosco.* Si tratta appunto della parabola delle dieci vergini, ma il tutto ruota sull'attesa dello sposo. Ad un certo punto giunge questo grido: *Ecco lo Sposo uscitegli incontro*, ma solo le vergini aventi l'olio, hanno potuto preparare le loro lampade per raggiungerlo. Le vergini stolte sono state escluse e loro malgrado devono sentire le lapidarie parole dello sposo *Io non vi conosco*. Il Signore Gesù quindi spiega che il digiuno deve avere delle forti motivazioni che hanno proprio a che fare con una sofferenza interiore. Per un figlio di Dio, non esiste sofferenza più grande di quella di non godere della presenza del Suo Sposo, perché si è lontani dal Signore.

Persino Giovanni il Battista parla della figura dell'amico dello sposo > Giovanni 3:29 *Colui che ha la sposa è lo sposo; ma l'amico dello sposo, che è presente e l'ascolta, si rallegra vivamente alla voce dello sposo; questa gioia, che è la mia, è ora completa.* Giovanni 3:30 *Bisogna che egli cresca, e che io diminuisca.* Se lo sposo è il Signore Gesù, l'amico dello sposo è appunto Giovanni il Battista, il Quale ha lo scopo di evidenziare la Sua assoluta superiorità rispetto a Lui. Egli è *l'amico dello sposo*, ovvero colui che vuole stringere una relazione intima e forte con lo Sposo. Ma perché questo accada è importante che *Egli cresca e che io diminuisca*.

MT 9:15-17 f2) > IL CORDOGLIO. Quando lo sposo non c'è, i suoi amici fanno - *cordoglio* - e non possono gioire. Quindi non vi è gioia nel cuore, ma una profonda tristezza.

Come insegna Ecclesiaste vi è un tempo anche per fare cordoglio > Ecclesiaste 3:1 *Per tutto c'è il suo tempo, c'è il suo momento per ogni cosa sotto il cielo... un tempo per far cordoglio.* Il digiuno è appunto una manifestazione di cordoglio. Non vi deve essere una regola legalistica che la impone, piuttosto è il soggetto che decide, sulla base della particolare esperienza che sta sperimentando, se digiunare.

A proposito del Signore Gesù. Possiamo certamente dire che i Suoi discepoli furono profondamente afflitti quando Egli annunciò la Sua partenza > Giovanni 16:19 *Gesù comprese che volevano interrogarlo, e disse loro: «Voi vi domandate l'un l'altro che cosa significano quelle mie parole: Tra poco non mi vedrete più, e: Tra un altro poco mi vedrete?* Giovanni 16:20 *In verità, in verità vi dico che voi piangerete e farete cordoglio, e il mondo si rallegrerà. Sarete rattristati, ma la vostra tristezza sarà cambiata in gioia.* Questo brano si collega molto bene a quanto il Signore insegna in Matteo 9. Il Signore annunciò in modo solenne *Voi non mi vedrete più* ed anche se in quella circostanza, per i discepoli, queste parole erano oscure ed enigmatiche, quando ciò accadde, si realizzò questa predizione del Signore. Essi furono profondamente addolorati, basti ricordare l'episodio dei due discepoli sulla via di Emmaus (Lu 24:13ss). Ma la predizione prosegue con un lieto evento *la vostra tristezza sarà cambiata in letizia.* Il figlio di Dio non sperimenta un digiuno continuo, ovvero una sofferenza continua, ma arriva anche il momento della gioia e del tripudio.

MT 9:15-17 f3*) > LA CONTRAPPOSIZIONE TRA VECCHIO E NUOVO.* Il Signore evidenzia anche un altro esempio - *Nessuno mette un pezzo di stoffa nuova sopra un vestito vecchio; perché quella toppa porta via qualcosa dal vestito vecchio e lo strappo si fa peggiore. Neppure si mette vino nuovo in otri vecchi; altrimenti gli otri scoppiano, il vino si spande e gli otri si perdono; ma si mette il vino nuovo in otri nuovi e l'uno e gli altri si conservano»* -. Come possiamo osservare si parla proprio di una contrapposizione tra nuovo e vecchio. Nessuno rovinerebbe un vestito nuovo per salvarne uno vecchio, come non si metterebbe vino nuovo in otri vecchi.

*In Luca 5 abbiamo il brano parallelo* > Luca 5:36 *Disse loro* anche una parabola: «Nessuno strappa un pezzo da un vestito nuovo per metterlo a un vestito vecchio; altrimenti strappa il nuovo, e il pezzo tolto dal nuovo non si adatta al vecchio. Luca 5:37 Nessuno mette vino nuovo in otri vecchi; altrimenti il vino nuovo fa scoppiare gli otri, il vino si spande, e gli otri vanno perduti. Luca 5:38 Ma il vino nuovo va messo in otri nuovi. Luca 5:39 E nessuno, che abbia bevuto vino vecchio, ne desidera del nuovo, perché dice: Il vecchio è buono». Nella Scrittura possiamo osservare diverse volte questa forte contrapposizione tra il vecchio ed il nuovo.

Come è scritto in 1 Corinzi 5, Paolo ci esorta a purificarci dal vecchio lievito per essere una nuova pasta > 1Corinzi 5:6 Il vostro vanto non è una buona cosa. Non sapete che un po' di lievito fa lievitare tutta la pasta? 1Corinzi 5:7 Purificatevi del vecchio lievito, per essere una nuova pasta, come già siete senza lievito. Poiché anche la nostra Pasqua, cioè Cristo, è stata immolata. Sono chiaramente dei simboli che ci parlano dell'importanza di lasciare qualsiasi desiderio o passione vecchia che aveva a che fare con il nostro passato, per potere dimostrare di essere realmente una nuova creatura in Cristo. Il lievito è appunto il simbolo del peccato e da esso siamo stati purificati mediante il prezioso sangue di Cristo. Cristo è la nostra Pasqua. Ma nello stesso tempo non possiamo permettere che il vestito della nostra consacrazione, possa essere contaminato da una toppa del nostro vecchio vestito caratterizzato dalla nostra giustizia. In 2 Co 5 leggiamo che se uno è in Cristo è una nuova creatura > 2Corinzi 5:17 Se dunque uno è in Cristo, egli è una nuova creatura; le cose vecchie sono passate: ecco, sono diventate nuove. Questo significa che le cose vecchie sono passate ed è iniziata una nuova vita in Cristo. La nostra nuova vita in Cristo non ha niente a che fare con la nostra vecchia esistenza caratterizzata dal peccato e da desideri iniqui.

A proposito del vino nuovo è interessante leggere il brano inerente alle nozze di Cana Giovanni 2:9 Quando il maestro di tavola ebbe assaggiato l'acqua che era diventata vino (egli non ne conosceva la provenienza, ma la sapevano bene i servitori che avevano attinto l'acqua), chiamò lo sposo e gli disse: Giovanni 2:10 «Ognuno serve prima il vino buono; e quando si è bevuto abbondantemente, il meno buono; tu, invece, hai tenuto il vino buono fino ad ora». Il vino che era il risultato del miracolo operato dal Signore Gesù, era ovviamente eccezionale, buono, tanto che il maestro di tavola si stupì della cosa. Anche per quanto riguarda un vino nuovo non può essere contenuto in - otri vecchi -, ma solo in - otri nuovi -, altrimenti perde il suo sapore.

# Matteo 9:18-26 Altri due miracoli

Mt 9:18-26 (1ì > *La richiesta del capo della sinagoga* > - *Mentre egli diceva loro queste cose, uno dei capi della sinagoga, avvicinatosi, s'inchinò davanti a lui e gli disse: «Mia figlia è morta or ora; ma vieni, posa la mano su di lei ed ella vivrà». Gesù, alzatosi, lo seguiva con i suoi discepoli* - > Mt 9:18-19.

MT 9:16-19 f1) > IL CAPO DELLA SINASOSA. Entriamo in una nuova sezione concernente il cap.9 di Matteo che tratta altri due miracoli del Signore Gesù. Innanzitutto il testo ci segnala uno dei protagonisti del primo miracolo, ovvero - *uno dei capi della sinagoga* -, perciò un ebreo in vista e che ricopriva una certa posizione di responsabilità. La sinagoga rappresentava proprio il luogo d'incontro nel quale collettivamente si ascoltava l'insegnamento sulle Scritture che esistevano ovviamente a quei tempi > Marco 1:21 *Vennero a Capernaum; e subito, il sabato, Gesù, entrato nella sinagoga, insegnava.* Marco 1:22 *Essi si stupivano del suo insegnamento, perché egli insegnava loro come uno che ha autorità e non come gli scribi.* In questo testo si parla della *sinagoga di Capernaum*, nella quale il Signore Gesù insegnò con potenza ed autorità. Fu proprio questa una delle prime sinagoghe, nella quale il Signore mostrò la Sua autorità nell'insegnamento e nella spiegazione delle Scritture. I capi della sinagoga, come gli scribi ed i farisei ricoprivano lo stesso impegno.

Lo stesso concetto lo vediamo in Atti 18, dove protagonista è Apollo > Atti 18:24 *Ora un ebreo di nome Apollo, oriundo di Alessandria, uomo eloquente e versato nelle Scritture, arrivò a Efeso.* Atti 18:25 *Egli era stato istruito nella via del Signore; ed essendo fervente di spirito, annunziava e insegnava accuratamente le cose relative a Gesù, benché avesse conoscenza soltanto del battesimo di Giovanni.* Atti 18:26 *Egli cominciò pure a parlare con franchezza nella sinagoga. Ma Priscilla e Aquila, dopo averlo udito, lo presero con loro e gli esposero con più esattezza la via di Dio.* Apollo, come viene descritto, era un uomo eloquente e conoscitore delle Scritture. Infatti, egli era stato *istruito nella via del Signore*, ma purtroppo la sua conoscenza non era completa, in quanto conosceva solo ciò che concerneva il battesimo di

Giovanni. Dove insegnava Apollo? Proprio nella sinagoga. Ma Aquila e Priscilla, si impegnarono nell'istruire questo oriundo di Alessandria in modo più approfondito affinché potesse diventare un potente strumento nelle mani del Signore. Nella sinagoga perciò avveniva quest'attività principale: l'insegnamento della Parola di Dio, esistente allora. Tutto questo doveva essere fatto con la massima attenzione ed impegno.

MT 9:16-19 f2) > IL SUO PARTICOLARE ATTEGGIAMENTO > Ma - *il capo della sinagoga* - non è interessato ora ad insegnare o ad istruire, ma nella sua mente vi è un pensiero fisso, la risurrezione di sua figlia. Perciò questo giudeo assume un atteggiamento particolare - *avvicinatosi, s'inchinò davanti a Lui* -, ovvero davanti al Signore Gesù. Come abbiamo più volte osservato questo gesto non esprime solo riverenza e omaggio, ma verso il Signore è un chiaro atto di adorazione > Genesi 24:26 *Allora l'uomo s'inchinò, adorò il SIGNORE, e disse:* Genesi 24:27 *«Benedetto sia il SIGNORE, il Dio d'Abraamo mio signore, che non ha cessato di essere buono e fedele verso il mio signore! Quanto a me, il SIGNORE mi ha messo sulla via della casa dei fratelli del mio signore».* Come il servo di Abraamo, dimostrò adorazione in questo testo? Proprio nel prostrarsi e nel confessare la grandezza del Signore, benedicendo il Suo Nome. Egli aveva veramente molti motivi di ringraziamento, in quanto si rese conto che il Signore era con il suo padrone Abraamo e che non aveva certamente cessato di essere fedele e buono nei suoi confronti.

È bello e prezioso il passo di Pr 14:19, nel quale ci viene ricordato che i malvagi s'inchinano davanti ai buoni > Proverbi 14:191 *malvagi si inchinano davanti ai buoni, e gli empi alle porte dei giusti.* Ogni essere umano è malvagio, ma il Signore è buono per antonomasia. Nel brano di Matteo possiamo proprio osservare un essere malvagio (ovvero schiavo del suo peccato, come tutti) che si prostra davanti al Buono per eccellenza, il Signore Gesù.

E come è scritto in Neemia 8 la prostrazione ha anche una valenza collettiva che concerne l'adorazione di tutto un popolo > Neemia 8:5 *Esdra aprì il libro in presenza di tutto il popolo, poiché stava nel posto più elevato; e, appena aperto il libro, tutto il popolo si alzò in piedi.* Neemia 8:6 *Esdra benedisse il SIGNORE, Dio grande, e tutto il popolo rispose: «Amen, amen», alzando le mani; e s'inchinarono, e si prostrarono con la faccia a terra davanti al SIGNORE.* È un brano prezioso nel quale possiamo proprio osservare un Israele desideroso di adorare il Signore, di benedirlo e per dimostrare tale devozione, tutti quanti si prostrano e si inchinano. Abbiamo Esdra il quale legge il libro della Legge in presenza di tutto il popolo e tutto Israele è desideroso di ascoltare quella che è la volontà di Dio. Ma non vi è solo uno sterile ascolto, ma esso è caratterizzato dall'adorazione e dal desiderio di servire l'Eterno.

Il - *capo della sinagoga* - si inchina, si prostra dinanzi al Signore, proprio per evidenziare la sua inferiorità abissale nei confronti di Colui al quale va ogni adorazione.

MT 9:16-19 f3) > LA SUA RICHIESTA > Ma il brano ci informa anche della sua particolare richiesta - *«Mia figlia è morta or ora; ma vieni, posa la mano su di lei ed ella vivrà»* -. Quindi non ci troviamo più di fronte ad una richiesta di guarigione, ma addirittura di risurrezione. Questo dimostra che questo ebreo nutriva fiducia nei confronti del Signore Gesù, sapendo che Egli era in grado di poter operare questo miracolo. Molto spesso nella Scrittura si parla di figli nel senso maschile, poche volte si parla di figlie. Ma è bello vedere il rapporto figliale esistente tra questo padre e sua figlia. La Scrittura parla anche delle figlie.

Esse, al contrario di molti popoli antichi, erano tutelate nella Legge > Levitico 19:29 *Non profanare tua figlia, prostituendola, perché il paese non si dia alla prostituzione e non si riempia di scelleratezze.* La legge puniva qualsiasi forma di immoralità sessuale; tra queste vi era anche la prostituzione. Il costringere una figlia a prostituirsi significava profanarla, ovvero farle perdere qualsiasi dignità.

In Mt 15 si parla di un'altra figlia indemoniata e malata > Matteo 15:21 *Partito di là, Gesù si ritirò nel territorio di Tiro e di Sidone.* Matteo 15:22 *Ed ecco una donna cananea di quei luoghi venne fuori e si mise a gridare: «Abbi pietà di me, Signore, Figlio di Davide. Mia figlia è gravemente tormentata da un demonio».* Questo brano lo vedremo più avanti, ma in questo caso ci troviamo di fronte ad una madre che è preoccupata della sorte della propria figlia, malata e per di più tormentata da un demonio. Anche in questo caso l'epilogo è positivo ed edificante, ma è stupendo osservare come, per un genitore, qualsiasi figlio, ricopre una posizione che è unica. Soprattutto una figlia, la quale, essendo donna, è vulnerabile e fragile.

In Atti 21 si parla delle figlie di Filippo > Atti 21:8 *Ripartiti il giorno dopo, giungemmo a Cesarea; ed entrati in casa di Filippo l'evangelista, che era uno dei sette, restammo da lui.* Atti 21:9 *Egli aveva quattro figlie non sposate, le quali profetizzavano.* Filippo viene descritto come *l'evangelista*, uno dei sette diaconi descritti in Atti 6. Egli non aveva nemmeno un figlio, ma ben quattro figlie. Esse non vivevano però nell'ozio spirituale, ma *profetizzavano*. Non ci troviamo nel contesto di una chiesa locale riunita, ma è chiaro che anche le donne hanno ricevuto dei doni da parte dello Spirito che sono chiamati ad espletare.

Perciò la Scrittura non fa distinzione: ogni figlio è prezioso per dei genitori ed è veramente spiacevole quando un padre ed una madre, consapevolmente o inconsapevolmente, prediligono un figlio rispetto ad un altro.

MT 9:16-19 f4) > LA MANO DEL SISNORE > La richiesta del capo della sinagoga, ha anche un'altra caratteristica. Egli si affida alla potenza del Signore Gesù - *posa la Tua mano* -.

La mano del Signore è vista innanzitutto come fonte di benedizione > *1Cronache 29:15 Noi siamo davanti a te stranieri e gente di passaggio, come furono tutti i nostri padri; i nostri giorni sulla terra sono come un'ombra, e non c'è speranza. 1Cronache 29:16 O SIGNORE nostro Dio, tutta quest'abbondanza di cose che abbiamo preparate per costruire una casa a te, al tuo santo nome, proviene dalla tua mano, e tutta ti appartiene.* In queste parole di Davide possiamo osservare da una parte la sua consapevolezza intorno alla fragilità dell'uomo, in quanto egli è solo di *passaggio* su questa terra. Ma nello stesso tempo era anche consapevole che l'abbondanza di cui lui ed Israele beneficiavano proveniva proprio dalla *mano* del Signore, in quanto tutto appartiene a Lui.

Ma la mano del Signore parla anche della Sua potenza > Atti 11:19 *Quelli che erano stati dispersi per la persecuzione avvenuta a causa di Stefano, andarono sino in Fenicia, a Cipro e ad Antiochia, annunziando la Parola solo ai Giudei, e a nessun altro.* Atti 11:20 *Ma alcuni di loro, che erano Ciprioti e Cirenei, giunti ad Antiochia, si misero a parlare anche ai Greci, portando il lieto messaggio del Signore Gesù.* Atti 11:21 *La mano del Signore era con loro; e grande fu il numero di coloro che credettero e si convertirono al Signore.* Questo brano di Atti parla di coloro che si dispersero dopo il martirio di Stefano, il quale con coraggio glorificò il Nome del Signore. Essi andarono fino in Fenicia,

Cipro, Antiochia, annunziando la Parola di Dio e sorretti dalla potente mano del Signore, un'espressione antropomorfa che ci parla proprio del Suo favore. È bello leggere queste parole *La mano del Signore era con loro* ed i risultati non si fecero attendere: numerose conversioni. Quella - *mano* - che ci parla del fatto che ogni bene proviene da Lui, quella *mano* - che ci parla della potenza dell'Eterno, ora è menzionata da questo giudeo, fiducioso che il Signore avrebbe operato potentemente.

Mt 9:18-26 (21 > *La donna dal flusso di sangue* > - *Ed ecco una donna, malata di un flusso di sangue da dodici anni, avvicinatasi da dietro, gli toccò il lembo della veste, perché diceva fra sé: «Se riesco a toccare almeno la sua veste, sarò guarita». Gesù si voltò, la vide, e disse: «Coraggio, figliola; la tua fede ti ha guarita». Da quell'ora la donna fu guarita -* > Mt 9:20-22.

## Mt 9:20-22 La donna con il flusso di sangue

Ora abbiamo un cambio di protagonista. Quasi repentinamente si passa a parlare di una - *donna malata di un flusso di sangue* - da ben - *dodici anni* -. In greco abbiamo il verbo - *aimorroe* -, ovvero avere un'emorragia. Sicuramente si trattava di un grande problema per questa donna anche per un motivo legale.

Sappiamo che la donna, una volta al mese, ha un flusso che è del tutto naturale chiamate appunto mestruazioni. La legge però era chiara in proposito: quando la donna era caratterizzata da un flusso di sangue maggiore del normale, doveva essere considerata impura > Levitico 15:25 *La donna che avrà un flusso di sangue per parecchi giorni, fuori del tempo delle sue mestruazioni, o che avrà questo flusso oltre il tempo delle sue mestruazioni, sarà impura per tutto il tempo del flusso, come durante le sue mestruazioni.* Levitico 15:26 *Ogni letto sul quale si coricherà durante tutto il tempo del suo flusso sarà per lei come il letto sul quale si corica quando ha le sue mestruazioni; ogni mobile sul quale si sederà sarà impuro, come l'impurità delle sue mestruazioni.* Levitico 15:27 *Chiunque toccherà quelle cose sarà immondo; si laverà le vesti, laverà sé stesso nell'acqua e sarà impuro fino a sera.* Levitico 15:28 *Quando ella sarà purificata del suo flusso, conterà sette giorni e poi sarà pura.* Persino oggi, quando una donna si accorge che il flusso di sangue è superiore al tempo normale delle mestruazioni, subito si preoccupa in quanto è consapevole che non è una cosa normale. Le cause possono essere diverse, ci possono non essere problemi in corso, ma comunque si tratta di una situazione anormale. Quando ad una donna ebrea questo accadeva, doveva essere considerata impura. Questo significa che qualunque mobile o letto lei avesse toccato, automaticamente l'oggetto diventava impuro e chiunque le avesse toccate sarebbe diventato impuro. Perciò vi era bisogno di un processo di purificazione.

In Levitico 20 leggiamo anche che chiunque avesse avuto rapporti sessuali con una donna con le mestruazioni, entrambi sarebbero stati condannati a morte > Levitico 20:18 *Se uno si corica con una donna che ha le mestruazioni e ha rapporti sessuali con lei, quel tale ha scoperto il flusso di quella donna, ed ella ha scoperto il flusso del proprio sangue; perciò tutti e due saranno eliminati dal mezzo del loro popolo.* La motivazione è duplice: l'uomo è condannato perché ha *scoperto il flusso della donna* e la donna perché ha scoperto il suo flusso.

Da questi due testi possiamo osservare il particolare stato emotivo, morale, nel quale si trovava questa donna. Essa, per la Legge, era impura da dodici anni e non poteva nemmeno godere del rapporto intimo con un uomo. Sicuramente, quindi, non si trattava solo di un problema fisico, ma anche fortemente psicologico.

## MT 9:20-22 f2) L'atteggiamento di questa donna

Ma questa donna assume due atteggiamenti: innanzitutto si - *avvicina da dietro* -. Certamente vi era una grande folla che impediva un normale avvicinamento. Ma nello stesso tempo questo dettaglio ci parla di umiliazione.

È emblematico l'esempio della donna peccatrice > Luca 7:37 *Ed ecco, una donna che era in quella città, una peccatrice, saputo che egli era a tavola in casa del fariseo, portò un vaso di alabastro pieno di olio profumato;* Luca 7:38 *e, stando ai piedi di lui, di dietro, piangendo, cominciò a rigargli di lacrime i piedi; e li asciugava con i suoi capelli; e gli baciava e ribaciava i piedi e li ungeva con l'olio.* Mi piace molto l'esempio di questa donna, in quanto nei suoi atteggiamenti possiamo scoprire delle grandi lezioni. Innanzitutto, essa si dirige verso un luogo nel quale erano presenti, al di fuori del Signore Gesù, solo individui che l'avrebbero giudicata per il suo stato di *peccatrice*. Ma questa donna non si preoccupa di questo. Lei si vuole occupare solo di Colui che l'ha perdonata dei suoi peccati, perciò porta un *vaso d'olio alabastro*, piange e *stando ai piedi di Lui, da dietro,* asciuga i piedi di Gesù bagnati dalle sue lacrime. È un atteggiamento commovente, ma che ci deve parlare. Anche la donna con il flusso di sangue si avvicina da dietro, ma nello stesso tempo, nel suo cuore vi è un pensiero fisso.

## Mt 9:20-22 Il pensiero che la donna aveva nel cuore

Ecco a cosa pensava - *«Se riesco a toccare almeno la sua veste, sarò guarita»* -. Questa donna non si comporta come il capo della sinagoga che chiede aiuto esplicito al Signore. Lei, è come se non volesse importunare il Signore, ma nello stesso tempo è fiduciosa che se avesse toccato la Sua veste, i lembi, sarebbe guarita.

In Mt 14 leggiamo di malati che appunto sono animati dallo stesso pensiero > Matteo 14:34 *Passati all'altra riva, vennero nel paese di Gennesaret.* Matteo 14:35 *E la gente di quel luogo, riconosciuto Gesù, diffuse la notizia per tutto il paese all'intorno, e gli presentarono tutti i malati,* Matteo 14:36 *e lo pregavano che lasciasse loro toccare almeno il lembo della sua veste; e tutti quelli che lo toccarono furono guariti.* Nel paese di Gennesaret, molti malati si avvicinarono, ed avevano la fiducia che solo con il tocco della veste del Signore, ogni malattia sarebbe scomparsa. E ciò accadde. Essi avevano davanti Colui che è il Guaritore per eccellenza.

Ma i lembi della veste del Signore ci parlano anche, in senso spirituale, della Sua gloria, come leggiamo in *Isaia 6* > Isaia 6:1 *Nell'anno della morte del re Uzzia, vidi il Signore seduto sopra un trono alto, molto elevato, e i lembi del suo mantello riempivano il tempio.* Isaia 6:2 *Sopra di lui stavano dei serafini, ognuno dei quali aveva sei ali; con due si copriva la faccia, con due si copriva i piedi, e con due volava.* Isaia 6:3 *L'uno gridava all'altro e diceva: «Santo, santo, santo è il SIGNORE degli eserciti! Tutta la terra è piena della sua gloria!».* È vero che ci troviamo di fronte ad un contesto completamente diverso nel quale Isaia ha una visione straordinaria della gloria di Dio. Egli vede i lembi del Suo mantello *che riempiono il Tempio e nello stesso tempo gli angeli dell'adorazione, serafini* che gridano ed inneggiano alla santità di Dio. Non dobbiamo dimenticarci anche di quest'aspetto. Le vesti del Signore ci parlano anche della Sua gloria, della Sua grandezza. La donna era consapevole della grandezza del Signore Gesù e che solo il tocco del lembo della Sua veste avrebbe prodotto il miracolo.

In Marco 5 abbiamo il brano parallelo > Marco 5:28 *«Se riesco a toccare almeno le sue vesti, sarò salva».* Marco 5:29 *In quell'istante la sua emorragia ristagnò; ed ella sentì nel suo corpo di essere guarita da quella malattia.* Come possiamo osservare vediamo la stessa richiesta, ma il Vangelo di Marco offre un'informazione in più, ovvero che *l'emorragia si ristagnò ed ella sentì di essere guarita.* Non si trattava quindi solo di un'illusione, ma di una realtà straordinaria. Le sue sofferenze che erano durate per ben dodici anni, erano terminate.

Come afferma il salmista, egli ha gridato al Signore ed è stato guarito > Salmi 30:1 *Salmo. Cantico per l'inaugurazione della casa. Di Davide. Io ti esalto, o SIGNORE, perché m'hai portato in alto e non hai permesso che i miei nemici si rallegrassero di me.* Salmi 30:2 *O SIGNORE, Dio mio, io ho gridato a te e tu m'hai guarito.* In questo salmo, Davide esalta appunto il Signore, in quanto Egli lo ha protetto dai suoi nemici, non permettendo che essi si potessero rallegrare di una sua morte o sconfitta. Davide ha ricevuto guarigione dal Signore. Non sappiamo se si tratta di una guarigione fisica o solamente morale, ma è bello osservare come il salmista esalta il Signore come Colui che guarisce in un modo perfetto.

Anche il profeta Geremia sottolinea lo stesso concetto > Geremia 17:14 *Guariscimi, SIGNORE, e sarò guarito; salvami, e sarò salvo; poiché tu sei la mia lode.* Chi guarisce è il Signore. Il profeta è assolutamente consapevole di questo e perciò formula la sua particolare richiesta *guariscimi.* Anche Geremia non è passato certamente per momenti bella nella sua vita, ma nello stesso tempo è evidente l'intervento del Signore nella sua vita. Infatti, Egli era *la lode* di Geremia. - *Anche questa donna è caratterizzata da questa profonda fede - sarò guarita -, un'espressione che non lascia spazio ad alcun dubbio -*

*Mt 9:20-22 (4) >* **La risposta del SIGNORE** > Ed ecco la risposta del Signore - *«Coraggio, figliola; la tua fede ti ha guarita». Da quell'ora la donna fu guarita -.* Il Signore Gesù, prima di darle la lieta notizia, la incoraggia. È bello osservare come il Signore si occupa anche del nostro stato morale. Il Signore evidenzia proprio la fede di questa donna, una fede esemplare che noi siamo chiamati ad imitare.

L'apostolo Giacomo parla proprio del valore di una fede operante > Giacomo 2:17 *Così è della fede; se non ha opere, è per sé stessa morta*. Giacomo 2:18 *Anzi uno piuttosto dirà: «Tu hai la fede, e io ho le opere; mostrami la tua fede senza le tue opere, e io con le mie opere ti mostrerò la mia fede»*. Una fede senza opere, non ha alcun valore. Si tratta di una fede falsa, illusoria, che non porta a niente. La vera fede è caratterizzata da quelle opere che ne dimostrano invece la sua genuinità. È con quelle opere che Dio ha precedentemente preparate che si dimostra appunto la natura della propria fede. - Questa donna ha agito proprio in questo modo. Non si è accontentata di una fede mentale o teorica, ma operante -.

In Ap 2, verso la chiesa di Pergamo. È scritto che il Signore conosce la sua fede > Apocalisse 2:19 *Io conosco le tue opere, il tuo amore, la tua fede, il tuo servizio, la tua costanza; so che le tue ultime opere sono più numerose delle prime*. Lo stesso dicasi anche della nostra fede. Egli conosce perfettamente quale e quanta fiducia riponiamo in Lui. - Perciò la domanda è: siamo noi come questa donna? Nutriamo una fiducia incondizionata nel Signore? Abbiamo una fede operante, tanto da essere certi del risultato prima ancora di ottenerlo? -. È importante rispondere a queste domande.

Mt 9:18-26 (31 > ***La risurrezione della figlia del capo della sinagoga*** > - *Quando Gesù giunse alla casa del capo della sinagoga e vide i sonatori di flauto e la folla che faceva grande strepito, disse loro: «Allontanatevi, perché la bambina non è morta, ma dorme». Ed essi ridevano di lui. Ma quando la folla fu messa fuori, egli entrò, prese la bambina per la mano ed ella si alzò. E se ne divulgò la fama per tutto quel paese.* > Mt 9:23-26.

Il testo torna ora a parlare della figlia del capo della sinagoga. Il testo precisa che - *Quando Gesù giunse alla casa del capo della sinagoga e vide i sonatori di flauto e la folla che faceva grande strepito, disse loro: «Allontanatevi, perché la bambina non è morta, ma dorme»* -. In altre parole il Signore si stava trovando in una sorta di corteo funebre, in quanto per gli astanti, per quella ragazza non c'era più nulla da fare. Da notare come vengono menzionati i suonatori, strumenti musicali come il flauto, i quali sono menzionati nella Scrittura in contesti di lode ed adorazione.

Mt 9:23-26 (11 > Sl 150:2-4 > Ecco cosa leggiamo nel salmo 150 Salmi 150:2 *Lodatelo per le sue gesta, lodatelo secondo la sua somma grandezza*. Salmi 150:3 *Lodatelo con il suono della tromba, lodatelo con il salterio e la cetra*. Salmi 150:4 *Lodatelo con il timpano e le danze, lodatelo con gli strumenti a corda e con il flauto*. Si tratta di un salmo di lode universale, nella quale tutti sono invitati ad esprimere la loro lode verso il Signore. Ed ecco che abbiamo la menzione di diversi strumenti musicali come il salterio, la cetra, il timpano ed anche il *flauto*.

Mt 9:23-26 (21 > Is 30:27-29 > Anche in Isaia 30 possiamo osservare come il suonare il flauto come altri strumenti musicali sarà dimostrazione di gioia ed esultanza. Isaia 30:27 *Ecco, il nome del SIGNORE viene da lontano; la sua ira è ardente, grande è il suo furore; le sue labbra sono piene d'indignazione, la sua lingua è come un fuoco divorante;* Isaia 30:28 *il suo fiato è come un torrente che straripa, che arriva fino al collo. Egli viene a vagliare le nazioni con il vaglio della distruzione, e a mettere tra le mascelle dei popoli un morso che li faccia fuorviare.* Isaia 30:29 *Allora intonerete dei canti, come la notte quando si celebra una festa; avrete la gioia nel cuore, come colui che cammina al suono del flauto per andare al monte del SIGNORE, alla Ròcca d'Israele.* È emblematico osservare come innanzitutto venga messa in evidenza l'ira del Signore, la Sua giustizia dirompente, attraverso la quale Egli vaglia le nazioni, giudica le nazioni, ogni pensiero ed ogni azione. Ma quando questo accadrà, finalmente Israele potrà prorompere in grida di gioia ed esultanza, intonando i loro canti, suonando i loro strumenti per andare al monte del Signore, alla Rocca d'Israele. Ma per quanto concerne il contesto di Matteo 9 non vi è certamente gioia ed esultanza. Vi è pianto, lamento, e la musica viene esternata per manifestare proprio questo profondo dolore. Il suono del flauto è come un lamento che si alza e che si ode tutt'intorno.

Mt 9:23-26 (31 > De 31:16 > La risposta del Signore Gesù è però puntuale e nello stesso tempo consolante. Egli dichiara - *Allontanatevi perché la bambina non è morta, ma dorme* -. Il termine bambina che nel greco è - *korasion* -, ovvero una giovane, una ragazza, accentua ancora di più il particolare dolore che questo padre poteva provare. Come mai il Signore utilizza proprio questa contrapposizione intorno al dormire? Nella Scrittura possiamo osservare che quest'immagine veniva usato proprio per la morte fisica, come in De31 > Deuteronomio 31:16 Il *SIGNORE disse a Mosè: «Ecco, tu stai per addormentarti con i tuoi padri; e questo popolo andrà a prostituirsi seguendo gli dèi stranieri del paese nel quale sta per entrare; mi abbandonerà e violerà il patto che io ho stabilito con lui.* Il Signore, in questo brano annuncia proprio che Mosè, tra breve spirerà, morirà fisicamente. Ma per il giusto, la morte è come un dolce riposo che lo accompagna in una dimensione eterna e gloriosa. Purtroppo a tale annuncio ne seguì un altro relativo alla prossima idolatria di Israele. Ma Mosè non vide tutto questo.

Mt 9:23-26 (41 > 1 Te 4:13-14 > Anche in 1 Te 4, quando Paolo parla del rapimento della Chiesa, utilizza la stessa immagine > 1Tessalonicesi 4:13 *Fratelli, non vogliamo che siate nell'ignoranza riguardo a quelli che dormono, affinché non siate tristi come gli altri che non hanno speranza.* 1Tessalonicesi 4:14 *Infatti, se crediamo che Gesù morì e risuscitò, crediamo pure che Dio, per mezzo di Gesù, ricondurrà con lui quelli che si sono addormentati.* Paolo non voleva che i tessalonicesi fossero nell'ignoranza proprio riguardo a *coloro che dormono,* ovvero i giusti spirati ed entrati nel riposo del Signore. Infatti, questa promessa relativa al fatto che il Signore Gesù sta per tornare per prenderci, deve riempirci di gioia, in quanto primariamente tutti coloro che si sono addormentati in Cristo risusciteranno. Si tratterà però non di una risurrezione come quella che questa ragazza sperimenterà, ma quella definitiva, gloriosa, risuscitare per non morire mai più.

Mt 9:23-26 (51 > Gv 11:9-14 > Anche in Gv 11, quando si parla di Lazzaro, il Signore afferma chiaramente che egli si era addormentato > Giovanni 11:9 *Gesù rispose: «Non vi sono dodici ore nel giorno? Se uno cammina di giorno, non inciampa, perché vede la luce di questo mondo;* Giovanni 11:10 *ma se uno cammina di notte, inciampa, perché la luce non è in lui».* Giovanni 11:11 *Così parlò; poi disse loro: «Il nostro amico Lazzaro si è addormentato; ma vado a svegliarlo».* Giovanni 11:12 *Perciò i discepoli gli dissero: «Signore, se egli dorme, sarà salvo».* Giovanni 11:13 *Or Gesù aveva parlato della morte di lui, ma essi pensarono che avesse parlato del dormire del sonno.* Giovanni 11:14 *Allora Gesù disse loro apertamente: «Lazzaro è morto.* Il Signore Gesù ovviamente non si contraddice. Lazzaro era morto, ma nello stesso tempo era addormentato. Non per niente il Signore insegna che se uno cammina nel giorno non inciampa, ma se si cammina di notte, vi è il pericolo di cadere. Lazzaro era entrato in un sonno senza risveglio, se non vi fosse stato un potente miracolo e così avvenne. Anche per la figlia di questo capo della sinagoga, sarà la stessa cosa. Il Signore manifesterà la Sua potenza.

Mt 9:23-26 (61 > Ge 18:11-15 > Purtroppo però abbiamo una

triste reazione, da parte di coloro che hanno ascoltato il lieto messaggio del Signore. È scritto che essi - *ridevano di* Lui -. Sebbene l'atto del ridere possa esprimere gioia e felicità, non è così in questo caso. Questo atteggiamento è un chiaro segno di incredulità, come osserviamo anche in Ge 18. Genesi 18:11 *Abraamo e Sara erano vecchi, ben avanti negli anni, e Sara non aveva più i corsi ordinari delle donne.* Genesi 18:12 *Sara rise dentro di sé, dicendo: «Vecchia come sono, dovrei avere tali piaceri? Anche il mio signore è vecchio!»* Genesi 18:13 *Il SIGNORE disse ad Abraamo: «Perché mai ha riso Sara, dicendo: Partorirei io per davvero, vecchia come sono?* Genesi 18:14 *Vi è forse qualcosa che sia troppo difficile per il SIGNORE? Al tempo fissato, l'anno prossimo, tornerò e Sara avrà un figlio».* Genesi 18:15 *Allora Sara negò, dicendo: «Non ho riso»; perché ebbe paura. Ma egli disse: «Invece hai riso!».* Abraamo e Sara, avevano superato di gran lunga la possibilità fisiologica di avere figli. L'annuncio della nascita di un figlio, razionalmente era impossibile. Perciò Sara antepone il suo discernimento a quello del Signore, ridendo nel suo cuore. Ma il Signore conosce ogni cosa. Sara pensava che fosse impossibile per lei avere figli e biologicamente parlando aveva ragione. Ma Sara ignora che l'Eterno è realmente il Dio dell'impossibile e che di fronte alla Sua potenza, non vi può essere incredulità. Noi come credenti ridiamo dalla gioia, oppure talvolta ridiamo per incredulità, sminuendo il potere del Signore?

Mt 9:23-26 (71 > Lu 6:25 > Perché noi ridiamo? Vi sono tanti motivi per ridere, ma in questi vi sono sicuramente anche motivi egoistici come osserviamo in Luca 6 > Luca 6:25 Guai a voi che ora siete sazi, perché avrete fame. Guai a voi che ora ridete, *perché sarete afflitti e piangerete.* È chiaro che in questo caso il Signore si sta rivolgendo a coloro che sono animati da sentimenti egoistici. L'essere ad esempio sazi senza offrire nessun tipo di gratitudine al Signore o ridere per motivi sbagliati è certamente riprovevole. Ma bisogna stare attenti perché il proprio riso può essere trasformato in pianto. Costoro che - *ridevano del Signore Gesù* -, mostrano una chiara incredulità e di conseguenza un motivo assolutamente sbagliato per ridere. Quest'atteggiamento era un sinonimo di burla, ma come ci ricorda Paolo ai Galati *Nessuno si può beffare del Signore.*

Mt 9:23-26 (81 > Lu 1:28-30 > Perciò è scritto che il Signore - *entrò* - dove vi era la ragazza morta, dopo aver allontanato tutti quanti. La folla si sarebbe ricreduta di quell'incredulità manifestata poco prima. Nella Scrittura possiamo osservare come tanti messaggi lieti siano avvenuti proprio dentro una piccola stanza o la casa di un personaggio, come osserviamo in Luca 1 a proposito della notizia della nascita del Messia > Luca 1:28 *L'angelo, entrato da lei, disse: «Ti saluto, o favorita dalla grazia; il Signore è con te»*. Luca 1:29 *Ella fu turbata a queste parole, e si domandava che cosa volesse dire un tale saluto.* Luca 1:30 *L'angelo le disse: «Non temere, Maria, perché hai trovato grazia presso Dio.* In questo caso il protagonista è un angelo, ma comunque il messaggio che doveva portare era quello dell'Eterno. Maria, *favorita dalla Grazia,* sarebbe stata lo strumento beato per far nascere il Salvatore, proprio Colui che in Matteo 9 si sta accingendo a risuscitare una ragazza morta. Non abbiamo l'evento di un miracolo, ma certamente un messaggio che porta l'annuncio del più grande miracolo della storia.

Mt 9:23-26 (91 > Lu 19:45-46 > Ma il Signore Gesù entra anche per portare messaggi di monito e di giudizio, come osserviamo in Luca 19 > Luca 19:45 *Poi, entrato nel tempio, cominciò a scacciare i venditori,* Luca *19:46 dicendo loro: «Sta scritto: La mia casa sarà una casa di preghiera, ma voi ne avete fatto un covo di ladri».* Il Signore Gesù mostrò anche giusta ira nei Suoi atteggiamenti, quando i Suoi occhi puri dovevano vedere lo spettacolo del peccato. Come è scritto non solo Egli non operò miracoli, ma *scacciò i venditori,* in adempimento a ciò che era scritto nell'AT. Ma quando Egli entra in casa di questo giudeo, il Signore non avanza certamente giudizi, anche se, come abbiamo visto, vi era una folla incredula. La Sua unica occupazione è restituire la vita a questa bambina, sulla base della richiesta dettata dalla fede del - *capo della sinagoga -.*

Mt 9:23-26 (101 > 1 Re 17:18-24 > Perciò il Signore Gesù - *prese la mano della bambina ed ella si alzò -.* Non ci fu una dichiarazione da parte del Signore, né una parola, ma solo questo semplice ma potente gesto. Tutto questo ci ricorda due episodi di risurrezione che abbiamo nell'AT. Il primo è in 1Re 17 > 1Re 17:18 *Allora la donna disse a Elia: «Che ho da fare con te, o uomo di Dio? Sei forse venuto da me per rinnovare il ricordo delle mie iniquità e far morire mio figlio?»* 1Re 17:19 *Egli le rispose: «Dammi tuo figlio». Lo prese dalle braccia di lei; lo portò su nella camera di sopra, dove egli alloggiava, e lo coricò sul suo letto.* 1Re 17:20 *Poi invocò il SIGNORE, e disse: «SIGNORE mio Dio, colpisci di sventura anche questa vedova, della quale io sono ospite, facendole morire il figlio?»* 1Re 17:21 *Si distese quindi tre volte sul bambino e invocò il SIGNORE, e disse: «SIGNORE mio Dio, torni, ti prego, l'anima di questo bambino in lui!»* 1Re 17:22 *Il SIGNORE esaudì la voce d'Elia: l'anima del bambino tornò in lui, ed egli visse.* 1Re 17:23 *Elia prese il bambino dalla camera di sopra e lo portò al pian terreno della casa, e lo restituì a sua madre, dicendole: «Guarda! tuo figlio è vivo».* 1Re 17:24 *Allora la donna disse a Elia: «Ora riconosco che tu sei un uomo di Dio, e che la parola del SIGNORE, che è nella tua bocca, è verità».* Questo brano è uno stralcio del contesto nel quale il profeta Elia si incontra con la vedova di Sarepta. Questa donna è disperata, affranta dal dolore, proprio per la morte di suo figlio che lei credeva dettata dal suo peccato. Ma Elia venne mandato dal Signore a questa donna, proprio per darle conforto e sollievo. Elia chiede alla mamma suo figlio per poi invocare il Signore. Il profeta si distende tre volte sul corpo esanime del bambino e nello stesso tempo chiede al Signore che sia Lui a restituire la vita al fanciullo. In realtà fu il Signore ad esaudire la richiesta, tanto che è scritto che il Signore esaudì la voce di Elia. Per la donna che prima era affranta, quel momento fu di grandissima gioia e nello stesso tempo riconobbe che Elia era realmente il profeta di Dio. > Nello stesso modo, dopo che il Signore Gesù opererà il miracolo, la folla avrà una precisa reazione.

Mt 9:23-26 <111 > 2 Re 4:32-37 > Il secondo esempio l'abbiamo in 2Re4, a proposito del profeta Eliseo, con la donna sunamita > 2Re 4:32 *Quando Eliseo arrivò in casa, il bambino, morto, era adagiato sul suo letto.* 2Re 4:33 *Egli entrò, si chiuse dentro con il bambino, e pregò il SIGNORE.* 2Re 4:34 *Poi salì sul letto e si coricò sul bambino; pose la sua bocca sulla bocca di lui, i suoi occhi sugli occhi di lui, le sue mani sulle mani di lui; si distese sopra di lui, e il corpo del bambino si riscaldò.* 2Re 4:35 *Poi Eliseo s'allontanò, andò qua e là per la casa; poi risalì, e si ridistese sopra il bambino; e il bambino starnutì sette volte, e aprì gli occhi.* 2Re 4:36 *Allora Eliseo chiamò Gheazi e gli disse: «Chiama questa Sunamita». Egli la chiamò; e, come giunse vicino a Eliseo, questi le disse: «Prendi tuo figlio».* 2Re 4:37 *La donna entrò, gli si gettò ai piedi, e si prostrò in terra; poi prese suo figlio, e uscì.* Anche in questo caso abbiamo il dramma di una madre che è alle prese con la morte del proprio figlio. Anche Eliseo segue lo stesso atteggiamento del suo maestro Elia, chiedendo il soccorso del Signore. Come Elia, anche Eliseo assume un atteggiamento piuttosto insolito; ovvero si corica completamente sul corpo del bambino, facendo combaciare bocca, occhi, mani con quelle del fanciullo. Il risultato fu straordinario in quanto, dopo essersi disteso una seconda volta, il bambino risuscitò. Eliseo restituisce il fanciullo a sua madre ed ella si prostra in segno di adorazione al Signore. X Anche il Signore Gesù opera questo grande miracolo, restituendo la fanciulla a suo padre. Ma la grande differenza è che Elia ed Eliseo operarono per la potenza del Signore, ma il Signore Gesù, per la Sua propria potenza.

Mt 9:23-26 <121 > Gs 6:26-27 > Perciò, dopo il miracolo compiuto, si ha un chiaro risultato. È scritto - *E se ne divulgò la fama per tutto quel paese -,* ovvero la fama del Signore Gesù continuava ad aumentare. Per fama si intende proprio la conoscenza che si ha di un personaggio per una sua particolare impresa, o per altre qualità da lui possedute. In Gs 6 si parla ad esempio della fama di Giosuè > Giosuè *6:26 Allora Giosuè fece questo giuramento: «Sia maledetto, davanti al SIGNORE, l'uomo che si alzerà a ricostruire questa città di Gerico! Egli ne getterà le fondamenta sul suo primogenito, e ne rizzerà le porte sul più giovane dei suoi figli».* Giosuè 6:27 *Il SIGNORE fu con Giosue, e la fama di lui si sparse per tutto il paese.* Dopo la distruzione della città di Gerico, Giosuè lancia una chiara maledizione a colui che ricostruirà questa città che era piena di abitanti idolatrici e corrotti. La sconfitta di Gerico fu la chiara dimostrazione che il Signore era con Giosuè e per questo motivo, è scritto che *la sua fama si sparse in tutto il paese.*

Mt 9:23-26 T13Ì > 2 Cr 9:5-6 > Anche in 2 Cr 9, a proposito di Salomone, possiamo osservare la stessa cosa anche se in un contesto diverso 2Cronache 9:5 *E disse al re: «Quanto avevo sentito dire nel mio paese sul tuo conto e sulla tua saggezza era dunque vero.* 2Cronache 9:6 *Ma io non ci ho creduto finché non sono venuta io stessa, e non ho visto con i miei occhi; e ora, ecco, non mi era stata riferita neppure la metà della grandezza della tua saggezza! Tu superi la fama che me n'era giunta!* Salomone non era conosciuto per la sua forza in battaglia, ma per la sua ricchezza, gloria e soprattutto per la sua saggezza. Se ne rese conto proprio la regina di Saba, la quale dovette constatare che non le fu riferito nemmeno la metà della grandezza della saggezza di Salomone. > Ebbene chi ha operato il miracolo in Matteo 9 è

Colui che è *più di Salomone*, più di Giosuè, più di qualunque personaggio mai esistito sulla faccia della terra.

Mt 9:23-26 T14Ì > ITe 1:6-8 > E noi che fama abbiamo? Ini Te 1, Paolo parla della fama dei credenti di Tessalonica. 1Tessalonicesi 1:6 *Voi siete divenuti imitatori nostri e del Signore, avendo ricevuto la parola in mezzo a molte sofferenze, con la gioia che dà lo Spirito Santo,* 1Tessalonicesi 1:7 *tanto da diventare un esempio per tutti i credenti della Macedonia e dell'Acaia.* 1Tessalonicesi 1:8 *Infatti, da voi la parola del Signore ha echeggiato non soltanto nella Macedonia e nell'Acaia, ma anzi la fama della fede che avete in Dio si e sparsa in ogni luogo, di modo che non abbiamo bisogno di parlarne.* Essi imitavano Paolo e di conseguenza, mettevano in pratica ciò che essi avevano ascoltato e creduto. Quando il nostro comportamento è conforme alla volontà di Dio, allora noi saremo conosciuti per la nostra fede, saggezza e maturità spirituale.

# Matteo 9:27-31 > La guarigione di due ciechi.

Mt 9:27-31 (11 > *La richiesta di due ciechi al Signore* > - *Come Gesù partiva di là, due ciechi lo seguirono, dicendo ad alta voce: «Abbi pietà di noi, Figlio di Davide!»* - > Mt 9:27.

MT 9:27 f1) > L'ENTRATA IN SCENA DI DUE CIECHI > In quest'ulteriore sezione si parla di un altro miracolo operato dal Signore. Infatti, è scritto che - *Come Gesù partiva di là, due ciechi lo seguirono* -. In greco abbiamo il sostantivo - *tuphlos* -, ovvero cieco. Solo chi è affetto da questa menomazione fisica, può ben capire e comprendere il dramma che questi due uomini stavano sperimentando.

Ma è bello ricordare ciò che il salmista afferma ovvero che il Signore ha il potere di ridare la vista ai ciechi > Salmi 146:8 *il SIGNORE apre gli occhi ai ciechi, il SIGNORE rialza gli oppressi, il SIGNORE ama i giusti,* Salmi 146:9 *il SIGNORE protegge i forestieri, sostenta l'orfano e la vedova, ma sconvolge la via degli empi.* Come dichiara l'autore di queste parole, l'Eterno è potente da far recuperare la vista ai ciechi, come è in grado di rialzare gli oppressi, di proteggere il debole, l'orfano e la vedova. Questo se ciò rientra nella Sua volontà. Questo perché *il Signore ama i giusti.* Questi due ciechi sapevano a Chi si appellavano, proprio a Colui che è in grado di aprire i loro occhi.

*Interessante anche osservare la domanda che un giorno pose Giovanni Battista, mentre si trovava in carcere > Matteo 11:2 Giovanni, avendo nella prigione udito parlare delle opere del Cristo, mandò a dirgli per mezzo dei suoi discepoli: Matteo 11:3 «Sei tu colui che deve venire, o dobbiamo aspettare un altro?» Matteo 11:4 Gesù rispose loro: «Andate a riferire a Giovanni quello che udite e vedete: Matteo 11:5 i ciechi ricuperano la vista e gli zoppi camminano; i lebbrosi sono purificati e i sordi odono; i morti risuscitano e il vangelo è annunciato ai poveri. Matteo 11:6 Beato colui che non si sarà scandalizzato di me!».* Sebbene Giovanni avesse indicato il Signore come *l'Agnello di Dio che toglie il peccato del mondo,* egli desiderava un'ulteriore conferma. Perciò manda alcuni suoi discepoli da Gesù per chiedergli conferma del Suo mandato. Il Signore Gesù non sciorina una risposta complicata, ma fa riflettere Giovanni su un dato imprescindibile: ciò che Egli faceva. Infatti, *i ciechi ricuperano la vista, gli zoppi camminano, i lebbrosi sono purificati, i sordi odono ed i morti risuscitano.* Nei Vangeli abbiamo casi di guarigioni miracolose o risurrezioni in ognuno di questi casi. *Contesto* > Anche questi due ciechi facevano parte proprio di questo lungo elenco di persone guarite mediante il potere sovrano del Signore Gesù.

MT 9:27 f2) > LA LORO RICHIESTA > La richiesta di questi due ciechi è la seguente - *Abbi pietà di noi, Figlio di Davide!»* -. Essi si appellano alla pietà, alla compassione del Signore Gesù. *Anche il salmista invoca la pietà dell'Eterno* > Salmi 4:1 *Al direttore del coro. Per strumenti a corda. Salmo di Davide. Quand'io grido, rispondimi, o Dio della mia giustizia; quand'ero in pericolo, tu m'hai liberato; abbi pietà di me ed esaudisci la mia preghiera!* Salmi 4:2 *O figli degli uomini, fino a quando si farà oltraggio alla mia gloria? Fino a quando amerete vanità e andrete dietro a menzogna?* Certamente il contesto è diverso, ma è chiaro che come figli di Dio abbiamo sempre bisogno della pietà e delle compassioni del Signore. Davide è consapevole che quando egli si trovava nel pericolo, fu il Signore a liberarlo. Perciò ha ben ragione ad affidarsi alla Sua pietà.

Anche nel salmo 119 il salmista chiede al Signore di mostrargli pietà > Salmi 119:131 *Apro la bocca e sospiro, per il desiderio dei tuoi comandamenti.* Salmi 119:132 *Volgiti a me e abbi pietà, come usi fare con chi ama il tuo nome.* Salmi 119:133 *Guida i miei passi nella tua parola e non lasciare che alcuna iniquità mi domini.* È importante sottolineare che l'autore evidenzia la condizione per poter chiedere al Signore la manifestazione della Sua pietà: l'ubbidienza. Infatti, il salmista sospirava per il desiderio dei comandamenti di Dio. Perciò può realmente chiedere a Lui, di guidare i suoi passi affinché il peccato non lo domini. Questa deve essere anche la nostra richiesta, sapendo però che, essendo stati riscattati dal Signore, siamo stati liberati dal dominio del peccato.

Mt 9:27-31 (21 > *La fede dei due ciechi* > - *Quando egli fu entrato nella casa, quei ciechi si avvicinarono a lui. Gesù disse loro: «Credete voi che io possa far questo?» Essi gli risposero: «Sì, Signore». Allora toccò loro gli occhi dicendo: «Vi sia fatto secondo la vostra fede». E gli occhi loro furono aperti. E Gesù fece loro un severo divieto, dicendo: «Guardate che nessuno lo sappia». Ma quelli, usciti fuori, sparsero la fama di lui per tutto quel paese* - > Mt 9:28-31.

MT 9:26-31 LA DOMANDA DEL SIGNORE GESÙ >
Interessante osservare che i due ciechi non rimangono a distanza
con il Signore Gesù, ma si - *avvicinarono a Lui* -. Questo è un
atteggiamento importante, in quanto l'avere fede nel Signore,
significa stare attaccati a Lui e non lontani. Ma il Signore rivolge
loro una domanda solenne - *Credete voi che Io possa fare questo?*
-. Bisogna essere sinceri, si corre talvolta il rischio che, anche se
con la bocca diciamo che Dio è l'Onnipotente, la nostra incredulità
prende il sopravvento. Vi è una grave malattia in corso, oppure una
situazione difficile ed in realtà non si crede che Dio possa operare
il miracolo. Perciò tutto è nelle mani di questi due ciechi.

Ebbene che cosa significa credere? In 2 Cr 20 abbiamo un
bell'esempio nel re Giosafat > 2Cronache 20:20 *La mattina
seguente si alzarono presto e si misero in marcia verso il deserto
di Tecoa; mentre si mettevano in cammino, Giosafat, stando in
piedi, disse: «Ascoltatemi, o Giuda, e voi abitanti di
Gerusalemme! Credete nel SIGNORE, vostro Dio, e sarete al
sicuro; credete ai suoi profeti, e trionferete!»* 2Cronache 20:21 *E
dopo aver tenuto consiglio con il popolo, stabilì dei cantori che,
vestiti dei paramenti sacri, cantassero le lodi del SIGNORE e,
camminando alla testa dell'esercito, dicessero: «Celebrate il
SIGNORE, perché la sua bontà dura in eterno!»*. È scritto che un
esercito nemico molto numeroso, costituito da ammoniti e moabiti
stavano avanzando contro Giosafat ed il popolo di Giuda. Come si
comporta il re? Possiamo certamente dire in un modo esemplare.
Egli incoraggia il popolo di Giuda e gli abitanti di Gerusalemme
con queste potenti parole *Credete nel Signore, vostro Dio e sarete
al sicuro, credete ai Suoi profeti e trionferete*. Quando nella nostra
vita vi è la fede incrollabile nel Signore, allora ci potranno essere
le vittorie spirituale che tanto desideriamo. Non solo, ma Giosafat
costituisce anche dei cantori, nonostante la difficile situazione.
Riusciremmo noi a cantare in una situazione simile? Essi lo fecero.

Paolo ai tessalonicesi ricorda che la Parola di Dio può operare
efficacemente solo in colui che crede > 1Tessalonicesi 2:13 *Per
questa ragione anche noi ringraziamo sempre Dio: perché quando
riceveste da noi la parola della predicazione di Dio, voi
l'accettaste non come parola di uomini, ma, quale essa e
veramente, come parola di Dio, la quale opera efficacemente in
voi che credete*. Quando un giorno abbiamo risposto sì alla
chiamata del Signore, non l'abbiamo fatto solo per un giorno, ma

come scelta di vita. Crediamo noi nel Signore? Se ci crediamo, se abbiamo fede in Lui, il nostro cuore non deve mai essere caratterizzato dall'incredulità. Quando in noi vi è la fede operante, allora il Signore può veramente lavorare in noi per mezzo della Sua Parola.

Questi due ciechi dovevano confermare, anche se il Signore Gesù conosceva il loro cuore, che essi nutrivano una fede genuina in Lui, tanto da reputarlo Colui che può agire nell'impossibile umano. Essi rispondono - Si Signore -, alla domanda di Gesù, proclamando la loro fede. Il fatto che il Signore non smentisce la loro risposta denota la veracità delle loro parole.

MT 9:26-31 LA RISPOSTA DEI CIECHI E LA GUARIGIONE MIRACOLOSA. Perciò la risposta del Signore non si fa attendere - *Allora toccò loro gli occhi dicendo: «Vi sia fatto secondo la vostra fede». E gli occhi loro furono aperti* -. Finalmente i loro occhi furono aperti, non vi era più cecità in loro, ma potevano vedere tutto chiaramente.

La cecità sappiamo che nella Scrittura ha anche una forte valenza spirituale. Perciò Paolo intercede per gli efesini affinché gli occhi del loro cuore possano essere aperti dal Signore > Efesini 1:17 *affinché il Dio del nostro Signore Gesù Cristo, il Padre della gloria, vi dia uno spirito di sapienza e di rivelazione perché possiate conoscerlo pienamente;* Efesini 1:18 *egli illumini gli occhi del vostro cuore, affinché sappiate a quale speranza vi ha chiamati, qual è la ricchezza della gloria della sua eredità che vi riserva tra i santi,* Efesini 1:19 *e qual è verso di noi, che crediamo, l'immensità della sua potenza.* Quando nei Vangeli incontriamo questi episodi di cecità, essi ci ricordano non solo il nostro passato di ciechi spirituali, ma anche della necessità che costantemente i nostri occhi possano essere illuminati dall'azione dello Spirito Santo. Abbiamo bisogno che il Signore ci dia sapienza e rivelazione, in modo tale da poter vedere chiaramente, affinché possiamo percepire la grandezza e la realtà straordinaria della Sua gloria e *l'immensità della Sua potenza.*

Crediamo veramente nella potenza del Signore? I nostri occhi sono realmente illuminati per poter vedere sempre tutto chiaramente?

Un altro bell'esempio l'abbiamo nel caso del cieco nato > Giovanni 9:36 *Quegli rispose: «Chi è, Signore, perché io creda in lui?»* Giovanni 9:37 *Gesù gli disse: «Tu l'hai già visto; è colui che*

*parla con te, è lui».* Giovanni 9:38 *Egli disse: «Signore, io credo».*
*E gli si prostrò dinanzi.* Anche la fede di questo cieco venne
premiata, ma ad un certo punto egli non poteva più riconoscere il
Signore Gesù come un semplice seppur grande profeta, ma per Chi
Egli realmente era. La sua risposta *io credo* ed il suo
atteggiamento di prostrazione non lasciano alcun dubbio.

Nel senso spirituale è fondamentale ciò che evidenzia il salmista
circa il potere della Parola di Dio > Salmi 19:8 *I precetti del*
*SIGNORE sono giusti, rallegrano il cuore; il comandamento del*
*SIGNORE è limpido, illumina gli occhi.* Essa può realmente
illuminare i nostri occhi. I comandamenti del Signore, la Sua
Parola, i Suoi precetti, sono assolutamente puri e per tale purezza, i
nostri occhi possono vedere tutto chiaramente.

Come questi due ciechi che furono guariti solo per il potere della
parola del Signore Gesù, Egli può fugare qualsiasi nostro dubbio o
velo che possiamo avere in un senso spirituale, per mezzo della
Sua Parola. Perciò accostiamoci alla Sua Parola con timore e
tremore, affinché le nebbie spirituali si possano realmente
dissolvere.

MT 9:26-31 f3) > GESÙ ELOGIA LA FEDE DEI CIECHI > Il
Signore Gesù non può fare a meno di citare proprio la -*fede* - di
questi due ciechi. Su cosa è fondata la nostra fede? Risponde
molto bene l'apostolo Paolo > 1Corinzi *2:3 Io sono stato presso di*
*voi con debolezza, con timore e con gran tremore;* 1Corinzi 2:4 *la*
*mia parola e la mia predicazione non consistettero in discorsi*
*persuasivi di sapienza umana, ma in dimostrazione di Spirito e di*
*potenza,* 1Corinzi 2:5 *affinché la vostra fede fosse fondata non*
*sulla sapienza umana, ma sulla potenza di Dio.* L'apostolo
racconta dello stato che lo caratterizzava, quando egli era con
questi cristiani, ovvero debolezza, timore e tremore, ma nello
stesso tempo puntualizza che la parola che era stata predicata, non
era consistita in sapienza umana o in parole persuasive, ma
caratterizzata dalla potenza dello Spirito Santo. Per quale scopo?
Affinché la fede di questi cristiani non vacillasse e fosse fondata
realmente sulla *potenza di Dio.*

Inoltre Paolo elogia gli efesini per la loro fede > Efesini 1:15
*Perciò anch'io, avendo udito parlare della vostra fede nel Signore*
*Gesù e del vostro amore per tutti i santi,* Efesini 1:16 *non smetto*
*mai di rendere grazie per voi, ricordandovi nelle mie preghiere.*

Per l'apostolo, la fede di questi figli di Dio era veramente un motivo straordinario per ringraziare il Signore. Non solo la fede, ma anche l'amore per tutti i santi. Quanto è bello ringraziare il Signore per la fede che si vede in altri figli di Dio, i quali sono esempio per noi.

Infine, Pietro parla della fede messa alla prova > 1Pietro 1:6 *Perciò voi esultate anche se ora, per breve tempo, è necessario che siate afflitti da svariate prove,* 1Pietro 1:7 *affinché la vostra fede, che viene messa alla prova, che è ben più preziosa dell'oro che perisce, e tuttavia è provato con il fuoco, sia motivo di lode, di gloria e di onore al momento della manifestazione di Gesù Cristo.* Possiamo dire che quando il Signore Gesù rivolse la Sua domanda ai ciechi, Egli li mise alla prova. Nello stesso modo, il Signore mette alla prova ancora oggi la fede dei Suoi. La nostra fede supererà il banco di prova? Essa è *molto più preziosa dell'oro che perisce* ed è *motivo di gloria e onore.*

Perciò la domanda la rivolgiamo a noi: su cosa è poggiata la nostra fede? Essa è poggiata solo su un'ideologia accolta mentalmente, o realmente sulla Parola di Dio. Come reagiamo quando la nostra fede viene provata? Inoltre siamo conosciuti per la nostra fede? Che così possa essere

MT 9:26-31 f3) > IL DIVIETO DI GESÙ > Nello stesso tempo però il Signore Gesù rivolge a loro un - *severo divieto* -, affinché nessuno sapesse ciò che era accaduto. È indicativo e nello stesso tempo solenne osservare come nella Scrittura non vi siano soltanto passi dove ci viene indicato cosa dobbiamo fare, ma anche ciò che non dobbiamo fare.

Nella Scrittura abbiamo esempi di divieti che provengono da autorità, da uomini come nel caso di Daniele 6 > *Tutti i capi del regno, i prefetti e i satrapi, i consiglieri e i governatori si sono accordati perché il re promulghi un decreto e imponga un severo divieto: chiunque, per un periodo di trenta giorni, rivolgerà una richiesta a qualsiasi* dio *o uomo tranne che a te, o re, sia gettato nella fossa dei leoni. Daniele 6:8 Ora, o re, promulga il divieto e firma il decreto, perché sia immutabile conformemente alla legge dei Medi e dei Persiani, che è irrevocabile».* Il contesto è chiaramente diverso da quello di Matteo e ci presenta più che altro l'elaborazione di un piano diabolico per cercare di eliminare il profeta Daniele, ma soprattutto minare e saggiare la sua fede. I prefetti ed i satrapi del regno di Persia fecero in modo di convincere il re Dario ad *imporre un severo divieto*; ovvero che per 30 giorni, nessuno doveva rivolgere richieste a nessun dio, se non al re. Tale decreto era *immutabile* per le leggi del regno di Persia. Come bisognava comportarsi di fronte ad un tale divieto, come figli di Dio? Sappiamo che quando sono gli uomini che ci vogliono imporre dei divieti illeciti da un punto di vista biblico, siamo chiamati a disubbidire, come fece proprio Daniele.

Anche noi come figli di Dio dobbiamo stare attenti a non imporre dei divieti assurdi che sono solo legalistici e dettati da un proprio discernimento. Il caso dei discepoli che volevano vietare che uno scacciasse i demoni è lampante > Marco 9:38 *Giovanni gli disse: «Maestro, noi abbiamo visto uno che scacciava i demòni nel tuo nome, [e che non ci segue;] e glielo abbiamo vietato perché non ci seguiva».* Marco 9:39 *Ma Gesù disse: «Non glielo vietate, perché non c'è nessuno che faccia qualche opera potente nel mio nome, e subito dopo possa parlar male di me.* Marco 9:40 *Chi non è contro di noi, è per noi.* Marco 9:41 *Chiunque vi avrà dato da bere un bicchier d'acqua nel nome mio, perché siete di Cristo, in verità vi dico che non perderà la sua ricompensa.* Da notare, come in questo caso i discepoli non chiedono nemmeno consiglio al Signore, ma agiscono d'impulso, proibendo o vietando ciò che non doveva essere vietato. Essi si basavano sul fatto che i veri discepoli erano coloro che seguivano fisicamente Cristo, ma il Signore sottolinea un'importante lezione Chiunque vi avrà dato da bere un bicchier d'acqua nel nome mio, perché siete di Cristo, in verità vi dico che non perderà la sua ricompensa. Quante volte noi siamo portati a vietare, ad imporre cose o realtà che sono assolutamente discutibili.

Ma lo stesso discorso non vale ovviamente per il Signore > *Quando uno peccherà facendo, senza saperlo, qualcuna delle cose che il SIGNORE ha vietato di fare, sarà colpevole e porterà la pena della sua iniquità.* Levitico 5:18 *Presenterà al sacerdote, come sacrificio per la colpa, un montone senza difetto, scelto dal gregge, in base alla tua valutazione. Il sacerdote farà per lui l'espiazione dell'errore commesso per ignoranza e gli sarà perdonato.* In questo testo si parla di colui che ha peccato per mancanza di conoscenza o ignoranza. Sebbene la sua responsabilità sia minore rispetto a chi ovviamente sapeva, rimane il ravvedimento, la confessione del peccato e la presentazione di un sacrificio di un montone senza difetto, quale base per ricevere il perdono di Dio. Quando è il Signore che *vieta* bisogna assolutamente ascoltare ed ubbidire.

Un altro caso di divieto promulgato da uomini è descritto in 1 Ti 4 > Essi vieteranno il matrimonio e ordineranno di astenersi da cibi che Dio ha creati perché quelli che credono e hanno ben conosciuto la verità ne usino con rendimento di grazie. 1Timoteo 4:4 *Infatti, tutto quel che Dio ha creato è buono; e nulla è da respingere, se usato con rendimento di grazie;* 1Timoteo 4:5 *perché è santificato dalla parola di Dio e dalla preghiera.* Vi sono dei gruppi, dei movimenti religiosi anche corposi che vietano ancora oggi il matrimonio, o di mangiare determinati cibi. Questo è appunto legalismo, ovvero imporre precetti che non sono supportati dalla Parola di Dio.

Ma come abbiamo detto quando si parla dei divieti del Signore, bisogna assolutamente ascoltare. Così dovevano ubbidire anche questi due ciechi, i quali avevano ricevuto l'ordine preciso di non divulgare la notizia della loro guarigione. Ma vi fu disubbidienza - *Ma quelli, usciti fuori, sparsero la fama di lui per tutto quel paese* -. Quando si è testimoni di un fatto eclatante come questo è difficile rimanere zitti. Ma rimane comunque e sempre il principio dell'ubbidienza.

## Matteo 9:32-34 La guarigione di un muto indemoniato

Mt 9:32-34 (11 > *Un uomo muto ed indemoniato* > - *Mentre quei ciechi uscivano, gli fu presentato un uomo muto e indemoniato* - > Mt 9:32

MT 9:32 IL PRIMO HANDICAP. In questa ulteriore sezione di Matteo 9 abbiamo il caso di un'altra guarigione ancora. Infatti, è una scena immediata - *mentre i ciechi uscivano, Gli fu presentato un uomo muto* -. Perciò ci troviamo di fronte ad un uomo affetto da ben due handicap: egli non parlava verosimilmente perché posseduto da uno o più demoni.

Nella Scrittura troviamo tante esortazioni ad aiutare coloro che si trovano nella difficoltà come leggiamo in Pr 31 > *Apri la bocca in favore del muto, per sostenere la causa di tutti gli infelici;* Proverbi 31:9 *apri la bocca, giudica con giustizia, fa' ragione al misero e al bisognoso».* In questo testo leggiamo diverse esortazioni, atte proprio ad evidenziare l'amore per il prossimo, per *sostenere la causa degli infelici*. Siamo chiamati ad *aprire la bocca del muto*, a difendere la ragione del misero, del povero, di coloro che si trovano in difficoltà. Di certo, per chi non c'è passato, è praticamente impossibile capire i sentimenti, i pensieri di una persona che non è in grado di trasmetterli o di pronunciarli.

Per non parlare del problema della possessione demoniaca! Già abbiamo diversi esempi a tal proposito, ed un altro caso di un individuo muto ed indemoniato l'abbiamo in Matteo 12 > *Allora gli fu presentato un indemoniato, cieco e muto; ed egli guarì, in modo che il muto parlava e vedeva.* Matteo 12:23 *E tutta la folla stupiva e diceva: «Non è questo il Figlio di Davide?»*. Anche in questo caso il Signore Gesù opera una guarigione miracolosa e meravigliosa, con il conseguente stupore della folla, la quale era meravigliata dell'autorità e del potere del Signore Gesù.

MT 9:32 f2) > IL SECONDO HANDICAP > Ma abbiamo anche un secondo handicap: la possessione demoniaca. Come sappiamo, non mancavano i giudizi ingiusti da parte di coloro che volevano il male del Signore. Ecco la risposta che un giorno il Signore diede a questi giudizi > Luca 11:18 *Se dunque anche Satana è diviso contro sé stesso, come potrà reggere il suo regno? Poiché voi dite che è per l'aiuto di Belzebù che io scaccio i demòni.* Luca 11:19 *E se io scaccio i demòni con l'aiuto di Belzebù, con l'aiuto di chi li scacciano i vostri figli? Perciò, essi stessi saranno i vostri giudici.* Luca 11:20 *Ma se è con il dito di Dio che io scaccio i demòni, allora il regno di Dio è giunto fino a voi.* Luca 11:21 *Quando l'uomo forte, ben armato, guarda l'ingresso della sua casa, ciò che egli possiede è al sicuro;* Luca 11:22 *ma quando uno più forte di lui sopraggiunge e lo vince, gli toglie tutta l'armatura nella quale confidava e ne divide il bottino.* Affermare che il Signore Gesù scacciava i demoni, come nel caso del - *muto indemoniato* - che abbiamo nel brano di Matteo, per il potere del principe dei demoni, è il massimo della stoltezza. Come denuncia saggiamente il Signore *Come può Satana, scacciare Satana,* Ovvero come può un regno essere diviso. Il problema era che non si voleva riconoscere che il Signore agiva mediante il Suo potere, dimostrano che *il regno era giunto*. Ma purtroppo il Re fu rigettato! Mi riempie sempre di tristezza il cuore, il pensiero secondo il quale, nonostante i tanti miracoli che vide Israele, rigettò il suo Re. Ma tutto ciò era stato già predeterminato.

Signore Gesù guarì molte persone indemoniate, tra cui anche donne > Luca 8:1 *In seguito egli se ne andava per città e villaggi, predicando e annunziando la buona notizia del regno di Dio.* Luca 8:2 *Con lui vi erano i dodici e alcune donne che erano state guarite da spiriti maligni e da malattie: Maria, detta Maddalena, dalla quale erano usciti sette demòni;* Luca 8:3 *Giovanna, moglie di Cuza, l'amministratore di Erode; Susanna e molte altre che assistevano Gesù e i dodici con i loro beni.* Nel suo seguito, come leggiamo in questo testo, vi erano anche donne che erano state guarite in modo miracoloso, addirittura da *sette demoni,* come Maria Maddalena. È bello osservare come il Signore innalzò il ruolo della donna, rispetto a come era considerata allora.

Mt 9:32-34 <21 > *La meraviglia della folla e la stoltezza dei farisei* > - *Scacciato che fu il demonio, il muto parlò. E la folla si meravigliava dicendo: «Non si è mai vista una cosa simile in Israele». Ma i farisei dicevano: «Egli scaccia i demòni con l'aiuto del principe dei demòni»* - > Mt 9:33-34

MT 9:83-34 LO STUPORE DELLA FOLLA. Per la folla fu straordinario vedere quell'uomo che prima era muto ed indemoniato, parlare e liberato dalla possessione demoniaca. Ecco le parole che dimostrano lo stupore della folla - *Non si è mai vista una cosa simile in Israele* -.

Lo stesso Giobbe dichiara che il Signore compie cose imperscrutabili e meravigliose > Giobbe 5:8 *«Io però vorrei cercare Dio, a Dio vorrei esporre la mia causa;* Giobbe 5:9 *a lui, che fa cose grandi, imperscrutabili, meraviglie innumerevoli;* Giobbe 5:10 *che sparge la pioggia sopra la terra e manda l'acqua sui campi;* Giobbe 5:11 *che innalza quelli che erano abbassati e pone in salvo gli afflitti, in luogo elevato.* Come sappiamo Giobbe si trovava in una situazione umana veramente difficile e psicologicamente quasi insostenibile. Ma nello stesso tempo egli sapeva che Dio compie cose grandi, prodigi meravigliosi, come avvenne poi al termine della sua esperienza. Da notare come Giobbe non cita opere strane, ma ciò che i nostri occhi possono osservare tutti i giorni, ovvero la pioggia che irriga i campi. Ma nello stesso tempo egli è consapevole che il Signore innalza colui che si abbassa.

Anche Eliu esorta Giobbe a ricordarsi delle meraviglie del Signore > Giobbe 37:14 *«Porgi l'orecchio a questo, Giobbe; fèrmati e considera le meraviglie di Dio!* Anche noi siamo chiamati veramente a fermarci molto spesso per considerare quelle che sono le meraviglie del Signore, i Suoi prodigi nella nostra vita. Ma tale meraviglia iniziale non ci deve certo portare ad un atteggiamento poi superficiale ed indifferente, ma all'adorazione.

MT 9:88-84 L'ESTERNAZIONE DELLO STUPORE. Come abbiamo accennato la folla esprime una sua valutazione - *Non si è mai vista una cosa simile in Israele* -. Tale valutazione purtroppo la si incontra anche in contesti negativi > Giudici 19:29 *Quando giunse a casa, si munì di un coltello, prese la sua concubina e la divise, membro per membro, in dodici pezzi, che mandò per tutto il territorio d'Israele.* Giudici 19:30 *Tutti quelli che videro ciò dissero: «Una cosa simile non è mai accaduta né si è mai vista, da quando i figli d'Israele salirono dal paese d'Egitto, fino al giorno d'oggi! Prendete a cuore questo fatto, consultatevi e parlate».* Il contesto che abbiamo in questo brano è completamente diverso da quello che stiamo analizzando in Matteo. Questo testo ha a che fare con l'azione macabra e truce compiuta dal levita, il quale non solo uccise la sua concubina, ma la divise in dodici pezzi, per inviarne ciascuna alle dodici tribù d'Israele. Tale violenza fu talmente grande che ci fu sì lo stupore non solo di una folla, ma di tutto un popolo. Le persone che stanno intorno a noi per cosa si meravigliano? Si meravigliano per la nostra fede, per il nostro comportamento fedele oppure per azioni negative?

Purtroppo i farisei non erano caratterizzati da questa meraviglia, ma sempre e solo da incredulità, tanto che dissero - *Egli scaccia i demoni per il principe dei demoni* -. Come abbiamo già evidenziato prima, essi non si rendevano conto dell'assurdità delle sue parole. Infatti, è come se Satana attaccasse se stesso, se per mezzo suo scaccia dei demoni da un individuo. Da notare che in queste parole si accenna anche ad un altro argomento importante come le autorità angeliche anche demoniache.

In Daniele 10 abbiamo un passo illuminante dove si parla di quest'autorità > Daniele 10:12 *Egli mi disse: «Non temere, Daniele, poiché dal primo giorno che ti mettesti in cuore di capire e d'umiliarti davanti al tuo Dio, le tue parole sono state udite e io sono venuto a motivo delle tue parole.* Daniele 10:13 *Ma il capo del regno di Persia m'ha resistito ventun giorni; però Michele, uno dei primi capi, è venuto in mio soccorso e io sono rimasto là presso i re di Persia.* Daniele 10:14 *Ora sono venuto a farti conoscere ciò che avverrà al tuo popolo negli ultimi giorni; perché è ancora una visione che concerne l'avvenire».* Il testo presenta innanzitutto l'esempio di fede di Daniele, il quale si umiliò davanti al Signore e per questo motivo ricevette tutte queste straordinarie rivelazioni. Ma nello stesso tempo si accenna anche ad un personaggio misterioso *il capo del regno di Persia,* il quale non è un personaggio umano, ma spirituale, contro il quale l'angelo combatté per 21 giorni. Senza entrare nella spiegazione profetica che esula dal commento, è importante ricordare che vi sono autorità angeliche anche demoniache che agiscono ed imperversano.

Paolo stesso, parlando di Satana, lo presenta come il principe della potenza dell'aria Efesini 2:1 *Dio ha vivificato anche voi, voi che eravate morti nelle vostre colpe e nei vostri peccati, Efesini 2:2 ai quali un tempo vi abbandonaste seguendo l'andazzo di questo mondo, seguendo il principe della potenza dell'aria, di quello spirito che opera oggi negli uomini ribelli.* Satana è effettivamente il - *capo dei demoni* -, sebbene - *Belzebù* - possa anche essere non un altro nome di Satana, ma un demone potente che ha autorità. Comunque Satana comanda una schiera di demoni pronti a seguirlo e che l'hanno seguito da quando egli si ribellò all'autorità del Signore. Un tempo noi seguivamo proprio questo *capo,* essendo ribelli e *morti nei falli e peccati.* Ma gloria al Signore, Egli ci ha riscattato e redento da questa schiavitù.

## Matteo 9:35-38 > La compassione del Signore

Mt 9:35-38 (11 > *I tre atti del Signore* > - *Gesù percorreva tutte le città e i villaggi, insegnando nelle loro sinagoghe, predicando il vangelo del regno e guarendo ogni malattia e ogni infermità* - > Mt 9:35

MT 9:35 f1) > LA PREDICAZIONE DEL VANGELO DEL REGNO >In quest'ultima sezione del cap.9 possiamo vedere, all'inizio, come vengano nuovamente ricordati i tre atti che hanno caratterizzato il ministero del Signore Gesù. Il primo è rappresentato proprio dall'insegnamento - *insegnando nelle loro sinagoghe* -. Mai il Signore Gesù si è tirato indietro dall'insegnare la verità, proprio perché Lui è la Verità.

Il Signore Gesù stesso ricorda a coloro che vennero ad arrestarlo che tutti i giorni Egli insegnò senza che nessuno replicasse > Marco 14:48 *Gesù, rivolto a loro, disse: «Siete usciti con spade e*

541

*bastoni come per prendere un brigante.* Marco 14:49 *Ogni giorno ero in mezzo a voi insegnando nel tempio e voi non mi avete preso; ma questo è avvenuto affinché le Scritture fossero adempiute».* Ovviamente queste parole hanno a che fare con l'ipocrisia che molto spesso mostravano i nemici del Signore. Essi uscirono con *spade e bastoni,* come si va ad arrestare o a bloccare un pericoloso criminale, ma quando Egli insegnava, nessuno aveva osato replicare oppure arrestare Gesù. Questo perché il Suo insegnamento era ed è ineccepibile sotto ogni aspetto.

Il sano insegnamento fa parte anche del mandato che il Maestro diede ai Suoi > Matteo 28:16 *Quanto agli undici discepoli, essi andarono in Galilea sul monte che Gesù aveva loro designato.* Matteo 28:17 *E, vedutolo, l'adorarono; alcuni però dubitarono.* Matteo 28:18 *E Gesù, avvicinatosi, parlò loro, dicendo: «Ogni potere mi è stato dato in cielo e sulla terra.* Matteo 28:19 *Andate dunque e fate miei discepoli tutti i popoli battezzandoli nel nome del Padre, del Figlio e dello Spirito Santo,* Matteo 28:20 *insegnando loro a osservare tutte quante le cose che vi ho comandate. Ed ecco, io sono con voi tutti i giorni, sino alla fine dell'età presente».* Da notare il duplice comportamento in contrapposizione l'uno all'altro. Alcuni adorano il Signore ed altri dubitano. Purtroppo ogni giorno ci troviamo di fronte a questa contrapposizione. Ma il Signore ribadisce la Sua suprema autorità ed il mandato ai Suoi discepoli e perciò rivolto anche a noi *Andate dunque e fate miei discepoli tutti i popoli battezzandoli nel nome del Padre, Figlio e Spirito e insegnando....* L'insegnamento fa parte proprio del processo di formazione di un discepolo. Come cristiani e figli di Dio siamo chiamati a prendere come esempio proprio l'insegnamento del Signore.

MT 9:35 f2) > IL CONTENUTO DELL'INSEGNAMENTO > Più specificatamente il Signore Gesù parla del - *vangelo del regno* - che abbiamo menzionato più volte.

Il Signore Gesù annunciò che tale vangelo sarà predicato a tutto il mondo > Matteo 24:14 *E questo vangelo del regno sarà predicato in tutto il mondo, affinché ne sia resa testimonianza a tutte le genti; allora verrà la fine.* Da notare che si parla appositamente del vangelo del regno, ovvero di quel vangelo atto ad annunziare la venuta in gloria del Signore Gesù. Tale espansione la si avrà proprio nel periodo della grande tribolazione, dove i numerosi testimoni annunceranno tale avvento. Ma anche oggi siamo chiamati ad annunciare che il mondo, governato dalla corruzione e dal peccato, conoscerà un periodo straordinario di pace e giustizia, perché governato dal Signore Gesù.

*Ecco l'annuncio* > Apocalisse 19:6 *Poi udii come la voce di una gran folla e come il fragore di grandi acque e come il rombo di forti tuoni, che diceva: «Alleluia!* Perché il Signore, nostro Dio, l'Onnipotente, ha stabilito il suo regno. Dio stabilirà il Suo regno nel Suo Figlio Gesù Cristo, proprio quando cesserà di esistere Babilonia con tutta la sua malvagità. Il cielo esplode in un grido di gioia annunciando che finalmente è giunto il tempo che l'Onnipotente stabilisca il Suo Regno. È notevole pensare che il Signore Gesù, quando venne sulla terra iniziò a proclamare proprio questo messaggio, accompagnato dagli altri due atti: l'insegnamento generale ed etico come mai nessuno aveva insegnato e la manifestazione della Sua potenza.

Mt 9:35-38 (21 > La compassione del Signore Gesù > - *Vedendo le folle, ne ebbe compassione, perché erano stanche e sfinite come pecore che non hanno pastore. Allora disse ai suoi discepoli: «La mèsse è grande, ma pochi sono gli operai. Pregate dunque il Signore della mèsse che mandi degli operai nella sua mèsse»* - > Mt 9:36-38

MT 9:36-36 IL SIGNORE HA COMPASSIONE DELLA FOLLA. È bello osservare in questo testo come il Signore Gesù, sempre, ha manifestato - *compassione* -, dolcezza, amore e misericordia. Egli non è stato mai lontano dal peccatore, ma vicino a lui per confortarlo.

La compassione è una chiara manifestazione della Grazia di Dio > Esodo 2:24 *Dio udì i loro gemiti. Dio si ricordò del suo patto con Abraamo, con Isacco e con Giacobbe.* Esodo 2:25 *Dio vide i figli d'Israele e ne ebbe compassione.* Queste parole spiegano molto bene cosa sia la compassione del Signore. Il fatto che il testo reciti che *Dio si ricordò del Suo patto con Abraamo, Isacco e Giacobbe,* non significa che se ne era dimenticato, ma che era giunto il tempo stabilito per mostrare la Sua compassione. Nel leggere che *Dio vide i figli d'Israele e ne ebbe compassione,* ricorda proprio ciò che stiamo analizzando in questo brano di Matteo.

Anche il salmista esalta il Signore in quanto Egli è Colui che ha compassione dell'infelice e del bisognoso > Salmi 72:12 *Poi ch'egli libererà il bisognoso che grida e il misero che non ha chi l'aiuti.* Salmi 72:13 *Egli avrà compassione dell'infelice e del bisognoso e salverà l'anima dei poveri.* Nella folla che vide il Signore Gesù, chissà quanto si trovavano in situazioni fisiche, morali e spirituali drammatiche. Ebbene Egli ha compassione del povero, del bisognoso, dell'afflitto, in quanto *Dio manifestato in carne.* Egli è Colui che non mostra una compassione teorica ed astratta, ma concreta, reale e genuina.

Le compassioni di Dio sono manifestate anche laddove la situazione spirituale è fortemente negativa, come è scritto in Isaia 54 > Isaia 54:7 *«Per un breve istante io ti ho abbandonata, ma con immensa compassione io ti raccoglierò.* Isaia 54:8 *In un accesso d'ira, ti ho per un momento nascosto la mia faccia, ma con un amore eterno io avrò pietà di te», dice il SIGNORE, il tuo salvatore.* Come sappiamo il Signore non è solo il Dio di ogni consolazione, ma è anche Colui che è caratterizzato da una perfetta giustizia. Egli ha dovuto abbandonare, seppur per breve tempo Israele, il Suo popolo, a causa dei continui e reiterati peccati di ribellione ed idolatria commessi. Questo ci insegna che non dobbiamo mai abusare della Grazia e delle compassioni del Signore. Ma proprio perché Dio è compassionevole, Egli tornerà ad avere una relazione intima con il Suo popolo, raccogliendolo nella Sua compassione. Questo accadrà quando Israele si convertirà al Signore. Ma comunque sempre il Signore mostra la Sua compassione, anche quando deve punire o castigare.

Proprio per l'esempio che il Signore ci dà, noi siamo chiamati a comportarci nello stesso identico modo > Zaccaria 7:9 *«Così parlava il SIGNORE degli eserciti: Fate giustizia fedelmente, mostrate l'uno per l'altro bontà e compassione.* Fare giustizia, ovvero ricercare la Sua giustizia, significa anche mostrare la Sua compassione, ricordando gli uni agli altri che siamo stati salvati sulla base della Sua Grazia e misericordia. Perciò, come figli di Dio non possiamo fare a meno di comportarci nello stesso modo: manifestare *bontà e compassione.*

MT 9:36-36 IL MOTIVO DI TALE COMPASSIONE. Ma il testo di Matteo aggiunge un dettaglio molto importante descrivendo il motivo per cui il Signore Gesù mostrava compassione - *perché erano stanche e sfinite come pecore che non hanno pastore -.* Tale stanchezza e spossatezza viene vista in un ambito spirituale. Infatti, come una pecora è persa senza la guida del suo pastore, così è per ogni uomo senza la guida del Signore.

Tale espressione la troviamo anche in Ez 34 per evidenziare il fatto che i pastori di Israele non svolgevano correttamente il loro compito > Ezechiele 34:7 *Perciò, o pastori, ascoltate la parola del SIGNORE!* Ezechiele 34:8 *Com'è vero che io vivo, dice DIO, il Signore, poiché le mie pecore sono abbandonate alla rapina; poiché le mie pecore, che sono senza pastore, servono di pasto a tutte le bestie dei campi, e i miei pastori non cercano le mie pecore; poiché i pastori pascono sé stessi e non pascono le mie pecore,* Ezechiele 34:9 *perciò, ascoltate, o pastori, la parola del SIGNORE!* Ezechiele 34:10 *Così parla DIO, il Signore: Eccomi contro i pastori; io domanderò le mie pecore alle loro mani; li farò cessare dal pascere le pecore; i pastori non pasceranno più sé stessi; io strapperò le mie pecore dalla loro bocca ed esse non serviranno più loro di pasto.* Ezechiele 34:11 *«Infatti, così dice DIO, il Signore: Eccomi! io stesso mi prenderò cura delle mie pecore e andrò in cerca di loro.* Ezechiele 34:12 *Come un pastore va in cerca del suo gregge il giorno che si trova in mezzo alle sue pecore disperse, così io andrò in cerca delle mie pecore e le ricondurrò da tutti i luoghi dove sono state disperse in un giorno di nuvole e di tenebre.* Non possiamo certo dire che la situazione di Israele ai tempi del Signore Gesù fosse diversa. Più volte abbiamo sottolineato il fatto che gli scribi ed i farisei, i capi del popolo, le autorità spirituali di Israele, parlando in senso generale, erano lontani dal Signore, come questi *pastori* che invece di svolgere il loro compito di guida e conduzione, si davano alla rapina, alla violenza per soddisfare se stessi. Ma il Signore annuncia un solenne messaggio: Egli tornerà ad essere il Pastore del Suo popolo, giudicando le false guide per la loro grande responsabilità. Essi cesseranno di nutrire se stessi, soddisfare se stessi, in quanto il Signore *Come un pastore va in cerca del suo gregge il giorno che si trova in mezzo alle sue pecore disperse, così io andrò in cerca delle mie pecore e le ricondurrò da tutti i luoghi dove sono state disperse in un giorno di nuvole e di tenebre.* Sarà meraviglioso quando Israele si sottometterà completamente alla guida del Suo Pastore.

Ma nello stesso tempo non possiamo ignorare o dimenticare la nostra situazione passata > 1Pietro 2:24 *egli ha portato i nostri peccati nel suo corpo, sul legno della croce, affinché, morti al peccato, vivessimo per la giustizia, e mediante le sue lividure siete stati guariti.* 1Pietro 2:25 *Poiché eravate erranti come pecore, ma ora siete tornati al pastore e guardiano delle vostre anime.* Anche noi eravamo come questa folla. Anche noi eravamo come - *pecore senza pastore -,* erranti, sperdute come segnala l'apostolo Pietro. Il Signore Gesù ha portato su di Se i nostri peccati, affinché cambiasse completamente la nostra condizione spirituale: da *morti nel peccato* a *viventi per la giustizia,* visto che per il Suo sacrificio e risurrezione abbiamo ricevuto la vita. Eravamo come *pecore erranti,* ma ora facciamo parte dell'ovile del Supremo Pastore.

MT 9:36-36 UNA PARTICOLARE CONTRAPPOSIZIONE. Il testo prosegue - *Allora disse ai suoi discepoli: «La mèsse è grande, ma pochi sono gli operai. Pregate dunque il Signore della mèsse che mandi degli operai nella sua mèsse»* -. Quante volte abbiamo ricordato questo passo per spronarci tutti quanti a portare il lieto messaggio del Vangelo. Il lavoro da fare è tanto, come precisa il Signore e purtroppo sono pochi coloro che si impegnano. Vi sono i bisogni spirituali dei nostri vicini di casa, degli abitanti della nostra città o paese, fino a guardare anche oltre alla nostra nazione.

Ma sempre il figlio di Dio dovrà affrontare un pericolo menzionato nella parabola delle zizzanie > Matteo 13:28 *Egli disse loro: Un nemico ha fatto questo. I servi gli dissero: Vuoi che andiamo a coglierla?* Matteo 13:29 *Ma egli rispose: No, affinché, cogliendo le zizzanie, non sradichiate insieme con esse il grano.* Matteo 13:30 *Lasciate che tutti e due crescano insieme fino alla mietitura; e, al tempo della mèsse, dirò ai mietitori: Cogliete prima le zizzanie, e legatele in fasci per bruciarle; ma il grano, raccoglietelo nel mio granaio».* Nella narrazione di questa parabola, il Signore parla sia del buon grano, sia delle *zizzanie,* figura dei *figli del maligno.* Esse ci saranno sempre fino a quando non saranno completamente sradicate. Il lavoro da fare è tanto, ma oltre alla mole del lavoro evangelistico che la Chiesa del Signore ha, deve anche combattere contro le astuzie del *nemico* e gli stratagemmi di coloro che sono sotto il suo governo. Ecco perché dobbiamo veramente chiedere aiuto al Signore.

MT 9:36-36 f4) > ESSERE DEI BUONI OPERAI DEL SISNORE > Il Signore parla appositamente di - *operai -,* ovvero di uomini e donne che siano pronti ad occuparsi di questo solenne impegno. Non devono sentirsi responsabili solo i *missionari a pieno tempo,* ma ogni figlio di Dio.

Ovviamente quando si parla di operai, la Scrittura ci mostra anche l'altro lato della medaglia, ovvero la possibilità di essere dei cattivi operai > 2Corinzi 11:13 *Quei tali sono falsi apostoli, operai fraudolenti, che si travestono da apostoli di Cristo. 2Corinzi 11:14 Non c'è da meravigliarsene, perché anche Satana si traveste da angelo di luce. 2Corinzi 11:15 Non è dunque cosa eccezionale se anche i suoi servitori si travestono da servitori di giustizia; la loro fine sarà secondo le loro opere.* Paolo parla in modo specifico dei falsi apostoli, ovvero di coloro che pretendevano di avere le credenziali apostoliche, quando in realtà erano solo dei falsi e dei bugiardi. Infatti, non per niente *Satana si traveste da angelo di luce* e così possono fare anche coloro che sono caratterizzati da una falsa fede. Questo ci ricorda che le opere che compiamo per la gloria del Signore devono avere come presupposto la sincerità di cuore, l'onestà spirituale ed una fede viva ed autentica.

Come dirà Paolo a Timoteo, bisogna sforzarsi per essere un buon operaio di Cristo > 2Timoteo 2:14 *Ricorda loro queste cose, scongiurandoli davanti a Dio che non facciano dispute di parole; esse non servono a niente e conducono alla rovina chi le ascolta. 2Timoteo 2:15 Sforzati di presentare te stesso davanti a Dio come un uomo approvato, un operaio che non abbia di che vergognarsi, che dispensi rettamente la parola della verità.* Quante volte occupiamo i nostri sforzi per cose inutili ed anche dannose come *dispute di parole* senza fine e che non sono assolutamente edificanti. Bisogna invece *sforzarsi,* impegnarsi per essere un operaio approvato da Dio, che *dispensi rettamente la parola della verità.* Non si può essere superficiali o pressapochisti. Come buoni *operai* con zelo e gioia, siamo chiamati a servire il Signore nella - mèsse - che è ancora molto vasta.

MT 9:36-36 f5) > PRESARE IL SISNORE AFFINCHÈ MANDI OPERAI NELLA MESSE > Perciò la forte esortazione del Signore è chiara - *Pregate dunque il Signore della mèsse che mandi degli operai nella sua mèsse»* -. Siamo chiamati a pregare affinché tanti figli di Dio si possano muovere per il progresso del Vangelo, ma innanzitutto dovremmo pregare per noi stessi affinché noi, in prima persona, possiamo essere dei buoni operai per il Signore.

La Scrittura presenta numerosi motivi per pregare e supplicare il Signore, *ma* è molto interessante notare come in Gr 29, il Signore esorta Giuda a pregare per Babilonia e per il suo bene > *Geremia 29:5 «Costruite case e abitatele; piantate giardini e mangiatene il frutto; Geremia 29:6 prendete mogli e generate figli e figlie; prendete mogli per i vostri figli, date marito alle vostre figlie perché facciano figli e figlie; moltiplicate là dove siete, e non diminuite. Geremia 29:7 Cercate il bene della città dove vi ho fatti deportare, e pregate il SIGNORE per essa; poiché dal bene di questa dipende vostro bene».* Babilonia rappresentava quell'impero crudele e violento che aveva ucciso molti ebrei e deportati un numeroso numero. Babilonia rappresentava quel regno che aveva tolto, seppure temporaneamente, qualsiasi speranza al popolo di Giuda. Eppure l'esortazione è chiara: bisognava costruire case, piantare vigne, sposarsi, fare figli, permettere il matrimonio di quest'ultimi e *cercare il bene della città...e pregate il Signore per essa.* Questo insegnamento trova un meraviglioso collegamento con quanto insegna il Signore Gesù *Amate i vostri nemici.* Infatti, dal bene di Babilonia dipendeva anche il bene dei deportati. Così dovremmo pregare costantemente per la - mèsse -, affinché tanti uomini e donne si convertano a Cristo.

Inoltre, la preghiera deve essere caratterizzata dalla perseveranza > *Colossesi 4:2* Perseverate nella preghiera, vegliando in essa con rendimento di grazie. Colossesi 4:3 *Pregate nello stesso tempo anche per noi, affinché Dio ci apra una porta per la parola, perché possiamo annunziare il mistero di Cristo, a motivo del quale mi trovo prigioniero,* Colossesi 4:4 *e che io lo faccia conoscere, parlandone come devo.* L'indicazione apostolica è assolutamente chiara. Siamo chiamati a perseverare nella preghiera, senza mai ignorare il necessario ringraziamento che dobbiamo al Signore. Paolo era consapevole della sua fragilità e debolezza, perciò chiede costantemente alle chiese di pregare per lui, per i suoi collaboratori, affinché potesse del continuo *annunziare il mistero di Cristo.* Proprio per quel motivo, egli aveva più volte conosciuto la prigione e la sofferenza. - Perciò non dobbiamo mai stancarci di pregare, ma essere costanti e perseveranti soprattutto per un motivo così altamente nobile come la salvezza per le anime -.

Anche in 1 Te 5 Paolo esorta a pregare per lui ed i suoi > 1Tessalonicesi 5:25 *Fratelli, pregate per noi.* Poche parole, ma che non lasciano spazio a dubbi. Il lavoro evangelistico è assolutamente vasto ed ampio e vi è sempre bisogno di nuove forze. Siamo tra coloro che sono in prima linea per annunziare con coraggio il Vangelo di Cristo?

# Capitolo 10

## UNA CHIAMATA PARTICOLARE

### Matteo 10:1-15 > Il mandato dei discepoli

Mt 10:1-15 (11 > ***Il potere dato ai dodici discepoli*** > - *Poi, chiamati a sé i suoi dodici discepoli, diede loro il potere di scacciare gli spiriti immondi e di guarire qualunque malattia e qualunque infermità* - > Mt 10:1

MT 10:1 f1) > UNA CHIAMATA PARTICOLARE > L'inizio del cap.10 è costituito dal famoso mandato dei discepoli. Non è propriamente però quello che incontreremo alla fine di questo vangelo. Innanzitutto è scritto che il Signore chiamò i Suoi - *chiamati a sé i Suoi discepoli* -. Egli dovette chiamare innanzitutto i Suoi per poter comandare loro cosa dovevano fare. Per ricevere un mandato di qualunque natura, è chiaro che prima si è interpellati e chiamati. Soprattutto in ambito spirituale è importante essere assolutamente convinti del fatto che, per svolgere un servizio, si è effettivamente chiamati dal Signore e non dal proprio orgoglio.

Interessante è la parabola delle dieci mine, nel quale è scritto che il padrone, innanzitutto, chiamò i suoi servi > Luca 19:12 *Disse dunque: «Un uomo nobile se ne andò in un paese lontano per ricevere l'investitura di un regno e poi tornare. Luca 19:13 Chiamati a sé dieci suoi servi, diede loro dieci mine e disse loro: Fatele fruttare fino al mio ritorno. Luca 19:14 Or i suoi concittadini l'odiavano e gli mandarono dietro degli ambasciatori per dire: Non vogliamo che costui regni su di noi. Luca 19:15 Quando egli fu tornato, dopo aver ricevuto l'investitura del regno, fece venire quei servi ai quali aveva consegnato il denaro, per sapere quanto ognuno avesse guadagnato mettendolo a frutto. Luca 19:16 Si presentò il primo e disse: Signore, la tua mina ne ha fruttate altre dieci. Luca 19:17 Il re gli disse: Va bene, servo buono; poiché sei stato fedele nelle minime cose, abbi potere su dieci città.* Luca 19:18 *Poi venne il secondo, dicendo: La tua mina, Signore, ha fruttato cinque mine.* Luca 19:19 *Egli disse anche a questo: E tu sii a capo di cinque città.* Luca 19:20 *Poi ne venne un altro che disse: Signore, ecco la tua mina che ho tenuta nascosta in un fazzoletto,* Luca 19:21 *perché ho avuto paura di te che sei uomo duro; tu prendi quello che non hai depositato, e mieti quello che non hai seminato.* Luca 19:22 *Il re gli disse: Dalle tue parole ti giudicherò, servo malvagio! Tu sapevi che io sono un uomo duro, che prendo quello che non ho depositato e mieto quello che non ho seminato;* Luca 19:23 *perché non hai messo il mio denaro in banca, e io, al mio ritorno, lo avrei riscosso con l'interesse?* Luca 19:24 *Poi disse a coloro che erano presenti: Toglietegli la mina e datela a colui che ha dieci mine.* Luca 19:25 *Essi gli dissero: Signore, egli ha dieci mine!* Luca 19:26 *Io vi dico che a chiunque ha sarà dato; ma a chi non ha sarà tolto anche quello che ha.* Luca 19:27 *E quei miei nemici che non volevano che io regnassi su di loro, conduceteli qui e uccideteli in mia presenza».* È una parabola questa assolutamente densa di significato, nella quale osserviamo come primo protagonista proprio un padrone che deve partire per ricevere un'investitura a re. Egli affida ai Suoi dieci servi dieci mine, ma prima li deve *chiamare* per poter rivolgere

Suoi ordini. Importante anche sottolineare il pensiero dei concittadini i quali non volevano che questo padrone regnasse, la stessa cosa la fece Israele nei confronti del Signore Gesù. Nel proseguo del brano, due servi fanno fruttare le loro mine e ne ricevono il premio, ma ad un certo punto il padrone interpella un servo che non fece fruttare la mina, ma la nascose. Proprio questo dimostrò la sua malvagità. Cosa? Il fatto che lui aveva ricevuto dei privilegi immensi, ma non ne fece tesoro e soprattutto non fece fruttare ciò che il padrone aveva dato a lui. Ecco perché dobbiamo stare assolutamente attenti ad ascoltare ed ubbidire agli ordini del Signore. Egli ci ha donato tutto, ma dobbiamo essere saggi per poter far fruttare al meglio i Suoi doni.

Anche Paolo parla della sua chiamata specifica > Galati 1:15 *Ma Dio che m'aveva prescelto fin dal seno di mia madre e mi ha chiamato mediante la sua grazia, si compiacque. Galati 1:16 di rivelare in me il Figlio suo perché io lo annunziassi fra gli stranieri.* Dio conosce ogni cosa e l'elezione di Paolo era vista proprio in relazione a quel mandato che egli avrebbe dovuto ottemperare, ovvero annunziare fra gli stranieri la Persona gloriosa del Signore Gesù. Perciò abbiamo la chiamata a salvezza (Ro 8), ma abbiamo anche una chiamata per un compito specifico che il Signore può rivolgere a ciascuno di noi. Siamo noi pronti ad ubbidire?

MT 10:1 IL *POTERE DELEGATO AI DISCEPOLI*. Il testo prosegue con queste parole - *diede loro il potere di scacciare gli spiriti immondi e di guarire qualunque malattia e qualunque infermità* -. Il Signore non manda i Suoi sguarniti di ogni equipaggiamento, ma quando comanda un compito, Egli li prepara appositamente. Così fa il Signore per noi. I discepoli furono caratterizzati dall'autorità, dal -*potere* - di compiere due atti importanti: scacciare demoni e guarire le malattie.

Certamente dobbiamo stare attenti in quanto nella Scrittura si parla anche di potere ed autorità demoniaca > Apocalisse 13:3 *E vidi una delle sue teste come ferita a morte; ma la sua piaga mortale fu guarita; e tutta la terra, meravigliata, andò dietro alla bestia; Apocalisse 13:4 e adorarono il dragone perché aveva dato il potere alla bestia; e adorarono la bestia dicendo: «Chi è simile alla bestia? e chi può combattere contro di lei?»* Apocalisse 13:5 *E le fu data una bocca che proferiva parole arroganti e bestemmie. E le fu dato potere di agire per quarantadue mesi.* Miracoli e prodigi saranno all'ordine del giorno in quel tetro periodo conosciuto come grande tribolazione, il cui protagonista indiscusso è proprio la prima bestia descritta in Ap 13. Attraverso di essa, il dragone, cioè Satana sarà adorato e sarà proprio lui a dare potere a questo personaggio della fine dei tempi, il quale agirà per tre anni e mezzo. Ecco perché bisogna assolutamente vegliare.

Ma in Ap 2, alla chiesa di Tiatiri, viene rivolta una solenne promessa, ovvero che chi vince riceverà autorità sulle nazioni > Apocalisse 2:26 *A chi vince e persevera nelle mie opere sino alla fine, darò potere sulle nazioni,* Apocalisse 2:27 *ed egli le reggerà con una verga di ferro e le frantumerà come vasi d'argilla,* Apocalisse 2:28 *come anch'io ho ricevuto potere dal Padre mio; e gli darò la stella del mattino.* Non è facile comprendere queste parole, ma è chiaro che questa promessa parla di un premio e di una ricompensa straordinaria. Colui che vince, ovvero colui che *persevera nelle opere* del Signore sino alla fine, riceverà potere, autorità sulle nazioni, realtà che si vedrà proprio quando sarà stabilito il regno glorioso del Messia. Colui che riceverà tale potere *reggerà le nazioni con una verga di ferro,* stessa descrizione che abbiamo anche per il Messia. Il potere che il Figlio ha ricevuto dal Padre, lo donerà anche a coloro che rientreranno in questa straordinaria categoria dei vincitori.

MT 10:1 f8) > *LA PRIMA MANIFESTAZIONE: SCACCIARE DEMÒNI* > La prima manifestazione di questo potere è rappresentato dallo - *scacciare spiriti immondi* -. Essi sono chiaramente demoni o angeli al servizio di Satana.

Anche in Ap 16 possiamo osservare questa correlazione > Il testo parla del versamento della sesta coppa, mediante la quale il fiume Eufrate e le sue acque si prosciugarono, perché la via dei re d'oriente fosse spianata. Ed ecco cosa dice il testo Apocalisse 16:13 *E vidi uscire dalla bocca del dragone, da quella della bestia e da quella del falso profeta tre spiriti immondi, simili a rane.* Apocalisse 16:14 *Essi sono spiriti di demòni capaci di compiere dei miracoli.* Tutto questo ci invita ancora una volta a fare attenzione all'argomento miracoli e prodigi. Anche questi demoni avranno questo potere, ma sarà un'autorità demoniaca che li muoverà. Quando si ha a che fare con questo mondo bisogna stare assolutamente attenti.

Ovviamente non tutti si possono improvvisare esorcisti. Bisogna aver ricevuto il mandato del Signore, altrimenti si fa la fine di coloro che sono descritti in Atti 19 > Il brano parla di alcuni esorcisti itineranti giudei, i quali anche loro cercarono di scimmiottare ed imitare gli apostoli. Essi cercarono di invocare il Nome del Signore Atti 19:13 *dicendo: «Io vi scongiuro, per quel Gesù che Paolo annunzia».* I protagonisti erano setti figli di Sceva, un capo sacerdote, i quali probabilmente erano invidiosi del potere che il Signore aveva dato agli apostoli. Ma ecco cosa accadde Atti 19:15 *Ma lo spirito maligno rispose loro: «Conosco Gesù, e so chi è Paolo; ma voi chi siete?»* Atti 19:16 *E l'uomo che aveva lo spirito maligno si scagliò su due di loro; e li trattò in modo tale che fuggirono da quella casa, nudi e feriti.* Lo spirito immondo, il demone non riconosceva assolutamente l'autorità di questi sette ebrei, ma riconosceva quella del Signore Gesù e di Paolo, in quanto ricevette proprio da Lui tale potere. Perciò questi falsi esorcisti improvvisati furono costretti a fuggire, nudi e feriti. Perciò bisogna sicuramente stare attenti ed essere caratterizzati da discernimento spirituale.

MT 10:1 f4) > *LA SECONDA MANIFESTAZIONE: LA GUARIGIONE* >Il terzo atto è la guarigione - *da ogni infermità* -. Abbiamo già sottolineato più volte questo concetto ma è bene ribadirlo. I discepoli avevano ricevuto anche quest'autorità e potere.

In Atti 4, abbiamo una precisa richiesta da parte di una chiesa riunita affinché si continuassero a fare segni e prodigi nel Nome del Signore Gesù > Atti 4:29 *Adesso, Signore, considera le loro minacce, e concedi ai tuoi servi di annunziare la tua Parola in tutta franchezza,* Atti 4:30 *stendendo la tua mano per guarire, perché si facciano segni e prodigi mediante il nome del tuo santo servitore Gesù».* Infatti, tale mandato non fu solo nel cap.10 di Matteo, ma anche alla fine quando il Signore darà le ultime raccomandazioni ai Suoi (Mt 28). Essi avrebbero ricevuto questo potere ed autorità di compiere i *segni dell'apostolo*, in modo tale che la loro predicazione fosse accreditata da essi. Ma il ravvedimento e la conversione non ci sono attraverso i miracoli, ma ascoltando la Parola di Dio.

Mt 10:1-15 (21 > *I nomi degli apostoli* > - *I nomi dei dodici apostoli sono questi: il primo, Simone detto Pietro, e Andrea suo fratello; Giacomo di Zebedeo e Giovanni suo fratello; Filippo e Bartolomeo; Tommaso e Matteo il pubblicano; Giacomo d'Alfeo e Taddeo; Simone il Cananeo e Giuda l'Iscariota, quello stesso che poi lo tradì -* > Mt 10:2-4

MT 10:2-4 *IL TERMINE APOSTOLO.* In questi versetti possiamo osservare l'elenco dei dodici discepoli, che per la prima volta nel Vangelo di Matteo sono chiamati - *apostoli* -, che seguirono il Signore. Il termine apostolo, deriva dal verbo greco - *apostello* - che significa inviare, mandare. Perciò, in senso lato, ogni credente che viene inviato o mandato da una chiesa locale per proclamare il messaggio del Vangelo è un apostolo. Ma il suo ministero non sarà mai come quello che caratterizzò il ministero apostolico all'inizio dell'era della chiesa. Infatti,, a parte Giuda Iscariota, gli undici con in più colui che venne scelto successivamente, ovvero Mattia, iniziarono questo ministero subito dopo la Pentecoste.

In Atti 1 Luca spiega che gli apostoli, prima di iniziare il loro ministero. Ricevettero le istruzioni dal Signore Gesù > Atti 1:1 *Nel mio primo libro, o Teofilo, ho parlato di tutto quello che Gesù cominciò a fare e a insegnare,* Atti 1:2 *fino al giorno che fu elevato in cielo, dopo aver dato mediante lo Spirito Santo delle istruzioni agli apostoli che aveva scelti.* Sappiamo che Luca, sia nel Vangelo scritto da lui, sia negli Atti si indirizza a questo suo amico *Teofilo,* con lo scopo di illustrare a lui tutto ciò che il Signore fece ed insegnò fino a quando Egli diede le ultime istruzioni agli apostoli. Essi dovevano aver ben appreso le varie lezioni per iniziare a svolgere i loro compiti.

Come abbiamo detto, essi ricevettero anche il potere di compiere molti segni e prodigi > Atti 5:12 *Molti segni e prodigi erano fatti tra il popolo per le mani degli apostoli; e tutti di comune accordo si ritrovavano sotto il portico di Salomone.* Interessante osservare che negli Atti non troviamo nessuno, al di fuori degli apostoli o di qualche delegato, compiere miracoli, segni e prodigi. Possiamo dire che questo fu un loro compito specifico e questo precisa a chi il Signore si indirizzava in Marco 16.

Gli apostoli non fecero certamente una bella vita nel periodo della persecuzione. Paolo ai corinzi afferma che gli apostoli sono ultimi fra tutti come uomini condannati a morte > 1Corinzi 4:8 *Già siete sazi, già siete arricchiti, senza di noi siete giunti a regnare! E fosse pure che voi foste giunti a regnare, affinché anche noi potessimo regnare con voi!* 1Corinzi 4:9 *Poiché io ritengo che Dio abbia messo in mostra noi, gli apostoli, ultimi fra tutti, come uomini condannati a morte; poiché siamo diventati uno spettacolo al mondo, agli angeli e agli uomini.* 1Corinzi 4:10 *Noi siamo pazzi a causa di Cristo, ma voi siete sapienti in Cristo; noi siamo deboli, ma voi siete forti; voi siete onorati, ma noi siamo disprezzati.* Possiamo certamente affermare che Paolo aveva imparato più volte, nel corso della sua vita, questa lezione. Ironicamente egli si rivolge ai corinzi come persone che si erano arricchite, che non avevano bisogno di nulla, che erano addirittura *giunti a regnare,* senza di lui. Tutto ciò in contrapposizione proprio alla situazione drammatica nella quale vivevano lui e gli altri apostoli. Essi erano realmente come *uno spettacolo al mondo, agli angeli ed agli uomini.* Ma perché gli apostoli sopportarono tutto questo? Perché erano divenuti *pazzi per Cristo.* Per loro la cosa più importante era servire il Signore con tutto se stessi, anche a costo della propria vita. Quale lezione per i corinzi che si ritenevano forti e saggi, e quale lezione per noi!

Nel saluto che Paolo rivolge a coloro che erano in Roma egli definisce la sua chiamata ad essere apostolo > *Romani 1:1 Paolo, servo di Cristo Gesù, chiamato a essere apostolo, messo a parte per il vangelo di Dio,* Romani 1:2 *che egli aveva già promesso per mezzo dei suoi profeti nelle sante Scritture* Romani 1:3 *riguardo al Figlio suo, nato dalla stirpe di Davide secondo la carne,* Romani 1:4 *dichiarato Figlio di Dio con potenza secondo lo Spirito di santità mediante la risurrezione dai morti; cioè Gesù Cristo, nostro Signore,* Romani 1:5 *per mezzo del quale abbiamo ricevuto grazia e apostolato perché si ottenga l'ubbidienza della fede fra tutti gli stranieri, per il suo nome.* Egli si definisce *servo di Cristo Gesù,* ovvero Suo schiavo. Paolo era disposto a tutto pur di soddisfare il Suo Signore. Ma nello stesso tempo si definisce *apostolo* con tutto ciò che ne consegue. Egli era stato appartato per predicare il Vangelo di Dio, quel messaggio che era stato promesso anticamente per mezzo dei profeti, i quali rivelarono il Figlio nella Sua umanità e divinità. Paolo era consapevole che dal Signore aveva ricevuto *grazia ed apostolato,* per il raggiungimento di uno scopo *l'ubbidienza della fede fra tutti gli stranieri.* Questa deve essere la nostra massima aspirazione.

MT 10:2-4 f1) > ***IL PRIMO DISCEPOLO MENZIONATO: SIMONE. DETTO PIETRO*** > Arriviamo ora al primo nome degli apostoli - *Simone, detto Pietro* -. È chiaro che qui si tratta di una precisazione anticipata. Faremo ora qualche considerazione su questi discepoli.

Infatti, il cambio del nome l'abbiamo proprio in Matteo 16 > Matteo 16:18 *E anch'io ti dico: tu sei Pietro, e su questa pietra edificherò la mia chiesa, e le porte dell'Ades non la potranno vincere.* Matteo 16:19 *Io ti darò le chiavi del regno dei cieli; tutto ciò che legherai in terra sarà legato nei cieli, e tutto ciò che scioglierai in terra sarà sciolto nei cieli».* Questo passo fortemente discusso, segnala semplicemente che Simone, per rivelazione del Padre, rivelò per primo chi fosse realmente il Signore Gesù. Non semplicemente un Profeta seppure grande, né un grande Maestro, ma il Figlio del Dio vivente. Non si può certo ignorare tale primato, in quanto è un dato chiaro e limpido. Ma da qui a dire che la Chiesa è fondata su Pietro ne passa. *La Chiesa è fondata sulla roccia, ovvero Cristo, su Colui che è il Figlio del Dio Vivente.*

Ma sebbene ci sia un elogio bellissimo del Signore verso Pietro, subito dopo abbiamo un aspro rimprovero > Matteo 16:22 *Pietro, trattolo da parte, cominciò a rimproverarlo, dicendo: «Dio non voglia, Signore! Questo non ti avverrà mai».* Matteo 16:23 *Ma Gesù, voltatosi, disse a Pietro: «Vattene via da me, Satana! Tu mi sei di scandalo. Tu non hai il senso delle cose di Dio, ma delle cose degli uomini».* Di Pietro conosciamo la sua impulsività. Egli con baldanza, cerca, seppure involontariamente di ostacolare il Signore nella Sua missione. Addirittura Pietro *rimprovera* il suo Maestro.

Il Signore risponde con parole che, credo, Pietro non si dimenticherà mai *Vattene via da me, Satana.* Si perché Satana stava proprio usando quel discepolo verso il quale poco prima il Signore gli aveva rivolto quelle parole straordinarie.

MT 10:2-4 *IL SECONDO DISCEPOLO: ANDREA.* Il secondo discepolo menzionato è - *Andrea, fratello di Simone* -. In Gv 1 troviamo menzionato per la prima volta questo discepolo, il quale annunciò a suo fratello che avevano trovato il Messia > Giovanni 1:40 *Andrea, fratello di Simon Pietro, era uno dei due che avevano udito Giovanni e avevano seguito Gesù.* Giovanni 1:41 *Egli per primo trovò suo fratello Simone e gli disse: «Abbiamo trovato il Messia» (che, tradotto, vuol dire Cristo);* Giovanni 1:42 *e lo condusse da Gesù.* Andrea era inizialmente uno dei discepoli di Giovanni Battista, che poi seguì il Signore. Fu proprio lui a dire a Simone *Abbiamo trovato il Messia.* Quale annuncio straordinario!

Un altro brano dove è menzionato Andrea è in Marco 13 circa la domanda sui tempi in cui avverranno certe cose > Marco 13:3 *Poi, mentre era seduto sul monte degli Ulivi di fronte al tempio, Pietro, Giacomo, Giovanni e Andrea gli domandarono in disparte:* Marco 13:4 *«Dicci, quando avverranno queste cose e quale sarà il segno del tempo in cui tutte queste cose staranno per compiersi?».* Questo ci fa capire che Andrea fosse un discepolo non solo interessato all'insegnamento del Signore Gesù, ma desiderava sapere sempre di più, come anche gli altri tre discepoli che molto spesso troviamo insieme *Pietro, Giacomo e Giovanni.*

MT 10:2-4 *IL TERZO E QUARTO DISCEPOLO: I FIGLI DI ZEBEDEO.* Ora vedremo due discepoli insieme - *Giacomo, figlio di Zebedeo e Giovanni suo fratello* -. Questo perché essi si trovano molto spesso insieme in circostanze ed episodi che li hanno visti come protagonisti.

Essi ad esempio sono menzionati nell'episodio della

trasfigurazione > Matteo 17:1 *Sei giorni dopo, Gesù prese con sé Pietro, Giacomo e Giovanni suo fratello, e li condusse sopra un alto monte, in disparte.* Matteo 17:2 *E fu trasfigurato davanti a loro; la sua faccia risplendette come il sole e i suoi vestiti divennero candidi come la luce.* Da notare come il Signore Gesù, alcune volte, non prese con Se tutti i discepoli, ma tre di essi per un motivo che vedremo poi successivamente. Essi sono proprio *Pietro, Giacomo e Giovanni.* In questo episodio emblematico, essi sono condotti su un alto monte, in disparte per essere testimoni di un evento glorioso: la trasfigurazione del Signore Gesù. Purtroppo il vangelo di Luca segnala che essi si assopirono (Lu 9:32), tuttavia videro sia la gloria del Signore, sia Mosè che Elia. Fu un esperienza assolutamente unica che verosimilmente l'apostolo Giovanni testimonia nella sua prima lettera.

In Marco 10, abbiamo Giacomo e Giovanni, i quali esprimono il desiderio di sedere uno a destra e l'altro a sinistra, vicino al Signore, nella gloria > Marco 10:35 *Giacomo e Giovanni, figli di Zebedeo, si avvicinarono a lui, dicendogli: «Maestro, desideriamo che tu faccia per noi quello che ti chiederemo».* Marco 10:36 *Egli disse loro: «Che volete che io faccia per voi?»* Marco 10:37 *Essi gli dissero: «Concedici di sedere uno alla tua destra e l'altro alla tua sinistra nella tua gloria».* Marco 10:38 *Ma Gesù disse loro: «Voi non sapete quello che chiedete. Potete voi bere il calice che io bevo, o essere battezzati del battesimo del quale io sono battezzato?» Essi gli dissero: «Sì, lo possiamo».* Marco 10:39 *E Gesù disse loro: «Voi certo berrete il calice che io bevo e sarete battezzati del battesimo del quale io sono battezzato;* Marco 10:40 *ma quanto al sedersi alla mia destra o alla mia sinistra, non sta a me concederlo, ma è per quelli a cui è stato preparato».* Tale domanda fa pensare che questi due discepoli erano effettivamente ambiziosi, ma bisogna stare attenti a cosa muove la nostra ambizione. Ci muove il desiderio di glorificare il Nome del Signore, oppure la nostra carne? Il Signore alla fine risponde che coloro che godranno di tale privilegio sarà *a cui è stato preparato.* Non è certo con raccomandazioni che si possono godere privilegi di tal fattura, ma se il Signore lo riterrà opportuno. Perciò stiamo attenti da ciò che muove i desideri del nostro cuore.

Ma per quale motivo, spesso, il Signore Gesù prese con Se Pietro, Giacomo e Giovanni? Una risposta l'abbiamo in Ga 2 > Galati 2:9 *riconoscendo la grazia che mi era stata accordata, Giacomo, Cefa* e Giovanni, che sono reputati colonne, diedero a me e a Barnaba la mano in segno di comunione perché andassimo noi agli stranieri, ed essi ai circoncisi. È Paolo stesso che definisce Giacomo, Pietro e Giovanni, delle *colonne,* ovvero dei punti di riferimento indiscussi per la Chiesa. Essi erano visto non solo come dei conduttori, ma come coloro che avevano proprio il compito di *gettare le fondamenta* per la Chiesa nascente. Il Signore Gesù, prevedendo il tutto, preparò questi tre apostoli per il grande compito a cui sarebbero stati chiamati.

MT 10:2-4 *IL QUINTO DISCEPOLO: FILIPPO.* L'altro discepolo menzionato è - Filippo -. Egli è menzionato in Gv 1, dove è registrata la sua chiamata > Giovanni 1:43 *Il giorno seguente, Gesù volle partire per la Galilea; trovò Filippo, e gli disse: «Seguimi».* Giovanni 1:44 *Filippo era di Betsàida, della città di Andrea e di Pietro.* In altre parole, Egli sperimentò la stessa cosa di Matteo. Il Signore disse a lui *seguimi* e subito vi fu una pronta ubbidienza. Questo discepolo era della stessa città di Andrea e Pietro, ovvero Betsaida.

Inoltre Filippo è famoso per un dialogo particolare che intercorre tra lui ed il Signore. Giovanni 14:8 *Filippo gli disse: «Signore, mostraci il Padre e ci basta».* Giovanni 14:9 *Gesù gli disse: «Da tanto tempo sono con voi e tu non mi hai conosciuto, Filippo? Chi ha visto me, ha visto il Padre; come mai tu dici: Mostraci il Padre?* Giovanni 14:10 *Non credi tu che io sono nel Padre e che il Padre è in me? Le parole che io vi dico, non le dico di mio; ma il Padre che dimora in me, fa le opere sue.* Egli rivolse una richiesta al Signore che sicuramente, dal canto suo, era legittima e spirituale. Ma egli non aveva ancora compreso pienamente Chi aveva davanti e con Chi stava parlando. Infatti, il Signore riprende *Da tanto tempo sono con voi e tu non mi hai conosciuto, Filippo? Chi ha visto me, ha visto il Padre.* È bello osservare come proprio da questo dialogo nasce una delle dichiarazioni più forti di uguaglianza tra il Figlio ed il Padre. Il Figlio è nel Padre ed Padre è nel Figlio. Si parla di un'unione assoluta, tanto che le parole che il Signore pronunciava provenivano dalla bocca stessa del Padre.

MT 10:2-4 *IL SESTO DISCEPOLO: BARTOLOMEO.* Un altro discepolo menzionato è - Bartolomeo -. Di lui non abbiamo tanti testi che ne parlano in modo specifico, ma è interessante evidenziare ciò che è scritto in Atti 1 dove è scritto che lui insieme agli altri discepoli e coloro che erano nell'alto solaio, erano perseveranti e concordi nella preghiera > Atti 1:12 *Allora essi tornarono a Gerusalemme dal monte chiamato dell'Uliveto, che è vicino a Gerusalemme, non distandone che un cammino di sabato.* Atti 1:13 *Quando furono entrati, salirono nella sala di sopra dove di consueto si trattenevano Pietro e Giovanni, Giacomo e Andrea, Filippo e Tommaso, Bartolomeo e Matteo, Giacomo d'Alfeo e Simone lo Zelota, e Giuda di Giacomo.* Atti 1:14 *Tutti questi perseveravano concordi nella preghiera, con le donne, e con Maria, madre di Gesù e con i fratelli di lui.* È una scena questa assolutamente straordinaria. Ci sono undici discepoli più le donne e più Maria, la madre di Gesù. Vi era un unico desiderio che caratterizzava i loro cuori, ovvero pregare il Signore ed attendere l'adempimento della promessa della Pentecoste.

MT 10:2-4 *IL SETTIMO DISCEPOLO: TOMMASO.* L'altro discepolo menzionato è Tommaso -. In Gv 14, troviamo questo discepolo il quale chiede al Signore Gesù come sia possibile conoscere la strada giusta > Giovanni 14:5 *Tommaso gli disse: «Signore, non sappiamo dove vai; come possiamo sapere la via?»* Giovanni 14:6 *Gesù gli disse: «Io sono la via, la verità e la vita; nessuno viene al Padre se non per mezzo di me.* Giovanni 14:7 *Se mi aveste conosciuto avreste conosciuto anche mio Padre; e fin da ora lo conoscete, e l'avete visto».* Questa domanda rivela quanto i discepoli non avevano ancora compreso della Persona gloriosa del Signore Gesù. Infatti, il Signore risponde in modo lapidario *Io sono la via, la verità e la vita; nessuno viene al Padre se non per mezzo di me.* Non solo, ma il Signore aggiunge altresì che se essi Lo avessero conosciuto, avrebbero conosciuto anche il Padre. Questo significa che la loro conoscenza era molto labile ancora.

Ma purtroppo Tommaso è conosciuto per la sua incredulità > Giovanni 20:26 *Otto giorni dopo, i suoi discepoli erano di nuovo in casa, e Tommaso era con loro. Gesù venne a porte chiuse, e si presentò in mezzo a loro, e disse: «Pace a voi!»* Giovanni 20:27 *Poi disse a Tommaso: «Porgi qua il dito e vedi le mie mani; porgi la mano e mettila nel mio costato; e non essere incredulo, ma credente».* Giovanni 20:28 *Tommaso gli rispose: «Signor mio e Dio mio!»* Giovanni 20:29 *Gesù gli disse: «Perché mi hai visto, tu hai creduto; beati quelli che non hanno visto e hanno creduto!».* Tommaso non aveva creduto all'evento sovrannaturale della risurrezione del Signore Gesù ed aveva chiaramente espresso la sua incredulità. Ma in questo brano il Signore dà una solenne lezione al suo discepolo. Egli si presenta presentando anche le Sue ferite ed invita Tommaso a sincerarsene. Ma Tommaso non osa tanto e dichiara una delle più belle espressioni sulla deità del Signore *Signor Mio e Dio Mio*. Ora finalmente Tommaso crede, ha fede, perché ha visto, ma *beati sono coloro che hanno creduto senza avere visto*.

Tommaso è menzionato anche in Gv 21, nell'episodio della manifestazione del Signore Gesù risorto presso il mare di Tiberiade > Giovanni 21:1 *Dopo queste cose, Gesù si manifestò di nuovo ai discepoli presso il mar di Tiberiade; e si manifestò in questa maniera.* Giovanni 21:2 Simon Pietro, Tommaso detto Didimo, Natanaele di Cana di Galilea, i figli di Zebedeo e due altri dei suoi discepoli erano insieme... Giovanni 21:6 *Ed egli disse loro: «Gettate la rete dal lato destro della barca e ne troverete». Essi dunque la gettarono, e non potevano più tirarla su per il gran numero di pesci.* Giovanni 21:7 *Allora il discepolo che Gesù amava disse a Pietro: «È il Signore!»* Simon Pietro, udito che era il Signore, si cinse la veste, perché era nudo, e si gettò in mare. Giovanni 21:8 *Ma gli altri discepoli vennero con la barca, perché non erano molto distanti da terra (circa duecento cubiti), trascinando la rete con i pesci. Come possiamo osservare vi erano Pietro, Tommaso, Natanaele, Giacomo e Giovanni e due altri discepoli i quali videro il Signore.* Al grido di *colui che Gesù amava: È il Signore*, Pietro si vestì e si gettò in mare per raggiungere il Signore. A tale manifestazione vi fu anche una pesca grandiosa. È triste vedere brano dove leggiamo di discepoli dubbiosi o increduli, ma è incoraggiante quando si leggono anche altri brani dove vediamo questi uomini che mostrano amore nei confronti del Signore Gesù.

MT 10:2-4 > *L'OTTAVO DISCEPOLO: MATTEO* > Il discepolo successivo menzionato è proprio - *Matteo* -. Di lui vogliamo solo menzionare e ricordare la sua chiamata > Matteo 9:9 *Poi Gesù, partito di là, passando, vide un uomo chiamato Matteo, che sedeva al banco delle imposte e gli disse: «Seguimi». Ed egli, alzatosi, lo seguì.* Abbiamo già sottolineato come quest'uomo, questo ebreo, il quale aveva un lavoro anche piuttosto redditizio, anche se mal visto e tendente in modo rischioso al compromesso, lasciò tutto per seguire il Signore. È bastata una sola parola del Signore Gesù *Seguimi*, perché in Matteo ci fosse ubbidienza immediata.

MT 10:2-4 > *IL NONO DISCEPOLO: SIMONE IL CANANEO*

> Un altro discepolo menzionato è - *Simone il Cananeo* -. È straordinario osservare come nella schiera dei dodici vi fosse anche un cananeo, visto e considerato ciò che l'AT affermava su questo popolo.

Infatti, per Cananeo si intendevano tutte quelle popolazioni in senso generale che abitavano la terra di Canaan. In Ge 15 abbiamo un elenco di popoli > Genesi 15:18 *In quel giorno il SIGNORE fece un patto con Abramo, dicendo: «Io do alla tua discendenza questo paese, dal fiume d'Egitto al gran fiume, il fiume Eufrate;* Genesi 15:19 *i Chenei, i Chenizei, i Cadmonei,* Genesi 15:20 *gli Ittiti, i Ferezei, i Refei,* Genesi 15:21 *gli Amorei, i Cananei, i Ghirgasei e i Gebusei.* In questo passo è segnalato il famoso e fondamentale patto che il Signore sancisce non solo con Abraamo, ma anche con tutta la discendenza della promessa, ovvero quella di Isacco. Abraamo non avrebbe visto l'adempimento di tale promessa, ma la sua discendenza sì, in armonia con tutte le predizioni bibliche fatte su questo argomento.

In De 20, è assolutamente chiaro l'ordine del Signore, ovvero di votare allo sterminio diverse popolazioni tra cui anche i cananei > Deuteronomio 20:16 *Ma nelle città di questi popoli che il SIGNORE, il tuo Dio, ti dà come eredità, non conserverai in vita nulla che respiri,* Deuteronomio 20:17 *ma voterai a completo sterminio gli Ittiti, gli Amorei, i Cananei, i Ferezei, gli Ivvei e i Gebusei, come il SIGNORE, il tuo Dio, ti ha comandato di fare,* Deuteronomio 20:18 *affinché essi non v'insegnino a imitare tutte le pratiche abominevoli che fanno per i loro dèi e voi non pecchiate contro il SIGNORE Dio vostro.* Molto spesso l'uomo critico della Bibbia, religioso, rifiuta queste pagine, in quanto, secondo lui, viene mostrato un dio crudele e senza pietà. Ma non è così. Il motivo di tale ordine era duplice: giudicare quei popolo per la loro violenza e malvagità ed in secondo luogo evitare che Israele si potesse conformare a loro. Infatti, vi era il pericolo che quelle popolazioni insegnassero a Israele ad *imitare tutte le pratiche abominevoli che fanno per* loro dèi.

Inoltre l'appellativo Cananeo indicava ribellione e malvagità verso Dio > Osea 12:8 *Efraim è un Cananeo che tiene in mano bilance false; egli ama ingannare.* Non a caso quest'appellativo è rivolto proprio ad Efraim, ovvero ad un Israele che si era corrotto e che aveva nel suo cuore inganno e frode tanto che *teneva in mano bilance false.*

Ma nonostante ciò che la Scrittura dice sui Cananei, nella schiera dei dodici vi era proprio un cananeo, un uomo non appartenente ad Israele, ma pagano. Questo ci parla della straordinaria Grazia di Dio.

MT 10:2-4 > **GLI ULTIMI TRE DISCEPOLI: GIUDA ISCARIOTA. GIACOMO D'ALFEO E TADDEO** > L'altro discepolo menzionato è proprio - *Giuda Iscariota* -, proprio colui che *tradì Gesù*. Vediamo solo due testi che parlano di lui.

In Gv 12 è evidente la falsità che caratterizzava questo discepolo > Giovanni 12:3 *Allora Maria, presa una libbra d'olio profumato, di nardo puro, di gran valore, unse i piedi di Gesù e glieli asciugò con i suoi capelli; e la casa fu piena del profumo dell'olio.* Giovanni 12:4 *Ma Giuda Iscariota, uno dei suoi discepoli, che stava per tradirlo, disse:* Giovanni 12:5 *«Perché non si è venduto quest'olio per trecento denari e non si sono dati ai poveri?».* Maria era certamente animata da nobilissimi desideri, in quanto il suo unico pensiero era quello di onorare la Persona del Signore Gesù. Ecco perché aveva portato una *libbra d'olio profumato*, di grande valore, per ungere i piedi del Signore e per asciugarli con i suoi capelli. Un gesto che parla di profonda adorazione. Ma Giuda, che già pensava di tradire il Signore disse *Perché non si è venduto quest'olio per trecento denari e non si sono dati ai poveri?* quando lui ai poveri non pensava assolutamente.

Ma è Luca 22:3 il passo più terribile che riguarda questo discepolo > Luca 22:3 *Satana entrò in Giuda, chiamato Iscariota, che era nel numero dei dodici.* Luca 22:4 *Egli andò a conferire con i capi dei sacerdoti e i capitani sul modo di consegnarlo nelle loro mani.* Luca 22:5 *Essi si rallegrarono e pattuirono di dargli del denaro.* Luca 22:6 *Egli fu d'accordo e cercava l'occasione buona per consegnare loro Gesù di nascosto alla folla.* È chiaro dal Vangelo di Giovanni che in Giuda vi era già il pensiero di tradire il Signore. Egli non fu predeterminato a fare questo, fu una sua scelta deliberata. Satana *entrando in lui,* non fa altro che dargli la spinta per compiere ciò che già pensava a fare. Perciò andò a conferire con i capi sacerdoti per consegnare loro il Signore. È veramente terribile la figura di questo discepolo.

Rimangono gli ultimi due discepoli menzionati - *Giacomo d'Alfeo e Taddeo* -. Il primo è menzionato anche in Atti 1:13, il secondo solo in quest'elenco.

Mt 10:1-15 (31 > *Le istruzioni del Signore Gesù* > - *Questi sono i dodici che Gesù mandò, dando loro queste istruzioni: «Non andate tra i pagani e non entrate in nessuna città dei Samaritani, ma andate piuttosto verso le pecore perdute della casa d'Israele. Andando, predicate e dite: Il regno dei cieli è vicino. Guarite gli ammalati, risuscitate i morti, purificate i lebbrosi, scacciate i demoni; gratuitamente avete ricevuto, gratuitamente date. Non provvedetevi d'oro, né d'argento, né di rame nelle vostre cinture, né di sacca da viaggio, né di due tuniche, né di calzari, né di bastone, perché l'operaio è degno del suo nutrimento -* >

Mt 10:5-10 MT 10:5-10 > *LE ISTRUZIONI DEL SIGNORE* > Importante osservare innanzitutto che il Signore diede delle precise - istruzioni - ai Suoi discepoli. Questo ci pone davanti nuovamente l'argomento dell'ubbidienza. Come agiamo di fronte alle istruzioni del Signore?

In Gb 22, Elifaz evidenzia l'importanza di riporre la parola del Signore nel proprio cuore > Giobbe 22:22 *Ricevi istruzioni dalla sua bocca, riponi le sue parole nel tuo cuore.* Giobbe 22:23 *Se torni all'Onnipotente, se allontani l'iniquità dalle tue tende, sarai ristabilito. Non si tratta certamente di un consiglio sbagliato, anzi.* Non si può e non si deve solo ascoltare la Parola di Dio in modo superficiale ed approssimativo, ma siamo chiamati a *riporre la Sua Parola, nel nostro cuore.* Solo così vi potrà essere ubbidienza. Paolo ai tessalonicesi dichiara che essi sapevano quali fossero le sue istruzioni proprio perché essi ubbidivano > 1Tessalonicesi 4:1 *Del resto, fratelli, avete imparato da noi il modo in cui dovete comportarvi e piacere a Dio ed è già così che vi comportate. Vi preghiamo e vi esortiamo nel Signore Gesù a progredire sempre di più.* 1Tessalonicesi 4:2 *Infatti, sapete quali istruzioni vi abbiamo date nel nome del Signore Gesù.* Questi cristiani non lo erano solo di nome, ma di fatto. Essi si comportavano, agivano, in modo da piacere solo al Signore. Perciò Paolo intercede per loro e prega il Signore affinché essi proseguano su questa strada. In questo modo essi dimostravano chiaramente di aver compreso le istruzioni apostoliche. È lo stesso anche per noi. Noi possiamo dimostrare solo con l'ubbidienza e la sottomissione, di aver realmente compreso e creduto alla Parola di Dio.

MT 10:5-10 f2) > *IL PRIMO ORDINE* > L'ordine era perentorio ed era suddiviso in due parti. Ecco la prima - *Non andate tra i pagani e non entrate in nessuna città dei Samaritani -.* I discepoli non dovevano andare da nessun pagano. Ma dobbiamo sempre tenere presente che la Bibbia è una rivelazione progressiva, anche nel NT. Sebbene nei Vangeli traspaia l'amore del Signore Gesù verso tutti, vi era una priorità da osservare. Prima di tutto Israele doveva ascoltare il vangelo del regno.

Sebbene il Signore mostri amore verso tutti. Egli parla di pagani anche nel senso di ribellione e disubbidienza > Matteo 18:17 *Se rifiuta d'ascoltarli, dillo alla chiesa; e, se rifiuta d'ascoltare anche la chiesa, sia per te come il pagano e il pubblicano. Matteo 18:18 Io vi dico in verità che tutte le cose che legherete sulla terra, saranno legate nel cielo; e tutte le cose che scioglierete sulla terra, saranno sciolte nel cielo.* In questo passo che regola il modo di comportarsi verso chi provoca liti o divisioni, vengono sottolineate diverse tappe: il chiarimento a due, il confronto con i testimoni, con la chiesa e poi la sanzione disciplinare *sia per te come il pagano ed il pubblicano*, ovvero individui che non avevano alcun diritto di entrare nella sinagoga e godere di alcun tipo di comunione. Come detto il Signore Gesù non esclude di certo i pagani o i samaritani dal suo piano di salvezza, ma prima di tutto bisognava andare verso quel popolo che Dio si era scelto anticamente.

Ma come possiamo osservare il divieto parla anche dei - *Samaritani* -. Samaria fu un luogo che nacque nel periodo dell'idolatria del re Geroboamo e fu costituito da una popolazione meticcia, mescolata tra Giudei e pagani.

In 2 Re 17, è scritto che i samaritani costruirono alti luoghi, simbolo d'idolatria > 2Re 17:27 *Allora il re d'Assiria diede quest'ordine: «Fate tornare laggiù uno dei sacerdoti che avete deportato di là; vada a stabilirsi in quel luogo, e insegni loro il modo di servire il Dio del paese».* 2Re 17:28 *Così uno dei sacerdoti che erano stati deportati dalla Samaria venne a stabilirsi a Betel, e insegnò loro come dovevano temere il SIGNORE.* 2Re 17:29 *Tuttavia ogni popolazione si fece i propri dèi nelle città dove abitava, e li mise nei templi degli alti luoghi che i Samaritani avevano costruiti.* Il re d'Assiria in questione è Salmaneser, il quale diede ordine di far tornare uno dei sacerdoti affinché egli insegnasse le vie del Signore. Così avvenne ed uno dei sacerdoti si stabilì a Betel, questo perché in Samaria non conoscevano il modo di servire Dio nel paese. Questo sacerdote doveva supplire a questa mancanza, ma purtroppo la situazione non era delle più felici. Infatti, vi era una grande idolatria ed i samaritani stessi, come detto, avevano costruito gli alti luoghi, simbolo dell'idolatria.

Inoltre, interessante notare che proprio la donna samaritana precisa che tra loro ed i Giudei vi era ancora un'aperta ostilità > Giovanni 4:9 *La Samaritana allora gli disse: «Come mai tu che sei Giudeo chiedi da bere a me, che sono una donna samaritana?» Infatti, i Giudei non hanno relazioni con i Samaritani.* Giovanni 4:10 *Gesù le rispose: «Se tu conoscessi il dono di Dio e chi è che ti dice: Dammi da bere, tu stessa gliene avresti chiesto, ed egli ti avrebbe dato dell'acqua viva».* Ovviamente il Signore Gesù conosceva tale situazione. Ma questa donna si stupisce del fatto che il Signore Gesù, essendo ebreo in carne, non solo parlava con una donna ma anche samaritana. Ebbene da questo dialogo scaturiranno degli insegnamenti straordinari come il fatto che il Padre è alla ricerca di veri adoratori che *Lo adorino in Spirito e verità* (Gv 4:24). Perciò il divieto di non andare dai - *Samaritani* -, non aveva certamente un significato razzista, visto e considerato che il Signore non aveva alcun problema nel parlare con una donna samaritana

Inoltre la figura del samaritano è rivalutata dalla parabola che parla proprio di lui > Luca 10:31 *Per caso un sacerdote scendeva per quella stessa strada; e lo vide, ma passò oltre dal lato opposto.* Luca 10:32 *Così pure un Levita, giunto in quel luogo, lo vide, ma passò oltre dal lato opposto.* Luca 10:33 *Ma un samaritano che era in viaggio, passandogli accanto, lo vide e ne ebbe pietà;* Luca 10:34 *avvicinatosi, fasciò le sue piaghe, versandovi sopra olio e vino; poi lo mise sulla propria cavalcatura, lo condusse a una locanda e si prese cura di lui.* La parabola parla proprio di quest'uomo malmenato e picchiato, il quale fu ignorato sia dal sacerdote, sia dal Levita, i quali avrebbero dovuto almeno soccorrerlo, vista la loro responsabilità. Chi lo soccorse, fu proprio un samaritano che nella popolazione giudaica di quei tempi era emarginato e classificato come inferiore. Ma il Signore Gesù non vieta di andare dai samaritani perché pensa che essi siano inferiori e lo dimostra anche questa parabola narrata proprio da Lui stesso. Il motivo è un altro, lo stesso che abbiamo visto per i pagani. Vi era un ordine di priorità.

MT 10:5-10 > **IL SECONDO ORDINE** > Ecco il secondo ordine - *ma andate piuttosto verso le pecore perdute della casa d'Israele* -. Ecco ciò che i discepoli dovevano fare. Bisognava rivolgersi innanzitutto ad Israele.

Mi 2:12 > Interessante osservare il dettaglio delle pecore perdute. In Michea 2 il Signore si impegna a raccogliere il resto d'Israele. Michea 2:12 *«Io ti radunerò, o Giacobbe, ti radunerò tutto quanto! Certo io raccoglierò il resto d'Israele; io li farò venire assieme come pecore in un ovile; come un gregge in mezzo al pascolo; il luogo sarà pieno di gente.* Questo testo ha una chiara connotazione escatologica, ovvero quando il vero Israele riconoscerà il suo Messia. Allora sarà raccolto, per costituire *un solo gregge e pascolo,* in quella terra che il Signore aveva promesso anticamente. Ma è altresì chiaro che se Israele avesse riconosciuto il Signore Gesù già a quel tempo, il regno si sarebbe stabilito già a quel tempo. Ecco perché il messaggio doveva essere rivolto ad Israele, in quanto popolo eletto.

Mt 15:21-27 > Un episodio emblematico l'abbiamo con la donna cananea, con la quale il Signore risponde nello stesso modo. Matteo 15:21 *Partito di là, Gesù si ritirò nel territorio di Tiro e di Sidone.* Matteo 15:22 *Ed ecco una donna cananea di quei luoghi venne fuori e si mise a gridare: «Abbi pietà di me, Signore, Figlio di Davide. Mia figlia è gravemente tormentata da un demonio».* Matteo 15:23 *Ma egli non le rispose parola. E i suoi discepoli si avvicinarono e lo pregavano dicendo: «Mandala via, perché ci grida dietro».* Matteo 15:24 *Ma egli rispose: «Io non sono stato mandato che alle pecore perdute della casa d'Israele».* Matteo 15:25 *Ella però venne e gli si prostrò davanti, dicendo: «Signore, aiutami!»* Matteo 15:26 *Gesù rispose: «Non è bene prendere il pane dei figli per buttarlo ai cagnolini».* Matteo 15:27 *Ma ella disse: «Dici bene, Signore, eppure anche i cagnolini mangiano delle briciole che cadono dalla tavola dei loro padroni».* Questa donna era afflitta, addolorata per la situazione assolutamente grave di sua figlia, la quale era *tormentata da un demonio.* Questa donna chiede aiuto al Signore, invoca la Sua pietà e compassione, ma inizialmente il Signore non risponde alla sua richiesta ed in un secondo tempo risponde in questo modo *Io non sono stato mandato che alle pecore perdute della casa d'Israele».* Il Signore non sbaglia assolutamente in quest'asserzione, in quanto la Sua priorità era proprio Israele. Ma nello stesso tempo vuole anche mettere alla prova la fede di questa donna, la quale non solo si avvicina, ma si prostra davanti al Signore Gesù chiedendo ancora il Suo aiuto. Il Signore risponde che non è bene prendere il pane dei figli per darlo ai cagnolini, identificando questa donna cananea proprio in quest'ultimi. Ma la donna risponde con saggezza: *Dici bene, Signore, eppure anche i cagnolini mangiano delle briciole che cadono dalla tavola dei loro padroni»*. Lei comprese che non aveva diritti da avanzare. Ma il Signore premia sempre la fede operante.

Mr 16:15 > Ma notiamo la differenza che abbiamo in Marco 16. L'ordine di predicare il Vangelo, non del regno, ma della Grazia è rivolto ad ogni creatura Marco 16:15 *E disse loro: «Andate per tutto il mondo, predicate il vangelo a ogni creatura.* Non ci sono più ordini di priorità, ma ogni creatura, ogni essere umano è importante affinché possa ascoltare il messaggio del Vangelo. Questa deve essere la nostra responsabilità.

In 1 Co 1. Paolo parla dell'importanza della predicazione della croce > 1Corinzi 1:17 *Infatti, Cristo non mi ha mandato a battezzare ma a evangelizzare; non con sapienza di parola, perché la croce di Cristo non sia resa vana.* 1Corinzi 1:18 *Poiché la predicazione della croce e pazzia per quelli che periscono, ma per noi, che veniamo salvati, e la potenza di Dio.* L'apostolo sapeva molto bene quali fossero i suoi compiti. Egli non fu mandato per battezzare, ma per predicare un messaggio molto importante, quello della croce.

□ In Matteo 10, il Signore ordina di predicare il Vangelo del regno, per i motivi che abbiamo già detto, ma dobbiamo capire che nel periodo nel quale viviamo, siamo chiamati a proclamare la *predicazione della croce.*

MT 10:5-10 f4) > *IL CONTENUTO DEL MESSAGGIO* > Comunque il messaggio che i discepoli dovevano annunciare era questo - *Il regno dei cieli è vicino* -.

Lo stesso messaggio lo proclamava Giovanni Battista > Matteo 3:1 *In quei giorni venne Giovanni il battista, che predicava nel deserto della Giudea, e diceva:* Matteo 3:2 *«Ravvedetevi, perché il regno dei cieli e vicino».* Come possiamo osservare anche il precursore del Messia predicava questo messaggio proprio perché il *Re dei Giudei* era giunto. Egli ebbe il compito di preparare il popolo a quest'attesa. Lo stesso messaggio dovevano proclamarlo i discepoli. Ma tale messaggio ha soprattutto una connotazione escatologica > Matteo 25:1 *«Allora il regno dei cieli sarà simile a dieci vergini le quali, prese le loro lampade, uscirono a incontrare lo sposo.* Matteo 25:2 *Cinque di loro erano stolte e cinque avvedute.* La parabola delle dieci vergini è inserito nel sermone profetico del Signore, nel quale parla e spiega ciò che precederà la Sua venuta in gloria e come avverrà tale manifestazione. Queste dieci vergini, sagge e stolte rappresentano quell'Israele che, rispettivamente, potrà accedere al regno, e quello che invece sarà scartato proprio per la sua stoltezza, manifestata nel fatto che non ha saputo attendere il suo Re.

^ Perciò, dalla bocca dei discepoli, Israele doveva sapere che il Re era giunto e che bisognava accoglierlo. Ma invece di accoglienza, vi fu rinnegamento e rifiuto.

MT 10:5-10 > *LA PRIMA MANIFESTAZIONE: GUARIRE GLI AMMALATI* > Il contenuto del messaggio però non si fermava qui. Ecco come prosegue il Signore Gesù - *Guarite gli ammalati, risuscitate i morti, purificate i lebbrosi, scacciate i demòni; gratuitamente avete ricevuto, gratuitamente date -.* Ovvero, tornano nuovamente quei segni che si erano visti anche precedentemente, i quali avevano sempre questa funzione: accreditare il ministero dei discepoli e ciò che essi proclamavano. Il primo è in relazione alla guarigione.

In Marco 16 ritroviamo ancora questi segni > Marco 16:17 *Questi sono i segni che accompagneranno coloro che avranno creduto: nel nome mio scacceranno i demòni; parleranno in lingue nuove;* Marco 16:18 *prenderanno in mano dei serpenti; anche se berranno qualche veleno, non ne avranno alcun male; imporranno le mani agli ammalati ed essi guariranno».* Sebbene l'ordine non sia più relativo al *vangelo del regno,* ma a quello della Grazia, visto che ormai l'era della Chiesa era iniziata o stava per iniziare, nonostante questo, gli apostoli avrebbero dovuto mostrare alle genti ancora questi segni, tra cui il *guarire gli ammalati.* Già abbiamo visto diversi esempi nel libro degli Atti che testimoniano dell'ottemperanza e dell'ubbidienza degli apostoli in tal senso.

MT 10: S-10 > *LA SECONDA MANIFESTAZIONE: RISUSCITARE I MORTI* > Non solo, ma il secondo segno è identificato nel - *risuscitare i morti -.* Interessante osservare che coloro che pretendono oggi di poter operare gli stessi segni degli apostoli, si dedicano molto alle guarigioni, ma per nulla alla risurrezione dei morti. Eppure i discepoli avevano anche questo potere e quest'autorità.

In Atti 9, viene narrato ad esempio della risurrezione di Tabita > Atti 9:36 *A Ioppe c'era una discepola, di nome Tabita, che, tradotto, vuol dire Gazzella: ella faceva molte opere buone ed elemosine.* Atti 9:37 *Proprio in quei giorni si ammalò e morì. E, dopo averla lavata, la deposero in una stanza di sopra.* Atti 9:38 *Poiché Lidda era vicina a Ioppe, i discepoli, udito che Pietro era là, mandarono due uomini per pregarlo che senza indugio andasse da loro.* Atti 9:39 *Pietro allora si alzò e partì con loro. Appena arrivato, condussero nella stanza di sopra; e tutte le vedove si presentarono a lui piangendo, mostrandogli tutte le tuniche e i vestiti che Gazzella faceva, mentre era con loro.* Atti 9:40 *Ma Pietro, fatti uscire tutti, si mise in ginocchio, e pregò; e, voltatosi verso il corpo, disse: «Tabita, alzati». Ella aprì gli occhi; e, visto Pietro, si mise seduta.* Questa donna era molto operosa. Come specifica molto bene il testo, essa si dedicava alle *opere buone ed alle elemosine,* ovvero a tutte quelle manifestazioni di amore concreto verso il prossimo. Ma un giorno si ammalò e morì. Si trattava di una perdita molto grave, ma due messaggeri andarono da Pietro per pregarlo di andare con loro. Pietro acconsentì e vide concretamente dolore degli amici di Tabita per la sua morte. Questa scena ricorda il pianto che si fece per Lazzaro. Ma Pietro pregò il Signore e comprendendo chiaramente la Sua volontà, per mezzo suo, il Signore operò il miracolo: Tabita risuscitò. Non si trattava di una morte apparente o di un inganno, questa donna era realmente morta. Ma il Signore non conosce ostacoli.

Tuttavia, quando si parla di risurrezione, non si può certo ignorare quella più grandiosa del Signore Gesù > Atti 5:29 *Ma Pietro e gli altri apostoli risposero: «Bisogna ubbidire a Dio anziché agli uomini. Atti 5:30 Il Dio dei nostri padri ha risuscitato Gesù che voi uccideste appendendolo al legno.* Atti 5:31 *e lo ha innalzato con la sua destra, costituendolo Principe e Salvatore, per dare ravvedimento a Israele, e perdono dei peccati. Atti 5:32 Noi siamo testimoni di queste cose; e anche lo Spirito Santo, che Dio ha dato a quelli che gli ubbidiscono».* Tutte le varie risurrezioni che sono contemplate nella Scrittura hanno un comune denominatore: la persona risuscitata successivamente è morta. Ma la risurrezione del Signore Gesù è unica in tutto il Suo genere. Come attesta Pietro, *Dio ha risuscitato il Signore Gesù dai morti, costituendolo Principe e Salvatore per dare ravvedimento ad Israele.* Non parlavano dei visionari, ma dei chiari *testimoni oculari.* Nessun uomo ha detto al Signore Gesù Alzati. Egli ha deposto la Sua vita, ma altresì se l'è ripresa (Gv 10:18). Proprio Colui che risuscitò dalla morte e che ha piena autorità, comandò ai Suoi di risuscitare i morti

MT 10:5-10 f7) > *LA TERZA MANIFESTAZIONE: PURIFICARE I LEBBROSI* > La terza manifestazione - *purificate i lebbrosi* -. La lebbra nella Scrittura è un chiaro simbolo di peccato. La Legge prescriveva norme precise sul lebbroso > Levitico 13:45 *Il lebbroso, affetto da questa piaga, porterà le vesti strappate e il capo scoperto; si coprirà la barba e griderà: Impuro! Impuro!* Levitico 13:46 *Sarà impuro tutto il tempo che avrà la piaga; è impuro; se ne starà solo; abiterà fuori del campo.* Egli era emarginato dalla società, doveva gridare sempre *impuro, impuro* per ricordare a se stesso ed agli altri la sua triste situazione. Egli doveva stare fuori dal campo, per impedire un contagio generale in mezzo al popolo. Vi era poi tutta una norma per la purificazione descritta in Levitico 14.

Ma i discepoli ricevettero anche questo potere: quello di purificare immediatamente i lebbrosi che avrebbero incontrato, evitando per loro anche l'emarginazione Dobbiamo ricordarci che l'impurità ha a che fare proprio con la situazione spirituale deprecabile dell'uomo > Efesini 4:19 *Essi, avendo perduto ogni sentimento, si sono abbandonati alla dissolutezza fino a commettere ogni specie di impurità con avidità insaziabile.* Efesini 4:20 *Ma voi non è così che avete imparato a conoscere Cristo.* Paolo parla proprio dei sentimenti, dell'uomo interiore corrotto di colui che è lontano dal Signore. Anche noi eravamo così un tempo. Ma da quando abbiamo *imparato Cristo,* ovvero abbiamo creduto alla Sua Persona ed al Suo messaggio, tutto è cambiato. Per l'impurità che esiste in ogni uomo, si commettono gli atti più nefandi, ma il Signore Gesù può liberare da questa tragica situazione.

È bello ricordare l'episodio del lebbroso pieno di gratitudine > Luca 17:11 *Nel recarsi a Gerusalemme, Gesù passava sui confini della Samaria e della Galilea.* Luca 17:12 *Come entrava in un villaggio, gli vennero incontro dieci lebbrosi, i quali si fermarono lontano da lui,* Luca 17:13 *e alzarono la voce, dicendo: «Gesù, Maestro, abbi pietà di noi!»* Luca 17:14 *Vedutili, egli disse loro: «Andate a mostrarvi ai sacerdoti». E, mentre andavano, furono purificati.* Luca 17:15 *Uno di loro vedendo che era purificato, tornò indietro, glorificando Dio ad alta voce;* Luca 17:16 *e si gettò ai piedi di Gesù con la faccia a terra, ringraziandolo; ed era un samaritano.* Luca 17:17 *Gesù, rispondendo, disse: «I dieci non sono stati tutti purificati? Dove sono gli altri nove?* Luca 17:18 *Non si è trovato nessuno che sia tornato per dar gloria a Dio tranne questo straniero?»* Luca 17:19 *E gli disse: «Alzati e va'; la tua fede ti ha salvato».* Come narra il testo il Signore passò per i confini tra la Samaria e la Galilea. Ben dieci lebbrosi vennero a chiedere aiuto al Signore per la loro triste situazione e tutti e dieci furono guariti. Ma quanti tornarono indietro per ringraziare ed adorare il Signore? Solo uno e per di più era samaritano. Egli non faceva parte del popolo d'Israele, ma sentì nel suo cuore il desiderio di ringraziare e di adorare Colui che l'aveva salvato da quella situazione di emarginazione e di impurità. Contesto con Matteo > Da notare la contrapposizione: il Signore comanda inizialmente di non andare tra i pagani ed i samaritani, eppure nei Vangeli abbiamo più casi di pagani riconoscenti che di ebrei.

Come ci ricorda l'apostolo Giovanni, solo il sangue del Signore Gesù purifica da ogni peccato > 1Giovanni 1:7 *Ma se camminiamo nella luce, com'egli è nella luce, abbiamo comunione l'uno con l'altro, e il sangue di Gesù, suo Figlio, ci purifica da ogni peccato.* Quali figli di Dio abbiamo il compito di perseverare nel camminare nella luce, ovvero in ubbidienza al Signore. Ma nello stesso tempo, dobbiamo sempre ricordarci che siamo stati salvati per mezzo del sangue di Cristo che ci ha purificato da ogni peccato.

Come ci ricorda anche Pietro, non dobbiamo mai dimenticarci di essere stati purificati dai nostri vecchi peccati > 2Pietro 1:8 *Perché se queste cose si trovano e abbondano in voi, non vi renderanno né pigri, né sterili nella conoscenza del nostro Signore Gesù Cristo.* 2Pietro 1:9 *Ma colui che non ha queste cose, è cieco oppure miope, avendo dimenticato di essere stato purificato dei suoi vecchi peccati.* 2Pietro 1:10 *Perciò, fratelli, impegnatevi sempre di più a render sicura la vostra vocazione ed elezione; perché, così facendo, non inciamperete mai.* Come cristiani non possiamo certamente basarci sul pensiero secondo il quale la salvezza è il punto di arrivo. Semmai è il punto di partenza. Perciò siamo chiamati a possedere quelle virtù, quelle caratteristiche spirituali, quelle virtù che ci permetteranno di essere sempre zelanti nell'opera del Signore. Ma sempre dobbiamo ricordare che siamo come dei *lebbrosi* che sono stati purificati dal sangue di Cristo

MT 10:5-10 f6) > *LA QUARTA MANIFESTAZIONE: SCACCIARE I DEMÒNI* > La quarta manifestazione è in relazione allo - *scacciare demòni* -. Già abbiamo parlato di questo e sicuramente possiamo dire che questo atto esemplificava molto bene l'autorità che il Signore aveva delegato ai Suoi (per Suoi si intende Giuda Iscariota escluso).

Ma in Lu 10, nonostante i discepoli esprimano la loro gioia per l'autorità che il Signore aveva loro conferito, il Signore risponde che la loro vera allegrezza deve risiedere nel fatto che i loro nomi sono scritti nei cieli > Luca 10:17 *Or i settanta tornarono pieni di gioia, dicendo: «Signore, anche i demòni ci sono sottoposti nel tuo nome».* Luca 10:18 *Ed egli disse loro: «Io vedevo Satana cadere dal cielo come folgore.* Luca 10:19 *Ecco, io vi ho dato il potere di camminare sopra serpenti e scorpioni e su tutta la potenza del nemico; nulla potrà farvi del male.* Luca 10:20 *Tuttavia, non vi rallegrate perché gli spiriti vi sono sottoposti, ma rallegratevi perché i vostri nomi sono scritti nei cieli».* Questo testo esprime molto bene il senso della vera gioia. Innanzitutto si parla di ben *settanta discepoli,* non solo della stretta schiera dei dodici. Inoltre non bisogna dimenticare il fatto che il poter operare dei segni potenti può in un certo qual modo solleticare il proprio io, il proprio orgoglio, dimenticando che anche questi prodigi provengono dal Signore. Ma il Signore Gesù, sposta l'obiettivo ed annunciando la caduta di Satana, Egli precisa che, sebbene sia stato proprio Lui a conferire tale autorità, la loro vera gioia deve risiedere nel fatto che i loro nomi sono scritti nei cieli. Questa deve essere anche la nostra vera gioia.

MT 10:5-10 f9) > *CIÒ CHE SI È RICEVUTO SRATUITAMENTE BISOSNA DONARLO SRATUITAMENTE* > Ma il Signore Gesù aggiunge un altro insegnamento fondamentale - *gratuitamente avete ricevuto, gratuitamente date* -. Siamo chiamati ad essere sempre riconoscenti al Signore per le Sue grandi benedizioni e per la salvezza che abbiamo ricevuto in Lui. Ma come tutto abbiamo ricevuto gratuitamente ovvero sulla base della Sua Grazia, siamo chiamati altresì a dare agli altri gratuitamente ciò che abbiamo ricevuto. Paolo afferma che la sua ricompensa consiste nell'annunziare il vangelo gratuitamente agli altri > 1Corinzi 9:16 *Perché se evangelizzo, non debbo vantarmi, poiché necessità me n'è imposta; e guai a me, se non evangelizzo!* 1Corinzi 9:17 *Se lo faccio volenterosamente, ne ho ricompensa;*

ma se non lo faccio volenterosamente è sempre un'amministrazione che mi è affidata. 1Corinzi 9:18 *Qual è dunque la mia ricompensa? Questa: che annunziando il vangelo, io offra il vangelo gratuitamente, senza valermi del diritto che il vangelo mi dà.* L'apostolo era assolutamente consapevole della responsabilità che il Signore gli aveva affidato. Egli può ben affermare *Guai a me se non evangelizzo.* Annunziare il Vangelo del Signore era per lui una dolce imposizione. Il fatto che egli eseguisse tale compito con volontà, dedizione e passione, rappresentava per lui una straordinaria ricompensa. Così deve essere per ogni cristiano. Un giorno abbiamo ascoltato *gratuitamente*, il messaggio del Vangelo, lo stesso dobbiamo fare noi.

Inoltre, proprio al termine della rivelazione biblica, il Signore attesta con forza che Egli dona gratuitamente l'acqua della vita a chiunque lo desideri > Apocalisse 21:6 *«Ogni cosa è compiuta. Io sono l'alfa e l'omega, il principio e la fine. A chi ha sete io darò gratuitamente della fonte dell'acqua della vita.* Apocalisse 21:7 *Chi vince erediterà queste cose, io gli sarò Dio ed egli mi sarà figlio.* Ogni figlio di Dio autentico si può riconoscere in quest'invito. Il Signore si presenta come Colui che è *il principio e la fine*, come Colui che può donare *gratuitamente* dell'acqua della vita. Il Signore Gesù stesso affermò alla donna samaritana che Lui può donare dell'acqua della vita (Gv 4:14). Questa straordinaria realtà che il figlio di Dio ha sperimentato lo deve portare ad annunziare questo straordinario messaggio: chiunque vuole può ricevere gratuitamente la salvezza in Cristo.

Anche in 2 Co 11, Paolo ribadisce lo stesso concetto, sebbene in un contesto diverso > 2Corinzi 11:7 *Ho forse commesso peccato quando, abbassando me stesso perché voi foste innalzati, vi ho annunziato il vangelo di Dio gratuitamente?* Egli evidenzia una netta contrapposizione. Paolo si era *abbassato*, in quanto, pur di servire questi cristiani, aveva *spogliato altre chiese*. In altre parole egli si era umiliato, abbassato per servire ed annunziare il Vangelo ai cristiani di Corinto. Quando si annuncia il Vangelo bisogna affaticarsi, essere zelanti, pronti al servizio ed i discepoli del Signore Gesù lo sapevano bene. Essi dovevano essere consapevoli che non dovevano richiedere nulla, ma offrire gratuitamente ciò che avevano ricevuto > *Mt10:9.*

MT 10:5-10 f10)> **L'OPERAIO È DEGNO DEL SUO**

**NUTRIMENTO** > Ma gli ordini del Signore proseguono - *Non provvedetevi d'oro, né d'argento, né di rame nelle vostre cinture, né di sacca da viaggio, né di due tuniche, né di calzari, né di bastone, perché l'operaio è degno del suo nutrimento -.* Servire il Signore costa sicuramente un prezzo. I discepoli dovevano da subito imparare che servire il Signore significa dipendere esclusivamente da Lui. Perciò non dovevano basarsi su sostentamenti umani. Questo per un semplice motivo - *L'operaio è degno del suo nutrimento -.*

Paolo ai filippesi afferma in modo stupendo che Dio provvede ai nostri bisogni > Filippesi 4:18 *Ora ho ricevuto ogni cosa e sono nell'abbondanza. Sono ricolmo di beni, avendo ricevuto da Epafròdito quello che mi avete mandato e che è un profumo di odore soave, un sacrificio accetto e gradito a Dio.* Filippesi 4:19 *Il mio Dio provvederà splendidamente a ogni vostro bisogno secondo le sue ricchezze, in Cristo Gesù.* Era proprio questo che dovevano imparare i discepoli > Mt 10:10. Paolo afferma in questo brano della lettera ai Filippesi, che dal Signore aveva ricevuto ogni cosa e che si trovava nell'abbondanza. Ma di quale abbondanza parla, visto che l'apostolo si trovava in prigione? È difficile spiegarlo a parole, ma è un dato di fatto che anche in assenza di beni materiali, il Signore sa riempire il nostro cuore delle Sue benedizioni. Il dono che questi cristiani avevano fatto a Paolo, rappresentava per l'apostolo un bene di inestimabile valore non comparabile con altro. Perciò egli incoraggia questi cristiani a confidare sempre nel Signore.

Inoltre, in Atti 20, Paolo evidenzia un altro principio > Atti 20:34 *Voi stessi sapete che queste mani hanno provveduto ai bisogni miei e di coloro che erano con me.* Atti 20:35 *In ogni cosa vi ho mostrato che bisogna venire in aiuto ai deboli lavorando così, e ricordarsi delle parole del Signore Gesù, il quale disse egli stesso: Vi è più gioia nel dare che nel ricevere».* Il Signore provvede ai bisogni dei Suoi, ma Egli si compiace anche di usare noi come strumenti affinché coloro che sono meno abbienti possano ricevere dei doni. Dobbiamo imparare questo principio: vi è più gioia nel dare che nel ricevere. I discepoli, nel seguire il Signore, senza prendere nulla con sé, impararono anche questa lezione. Essi non avevano diritti da avanzare, ma solo responsabilità da ottemperare.

Ecco il brano parallelo che abbiamo in Luca 10 > Luca 10:4 *Non portate né borsa, né sacca, né calzari, e non salutate nessuno per via.* Luca 10:5 *In qualunque casa entriate, dite prima: Pace a questa casa!* Luca 10:6 *Se vi è lì un figlio di pace, la vostra pace riposerà su di lui; se no, ritornerà a voi.* Luca 10:7 *Rimanete in quella stessa casa, mangiando e bevendo di quello che hanno, perché l'operaio è degno del suo salario. Non passate di casa in casa.* Luca 10:8 *In qualunque città entriate, se vi ricevono, mangiate ciò che vi sarà messo davanti.* I discepoli dovevano osservare un comportamento ed una condotta esemplare prima ancora di parlare. Essi dovevano dire *Pace a questa casa,* dimostrando di avere nel cuore buoni e nobili sentimenti. Se tale saluto era ricevuto positivamente, il discepolo poteva fermarsi, nutrendosi di ciò che il padrone di casa gli avrebbe offerto. Essi non dovevano pretendere altro. Essi dovevano semplicemente *mangiare ciò che gli era messo davanti.* Si tratta di una lezione molto importante. Il discepolo di Cristo deve imparare sempre a dipendere dal Signore in tutto e per tutto. Inoltre, in 1 Ti 5. Paolo cita le stesse parole del Signore Gesù parlando degli anziani di una chiesa locale > 1Timoteo 5:17 *Gli anziani che tengono bene la presidenza, siano reputati degni di doppio onore, specialmente quelli che si affaticano nella predicazione e nell'insegnamento;* 1Timoteo 5:18 *Infatti, la Scrittura dice: «Non mettere la museruola al bue che trebbia»; e: «L'operaio è degno del suo salario».* L'apostolo parla di coloro *che tengono bene la presidenza,* quindi che svolgono il loro compito di conduttori in modo encomiabile ed esemplare. Il compito della conduzione prevede anche un insegnamento sistematico delle dottrine bibliche, più una serrata cura pastorale. Tale conduttore, se non ha un lavoro secolare, ma dipende completamente dai credenti della comunità deve essere *degno del suo salario,* ma mantenendo quelle condizioni che sono evidenziate nelle parole del Signore Gesù.

A proposito del nutrimento. Il quale rappresenta una di quelle attività che tutti i giorni compiamo per il nostro sostentamento sono importanti le parole che abbiamo in Es 16 > Esodo 16:15 *I figli d'Israele, quando l'ebbero vista, si dissero l'un l'altro: «Che cos'è?» perché non sapevano che cosa fosse. Mosè disse loro: «Questo è il pane che il SIGNORE vi dà da mangiare.* Esodo 16:16 *Ecco quello che il SIGNORE ha comandato: Ognuno ne raccolga quanto gli basta per il suo nutrimento: un omer a testa, secondo il numero delle persone che vivono con voi; ognuno ne prenda per quelli che sono nella sua tenda».* Già in quest'episodio emblematico della vita di Israele nel deserto, è ben sottolineato lo stesso principio. I figli d'Israele non dovevano abusare della manna, ma raccoglierne il quantitativo necessario per la giornata e per i componenti della propria famiglia. Con queste parole il Signore ci esprime la stessa lezione che abbiamo in Matteo. Come i discepoli, dobbiamo essere contenti dello stato in cui siamo.

Un brano importante che abbiamo già visto è in Matteo 6 > Matteo 6:25 «Perciò vi dico: non siate in ansia per la vostra vita, di che cosa mangerete o di che cosa berrete; né per il vostro corpo, di che vi vestirete. Non è la vita più del nutrimento, e il corpo più del vestito? I discepoli non dovevano essere ansiosi e la stessa cosa vale anche per noi. Sia per quanto concerne il mangiare, il bere ed il vestire, siamo chiamati ad affidarci al Signore in modo completo e totale. Infatti, la vita vale più del nutrimento ed il corpo più del vestito. Da queste parole possiamo comprendere quindi il perché delle parole del Signore Gesù - L'operaio è degno del suo nutrimento -.

Mt 10:1-15 (41 > **Ricevere e ascoltare le parole del Signore Gesù** > - In qualunque città o villaggio sarete entrati, informatevi se vi sia là qualcuno degno di ospitarvi, e abitate da lui finché partirete. Quando entrerete nella casa, salutate. Se quella casa ne è degna, venga la vostra pace su di essa; se invece non ne è degna, la vostra pace torni a voi. Se qualcuno non vi riceve né ascolta le vostre parole, uscendo da quella casa o da quella città, scotete la polvere dai vostri piedi. In verità vi dico che il paese di Sodoma e di Gomorra, nel giorno del giudizio, sarà trattato con meno rigore di quella città - > Mt 10:11-15

MT 10:11-15 **IL VALORE DELL'OSPITALITÀ**. Il Signore Gesù prosegue nelle Sue raccomandazioni - In qualunque città o villaggio sarete entrati, informatevi se vi sia là qualcuno degno di ospitarvi -. Tra poco vedremo in che senso il Signore parla di dignità. Innanzitutto possiamo osservare in queste parole il valore dell'ospitalità. La Scrittura è ricca di dettagli in tal senso. Da notare che nel Medio Oriente l'ospitalità era molto sentita.

In Ro 12 Paolo raccomanda di esercitare con premura l'ospitalità > Romani 12:11 Quanto allo zelo, non siate pigri; siate ferventi nello spirito, servite il Signore; Romani 12:12 siate allegri nella speranza, pazienti nella tribolazione, perseveranti nella preghiera, Romani 12:13 provvedendo alle necessità dei santi, esercitando con premura l'ospitalità. Non a caso quest' insegnamento è contenuto proprio nella sezione che riguarda la consacrazione del cristiano. L'apostolo sottolinea il valore dello zelo, del fervore nello spirito, caratteristiche che sono fondamentali per poter servire il Signore efficacemente. Egli inoltre menziona l'allegrezza del cristiano, la quale si deve manifestare anche in mezzo alle sofferenze, alle persecuzioni, unitamente alla *perseveranza nella preghiera*. Insieme a tutte queste esortazioni importanti per la vita cristiana, abbiamo la raccomandazione dell'esercizio dell'ospitalità. Questo perché con tale attitudine si ha modo di manifestare l'amore fraterno e l'amore anche verso il prossimo.

Paolo a Tito dichiara che il conduttore di una chiesa locale deve essere ospitale > Tito 1:7 *Infatti, bisogna che il vescovo sia...ospitale.* Si tratta non di una caratteristica peculiare spirituale, ma di un'attitudine che un conduttore è chiamato a mostrare. Ma non solo lui, ma ogni credente.

Come ricorda l'autore della lettera agli Ebrei, alcuni hanno anche ospitato angeli *Ebrei 13:1 L'amor fraterno rimanga tra di voi. Ebrei 13:2 Non dimenticate l'ospitalità; perché alcuni praticandola, senza saperlo, hanno ospitato angeli.* È bello osservare questo dettaglio. Anche in questo testo, l'ospitalità è associata all'amore fraterno, in quanto manifestazione di essa. Ma nello stesso tempo, l'autore della lettera agli Ebrei ci vuole ricordare che ospitando non si dà solamente, ma si riceve anche molto.

Lo stesso valeva per i discepoli i quali sono mandati dal Signore. Chi ospitava dava ai discepoli il nutrimento, quindi una parte dei propri beni, ma soprattutto chi ospitava aveva anche la possibilità di ascoltare il messaggio del Vangelo.

MT 10:11-15 f2) > *I DISCEPOLI DOVEVANO TOCCARE DIVERSI LUOGHI* > Ovviamente i discepoli non sarebbero stati tutto il tempo in quella casa, ma ad un certo punto sarebbero - *ripartiti* -. Essi dovevano toccare diversi luoghi in tutta la Galilea. Andare e venire, tornare e partire, sono atti umani che molte volte compiamo nella nostra vita. Basti osservare il libro degli Atti per rendersi conto quanti luoghi e posti gli apostoli hanno toccato, per poi ripartire immediatamente.

In Atti 18:22-23 è scritto > Atti 18:22 *giunto a Cesarea, salì a Gerusalemme; e, salutata la chiesa, scese ad Antiochia. Atti 18:23 Dopo essersi fermato qui qualche tempo, partì, percorrendo la regione della Galazia e della Frigia successivamente, fortificando tutti i discepoli.* Questo brano parla di Paolo, il quale giunse a Cesarea, poi salì a Gerusalemme, poi salutata la chiesa partì per Antiochia. Da lì, dopo qualche tempo, andò in Galazia ed in Frigia, avendo l'obiettivo di *fortificare l'animo di tutti i discepoli.* Possiamo dire che Paolo non stava un attimo fermo. Arrivava e ripartiva, dopo aver compiuto il servizio al quale era stato chiamato. Questo discorso vale in generale per tutti gli apostoli.

Inoltre in Eb 11:8 leggiamo > Ebrei 11:8 *Per fede Abraamo, quando fu chiamato, ubbidì, per andarsene in un luogo che egli doveva ricevere in eredità; e partì senza sapere dove andava.* In questo caso non ci troviamo di fronte ad un apostolo, ma a colui che il Signore chiamò per stabilire una precisa promessa con lui: Abraamo. Vi è un dato importante: quando Abraamo venne chiamato *partì senza sapere dove andava.* In un certo qual modo, la stessa cosa valeva anche per i discepoli: andarono e partirono senza sapere cosa sarebbe accaduto. Ma ogni figlio di Dio è chiamato a dipendere esclusivamente dal Signore.

Questa lezione dovevano imparare proprio gli apostoli in Matteo 10.

MT 10:11-15 > *L'IMPORTANZA DEL SALUTO* > Ma il Signore Gesù va avanti con le raccomandazioni - *Quando entrerete in una casa, salutate -.* Tale atteggiamento non doveva solo mostrare cortesia e gentilezza, ma rappresentava il preludio per l'annuncio che ne sarebbe seguito. Nella Scrittura abbiamo molte raccomandazioni sul saluto ed il suo valore.

Ecco cosa è scritto in 1 Pt 5:13-14. 1Pietro 5:13 *La chiesa che e in Babilonia, eletta come voi, vi saluta. Anche Marco, mio figlio, vi saluta.* 1Pietro 5:14 *Salutatevi gli uni gli altri con un bacio d'amore fraterno. Pace a voi tutti che siete in Cristo.* È veramente straordinario osservare che in una città come Babilonia, la quale rappresentava la culla dell'idolatria e della malvagità, ci fosse una chiesa. Ebbene questi credenti desideravano salutare i destinatari della prima lettera di Pietro e prendendo spunto da quest'esempio, Pietro afferma *Salutatevi gli uni gli altri con un santo bacio.* Ovviamente trattasi di un *bacio d'amore fraterno.*

Anche in Ro 16:16 leggiamo > Romani 16:16 *Salutatevi gli uni gli altri con un santo bacio. Tutte le chiese di Cristo vi salutano.* Il bacio deve essere necessariamente *santo,* ovvero sincero, genuino, ripieno d'amore, altrimenti non solo non ha alcun valore, ma è fedifrago e malvagio.

Discepoli avrebbero dovuto salutare la casa che li ospitava proprio nella sincerità del loro cuore, con amore, affetto; avendo ovviamente come priorità il messaggio che dovevano proclamare.

MT 10:11-15 f4) > *DI QUALE DIGNITÀ SI PARLA?* > Ma il Signore Gesù prosegue - *Se quella casa ne è degna, venga la vostra pace su di essa; se invece non ne è degna, la vostra pace torni a voi. Se qualcuno non vi riceve né ascolta le vostre parole, uscendo da quella casa o da quella città, scotete la polvere dai vostri piedi* -. Prima avevo anticipato che avremmo approfondito di quale dignità il Signore parla in questo contesto. Ovviamente quando si parla di quest'argomento la Scrittura, all'unisono si indirizza al Signore.

Come dirà Davide > 1Cronache 16:25 *Perché il SIGNORE e grande e degno di sovrana lode; egli e tremendo sopra tutti gli dei.* 1Cronache 16:26 *Poiché tutti gli dei popoli son idoli vani, ma il SIGNORE ha fatto i cieli.* Solo il Signore è grande e degno di *sovrana lode.* Perciò si parla di una dignità che ha a che fare strettamente con la Persona gloriosa dell'Eterno. Ovviamente la Sua dignità non potrà mai essere equiparata ad un'altra, perché assoluta.

Ma in Ro 16:1-2 abbiamo un altro passo interessante > Romani 16:1 *Vi raccomando Febe, nostra sorella, che è diaconessa della chiesa di Cencrea,* Romani 16:2 *perché la riceviate nel Signore, in modo degno dei santi, e le prestiate assistenza in qualunque cosa ella possa aver bisogno di voi; poiché ella pure ha prestato assistenza a molti e anche a me.* In questo testo si parla di Febe, l'unica diaconessa che venga menzionata esplicitamente nel NT, la quale, proprio a motivo del suo servizio prezioso cristiano di assistenza che aveva rivolto a molti, persino all'apostolo Paolo, è degna di essere ricevuta *nel modo degno dei santi.* Perciò qui si parla di una dignità basata sulla bontà del servizio di un figlio di Dio.

Perciò, sebbene sull'argomento dignità nessuno può superare il Signore, coloro che ricevevano i discepoli, dovevano mostrarsi degni innanzitutto per il servizio prezioso che essi stavano portando avanti per ordine del Signore. Ma c'è un altro dettaglio importante da considerare.

MT 10:11-1S > *LA PACE A CHI È DEGNO NEL RICEVERE I DISCEPOLI* > Infatti, il Signore prosegue con queste parole - *Se quella casa ne è degna, venga la vostra pace su di essa; se invece non ne è degna, la vostra pace torni a voi -.* Ovvero il Signore mette in evidenza il profondo significato della pace, che non è certamente quello che gli dà il sistema-mondo.

In Is 55:11-12 è scritto > Isaia 55:11 *così è della mia parola, uscita dalla mia bocca: essa non torna a me a vuoto, senza aver compiuto ciò che io voglio e condotto a buon fine ciò per cui l'ho mandata.* Isaia 55:12 *Sì, voi partirete con gioia e sarete ricondotti in pace; i monti e i colli proromperanno in grida di gioia davanti a voi, tutti gli alberi della campagna batteranno le mani.* In questo testo il Signore parla dell'autorità della Sua Parola, la quale non torna mai a vuoto prima di aver compiuto ciò che è nella volontà del Signore. È bello osservare che questo testo ha una chiara connotazione escatologica, riguardo a quell'Israele che *sarà ricondotto in pace,* nella sua terra, in mezzo a grida di gioia ed esultanza. Gioia e pace sono due implicazioni nella vita cristiana che sono strettamente collegate.

Inoltre in Gv 20:19-21 leggiamo quanto segue > Giovanni 20:19 *La sera di quello stesso giorno, che era il primo della settimana, mentre erano chiuse le porte del luogo dove si trovavano i discepoli per timore dei Giudei, Gesù venne e si presentò in mezzo a loro, e disse: «Pace a voi!»* Giovanni 20:20 *E, detto questo, mostrò loro le mani e il costato. I discepoli dunque, veduto il Signore, si rallegrarono.* Giovanni 20:21 *Allora Gesù disse loro di nuovo: «Pace a voi! Come il Padre mi ha mandato, anch'io mando voi».* Come possiamo osservare anche quando il Signore Gesù si presenta ai Suoi, dopo la Sua gloriosa risurrezione, mette proprio in evidenza il valore della pace. Egli può veramente salutarli con queste straordinarie parole, le quali erano probabilmente le stesse che i discepoli dovevano pronunciare quando andavano di casa in casa. Il Signore Gesù si presenta, mostrando che i discepoli non avevano davanti un fantasma, ma proprio la Sua gloriosa Persona. Quanta pace si realizza nel sapere che il Signore Gesù, in tutta la Sua potenza è con noi ed in noi.

In Ef 2:14 è scritto > Efesini 2:14 *Lui, Infatti, è la nostra pace; lui che dei due popoli ne ha fatto uno solo e ha abbattuto il muro di separazione abolendo nel suo corpo terreno la causa dell'inimicizia,* Efesini 2:15 *la legge fatta di comandamenti in forma di precetti, per creare in sé stesso, dei due, un solo uomo nuovo facendo la pace;* Efesini 2:16 *e per riconciliarli tutti e due con Dio in un corpo unico mediante la sua croce, sulla quale fece morire la loro inimicizia.* Efesini 2:17 *Con la sua venuta ha annunziato la pace a voi che eravate lontani e la pace a quelli che erano vicini;* Efesini 2:18 *perché per mezzo di lui gli uni e gli altri abbiamo accesso al Padre in un medesimo Spirito. Il Signore Gesù è la nostra pace.* Egli, mediante il Suo sacrificio e risurrezione ha riconciliato due popoli che prima erano in completa antitesi l'uno con l'altro: Ebrei e Gentili. Essi possono realmente realizzare la vera pace in Cristo ed avere finalmente libero accesso al Padre *in un medesimo Spirito.*

Perciò possiamo ben dire che non esiste pace senza il Signore. I discepoli che avevano il compito di annunziare il lieto messaggio del vangelo del regno dovevano essere ospitati da famiglie degne. Solo su di esse poteva andare la loro pace. Perché? Cosa li rendeva realmente degni?

Mt 10:11-15 (6) > *LA MANIFESTAZIONE DI TALE DISNITÀ* > Risponde il Signore Gesù a questa domanda - *Se qualcuno non vi riceve né ascolta le vostre parole, uscendo da quella casa o da quella città, scotete la polvere dai vostri piedi -.* Ecco in che cosa consiste la vera dignità. Non è una dignità di meriti o opere, ma solo ed esclusivamente relativa all'ascolto ed al voler ricevere il messaggio del Vangelo. Se una casa o una famiglia avesse respinto sia i discepoli, sia soprattutto il messaggio che essi portavano, non avrebbero certamente ricevuto pace.

Come è ben scritto in Pr 9:7, chi corregge il beffardo riceve insulti > *Proverbi 9:7 Chi corregge il beffardo si attira insulti, chi riprende l'empio riceve affronto.* Il beffardo è una figura caratteristica del libro dei Proverbi ed ha proprio la peculiarità di non ascoltare mai i consigli, anzi di schernire. Egli dà affronto, invece che mostrare ascolto e ricezione.

Ma il Signore Gesù è chiaro in Gv 12:48: chi respinge Lui e la Sua Parola, sarà sottoposto al giudizio > *Giovanni 12:48 Chi mi respinge e non riceve le mie parole, ha chi lo giudica; la parola che ho annunciata è quella che lo giudicherà nell'ultimo giorno.* Non solo egli non sperimenterà la pace, ma sarà giudicato in via definitiva. La salvezza di un individuo non dipende dalle opere, ma dalla fede libera, responsabile, incondizionata sulle parole del

Signore e di conseguenza sulla Sua opera espiatoria.

Il non ascoltare il Signore è veramente una chiara manifestazione di durezza di cuore. Esodo 7:13 *E il cuore del faraone si indurì: non diede ascolto a Mosè e ad Aaronne, come il SIGNORE aveva detto.* L'esempio del faraone è assolutamente emblematico. È vero che il Signore indurì il cuore del faraone, ma è anche vero che fu proprio lui, di spontanea volontà ad indurirlo, non volendo ascoltare i messaggi del Signore. Da quel momento quel faraone, probabilmente Ramesse II, non conobbe più pace, ma solo lo sfacelo. Ecco le conseguenze nel non ascoltare il Signore.

In Gb 36:8-12 abbiamo un importante passo che parla proprio della responsabilità enorme di chi non ascolta il Signore > Giobbe 36:8 *Se gli uomini sono talvolta stretti da catene, se sono presi nei legami dell'afflizione,* Giobbe 36:9 *Dio fa loro conoscere il loro comportamento, le loro trasgressioni, poiché si sono insuperbiti;* Giobbe 36:10 *egli apre così i loro orecchi agli ammonimenti e li esorta ad abbandonare il male.* Giobbe 36:11 *Se l'ascoltano, se si sottomettono, finiscono i loro giorni nel benessere, e i loro anni nella gioia;* Giobbe 36:12 *ma, se non l'ascoltano, periscono trafitti dalle frecce, muoiono nel loro accecamento.* Sappiamo che l'uomo, sia il credente sia l'incredulo passa momenti molto difficili nella sua vita, a volte anche *legami d'afflizione.* Ma Dio non manca, nella Sua compassione, di far conoscere il comportamento dell'uomo, con ammonimenti, nei modi che solo Lui conosce. Questo era vero soprattutto quando la Parola di Dio mancava o non era completa, ma lo stesso principio vale anche per quelle popolazioni che ancora al giorno d'oggi non hanno il privilegio di possedere una Bibbia. Ebbene, se l'uomo ascolta *finiscono i loro giorni nel benessere e nella gioia.* La gioia caratterizza proprio il credente. Ma se vi è incredulità *muoiono nel loro accecamento.* Quanto sono vere queste parole.

Come attesta chiaramente Giovanni, chi conosce Dio ascolta i Suoi messaggeri > 1Giovanni 4:6 *Noi siamo da Dio; chi conosce Dio ascolta noi, chi non è da Dio non ci ascolta.* Da questo conosciamo lo spirito della verità e lo spirito dell'errore. Ovviamente è vero anche il contrario: chi non è da Dio non ascolta e non ubbidisce.

Perciò possiamo ben comprendere le parole che il Signore rivolge ai Suoi discepoli. Essi non dovevano insistere nel loro annuncio, ma di fronte ad una chiara volontà di non ascoltare, dovevano prenderne chiaramente atto. Ma vi è un altro atteggiamento che dovevano mostrare.

MT 10:11-15 > **UN SESTO SOLENNE** > Infatti, il Signore Gesù aggiunge - *scotete la polvere dai vostri piedi* -. Quest'atteggiamento non voleva indicare disprezzo, ma il fatto che i discepoli avevano avvertito solennemente, adempiendo al loro compito. Se dal loro annuncio non ci sarebbe stato ascolto, era solo responsabilità del loro interlocutore.

In Lu 9:5 abbiamo un dettaglio importante > Luca 9:5 *Quanto a quelli che non vi riceveranno, uscendo dalla loro città, scotete la polvere dai vostri piedi, in testimonianza contro di loro».* L'evangelista Luca aggiunge che tale atto aveva il significato di *testimonianza contro di loro*. Essi erano chiaramente responsabili di una loro scelta che purtroppo li avrebbe portati nel baratro spirituale.

Ma di questo non si poteva certo incolpare i discepoli di mancanza di chiarezza, ma solo chi aveva udito il messaggio.

MT 10:11-15 > **L'ESEMPIO DI SODOMA E SOMORRA** > Ed ecco che arriva la sentenza del Signore - *In verità vi dico che il paese di Sodoma e di Gomorra, nel giorno del giudizio, sarà trattato con meno rigore di quella città* -. Queste parole sono molto importanti in quanto ci mostrano un insegnamento prezioso: il Signore darà il giusto giudizio a ciascuno, non vi sarà un giudizio univoco per tutti. Coloro che non avessero ascoltato i discepoli, nel giorno del giudizio sarebbero stati trattati in modo peggiore che - *Sodoma e Gomorra* -. Ma cosa sono Sodoma e Gomorra?

In Ge 13:13 è scritto che gli abitanti di Sodoma e Gomorra erano perversi > Genesi 13:13 *Gli abitanti di Sodoma erano perversi e grandi peccatori contro il SIGNORE.* Questo significa che gli abitanti di quelle città erano tutte dedite al peccato, alla perversione di ogni genere, alla soddisfazione dei propri piaceri carnali, senza alcuna remora o scrupolo.

Proprio per questo motivo, in Ge 19:24-25 leggiamo che il Signore distrusse con fuoco e zolfo sia Sodoma che Gomorra > Genesi 19:24 *Allora il SIGNORE fece piovere dal cielo su Sodoma e Gomorra zolfo e fuoco, da parte del SIGNORE; Genesi 19:25 egli distrusse quelle città, tutta la pianura, tutti gli abitanti delle città e quanto cresceva sul suolo.* Non vi fu alcuna speranza per queste città. Esse vennero totalmente distrutte dal Signore come punizione per la loro grande malvagità e peccato. Niente fu risparmiato.

Anche l'apostolo Giuda cita Sodoma e Gomorra in un contesto di giudizio > Giuda 6 *Egli ha pure custodito nelle tenebre e in catene eterne, per il gran giorno del giudizio, gli angeli che non conservarono la loro dignità e abbandonarono la loro dimora.* Giuda 7 *Allo stesso modo Sodoma e Gomorra e le città vicine, che si abbandonarono, come loro, alla fornicazione e ai vizi contro natura, sono date come esempio, portando la pena di un fuoco eterno.* Questi testi sono importanti in quanto ci mostrano dei dettagli che non troviamo in altri libri della Bibbia. Si parla di angeli i quali non hanno conservato la loro dignità ed hanno abbandonato la loro dimora *e per questo motivo sono stati imprigionati* per il gran giorno del giudizio. Ma in tale contesto vengono citate anche le due città *Sodoma e Gomorra,* le quali si abbandonarono ad ogni tipo di fornicazione, di illeciti sessuale, di vizi contro natura. Visto che non ci fu ravvedimento, queste città porteranno la pena di un fuoco eterno.

Anche in So 2:8-9 il Signore annuncia che Moab diverrà come Sodoma e Gomorra, ovvero un deserto > Sofonia 2:8 *«Ho udito gli insulti di Moab e gli oltraggi dei figli di Ammon; hanno insultato il mio popolo e si sono ingranditi invadendo il suo territorio.* Sofonia 2:9 *Perciò, com'è vero che io vivo», dice il SIGNORE degli eserciti, Dio d'Israele, «Moab diventerà come Sodoma e Ammon come Gomorra: una selva di ortiche, una salina, un deserto per sempre. Il resto del mio popolo li saccheggerà, il residuo della mia nazione li possederà».* Il popolo di Moab ha osteggiato molto spesso il popolo d'Israele, attaccandolo, insultandolo ed oltraggiandolo, come possiamo osservare in questo testo, unitamente al popolo ammonita. Ma il Signore decreta la Sua sentenza: Moab diverrà come Sodoma e Gomorra, ovvero un deserto, una *selva di ortiche,* il quale sarà saccheggiato proprio dal rimanente d'Israele.

Vogliamo ora dare un'occhiata al brano parallelo > Luca 10:9 *guarite i malati che ci saranno e dite loro: Il regno di Dio si è avvicinato a voi.* Luca 10:10 *Ma in qualunque città entriate, se non vi ricevono, uscite sulle piazze e dite:* Luca 10:11 *Perfino la polvere della vostra città che si è attaccata ai nostri piedi, noi la scotiamo contro di voi; sappiate tuttavia questo, che il regno di Dio si è avvicinato a voi.* Luca 10:12 *Io vi dico che in quel giorno la sorte di Sodoma sarà più tollerabile della sorte di quella città.* Come possiamo notare, dalla lettura di questo testo, i discepoli non dovevano solamente scuotersi la polvere dai piedi, ma dovevano anche dichiarare in modo pubblico un solenne annuncio riguardo a quella città che li avesse rifiutato. Perfino la polvere della vostra città che si è attaccata ai nostri piedi, noi la scotiamo contro di voi; sappiate tuttavia questo, che il regno di Dio si è avvicinato a voi. Luca 10:12 *Io vi dico che in quel giorno la sorte di Sodoma sarà più tollerabile della sorte di quella città.* Come abbiamo detto nel punto precedente, lo scuotersi la polvere dai piedi era un atto che testimoniava contro coloro che avevano rifiutato i discepoli ed il messaggio che portavano. Ma in più viene ulteriormente precisato che Sodoma e Gomorra saranno trattate meglio nel giorno del giudizio.

È estremamente solenne questo, visto e considerato cosa Sodoma e Gomorra erano: due città perverse, malvage, abbandonate alle loro passioni, alla fornicazione, le quali sono poi diventate un deserto. Ebbene, nel giorno del giudizio, esse saranno trattate meglio, in quanto la responsabilità di coloro che hanno visto il Signore Gesù, l'hanno ascoltato, unitamente ai Suoi discepoli, è estremamente maggiore.

MT 10:11-15 f9) > *IL GIORNO DEL GIUDIZIO* > Perciò il Signore Gesù parla solennemente del - *giorno del giudizio* -. Naturalmente non si può parlare di giudizio senza tener conto del Giudice.

L'apostolo Pietro precisa che bisogna rendere conto a Colui che ha il diritto ed il potere di giudicare i vivi ed i morti > 1Pietro 4:3 *Basta con il tempo trascorso a soddisfare la volontà dei pagani vivendo nelle dissolutezze, nelle passioni, nelle ubriachezze, nelle orge, nelle gozzoviglie, e nelle illecite pratiche idolatriche.* 1Pietro 4:4 *Per questo trovano strano che voi non corriate con loro agli stessi eccessi di dissolutezza e parlano male di voi.* 1Pietro 4:5 *Ne renderanno conto a colui che è pronto a giudicare i vivi e i morti.* Pietro ben esorta a lasciare qualunque stile di vita volto a soddisfare le dissolutezze, le passioni, le ubriachezze, le gozzoviglie o praticando l'idolatria. Il cristiano è costantemente sorvegliato dal mondo, ovvero osservato. Pur di accusare il figlio di Dio, l'empio è portato a fare maldicenza e calunnia. Ma di ogni atto malvagio dovrà rendere conto al Signore.

In Ap 20:11-12 si parla di questo giorno del giudizio > Apocalisse 20:11 *Poi vidi un grande trono bianco e colui che vi sedeva sopra. La terra e il cielo fuggirono dalla sua presenza e non ci fu più posto per loro. Apocalisse 20:12 E vidi i morti, grandi e piccoli, in piedi davanti al trono. I libri furono aperti, e fu aperto anche un altro libro che è il libro della vita; e i morti furono giudicati dalle cose scritte nei libri, secondo le loro opere.* Il giudizio del *gran trono bianco* è proprio quello ultimo e definitivo, al termine del quale si aprirà un nuovo periodo eterno, di gloria che non avrà mai fine. Tale giudizio è talmente terrificante che *cielo e terra* scapperanno, ovvero non saranno più trovate. Questo perché l'ira del Signore è spaventevole. Tutti coloro che sono morti, sia fisicamente, ma soprattutto spiritualmente, saranno giudicati attentamente sulle base certamente delle loro responsabilità, ma comunque tutti destinati allo *stagno di fuoco e zolfo*.

È importante ricordare questi concetti. Il Signore Gesù non è soltanto l'umile Agnello che si è incarnato per la salvezza dell'uomo. Ma sarà anche il Giudice che aprirà i libri e decreterà tale giudizio. Egli è Colui che ha il potere di giudicare i vivi ed i morti.

# Matteo 10:16-39 La persecuzione del discepolo

Mt 10:16-39 (1ì > *Pecore in mezzo a dei lupi* > - «Ecco, io vi mando come pecore in mezzo ai lupi; siate dunque prudenti come i serpenti e semplici come le colombe - > Mt 10:16

MT 10:16 f1)> *L'ESEMPIO DELLA PECORA IN SENSO SIMBOLICO* > In questa nuova sezione del cap.10 possiamo osservare come le raccomandazioni del Signore proseguano. Egli, nel Suo insegnamento, prende come esempio proprio due animali l'uno in contrapposizione all'altro: la pecora ed il lupo.

Interessante osservare come Davide, in 1 Sa 17:34-35, *testimoni al re Saul di come difendeva il gregge di suo padre* > 1Samuele 17:34 *Davide rispose a Saul: «Il tuo servo pascolava il gregge di suo padre e talvolta veniva un leone o un orso a portar via una pecora dal gregge. 1Samuele 17:35 Allora gli correvo dietro, lo colpivo, gli strappavo dalle fauci la preda; e se quello mi si rivoltava contro, lo afferravo per le mascelle, lo ferivo e l'ammazzavo*. Questo testo non mette in evidenza solamente lo zelo, l'ubbidienza e la maturità che Davide mostrò fin da fanciullo, ma anche una caratteristica peculiare della pecora: non si sa difendere. Non solo, ma una pecora ha sempre bisogno di una guida, di un pastore, altrimenti, se non finisce vittima di qualche preda, può trovarsi in trappola da sola. Ecco perché Davide, difendeva in tutto e per tutto il gregge: esso non poteva contrastare certamente l'attacco di un leone o di un orso.

In Gr 50:17-18 Israele viene paragonata ad una pecora smarrita, in balìa del leone > Geremia 50:17 *Israele e una pecora smarrita, a cui i leoni hanno dato la caccia; il re di Assiria, per primo, l'ha divorata; e quest'ultimo, Nabucodonosor, re di Babilonia, le ha frantumato le ossa».* Geremia 50:18 *Perciò così parla il SIGNORE degli eserciti, Dio d'Israele: «Ecco, io punirò il re di Babilonia e il suo paese, come ho punito il re di Assiria.* Con questo brano si dimostra che nella Scrittura la pecora è vista anche in senso simbolico per descrivere un individuo o, come in questo caso, un popolo intero. Israele più volte dimostrò di essere come una *pecora smarrita,* in quanto spesso si allontanò dal Signore, ribellandosi a Lui. Israele era completamente in balìa di una nazione potente come Babilonia, ma anche questa nazione così possente non potrà fare niente per impedire al Signore di punirla.

Ma quando si parla di pecora o di agnello, non si può certamente ignorare la descrizione che il profeta Isaia fa del Messia > *Isaia 53:7 Maltrattato, si lasciò umiliare e non aprì la bocca. Come l'agnello condotto al mattatoio, come la pecora muta davanti a chi la tosa, egli non aprì la bocca.* Il Signore Gesù stesso è descritto come una pecora, ma non smarrita ed indifesa, ma umile, servizievole, ubbidiente *fino alla morte della croce.*

È bello quindi considerare come il Signore Gesù. Colui che è descritto come *l'Agnello di Dio che toglie il peccato del mondo,* abbia dato queste indicazioni così preziose ai Suoi discepoli, i quali avrebbero dovuto affrontare tante difficoltà, provocate proprio dai - *lupi* -.

MT 10:16 f2) > *L'ESEMPIO DEI LUPI IN SENSO SIMBOLICO* > Infatti, il Signore Gesù cita i - *lupi* -, identificandoli ovviamente in coloro che avrebbero osteggiato l'operato dei discepoli. Sappiamo che a quei tempi vi erano molti scribi e farisei che erano nemici del Signore e di conseguenza dei discepoli. Ma essi non dovevano intimidirsi. Come ci ricorda il Signore in Gv 10:11-13. Egli è il nostro buon Pastore che ci difende dai lupi > Giovanni 10:11 *Io sono il buon pastore; il buon pastore dà la sua vita per le pecore.* Giovanni 10:12 *Il mercenario, che non e pastore, a cui non appartengono le pecore, vede venire il lupo, abbandona le pecore e si dà alla fuga, e il lupo le rapisce e disperde.* Giovanni 10:13 *Il mercenario [si dà alla fuga perché è mercenario e] non si cura delle pecore.* È straordinario considerare che dalla nostra parte vi è il supremo buon Pastore che ha dato la Sua vita per noi. Quale differenza con il *mercenario*, il quale, mosso da uno spirito egoistico e materialista, non dà certamente la sua vita per le pecore, anzi fugge di fronte ai lupi. Ma dobbiamo ricordarci che il Signore difende i Suoi.

Ma nella Scrittura cosa sono anche i lupi? In senso figurato sono identificati nei falsi profeti > Matteo 7:15 «*Guardatevi dai falsi profeti i quali vengono verso di voi in vesti da pecore, ma dentro son lupi rapaci.* Matteo 7:16 *Li riconoscerete dai loro frutti.* Questi sono lupi estremamente subdoli, che si mascherano da agnelli per infiltrarsi nel popolo di Dio, ma in realtà sono nemici. Perciò bisogna agire con discrezione, saggezza e discernimento spirituale, riconoscendo chi abbiamo davanti dai frutti che manifesta.

Ecco perché Paolo dichiara in At 20:29 che lupi rapaci si sarebbero introdotti nel gregge di Dio > Atti 20:29 *Io so che dopo la mia partenza si introdurranno fra di voi lupi rapaci, i quali non risparmieranno il gregge.* Questo avvertimento non vale solo per Efeso, ma per tutta la Chiesa del Signore. Bisogna stare attenti, vigilare, perché purtroppo si può anche essere - *pecore in mezzo ai lupi* -, persino in un contesto ecclesiale. Ad esempio si può correre il rischio di lavorare per anni vicino ad individui che hanno la maschera del credente, ma che in realtà sono *lupi rapaci.*

Perciò i discepoli dovevano stare assolutamente attenti e lo stesso principio vale anche per noi.

MT 10:16 > *IL VALORE DELLA PRUDENZA* > Infatti, il Signore parla di un terzo animale ancora - *siate dunque prudenti come i serpenti* -. La prudenza è una caratteristica spirituale assolutamente importante che può evitare tanti danni nella nostra vita.

Come è scritto in Pr 14:18 i prudenti s'incoronano di scienza > Proverbi 14:18 *Gli sciocchi ereditano stoltezza, ma i prudenti s'incoronano di scienza.* Ovvero il vero saggio è anche colui che è caratterizzato dalla prudenza spirituale, dal non essere avventati o precipitosi. Per contro gli sciocchi ereditano la stoltezza.

*Un esempio pratico l'abbiamo in Daniele* > Daniele 2:12 Allora il re si adirò, si infuriò terribilmente e ordinò che tutti i saggi di Babilonia fossero giustiziati. Daniele 2:13 *Il decreto fu promulgato e i saggi stavano per essere uccisi; e si cercavano Daniele e i suoi compagni per uccidere anche loro.* Daniele 2:14 Allora Daniele si rivolse con prudenza e con tatto ad Arioc, capo *delle guardie del re, che era uscito per uccidere i saggi di Babilonia.* Daniele 2:15 *Prese la parola e disse ad Arioc, ufficiale del re: «Perché questo decreto così perentorio da parte del re?» Allora Arioc spiegò il motivo a Daniele.* Daniele 2:16 *Daniele si presentò al re e gli chiese di dargli tempo; egli avrebbe fatto conoscere al re l'interpretazione del sogno.* Daniele 2:17 *Allora Daniele andò a casa sua e informò Anania, Misael e Azaria, suoi compagni,* Daniele 2:18 *esortandoli a implorare la misericordia del Dio del cielo a proposito di questo segreto, affinché Daniele e i suoi compagni non fossero messi a morte con tutti gli altri saggi di Babilonia.* Nebucadnesar si infuria perché nessuno è in grado di rivelargli il sogno fatto durante la notte, né tanto meno interpretarlo. Spinto dalla sua ira, ordina la morte di tutti i saggi, Daniele compreso. Ma è scritto che Daniele *si rivolse con prudenza ad Arioc, capo della guardie del re* per chiedere informazioni. Interessante notare che Daniele fa la domanda a colui che poteva rispondergli in modo chiaro e completo, correndo anche un certo rischio. Dopo la spiegazione di Arioc, Daniele con coraggio affronta il re chiedendogli tempo per la spiegazione del sogno e nello stesso tempo incoraggia i suoi tre amici. In questo brano possiamo osservare tanti atteggiamenti che mostrano appunto saggezza e prudenza.

Infatti, come è scritto in Pr 17:27 chi ha lo spirito calmo è prudente > Proverbi 17:27 *Chi modera le sue parole possiede la scienza, e chi ha lo spirito calmo è un uomo prudente.* Quanti danni eviteremmo se non fossimo avventati o presi dall'ira. Come afferma l'autore chi sa moderare le sue parole possiede la vera saggezza e chi manifesta calma e tranquillità è prudente.

È proprio in questo modo che dovevano comportarsi i discepoli e la stessa lezione vale per noi. Siamo chiamati ad imitare personaggi pieni di fede e saggezza come Daniele e nello stesso tempo ad essere sereni e fiduciosi nell'intervento di Dio. Anche se siamo -*pecore in mezzo ai lupi* -.

MT 10:16 f4) > *L'ESEMPIO DEL SERPENTE* > La prudenza, come possiamo osservare, il Signore Gesù l'associa proprio al - *serpente* -. Tale animale è visto in termini estremamente negativi nella Scrittura.

In Mt 23:33-35, il Signore definisce serpenti proprio gli scribi ed i farisei a causa della loro malvagità > Matteo 23:33 *Serpenti, razza di vipere, come scamperete al giudizio della geenna?* Matteo 23:34 *Perciò ecco, io vi mando dei profeti, dei saggi e degli scribi; di questi, alcuni ne ucciderete e metterete in croce; altri ne flagellerete nelle vostre sinagoghe e li perseguiterete di città in città,* Matteo 23:35 *affinché ricada su di voi tutto il sangue giusto sparso sulla terra, dal sangue del giusto Abele, fino al sangue di Zaccaria, figlio di Barachia, che voi uccideste fra il tempio e l'altare.* Il serpente Infatti, nella Scrittura, rievoca quell'immagine terribile di colui che sedusse Eva nel giardino dell'Eden. Gli scribi ed i farisei, in senso generale, non avrebbero scampato al giudizio della geenna, proprio a causa della loro malvagità, violenza, i quali non avrebbero esitato a perseguitare ed uccidere, come hanno fatto nei confronti del Signore Gesù. Il Signore preannuncia, in un certo senso, le sofferenze che gli stessi apostoli dovranno affrontare proprio a causa loro.

Inoltre il salmista afferma che coloro che tramano malvagità sono serpenti > Salmi 140:2 *da tutti quelli che tramano malvagità nel loro cuore e sono sempre pronti a far la guerra.* Salmi 140:3 *Aguzzano la loro lingua come il serpente, hanno un veleno di vipera sotto le loro labbra. [Pausa]* Salmi 140:4 *Preservami, SIGNORE, dalle mani dell'empio, proteggimi dall'uomo violento: essi hanno tramato per farmi cadere.* In questo brano possiamo vedere alcuni atteggiamenti caratteristici dell'empio, atti alla violenza, al tramare il peccato per poi eseguirlo prontamente. La lingua dell'empio è descritta come quella velenosa del *serpente* che non lascia scampo. Perciò il salmista chiede al Signore di preservarlo dalle mani di colui che è mosso da simili sentimenti nefasti.

Tuttavia, considerando che il Signore Gesù parla della prudenza, associata a quella del serpente, si comprende che il Maestro sta parlando dell'accortezza, dell'astuzia del serpente, il quale sa muoversi con circospezione ed attenzione. Nello stesso modo dovevano comportarsi anche i discepoli, sebbene, come abbiamo notato, nella Scrittura il serpente ha più che altro una connotazione negativa.

MT 10:16 f5)> **BISOGNA ESSERE SEMPLICI E PURI DI CUORE** > Ma il Signore Gesù parla anche di un'altra caratteristica spirituale fondamentale: essere - *semplici* -. L'aggettivo greco - *akeraios* - che abbiamo nel testo indica la purezza e l'innocenza. Quindi il Signore non sta certamente parlando di semplicismo nel senso di ignoranza, ma di quella purezza di cuore che proviene proprio dal semplice.

Nel Sl 116:6 è scritto che il Signore protegge i semplici > Salmi 116:6 *Il SIGNORE protegge i semplici; io ero ridotto in misero stato ed egli mi ha salvato.* Colui che ha fiducia nel Signore, anche se ha poca forza, può essere certo dell'intervento del Signore. Il salmista Infatti, testimonia che era ridotto in *misero stato,* ma ha sperimentato la salvezza del Signore.

Il salmista inoltre afferma che la rivelazione divina rende intelligente il semplice > Salmi 119:129 *Le tue testimonianze sono meravigliose; perciò l'anima mia le osserva.* Salmi 119:130 *La rivelazione delle tue parole illumina; rende intelligenti i semplici.* Benché non sia certamente sbagliata la cultura, il conoscere tante cose, dobbiamo anche ammettere che non è questo che rende davvero intelligenti. La vera intelligenza ce la dona il Signore, mediante la Sua Parola, Il vero saggio ed intelligente è colui che segue la volontà di Dio.

Ovviamente Satana è sempre pronto a colpire, seducendo e sviando da quella che è la semplicità rispetto Cristo > 2Corinzi 11:2 *Infatti, sono geloso di voi della gelosia di Dio, perché vi ho fidanzati a un unico sposo, per presentarvi come una casta vergine a Cristo.* 2Corinzi 11:3 *Ma temo che, come il serpente sedusse Eva con la sua astuzia, così le vostre menti vengano corrotte e sviate dalla semplicità e dalla purezza nei riguardi di Cristo.* Questo è proprio il monito che l'apostolo Paolo rivolge ai corinzi. Essi, dando ascolto alla voce di falsi apostoli, rischiavano di essere sedotti proprio da Satana, esattamente come un tempo egli fece nei confronti di Eva. Come figli di Dio non possiamo assolutamente permetterci di essere *sviati dalla semplicità e dalla purezza nei riguardi di Cristo*. Bisogna appunto essere accorti e prudenti.

MT 10:16 f6) > *IL QUARTO ANIMALE MENZIONATO: LA COLOMBA* > Nel parlare della semplicità, il Signore prende come esempio un animale straordinario: la - *colomba (gr. periotera)* -. Nella Scrittura la colomba ha delle connotazioni assolutamente straordinarie.

Nel libro del Cantico dei cantici, questo uccello è simbolo di bellezza e purezza > Cantico 4:1 *Come sei bella amica mia, come sei bella! I tuoi occhi, dietro il tuo velo, somigliano a quelli delle colombe; i tuoi capelli sono come un gregge di capre, sospese ai fianchi del monte di Galaad.* Possiamo dire che il poema d'amore del Cantico dei cantici è unico in tutta la letteratura mondiale. La profondità di questo libro è qualcosa di straordinario e come possiamo notare la colomba è un animale preso a prestito dall'amato, il quale descrive gli occhi della sua amata, i quali sono puri, oltre che belli. Sicuramente gli occhi sono un elemento dell'aspetto fisico che balza subito agli occhi, come anche i capelli ed il rimanente.

Inoltre è bello ricordare, in Ge 8:11-12 che Noè mandò fuori per due volte la colomba per sapere a che punto era il deflusso delle acque > Genesi 8:11 *E la colomba tornò da lui verso sera; ed ecco, aveva nel becco una foglia fresca d'ulivo. Così Noè capì che le acque erano diminuite sopra la terra.* Genesi 8:12 *Aspettò altri sette giorni, poi mandò fuori la colomba; ma essa non tornò più da lui.* Il fatto che Noè manda fuori la colomba e poi essa ritorna, portando nel becco una foglia d'ulivo, ci parla della sua ubbidienza. Infatti, la colomba è un animale facilmente addomesticabile proprio a motivo del suo carattere. La seconda volta che Noè manda fuori la colomba, essa non torna più, a dimostrazione del fatto che ormai il tempo di permanenza nell'arca era concluso.

Ma quando si parla di colomba non si può non pensare ad essa come simbolo dello Spirito Santo > Luca 3:21 *Ora, mentre tutto il popolo si faceva battezzare, anche Gesù fu battezzato; e, mentre pregava, si aprì il cielo,* Luca 3:22 *e lo Spirito Santo scese su di lui in forma corporea, come una colomba; e venne una voce dal cielo: «Tu sei il mio diletto Figlio; in te mi sono compiaciuto».* Lo Spirito scese in forma di colomba sul Signore Gesù per testificare, a coloro che erano presenti, che era proprio Lui il diletto Figlio di Dio, nel quale il Padre aveva tutto il Suo compiacimento. Che così possa essere anche per noi: avere come obiettivo di compiacere al Padre.

Perciò i discepoli dovevano essere semplici come colombe, un animale che parla di purezza, di ubbidienza, di dolcezza, di bellezza ed è anche niente meno che una figura dello Spirito Santo. Essi dovevano muoversi proprio dimostrando tutte queste caratteristiche.

Mt 10:16-39 (21 > *L'intervento dello Spirito* > - Guardatevi dagli uomini; perché vi metteranno in mano ai tribunali e vi flagelleranno nelle loro sinagoghe; e sarete condotti davanti a governatori e re per causa mia, per servire di testimonianza davanti a loro e ai pagani. Ma quando vi metteranno nelle loro mani, non preoccupatevi di come parlerete o di quello che dovrete dire; perché in quel momento stesso vi sarà dato ciò che dovrete dire; Poiché non siete voi che parlate, ma è lo Spirito del Padre vostro che parla in voi - > Mt 10:17-20.

MT 10:17-20 f1)> *BISOGNA GUARDARSI DAGLI EMPI* > Il Signore prosegue con un avvertimento - *Guardatevi dagli uomini* - . In greco si parla di *anthropos,* ovvero dell'umanità in generale. Infatti, come abbiamo notato, un empio è un serpente, un lupo rapace che si può anche travestire da agnello.

In Mt 16:6 il Signore dichiara di guardarsi dal lievito dei farisei e dei sadducei > Matteo 16:6 *E Gesù disse loro: «Guardatevi bene dal lievito dei farisei e dei sadducei».* In questo caso il lievito è una falsa dottrina o un comportamento scorretto e disonorevole che essi potevano manifestare. I discepoli non dovevano lasciarsi corrompere. Bisogna stare attenti, essere appunto accorti, saggi, prudenti per non cadere nelle trappole macchinate da coloro che sono senza il Signore.

Ma che cosa dobbiamo aspettarci dagli uomini senza il Signore? La Scrittura traccia un quadro piuttosto chiaro. Come è scritto in Gb 31:23-24, gli uomini ad esempio tendono a coprire i loro errori ed a non confessarli > Giobbe 31:23 *In effetti mi spaventava il castigo di Dio, ero trattenuto dalla maestà di lui.* Giobbe 31:24 *Se...come fanno gli uomini, ho coperto i miei errori celando nel petto la mia iniquità.* Se da una parte abbiamo Giobbe che nutre un profondo timore di Dio, tanto che può affermare che lo *spaventava il castigo di Dio,* l'uomo senza Dio invece tende proprio a nascondere i suoi peccati, a coprirli, a celarli proprio perché è privo del timore verso il Signore.

Inoltre come dichiara il salmista, egli testimonia che per ubbidire alla Parola di Dio si era guardato dalla via del violento > Salmi 17:4 *Quanto alle opere degli uomini, io, per ubbidire alla parola delle tue labbra, mi son guardato dalle vie del violento.* Gli uomini che agiscono senza il timore del Signore possono compiere le cose più truci ed abominevoli. Accecati dalla loro violenza, possono agire in un modo sconsiderato ed iniquo.

Ecco perché il giusto si deve guardare dalle vie dell'empio, dalle sue macchinazioni, dalle trappole che può escogitare per eliminare o ostacolare il cammino di colui che è timorato del Signore. Questo dovevano fare i discepoli.

MT 10:17-20 f2) > *TRE MOTIVI PRINCIPALI: PRIMO. ESSERE ACCUSATI INGIUSTAMENTE* > Il Signore prosegue precisando tre motivi del suo monito. Ecco il primo - *perché vi metteranno in mano ai tribunali* -. Sono convinto che tutti noi vorremmo evitare, nel corso della nostra vita di imbatterci in un tribunale, soprattutto se poi si è innocenti. È veramente qualcosa di frustrante, a livello umano, difendersi per cose che non si sono compiute.

In Za 8:16-17 viene detto a cosa serve un tribunale: esercitare la giustizia > Zaccaria 8:16 *Queste sono le cose che dovete fare: dite la verità ciascuno al suo prossimo; fate giustizia, nei vostri tribunali, secondo verità e per la pace;* Zaccaria 8:17 *nessuno trami in cuor suo alcun male contro il suo prossimo; non amate il falso giuramento; perché tutte queste cose io le odio»,* dice il SIGNORE. Questo brano costituisce una serie di avvertimenti rivolti proprio ad Israele, il quale è chiamato a seguire la volontà di Dio, soprattutto nel manifestare la giustizia. Il tribunale doveva essere un luogo nel quale il giusto trionfava e l'empio doveva ricevere la sua giusta pena. Così come Israele doveva impegnarsi a dire sempre la verità ed a non tramare il male, esortazioni che ovviamente valgono anche per noi. Ma succede sempre così nei tribunali umani? Certamente no, molto spesso essi divengono il luogo della corruzione e dell'ingiustizia. L'apostolo Giacomo ricorda ai suoi destinatari che i ricchi sono coloro che opprimono il giusto e che lo trascinano in tribunale > Giacomo 2:5 *Ascoltate, fratelli miei carissimi: Dio non ha forse scelto quelli che sono poveri secondo il mondo perché siano ricchi in fede ed eredi del regno che ha promesso a quelli che lo amano?* Giacomo 2:6 *Voi invece avete disprezzato il povero! Non sono forse i ricchi quelli che vi opprimono e vi trascinano davanti ai tribunali?* Queste parole sono molto importanti in quanto viene sottolineato dall'apostolo il significato della vera ricchezza che non consiste in oro o argenti, ma in quella *ricchezza di fede e di eredità* che il Signore ha promesso a coloro che Lo amano. Purtroppo però i destinatari della lettera avevano *disprezzato il povero,* compiendo non soltanto un atto di partitismo, ma dimenticandosi che i ricchi di questo mondo hanno la possibilità di trascinare in tribunale il giusto, magari facendolo condannare ingiustamente.

*In At 25:6-11 abbiamo il chiaro esempio di Paolo* > Atti 25:6 Rimasto tra di loro non più di otto o dieci giorni, Festo discese a Cesarea; e il giorno dopo, sedendo in tribunale, ordinò che Paolo gli fosse condotto davanti. Atti 25:7 *Quand'egli giunse, i Giudei che erano scesi da Gerusalemme lo circondarono, portando contro di lui numerose e gravi accuse, che non potevano provare;* Atti 25:8 *mentre Paolo diceva a sua difesa: «Io non ho peccato né contro la legge dei Giudei, né contro il tempio, né contro Cesare».* Atti 25:9 *Ma Festo, volendo far cosa gradita ai Giudei, disse a Paolo: «Vuoi salire a Gerusalemme ed essere giudicato in mia presenza intorno a queste cose?»* Atti 25:10 *Ma Paolo rispose: «Io sto qui davanti al tribunale di Cesare, dove debbo essere giudicato; non ho fatto nessun torto ai Giudei, come anche tu sai molto bene.* Atti 25:11 *Se dunque sono colpevole e ho commesso qualcosa da meritare la morte, non rifiuto di morire; ma se nelle cose delle quali costoro mi accusano non c'è nulla di vero, nessuno mi può consegnare nelle loro mani. Io mi appello a Cesare».* Questo brano tratta del famoso incontro tra Paolo e Festo. I Giudei, esattamente come ai tempi del Signore Gesù, volevano togliere Paolo dalla circolazione e per giungere a tale fine *portarono contro di lui numerose accuse che però non potevano provare.* Se ci fosse il Signore a giudicare si sarebbe certi della perfezione del Suo giudizio, ma essendo il giudice un uomo, non vi è nessuna garanzia. Paolo non ha bisogno di un avvocato umano: egli si difende da solo, avendo la coscienza ed il cuore puro. Egli si appella ai suoi diritti di cittadino romano, affermando con forza che se aveva compiuto un reato punibile con la morte, egli non si sarebbe tirato indietro dalla giusta punizione, ma se le prove portate contro di lui erano nulle, doveva essere rilasciato. Ecco la forza e la determinazione di un giusto che confida nel Signore.

Abbiamo anche noi la stessa determinazione? Dobbiamo veramente guardarci dagli uomini, i quali ci possono accusare ingiustamente, portando contro di noi prove fasulle. Dobbiamo aspettarci questo da un empio! Ecco perché, a maggior ragione, il nostro comportamento deve essere sempre santo ed irreprensibile.

MT 10:17-20 f3) > *TRE MOTIVI PRINCIPALI: SECONDO. PERSECUZIONE FISICA* > Ma abbiamo un secondo motivo - *e vi flagelleranno nelle loro sinagoghe* -. L'empio per cercare di ostacolare il giusto non usa solo l'arma subdola del tribunale, ma anche la persecuzione fisica, come il frustare. Le fruste di quei tempi, erano strumenti di punizione molto usati che potevano togliere la forza anche a uomini possenti nel fisico.

Questo ricorda l'esperienza stessa del Signore Gesù, il Quale sarebbe stato flagellato, oltre che ucciso > Marco 10:33 *«Noi saliamo a Gerusalemme e il Figlio dell'uomo sarà dato nelle mani dei capi dei sacerdoti e degli scribi. Essi lo condanneranno a morte e lo consegneranno ai pagani,* Marco 10:34 *i quali lo scherniranno, gli sputeranno addosso,* flagelleranno e l'uccideranno; ma, dopo tre giorni, egli risusciterà». Le sofferenze del Signore Gesù sono uniche e nessun uomo potrà mai eguagliarle. Egli ha conosciuto la pienezza della sofferenza sotto ogni suo aspetto: morale, spirituale e fisico. Come Egli stesso preannuncia, sarebbe stato consegnato in mano agli empi, dalle autorità di allora, per essere consegnato ai pagani, schernito, flagellato ed ucciso. Molti figli di Dio, nel corso della storia, hanno seguito la stessa strada.

Lo dimostra Eb 11:36-40 dove si parla di ciò che hanno dovuto patire eroidi della fede Ebrei 11:36 *altri furono messi alla prova con scherni, frustate, anche catene e prigionia.* Ebrei 11:37 *Furono lapidati, segati, uccisi di spada; andarono attorno coperti di pelli di pecora e di capra; bisognosi, afflitti, maltrattati* Ebrei 11:38 *(di loro il mondo non era degno), erranti per deserti, monti, spelonche e per le grotte della terra.* Ebrei 11:39 *Tutti costoro, pur avendo avuto buona testimonianza per la loro fede, non ottennero ciò che era stato promesso.* Ebrei 11:40 *Perché Dio aveva in vista per noi qualcosa di meglio, in modo che loro non giungessero alla perfezione senza di noi*. Molti santi, molti giusti nel corso dei secoli hanno dovuto subire scherni, oltraggi, frustate, prigionia, lapidazione, morti atroci con le torture più barbare e cruente. Essi conobbero la solitudine, fuggire dai pericoli e tutto per la fede nel Signore. Impariamo da questi stupendi esempi di fede. Siamo noi pronti a subire lo stesso dolore, la stessa persecuzione, per amore del Signore? I discepoli, gli apostoli dovevano essere pronti a tutto.

MT 10:17-20 f4) > *TRE MOTIVI PRINCIPALI: TERZO. CONDOTTI DAVANTI ALLE MASSIME AUTORITÀ UMANE* > Il terzo motivo - *e sarete condotti davanti a governatori e re per causa mia* -. Nel corso dei secoli i discepoli, gli apostoli e molti cristiano non sarebbero stati condotti solo davanti ad un giudice umano, ma anche, in certi casi, davanti alle massime autorità di quei tempi. Tutto ciò per la causa del Signore.

Come afferma il Signore Gesù nel Suo sermone sul monte, sono beati tutti coloro che sono perseguitati ingiustamente per causa Sua > Matteo 5:11 *Beati voi, quando vi insulteranno e vi perseguiteranno e, mentendo, diranno contro di voi ogni sorta di male per causa mia*. Matteo 5:12 *Rallegratevi e giubilate, perché il vostro premio è grande nei cieli; poiché così hanno perseguitato i profeti che sono stati prima di voi*. Queste parole sono estremamente incoraggianti. Il cristiano che soffre per il Signore è beato, in quanto può sperimentare la gioia del Signore pur in mezzo alle tante difficoltà. Non solo, ma chi soffre per il Signore può essere certo che grande sarà la sua ricompensa nei cieli.

Paolo dirà ai filippesi che tutto ciò che era a livello umano, l'aveva considerato come un danno proprio a causa di Cristo > Filippesi 3:5 *io, circonciso l'ottavo giorno, della razza d'Israele, della tribù di Beniamino, ebreo figlio d'Ebrei; quanto alla legge, fariseo;* Filippesi 3:6 *quanto allo zelo, persecutore della chiesa; quanto alla giustizia che è nella legge, irreprensibile*. Filippesi 3:7 *Ma ciò che per me era un guadagno, l'ho considerato come un danno, a causa di Cristo*. Filippesi 3:8 *Anzi, a dire il vero, ritengo che ogni cosa sia un danno di fronte all'eccellenza della conoscenza di Cristo Gesù, mio Signore, per il quale ho rinunciato a tutto; io considero queste cose come tanta spazzatura al fine di guadagnare Cristo*. Se Paolo non avesse rinunciato a ciò che era, molto probabilmente non sarebbe andato incontro alla persecuzione da parte dei romani e da parte soprattutto del suo popolo. Ma a lui tutto questo non interessava. A lui interessava l'eccellenza della conoscenza del Signore Gesù, per il Quale non solo aveva rinunciato a tutto, ma aveva reputato la sua carta d'identità di tutto rispetto come *tanta spazzatura*. Siamo pronti a rinunciare a noi stessi pur di piacere al Signore, facendo nostre le parole di beatitudine del nostro Signore? Che cosa sia per ciascuno di noi!

MT 10:17-20 > *IL VALORE DELLA TESTIMONIANZA* > Ma il Signore Gesù evidenzia anche il motivo di tale sofferenza - *per servire di testimonianza davanti a loro e ai pagani* -. Il figlio di Dio è chiamato proprio a testimoniare con la sua vita consacrata al Signore, anche in mezzo alle sofferenze. Siamo chiamati ad essere testimoni della gloria del Signore.

In Is 43:9-10, il Signore dichiara ad Israele che esso è il Suo popolo non solo eletto, ma anche testimone tra le nazioni > Isaia 43:9 *Si adunino tutte assieme le nazioni, si riuniscano i popoli! Chi tra di loro può annunziare queste cose e farci udire delle predizioni antiche? Procurino i loro testimoni e stabiliscano il loro diritto, affinché, dopo averli uditi, si dica: «E vero!»* Isaia 43:10 *I miei testimoni siete voi, dice il SIGNORE, voi, e il mio servo che io ho scelto, affinché voi lo sappiate, mi crediate, e riconosciate che sono. Prima di me nessun Dio fu formato, e dopo di me, non ve ne sarà nessuno. Solo il* popolo d'Israele poteva annunziare le cose grandi di Dio, i Suoi miracoli, i Suoi prodigi, i Suoi detti antichi. Nessuna altra nazione poteva essere testimone come lo poteva essere Israele. Ecco perché il Signore dichiara *I Miei testimoni siete voi...*, in quanto sapeva, conosceva che solo il Signore è l'unico Dio. La stessa testimonianza siamo chiamati a darla anche noi, facenti parte della Chiesa del Signore Gesù.

Anche in Is 44:7-8 notiamo lo stesso concetto > Isaia 44:7 *Chi, come me, proclama l'avvenire fin da quando fondai questo popolo antico? Che egli lo dichiari e me lo provi! Lo annunzino essi l'avvenire, e quanto avverrà!* Isaia 44:8 *Non vi spaventate, non temete! Non te l'ho io annunziato e dichiarato da tempo? Voi me ne siete testimoni. C'è forse un Dio fuori di me? Non c'è altra Ròcca; io non ne conosco nessun».* Il Signore è Colui che conosce le cose da ogni eternità e che quindi può predirle con assoluta correttezza. Nessun idolo ha questo potere. Perciò Israele era chiamato a testimoniare tutto questo: la grandezza di Dio, le Sue caratteristiche perfette e che Egli è realmente l'unica Rocca.

Ma in Atti 1:8, il Signore Gesù comanda ai Suoi discepoli di essere testimoni in tutta Gerusalemme e fino alle estremità della terra > Atti 1:8 *Ma riceverete potenza quando lo Spirito Santo verrà su di voi, e mi sarete testimoni in Gerusalemme, e in tutta la Giudea e Samaria, e fino all'estremità della terra».* Quando il Signore ascese al cielo, fu compiuto degli apostoli, testimoniare sempre della grandezza di Dio Padre, ma anche dell'assoluta unicità del Signore Gesù, il Quale era morto, ma era anche risuscitato glorioso e trionfante. Come sappiamo, per gli apostoli, tale testimonianza era passata attraverso tante sofferenze e prove, ma nonostante questo non ci fu scoraggiamento tra di loro.

Come Paolo dirà a Timoteo, non bisogna aver vergogna della testimonianza del nostro Signore > 2Timoteo 1:7 *Dio Infatti, ci ha dato uno spirito non di timidezza, ma di forza, d'amore e di autocontrollo.* 2Timoteo 1:8 *Non aver dunque vergogna della testimonianza del nostro Signore, né di me, suo carcerato; ma soffri anche tu per il vangelo, sorretto dalla potenza di Dio.* Per la Sua Grazia e compassione, il Signore ci ha dato lo Spirito di forza, amore e correzione. Perciò siamo dei testimoni certamente equipaggiati per poter portare una testimonianza efficace tra le genti. Però, come Timoteo, bisogna essere anche disposti a *soffrire per il Vangelo,* ma sorretti dalla potenza del Signore.

Perciò, quando si parla di testimonianza, è bello poter vedere come fin nell'AT. il Signore dava estrema importanza a tale comportamento, a partire proprio da Israele. Ma come Israele doveva testimoniare della grandezza del Signore, la stessa cosa dobbiamo farla anche noi, prendendo come esempio gli apostoli, i quali con sofferenza portarono avanti la loro testimonianza del Signore.

MT 10:17-20 > *I DESTINATARI DELLA TESTIMONIANZA: I PAGANI* > I destinatari di tale testimonianza doveva essere proprio i - *pagani* -, quindi non solo Israele, ma anche quei gentili i quali avrebbero procurato dolore e sofferenza.

In Ro 15:17-19 Paolo dichiara che da Gerusalemme fino all'Illiria aveva predicato il Vangelo allo scopo di portare all'ubbidienza i pagani > Romani 15:17 *Ho dunque di che vantarmi in Cristo Gesù, per quel che concerne le cose di Dio.* Romani 15:18 *Non oserei Infatti, parlare di cose che Cristo non avesse operato per mio mezzo allo scopo di condurre i pagani all'ubbidienza, con parole e opere,* Romani 15:19 *con la potenza di segni e di prodigi, con la potenza dello Spirito Santo. Così da Gerusalemme e dintorni fino all'Illiria ho predicato dappertutto il vangelo di Cristo.* Paolo testimonia che il Signore Gesù aveva operato in modo potente nella sua vita proprio allo scopo di *condurre i pagani all'ubbidienza.* È bello ricordare questo concetto. Quando portiamo testimonianza alle persone, non dobbiamo ignorare il fatto che il Signore Gesù opera in noi. Paolo accompagnò la sua testimonianza anche con segni e prodigi, ma ciò che era fondamentale era la predicazione del Vangelo di Cristo.

Anche Pietro parlerà della testimonianza, ma soprattutto quella di vita > 1Pietro 2:11 Carissimi, io vi esorto, come stranieri e pellegrini, ad astenervi dalle carnali concupiscenze che danno l'assalto contro l'anima, 1Pietro 2:12 *avendo una buona condotta fra i pagani, affinché laddove sparlano di voi, chiamandovi malfattori, osservino le vostre opere buone e diano gloria a Dio nel giorno in cui li visiterà.* Per essere dei testimoni credibili ed affidabili, siamo chiamati ad *astenerci dalle carnali concupiscenze,* ovvero da quelle passioni che assalgono l'anima, per poter mostrare una buona condotta tra i *pagani,* affinché essi possano osservare attentamente il nostro esempio di fede e di comportamento.

Dobbiamo sempre ricordarci che il mondo è pronto ad accusarci falsamente. Ma è vergognoso, quando un empio o un pagano lo può fare realmente, perché abbiamo commesso qualcosa di disonesto o disonorevole. Perciò siamo chiamati ad essere dei testimoni coraggiosi in mezzo alle sofferenze, ma anche mostrare con un comportamento santo ed irreprensibile la nostra fede nel Signore.

MT 10:17-20 > *VIA OGNI PREOCCUPAZIONE* > Ma il Signore prosegue – Ma *quando vi metteranno nelle loro mani, non preoccupatevi di come parlerete o di quello che dovrete dire; perché in quel momento stesso vi sarà dato ciò che dovrete dire. Poiché non siete voi che parlate, ma è lo Spirito del Padre vostro che parla in voi* -.

Innanzitutto il Signore ci esorta a non preoccuparci, anche delle sofferenze che potremmo subire a causa del Vangelo. Il salmista afferma che il conforto del Signore l'aveva alleviato dalle preoccupazioni Salmi 94:19 *Quand'ero turbato da grandi preoccupazioni, il tuo conforto ha alleviato l'anima mia.* Quante sofferenze ci possono essere nella vita di un figlio di Dio. Quante preoccupazioni! Ebbene il Signore, con le Sue compassioni, ci può realmente risollevare in un modo straordinario. Il Suo conforto, la Sua misericordia allevia la sofferenza di un figlio di Dio provato nella sofferenza.

In 2 Co 11:26-28. Paolo elenca le sue varie sofferenze ed in più le preoccupazioni che gli venivano dalle chiese > 2Corinzi 11:26 *Spesso in viaggio, in pericolo sui fiumi, in pericolo per i briganti, in pericolo da parte dei miei connazionali, in pericolo da parte degli stranieri, in pericolo nelle città, in pericolo nei deserti, in pericolo sul mare, in pericolo tra falsi fratelli;* 2Corinzi 11:27 *in fatiche e in pene; spesse volte in veglie, nella fame e nella sete, spesse volte nei digiuni, nel freddo e nella nudità.* 2Corinzi 11:28 *Oltre a tutto il resto, sono assillato ogni giorno dalle preoccupazioni che mi vengono da tutte le chiese.* L'apostolo parla dei pericoli che aveva dovuto affrontare da parte di criminali, dai suoi stessi connazionali, dai pagani, nel deserto sul mare, nel digiuno e quant'altro. La vita dell'apostolo Paolo è stata realmente costellata da tante sofferenze. In più vi erano le preoccupazioni che gli venivano dalle chiese. Un figlio di Dio maturo nella fede e zelante nel Signore non può rimanere indifferente di fronte a tutto questo.

Ma ecco cosa insegna l'apostolo Pietro: siamo chiamati a gettare sul Signore ogni preoccupazione > 1Pietro 5:6 *Umiliatevi dunque sotto la potente mano di Dio, affinché egli vi innalzi a suo tempo;* 1Pietro 5:7 *gettando su di lui ogni vostra preoccupazione, perché egli ha cura di voi.* Certamente bisogna umiliarsi davanti al Signore, sotto la Sua potente mano, affinché sia Lui ad innalzarci. Ma nello stesso tempo siamo chiamati a gettare su di lui ogni angoscia, ogni preoccupazione, consapevoli del fatto che Egli *ha cura di noi.*

Perciò dobbiamo sempre considerare che ogni preoccupazione, di qualunque tipo, che ci provenga dai pagani, dagli empi, o addirittura dalle chiese, può essere alleviata e consolata dal Signore. Ma noi dobbiamo essere pronti a gettare su di Lui ogni nostra angoscia.

MT 10:17-20 f6) > ***L'INTERVENTO DELLO SPIRITO*** > Infatti, il Signore Gesù spiega molto bene il motivo per cui non bisogna essere preoccupati - *perché in quel momento stesso vi sarà dato ciò che dovrete dire. Poiché non siete voi che parlate, ma è lo Spirito del Padre vostro che parla in voi* -. Molte volte si è preoccupati nel cercare di trovare le parole giuste per manifestare la nostra testimonianza. Ma non dobbiamo mai ignorare la funzione dello Spirito in noi.

Paolo poteva dire che la sua predicazione era caratterizzata dal favore di Dio > 1Tessalonicesi 2:3 Perché la nostra predicazione non proviene da finzione, né da motivi impuri, né è fatta con inganno; 1Tessalonicesi 2:4 *ma come siamo stati approvati da Dio che ci ha stimati tali da poterci affidare il vangelo, parliamo in modo da piacere non agli uomini, ma a Dio che prova i nostri cuori.* L'insegnamento che l'apostolo proclamava non era caratterizzato da finzione o inganno, ma dal fatto che egli era approvato dal Signore, chiamato da Lui stesso a svolgere questo servizio. L'obiettivo di Paolo non era certamente quello di piacere agli uomini, ma a Dio, Colui che *prova i nostri cuori.* Inoltre in 2 Co 2:15-17 Paolo aggiunge che il suo parlare era caratterizzato dalla sincerità > 2Corinzi 2:15 *Noi siamo Infatti, davanti a Dio il profumo di Cristo fra quelli che sono sulla via della salvezza e fra quelli che sono sulla via della perdizione;* 2Corinzi 2:16 *per questi, un odore di morte, che conduce a morte; per quelli, un odore di vita, che conduce a vita. E chi è sufficiente a queste cose?* 2Corinzi 2:17 *Noi non siamo Infatti, come quei molti che falsificano la parola di Dio; ma parliamo mossi da sincerità, da parte di Dio, in presenza di Dio, in Cristo*- Per essere *il buon profumo di Cristo,* per quelli che sono sulla via della salvezza, ovvero che si stanno avvicinando al Signore e quelli che sono sulla via della perdizione, cioè il cui cuore è ancora completamente ottenebrato, è assolutamente importante essere caratterizzati da una fede genuina e sincera. Molti, già a quei tempi, falsificavano la Parola di Dio, come purtroppo accade ancora oggi. Ma il figlio di Dio è chiamato ad essere tenace, determinato ed a confidare nel Signore.

In 2 Co 4:13-14, Paolo afferma solennemente che parla perché ha creduto > 2Corinzi 4:13 *Siccome abbiamo lo stesso spirito di fede, che è espresso in questa parola della Scrittura: «Ho creduto, perciò ho parlato», anche noi crediamo, perciò parliamo,* 2Corinzi 4:14 *sapendo che colui che risuscitò il Signore Gesù, risusciterà anche noi con Gesù, e ci farà comparire con voi alla sua presenza*. Non sono parole banali quelle che pronuncia l'apostolo, tra l'altro citando un brano dell'AT. Il figlio di Dio è caratterizzato da quello spirito sospinto dalla fede, per mezzo del quale si crede al messaggio del Vangelo che si è ascoltato. Perciò Paolo dichiara molto semplicemente *noi crediamo perciò parliamo*. Proprio per il fatto che un giorno abbiamo posto fede nella Persona amata del Signore Gesù, non dovremmo mai stancarci di parlare agli altri della Grazia di Dio. Guai se questo accadesse.

Perciò in At 4:5-8 possiamo vedere un testo dove agisce lo Spirito Santo e precisamente in Pietro > Atti 4:5 *Il giorno seguente, i loro capi, con gli anziani e gli scribi, si riunirono a Gerusalemme,* Atti 4:6 *con Anna, il sommo sacerdote, Caiafa, Giovanni, Alessandro e tutti quelli che appartenevano alla famiglia dei sommi sacerdoti.* Atti 4:7 *E, fatti condurre in mezzo a loro Pietro e Giovanni, domandarono: «Con quale potere o in nome di chi avete fatto questo?»* Atti 4:8 *Allora Pietro, pieno di Spirito Santo, disse loro.* Come abbiamo visto il Signore Gesù focalizza l'attenzione dei discepoli proprio sull'azione dello Spirito in loro. Questo testo ne è un esempio. Pietro e Giovanni vengono condotti davanti ai sommi sacerdoti, i quali cercano con domande tendenziose e provocatorie di impedire la proclamazione del messaggio del Vangelo. Ma cosa accade? L'apostolo Pietro prende la parola *pieno dello Spirito Santo*, ovvero in quel momento, lo Spirito pervadeva in modo totale e completo la persona dell'apostolo.

Anche in Atti 6:8-10 è scritto che anche Stefano parlava sospinto dallo Spirito > Atti 6:8 *Ora Stefano, pieno di grazia e di potenza, faceva grandi prodigi e segni tra il popolo.* Atti 6:9 *Ma alcuni della sinagoga detta dei Liberti, dei Cirenei, degli Alessandrini, di quelli di Cilicia e d'Asia, si misero a discutere con Stefano;* Atti 6:10 *e non potevano resistere alla sapienza e allo Spirito con cui egli parlava.* Ci troviamo nell'episodio terribile di Stefano, il quale viene ucciso a motivo della sua fede e testimonianza. Ma è interessante osservare come Stefano viene descritto. Egli era *pieno di grazia e di potenza,* facendo prodigi e segni tra tutto il popolo e nonostante l'ostilità di alcuni della sinagoga, essi non potevano rispondere proprio perché Stefano non parlava di suo, ma da parte dello Spirito. Ecco cosa significa lasciare agire lo Spirito in noi.

In 1 Co 12:2, Paolo dichiara una cosa assolutamente importante: nessuno può dire Gesù è il Signore se non per lo Spirito di Dio >

1Corinzi 12:2 *Voi sapete che quando eravate pagani eravate trascinati dietro agli idoli muti secondo come vi si conduceva.* 1Corinzi 12:3 *Perciò vi faccio sapere che nessuno, parlando per lo Spirito di Dio, dice: «Gesù è anatema!» e nessuno può dire: «Gesù è il Signore!» se non per lo Spirito Santo.* Al di là del contesto particolare di questo capitolo, è bello notare la contrapposizione esistente tra quando noi eravamo lontani da Dio e poi quando ci siamo convertiti a Lui. Prima eravamo degli idolatri, ma ora possiamo parlare, agire, operare per mezzo dello Spirito Santo, il Quale può permetterci portare una testimonianza viva ed efficace in mezzo ai non credenti.

Perciò come figli di Dio siamo chiamati a: 1) piacere a Dio quando parliamo, 2) essere mossi da una fede sincera e genuina, 31 lasciare agire lo Spirito di Dio completamente in noi, in modo tale che l'empio possa vedere e notare quella differenza che passa tra un figlio di Dio e colui che ancora è lontano dal Signore.

Mt 10:16-39 (3) > ***La manifestazione di un odio profondo verso colui che segue il Signore*** > - *Il fratello darà il fratello a morte, e il padre il figlio; i figli insorgeranno contro i genitori e li faranno morire. Sarete odiati da tutti a causa del mio nome; ma chi avrà perseverato sino alla fine sarà salvato. Quando vi perseguiteranno in una città, fuggite in un'altra; perché io vi dico in verità che non avrete finito di percorrere le città d'Israele, prima che il Figlio dell'uomo sia venuto* - > Mt 10:21-23.

MT 10:21-23 > ***NESSUN RISPETTO PER I LEGAMI FAMIGLIAR! PIÙ STRETTI*** > In questi versi, il Signore parla dell'odio che verrà mostrato proprio nei confronti dei discepoli. Per puntualizzare tale concetto, il Signore parla dei legami affettivi più profondi

*Il fratello darà il fratello a morte, il padre il figlio, i figli insorgeranno contro i genitori* -. In altre parole si parla di quel disagio che si crea in una famiglia, quando qualcuno si converte.

In Za 7:9-10 il Signore raccomanda di non tramare nel cuore pensieri malvagi contro i fratelli > Zaccaria 7:9 *«Così parlava il SIGNORE degli eserciti: Fate giustizia fedelmente, mostrate l'uno per l'altro bontà e compassione;* Zaccaria 7:10 *non opprimete la vedova né l'orfano, lo straniero né il povero; nessuno di voi, nel suo cuore, trami il male contro il fratello.* Nell'ambito ebraico per fratello si intendeva anche il connazionale. Nel testo il Signore raccomanda a fare giustizia, a comportarsi in modo fedele, mostrando bontà e compassione senza opprimere o fare del male al proprio simile. Figuriamoci quando si tratta di parenti stretti da un legame di sangue.

In tal caso non possiamo dimenticare il primo omicidio che viene registrato nella Scrittura > Genesi 4:6 *Il SIGNORE disse a Caino: «Perché sei irritato? e perché hai il volto abbattuto? Genesi 4:7 Se agisci bene, non rialzerai il volto? Ma se agisci male, il peccato sta spiandoti alla porta, e i suoi desideri sono rivolti contro di te; ma tu dominalo!»* Genesi 4:8 *Un giorno Caino parlava con suo fratello Abele e, trovandosi nei campi, Caino si avventò contro Abele, suo fratello, e l'uccise.* Il primo omicidio parla proprio di una trama malvagia, ordita da Caino ai danni di Abele, fratello contro fratello. È qualcosa di sconvolgente. E tutto questo perché? Per il fatto che Abele aveva mostrato fede, mentre Caino no.

Guardiamo anche al brano parallelo che abbiamo in Lu 21:12-17 > Luca 21:12 *Ma prima di tutte queste cose, vi metteranno le mani addosso e vi perseguiteranno consegnandovi alle sinagoghe, e mettendovi in prigione, trascinandovi davanti a re e a governatori, a causa del mio nome. Luca 21:13 Ma ciò vi darà occasione di rendere testimonianza. Luca 21:14 Mettetevi dunque in cuore di non premeditare come rispondere a vostra difesa, Luca 21:15 perché io vi darò una parola e una sapienza alle quali tutti i vostri avversari non potranno opporsi né contraddire. Luca 21:16 Voi sarete traditi perfino da genitori, fratelli, parenti e amici; faranno morire parecchi di voi; Luca 21:17 e sarete odiati da tutti a causa del mio nome; Luca 21:18 ma neppure un capello del vostro capo perirà. Luca 21:19 Con la vostra costanza salverete le vostre vite.* Non dobbiamo stupirci che il figlio di Dio soffra determinate cose, proprio per il fatto che è a motivo della sua testimonianza che sarà perseguitato in vari modi. Il Signore preannuncia anche il fatto terribile di essere traditi da coloro che sono più vicini come legami di sangue quando afferma *Voi sarete traditi perfino da genitori, parenti, amici,* ovvero coloro di cui mai si sarebbe sospettato. Ma il Signore proteggerà coloro che con forza e coraggio porteranno avanti la loro testimonianza di fede.

A proposito dell'insurrezione o ribellione dei figli contro i genitori, è interessante notare quanto afferma Paolo a proposito degli ultimi tempi > 2Timoteo 3:1 *Or sappi questo: negli ultimi giorni verranno tempi difficili; 2Timoteo 3:2 perché gli uomini saranno ... ribelli ai genitori.* Non ci si può più stupire di nulla. Ci troviamo ormai in questi tempi così duri, difficili, dove non c'è più nemmeno da fidarsi nemmeno dei legami umani più profondi. Siamo in un tempo in cui la relazione tra figli e genitori è gravemente compromessa. Ecco perché è urgente portare il messaggio del Vangelo anche a costo della sofferenza.

Come insegna il Signore nel cuore dell'uomo non vi devono essere pensieri malvagi, ma purtroppo l'empio li trama del continuo. Perciò il figlio di Dio deve sapere che quando si converte, inizieranno le sofferenze anche in mezzo alla famiglia, ovviamente se è lontana dal Signore. Siamo pronti a soffrire per Cristo?

MT 10:21-23 f2) > *FUGGIRE DALLA PERSECUZIONE* > Il Signore Gesù è sempre stato chiaro su questo concetto. Egli Infatti, dichiara - *Quando vi perseguiteranno in una città, fuggite in un'altra* -. Egli non insegna di accettare la persecuzione in modo passivo, ma di agire fuggendo.

La persecuzione è un modo di fare che l'empio ha sempre mostrato nei confronti del giusto, come attesta Davide > Salmi 109:1 *Al direttore del coro. Salmo di Davide. Dio della mia lode, non tacere,* Salmi 109:2 *perché la bocca dell'empio e la bocca del disonesto si sono aperte contro di me; m'hanno parlato con lingua bugiarda...* Salmi 109:16 *Infatti, non si è ricordato di fare il bene, ma ha perseguitato il misero, il povero, e chi ha il cuore spezzato, per farlo morire.* Davide esalta il Signore, definendolo *Dio della mia lode,* a dimostrazione del fatto che la vita del salmista era veramente caratterizzata dalla lode e dall'adorazione. Ma nello stesso tempo, Davide non può fare a meno di esprimere il suo dolore, la sua angoscia, nel vedere come l'empio si comportava nei suoi confronti e nei confronti di chi si trova nella fragilità e nella debolezza. L'empio perseguita il misero ed il povero, senza scrupoli. Così fa l'empio verso il giusto. L'apostolo Paolo esprime lo stesso concetto a Timoteo: chi vuole vivere piamente in Cristo saranno perseguitati > 2Timoteo 3:12 *Del resto, tutti quelli che vogliono vivere piamente in Cristo Gesù saranno perseguitati.* 2Timoteo 3:13 *Ma gli uomini malvagi e gli impostori andranno di male in peggio, ingannando gli altri ed essendo ingannati.* Non si tratta di un evento opzionale, che può accadere come no. Il giusto che vive nel timore del Signore, sarà perseguitato è un dato di fatto assoluto. Purtroppo l'uomo non sta andando verso il meglio, ma peggiora di continuo come annuncia Paolo. Perciò dobbiamo essere preparati.

Tuttavia Paolo, era anche consapevole di non essere abbandonato > 2Corinzi 4:8 Noi *siamo tribolati in ogni maniera, ma non ridotti all'estremo; perplessi, ma non disperati;* 2Corinzi 4:9 *perseguitati, ma non abbandonati; atterrati ma non uccisi;* 2Corinzi 4:10 *portiamo sempre nel nostro corpo la morte di Gesù, perché anche la vita di Gesù si manifesti nel nostro corpo.* Nonostante Paolo ed i suoi collaboratori fossero *tribolati in ogni maniera,* non erano però ridotti ai minimi termini, non erano nella disperazione, non erano morti e non erano abbandonati. Essi potevano contare del continuo sull'intervento del Signore atto a rafforzare, consolare, fortificare gli animi.

Ma se da una parte possiamo essere certi dell'intervento del Signore, dall'altro dobbiamo tenere presente dei nostri limiti. Perciò il Signore esorta a fuggire quando vi sarà persecuzione. Come fece Davide più volte nei confronti di Saul > 1Samuele 19:15 *Allora Saul inviò di nuovo i suoi uomini perché vedessero Davide, e disse loro: «Portatemelo nel letto, perché possa ucciderlo».* 1Samuele 19:16 *Quando giunsero quegli uomini, ecco che nel letto c'era l'idolo domestico con in testa un cappuccio di pelo di capra.* 1Samuele 19:17 *Saul disse a Mical: «Perché mi hai ingannato così e hai dato al mio nemico la possibilità di fuggire?» Mical rispose a Saul: «E lui che mi ha detto: Lasciami andare, altrimenti ti ammazzo!»* 1Samuele 19:18 *Davide dunque fuggì, si mise in salvo, andò da Samuele a Rama e gli raccontò tutto quello che Saul gli aveva fatto. Poi, egli e Samuele andarono a stare a Naiot.* È veramente sconvolgente notare come Saul, un re che avrebbe avuto il compito di manifestare giustizia ed onestà, abbia speso gran parte del suo tempo ad inseguire e perseguitare un giovane che non aveva nessun pensiero malvagio nel cuore come Davide. In questo testo, Mical, una figlia di Saul, impedisce l'attuarsi del piano malvagio del padre, ma oltre a questo, Davide fugge conscio delle sue debolezze. Non si trattava certamente di vigliaccheria, ma di intelligenza.

In Atti 14:1-7 possiamo osservare come Paolo e Barnaba fuggirono da una situazione di persecuzione > Atti 14:1 *Anche a Iconio Paolo e Barnaba entrarono nella sinagoga dei Giudei e parlarono in modo tale che una gran folla di Giudei e di Greci credette.* Atti 14:2 *Ma i Giudei che avevano rifiutato di credere aizzarono e inasprirono gli animi dei pagani contro i fratelli.* Atti

14:3 *Tuttavia rimasero là per molto tempo, predicando con franchezza e confidando nel Signore che rendeva testimonianza alla Parola della sua grazia e concedeva che per mano loro avvenissero segni e prodigi.* Atti 14:4 *Ma la popolazione della città era divisa: gli uni tenevano per i Giudei, e gli altri per gli apostoli.* Atti 14:5 *Ma quando ci fu un tentativo dei pagani e dei Giudei, d'accordo con i loro capi, di oltraggiare gli apostoli e lapidarli,* Atti 14:6 *questi lo seppero e fuggirono nelle città di Licaonia, Listra e Derba e nei dintorni;* Atti 14:7 *e là continuarono a evangelizzare.* Essi con coraggio, annunziarono Cristo in una sinagoga di Giudei a Iconio e ci fu un meraviglioso risultato: tanti Giudei e Greci credettero. Ma questo non fece certamente piacere a quei Giudei che avevano rifiutato il messaggio e perciò pensarono bene di aizzare contro Paolo e Barnaba i pagani stessi, inasprendo i loro animi. Questo non scoraggiò i due servi di Dio tanto che rimasero in quel luogo ancora per diverso tempo, fino a quando la situazione non divenne insostenibile e furono costretti a fuggire per salvare la loro vita. Il Signore ci chiede di predicare il Vangelo in mezzo alle difficoltà, ma anche ad essere avveduti ed intelligenti.

MT 10:21-23 f3) > *UN EVENTO SOLENNE* > Ma il Signore Gesù precisa un altro concetto molto importante - *perché io vi dico in verità che non avrete finito di percorrere le città d'Israele, prima che il Figlio dell'uomo sia venuto* -. In altre parole, i discepoli non avrebbero potuto raggiungere tutte le case d'Israele. Ciò accadrò solo quando il Figlio dell'uomo tornerà in gloria. Non vogliamo ora trattare questo argomento nel dettaglio, ma vediamo solo qualche appunto.

In Mt 24:44 è scritto che nell'ora in cui non si penserà il Figlio dell'uomo verrà > Matteo 24:44 *Perciò, anche voi siate pronti; perché, nell'ora che non pensate, il Figlio dell'uomo verrà.* È sconosciuta la data del Suo ritorno, proprio perché coloro che appartengono a Lui, siano spronati in un'attesa fervida.

Come è scritto in Lu 21:25-28, la Sua venuta sarà accompagnata da segni anticipatori indiscutibili > Luca 21:25 *Vi saranno segni nel sole, nella luna e nelle stelle; sulla terra, angoscia delle nazioni, spaventate dal rimbombo del mare e delle onde;* Luca 21:26 *gli uomini verranno meno per la paurosa attesa di quello che starà per accadere al mondo; poiché le potenze dei cieli saranno scrollate.* Luca 21:27 *Allora vedranno il Figlio dell'uomo* venire sulle nuvole con potenza e gloria grande. Luca 21:28 *Ma quando queste cose cominceranno ad avvenire, rialzatevi, levate il capo, perché la vostra liberazione si avvicina»*. Sebbene non si conosca la data del Suo ritorno, il Signore ha voluto preannunciare quei segni cosmici che precederanno il Suo ritorno: potenze dei cieli che sono scrollati più altri segni descritti in Mt 24. Ma quando queste cose inizieranno ad accadere, il Signore ci rivolge un solenne invito *quando queste cose cominceranno ad avvenire, rialzatevi, levate il capo, perché la vostra liberazione si avvicina.* Quando si pensa al Suo ritorno per la Chiesa o in gloria, si è spronati ancora di più ad annunciare il Suo Vangelo.

Mt 10:16-39 (41 > ***La manifestazione di un odio profondo verso colui che segue il Signore*** *> - Un discepolo non è superiore al maestro, né un servo superiore al suo signore. Basti al discepolo essere come il suo maestro e al servo essere come il suo signore. Se hanno chiamato Belzebù il padrone, quanto più chiameranno così quelli di casa sua! Non li temete dunque; perché non c'è niente di nascosto che non debba essere scoperto, né di occulto che non debba essere conosciuto. Quello che io vi dico nelle tenebre, ditelo nella luce; e quello che udite dettovi all'orecchio, predicatelo sui tetti. E non temete coloro che uccidono il corpo, ma non possono uccidere l'anima; temete piuttosto colui che può far perire l'anima e il corpo nella geenna. Due passeri non si vendono per un soldo? Eppure non ne cade uno solo in terra senza il volere del Padre vostro. Quanto a voi, perfino i capelli del vostro capo sono tutti contati. Non temete dunque; voi valetepiù di moltipasseri -* > Mt 10:24-31.

MT 10:24-31 > ***IL DISCEPOLO NON È PIÙ DEL SUO MAESTRO*** > Il Signore prosegue con il Suo insegnamento - *Un discepolo non è superiore al maestro, né un servo superiore al suo signore* -. Il discepolo deve avere come ambizione quello di assomigliare sempre di più al suo maestro. Tanto più se il maestro in questione è il Signore.

Come è scritto in Mt 23:5-8, il Maestro sublime è uno solo: il Signore > Matteo 23:5 *Tutte le loro opere le fanno per essere osservati dagli uomini; Infatti, allargano le loro filatterie e allungano le frange dei mantelli;* Matteo 23:6 *amano i primi posti nei conviti, i primi seggi nelle sinagoghe,* Matteo 23:7 *i saluti nelle piazze ed essere chiamati dalla gente: Rabbì!* Matteo 23:8 *Ma voi non vi fate chiamare Rabbì; perché uno solo è il vostro Maestro, e voi siete tutti fratelli.* Un maestro spirituale, se vuole mostrare sostanza e consistenza deve evitare di farsi vedere, amando i primi posti nei conviti o il saluto da parte degli altri nelle piazze per poi essere chiamati *Rabbi.* Il nostro Maestro è uno solo e Lui dobbiamo imitare.

In Gv 13:13-14, il Signore Gesù attesta chiaramente che Lui è Maestro e Signore > Giovanni 13:13 *Voi mi chiamate Maestro e Signore; e dite bene, perché lo sono.* Giovanni 13:14 *Se dunque io, che sono il Signore e il Maestro, vi ho lavato i piedi, anche voi dovete lavare i piedi gli uni agli altri.* Non è un semplice Rabbi, ma il Signore della nostra vita, al Quale deve andare la nostra ubbidienza ed adorazione. Essendo Lui il nostro Maestro, siamo chiamati ad operare, a pensare, ad agire come Egli vuole, per piacere a Lui. Il vero discepolo si comporterà proprio così.

MT 10:24-31 f2) > *SIAMO CHIAMATI AD ESSERE COME IL SIGNORE* > Nello stesso tempo, il Signore aggiunge altre parole molto importanti - *né un servo superiore al suo signore. Basti al discepolo essere come il suo maestro e al servo essere come il suo signore* -. Come abbiamo evidenziato prima, l'obiettivo del figlio di Dio deve essere proprio quello di imitare in tutto e per tutto il suo Maestro. Ma nello stesso tempo, il nostro Maestro è anche il Signore della nostra vita, al Quale va tutta la nostra ubbidienza e riverenza.

È bello considerare che il Signore conosce i Suoi servi, come attesta Davide > 2Samuele 7:20 *Che potrebbe Davide dirti di più? Tu conosci il tuo servo, Signore, DIO!* Egli conosce tutto di noi, nulla Gli è scoperto. Il nostro Signore conosce perfettamente ciò che vi è nel nostro cuore, sia quando ci troviamo nella gioia, sia quando ci troviamo nel dolore.

Perciò, se vogliamo essere dei servitori qualificati che servono il Signore in modo efficace, siamo chiamati ad acquisire quelle caratteristiche che Paolo menziona in 2 Ti 2:24-26 > 2Timoteo 2:24 *Il servo del Signore non deve litigare, ma deve essere mite con tutti, capace di insegnare, paziente.* 2Timoteo 2:25 *Deve istruire con mansuetudine gli oppositori nella speranza che Dio conceda loro di ravvedersi per riconoscere la verità,* 2Timoteo 2:26 *in modo che, rientrati in sé stessi, escano dal laccio del diavolo, che li aveva presi prigionieri perché facessero la sua volontà.* Il titolo servo del Signore, per un figlio di Dio non ha nulla di umiliante, ma sottolinea un preciso privilegio che egli può sperimentare. Infatti, se può essere avvilente ed umiliante servire dei padroni umani, non è così per il Signore della nostra vita. Ma sebbene sia giusto andare fieri di essere dei servi del Signore, nello stesso tempo dobbiamo comprendere che è necessario assumere un preciso comportamento. Siamo chiamati ad essere pieni di mansuetudine, misericordia, capaci di insegnare le verità del Signore, senza litigare o cadere in disquisizioni senza senso. Coloro che sono gli *oppositori*, devono vedere nel servo del Signore, il ritratto in miniatura del Signore Gesù stesso.

Ma attenzione perché dichiarare che Dio è Signore della nostra vita comporta una precisa responsabilità > Malachia 1:6 «*Un figlio onora suo padre e un servo il suo padrone; se dunque io sono padre, dov'è l'onore che m'e dovuto? Se sono padrone, dov'è il timore che mi e dovuto? Il SIGNORE degli eserciti parla a voi, o sacerdoti, che disprezzate il mio nome! Ma voi dite: In che modo abbiamo disprezzato il tuo nome?* Un figlio è chiamato ad onorare i genitori proprio perché prescritto nella Legge. Un servo è chiamato non solo a servire il suo signore, ma anche ad onorarlo. L'Eterno ci fa ben comprendere che esiste un solo modo per onorarlo, ed è appunto con l'ubbidienza. Egli è il *Padrone* di tutta la nostra persona, in quanto siamo stati riscattati a caro prezzo. Disubbidire a Lui significa disprezzare il Suo Nome.

La massima aspirazione per un figlio di Dio deve essere proprio quello di imitare il suo Maestro e Signore. Per contro questo significa che non dobbiamo imitare i canoni del sistema-mondo. In 2 Cr 30:6-8, *il re Ezechia fa proprio questa raccomandazione* 2Cronache 30:6 *I corrieri dunque andarono con le lettere del re e dei suoi capi per tutto Israele e Giuda. E, conformemente all'ordine del re, dissero: «Figli d'Israele, tornate al SIGNORE, Dio d'Abraamo, d'Isacco e d'Israele, affinché egli torni al residuo che di voi e scampato dalle mani dei re d'Assiria. 2Cronache 30:7 Non siate come i vostri padri e come i vostri fratelli, che sono stati infedeli al SIGNORE, Dio dei loro padri, al punto che egli li ha dati in preda alla desolazione, come voi vedete. 2Cronache 30:8 Ora non irrigidite il vostro collo, come i padri vostri; date la mano al SIGNORE, venite al suo santuario che egli ha santificato per sempre, e servite il SIGNORE, vostro Dio, affinché la sua ardente ira si ritiri da voi.* Il re Ezechia è una bell'immagine del credente consacrato a Dio. Egli amava il Signore e per il timore che mostrò nei Suoi confronti, con il suo esempio di vita e la sua determinazione, risollevò Giuda da una situazione spirituale davvero drammatica. Egli mandò dei corrieri i quali annunciarono una lettera scritta proprio dal re il cui messaggio centrale era il seguente *Tornate al Signore*. Questo bisogna fare quando ci si allontana dal Signore. Ma l'annuncio continua *Non siate come i vostri padri e come i vostri fratelli che sono stati infedeli al Signore*. Il cristiano non può e non deve imitare la condotta iniqua che il Signore disprezza.

Invece dobbiamo essere come il Signore > Luca 6:36 *Siate misericordiosi come e misericordioso il Padre vostro*. In queste parole del Signore Gesù viene menzionata una qualità assolutamente importante che possiede il Padre Celeste nella perfezione: la misericordia. Come figli di Dio e Suoi servi, siamo chiamati ad imitare il Padre non solo per questa qualità, ma anche per il resto delle Sue caratteristiche.

L'apostolo Pietro menziona anche la santità del Signore > 1Pietro 1:14 *Come figli ubbidienti, non conformatevi alle passioni del tempo passato, quando eravate nell'ignoranza;* 1Pietro 1:15 *ma come colui che vi ha chiamati e santo, anche voi siate santi in tutta la vostra condotta,* 1Pietro 1:16 *poiché sta scritto: «Siate santi, perché io sono santo».* Essere santi come il Signore è qualcosa di impossibile. Tuttavia è sufficiente che come figli di Dio non ci conformiamo alle passioni passate, ma ad avere come obiettivo costante quello di *piacere a Dio in ogni cosa*. Ovvero essere *santi in tutta la nostra condotta*. In un tempo di confusione spirituale e morale nel quale la Chiesa del Signore Gesù vive, siamo chiamati a tornare con forza ai canoni divini.

MT 10:24-31 > *LA FOLLIA DELL'INCREDIILITÀ* > Il Signore prosegue mettendo in evidenza la follia di coloro che lo definivano Belezebù - *Se hanno chiamato Belzebù il padrone, quanto più chiameranno così quelli di casa sua!* -. Quanto è drammatica l'incredulità dell'uomo e la sua durezza di cuore.

Una circostanza emblematica è descritta in Lu 11:14-18 > Luca 11:14 *Gesù stava scacciando un demonio che era muto; e, quando il demonio fu uscito, il muto parlò e la folla si stupì.* Luca 11:15 *Ma alcuni di loro dissero: «E per l'aiuto di Belzebù, principe dei demòni, che egli scaccia i demòni».* Luca 11:16 *Altri, per metterlo alla prova, gli chiedevano un segno dal cielo.* Luca 11:17 *Ma egli,* conoscendo i loro pensieri, disse loro: «*Ogni regno diviso contro sé stesso va in rovina, e casa crolla su casa. Luca 11:18 Se dunque anche Satana è diviso contro sé stesso, come potrà reggere il suo regno? Poiché voi dite che è per l'aiuto di Belzebù che io scaccio i demòni.* Invece di riconoscere nel Signore Gesù il Dio manifestato in carne, il Quale operava mediante la Sua potenza, scacciando demòni, i Suoi nemici dicevano *È per l'aiuto di Belzebù che scaccia i demòni.* Un pensiero assolutamente folle perché *Satana non può scacciare Satana.* Ma quando la mente dell'uomo è offuscata dalle tenebre del peccato, può dire qualunque cosa.

*MT 10:24-31 f4) > 'TUTTO È SCOPERTO PER IL SISNORE >*
*Ma il Signore Gesù rivolge una parola di incoraggiamento -* Non li temete dunque; perché non c 'è niente di nascosto che non debba essere scoperto, né di occulto che non debba essere conosciuto

-. Il Signore conosce ogni cosa, ogni pensiero recondito e nascosto del cuore. Ecco perché l'apostolo Pietro valorizza ciò che è intimo e nascosto nel cuore > 1Pietro 3:3 *Il vostro ornamento non sia quello esteriore, che consiste nell'intrecciarsi i capelli, nel mettersi addosso gioielli d'oro e nell'indossare belle vesti,* 1Pietro 3:4 *ma quello che è intimo e nascosto nel cuore, la purezza incorruttibile di uno spirito dolce e pacifico, che agli occhi di Dio è di gran valore.* Dobbiamo sempre tenere presente che il Signore non guarda all'apparenza, ma alla sostanza. L'uomo guarda all'esteriore e tanti esempi biblici ce lo mostrano, ma il Signore scruta i lati reconditi della personalità umana. Egli vuole vedere uno *spirito dolce e pacifico, la purezza* nel nostro cuore.

L'autore della lettera agli Ebrei è lapidario: nessuno si può nascondere dal Signore > Ebrei 4:13 *E non v'è nessuna creatura che possa nascondersi davanti a lui; ma tutte le cose sono nude e scoperte davanti agli occhi di colui al quale dobbiamo render conto.* Non esiste luogo sulla terra, sopra la terra e sotto la terra che ci possa nascondere dallo sguardo del Signore. Tutto è *nudo e scoperto* davanti a Lui.

Perciò il Signore conosce ovviamente anche quei piani malvagi portati avanti da coloro che vogliono ostacolare il servo del Signore. Come cristiani e figli di Dio non li dobbiamo temere, ma confidare nell'intervento del Signore.

*MT 10:24-31 f5) > BISOSNA PROCLAMARE IL MESSASSIO DEL VANSELO PALESEMENTE E CON FORZA >* Anzi il

Signore Gesù prosegue con parole estremamente incoraggianti - *Quello che io vi dico nelle tenebre, ditelo nella luce; e quello che udite dettovi all'orecchio, predicatelo sui tetti -*. Come figli di Dio e Suoi servi, possiamo essere davvero consolati e fortificati da queste parole del Signore, ma nello stesso tempo viene altresì evidenziata la nostra responsabilità. Il messaggio del Vangelo siamo chiamati a proclamarlo, a - *dirlo nella luce, a predicarlo sui tetti-*.

Tutto questo ricorda la posizione nella quale come figli di Dio ci troviamo. Ma quando si parla di luce, non si può far altro che riflettere sulla perfezione del Signore e su come si deve comportare colui che è caratterizzato dal Suo timore. Infatti, come attesta Davide. Colui che regna con giustizia è come la luce mattutina 2Samuele 23:3 *Il Dio d'Israele ha parlato, la Ròcca d'Israele mi ha detto: Colui che regna sugli uomini con giustizia, colui che regna con timore di Dio,* 2Samuele 23:4 *è come la luce mattutina, quando il sole si alza in un mattino senza nuvole e con il suo splendore, dopo la pioggia, fa spuntare l'erbetta dalla terra.* È chiaro che con queste parole, Davide voleva parlare di se stesso, ma anche della responsabilità che egli aveva in quanto re d'Israele. Egli desiderava seguire Colui che è la Rocca d'Israele ed il Signore aveva rivolto proprio a Davide queste solenni parole *Colui che regna sugli uomini con giustizia, colui che regna con timore di Dio,* 2Samuele 23:4 *è come la luce mattutina, quando il sole si alza in un mattino senza nuvole e con il suo splendore, dopo la pioggia, fa spuntare l'erbetta dalla terra.* Ciò che contraddistingue certamente il figlio di Dio è il timore che deve caratterizzare il suo cuore.

Molto importanti sono anche queste parole di Giobbe, il quale afferma che il Signore rivela ciò che è nascosto per portarlo alla luce > Giobbe 12:22 *Rivela le cose recondite, facendole uscire dalle tenebre, e porta alla luce ciò che è avvolto in ombra di morte.* Sono parole simili a quelle che il Signore Gesù cita, quando afferma - *quello che vi dico nelle tenebre, ditelo alla luce -*. Le rivelazioni del Signore sono assolutamente straordinarie, ma molto spesso ci vuole tempo per assimilarle. Quando però questo avviene, siamo chiamati a proclamare i Suoi messaggi, i Suoi insegnamenti in modo palese e manifesto.

Nello stesso tempo, in Gv 3:20-21, il Signore Gesù evidenzia che chi mette in pratica la verità viene dalla luce > Giovanni 3:20

*Perché chiunque fa cose malvagie odia la luce e non viene alla luce, affinché le sue opere non siano scoperte;* Giovanni 3:21 *ma chi mette in pratica la verità viene alla luce, affinché le sue opere siano manifestate, perché sono fatte in Dio».* Per essere luce del mondo, non è sufficiente acquisire un pensiero, una dottrina o un'ideologia in modo intellettuale e freddo, ma bisogna credere fermamente, con fede al messaggio della salvezza. Tale fede si deve poi concretizzare con l'ubbidienza, ovvero *il mettere in pratica la verità.* Non vi è altro modo per dimostrare di essere luce del mondo e nello stesso tempo proclamare con forza il messaggio del Vangelo del Signore Gesù Cristo. L'empio deve vedere la differenza che passa tra lui e colui che appartiene al Signore.

Ma per evidenziare ancora di più il Suo insegnamento, il Signore Gesù esorta a predicare il Suo messaggio - *sui tetti* ovvero in modo palese affinché tutti possano vedere il Suo araldo. Interessante osservare che la stessa espressione è utilizzata nell'AT nel senso di manifestare a tutti quanti anche il proprio dolore e sofferenza > Isaia 15:2 *Si sale al tempio e a Dibon, sugli alti luoghi, per piangere; Moab urla su Nebo e su Medeba: tutte le teste sono rase, tutte le barbe sono tagliate.* Isaia 15:3 *Per le strade tutti indossano sacchi, sui tetti e per le piazze ognuno urla, piangendo a dirotto.* È un chiaro messaggio di giudizio contro Moab e come possiamo notare, nel testo vengono evidenziate diverse espressioni di dolore come il piangere, radersi il capo e tagliarsi la barba. È talmente grave questa sofferenza che addirittura è scritto che *sui tetti ognuno urla.* Questo non viene fatto per una sorta di protagonismo, ma proprio perché spinti da un grande dolore e sofferenza.

Ma il figlio di Dio, invece di mostrare sofferenza, è chiamato a predicare con forza affinché tutti possano ascoltare, il messaggio del Vangelo. È bello osservare in Lu 24:45-48, come il Signore Gesù preannuncia ai due discepoli che si sarebbe predicato il ravvedimento a tutte le genti nel Suo Nome > Luca 24:45 *Allora aprì loro la mente per capire le Scritture e disse loro:* Luca 24:46 *«Così è scritto, che il Cristo avrebbe sofferto e sarebbe risorto dai morti il terzo giorno,* Luca 24:47 *e che nel suo nome si sarebbe predicato il ravvedimento per il perdono dei peccati a tutte le genti, cominciando da Gerusalemme.* Luca 24:48 *Voi siete testimoni di queste cose.* È toccante questo brano, in quanto possiamo notare la delicatezza che il Signore mostra verso questi due discepoli scoraggiati. Egli *aprì loro la mente* e tale fatto è fondamentale per potere capire e comprendere correttamente le Scritture. Non sono necessari grandi studi di teologia, ma una mente aperta per opera dello Spirito Santo. Il Signore annuncia che nel Suo Nome si sarebbe predicato in modo palese un messaggio forte e l'unico che possa salvare l'uomo: il ravvedimento ed il perdono dei peccati nel Suo Nome.

Predicare tale messaggio comporta una precisa responsabilità > *1Corinzi 9:26 Io quindi corro così; non in modo incerto; lotto al pugilato, ma non come chi batte l'aria;* 1Corinzi 9:27 *anzi, tratto duramente il mio corpo e lo riduco in schiavitù, perché non avvenga che, dopo aver predicato agli altri, io stesso sia squalificato.* Paolo sapeva che non poteva predicare bene e razzolare male. La sua corsa cristiana non era caratterizzata da incertezza, ma da una forte determinazione, trattando addirittura duramente il suo corpo per evitare di essere *squalificato* a causa di un suo comportamento iniquo.

MT 10:24-31 f6) > ***BISOGNA TEMERE COLUI CHE PUÒ FAR PERIRE L'ANIMA*** > Perciò il Signore Gesù prosegue nel Suo incoraggiamento - *E non temete coloro che uccidono il corpo, ma non possono uccidere l'anima; temete piuttosto colui che può far perire l'anima e il corpo nella geenna* -. Gli uomini ovviamente possono arrivare ad uccidere il corpo di una persona, ma non possono assolutamente toccare la sua anima.

L'aspettativa del figlio di Dio, infatti, è assolutamente straordinaria. Come testimonia Giobbe, egli vedrà il Signore quando sarà senza il corpo > Giobbe 19:26 *E quando, dopo la mia pelle, sarà distrutto questo corpo, senza la mia carne, vedrò Dio.* Giobbe 19:27 *Io lo vedrò a me favorevole; lo contempleranno i miei occhi, non quelli d'un altro; il cuore, dal desiderio, mi si consuma.* Giobbe è vissuto probabilmente nel tempo dei patriarchi ed è straordinario osservare come già in quest'uomo vi fosse questa straordinaria consapevolezza. Egli sapeva che, dopo che il suo corpo fosse andato distrutto, egli avrebbe comunque visto il Signore e contemplato. Era talmente forte il suo desiderio che era da esso consumato.

Quindi possiamo notare una precisa distinzione tra corpo ed anima. Addirittura 1 Te 5:23 in segna che l'uomo è tripartito > 1Tessalonicesi 5:23 *Or il Dio della pace vi santifichi egli stesso*

617

*completamente; e l'intero essere vostro, lo spirito, l'anima e il corpo, sia conservato irreprensibile per la venuta del Signore nostro Gesù Cristo.* Paolo chiede al Signore che Egli possa santificare i credenti di Tessalonica, nella totalità della loro persona. Quante parti menziona? Esattamente tre: corpo anima e spirito. L'essere umano è tale proprio perché coesistono queste tre realtà.

Proprio per questo motivo, Paolo era desideroso di andare con il Signore, anche se il rimanere in vita sarebbe servito ai filippesi > Filippesi 1:22 *Ma se il vivere nella carne porta frutto all'opera mia, non saprei che cosa preferire.* Filippesi 1:23 *Sono stretto da due lati: da una parte ho il desiderio di partire e di essere con Cristo, perché è molto meglio;* Filippesi 1:24 *ma, dall'altra, il mio rimanere nel corpo è più necessario per voi.* Filippesi 1:25 *Ho questa ferma fiducia: che rimarrò e starò con tutti voi per il vostro progresso e per la vostra gioia nella fede,* Filippesi 1:26 *affinché, a motivo del mio ritorno in mezzo a voi, abbondi il vostro vanto in Cristo Gesù.* La sua indecisione era provocata dal fatto che, personalmente, avrebbe preferito *partire ed essere con Cristo* perché tale realtà è estremamente migliore. Ma nello stesso tempo il rimanere nel corpo era necessario per i filippesi, i quali avevano ancora bisogno della sua presenza e del suo insegnamento. Perciò Paolo è fiducioso che rimarrà in vita, nonostante la situazione di pericolo che stava vivendo, affinché *il loro progresso del Vangelo fosse manifesto a tutti.*

Perciò, come figli di Dio non dobbiamo temere coloro che possono uccidere solo il corpo. Basti pensare ai martiri della storia della Chiesa. Infatti, quand'anche un empio uccidesse un giusto, egli ha la certezza di andare con il Signore, di *partire ed essere con Cristo* per l'eternità. Piuttosto il timore deve essere per Colui - *che può far perire l'anima* -. In che senso dobbiamo intendere queste parole? Nella Scrittura il verbo perire può anche indicare la morte fisica come possiamo osservare in Ge 18:23-26 > Genesi 18:23 *Abraamo gli si avvicinò e disse: «Farai dunque perire il giusto insieme con l'empio?* Genesi 18:24 *Forse ci sono cinquanta giusti nella città; davvero farai perire anche quelli? Non perdonerai a quel luogo per amore dei cinquanta giusti che vi sono?* Genesi 18:25 *Non sia mai che tu faccia una cosa simile! Far morire il giusto con l'empio, in modo che il giusto sia trattato come l'empio! Non sia mai! Il giudice di tutta la terra non farà forse giustizia?»*

Genesi 18:26 *Il SIGNORE disse: «Se trovo nella città di Sodoma cinquanta giusti, perdonerò a tutto il luogo per amor di loro».* Questo brano tratta l'episodio famoso nel quale Abraamo intercede per suo nipote Lot. Egli, con una preghiera accorata e coraggiosa, chiede al Signore, alla fine di un elenco particolare, chiede al Signore di risparmiare la città di Sodoma qualora ci fossero stati, dieci giusti. Abraamo non vuole assolutamente che i giusti *periscano* con l'empio. Quindi è chiaro che questo verbo ha una connotazione fisica.

Ma nella Scrittura il verbo perire ha soprattutto una connotazione spirituale > Giovanni 3:16 *Perché Dio ha tanto amato il mondo, che ha dato il suo unigenito Figlio, affinché chiunque crede in lui non perisca, ma abbia vita eterna.* Giovanni 3:17 *Infatti, Dio non ha mandato suo Figlio nel mondo per giudicare il mondo, ma perché il mondo sia salvato per mezzo di lui.* Giovanni 3:18 *Chi crede in lui non è giudicato; chi non crede è già giudicato, perché non ha creduto nel nome dell'unigenito Figlio di Dio.* Queste parole straordinarie che il Signore rivolge a Nicodemo, mostrano che chi ha fede nel Figlio ha *vita eterna*, in contrapposizione a coloro che non credono, i quali, andranno incontro ad una perdizione eterna che non include solo il fisico, ma tutta la persona. Tale perdizione è legata al giudizio che l'empio impenitente dovrà affrontare, in quanto *chi non crede è già giudicato.* Non si parla solo di un giudizio fisico, ma anche spirituale.

La stessa cosa la possiamo vedere in 2 Pt 3:5-7 dove si parla del giorno del giudizio e della perdizione degli empi > 2Pietro 3:5 *Ma costoro dimenticano volontariamente che nel passato, per effetto della parola di Dio, esistettero dei cieli e una terra tratta dall'acqua e sussistente in mezzo all'acqua;* 2Pietro 3:6 *e che, per queste stesse cause, il mondo di allora, sommerso dall'acqua, perì;* 2Pietro 3:7 *mentre i cieli e la terra attuali sono conservati dalla medesima parola, riservati al fuoco per il giorno del giudizio e della perdizione degli empi.* L'apostolo mette in guardia circa i falsi credenti che mettono in discussione o dimenticano volontariamente che solo per la Parola pronunciata dal Signore furono creati i cieli e la terra e che questi passeranno *riservati per il fuoco ed il giorno del giudizio e della perdizione degli empi.* Ancora troviamo questa particolare associazione tra giudizio e perdizione.

Ma in che cosa consiste realmente questo giudizio? Ecco cosa afferma Ap 21:7-9 > Apocalisse 21:7 *Chi vince erediterà queste cose, io gli sarò Dio ed egli mi sarà figlio.* Apocalisse 21:8 *Ma per i codardi, gl'increduli, gli abominevoli, gli omicidi, i fornicatori, gli stregoni, gli idolatri e tutti i bugiardi, la loro parte sarà nello stagno ardente di fuoco e di zolfo, che è la morte seconda».* Per tutti coloro che non si sono ravveduti del loro peccato in vita, saranno condannati alla *morte seconda* che non ha un significato di annientamento totale, ma di sofferenza, di dolore eterno. In questo consiste, nella pienezza, la *perdizione dell'anima*, la quale dovrà subire la separazione eterna e totale dal Signore.

Infatti, il Signore Gesù, in Mt 10:28 cita anche la - *geenna* la quale era un simbolo che identificava la valle di Hinnom. In questo luogo, vicinissimo a Gerusalemme, venivano bruciati dei figli in onore del dio Moloc ed in seguito divenne il simbolo della corruzione e del peccato, anche perché in esso venivano anche bruciati i vari rifiuti della città. La geenna è un'immagine che usa spesso il Signore Gesù come osserviamo in Mr 9:43-46, dove si parla di un fuoco che non si spegne > Marco 9:43 *Se la tua mano ti fa cadere in peccato, tagliala; meglio è per te entrare monco nella vita, che avere due mani e andartene nella geenna, nel fuoco inestinguibile [,* Marco 9:44 *dove il verme loro non muore e il fuoco non si spegne].* Marco 9:45 *Se il tuo piede ti fa cadere in peccato, taglialo; meglio è per te entrare zoppo nella vita, che avere due piedi ed essere gettato nella geenna,* Marco 9:46 *dove il verme loro non muore e il fuoco non si spegne].* È chiaramente un parlare simbolico e figurato quello che illustra il Signore, ma che evidenzia un solenne insegnamento. Il peccato deve essere costantemente sradicato dalla nostra vita. Ma per quanto concerne la salvezza, l'uomo ha bisogno di essere purificato dal sangue di Cristo, altrimenti il suo destino è quello di entrare nella *geenna del fuoco...dove esso non si spegne.* È qualcosa di assolutamente tragico.

MT 10:24-31 f7) > **IL VOLERE DEL PADRE** >Ma il Signore prosegue con queste incoraggianti parole - *Due passeri non si vendono per un soldo? Eppure non ne cade uno solo in terra senza il volere del Padre vostro -.* Sono parole che mettono chiaramente in evidenza il valore della volontà perfetta del Signore.

In Lu 12:6 abbiamo il brano parallelo > Luca 12:6 *Cinque passeri non si vendono per due soldi? Eppure non uno di essi è dimenticato davanti a Dio*. L'evangelista Luca non parla del cadere a terra del passero, ma del fatto che esso non è dimenticato dal Signore. Se il Padre si comporta così nei confronti di un passero, figuriamoci per quanto concerne il figlio di Dio.

Quanto è differente il volere del Signore dalla nostra volontà! Come afferma Paolo, a causa della sua carne, il suo volere non era in sintonia con le sue azioni > Romani 7:18 *Difatti, io so che in me, cioè nella mia carne, non abita alcun bene; poiché in me si trova il volere, ma il modo di compiere il bene, no.* Romani 7:19 *Infatti, il bene che voglio, non lo faccio; ma il male che non voglio, quello faccio.* La stessa esperienza la possiamo fare anche noi. Ci sono i presupposti e le buone intenzioni, ma purtroppo, spesso ciò che vogliamo non ha un corrispettivo nelle azioni. Per il Signore è completamente diverso. Volere ed azione si completano in un modo meraviglioso.

In Ro 8:26-27 è scritto che lo Spirito intercede per i santi secondo il volere di Dio > Romani 8:26 *Allo stesso modo ancora, lo Spirito viene in aiuto alla nostra debolezza, perché non sappiamo pregare come si conviene; ma lo Spirito intercede egli stesso per noi con sospiri ineffabili;* Romani 8:27 *e colui che esamina i cuori sa quale sia il desiderio dello Spirito, perché egli intercede per i santi secondo il volere di Dio.* Lo Spirito che abita nel nostro cuore, viene in nostro aiuto, soccorrendo la nostra debolezza, aiutandoci nella preghiera, in quanto il *desiderio dello Spirito* è collegato al volere perfetto del Signore. Ecco perché è importante seguire quelle che sono le Sue direttive.

Il figlio di Dio deve essere consapevole che è il Signore ad operare in noi affinché compiamo il Suo volere > Filippesi 2:12 *Così, miei cari, voi che foste sempre ubbidienti, non solo come quand'ero presente, ma molto più adesso che sono assente, adoperatevi al compimento della vostra salvezza con timore e tremore;* Filippesi 2:13 *Infatti, è Dio che produce in voi il volere e l'agire, secondo il suo disegno benevolo.* Ma ovviamente bisogna essere disponibili alla Sua azione. Questa è proprio la caratteristica del figlio di Dio ubbidiente, il quale deve adoperarsi *al compimento della sua salvezza con timore e tremore.* Questo non significa che dobbiamo aggiungere qualcosa alla salvezza che abbiamo ricevuto, ma Paolo ci esorta e ci invita a rendere questa salvezza operativa, che si possa manifestare a tutti, attraverso l'adempimento della volontà di Dio. Quella volontà che è legata al Suo *disegno benevolo.*

MT 10:24-31 > ***IL SIGNORE CONOSCE IL NUMERO ESATTO DEI NOSTRI CAPELLI*** > Nel sottolineare la cura che il Padre Celeste ha nei confronti dei Suoi, ecco cosa afferma il Signore Gesù - *Quanto a voi, perfino i capelli del vostro capo sono tutti contati -*. Il Signore conosce ogni cosa di noi, anche il numero dei capelli del nostro capo. In Gb 31:4, Giobbe testimonia che il Signore conta tutti i suoi passi > Giobbe 31:4 *Dio non vede forse le mie vie? Non conta tutti i miei passi?* Anche questa è una bell'espressione che mostra il fatto che il Signore ha tutto sotto controllo e che niente Gli può sfuggire. Egli conta tutti i nostri passi, ci sorveglia, ci osserva scrupolosamente e ci guida secondo la Sua volontà.

A proposito del contare è straordinario osservare la dichiarazione del salmista intorno al fatto che il Signore conta precisamente il numero delle stelle > Salmi 147:4 *Egli conta il numero delle stelle, le chiama tutte per nome.* Salmi 147:5 *Grande è il nostro Signore, e immenso è il suo potere; la sua intelligenza è infinita.* È emblematico osservare che perfino al giorno d'oggi, nonostante la tecnologia avanzata di cui dispone l'uomo, non si conosce precisamente il numero delle stelle, in quanto incalcolabile. Ebbene il Signore ne conosce il numero esatto, perché Lui è il Creatore. Perciò il salmista può prorompere in un grido di lode, il quale esalta la Persona dell'Eterno, la cui *intelligenza è infinita*.

Perciò se il Signore conta le stelle il cui numero è incalcolabile o ogni passo che nella nostra vita compiamo, figuriamoci i capelli del nostro capo.

MT 10:24-31 f9) > ***NON BISOGNA TEMERE*** > Perciò la conclusione del Signore Gesù è la seguente - *Non temete dunque; voi valete più di molti passeri -*. Il figlio di Dio non ha alcun motivo per temere. Se il Signore si prende cura del passero che al mercato viene venduto per un'inezia, non possiamo immaginarci quanta cura il Signore possa mostrare nei nostri confronti.

Nella nostra vita potremo anche andare incontro a difficoltà più o meno gravi, combattere quel combattimento giornaliero che evidenzia Paolo (Ef 61. Ma come è scritto in De 3:21-22, non dobbiamo temere perché il Signore combatte per noi > Deuteronomio 3:21 *In quel tempo, diedi anche a Giosuè quest'ordine: «I tuoi occhi hanno visto tutto quello che il SIGNORE, il vostro Dio, ha fatto a questi due re; il SIGNORE*

*farà la stessa cosa a tutti i regni nei quali tu stai per entrare.*
Deuteronomio 3:22 *Non li temete, perché il SIGNORE, il vostro Dio, combatterà per voi.* È bello studiare il libro del Deuteronomio, in quanto Mosè ricorda le varie vittorie e peripezie che Israele incontrò prima di arrivare a quel punto. Israele ha dovuto combattere ed ha riportato vittorie straordinarie proprio grazie al Signore che ha combattuto per loro. La stessa cosa vale anche per noi. Non dobbiamo temere sapendo che il Signore è dalla nostra parte.

In 1 Sa 12:13-20, è bello notare l'incoraggiamento del profeta Samuele rivolto al popolo di non temere > 1Samuele 12:13 *Ecco dunque il re che vi siete scelto, che avete chiesto; il SIGNORE ha costituito un re su di voi.* 1Samuele 12:14 *Se temete il SIGNORE, servite e ubbidite alla sua voce, se non siete ribelli al comandamento del SIGNORE, e tanto voi quanto il re che regna su di voi seguite il SIGNORE, il vostro Dio, bene;* 1Samuele 12:15 *ma, se non ubbidite alla voce del SIGNORE, se vi ribellate al comandamento del SIGNORE, la mano del SIGNORE sarà contro di voi, come fu contro i vostri padri.* 1Samuele 12:16 *Ora, dunque, fermatevi e osservate questa cosa grande che SIGNORE sta per compiere davanti ai vostri occhi!* 1Samuele 12:17 *Non siamo forse al tempo della mietitura del grano? Io invocherò il SIGNORE ed egli manderà tuoni e pioggia affinché sappiate e vediate quanto e grande agli occhi del SIGNORE il male che avete fatto chiedendo per voi un re».* 1Samuele 12:18 *Allora Samuele invocò il SIGNORE e quel giorno il SIGNORE mandò tuoni e pioggia; e tutto il popolo ebbe gran timore del SIGNORE e di Samuele.* 1Samuele 12:19 *Tutto il popolo disse a Samuele: «Prega il SIGNORE, il tuo Dio, per i tuoi servi, affinché non moriamo; poiché a tutti gli altri nostri peccati abbiamo aggiunto il torto di chiedere per noi un re».* 1Samuele 12:20 *Samuele rispose al popolo: «Non temete; e vero, voi avete fatto tutto questo male; tuttavia non allontanatevi dal SIGNORE, ma servitelo con tutto il vostro cuore.* Israele chiese un re, per conformarsi alle altre nazioni, ma tale richiesta nascose in realtà una motivazione molto triste: svincolarsi dal governo del Signore. Il profeta Samuele ha cura di evidenziare le responsabilità del popolo sull'ubbidienza e la disubbidienza e quando il Signore manda tuoni e pioggia, allora Israele si copre di timore e chiede l'intercessione del profeta. Ma è bello questo incoraggiamento. Non temete; e vero, voi avete fatto tutto questo male; tuttavia non allontanatevi dal SIGNORE, ma servitelo con tutto il vostro cuore. Nel corso della nostra vita possiamo anche cadere, essere ingannati da qualche macchinazione del nemico o trasgredire ad uno o più comandi del Signore. Ma l'importante è chiedere perdono al Signore e ripartire, con il cuore pieno di zelo per servire il Signore.

Inoltre in Za 8:12-13, possiamo notare come il non temere sia legato alla forza che dona il Signore > Zaccaria 8:12 *«Infatti, ci sarà un seme di pace: la vite porterà il suo frutto, il suolo darà i suoi prodotti e i cieli daranno la loro rugiada; darò a questo popolo superstite il possesso di tutte queste cose.* Zaccaria 8:13 *Così come siete stati una maledizione fra le nazioni, così, o casa di Giuda e casa d'Israele, io vi salverò e sarete una benedizione. Non temete! Si fortifichino le vostre mani!».* È un passo escatologico, legato al futuro glorioso del popolo d'Israele. Finalmente il popolo sarà in pace, non conoscerà più la guerra e diverrà una *benedizione tra le nazioni.* Perciò Israele non deve temere, ma essere fortificato della forza del Signore.

Quanti insegnamenti abbiamo sul non temere! Possiamo essere certi del controllo del Signore sulla nostra vita e della forza che Egli ci può dare nelle difficoltà che ci troviamo. Quanto è grande il nostro Signore!

Mt 10:16-39 (51> **Guai a chi rinnega il Signore** > - *Chi dunque mi riconoscerà davanti agli uomini, anch'io riconoscerò lui davanti al Padre mio che è nei cieli. Ma chiunque mi rinnegherà davanti agli uomini, anch'io rinnegherò lui davanti al Padre mio che è nei cieli. Non pensate che io sia venuto a mettere pace sulla terra; non sono venuto a metter pace, ma spada. Perché sono venuto a dividere il figlio da suo padre, la figlia da sua madre, la nuora dalla suocera; e i nemici dell'uomo saranno quelli stessi di casa sua. Chi ama padre o madre più di me, non è degno di me; e chi ama figlio o figlia più di me, non è degno di me. Chi non prende la sua croce e non viene dietro a me, non è degno di me. Chi avrà trovato la sua vita la perderà; e chi avrà perduto la sua vita per causa mia, la troverà -* > Mt 10:32-39.

MT 10:32-39 f1) > **L'IMPORTANZA DI RICONOSCERE PUBBLICAMENTE IL SIGNORE E IL GIUDIZIO SU CHI LO RINNEGHERÀ** > In questi versi, possiamo osservare un monito assolutamente solenne - *Chi dunque mi riconoscerà davanti agli uomini, anch'io riconoscerò lui davanti al Padre mio che è nei* *cieli. Ma chiunque mi rinnegherà davanti agli uomini, anch'io rinnegherò lui davanti al Padre mio che è nei cieli -.* Possiamo dire che ci troviamo di fronte ad una benedizione e ad una maledizione. Colui che riconoscerà il Signore pubblicamente, anche lui stesso sarà riconosciuto. Ed è questa benedizione che ora vogliamo osservare.

Cosa significa realmente riconoscere il Signore? Innanzitutto significa riconoscere la Sua fedeltà > Deuteronomio 7:7 *Il SIGNORE si è affezionato a voi e vi ha scelti, non perché foste più numerosi di tutti gli altri popoli, anzi siete meno numerosi di ogni altro popolo,* Deuteronomio 7:8 *ma perché il SIGNORE vi ama: il SIGNORE vi ha fatti uscire con mano potente e vi ha liberati dalla casa di schiavitù, dalla mano del faraone, re d'Egitto, perché ha voluto mantenere il giuramento fatto ai vostri padri.* Deuteronomio 7:9 *Riconosci dunque che il SIGNORE, il tuo Dio, è Dio: il Dio fedele, che mantiene il suo patto e la sua bontà fino alla millesima generazione verso quelli che lo amano e osservano i suoi comandamenti,* Deuteronomio 7:10 *ma a quelli che lo odiano rende immediatamente ciò che si meritano, e li distrugge; non rinvia, ma rende immediatamente a chi lo odia ciò che si merita.* Mosè testimonia che il Signore amava ed ama profondamente il Suo popolo, non per la sua grandezza, ma perché Egli li aveva scelti, seguendo il Suo piano ed essendo fedele al Suo patto. È bello vedere la contrapposizione: Egli è fedele anche fino alla millesima generazione di coloro che lo amano, ma quando c'è odio, ingiustificato ovviamente, nei Suoi confronti allora si riceve la pena del proprio peccato. Israele è proprio chiamato a riconoscere la fedeltà del Signore, proprio tra le nazioni.

Anche il Sl 46 è illuminante nel quale il Signore esorta a fermarsi ed a riconoscere la Sua signoria > Salmi 46:10 *«Fermatevi», dice, «e riconoscete che io sono Dio. Io sarò glorificato fra le nazioni, sarò glorificato sulla terra».* Salmi 46:11 *Il SIGNORE degli eserciti è con noi; il Dio di Giacobbe è il nostro rifugio. [Pausa].* L'uomo è chiamato proprio a fermarsi, a fare una sosta, per riflettere sulla sua vita e riconoscere la grandezza del Signore. Un giorno questo sarà palese, quando le nazioni adoreranno il Re nella Sua grandezza. Ma già oggi l'uomo è chiamato a riconoscere la grandezza del Signore. L'apostolo Giovanni testimonia che colui che riconosce pubblicamente il Gesù incarnato è da Dio > 1Giovanni 4:1 *Carissimi, non crediate a ogni spirito, ma provate gli spiriti per sapere se sono da Dio; perché molti falsi profeti sono sorti nel mondo. 1Giovanni 4:2 Da questo conoscete lo Spirito di Dio: ogni spirito, il quale riconosce pubblicamente che Gesù Cristo è venuto nella carne, è da Dio; 1Giovanni 4:3 e ogni spirito che non riconosce pubblicamente Gesù, non è da Dio, ma è lo spirito dell'anticristo. Voi avete sentito che deve venire; e ora è già nel mondo.* È triste constatare come già verso la fine del primo secolo d.C, cominciavano a serpeggiare le prime false dottrine come quelle che negavano l'incarnazione di Cristo. Perciò era ed è importante una testimonianza pubblica, un riconoscimento pubblico che dimostri la nostra appartenenza al Signore. Ecco a cosa serve la testimonianza.

Sempre in 1 Gv 2:22-23, l'apostolo dichiara che chi riconosce pubblicamente il Figlio, ha il Padre > *1Giovanni 2:22 Chi è il bugiardo se non colui che nega che Gesù è il Cristo? Egli è l'anticristo, che nega il Padre e il Figlio. 1Giovanni 2:23 Chiunque nega il Figlio, non ha neppure il Padre; chi riconosce pubblicamente il Figlio, ha anche il Padre.* Coloro che negano il Signore Gesù sono solo dei bugiardi che riceveranno la giusta condanna, ma coloro che riconoscono pubblicamente il Signore, dimostrano la loro appartenenza al Padre. Infatti, avere il Figlio, significa anche avere il Padre.

Perciò come possiamo osservare è importante, anzi fondamentale riconoscere il Signore pubblicamente. Siamo chiamati a riconoscerne l'amore, la giustizia, la santità, la fedeltà, tutto ciò che Lo concerne, in quanto solo in questo modo potremo dimostrare di essere Suoi discepoli, dei quali Egli non si vergogna. Ma c'è anche l'altro risvolto della medaglia - *Ma chiunque mi rinnegherà davanti agli uomini, anch'io rinnegherò lui davanti al Padre mio che è nei cieli* -. Ma cosa significa rinnegare il Signore? Innanzitutto dobbiamo osservare cosa afferma Paolo in 2 Ti 2:11-13, il quale non fa altro che ripetere lo stesso concetto del Signore Gesù > *2Timoteo 2:11 Certa è quest'affermazione: se siamo morti con lui, con lui anche vivremo; 2Timoteo 2:12 se abbiamo costanza, con lui anche regneremo; 2Timoteo 2:13 se lo rinnegheremo anch'egli ci rinnegherà; se siamo infedeli, egli rimane fedele, perché non può rinnegare sé stesso.* In questo testo abbiamo una serie di causa ed effetto, ovvero un elenco di atteggiamenti sia positivi che negativi, i quali avranno certamente delle conseguenze. Perciò se è vero che un figlio di Dio è *morto con Cristo* è altresì vero che vivrà con Lui, se siamo costanti, regneremo con Cristo. Ma attenzione *se Lo rinneghiamo anche Lui ci rinneghera*. In altre parole, il rinnegare il Signore significa abbandonarlo ed affermare, come fece un giorno Pietro di *non conoscere Gesù*. Ma un conto è se al rinnegamento, avviene poi un pentimento ed un ravvedimento repentino, come nel caso di Pietro, tutt'altra cosa è permanere in uno stato simile.

In Gb 1:9-12, 20-22 possiamo osservare il dialogo particolare che intercorre tra Satana ed il Signore. Satana chiede al Signore di colpire Giobbe sui suoi beni, in quanto è certo che quest'uomo rinnegherà il Signore, ma così non accadrà > Giobbe 1:9 Satana rispose al SIGNORE: «E forse per nulla che Giobbe teme Dio? Giobbe 1:10 *Non l'hai forse circondato di un riparo, lui, la sua casa, e tutto quel che possiede? Tu hai benedetto l'opera delle sue mani e il suo bestiame ricopre tutto il paese.* Giobbe 1:11 *Ma stendi un po' la tua mano, tocca quanto egli possiede, e vedrai se non ti rinnega in faccia».* Giobbe 1:*12 Il SIGNORE disse a Satana: «Ebbene, tutto quello che possiede è in tuo potere; soltanto, non stender la mano sulla sua persona». E Satana si ritirò dalla presenza del SIGNORE...* Giobbe 1:20 *Allora Giobbe si alzò, si stracciò il mantello, si rase il capo, si prostrò a terra e adorò dicendo:* Giobbe 1:21 *«Nudo sono uscito dal grembo di mia madre, e nudo tornerò in grembo alla terra; il SIGNORE ha dato, il SIGNORE ha tolto; sia benedetto il nome del SIGNORE».* Giobbe 1:22 *In tutto questo Giobbe non peccò e non attribuì a Dio nessuna colpa.* È veramente sconvolgente notare l'atteggiamento che assume Satana. Egli cercava di trarre in inganno il Signore Onnipotente, quale follia! Come se il Signore non conoscesse cosa sussisteva nel cuore di Giobbe. Egli adorava e serviva il Signore non peri beni di cui era circondato o per le ricchezze che possedeva, ma per la fede genuina che nutriva nei confronti del Signore. La dimostrazione l'abbiamo negli ultimi versetti, dove Giobbe benedice il Signore nonostante tutto. Ma Satana cerca in tutti i modi di attaccare i figli di Dio in tal senso, per allontanarci dal Signore.

In Is 59:12-13 abbiamo il giusto atteggiamento da mostrare quando vi è il peccato di rinnegamento > Isaia 59:12 *Poiché le nostre trasgressioni si sono moltiplicate davanti a te e i nostri peccati testimoniano contro di noi; sì, i nostri peccati ci stanno davanti e le nostre iniquità le conosciamo.* Isaia 59:13 *Siamo stati ribelli al SIGNORE e l'abbiamo rinnegato, ci siamo rifiutati di seguire il nostro Dio, abbiamo parlato di oppressione e di rivolta, abbiamo concepito e meditato in cuore parole di menzogna.* Abbiamo notato? Vi è la ripetizione dettagliata ed imbarazzante del fatto che Israele è coperto di peccato. Ma il problema è quando il peccato non viene confessato ed abbandonato. Esso è sempre davanti a noi, fino a quando non lo abbandoniamo. Perciò nel brano abbiamo la confessione di ribellione e di rinnegamento con tutto ciò che ne consegue: oppressione, violenza e menzogna. Ma il giusto atteggiamento rimane sempre quello di chiedere perdono al Signore e di abbandonare il peccato, in questo caso il rinnegare il Signore.

Ma il Signore Gesù cita anche l'altra faccia della medaglia, ovvero che se noi Lo rinneghiamo anch'Egli ci rinnegherà. Un po' come accadde a Saul in 1 Sa 15:24-26 > 1Samuele 15:24 *Allora Saul disse a Samuele: «Ho peccato, perché ho trasgredito il comandamento del SIGNORE e le tue parole, perché ho temuto il popolo, e ho dato ascolto alla sua voce. 1Samuele 15:25 Ti prego dunque, perdona il mio peccato, ritorna con me e mi prostrerò davanti al SIGNORE». 1Samuele 15:26 Ma Samuele disse a Saul: «Non ritornerò con te, poiché hai rigettato la parola del SIGNORE e il SIGNORE ha rigettato te perché tu non regni più sopra Israele».* Nonostante Saul chieda perdono per il peccato commesso, il Signore leggeva nel suo cuore. Ormai Saul si era allontanato in modo irreversibile dal Signore e l'Eterno non leggeva nel cuore del re un sincero desiderio di pentimento, come nel caso di Davide (Sl 51), ma solo egoismo e carnalità. In realtà Saul aveva *rigettato la parola del Signore* e di conseguenza il Signore lo avrebbe rigettato come re. Facciamo attenzione: quando si trasgredisce del continuo alla Parola di Dio, in realtà la si sta disprezzando e rigettando. Ma tale atteggiamento è ovviamente contro ogni logica spirituale.

Quando si parla di rinnegamento non si può non parlare di quello di Pietro > Giovanni 13:37 *Pietro gli disse: «Signore, perché non posso seguirti ora? Darò la mia vita per te!»* Giovanni 13:38 *Gesù gli rispose: «Darai la tua vita per me? In verità, in verità ti dico che il gallo non canterà che già tu non mi abbia rinnegato tre volte.* Le parole del Signore Gesù si adempirono in modo perfetto. Pietro rinnegò il Signore per tre volte affermando di non conoscerlo. La paura portò Pietro ad un tale atteggiamento, ma nel suo cuore subentrò immediatamente quella *tristezza che porta a ravvedimento.* Inoltre è interessante notare quanto afferma Paolo in Tt 1:15-16 a proposito di coloro che rinnegano il Signore con i fatti > Tito 1:15 *Tutto è puro per quelli che sono puri; ma per i contaminati e gli increduli niente è puro; anzi, sia la loro mente sia la loro coscienza sono impure.* Tito 1:16 *Professano di conoscere Dio, ma lo rinnegano con i fatti, essendo abominevoli e ribelli, incapaci di qualsiasi opera buona.* Si può rinnegare il Signore non solo con le parole, ma soprattutto con le azioni. Ovvero si possono anche esprimere delle belle parole, delle belle preghiere, ma con i fatti dimostrare il contrario. Purtroppo già ai tempi di Paolo vi erano questi personaggi i quali in realtà erano increduli e la loro mente e coscienza impuri. Essi professavano di conoscere Dio, ma era tutta una farsa. Sono convinto che anche oggigiorno vi siano questi personaggi, da cui bisogna assolutamente guardarsi.

Perciò come figli di Dio dobbiamo stare attenti da questo grave pericolo. Siamo chiamati ad una vita coerente, a dimostrare con la nostra vita ciò che noi professiamo, a tenere sempre alta la Parola della vita, con l'ubbidienza e la sottomissione e se per caso vi è stato allontanamento o abbandono del Signore, tornare immediatamente a Lui con pentimento e ravvedimento. Altrimenti ci sarà il giudizio del Signore.

MT 10:32-39 f2) > **IL SIGNORE GESÙ NON È VENUTO PER PORTARE PACE MA SPADA** > Ma il Signore Gesù prosegue - *Non pensate che io sia venuto a mettere pace sulla terra; non sono venuto a metter pace, ma spada. Perché sono venuto a dividere il figlio da suo padre, la figlia da sua madre, la nuora dalla suocera; e i nemici dell'uomo saranno quelli stessi di casa sua -.* Sembrano apparentemente strane le parole iniziali di questo testo. Come il Signore Gesù che invece di portare pace, porta spada? Ma non ci troviamo di fronte ad una contraddizione.

È vero che in Is 9:5 il Signore Gesù viene preannunciato come Principe della pace > Isaia 9:5 *Poiché un bambino ci è nato, un figlio ci è stato dato, e il dominio riposerà sulle sue spalle; sarà chiamato Consigliere ammirabile, Dio potente, Padre eterno, Principe della pace.* Come sappiamo le profezie dell'AT potevano avere una connotazione sia temporale a breve termine, sia a lungo termine. L'adempimento totale di queste parole le abbiamo nella Persona del Signore Gesù, il Quale è definito chiaramente *Principe della pace*, oltre ad altri appellativi che evidenziano la Sua autorità e signoria. Ma allora in che senso dobbiamo intendere le parole del Signore? La risposta l'abbiamo nel Sl 120:6-7 > Salmi 120:6 *L 'anima mia troppo a lungo ha dimorato con chi odia la pace!* Salmi 120:7 *Io sono per la pace; ma, quando parlo, essi sono per la guerra.* Perché ci possa essere pace, è chiaro che due persone devono avere necessariamente dei punti in comune, soprattutto spirituali. Un figlio di Dio non può vivere nella pace con colui che odia la pace. Il salmista testimonia *Io sono per la pace, ma quando parlo, essi sono per la guerra.* Questo perché non si è animati dagli stessi sentimenti e fede. Un figlio di Dio che ricerca la pace, proprio perché appartiene al Signore, sarà difficile sperimentarla con chi invece segue Colui che sprona l'uomo alla malvagità ed alla violenza. Ecco perché non ci può essere legame o comunione con l'empio (2Co6:14).

In Pr 17:1 è scritto che è meglio un tozzo di pane secco con la pace, piuttosto che l'abbondanza ma caratterizzata dalla guerra > Proverbi 17:1 *E meglio un tozzo di pane secco con la pace, che una casa piena di carni con la discordia.* Quanto è incoraggiante pensare magari a quelle famiglie di cristiani che vivono nella povertà, ma che sono nella gioia. Questo perché tutti hanno fede nel Signore. Ma quando invece i famigliari sono separati per quanto concerne la fede e l'amore per il Signore allora subentra la discordia.

Il Signore Gesù è Infatti, molto chiaro ed afferma - sono venuto a dividere il figlio da suo padre e la figlia da sua madre -. Perciò il Signore parla proprio di quei legami stretti ed intimi che caratterizzano una famiglia. Ebbene il Signore porterà divisione. Abbiamo già spiegato in che senso. Quando mancano punti in comune, soprattutto la fede, ci saranno certamente dei problemi seri. In Mt 12:24-25 il Signore specifica a cosa porta la divisione di una casa > Matteo 12:24 *Ma i farisei, udendo ciò, dissero: «Costui non scaccia i demòni se non per l'aiuto di Belzebù, principe dei demòni».* Matteo 12:25 *Gesù, conoscendo i loro pensieri, disse loro: «Ogni regno diviso contro sé stesso va in rovina; e ogni città o casa divisa contro sé stessa non potrà reggere.* Abbiamo già avuto modo di osservare questo brano ed il contesto è chiaramente diverso in quanto il Signore risponde alla critica assurda dei farisei, secondo la quale Egli scacciava i demòni grazie a Belzebù. Ma il Signore risponde che un regno ed anche una casa, se sono divisi cadranno in rovina. La storia ci insegna che un regno, anche potente, nel momento in cui subentrò la divisione interna, è stata proprio destinata alla distruzione ed alla sua scomparsa. Ma anche una famiglia, se è divisa nel suo interno, incontrerà seri problemi.

In Atti 14:1-4 possiamo osservare proprio una divisione dettata da coloro che credevano al messaggio del Vangelo, da coloro che invece non credevano > Atti 14:1 *Anche a Iconio Paolo e Barnaba entrarono nella sinagoga dei Giudei e parlarono in modo tale che una gran folla di Giudei e di Greci credette.* Atti 14:2 *Ma i Giudei che avevano rifiutato di credere aizzarono e inasprirono gli animi dei pagani contro i fratelli.* Atti 14:3 *Tuttavia rimasero là per molto tempo, predicando con franchezza e confidando nel Signore che rendeva testimonianza alla Parola della sua grazia e concedeva che per mano loro avvenissero segni e prodigi.* Atti 14:4 *Ma la popolazione della città era divisa: gli uni tenevano per i Giudei, egli altri per gli apostoli.* Gli strumenti di Dio in questione sono proprio Paolo e Barnaba, i quali entrarono nella sinagoga dei Giudei ed iniziarono a predicare il Vangelo, in modo tale che sia Giudei che Greci credettero. Ma non fu per tutti così. Nonostante essi rimasero tanto tempo a predicare *con franchezza* il messaggio del Vangelo e confidando nel Signore, la città, sull'argomento della fede, fu divisa: alcuni credettero, altri no. Questo è un esempio lampante di ciò che afferma il Signore Gesù.

Una divisione o separazione prodotta tra credente ed incredulo è purtroppo una situazione, seppur triste, normale, quando in una famiglia non sono tutti convertiti a Cristo. Ma una parentesi è d'obbligo: come credenti siamo chiamati ad evitare le divisioni tra di noi > Romani 16:17 *Ora vi esorto, fratelli, a tener d'occhio quelli che provocano le divisioni e gli scandali in contrasto con l'insegnamento che avete ricevuto. Allontanatevi da loro.* Purtroppo dobbiamo dire che non sempre si riesce ad evitare questo flagello. Ecco perché Paolo ci tiene ad ammonire ed avvertire i cristiani che erano a Roma, nell'evitare chiunque producesse divisioni o scandali in seno alla chiesa. Una divisione dettata dalla mancanza di fede comune tra due coniugi o genitori-figli e via dicendo avviene in automatico, ma non nella sfera della Chiesa.

Ma come abbiamo visto il Signore parla di legami famigliari stretti come i genitori ed i figli. In Pr 1:8-9 possiamo osservare sia la responsabilità dei genitori, sia quella dei figli > Proverbi 1:8 *Ascolta, figlio mio, l'istruzione di tuo padre e non rifiutare l'insegnamento di tua madre; Proverbi 1:9 poiché saranno una corona di grazia sul tuo capo e monili al tuo collo.* Ora proviamo ad immaginare una situazione nella quale i genitori sono cristiani ed i figli no, oppure viceversa. I genitori, se sono credenti, insegneranno quelle che sono le vie del Signore, ma se il figlio o i figli non sono nati di nuovo, è molto probabile che vi sia disubbidienza o ribellione. Oppure se il figlio è cristiano ed i genitori no, sarà probabile che alcuni insegnamenti impartiti dal padre e dalla madre siano in contrasto con il volere di Dio. Ed ecco che ci saranno i problemi.

A proposito del figlio stolto, ecco cosa è scritto in Pr 19:26 > Proverbi 19:26 *Il figlio che fa vergogna e disonore, rovina suo padre e scaccia sua madre.* È vero che la stoltezza può caratterizzare anche un figlio di Dio. Ma soprattutto l'empio è portato a comportarsi in modo stolto. Purtroppo può accadere che un figlio non nato di nuovo, ad esempio si comporti in modo tale da *far vergogna a suo padre* ed essere *una rovina per la madre*. Ho in mente decine di esempi in tal senso.

Pertanto possiamo dire che le parole del Signore Gesù si collegano perfettamente a Mi 7:6 > Michea 7:6 *Perché il figlio offende il padre, la figlia insorge contro la madre, la nuora contro la suocera e i nemici di ciascuno sono quelli di casa sua.* Il contesto in cui è inserito questo brano parla del fatto che *l'uomo pio è scomparso sulla terra* (v.2) e perciò vi è una sorta di rivoluzione sociale. I principi divini vengono calpestati ed ognuno si rivolge contro l'altro. Ma il Signore Gesù prende questo brano proprio per sottolineare il fatto che sarà Lui a portare la divisione che abbiamo già avuto modo di spiegare. Interessante osservare che il Signore parla anche della - *nuora contro la suocera* -. Sebbene tante volte possiamo osservare, magari tra i nostri amici o parenti, questo contrasto, ma che il Signore associa alla fede in Lui, mi piace sempre osservare il bellissimo rapporto esistente tra Rut e Naomi > Rut 1:16 *Ma Rut rispose: «Non pregarmi di lasciarti, per andarmene via da te; perché dove andrai tu, andrò anch'io; e dove starai tu, io pure starò; il tuo popolo sarà il mio popolo, e il tuo Dio sarà il mio Dio; Rut 1:17 dove morirai tu, morirò anch'io, e là sarò sepolta. Il SIGNORE mi tratti con il massimo rigore, se altra cosa che la morte mi separerà da te!* Questo è uno dei versi più belli del libro di Rut dove ci viene mostrata la piena disponibilità della nuora Rut di seguire la suocera Naomi, nel seguire lo stesso Dio. Perciò possiamo notare unione ed armonia, proprio perché vi era lo stesso desiderio di seguire lo stesso Dio. Ma cosa accade quando non vi è quest'armonia? Appunto divisione!

Ed il Signore conclude con queste parole - *ed i nemici dell'uomo saranno quelli di_ casa sua* -. È certamente problematico avere nemici, ma è ancora più grave averli nella propria casa. È bello osservare in Pr 9:1 il fatto che la Saggezza ha costruito la sua casa > Proverbi 9:1 *La saggezza ha fabbricato la sua casa, ha lavorato le sue colonne, in numero di sette.* Nella Scrittura, la casa indica la propria famiglia, ma anche la propria vita. Com'è la nostra vita davanti a Dio? Quali problemi stiamo affrontando nelle nostre case? Siamo sempre caratterizzati dalla Saggezza di Dio? I problemi non ci sono quando tutti i componenti di una casa sono guidati dalla Saggezza divina, il cui presupposto fondamentale è la fede nel Signore.

In Pr 31:26-27 si parla ad esempio della moglie e della madre che sorveglia la sua casa con diligenza > Proverbi 31:26 *Apre la bocca con saggezza, e ha sulla lingua insegnamenti di bontà.* Proverbi 31:27 *Sorveglia l'andamento della sua casa, e non mangia il pane di pigrizia.* Quando una famiglia è consacrata a Dio, allora essa potrà realmente sperimentare la gioia nel Signore. In questo caso abbiamo l'esempio di una donna consacrata al Signore che sa sorvegliare la sua famiglia, provvedere al bisogno dei suoi cari per poi ricevere alla fine l'elogio da parte di tutti (vv.28-29).

Comunque è importante una nota conclusiva: anche se in una famiglia non tutti sono nati di nuovo, il credente deve sempre dare l'esempio > 1Timoteo 5:8 *Se uno non provvede ai suoi, e in primo luogo a quelli di casa sua, ha rinnegato la fede, ed è peggiore di un incredulo.* L'ingiunzione di Paolo è chiara. Come cristiani siamo chiamati a provvedere, innanzitutto ed in primo luogo *a quelli di casa sua,* anche se ci sono dei contrasti e dei problemi. In questo modo si dimostrerà di avere una fede genuina ed operante.

MT 10:32-39 > ***BISOGNA AMARE IL SIGNORE PIÙ DI TUTTO E TUTTI*** > Le parole seguenti del Signore Gesù illustrano chiaramente il significato di tutto il Suo discorso - *Chi ama padre o madre più di me, non è degno di me; e chi ama figlio o figlia più di me, non è degno di me* -. Per un figlio di Dio, il

Signore deve avere il primato assoluto nella sua vita. L'amore verso il Signore deve essere assoluto. Non vi sono seconde opzioni.

In De 11:1 Mosè ricorda ad Israele che deve amare il Signore con tutto se stesso > Deuteronomio 11:1 *Ama dunque il SIGNORE, il tuo Dio, e osserva sempre quello che ti dice di osservare: le sue leggi, le sue prescrizioni e i suoi comandamenti.* Lo stesso principio, ovviamente vale anche per noi. L'amore per il Signore deve coinvolgere la nostra anima, il nostro spirito e la nostra mente, osservando la Sua volontà, in quanto, come più volte abbiamo detto, solo con l'ubbidienza possiamo dimostrare concretamente l'amore per il Signore.

In Gv 14:21, il Signore Gesù è assolutamente categorico: chi osserva i Suoi comandamenti Lo ama > Giovanni 14:21 *Chi ha i miei comandamenti e li osserva, quello mi ama; e chi mi ama sarà amato dal Padre mio, e io lo amerò e mi manifesterò a lui».* Il Signore non sa che farsene di un amore dichiarato solo a parole, ma non accompagnato dai fatti. È come un marito che dice a più riprese di amare la propria moglie, ma non fa niente per lei, non la cura, non la protegge, ma dimostra solo menefreghismo ed egoismo. Diremmo noi che quel marito ama la propria moglie? Certamente no. Così è verso il Signore.

Paolo dichiara chiaramente che Cristo deve avere il primato nella nostra vita > Colossesi 1:18 *Egli è il capo del corpo, cioè della chiesa; è lui il principio, il primogenito dai morti, affinché in ogni cosa abbia il primato.* Il primo capitolo dell'epistola ai Colossesi è piena di titoli ed attributi che esaltano la Persona del Signore Gesù. Tra queste vi è anche il fatto che è Lui ad essere il Capo supremo della Chiesa, il principio, il primogenito dai morti *affinché in ogni cosa abbia il primato.* È molto importante questo. Egli ha il primato nella nostra vita? Viene sempre prima Lui rispetto ad ogni altra cosa?

Ebbene solo se ameremo il Signore più degli stessi legami famigliari stretti, potremo essere - *degni* - di Lui. È molto importante questo. In 1 Co 15:9-10 è interessante notare come perfino Paolo non si reputava degno di essere apostolo di Cristo > 1Corinzi 15:9 *perché io sono il minimo degli apostoli, e non sono degno di essere chiamato apostolo, perché ho perseguitato la chiesa di Dio.* 1Corinzi 15:10 *Ma per la grazia di Dio io sono quello che sono; e la grazia sua verso di me non e stata vana; anzi, ho faticato più di tutti loro; non io però, ma la grazia di Dio che e con me.* Quando guardiamo alla nostra debolezza e fragilità, nessun figlio di Dio si può reputare degno di appartenere a Dio. Paolo si definiva *il minimo degli apostoli* e che non si reputava degno di tale ministero proprio perché aveva perseguitato la chiesa di Dio. Questo pensiero attanagliava la sua mente. Ma nello stesso tempo, Egli sapeva che Dio lo aveva reso degno di tale servizio e che *per la Grazia di Dio,* lui era quello che era. Ma di Paolo una cosa la possiamo certamente dire: amava il Signore più di se stesso, più di ogni altra cosa. È così anche per noi?

In 2 Te 1:4-5. Paolo parla delle sofferenze che i tessalonicesi avevano incontrato ed afferma che esse sono la prova della dignità di questi cristiani > 2Tessalonicesi 1:4 *in modo che noi stessi ci gloriamo di voi nelle chiese di Dio, a motivo della vostra costanza e fede in tutte le vostre persecuzioni e nelle afflizioni che sopportate.* 2Tessalonicesi 1:5 *Questa e una prova del giusto giudizio di Dio, perché siate riconosciuti degni del regno di Dio, per il quale anche soffrite.* Infatti, è proprio attraverso la sofferenza, la prova, che dimostriamo chiaramente se amiamo il Signore più di ogni altra cosa oppure no. Questi cristiani erano costanti, fedeli, dimostravano una fede genuina ed operante e le afflizioni che essi sopportavano erano, da una parte, la *prova del giusto giudizio di Dio,* ma dall'altra, l'essere *riconosciuti degni del regno di Dio.* Perciò anche questi figli di Dio dimostravano concretamente di amare il Signore più di tutto, riconoscendo a Lui il primato assoluto. È lo stesso anche per noi?

MT 10:82-39 (4) > *CHI È DEGNO DEL SIGNORE?* > Ma il Signore prosegue - *Chi non prende la sua croce e non viene dietro a me, non è degno di me. Chi avrà trovato la sua vita la perderà; e chi avrà perduto la sua vita per causa mia, la troverà -.* Ci rendiamo conto della sfida che il Signore ci lancia? Siamo noi pronti a prendere la Sua croce?

Cosa significa questo nel concreto? Ecco cosa dirà il Signore in Mt 16:24-25 ripetendo lo stesso concetto > Matteo 16:24 *Allora Gesù disse ai suoi discepoli: «Se uno vuol venire dietro a me, rinunzi a sé stesso, prenda la sua croce e mi segua.* Matteo 16:25 *Perché chi vorrà salvare la sua vita, la perderà; ma chi avrà perduto la sua vita per amor mio, la troverà.* Ecco cosa significa: rinunciare a se stessi. Seguire il Signore Gesù, comporta il percorrere un sentiero duro, difficile, pieno di ostacoli, ovvero quello già percorso dal Maestro. L'abbiamo ricordato prima - *il discepolo non è più del suo maestro* -. Prendere la croce del Signore, significa dire a noi stessi rinuncio a ciò che sono, perché non appartengo più a me stesso, ma a Cristo.

Dobbiamo imparare dal Signore Gesù, il Quale sopportò la croce, disprezzando l'infamia > Ebrei 12:1 *Anche noi, dunque, poiché siamo circondati da una così grande schiera di testimoni, deponiamo ogni peso e il peccato che così facilmente ci avvolge, e corriamo con perseveranza la gara che ci e proposta,* Ebrei 12:2 *fissando lo sguardo su Gesù, colui che crea la fede e la rende perfetta. Per la gioia che gli era posta dinanzi egli sopportò la croce, disprezzando l'infamia, e si e seduto alla destra del trono di Dio.*

Come figli di Dio siamo chiamati a deporre ogni peccato, ogni peso che impedisce il nostro cammino con il Signore e consacrarci completamente a Lui. Il nostro sguardo deve essere sempre fisso su di Lui, Colui che ci insegna realmente il concetto di fede e nello stesso tempo, Colui che per primo prese la Sua croce, ma non solo per dare un esempio, ma per sacrificarsi per ciascuno di noi. Siamo chiamati a rinunciare a noi stessi, perché il Signore Gesù, per primo, rinunciò alla gloria ed alle ricchezze per umiliarsi, farsi *forma di servo* per essere ubbidiente *fino alla morte della croce* (Fl 2:16-18).

Pertanto, dobbiamo stare attenti a seguire sempre il Signore e non correre dietro al vento > *Ecclesiaste 1:14 Io ho visto tutto ciò che si fa sotto il sole: ed ecco tutto è vanità, è un correre dietro al vento.* Come possiamo osservare, questa particolare espressione è ricorrente nell'Ecclesiaste. Correre dietro al vento significa inseguire la vanità, la futilità delle cose, ma il figlio di Dio è chiamato a seguire le orme di Gesù, come detto, rinunciando a se stesso. Quali sono le nostre priorità?

Il Signore Gesù Infatti, prosegue esprimendo parole assolutamente chiare. *Chi avrà trovato la sua vita la perderà; e chi avrà perduto la sua vita per causa mia, la troverà* -. Ancora viene evidenziata la lezione fondamentale secondo la quale è necessario rinunciare a se stessi, alla propria vita pur di seguire il Signore. Infatti, in Mt 16:2526, il Signore pone una domanda imbarazzante > Matteo 16:25 *Perché chi vorrà salvare la sua vita, la perderà; ma chi avrà perduto la sua vita per amor mio, la troverà.* Matteo 16:26 *Che gioverà a un uomo se, dopo aver guadagnato tutto il mondo, perde poi l'anima sua? O che darà l'uomo in cambio dell'anima sua?* Come possiamo osservare troviamo ancora ripetuta la stessa lezione, ma nello stesso tempo il testo presenta una domanda importante alla quale l'uomo deve rispondere *Che gioverà all'uomo guadagnare tutto il mondo per poi perdere l'anima sua?* Che cosa potrà rispondere l'uomo empio di fronte ad una simile domanda? Il figlio di Dio ha certamente compreso quelle che sono le giuste priorità. Ma siamo sempre disposti a rinunciare a noi stessi, pur di seguire il Signore?

In Gv 12:25-26, il Signore afferma che se un discepolo Lo serve, in realtà lo sta seguendo > Giovanni 12:25 *Chi ama la sua vita, la perde, e chi odia la sua vita in questo mondo, la conserverà in vita eterna.* Giovanni 12:26 *Se uno mi serve, mi segua; e là dove sono io, sarà anche il mio servitore; se uno mi serve, il Padre l'onorerà.* Seguire il Signore non può essere solo un mero esercizio mentale, ma si deve concretizzare nella pratica. Il figlio di Dio è chiamato ad *odiare la sua vita in questo mondo*, ovvero a non tenerne assolutamente conto pur di fare la volontà del Signore. Ma seguire il Maestro, significa anche servirlo con tutto noi stessi, in quanto solo per tale servizio saremo onorati dal Padre.

L'apostolo Paolo lo sapeva bene. Egli testimonia agli anziani di Efeso che non faceva nessun conto della sua vita > Atti 20:23 *So soltanto che lo Spirito Santo in ogni città mi attesta che mi attendono catene e tribolazioni.* Atti 20:24 *Ma non faccio nessun conto della mia vita, come se mi fosse preziosa, pur di condurre a termine [con gioia] la mia corsa e il servizio affidatomi dal Signore Gesù, cioè di testimoniare del vangelo della grazia di Dio.* L'apostolo aveva imparato ad *odiare* la sua vita, pur di seguire il Signore. Egli sapeva che avrebbe ancora incontrato sofferenza e persecuzione, proprio perché lo Spirito Santo glielo aveva rivelato. Ma non vediamo un apostolo scoraggiato o abbattuto, ma determinato a proseguire nel ministero che il Signore gli aveva affidato. Egli desiderava concludere *con gioia*, la sua corsa, il suo cammino di fede ed il servizio per il Signore. Ma abbiamo la stessa determinazione dell'apostolo?

Il Signore Gesù dichiara che chi rinuncia a questa vita, troverà la vera vita. Ebbene in Mt 19:28-29 Egli afferma altresì che chi avrà lasciato i legami affettivi più stretti erediterà la vita eterna >

Matteo 19:28 *E Gesù disse loro: «Io vi dico in verità che nella nuova creazione, quando il Figlio dell'uomo sarà seduto sul trono della sua gloria, anche voi, che mi avete seguito, sarete seduti su dodici troni a giudicare le dodici tribù d'Israele.* Matteo 19:29 *E chiunque avrà lasciato case, o fratelli, o sorelle, o padre, o madre, o figli, o campi a causa del mio nome, ne riceverà cento volte tanto, ed erediterà la vita eterna.* Questo non significa che dobbiamo tutti andare su un eremo o su una montagna, lasciando tutto e tutti. Ma ancora questo testo evidenzia l'importanza della rinunzia a se stessi. È bello osservare che il Signore Gesù sottolinea l'autorità dei discepoli, i quali, avendo seguito il Signore, avranno l'onore ed il diritto di sedere su dodici troni per giudicare le dodici tribù di Israele. Ma non solo loro saranno premiati. Chiunque ha servito fedelmente il Signore riceverà il giusto premio e la giusta autorità proprio dal Signore. Il figlio di Dio possiede la vita eterna, perché dal momento della sua conversione ha deciso di seguire il Signore sempre e comunque.

È bello leggere in Gv 3:14-15 che chiunque crede nel Figlio ha vita eterna > Giovanni 3:14 *«E, come Mosè innalzò il serpente nel deserto, così bisogna che il Figlio dell'uomo sia innalzato,* Giovanni 3:15 *affinché chiunque crede in lui abbia vita eterna.* Ogni figlio di Dio si trova in questa beata categoria. Il Figlio dell'uomo è stato innalzato, dapprima su una croce e poi dal Padre in onore e gloria. Mediante tale opera l'uomo può diventare non solo un figlio di Dio, ma anche un fedele seguace di Cristo pronto a rinunciare a se stesso pur di compiacere al suo Signore.

Quanto sono belle le parole dell'apostolo Giovanni: chi ha il Figlio ha la vita > 1Giovanni 5:11 *E la testimonianza è questa: Dio ci ha dato la vita eterna, e questa vita è nel Figlio suo.* 1Giovanni 5:12 *Chi ha il Figlio ha la vita; chi non ha il Figlio di Dio, non ha la vita.* 1Giovanni 5:13 *Vi ho scritto queste cose perché sappiate che avete la vita eterna, voi che credete nel nome del Figlio di Dio.* Come è scritto, quando ci si converte a Cristo, Egli entra nella nostra vita. Pertanto si possiede la Sua stessa vita. Ma chi non ha il Figlio non può essere Suo discepolo, perché non ha la Sua vita. Il figlio di Dio sa, come i destinatari dell'apostolo, di aver trovato - *la vera vita* - nella Persona del Signore Gesù.

# Matteo 10:40-42 Il premio del discepolo

Mt 10:40-42 dì > ***Il premio del discepolo*** > - *«Chi riceve voi,* *riceve me; e chi riceve me, riceve colui che mi ha mandato. Chi riceve un profeta come profeta, riceverà premio di profeta; e chi riceve un giusto come giusto, riceverà premio di giusto. - >* Mt 10:40-41.

MT 10:40-41 f1) > ***RICEVERE I DISCEPOLI SIGNIFICA RICEVERE IL SIGNORE*** > Il Signore prosegue con i Suoi insegnamenti. Egli dichiara - *«Chi riceve voi, riceve me; e chi riceve me, riceve colui che mi ha mandato -.* È assolutamente importante ricevere sia le parole del Signore Gesù, sia la Sua stessa Persona. Ecco cosa deve fare l'empio.

Anche perché se non si riceve il Figlio, l'empio riceverà da Dio qualcosa di terribile. In Gb 27:11-13 Giobbe sottolinea la parte che Dio riserva per l'empio > Giobbe 27:11 *«Io vi mostrerò il modo di agire di Dio, non vi nasconderò i disegni dell'Onnipotente.* Giobbe 27:12 *Ma queste cose voi tutti le avete osservate, perché dunque vi perdete in vani discorsi?* Giobbe 27:13 *Ecco la parte che Dio riserva all'empio, l'eredità che l'uomo violento riceve dall'Onnipotente.* Il modo di procedere del Signore è chiaramente rivelato nella Sua Parola. Se non vi è vera conversione, ci sarà solo reale giudizio. Se non si riceve il Figlio, si riceverà il giusto giudizio di Dio.

Ma c'è dell'altro. In Mt 18:3-5, il Signore insegna che il ricevere dei piccoli fanciulli, significa ricevere Lui stesso > Matteo 18:3 *«In verità vi dico: se non cambiate e non diventate come i bambini, non entrerete nel regno dei cieli.* Matteo 18:4 *Chi pertanto si farà piccolo come questo bambino, sarà lui il più grande nel regno dei cieli.* Matteo 18:5 *E chiunque riceve un bambino come questo nel nome mio, riceve me.* Sono parole assolutamente solenni, le quali mostrano la necessità di dipendere sempre dal Signore. Da questo lato dobbiamo essere come dei *piccoli fanciulli* che dipendono completamente dal Genitore. Perciò chi sarà *piccolo,* umile, consapevole della nostra debolezza e fragilità, sarà grande nel regno dei cieli e chi riceverà un bambino nel nome del Signore, riceverà Lui stesso.

Colui che riceverà il Signore, riceverà poi le Sue grandi benedizioni > Ebrei 6:7 *Quando una terra, imbevuta della pioggia che vi cade frequentemente, produce erbe utili a quelli che la coltivano, riceve benedizione da Dio.* Questa *terra imbevuta di pioggia,* ci parla di quel terreno fertile che ha ricevuto il seme del

Vangelo e che ha potuto fruttificare. Sarà questa *terra* a ricevere le benedizioni del Signore. Vogliamo le Sue benedizioni? Allora dobbiamo ricevere del continuo le Sue parole, proprio perché un giorno abbiamo ricevuto la Sua Persona nella nostra vita.

MT 10:40-41 f2) > **IL PREMIO DI PROFETA** > Il Signore prosegue mettendo in evidenza il valore del premio. Egli parla di due categorie di personaggi: i profeti ed i giusti. Egli afferma - *chi riceve un profeta riceverà premio di profeta* -. I profeti erano figure assolutamente importanti all'interno del popolo d'Israele. Essi erano dei punti di riferimento, in quanto erano portaparola del Signore. Purtroppo vi è da dire che spesso, sono stati rifiutati e perseguitati.

A proposito del profeta, Mosè annunciò la venuta di Colui al quale Israele doveva dare ascolto > Deuteronomio 18:15 *Per te il SIGNORE, il tuo Dio, farà sorgere in mezzo a te, fra i tuoi fratelli, un profeta come me; a lui darete ascolto!* Il Signore avrebbe fatto sorgere il Profeta *come Mosè*. Tale paragone non indica che il Profeta annunciato avrebbe avuto lo stesso valore di Mosè, in quanto il Signore Gesù è unico. Ma che avrebbe svolto la stessa funzione di Mosè. Israele avrebbe dovuto ricevere questo Profeta e dare a Lui ascolto. Purtroppo non solo il Signore Gesù non venne ricevuto, ma anche rifiutato.

Se andiamo nell'AT possiamo osservare diversi testi dove i profeti sono protagonisti. Un brano bellissimo l'abbiamo in 2 Re 4:8-16, 28-35 dove si parla dell'incontro tra il profeta Eliseo e la sulamita > *2Re 4:8 Un giorno Eliseo passava per Sunem; là c'era una donna ricca che lo trattenne con premura perché mangiasse da lei; così tutte le volte che passava di là, andava a mangiare da lei. 2Re 4:9 La donna disse a suo marito: «Ecco, io so che quest'uomo che passa sempre da noi, è un santo uomo di Dio. 2Re 4:10 Ti prego, costruiamogli, di sopra, una piccola camera in muratura e mettiamoci per lui un letto, un tavolino, una sedia e un candeliere, affinché, quando verrà da noi, egli possa ritirarvisi. 2Re 4:11 Così, un giorno che egli giunse a Sunem, si ritirò in quella camera, e vi dormì. 2Re 4:12 E disse a Gheazi, suo servo: «Chiama questa Sunamita». Egli la chiamò, e lei si presentò davanti a lui. 2Re 4:13 Eliseo disse a Gheazi: «Dille così: Tu hai avuto per noi tutta questa premura; che si può fare per te? Hai bisogno che si parli per te al re o al capo dell'esercito?» Lei rispose: 2Re 4:14 «Io vivo in mezzo al mio popolo». Ed Eliseo* disse: «Che si potrebbe fare per lei?» Gheazi rispose: «Certo non ha figli, e suo marito è vecchio». 2Re 4:15 Eliseo gli disse: «Chiamala!» Gheazi la chiamò, e lei si presentò alla porta. 2Re 4:16 Ed Eliseo le disse: «L'anno prossimo, in questo stesso periodo, tu abbraccerai un figlio». Lei rispose: «No, mio signore, tu che sei un uomo di Dio, non ingannare la tua serva!» ...2Re 4:28 La donna disse: «Avevo forse chiesto di poter avere un figlio? Non ti dissi dunque: Non m'ingannare?» 2Re 4:29 Allora Eliseo disse a Gheazi: «Cingiti i fianchi, prendi in mano il mio bastone, e parti. Se incontri qualcuno, non salutarlo; e se qualcuno ti saluta, non rispondergli; e poserai il mio bastone sulla faccia del bambino». 2Re 4:30 La madre del bambino disse a Eliseo: «Com'è vero che il SIGNORE vive e che tu vivi, io non ti lascerò». Ed Eliseo si alzò e andò insieme con lei. 2Re 4:31 Gheazi, che li aveva preceduti, pose il bastone sulla faccia del bambino, ma non ci fu voce né segno di vita. Allora andò incontro a Eliseo e gli riferì la cosa, dicendo: «Il bambino non si è svegliato». 2Re 4:32 Quando Eliseo arrivò in casa, il bambino, morto, era adagiato sul suo letto. 2Re 4:33 Egli entrò, si chiuse dentro con il bambino, e pregò il SIGNORE. 2Re 4:34 Poi salì sul letto e si coricò sul bambino; pose la sua bocca sulla bocca di lui, i suoi occhi sugli occhi di lui, le sue mani sulle mani di lui; si distese sopra di lui, e il corpo del bambino si riscaldò. 2Re 4:35 Poi Eliseo s'allontanò, andò qua e là per la casa; poi risalì, e si ridistese sopra il bambino; e il bambino starnutì sette volte, e aprì gli occhi. In questo caso possiamo osservare come questa donna abbia ricevuto il profeta in casa sua. Questa donna riconobbe in Eliseo un *santo uomo di Dio* e si prodigò per ospitarlo nel migliore dei modi, facendo costruire una stanza solo per lui. Possiamo certamente affermare che questa donna fu ricompensata per la sua generosità. Infatti, questa donna non aveva figli ed ormai suo marito era troppo vecchio per poterglieli dare. Perciò il Signore ricompensa la sulamita con una gravidanza inaspettata, il bambino nasce ma successivamente muore. Possiamo lontanamente immaginarci il dolore di questa donna che si vede privata di quel figlio che tanto desiderava, ma il Signore era pronto ad intervenire e si serve di Eliseo per una miracolosa risurrezione. Questa donna fu ricompensata due volte per aver fatto del bene ad un profeta.

MT 10:40-41 > *IL PREMIO DI SIUSTO* > Ma il Signore Gesù parla anche del giusto e chi riceve un giusto come giusto, riceverà premio di giusto -. *Per giusto si indica colui che ha posto fede nel*

*Signore.*

È certamente bello ed edificante stare in compagnia dei giusti, in quanto, come afferma il salmista egli ha pietà e dona > *Salmi 37:21 L'empio prende in prestito e non restituisce; ma il giusto ha pietà e dona.* Quale differenza con l'empio che prende solo, ma non restituisce. L'empio ha il cuore ricolmo di malvagità, ma il giusto ha esperienza di cosa sia la compassione e la pietà.

Pertanto vi è solo da guadagnare stando in compagnia di chi ha posto fede nel Signore. In At 16:40 è scritto che Paolo e Sila, appena usciti di prigione, entrarono in casa di Lidia per stare con i fratelli > *Atti 16:40 Allora Paolo e Sila, usciti dalla prigione, entrarono in casa di Lidia; e visti i fratelli, li confortarono, e partirono.* Non è questo un esempio straordinario? Il primo desiderio di questi due servi di Dio fu quello di stare con dei credenti per confortarli, stare insieme, godere della comunione fraterna per poi ripartire. Quando si ricevono dei giusti, dei figli di Dio, si godono delle immense benedizioni.

Mt 10:40-42 (21 > *Il giusto premio* > - *E chi avrà dato da bere anche un solo bicchiere d'acqua fresca a uno di questi piccoli, perché è un mio discepolo, io vi dico in verità che non perderà affatto il suo premio»* - > Mt 10:42.

MT 10:42 f1) > *IL VALORE DEL PREMIO* > Perciò il Signore Gesù parla del giusto - *premio* - che si riceverà a chiunque ha fatto del bene a - *uno di questi piccoli* -. Per piccoli non si intendono i fanciulli in senso letterale, ma appunto coloro che appartengono al Signore, come i discepoli.

Molto spesso il NT ci parla di premio > *Filippesi 3:13 Fratelli, io non ritengo di averlo già afferrato; ma una cosa faccio: dimenticando le cose che stanno dietro e protendendomi verso quelle che stanno davanti,* Filippesi 3:14 *corro verso la mèta per ottenere il premio della celeste vocazione di Dio in Cristo Gesù.* In queste parole dell'apostolo possiamo notare un comportamento fondamentale: il cristiano non deve mai fermarsi, ma continuare la sua corsa. Egli aveva lo sguardo proteso in avanti, desideroso di arrivare alla mèta pur di ottenere il giusto premio dal Signore. È così anche per noi?

In 1 Co 3:8 Paolo spiega che ognuno riceverà il premio secondo la propria fatica 1Corinzi 3:8 *Ora, colui che pianta e colui che annaffia sono una medesima cosa, ma ciascuno riceverà il proprio premio secondo la propria fatica.* Questo significa che ogni atto di generosità e di amore dimostrato da un figlio di Dio non sarà certamente ignorato dal Signore. Si riceverà la giusta ricompensa per questo ed altri servizi compiuti per amore del Signore.

MT 10:42 f2) > *L'ATTESSIAMENTO DA MOSTRARE PER RICEVERE IL PREMIO* > Non si possono studiare queste parole del Signore senza tenere conto di ciò che è scritto in Mt 25:34-40 > Matteo 25:34 *Allora il re dirà a quelli della sua destra: Venite, voi, i benedetti del Padre mio; ereditate il regno che v'è stato preparato fin dalla fondazione del mondo.* Matteo 25:35 *Perché ebbi fame e mi deste da mangiare; ebbi sete e mi deste da bere; fui straniero e mi accoglieste;* Matteo 25:36 *fui nudo e mi vestiste; fui ammalato e mi visitaste; fui in prigione e veniste a trovarmi.* Matteo 25:37 *Allora i giusti gli risponderanno: Signore, quando mai ti abbiamo visto affamato e ti abbiamo dato da mangiare? O assetato e ti abbiamo dato da bere?* Matteo 25:38 *Quando mai ti abbiamo visto straniero e ti abbiamo accolto? O nudo e ti abbiamo vestito?* Matteo 25:39 *Quando mai ti abbiamo visto ammalato o in prigione e siamo venuti a trovarti?* Matteo 25:40 *E il re risponderà loro: In verità vi dico che in quanto lo avete fatto a uno di questi miei minimi fratelli, l'avete fatto a me.* In questo testo possiamo osservare altri dettagli importanti. Innanzitutto bisogna chiarire il contesto che parla del ritorno in gloria del Signore Gesù. Il brano presenta il Signore Gesù quale Giudice che decreterò chi potrà entrare nel regno e chi no. Qual è il metro di valutazione? Il bene che si è fatto ai *minimi fratelli* del Signore Gesù, ovvero Israele. Fare del bene ad Israele, soprattutto nel terribile periodo della grande tribolazione che rappresenterà il periodo di angoscia per Giacobbe, *dimostrerà concretamente la propria fede. Fare del bene ad Israele è come fare del bene al Signore Gesù stesso. Anche in Matteo 10 possiamo dire che il contesto non sia diverso, visto che si parla del* - vangelo del regno -.

Certamente possiamo trovare degli insegnamenti importanti per la nostra vita. È bello osservare in Atti 9:17-18 un altro bell'esempio nel quale Saulo riceve Anania in casa sua > Atti 9:17 *Allora Anania andò, entrò in quella casa, gli impose le mani e disse: «Fratello Saulo, il Signore, quel Gesù che ti è apparso sulla strada per la quale venivi, mi ha mandato perché tu riacquisti la vista e sia riempito di Spirito Santo».* Atti 9:18 *In quell'istante gli caddero dagli occhi come delle squame, e ricuperò la vista; poi, alzatosi, fu battezzato.* È un episodio fondamentale nella vita dell'apostolo Paolo in quanto, dopo quell'incontro, egli inizierà di fatto il suo ministero. Anania entrò in casa di Saulo, perché egli evidentemente lo ricevette, gli impose le mani e quest'ultimo sperimentò la pienezza dello Spirito Santo. Nello studiare la vita dell'apostolo Paolo possiamo comprendere cosa può fare un credente, ricolmo di Spirito.

Un altro bell'esempio l'abbiamo in Atti 16:14-15 dove Lidia, dopo essersi convertita, ospitò Paolo ed altri > Atti 16:14 *Una donna della città di Tiatiri, commerciante di porpora, di nome Lidia, che temeva Dio, ci stava ad ascoltare. Il Signore le aprì il cuore, per renderla attenta alle cose dette da Paolo.* Atti 16:15 *Dopo che fu battezzata con la sua famiglia, ci pregò dicendo: «Se avete giudicato ch'io sia fedele al Signore, entrate in casa mia, e alloggiatevi».* E ci costrinse ad accettare. *È interessante questo dettaglio:* Paolo testimonia *che Lidia* li costrinse ad accettare. Subito questa donna comprese l'importanza di stare con i credenti, con dei giusti, che potessero istruirla nelle vie del Signore. Ecco cosa accade quando è il Signore ad *aprire il cuore* di una persona.

E noi come ci stiamo comportando? Stiamo agendo per ricevere il giusto premio dal Signore? Quanto desideriamo stare con i giusti, con dei figli di Dio che hanno sperimentato la salvezza di Dio nella propria vita? Uno dei desideri più belli di un cristiano è quello di stare con coloro che appartengono alla famiglia di Dio e fare del bene a loro. Come abbiamo visto, ciò sarà attentamente valutato, quando il Signore Gesù tornerà per stabilire il Suo regno di gloria.

# Capitolo 11

## LA PERPLESSITÀ DI GIOVANNI BATTISTA

### Matteo 11:1-15 Il valore di Giovanni Battista

Mt 11:1-15 dì > *La perplessità di Giovanni Battista* > - *Quando ebbe finito di dare le sue istruzioni ai suoi dodici discepoli, Gesù se ne andò di là per insegnare e predicare nelle loro città. Giovanni, avendo nella prigione udito parlare delle opere del Cristo, mandò a dirgli per mezzo dei suoi discepoli: «Sei tu colui che deve venire, o dobbiamo aspettare un altro?»* - > Mt 11:1-3.

MT 11:1-3 fl) > *IL SIGNORE CONCLUDE NEL DARE LE ISTRUZIONI SI SUOI* > Nel cap.11 di Matteo, possiamo osservare una nuova vicenda che vede Giovanni Battista in prigione. Egli fu imprigionato a causa della sua forza e determinazione nel condannare il peccato Erode, visto nel tenersi la moglie del fratello. Il testo inizia evidenziando il fatto che tutto avvenne - *quando il Signore ebbe finito di dare le sue istruzioni ai discepoli* -. Quindi ancora possiamo osservare come il Signore Gesù ci tenesse ad insegnare ed istruire i Suoi.

Naturalmente quando si ascoltano le istruzioni di Dio bisogna essere pronti all'ascolto. Come è scritto in Gb 22:21-22, bisogna ascoltare e riporre nel proprio cuore i Suoi insegnamenti > Giobbe 22:21 *«Riconciliati dunque con Dio; avrai pace, ti sarà resa la prosperità. Giobbe 22:22 Ricevi istruzioni dalla sua bocca, riponi le sue parole nel tuo cuore.* Dobbiamo sempre ricordarci di questa solenne lezione. Quando il Signore parla, le Sue parole devono essere riposte nel nostro cuore, scolpite nella nostra mente. Solo in questo modo vi potrà poi essere ubbidienza nella nostra vita.

In 1 Te 4:1-2, Paolo ricorda ai tessalonicesi che loro conoscevano le istruzioni date nel Nome del Signore Gesù > 1Tessalonicesi 4:1

*Del resto, fratelli, avete imparato da noi il modo in cui dovete comportarvi e piacere a Dio ed è già così che vi comportate. Vi preghiamo e vi esortiamo nel Signore Gesù a progredire sempre di più.* 1Tessalonicesi 4:2 *Infatti, sapete quali istruzioni vi abbiamo date nel nome del Signore Gesù.* Le stesse parole è come se venissero rivolte ad ogni figlio di Dio. Noi sappiamo quali sono le istruzioni che il Signore ci ha fornito. Grazie a queste istruzioni, potremo, come i tessalonicesi *progredire sempre di più,* a comportarci nel modo degno del Vangelo e ad essere costanti.

Sebbene si parli dei discepoli, nel proseguo di questo brano, potremo notare come anche Giovanni Battista abbia dimostrato coraggio e fedeltà al Signore.

MT 11:1-3 f2) > **GIOVANNI BATTISTA IN PRIGIONE** > Il testo ci segnala appunto che Giovanni Battista si trovava - *in prigione* -. Certamente l'essere incarcerati e per di più ingiustamente, non è certamente piacevole. Eppure è bello osservare come Giovanni Battista, invece di pensare a se stesso, pensa al Signore Gesù.

Nella Scrittura possiamo notare come eventi importanti siano accaduti proprio in prigione. In Gr 33:1-2 ad esempio il Signore parla a Geremia, mentre si trovava in prigione > Geremia 33:1 *La parola del SIGNORE fu rivolta per la seconda volta a Geremia in questi termini, mentre egli era ancora rinchiuso nel cortile della prigione:* Geremia 33:2 *«Così parla il SIGNORE, che sta per far questo; il SIGNORE che lo concepisce per mandarlo ad effetto, colui che ha nome il SIGNORE.* Il Signore si rivolge al Suo profeta, rivelando a lui i Suoi oracoli, proprio nel mezzo delle difficoltà, in prigione, anche lui, come Giovanni, rinchiuso ingiustamente, a motivo della sua fedeltà al Signore. L'Eterno rivela a Geremia che compirà il messaggio che sta per rivelare. Ma certamente possiamo anche dire che il Signore intervenne per consolare il Suo profeta rattristato ed angosciato.

Anche in Atti 5:17-20, leggiamo che Pietro e Giovanni vennero gettati in prigione, ma un angelo del Signore li liberò > Atti 5:17 *Il sommo sacerdote e tutti quelli che erano con lui, cioè la setta dei sadducei, si alzarono, pieni di invidia,* Atti 5:18 *e misero le mani sopra gli apostoli e li gettarono nella prigione pubblica.* Atti 5:19 *Ma un angelo del Signore, nella notte, aprì le porte della prigione e, condottili fuori, disse:* Atti 5:20 *«Andate, presentatevi nel tempio e annunziate al popolo tutte le parole di questa vita».* È triste constatare come gli ascoltatori di Pietro e Giovanni, invece di riflettere sul loro comportamento, furono mossi da un invidia malvagia, tanto da gettarli ingiustamente in prigione. Ma questo brano ci ricorda che essere rinchiusi in prigione non indica la fine di un servizio al Signore. In questo caso il Signore intervenne, ordinando al Suo angelo di liberare gli apostoli, perciò ci fu una liberazione miracolosa. Ma dobbiamo anche ricordare che un figlio di Dio può sempre servire il Signore dappertutto, anche in prigione.

Come vedremo. Giovanni Battista non sarà liberato dalla prigione, ma terminerà la sua esistenza da lì a poco. Ma nello stesso tempo potremo osservare le parole che il Signore Gesù dirà nei Suoi confronti!

MT 11:1-8 f8) > *LA RICHIESTA DI GIOVANNI BATTISTA* >
Ed ecco che Giovanni chiede ai suoi discepoli di andare da Gesù per rivolgergli una precisa domanda - *Sei tu colui che deve venire, o dobbiamo aspettare un altro?* -. Probabilmente è un interrogativo che non ci saremmo aspettati da colui che disse ai suoi *Ecco l'Agnello di Dio che toglie il peccato del mondo* (Gv 1:29). Tuttavia è interessante notare che il Signore Gesù non risponderà a tale richiesta con parole tipo *uomo di poca fede.* Evidentemente Giovanni voleva avere una conferma che lo incoraggiasse in quella triste situazione nella quale si trovava. Tale domanda nacque dal fatto che Giovanni era venuto a conoscenza delle Sue - *opere* -.

Le opere hanno sempre avuto un valore di dimostrazione. Il salmista può dire di meditare sulle opere grandiose del Signore > Salmi 145:3 *Il SIGNORE e grande e degno di lode eccelsa, e la sua grandezza non la si può misurare.* Salmi 145:4 *Un'età dirà all'altra le lodi delle tue opere, e farà conoscere i tuoi prodigi.* Salmi 145:5 *Mediterò sul glorioso splendore della tua maestà e sulle tue opere meravigliose.* Il Signore manifesta la Sua grandezza e potenza, proprio attraverso le Sue opere, sotto ogni aspetto. Ecco perché l'autore di queste parole può affermare con forza che il Signore *e degno di una lode eccelsa* e che ogni età, ogni generazione farà conoscere i Suoi prodigi. Questo era particolarmente vero nel popolo d'Israele, in quanto la Legge prescriveva che tutti i prodigi del Signore venissero tramandati di padre in figlio.

Eppure sappiamo che, nonostante le tante opere che il Signore aveva mostrato, molti non credettero in Lui > Giovanni 10:24 *I Giudei dunque gli si fecero attorno e gli dissero: «Fino a quando terrai sospeso l'animo nostro? Se tu sei il Cristo, diccelo apertamente».* Giovanni 10:25 *Gesù rispose loro: «Ve l'ho detto, e non lo credete; le opere che faccio nel nome del Padre mio, sono quelle che testimoniano di me; Giovanni 10:26 ma voi non credete, perché non siete delle mie pecore.* Questi Giudei dimostrarono chiaramente la loro incredulità e la loro richiesta di sapere chi fosse Gesù, era solo un proforma. Anche se le Sue opere, comprovavano chiaramente chi Egli fosse, questi Giudei non credettero. Ma la testimonianza delle opere del Signore rimaneva.

In Atti 2:22-24. Pietro afferma con forza che il Signore Gesù fu accreditato dalle opere che compì > Atti 2:22 *«Uomini d'Israele, ascoltate queste parole! Gesù il Nazareno, uomo che Dio ha accreditato fra di voi mediante opere potenti, prodigi e segni che Dio fece per mezzo di lui, tra di voi, come voi stessi ben sapete,* Atti 2:23 *quest'uomo, quando vi fu dato nelle mani per il determinato consiglio e la prescienza di Dio, voi, per mano di iniqui, inchiodandolo sulla croce, lo uccideste; Atti 2:24 ma Dio lo risuscitò, avendolo sciolto dagli angosciosi legami della morte, perché non era possibile che egli fosse da essa trattenuto.* Israele doveva sapere chi fosse realmente il Signore Gesù. Egli era realmente il Messia promesso, Colui che venne accreditato da opere, segni e prodigi e coloro che ascoltarono queste parole sapevano tutto questo! Era una testimonianza inoppugnabile. Tutto era proceduto dal piano di Dio Padre, ed anche *se per mano di iniqui* venne ucciso, Dio Lo risuscitò dalla morte. La morte non Lo poteva trattenere. Anche in Luca 9:18-20, è il Signore Gesù stesso che chiede ai Suoi chi Egli fosse > Luca 9:18 *Mentre egli stava pregando in disparte, i discepoli erano con lui; ed egli domandò loro: «Chi dice la gente che io sia?»* Luca 9:19 *E quelli risposero: «Alcuni dicono Giovanni il battista; altri, Elia, e altri, uno dei profeti antichi che è risuscitato».* Luca 9:20 *Ed egli disse loro: «E voi, chi dite che io sia?»* Pietro rispose: «*Il Cristo di Dio*». È una domanda ricolma di responsabilità. Chi è per noi Gesù? Se è il Signore della nostra vita, come Egli è, allora noi stessi dobbiamo dimostrare con azioni e decisioni nella nostra vita che Egli è realmente il nostro Signore. Pietro rispose *Tu sei il Cristo di Dio.* Egli riconobbe nel Signore il Messia, anche se ancora la sua fede non era matura.

Pertanto vogliamo ricordare alcune cose: il Signore dimostra ciò che è grazie alle Sue opere e questo vale anche per il Signore Gesù, ma certamente Giovanni Battista non può essere catalogato insieme a quei Giudei che non credettero nel Signore. Come detto Egli aveva bisogno di una conferma che rafforzasse e fortificasse la sua fede.

Mt 11:1-15 (21 > *La risposta del Signore* > - *Gesù rispose loro: «Andate a riferire a Giovanni quello che udite e vedete: i ciechi ricuperano la vista e gli zoppi camminano; i lebbrosi sono purificati e i sordi odono; i morti risuscitano e il vangelo è annunciato ai poveri. Beato colui che non si sarà scandalizzato di me!»* - > Mt 11:4-6.

## MT 11:4-6 f1) > *IL COMPITO DEI DISCEPOLI DI SIOVANNI*

> È bello poter osservare come il Signore Gesù non mostra indifferenza o disinteresse nei confronti delle perplessità di Giovanni Battista. Eppure poteva anche sentirsi offeso da tale richiesta visto che Giovanni era niente meno che il Suo precursore. Ma il Signore risponde con estremo tatto: *Andate a riferire ciò che vedete ed udite* -. I discepoli di Giovanni Battista, non dovevano inventarsi nulla, ma solo andare a riferire ciò che essi già sapevano.

In altre parole, essi dovevano essere dei testimoni fedeli di ciò che avevano visto ed udito. È importante un simile atteggiamento. In Es 24:3, possiamo notare questo atteggiamento da parte di Mosè, il quale riferì esattamente ciò che aveva udito da parte del Signore > Esodo 24:3 *Mosè andò a riferire al popolo tutte le parole del SIGNORE e tutte le leggi; e tutto il popolo rispose a una voce e disse: «Noi faremo tutte le cose che il SIGNORE ha dette».* Molto spesso l'uomo si distingue per la sua superficialità, distorcendo, molte volte volutamente, ciò che ascolta. Così non deve essere per il testimone fedele. Come Mosè e come i discepoli di Giovanni siamo chiamati all'onestà ed alla trasparenza.

È molto bello il prologo dell'apostolo Giovanni nella sua prima lettera > *1Giovanni 1:1 Quel che era dal principio, quel che abbiamo udito, quel che abbiamo visto con i nostri occhi, quel che abbiamo contemplato e che le nostre mani hanno toccato della parola della vita...1Giovanni 1:3 quel che abbiamo visto e udito, noi lo annunziamo anche a voi, perché voi pure siate in comunione con noi; e la nostra comunione è con il Padre e con il Figlio suo, Gesù Cristo.* 1Giovanni 1:4 *Queste cose vi scriviamo perché la nostra gioia sia completa.* L'apostolo parla di ciò che ha udito e visto. È importante ricordare che la maggior parte degli scritti neotestamentari non sono il frutto di visionari, ma di uomini che hanno ascoltato direttamente le parole del Signore Gesù e che Lo hanno anche visto. Giovanni era consapevole della sua responsabilità di testimone fedele, ma egli adempie a tale compito con gioia proprio per apportare gioia, tanto da valorizzare quella comunione fraterna che esisteva tra l'apostolo ed i suoi destinatari. Certamente ciò che i discepoli di Giovanni riferirono a lui, portò una grande gioia ed allegrezza.

Ecco cosa dice Paolo in 1 Co 13:11-12 > 1Corinzi 13:11 *Quando ero bambino, parlavo da bambino, pensavo da bambino, ragionavo da bambino; ma quando sono diventato uomo, ho smesso le cose da bambino.* 1Corinzi 13:12 *Poiché ora vediamo come in uno specchio, in modo oscuro; ma allora vedremo faccia a faccia; ora conosco in parte; ma allora conoscerò pienamente, come anche sono stato perfettamente conosciuto.* È un brano molto interessante. I discepoli avevano visto cose grandiose, meravigliose, Paolo fece un'esperienza straordinaria in Atti 9, fu rapito fino al terzo cielo, dove vide ed ascoltò realtà inenarrabili (2 Co 12:2), eppure ciò che sia Paolo, sia gli altri apostoli avevano visto era solo qualcosa di parziale. La stessa cosa vale anche per noi: ora *vediamo come in uno specchio,* ma un giorno conosceremo ogni cosa perfettamente.

Anche il salmista parla del valore della testimonianza > Salmi 78:3 *Quel che abbiamo udito e conosciuto, e che i nostri padri ci hanno raccontato,* Salmi 78:4 *non lo nasconderemo ai loro figli; diremo alla generazione futura le lodi del SIGNORE, la sua potenza e le meraviglie che egli ha operate.* È importante che si assuma lo stesso atteggiamento di testimone fedele anche e soprattutto con i nostri figli. Siamo chiamati a raccontare ciò che abbiamo sperimentato nella nostra vita, ciò che conosciamo del Signore, senza nascondere nulla. Di generazione in generazione vi deve essere questo passaggio di testimonianza.

In Is 40:28 è scritto > Isaia 40:28 *Non lo sai tu? Non l'hai mai udito? Il SIGNORE è Dio eterno, il creatore degli estremi confini della terra; egli non si affatica e non si stanca; la sua intelligenza è imperscrutabile.* In questo brano abbiamo un chiaro messaggio che doveva essere annunciato: Dio è il Creatore dei cieli e della terra, Colui che opera senza affaticarsi e la cui intelligenza è imperscrutabile.

Ebbene, anche i discepoli di Giovanni avrebbero dovuto annunciare un messaggio assolutamente gioioso e consolante: quel Gesù di Nazaret che Giovanni aveva battezzato, era ed è realmente il Messia d'Israele e che ciò che egli aveva udito e visto testimoniava di questa grande realtà.

MT 11:4-6 f2) > *UNA STRAORDINARIA EVIDENZA DEI FATTI* > Infatti, ecco cosa i discepoli dovevano dire a Giovanni - *i ciechi ricuperano la vista e gli zoppi camminano; i lebbrosi sono purificati e i sordi odono; i morti risuscitano e il vangelo è annunciato ai poveri* -. Ogni dettaglio di questo annuncio corrispondeva assolutamente alla realtà.

Come sono belle le parole del salmista > Salmi 146:8 *il SIGNORE apre gli occhi ai ciechi, il SIGNORE rialza gli oppressi, il SIGNORE ama i giusti.* Queste sono effettivamente alcuni prodigi che ha compiuto proprio il Signore Gesù. Ma in questo salmo, il salmista parlava proprio di YHWH degli eserciti. Il Signore Gesù dimostrò la Sua potenza proprio aprendo gli occhi degli uomini, sia da un punto di vista spirituale che fisico.

Anche in Is 29:18-19 leggiamo > Isaia 29:18 *In quel giorno, i sordi udranno le parole del libro e, liberati dall'oscurità e dalle tenebre, gli occhi dei ciechi vedranno;* Isaia 29:19 *gli umili avranno abbondanza di gioia nel SIGNORE e i più poveri tra gli uomini esulteranno nel Santo d'Israele.* È importante ricordare che questo passo ha una precisa connotazione escatologica, profetica futura, in quanto si parla di *quel giorno.* Quale giorno? Quel periodo nel quel, come è scritto il violento, sarà scomparso ed Israele santificherà il Nome del Signore. Non si tratta certamente dell'Israele che esiste oggi. Ma è bello osservare che anche in un tempo così benedetto come quello in cui il Signore governerà con giustizia, non vi sarà cieco o zoppo o umile che si lamenterà della sua condizione. Vi sarà una gioia ineffabile.

*In Is 35:4-6 è scritto* > Isaia 35:4 *Dite a quelli che hanno il cuore smarrito: «Siate forti, non temete! Ecco il vostro Dio! Verrà la vendetta, la retribuzione di Dio; verrà egli stesso a salvarvi».* Isaia 35:5 *Allora si apriranno gli occhi dei ciechi e saranno sturati gli orecchi dei sordi;* Isaia 35:6 *allora lo zoppo salterà come un cervo e la lingua del muto canterà di gioia; perché delle acque sgorgheranno nel deserto e dei torrenti nei luoghi solitari.* Anche questo brano è profetico e parla dello stesso periodo visto nel testo precedente: il tempo della *vendetta del nostro Dio,* di Colui che salverà Israele sotto tutti i punti di vista. Gli occhi dei ciechi saranno aperti, i sordi udiranno e lo zoppo si metterà a saltare come un cervo

Ma il Signore Gesù, nel Suo ministero terreno, quando fu in mezzo agli uomini, dimostrò di essere Colui che è in grado di aprire gli occhi dei ciechi e donare la vera gioia all'umile ed al povero. Con il Signore Gesù, gli uomini di quei tempi hanno potuto sperimentare delle esperienze straordinarie ed ineguagliabili. Ma la cosa tragica è che invece di conversione, vi fu ribellione.

Tuttavia è bello ricordare quanto è scritto in Mr 14:3 > Marco 14:3 *Gesù era a Betania, in casa di Simone il lebbroso; mentre egli era a tavola entrò una donna che aveva un vaso di alabastro pieno d'olio profumato, di nardo puro, di gran valore; rotto l'alabastro, gli versò l'olio sul capo.* In questo brano è menzionato un lebbroso di nome Simone che certamente fu uno di coloro che furono guariti miracolosamente dal Signore ed una donna che si può identificare in Maria di Betania, la quale offre la sua adorazione al Signore per ciò che Egli è. Perciò abbiamo il ringraziamento da parte di un ex lebbroso ed una donna che si riconosce come peccatrice. Ecco come deve reagire l'uomo: non con la ribellione, ma con la conversione.

*Applicazione contestuale* > Ciò che il Signore Gesù ha fatto, aprire gli occhi ai ciechi, guarire gli zoppi, purificare i lebbrosi, erano solo alcune dimostrazioni di ciò che Egli è, Dio manifestato in carne, il Messia promesso di Israele. Perciò Giovanni non poteva più avere dubbi.

MT 11:4-6 f3)> **BEATO CHI NON SI SCANDALIZZA DEL SIGNORE** > Il Signore Gesù, inoltre dichiara una precisazione assolutamente importante - *Beato colui che non si sarà scandalizzato di me!»* -. In particolare l'enfasi è posta proprio sul termine scandalizzato che indica letteralmente l'atto di inciampare.

Interessante ciò che leggiamo in Mt 18:4-6 > Matteo 18:4 *Chi pertanto si farà piccolo come questo bambino, sarà lui il più grande nel regno dei cieli.* Matteo 18:5 *E chiunque riceve un bambino come questo nel nome mio, riceve me.* Matteo 18:6 *Ma chi avrà scandalizzato uno di questi piccoli che credono in me, meglio per lui sarebbe che gli fosse appesa al collo una macina da mulino e fosse gettato in fondo al mare.* In questo testo il Signore mette in evidenza l'importanza di essere *come un piccolo fanciullo.* Grazie a tale paragone si apre un ventaglio di riflessioni assolutamente edificante circa il bisogno che come figli di Dio abbiamo del Signore. Ma nello stesso tempo, il Signore parla anche del fanciullo in senso letterale e della grande responsabilità che si ha nei suoi confronti. Guai a scandalizzare i piccoli! Il Signore non riterrà per innocente chiunque abbia scandalizzato un fanciullo!

Inoltre, in Mt 16:22-23 è scritto > Matteo 16:22 *Pietro, trattolo da parte, cominciò a rimproverarlo, dicendo: «Dio non voglia, Signore! Questo non ti avverrà mai».* Matteo 16:23 *Ma Gesù, voltatosi, disse a Pietro: «Vattene via da me, Satana! Tu mi sei di scandalo. Tu non hai il senso delle cose di Dio, ma delle cose degli uomini».* Questo è un altro brano che parla di scandalo. In questo caso il protagonista è il discepolo Pietro, il quale, dando un consiglio assolutamente sbagliato e diabolico al Signore, si dimostra pietra di scandalo. Ecco perché il Signore reagisce con veemenza dicendo Vattene via da me Satana poiché tu mi sei di scandalo. Questa è la dimostrazione di come il Signore Gesù, più volte ha dovuto superare i vari ostacoli che Satana gli poneva davanti per impedire la Sua opera espiatoria.

Infine in 1 Co 10:31-33 leggiamo > 1Corinzi 10:31 *Sia dunque che mangiate, sia che beviate, sia che facciate qualche altra cosa, fate tutto alla gloria di Dio.* 1Corinzi 10:32 *Non date motivo di scandalo né ai Giudei, né ai Greci, né alla chiesa di Dio;* 1Corinzi 10:33 *così come anch'io compiaccio a tutti in ogni cosa, cercando non l'utile mio ma quello dei molti, perché siano salvati.* In questo brano viene evidenziata la nostra responsabilità. In ogni cosa, sia che mangiamo o beviamo, siamo chiamati a fare tutto alla gloria e per la gloria del Signore, senza dare alcun motivo di scandalo, ovvero senza essere di ostacolo, da un punto di vista morale, a *Giudei e Greci.* Come dice bene Paolo, egli si compiaceva nel cercare l'utile degli altri e non il suo, per la salvezza di molti.

***Applicazione contestuale*** > Ma se è vero che noi non dobbiamo dare motivo di scandalo, certamente il Signore Gesù non poteva esserlo, proprio perché il Suo comportamento è sempre stato ineccepibile e perfetto. Allora in che senso si possono comprendere le parole: *Beato chi non si sarà scandalizzato di Me -* *?* Da notare che chi compie l'azione non è il Signore, ma l'uomo. L'uomo si scandalizza del Signore, non per un Suo operato sbagliato, ma per la sua incredulità o dubbio. Perciò, come figli di Dio siamo chiamati a mostrare sempre fiducia incondizionata nei confronti del Signore.

*Mt 11:1-15 (31 >* **L'elogio del Signore verso Giovanni Battista** *> - Mentre essi se ne andavano, Gesù cominciò a parlare di Giovanni alla folla: «Che cosa andaste a vedere nel deserto? Una canna agitata dal vento? Ma che cosa andaste a vedere? Un uomo avvolto in morbide vesti? Quelli che portano delle vesti morbide stanno nei palazzi dei re. Ma perché andaste? Per vedere un profeta? Sì, vi dico, e più che profeta. Egli è colui del quale è scritto: Ecco, io mando davanti a te il mio messaggero per preparare la tua via davanti a te. - >* Mt 11:7-10.

MT 11:7-10 f1) > *IL SIGNORE PARLA DI GIOVANNI BATTISTA >* In questi versi, possiamo proprio osservare il particolare elogio del Signore nei confronti di Giovanni. Egli desiderò fortemente *-parlare di Giovanni -*.

Sappiamo che il parlare del Signore è sempre stato caratterizzato dalla perfezione e dall'irreprensibilità. La stessa cosa vale anche per noi > 1Timoteo 4:11 *Ordina queste cose e insegnale.* 1Timoteo 4:12 *Nessuno disprezzi la tua giovane età; ma sii di esempio ai credenti, nel parlare, nel comportamento, nell'amore, nella fede, nella purezza.* Come cristiani, dobbiamo imitare il nostro Maestro. Siamo chiamati ad essere di esempio in cinque cose che costituiscono, possiamo dire, la nostra vita cristiana: parlare, condotta, amore, fede e purezza.

Ecco un esempio emblematico: Pietro nella sua seconda lettera, ad un certo punto elogia Paolo per la sapienza che il Signore gli aveva dato. 2Pietro 3:14 *Perciò, carissimi, aspettando queste cose, fate in modo di essere trovati da lui immacolati e irreprensibili nella pace;* 2Pietro 3:15 *e considerate che la pazienza del nostro Signore è per la vostra salvezza, come anche il nostro caro fratello Paolo vi ha scritto, secondo la sapienza che gli è stata data;* 2Pietro 3:16 *e questo egli fa in tutte le sue lettere, in cui tratta di questi argomenti. In esse ci sono alcune cose difficili a capirsi, che gli uomini ignoranti e instabili travisano a loro perdizione come anche le altre Scritture.* Da ricordare che un giorno Pietro fu ripreso aspramente da Paolo e giustamente (Ga 2:11), ma in queste parole non vediamo certamente rancore, ma un profondo amore che legava queste due apostoli. Pietro dichiara in modo chiaro che gli scritti di Paolo sono Parola di Dio e perciò assolutamente degni di essere ascoltati ed ubbiditi, anche se vi sono in essi alcune cose difficili da capirsi.

*Applicazione contestuale* > Ecco come il figlio di Dio deve comportarsi. Piuttosto che guardare i difetti degli altri, siamo chiamati ad incoraggiarci, elogiare quando occorre ed esaltare i pregi reciproci. Questo fa il Signore nei confronti di Giovanni.

MT 11:7-10 f2) > *IL PRIMO INTERROSATIVO* > Il Signore prosegue - *«Che cosa andaste a vedere nel deserto?* È una domanda molto importante, visto che Giovanni Battista svolse il suo ministero nel deserto. Questo luogo è da sempre teatro di tristezza e dolore.

Ecco cosa è scritto in Gr 9:1-2. Geremia 9:1 *Oh, fosse la mia testa piena d'acqua, e i miei occhi una fonte di lacrime! Io piangerei giorno e notte gli uccisi della figlia del mio popolo!* Geremia 9:2 *Oh, se avessi nel deserto un rifugio da viandanti! Io abbandonerei il mio popolo e me n'andrei lontano da costoro, perché sono tutti adulteri, un'adunata di traditori.* Possiamo certamente affermare che il profeta Geremia aveva passato momenti assolutamente brutti, anche circostanze nelle quali la sua vita è stata in pericolo. Egli è il profeta piangente, il profeta che si addolora per la situazione del popolo di Giuda, per la sua idolatria e ribellione al Signore. Perciò egli desiderava lasciare tutto e stare lontano da un popolo che si contraddistingueva per il suo adulterio spirituale.

In Luca 3:1-2 leggiamo > Luca 3:1 *Nell'anno quindicesimo dell'impero di Tiberio Cesare, quando Ponzio Pilato era governatore della Giudea, ed Erode tetrarca della Galilea, e Filippo, suo fratello, tetrarca dell'Iturea e della Traconitide, e Lisania tetrarca dell'Abilene,* Luca 3:2 *sotto i sommi sacerdoti Anna e Caiafa, la parola di Dio fu diretta a Giovanni, figlio di Zaccaria, nel deserto.* Anche Giovanni Battista si trovava nel deserto, ma non possiamo certamente affermare che le sue difficoltà siano state molto diverse da quella di Geremia. Anche lui fu disprezzato e solo un piccolo numero di uomini lo seguì. Egli non servì il Signore in un palazzo lussuoso, ma in mezzo a mille difficoltà.

Contesto > Perciò che cosa gli uomini hanno osservato nel deserto? Quale idea si erano fatta di Giovanni?

MT 11:7-10 f3) > *IL SECONDO INTERROSATIVO* > Ma abbiamo una seconda domanda del Signore - *Una canna agitata dal vento?* -. Nella Scrittura l'agitazione è sinonimo di turbamento, dubbio e perplessità.

Re 14:14-15 > In 1 Re14, il Signore annuncia un messaggio preciso contro Geroboamo, ovvero tutta la sua casa sarà sterminata. Ma nello stesso tempo il Signore colpirà Israele *che sarà come una canna agitata nell'acqua*. In questo caso possiamo osservare come in questo caso si parli di giudizio, visto che il Signore *sradicherà Israele da questa buona terra che aveva data ai loro padri, e li disperderà oltre il fiume, perché si sono fatti degl'idoli di Astarte provocando l'ira del SIGNORE*. Questo ci ricorda che quando non c'è ubbidienza al Signore, si pagano amare conseguenze.

Gm 1:5-6 > Ma nell'epistola di Giacomo possiamo osservare un altro significato. L'apostolo parla dell'importanza di chiedere al Signore la Sua saggezza, con fede e di certo il Signore avrebbe esaudito questa richiesta. Ma vi è una condizione *Ma la chieda con fede, senza dubitare; perché chi dubita rassomiglia a un'onda del mare, agitata dal vento e spinta qua e là*. Anche in questo caso si parla di agitazione, ovvero un turbamento spirituale provocato dalla mancanza di fede e dall'incredulità.

*Applicazione contestuale* > Ma cos'era Giovanni? Cosa siamo noi? Siamo forse come una *Canna agitata dal vento?* oppure siamo fermi nella fede nei confronti del Signore? Giovanni non era un uomo incredulo, ma uno strumento che Dio ha usato per i Suoi piani.

MT 11:7-10 f4) > *IL TERZO INTERROGATIVO* > Ma le domande del Signore proseguono - *Ma che cosa andaste a vedere? Un uomo avvolto in morbide vesti? Quelli che portano delle vesti morbide stanno nei palazzi dei re* -. Giovanni non indossava certamente un vestito sontuoso, lussuoso, che potevano portare i principi o i re, ma un abito costituito da *pelo di cammello* (Mr 1:6), una bella differenza.

Pr 7:14-19 > Ma sappiamo che il Signore non guarda assolutamente all'apparenza, ma al cuore, ovvero alla sostanza. In

Proverbi 7 si parla ad esempio della donna adultera che pur di soddisfare le proprie passioni, ha sciolto i suoi voti, disinteressandosi di suo marito, pur di conquistare lo stolto che l'ha seguita. Ecco la sua arma di seduzione Proverbi 7:16 *Ho abbellito il mio letto con morbidi tappeti; con coperte ricamate con filo d'Egitto;* Proverbi 7:17 *l'ho profumato di mirra, di aloè e di cinnamomo.* Possiamo osservare in questo brano profumi e materiali molto costosi per quei tempi, ma qual era lo scopo? Certamente produrre il peccato. Ecco perché questa donna dichiara *Proverbi 7:18 Vieni, inebriamoci d'amore fino al mattino, sollazziamoci in amorosi piaceri; Proverbi 7:19 poiché mio marito non è a casa; è andato in viaggio lontano.* A cosa serve l'esteriore, se poi ciò che muove il cuore di un individuo è la soddisfazione delle proprie passioni?

Pr 31:21-22 > Ma è molto interessante la contrapposizione con un'altra donna di Proverbi. Proverbi 31:21 *Non teme la neve per la sua famiglia, perché tutta la sua famiglia è vestita di lana rossa.* Proverbi 31:22 *Si fa dei tappeti, ha vesti di lino finissimo e di porpora.* Come possiamo osservare anche in questo brano si parla di elementi fini come il lino e la porpora. Certamente anche questi materiali erano costosi, ma li usa una donna timorata di Dio e fedele a Lui, una donna ipotetica è vero, ma che rappresenta l'emblema della fedeltà.

Pt 3:3-4 > Perciò è importante ricordare ciò che suggerisce Pietro ovvero che il vero ornamento non deve essere 1Pietro 3:3 *quello esteriore ... nell'indossare belle vesti.* L'uomo guarda a queste cose che possono essere futili o passeggere, ma in realtà, ciò che interessa al Signore è ciò che 1Pietro 3:4 *è intimo e nascosto nel cuore, la purezza incorruttibile di uno spirito dolce e pacifico, che agli occhi di Dio è di gran valore.* Il Signore vuole e desidera leggere nel nostro cuore, il timore, l'amore nei Suoi confronti. *Applicazione contestuale* > Giovanni Battista era proprio così. Anche se non era vestito di candide e straordinarie vesti, il suo cuore batteva per il Signore. I suoi intenti non erano malvagi, la sua volontà non era soddisfare se stesso come la donna adultera di Proverbi, ma compiacere solo al Signore. Lo stesso deve valere anche per noi.

Che cosa può mai contare poi essere nei *-palazzi del re -* se il proprio cuore è lontano dal Signore?

Is 13:20-21 > In Is 13 si parla del giudizio su Babilonia. Il Signore decreta il suo totale annientamento tanto che Isaia 13:20 *non sarà mai più abitata, di epoca in epoca nessuno vi si stabilirà più.* Sono parole molto chiare che non si possono comprendere in altro modo. Babilonia che prima era ricca di palazzi lussuosi, di nobili e di principi, diverrà il ricettacolo di *bestie del deserto e le sue case saranno piene di gufi,* tanto che proprio i suoi palazzi diverranno luogo di sciacalli e le ville più belle, la tana dei cani. Perciò a che cosa può giovare la ricchezza, il successo, le belle case, se il proprio cuore è lontano dal Signore?

Na 2:5-6 > Anche a proposito di Ninive abbiamo la stessa lezione. Il testo parla del re di Ninive che si ricorda dei suoi prodi, dei suoi ufficiali che inciampano, tanto che Naum 2:6 *Le porte dei fiumi si aprono e il palazzo crolla.* Se il Signore non difende, vano può essere lo sforzo dell'uomo. Perciò ci può essere benissimo un povero come Giovanni

Battista che non aveva nulla, che si nutriva di *cavallette e miele selvatico,* il quale però gode del vero rifugio, piuttosto che un nobile nel suo palazzo, la cui rovina può giungere in un momento.

MT 11:7-10 > *GIOVANNI È PIÙ DI UN PROFETA* > Perciò il Signore dà la Sua valutazione su Giovanni - *Ma perché andaste? Per vedere un profeta? Sì, vi dico, e più che profeta -.* Giovanni Battista viene definito chiaramente più di un profeta. Egli non era un profeta qualsiasi. Possiamo osservare due lezioni principali nella Scrittura. De 13:1-3 > Cosa identificava il falso profeta > Deuteronomio 13:1 *Quando sorgerà in mezzo a te un profeta o un sognatore che ti annunzia un segno o un prodigio,* Deuteronomio 13:2 *e il segno o il prodigio di cui ti avrà parlato si compie, ed egli ti dice: «Andiamo dietro a dei stranieri, che tu non hai mai conosciuto, e serviamoli»,* Deuteronomio 13:3 *tu non darai retta alle parole di quel profeta o di quel sognatore, perché il SIGNORE, il vostro Dio, vi mette alla prova per sapere se amate il SIGNORE, il vostro Dio, con tutto il vostro cuore e con tutta l'anima vostra.* Perché Giovanni Battista non era un falso profeta? Perché il suo messaggio era fedele alla volontà di Dio. Egli fu un fedele portaparola del Signore, non come questo ipotetico falso profeta che mente e seduce il popolo. Perciò Giovanni era realmente un-*profeta* - del Signore. Ma c'è di più.

Lu 1:15-17 > *La caratteristica principale di Giovanni Battista* >

Luca 1:15 *Perché sarà grande davanti al Signore. Non berrà né vino né bevande alcoliche, e sarà pieno di Spirito Santo fin dal grembo di sua madre;* Luca 1:16 *convertirà molti dei figli d'Israele al Signore, loro Dio;* Luca 1:17 *andrà davanti a lui con lo spirito e la potenza di Elia, per volgere i cuori dei padri ai figli e i ribelli alla saggezza dei giusti, per preparare al Signore un popolo ben disposto».* Cosa rendeva speciale questo personaggio? La risposta a questo quesito l'abbiamo in questo brano. Queste parole preannunciano sia chi sarebbe stato Giovanni, sia le sue qualifiche. Egli non avrebbe dovuto bere nessuna bevanda alcolica, sarebbe stato ricolmo di Spirito Santo fin dal grembo materno ed in lui avrebbe operato *lo spirito e la potenza di Elia.* Ovvero il suo ministero sarebbe stato molto simile a quello del profeta Elia del passato *per volgere i cuori dei padri ai figli ed i ribelli alla saggezza dei giusti.* Ovvero ci sarebbero stato dei straordinari risultati, dei buonissimi frutti per il ministero di Giovanni.

MT 11:7-10 > *LA MOTIVAZIONE* > Ma attenzione, il Signore dice anche che Giovanni è - *più di un profeta* -. Questo perché - *Egli è colui del quale è scritto: Ecco, io mando davanti a te il mio messaggero per preparare la tua via davanti a te* -. Egli non era soltanto un profeta di Dio, ma il Precursore del Signore, colui che avrebbe preparato la strada al Messia per il Suo ministero. Solo Giovanni ebbe questo privilegio.

Is 40:3-4 > La citazione dell'AT > Isaia 40:3 *La voce di uno grida: «Preparate nel deserto la via del SIGNORE, appianate nei luoghi aridi una strada per il nostro Dio! Isaia 40:4 Ogni valle sia colmata, ogni monte e ogni colle siano abbassati; i luoghi scoscesi siano livellati, i luoghi accidentati diventino pianeggianti.* Questa è la citazione che abbiamo in Mt 11:10. Il soggetto è al plurale perché il messaggio è rivolto ad Israele, ma è Giovanni che adempie perfettamente a questa predizione. Nel deserto, egli preparò la *via del Signore,* in modo tale che Gesù poté iniziare subito dopo il Suo battesimo il Suo servizio.

Mt 11:1-15 (41 > *Una netta contrapposizione* > - *In verità io vi dico, che fra i nati di donna non è sorto nessuno maggiore di Giovanni il battista; eppure il più piccolo nel regno dei cieli è più grande di lui. Dai giorni di Giovanni il battista fino a ora, il regno dei cieli è preso a forza e i violenti se ne impadroniscono. Poiché tutti i profeti e la legge hanno profetizzato fino a Giovanni. Se lo* volete accettare, egli è l'Elia che doveva venire. Chi ha orecchi per udire oda - > Mt 11:11-15.

MT 11:11-15 > *FRA I NATI DI DONNA NESSUNO È COME SIOVANNI IL BATTISTA* > Ma il Signore Gesù continua nel Suo elogio verso Giovanni - *In verità io vi dico, che fra i nati di donna non è sorto nessuno maggiore di Giovanni il battista* -. È una valutazione assolutamente chiara che si unisce alle parole precedenti. Tale superiorità non era dovuta tanto dal punto di vista della persona, in quanto anche i profeti del passato come Elia, Eliseo, Samuele e via dicendo si contraddistinsero per la loro fedeltà. Ma si parla piuttosto del privilegio che Giovanni ebbe come precursore. Perciò fra i - *nati di donna* - non sorse nessuno maggiore di Giovanni. Ma qui dobbiamo fare una considerazione importante.

Ga 4:3-5 > Il Figlio di Dio nato da donna > Galati 4:3 *Così anche noi, quando eravamo bambini, eravamo tenuti in schiavitù dagli elementi del mondo;* Galati 4:4 *ma quando giunse la pienezza del tempo, Dio mandò suo Figlio, nato da donna, nato sotto la legge,* Galati 4:5 *per riscattare quelli che erano sotto la legge, affinché noi ricevessimo l'adozione.* È chiaro che le parole contenute in Mt 11:11 escludono il Signore Gesù stesso. Infatti, Giovanni, pur con tutta la sua fedeltà, non poteva certo competere con il Signore Gesù, il Quale anche Lui fu *nato da donna,* ma il Suo ministero era rivolto a riscattare coloro che erano *sotto la Legge* per ricevere l'adozione per la Grazia di Dio. In altre parole, Giovanni fu il Precursore, ma il Signore Gesù è e rimane il Signore e Salvatore del mondo (1 Gv 4:14).

Ma il Signore Gesù evidenzia anche una netta contrapposizione - *eppure il più piccolo nel regno dei cieli è più grande di lui* -. Quindi si parla di una superiorità che però non è dovuta a meriti propri. Infatti, come figli di Dio non abbiamo assolutamente vanti da presentare. Ma come dobbiamo intendere la parola piccolo? Non certamente nel senso letterale, ma nella sua connotazione simbolica e spirituale.

Sl 119:140-141 > Nel Salmo 119, il salmista esalta il Signore affermando che la Sua. Salmi 119:140 *parola è pura d'ogni scoria.* Di certo anche noi possiamo sigillare queste parole, esprimendo la stessa valutazione. La Parola di Dio è perfetta così com'è e non ha certamente bisogno di nostre aggiunte o manomissioni. Ma il salmista dichiara anche di amare la Parola del Signore e questo è molto importante in virtù del fatto che le difficoltà, nel corso della propria vita, sono veramente molte e varie. Infatti, il salmista afferma la sua specifica difficoltà Salmi 119:141 *Sono piccolo e disprezzato, ma non dimentico i tuoi precetti.* Essere piccoli, significa proprio essere umili, ma il concetto che il sistema-mondo ha di grandezza è assolutamente distorto. Per il Signore, chi è veramente grande è colui che è caratterizzato dal timore di Dio e dà un senso di sottomissione notevole verso il Signore.

Eb 8:7-13 > Un altro esempio l'abbiamo nel cap.8 della lettera agli Ebrei. L'autore parla della necessità del nuovo patto che ha sostituito il precedente, citando appunto il libro di Geremia. Entrando in questo nuovo patto, Israele sarebbe stato caratterizzato da un cuore nuovo, con scolpite le leggi del Signore Ebrei 8:9 *non come il patto* come l'Eterno dichiara *con i loro padri nel giorno in cui li presi per mano per farli uscire dal paese d'Egitto; perché essi non hanno perseverato nel mio patto, e io, a mia volta, non mi sono curato di loro, dice il Signore.* Il nuovo patto però avrebbe avuto un risultato straordinario Ebrei 8:11 *Nessuno istruirà più il proprio concittadino e nessuno il proprio fratello, dicendo: Conosci il Signore! Perché tutti mi conosceranno, dal più piccolo al più grande di loro.* Ebrei 8:12 *Perché avrò misericordia delle loro iniquità e non mi ricorderò più dei loro peccati».* Ebrei 8:13 *Dicendo: «Un nuovo patto», egli ha dichiarato antico il primo. Ora, quel che diventa antico e invecchia è prossimo a scomparire.* Nel parlare della superiorità del nuovo patto, il quale sostituì il primo, l'autore cita un passo che abbiamo nel libro del profeta Geremia, nel quale vengono evidenziati i vari privilegi che Israele avrebbe sperimentato. Uno di questi privilegi è l'aumento esponenziale della *conoscenza del Signore.* Tutti avrebbero conosciuto l'Eterno, ovvero il vero Israele avrebbe stretto un rapporto intimo con il Signore *dal più piccolo al più grande.* Ovvero l'avrebbe conosciuto anche colui che si trovava in una condizione sociale umile e misera. L'Israele che godrà dei privilegi del Nuovo Patto, sarà un popolo che ha nel cuore le leggi del Signore ben scolpite ed incise. Così il piccolo che fa parte - *del regno dei cieli* - gode di una grandezza caratterizzata da privilegi immensi che prima erano solo velati, esattamente come la differenza tra l'antico patto ed il nuovo patto.

Lu 10:21 > Ancora in Luca 10, possiamo leggere un'esclamazione straordinaria del Signore Gesù, il Quale rende lode al Padre per questo motivo Luca 10:21 *perché hai nascosto queste cose ai sapienti e agli intelligenti, e le hai rivelate ai piccoli! Sì, Padre, perché così ti è piaciuto!* Anche in questo caso possiamo certamente affermare che per piccoli non si intendono i fanciulli, ma coloro che si rallegrano della *semplicità di Cristo* che hanno quella fede genuina e sincera che è la credenziale che li autentica come figli di Dio. È bello poter osservare, come si è visto prima, che il Signore non guarda all'apparenza ma proprio al cuore.

Mt 11:11-15 T4ì > 1 Sa 2:3-4 > Ma il Signore Gesù evidenzia un altro particolare nel Suo insegnamento - *Dai giorni di Giovanni il battista fino a ora, il regno dei cieli è preso a forza e i violenti se ne impadroniscono* -. Abbiamo già potuto osservare cosa si intende per regno dei cieli. Questa espressione ha una serie di significati molto ampi ma che si collegano a vicenda. Ora si parla del regno dei cieli che innanzitutto è - *preso a forza* -. È un'espressione molto forte. Ma di quale forza si tratta? Certamente una forza usata per uno scopo estremamente nobile. Anna, la madre di Samuele dichiara 1Samuele 2:3 *Non parlate più con tanto orgoglio; non esca più l'arroganza dalla vostra bocca; poiché il SIGNORE è un Dio che sa tutto e da lui sono pesate le azioni dell'uomo.* 1Samuele 2:4 *L'arco dei potenti è spezzato, ma quelli che vacillano sono rivestiti di forza.* Che contrapposizione! Coloro che vacillano sono *rivestiti di forza.* Ma di quale forza, se vacillano? Quella del Signore! Per contro la forza dei potenti e degli orgogliosi è spezzata, l'arroganza dell'empio cessa, in quanto il Signore conosce ogni cosa, ogni azione dell'uomo.

Mt 11:11-15 T5ì > Ap 11:16-18 > La forza e la potenza del Signore è qualcosa di grandioso che la nostra mente non può immaginare, tanto che in Ap 11 leggiamo Apocalisse 11:16 E i ventiquattro anziani che siedono sui loro troni davanti a Dio, si gettarono con la faccia a terra e adorarono Dio, dicendo: Apocalisse 11:17 «Ti ringraziamo, Signore, Dio onnipotente, che sei e che eri, perché hai preso in mano il tuo grande potere, e hai stabilito il tuo regno. Apocalisse 11:18 Le nazioni si erano adirate, ma                                                   latua_ira_è_giunta, ed_è_arrivato_il_momento_di_giudicare_i_morti, _di_dare_il_loro_premio _ ai tuoi servi, ai profeti, ai santi, a quelli che temono il tuo nome, piccoli e grandi, e di distruggere quelli che distruggono la terra». Il testo parla proprio del regno del

Signore che Egli ha stabilito per mezzo del Suo grande potere. I ventiquattro anziani che siedono sui loro troni possono adorare il Signore per questo in quanto, nonostante le nazioni empie si fossero adirate e ribellate, l'ira del Signore è giunta per consegnare la giusta ricompensa a tutti: servi, profeti, piccoli e grandi. Il più - piccolo del regno dei cieli - riceverà certamente una straordinaria ricompensa.

Mt 11:11-15 (6) > 2 Ti 1:7-8 > *È molto chiaro Paolo quando dichiara* 2Timoteo 1:7Dio Infatti, ci ha dato uno spirito non di timidezza, ma di forza, d'amore e di autocontrollo.

Il figlio di Dio è dotato di una forza straordinaria, proprio per lo Spirito Santo che abita in lui. Per mezzo dello Spirito, per mezzo della forza del Signore, egli ha potuto agire per entrare a far parte del - *regno dei cieli* -, di tutti coloro che appartengono al Signore.

Mt 11:11-15 (7) > Gr 15:20-21 > Addirittura il Signore Gesù parla di - *violenti che se ne impadroniscono* -. In greco abbiamo il sostantivo - *biastes* - che indica proprio la persona violenta. La Scrittura parla spesso della violenza in un senso negativo come in Gr 15:2021 > Geremia 15:20 *Io ti farò essere per questo popolo un forte muro di bronzo; essi combatteranno contro di te, ma non potranno vincerti, perché io sarò con te per salvarti e per liberarti»,* dice il *SIGNORE.* Geremia 15:21 *«Ti libererò dalla mano dei malvagi, ti salverò dalla mano dei violenti».* Il profeta Geremia, nonostante la sua poca forza, sarebbe stato salvato dalla mano dei violenti, grazie all'intervento divino del Signore. Geremia sarebbe divenuto come un *forte muro di bronzo,* invalicabile, tanto che chiunque avesse combattuto contro di lui non ne sarebbe uscito vincitore. Questo perché il Signore era vicino al Suo servo. Perciò è doveroso osservare quale sia l'oggetto della violenza in atto. Quando si conoscono i desideri che spingono ad usare violenza, allora si può comprendere se essa è positiva oppure no.

Mt 11:11-15 (8) > At 24:3-8 > In Atti 24 abbiamo il caso di una violenza dettata da propositi nobili. Atti 24:7 *ma il tribuno Lisia è intervenuto, e lo ha tolto con violenza dalle nostre mani,* Atti 24:8 *ordinando che i suoi accusatori si presentassero davanti a te;] interrogandolo, potrai tu stesso aver piena conoscenza di tutte le cose di cui noi lo accusiamo».* Il sommo sacerdote Anania insieme con alcuni anziani andarono dal governatore Felice per accusare ingiustamente Paolo. I loro propositi erano certamente sbagliati, ma nel loro discorso menzionano il tribuno Lisia che si oppose a loro, togliendolo *con violenza dalle loro mani*. Perciò si può usare forza anche per intenti nobili. Nel caso menzionato dal Signore certamente si tratta di un intento nobile come l'entrata nel - *regno dei cieli* -. Ma contro cosa o chi bisogna usare violenza? Quale esperienza fa il figlio di Dio quando si converte a Cristo? Fa violenza proprio su se stesso, sulle proprie passioni, sui propri desideri ed impulsi. Ma come abbiamo detto prima è la forza che proviene dal Signore a compiere ciò.

Mt 11:11-15 T9) > Ap 18:20-21 > Anche per quanto concerne il Signore, talvolta si parla di violenza, ma sempre caratterizzata dalla Sua perfetta giustizia. *Apocalisse 18:20,* Apocalisse 18:21 *Poi un potente angelo sollevò una pietra grossa come una grande macina, e la gettò nel mare dicendo: «Così, con violenza, sarà precipitata Babilonia, la gran città, e non sarà più trovata.* Il contesto parla proprio del giudizio su Babilonia, su quel sistema idolatrico e corrotto degli ultimi tempi che *con violenza* sarà precipitata, annientata, distrutta. Nel giudizio contro questa città vi è il giudizio contro ogni impulso iniquo, desiderio di peccato che poi sono gli ostacoli che impediscono ad un individuo di entrare a far parte del - *regno dei cieli* -. Si bisogna proprio farsi violenza, ma come dice il Signore, solo i - *violenti se ne impadroniscono* -.

Il Signore Gesù prosegue specificando ancora più ulteriormente le Sue parole - *Poiché tutti profeti e la legge hanno profetizzato fino a Giovanni* -. Fino a Giovanni Battista, vi è stato il periodo della Legge, che era unito a quello dei profeti. Legge e profeti nella Scrittura sono sempre uniti.

Mt 11:11-15 (10) > Ne 9:26 > *Un esempio emblematico l'abbiamo in Neemia 9* Neemia 9:26 *Ma essi hanno disubbidito, si sono ribellati contro di te, si sono gettati la tua legge dietro le spalle, hanno ucciso i tuoi profeti che li scongiuravano di tornare a te, e ti hanno oltraggiato gravemente.* Come possiamo osservare, il testo evidenzia proprio questa particolare unione tra legge e profeti, binomio che purtroppo Israele molto spesso non tenne in dovuta considerazione, manifestando atteggiamenti di ribellione e di disubbidienza. Queste parole che sono menzionate dai Leviti citati nel v.5, mettono in evidenza il fatto che il Signore del continuo scongiurò il Suo popolo a tornare a Lui, ma molto spesso non vi fu conversione, né ravvedimento, ma solo il proseguo della ribellione. Mt 11:11-15 (111 > *La 2:9* > Gerusalemme molte volte ha pagato il prezzo della propria ribellione come è chiaro in Lamentazioni 2 Lamentazioni 2:9 *Le sue porte sono sprofondate in terra; egli ha distrutto, spezzato le sue sbarre; il suo re e i suoi capi sono fra le nazioni; non c'è più legge, e anche i suoi profeti non ricevono più visioni dal SIGNORE.* Era un periodo assolutamente tragico, nel quale la Legge anche se formalmente c'era, non veniva seguita e di conseguenza anche i profeti non ricevevano più nessuna visione, quale segno della rivelazione divina. La legge ed i profeti sono stati disattesi da Israele. Eppure noi siamo chiamati a tornare a quelli che sono i principi che caratterizzano sia - *la Legge che i profeti* -

Mt 11:11-15 (121 > *Mt 22:40* > In Mt 22:40 il Signore Gesù disse queste parole assolutamente eloquenti Matteo 22:40 *Da questi due comandamenti dipendono tutta la legge e i profeti».* Di quali comandamenti si parla? Eccoli *Ama il Signore Dio tuo con tutto il tuo cuore, con tutta la tua anima e con tutta la tua mente...Ama il tuo prossimo come te stesso.* Adempiamo sempre nella nostra vita questi comandamenti che, come afferma il Signore Gesù, risultano essere il corollario, il riassunto di tutta la Legge e dei profeti? Ai tempi di Giovanni Battista, Israele non si trovava purtroppo in questa condizione. Ecco perché egli ebbe il compito di preparare il popolo all'accoglimento ed al riconoscimento del Messia. Egli, nel suo ministero, risulta essere l'epilogo di tutto un periodo durato secoli.

Mt 11:11-15 (131 > *Lu 24:44* > Inoltre, in Luca 24, il Signore rivolse queste parole incoraggianti ai Suoi discepoli Luca 24:44 *Poi disse loro: «Queste sono le cose che io vi dicevo quand'ero ancora con voi: che si dovevano compiere tutte le cose scritte di me nella legge di Mosè, nei profeti e nei Salmi».* Legge, profeti e Salmi, che comprendono le tre parti fondamentali dell'AT sono viste in chiara chiave cristocentrica. Infatti, non si può comprendere l'AT se non si usa la chiave della rivelazione di Cristo. La Legge ed i profeti non parlano solo del Signore Gesù in termini sommari e superficiali, ma anche specifici come ad esempio Isaia 53 sulle sofferenze del Messia, più decine e decine di altri passi che parlano di Lui. Tutto ciò che fu preannunciato sul Messia e la Sua opera è stato perfettamente adempiuto. Questo vuole essere un incentivo per ciascuno di noi, per studiare sempre di più l'AT.

Mt 11:11-15 (141 > 2 Re 2:11 > Ma l'AT parla anche di Giovanni Battista. Infatti, il Signore Gesù dichiara - *Se lo volete accettare, egli è l'Elia che doveva venire* -. Abbiamo sempre in evidenza la condizione del credere. Da notare che non si può disgiungere il ministero di Giovanni da quello del Messia. Essi sono intimamente uniti. Il fatto che il Signore Gesù dica che Giovanni è l'Elia che doveva venire non indica una sorta di reincarnazione o risurrezione del profeta Elia, visto che egli fu preso da Dio in un modo del tutto particolare 2Re 2:11 *Essi continuarono a camminare discorrendo insieme, quand'ecco un carro di fuoco e dei cavalli di fuoco che li separarono l'uno dall'altro, ed Elia salì al cielo in un turbine.* I soggetti iniziali del testo sono proprio Elia ed Eliseo, suo discepolo. Il ministero del profeta Elia era giunto al termine, ma egli non cessò la sua esistenza terrena come tutti gli altri uomini, ovvero attraverso la morte, ma attraverso una sorta di rapimento. Infatti, giunse un *carro di fuoco* che prese Elia portandolo nel cielo e separando quindi Eliseo che certamente rimase attonito e sbigottito. Lo sbigottimento di Eliseo è chiaro, in quanto grida *«Padre mio, padre mio! Carro e cavalleria d'Israele!» Poi non lo vide più. E, afferrate le proprie vesti, le strappò in due pezzi;* 2Re 2:13 *raccolse il mantello che era caduto di dosso a Elia, tornò indietro, e si fermò sulla riva del Giordano;* 2Re 2:14 *e, preso il mantello che era caduto di dosso a Elia, percosse le acque, e disse: «Dov'è il SIGNORE, Dio d'Elia?» Quando anch'egli ebbe percosso le acque, queste si divisero in due, ed Eliseo passò.* Per Eliseo, Elia era proprio un padre. Ma non vi era più spazio per le illusioni. Elia non c'era più ed Eliseo doveva continuare nel suo ministero. Perciò egli prende il mantello di Elia, simbolo di una sorta di passaggio di testimone, per continuare il suo ministero. Il tutto fu anche accompagnato da un prodigio sensazionale come la divisione delle acque del Giordano.

Mt 11:11-15 (151 > *Ml 4:5* > La figura di Elia è molto importante anche per l'escatologia biblica, come possiamo notare in Malachia 4 Malachia 4:5 *Ecco, io vi mando il profeta Elia, prima che venga il giorno del SIGNORE, giorno grande e terribile.* La venuta del profeta Elia è collegata alla manifestazione del grande *giorno del Signore,* espressione tipica veterotestamentaria, nella quale si parla di quel periodo particolare di giudizi che il Signore invierà contro il mondo empio. Elia sarà protagonista in quel tempo ed è verosimile che, per l'adempimento di questa profezia, Elia sarà uno dei due testimoni descritti in Ap 11. Perciò la figura di Elia, come possiamo notare, è molto importante, così come è chiaro il collegamento tra Giovanni ed Elia.

Mt 11:11-15 (161 > *Ap 2 :7* > Ora, di fronte a tutti questi insegnamenti del Signore Gesù, non si può assumere un comportamento superficiale. Infatti, il Signore dichiara - *Chi ha orecchi per udire, oda* -. Molto spesso si ascoltano tante cose, ma in realtà ciò che si ascolta non penetra nell'intimità del cuore. Nella sette lettere che abbiamo in Ap 2-3, è costante questo avvertimento Apocalisse 2:7 *Chi ha orecchi ascolti ciò che lo Spirito dice alle chiese.* Quando il Signore parla ed esterna i Suoi detti, i Suoi insegnamenti, essi non sono circoscritti per un piccolo numero di persone, ma per tutti. Se abbiamo orecchie spirituali attente ed aperte, sapremo recepire ciò che il Signore vorrà trasmetterci.

Mt 11:11-15 (171 > *Lu 8:8* > Anche in Luca 8, abbiamo lo stesso avvertimento Luca 8:8 *Un'altra parte cadde in un buon terreno: quando fu germogliato, produsse il cento per uno».* Dicendo queste cose, esclamava: «*Chi ha orecchi per udire oda!».* Interessante osservare il contesto, ovvero la parabola del seminatore. Perché bisogna saper intendere gli insegnamenti del Signore? Perché chi ascolta questa parabola deve saper discernere quale terreno lo identifica: o *la strada,* o *la roccia,* o *le spine,* o *la buona terra.* Spesso il Signore ci dà delle chiare indicazioni, ma si può correre il rischio di essere lenti nell'ascolto o nel non voler ascoltare. Così non deve essere.

Mt 11:11-15 (181 > *2Ti 4:3* > Infatti, ci troviamo in un triste periodo, quello descritto da Paolo in 2Ti 4 2Timoteo 4:3 *Infatti, verrà il tempo che non sopporteranno più la sana dottrina, ma, per prurito di udire, si cercheranno maestri in gran numero secondo le proprie voglie.* Non si vuole più ascoltare la Parola di Dio, si è alla ricerca di coloro che possono rivolgere un messaggio soddisfacente, che soddisfa il proprio orecchio, senza preoccuparsi se esso corrisponde alla verità oppure no. In realtà non si fa altro che *distogliere il proprio orecchio dalla verità per rivolgersi alle favole* (v.4). Perciò l'esortazione del Signore Gesù vale sempre. Ascoltiamo e mettiamo in pratica la Parola di Dio.

## Matteo 11:16-24 Una generazione incredula

Mt 11:16-24 dì > ***Una netta contrapposizione*** > - *Ma a chi paragonerò questa generazione? È simile ai bambini seduti nelle piazze che gridano ai loro compagni e dicono: Vi abbiamo sonato*

667

*il flauto e non avete ballato; abbiamo cantato dei lamenti e non avete pianto. Difatti è venuto Giovanni, che non mangia e non beve, e dicono: Ha un demonio! È venuto il Figlio dell'uomo, che mangia e beve, e dicono: Ecco un mangione e un beone, un amico dei pubblicani e dei «peccatori»! Ma la sapienza è stata giustificata dalle sue opere»* - > Mt 11:16-19.

Il Signore prosegue con una domanda assolutamente pertinente e solenne - *A chi paragonerò questa generazione?* -. Da un punto di vista contestuale, la generazione di cui si parla è identificata in coloro che ascoltarono il Signore Gesù in quel tempo, ma alcuni tratti di quella generazione passata, assomigliano anche a quella che esiste oggi.

Mt 11:16-19 (11 > *Ec 1:4* > In Ecclesiaste, proprio all'inizio del libro è scritto Ecclesiaste 1:4 *Una generazione se ne va, un'altra viene, e la terra sussiste per sempre.* Da quando l'uomo venne creato dal Signore, si sono susseguite tantissime generazioni, caratterizzate da due parti sempre contrapposte tra di loro: i giusti e gli empi. Il Predicatore osserva proprio che le generazioni si susseguono a ripetizione, esattamente come le stagioni, da quando l'uomo esiste.

Mt 11:16-19 (21 > *Sl 24:6* > Sono molto belle le parole del salmista Salmi 24:6 *Tale è la generazione di quelli che lo cercano, di quelli che cercano il tuo volto, o Dio di Giacobbe.* Egli parla appositamente di quella generazione caratterizzata da coloro che hanno il timore dell'Eterno e che hanno fede in Lui. Egli dice proprio *Tale è la generazione di quelli che lo cercano.* Ovvero, quali caratteristiche possiede? La generazione di coloro che hanno il timore di Dio *riceveranno le Sue benedizioni...la Sua giustizia* (v.5), ma per godere di tale immensi privilegi bisogna essere di coloro che sono *innocenti, puri di cuore* che non elevano il proprio animo alla vanità. Siamo noi così? Sarà questa la valutazione che il Signore darà a questa - *generazione -?*

Mt 11:16-19 (31 > *Sl 78:8* > Nel salmo 78 troviamo purtroppo la descrizione di un'altra generazione. Salmi 78:8 *Tutto ciò per non essere come i loro padri, una generazione ostinata e ribelle, una generazione dal cuore incostante, il cui spirito non fu fedele a Dio.* In questo caso si parla di una generazione *ostinata e ribelle* da non imitare, in quanto il salmista ha in mente quell'Israele, quei padri che si erano ribellati all'Eterno senza ascoltare alcun avvertimento da parte Sua. Ma possiamo dire che lo stesso valeva per la generazione del Signore Gesù.

*Mt 11:16-19 (41 > 2Pr 1:20-21 >* Egli Infatti, prosegue nella Sua spiegazione - *È simile ai bambini seduti nelle piazze che gridano ai loro compagni e dicono: Vi abbiamo sonato il flauto e non avete ballato; abbiamo cantato dei lamenti e non avete pianto -*. La piazza risulta essere proprio il cuore di una città o di un paese, il centro urbano dove vi è certamente più afflusso. In Proverbi 1 leggiamo Proverbi 1:20 *La saggezza grida per le vie, fa udire la sua voce per le piazze;* Proverbi 1:21 *negli incroci affollati essa chiama, all'ingresso delle porte, in città, pronunzia i suoi discorsi.* Il testo, utilizzando proprio un linguaggio poetico, parla della Saggezza come Colei che grida dappertutto, in ogni via, in ogni piazza per far ascoltare la voce dell'Eterno. L'importante perciò è certamente dare ascolto alla Sua voce.

Mt 11:16-19 (51 > *Sl 150:4 >* Ma in linea di massima bisogna stare attenti e discernere ogni tipo di ascolto. Infatti, ecco come prosegue il paragone. Il Signore Gesù cita uno strumento musicale importante come - *il flauto -*. Tale strumento veniva spesso usato per accompagnare l'adorazione per il Signore, come afferma il salmista Salmi 150:4 *Lodatelo con il timpano e le danze, lodatelo con gli strumenti a corda e con il flauto.* I salmi sono proprio canti e nello stesso tempo preghiere, che venivano cantati durante le feste solenni di Israele ed in altre circostanze. Il flauto viene proprio menzionato nell'elenco di quei strumenti utilizzati per l'adorazione.

Mt 11:16-19 (6) > *Is 5:12 >* Non solo, ma è interessante notare anche cos'è scritto in Isaia 5:12 Isaia 5:12 *La cetra, il salterio, il tamburello, il flauto e il vino rallegrano i loro banchetti! Ma non pongono mente a ciò che fa il SIGNORE, e non considerano l'opera delle sue mani.* Sebbene il contesto sia negativo, in quanto si parla di individui che non tengono in conto l'opera del Signore, è interessante osservare come il flauto venga identificato come strumento che porta gioia ed allegrezza. Certamente bisogna sottolineare il fatto che senza il Signore non si può certamente godere della vera gioia ed allegrezza. Tuttavia da questi collegamenti comprendiamo le parole del Signore - *Vi abbiamo sonato il flauto e non avete ballato -*.

Mt 11:16-19 (7) > *Gr 9:10 >* Ma vi è anche la seconda parte del paragone - *abbiamo cantato dei lamenti e non avete pianto* -. Qual è il senso di questo paragone? Non vi è una risposta adeguata all'azione compiuta, quindi vi è una netta contrapposizione. Lo stesso vale anche per questa seconda parte del paragone, Infatti, il lamento corrisponde poi al pianto Geremia 9:10 *Io voglio prorompere in pianto e in gemito, per i monti; voglio spandere un lamento per i pascoli del deserto, perché sono bruciati, al punto che nessuno più vi passa, non vi si ode più muggito di mandrie; gli uccelli del cielo e le bestie sono fuggite, sono scomparse.* Queste parole di testimonianza del profeta Geremia, illustrano molto bene questo connubio. Egli prorompe in *pianto e gemito* e nello stesso tempo si lamenta a motivo della desolazione che vedeva intorno a se e per il fatto che Gerusalemme era diventata *un mucchio di rovine.* Per Geremia era naturale manifestare il suo lamento con un pianto.

Mt 11:16-19 (8) > *Mt 2:17-18* > Un altro esempio l'abbiamo in Matteo 2 Matteo 2:17 *Allora si adempì quello che era stato detto per bocca del profeta Geremia:* Matteo 2:18 *«Un grido si è udito in Rama, un pianto e un lamento grande: Rachele piange i suoi figli e rifiuta di essere consolata, perché non sono più».* Anche in questo caso si parla di un lamento, di un pianto intenso descritto in una predizione che ha il suo adempimento nel decreto di Erode di uccidere i bimbi maschi per impedire la venuta del Messia. Perciò, *Rachele,* quale simbolo di tutte le madri di Israele, piange la morte dei suoi figli. Anche in questo caso lamento = pianto.

Mt 11:16-19 (9) > *Mt 21:24-27* > Perciò ora il Signore spiega il senso di questo paragone. *Difatti è venuto Giovanni, che non mangia e non beve, e dicono: Ha un demonio!* - Stando al paragone precedente, visto ciò che Giovanni Battista aveva mostrato, la gente di Israele, compresi i capi sacerdoti, avrebbero dovuto credere nel suo ministero. Invece la loro conclusione è contraria all'evidenza (ecco il significato del paragone precedente) - Ha un demonio -. Interessante osservare ciò che è scritto in Mt 21:24-27 . Matteo 21:24 *Gesù rispose loro: «Anch'io vi farò una domanda; se voi mi rispondete, vi dirò anch'io con quale autorità faccio queste cose.* Matteo 21:25 *Il battesimo di Giovanni, da dove veniva? dal cielo o dagli uomini?» Ed essi ragionavano tra di loro: «Se diciamo: Dal cielo, egli ci dirà: Perché dunque non gli credeste?* Matteo 21:26 *Se diciamo: Dagli uomini, temiamo la folla, perché tutti ritengono Giovanni un profeta».* Matteo 21:27

*Risposero dunque a Gesù: «Non lo sappiamo». E anch'egli disse loro: «E neppure io vi dirò con quale autorità faccio queste cose.* L'imbarazzo dei capi sacerdoti e degli anziani (v.23), è assolutamente eloquente. Essi chiedono al Signore Gesù con quale autorità Lui compiva le Sue opere e per rispondere a tale quesito anche il Signore fa una domanda. *Il battesimo di Giovanni, da dove veniva? dal cielo o dagli uomini?» Ed essi ragionavano tra di loro: «Se diciamo: Dal cielo, egli ci dirà: Perché dunque non gli credeste? Matteo 21:26 Se diciamo: Dagli uomini, temiamo la folla, perché tutti ritengono Giovanni un profeta».* I capi sacerdoti si trovavano fortemente imbarazzati e pur di rispondere giustamente, evitano la risposta. Quando l'evidenza era chiara: il ministero di Giovanni veniva da Dio. Ma accettare il ministero di Giovanni, significava accettare anche quello del Messia.

Mt 11:16-19 (101 > *Mt 9:10-12* > Il Signore prosegue mettendo però anche in evidenza l'atteggiamento di coloro che osteggiavano Giovanni, anche nei Suoi confronti - *E venuto il Figlio dell'uomo, che mangia e beve, e dicono: Ecco un mangione e un beone, un amico dei pubblicani e dei «peccatori»! -*. Possiamo dire che agli avversari sia di Giovanni, che del Signore, non stava bene proprio niente. Nel primo caso dicevano che Giovanni non mangiava e perciò aveva un demonio, nel secondo caso che il Figlio dell'uomo aveva comunione con i peccatori. Possiamo vedere questo tipo di ragionamento in Mt 9:10-12 Matteo 9:10 *Mentre Gesù era a tavola in casa di Matteo, molti pubblicani e «peccatori» vennero e si misero a tavola con Gesù e con i suoi discepoli. Matteo 9:11 I farisei, veduto ciò, dicevano ai suoi discepoli: «Perché il vostro maestro mangia con i pubblicani e con i peccatori?» Matteo 9:12 Ma Gesù, avendoli uditi, disse: «Non sono i sani che hanno bisogno del medico, ma i malati.* I farisei, come abbiamo potuto molto spesso osservare, furono acerrimi nemici sia del Signore Gesù, sia di Giovanni. In questo caso non perdono occasione di usare la loro lingua malvagia, ponendo una domanda tendenziosa *Perché il vostro maestro mangia con i pubblicani e con i peccatori?* Ovviamente il fatto che mangiava con loro non significava approvazione del loro operato, ma risultava essere un chiaro atteggiamento di compassione verso chi è ammalato ed ha bisogna assolutamente di una guarigione. Perciò il Signore risponde che non sono i sani ad aver bisogno del medico, ma i malati.

Mt 11:16-19 (111 > Lu 15:1-2 > Da notare che proprio grazie all'atteggiamento misericordioso che il Signore mostrava nei confronti dei pubblicani e dei peccatori, e si si avvicinavano Luca 15:1 *Tutti i pubblicani e i «peccatori» si avvicinavano a lui per ascoltarlo.* Luca 15:2 *Ma i farisei e gli scribi mormoravano, dicendo: «Costui accoglie i peccatori e mangia con loro».* I peccatori vedevano nel Signore Gesù, ciò che non potevano vedere negli scribi e farisei, i quali erano solo caratterizzati dall'ipocrisia e dall'apparenza. Ma ovviamente questo non stava bene a loro, in quanto si sentivano scartati e messi da parte. Per loro era un fatto gravissimo che il Signore *accogliesse i peccatori.* Ma se il Signore non avesse fatto questo, per l'uomo non ci sarebbe stata speranza.

Mt 11:16-19 (121 > Mt 12:24-25 > A proposito della conclusione dei nemici di Giovanni Ha un demonio -, *anche nei confronti del Signore Gesù, i farisei usarono la stessa tattica* Matteo 12:24 *Ma i farisei, udendo ciò, dissero: «Costui non scaccia i demòni se non per l'aiuto di Belzebù, principe dei demòni».* Matteo 12:25 *Gesù, conoscendo i loro pensieri, disse loro: «Ogni regno diviso contro sé stesso va in rovina; e ogni città o casa divisa contro sé stessa non potrà reggere.* Questo loro modo di ragionare indica veramente tutta la loro follia. Il Signore la mette in evidenza mostrano che Satana non può combattere contro se stesso. Ma quando si ha la mente accecata si è capaci di dire e di fare ciò che è folle.

Mt 11:16-19 (131 > Pr 8:22-23 > Ma nonostante gli osteggiamenti dei farisei e dei nemici di Giovanni, il Signore conclude con queste mirabili parole - *Ma la sapienza è stata giustificata dalle sue opere»* -. La Sapienza, nella Scrittura, non è soltanto un attributo del Signore che dona a chiunque la chiede con fede, ma essa è anche personificata come vediamo in Proverbi Proverbi 8:22 *Il SIGNORE mi ebbe con sé al principio dei suoi atti, prima di fare alcuna delle sue opere più antiche.* Proverbi 8:23 *Fui stabilita fin dall'eternità, dal principio, prima che la terra fosse.* Il Signore da sempre è stato caratterizzato dalla Sua Saggezza, in quanto per mezzo di Essa tutto è stato creato ed ogni cosa è venuta all'esistenza. Essa esisteva prima che il mondo fosse, *dal principio.*

Mt 11:16-19 Q41 > 1 Co 1:30-31 > La Sapienza si associa molto bene alla Persona gloriosa del Signore Gesù, visto che, come attesta Paolo 1Corinzi 1:30 *Ed è grazie a lui che voi siete in Cristo Gesù, che da Dio è stato fatto per noi sapienza, giustizia, santificazione e redenzione;* 1Corinzi 1:31 *affinché com'è scritto: «Chi si vanta, si vanti nel Signore».* Quattro realtà che rientrano completamente e totalmente nella Persona di Cristo: sapienza, giustizia, santificazione e redenzione. Grazie a queste quattro realtà, il figlio di Dio, dal momento in cui si converte, è giustificato, redento e santificato. Ecco perché siamo chiamati a vantarci solo del Signore e non certamente delle nostre opere.

Mt 11:16-19 Q51 > Cl 2:1-3 > Non dobbiamo mai dimenticarci che in Cristo abita la pienezza della sapienza Colossesi 2:1 *Desidero Infatti, che sappiate quale arduo combattimento_sostengo_per_voi,_per_quelli_di_Laodicea_e_per _tutti_quelli_che_non_mi_hanno mai visto di persona, Colossesi 2:2 affinché siano consolati i loro cuori e, uniti mediante l'amore, siano dotati di tutta la ricchezza della piena intelligenza per conoscere a fondo il mistero di Dio, cioè Cristo,* Colossesi 2:3 *nel quale tutti i tesori della sapienza e della conoscenza sono nascosti.* Ogni tesoro che consiste in sapienza e conoscenza, esistono nella Persona gloriosa del Signore Gesù. Ecco perché siamo chiamati a *conoscere a fondo il mistero di Dio, cioè Cristo.* Più si conosce il Signore Gesù, più si cresce fino allo stato di uomini fatti, più si ubbidisce alla volontà di Dio e si gode di quella gioia ineffabile che il Signore garantisce. Paolo aveva sperimentato tutto questo, essendo anche disposto a combattere in modo arduo per *quelli di Laodicea* e per coloro che nemmeno l'avevano visto di persona.

*Mt 11:16-19 (16)* > Gm 2:22-24 > Il Signore Gesù è la Sapienza di Dio ed Egli giustificò pienamente ciò che Egli è, proprio - *dalle sue opere -.* La giustificazione per opere che per tanto tempo fu un argomento ostico per molti (tra cui Lutero), in realtà si collega molto bene al concetto di giustificazione per fede Giacomo 2:22 *Tu vedi che la fede agiva insieme alle sue opere e che per le opere la fede fu resa completa;* Giacomo 2:23 *così fu adempiuta la Scrittura che dice: «Abraamo credette a Dio, e ciò gli fu messo in conto come giustizia»; e fu chiamato amico di Dio.* Giacomo 2:24 *Dunque vedete che l'uomo è giustificato per opere, e non per fede soltanto.* È solo con le opere che possiamo giustificare ciò che siamo diventati per la Grazia di Dio. Non esiste un altro modo. Come Abraamo e Raab, anche noi dobbiamo mostrare la genuinità della nostra fede attraverso le nostre opere, esattamente come il Signore Gesù, la Sapienza di Dio, giustificò chi era, mediante le Sue opere. Il Signore non fu un uomo che parlò solo e basta, non era come i farisei che predicavano bene, ma razzolavano male, ma dimostrò in tutto e per tutto la Sua perfezione.

Mt 11:16-24 (21 > *Le tre città impenitenti* > - *Allora egli prese a rimproverare le città nelle quali era stata fatta la maggior parte delle sue opere potenti, perché non si erano ravvedute: «Guai a te, Corazin! Guai a te, Betsaida! perché se in Tiro e Sidone fossero state fatte le opere potenti compiute tra di voi, già da molto tempo si sarebbero pentite, con cilicio e cenere. Perciò vi dichiaro che nel giorno del giudizio la sorte di Tiro e di Sidone sarà più tollerabile della vostra. E tu, o Capernaum, sarai forse innalzata fino al cielo? No, tu scenderai fino all'Ades. Perché se in Sodoma fossero state fatte le opere potenti compiute in te, essa sarebbe durata fino ad oggi. Perciò, vi dichiaro, nel giorno del giudizio la sorte del paese di Sodoma sarà più tollerabile della tua».* - > Mt 11:20-24.

Mt 11:20-24 (1) > Ne 13:16-18 > Ora il Signore parla di tre città particolari e subito il contesto ci mostra a cosa siamo davanti - *Allora egli prese a rimproverare le città nelle quali era stata fatta la maggior parte delle sue opere potenti, perché non si erano ravvedute* -. Nelle parole che seguiranno potremo osservare veramente un rimprovero aspro da parte del Signore Gesù per il fatto che, nonostante le tante opere compiute da Lui, non vi è stata fede, ma incredulità. Il rimprovero lo troviamo spesso nella Scrittura sotto varie forme e per di più quando si trasgredisce agli ordini del Signore Neemia 13:16 *C'erano anche persone di Tiro, stabilite a Gerusalemme, che portavano del pesce e ogni sorta di cose, e le vendevano ai figli di Giuda in giorno di sabato, e a Gerusalemme.* Neemia 13:17 *Allora rimproverai i notabili di Giuda, e dissi loro: «Che significa questa cattiva azione che fate, profanando il giorno del sabato?* Neemia 13:18 *I nostri padri non fecero proprio così? Il nostro Dio fece, per questo, piombare su di noi e su questa città tutti questi mali. E voi accrescete l'ira ardente contro Israele, profanando il sabato!».* Neemia rimprovera i notabili di Giuda, in questo caso, proprio per il fatto che il principio del sabato non era stato tenuto in considerazione, visto che pagani, ovvero *persone di Tiro* si permettevano di vendere pesce ed altre cose in giorno di sabato. Poteva sembrare una cosa di poco conto, ma per il Signore la disubbidienza, è sempre qualcosa di estremamente grave. Infatti, il Signore già anticamente aveva punito gli antenati per lo stesso peccato.

Mt 11:20-24 (2) > Pr 13:1 > Ma bisogna essere pronti a ricevere il rimprovero. Ascolteranno le tre città impenitenti? Come è scritto in Pr 13 Proverbi 13:1 *Il figlio saggio ascolta l'istruzione di suo padre, ma il beffardo non ascolta rimproveri.* Un rimprovero può essere o ascoltato o non ascoltato. Colui che è saggio sa ascoltare ed accettare il rimprovero, ma il *beffardo*, lo rifiuta categoricamente. Sebbene il rimprovero del Signore Gesù sia per l'incredulità di queste tre città, stiamo attenti noi, come figli di Dio a dare ascolto ai rimproveri del Signore. Solo accettandoli e ritenendoli nel nostro cuore, potremo crescere.

Mt 11:20-24 (2) > Mt 13:54-55 > Come abbiamo accennato, il motivo di questo rimprovero era dovuto al fatto che nonostante le - *opere potenti* - compiute dal Signore non c'era stato ravvedimento. Le opere potenti avevano proprio lo scopo di accreditare il ministero del Signore. Come è scritto in Matteo 13 Matteo 13:54 *Recatosi nella sua patria, insegnava nella loro sinagoga, così che stupivano e dicevano: «Da dove gli vengono tanta sapienza e queste opere potenti?* Matteo 13:55 *Non è questo il figlio del falegname? Sua madre non si chiama Maria e i suoi fratelli, Giacomo, Giuseppe, Simone e Giuda?* Le opere potenti che il Signore compiva provocavano certamente stupore e meraviglia come nel caso di questo testo. A Nazaret, mentre insegnava nella sinagoga, gli astanti ebbero la possibilità di ascoltare le Sue parole e di vederlo in azione, perciò si chiedevano *Da dove gli vengono tanta sapienza e queste opere potenti?* Ma non è sufficiente manifestare stupore o meraviglia, bisogna credere nella Persona gloriosa del Signore Gesù.

*Mt 11:20-24 (3) > Eb 2:3-4 > Ecco perché l'autore della lettera agli Ebrei afferma* Ebrei 2:3 come scamperemo noi se trascuriamo una così grande salvezza? Questa, dopo essere stata annunziata prima dal Signore, ci è stata poi confermata da quelli che lo avevano udito, Ebrei 2:4 mentre Dio stesso aggiungeva la sua testimonianza alla loro con segni e prodigi, con opere potenti di ogni genere e con doni dello Spirito Santo, secondo la sua volontà. *Con queste parole viene chiaramente delineato il significato del segno, del prodigio e dell'opera potente. Sia il Signore Gesù, sia gli apostoli mostrarono dei segni particolati e potenti. Essi operarono miracoli e prodigi per la mano di Dio che aggiungeva alla loro testimonianza, per accreditare il loro messaggio. Ma purtroppo, come vediamo nel caso di queste tre città impenitenti, nonostante questo, non ci fu ravvedimento.*

Mt 11:20-24 (41 > Lu 24:46-47 > Essere meravigliati o stupiti non salva. Per ricevere la salvezza di Dio bisogna ravvedersi. Come è scritto in Luca 24 Luca 24:46 *«Così è scritto, che il Cristo avrebbe sofferto e sarebbe risorto dai morti il terzo giorno,* Luca 24:47 *e che nel suo nome si sarebbe predicato il ravvedimento per il perdono dei peccati a tutte le genti, cominciando da Gerusalemme.* Il messaggio che il Signore Gesù annuncia è fondamentale e necessario: nel Suo Nome si sarebbe dovuto predicare il ravvedimento per il perdono dei peccati a tutte le genti. Non si può predicare un vangelo diverso da quello che abbiamo ricevuto. Siamo chiamati a narrare, a raccontare alle genti di come il Signore Gesù ha sofferto per loro, della Sua gloriosa risurrezione e della necessità di ravvedersi.

Mt 11:20-24 (51 > Eb 12:16-17 > Purtroppo, molto spesso l'uomo si comporta proprio come Esaù, come attesta la lettera agli Ebrei Ebrei 12:16 *che nessuno sia fornicatore, o profano, come Esaù che per una sola pietanza vendette la sua primogenitura.* Ebrei 12:17 *Infatti, sapete che anche più tardi, quando volle ereditare la benedizione, fu respinto, sebbene la richiedesse con lacrime, perché non ci fu ravvedimento.* Non serve a nulla piangere, se alla base non sussiste nessun ravvedimento. È un pianto che non ha valore. Questo fu il pianto di Esaù, che nella sua stoltezza vendette la sua primogenitura per una pietanza, mostrando di essere *profano,* ovvero colui che calpesta e non tiene in conto ciò che è sacro per il Signore.

Mt 11:20-24 (61 > *2*Pt 3:8-9 > Ma nonostante la ribellione dell'uomo, il Signore è paziente 2Pietro 3:8 *Ma voi, carissimi, non dimenticate quest'unica cosa: per il Signore un giorno è come mille anni, e mille anni sono come un giorno.* 2Pietro 3:9 *Il Signore non ritarda l'adempimento della sua promessa, come pretendono alcuni; ma è paziente verso di voi, non volendo che qualcuno perisca, ma che tutti giungano al ravvedimento.* Come figli di Dio desideriamo ardentemente il Suo ritorno, che la Sua promessa si adempia, ma dobbiamo anche considerare la pazienza del Signore. Infatti, Egli non *vuole che qualcuno perisca, ma che tutti giungano a ravvedimento.* Egli è al di fuori del tempo e per lui mille anni sono come un giorno. Perciò dobbiamo solo affidarci al Signore e nel frattempo predicare il Vangelo senza posa, anche se il più delle volte si ha come risposta l'incredulità.

Mt 11:20-24 (71 > Is 33:1 > Perciò il Signore, accentua il Suo messaggio verso queste tre città con un epiteto molto forte - *Guai a te, Corazin! Guai a te, Betsaida!* -. Quando il Signore pronuncia il Suo - *guai* -, sono guai davvero. Tale espressione la troviamo sempre in un contesto di giudizio, come nel caso del messaggio di Is 433 Isaia 33:1 *Guai a te che devasti e non sei stato devastato, che sei perfido e non t'è stata usata perfidia! Quando avrai finito di devastare sarai devastato; quando avrai finito di essere perfido, ti sarà usata perfidia.* Chiunque si identifichi in colui che devasta, che usa perfidia e malvagità, deve stare molto attento. Infatti, il Signore retribuirà per la malvagità commessa. Perciò troviamo proprio questo *guai* così solenne.

Mt 11:20-24 (81 > Ez 16:23-25 > Ma il Signore non fa favoritismi. Anche verso il popolo d'Israele dichiara: Ezechiele 16:23 *Ora dopo tutta la tua malvagità, guai! guai a te! - dice DIO, il Signore, -* Ezechiele 16:24 *ti sei costruita un bordello; ti sei fatta un alto luogo in ogni piazza pubblica:* Ezechiele 16:25 *hai costruito un alto luogo a ogni capo di strada, hai reso abominevole la tua bellezza, ti sei offerta a ogni passante; hai moltiplicato le tue prostituzioni.* Israele aveva moltiplicato il suo peccato, la sua malvagità, perciò il Signore non può far altro che dire *Guai a te,* ovvero stai attento a quello che stai facendo, perché giungerà il castigo. La malvagità perpetrata era identificata proprio nella sua prostituzione spirituale, nell'idolatria che manifestava ed ovviamente il Signore non poteva tollerare tutto questo. Anche noi dobbiamo stare attenti e a far sempre tesoro degli avvertimenti del Signore, in quanto vanno profondamente ascoltati.

Mt 11:20-24 (91 > Mr 8:22-26 > Venendo alle città menzionate, troviamo - *Corazin* -, un luogo poco menzionato nel NT, ma le cui scoperte archeologiche hanno rivelato che essa fu distrutta. Questa è la dimostrazione di come le parole del Signore Gesù corrispondessero al vero. Poi abbiamo - *Betsaida* -, luogo menzionato in Mr 8 Marco 8:22 *Giunsero a Betsaida; fu condotto a Gesù un cieco, e lo pregarono che lo toccasse.* Marco 8:23 *Egli, preso il cieco per la mano, lo condusse fuori dal villaggio; gli sputò sugli occhi, pose le mani su di lui, e gli domandò: «Vedi qualche cosa?»* Marco 8:24 *Egli aprì gli occhi e disse: «Scorgo gli uomini, perché li vedo come alberi che camminano».* Marco 8:25 *Poi Gesù gli mise di nuovo le mani sugli occhi; ed egli guardò e fu guarito e vedeva ogni cosa chiaramente.* Marco 8:26 *Gesù lo rimandò a casa sua e gli disse: «Non entrare neppure nel villaggio».* In questo brano è descritto l'episodio del cieco di Betsaida, il quale fu guarito dal Signore Gesù in un modo del tutto particolare; ovvero sputandogli negli occhi, ponendo le mani su di lui ed in un secondo tempo ponendo ancora le Sue mani sui Suoi occhi, operando quindi un miracolo grandioso. Ma la cosa triste è che Betsaida rientra in quelle città che non credettero.

Mt 11:20-24 (101 > Gl 3:3-4 > Ebbene per la loro incredulità, sia Corazin che Betsaida sono viste in modo peggiore che - Tiro e Sidone -, in quanto - se *in Tiro e Sidone fossero state fatte le opere potenti compiute tra di voi, già da molto tempo si sarebbero pentite, con cilicio e cenere -.* È un paragone molto forte, se si pensa a chi erano Tiro e Sidone. In Gl 3 abbiamo un messaggio contro queste due città Gioele 3:4 *Anche voi, Tiro, Sidone e tutta quanta la Filistia, che cosa pretendete da me? Volete darmi una retribuzione, o volete fare del male contro di me? Subito, in un attimo, io farò ricadere la vostra retribuzione.* Tiro e Sidone erano due città affiliate non solo politicamente, ma soprattutto per la loro malvagità. Esse andarono direttamente contro al Signore, compiendo atti nefandi e abominevoli, perciò avrebbero ricevuto la retribuzione del loro peccato.

Mt 11:20-24 (111 > Is 23:1-2. 15-18 > *Mentre in* Isaia 23 *viene annunciato il solenne messaggio di giudizio contro Tiro* Isaia 23:1 *Oracolo contro Tiro. Urlate, o navi di Tarsis! Essa Infatti, è distrutta; non più case! Non c'è più nessuno che entri in essa! Dalla terra di Chittim è giunta loro la notizia.* Isaia 23:2 *Siate pieni di stupore, o abitanti della costa, che i mercanti di Sidone, solcando il mare, affollavano!* Isaia 23:15 *In quel giorno, Tiro cadrà nell'oblio per settant'anni, per la durata della vita di un re. Dopo settant'anni, avverrà di Tiro ciò che dice la canzone della prostituta:* Isaia 23:16 *«Prendi la cetra, va' attorno per la città, o prostituta dimenticata; suona bene, moltiplica i canti, perché qualcuno si ricordi di te».* Isaia 23:17 *Dopo settant'anni, il SIGNORE visiterà Tiro ed essa tornerà ai suoi guadagni; si prostituirà con tutti i regni del mondo sulla faccia della terra.* Isaia 23:18 *Ma i suoi guadagni e i suoi salari impuri saranno consacrati al SIGNORE; non saranno accumulati né riposti; poiché i suoi guadagni andranno a quelli che stanno in presenza del SIGNORE, perché mangino, si sazino e si vestano d'abiti sontuosi.* Per la distruzione che avrebbe accompagnato questa città, i mercanti stessi avrebbero urlato dal dolore, nessuno vi sarebbe più entrato. Anche se Tiro in un primo tempo risorgerà dopo settant'anni di *oblio,* giungerà per lei la fine, in quanto i *suoi guadagni sono stati impuri,* i suoi atti iniqui, senza che vi fosse ravvedimento. Perciò due città assolutamente malvagie, ma come dice il Signore, se si fossero compiute le opere potenti in mezzo ad esse, si sarebbero - *pentite* -. Un grande smacco per Corazin e Betsaida.

Mt 11:20-24 (121 > Os 13:14 > Perciò il Signore Gesù da un grandissimo rilievo al pentimento ed al ravvedimento. Infatti, dichiara che se Tiro e Sidone avessero visto quelle opere si - *sarebbero pentite da lungo tempo* -. Era certamente un grande smacco per Corazin e Betsaida, sentirsi simili parole di rimprovero. Come è scritto in Osea 13 Osea 13:14 *Io li riscatterei dal potere del soggiorno dei morti, li salverei dalla morte; sarei la tua peste, o morte; sarei la tua distruzione, o soggiorno dei morti; ma il loro pentimento è nascosto ai miei occhi!* Il Signore mette in evidenza il Suo ipotetico intervento in favore di Israele se solo vi fosse il pentimento ed il ravvedimento. Ma purtroppo, nonostante i richiami continui dell'Eterno, vi era solo durezza di cuore ed incredulità. In queste parole possiamo vedere il forte e sentito desiderio del Signore di benedire, ma viste le circostanze non può farlo. È lo stesso anche per noi! Quante volte il Signore vorrebbe benedire il figlio di Dio, ma non lo fa a causa della durezza di cuore che noi forse mostriamo. Impariamo da questo brano.

Mt 11:20-24 (131 > 2Co 7:10 > Il ravvedimento deve risultare un'attitudine costante nella nostra vita, in quanto come è scritto in 2 Co 7 2Corinzi 7:10 *Perché la tristezza secondo Dio produce un ravvedimento che porta alla salvezza, del quale non c'è mai da pentirsi; ma la tristezza del mondo produce la morte.* Si può essere anche *tristi secondo Dio,* ad esempio quando noi diveniamo i destinatari della Sua disciplina. Ma tale tristezza ha un meraviglioso risultato, porta al *ravvedimento.* È proprio questo ciò che il Signore vuole vedere.

Mt 11:20-24 (141 > Gb 16:15 > Il Signore Gesù è molto chiaro nella Sua esposizione ed addirittura dichiara che queste due città si sarebbero pentite con - *cilicio e cenere* -, due elementi che ritroviamo nell'AT che parlano di manifestazione di dolore e di pentimento. In Gb 16 è scritto Giobbe 16:15 *Mi sono cucito un cilicio sulla pelle, ho prostrato la mia fronte nella polvere.* In queste parole, Giobbe associa il cilicio al suo dolore, al fatto di essere *prostrato nella polvere.*

Mt 11:20-24 (151 > Sl 30:11-12 > Ma abbiamo anche testi che parlano di un cambiamento radicale *Salmi 30:11 Tu hai mutato il mio dolore in danza; hai sciolto il mio cilicio e mi hai rivestito di gioia, Salmi 30:12 perché io possa salmeggiare a te, senza mai tacere. O SIGNORE, Dio mio, io ti celebrerò per sempre.* Ricordiamoci sempre che il Signore può cambiare radicalmente la condizione nella quale ci troviamo. Come testimonia il salmista, il suo dolore è stato cambiato in gioia, in *danza,* il suo cilicio era stato sciolto, perché fosse rivestito dei vestiti della gioia. Perciò il salmista ha certamente motivo di celebrare ed adorare il Signore.

Mt 11:20-24 (161 > Gb 42:5-6 > Il pentimento provoca certamente un forte dolore interiore, ma è indispensabile per poter rientrare in quella comunione intima con il Signore. Guardiamo a queste mirabili parole di Giobbe Giobbe 42:5 *Il mio orecchio aveva sentito parlare di te ma ora l'occhio mio ti ha visto.* Giobbe 42:6 *Perciò mi ravvedo, mi pento sulla polvere e sulla cenere».* Egli si era pentito di quelle parole tendenziose che precedentemente aveva formulato ed è straordinario osservare come il Signore ha fatto riflettere il Suo servo: con semplici domande logiche. Il Signore non ha scatenato la Sua ira contro Giobbe, ma lo ha fatto riflettere. Giobbe, da uomo spirituale ed intelligente, comprese il suo sbaglio e si ravvide, testimoniando del suo salto di qualità *Il mio orecchio aveva sentito parlare di te ma ora l'occhio mio ti ha visto.* Purtroppo in - *Corazin e Betsaida* - non vi è traccia di tutto questo. Non vi è nessun ripensamento o dubbio, ma solo incredulità.

Mt 11:20-24 (171 > Gb 8:13-14 > Ma bisogna stare attenti, visto che il Signore Gesù parla propriamente di - *sorte* -. Bildad, uno degli amici di Giobbe, dirà Giobbe 8:13 *Tale è la sorte di tutti quelli che dimenticano Dio; la speranza dell'empio perirà.* Giobbe 8:14 *La sua baldanza è troncata, la sua fiducia è come una tela di ragno.* La sorte, ovvero il destino di tutti coloro che dimenticano il Signore come Corazin e Betsaida, sarà assolutamente tragico. Essi si renderanno conto della futilità e della vanità del loro orgoglio e della loro fiducia riposta in realtà assolutamente effimere, paragonabili ad una tela di ragno. Questa è la grande illusione degli empi.

Mt 11:20-24 (181 > Cl 1:11-12 > Quale contrasto con la sorte dei figli di Dio Colossesi 1:11 *fortificati in ogni cosa dalla sua gloriosa potenza, per essere sempre pazienti e perseveranti;* Colossesi 1:12 *ringraziando con gioia il Padre che vi ha messi in grado di partecipare alla sorte dei santi nella luce.* Per la Grazia di Dio, Egli ci ha concesso di partecipare alla sorte dei santi *nella luce.* Non più tenebre o oscurità, ma una gioia senza pari che trova il suo culmine nella presenza gloriosa del Signore. Forti di questa certezza, riceviamo anche la forza del Padre per essere pazienti e perseveranti, in mezzo alle prove della vita. Per gli empi, per - *Corazin e Betsaida* -, sarà totalmente diverso.

Mt 11:20-24 (191 > Mt4:13-15 > Ma abbiamo una terza città - *Capernaum* -. Possiamo dire che Capernaum fu come la seconda patria per il Signore Gesù, considerando le innumerevoli volte che la visitò. Già in Mt 4 è scritto Matteo 4:13 *E, lasciata Nazaret, venne ad abitare in Capernaum, città sul mare, ai confini di Zabulon e di Neftali,* Matteo 4:14 *affinché si adempisse quello che era stato detto dal profeta Isaia:* Matteo 4:15 *«Il paese di Zabulon e il paese di Neftali, sulla via del mare, di là dal Giordano, la Galilea dei pagani il popolo che stava nelle tenebre, ha visto una gran luce; su quelli che erano nella contrada e nell'ombra della morte una luce si è levata».* Praticamente agli inizi del Suo ministero, il Signore lasciò Nazaret per andare a Capernaum, innanzitutto per adempiere ad una precisa profezia di Isaia, riguardante il fatto che la Galilea dei pagani avrebbe visto una grande luce ed in secondo luogo per dare a questa città ampia prova della Sua identità.

Mt 11:20-24 (201 > Mt 8:5-6. 13 > *Un esempio eclatante l'abbiamo nella guarigione del servo del centurione* Matteo 8:5 *Quando Gesù fu entrato in Capernaum, un centurione venne da lui, pregandolo e dicendo:* Matteo 8:6 *«Signore, il mio servo giace in casa paralitico e soffre moltissimo»* ... Matteo 8:13 *Gesù disse al centurione: «Va' e ti sia fatto come hai creduto».* E il servitore fu guarito in quella stessa ora. La richiesta del centurione fu assolutamente esaudita, il suo servo fu guarito in modo miracoloso e questo fu solo uno dei miracoli manifestati in quella città. Ma anche per Capernaum il discorso non cambia.

Mt 11:20-24 (211 > Ez 21:30-31 > Infatti, il Signore Gesù rivolge una domanda a Capernaum - *sarai forse innalzata fino al cielo?* -. Si tratta di una domanda retorica e per di più ironica. Capernaum, non sarà innalzata, ma abbassata. Si tratta Infatti, dell'adempimento di un preciso principio biblico. In Ezechiele 21 leggiamo Ezechiele 21:30 *Tu, empio, condannato alla spada, o principe d'Israele, il cui giorno è giunto al tempo del colmo dell'iniquità;* Ezechiele 21:31 *così parla DIO, il Signore: Il turbante sarà tolto, il diadema sarà levato; le cose cambieranno; ciò che è in basso sarà innalzato; ciò che è in alto sarà abbassato.* Queste parole sono riferite al *principe d'Israele,* ovvero a coloro che erano in autorità nel popolo, i quali avevano il compito di condurre il popolo secondo la volontà di Dio. A motivo delle varie infedeltà, invece di premio e ricompensa vi è giudizio e condanna ed il Signore afferma lapidariamente *ciò che è in basso sarà innalzato e ciò che è in alto, sarà abbassato.* L'uomo può anche elevarsi, usando tutti i stratagemmi possibili, ma alla fine l'ultima parola spetta solo al Signore.

Mt 11:20-24 (221 > Lu 14:10 > *Ecco cosa dichiara ancora il Signore Gesù* Luca 14:10 *Ma quando sarai invitato, va' a metterti all'ultimo posto, affinché quando verrà colui che ti ha invitato, ti dica: Amico, vieni più avanti. Allora ne avrai onore davanti a tutti quelli che saranno a tavola con te.* Luca 14:11 *Poiché chiunque si innalza sarà abbassato e chi si abbassa sarà innalzato».* Il Signore dà dei suggerimenti preziosi sul come dobbiamo comportarci. È meglio scegliere gli *ultimi posti,* in modo che il padrone di casa ci inviti a sedere più avanti, piuttosto che scegliere noi di sederci nei posti autorevoli per poi sentirci dire di sedere più lontano. Dobbiamo sempre fare attenzione a questo principio *Chiunque si innalza sarà abbassato e chi si abbassa sarà innalzato.* L'uomo che tenta di auto innalzarsi mediante il suo orgoglio, sarà abbassato in modo definitivo dal Signore.

Mt 11:20-24 (23) > Ab 1:3-4 > Un esempio molto concreto l'abbiamo nella profezia del Signore contro Edom Abdia 3 *L'orgoglio del tuo cuore ti ha ingannato, o tu che abiti nei crepacci delle rocce, e stabilisci la tua abitazione in alto; tu che dici in cuor tuo: Chi potrà farmi precipitare a terra?* Abdia 4 *Anche se tu facessi il tuo nido in alto come l'aquila, anche se tu lo mettessi fra le stelle, io ti farò precipitare di lassù»,* dice il SIGNORE. Come è chiaramente scritto, il grosso problema di Edom era proprio il suo orgoglio che l'aveva ingannato. Questo era un popolo che aveva scelto come dimore le rocce, per evitare gli attacchi nemici. Ma non poteva sfuggire al Signore. Anche se si fosse costruito il suo nido *in alto,* tra le stelle, sarebbe precipitato per volere del Signore. Questa sarà la sorte di - *Capernaum* - che non ha voluto dare ascolto agli avvertimenti Mt 11:20-24 (24) > Lu 16:23-24 > Dove sarebbe sprofondato Capernaum? Fin nell' - *Ades* -, termine greco che designa nel NT, il luogo dove si trovano coloro che appunto si sono innalzati nel loro orgoglio, non ponendo fede nel Signore. In Luca 16 abbiamo un esempio assolutamente lampante Luca 16:23 *E nell'Ades, essendo nei tormenti, alzò gli occhi e vide da lontano Abraamo, e Lazzaro nel suo seno;* Luca 16:24 *ed esclamò: Padre Abraamo, abbi pietà di me, e manda Lazzaro a intingere la punta del dito nell'acqua per rinfrescarmi la lingua, perché sono tormentato in questa fiamma.* È un passo questo estremamente chiaro. L'Ades, quel luogo dove si troverà Capernaum è caratterizzato dai tormenti eterni, dalle sofferenze, come l'esperienza del ricco stolto insegna. Nonostante la preghiera accorata di quest'uomo incredulo verso Abraamo, la sua condizione non viene assolutamente modificata o cambiata. Infatti, è in vita che bisogna scegliere per il Signore, non vi è alcuna possibilità dopo di poter modificare il proprio stato di condanna e giudizio. Mt 11:20-24 (25) > Ap 20:13-14 > Un altro testo dove è menzionato l'Ades è in Ap 20:13-14 Apocalisse 20:13 *Il mare restituì i morti che erano in esso; la morte e l'Ades restituirono i loro morti; ed essi furono giudicati, ciascuno secondo le sue opere.* Apocalisse 20:14 *Poi la morte e l'Ades furono gettati nello stagno di fuoco. Questa e la morte seconda, cioè lo stagno di fuoco.* Con tale descrizione si vuole appunto conclamare la vittoria definitiva sull'inferno e sulla morte, già anticipata alla croce. Ma nello stesso tempo si vuole anche designare il fatto che nell'Ades si trovano coloro che dovranno affrontare il terribile giudizio del gran trono bianco, dal quale Capernaum, come ogni incredulo, non potrà sfuggire. Di fronte a tutto questo, non possiamo fare altro che ringraziare il Signore per la Grazia che Egli ha mostrato nei nostri confronti e che possiamo essere sempre più spronati a predicare il Suo Vangelo.

Mt 11:20-24 (26) > Ge 13:13 > Ed ecco che abbiamo un nuovo paragone. In questo caso *Sodoma* -, se avesse visto le opere potenti, non sarebbe stata distrutta, ma dice il Signore *sarebbe durata fino ad oggi* -. Sono parole che devono suscitare una profonda vergogna in Capernaum, in quanto conosceva certamente la storia di questa città. Come è scritto in Genesi 13 Genesi 13:13 *Gli abitanti di Sodoma erano perversi e grandi peccatori contro il*

*SIGNORE*. Sodoma era perversa davanti al Signore e proprio per la sua malvagità fu giudicata.

Mt 11:20-24 (27) > 2 Pt 2:5-10 > Anche l'apostolo Pietro dirà *2Pietro 2:5 se non*

risparmiò il mondo antico ma salvò, con altre sette persone, Noe, predicatore di giustizia, quando mandò il diluvio su un mondo di empi; *2Pietro 2:6 se condannò alla distruzione le città di Sodoma e Gomorra, riducendole in cenere, perché servissero da esempio a quelli che in futuro sarebbero vissuti empiamente...* 2Pietro 2:9 *ciò vuol dire che il Signore sa liberare i pii dalla prova e riservare gli ingiusti per la punizione nel giorno del giudizio;* 2Pietro 2:10 *e soprattutto quelli che vanno dietro alla carne nei suoi desideri impuri e disprezzano l'autorità.* L'apostolo rievoca due eventi eclatanti che dimostrano la giustizia e la santità di Dio: il diluvio dove si salvarono solo otto persone e la distruzione di Sodoma e Gomorra, riducendole in cenere a motivo della loro malvagità. Esse sarebbero dovute *servire da esempio* per le generazioni future come monito per chiunque avesse voluto vivere in modo iniquo e per evidenziare il fatto che effettivamente esiste *il giorno del giudizio* per tutti coloro che desiderano seguire le proprie passioni, al contrario dei giusti che sono *liberati dalla prova*. Perciò, con questi paragoni il Signore vuole evidenziare una lezione importante: anche quando Egli giudicherà, si terrà conto delle responsabilità di ciascuno e perciò il giudizio non sarà eguale per tutti. Come abbiamo letto Tiro e Sidone avranno una sorte più - *tollerabile* - di Corazin e Betsaida.

## Matteo 11:25-30 Venite a Me

Mt 11:25-30 (1) > *La lode espressa dal Signore Gesù* > - *In quel tempo Gesù prese a dire: «Io ti rendo lode, o Padre, Signore del cielo e della terra, perché hai nascosto queste cose ai sapienti e agli intelligenti, e le hai rivelate ai piccoli. Sì, Padre, perché così ti è piaciuto.* - > Mt 11:25-26.

Mt 11:25-26 (1) > Sl 22:25 > È bello osservare in quest'ultima sezione del cap.11 come il Signore Gesù mostri un carattere ed un comportamento esemplare nel rendere - *lode* - al Padre, Signore del cielo e della terra. L'atto del lodare è assolutamente evidente nella Scrittura Salmi 22:25 *Tu sei l'argomento della mia lode nella grande assemblea; io adempirò i miei voti in presenza di quelli che ti temono.* Il salmista può affermare che il Signore è *l'argomento della nostra lode,* ovvero tutto ciò che scatena in noi quei pensieri e sentimenti di amore e di devozione verso di Lui. Infatti, il figlio di Dio loda il Signore non solo per ciò che riceve da Lui, ma soprattutto per la Sua gloriosa Persona.

Mt 11:25-26 (2) > *Ap 5:13* > Ma attenzione: anche al Signore Gesù va tutta la lode come è dimostrato dall'adorazione celeste descritta in Apocalisse 5 Apocalisse 5:13 *E tutte le creature che sono nel cielo, sulla terra, sotto la terra e nel mare, e tutte le cose che sono in essi, udii che dicevano: «A colui che siede sul trono, e all'Agnello, siano la lode, l'onore, la gloria e la potenza, nei secoli dei secoli».* Ogni creatura celeste, terrestre e sotterranea, ogni cosa loda sia Colui che siede sul trono che l'Agnello, i quali sono caratterizzati da quattro elementi precisi *lode, onore, gloria e potenza.* Nella Persona di Dio Padre e del Signore Gesù queste quattro realtà si armonizzano in modo perfetto. Anche noi siamo chiamati a lodare, adorare, Dio Padre, il Signore Gesù, per mezzo dello Spirito Santo che dimora in ogni figlio di Dio.

Mt 11:25-26 (3) > 1 Sa 2:9-10 > Il Signore Gesù definisce il Padre - *Signore del cielo e della terra* -. È un'espressione tipica che mette in evidenza l'autorità suprema dell'Eterno. Ecco cosa dichiara Anna, la madre di Samuele 1Samuele 2:9 *Egli veglierà sui passi dei suoi fedeli, ma gli empi periranno nelle tenebre; Infatti, l'uomo non trionferà per la sua forza.* 1Samuele 2:10 *Gli avversari del SIGNORE saranno frantumati; egli tonerà contro di essi dal cielo; il SIGNORE giudicherà l'estremità della terra e darà forza al suo re; innalzerà la potenza del suo unto».* Questa donna così timorata del Signore, è assolutamente consapevole del fatto che il Signore eserciterà la Sua giustizia sugli empi, su tutti coloro che si sono ribellati a Lui, tuonando *dal cielo.* Infatti, nell'AT, il cielo è visto come luogo e dimora del Signore in senso simbolico, per descrivere la Sua altezza ed immensità. Dal cielo, il Signore manifesta i Suoi giudizi sulla terra, in quanto Egli ne è pienamente degno. Nello stesso tempo Egli si prende cura di coloro che hanno timore e fede verso di Lui.

*Mt 11:25-26 (4)* > 2 Re 19:14-16> Nello stesso tempo, l'espressione usata dal Signore Gesù - *Signore del cielo e della terra* - è un chiaro richiamo alla rivelazione del Dio Creatore. 2Re 19:14 *Ezechia prese la lettera dalle mani dei messaggeri e la lesse; poi salì alla casa del SIGNORE, e la spiegò davanti al SIGNORE. 2Re 19:15 Ezechia pregò davanti al SIGNORE dicendo: «SIGNORE, Dio d'Israele, che siedi sopra i cherubini, tu solo sei il Dio di tutti i regni della terra; tu hai fatto il cielo e la terra.* 2Re 19:16 *SIGNORE, porgi l'orecchio, e ascolta! SIGNORE, apri gli occhi, e guarda! Ascolta le parole che Sennacherib ha mandate per insultare il Dio vivente!* Questo testo ne è un esempio eclatante. Ezechia, questo re di Giuda che desiderava piacere a Dio, si trova in una circostanza non facile, in quanto il re Sennacherib sta per avanzare contro Gerusalemme. Il re gli fa pervenire una lettera, nella quale il re cerca di scoraggiare assolutamente sia Giuda che Ezechia. Ma Ezechia, nonostante il momento difficile, si affida al Signore, a Colui che ha fatto il cielo e la terra, affinché possa intervenire. È bello ricordare che il Dio che noi adoriamo è Colui che è l'Eterno Creatore, Colui che ha sotto controllo ogni cosa.

Mt 11:25-26 (51 > Sl 148:13 > Il salmista afferma Salmi 148:13 *Lodino il nome del SIGNORE perché solo il suo nome è esaltato; la sua maestà è al di sopra della terra e del cielo.* Come abbiamo visto prima, Egli è assolutamente degno di lode e di adorazione, in quanto la Sua maestà è *al di sopra della terra e del cielo.* Solo il Suo Nome deve essere esaltato e nient'altro.

*Mt 11:25-26 (61 > 2 Cr 6:12, 14 > Quanto sono belle queste parole di Salomone* 2Cronache 6:12 *Poi Salomone si mise davanti all'altare del SIGNORE, in presenza di tutta l'assemblea d'Israele, e stese le sue mani...* 2Cronache 6:14 *«O SIGNORE, Dio d'Israele, non c'è Dio simile a te, né in cielo né in terra! Tu mantieni il patto e la misericordia verso i tuoi servi che camminano in tua presenza con tutto il loro cuore.* Nessun dio è simile o potrà mai essere simile al Signore, *né in cielo, né in terra.* Egli è unico sotto ogni aspetto, fedele alle Sue promesse, ed i Suoi servi, tra i quali anche noi ci possiamo benissimo identificare, hanno il privilegio di *camminare in Sua presenza con tutto il loro cuore.* Dobbiamo sempre ricordarci che è un privilegio servire il Signore, il Dio dei cieli e della terra, mai un dovere.

Mt 11:25-26 (71 > Gr 16:17 > Ebbene il Signore Gesù prosegue nella Sua espressione di lode al Padre - *perché hai nascosto queste cose ai sapienti e agli intelligenti, e le hai rivelate ai piccoli* -. Possiamo osservare due atteggiamenti contrapposti. Innanzitutto il Signore ha - *nascosto* - le Sue rivelazioni ai sapienti ed intelligenti. Ovviamente non si parla della saggezza divina, ma di quella umana. Con la saggezza e sapienza umana non si possono comprendere i misteri di Dio. Al contrario del Signore che ai Suoi occhi, nulla può essere nascosto Geremia 16:17 *Poiché i miei occhi sono su tutte le loro vie; esse non sono nascoste davanti alla mia faccia, la loro iniquità non rimane occulta ai miei occhi.* Egli può nascondere, ma nello stesso tempo vedere tutto ciò che un uomo fa e pensa. Anzi Egli lo sa dall'eternità. Il peccato e la ribellione dell'uomo non è occulta al Signore e fino a quando egli indurisce il suo cuore, non potrà certamente comprendere ciò che il Signore, nella Sua Grazia, ha rivelato.

*Mt 11:25-26 (81* > Cl 1:25-28 > Ma Paolo in Colossesi 1 afferma: Colossesi 1:25 *Di questa io sono diventato servitore, secondo l'incarico che Dio mi ha dato per voi di annunziare nella sua totalità la parola di Dio,* Colossesi 1:26 *cioè, il mistero che è stato nascosto per tutti i secoli e per tutte le generazioni, ma che ora è stato manifestato ai suoi santi.* Colossesi 1:27 *Dio ha voluto far loro conoscere quale sia la ricchezza della gloria di questo mistero fra gli stranieri, cioè Cristo in voi, la speranza della gloria,* Colossesi 1:28 *che noi proclamiamo esortando ciascun uomo e ciascun uomo istruendo in ogni sapienza, affinché presentiamo ogni uomo perfetto in Cristo.* Paolo parla del Suo ministero e servizio nell'annunziare nella sua totalità la *Parola di Dio.* Questa è una lezione assolutamente importante, in quanto quando si predica la Parola, non si può insegnare solo una parte del consiglio di Dio, ma tutto quanto. Ma Paolo evidenzia tale lezione proprio per parlare di quel *mistero che è stato nascosto per tutti i secoli e le generazioni, ma che ora è stato manifestato.* Si tratta di una rivelazione straordinaria che Paolo ebbe il privilegio di annunziare fra gli stranieri, ovvero *Cristo in voi, la speranza della gloria.* Ma per comprendere tutto questo, bisogna avere un cuore ricettivo e disponibile.

Mt 11:25-26 (91 > Sl 25:14 > Infatti, ecco cosa dice il salmista. Salmi 25:14 *Il segreto del SIGNORE è rivelato a quelli che lo temono, egli fa loro conoscere il suo patto.* A chi, o verso chi il Signore rivela i Suoi oracoli? A coloro che Lo temono, che hanno fede in Lui. Anche se è straordinario osservare che la Parola di Dio scritta qualunque uomo la può leggere. Ma perché c'è molto spesso incredulità? Proprio per la durezza del cuore.

Mt 11:25-26 <101 > Sl 119:130 > Guardiamo cosa è scritto nel salmo 119 Salmi 119:130 *La rivelazione delle tue parole illumina; rende intelligenti i semplici.* Anche in questo caso si parla di semplicità ed il salmista afferma che la rivelazione della Parola di Dio illumina il cuore del semplice. Abbiamo notato? Non dell'orgoglioso, del superbo, dell'arrogante, ma del semplice. Se nel nostro cuore vi sono sentimenti di orgoglio e superbia, ricordiamoci che la il Signore non ci parlerà.

Mt 11:25-26 <111 > Ef 1:16-18 > Ecco perché Paolo dirà agli efesini Efesini 1:16 *non smetto mai di rendere grazie per voi, ricordandovi nelle mie preghiere,* Efesini 1:17 *affinché il Dio del nostro Signore Gesù Cristo, il Padre della gloria, vi dia uno spirito di sapienza e di rivelazione perché possiate conoscerlo pienamente;* Efesini 1:18 *egli illumini gli occhi del vostro cuore, affinché sappiate a quale speranza vi ha chiamati, qual è la ricchezza della gloria della sua eredità che vi riserva tra i santi.* Egli chiede al Padre che sia Lui a donare a questi cari figli di Dio uno *spirito di sapienza e di rivelazione,* un'espressione che non parla dello Spirito Santo, in quanto Egli dimora già in loro, ma di quella saggezza che proviene da Dio atta ad *illuminare gli occhi del cuore* per crescere nella conoscenza del Signore e per ringraziarlo per quella speranza alla quale siamo stati chiamati. Si, il Signore parla e si rivela non ai - *savi ed intelligenti* - di questo mondo, ma a coloro che sono puri di cuore.

Mt 11:25-26 <121 > Es 28:3 > La vera sapienza, è quella che può conferire solo il Signore. In Esodo 28 possiamo leggere queste parole Esodo 28:3 *Parlerai a tutti gli uomini sapienti, che io ho riempito di spirito di sapienza, ed essi faranno i paramenti di Aaronne perché sia consacrato e mi serva come sacerdote.* Sebbene il contesto parli di lavori manuali che dovevano essere effettuati, in questo caso per elaborare i vestimenti sacerdotali per Aaronne, possiamo osservare l'importanza ed il valore che il Signore dà nel donare la sapienza a *tutti gli uomini sapienti.* Quando è il Signore che dona la saggezza, possiamo essere certi che ciò che verrà fatto e detto è secondo la Sua volontà.

Mt 11:25-26 <131 > Ro 1:22 > Invece come si comporta l'uomo? Come afferma Paolo Romani 1:22 *Benché si dichiarino sapienti, son diventati stolti.* L'apostolo parla proprio degli empi ed elabora una precisa e dettagliata carta d'identità. Egli pensa di essere sapiente, pensa di essere saggio, in quanto il sistema ideologico di questo mondo è assolutamente contrario al concetto di vera saggezza che abbiamo nella Scrittura. L'empio si *dichiara sapiente,* ma in realtà è uno stolto, schiavo delle sue passioni.

Mt 11:25-26 <141 > 1 Co 3:18-20 > Il contrasto esistente tra sapienza terrena e quella celeste è evidente in 1 Co 3 1Corinzi 3:18 *Nessuno s'inganni. Se qualcuno tra di voi presume di essere un saggio in questo secolo, diventi pazzo per diventare saggio;* 1Corinzi 3:19 *perché la sapienza di questo mondo è pazzia davanti a Dio. Infatti, è scritto: «Egli prende i sapienti nella loro astuzia»;* 1Corinzi 3:20 *e altrove: «Il Signore conosce i pensieri dei sapienti; sa che sono vani».* Colui che è lontano dal Signore presume di essere saggio, ma per il Signore *la sapienza di questo mondo è pazzia davanti a Dio.* Perciò per essere realmente saggi, l'uomo è chiamato a divenire *pazzo* per il sistema mondo per essere saggio secondo Dio. Perciò Paolo cita due testi dell'AT che mostrano la vanità della saggezza terrena dell'uomo. Se egli vuole procedere secondo questo tipo di saggezza, non potrà comprendere ciò che il Signore ha rivelato. Solo i semplici ed i puri di cuore, i - *piccoli* - potranno farlo.

Mt 11:25-26 <151 > 1 Sa 2:21, 26 > È interessante ciò che leggiamo in 1 Sa 2 a proposito di Samuele 1Samuele 2:21 *Il SIGNORE visitò Anna, la quale concepì e partorì _ tre _ figli _ e _ due _ figlie. _ Intanto _ il _ piccolo _ Samuele _ cresceva _ presso _ il _ SIGNORE...Intanto, il piccolo Samuele continuava a crescere ed era gradito sia al SIGNORE sia agli uomini.* Certamente quando noi leggiamo che Samuele era-piccolo - si intende innanzitutto la sua statura. Ma nel leggere gli scritti che parlano di questo profeta possiamo anche affermare che egli era semplice e puro di cuore. Perciò per ben due volte leggiamo che egli *cresceva presso il Signore.* Questo significa che non cresceva solo in statura, ma soprattutto spiritualmente. Ovvero cresceva quel legame intimo e di comunione tra lui ed il Signore. Ebbene, noi siamo proprio chiamati ad essere *piccoli -,* semplici per poter ricevere non solo le rivelazioni divine, ma per instaurare quel legame profondo con il Signore.

Mt 11:25-26 (161 > 1 Sa 12:22 > Ed ecco come prosegue il Signore Gesù - **Sì, Padre, perché così ti è piaciuto** -. Ovvero, il Signore Gesù evidenzia la volontà suprema del Padre, la quale era anche la volontà del Figlio. Il Signore compie ciò che Gli piace, elabora i Suoi piani, secondo la Sua volontà. Ecco cosa leggiamo in 1 Sa 12 1Samuele 12:22 *Infatti, il SIGNORE, per amore del suo grande nome, non abbandonerà il suo popolo, poiché è piaciuto al SIGNORE di fare di voi il suo popolo.* Israele non fece nulla per meritare un simile privilegio; ovvero quello di essere eletto da Dio come Suo popolo. Il tutto si riassume nella grandezza della Sua Grazia. Ma al Signore piacque di decidere così. Quando si sperimenta e si viene a conoscere, anche se in minima parte, la perfezione dei piani del Signore, non possiamo fare altro che adorarlo e ringraziarlo.

Mt 11:25-26 (171 > 1 Co 1:21 > È evidente questo anche in 1 Co 1:21 1Corinzi 1:21 *Poiché il mondo non ha conosciuto Dio mediante la propria sapienza, è piaciuto a Dio, nella sua sapienza, di salvare i credenti con la pazzia della predicazione.* Che cosa è piaciuto a Dio? Come si è manifestata la Sua volontà? Che piano elaborò il Padre? Salvare i credenti con *la pazzia della predicazione.* Dio Padre scelse questo modo, il quale è l'unico per salvare l'uomo dalla schiavitù del suo peccato. Non ne esiste un altro. Così al Padre è piaciuto nascondere le Sue rivelazioni ai - *savi e sapienti -* di questo mondo per rivelarle ai *-piccoli -*.

Mt 11:25-30 (21 > ***Nessuno conosce il Figlio se non il Padre*** > - *Ogni cosa mi è stata data in mano dal Padre mio; e nessuno conosce il Figlio, se non il Padre; e nessuno conosce il Padre, se non il Figlio, e colui al quale il Figlio voglia rivelarlo -* > Mt 11:27.

Mt 11:27 (11 > *Gv 3:35 >* Ora il Signore Gesù parla in modo chiaro della Sua autorità. Egli dichiara - ***Ogni cosa mi è stata data in mano dal Padre mio* -**. Sono parole assolutamente chiare che non lasciano spazio a dubbi. L'autorità del Signore Gesù è suprema ed assoluta. Come afferma il Signore nel Vangelo di Giovanni al cap.3 Giovanni 3:35 *Il Padre ama il Figlio, e gli ha dato ogni cosa in mano.* Nicodemo, questo dottore della legge che andò dal Signore per ricevere risposte alle sue domande e perplessità, sentì con le sue orecchie questa lezione così straordinaria. Il Figlio è amato dal Padre da ogni eternità, ma non solo. La Sua autorità è assoluta, perché *ogni cosa* è nella Sua mano.

Mt 11:27 (21 > 1 Co 15:27-28 > Questo concetto è ben spiegato anche da Paolo 1Corinzi 15:27 *Difatti, Dio ha posto ogni cosa sotto i suoi piedi; ma quando dice che ogni cosa gli è sottoposta, è chiaro che colui che gli ha sottoposto ogni cosa, ne è eccettuato.* 1Corinzi 15:28 *Quando ogni cosa gli sarà stata sottoposta, allora anche il Figlio stesso sarà sottoposto a colui che gli ha sottoposto ogni cosa, affinché Dio sia tutto in tutti.* Dio ha sottoposto ogni cosa sotto i piedi di Suo Figlio Gesù Cristo. Ci si potrebbe chiedere come mai non è il Signore Gesù ad agire direttamente in questo modo, ma la risposta la possiamo osservare in Fl 2:6-8, dove Paolo parla dell'abbassamento voluto del Figlio per la nostra salvezza. Ovviamente quando si dice *ogni cosa* ne è eccettuato il Padre, in quanto è stato proprio Lui a consegnare al Figlio tutto quanto.

Mt 11:27 (31 > Gv 5:22-23 > Questo è evidente anche in Gv 5 dove è scritto Giovanni 5:22 *Inoltre, il Padre non giudica nessuno, ma ha affidato tutto il giudizio al Figlio,* Giovanni 5:23 *affinché tutti onorino il Figlio come onorano il Padre. Chi non onora il Figlio non onora il Padre che lo ha mandato.* Non è il Padre a giudicare, ma è il Figlio. Sarà Lui ad esercitare un giudizio perfetto e nello stesso tempo l'onore che viene dato al Padre deve essere dato anche al Figlio. Lo stesso onore. Io credo che come figli di Dio non abbiamo ancora la più pallida idea di ciò che è l'autorità del Signore Gesù in senso assoluto. Io credo che se tutti ne fossimo consapevoli, tante realtà negative che esistono oggi nella Chiesa del Signore, non ci sarebbero.

Mt 11:27 (41 > Gr 9:23-24 > Ecco come prosegue il Signore Gesù - *e nessuno conosce il Figlio, se non il Padre; e nessuno conosce il Padre, se non il Figlio, e colui al quale il Figlio voglia rivelarlo* -. Innanzitutto il Signore Gesù ha cura di sottolineare ed evidenziare l'unicità tra Lui ed il Padre. La conoscenza che esiste tra il Padre ed il Figlio è assoluta ed unica. Ma nello stesso tempo la conoscenza di Dio è destinata anche a colui che ottiene tale rivelazione. *Come è scritto in Geremia* Geremia 9:23 *Così parla il SIGNORE: «Il saggio non si glori della sua saggezza, il forte non si glori della sua forza, il ricco non si glori della sua ricchezza:* Geremia 9:24 *ma chi si gloria si glori di questo: che ha intelligenza e conosce me, che sono il SIGNORE. Io pratico la bontà, il diritto e la giustizia sulla terra, perché di queste cose mi compiaccio», dice il SIGNORE.* Il vanto umano non ha assolutamente nessun valore. *L'uomo non può vantarsi della sua intelligenza,* o forza o ricchezza, ma il suo unico obiettivo deve essere quello di conoscere il Signore. Ovviamente non si parla di una conoscenza solo teorica, ma intima, profonda. Questa deve essere la nostra *gloria.* Conoscere il Signore significa anche agire secondo il Suo compiacimento, in quanto Egli gradisce la bontà, il diritto e la giustizia.

Mt 11:27 (51 > Gv 10:14-15 > A proposito sempre della conoscenza, il Signore Gesù afferma: Giovanni 10:14 *Io sono il buon pastore, e conosco le mie, e le mie conoscono me,* Giovanni 10:15 *come il Padre mi conosce e io conosco il Padre, e do la mia vita per le pecore.* Vi è una realtà straordinaria che accomuna il Pastore alle pecore: la conoscenza reciproca. Il Signore ci conosce in modo perfetto e noi Lo conosciamo. È bello osservare inoltre come il Signore evidenzia ulteriormente la conoscenza tra il Padre ed il Figlio, sottolineando che il Pastore dà la Sua vita per le pecore.

Mt 11:27 (61 > 1 Co 2:10 > Ma quando si parla di conoscenza di Dio non si può certo escludere il Suo Spirito 1Corinzi 2:*10 A noi Dio le ha rivelate per mezzo dello Spirito, perché lo Spirito scruta ogni cosa, anche le profondità di Dio.* 1Corinzi 2:11 *Infatti, chi, tra gli uomini, conosce le cose dell'uomo se non lo spirito dell'uomo che è in lui? Così nessuno conosce le cose di Dio se non lo Spirito di Dio.* Lo Spirito di Dio scruta le Sue profondità, ovvero le conosce in modo perfetto, esattamente come lo spirito dell'uomo conosce il suo intimo. Perciò, noi possiamo conoscere sempre di più il Signore, se ci lasciamo guidare ed insegnare dal Suo Spirito.

Mt 11:27 (71 > Gv 14:10-11 > L'intimità tra il Padre ed il Figlio è visto anche in Gv 14. Giovanni 14:10 *Non credi tu che io sono nel Padre e che il Padre è in me? Le parole che io vi dico, non le dico di mio; ma il Padre che dimora in me, fa le opere sue.* Giovanni 14:11 *Credetemi: io sono nel Padre e il Padre è in me; se no, credete a causa di quelle opere stesse.* In questa risposta che il Signore dà a Filippo, Egli interpella la sua fede. Filippo doveva credere che il Padre ed il Figlio erano intimamente legati e che Egli era *nel Padre* e viceversa. Infatti, più si conosce il Figlio, più si conosce anche il Padre.

Mt 11:27 (81 > 2 Ti 2:19 > Dio si fa conoscere a colui che desidera realmente conoscerlo. Infatti, come è scritto in 2 Ti 2:9 . 2Timoteo 2:19 *Tuttavia il solido fondamento di Dio rimane fermo, portando questo sigillo: «Il Signore conosce quelli che sono suoi», e «Si ritragga dall'iniquità chiunque pronunzia il nome del Signore».* Possiamo stare assolutamente certi che il Signore ci conosce in modo perfetto e totale. Questo è un solido fondamento dal quale non possiamo venire meno. Ma dobbiamo anche ricordarci che conoscere il Signore significa ritirarsi da ogni forma d'iniquità.

Mt 11:25-30 (31 > *Il dolce giogo del Signore* > - *Venite a me, voi tutti che siete affaticati e oppressi, e io vi darò riposo. Prendete su di voi il mio giogo e imparate da me, perché io sono mansueto e umile di cuore; e voi troverete riposo alle anime vostre; poiché il mio giogo è dolce e il mio carico è leggero»* - > Mt 11:28-30.

Mt 11:28-30 (11 > Is 55:2-3 > L'esortazione iniziale è assolutamente solenne - *Venite a Me* -. Sempre siamo chiamati ad andare al Signore. Tale invito non vale solo per l'empio, ma anche per il figlio di Dio. Ecco cosa è scritto in Is 55 Isaia 55:2 *Perché spendete denaro per ciò che non è pane e il frutto delle vostre fatiche per ciò che non sazia? Ascoltatemi attentamente e mangerete ciò che è buono, gusterete cibi succulenti!* Isaia 55:3 *Porgete l'orecchio e venite a me; ascoltate e voi vivrete; io farò con voi un patto eterno, vi largirò le grazie stabili promesse a Davide.* L'uomo molto spesso spende la sua fatica per ciò che è vano ed illusorio. Ammettiamolo: anche il figlio di Dio può cadere in questa trappola. Ma solo dal Signore si possono ricevere le vere benedizioni che nel testo sono viste nel *cibo succulento* che Egli dona. Perciò abbiamo questo solenne invito *Venite a Me* e con tale invito è incluso l'ascolto e l'ubbidienza. È vero che queste parole sono rivolte innanzitutto ad Israele, ma il principio dobbiamo farlo nostro.

Mt 11:28-30 (21 > Sl 122:1 > Il salmista Davide dichiara Salmi 122:1 *Canto dei pellegrinaggi. Di Davide. Mi son rallegrato quando m'hanno detto: «Andiamo alla casa del SIGNORE».* Che cosa significa andare alla casa del Signore? Significa andare dinanzi a Lui. Solo quando ci troviamo dinanzi alla presenza del Signore possiamo veramente trovare la gioia a sazietà. Quando il nostro cuore è occupato dall'angoscia, dall'ansietà, dalle preoccupazioni, andiamo al Signore a deporre ogni nostro peso.

Mt 11:28-30 (31 > Ec 1:3 > Infatti, il Signore Gesù si rivolge a coloro che sono - *affaticati ed oppressi* -. Quanta fatica inutile molte volte l'uomo spende. Come è scritto in Ecclesiaste Ecclesiaste 1:3 *Che profitto ha l'uomo di tutta la fatica che sostiene sotto il sole?* Quando la propria fatica è occupata per raggiungere obiettivi effimeri e vani, essa non ha alcun valore. Ma quando l'uomo si rende conto di essere un affaticato senza riposo, può andare al Signore Gesù. Ma la stessa cosa vale anche per il figlio di Dio che per tanti motivi è affaticato. Egli potrà trovare balsamo soave alla presenza del Signore.

Mt 11:28-30 (41 > 1 Co 15:58 > Tenendo presente che la fatica del figlio di Dio spesa per il Signore non sarà mai vana 1Corinzi 15:58 *Perciò, fratelli miei carissimi, state saldi, incrollabili, sempre abbondanti nell'opera del Signore, sapendo che la vostra fatica non è vana nel Signore.* Ecco perché abbiamo questa solenne esortazione a rimanere saldi, incrollabili, abbondanti nell'opera di Dio. Infatti, ogni fatica spesa per il Signore sarà ricompensata. Ecco perché non sarà mai *vana*.

Mt 11:28-30 (51 > Sl 44:23-24 > Ma il Signore Gesù parla anche degli - *oppressi* -, ovvero coloro che subiscono dei torti in modo ingiusto. Quante persone nel mondo sono oppresse! Purtroppo anche nel figlio di Dio possono sorgere degli interrogativi come quelle del salmista Salmi 44:23 *Risvegliati! Perché dormi, Signore? Destati, non respingerci per sempre!* Salmi 44:24 *Perché nascondi il tuo volto e ignori la nostra afflizione e la nostra oppressione?* Il salmista rivolge due domande imbarazzanti, in quanto, non vedendo il Signore intervenire, pensa che Egli *dorma* o non si curi della sua situazione. Ma non è così. Dobbiamo sempre ricordarci che il Signore sa quando intervenire. Egli si prende cura di noi e non ignora certamente la nostra afflizione ed oppressione.

Mt 11:28-30 (6) > Sl 103:4-6 > Perciò come è scritto in nel Sl 103 Salmi 103:4 *salva la tua vita dalla fossa, ti corona di bontà e compassioni;* Salmi 103:5 *egli sazia di beni la tua esistenza e ti fa ringiovanire come l'aquila.* Salmi 103:6 *Il SIGNORE agisce con giustizia e difende tutti gli oppressi.* Il Signore sa agire in modo assolutamente perfetto caratterizzato dalla Sua giustizia, per difendere appunto gli *oppressi*. Essi possono trovar riposo e sollievo nel Signore, unitamente alle cinque azioni che il Signore manifesta, sottolineate dal salmista. Egli non si dimentica di noi, ma siamo sempre nella Sua mente. Mt 11:28-30 (7) > Sl 146:8-9 > Il Signore difende assolutamente i deboli come afferma il salmista Salmi 146:8 *il SIGNORE apre gli occhi ai ciechi, il SIGNORE rialza gli oppressi, il SIGNORE ama i giusti,* Salmi 146:9 *il SIGNORE protegge i forestieri, sostenta l'orfano e la vedova, ma sconvolge la via degli empi.* Possiamo osservare diverse categorie di personaggi come i ciechi, gli oppressi, i giusti e come possiamo notare, l'Eterno agisce in un modo mirato proprio per alleviare le loro sofferenze. Ai ciechi, gli occhi vengono aperti, gli oppressi sono rialzati, i giusti sono amati, i forestieri protetti e l'orfano e la vedova sostenuti. Ma al contrario la via degli empi è *sconvolta*. Chi non va al Signore, non può sperare di ricevere quel - *riposo* - che tanto necessita alla nostra anima.

Mt 11:28-30 (8) > Gr 6:16 > È fondamentale ciò che troviamo scritto in Gr 6:16 Geremia 6:16 *Così dice il SIGNORE: «Fermatevi sulle vie e guardate, domandate quali siano i sentieri antichi, dove sia la buona strada, e incamminatevi per essa; voi troverete riposo alle anime vostre! Ma quelli rispondono: Non c'incammineremo per essa!* Abbiamo da una parte l'invito pressante del Signore, rivolto al popolo di Giuda, di fermarsi, riflettere sulle proprie azioni, di chiedere quali siano i *sentieri antichi*, ovvero la volontà di Dio, perché solo in questo modo si potrà trovare *riposo alla propria anima*. Ma purtroppo Giuda risponde con l'incredulità. Così non deve essere per noi. Per trovare sempre quel riposo alla nostra anima, siamo chiamati ad andare al Signore Gesù e nello stesso tempo rispettare ed ubbidire la volontà di Dio.

Mt 11:28-30 (9) > 2 Te 1:6-7 > Nei tessalonicesi abbiamo un prezioso esempio 2Tessalonicesi 1:6 *Poiché e giusto da parte di Dio rendere a quelli che vi affliggono, afflizione;* 2Tessalonicesi 1:7 *e a voi che siete afflitti, riposo con noi, quando il Signore Gesù apparirà dal cielo con gli angeli della sua potenza.* Coloro che affliggono i figli di Dio saranno loro stessi afflitti, ma quando è il figlio di Dio a soffrire a causa del Vangelo, possiamo veramente affermare che il Signore darà riposo alla nostra anima e questo avverrà in modo assolutamente evidente quando Egli ritornerà. Il figlio di Dio deve essere profondamente consolato da questa straordinaria promessa. Perciò possiamo certamente dare ascolto alle soavi parole del Signore Gesù che ci rivolge - *Prendete su di voi il mio giogo* -. Esso non è certamente pesante ed oppressivo.

Mt 11:28-30 (10) > Es 18:10-11 > Sappiamo che vi sono altri tipi di giogo che certamente schiacciano. Un esempio l'abbiamo in Es 18 Esodo 18:10 *Ietro disse: «Benedetto sia il SIGNORE, che vi ha liberati dalla mano degli Egiziani e dalla mano del faraone; egli ha liberato il popolo dal giogo degli Egiziani!* Esodo 18:11 *Ora riconosco che il SIGNORE e più grande di tutti gli dei; tale si e mostrato quando gli Egiziani hanno agito orgogliosamente contro Israele».* Il testo evidenzia le parole di ringraziamento che Ietro rivolge al Signore, ma qual era il motivo specifico? Il fatto che il Signore aveva liberato Israele dal *giogo* degli egiziani. Quello era un giogo che schiacciava, esattamente come lo sono quei pesi che il sistema-mondo ci vuole dare. Ma Ietro può affermare che il Signore è il Dio al di sopra di tutto.

Mt 11:28-30 (11) > 2 Co 6:14 > Un altro giogo che schiaccia la vita di un figlio di Dio è descritto in 2Co 6 2Corinzi 6:14 *Non vi mettete con gli infedeli sotto un giogo che non e per voi; Infatti, che rapporto c'è tra la giustizia e l'iniquità? O quale comunione tra la luce e le tenebre?* Purtroppo molti figli di Dio cadono in questa trappola. Eppure il Signore dice che chi si unisce ad un empio, sperimenta un giogo che non è certamente quello del Signore Gesù. Infatti, non vi può essere *comunione tra luce e tenebre.* Ma il - *giogo* - che ci dona il Signore Gesù è il Suo, soave e leggero, e che certamente siamo in grado di portarlo, perché Egli ci equipaggia.

Mt 11:28-30 (12) > 1 Ti 4:6 > Ma perché ciò avvenga dobbiamo imparare da Lui. Infatti, Egli dichiara - *Imparate da Me* -. Siamo noi disposti a questo? Paolo a Timoteo dirà 1Timoteo 4:6 *Esponendo queste cose ai fratelli, tu sarai un buon servitore di Cristo Gesù, nutrito con le parole della fede e della buona dottrina che hai imparata.* Paolo parla dell'importanza di essere un *buon servitore di Cristo,* il quale deve esporre il sano insegnamento alla chiesa locale. Ma prima ancora di questo è necessario imparare e sperimentare nella propria vita gli insegnamenti del Signore. Questo significa imitare il Signore Gesù stesso. Ciò che vuole Dio da noi, non è un apprendimento meccanico e teorico, ma soprattutto pratico e che influenzi tutta la nostra vita.

Mt 11:28-30 (13) > Ef 4:20-24 > Che cosa implica imitare il Signore Gesù? Ecco come risponde Paolo Efesini 4:20 *Ma voi non è così che avete imparato a conoscere Cristo.* Efesini 4:21 *Se pure gli avete dato ascolto e in lui siete stati istruiti secondo la verità che è in Gesù,* Efesini 4:22 *avete imparato per quanto concerne la vostra condotta di prima a spogliarvi del vecchio uomo che si corrompe seguendo le passioni ingannatrici;* Efesini 4:23 *a essere invece rinnovati nello spirito della vostra mente* Efesini 4:24 *e a rivestire l'uomo nuovo che è creato a immagine di Dio nella giustizia e nella santità che procedono dalla verità.* Imparare *Cristo,* significa necessariamente spogliarsi di quella vecchia condotta che ci caratterizzava un tempo, quando eravamo ancora nell'ignoranza e schiavi del nostro peccato, per essere rinnovati *nello spirito della nostra mente* ed a rivestire l'uomo nuovo che è *creato ad immagine di Dio*. Quando è quest'uomo nuovo che si manifesta, non solo non si pecca, ma si dimostra veramente cosa significa imparare dal Signore Gesù.

Mt 11:28-30 (14) > Mt 21:2-5 > Ma per quale motivo bisogna imparare dal Signore? Egli menziona appunto due caratteristiche morali che Egli possiede - *perché io sono mansueto e umile di cuore* -. Lui ci insegna realmente cosa sia l'umiltà. Egli si rivelò a questo mondo proprio come il Re umile e mansueto come è scritto in Matteo 21 Matteo 21:2 *dicendo loro: «Andate nella borgata che è di fronte a voi; troverete un'asina legata, e un puledro con essa; scioglieteli e conduceteli da me.* Matteo 21:3 *Se qualcuno vi dice qualcosa, direte che il Signore ne ha bisogno, e subito li manderà».* Matteo 21:4 *Questo avvenne affinché si adempisse la parola del profeta:* Matteo 21:5 *«Dite alla figlia di Sion: Ecco il tuo re viene a te, mansueto e montato sopra un'asina, e un asinello, puledro d'asina».* Poco prima di entrare a Gerusalemme, il Signore Gesù chiede ai Suoi discepoli di andare a prendere un puledro e l'asina, proprio perché Egli ne aveva bisogno per adempiere ad una profezia ben precisa *Ecco il tuo re viene a te, mansueto e montato sopra un'asina, e un asinello, puledro d'asina.* Egli quale Re umile e mansueto entra in Gerusalemme montato su un puledro d'asina. Un atto d'umiltà che tutti hanno avuto la possibilità di vedere.

Mt 11:28-30 (15) > Ef 4 :1-2 > L'apostolo Paolo ha cura di precisare quanto segue Efesini 4:1 *Io dunque, il prigioniero del Signore, vi esorto a comportarvi in modo degno della vocazione che vi è stata rivolta,* Efesini 4:2 *con ogni umiltà e mansuetudine, con pazienza, sopportandovi gli uni gli altri con amore.* Dopo l'esortazione paolina relativa alla condotta che come figli di Dio dobbiamo tenere, egli evidenzia proprio la caratteristica dell'umiltà, unita a quella della mansuetudine, quali elementi fondamentali per una vita spirituale proficua. Dobbiamo far vedere a questo mondo che perisce la differenza che passa tra luce e tenebre.

Mt 11:28-30 (161 > Fl 4:5 > Inoltre, Paolo ai filippesi dichiara a proposito della mansuetudine Filippesi 4:5 *La vostra mansuetudine sia nota a tutti gli uomini. Il Signore è vicino.* Le caratteristiche morali di un figlio di Dio si devono assolutamente vedere. Devono essere gli altri, il nostro prossimo, a dirci che noi possediamo tali qualità. È importante manifestare il carattere morale del figlio di Dio, visto che *il Signore è sempre più vicino.*

Mt 11:28-30 (171 > Pr 29:23 > Inoltre, come è scritto nel libro dei Proverbi Proverbi 29:23 *L'orgoglio abbassa l'uomo, ma chi è umile di spirito ottiene gloria.* L'uomo pensa di innalzarsi tramite il suo orgoglio, ma in realtà non si rende conto che si abbassa costantemente. Non solo ma il Signore stesso ci penserà ad abbassarlo. Mentre l'umiltà innalza colui che la possiede e chi è *umile di spirito ottiene gloria.*

Mt 11:28-30 (181 > Fl 2:3-4 > Paolo è molto chiaro quando afferma Filippesi 2:3 *Non fate nulla per spirito di parte o per vanagloria, ma ciascuno, con umiltà, stimi gli altri superiori a sé stesso,* Filippesi 2:4 *cercando ciascuno non il proprio interesse, ma anche quello degli altri.* Lo spirito di parte e la vanagloria devono essere completamente assente da noi. In realtà dobbiamo essere ricoperti di umiltà, di mansuetudine, stimando gli altri *superiori a noi stessi.* Sebbene ognuno di noi abbia i propri interessi, la priorità va ai bisogni dei nostri fratelli e sorelle. Questo è il modo migliore per manifestare l'umiltà. Mt 11:28-30 (191 > Sl 38:4 > Perciò il Signore Gesù prosegue - ***poiché il mio giogo è dolce e il mio carico è leggero»*** -. Come abbiamo già avuto modo di specificare ciò che è dolce e leggero è il carico, il giogo che ci dà il Signore, non il carico che noi ci procuriamo come ad esempio il nostro peccato. Come dirà il salmista Salmi 38:4 *Poiché le mie iniquità sorpassano il mio capo; son come un grave carico, troppo pesante per me.* In questo salmo Davide accenna al grande peso che egli sentiva procurato dal suo stesso peccato. Esso era un carico troppo grande che non poteva portare. Ma quando il figlio di Dio cammina secondo la volontà del Signore, può veramente gioire di quel dolce carico che il Signore Gesù gli ha donato, in quanto potrà portarlo sorretto dalla Sua forza.

# *Capitolo 12*

## IL GIORNO DEL SABATO

### Matteo 12:1-13 Sul trasgredire il giorno del sabato

Mt 12:1-13 <11 > *Il dolce giogo del Signore* > - *In quel tempo Gesù attraversò di sabato dei campi di grano; e i suoi discepoli ebbero fame e si misero a strappare delle spighe e a mangiare. I farisei, veduto ciò, gli dissero: «Vedi! i tuoi discepoli fanno quello che non è lecito fare di sabato». Ma egli rispose loro: «Non avete letto quello che fece Davide, quando ebbe fame, egli insieme a coloro che erano con lui? Come egli entrò nella casa di Dio e come mangiarono i pani di presentazione che non era lecito mangiare né a lui, né a quelli che erano con lui, ma solamente ai sacerdoti? O non avete letto nella legge che ogni sabato i sacerdoti nel tempio violano il sabato e non ne sono colpevoli? Ora io vi dico che c'è qui qualcosa di più grande del tempio. Se sapeste che cosa significa: Voglio misericordia e non sacrificio, non avreste condannato gli innocenti; perché il Figlio dell'uomo è signore del sabato»* - > Mt 12:1-8.

Mt 12:1-8 (11 > Es 31:14-15 > In questa nuova sezione del cap.12 di Matteo ci scontriamo con un argomento che più volte troviamo nei Vangeli, ovvero quello concernente il sabato. Da una parte troveremo gli insegnamenti del Signore Gesù e dall'altra la falsa concezione che gli scribi ed i farisei avevano del sabato. Il testo recita - *In quel tempo Gesù attraversò di sabato dei campi di grano; e i suoi discepoli ebbero fame e si misero a strappare delle spighe e a mangiare. I farisei, veduto ciò, gli dissero: «Vedi! i tuoi discepoli fanno quello che non è lecito fare di sabato»* -. Subito possiamo osservare l'intento malvagio di questi farisei nell'attaccare i discepoli del Signore e di conseguenza Lui stesso. Ma cosa aveva insegnato il Signore a proposito del sabato? Andiamo all'origine. Esodo 31:14 *Osserverete dunque il sabato perché è un giorno santo per voi. Chiunque lo profanerà sarà messo a morte. Chiunque farà in esso qualche lavoro sarà eliminato dal suo popolo.* Esodo 31:15 *Si lavorerà sei giorni; ma il settimo giorno è un sabato di solenne riposo, sacro al SIGNORE; chiunque farà qualche lavoro nel giorno del sabato dovrà essere messo a morte.* Possiamo affermare che il comandamento relativo al sabato era molto importante. Rappresentava un elemento importante del cuore della legge. In esso non si doveva svolgere nessun tipo di lavoro, il sabato doveva essere un *giorno solenne di riposo.* Chiunque l'avesse profanato doveva essere messo a morte.

Mt 12:1-8 (21 > Is 56:1-2 > Da notare che l'osservanza del sabato rappresentava una cartina tornasole molto importante per misurare la fedeltà di un pio ebreo, come è scritto in Is 56 Isaia 56:1 *Così parla il SIGNORE: «Rispettate il diritto e fate ciò che è giusto; poiché la mia salvezza sta per venire, la mia giustizia sta per essere rivelata.* Isaia 56:2 *Beato l'uomo che fa così, il figlio dell'uomo che si attiene a questo, che osserva il sabato astenendosi dal profanarlo, che trattiene la mano dal fare qualsiasi male!* Ovviamente non c'era solo l'osservanza del sabato, ma tale ubbidienza doveva essere accompagnata dal desiderio di rispettare sempre e comunque la volontà del Signore, il diritto, la giustizia, il quale *trattiene la sua mano dal fare qualsiasi male.* Ma in quest'elenco troviamo anche l'osservanza del sabato.

Mt 12:1-8 (31 > Cl 2:16-17 > Nel contempo però è importante ricordare anche quanto afferma Paolo Colossesi 2:16 *Nessuno dunque vi giudichi quanto al mangiare o al bere, rispetto a feste, a noviluni, a sabati,* Colossesi 2:17 *che sono l'ombra di cose che dovevano avvenire; ma il corpo è di Cristo.* A questi cristiani di Colosse, l'apostolo manda parole di rassicurazione e di consolazione. Nessuno poteva più giudicare riguardo ad una pietanza o a cosa si bevesse ed anche per quanto concerne i *sabati.* Certamente quando nacque la Chiesa, l'argomento del sabato era molto dibattuto. Ma Paolo dà una chiara risposta legata alla libertà di coscienza. Perciò come possiamo conciliare queste parole da ciò che leggiamo nell'AT?

Mt 12:1-8 (41 > Mt 19:3-5 > Innanzitutto possiamo osservare come il Signore Gesù si rivolga ai farisei con queste parole - *Non avete letto...-.* In questo modo, il Signore voleva evidenziare il fatto che in realtà i farisei non conoscevano realmente le Scritture, in quanto erano ripieni solo di una conoscenza che gonfiava. Anche in altri episodi, il Signore esordisce con le stesse parole. Matteo 19:3 *Dei farisei gli si avvicinarono per metterlo alla prova, dicendo: «E lecito mandar via la propria moglie per un motivo qualsiasi?»* Matteo 19:4 *Ed egli rispose loro: «Non avete letto che il Creatore, da principio, li creò maschio e femmina e che disse:* Matteo 19:5 *Perciò l'uomo lascerà il padre e la madre, e si unirà con sua moglie, e i due saranno una sola carne?* Come possiamo notare il Signore Gesù risponde in questo modo, quando le domande che gli venivano rivolte erano tendenziose e volte a farlo cadere in una trappola. Anche in Matteo 19 possiamo osservare stesso intento. Infatti, dei farisei si avvicinarono *per metterlo alla prova*. Ma alla loro domanda relativa al motivo per mandare via la propria moglie, il Signore risponde *Non avete letto...?* in riferimento al piano creazionale che Dio aveva stipulato per l'uomo e per la donna.

Mt 12:1-8 (51 > Mt 21:15-16 > Un altro esempio l'abbiamo in Mt 21 Matteo 21:15 *Ma capi dei sacerdoti e gli scribi, vedute le meraviglie che aveva fatte e i bambini che gridavano nel tempio: «Osanna al Figlio di Davide!», ne furono indignati.* Matteo 21:16 *e gli dissero: «Odi tu quello che dicono costoro?» Gesù disse loro: «Sì. Non avete mai letto: Dalla bocca dei bambini e dei lattanti hai tratto lode?».* Di fronte all'indignazione che scribi e farisei mostrano per il grido dei bambini *Osanna al Figlio di Davide*, ancora il Signore sottolinea la loro effettiva ignoranza *Non avete mai letto...*, citando un passo del salmo 8. Anche in Matteo 12, si verifica la stessa cosa. Essi credevano di trarre in fallo Signore Gesù, ma con due citazioni dell'AT smentirà completamente le tesi dei farisei.

Mt 12:1-8 (61 > 2 Co 1:12-14 > A proposito del leggere la Parola di Dio è importante saperla comprendere correttamente. Paolo dirà ai corinzi 2Corinzi 1:12 *Questo, Infatti, è il nostro vanto: la testimonianza della nostra coscienza di esserci comportati nel mondo, e specialmente verso di voi, con la semplicità e la sincerità di Dio, non con sapienza carnale ma con la grazia di Dio.* 2Corinzi 1:13 *Poiché non vi scriviamo altro se non quello che potete leggere e comprendere; e spero che sino alla fine capirete,* 2Corinzi 1:14 *come in parte avete già capito, che noi siamo il vostro vanto, come anche voi sarete il nostro nel giorno del nostro Signore Gesù.* Paolo testimonia della semplicità, della correttezza, del proprio comportamento nei confronti di questi credenti, visto che la sapienza che lo animava era quella divina e non carnale. Egli aveva scritto ciò che poteva essere letto e compreso da questi credenti per la loro vita spirituale. Lo stesso dualismo vale anche per noi. Siamo chiamati a leggere, studiare la Parola per comprenderla correttamente, non come gli scribi ed i farisei.

Mt 12:1-8 (81 > La 4:9 > Ma entriamo nel caso in questione. Innanzitutto è scritto che i discepoli mangiarono di quelle spighe perché avevano - fame -. Quindi non si trattava certamente di un capriccio, ma di un bisogno primario. Sebbene il contesto sia molto diverso è interessante notare quanto è scritto in La 4 Lamentazioni 4:9 *Gli uccisi di spada sono stati più felici di quelli che muoiono di fame; poiché questi deperiscono estenuati, per mancanza di prodotti dei campi.* In questo caso ci troviamo di fronte ad una fame estrema prodotta da circostanze di guerra ed è scritto che coloro che periscono per fame sono più infelici di coloro che sono morti in guerra, proprio perché i primi soffrono lentamente.

Mt 12:1-8 (91 > Lu 4:2 > Persino il Signore Gesù venne tentato dal maligno quando Egli, come uomo, sentì i morsi della fame Luca 4:2 *Durante quei giorni non mangiò nulla; e quando furono trascorsi, ebbe fame.* Quindi venne tentato quando si trovò nella debolezza anche fisica. Perciò anche i discepoli si trovarono di fronte ad un bisogno fisico impellente che doveva essere soddisfatto, anche se era giorno di sabato.

Mt 12:1-8 (101 > Le 24:9 > Perciò ecco come risponde il Signore - *Ma egli rispose loro: «Non avete letto quello che fece Davide, quando ebbe fame, egli insieme a coloro che erano con lui? Come egli entrò nella casa di Dio e come mangiarono i pani di presentazione che non era lecito mangiare né a lui, né a quelli che erano con lui, ma solamente ai sacerdoti?* -. Egli cita un passo dell'AT relativo a Davide che mangiò quei pani di presentazione che sono in modo esclusivo per i sacerdoti. Infatti, come è scritto in Levitico 24 Levitico 24:9 *I pani apparterranno ad Aaronne e ai suoi figli ed essi li mangeranno in luogo santo; poiché saranno per loro cosa santissima tra i sacrifici consumati dal fuoco per il SIGNORE. È una legge perenne».* I pani di presentazione appartenevano ad Aaronne ed i suoi figli ed alla sua discendenza. Essi dovevano essere mangiati nel luogo santo ed erano *cosa santissima tra i sacrifici consumati dal fuoco.*

*Mt 12:1-8 (111 > 1 Sa 21:4-6 >* Eppure anche Davide li mangiò come menziona il Signore e precisamente lo possiamo leggere in 1

Sa 21:4-6 1Samuele 21:4 *Il sacerdote rispose a Davide, e disse: «Non ho sotto mano del pane comune, ma c'è del pane consacrato; i giovani si sono almeno astenuti da contatto con donne?»* 1Samuele 21:5 *Davide rispose al sacerdote: «Da quando sono partito, tre giorni fa, siamo rimasti senza donne, e quanto ai vasi della mia gente erano puri; e se anche la nostra missione è profana, essa sarà oggi santificata da quel che si porrà nei vasi».* 1Samuele 21:6 *Allora il sacerdote gli diede del pane consacrato, perché non c'era là altro pane tranne quello della presentazione, che era stato tolto dalla presenza del SIGNORE, perché fosse sostituito con pane caldo nel momento in cui veniva preso.* Si trattava di un momento particolare, nel quale i soldati di Davide erano affamati ed avevano bisogno di mangiare. Non c'era pane comune, ma solo pane consacrato per i sacerdoti. Il sacerdote si preoccupa di sapere se quei soldati si erano mantenuti puri, astenendosi dal rapporto con donne e dopo la risposta affermativa di Davide, essi presero di quel pane, perché non ce n'era altro. Questo fu un episodio emblematico dove si verificò una sorta di cambiamento per i bisogni di questi uomini.

Mt 12:1-8 (121 > Es 29:29-30 > Ma il Signore anche questo caso - *O non avete letto nella legge che ogni sabato i sacerdoti nel tempio violano il sabato e non ne sono colpevoli?* -. Come dobbiamo intendere queste parole? I sacerdoti erano chiamati ad espletare i loro compiti sempre anche in giorno di sabato. Come è scritto in Es 29 Esodo 29:29 *I paramenti sacri di Aaronne saranno, dopo di lui, per i suoi figli, che li indosseranno all'atto della loro unzione e della loro consacrazione.* Esodo 29:30 *Quello dei suoi figli che gli succederà nel sacerdozio li indosserà per sette giorni quando entrerà nella tenda di convegno per fare il servizio nel luogo santo.* I sacerdoti, figli e discendenti di Aaronne dovevano indossare i paramenti sacerdotali sempre per sette giorni, per quale scopo? Per *fare il servizio nel luogo santo.* Anche in giorno di sabato! Perciò l'obiezione dei farisei non ha assolutamente senso.

Mt 12:1-8 (131 > 2 Cr 23:1-5 > Interessante osservare ciò che è scritto in 2 Cr 23. 2Cronache 23:1 *Il settimo anno, Ieoiada, fattosi coraggio, fece un'alleanza con i capi di centurie, Azaria figlio di Ieroam, Ismaele figlio di Ioanan, Azaria figlio di Obed, Maaseia figlio di Adaia, ed Elisafat figlio di Zicri.* 2Cronache 23:2 *Essi percorsero Giuda, radunarono i Leviti di tutte le città di*

*Giuda e i capi delle case patriarcali d'Israele, e vennero a Gerusalemme.* 2Cronache 23:3 *Tutta l'assemblea fece alleanza con il re nella casa di Dio. Ieoiada disse loro: «Ecco, il figlio del re regnerà, come il SIGNORE ha promesso relativamente ai figli di Davide.* 2Cronache 23:4 *Ecco quello che voi farete: un terzo di quelli tra voi che entrano in servizio il giorno del sabato, sacerdoti e Leviti, starà di guardia alle porte del tempio;* 2Cronache 23:5 *un altro terzo starà nella casa del re, e l'altro terzo alla porta di Iesod. Tutto il popolo starà nei cortili della casa del SIGNORE.* Ieoiada, come possiamo osservare, fa in modo di radunare tutti i leviti per dare loro un ordine ben preciso: un terzo di loro che avrebbero servito anche in giorno di sabato sarebbe stato di guardia alle porte del tempio, un altro terzo nella casa del re e l'ultimo terzo alla porta di Iesod. Ma abbiamo notato? Si svolgevano le proprie funzioni anche in giorno di sabato. Anche questo è un passo che i farisei dovevano ricordare.

Mt 12:1-8 (71 > De 23:25 > In conclusione non possiamo certamente affermare che l'atto dei discepoli sia sbagliato visto ciò che è scritto in De 23 Deuteronomio 23:25 *Quando entrerai nei campi di grano del tuo prossimo potrai cogliere spighe con la mano; ma non metterai la falce nel grano del tuo prossimo.* Questo è esattamente ciò che questi discepoli fecero. Non falciarono il campo, ma presero quelle spighe sufficienti per soddisfare la loro fame. Questo ci insegna, come detto prima, a leggere correttamente la Parola di Dio e non ad interpretarla a nostro uso e consumo.

Mt 12:1-8 (81 > Gr 7:4-6 > Ecco come prosegue il Signore Gesù - *Ora io vi dico che c'è qui qualcosa di più grande del tempio -.* Ovviamente il Signore allude alla Sua stessa Persona. I farisei dovevano comprendere Chi loro avevano davanti. Ma c'è anche un altro fatto da considerare. Leggiamo Geremia 7:4-6 Geremia 7:4 *Non ponete la vostra fiducia in parole false, dicendo: «Questo è il tempio del SIGNORE, il tempio del SIGNORE, il tempio del SIGNORE!»* Geremia 7:5 *Ma se cambiate veramente le vostre vie e le vostre opere, se praticate sul serio la giustizia gli uni verso gli altri,* Geremia 7:6 *se non opprimete lo straniero, l'orfano e la vedova, se non spargete sangue innocente in questo luogo, e non andate per vostra sciagura dietro ad altri dèi.* Era assolutamente inutile riporre la propria fiducia nel Tempio, ripetendo come un ritornello *il tempio del Signore, il tempio del Signore,* se poi il cuore del popolo era lontano dal Signore. Queste apparenze e forme di ipocrisia non sono mai state tollerate dal Signore. Ciò che il popolo doveva realmente fare, esattamente come i farisei, era cambiare la propria condotta, il proprio comportamento, praticare *sul serio* la giustizia e non solo a parole. Di conseguenza se i farisei avessero cambiato il loro comportamento avrebbero accolto il Signore Gesù quale Messia.

Mt 12:1-8 (91 > 1 Co 3:16 > Ma nello stesso tempo è bello anche osservare il grande cambiamento che è avvenuto dopo l'opera compiuta da Cristo. Ecco cosa dice Paolo 1Corinzi 3:16 *Non sapete che siete il tempio di Dio e che lo Spirito di Dio abita in voi?* Ora non vi è più bisogno di un tempio costruito da mano d'uomo per incontrarsi con il Signore. Il figlio di Dio stesso è e risulta *il Tempio dello Spirito,* visto che lo Spirito di Dio abita permanentemente in Lui. È qualcosa di straordinario che è stato ottenuto grazie a Colui che è più grande di Davide, di Salomone, del tempio.

Mt 12:1-8 (101 > 1 Sa 15:22-23 > Ma il Signore prosegue - *Se sapeste che cosa significa: Voglio misericordia e non sacrificio, non avreste condannato gli innocenti -.* In questo caso il Signore cita un passo dell'AT che possiamo vedere in almeno due brani. Il primo è in 1 Sa 15 1Samuele 15:22 *Samuele disse: «Il SIGNORE gradisce forse gli olocausti e i sacrifici quanto l'ubbidire alla sua voce? No, l'ubbidire è meglio del sacrificio, dare ascolto vale più che il grasso dei montoni;* 1Samuele 15:23 *Infatti, la ribellione è come il peccato della divinazione, e l'ostinatezza è come l'adorazione degli idoli e degli dèi domestici. Poiché tu hai rigettato la parola del SIGNORE, anch'egli ti rigetta come re».* Il profeta Samuele, il quale è costretto a riprendere aspramente il re Saul per la sua disubbidienza, mette in evidenza una solenne contrapposizione: Cosa vale di più: l'ubbidienza o il sacrificio? Certamente l'ubbidienza, il dare ascolto alla Parola di Dio per poi metterla in pratica. Infatti, per il Signore non esiste gravità di peccato, visto che *la ribellione è come il peccato della divinazione.* Non ci si può permettere di disubbidire al Signore, rigettando la Sua Parola. Ma il secondo passo l'abbiamo in Os 6:6 *Poiché io desidero bontà, non sacrifici, e la conoscenza di Dio più degli olocausti.* Perciò viene messa in contrapposizione la bontà con il sacrificio. L'Eterno vuole che pratichiamo l'amore, la bontà, la misericordia perché questi sono i segni indelebili che deve lasciare il figlio di Dio.

Mt 12:1-8 (111 > Sl 40:11 > Ma cos'è la misericordia? Innanzitutto un attributo del Signore Salmi 40:11 *Tu, o SIGNORE, non rifiutarmi la tua misericordia; la tua bontà e la tua verità mi custodiscano sempre!* Queste parole del salmista sono molto solenni e mostrano la realtà della misericordia del Signore. Egli desidera essere circondato, protetto e sorretto dalla bontà del Signore, dalla Sua misericordia.

Mt 12:1-8 (121 > Os 4:1 > Ma nello stesso tempo si è chiamati ad imitare il Signore in tal senso. Purtroppo in Osea 4 dobbiamo leggere queste parole Osea 4:1 *Ascoltate la parola del SIGNORE, o figli d'Israele. Il SIGNORE ha una contestazione con gli abitanti del paese, poiché non c'è verità, né misericordia, né conoscenza di Dio nel paese.* Il Signore contende con Israele ed ha una rimostranza. Quale? Israele non camminava più nella verità e di conseguenza nella misericordia. Molte volte l'uomo disgiunge queste due realtà, ma esse vanno di pari passo. Non si può disunire la verità dall'amore. Infatti, cosa è scritto in questo brano? Non c'era più verità e di conseguenza non c'era più misericordia. Mt 12:1-8 (131 > Gm 2:13 > Ma la misericordia è assolutamente importante nella vita di un figlio di Dio Giacomo 2:13 *Perché il giudizio è senza misericordia contro chi non ha usato misericordia. La misericordia invece trionfa sul giudizio.* La misericordia risulta essere la soluzione per tutti quei comportamenti ed atteggiamenti che risultano duri, ingiusti, aspri, pieni di giudizio. Ma se si agisce in questo modo, bisogna aspettarsi prima o poi lo stesso comportamento nei propri confronti. Ma *la misericordia trionfa sul giudizio.*

Mt 12:1-8 (141 > Cl 3:12 > Come afferma Paolo Colossesi *3:12 Rivestitevi, dunque, come eletti di Dio, santi e amati, di sentimenti di misericordia, di benevolenza, di umiltà, di mansuetudine, di pazienza.* Ogni figlio di Dio è un Suo eletto, perciò siamo chiamati a rivestirci di quel vestito che ci viene presentato. Tale vestito ha dei tessuti ben precisi identificati nella misericordia, benevolenza, umiltà, mansuetudine, pazienza. Sempre si deve vedere questo vestito. La misericordia è al primo posto di quest'elenco.

Mt 12:1-8 (151 > Is 1:11-12 > Perciò via ogni forma di apparenza. Impariamo da Isaia 1:11-12 Isaia 1:11 *«Che m'importa dei vostri numerosi sacrifici?»* dice il SIGNORE; *«io sono sazio degli olocausti di montoni e del grasso di bestie ingrassate; il sangue dei tori, degli agnelli e dei capri, io non lo gradisco.* Isaia 1:12 *Quando venite a presentarvi davanti a me, chi vi ha chiesto di contaminare i miei cortili?* È inutile portare i propri *sacrifici di lode* al Signore, se il proprio cuore è lontano dal Signore, se non c'è ubbidienza o consacrazione nella nostra vita. Il Signore non ne poteva più dei tanti sacrifici che venivano offerti a Lui da Israele, perché mancava il presupposto più importante: il cuore di Israele attaccato a Dio. Perciò, quando ci si presentava davanti a Dio, in realtà *si contaminavano i cortili.* Perciò stiamo attenti a come ci conduciamo.

Mt 12:1-8 (16) > 1 Co 8:5-6 > Infine il Signore dichiara - *perché il Figlio dell'uomo è signore del sabato»* -. Con queste parole il Signore Gesù attesta la Sua signoria anche sul sabato, su questo precetto che Dio stesso aveva dato. Egli è al di sopra della Sua stessa Legge. Come afferma Paolo 1Corinzi 8:5 *Poiché, sebbene vi siano cosiddetti dei, sia in cielo sia in terra, come Infatti, ci sono molti dei e signori,* 1Corinzi 8:6 *tuttavia per noi c'è un solo Dio, il Padre, dal quale sono tutte le cose, e noi viviamo per lui, e un solo Signore, Gesù Cristo, mediante il quale sono tutte le cose, e mediante il quale anche noi siamo.* Anche se questo sistema-mondo ha i suoi falsi idoli ed i suoi signori, per il cristiano esiste Dio Padre ed il Signore Gesù Cristo. A Lui va totale ubbidienza, poiché Egli è il Creatore, Colui per mezzo del quale sono tutte le cose. La Sua signoria è assoluta.

Mt 12:1-13 (2) > **La guarigione dell'uomo con la mano paralizzata** > - *Poi se ne andò, e giunse nella loro sinagoga dove c'era un uomo che aveva una mano paralizzata. Allora essi, per poterlo accusare, fecero a Gesù questa domanda: «È lecito far guarigioni in giorno di sabato?» Ed egli disse loro: «Chi è colui tra di voi che, avendo una pecora, se questa cade in giorno di sabato in una fossa, non la prenda e la tiri fuori? Certo un uomo vale molto più di una pecora! È dunque lecito far del bene in giorno di sabato».* Allora disse a quell'uomo: «Stendi la tua mano». Ed egli la stese, e la mano divenne sana come l'altra. -> Mt 12:9-13.

Mt 12:9-13 (1) > Gv 18:19-21 > In questa seconda sezione del cap.12, possiamo notare un altro evento di guarigione. Innanzitutto è scritto che il Signore Gesù - *giunse nella loro sinagoga dove c'era un uomo con la mano paralizzata* -. Già ci siamo soffermati sul luogo della sinagoga e sull'importanza che ricopriva a quei tempi. Esso fu un luogo molto frequentato dal Signore, tanto che in Gv 18 leggiamo Giovanni 18:19 *Il sommo sacerdote dunque interrogò Gesù intorno ai suoi discepoli e alla sua dottrina.* Giovanni 18:20 *Gesù gli rispose: «Io ho parlato apertamente al mondo; ho sempre insegnato nelle sinagoghe e nel tempio, dove tutti i Giudei si radunano; e non ho detto nulla in segreto.* Giovanni 18:21 *Perché m'interroghi? Domanda a quelli che mi hanno udito, quello che ho detto loro; ecco, essi sanno le cose che ho dette».* Il sommo sacerdote interrogò il Signore intorno alla dottrina che Egli professava ed insegnava, ma questa era una domanda inutile se appunto si considera che costantemente il Maestro, aveva divulgato i Suoi ammaestramenti pubblicamente, nelle sinagoghe *dove i Giudei si radunano.* Perciò tutti sapevano del Suo insegnamento. Ecco perché il Signore Gesù chiede al sommo sacerdote sul perché lo interrogava in tal senso. Tutti coloro che l'avevano udito erano testimoni del Suo insegnamento.

Mt 12:9-13 (2) > 1 Re 13:4-5 > Ebbene, nella sinagoga, il Signore incontra un uomo che ha un grave problema: una - *mano paralizzata* -. Il Vangelo di Luca ci informa che la mano in questione era la destra, che nella Scrittura indica proprio la potenza d'azione. Non ci è dato di capire il perché o il motivo di tale menomazione. Interessante osservare un episodio analogo in 1 Re 13. 1Re 13:4 *Quando il re Geroboamo udì la parola che l'uomo di Dio aveva gridata contro l'altare di Betel, stese la mano dall'alto dell'altare, e disse: «Pigliatelo!»* Ma la mano che Geroboamo aveva stesa contro di lui rimase paralizzata, e non poté più tirarla indietro; 1Re 13:5 *l'altare si spaccò; e la cenere che vi era sopra si disperse, secondo il segno che l'uomo di Dio aveva dato per ordine del SIGNORE.* Il testo presenta due protagonisti: da una parte un re idolatra come Geroboamo che si infuria nell'ascoltare il messaggio del secondo protagonista, un uomo di Dio, un profeta inviato dal Signore. Il messaggio denunciava l'idolatria di questo re e quando Geroboamo stende la sua mano per ordinare di arrestare questo profeta, immediatamente la mano gli si paralizza. In questo caso quindi il motivo era il peccato e la ribellione. Da segnalare che in seguito Geroboamo venne guarito dal Signore grazie all'intercessione di quest'uomo.

Mt 12:9-13 (3) > Lu 6:7-10 > Per fare un parallelo leggiamo il brano di Luca dove si parla dello stesso evento. Luca 6:7 *Gli scribi e i farisei lo osservavano per vedere se avrebbe fatto una guarigione di sabato, per trovare di che accusarlo.* Luca 6:8 *Ma egli conosceva i loro pensieri e disse all'uomo che aveva la mano paralizzata: «Alzati, e mettiti in mezzo!» Ed egli, alzatosi, stette in piedi.* Luca 6:9 *Poi Gesù disse loro: «Io domando a voi: è lecito, di sabato, far del bene o far del male? Salvare una persona o ucciderla?»* Luca 6:10 *E, girato lo sguardo intorno su tutti loro, disse a quell'uomo: «Stendi la mano!» Egli lo fece, e la sua mano fu guarita.* La differenza con Matteo sta nel fatto che gli scribi ed i farisei non fanno domande esplicite, ma pensano nel loro cuore. Ovviamente al Signore nulla gli può sfuggire e perciò mette in evidenza ancora una volta la loro stoltezza.

Mt 12:9-13 (4) > Gv 8:5-6 > Innanzitutto è importante ricordare l'intento che sempre muoveva questi nemici del Signore: quello di - *accusarlo* -. Infatti, è scritto - *Allora essi per poterlo accusare* -. Essi non avevano assolutamente intenzione di arrendersi al Signore, ma solo di ostacolarlo e finanche di ucciderlo. In Gv 8 abbiamo un altro esempio Giovanni 8:5 *Or Mosè, nella legge, ci ha comandato di lapidare tali donne; tu che ne dici?»* Giovanni 8:6 *Dicevano questo per metterlo alla prova, per poterlo accusare. Ma Gesù, chinatosi, si mise a scrivere con il dito in terra.* Si tratta del famoso episodio della donna colta in flagrante adulterio e la Legge era chiara in proposito. Gli scribi ed i farisei si avvicinano per fare una domanda apparentemente legittima, ma in realtà mossa del desiderio di *accusarlo*. È la stessa cosa di un individuo che si avvicina alla Parola di Dio non per essere realmente ammaestrato, ma solo per criticarla. Quando si è mossi da simili pensieri, il Signore non parlerà attraverso la Sua Parola.

Mt 12:9-13 (5) > At 24:10-13 > Come il Signore Gesù, anche gli apostoli hanno dovuto conoscere spesso l'amaro sapore della falsa accusa Atti 24:10 *Allora Paolo, dopo che il governatore gli ebbe fatto cenno di parlare, rispose: «Sapendo che già da molti anni tu sei giudice di questa nazione, parlo con più coraggio a mia difesa.* Atti 24:11 *Perché tu puoi accertarti che non sono più di dodici giorni da quando salii a Gerusalemme per adorare;* Atti 24:12 *ed essi non mi hanno trovato nel tempio a discutere con nessuno, né a fare assembramenti di popolo, né nelle sinagoghe, né in città;* Atti 24:13 *e non possono provarti le cose delle quali ora mi accusano.* Quante volte Paolo si è dovuto difendere da accuse false come leggiamo in questo testo. Egli si difende di fronte al governatore, senza avvocati, senza nessuno, anzi chiama il governatore come testimone per accertarsi delle cose che l'apostolo affermerà. Paolo, con forza e determinazione, dichiara che non c'erano prove contro di lui e che ogni accusa, quindi, era falsa. Ricordiamoci che come figli di Dio, se siamo fedeli al Signore, potremo passare per simili momenti.

Mt 12:9-13 (6) > Lu 5:17 > Ecco la domanda accusatoria - «*E lecito far guarigioni in giorno di sabato?*» -. Era una domanda assolutamente tendenziosa che nascondeva un tranello. Ma chiaramente il Signore non poteva ai falsi pensieri ed alle false certezze di questi scribi e farisei. Come è scritto in Luca 5 Luca 5:17 *Un giorno Gesù stava insegnando; e c'erano, là seduti, dei farisei e dei dottori della legge, venuti da tutti i villaggi della Galilea, della Giudea e da Gerusalemme; e la potenza del Signore era con lui per compiere guarigioni.* In questo brano viene detto chiaramente che il Signore Gesù non limitava il Suo potere all'osservanza di qualche precetto, ma il Suo compito era quello di dimostrare concretamente chi Egli fosse. Da notare che erano presenti anche i farisei ed dottori della legge.

Mt 12:9-13 (71 > At 3:6-8, 4:19-22 > Anche nel libro degli Atti possiamo osservare un principio assolutamente importante. *Atti 3:6 Ma Pietro disse: «Dell'argento e dell'oro io non ne ho; ma quello che ho, te lo do: nel nome di Gesù Cristo, il Nazareno, cammina!»* Atti 3:7 *Lo prese per la mano destra, lo sollevò; e in quell'istante le piante dei piedi e le caviglie gli si rafforzarono.* Atti 3:8 *E con un balzo si alzò in piedi e cominciò a camminare; ed entrò con loro nel tempio camminando, saltando e lodando Dio...* Atti 4:19 *Ma Pietro e Giovanni risposero loro: «Giudicate voi se è giusto, davanti a Dio, ubbidire a voi anziché a Dio.* Atti 4:20 *Quanto a noi, non possiamo non parlare delle cose che abbiamo viste e udite».* Atti 4:21 *Ed essi, minacciatili di nuovo, li lasciarono andare, non trovando assolutamente come poterli punire, a causa del popolo; perché tutti glorificavano Dio per quello che era accaduto.* Atti 4:22 *Infatti, l'uomo in cui questo miracolo della guarigione era stato compiuto aveva più di quarant'anni.* Il Signore, per mezzo di Pietro, guarisce lo zoppo in modo istantaneo e palese con il conseguente comportamento, da parte di quest'ultimo, di glorificare e lodare Dio. Di fronte alle minacce intimidatorie che Pietro e Giovanni ricevettero, con quali risposero? Eccole «*Giudicate voi se è giusto, davanti a Dio, ubbidire a voi anziché a Dio.* È un principio che vale sempre. Essi devono testimoniare che non possono non parlare di ciò che hanno ascoltato ed udito. Ovviamente anche il Signore Gesù non poteva certo tirarsi indietro, nonostante le accuse e le minacce dei farisei e degli scribi.

Mt 12:9-13 (81 > De 22:1-2 > Ecco la risposta del Signore - *«Chi è colui tra di voi che, avendo una pecora, se questa cade in giorno di sabato in una fossa, non la prenda e la tiri fuori? Certo un uomo vale molto più di una pecora! E dunque lecito far del bene in giorno di sabato».* Una risposta assolutamente chiara. Gli scribi ed i farisei non avevano ancora compreso che il sabato poteva essere usato in caso di forte necessità, come già abbiamo avuto modo di notare. Ecco cosa è scritto in De 22 Deuteronomio 22:1 *Se vedi smarrirsi il bue o la pecora del tuo prossimo, tu non farai finta di non averli visti, ma avrai cura di ricondurli al tuo prossimo.* Deuteronomio 22:2 *Se il tuo prossimo non abita vicino a te e non lo conosci, raccoglierai l'animale in casa tua e rimarrà da te finché il tuo prossimo non ne faccia ricerca; allora glielo renderai.* Se qualcuno vedeva un bue o una pecora del suo prossimo, non poteva fare finta di niente, ma aveva il compito e la responsabilità di ricondurlo al suo padrone. Da notare che non c'è scritto tranne che sia giorno di sabato. Ogni giorno valeva. Se il padrone si trovava lontano, bisognava curare l'animale fino a quando egli non lo ricercasse.

Mt 12:9-13 (91 > Lu 15:4-7 > Lo stesso principio l'abbiamo in Luca 15 Luca 15:4 *«Chi di voi, avendo cento pecore, se ne perde una, non lascia le novantanove nel deserto e non va dietro a quella perduta finché non la ritrova?* Luca 15:5 *E trovatala, tutto allegro se la mette sulle spalle;* Luca 15:6 *e giunto a casa, chiama gli amici e i vicini, e dice loro: Rallegratevi con me, perché ho ritrovato la mia pecora che era perduta.* Luca 15:7 *Vi dico che così ci sarà più gioia in cielo per un solo peccatore che si ravvede, che per novantanove giusti che non hanno bisogno di ravvedimento.* È chiaro l'insegnamento che il Signore Gesù vuole evidenziare. Il valore di un'anima convertita e ravveduta non ha assolutamente prezzo. Ma immaginiamoci un pastore che ha cento pecore. Se ne perde una ed è per caso giorno di sabato, non si precipiterò lo stesso a cercarla, per ricondurla all'ovile? Certo che sì. Infatti, il Signore parla di un principio assoluto che non è vincolato da giorni. Quando il pastore ritrova la sua pecora, allora può veramente gioire e rallegrarsi con tutti i suoi vicini. Così ha fatto il Signore quando noi ci siamo convertiti a Lui.

Mt 12:9-13 (101 > Gb 7:17-18 > Ecco come conclude il Signore - *Certo un uomo vale molto più di una pecora! E dunque lecito far del bene in giorno di sabato»* -. Possiamo certamente affermare che la sua conclusione è ineccepibile. Con i Suoi paragoni ed i Suoi insegnamenti ha zittito gli scribi ed i farisei che volevano imporre la loro visione tradizionalista. L'uomo vale molto più dell'animale, perciò se si fa del bene ad un animale in giorno di sabato, tanto più ad un uomo. In Gb 7 è scritto: Giobbe 7:17 *Che cos'è l'uomo che tu ne faccia tanto caso, che tu t'interessi a lui,* Giobbe 7:18 *lo visiti ogni mattina e lo metta alla prova a ogni istante?* Quante volte anche il figlio di Dio si pone lo stesso quesito. Che cos'è l'uomo? Perché vivo? Che senso ha la mia vita? E quando ci rendiamo conto della vastità della Grazia di Dio, ci chiediamo ancora *Chi sono* io? Ebbene l'uomo vale molto.

Mt 12:9-13 (111 > Gb 22:2-3 > Sempre in Giobbe leggiamo *Giobbe 22:2 «Può l'uomo recare qualche vantaggio a Dio? No; il savio non reca vantaggio che a sé stesso.* Giobbe 22:3 *Se sei giusto, ne viene forse qualche vantaggio all'Onnipotente? Se sei integro nella tua condotta, ne trae egli un guadagno?* Se il Signore ha agito in favore dell'uomo, mostrano il Suo amore e Grazia, non è certo perché l'uomo potesse recare qualche vantaggio al Signore. Anzi, come sappiamo Cristo è morto per noi, quando noi eravamo ancora lontani da Lui, morti nei nostri peccati. Perciò anche se l'uomo si comporta in un certo modo, si comporta in modo integro e retto, il vantaggio o le conseguenze positive vanno a lui e non al Signore.

Mt 12:9-13 (121 > Eb 2:9 > Ma l'amore del Signore è evidente in Eb 2:9 Ebrei 2:9 *però vediamo colui che è stato fatto di poco inferiore agli angeli, cioè Gesù, coronato di gloria e di onore a motivo della morte che ha sofferto, affinché, per la grazia di Dio, gustasse la morte per tutti.* Il Signore Gesù si è umiliato per ciascuno di noi, ha gustato la morte per tutti gli uomini, affinché chiunque crede può veramente ricevere la Sua salvezza. Egli *è stato fatto di poco inferiore agli angeli*, ma Dio Padre Lo ha coronato di gloria ed onore. Tutto questo per rendere possibile ciò che per l'uomo era impossibile: la salvezza.

Mt 12:9-13 (131 > Gs 8:18 > Perciò il Signore Gesù si rivolge all'uomo con la mano paralizzata e gli rivolge un solenne invito - *Stendi la mano* -. Possiamo osservare che la guarigione non avviene immediatamente, ma l'uomo deve comunque mostrare di avere fede nel Signore. Quest'espressione la troviamo anche in altri contesti della Scrittura come Gs 8:18 Giosuè 8:18 *Allora il SIGNORE disse a Giosuè: «Stendi verso Ai la lancia che hai in mano, perché io sto per dare Ai in tuo potere». E Giosuè stese verso la città la lancia che aveva in mano.* In questo caso vi è un elemento in più, ovvero la lancia. Ma Giosuè doveva ubbidire al Signore, perché con quell'atto avrebbe dimostrato di avere piena fiducia nell'operato di Dio. E Giosuè ubbidì. Perché il Signore intervenga nella nostra vita, è necessario che noi poniamo piena fiducia in Lui.

## Matteo 12:14-30 Vari adempimenti dall'AT

Mt 12:14-30 (11 > *L'incredulità dei farisei e l'adempimento di una sublime predizione* > -*I farisei, usciti, tennero consiglio contro di lui, per farlo morire. Ma Gesù, saputolo, si allontanò di là; molti lo seguirono ed egli li guarì tutti; e ordinò loro di non divulgarlo, affinché si adempisse quanto era stato detto per bocca del profeta Isaia: «Ecco il mio servitore che ho scelto; il mio diletto, in cui l'anima mia si è compiaciuta. Io metterò lo Spirito mio sopra di lui, ed egli annuncerà la giustizia alle genti. Non contenderà, né griderà e nessuno udrà la sua voce sulle piazze. Egli non triterà la canna rotta e non spegnerà il lucignolo fumante, finché non abbia fatto trionfare la giustizia. E nel nome di lui le genti spereranno»* - > Mt 12:14-21.

Mt 12:14-21 (11 > Ge 49:5-6 > Questa sezione si apre con una triste notizia. Infatti, è scritto che - *I farisei, usciti, tennero consiglio contro di lui, per farlo morire* -. È veramente tragico notare come questi uomini che erano tra l'altro le guide spirituali del popolo, invece di riflettere sulla loro condizione ed il loro rapporto con Dio, pensano solo ad eliminare un profeta scomodo. Essi si consigliano per attuare degli intenti malvagi. Nella Scrittura si parla sia di consigli in senso positivo, che negativo. Ad esempio in Ge 49 è scritto Genesi 49:5 *Simeone e Levi sono fratelli: le loro spade sono strumenti di violenza.* Genesi 49:6 *Non entri l'anima mia nel loro consiglio segreto, non si unisca la mia gloria al loro convegno! Perché nella loro ira hanno ucciso degli uomini e nella loro malvagità hanno tagliato i garretti ai tori.* In questa predizione di Giacobbe nei confronti dei suoi due figli Simeone e

Levi, parla di un cattivo e malvagio consiglio che le loro discendenze attueranno per mostrare violenza e guerra. Cosa dice Giacobbe? *Non entri l'anima mia nel loro consiglio segreto.* Questo è un principio: ovvero non bisogna avere nulla a che fare con quei piani orditi per produrre il male ed il peccato.

Mt 12:14-21 (21 > Gb 12:13 > Dobbiamo sempre affidarci al Signore, in quanto come è scritto in Gb 12:13 Giobbe 12:13 *«In Dio stanno la saggezza e la potenza, a lui appartengono il consiglio e l'intelligenza.* Solo nel Signore abita la pienezza della saggezza, dell'intelligenza, del consiglio. Come figli di Dio possiamo essere sicuri e certi di compiere la scelta corretta, solo se ci affidiamo al consiglio di Dio. Sono i Suoi consigli che noi dobbiamo ascoltare.

Mt 12:14-21 (31 > Mt 28:12-13 > Ma gli scribi ed i farisei non accolgono quest'invito. Infatti, anche in Matteo 28 leggiamo Matteo 28:12 *Ed essi, radunatisi con gli anziani e tenuto consiglio, diedero una forte somma di denaro ai soldati, dicendo:* Matteo 28:13 *«Dite così: I suoi discepoli sono venuti di notte e lo hanno rubato mentre dormivamo.* Addirittura essi si consigliarono per impedire la trasfugazione del corpo di Cristo, visto che non credevano assolutamente alla Sua risurrezione. In altre parole, Satana ha cercato di tutto per impedire tale evento, ma lui non poteva niente contro il potere del Signore. Ecco qui un altro esempio di consiglio sbagliato.

Mt 12:14-21 (41 > Pr 19:20 > Ma nei Proverbi leggiamo *Proverbi 19:20 Ascolta il consiglio e ricevi l'istruzione, affinché tu diventi saggio per il resto della vita.* Siamo chiamati ad ascoltare il consiglio della Parola di Dio, le istruzioni del Signore, con lo scopo e obiettivo di divenire realmente saggi ed intelligenti. Se saremo guidati dalla sapienza del Signore, sapremo ascoltare anche i consigli corretti.

Mt 12:14-21 (51 > Nu 16:25-26 > Il testo di Matteo prosegue - *Ma Gesù, saputolo, si allontanò di là* -. Come possiamo osservare, il Signore Gesù non affrontò gli scribi ed i farisei, non per paura, ma perché l'ora della Sua dipartita non era ancora giunta. Egli non poteva certamente permettersi di morire prima della croce. Anche in questo caso siamo chiamati ad imparare dal Signore Gesù. Allontanarsi da un pericolo è indice di saggezza, non di vigliaccheria. In Nu 16 è scritto: Numeri 16:25 *Mosè si alzò e*

*andò da Datan e da Abiram; e gli anziani d'Israele lo seguirono.*
Numeri 16:26 *Egli disse alla comunità: «Allontanatevi dalle tende di questi uomini malvagi, e non toccate nulla di ciò che appartiene a loro, affinché non periate a causa di tutti i loro peccati».* Datan ed Abiram, due uomini che si erano ribellati a Mosè e di conseguenza al Signore, dovevano essere puniti. Perciò il Signore, tramite Mosè, ordina di allontanarsi per non essere coinvolti nel giudizio causato dai loro peccati.

Mt 12:14-21 (61 > 2 Ti 3:2-5 > In un altro contesto leggiamo lo stesso ordine 2Timoteo 3:2 *perché gli uomini saranno egoisti, amanti del denaro, vanagloriosi, superbi, bestemmiatori, ribelli ai genitori, ingrati, irreligiosi,* 2Timoteo 3:3 *insensibili, sleali, calunniatori, intemperanti, spietati, senza amore per il bene,* 2Timoteo 3:4 *traditori, sconsiderati, orgogliosi, amanti del piacere anziché di Dio,* 2Timoteo 3:5 *aventi l'apparenza della pietà, mentre ne hanno rinnegato la potenza. Anche da costoro allontanati!* In questo caso il pericolo è rappresentato da coloro che sono schiavi del loro peccato, che hanno il cuore ricolmo di malvagità e peccato che porta l'empio ad essere bestemmiatore, ingrato, ribelle, insensibile e via dicendo. Questo può portare ad una sorta di apparenza di pietà, quando i n realtà non c'è assolutamente sostanza, ma solo menzogna. Perciò Paolo a Timoteo ordina di allontanarsi da questi individui, in quanto costituiscono un grosso pericolo. Anche noi dobbiamo imparare questa lezione.

Mt 12:14-21 (71 > Mt 4:18-20 > Come reagì la folla? Ecco cosa afferma il testo – *molti lo seguirono ed egli li guarì tutti* -. È certamente bello ed edificante leggere che la folla seguì Gesù. Nello stesso tempo però bisogna valutare ed analizzare il motivo per cui questa folla lo seguiva. È interessante osservare ciò che è scritto in Matteo 4 Matteo 4:18 *Mentre camminava lungo il mare della Galilea, Gesù vide due fratelli, Simone detto Pietro, e Andrea suo fratello, i quali gettavano la rete in mare, perché erano pescatori.* Matteo 4:19 *E disse loro: «Venite dietro a me e vi farò pescatori di uomini».* Matteo 4:20 *Ed essi, lasciate subito le reti, lo seguirono.* Già abbiamo avuto modo di osservare questo brano che parla di Pietro ed Andrea, i quali seguirono il Signore. Egli li chiamò in modo fermo e deciso *Venire dietro a Me...* e subito lasciarono le loro reti che rappresentavano loro interessi personali per seguire il Signore. Di questa folla non vediamo che ci sono rinunce, ma il testo fa capire che tale decisione era motivata dal fatto che Gesù guariva ogni infermità.

Mt 12:14-21 (81 > Is 59:12-13 > Ma la Scrittura insegna chiaramente cosa significa seguire Cristo. Per essere Suoi discepoli bisogna essere disposti a rinunciare a se stessi. Io sono chiamato a seguire il Signore non per qualcosa che posso ottenere, ma per ciò che Egli è. In Isaia 59 leggiamo: Isaia 59:12 *Poiché le nostre trasgressioni si sono moltiplicate davanti a te e i nostri peccati testimoniano contro di noi; sì, i nostri peccati ci stanno davanti e le nostre iniquità le conosciamo.* Isaia 59:13 *Siamo stati ribelli al SIGNORE e l'abbiamo rinnegato, ci siamo rifiutati di seguire il nostro Dio, abbiamo parlato di oppressione e di rivolta, abbiamo concepito e meditato in cuore parole di menzogna.* È un testo triste che parla di un Israele ribelle, rivoltoso, idolatra, ma il cui profeta può affermare che le iniquità, i peccati avevano raggiunto un tale livello che non si può più fare finta di niente. Qual è il motivo di tale scempio spirituale? Essi *si sono rifiutati di seguire Dio.* Quando si segue il Signore per ottenere qualcosa ci troviamo di fronte ad una falsa disposizione d'animo. Ma quando si segue il Signore costi quello che costi, questo ha valore. Ecco che quando si capisce cosa significhi veramente seguire il Signore, allora molti rinunciano. Noi perché seguiamo il Signore Gesù?

Mt 12:14-21 (91 > Mr 7:32-37 > Ebbene, le molteplici guarigioni che il Signore effettuò, questi segni così potenti e palesi, non dovevano essere divulgati - *e ordinò loro di non divulgarlo* -. Diverse volte troviamo quest'ordine ad esempio in Marco 7. Marco 7:32 *Condussero da lui un sordo che parlava a stento; e lo pregarono che gli imponesse le mani.* Marco 7:33 *Egli lo condusse fuori dalla folla, in disparte, gli mise le dita negli orecchi e con la saliva gli toccò la lingua;* Marco 7:34 *poi, alzando gli occhi al cielo, sospirò e gli disse: «Effatà!» che vuol dire: «Apriti!»* Marco 7:35 *E gli si aprirono gli orecchi; e subito gli si sciolse la lingua e parlava bene.* Marco 7:36 *Gesù ordinò loro di non parlarne a nessuno; ma più lo vietava loro e più lo divulgavano;* Marco 7:37 *ed erano pieni di stupore e dicevano: «Egli ha fatto ogni cosa bene; i sordi li fa udire, e i muti li fa parlare».* Il brano parla di un sordo che il Signore guarisce toccando semplicemente gli orecchi e la lingua. Da notare sempre la discrezione del Signore, il quale conduce in disparte quest'uomo sordo che aveva bisogno della guarigione del Signore. Ma anche in questo caso Gesù ordina di non parlare a nessuno di ciò che si era visto, ma *più egli lo vietava, più lo divulgavano.* Ciò che molte volte la folla manifestò fu stupore e meraviglia, ma queste esternazioni non hanno assolutamente valore se non sono accompagnate dalla fede.

Mt 12:14-21 (101 > Gr 30:10 > Ma il Signore si comportava in questo modo proprio per adempiere un passo che Lo concerneva - *affinché si adempisse quanto era stato detto per bocca del profeta Isaia: «Ecco il mio servitore che ho scelto; il mio diletto, in cui l'anima mia si è compiaciuta. Io metterò lo Spirito mio sopra di lui, ed egli annuncerà la giustizia alle genti. Non contenderà, né griderà e nessuno udrà la sua voce sulle piazze. Egli non triterà la canna rotta e non spegnerà il lucignolo fumante, finché non abbia fatto trionfare la giustizia. E nel nome di lui le genti spereranno»* -. È questo un passo straordinario che dà un ritratto stupendo del Servo del Signore. Nell'AT il Servo di Dio può rappresentare uomini oppure Israele. In Geremia 30 leggiamo: Geremia 30:10 *Tu dunque, Giacobbe, mio servitore, non temere, dice il SIGNORE; non ti sgomentare, Israele; poiché, ecco, io ti salverò dal lontano paese, salverò la tua discendenza dalla terra di schiavitù; Giacobbe ritornerà, sarà in riposo, sarà tranquillo, e nessuno più lo spaventerà.* Come possiamo osservare Giacobbe, ovvero Israele, è definito *mio servitore* ed a questo popolo vengono rivolte parole di incoraggiamento e di consolazione che concernano la sua salvezza dalla schiavitù ed al suo riposo.

Mt 12:14-21 (111 > Is 53:11 > Ma in altre occasioni, il Servo del Signore è identificato proprio nella Persona gloriosa del Signore Gesù Isaia 53:11 *Dopo il tormento dell'anima sua vedrà la luce, e sarà soddisfatto; per la sua conoscenza, il mio servo, il giusto, renderà giusti i molti, si caricherà egli stesso delle loro iniquità.* In queste parole possiamo notare il Servo del Signore che è sofferente ed angosciante a motivo dei nostri peccati. Egli, per la Sua opera espiatoria, ha giustificato i *molti,* ovvero coloro che hanno posto fede in Lui e nella Sua opera.

Mt 12:14-21 (121 > Is 42:1-3 > Lui è il Servo di cui si parla anche in Matteo ed ecco il passo profetico citato. Isaia 42:1 *«Ecco il mio servo, io lo sosterrò; il mio eletto di cui mi compiaccio; io ho messo il mio spirito su di lui, egli manifesterà la giustizia alle nazioni. Isaia 42:2 Egli non griderà, non alzerà la voce, non la farà udire per le strade. Isaia 42:3 Non frantumerà la canna rotta e non spegnerà il lucignolo fumante; manifesterà la giustizia secondo verità.* Veramente nel Signore Gesù, il Padre ha riversato tutto il Suo compiacimento ed in un senso generale possiamo notare la discrezione, l'umiltà che il Servo di Dio mostrerà, come ha fatto il Signore Gesù.

Mt 12:14-21 (131 > *2 Ti 2:23-26* > Tutti noi siamo chiamati ad imparare dal nostro Maestro. Come afferma Paolo 2Timoteo 2:23 *Evita inoltre le dispute stolte e insensate, sapendo che generano contese.* 2Timoteo 2:24 *Il servo del Signore non deve litigare, ma deve essere mite con tutti, capace di insegnare, paziente.* 2Timoteo 2:25 *Deve istruire con mansuetudine gli oppositori nella speranza che Dio conceda loro di ravvedersi per riconoscere la verità,* 2Timoteo 2:26 *in modo che, rientrati in sé stessi, escano dal laccio del diavolo, che li aveva presi prigionieri perché facessero la sua volontà.* È un brano pieno di raccomandazioni da parte di Paolo verso il suo discepolo Timoteo. Come servo di Dio non poteva lasciarsi andare a dispute, contese, litigi, ma doveva mostrare mansuetudine, mitezza, pazienza, esattamente come ha mostrato il Signore Gesù. Con tali presupposti Timoteo potrà insegnare in modo efficace, tanto da istruire anche gli oppositori.

Mt 12:14-21 (14) > *Sl 147:11* > Ma andiamo nel dettaglio di questa citazione - *Ecco il mio servitore che ho scelto; il mio diletto, in cui l'anima mia si è compiaciuta -.* Si parla proprio del compiacimento del Padre. È bello ciò che afferma il salmista Salmi 147:11 *Il SIGNORE si compiace di quelli che lo temono, di quelli che sperano nella sua bontà.* Il compiacimento dell'Eterno è rivolto verso tutti coloro che Lo temono, che ubbidiscono a Lui, che hanno nel loro cuore umiltà e riverenza verso di Lui. Tutti coloro che sperano nella Sua bontà non saranno mai delusi.

Mt 12:14-21 (15) > *Mt 3:17* > Ed in Matteo 3 è chiaramente scritto *Matteo 3:17 Ed ecco una voce dai cieli che disse: «Questo è il mio diletto Figlio, nel quale mi sono compiaciuto».* Quando il Signore Gesù venne battezzato da Giovanni, il Padre dà una chiara dimostrazione di compiacimento verso Suo Figlio, a tutti coloro che erano presenti. Il Signore Gesù è il Figlio ed il Servo del quale il Padre si è completamente compiaciuto. E noi abbiamo il compiacimento del Padre, a motivo della nostra ubbidienza e sottomissione?

Mt 12:14-21 (16) > *Nu 11:24-25* > La citazione prosegue, mettendo in evidenza la presenza costante dello Spirito su di Lui -

*Io metterò lo Spirito mio sopra di lui* -. Questa è un'espressione che ricorre spesso nell'AT ed era sempre connessa all'iniziazione di un servizio. Ad esempio in Numeri 11 ecco cosa leggiamo Numeri 11:24 *Mose dunque uscì e riferì al popolo le parole del SIGNORE; radunò settanta fra gli anziani del popolo e li dispose intorno alla tenda.* Numeri 11:25 *Il SIGNORE scese nella nuvola e parlò a Mose; prese dello Spirito che era su di lui, e lo mise sui settanta anziani; e appena lo Spirito si fu posato su di loro, profetizzarono, ma poi smisero.* Mosè, in una circostanza particolare, raduna settanta anziani per far udire a loro le parole del Signore, ma è importante evidenziare cosa accadde poco dopo. Infatti, è scritto che il Signore prese dello Spirito che era su Mosè per porlo sopra questi anziani. Quando ciò accadde iniziarono subito a profetizzare.

*Mt 12:14-21 (17)* > Gc 3:9-10 > Anche nel libro dei Giudici abbiamo diversi esempi Giudici 3:9 *Poi i figli d'Israele gridarono al SIGNORE e il SIGNORE fece sorgere per loro un liberatore: Otniel, figlio di Chenaz, fratello minore di Caleb; ed egli li liberò.* Giudici 3:10 *Lo Spirito del SIGNORE venne su di lui ed egli fu giudice d'Israele; uscì a combattere e il SIGNORE gli diede nelle mani Cusan-Risataim, re di Mesopotamia; e la sua mano fu potente contro Cusan-Risataim.* Il libro dei Giudici è caratterizzato proprio da questo schema: ribellione di Israele, schiavitù sotto una nazione pagana, il Signore suscita un giudice e poi c'è la liberazione. In questo caso protagonista è Otniel. È scritto che *lo Spirito del Signore venne su di lui*, per compiere un servizio specifico, ovvero combattere contro il re di Mesopotamia, battaglia che si concluse con una vittoria. Questo ci insegna che quando si è guidati dallo Spirito di Dio, non ci può che essere la vittoria.

*Mt 12:14-21 (18)* > Is 61:1 > Ma in riferimento specifico al Signore Gesù, ecco cosa è scritto in Isaia 61. Isaia 61:1 *Lo spirito del Signore, di DIO, è su di me, perché il SIGNORE mi ha unto per recare una buona notizia agli umili; mi ha inviato per fasciare quelli che hanno il cuore spezzato, per proclamare la libertà a quelli che sono schiavi, l'apertura del carcere ai prigionieri.* Questo brano venne letto proprio dal Signore Gesù, nella sinagoga di Nazaret (Lu 4:18), ad evidenziare il fatto che queste scritture si riferivano proprio a Lui. La prima cosa che viene sottolineata è che lo Spirito del Signore è sul Servo del Signore per compiere il Suo mirabile servizio, recare una buona notizia, fasciare coloro che hanno il cuore spezzato e per proclamare la libertà, quella libertà che si ha solo quando ci si converte al Signore.

Mt 12:14-21 (191 > 2 Pt 2:4-5 > Il Servo del Signore che sarà caratterizzato dalla presenza dello Spirito, - *annuncerà la giustizia alle genti* -, che è anche quanto si legge in Isaia 61. Possiamo dire che questi due passi sono molto collegati. Annunciare la giustizia del Signore significa proclamare la Sua verità. Questo avvenne anche nel passato ad esempio con Noè 2Pietro 2:4 *Se Dio Infatti, non risparmiò gli angeli che avevano peccato, ma li inabissò, confinandoli in antri tenebrosi per esservi custoditi per il giudizio;* 2Pietro 2:5 *se non risparmiò il mondo antico ma salvò, con altre sette persone, Noè, predicatore di giustizia, quando mandò il diluvio su un mondo di empi.* L'apostolo Pietro ha cura di ricordare questo personaggio così esemplare, il quale, pur vivendo in un periodo estremamente difficile ed in mezzo ad una società storta e perversa, fu un *predicatore di giustizia,* ovvero un testimone vivente delle verità di Dio che concernevano la salvezza dal diluvio. Il mondo antico non venne salvato, ma solo otto persone si salvarono, solo la famiglia di Noè. Se non si dà ascolto alla verità di Dio prima o poi si pagheranno amare conseguenze, come le pagarono quegli angeli che avevano peccato.

Mt 12:14-21 (201 > Ro 1:6-7 > Ebbene questo compito che il Servo del Signore ha compiuto nella Persona del Signore Gesù, ci parla anche della nostra responsabilità. Come afferma Paolo Romani 1:16 *Infatti, non mi vergogno del vangelo; perché esso è potenza di Dio per la salvezza di chiunque crede; del Giudeo prima e poi del Greco;* Romani 1:17 *poiché in esso la giustizia di Dio è rivelata da fede a fede, com'è scritto: «Il giusto per fede vivrà».* Nel Vangelo di Dio, è descritta la Sua stessa giustizia che si rivela da fede a fede proclamando la verità secondo la quale *il giusto per fede vivrà.* Non ci si può vergognare di un annuncio così importante ed il Signore Gesù non si tenne per sé le Sue rivelazioni, ma le condivise, le predicò, le annunciò con potenza.

Mt 12:14-21 (211 > Ro 6:12-13 > Dare ascolto alla predicazione della giustizia, ha un profondo significato Romani 6:12 *Non regni dunque il peccato nel vostro corpo mortale per ubbidire alle sue concupiscenze;* Romani 6:13 *e non prestate le vostre membra al peccato, come strumenti d'iniquità; ma presentate voi stessi a Dio, come di morti fatti viventi, e le vostre membra come strumenti di giustizia a Dio*. Le nostre membra, che prima servivano al peccato, ed alla soddisfazione delle nostre passioni, quando il Signore è entrato nel nostro cuore, sono diventate *strumenti di giustizia*. Infatti, da morti siamo diventati viventi, per il Signore e per servirlo. Perciò non deve più regnare il peccato in noi, per ubbidire nuovamente alle Sue concupiscenze e desideri. Ecco cosa significa dare ascolto alla predicazione della giustizia.

Mt 12:14-21 (221 > Ge 6:3 > Ma il testo va avanti e ci avviciniamo al perché il Signore Gesù non voleva che si divulgassero le notizie delle Sue opere - *Non contenderà* Come possiamo notare, molto spesso il Signore rifuggì la contesa ed il litigio. Interessante osservare la stessa espressione che abbiamo in Genesi 6. Genesi 6:3 *Il SIGNORE disse: «Lo Spirito mio non contenderà per sempre con l'uomo poiché, nel suo traviamento, egli non è che carne; i suoi giorni dureranno quindi centoventi anni».* Per quale motivo Dio decide di non contendere più con l'uomo? Perché Egli non è che carne, schiavo del suo peccato. L'uomo ha bisogno della salvezza del Signore, non di contendere con il Creatore. Per lo stesso motivo anche il Servo del Signore non contenderà. Il Signore Gesù sapeva chi aveva davanti.

Mt 12:14-21 (23) > Is 57:15-16 > Ed in Isaia 57 è scritto Isaia 57:15 *Infatti, così parla Colui che è l'Alto, l'eccelso, che abita l'eternità, e che si chiama il Santo. «Io dimoro nel luogo eccelso e santo, ma sto vicino a chi è oppresso e umile di spirito per ravvivare lo spirito degli umili, per ravvivare il cuore degli oppressi.* Isaia 57:16 *Io Infatti, non voglio contendere per sempre né serbare l'ira in eterno, affinché gli spiriti, le anime che io ho fatte, non vengano meno davanti a me.* Anche in questo brano troviamo la stessa espressione, per evidenziare il fatto che l'Eterno non serberà l'ira per sempre. Se il Signore non fosse stato anche ripieno di Grazia ed Amore, per l'uomo non ci sarebbe stata più nessuna speranza. Infatti, è scritto *affinché gli spiriti, le anime che io ho fatte, non vengano meno davanti a me.* La rivelazione straordinaria è che Colui che afferma queste cose è l'Alto, l'Eccelso, Colui che abita nell'eternità e che si può definire il Santo, il Dio che è vicino a colui che è oppresso ed umile di spirito. Possiamo certamente dire che il nostro Padre Celeste ci comprende come nessun altro.

Mt 12:14-21 (24) > Gm 3:16 > Infine, una riflessione sulla contesa Giacomo 3:16 *Infatti, dove c'è invidia e contesa, c'è disordine e ogni cattiva azione*. La contesa non è mai piacevole e nella sfera umana, è caratterizzata da invidia e da altri sentimenti negativi. Il Signore Gesù non è stato mai caratterizzato da simili sentimenti, ma solo da tutto ciò che è puro e nobile. Perciò il Servo del Signore non - *contenderà* -.

Mt 12:14-21 (25) > Gb 30:24 > Ma c'è un altro atteggiamento che il Servo di Dio non farà, ovvero - *non griderà* -. Il grido può essere associato al dolore ed alla sofferenza come è scritto in Gb 30 Giobbe 30:24 *Forse chi sta per perire non protende la mano e nell'angoscia sua non grida aiuto?* In questa domanda possiamo osservare una riflessione logica. Quando si soffre sia fisicamente, ma anche moralmente o spiritualmente si tende a gridare, ad alzare la propria voce di pianto.

Mt 12:14-21 (26) > Sl 18:6 > È evidente ciò che attesta il salmista Salmi 18:6 *Nella mia angoscia invocai il SIGNORE, gridai al mio Dio. Egli udì la mia voce dal suo tempio, il mio grido giunse a lui, ai suoi orecchi.* Il salmista testimonia della sua angoscia, della sua sofferenza interiore e perciò grida all'Eterno. Ciascuno di noi può essere testimone di un simile atteggiamento quando si è nella sofferenza e Davide può glorificare il Signore per il fatto che Egli ha ascoltato il Suo grido.

Mt 12:14-21 (27) > Gr 2:2, 5 > Ma si può anche gridare per annunciare un preciso messaggio Geremia 2:2 *«Va', e grida alle orecchie di Gerusalemme:* Geremia 2:5 *Così parla il SIGNORE: «Quale iniquità hanno trovato i vostri padri in me, che si sono allontanati da me, e sono andati dietro alla vanità, e sono diventati essi stessi vanità?* In questo brano, l'ordine che il Signore rivolge a Geremia è perentorio. Il profeta doveva *gridare* alle orecchie di Gerusalemme circa la sua condotta iniqua ed il suo allontanamento dal Signore.

Mt 12:14-21 (28) > Is 53:7 > Ma, sebbene su quest'ultimo punto possiamo affermare che il Signore Gesù ha proclamato con forza, nel corso del Suo ministero terreno, il messaggio della verità, lo stesso non possiamo dire sulla sofferenza. Come è scritto in Isaia 53 Isaia 53:7 *Maltrattato, si lasciò umiliare e non aprì la bocca. Come l'agnello condotto al mattatoio, come la pecora muta davanti a chi la tosa, egli non aprì la bocca.* Egli fu veramente come quella pecora che è muta, zitta, dinanzi a coloro che la tosano. Di fronte ai maltrattamenti, alle ingiurie, alle sofferenze di ogni genere inflitte dagli uomini, Egli non gridò, non aprì la bocca. Quale amore il Signore Gesù ha mostrato nei nostri confronti.

Mt 12:14-21 (29) > Is 43:16-17 > Perciò il testo di Matteo prosegue - *Egli non triterà la canna rotta e non spegnerà il lucignolo fumante* -. Queste due immagini relative alla canna rotta ed al lucignolo fumante, rappresenta l'uomo nella sua fragilità. Interessante ciò che è scritto in Isaia 43 Isaia 43:16 *Così parla il SIGNORE, che aprì una strada nel mare e un sentiero fra le acque potenti,* Isaia 43:17 *che fece uscire carri e cavalli, un esercito di prodi guerrieri; tutti quanti furono atterrati e mai più si rialzarono; furono estinti, spenti come un lucignolo.* Il testo parla dell'azione del Signore volta ad atterrare e sconfiggere coloro che si vantavano della loro forza, essendo dei *prodi guerrieri.* Tutti furono atterrati, spenti come un *lucignolo,* ovvero come una piccola scintilla che si spegne in un attimo. Per compiere questo l'Eterno agì in modo strategico ed intelligente aprendo un varco proprio nel mare.

Mt 12:14-21 (301 > Gb 20:5 > Tuttavia, nonostante il Signore sia Santo e Giusto, Egli è anche ripieno di misericordia. Infatti, è scritto - *finché non abbia fatto trionfare la giustizia* -. Il Signore eserciterà i Suoi giudizi al momento opportuno. Di certo possiamo dire che il trionfo dei malvagi non durerà, come è scritto in Gb 20 Giobbe 20:5 *il trionfo dei malvagi è breve; la gioia degli empi non dura che un istante?* Quale gioia o quale allegrezza, può dare il sistema-mondo? Assolutamente nessuna. La vera gioia la può donare solo il Signore.

Mt 12:14-21 (311 > Cl 2:15 > Ben diverso è stato il trionfo del Signore Gesù Colossesi 2:15 *ha spogliato i principati e le potenze, ne ha fatto un pubblico spettacolo, trionfando su di loro per mezzo della croce.* Egli, mediante la Sua opera vittoriosa, la Sua morte e risurrezione, ha spogliato i principati e le potenze, facendone un pubblico spettacolo. La croce è il simbolo della vittoria in Cristo Gesù.

Mt 12:14-21 (321 > Ro 15:12 > Ecco come si conclude questa citazione - *E nel nome di lui le genti spereranno»* -. Queste parole hanno chiaramente un risvolto escatologico, che si proiettano nel periodo del Millennio. Tuttavia anche in Romani 15 leggiamo Romani 15:12 *Di nuovo Isaia dice: «Spunterà una radice di Iesse, colui che sorgerà a governare le nazioni; in lui spereranno le nazioni»*. Anche questo verso ha a che fare con quel periodo glorioso nel quale il Messia governerà le nazioni. In quel periodo si realizzerà questa fede e questa speranza universale in Lui, in Colui che è *la radice di Iesse*.

Mt 12:14-21 (331 > 1 Ti 1:1 > Infatti, non potrebbe essere altrimenti, visto che Paolo dichiara 1Timoteo 1:1 *Paolo, apostolo di Cristo Gesù per ordine di Dio, nostro Salvatore, e di Cristo Gesù, nostra speranza*. Il Signore Gesù è la nostra speranza, la nostra certezza assoluta. In Lui abbiamo tutto pienamente, abbiamo la vittoria e la garanzia di appartenere a Dio Padre per l'eternità. Egli è realmente la nostra speranza.

Mt 12:14-30 (21 > Chi non e per Me e contro di Me... > - *Allora gli fu presentato un indemoniato, cieco e muto; ed egli lo guarì, in modo che il muto parlava e vedeva. E tutta la folla stupiva e diceva: «Non è questo il Figlio di Davide?» Ma i farisei, udendo ciò, dissero: «Costui non scaccia i demòni se non per l'aiuto di Belzebù, principe dei demòni». Gesù, conoscendo i loro pensieri, disse loro: «Ogni regno diviso contro sé stesso va in rovina; e ogni città o casa divisa contro sé stessa non potrà reggere. Se Satana scaccia Satana, egli è diviso contro sé stesso; come dunque potrà sussistere il suo regno? E se io scaccio i demòni con l'aiuto di Belzebù, con l'aiuto di chi li scacciano i vostri figli? Per questo, essi stessi saranno i vostri giudici. Ma se è con l'aiuto dello Spirito di Dio che io scaccio i demòni, è dunque giunto fino a voi il regno di Dio. Come può uno entrare nella casa dell'uomo forte e rubargli la sua roba, se prima non lega l'uomo forte? Allora soltanto gli saccheggerà la casa. Chi non è con me è contro di me; e chi non raccoglie con me, disperde* - > Mt 12:22-30.

Mt 12:22-30 (11 > Mr 5:18-19 > In questa nuova sezione di Matteo 12 ci troviamo di fronte all'ennesimo miracolo del Signore Gesù, nei confronti di un - *indemoniato cieco e muto* -. Egli perciò era afflitto da tre problemi assolutamente gravi. Innanzitutto il problema più grande: essere posseduto da un demonio. Nel corso del Suo ministero, il Signore guarì diversi indemoniati. È molto bello l'atteggiamento che dimostra l'indemoniato guarito in Marco 5 Marco 5:18 *Com'egli saliva sulla barca, l'uomo che era stato indemoniato lo pregava di poter stare con lui*. Marco 5:19 *Gesù non glielo permise, ma gli disse: «Va' a casa tua dai tuoi, e racconta loro le grandi cose che il Signore ti ha fatte, e come ha avuto pietà di te»*. Il testo sottolinea molto bene il passato di quest'uomo *era stato indemoniato*. Non era più posseduto, schiavo di un demone o più demoni, ma guarito, liberato dal Signore Gesù. Pertanto, quest'uomo desidera seguire il Signore, stare con Lui, ma il Maestro, invece, lo incoraggia a raccontare e testimoniare le grandi cose che Dio aveva fatto nella Sua vita.

Mt 12:22-30 (21 > Lu 18:40-43 > Il secondo problema che aveva quest'indemoniato era la cecità. Proviamo ad immaginarci: essere posseduto da uno o più demoni ed in più non poter vedere nulla. Non sappiamo se tale cecità era provocata dall'azione di questa possessione, o da altre menomazioni fisiche. Comunque si trattava di un problema estremamente grave. Anche per quanto concerne i ciechi, abbiamo nei Vangeli diverse testimonianze di guarigioni. Ecco cosa è scritto in Luca 18 Luca 18:40 *Gesù, fermatosi, comandò che il cieco fosse condotto a lui; e, quando gli fu vicino, gli domandò:* Luca 18:41 *«Che vuoi che io ti faccia?»* Egli disse: *«Signore, che io ricuperi la vista».* Luca 18:42 *E Gesù gli disse: «Ricupera la vista; la tua fede ti ha salvato».* Luca 18:43 *Nello stesso momento ricuperò la vista, e lo seguiva glorificando Dio; e tutto il popolo, visto ciò, diede lode a Dio.* Il Signore si mette a completa disposizione di questo cieco che con tutto se stesso desiderava rivedere la luce del sole. Il Signore gli chiede *Cosa vuoi che ti faccia?* Ed il cieco risponde prontamente *Signore, che io recuperi la vista.* Questo cieco mostra fede nei confronti del Signore e fiducia. Egli sapeva che Gesù l'avrebbe guarito. Tutti questi esempi ci devono realmente spronare ad una vita caratterizzata da una fede genuina e costante verso il Signore.

Mt 12:22-30 (31 > Gv 9:24-25 > Anche in Gv 9 abbiamo il caso del cieco nato Giovanni 9:24 *Essi dunque chiamarono per la seconda volta l'uomo che era stato cieco, e gli dissero: «Dà gloria a Dio! Noi sappiamo che quest'uomo è un peccatore».* È veramente triste vedere sempre questa ostilità nei confronti del Signore Gesù. I Suoi nemici non solo non Lo riconoscono come Messia, ma lo catalogano come peccatore, Lui che mai commise peccato nella Sua vita. Ma la risposta del cieco guarito è illuminante *Giovanni 9:25 Egli rispose: «Se egli sia un peccatore, non so; una cosa so, che ero cieco e ora ci vedo».* Queste stesse parole le possono dire tutti coloro che prima erano ciechi anche da un punto di vista spirituale, ma ora possono vedere per la Grazia di Dio. Noi tutti eravamo ciechi, ma il Signore, per mezzo del Suo Spirito, ci ha aperto gli occhi.

Il cieco non può far altro che dire di vedere, solo questo sapeva ed in seguito riconoscerà Gesù come il Messia (Gv 9:37).

Mt 12:22-30 (41 > Sl 39:2 > Il terzo handicap, è rappresentato dal fatto che questo indemoniato era - *muto* -. Questo aggravava ulteriormente la sua condizione già tragica. Interessante quello che dice il salmista Salmi 39:2 *Come un muto sono stato in silenzio, ho taciuto senz'averne bene; anzi, il mio dolore s'è inasprito.* Nel dolore, Davide è stato in silenzio, non ha esternato il suo grido d'angoscia e che cosa è accaduto? Il suo dolore si è inasprito. Probabilmente lo stesso valeva anche per questo indemoniato, il quale non poteva nemmeno esternare il suo dolore, ma doveva tenerlo tutto in se stesso.

Mt 12:22-30 (51 > Mr 9:17-18 > È probabile che questo indemoniato fosse muto anche a causa di uno spirito particolare che nei Vangeli è descritto come spirito muto. Un caso l'abbiamo in Marco 9 Marco 9:17 *Uno della folla gli rispose: «Maestro, ho condotto da te mio figlio che ha uno spirito muto;* Marco 9:18 *e, quando si impadronisce di lui, dovunque sia, lo fa cadere a terra; egli schiuma, stride i denti e rimane rigido.* Questa descrizione così triste, ci può far capire seppur molto lontanamente che cosa potevano soffrire gli indemoniati. In questo caso il protagonista è lo *spirito muto* che si era impadronito di questo ragazzo e che gli faceva fare cose inconsulte. Da notare che appunto questo figlio non emette grida, ma stride i denti e rimane rigido. Era talmente grave questo caso che, come aggiunge il padre *Ho detto ai tuoi discepoli che lo scacciassero, ma non hanno potuto».* I discepoli non poterono fare niente per liberare questo indemoniato, ma fu necessario l'intervento del Signore. Così come il Signore guarì questo - *indemoniato cieco e muto -,* da tutti e tre questi problemi, in un istante.

Mt 12:22-30 (61 > Ro 1:3-5 > Ed ecco che abbiamo le dichiarazioni della folla - *E tutta la folla stupiva e diceva: «Non è questo il Figlio di Davide?»* -. L'espressione Figlio di Davide ci riporta alla Persona del Signore Gesù, vista nella Sua regalità. Paolo dirà nella lettera ai Romani Romani 1:3 *riguardo al Figlio suo, nato dalla stirpe di Davide secondo la carne.* Secondo la carne, il Signore Gesù è il legittimo Discendente di Davide che può sedersi sul trono d'Israele, il Re annunciato dai profeti. Ma la descrizione prosegue Romani 1:4 *dichiarato Figlio di Dio con potenza secondo lo Spirito di santità.*

Il Signore Gesù è sia Figlio di Davide, sia il Figlio di Dio che dimostrò la Sua potenza mediante la risurrezione dai morti; cioè Gesù Cristo, nostro Signore, Romani 1:5 *per mezzo del quale abbiamo ricevuto grazia e apostolato perché si ottenga l'ubbidienza della fede fra tutti gli stranieri, per il suo nome.*

Mt 12:22-30 (71 > Lu 20:41-43 > Molto bella la testimonianza che il Signore diede in Luca 20 Luca 20:41 *Ed egli disse loro: «Come mai si dice che il Cristo è Figlio di Davide?* Luca 20:42 *Poiché Davide stesso, nel libro dei Salmi, dice: Il Signore ha detto al mio Signore: Siedi alla mia destra,* Luca 20:43 *finché io abbia messo i tuoi nemici come sgabello dei tuoi piedi'.* Cristo è il Figlio di Davide, in quanto a discendenza diretta di sangue, ma dal punto di vista della Sua preesistenza, il Signore Gesù è il Signore di Davide, colui al quale Davide dirà nel Salmo *Il Signore ha detto al mio Signore: siedi alla mia destra.* Molto spesso la folla o gli uomini in generale si fermavano solo al primo punto, ma era necessario riconoscere anche il secondo, ovvero il Signore Gesù come eterno Figlio di Dio.

Mt 12:22-30 (81 > Mr 3:22 > Come reagiscono gli scribi ed i farisei? Facile capirlo – *Ma farisei, udendo ciò, dissero: «Costui non scaccia i demòni se non per l'aiuto di Belzebù, principe dei demòni* -. Per la loro incredulità non credevano in ciò che l'evidenza faceva vedere loro. Piuttosto che riconoscere l'autorità del Signore Gesù lo definiscono addirittura un indemoniato come è evidente anche in Marco 3 Marco 3:22 *Gli scribi, che erano scesi da Gerusalemme, dicevano: «Egli ha Belzebù, e scaccia i demòni con l'aiuto del principe dei demòni».* Essi dicevano *Egli ha Belzebù* che viene identificato come *principe dei demoni.* È veramente senza limiti la follia dell'uomo e di come l'empio possa chiudere gli occhi di fronte ad una chiara evidenza.

Mt 12:22-30 (91 > Lu 11:17-18 > Ma il Signore Gesù in Luca 11 dirà: *«Ogni regno diviso contro sé stesso va in rovina, e casa crolla su casa.* Luca 11:18 *Se dunque anche Satana è diviso contro sé stesso, come potrà reggere il suo regno? Poiché voi dite che è per l'aiuto di Belzebù che io scaccio i demòni.* La riflessione assolutamente logica del Signore sottolinea questa follia. Satana non può combattere contro se stesso. Nessuno lo farebbe, così come Satana non può scacciare un demone dal corpo di un uomo, perché ciò andrebbe contro i suoi interessi.

Mt 12:22-30 (101 > Da 5:28 > Infatti, ecco la risposta del Signore - «. *Ogni regno diviso contro sé stesso va in rovina; e ogni città o casa divisa contro sé stessa non potrà reggere. Se Satana scaccia Satana, egli è diviso contro sé stesso; come dunque potrà sussistere il suo regno? E se io scaccio i demòni con l'aiuto di Belzebù, con l'aiuto di chi scacciano i vostri figli? Per questo, essi stessi saranno i vostri giudici* -. Tutta la riflessione è poggiata su questo fondamento: un regno diviso non può resistere. La divisione porta sempre inevitabili conseguenze, perciò Satana non può andare contro se stesso. Questo è vero anche quando si parla di regni in senso letterale, come leggiamo in Daniele 5 Daniele 5:28 *Perès, il tuo regno è diviso e dato ai Medi e ai Persiani»*. Con queste parole, Daniele stava spiegando a Belsatsar, la scritta sul muro e la parola peres indica che il regno babilonese è ormai giunto al capolinea, essendo in realtà *diviso* e perciò destinato ad essere conquistato dai Medi e Persiani.

Mt 12:22-30 (111 > Da 11:3-4 > Un altro esempio l'abbiamo in Daniele 11 *Daniele 11:3 Allora sorgerà un re potente che dominerà sul grande impero e farà quello che vorrà. Daniele 11:4 Ma appena si sarà affermato, il suo regno sarà infranto e sarà diviso verso i quattro venti del cielo; non apparterrà alla sua discendenza e non avrà una potenza pari a quella di prima; perché sarà smembrato e passerà ad altri, non ai suoi eredi.* Tralasciando il contesto che è di natura storica, possiamo osservare anche in questo caso come la divisione di un regno porti alla fine dello stesso. Si parla di un *re potente* che farà quello che vorrà, ma il suo regno sarà infranto, diviso, la sua potenza diminuirà vistosamente e la discendenza di questo sovrano non possederà questo regno, in quanto sarà smembrato.

Mt 12:22-30 (121 > 1 Co 1:12-13 > Pertanto, possiamo proprio notare come la divisione sia una sorta di morbo, di cancro che porta inevitabilmente alla rovina e questo vale anche per la Chiesa del Signore 1Corinzi 1:12 *Voglio dire che ciascuno di voi dichiara: «Io sono di Paolo»; «io d'Apollo»; «io di Cefa»; «io di Cristo».* 1Corinzi 1:13 *Cristo è forse diviso? Paolo è stato forse crocifisso per voi? O siete voi stati battezzati nel nome di Paolo?* La domanda che pone Paolo è fondamentale *Cristo è forse diviso?* La risposta è un chiaro no. Allora perché ci sono divisioni e partiti? Una chiesa locale, se è divisa nel suo interno, se non si pone immediato rimedio, è destinata alla deriva. Perciò, sebbene il

Signore Gesù parli di divisione in risposta ai pensieri folli degli scribi e dei farisei, riflettiamo sulla gravità e sul danno che essa può provocare.

Mt 12:22-30 (131 > Ro 8:9 > Il Signore conclude la sua risposta - *Ma se è con l'aiuto dello Spirito di Dio che io scaccio i demòni, è dunque giunto fino a voi il regno di Dio* -. L'evidenza era chiara. Il Signore Gesù non scacciava i demoni grazie a Satana, ma grazie all'aiuto dello Spirito di Dio. Quando si agisce per mezzo dello Spirito Santo, si può essere certi che si sta operando secondo la volontà di Dio. In Romani 8 è scritto *Romani 8:9 Voi però non siete nella carne ma nello Spirito, se lo Spirito di Dio abita veramente in voi. Se qualcuno non ha lo Spirito di Cristo, egli non appartiene a lui.* Lo Spirito di Dio che abita in modo permanente nel figlio di Dio rigenerato, è la prova più evidente della sua appartenenza a Cristo. Così come il fatto che la pienezza costante dello Spirito in Cristo era la più grande dimostrazione di ciò che Egli è.

Mt 12:22-30 (141 > 1 Co 12:8-10 > Per mezzo dello Spirito si possono compiere tantissimi servizi, per mezzo dei Suoi doni 1Corinzi 12:8 *Infatti,, a uno è data, mediante lo Spirito, parola di sapienza; a un altro parola di conoscenza, secondo il medesimo Spirito;* 1Corinzi 12:9 *a un altro, fede, mediante il medesimo Spirito; a un altro, carismi di guarigione, per mezzo del medesimo Spirito;* 1Corinzi 12:10 *a un altro, potenza di operare miracoli; a un altro, profezia; a un altro, il discernimento degli spiriti; a un altro, diversità di lingue e a un altro, l'interpretazione delle lingue.* In questo brano sono elencati nove carismi e di conseguenza nove servizi. In questo elenco troviamo anche il carisma sia di guarigione, sia di operare potenti segni ed il Signore Gesù mostrò ampiamente ciascuno di questi due servizi. Non ci si poteva arroccare dietro a delle false illusioni.

Mt 12:22-30 (15) > Lu 17:20-21 > *La realtà era che* - il regno di Dio era giunto -, rappresentato dalla Persona stessa del Signore. Come è scritto in Luca 17 Luca 17:20 *Interrogato poi dai farisei sul quando verrebbe il regno di Dio, rispose loro: «Il regno di Dio non viene in modo da attirare gli sguardi; né si dirà:* Luca 17:21 *Eccolo qui, o eccolo là; perché, ecco, il regno di Dio e in mezzo a voi».* I farisei dovevano capire che in realtà il regno di Dio era giunto nella Persona del Messia tanto atteso. Essi dovevano rinunciare all'idea di un Messia trionfatore che li avesse liberati dal giogo dei romani, ma ravvedersi dei loro peccati ed accogliere il Signore Gesù quale Re d'Israele. Infatti, *il regno di Dio era finalmente giunto.* Ma il Re è stato rifiutato.

Mt 12:22-30 (16) > Lu 11:21-22 > *Perciò ecco il paragone evidenziato dal Signore* - Come può uno entrare nella casa dell'uomo forte e rubargli la sua roba, se prima non lega l'uomo forte? Allora soltanto gli saccheggerà la casa -. Perché una casa venga saccheggiata è importante impedire al padrone di casa qualsiasi movimento. In Luca 11 abbiamo il testo parallelo Luca 11:21 *Quando l'uomo forte, ben armato, guarda l'ingresso della sua casa, ciò che egli possiede e al sicuro;* Luca 11:22 *ma quando uno più forte di lui sopraggiunge e lo vince, gli toglie tutta l'armatura nella quale confidava e ne divide il bottino.* Si parla addirittura di un padrone di casa, forte e ben armato che sorveglia la sua casa. Il ladro deve essere più forte di lui sia in senso fisico, sia strategico. Solo così potrà depredare il bottino.

Mt 12:22-30 (17) > Gr 50:9-10 > Questo è sempre stato vero se guardiamo alla varie battaglie descritte nell'AT. Guardiamo a Babilonia *Geremia 50:9 Poiché, ecco, io suscito e faccio marciare contro Babilonia una moltitudine di grandi nazioni dal paese del settentrione; esse si schiereranno contro di lei e da quel lato sarà conquistata. Le loro frecce sono come quelle di un valente arciere; nessuna di esse ritorna a vuoto.* Geremia 50:10 *La Caldea sarà saccheggiata; tutti quelli che la saccheggeranno saranno saziati»,* dice il SIGNORE. Il regno babilonese era certamente forte, esperto in battaglia, ma ad un certo punto giunse una nazione, mandata dal Signore, più forte di Babilonia che si schierò contro di essa, conquistando la città e saccheggiandola. Fu il regno medio persiano, strumento nelle mani di Dio per punire lo stesso regno babilonese.

Mt 12:22-30 (18) > Ab 2:8 > Anche in Abacuc 2 leggiamo Abacuc 2:8 *Poiché tu hai saccheggiato molte nazioni, tutto il resto dei popoli ti saccheggerà, a causa del sangue umano sparso, della violenza fatta ai paesi, alle città e a tutti i loro abitanti.* Si parla dell'oppressore, di colui che ha fatto del male, che ha saccheggiato molte nazioni. Ebbene lui stesso sarà saccheggiato, a causa della violenza che egli ha mostrato. L'uomo deve pensare che ci può essere sempre qualcuno più forte di lui e sopra tutto, Dio Onnipotente. Mt 12:22-30 (19) > At 4:24-26 > Pertanto il Signore giunge alla Sua conclusione - *Chi non è con me è contro di me; e chi non raccoglie con me, disperde -.* Questa è la conclusione di tutto. Non ci sono terze strade. Chi non è per il Signore è contro di Lui. Non si può rimanere neutrali. In Atti 4 è scritto: Atti 4:24 *Udito ciò, essi alzarono concordi la voce a Dio, e dissero: «Signore, tu sei colui che ha fatto il cielo, la terra, il mare e tutte le cose che sono in essi;* Atti 4:25 *colui che mediante lo Spirito Santo ha detto per bocca del tuo servo Davide, nostro padre: Perché questo tumulto fra le nazioni, e i popoli meditano cose vane?* Atti 4:26 *I re della terra si sono sollevati, i principi si sono riuniti insieme contro il Signore e contro il suo Cristo.* Il brano presenta una chiara citazione del salmo 2, un salmo messianico, nel quale si parla proprio di essere contro Cristo. Si parla di un tumulto fra le nazioni, dei vari governanti che non si vogliono assoggettare a Dio ed al Suo Unto e che si sono riuniti per un malvagio consiglio. Chi parla nel testo di Atti sono Pietro e Giovanni, i quali citano il salmo 2 proprio per l'osteggiamento dei capi sacerdoti e degli anziani. Essi, come un tempo Paolo, pensavano di rendere servizio a Dio, ma in realtà andavano contro di Lui.

Mt 12:22-30 (201 > Ml 3:13-14 > Certamente essere contro Dio, contro Cristo è assolutamente grave. Eppure ci sono molti modi per mettersi contro di Lui. Come è scritto in Malachia 3 Malachia 3:13 *«Voi usate parole dure contro di me»,* dice il *SIGNORE. «Eppure voi dite: Che abbiamo detto contro di te?* Malachia 3:14 *Voi avete detto: È inutile servire Dio; e, che vantaggio c'è a osservare i suoi precetti, e a vestirsi a lutto davanti al SIGNORE degli eserciti?* Si tratta di una requisitoria del Signore contro Israele, il quale Lo disonorava ed era contro di Lui. Ma in quale modo? Quali parole avevano dette contro Dio? Non insulti veri e propri, ma era sufficiente la falsa concezione secondo cui non vi è alcun vantaggio ad osservare i precetti di Dio ed i Suoi comandamenti. In questo modo si va inevitabilmente contro Dio e contro Cristo.

Mt 12:22-30 (211 > Es 32:25-26 > Ma vi è la necessità di una ferma decisione. Come è scritto in Esodo 32 Esodo 32:25 *Quando Mosè vide che il popolo era senza freno e che Aaronne lo aveva lasciato sfrenarsi esponendolo all'obbrobrio dei suoi nemici,* Esodo 32:26 *si fermò all'ingresso dell'accampamento, e disse: «Chiunque è per il SIGNORE, venga a me!» E tutti i figli di Levi si radunarono presso di lui.* Nel triste episodio del vitello d'oro, vi fu la necessità di una decisione chiara. Israele era *senza freno,* ovvero si era dato al peccato in modo vistoso e totale, anche grazie alla collaborazione di Aaronne. Ma Mosè richiama il popolo *Chiunque è per il Signore venga a me.* Noi da che parte stiamo? La risposta è facile, ma vi deve essere una correlazione stretta tra ciò che affermiamo e ciò che dimostriamo.

Mt 12:22-30 (221 > Gr 23:1 > Anche perché, come afferma il Signore Gesù - *chi non* raccoglie con Me, disperde -, ovvero non avrà alcun vantaggio. Ma in Geremia 23 è scritto: Geremia 23:1 *«Guai ai pastori che distruggono e disperdono il gregge del mio pascolo!» dice il SIGNORE.* In questo caso si parla di *pastori,* ovvero di coloro che avevano la responsabilità di condurre il popolo come il pastore fa con il suo gregge. Ma invece di raccoglierlo, essi lo disperdevano. Perciò vi è un solenne avvertimento *Guai.* Quando non si è con il Signore, allora inevitabilmente si produrranno solo dei danni.

*Mt 12:22-30 (231 > Da 4:13-16 >* In Daniele 4 abbiamo un testo molto solenne. Daniele 4:13 *Nelle visioni che ebbi, mentre ero a letto, vidi uno dei santi veglianti scendere dal cielo* Daniele 4:14 *e gridare con forza: Abbattete l'albero e tagliate i suoi rami; scotete il fogliame e disperdete il suo frutto; fuggano gli animali dalla sua ombra e gli uccelli dai suoi rami!* Daniele 4:15 *Però, lasciate in terra il ceppo e le sue radici, ma legati con catene di ferro e di bronzo, tra l'erba dei campi; sia bagnato dalla rugiada del cielo e, come gli animali, abbia in sorte l'erba della terra.* Daniele 4:16 *Gli sia cambiato il cuore; invece di un cuore umano, gli sia dato un cuore di bestia; e passino su di lui sette tempi.* Quest'albero rappresenta proprio Nebucadnesar che aveva agito nel suo orgoglio e superbia. Egli era come un albero possente e sempreverde, ma la notizia annunciata dal profeta Daniele è chiara *Abbattete l'albero...disperdere il suo frutto.* Quando si agisce senza il Signore e quindi andando contro alla Sua volontà, si pagheranno le dovute conseguenze. Si ha disperso, ma nello stesso tempo si è anche *dispersi,* sperduti, erranti, come lo fu questo re babilonese che conobbe l'umiliazione di stare con gli animali, a motivo del suo orgoglio. Perciò stiamo sempre con il Signore Gesù, in parole ed in azioni.

## Matteo 12:31-37 L'albero buono e l'albero cattivo

Mt 12:31-37 (1) > *La bestemmia contro allo Spirito Santo* > -

*«Perciò io vi dico: ogni peccato e bestemmia sarà perdonata agli uomini; ma la bestemmia contro lo Spirito non sarà perdonata. A chiunque parli contro il Figlio dell'uomo, sarà perdonato; ma a chiunque parli contro lo Spirito Santo, non sarà perdonato né in questo mondo né in quello futuro* - > Mt 12:31-32.

Mt 12:31-32 (1) > Le 24:16 > Ora entriamo in un argomento estremamente solenne ovvero il peccato della bestemmia contro lo Spirito. Il Signore Gesù afferma - *«Perciò io vi dico: ogni peccato e bestemmia sarà perdonata agli uomini; ma la bestemmia contro lo Spirito non sarà perdonata* -. È chiaro il paragone. Innanzitutto si parla di bestemmia. La Legge condannava assolutamente questo peccato Levitico 24:16 *Chi bestemmia il nome del SIGNORE dovrà essere messo a morte; tutta la comunità lo dovrà lapidare. Sia straniero o nativo del paese, se bestemmia il nome del SIGNORE, sarà messo a morte.* Chiunque avesse insultato il Nome del Signore, doveva essere messo a morte. Non si può impunemente disonorare il Nome di Dio, insultandolo o oltraggiandolo. Tutta la comunità avrebbe dovuto lapidare il bestemmiatore.

Mt 12:31-32 (2) > Gb 36:17 > Ma la bestemmia contro il Signore può ricoprire anche altri significati. Ad esempio in Gb 36 Eliu afferma Giobbe 36:17 *Ma, se giudichi le vie di Dio come fanno gli empi, il suo giudizio e la sua sentenza ti piomberanno addosso.* Giobbe 36:18 *Bada che la collera non ti trasporti alla bestemmia, la grandezza del riscatto non ti spinga a deviare!* Per bestemmiare il Signore non è necessario solo insultarlo, ma anche giudicare le Sue decisioni, le Sue vie, esattamente come fanno gli empi. Ma se si agisce in questo modo, ci saranno inevitabili conseguenze. Perciò bisogna stare attenti ai propri sentimenti, alla propria collera, in modo tale che, per uno scatto d'ira non si dicano cose di cui poi ci si possa pentire.

Mt 12:31-32 (3) > Mr 2:6-7 > Ma la bestemmia acquisisce anche il significato di falso insegnamento Marco 2:6 *Erano seduti là alcuni scribi e ragionavano così in cuor loro:* Marco 2:7 *«Perché costui parla in questa maniera? Egli bestemmia! Chi può perdonare i peccati, se non uno solo, cioè Dio?* Per gli scribi giustamente Colui che può perdonare i peccati è solo Dio. Ma non riconoscendo nel Signore Gesù l'eterno Figlio di Dio e l'autorità che possedeva e che possiede, per questi scribi la Sua dichiarazione di perdonare peccati era considerata una bestemmia.

Mt 12:31-32 (4) > Gv 16:7-8 > Ebbene, ecco cosa dice il Signore - *ma la bestemmia contro lo Spirito non sarà perdonata* -. Cosa significa bestemmiare contro lo Spirito? Se teniamo in considerazione tutto il contesto già visto, possiamo dire in linea generale che bestemmiare contro lo Spirito, significa rifiutare le Sue evidenze, esattamente come i farisei che pensavano che Gesù scacciasse i demoni grazie a Satana. Quali evidenze mostra lo Spirito all'uomo? Leggiamo Gv 16:7-11 Giovanni 16:7 *Eppure, io vi dico la verità: è utile per voi che io me ne vada; perché, se non me ne vado, non verrà a voi il Consolatore; ma se me ne vado, io ve lo manderò.* Giovanni 16:8 *Quando sarà venuto, convincerà il mondo quanto al peccato, alla giustizia e al giudizio.* Giovanni 16:9 *Quanto al peccato, perché non credono in me;* Giovanni 16:10 *quanto alla giustizia, perché vado al Padre e non mi vedrete più;* Giovanni 16:11 *quanto al giudizio, perché il principe di questo mondo è stato giudicato.* Il Signore Gesù annuncia la Sua partenza, ma nello stesso tempo la venuta del Consolatore, dello Spirito che avrebbe fortificato ed incoraggiato i discepoli. Ma nello stesso tempo avrebbe svolto anche un'altra funzione: quello di mostrare l'evidenza di colpevolezza ad ogni uomo. Infatti, in greco abbiamo il classico verbo di accusa - *elegcho* -, ovvero dimostrare la colpevolezza. L'uomo che rifiuta una simile opera da parte dello Spirito, bestemmia contro di Lui.

Mt 12:31-32 (51 > Sl 32:5 > Possono sembrare parole dure quelle pronunciate dal Signore Gesù, soprattutto se si considera cosa dice la Scrittura sul perdono di Dio. Davide afferma Salmi 32:5 *Davanti a te ho ammesso il mio peccato, non ho taciuto la mia iniquità. Ho detto: «Confesserò le mie trasgressioni al SIGNORE», e tu hai perdonato l'iniquità del mio peccato. [Pausa].* Il salmista testimonia di aver confessato il suo peccato, di non averlo taciuto e di aver avuto determinazione nell'andare al Signore umiliato ed afflitto per la sua iniquità. La risposta fu il perdono di Dio.

Mt 12:31-32 (61 > Sl 85:2 > Anche nel salmo 85 leggiamo *Salmi 85:2 Hai perdonato l'iniquità del tuo popolo, hai cancellato tutti i suoi peccati. [Pausa] Salmi 85:3 Hai placato il tuo sdegno, hai desistito dalla tua ira ardente.* Anche in questo caso viene chiaramente evidenziata la misericordia di Dio che si manifesta anche nel Suo perdono. Egli più volte perdonò il peccato di Israele, desisti dalla Sua ira, dal Suo sdegno, proprio per l'amore che provava e che prova per il Suo popolo.

Mt 12:31-32 (71 > Gr 5:7 > Eppure in Geremia 5 è scritto *Geremia 5:7 «Perché ti dovrei perdonare? I tuoi figli mi hanno abbandonato, giurano per degli dèi che non esistono. Io li ho saziati ed essi si danno all'adulterio, si affollano nella casa della prostituta.* In questo testo abbiamo la situazione opposta: Dio che chiede a Giuda *Perché ti dovrei perdonare?* L'Eterno elenca i vari peccati del popolo come la ribellione e l'idolatria. Ma quale differenza possiamo osservare da questo testo ed i precedenti? Manca il ravvedimento! Se l'uomo continua a rifiutare l'opera dello Spirito di convincimento, senza che vi sia ravvedimento e conversione, allora sì non ci sarà perdono.

Mt 12:31-32 (81 > Eb 9:22 > Come dichiara l'autore della lettera agli Ebrei *Ebrei 9:22 Secondo la legge, quasi ogni cosa è purificata con sangue; e, senza spargimento di sangue, non c'è perdono.* La condizione per il perdono è lo spargimento di sangue e l'Agnello di Dio purissimo, identificato nella Persona del Signore Gesù, ha sparso il Suo sangue per la remissione di peccati. Ma se l'uomo rifiuta tale opera, non pone fede in essa e nel Signore, allora non ci potrà essere perdono. Come è scritto in Eb 10:29 *Di quale peggior castigo, a vostro parere, sarà giudicato degno colui che avrà calpestato il Figlio di Dio e avrà considerato profano il sangue del patto con il quale è stato santificato e avrà disprezzato lo Spirito della grazia?*

Mt 12:31-37 (21 > ***Cosa sussiste nel nostro cuore?*** > - *O fate l'albero buono e buono pure il suo frutto, o fate l'albero cattivo e cattivo pure il suo frutto; perché dal frutto si conosce l'albero. Razza di vipere, come potete dir cose buone, essendo malvagi? Poiché dall'abbondanza del cuore la bocca parla. L'uomo buono dal suo buon tesoro trae cose buone; e l'uomo malvagio dal suo malvagio tesoro trae cose malvagie. Io vi dico che di ogni parola oziosa che avranno detta, gli uomini renderanno conto nel giorno del giudizio; poiché in base alle tue parole sarai giustificato, e in base alle tue parole sarai condannato»* - > Mt 12:33-37.

Mt 12:33-37 (11 > Mt 7:17-20 > Il Signore Gesù prosegue parlando ancora dell'immagine dell'albero. Egli afferma - *O fate l'albero buono e buono pure il suo frutto, o fate l'albero cattivo e cattivo pure il suo frutto; perché dal frutto si conosce l'albero* -. Quello che conta è la natura dell'albero. Quasi le stesse parole le troviamo in Matteo 7. Matteo 7:17 *Così, ogni albero buono fa frutti buoni, ma l'albero cattivo fa frutti cattivi.* Matteo 7:18 *Un albero buono non può fare frutti cattivi, né un albero cattivo far frutti buoni.* Matteo 7:19 *Ogni albero che non fa buon frutto è tagliato e gettato nel fuoco* Matteo 7:20 *Li riconoscerete dunque dai loro frutti. Un albero buono fa necessariamente frutti buoni, ma un albero malvagio frutti malvagi.* Perciò è dalle parole, dalle azioni, dai pensieri che scaturiscono, che si riconosce *l'albero.*

Mt 12:33-37 (21 > Sl 1:3 > Anche il giusto viene proprio identificato in un albero sano e forte, come possiamo osservare nel salmo 1 Salmi 1:3 *Egli sarà come un albero piantato vicino a ruscelli, il quale dà il suo frutto nella sua stagione, e il cui fogliame non appassisce; e tutto quello che fa, prospererà.* Possiamo dire che il giusto è come un albero sempreverde che soprattutto dà sempre il suo frutto nella sua stagione. In tutto ciò che fa, egli prospererà.

Mt 12:33-37 (31 > Sl 92:13 > Un altro bel testo l'abbiamo nel salmo 92 Salmi 92:13 *Quelli che son piantati nella casa del SIGNORE fioriranno nei cortili del nostro Dio.* Salmi 92:14 *Porteranno ancora frutto nella vecchiaia; saranno pieni di vigore e verdeggianti,* Salmi 92:15 *per annunziare che il SIGNORE è giusto; egli è la mia ròcca, e non v'è ingiustizia in lui.* Per *Casa del Signore* si intende il tempio, ma è interessante notare il verbo *piantare.* Coloro che sono piantati nel Signore, ovvero che sono fermi, saldi, incrollabili, come conseguenza fioriranno anche nella vecchiaia. L'uomo pensa che coloro che sono anziani ed avanzati nell'età, non possono più portare nessun contributo, ma non è così per i giusti. Essi produrranno frutti, annunzieranno il Nome del Signore anche, diranno che Egli è la loro rocca, anche nella vecchiaia. È assolutamente straordinario, vedere uomini e donne avanti nell'età, che però hanno dato la loro vita a Cristo e che si prodigano per portare gloria a Lui.

Mt 12:33-37 (41 > Cl 1:9-10 > Il nostro obiettivo come figli di Dio è quello di portare sempre frutti nel Signore. Colossesi 1:9 *Perciò anche noi, dal giorno che abbiamo saputo questo, non cessiamo di pregare per voi e di domandare che siate ricolmi della profonda conoscenza della volontà di Dio con ogni sapienza e intelligenza spirituale,* Colossesi 1:10 *perché camminiate in modo degno del Signore per piacergli in ogni cosa, portando frutto in ogni opera buona e crescendo nella conoscenza di Dio.* L'apostolo

Paolo pregava per questi credenti, affinché potessero essere ricolmi della sapienza del Signore, proprio per portare frutto in ogni cosa. Come figli di Dio, dobbiamo *camminare in modo degno del Signore,* secondo la Sua volontà e secondo la Sua Parola, portando frutto in ogni cosa.

Mt 12:33-37 (51 > 2 Gv 1:7-8 > *Ma bisogna essere costanti* 2Giovanni 7 Poiché molti seduttori sono usciti per il mondo, i quali non riconoscono pubblicamente che Gesù Cristo è venuto in carne. Quello è il seduttore e l'anticristo. 2Giovanni 8 *Badate a voi stessi affinché non perdiate il frutto delle opere compiute, ma riceviate piena ricompensa.* Giovanni parla del pericolo di essere sedotti dà dei falsi dottori, dà degli *anticristi* i quali non riconoscono Gesù venuto in carne. Perciò bisogna stare attenti, rimanere fermi nella fede per *non perdere il frutto delle opere compiute,* ma per ricevere una piena ricompensa. La fedeltà a Dio deve essere totale.

Mt 12:33-37 (61 > De 32:31-33 > Pertanto il Signore Gesù una un'espressione molto forte rivolta proprio ai farisei i quali dubitavano sulla genuinità dell'operato del Signore. Egli li definisce - *Razza di vipere* -, un'espressione che chiaramente identificava questi farisei, i quali si reputavano santi e giusti, come empi. In De 32 leggiamo Deuteronomio 32:31 *Poiché la loro rocca non è come la nostra Rocca; i nostri stessi nemici ne sono giudici;* Deuteronomio 32:32 *ma la loro vigna viene dalla vigna di Sodoma e dalle campagne di Gomorra; le loro uve sono uve avvelenate, i loro grappoli, amari;* Deuteronomio 32:33 *il loro vino è tossico di serpenti, un crudele veleno di vipere.* Queste parole sono inserite in un contesto più ampio, rivolte proprio al popolo d'Israele. Si parla della sua ribellione, dell'aver abbandonato la Sua Rocca, ovvero il Signore e questo brano descrive le drammatiche conseguenze di questi atti. La loro vigna (la vigna nell'AT è un'immagine di Israele) non è genuina, ma è piena di grappoli amari, avvelenati, la loro condotta è come quella di Sodoma e Gomorra ed il loro *vino,* invece di essere buono, risulta essere un *crudele veleno di vipere.*

Mt 12:33-37 (71 > Sl 140:1-3 > Anche nel salmo 140 leggiamo *Liberami, SIGNORE, dall'uomo malvagio; proteggimi dall'uomo violento,* Salmi 140:2 *da tutti quelli che tramano malvagità nel loro cuore e sono sempre pronti a far la guerra.* Salmi 140:3 *Aguzzano la loro lingua come il serpente, hanno un veleno di vipera sotto le loro labbra. [Pausa].* Il salmista parla propriamente di coloro che sono suoi nemici, malvagi nel loro cuore, i quali tramavano piani violenti ed iniqui contro di lui. Perciò l'autore chiede l'aiuto del Signore. È certamente drammatico avere intorno a sé dei nemici che ci vogliono fare guerra al fine di eliminarci. Ebbene come li descrive il salmista? Con una lingua come quella del serpente e sotto le loro labbra sta *un veleno di vipera*. Pertanto possiamo osservare come il paragone evidenziato dal Signore Gesù sui farisei, si riferisca proprio agli empi.

Mt 12:33-37 (81 > Ge 6:5 > Non solo, ma il Signore li definisce anche - *malvagi* -. Con questo attributo si spazzava via qualsiasi illusione di santità e giustizia da parte loro. Il malvagio, è colui che ha nel suo cuore solo pensieri e sentimenti malvagi Genesi 6:5 *Il SIGNORE vide che la malvagità degli uomini era grande sulla terra e che il loro cuore concepiva soltanto disegni malvagi in ogni tempo.* Sebbene questa dichiarazione sia riferita alla generazione antidiluviana, nello stesso tempo abbiamo la descrizione dell'uomo in generale. Egli nasce nel peccato, nella malvagità, con un cuore che concepisce solo disegni malvagi. Vi è bisogno della rigenerazione da parte del Signore, affinché questo cuore, da malvagio, si tramuti in un cuore puro.

Mt 12:33-37 (91 > Sl 41:5-6 > Anche Davide afferma Salmi 41:5 *I miei nemici mi augurano del male, dicendo: «Quando morrà? E quando sarà dimenticato il suo nome?»* Salmi 41:6 *E se uno di loro viene a vedermi, dice menzogne; il suo cuore accumula malvagità dentro di sé; e, appena uscito, sparla.* Ecco come si comporta ed agisce il malvagio. Egli augura del male al giusto, lo vuole vedere soffrire. Il suo cuore accumula malvagità continua dentro di sé ed appena apre la bocca viene rivelato il suo pensiero, esattamente come era per i farisei. Dai loro stessi discorsi si poteva capire e comprendere la malvagità che albergava nel loro cuore.

Mt 12:33-37 (101 > Mt 15:19-20 > D'altro canto il Signore Gesù è sempre stato molto chiaro Matteo 15:19 *Poiché dal cuore vengono pensieri malvagi, omicidi, adultèri, fornicazioni, furti, false testimonianze, diffamazioni. Matteo 15:20 Queste sono le cose che contaminano l'uomo; ma il mangiare con le mani non lavate non contamina l'uomo».* Ciò che inquina l'uomo e lo contamina non sono le bevande o il cibo, ma il suo proprio cuore. Dal suo cuore proviene ogni sporcizia immorale sia in ambito sessuale o sociale. Per nostra stessa esperienza possiamo dire che questo è certamente vero.

Mt 12:33-37 (111 > Gb 20:12-14 > Infatti, ecco la conclusione logica del Signore Gesù - *Poiché dall'abbondanza del cuore la bocca parla* -. Noi manifestiamo con la bocca, ciò che risiede nel nostro cuore. Come dirà Zofar di Naama. Giobbe 20:12 *Il male è dolce alla sua bocca, se lo nasconde sotto la lingua,* Giobbe 20:13 *lo conserva, non lo lascia andar giù, lo trattiene sotto al suo palato:* Giobbe 20:14 *ma il cibo gli si trasforma nelle viscere, gli diventa in corpo veleno d'aspide.* Ancora si parla dell'empio e nello specifico del male della sua bocca che per l'impenitente è come un cibo dolce e delicato. Egli se lo conserva, se lo assapora ed appena lo ingerisce si trasforma in *veleno d'aspide.* Pertanto non dobbiamo stupirci, se l'empio parla come parla.

Mt 12:33-37 (121 > Ap 13 :4-6 > L'epilogo di questa diabolica reazione l'abbiamo in Apocalisse 13 quando si parla della bestia che sale dal mare Apocalisse 13:4 *e adorarono il dragone perché aveva dato il potere alla bestia; e adorarono la bestia dicendo: «Chi è simile alla bestia? e chi può combattere contro di lei?»* Apocalisse 13:5 *E le fu data una bocca che proferiva parole arroganti e bestemmie. E le fu dato potere di agire per quarantadue mesi.* Apocalisse 13:6 *Essa aprì la bocca per bestemmiare contro Dio, per bestemmiare il suo nome, il suo tabernacolo e quelli che abitano nel cielo.* Questa bestia, quest'uomo del peccato che riceverà potere direttamente da Satana, userà la sua bocca in un modo assolutamente malvagio come nessun altro aveva mai osato. Dalla sua bocca usciranno bestemmie, parole arroganti e lui risulterà essere l'epilogo della malvagità ed arroganza umana.

Mt 12:33-37 (131 > Gm 3:10 > Ma anche il cristiano si deve guardare da questo pericolo. L'apostolo Giacomo afferma Giacomo 3:10 *Dalla medesima bocca escono benedizioni e maledizioni. Fratelli miei, non dev'essere così.* Bisogna essere coerenti con se stessi. Da una bocca non possono uscire sia benedizioni che maledizioni. Come dice Giacomo *Non deve essere così.*

Mt 12:33-37 (141 > Ef 4:29 > Perciò Paolo raccomanda Efesini 4:29 *Nessuna cattiva parola esca dalla vostra bocca; ma se ne avete qualcuna buona, che edifichi secondo il bisogno, ditela affinché conferisca grazia a chi l'ascolta.* Nessuna parola cattiva o malvagia deve uscire dalla nostra bocca. Con le nostre labbra siamo chiamati a dimostrare sempre santità e purezza, tanto che le nostre parole devono essere di edificazione reciproca. Stiamo attenti perché il principio secondo il quale - *dall'abbondanza del cuore la bocca parla* - vale anche per noi.

Mt 12:33-37 (151 > Pr 2:1-5 > Per spiegare ulteriormente il Suo insegnamento, ecco cosa afferma il Signore - *L'uomo buono dal suo buon tesoro trae cose buone; e l'uomo malvagio dal suo malvagio tesoro trae cose malvagie* -. Si parla quindi di due tesori: uno buono e l'altro malvagio. Tale differenza è dovuta dal tipo di uomo. Quale tesoro sussiste nel nostro cuore? Ecco cosa leggiamo in Proverbi Proverbi 2:1 *Figlio mio, se ricevi le mie parole e serbi con cura i miei comandamenti,* Proverbi 2:2 *prestando orecchio alla saggezza e inclinando il cuore all'intelligenza;* Proverbi 2:3 *sì, se chiami il discernimento e rivolgi la tua voce all'intelligenza,* Proverbi 2:4 *se la cerchi come l'argento e ti dai a scavarla come un tesoro,* Proverbi 2:5 *allora comprenderai il timore del SIGNORE e troverai la scienza di Dio.* Queste parole sono le raccomandazioni di un padre al proprio figlio. Egli chiede al proprio figlio di serbare i suoi insegnamenti nel suo cuore, prestando orecchio alla saggezza ed all'istruzione. Questo figlio deve necessariamente desiderare la saggezza, ricercarla, come se fosse un *tesoro*. Questi sono i tesori che vanno assolutamente ricercati. Questo è il buon tesoro che deve sussistere nel nostro cuore.

Mt 12:33-37 (161 > Pr 7:1 > Anche in Proverbi 7 è scritto *Proverbi 7:1 Figlio mio, custodisci le mie parole, fa' tesoro dei miei precetti.* I precetti del Signore devono essere per noi veramente quel tesoro dal quale possiamo sempre attingere. Non vi è spazio per la mediocrità e superficialità. Siamo chiamati a custodire le Sue parole, quale bene prezioso. Mt 12:33-37 (171 > Pr 10:2 > Ma come abbiamo detto vi è anche un altro tesoro di cui parla il Signore, che è malvagio. Sempre nei Proverbi si parla di questo tesoro Proverbi 10:21 *tesori di empietà non fruttano, ma la giustizia libera dalla morte.* Quale differenza con il buon tesoro! Quelli prodotti dal peccato e dalla malvagità non fruttano, non durano, ma la giustizia *libera dalla morte.*

Mt 12:33-37 (181 > Gb 29:21-22 > Perciò, ecco la sentenza del Signore Gesù - *Io vi dico che di ogni parola oziosa che avranno detta, gli uomini renderanno conto nel giorno del giudizio; poiché in base alle tue parole sarai giustificato, e in base alle tue parole sarai condannato»* -. Perciò bisogna stare molto attenti da come si parla. È molto interessante la testimonianza di Giobbe. Giobbe 29:21 *I presenti mi ascoltavano fiduciosi, tacevano per udire il mio parere.* Giobbe 29:22 *Quando avevo parlato, non replicavano; la mia parola scendeva su di loro come una rugiada.* Questo testo ci fa capire come Giobbe fosse un uomo che sapeva parlare saggiamente. Tutti lo ascoltavano fiduciosi e quando aveva finito il suo discorso, nessuno replicava, in quanto i suoi consigli, i suoi suggerimenti, erano come una rugiada, simbolo di benedizione. Noi sappiamo parlare in questo modo?

Mt 12:33-37 (19) > Ef 4:31-32 > L'apostolo Paolo dirà Efesini 4:31 *Via da voi ogni amarezza, ogni cruccio e ira e clamore e parola offensiva con ogni sorta di cattiveria!* Efesini 4:32 *Siate invece benevoli e misericordiosi gli uni verso gli altri, perdonandovi a vicenda come anche Dio vi ha perdonati in Cristo.* Nel nostro cuore non possono sussistere pensieri malvagi, o sentimenti negativi come ira cruccio, amarezza, in quanto questo sarà subito manifestato dalla nostra bocca, usando *parole offensive*. Al contrario, siamo chiamati ad essere benevoli e misericordiosi e con tali sentimenti potremo anche applicare il perdono biblico che ci viene insegnato.

Mt 12:33-37 (20) > Ro 2:5 > Inoltre, il Signore parla anche del - *giorno del giudizio* -, espressione che riporta a quel tragico momento nel quale l'empio sarà giudicato in via definitiva. Come dirà Paolo ai Romani Romani 2:5 *Tu, invece, con la tua ostinazione e con l'impenitenza del tuo cuore, ti accumuli un tesoro d'ira per il giorno dell'ira e della rivelazione del giusto giudizio di Dio.* Queste parole sono rivolte all'empio, sebbene il soggetto sia un individuo giudeo o ebreo. A motivo della sua impenitenza di cuore, della sua ostinatezza non fa altro che accumularsi un *tesoro d'ira*, per il giorno del giudizio. Mt 12:33-37 (21) > 2Pt 2:9-10 > Anche l'apostolo Pietro ne parla 2Pietro 2:9 *ciò vuol dire che il Signore sa liberare i pii dalla prova e riservare gli ingiusti per la punizione nel giorno del giudizio;* 2Pietro 2:10 *e soprattutto quelli che vanno dietro alla carne nei suoi desideri impuri e disprezzano l'autorità.* Quale meravigliosa contrapposizione! Il pio, il giusto è liberato dalla prova, ma per gli ingiusti vi è solo spazio per la *punizione nel giorno del giudizio* e questo vale anche per come è stata usata la bocca. Ogni cosa, ogni pensiero, ogni azione, sarà valutata in modo attento.

Mt 12:33-37 (22) > Ga 3:11 > Un'altra lezione importante che ci dà il Signore è che per come usiamo la bocca l'uomo è o - *giustificato* - o - *condannato* -. Quando si parla di giustificazione è evidente l'elemento della fede Galati 3:11 *E che nessuno mediante la legge sia giustificato davanti a Dio e evidente, perché il giusto vivrà per fede.* Mediante la legge non si può essere giustificati, ma il giusto vivrà per fede. Mediante la fede si è giustificati.

Mt 12:33-37 (23) > Ro 10:8 > E nella lettera di Paolo ai Romani leggiamo Romani 10:8 *Che cosa dice invece? «La parola e vicino a te, nella tua bocca e nel tuo cuore»: questa e la parola della fede che noi annunziamo;* Romani 10:9 *perché, se con la bocca avrai confessato Gesù come Signore e avrai creduto con il cuore che Dio lo ha risuscitato dai morti, sarai salvato;* Romani 10:10 *Infatti, con il cuore si crede per ottenere la giustizia e con la bocca si fa confessione per essere salvati.* In questo brano è evidente la correlazione tra l'annuncio della parola della fede mediante la bocca e la giustificazione. È proprio vero: da ciò che esce dalla nostra bocca, possiamo essere o giustificati o condannati. Infatti, è necessario che con la bocca si confessi che il Signore Gesù è il Signore e che Dio Padre Lo ha risuscitato dai morti. Quando questa confessione di fede è caratterizzata da un cuore pentito e ravveduto, allora avviene la giustificazione. Se non c'è ravvedimento, l'ira di Dio rimane sull'uomo.

# Matteo 12:38-42 Due segni fondamentali

Mt 12:38-42 (11 > *Il segno del profeta Giona* > - *Allora alcuni scribi e farisei presero a dirgli: «Maestro, noi vorremmo vederti fare un segno». Ma egli rispose loro: «Questa generazione malvagia e adultera chiede un segno; e segno non le sarà dato, tranne il segno del profeta Giona. Poiché, come Giona stette nel ventre del pesce tre giorni e tre notti, così il Figlio dell'uomo starà nel cuore della terra tre giorni e tre notti* - > Mt 12:38-40.

Mt 12:38-40 (11 > Ge 4:15 > L'inizio di questa particolare sezione è caratterizzata da un'altra domanda possiamo dire tendenziosa degli scribi e dei farisei. Essi chiedono - *Maestro, noi vorremmo vederti fare un segno* -. Come se già il Signore non ne avesse fatti abbastanza. Che cos'è un segno nella Scrittura? Molte volte un segno può essere associato ad un miracolo o ad un'opera potente, ma in altre occasioni può essere identificato in un simbolo o in un evento realmente accaduto che ne simboleggia un altro come è questo caso. Ecco cosa è scritto in Genesi 4 Genesi 4:15 *Ma il SIGNORE gli disse: «Ebbene, chiunque ucciderà Caino, sarà punito sette volte più di lui». Il SIGNORE mise un segno su Caino, perché nessuno, trovandolo, lo uccidesse.* Caino si era macchiato di un grave peccato, essendo divenuto il primo omicida della storia. Egli non uccise un suo nemico o un uomo che l'aveva perseguitato, ma niente meno che suo fratello Abele. Egli scappò dalla paura di affrontare il Signore, ma nessuno può sfuggire al Suo sguardo. Ma nello stesso tempo Dio mostra la Sua Grazia. Egli pone un *segno* sulla fronte di Caino, non ben identificato, che ricordava il decreto di Dio *chiunque ucciderà Caino sarà punito sette volte più di lui.*

Mt 12:38-40 (21 > Ge 9:12-13 > Un altro prezioso esempio l'abbiamo in Genesi 9 Genesi 9:12 *Dio disse: «Ecco il segno del patto che io faccio tra me e voi e tutti gli esseri viventi che sono con voi, per tutte le generazioni future.* Genesi 9:13 *Io pongo il mio arco nella nuvola e servirà di segno del patto fra me e la terra.* In Genesi 9 il diluvio è già passato ed il Signore stabilisce un patto con Noè. Nello stesso tempo, egli stabilisce anche un segno che avrebbe ricordato appunto questo patto che Dio stabilì con l'uomo. Questo segno è rappresentato dall'arcobaleno, l'arco nella nuvola, che avrebbe appunto ricordato questo patto straordinario. Perciò il segno è un simbolo che ricorda delle precise lezioni o promesse del Signore.

Mt 12:38-40 (31 > Ap 15 :1 > Un altro esempio ancora l'abbiamo in Ap 15 Apocalisse 15:1 *Poi vidi nel cielo un altro segno grande e meraviglioso: sette angeli che recavano sette flagelli, gli ultimi, perché con essi si compie l'ira di Dio.* In questo caso il segno è rappresentato da sette angeli che hanno in mano le sette coppe dell'ira di Dio. Quindi il segno, in questo brano, è rappresentato da creature angeliche che comunque ricordano una realtà inevitabile: l'ira e la santità di Dio.

Mt 12:38-40 (41 > Sl 22:29-31 > Ecco la risposta del Signore Gesù - *«Questa generazione malvagia e adultera chiede un segno* -. Questa è la prima parte della risposta. Egli identifica questa generazione, che nel contesto è identificata in modo stretto, dagli scribi e dai farisei, ma in senso lato e generale anche dagli altri, come malvagia ed adultera. Nella Scrittura troviamo spesso questa contrapposizione tra le generazioni fedeli e quelle infedeli. Il salmista Davide dirà Salmi 22:29 *Tutti i potenti della terra mangeranno e adoreranno; tutti quelli che scendono nella polvere e non possono mantenersi in vita s'inchineranno davanti a lui.* Salmi 22:30 *La discendenza lo servirà; si parlerà del Signore alla generazione futura.* Salmi 22:31 *Essi verranno e proclameranno la sua giustizia, e al popolo che nascerà diranno com'egli ha agito.* Egli parla e predice un tempo che lui ancora non aveva vissuto, nel quale potenti, re, mangeranno e nello stesso tempo adoreranno. Si parla di una generazione che sentirà parlare del Signore, di una discendenza che proclamerà la Sua giustizia e che quindi mostrerà fede verso di Lui. Possiamo affermare che questo testo ha una connotazione escatologica nel periodo del Millennio.

Mt 12:38-40 (51 > Sl 78:3-4 > Anche nel salmo 78 è scritto Salmi 78:3 *Quel che abbiamo udito e conosciuto, e che i nostri padri ci hanno raccontato,* Salmi 78:4 *non lo nasconderemo ai loro figli; diremo alla generazione futura le lodi del SIGNORE, la sua potenza e le meraviglie che egli ha operate.* Una generazione ha buone possibilità di essere fedele e non adultera, se gli insegnamenti che vengono trasmessi sono sani e secondo la volontà del Signore. Questa non è una garanzia assoluta, ma è il presupposto necessario. È desiderio di ogni genitore credente, ad esempio, che i propri figli non solo si convertano ma che divengano dei servi di Dio, una generazione fedele.

Mt 12:38-40 (61 > Fl 2:14 > Ma purtroppo ben diversa è la condizione della generazione del mondo, nella quale il figlio di Dio si trova Filippesi 2:14 *Fate ogni cosa senza mormorii e senza dispute,* Filippesi 2:15 *perché siate irreprensibili e integri, figli di Dio senza biasimo in mezzo a una generazione storta e perversa, nella quale risplendete come astri nel mondo,* Filippesi 2:16 *tenendo alta la parola di vita, in modo che nel giorno di Cristo io possa vantarmi di non aver corso invano, né invano faticato.* Siamo chiamati a comportarci in modo sempre esemplare ed irreprensibile, in modo tale da dimostrare di essere dei figli di Dio che tengono in alto la parola della vita, in mezzo ad una *generazione storta e perversa.* Anche noi abbiamo questa sfida da affrontare. Anche la generazione nella quale viviamo è - *malvagia ed adultera* -. Pertanto, quale esempio potremo dare a questo mondo?

Mt 12:38-40 (71 > Gm 4:4 > Ma riflettiamo per un attimo su questi due attributi - *malvagia ed adultera* -. I farisei erano divenuti degli adulteri spirituali, in quanto avevano posto al centro di tutto loro stessi, anziché il Signore. E l'apostolo Giacomo dirà: Giacomo 4:4 *O gente adultera, non sapete che l'amicizia del mondo è inimicizia verso Dio? Chi dunque vuol essere amico del mondo si rende nemico di Dio.* Giacomo 4:5 *Oppure pensate che la Scrittura dichiari invano che: «Lo Spirito che egli ha fatto abitare in noi ci brama fino alla gelosia»?* Sono parole solenni che non possono essere ignorate. Quando si preferisce *l'amicizia del mondo* a quella del Signore, nel senso di condivisione di interessi e di stile di vita, si diviene degli adulteri in senso spirituale. Dobbiamo sempre ricordarci che *lo Spirito ci brama fino alla gelosia.* Perciò non dobbiamo essere come gli scribi o i farisei, ma figli di Dio che hanno un cuore che palpita del continuo per il Signore.

Mt 12:38-40 (81 > Gn 2:1-2 > Ed ecco la seconda parte della risposta del Signore - *e segno non le sarà dato, tranne il segno del profeta Giona. Poiché, come Giona stette nel ventre del pesce tre giorni e tre notti, così il Figlio dell'uomo starà nel cuore della terra tre giorni e tre notti* -. Quindi, il Signore Gesù non fa altro che rievocare l'episodio di Giona nel ventre del pesce per parlare poi di Lui stesso e della Sua morte. Ecco il testo che parla dell'evento di Giona Giona 2:1 *Il SIGNORE fece venire un gran pesce per inghiottire Giona: Giona rimase nel ventre del pesce tre giorni e tre notti.* Giona 2:2 *Dal ventre del pesce Giona pregò il SIGNORE, il suo Dio...* Giona 2:11 *E il SIGNORE diede ordine al pesce, e il pesce vomitò Giona sulla terraferma.* Conosciamo la storia di questo profeta, il quale in un primo tempo disubbidì al Signore, ma successivamente passò quest'esperienza drammatica nel ventre di un grosso pesce vivo. Egli ci stette tre giorni e tre notti, fino a quando il Signore non ordinò al pesce di vomitarlo fuori. L'enfasi è posta proprio sul tempo - *tre giorni e tre notti* - nonché al paragone del ventre del pesce all'Ades.

Mt 12:38-40 (91 > Gv 2:19-20 > Ma anche in Giovanni 2 troviamo un altro prezioso esempio Giovanni 2:19 *Gesù rispose loro: «Distruggete questo tempio, e in tre giorni lo farò risorgere!»* Giovanni 2:20 *Allora i Giudei dissero: «Quarantasei anni è durata la costruzione di questo tempio e tu lo faresti risorgere in tre giorni?* Anche in questo testo l'enfasi è posta sui *tre giorni* e l'elemento su cui si basa la discussione tra il Signore ed i Giudei che erano lì ad ascoltare è il tempio. Essi pensavano al tempio di Erode che c'era allora, che per essere costruito furono necessari 46 anni. Ma il Signore parlava del *tempio del suo corpo*. In altre parole il Signore non nascose mai la realtà sublime della Sua morte e risurrezione.

Mt 12:38-42 (2) > *I Niniviti ravveduti dalla predicazione di Giona, condanneranno quella generazione* > - *I Niniviti compariranno nel giudizio con questa generazione e la condanneranno, perché essi si ravvidero alla predicazione di Giona; ed ecco, qui c'è più che Giona -* > Mt 12:41.

Mt 12:41 (9) > Gn 3:4-9 > Ora il Signore Gesù pone come esempio proprio i niniviti, i quali si convertirono dopo la predicazione di Giona. Ecco la narrazione che abbiamo nel libro del profeta Giona Giona 3:4 *Giona cominciò a inoltrarsi nella città per una giornata di cammino e proclamava: «Ancora quaranta giorni, e Ninive sarà distrutta!»* Giona 3:5 *I Niniviti credettero a Dio, proclamarono un digiuno, e si vestirono di sacchi, tutti, dal più grande al più piccolo.* Giona 3:6 *E poiché la notizia era giunta al re di Ninive, questi si alzò dal trono, si tolse il mantello di dosso, si coprì di sacco e si mise seduto sulla cenere.* Giona 3:7 *Poi, per decreto del re e dei suoi grandi, fu reso noto in Ninive un ordine di questo tipo: «Uomini e animali, armenti e greggi, non assaggino nulla; non vadano al pascolo e non bevano acqua;* Giona 3:8 *uomini e animali si coprano di sacco e gridino a Dio con forza; ognuno si converta dalla sua malvagità e dalla violenza compiuta dalle sue mani.* Giona 3:9 *Forse Dio si ricrederà, si pentirà e spegnerà la sua ira ardente, così che noi non periamo».* Abbiamo notato attentamente il contenuto del messaggio di Dio che Giona annuncia? Non vi era alcun messaggio sulla Grazia di Dio, sulla Sua misericordia o compassione, ma parole molto concise che annunciavano la distruzione di Ninive. Non vi erano altre possibilità. Ancora quaranta giorni e per Ninive non ci sarebbe stata speranza. I niniviti, di fronte a questo messaggio che evidenziava la giustizia del Signore, si convertano, si ravvedono dal loro peccato e per decreto del re, tutti si sarebbero dovuti coprire di sacco e gridare a Dio. Il pensiero e la speranza era *Forse Dio si ricrederà, si pentirà e spegnerà la sua ira ardente, così che noi non periamo».* Proprio per il fatto che il messaggio non proclamava la salvezza di Ninive, per il re vi era solo la speranza che di fronte ad una conversione genuina, il Signore avrebbe cambiato il decreto. Ma di fronte al loro peccato, essi capirono che l'unica soluzione al loro problema era il ravvedimento e la conversione.

Mt 12:41 (10) > Ap 9:19-21 > Purtroppo non sempre l'uomo si ravvede dal suo peccato. Come è scritto in Apocalisse 9. Apocalisse 9:19 *Il potere dei cavalli era nella loro bocca e nelle loro code; perché le loro code erano simili a serpenti e avevano delle teste, e con esse ferivano.* Apocalisse 9:20 *Il resto degli uomini che non furono uccisi da questi flagelli, non si ravvidero dalle opere delle loro mani; non cessarono di adorare i demòni e gli idoli d'oro, d'argento, di rame, di pietra e di legno, che non possono né vedere, né udire, né camminare.* Apocalisse 9:21 *Non si ravvidero neppure dai loro omicidi, né dalle loro magie, né dalla loro fornicazione, né dai loro furti.* Il testo parla di flagelli che intervengono dopo il suono della sesta tromba da parte dell'angelo. Abbiamo una descrizione spaventosa nel quale si parla di cavalli particolari, simbolici, il cui potere è concentrato nella loro bocca e coda. Con le loro code ferivano gli uomini e nonostante la prova a cui gli empi erano sottoposti, non vi fu ravvedimento, né conversione. Questa è la tragedia. Nonostante il dolore a cui erano sottoposti non vi fu nessun ripensamento, ma solo dimostrazione di orgoglio e superbia.

Mt 12:41 (111 > Lu 5:31-32 > Ma il Signore Gesù dirà Luca 5:31 *«Non sono i sani che hanno bisogno del medico, bensì i malati.* Luca 5:32 *Io non sono venuto a chiamare dei giusti, ma dei peccatori a ravvedimento».* Noi eravamo malati, il figlio di Dio prima era schiavo del suo peccato, caratterizzato da una malattia inguaribile per lui. Ma ciò che è impossibile all'uomo, è possibile a Dio. Il Signore Gesù non è venuto a chiamare dei giusti, ma i peccatori e tale chiamata è rivolta al loro ravvedimento. La Ninive al tempo di Giona ci ricorda l'urgenza dell'uomo di ravvedersi dal suo peccato. Ma il ravvedimento ha a che fare anche con la vita del figlio di Dio. Per ripristinare la comunione con il Signore è fondamentale che nella nostra vita vi sia il ravvedimento da tutto ciò che l'Eterno non gradisce.

Mt 12:41 (121 > At 2:37-38 > Come dirà Pietro a coloro che ascoltarono il Suo discorso. Atti 2:37 *Udite queste cose, essi furono compunti nel cuore, e dissero a Pietro e agli altri apostoli: «Fratelli, che dobbiamo fare?»* Atti 2:38 *E Pietro a loro: «Ravvedetevi e ciascuno di voi sia battezzato nel nome di Gesù Cristo, per il perdono dei vostri peccati, e voi riceverete il dono dello Spirito Santo.* Queste persone furono compunti nel cuore, compresero la gravità della loro situazione. Ma comprendere tale situazione non è sufficiente. È assolutamente importante ravvedersi e convertirsi al Signore, come esorterà fortemente Pietro. Ecco cosa l'uomo deve fare ed i niniviti ci danno un bell'esempio di questo.

Mt 12:41 (131 > 1 Co 1:21 > Il Signore Gesù parla proprio del ravvedimento sperimentato dopo l'ascolto della -*predicazione di Giona* -. Con queste parole il Maestro ci ricorda che non vi sono altri metodi che Dio abbia previsto perché l'uomo si ravveda dal suo peccato, se non la potenza del Vangelo. Paolo dirà 1Corinzi 1:21 *Poiché il mondo non ha conosciuto Dio mediante la propria sapienza, è piaciuto a Dio, nella sua sapienza, di salvare i credenti con la pazzia della predicazione.* Il mondo, quale sistema di malvagità e peccato non ha conosciuto Dio mediante la sua sapienza corrotta. Ma per conoscere il Signore e sperimentare la Sua salvezza a Dio è piaciuto decretare questo metodo sovrano *la pazzia della predicazione.* Il messaggio del Vangelo è potente da scardinare l'orgoglio di chiunque.

Mt 12:41 (141 > Ga 3:3 > Ma sempre dobbiamo ricordarci di questo principio. Paolo dovrà dire amaramente ai galati Galati 3:3 *Siete così insensati? Dopo aver cominciato con lo Spirito, volete ora raggiungere la perfezione con la carne?* Galati 3:4 *Avete sofferto tante cose invano? Se pure è proprio invano.* Galati 3:5 *Colui dunque che vi somministra lo Spirito e opera miracoli tra di voi, lo fa per mezzo delle opere della legge o con la predicazione della fede?* Aggiungere o sostituire altri metodi, altre realtà alla predicazione della fede, è qualcosa di insensato. Per i galati vi era il pericolo dei giudaizzanti, i quali volevano mettere sullo stesso piano il sacrificio di Cristo e la Legge. Ma l'apostolo ricorda con forza che lo Spirito è giunto a loro, per mezzo della *predicazione della fede.* I niniviti, come ogni uomo sulla faccia della terra si è convertito per mezzo della potenza della Parola. Lo stesso è accaduto anche a noi.

Mt 12:38-42 (31 > **La regina del mezzogiorno** > - *La regina del mezzogiorno comparirà nel giudizio con questa generazione e la condannerà; perché ella venne dalle estremità della terra per udire la sapienza di Salomone; ed ecco, qui c'è più che Salomone -* > Mt 12:42.

Mt 12:42 (11 > 1 Re 10:1-6 > Ora il Signore passa a parlare di un altro esempio rappresentato dalla - regina del mezzogiorno -, *ovvero la regina di Seba*. In 1 Re 10 è narrato l'incontro famoso tra questa regina e Salomone. 1Re 10:1 *La regina di Seba udì la fama che circondava Salomone a motivo del nome del SIGNORE, e venne a metterlo alla prova con degli enigmi.* 1Re 10:2 *Lei giunse a Gerusalemme con un numerosissimo séguito, con cammelli carichi di aromi, d'oro in gran quantità, e di pietre preziose. Andò da Salomone e gli disse tutto quello che aveva nel suo cuore.* 1Re 10:3 *Salomone rispose a tutte le domande della regina, e non ci fu nulla che fosse oscuro per il re e che egli non sapesse spiegare.* 1Re 10:4 *La regina di Seba vide tutta la saggezza di Salomone e la casa che egli aveva costruita,* 1Re 10:5 *i cibi della sua mensa, gli alloggi dei suoi servitori, l'organizzazione dei suoi ufficiali e le loro uniformi, i suoi coppieri e gli olocausti che egli offriva nella casa del SIGNORE. Rimase senza fiato.* 1Re 10:6 *E disse al re: «Quello che avevo sentito dire nel mio paese della tua situazione e della tua saggezza era dunque vero.* Innanzitutto è scritto che questa regina udì parlare della fama di Salomone e della sua sapienza, ma questo a lei non bastò. Ella volle metterlo alla prova con enigmi, ovvero in qualche modo metterlo in difficoltà. Lei giunse con un numeroso seguito, con molti doni, ma nonostante i suoi enigmi, Salomone rispose ad ogni sua domanda, dimostrando che effettivamente la saggezza di questo re non poteva rientrare nella sfera dell'umano. Questa regina rimase colpita dalla saggezza di Salomone, pertanto dai suoi discorsi, i quali erano guidati dal Signore. Nell'udire della sua saggezza e di tutte le ricchezze che circondavano questo re, questa regina *rimase senza fiato.* Nel suo cuore non vi fu più orgoglio e superbia, ma la certa constatazione di avere di fronte un re superiore a lei.

Mt 12:42 (21 > Ro 8:33-34 > Perciò questa regina, nel giorno del giudizio – *condannerà* la generazione di cui parla il Signore malvagia ed adultera. Tale situazione non appartiene più al figlio di Dio, in quanto come dirà Paolo Romani 8:33 *Chi accuserà gli eletti di Dio? Dio è colui che li giustifica.* Romani 8:34 *Chi li condannerà? Cristo Gesù è colui che è morto e, ancor più, è risuscitato, è alla destra di Dio e anche intercede per noi.* Nessuno potrà mai più accusare gli eletti di Dio. Questa è la nostra grande certezza e speranza. Dio ci ha giustificato, salvato, redento e non vi è *più nessuna condanna per coloro che sono in Cristo Gesù.*

Mt 12:42 (31 > 1 Re 4:29 > Il Signore Gesù ricorda la saggezza di Salomone che la regina di Seba aveva udito. Infatti, in 1 Re 4 è scritto: 1Re 4:29 *Dio diede a Salomone sapienza, una grandissima intelligenza e una mente vasta com'è la sabbia che sta sulla riva del mare.* 1Re 4:30 *La saggezza di Salomone superò la saggezza di tutti gli orientali e tutta la saggezza degli Egiziani.* Quando si è guidati dalla saggezza di Dio, coloro che ci ascoltano non potranno fare altro che rimanerne colpiti. Gli atteggiamenti saranno due: o rifletteranno sulla loro condotta o si chiuderanno ancora di più in loro stessi. Così non fu per questa regina.

Mt 12:42 (41 > Pr 2:6 > In Proverbi 2 leggiamo *Proverbi 2:6 Il SIGNORE Infatti, dà la saggezza; dalla sua bocca provengono la scienza e l'intelligenza.* È il Signore che dona la Sua saggezza generosamente, senza rinfacciare, senza favoritismi. Ma bisogna chiederla con fede. Non cerchiamo la vera saggezza nel sistema-mondo, ma solo nel Signore e nella Sua Parola.

## Matteo 12:43-45 Una tragica condizione

Mt 12:43-45 (1) > *Lo spirito immondo* > - «*Quando lo spirito immondo esce da un uomo, si aggira per luoghi aridi cercando riposo e non lo trova. Allora dice: Ritornerò nella mia casa da dove sono uscito; e quando ci arriva, la trova vuota, spazzata e adorna -* > Mt 12:43-44.

Mt 12:43-44 (1) > Ap 18:1-3 > Ora il Signore Gesù parla in modo specifico di uno - *spirito immondo* - in senso generale. In greco abbiamo l'aggettivo - *akathartos* - che indica ciò che è impuro e sporco. Per spirito immondo si parla di demone, ovvero di quell'angelo che ha seguito Satana nella sua ribellione. Per noi che viviamo su questa terra, sembrano impossibili certe realtà, ma dobbiamo sempre tenere presente che esiste il mondo celeste e il mondo dei demoni i quali, sotto il comando del Nemico, agiscono per influenzare in modo malvagio gli uomini. Basti ricordare la futura Babilonia. *Apocalisse 18:1 Dopo queste cose vidi scendere dal cielo un altro angelo che aveva una grande autorità, e la terra fu illuminata dal suo splendore. Apocalisse 18:2 Egli gridò con voce potente: «È caduta, è caduta Babilonia la grande! È diventata ricettacolo di demòni, covo di ogni spirito immondo, rifugio di ogni uccello impuro e abominevole. Apocalisse 18:3 Perché tutte le nazioni hanno bevuto del vino della sua prostituzione furente, e i re della terra hanno fornicato con lei, e i mercanti della terra si sono arricchiti con gli eccessi del suo lusso».* Nell'annunziare la completa disfatta e sconfitta del futuro sistema iniquo che verrà creato dall'uomo del peccato, l'angelo fedele a Dio che rivolge quest'annuncio descrive questa città come un *ricettacolo di demoni, covo di ogni spirito immondo.* Con quest'espressione impariamo due lezioni: innanzitutto abbiamo l'identificazione di un demone come *spirito immondo* ed inoltre si parla di un luogo nel quale tali spiriti preferiscono dimorare. Infatti, il Signore Gesù parla di uno - *spirito immondo* - che è alla ricerca di un luogo dove stare e Babilonia, essendo la rappresentazione dell'iniquità, risulterà essere il luogo ideale.

Mt 12:43-44 (2) > Sl 59:6-7 > Come afferma il Signore, questo spirito immondo si - *aggira* -, quando esce da un uomo. Quindi si parla di un individuo che era stato guarito dalla possessione demoniaca, come vediamo in tanti casi nei Vangeli. Il verbo che abbiamo qui - *exerchomai* - indica l'atto di uscire, ma poi ne abbiamo un altro - *dierchomai* - che significa andare attraverso, diffondersi, percorrere, compiere. Quindi quando uno spirito immondo esce da un uomo, è ovviamente alla ricerca di un altro posto dove stare. Il verbo aggirare, nella Scrittura, tra l'altro, lo troviamo spesso collegato all'azione degli empi. Salmi 59:6 *Ritornano di sera, urlano come cani e si aggirano per la città.* Salmi 59:7 *Ecco, vomitano ingiurie dalla loro bocca; hanno spade sulle labbra. «Tanto», dicono, «chi ci ascolta?».* Il salmista Davide parla degli empi come di cani che continuano ad abbaiare e che *si aggirano nella città.* Dalla loro bocca esce solo iniquità e peccato, in quanto simili a spade. L'empio, Infatti, agisce sotto il potere del maligno, ed anche se non vi è possessione demoniaca nel senso stretto del termine, è fortemente influenzato da queste potestà negative.

Mt 12:43-44 (3) > Gr 17:5-6 > Ma osserviamo dove si aggira lo spirito immondo - *si aggira per luoghi aridi cercando riposo e non lo trova* -. L'aridità nella Scrittura è una delle conseguenze spirituali del peccato. Ecco come il Signore definisce l'empio in Geremia. Geremia 17:5 *Così parla il SIGNORE: «Maledetto l'uomo che confida nell'uomo e fa della carne il suo braccio, e il cui cuore si allontana dal SIGNORE!* Geremia 17:6 *Egli e come una tamerice nel deserto: quando giunge il bene, egli non lo vede; abita in luoghi aridi, nel deserto, in terra salata, senza abitanti.* L'uomo che confida nell'uomo è maledetto, in quanto tale azione è caratterizzata dall'orgoglio e dalla superbia che dimora in lui. Perciò egli è rappresentato come una tamerice nel deserto, un albero in un luogo arido, simbolo della devastazione spirituale della sua vita. Persino uno spirito immondo non può e non riesce a trovare riposo in un luogo arido.

Mt 12:43-44 (41 > Is 44:2-3 > Ma quando interviene il Signore nella vita di un uomo, vi è una radicale trasformazione. Isaia 44:2 *Così parla il SIGNORE che ti ha fatto, che ti ha formato fin dal seno materno, colui che ti soccorre: Non temere, Giacobbe mio servo, o Iesurun che io ho scelto!* Isaia 44:3 *Io Infatti, spanderò le acque sul suolo assetato e i ruscelli sull'arida terra; spanderò il mio Spirito sulla tua discendenza e la mia benedizione sui tuoi rampolli.* È vero che queste parole sono rivolte ad Israele, ma il cambiamento che qui osserviamo avviene in un uomo o in una donna che si affidano completamente al Signore. La loro aridità spirituale cambia, divenendo come sorgenti di acque. Infatti, tale cambiamento è associato alla presenza dello Spirito. Una nota molto importante: uno spirito immondo non potrà mai dimorare laddove dimora già lo Spirito del Signore. Egli non potrà mai possedere quindi un figlio di Dio. Ma nonostante questa bella notizia, bisogna sempre fare molta attenzione.

Mt 12:43-44 (51 > Pr 9:1 > Pertanto cosa dice il Signore? Egli prosegue ed afferma - *Allora dice: Ritornerò nella mia casa da dove sono uscito; e quando ci arriva, la trova vuota, spazzata e adorna -*. Abbiamo notato come ragiona lo spirito iniquo? Egli parla di una sua casa, ovvero della vita e dell'esistenza di un uomo, come di sua proprietà, quando in realtà ogni demone che se ne impossessa, lo fa in modo indebito e malvagio. Nella Scrittura la casa è sinonimo di vita ed esistenza di una persona. Come è scritto in Proverbi. Proverbi 9:1 *La saggezza ha fabbricato la sua casa, ha lavorato le sue colonne, in numero di sette.* Persino della Saggezza di Dio è scritto che costruisce la sua casa. Ovviamente non si parla di una casa in senso letterale, ma di ciò che costituisce la Saggezza di Dio. Il figlio di Dio deve avere come obiettivo quello di fondare la propria casa, ovvero la propria vita sulla saggezza del Signore, in modo tale che Satana e le sue schiere non possano influenzarla.

Mt 12:43-44 (61 > Mt 7:24-25 > Come dirà il Signore Gesù. Matteo 7:24 *«Perciò chiunque ascolta queste mie parole e le mette in pratica sarà paragonato a un uomo avveduto che ha costruito la sua casa sopra la roccia.* Matteo 7:25 *La pioggia è caduta, sono venuti i torrenti, i venti hanno soffiato e hanno investito quella casa; ma essa non è caduta, perché era fondata sulla roccia.* Ecco come deve essere costruita la nostra vita. Ecco quali devono essere le sue fondamenta. Siamo chiamati ad ubbidire alle parole del Signore, affinché possiamo essere come quest'uomo saggio che ha costruito la sua casa sulla roccia. Anche se sono venute le tempeste, i torrenti, le prove, le persecuzioni, anche gli attacchi del maligno, questa casa, questa vita ha resistito. Perciò uno spirito immondo non potrà certamente trovare alloggio, in una casa siffatta, dove dimora la Saggezza di Dio.

Mt 12:43-44 (71 > Sl 94:11 > Proprio per questo motivo, ritorna nella sua vecchia casa che ha tre caratteristiche. Innanzitutto - *vuota* -. In greco abbiamo il verbo - *scholazo* - che indica ciò che è libero, non occupato da niente. Ovviamente uno spirito immondo può andare laddove non ci sia nessun altro, nello specifico lo Spirito di Dio. Questo significa che questo uomo ipotetico, che è stato liberato dalla presenza di questo spirito, non ha assolutamente modificato niente della sua vita. Forse ha sentito spesso parlare del Vangelo, ma in lui non vi è mai stata conversione. Pertanto è rimasto vuoto. Infatti, l'essere vuoti, in senso spirituale, ha anche una connotazione estremamente negativa. Come dirà il salmista Salmi 94:11 *Il SIGNORE conosce i pensieri dell'uomo, sa che sono vani.* I pensieri dell'uomo empio sono vuoti, senza valore ed indicano la vanità su cui ha costruito tutta la sua esistenza. In una vita così, uno spirito immondo può fare facilmente breccia.

Mt 12:43-44 (81 > Ef 5 :6 > Anche Paolo dirà in Ef 5 Efesini 5:6 *Nessuno vi seduca con vani ragionamenti; Infatti, è per queste cose che l'ira di Dio viene sugli uomini ribelli.* Sebbene il figlio di Dio non corra il rischio di essere posseduto o di essere il ricettacolo di qualche spirito immondo, bisogna sempre stare attenti che agiscono sotto la sua influenza. Infatti, l'empio può cercare di sedurre il figlio di Dio con *vani ragionamenti*, cercando di portarlo fuori strada. Dobbiamo sempre essere vigilanti su noi stessi e tenere presente che abbiamo un nemico che si aggira *come un leone ruggente.*

Mt 12:43-44 (91 > Sl 73:6 > Le altre caratteristiche menzionate sono - *spazzata ed adorna* -. Il verbo adornare, significa abbellire con oggetti la propria persona o la propria casa. Sembrerebbe quindi una bella situazione, ma non è assolutamente così. Infatti, l'empio di cosa si adorna? Risponde il salmista Asaf Salmi 73:6 *Perciò la superbia li adorna come una collana, la violenza li avvolge come un manto.* Anche la superbia può essere un ornamento, Infatti, l'empio se ne adorna come una collana, come la violenza. L'empio lo si riconosce appunto da queste caratteristiche.

Mt 12:43-44 (101 > Pr 2:6 > Ma qual è l'ornamento del giusto? Dirà il salmista Salmi 149:3 *Lodino il suo nome con danze, salmeggino a lui con il tamburello e la cetra,* Salmi 149:4 *perché il SIGNORE gradisce il suo popolo e adorna di salvezza gli umili.* Possiamo veramente lodare il Signore per il fatto che Egli ci ha adornato della sua salvezza. Uno spirito immondo non potrà mai entrare in una casa che ha un ornamento simile. Però potrà entrare laddove l'ornamento è superbia, malvagità, orgoglio e peccato. Ma il giusto ha posto fede su Colui che ha vinto il potere del maligno: il Signore Gesù.

Mt 12:43-45 (21 > *Una condizione peggiore della prima* > - *Allora va e prende con sé altri sette spiriti peggiori di lui, i quali, entrati, vi prendono dimora; e l'ultima condizione di quell'uomo diventa peggiore della prima. Così avverrà anche a questa malvagia generazione»* - > Mt 12:45.

Mt 12:45 (11 > At 5:14-16 > Il Signore Gesù segnala ora il grande pericolo a cui va incontro colui che dapprima era stato liberato dallo spirito immondo. Esso va e prende - *sette spiriti peggiori di lui, i quali entrati vi prendono dimora* -. Questo perché quell'uomo non ha saputo approfittare del fatto di essere stato liberato e non si è convertito al Signore. Abbiamo già avuto modo di osservare di come gli spiriti tormentino coloro che possiedono. Atti 5:14 E sempre di più si aggiungevano uomini e donne in gran numero, che credevano nel Signore; Atti 5:15 tanto che portavano perfino i malati nelle piazze, e li mettevano su lettucci e giacigli, affinché, quando Pietro passava, almeno la sua ombra ne coprisse qualcuno. Atti 5:16 *La folla accorreva dalle città vicine a Gerusalemme, portando malati e persone tormentate da spiriti immondi; e tutti erano guariti.* In questo brano possiamo notare alcune informazioni sulla chiesa nascente a Gerusalemme, di come il Signore continuava ad aggiungere uomini e donne alla comunità e di come i malati venivano subito guariti da ogni infermità e da ogni possessione demoniaca. Si parla proprio del *tormento degli spiriti immondi.* Essi, quando prendono possesso del corpo di un uomo o di una donna producono un tormento non solo fisico, ma anche psicologico, di tutto l'essere.

Mt 12:45 (21 > 2 Pt 2:4 > L'apostolo Pietro ci ricorda 2Pietro 2:4 *Se Dio Infatti, non risparmiò gli angeli che avevano peccato, ma li inabissò, confinandoli in antri tenebrosi per esservi custoditi per il giudizio.* Ci sono spiriti, angeli, i quali sono stati caratterizzati da una tale pericolosità, che il Signore ha decretato per loro l'imprigionamento in *antri tenebrosi,* per la loro malvagità. Essi sono stati addirittura *inabissati.* Quindi, questo dettaglio ci ricorda che esistono degli spiriti, dei demoni che sono peggiori di altri, come afferma il Signore.

Mt 12:45 (31 > 2 Pt 2:20-21 > Pertanto, facciamo molta attenzione a quello che dice l'apostolo Pietro 2Pietro 2:20 *Se Infatti, dopo aver fuggito le corruzioni del mondo mediante la conoscenza del Signore e Salvatore Gesù Cristo, si lasciano di nuovo avviluppare in quelle e vincere, la loro condizione ultima diventa peggiore della prima.* 2Pietro 2:21 *Perché sarebbe stato meglio per loro non aver conosciuto la via della giustizia, che, dopo averla conosciuta, voltar le spalle al santo comandamento che era stato dato loro.* Abbiamo notato? Si parla di falsi dottori, i quali sicuramente conoscevano la verità, ma *dopo aver fuggito la corruzione del mondo,* si sono lasciati nuovamente avviluppare dalla passioni e dai desideri iniqui. Evidentemente questa è la dimostrazione che non vi è stata una reale conversione, come nel caso dell'uomo ipotetico di cui parla il Signore Gesù. Essere liberati da una situazione, per poi non convertirsi al Signore, non ha senso. Perciò la condizione di questi empi, esattamente come nel caso dell'uomo ipotetico di cui parla il Signore Gesù, diventa *peggiore della prima.* Io ho esperienza di tante persone, le quali avevano iniziato a frequentare una comunità, una chiesa locale, dicevano anche di essersi convertiti, ma in realtà era solo apparenza. Veramente la loro condizione, divenne peggiore della precedente. L'umo ha bisogno realmente di convertirsi, di ravvedersi dei suoi peccati, non di aderire solo intellettualmente ad una dottrina.

## Matteo 12:46-50 Fare la volontà di Dio

Mt 12:46-50 (1) > *La famiglia del Signore Gesù* > - *Mentre Gesù parlava ancora alle folle, ecco sua madre e i suoi fratelli che, fermatisi di fuori, cercavano di parlargli. [E uno gli disse: «Tua*

*madre e i tuoi fratelli sono là fuori che cercano di sparlarti».]* - >
Mt 12:46-47.

Mt 12:46-47 (1) > Pr 23:25 > Nell'ultima sezione del cap.12 di
Matteo, si parla della famiglia umana del Signore Gesù. Non viene
menzionato Giuseppe, forse non aveva avuto la possibilità di
partecipare o era già morto. Innanzitutto di parla di Maria, la -
*madre* - del Signore Gesù. La relazione esistente tra una madre ed
il proprio figlio è qualcosa di unico. In Proverbi 23 leggiamo
Proverbi 23:25 *Possano tuo padre e tua madre rallegrarsi, e possa
gioire chi ti ha partorito!* È uno straordinario passo nel quale viene
messa in evidenza la responsabilità del figlio. Ma se egli è
governato dalla saggezza di Dio, sia il padre che la madre possono
realmente rallegrarsi, esplodere di gioia. Non possiamo certamente
immaginare la gioia che poteva provare Maria, nell'avere, in senso
umano, il figlio che aveva.

Mt 12:46-47 (2) > Gv 2:2-5 > Tuttavia è interessante riflettere
sulla relazione esistente tra il Signore Gesù e Maria. Un dato
importante l'abbiamo nel Vangelo di Giovanni. Giovanni 2:2 *E
Gesù pure fu invitato con i suoi discepoli alle nozze.* Giovanni 2:3
*Venuto a mancare il vino, la madre di Gesù gli disse: «Non hanno
più vino».* Giovanni 2:4 *Gesù le disse: «Che c'è fra me e te, o
donna? L'ora mia non è ancora venuta».* Giovanni 2:5 *Sua madre
disse ai servitori: «Fate tutto quel che vi dirà».* Il brano tratta delle
nozze di Cana e Gesù e Maria furono tra gli invitati a questo
matrimonio. Ad un certo punto si verifica un problema, non c'è più
vino. Maria interpella il Signore Gesù ed Egli risponde con parole
molto significative *Che c'è fra me e te, o donna? L'ora mia non è
ancora venuta».* Quando il Signore Gesù parlava della Sua ora,
parlava sempre del Suo sacrificio e della Sua morte. Infatti, il vino
è proprio il simbolo del Suo sangue come Egli stesso dirà (Lu
22:20). Ma è interessante osservare come il Signore Gesù chiama
Maria *donna,* non madre. Mai nei Vangeli il Signore chiama Maria
Sua madre. Maria non si offende certamente per quelle parole, ma
rivolge un saggio consiglio che è rivolto anche a noi *Fate tutto ciò
che Egli vi dirà.*

Mt 12:46-47 (3) > Gv 19:25-27 > Persino sulla croce, il Signore
non chiamerà Maria Sua madre, ma madre di Giovanni, il quale
avrebbe dovuto prendersi cura di lei da lì in poi Giovanni 19:25
*Presso la croce di Gesù stavano sua madre e la sorella di sua
madre, Maria di Cleopa, e Maria Maddalena.* Giovanni 19:26

*Gesù dunque, vedendo sua madre e presso di lei il discepolo che egli amava, disse a sua madre: «Donna, ecco tuo figlio!»* Giovanni 19:27 *Poi disse al discepolo: «Ecco tua madre!» E da quel momento, il discepolo la prese in casa sua.* È straordinario osservare come il Signore Gesù, perfino sulla croce, non abbia pensato a Se stesso, ma ai Suoi. Il Suo amore è veramente grande, immenso, incomprensibile. Ma certamente esisteva un bellissimo rapporto tra il Signore e Maria.

Mt 12:46-47 (4) > 1 Cr 7:22 > La stessa cosa non la si può dire sui - *fratelli* - del Signore Gesù. In 1 Cr 7:22 leggiamo 1Cronache 7:22 *Efraim, loro padre, li pianse per molto tempo, e i suoi fratelli vennero a consolarlo.* Interessante evidenziare l'atteggiamento dei fratelli di Efraim, i quali lo consolarono. Avere dei fratelli e sorelle di sangue, significa anche aver la possibilità di godere della loro consolazione e della loro vicinanza. Non fu così per il Signore Gesù.

Mt 12:46-47 (5) > Sl 69:8 / Gv 7:5 > Egli realizzò veramente ciò che afferma il salmista Salmi 69:8 *Sono un estraneo per i miei fratelli, un forestiero per i figli di mia madre...* Giovanni 7:5 *Poiché neppure i suoi fratelli credevano in lui.* Egli, per i Suoi fratelli, era come un forestiero, un estraneo. Infatti, come ci dice Giovanni, i Suoi fratelli *non credevano in Lui.* Un conto è non essere creduti dall'uomo della strada. Ma un altro conto è non essere creduti dal proprio sangue. Questa fu un'altra sofferenza che il Signore Gesù conobbe. Ma gloria a Dio, Giacomo e Giuda, fratelli del Signore Gesù, si convertirono e divennero non solo colonne della chiesa, ma autori di due epistole straordinarie del NT. Ecco che cosa può fare la Grazia di Dio.

Mt 12:46-50 (21 > **Fare la volontà di Dio** > - *Ma egli rispose a colui che gli parlava: «Chi è mia madre, e chi sono i miei fratelli?» E, stendendo la mano verso i suoi discepoli, disse: «Ecco mia madre e i miei fratelli! Poiché chiunque avrà fatto la volontà del Padre mio, che è nei cieli, mi è fratello e sorella e madre»* - > Mt 12:48-50.

Mt 12:48-50 (11 > Sl 40:8-9 > Ma ecco la risposta del Signore - *[E uno gli disse: «Tua madre e i tuoi fratelli sono là fuori che cercano di parlarti».] Ma egli rispose a colui che gli parlava: «Chi è mia madre, e chi sono i miei fratelli?» E, stendendo la mano verso i suoi discepoli, disse: «Ecco mia madre e i miei fratelli! Poiché chiunque avrà fatto la volontà del Padre mio, che è nei cieli, mi è fratello e sorella e madre»* -. Nonostante al Signore Gesù Gli venga detto che era giunta la Sua famiglia, madre e fratelli, Egli non corre loro incontro come forse noi avremmo fatto, ma impartisce una solenne lezione sul fare la volontà di Dio. Per avere una stretta ed intima relazione con Lui è fondamentale ubbidire alla volontà di Dio Padre. Come afferma Davide Salmi 40:8 *Dio mio, desidero fare la tua volontà, la tua legge è dentro il mio cuore».* Salmi 40:9 *Ho proclamato la tua giustizia nella grande assemblea; ecco, io non tengo chiuse le mie labbra; o SIGNORE, tu lo sai.* Questo deve essere anche il nostro desiderio. Vogliamo veramente fare la volontà di Dio? Questo sarà possibile solo quando la Sua Parola dimorerà nel nostro cuore. In questo modo potremo realmente proclamare la Sua giustizia, non potremo assolutamente tacere.

Mt 12:48-50 (21 > 1 Gv 2:16-17 > Come afferma anche Giovanni *1Giovanni 2:16 Perché tutto ciò che è nel mondo, la concupiscenza della carne, la concupiscenza degli occhi e la superbia della vita, non viene dal Padre, ma dal mondo. 1Giovanni 2:17 E il mondo passa con la sua concupiscenza; ma chi fa la volontà di Dio rimane in eterno.* Tutto ciò che si trova in questo sistema-mondo, passa con tutte le sue concupiscenze: quella della carne, degli occhi e quella prodotta dalla superbia. Tutto questo non proviene certamente dal Padre, ma dal mondo. Questo sistema iniquo, passerà, cesserà un giorno, ma chi rimarrà in eterno, sarà solo colui e colei che hanno compiuto la volontà del Signore. Quel figlio di Dio che costantemente ubbidisce alla Sua volontà, che ha una vita consacrata a Lui, può realmente stringere un rapporto intimo con il Signore Gesù. Impariamo sempre questa lezione, nella nostra vita.

## Conclusione

Desidero ringraziare il Signore per come mi ha sostenuto ancora nell'elaborazione di questo commentario, il voi. 12 della collana 5tudio della Bibbia.

Come avrai avuto modo di osservare, caro lettore, il Vangelo di Matteo è veramente ricco e pregnante di insegnamenti sulla Persona gloriosa del Signore Gesù e sui Suoi insegnamenti. In attesa del secondo volume di questo commentario, la mia preghiera è che il Signore possa parlare al tuo cuore, come ha fatto con me.

A Lui sia la gloria!

Pubblicato da amazon il 4 maggio 2917

24571965R00443

Printed in Great Britain
by Amazon